CHINA COSCO SHIPPING
CORPORATION LIMITED
YEARBOOK

2019

中国远洋海运集团有限公司
年鉴

中国远洋海运集团有限公司/编

人民交通出版社
北京

内 容 提 要

本书是中国远洋海运集团有限公司组织编写的专业年鉴，全面、系统地记录了2018年中远海运集团在改革创新、生产经营、企业管理、科技研究、党的建设、企业文化和履行企业社会责任等诸多方面的总体情况和重大事项。2018年，面对国际经贸形势带来的巨大变化，中远海运集团坚持战略引领，深入推进改革，不断做大规模、做强实力，提质增效，连续两年荣获国务院国资委经营业绩考核A级企业的殊荣。是年，集团圆满完成对东方海外的要约收购，企业集装箱船队运力排名世界第3位，实现了集团第二次重要飞跃；积极致力于"一带一路"建设，国际贸易新通道不断推进，多式联运快速增长，港口建设全面升级，全球业务布局更加完善；坚持牢记央企使命，服务国家主场外交，集团国际影响力和品牌价值进一步提升；积极履行社会责任，加大精准扶贫力度，加强安全与风险管理，进一步推动企业与社会协调发展。

本书可供社会各界特别是企业界、航运界的读者阅读，也可作为社会各界特别是航运界专家、学者、研究人员、工作人员及相关人士重要的参考工具。

图书在版编目(CIP)数据

中国远洋海运集团有限公司年鉴. 2019 / 中国远洋海运集团有限公司编. — 北京：人民交通出版社股份有限公司，2024.4

ISBN 978-7-114-19189-3

Ⅰ. ①中… Ⅱ. ①中… Ⅲ. ①海运企业—企业集团—中国—2019—年鉴 Ⅳ. ①F552.6-54

中国国家版本馆CIP数据核字（2024）第006626号

Zhongguo Yuanyang Haiyun Jituan Youxian Gongsi Nianjian 2019

书　　名：中国远洋海运集团有限公司年鉴2019
著 作 者：中国远洋海运集团有限公司
责任编辑：李　刚
责任校对：赵媛媛　魏佳宁　龙　雪
责任印制：刘高彤
出版发行：人民交通出版社
地　　址：（100011）北京市朝阳区安定门外外馆斜街 3 号
网　　址：http://www.ccpcl.com.cn
销售电话：（010）59757973
总 销 售：人民交通出版社发行部
经　　销：各地新华书店
印　　刷：北京印匠彩色印刷有限公司
开　　本：889 × 1194　1/16
印　　张：52.5
字　　数：1411 千
版　　次：2024 年 4 月　第 1 版
印　　次：2024 年 4 月　第 1 次印刷
书　　号：ISBN 978-7-114-19189-3
定　　价：380.00元
（有印刷、装订质量问题的图书，由本社负责调换）

2018 年 2 月 2 日，中远海运集团科技与信息化平台在上海宣告启航。

2018 年 7 月 19 日，齐鲁高速成功登陆港股市场。

2018 年 11 月 26 日，中远海运散运（欧洲）有限公司瑞士代表处在日内瓦成立。

2018 年 12 月 28 日，西藏中远海运物流在拉萨成立。

2018年10月16日，中远海运散运召开船舶管理体制改革及总部组织架构和管理模式调整优化工作实施启动会。

2018年7月23日，中远海运散运签署韶钢准班轮六方合作协议。

2018 年 6 月 5 日，中远海运客运举办客运经理应聘会。

2018 年 11 月 7 日，中远海运天津地区公司召开转型发展工作动员会。

2018 年 8 月 8 日，中远海运自保受邀代表中国自保企业出席美国佛蒙特自保大会。

2018 年 9 月 26 日，上海船研所与云南临沧市共建临沧科学技术应用研究院揭牌。

2018年4月10日，中远海运博鳌第18年为博鳌亚洲论坛年会提供核心保障。

2018年4月9日，中远海运集团首次主办博鳌亚洲论坛年会分论坛“物流的变革”。

2018 年 11 月，中远海运集团为首届中国国际进口博览会提供一站式会展物流服务。

2018 年 11 月 6 日，中远海运集团所属企业在首届中国国际进口博览会现场与全球合作伙伴签署多个采购协议。

2018 年 11 月 6 日，中远海运集团成功主办全球贸易与供应链峰会暨国际海运年会 2018。

2018年6月29日，英国海贸集团（Seatrade）在伦敦举办第30届海贸颁奖典礼，中远海运集团获得组委会颁发的“全球最佳表现者”大奖。

2018年12月5日，中远海控荣膺中国证券金紫荆奖“‘一带一路’最佳实践上市公司”奖。

2018年9月，大连中远海运川崎智能制造项目荣获工业和信息化部智能制造试点示范企业及人工智能应用试点示范项目认定和工业和信息化部两化融合贯标试点示范企业认定。

2018 年 12 月 18 日，在庆祝改革开放 40 周年大会上，中远海运集团董事长、党组书记许立荣荣膺“改革先锋”称号。

2018 年 6 月 8 日，中远海运特运“新光华”轮船长高正捍被评为中国“海洋人物”。

2018 年 12 月 25 日，中远海运比雷埃夫斯港管理团队被授予“央企楷模”称号。

2018 年 12 月 12 日，中远海运集团召开长期服务船舶“三长”表彰大会。

2018年3月26日，中远海运集团举办全国两会精神学习传达会暨党组中心组（扩大）集体学习。

2018年4月17日，中央党校国资委分校中国海运党校2018年春季处级干部进修班（启航班）开班。

2018年11月27日，中远海运集团举办纪念改革开放40周年主题展。

2018年，中远海运集团将助力脱贫攻坚作为政治任务，全年投入扶贫资金5507万元，实施项目66项。

2018年9月28日，中远海运集团为中国红十字基金会“丝路博爱基金”提供无偿运输。

中国社会组织评估等级证书

证书编号：社评基字[2018]第09 号

中远海运慈善基金会

经评估，你会被评为**4A**级社会组织，特颁此证。

（有效期至：2023年12月）

中华人民共和国民政部
二〇一八年十一月

2018年11月28日，中远海运慈善基金会获评民政部4A级社会组织。

2018 年 4 月 10 日，厦门中远海运“宁安城”轮在太平洋成功救助外籍遇险帆船。

2018 年 12 月 7 日，中远海运特运“天福”轮在南太平洋成功营救环球帆船赛遇险船手。

2018 年 9 月 13 日，中远海运集运“新鉴真”轮助力 181 名因台风“飞燕”滞留日本的中国旅客平安回国。

2018 年 12 月 8 日，香港中远海运国际赞助“与耆同游”活动。

2018 年 2 月 5 日，中远海运集团在博鳌举办“中远海运之歌”优秀作品展演。

2018 年 8 月 24 日，中远海运集团在广州举办第二届职工运动会。

2018年11月15日，广州中远海运工会、团委联合举办“创新发展·青年担当”青年创新创效活动。

2018年6月15日，中波公司组织船员赴中国航海博物馆开展七一活动。

2018年2月11日，中远海运博鳌举行植树节活动。

2018 年 5 月 28 日，中远海运集团正式启用新址办公。

《中国远洋海运集团有限公司年鉴 2019》编纂机构

《中国远洋海运集团有限公司年鉴 2019》编审委员会

主　任：万　敏

委　员：孙云飞　刘鸿炜　冯　波　陈扬帆　林　戟　叶红军　张善民
　　　　翁　羿　韩　骏

《中国远洋海运集团有限公司年鉴 2019》编纂工作委员会

主　任：刘海涛

副主任：徐永上　朱雪峰

委　员：郭庆东　吴彦红

总部机关和直属单位（按姓氏笔画排序）

王玉洲　王冬梅　王庆标　王金山　王　雷　王　蕾　付晓力
白培军　冯　凭　朱辰初　朱春辉　刘孔明　刘林泉　刘　剑
刘清卿　刘蓄芳　关育德　许　超　孙　轶　纪海东　李怀东
李晓春　李倬琼　李　辉　李景石　杨宏文　杨宗辉　杨　健
吴春增　沈　熙　张志明　张　鹏　陈　冬　欧阳木林　周嫒嫒
柯成钢　姜少虎　祝孝福　姚兆羽　姚　炯　顾菊根　钱　萍
徐国栋　高宝明　陶卫东　黄　坚　黄　莉　黄爱新　龚韶明
崔晓楠　章晓彤　随礼贺　董宇航　董　雷　蒋玉生　蒋时飞
覃忠东　曾向峰　潘　奕

《中国远洋海运集团有限公司年鉴 2019》编辑部

组　长：佟成权

成　员：柳邦声　相熔钢

《中国远洋海运集团有限公司年鉴 2019》主要特约撰稿人

（按姓氏笔画排序）

丁　羿	于　炯	马　嵘	王玉洲	王金山	王钰涛	王续伟
卢向峰	史明彪	白昌中	朱月芳	朱春辉	任梦婕	刘旭阳
刘　剑	刘清卿	刘福阁	孙　轶	孙洋洋	孙津生	李晓燕
李　辉	李景石	吴　罡	吴勤范	宋晓冬	张志明	张　洁
张　琪	张　雯	张　磊	陈史奇	陈晓波	陈晓艳	周　明
周家恺	周敏励	郑　斌	赵燕青	胡柏青	柳　芳	姜丽莉
祝孝福	姚兆羽	顾菊根	徐国栋	徐帮林	翁　羽	郭　伟
郭庆东	郭　静	唐继云	黄奇萃	黄　莉	龚韶明	傅源源
詹黎明	蔡　萍	裴　凯	薛　堃			

编辑说明

一、《中国远洋海运集团有限公司年鉴2019》（以下简称《年鉴》）是中国远洋海运集团有限公司组织编写的专业年鉴，是记录中远海运集团主要发展情况的权威性大型资料性工具书。《年鉴》全面、系统记录了2018年中远海运集团在改革创新、生产经营、企业管理、科技研究、党的建设、企业文化和履行企业社会责任等诸多方面的总体情况和重大事项。

二、编撰《年鉴》的指导思想：坚持以习近平新时代中国特色社会主义思想为指导，全面贯彻党的十九大会议精神，紧紧围绕企业发展主线，坚持辩证唯物主义和历史唯物主义的观点和态度，尊重历史、实事求是，全面、真实、客观地记述年度重大历史事件、重大工作成就和重要历史荣誉，达到存史、资政、育人的目的。

三、《年鉴》中引用的数据、资料等均为中远海运机关各部门、各直属单位提供，各单位主管领导对文稿进行了审阅。

四、遵照年鉴编撰的规范要求，编辑部对撰稿人提供的稿件进行必要的编辑和加工。主要是依据编写大纲与撰稿要求，统一全书体例，规范专业名词术语，删除明显重复，补充部分资料，理顺语言文字，力求做到资料详实、叙述简洁、数据准确。

五、卷中货币单位除另有说明外，均为人民币。

六、《年鉴》所引用的各种数据截止时间为2018年底。

七、在本卷《年鉴》编辑、出版过程中，得到中远海运机关、各直属单位领导、专家及撰稿人的大力支持与帮助，在此谨向为《年鉴》提供各种帮助的人士，致以诚挚的谢意。

由于年鉴编辑出版时限性强，疏漏和欠缺之处在所难免，恳请读者批评指正。

《中国远洋海运集团有限公司年鉴2019》编撰组

2023年7月

目　　录

第一篇　专文／001

第二篇　概况／071

第四篇　船队建设 131

第五篇　国际化经营 159

第六篇　安全生产 177

第七篇　企业管理 / 189

第十篇　企业党建 / 245

第十五篇　大事记 / 617

第十六篇　光荣册 / 625

第十七篇　统计资料 / 661

Contents

Part 1 Feature Articles / 001

Part 2 Corporate Profile / 071

Part 3 Industrial Clusters 089

Part 5 International Operations / 159

Part 6 Work Safety / 177

Part 7 Corporate Management / 189

Part 10 Party Building / 245

Part 12 Corporate Culture / 289

Part 13 Corporate Social Responsibility / 309

Part 15 Chronicle of Events / 617

Part 16 Awards and Honors / 625

第一篇

专文

工作报告

牢记使命　协同发展　勇创一流

—— 集团董事长许立荣在2018年中远海运集团工作会议上的总结讲话（摘要）

2018年2月6日

一、2017年工作主要亮点

1. 提质增效成绩斐然，对央企的效益贡献率显著增长

有关2017年经营业绩，总经理报告已有详细表述，我这里不再重复。需要说明的是，集团去年的经营现金净流入是228亿元；净利润150亿元，同比增长276%。透过这些数字，可看出集团的经营水平正在发生质的变化，这是真金白银的净流入。从某种意义上说，我们是真正在盈利。因为看财务报表，我们有很多一次性盈利，但它并不代表我们真正的经营水平。而上述数字，则说明我们的经营质量在提高。其核心是航运板块全面扭亏为盈。从2008年金融危机之后，全球航运业受到了市场颠覆性的冲击，企业经营十分困难，这是全球性的困境表现。去年我们航运板块走出了困境，航运板块盈利大幅劲升，对整个集团经济效益起到了非常大的支撑作用。其中集运、能源、散运和港口这4个单位盈利非常可观。金融板块盈利更加显著，对集团贡献率依旧非常之大。此外，物流板块也有可观盈利。

从整体盈利水平来看，我们在央企的效益贡献率在增长，高出央企总体同期水平3个百分点。尽管我们的绝对值在央企占比不是很大，但与自身同比的增幅是很大的。2011—2015年，整合前原两大集团年利润相加，其贡献率仅为0.18%；而2017年，我们对央企整体贡献率已经达到1.4%，所以这些变化还是非常令人欣慰的。

2. 在确立四个“世界第一”基础上，又增添多项“世界第一”

中远海运集团成立以来，已确立了综合运力、干散货船队、油轮船队和特种运输船队运力规模四个“世界第一”。在此基础上，2017年我们又增添了几项新的“世界第一”。

一是码头集装箱吞吐量列世界第一。根据去年德鲁里的报告，中远海运港口总箱量在码头运营商中排名居全球第一，超过了迪拜环球港务集团（DP World）；去年吞吐量同比增长15.7%，这是非常了不起的成绩。

二是集装箱海上货运量列世界第一。去年第三季度我们的运量超过了马士基，而马士基的运力却是我们的一倍。第三季度我们的运量是549万TEU，增幅达到23%；而马士基同期是526万TEU，增幅仅为2.4%。媒体认为，这是自2010年以来，首次有船公司的季度货运量超越马士基航运。尽管还没有全年的统计数据，但从势头上看，我们在大型班轮公司中增幅名列前茅应该是没问题的。这次我在达沃斯会见了马士基CEO施索仁，交流了对于国际航运业和班轮市场的看法。他非常赞同我们去年的经营业绩，认为比他们要好。在交流中，我们就共同构建航运新生态、优化全球航线网络、加强港口合作等话题达成了一些意向。

三是成立了全球最大的船员管理公司。经过新一轮的改革重组，中远海运船员管理有限公司于2017年12月26日挂牌成立；新船员公司拥有船员将近5万人，为集团船舶配员760多艘，为集团外船舶派员420多艘，是世界上规模最大的船员管理公司。这次重组改革仅用一个月的时间，成效却是非常显著的，机构设置重组有序，管理人员安排妥善，船员对改革充分理解，局面保持平稳，这很不容易。新船员公司在各相关航运企业的大力支持下，做了非常多的工作，实现了重大改革的平稳顺利推进。

3. 积极投入“一带一路”建设，沿线各项目开发成效显著

一是突出纽带连接，优化“海上丝路”航线网络架构。2017年，我们在“一带一路”沿线投入的运力同比增长了62.8%，其中最大的亮点是加大了对非洲市场、南亚新兴市场的运力投入。而从我们实现“一带一路”的国家倡议来看，效果还是非常显著的。集团在非洲市场增长了81%，东南亚市场增长了64%，印度市场增长了120%，西亚市场增长了35%，增长速度非常之快。从实际经营的质量来看，真正创造效益的大都集中在这些地区，所以“一带一路”的市场潜力是非常巨大的。而我们也正是把握了这样一个发展机遇，在海上丝绸之路及时增加运力投放，因而才取得非常好的成效。

二是突出全程物流，夯实“陆上丝路”物流服务基础。截至2017年底，中欧陆海快线全年累计完成货运量4万TEU，同比增加130%；客户数量从去年的3家增加到635家；有每周14班发班频次，从比雷埃夫斯港（比港）辐射到7个国家市场，覆盖3200万人口的密集区域。市场需求在不断增长，如果不是我们受限于铁路运能，则这个市场增长的势头还要更好。在阿布扎比开工建设了27万平方米的集装箱场站；在苏伊士运河经济区投资筹建13万平方米的保税物流园区；在新加坡收购了高昇控股有限公司（Cogent）；在迪拜开发了龙城仓储项目。所有这些均取得了很好的成效。

三是突出支点作用，强化“一带一路”沿线港口布局。自“一带一路”倡议提出以来，集团在沿线投资总额已经超过150亿元，其中在码头项目上，投资126亿元。我们在境外投资码头18个，而在“一带一路”沿线的码头为16个。去年比雷埃夫斯港的集装箱吞吐量达到410万TEU，同比增长10%，收入和利润预计同比增长12.1%和103.8%。比港项目已经成为“一带一路”建设的重要典范。2017年，我们在一些重要港口的投资，也都获得了成功：我们在上海港投入15%的股权，阿布扎比港90%的股权，西班牙Noatum码头公司51%的股权，比利时泽布吕赫100%的股权。此外，在新加坡，去年4月份投资了巴西班让两个集装箱泊位，产能不到一年时间就已饱和；去年12月份又启动了第三个泊位，投资回报在10%以上。

4. 一系列重大战略经营项目影响全球航运，提升了集团在全球航运业的引领作用

根据一些全球媒体的评选，2017年全球十大新闻事件，其中有三件和我们中远海运集团有关，包括“一带一路”峰会及“一带一路”建设成果、组建海运联盟、收购东方海外。去年4月1日开始，由我们主导、由中远海运集运和法国达飞、中国台湾长荣、中国香港东方海外组建的海洋联盟正式上线运营，确立了全球三大联盟三足鼎立的全球航运新格局。从海洋联盟目前的营运情况来看，其在太平洋、欧地和中东红海的实力是最强的，无论从交货期、服务频率，还是全球航线覆盖面，均处在三大联盟的顶尖位置。海洋联盟现在总运力已经超过了611万TEU，成为世界最大联盟之一。从2017年经营数据来看，海洋联盟也是三大班轮联盟中经营最好的。去年7月，我们和上海港联合要约收购东方海外68.7%的股权；收购之后，我们的集装箱运力到明年年底将达到310万TEU，距世界第二位的地中海航运也仅有十几万运力的差距。

去年福布斯发布了很多全球重要指数，其中有一个指数影响非常深刻，那就是2017年全球最受信赖公司2000强榜，我们中远海运集团是全球唯一上榜的航运公司，而且是中国大陆排第一位的企业。这是一个了不起的殊荣。被评为最受信赖的公司，不仅反映出我们的规模实力，更体现了一个企业的诚信度，说明你的服务质量、你的品牌形象、你的客户信赖程度已经深刻影响全球。

此外，我们在参与全球规则制定上也取得了很好的成效。特别在波罗的海干散货指数（BDI）的设计上，波交所总裁三次到访集团，对我们就波罗的海指数提出的建议非常重视；我们对波罗的海指数的发布已经产生了重大影响。现波交所已成立了亚洲顾问委员会，邀请我们参与。作为一家举足轻重的航运公司，参与整个波罗的海指数修订工作的意义是非常重大的，对全球航运格局的影响也是极其深远的。

5. 完成管理层级压减目标，完成去产能阶段性目标

作为国务院国资委压减试点单位之一，截至2017年底，我们已经累计减少法人单位471户，压减比例达到26%，管理层级已经压至四级，压减的数量和工作进度均实现了目标，并处于央企的前列。其压减工作的成效，也得到了国务院国资委的表扬及考核奖励。2016年，集团获评国务院国资委A级企业，其中压减工作给予奖励起到了至关重要的作用。在央企负责人会议上，我们做了压减工作经验交流，同时向国务院有关领导书面报告了压减的经验和做法。

在压减过程中，我们很多公司积极响应集团要求，充分利用重组整合的契机，努力实现了压减目标。例如物流公司、散货公司、集运公司，还有包括欧洲公司在内的一些海外公司，通过重组关闭了一些企业，合并了一些企业，工作很有成效。

此外，我们还根据中央的要求，加快推进供给侧结构性改革，落实“三去一降一补”。去年底集团造船产能缩减了335万载重吨，去产能工作取得了显著成效。

6. 改革重组继续向纵深推进，体制机制创新取得新突破

在完成集运、散运、能源、港口这些重要企业重组的基础上，去年我们又推进了船员、信息资源和中外理等多项改革重组。新组建的船员公司，正在按照“三提高一降低”的目标，以效率和效益为先，稳步推进各项工作。在信息资源重组上，今年2月2日，中远海运科技与信息化平台正式成立。此外，中外理也于去年9月份平稳合并到中远海运物流，完成了重组。去年10月，由于集团在重组整合当中发挥了示范作用，国务院国资委在央企重组整合工作评价中，给了中远海运集团“优秀”的评价，说明我们的重组，获得了国务院国资委的充分认可。

在商业模式改革创新方面，我们推进“互联网+”战略落地，与阿里巴巴、京东展开合作，线上线下正在全力推进。在体制机制改革创新方面，我们顺利地完成了泛亚的混改工作；泛亚的职工持股，虽然只有8%，但效果非常好，外界对泛亚公司经营所发生的变化给予了肯定和赞扬，有很多投资者都希望参与进来。这些试验推动了效益不断增长，管理持续提升，市场影响力持续增加。

此外，根据国务院国资委的要求，我们也在推进上市公司的股权激励方案，其中能源公司方案已经获得国务院国资委的预审通过。去年在推进职业经理人方面，也取得了很大的突破，我们以公开市场化竞聘的方式，招聘了中远海运金控副总经理、首席风险官，同时符合条件的中远海运金控、中远海运发展班子成员，还有自保公司以及泛亚公司班子及主要骨干，都正式与董事会签订了聘书，转为职业经理人。

7. 企业品牌形象不断提升，企业文化建设不断深入

我们以参加金砖年会、博鳌论坛、“一带一路”高峰论坛为契机，不断宣传集团品牌形象，扩大影响。

由集团牵头举办的金砖五国工商理事会，得到了习近平总书记的高度赞扬，总书记对我们在工商理事会中作出的成效给予充分肯定。同时，外交部对我们举办的工商理事会给予了嘉奖，并发来感谢函。

2017年11月，巴拿马总统巴雷拉到访集团，对我们成功首航巴拿马拓展运河，以及在巴拿马地区的经济贡献给予了高度评价，这将有助于我们推动中巴经济贸易发展和集团在巴拿马区域的业务发展。

我们坚持“四个一”的文化理念，大力加强精神文明建设和企业文化建设，发布了《企业文化核心价值理念纲要》。在推进精神文明建设中，中远海运发展、上海船研所被评为第五届全国文明单位。去年，新华社、《人民日报》、中央电视台等国家主流媒体，报道集团相关信息近300次。

8. 贯彻落实党的十九大及全国国企党建工作会议精神，深入推进全面从严治党

在学习贯彻党的十九大精神方面，集团党组及时传达、专题研究、布置落实；党组举办专题和集中扩大学习5次，学习培训班5期357人参加；进行党性教育，组织集团管理干部参观嘉兴南湖红船；集团党组成员深入境内外基层单位，集中宣传党的十九大精神。全年组织14次党组中心组学习，及时传达贯彻中央的有关精神，增强“四个意识”、坚定“四个自信”。去年集团召开了28次党组会议，完成99项议题，其中讨论党建议题32项，“三重一大”议题67项；召开了35次党组成员例会，紧盯改革发展，加强内部协调。

积极推进“两学一做”学习教育常态化制度化，集团党组成员严格落实党员领导干部双重组织生活的要求，认真组织开展支部的“三会一课”、谈心谈话活动等。全系统举办各类党员培训142班次近3万人次。在延安召开了集团党建思想政治工作研究会，评选交流50篇优秀政研论文；结合党性教育，组织参观延安革命纪念馆、梁家河纪念馆。在全国组织部长会议上，我们做了党建工作的交流。实践证明，党建工作做实了就是生产力，做细了就是凝聚力，做强了就是竞争力。

在推进全面从严治党方面，积极推动“两个责任”的层层落实，保持反腐败斗争的高压态势。强化重点领域的监督，开展直属单位改革重组中选人用人和招聘工作的专项检查，全面清理特殊关联企业。实践运用监督执纪“四种形态”，运用第一、第二种形态处置率近90%，达到了惩处极少数、教育一大批的目的。认真落实习近平总书记关于进一步纠正“四风”、加强作风建设的重要指示精神，巩固中央八项规定精神成果，强化作风建设。

在看到成绩的同时，我们还必须看到存在很多问题与不足。在集团总经理工作报告和党组工作报告中，已经指出了这些问题，如大而不强问题依然存在、产业链协同处于初级阶段、管理能力和效率急需提升等；特别是国务院国有重点大型企业监事会主席潘良昨天在会上又给我们指出了几个问题：如风险防控还需进一步加强、一些企业发展定位不清与负债较高、一些单位“三重一大”制度严重缺损、全集团协同效应还不够充分等。上述问题都必须要高度重视，要花大力气研究，采取有效措施，认真解决，逐项整改。还有些潜在问题需要我们在工作当中去发现；不断发现问题，不断分析问题，不断解决问题，就是我们不断进步、不断发展的过程。所以，我们不要害怕问题和回避问题，而是要以积极态度正视问题，并积极开动脑筋，想办法解决，下功夫改进。

二、2018年主要任务与重点工作

2018年是贯彻党的十九大精神的开局之年，是改革开放40周年，也是我们集团实施“十三五”规划承上启下的关键一年，其核心还是要继续合力创业、着力创效、大力创新。

习近平总书记曾告诫我们：“历史只会眷顾坚定者、奋进者、搏击者，而不会等待犹豫者、懈怠者、畏难者。全党一定要保持艰苦奋斗、戒骄戒躁的作风，以时不我待、只争朝夕的精神，奋力走好新时代的长征路。”[①]我们要牢记总书记嘱托，不负责任使命，把总书记的重要指示作为我们2018年继续前进的航标和动力。

我们是世界最大的航运企业集团，又是组建不久的新企业，同时还是一家全球化公司，概括起来表述，就是：**大集团、新企业、国际范**，这是我们在2018年乃至未来发展的新坐标、新定位。

大集团，大要有大的样子。大的样子，就是以大船队的优势积极打造全球航运引领者的形象，以大央企的责任肩负起交通强国、海运强国的新使命；大的样子，就是要有勇于担起改革发展时代重任的大胸襟、大格局，就是要有打造具有国际竞争力的世界一流企业的大抱负、大志向。未来更大的成功，不是追赶别人，而是不断超越自己。怎样才叫超越自我？那就是不能满足现状，

① 《决胜全面建成小康社会 夺取新时代中国特色社会主义伟大胜利》，《人民日报》，2017年10月28日05版.

不能盲目自大，不能因为一点成绩而沾沾自喜，必须要保持清醒头脑。虽然成绩来之不易，但也是多方面因素促成。我们常讲人努力、天帮忙，而市场总是变幻莫测，外部环境总是纷纭复杂，我们对市场的判断往往因出现不确定、不可测因素而出现偏差。以往的经历告诉我们，我们没有理由满足于已取得的成绩。要超越自我，就必须看清问题，不能停留于现状而裹足不前。最可贵的是坚持，是不忘初心。坚持是很难的，我一再强调，坚持不能保证你一定取得最后的成功，但如果不坚持，就什么希望都没有。所以，我们必须要保持奋斗精神、奋发姿态；否则，没有大集团的大担当、大气魄，没有一种积极进取、坚持“高大上”的精气神，也就徒有虚名，徒有其“大”。

新企业，新要有新的气象。新的气象，就是要以决战决胜的魄力和信心积极面对航运市场新机遇、新挑战，把深化改革、开拓创新作为企业发展的新动力、新引擎；新的气象，就是要以脚踏实地的精神坚持一步步践行“全球化供应链综合服务集团”的新目标、新愿景，就是要按照党的十九大精神在中国特色社会主义新时代有新作为、新成果。新的气象，就是要从上层到基层、从内在到外在、从思维到行动，都要有一个新的氛围，新的创举，形成新的“气场”。中国特色社会主义新时代，为我们中远海运这艘巨轮开启了新航程。新的航程，意味着我们要以新的营销理念开拓新的国际市场，以新的商业模式加速现代供应链转型，以新的体制机制激发企业新活力与员工新的创造力，以新的管理手段创造协同效应并提升管控效能，以新的科技研发能力提升企业竞争力。

国际范，就是打造国际公认的全球公司。国际范，有全球化的衡量指标，我们在“十三五”规划和打造世界一流进程中，确定了企业均衡发展的四个维度，其中的“全球公司”是重要的一维；对此，需要我们不断完善全球化布局，不断拓展国际市场，不断加快“一带一路”建设。国际范，就是要敢于善于在世界舞台展示企业形象，我们的每家单位、每艘船舶，乃至我们每位员工，都要争取成为一张亮丽的企业名片，一张中国名片；我们有责任有使命在世界舞台塑造我们的企业品牌、企业优势、企业风采，有责任有使命去彰显中国形象、中国精神、中国力量。

思路决定出路，开局决定全局，起跑决定全程。2018 年，我们要重点做好以下几方面工作。

1. 坚持两个“不低于”，全面提升各产业集群的经济效益

2018 年的中央经济工作会议强调把提高经济发展质量放到更突出的位置。国家宏观上的经济发展质量，基于企业微观上的经济发展质量。而衡量企业经济发展质量，经济效益是一项最重要的指标。所以，我们要提升经济发展质量，就必须进一步增强盈利能力。2018 年集团提质增效总的原则是坚持两个“不低于”：即 2018 年效益指标不低于 2017 年的水平，盈利水平不低于 2018 年的市场平均水平。

航运产业集群作为集团的传统主业，要紧紧抓住市场利好的机遇，进一步提升创收创效能力和盈利水平。航运产业集群的创收创效能力提升了，我们整个集团的发展质量提升就有了根本保障，我们打造全产业链综合服务的立足基础也就稳固了。中远海运集运要进一步保持战绩，着力推进“规模化和全球化、数字化服务、端到端服务、双品牌战略”四大经营战略；去年，集运对提升集团整体实力作出了很大贡献，这个贡献还不仅仅体现在经济效益上；根据集运业务特点，其贡献更体现在对集团全球化的重要支撑上，体现在我们集团的产业链协同效应上。中远海运能源业已打造了内外市场联动、东西航线互济的全新的经营格局；所以，过去几年连续获得了较好的经济效益；2018 年，还要继续发挥已有的优势，在新的商业模式中创造新的业绩。中远海运散运要坚持“创新驱动、全球营销”两个战略，巩固和扩大全球行业领先优势；去年盈利的绝对数或许不是很大，但已经把困扰多年的“亏损王”的帽子摘掉了，其意义非常之大。中远海运港口要进一步加快全球战略支点布局，加快从码头投资者向港口运营商转变，提升控制能力，延伸产业链服务，增强核心竞争力。

物流产业集群要坚持战略引领，加快构建符

合物流业务创新变革需求的管控体系，加快构建运行高效、完善优化的物流信息系统，加快物流基础设施建设步伐。航运金融产业集群今年的首要任务是防范风险，在此基础上要发挥与集团航运产业链的互动作用，进一步加强“产融结合”，为集团平抑航运市场周期波动、实现平稳发展作出更大贡献。装备制造产业集群要坚定不移“压产能”“去库存”，在压减过程中要体现“效益优先”原则；“压产能”涉及关闭一些企业，任务很重；但不管多大挑战都必须要战胜，多难啃的硬骨头都必须啃下来，没有任何理由回避改革。航运服务产业集群和社会化产业集群也要为集团的提质增效多作贡献。下一步，要结合地区公司改革要求，引入创新机制，激发企业活力，提升盈利能力，积极打造集团新产业的“孵化器”和平衡周期性行业的“稳定器”。

在央企2016年经营业绩考核评价中，我们被国务院国资委评为A类企业。2017年，我们已经创造了冲A的基础条件。2018年，我们不能松懈，不能停步，要以不断增长的经济效益和日高日上的工作业绩，保住冲A成果，真正实现做强做优做大。

2. 积极发挥协同效应，充分释放改革红利

我在集团2018年务虚会上强调，协同效应是我们提升经营质量的重要标志，也是改革重组成功与否的重要检验。

一是要加强各单位及各业务板块内部的协同。集装箱业务是当前加强协同的重点。去年，中远海运集运深入开展“协同效应”活动，全年累计实现协同金额预计61亿元。今年，还要继续创造协同效应，不断优化供应商采购，优化成本控制，优化业务系统与操作流程，充分发挥信息化优势。

二是要加强产业集群内部的协同。航运产业集群中的集运与港口业务的协同至关重要。我们的集装箱运输支撑了港口业务的全球化战略，而我们的港口也帮助集运平抑了公共码头费率变化带来的影响；此外，港口不断发展与控制力不断提升，也为集运未来全球化的进一步拓展提供了坚实保证。所以，两者是相互依存的关系，要加强两者的协同发展，不断创造协同效应。

三是要加强产业集群之间协同。我这里还需再次强调的是集团内部资源的优先使用问题，包括海外代理集中采购、燃油供应、修造船、保险业务等，都要积极创造和充分发挥协同效应。在这个问题上，不要以所谓“市场化”为借口阻挠内部资源使用。产业集群的发展必须建立在内部之间相互协同的基础上，否则，我们“打造综合物流供应链服务”就成了一句空话。正是因为有航运基础，才有多产业集群发展和产业链发展，如果彼此之间缺乏协同，那整个产业链就没有效率和效益。我们讲“市场化”的本意是倒逼相关企业提升服务水平和运营标准，但不是以此拒绝内部资源优先使用。不能在运营中出现内部产业此消彼长的现象，因为从集团整体看，你增他减相互抵消，就等于没有增长。所以，我们必须站在全集团整体发展的高度，确立集团利益最大化思维，实现共同发展。

四是要加强集团外部上下游企业的协同。去年，集团的大合作战略取得了很好的成效，与11家大客户签署了战略合作协议，与8家港口企业签署和推进战略合作协议；集团各船队本部完成战略客户货量占比达到31.9%，总收入占比达到15.9%。今年，我们还要进一步实施大客户战略，努力推动各板块重大战略客户的开发工作，实现共赢发展。

五是要加强总部机关本部与共享中心的协同管理。集团本部重点构建战略引领能力、资源配置能力、财务管理能力和人力资源管理能力；共享中心是总部机关建设的重要组成部分，要坚持不断学习进取，加强与本部协同配合，共同发展。我们曾对机关本部提出“八个手”的要求，同时对共享中心提出“八个力”的要求，这“八个手”与“八个力”是相互作用的，必须团结统一，协同作战。两者既不同又相同，不同的是，在职能分工上有所不同；相同的是，都是集团总部的组成部分，同属集团管理资源新模式、新体系，所以要加强协同，共同提高管理效能。

3. 进一步加强“一带一路”建设，积极推进沿线新项目开发

党的十九大报告和党章中多次提到“一带一路”及相关内容。习近平指出，“过去几年共建‘一带一路’完成了总体布局，绘就了一幅‘大写意’，今后要聚焦重点、精雕细琢，共同绘制好精谨细腻的‘工笔画’”①。党的十九大精神和习近平总书记的重要讲话给我们下一步建设“一带一路”指明了方向，我们要借助“一带一路”建设的东风，把“一带一路”建设带来的新机遇，转化为新的动力源和新的增长点。

一是先要大力加强比港的开发建设。希腊比雷埃夫斯港投资是我们“一带一路”建设中具有示范意义的项目。要做好比港战略规划，坚持发展是硬道理。加大市场开发力度与项目投资，加快发展比港及相关业务。比港的核心还是要把集装箱吞吐量搞上去，目前最成功的业绩，就是我们把港口吞吐量从68万TEU提升到410万TEU，这个巨大变化，带来了整个港口产业链的发展，为当地政府创造了更多就业条件。下一步，要让比港集装箱吞吐量再上更高台阶，把实现1000万TEU作为近中期目标。所以要加强统一的全球销售体系建设，充分利用集团境内外两方面力量支持比港的业务发展。当前是要加快修船业务的恢复；在中远海运重工的支持下，“中远余山”号浮船坞已改为“比雷埃夫斯3号”，该船坞于今年2月6日启航，计划3月初抵达比港，此举将会给我们综合业务发展带来非常大的影响。应该说，比港的发展已经不仅关乎集团的发展战略，更牵动到国家的发展布局，意义重大，责任重大，我们必须统一思想，高度重视，共同支持比港的发展建设。

二是要继续大力开展中欧陆海快线建设，加快推进快线整体的物流配套发展。中欧陆海快线是我们最初提出的第三通道，第一个是大陆桥运输，第二个是海上丝绸之路，第三个就是通过比港、匈塞铁路辐射到中东欧地区的新的贸易通道。现在，我们已经建立了陆海快线的平台公司。下一步，要进一步提高中欧陆海联运业务规模，加强沿线物流场站建设；同时要及时跟进铁路运营；这也是我们加强海外物流发展的一个良机，必须抓住抓好。

三是要加快海外码头特别是“一带一路”沿线的码头布局。结合国家“一带一路”倡议和集团集装箱航线布局情况，中远海运港口要积极研究和开拓东南亚地区、非洲以及南美有增长潜力的码头项目，力争在项目开发上有所突破。

四是要全力以赴做好东方海外要约收购。集团各方要密切配合，协同作战；争取内外统一协调，抓紧业务布局；争取按照计划时间节点，完成收购工作。收购之后，我们将推行双品牌战略，实现双品牌协同效应，确保为客户提供始终如一的优质服务。这是我们对市场做出的承诺，必须兑现。

4. 以改革创新为内生动力，厚植集团发展新优势

一是要继续推进整合方案的实施落地。去年我们已经出台并推进了一些深化改革项目，如财务公司整合、香港中远海运机构与业务整合等。要按照已经确定的原则，继续抓紧方案的实施落地，确保项目按计划推进实施。船员管理、船舶管理、地区公司、船员培训“四位一体”的改革方案已经基本形成，下一步还要扎实推进方案实施落地工作。

二是要做好2018年燃供等重点项目的整合。目前我们全集团的经营性业务几乎已经基本完成了整合，现在剩下的就是燃油供应业务，同质公司仅剩下两个燃供公司。虽然两家公司均有外部股东，但我们必须克服困难，争取共识，做好重组整合；因为这项改革关系到国资委乃至我们国家的改革大局。目前，集团间的上层沟通已经很充分了，眼下就是中层之间的具体实施，我们相关的职能部门要加强推进，主动沟通对接，把整合工作做细做实。

① 《习近平在推进“一带一路”建设工作5周年座谈会上强调 坚持对话协商共建共享合作共赢交流互鉴 推动共建“一带一路”走深走实造福人民》，《人民日报》，2018年08月28日01版.

三是要推进信息化平台建设。今年2月2日，中远海运集团科技与信息平台正式启动了。我在集团今年务虚会上已经专门做了强调，要积极推动集团数字化转型，迎接大数据时代的变化，打造智慧航运，推进智能制造。当前的迫切任务是要加快这些信息化建设项目的落地，要做好整个集团的信息化规划，从管理上、体制机制上提供保证。加强科技与信息化平台建设，需要一步一步具体推进，一项一项抓紧落实。下一步，我们准备召开信息化专题会议，研究和推进整个集团的信息化建设工作。

四是要大力推广混合所有制改革和员工持股。要积极落实国家政策的部署，结合泛亚的混改，加快在系统内部，如集装箱代理、船舶代理、科技型企业等轻资产单位，推行混合所有制的试点工作。我们要实施员工持股、项目激励等措施，以此来调动我们员工积极性、创造性、能动性。合理运用上市公司的股权激励，加快职业经理人建设，包括正在推进的薪酬市场化，不断完善激励和约束机制，增强干事创业者的获得感。就集团目前已有的薪酬制度而言，虽然我们在设计上试图考虑周全，如不断完善考核制度，但是没有一种制度是十全十美的，也没有一个薪酬制度是绝对公平的，需要在发展中不断完善。如薪酬分配制度，遵循的是效率优先、兼顾公平的原则，要有个考量的严肃性，但无论怎样总会难免出现“几家欢喜几家愁”。对此，我们每一个同志都应该看到自己在完成指标时获得的增长，而不应总是把眼睛聚焦到内部横向比较上。所以大家要胸怀改革全局，要以积极态度干事创业，为集团的改革发展提供更多正能量。

五是要在更大范围推行职业经理人制度。目前，我们已通过试点推行了职业经理人制度，并取得了不错的效果。下一步，对于集团的上市公司、部分海外公司、部分三四级公司，也要做好相应计划，大力推进职业经理人制度。董事会与职业经理人应签订聘用和业绩两份合同，采取内部人员身份转换等方式，选聘职业经理人和经营管理者，真正建立“能进能退、能上能下、能增能减”制度，以此促进企业的健康发展。

5. 加强战略管理与授权管理，不断完善二级公司治理结构

新集团自组建以来，我们大力推进二级公司董事会建设，取得了一定成效。现已完成了30家二级公司董事会及董事长授权事项清单；2017年，累计完成非受限事项15项，涉及金额48亿元；强化了二级公司董事会治理能力，也提升了集团的决策效率。不过，对照管理目标要求，我们做得还远远不够。下一步，要从五个方面进一步抓好战略管理和授权管理。

一是要处理好战略管理与授权管理的关系。为了提高工作效率，我们要授权。但是我们一定要处理好“管”与“放”的关系，过去这是一个死结，死即“一管就死，一放就乱”。因为“一放就乱”，所以就不想放而想管，结果把企业管得没有效率，变成“一管就死”；同时，“一放就乱”，也不符合我们合规合法的经营要求。而要“管”“放”有度有序，就需要认真处理好战略管理与授权管理的关系。

二是要逐步扩大对二级公司的授权范围。综合考虑二级公司董事会规范建设、市场竞争态势、客户现实需求、资产上市和经营规模等相关情况，对二级公司进行分类界定。在此基础上，扩大对行权规范、制度健全、决策高效的二级公司授权范围，以不断提升企业决策效率和市场反应速度。

三是要加大对人力资源管理相关事项授权。下一步，可考虑将二级公司经营班子中负责人的选聘、考核、薪酬分配，授权给二级公司董事会。集团组织部门及相关部门要协助董事会专业委员会对此进行研究，完善规范性制度，一定要让二级董事会在公司治理当中充分发挥作用。对于二级公司经营管理需要的外派人员，也可考虑授权管理；集团人力资源管理可搭建人才统一信息平台，通过授权管理提升企业效率效能。

四是要加大对聘任董事成员的质量把关和监督考核。因为要董事会授权，要发挥董事会在企业治理当中的作用，那么董事会成员的专业化和高素质就变得十分重要。所以要强化派出董事的专业化、高素质要求，加强对派出董事的年度考核。还要补充、配齐二级董事会的董事人员，让董事们能够在履职尽责当中发挥作用。

五是要提高管理效能与工作效率。对于集团总部机关和各公司管理层，都必须强调效率优先的原则。总部机关管理要进行流程化再造，各二级公司的管理层要加强对下属公司管理。管理效能与工作效率，既涉及企业制度与流程问题，也涉及管理者自身的工作作风问题。现在，中央强调要抓“四风”的新四种表现，坚决遏制形式主义和官僚主义。各部门、各单位都要把提升工作效率和反“四风”紧密结合起来。例如，我们在一些报告中往往出现同一指标统计数字不一致的问题，就说明其基础管理上还存在许多薄弱环节，需要加以改进。

6. 增强资本经营的意识和能力，实现资源、资产、资本三位一体深度融合

在集团2018年务虚会上，我曾讲到了这个问题，即如何增强资本经营、资产经营和生产经营，如何实现三位一体深度融合，请大家共同思考并有效推进。

一是要增强资本经营的意识。各公司要打破依赖集团投资的惯性思维，增强资本经营意识，提升资本经营能力，通过资本经营来实现资本要素的市场化配置，以资本活力来提升全产业链活力。从去年看，我们在资本经营方面，已有不少成功的案例。例如，通过资本经营，我们收购了青岛港20%股权；在新加坡港，我们将一个接近市中心、但对发展存在瓶颈的小码头置换成大码头，土地增值非常大，以小资产置换大资产，现在这个码头发挥了非常好的效能；在新加坡Cogent，原来的新加坡国际船务亏损很大，我们通过置换，购买了一个新的物流公司，现在整个东南亚市场期盼非常高，股价不断看涨；因为市场就是看重企业的整体发展，依此决定对企业未来的信心。此外，还有我们收购了上海港，刚刚交割完成，股价就从5元涨到了9元。这些成功案例是非常多的。各公司特别是上市公司要找准资本市场契合点，加大资本运营力度。

二是要聚焦对存量资源和资产的盘活。现在我们很多公司拥有不少资产，其中不乏好的资产，但目前很分散，发挥不了作用，也没有产生多大的效益。我们要考虑怎么来把这些存量资产盘活，哪些是该清理的，哪些是该退出的，哪些是该兑现的，都需要梳理清楚，要研究在市场增值的基础上怎样来变现。投资需要资金，但资金不能只从银行去贷款，那样财务费用会很高。现在很多资产是可以变现的，一旦变现，对核心资产投资就能带来巨大活力，所以每个企业都要认真研究资本经营，思考如何盘活资产，如何通过变现去投资更有战略性的项目，以小资产变大资产。特别是我们很多公司拥有一些地产和房产，但有些地产不具备开发能力，有些房产交给物业公司进行租赁；需要想办法把这些资产有效盘活。当然，在实际操作中会遇到许多困难，但只要我们积极开动脑筋，认真研究，困难终究是能战胜的。

三是要积极打造上市公司市场形象。未来加强上市公司的市值管理是非常重要的，要通过塑造市场形象，提高上市公司市场认同度并扩大市值，进而不断提高经济效益，提升发展能力。

四是要继续做好压减工作和“僵尸企业”处置。去年压减工作成效显著，今年任务也不轻松。当然，有时根据发展需要，还需增加新业务。但必须强调，这样一边关闭很多企业、一边又申请新的企业，就必须要考虑清楚企业发展必需的业务是什么；否则，压减任务“按下葫芦起了瓢”，就使得压减成绩归零，目标实现也就落空了。

7. 进一步拓展海外业务，着力打造全球公司

一是要大力提升海外供应链综合服务能力。对于在海外集装箱供应链延伸服务、客户端到端服务等业务，一定要下功夫开拓。我们不乏提升供应链服务的成功案例，例如中坦公司，原来经营非常困难；后来我们派出了新的领导，公司转变经营思路，创新商业模式，及时开展集装箱延伸业务，现已走出了经营困境，发展势头良好。总之，要通过海外供应链综合服务能力的提升，推动集团成为全球航运物流市场的有力主导者，成为全球领先的综合物流供应链服务商。

二是要大力开发海外新兴市场。昨天集团研究咨询中心已经对国际市场进行了深入分析。总的来看，2018年，非洲、南亚、拉美地区的市场增长还是高于全球平均水平，所以我们要有前瞻性目光，密切关注上述新兴市场变化，及早做好布局，加快进行业务开拓。

三是要关注中国进口贸易的形势变化。要利用好今年中国进口博览会平台寻找商机。中国贸易格局正在发生巨大变化，出口大于进口的传统格局有望改变。未来贸易格局对我们货运平衡是非常有利的；目前在欧洲，进口大幅增长，已经开始趋向于货流的平衡。所以我们各家公司要牢牢把握好机遇，更多揽取回程货物，提升创收创利能力。

四是要强化海外的支线建设。现我们一些区域支线业务发展非常好，如欧洲地区已经投入了21条船、4万TEU运力，同比增长300%的舱位，操作箱量超过130万TEU，这是我们海外发展未来的一个方向，既为集运减少了公共支线的费用，同时又把海外业务发展起来了。再如新鑫海，现在有70艘船、18万TEU运力，货运量已经达到159万TEU；不经意间，我们已经成为公共支线的佼佼者。对此，各海外公司要认真开拓支线市场，与中远海运集运共同协调开发海外区域支线业务。

五是要加强海外的管理。要严格各项纪律，规范运行，坚持标准，优化程序；要加强海外党建工作，增强政治意识，加强对派出干部的党性教育、宗旨教育和警示教育。现在我们的海外管理还存在不少薄弱环节，希望各海外公司必须给予高度关注，不断提升海外企业管理水平。

8. 牢固树立“安全第一”的理念，确保企业安全发展

对于安全工作，我经常讲：“简单的事做好了就不简单。”简单的事情是枯燥、重复，但是如果态度不认真，马虎对待就会闯下大祸。目前，集团船队发展非常快，每天有1100余艘船舶航行在全世界，其中每天平均约有142艘进出港、180艘靠离码头、105艘在渔船密集区及狭水道航行、30余艘航行在防海盗高风险区。应该说，集团安全生产形势非常严峻，我们承受的挑战和压力不是一般企业能够比拟的，这对我们的安全管理要求也必然更高。安全工作的意识要强，安全工作要做细，要以如履薄冰的心态做好简单重复的工作。要天天敲警钟，天天讲安全。集团已经召开过安全管理工作会暨安委会会议，这里我就不讲太多，希望大家牢记安全工作，思想上一刻也不得放松。

春节马上就要到了，要做好节日值班和应急值守工作。各单位要带头落实好值班制度，科学做好各项生产安排，确保通信联络畅通、值班制度严格落实；要保持节日期间安全工作有序；在年前的慰问安排当中，也要安排安全检查工作，确保度过一个祥和的春节。

9. 大力实施人才强企战略，着力推进干部人才队伍建设

一是要加大年轻干部的培养。去年我们在人才培养方面做了不少工作，举办了“远航班”“启航班”，选调了一批年轻优秀的“70后”、“80后”干部；目前年轻的“70后”、“80后”干部在一些重要岗位上任职还是不少的，特别是在集运、码头、金融这些重点板块，以及美洲、欧洲公司等，这些行政主要领导都是“70后”干部。“70后”“80后”的干部是我们这个企业未来发展的希望，所以要重视对年轻优秀干部的培养和任用。我们天天在讲人才培养要着重于年轻干部，规划也有了，学习培训班也办了，现在要突出的是以一“用”字。各单位要大胆使用年轻干部，敢于把年轻干部放在重要位置上，让他们在实践中迅速成长起来。下一步，集团将考虑在一些重要岗位上，把年轻优秀干部推上去。对待年轻干部，不要戴有色眼镜，只看到缺点而看不到优点，那样我们的“青年接力”就无法实现，人才强企战略也就无法推行。

二是要创新干部的考核理念和思路。考核的程序步骤、方式方法，要按照科学选人用人的标准去做，但是固有的模式也要改变，为年轻干部尽快成长营造良好氛围。

三是要大力培养使用复合型人才。不同产业集群之间、不同板块之间，要实现岗位交流，包括总部机关、共享中心与基层单位之间都应该交流，构建一个重点培养和创新的机制，着力培养复合型、创新型和国际化人才。

四是要优化海外员工管理方法。针对海外不

同岗位、不同地区的特点，实行差异化的任期管理，从传统的任期管理向资源配置管理转变。之所以强调实行海外职业经理人制度，因为这一制度本身就是遵循“能上能下、能进能退、能增能减”原则，不是像我们现在这样一定要强制实行“年限制”。现在实行任期制，基本上都是任期结束就调回来的，而在有限任期内往往就是干好干坏一个样。实行职业经理人制度，干得不好两年就下来了；干得好可以突破任期界限。所以这些方面我们都要有一些创新的模式。

五是要加强海外干部的人文关怀。尤其对于派往困难地区的海外干部派，更要加强人文关怀。昨天我们在巴基斯坦的海外干部街头遇袭事件，更对我们加强人文关怀提出更高要求。现在在海外薪酬激励当中，我们已经考虑了困难地区的补贴，但是这个补贴仅是物质上的，各级组织还要从心灵上、精神上对海外干部给予关怀。

10. 加强企业品牌建设与文化建设，充分展示集团大央企、大船企的新形象

一是要全力办好博鳌亚洲论坛。今年4月8日，习近平总书记将出席博鳌亚洲论坛。博鳌亚洲论坛是今年我国四个主场外交活动的第一场；而习近平总书记的论坛演讲也将是纪念我国改革开放40周年系列活动中的首次演讲。我们作为承办单位，一定要全力以赴做好会议相关工作。中远海运博鳌要认真研究，认真对待，动员全体员工，集中精力把筹办工作做好。要举全集团之力来支持这项工作。对此，我们还要进行专题研究和部署。

二是要牢固树立“四个一”文化理念。昨天，中远海运之歌优秀作品展演汇聚了12家单位员工自主自创自演的14个节目；这项活动就是体现“同舟共济”文化，也是传统的航海文化。为什么新船交接有“教母”之说，要开香槟，要命名，要为船舶祈福，因为过去航海是需要冒险的，这就需要同舟共济。过去船舶出海了，不知道还能不能回来，所以需要“教母”祈祷平安。船舶在碰到大的风浪时，所有的人都要有一个意志，就是团结协作，共同努力，只有这样才能把船舶平安地驶回。虽然现在科技发达了，但是传统的“同舟共济”航海精神并没有过时。

对于传统航海文化中许多优秀的文化基因和内涵，我们要发扬光大，做好传承。集团组建一开始，我们就提出“四个一”理念，其核心就是“同舟共济”精神。两家企业合在一起，就是在同一条船上，所以必须同舟共济，必须尽快从相加走向相融，必须互相包容、互相学习、互相帮助、互相促进、互相补台。把“四个一”理念牢固树立起来了，我们的改革发展就能行稳致远。

三是要认真做好扶贫工作。今年中央确定了三大攻坚任务：防范风险、防治污染、精准脱贫。扶贫脱贫是我们的责任和义务。我们要继续积极履行央企社会责任，围绕中央打赢脱贫攻坚战精神，积极落实扶贫资金，继续办好扶贫地区干部培训，把扶贫与扶智结合起来，实现精准扶贫、精准脱贫。

11. 全面贯彻落实党的十九大精神，坚持党要管党和全面从严治党

一是要继续把学习贯彻党的十九大精神作为核心任务和工作主线。这是近期和未来一段时期的核心任务，要加强学习党的十九大精神，学深学透习近平新时代中国特色社会主义思想以及治国理政思想，增强“四个意识”，坚定“四个自信”。

二是要全面加强基层党建工作。落实中央企业党建工作责任制考核评价办法，继续把全国国企党建会议30项重点任务分解好，完成好。

三是要推动全面从严治党向纵深发展。巩固发展反腐败斗争压倒性态势，深化“两个责任”落实，坚持无禁区、全覆盖、零容忍，坚持重遏制、强高压、长震慑。继续夯实治本的基础，将制度建设贯穿于全面从严治党的全过程。重点加强对各级领导人员行使权力的制约和监督，紧盯“关键少数”尤其是“一把手”和重要部门、关键岗位的主要负责人。发扬“钉钉子”精神，认真查找“四风”突出问题特别是形式主义、官僚主义的新表现。加强对基层单位的监督检查，推动中央八项规定精神向基层一线延伸。

四是要做好迎接中央巡视组进驻集团准备工作。十九届中央第一轮巡视工作即将开始，我们是第一批被巡视的8家中央企业之一。春节之后中央第九巡视组将进驻集团并全面进行常规巡视。《新闻联播》已经播放了赵乐际同志的重要讲话，昨天集团党组也对做好中央巡视准备工作进行了专门的部署安排。总的来说，我们一定要从讲政治的高度，认真学习习近平新时代中国特色社会主义思想；此轮巡视工作对我们全面从严治党既是检验，也是促进和提高。对此，集团将进行重点安排布置；待中央巡视组进驻之后，还有些具体要求并将之贯彻到各级党组，希望我们大家高度重视、认真对待，以此推动我们不断改进工作。

同志们，2017 年，我们在市场新常态下取得了不俗的业绩。2018 年，我们要把思想和行动统一到党的十九大精神上来，举全集团之力，集全集团之智，兴改革创新之举，走协同发展之路，谋勇创一流之策，一步一个脚印向前走，一年接着一年加油干，不忘初心、牢记使命，努力交出一份合格的新答案。

立足新时代　聚焦新目标　展现新作为
打造具有全球竞争力的世界一流企业

——中远海运集团 2018 年工作会议总经理工作报告（摘要）

2018 年 2 月 5 日

第一部分　2017 年工作回顾

2017 年，在党中央国务院、国资委的领导下，中远海运集团深入贯彻落实习近平新时代中国特色社会主义思想，坚持稳中求进工作总基调，紧紧围绕打造全球领先的综合性物流供应链服务集团这一目标，深化改革重组，大力提质增效，全面加强党建，改革红利不断释放，发展质量持续提升，竞争实力显著增强，航运主业实现全面盈利，其他产业稳定增长。2017 年，中远海运集团实现营业总收入 2 322.94 亿元，同比增长 17.56%；实现利润总额 190.01 亿元，同比增长 18.22%；连续两年超额完成国务院国资委考核指标。回顾全年工作，总体概括为：三创三不断。

一、全力创效，集团整体效益不断提升

2017 年，全集团奋力拼搏，全力推进创效攻坚，打赢了航运板块翻身仗，效益实现大幅增长。

1. 深化改革促发展，航运集群全面盈利

2017 年，集团发挥重组整合后持续增强的市场影响力，积极构建航运新生态，取得了显著成效。航运产业集群实现全面盈利，对集团利润贡献率达到 42%。中远海运集运聚焦增长主题，大力开展“提升上船货收益”活动，利润总额超额完成全年奋斗目标，2017 年第三季度箱量超越马士基。中远海运散运坚持以货源为中心，以客户需求为导向，加强二次营销，2017 年利润总额完成奋斗目标。中远海运能源踩准外贸市场节奏，强化内贸客户营销，在低迷市场背景下跑赢市场大势，利润总额完成奋斗目标。中远海运特运创新战略客户合作模式，提升全球性大项目执行能力，完成经济奋斗目标。中远海运港口围绕“一带一路”大力布局全球码头，全年经济效益超额完成奋斗目标。此外，中远海运客运、厦门中远海运均实现盈利，为航运产业集群全面盈利作出了积极贡献。

2. 着眼长远调结构，竞争实力显著增强

在船队结构调整上，2017 年集团在继续做好船舶拆解的同时，抓住造船市场处于低点的有利时机，积极推进船队更新，船队向专业化更强、竞争力更大、环保性更优方向不断迈进。在客户结构调整上，2017 年，集团与上海市、武汉市等地方政府建立了战略合作关系，与一汽、宝武、奇瑞、东风、京东等多家大货主客户和合作伙伴签署了战略合作协议。在航线结构调整上，围绕三个市场持续优化班轮航线配置，中远海运集运欧美干线运力投入占比以及新兴、区域市场份额不断上升，其中非洲、拉美、南亚运力投入增长显著，运力结构与国际主要竞争对手日益接近。在产业结构调整上，集团优先发展集装箱运输、码头、物流和航运金融产业，抗周期性和抗风险能力持续增强。

3. 千方百计拓市场，营销工作亮点纷呈

2017 年，集团各单位积极拓展营销领域、创新营销方式，取得了可喜的成果。中远海运物流坚持以客户为中心推动全程物流供应链建设。香港中远海运全力提升营销服务水平。广州中远海运着力推进“大旅游、大健康”核心产业发展。

上海中远海运大力推动高层营销，成功与中国最大化学品生产商万华化学集团签署包运租船合同（Contract of Affreightment，COA）。中远海运北美积极开发第三国航线市场，成功开辟连接太平洋和大西洋两侧陆路运输中转业务。中远海运澳洲抢抓高值货源。中远海运日本大力开展全员营销。中远海运韩国利用新航线优势，着力开发集运客户。

4. 瘦身健体强实力，发展质量不断提高

集团以做强做优为出发点，以发展质量为着力点，持续开展瘦身健体工作。在“压减”方面，截至2017年底，压减比例为26%，管理层级压至4级，集团“压减”工作继续走在央企前列。在去产能方面，2017年集团造船产能及海工产品产能缩减量大幅超过目标进度。在“处僵治困”方面，集团按照“一企一策”方针，完成了1家“僵尸企业”的处置和3家特困企业的治理任务。在低效无效资产处置方面，2017年完成11项低效无效资产的处置任务。在降杠杆减负债方面，集团明确了总体目标，对债务风险进行了全面梳理排查，相关工作正按照国务院国资委要求抓紧推进。在“三供一业”分离移交方面，供水、供电、物业管理、供热（气）分离工作全面完成国务院国资委任务目标。

5. 强化管理提效率，管控能力持续增强

一是推进规范董事会建设。集团董事会2017年召开9次会议，共计审议27项议案，听取5项重大事项报告，对集团公司章程、董事会和专门委员会议事规则、年度投资及调整计划、财务预算决算等重大事项进行了审议，保障了企业的持续健康发展。集团大力推进直属单位规范董事会建设，已批准下发30家直属公司的董事会及董事长授权事项清单。2017年，相关直属公司共完成董事会“非受限”事项行权15项，完成董事长授权事项行权228项。二是推动全民所有制企业公司制改制。截至2017年底，22家全民所有制企业完成了改制工商变更手续，企业类型由全民所有制变更为有限责任公司，圆满完成集团所属全民所有制企业的改制任务。三是抓好成本管控。2017年，集团营业总成本同比增幅明显小于营业总收入增幅，其中，船舶租赁费及单箱箱管成本同比下降十分显著。此外，在“两金”压控上，集团2016年末应收账款存量、存货存量的压减指标均达到目标要求。

6. 强化合作挖潜力，协同效应不断释放

在航运协同上，中远海运集运深挖协同创效潜力，推动联盟航线挂靠比港，年内实现9条干线和31条支线成功挂靠。在物流协同上，中远海运特运与中远海运物流合作投标，成功中标爪哇七号电站项目和国家电网缅甸项目等10个项目。在产业链协同上，中远海运重工积极落实“集团船集团造”政策，承接集团6艘超大型散货船（Very Large Ore Carrier，VLOC）和2+1艘纸浆船项目。中远海运金控与中波公司开展产融协同，为中波公司中方船队融资项目降低近30%成本。中国船燃为集团船队供油同比增长62.59%。中石化中海燃供开发“为船服务”平台，供应效率大幅提高。

二、合力创业，集团发展能力不断增强

2017年，集团围绕控制资源、配置资源、优化资源，合力推进改革，合力干事创业，为集团长远健康发展奠定了坚实基础。

1. 以集团战略为指引，大力开展改革创业

一是完成船员管理体制改革。船员管理体制改革涉及管理船员近5万人，是人员最多、范围最广、影响最大的一项改革工作。中远海运船员公司按照“三提高一降低”（提高船员综合素质、提高船员总体待遇、提高船舶安全管理水平、降低运行成本）的原则，积极推进船员资源专业化管理和集约化配置，不断提升航运主业的核心竞争力。二是完成理货业务改革。中远海运物流积极推进吸收合并理货业务后的合署办公和业务规划，确保了业务、队伍和客户稳定。三是推进科技资源整合。2018年2月2日，集团科技与信息化平台正式启航，在集团“数字化转型”道路上迈出了坚实的一步。此外，集团船舶管理体制改革、地区公司定位发展、财务公司整合、燃供业务整合、教育资源整合等航运配套产业改革工作也按计划紧锣密鼓稳步推进。

2. 以股权运作为纽带，大力开展资本创业

2017 年，集团充分发挥资本作用，推动具有全球影响力的行业性并购和产业链合作。7 月，集团和上港集团宣布联合要约收购东方海外 68.7% 的股权，该项收购已通过国资委审批和美国、欧盟反垄断审查。收购东方海外后，集团集装箱运力将超过 300 万 TEU、跻身行业第一梯队。2017 年，集团先后收购了青岛港集团 20%、上港集团 15% 的股份，进一步深化了港航合作；收购了上海农商银行 10% 的股权，加快了在金融板块关键领域的布局。此外，中远海运控股、中远海运发展、中远海运能源 A 股非公开发行工作也正在推进中。

3. 以"一带一路"为抓手，积极推进海外创业

一是全力开拓"一带一路"市场。2017 年，集团在"一带一路"沿线投入集装箱舶运力不断上升，为"一带一路"沿线地区提供优质高效稳定的班轮服务，同时提供全方位的综合物流供应链服务。二是稳步推进中欧陆海快线建设，集团围绕比雷埃夫斯港，全力打造"中欧陆海快线"这一远东通往欧洲的第三条贸易大通道。2017 年，比港码头装卸箱量超过 415 万 TEU，中欧陆海快线全年累计完成货运量 4 万 TEU，同比增加 135%；客户数量从 2016 年的 3 家增长到 635 家。中远海运欧洲整合内外部资源，加大平台建设力度，成立了陆海快线有限公司，为中欧陆海快线提速发展奠定了坚实基础。三是大力推进沿线港口布局。2017 年，集团相继完成了西班牙 Noatum 码头、比利时泽布吕赫码头和新加坡中远-新港码头新泊位收购项目；集团全球投资经营码头共 55 个。四是大力投资沿线基础设施。2017 年，集团先后投资哈萨克斯坦霍尔果斯-东门无水港、阿联酋阿布扎比码头 27 万平方米集装箱拆装箱场站、埃及苏伊士运河经济区 13 万平方米保税物流园区，收购了新加坡 Cogent 物流公司。

4. 以保障发展为目标，全面推动安全创业

一是强化风险管控。集团对高风险业务、新型业务、重大改革以及重大投资并购等事项，建立了专项风险评估制度，各类风险得到有效防控。针对融资性贸易风险，集团加大工作力度，得到了国务院国资委专项审计组的肯定。2017 年，集团对各二级单位和海外公司实施了法务与风控考核，有效确保了各单位经营活动依法合规。二是强化监督审计。集团开展了选人用人专项监督，全面清理了特殊关联企业，强化了境外企业纪检监察审计工作。集团认真落实中央巡视整改要求，积极推进直属单位"三重一大"管理办法的制定和审批；36 家直属单位基本完成"三重一大"管理办法的制定。三是强化安全保障。集团牢固树立安全发展理念，严格按照"党政同责、一岗双责、失职追责"的要求，强化十分制考核；持续加强船舶和基层单位隐患排查，进一步强化一线管理和现场直线监督。在集团及各单位的共同努力下，确保了安全生产形势总体平稳。

5. 以品牌建设为内核，大力推进文化创业

一是品牌影响力不断提升。2017 年，国家级主流媒体报道集团 300 余次。集团作为金砖国家工商理事会轮值主席单位，成功主办 2017 年度会议，提升了集团全球品牌形象。集团在福布斯全球最受信赖公司 2000 强榜中排名第 104 位，是全球唯一上榜航运企业，位居中国内地企业第 1 位。集团成功主办港航交流会，携手全球领先港航企业发布博鳌宣言，积极打造港航命运共同体，共创港航合作新时代。二是文化感召力日益增强。通过系统宣讲和包括视频、微信等新媒体在内的广泛宣传，集团"四个一"文化理念和发展愿景日益深入人心。2017 年 11 月 8 日，集团发布了企业文化核心价值理念纲要，进一步形成了以企业使命、愿景、价值观等为主要元素的"1+6"企业文化主体框架，为内聚人心、外塑形象奠定了制度基础。三是自觉履行社会责任。集团积极开展扶贫援藏工作，签署了《中央企业参与西藏国有企业改革发展战略合作协议》和《"十三五"中央企业对口援藏合作协议》。集团为云南永德地方特色产品扩大销路，为当地茶农创收 1500 多万元，有效推动了产业扶贫。此外，集团继续承担保障国家安全任务与国际海上搜救任务，践行绿色航运，保护生态环境，得到了相关部门和社会的广泛认可。

三、大力创新，集团创新活力不断迸发

2017 年，集团向创新要动力、要实力，持续在科学技术、商业模式、体制机制上推动创新，为长远发展注入了新的活力。

1. 经营创新成效显著

一是推进“互联网 +”业务创新。集团大力推进与阿里巴巴的电商平台拼箱业务，与京东签署战略合作协议，进一步深化了商业合作新模式。积极搭建线上线下服务平台，将电商保险推广到线下，为航运内贸客户提供了富有竞争力的服务。二是推进服务产品创新。中远海运散运创新航线产品，成功铺设 12 条内贸“准班轮”航线，成为公司稳定的效益增长点。中远海运特运大力开发极地市场，完成 5 个北极航次和南极菲拉兹科考站物流运输，成为全球唯一一家能够提供南极和北极航线服务的公司。三是推进航运金融产融结合。2017 年，集团成功组建国内第一家航运自保公司，开业第一年就完成了集团自有船舶 100% 自保。中远海运发展与中远海运物流、河南省现代服务业产业投资基金共同设立了集团第一支产业基金——远海中原物流产业发展基金，基金总规模达到 100 亿元；同时与中远海运重工积极探索产融结合新模式，盘活平台供应船（Platform Supply Vessel，PSV）等海工资产。此外，集团还积极推进金租项目和小贷项目，以进一步拓展产业链上下游协同发展的空间。

2. 科技创新成果涌现

一是船舶科技水平不断提升。集团大力推进“智能船舶”项目，“智能系统”已在集团新建 6 艘 21 000TEU 集装箱船和其他船舶上进行推广。集团物联网项目完成系统建设工作，已用于监控冷箱运输状态，可有效提高货物运输质量。二是智能制造能力持续增强。南通川崎《基于两化融合的智能船厂建设项目》成功列入工业和信息化部《2017 年制造业与互联网融合发展试点示范项目名单》。集团“深水半潜式支持平台研发专项”项目已形成总体方案，项目的实施将推动集团海工产品迈向产业链中高端水平。2017 年，集团在船舶和海工建造方面分别获得两个国家科技进步奖二等奖，中远海运特运“新一代中远海特型 28 000DWT 重吊多用途船研制”获中国航海科技奖一等奖，中远海运重工“大型多点系泊 FPSO[①]设计与建造技术”获中国航海科技奖二等奖，上海船研所“船舶主动力监控系统研究与应用”获中国航海科技奖三等奖。

3. 体制机制创新取得突破

一是顺利完成“混改”试点。作为国务院国资委 10 家试点之一，集团顺利完成泛亚“混改”和员工持股工作。其中，复星集团持股 10%，员工持股 8%，实现了国资、民资与员工出资的紧密融合。二是持续推进职业经理人试点。集团在金控平台开展职业经理人试点，以市场化方式公开招聘中远海运金控副总经理和首席风控官，同时符合条件的中远海运金控、中远海运发展班子成员也正式与董事会签订聘书转为职业经理人。三是创新人才招录和培养模式。集团上线了人才招聘平台，开设了网络学习平台，总部和海外公司中方员工近 1000 人开展了在线学习和考试。中海党校突出党性教育和干部能力素质提升，不断创新培训设计、组织实施、培训方法，2017 年完成各类培训班 75 期。青岛船院加强航运教学科研，编写的《高级值班水手》国际海事组织（IMO）示范课程通过审核，将出版供各国船员使用。此外，集团其他教育培训机构，也为集团船员素质和技能提高作出了积极的贡献。

第二部分　2018 年形势与任务

党的十九大庄严宣示，我国已进入中国特色社会主义新时代，这是我国发展新的历史方位。党的十九大对深化国有企业改革，发出了培育具有全球竞争力的世界一流企业的动员令，这为集团今后发展指明了方向。作为我国航运骨干央企，集团经过一系列的改革重组，已成为世界上最大

① Floating Production Storage and Offloading，浮式生产储油船。

的综合性航运企业，站在了新的历史起点上。

一、2018 年集团面临的形势

当前，我们正处于一个大有可为的历史机遇期，我们要看清经济大势、看准行业形势、看好企业态势，积极把握机遇，努力打造具有全球竞争力的世界一流企业。

首先要看清经济大势。世界经济正处于由收缩向复苏转变的关键时期，国际货币基金组织（IMF）最近连续上调增长预期，预测 2018 年增长率将达到 3.9%，高于 2017 年的 3.7%。作为世界经济增长的主要动力源和稳定器，我国经济正加快由高速增长阶段向高质量发展阶段转变。2018 年中央经济工作会议，确定了继续“稳中求进”的总基调，把提升经济发展质量放在了更加重要的位置。同时，随着“一带一路”的稳步推进，新的合作成果和商机正不断涌现。其次要看准行业形势。2018 年航运市场整体仍处于复苏进程中。综合权威机构预测，2018 年集装箱运输需求将增长 5.4%，市场有望稳步回升；原油运输和成品油运输需求将分别增长 3.8%、3.7%，市场有望触底回升；散货运输需求将增长 2.7%，高于运力增长，效益有望大幅增长；特种运输需求将增长 4%，同时运力增长为负，前景值得期待。第三要看好企业态势。改革重组以来，集团推动深层次、根本性变革，取得了全方位、开创性成果。我们确立了“6+1”产业集群战略布局，完成了各专业板块重组整合，推动了各集群协同效应释放，深化了“四个一”文化理念，核心竞争力、综合实力和行业影响力大幅提升。党的十九大报告提出交通强国的要求，海运强国是交通强国的重要组成部分，作为全球最大的综合性航运企业，我们肩负着历史性使命，也面临着历史性机遇。

当然，在看到机遇的同时，我们也要充分认识存在的挑战。全球贸易竞争更加激烈，单边主义、保护主义愈发严重，我国经济结构转型升级，提高发展质量面临一定困难。在航运市场上，局部市场运力过剩带来的市场忧虑依然存在，2018 年，将有 33 艘 18 000TEU 以上的超大型集装箱船交付，同时还有 49 艘超大型油轮（Very Large Crude Carrier，VLCC）交付，市场仍将承受较大压力。此外，我们自身也有需要弥补的不足和短板，表现在：

1. 大而不强的问题仍然存在。尽管航运主业实现全面盈利，但效益基础还不牢固，各板块发展不平衡、大而不强的问题仍然存在。一些航运企业利润来源于拆船政策，经营能力有待进一步提升。集团海外资产配置比重越来越大，但与之相应的全球化拓展能力仍然不足。一些海外公司在集运业务划转后，效益大幅减少甚至亏损，“五个平台”作用还没有真正发挥出来。

2. 产业链协同处于初级阶段，尚缺乏顶层设计。经过近两年的重组整合，集团各产业集群分工日益明确，主动协同意识越来越强，产业链协同的成效不断显现。但也要看到，目前的协同停留在浅层次、单项目上的多，贯穿到深层次、系统性的少；集团要求驱动的多，靠市场驱动的少。我们在协同的顶层制度、体系上还达不到打造综合性物流供应链服务集团的要求，还有很长的路要走。

3. 管控能力和效率还需进一步提升。在信息化建设上，集团当前的信息化发展水平，还不能充分满足企业治理的需要，普遍存在信息孤岛需要连通、系统需要统一、数据需要共享、信息化人才队伍需要补充完善等现实问题。在管理效能上，部分单位和员工工作作风逐渐出现松懈，工作兜圈子、大企业病也有所显现。在安全管理上，安全生产事故仍时有发生，反映出我们的安全基础还不牢固，需要进一步加强。

二、2018 年工作总体要求

集团已站在新的历史发展方位上，即从改革调整时期全面迈入创新发展时期。基于这一判断，以及当前形势与任务，中远海运集团 2018 年工作的总体要求是：深入贯彻落实习近平新时代中国特色社会主义思想和党的十九大精神，以新发展理念为指引，聚焦“2018 年效益指标不低于 2017 年水平，不低于 2018 年同期市场平均水平”的新目标，坚持战略引领、持续深化改革、突出创新驱动，全面实现各产业集群效益新增长，在高质量发展上不断取得新提升，努力打造具有全球竞争力的世界一流企业。

立足新时代，聚焦新目标，展现新作为，做好2018年工作，我们要着力推进六个转变。

1.在工作重心上，由重组整合向创新发展转变。随着集团航运主业及相关产业重组整合工作相继完成，改革的红利得到有效释放。下一步，推动集团效益稳定增长，实现可持续健康发展，必须转变增长方式，在深化改革重组的同时，要更加依靠创新驱动来实现又好又快的发展。我们的工作重心，要更加侧重于全方位创新，激发企业内在活力。

2.在发展方式上，由规模增长向高质量发展和规模发展并重转变。进入新时期，我们在巩固规模优势的同时，要更加关注高质量的发展，要把思维方式、工作方法、政策措施切实转到以提高发展质量和效益为中心上来，以规模增长推动质量提升，以高质发展助力规模扩张，做到量增质更优。收购东方海外后，我们要按照高质量发展的要求，使集装箱业务在更大规模上做到高质量协同与发展。

3.在竞争手段上，由单一业务竞争向以产业链为代表的体系竞争转变。当前市场竞争已不是单一企业、单一业务的竞争，而是产业链之间的竞争。我们必须充分利用航运产业链中的相互关系，整合产业链各环节资源，通过内部投资、整合并购和企业联盟等多种方式，实现资源共享和优势互补，快速响应市场竞争变化，更好满足客户需求，不断增强自身的综合实力和竞争力。

4.在经营理念上，由产品驱动向客户驱动转变。客户是企业一切经营活动的出发点，也是经营活动的最终目标。我们要以客户需求为中心来构建发展能力，从产品思维向客户思维转变，建立以客户为中心的业务流程、服务模式和企业文化。要把握好客户需求这一企业发展的原动力，奠定企业持续发展的坚实基础。

5.在发展路径上，由单一经营向经营、资产、资本三位一体转变。当前行业发展已突破经营性竞争的边界，呈现经营、资本、资产综合竞争的态势。我们要在经营的全过程倡导价值创造的理念，围绕供应链促进资产保值增值，围绕提升核心竞争力开展资本运营，推动经营、资产、资本三位一体深度整合，互融互进。要切实深化产融结合，挖掘协同效应，实现集团总体效益最大化。

6.在商业模式上，由传统行业向以现代供应链为代表的新业态、新技术转变。随着信息技术的发展，供应链已发展到与互联网、物联网深度融合的智慧供应链阶段。面对新的竞争环境和业态形势，我们要依托现代信息技术手段，抓紧对传统供应链的改造，实现供应链的可视化、网络化和数字化，提升产品和服务附加值，推动向现代供应链转型升级。

第三部分 2018年工作部署

2018年是贯彻党的十九大精神的开局之年，也是中远海运集团昂首迈向新时代、砥砺奋进航海梦的重要一年。我们要站在新起点、展现新作为，扎实做好各项工作。

一、聚力提质增效，实现产业集群效益新增长

各单位要按照经营预算目标，做好全面预算管理，党政主要领导要切实负起责任，按照“两个不低于”的要求，全面完成全年任务目标。一是坚持价值营销，努力增加收入。我们要大力推动营销升级，在巩固提升国内市场份额的基础上，不断增强海外营销实力。中远海运集运要继续开展“提升上船货收益活动”，推进行业专业化营销，实现从局部市场单一服务竞争到参与全球市场综合服务竞争的转变。要加强“冷特危”高值货的揽取，提升公司航线附加值，要大力开发中美/南美西—欧洲等地区的第三国冷链市场，努力成为全球冷箱承运人。2018年，我们将完成收购东方海外，收购完成后，集运要在营销服务等前端实现双品牌运作的基础上，推动双方在后端实现航线网络设计、供应商采购、箱管、IT等方面的统一规划，迅速实现战略协同效应；要借

鉴东方海外先进的IT技术和经验，提高整个管理链条和产业链条的效率，推动产品和服务的创新。二是坚持客户驱动，实现稳定增长。各单位要深化大客户战略，不断提高战略协议客户、直接终端客户、项目开发客户的比例，培育和提升潜力客户、中小客户的价值贡献。要充分发挥服务央企客户的营销平台作用，协同各单位做好重点客户、重大项目的开发、维护等工作，进一步强化国货国运营销力度。中远海运散运要着力提升基础货源比例，重点提高第三国区域间运输货量占比，2018年努力实现基础货源占比的计划目标。要顺应“以货定船”趋势，科学调整运力结构，努力在海运段之外开辟新的延伸增值服务，实现从船与货的合作向链与链的共赢转型。要着重处理好内贸市场和外贸市场的关系，即期市场货和COA的关系、当前和长远的关系，不断向建设世界一流干散货航运企业的目标迈进。中远海运能源要继续深化与国内石油央企的战略合作，服务央企在海外能源市场的拓展。要进一步发挥海外网点功能，加强与跨国石油巨头在第三国运输市场的合作。2018年，LNG船将迎来交付高峰，要在2017年LNG业务实现良好效益基础上，进一步提升LNG船队的收益水平。要把握新能源发展机遇，进军甲醇、乙醇、乙烷等新能源运输领域；要把握新航线机遇，积极开展油轮和LNG船北极航线运输，打造战略领先优势。三是坚持市场导向，大力开拓市场。要抓重点，中远海运集运、中远海运港口、中远海运物流要通力协作，共同开发长江区域内码头、堆场、铁路场站、物流园区建设；要大力推动中欧班列建设，加大海铁联运开发，完善多式联运网络，提升市场控制力。中远海运散运、中远海运能源要进一步巩固、提升沿海内贸运输份额，力争有新突破。中远海运港口、PPA公司、欧洲公司要进一步巩固比雷埃夫斯港在地中海地区的枢纽港地位，大力推进中欧陆海快线铁路通道建设。要填空白，中远海运港口要在欧美市场布局取得重大突破的基础上，重点聚焦在新兴经济体的发展，研究布局非洲、南美等区域重点港口码头项目。要抓住国内各省（区、市）港口重组整合的契机，加大对优势港口的投资，同时退出低效港口产能，不断拓展集团港口业务。中远海运客运要以“三个拓展”（由“内”向“外”、由“运”向“游”、由“海”向“陆”拓展）为指引，加大走出渤海湾、拓展新市场的力度，做强做优客滚运输业务。中远海运特运要充分发动全球营销网点的揽货积极性，大力开发第三国货源，推进“运输+安装”增值业务，寻找新的增长点。要强弱项，中远海运集运要在密切关注传统欧美市场的同时，加大新兴市场、第三国市场、区域市场的开发力度，重点关注日韩、东南亚、印巴、南美、非洲等地市场开发，提升增量货源比例。中远海运散运要在印度、智利及某些非洲国家等新兴市场上，寻求战略客户发掘、价值货源挖潜、多元航线开拓，不断创造新的利润增长极。

二、持续深化改革，不断增强发展新动力

一要深入推进业务性改革。2018年，我们面临的一项重大业务改革，就是在收购东方海外后做好集运业务的整合协同。中远海运控股、中远海运集运要按照双品牌运营、六个“保留”的战略部署（保留独立品牌经营、保留上市公司地位、保留总部在香港运营、保留治理结构和管理制度、保留管理团队、保留薪酬福利体系），继续做好有关监管审批，过渡期间商业安排、风险应对、对外沟通等各方面工作。2018年，我们还要深入推进船员管理体制改革、船管体制改革、地区公司定位发展、船员培训资源整合、信息化资源整合、财务公司整合、香港中远海运机构与业务整合等项目，确保各项改革工作平稳落地。同时，要加快推进燃供、教育等项目改革，加强与利益相关方的沟通协调，确保2018年取得实质性进展。在境外燃供业务整合上，要着力搭建统一的境外燃油采购平台，实现境外燃供业务统一管理、统一经营，保障集团船队燃油供应；要努力将新加坡燃供平台打造成为境外燃油贸易、仓储调合、燃油供应、金融服务等产业链完整的全球船舶燃料综合服务商。此外，我们还要适时启动备件、物料、通导整合，客轮等产业改革工作；要推进共享中心服务延伸，逐步将共享功能从总

当地时间 2018 年 12 月 3 日，国家主席习近平在巴拿马城同巴拿马总统巴雷拉共同参观巴拿马运河新船闸。习近平主席与通过该船闸的“中远海运玫瑰”轮船长通话，向全体船员表示亲切慰问并寄予殷切期望。图为“中远海运玫瑰”轮和“中远海运牡丹”轮当日相继通过该船闸。

2018 年 7 月 27 日，
中远海控完成要约收购
东方海外国际。

2018 年 12 月 10 日，中远海运港口阿布扎比码头开港。

2018 年 1 月 22 日，中远海运港口和比利时泽布吕赫港务局签署中远海运港口泽布吕赫码头特许经营权协议。

2018 年，西班牙 Noatum 码头团队全面接管码头，净利润较 2017 年增长超 7 倍。

2018 年 1 月 26 日，中远－新港码头增加第 3 个泊位。

2018 年 2 月 26 日，中远海运比雷埃夫斯港举行“中远海运金牛座”轮首次挂靠仪式。此次靠港标志着比港进入“20 000TEU+”新时代。

2018 年 1 月 16 日，中远海运港口武汉有限公司（筹）揭牌暨阳逻码头及铁水联运项目签约。

2018 年 6 月 30 日，中远海运港口旗下南通通海港口投入运营。

2018 年 2 月 24 日，中远海运港口与青岛港国际签约成立海路国际港口运营管理有限公司。

2018 年 5 月 18 日，中远海运港口与普洛斯中国控股有限公司及深圳一海通全球供应链管理有限公司签署三方战略合作框架协议，达成战略联盟。

2018年5月11日，中远海运集运南美西三线"新美洲"轮首航墨西哥恩森那达码头，拉开了中远海运深入开发墨西哥市场的序章。

2018年1月16日，南通中远海运川崎建造的国产首制具有完全自主知识产权的20 000TEU级集装箱船“中远海运白羊座”轮命名交付，刷新我国完工交付最大箱位集装箱船纪录。该星座系列船舶共11艘。

“星座系列”部分船舶。

2018 年 6 月 12 日，中国最大箱位集装箱船“中远海运宇宙”轮交付中远海运集运。该船是中远海运集运 6 艘 21 000TEU 超大型集装箱船首制船。

2018 年 1 月 11 日，全球最大第二代超大型矿砂船“远河海”轮交付中远海运散运。该系列船舶共 14 艘。

“远河海”轮同系列船舶。

2018 年 1 月 25 日，中远海运能源全球最先进“中能温州”轮命名。

2018 年 7 月 19 日，中国首船亚马尔 LNG 经北极东北航道运抵江苏如东接收站。

当地时间2018年3月12日，中远海运特运“新光华”轮运载“比雷埃夫斯3号”浮船坞抵达希腊比雷埃夫斯港。

2018年5月25日，中远海运特运“康盛口”轮执行TCO项目首个航次顺利装货离港。

2018 年 7 月 28 日，中远海运特运“大华”轮装载一台卸煤机从南通起航，刷新重吊船装运货物最宽纪录。

2018 年 10 月 11 日，中远海运特运 5 万吨级半潜船“祥和口”轮在欧洲北海水域成功 DP（动态定位系统）浮托安装重达 1.8 万吨的 Borwin Gamma 海上变电站平台。

2018年10月14日，中远海运特运“大祥”轮在江苏太仓港装载4件高30米巨型果汁罐前往巴西桑托斯港，创造了公司船舶吊点高度最高纪录。

2018年11月13日，中远海运特运“乐从”轮成功装载运输130个LNG罐式集装箱，开创了中国商船大规模承运LNG罐箱的先河。

2018 年 12 月 18 日，中远海运特运“大德”轮首次采用岸吊、船吊接力作业，顺利装载 24 根长 128.4 米超长钢管桩结构，刷新重吊船装载最长货物纪录。

2018 年 12 月 19 日，中远海运特运雅万高铁项目第一船货物搭乘“凤凰松”轮从上海启程前往雅加达。

2018 年 1 月 5 日，中远海运中欧国际班列（天津—莫斯科）成功首发。

2018 年 1 月 22 日，上海中远海运物流完成民国时期石库门建筑物平移项目。

2018 年 1 月 26 日，中远海运物流圆满完成平昌冬奥会“北京 8 分钟”演出道具和设备全程物流服务。

2018 年 3 月 12 日，中远海运物流“北粮南运”海铁联运班列首发。

2018 年 3 月 22 日，重庆中远海运物流成功承运西南铝业 10 米运载火箭铝环运输项目。

2018 年 3 月 24 日，中远海运工程物流成功完成浙石化全球首台乙烯裂解炉全程一体化运输，刷新石化行业道路运输最重件和最高件纪录。

2018 年 4 月 11 日，中远海运工程物流成功实施世界最大镇海炼化渣油加氢反应器全程运输。

2018 年 4 月 20 日，中远海运物流"一带一路"南向通道贵州段班列首发。

2018 年 6 月 15 日，中远海运物流（香港）移动式冷库项目正式运营。

2018 年 7 月 13 日，海南泛宇外代完成 1050 吨超大型塔器设备运输业务。

2018 年 7 月 29 日，中远海运工程物流成功发运田湾核电 5 号机组首台蒸汽发生器。

2018 年 8 月 13 日，中远海运工程物流成功中标越南喜力头顿 DAP 运输全程项目。

2018 年 9 月 27 日，中远海运物流成都至俄罗斯马格尼托格尔斯克定制中欧班列顺利开行。

2018 年 2 月 1 日，舟山中远海运重工为马士基航运建造的 3600TEU 冰级集装箱船首制船命名交付。该轮凭借绿色设计理念、低碳环保指标、冰区航行适应性等优异表现，获丹麦海事博览会“船舶年度之星”大奖。

2018 年 5 月 9 日，扬州中远海运重工为民生租赁和法国达飞集团建造的 6 艘 9400TEU 系列集装箱船最后一艘船“CMA CGM JEAN GABRIEL”轮命名交付。

2018 年 11 月 19 日，大连中远海运重工“5+4”艘 6.2 万吨系列多用途纸浆船签约。

2018 年 7 月 23 日，英辉造船交付国内第一艘全铝合金纯电动旅游观光船“漓江之梦号”。

2018 年 2 月，上海寰宇锦州箱厂完成法国马赛商贸城 604 台特种房屋箱体拼接搭建。

2018 年 6 月 7 日，上海寰宇第 300 万 TEU 下线。

2018年3月20日，广州中远海运健康管理公司滨江街社区居家养老服务中心开业。

2018年4月18日，中石化中海燃供为“双子星”邮轮供应保税油。

部延伸到集团。

二要稳步推进体制机制改革。在干部人事制度上，要进一步完善高中层管理人员聘任制、任期制，建立领导岗位退出机制。要加大优秀年轻干部培养力度，分层分类建立集团优秀年轻干部后备库。要着力为普通员工设计成长路径，激励广大员工的积极性、创造性，提升企业活力。在劳动用工制度上，2018年，集团拟将职业经理人制度从金控向其他产业推广，向三、四级单位推进。要进一步优化外派人员管理方式，加大对外派人员培养力度和考核力度，将考核结果作为薪酬调整、职务调整、任期延长、调回安排等的重要依据。在收入分配制度上，2018年，集团要完成薪酬制度并轨，推动境内外薪酬框架的统一。要总结泛亚"混改"和员工持股试点的经验，研究推广混合所有制、员工持股、项目分红等改革。要探索市场化的薪酬总额决定机制，实现"业绩升薪酬升、业绩降薪酬降"的灵活分配。

三、保持战略定力，推动各产业集群新发展

1. 航运产业集群：要持续提升经营创效和盈利水平，以满足客户全方位需求为出发点，加快向产业链两端延伸，提升供应链延伸服务能力，培育收入利润增长点。中远海运集运要坚持内涵式发展和外延式扩张并重，充分发挥收购东方海外后的规模效应和协同效应，立足于引领集装箱运输行业发展。到2020年，中远海运集运要成为全球第一梯队的超大型班轮公司。中远海运港口要以集团"航运产业集群重要支撑"为依托，以"一带一路"为主线，重点布局海上丝绸之路的战略要地，努力发展成为全球领先的港口运营商，成为集团资源整合、全球化布局的排头兵。中远海运能源要稳健实施低成本扩张，积极参与国际市场上的合作和并购，有序扩大船队规模，致力于从行业追随者向引领者，最终成为领导者的转变。要巩固和强化国家能源运输主力船队地位，努力打造集油轮、LNG、清洁能源和新能源运输为一体的世界一流能源运输企业。中远海运散运要以"大客户、国际化、集约化"为引领，由"以船舶为中心"向"以货源为中心"转变，夯实国家大宗干散货物海上运输主力船队地位，积极培育岸上业务，千方百计增加延伸服务收入和利润。

2. 物流产业集群：中远海运物流要立足于现代供应链建设，抓住战略窗口期，做好战略规划和布局，全力推进政府物流平台、港口物流、散货物流、项目物流、冷链物流、多式联运、空运物流、化工物流和海外网络建设。要按照业务线条推进"前端客户化、后端平台化"的运营管理模式，不断形成专业化、规模化、网络化和标准化竞争新优势。

3. 航运金融产业集群：中远海运金控、中远海运发展要充分发挥集团产业优势，优化资源配置，努力成长为具有航运特色的供应链综合金融服务平台。要挖掘集团航运及其他产业集群金融服务需求，扎实抓好新设立的航运基金、物流基金和小贷公司的业务开拓、风险管控和战略发展，助推产融结合，为集团其他业务集群转型升级提供支持。要充分发挥自保公司作用，加快拓展业务，要按照金融公司要求完善公司治理，做好风险管控。

4. 装备制造产业集群：中远海运重工要保持战略定力，未来几年，要以结构调整、管理提升为主，眼睛向内、苦练内功，走专业化分工，质量发展道路，实现经营效益扭亏为盈，使重工成为集团有价值的"制造业板块"。要坚定不移"压产能""去库存"，产能压减要体现在盈利能力的提升上。要坚定推进"学川崎"活动，加快产品技术创新和流程管理优化，拓展业务增长空间。要进一步强化集团内部协同，抓好"集团船、集团造"政策落实工作。

5. 航运服务产业集群：要围绕航运主业效益最大化，做好相关服务工作。香港中远海运要发挥自身资本优势、区域政策优势、人才体制优势，紧紧围绕"三大平台"（非金融类业务的核心投资平台、航运服务产业集群统一经营平台、基础设施领域投资平台）战略定位，做强做优航运服务产业。

6. 社会化产业集群：要结合地区公司改革，

整合优化内部资源，确保效益和安全稳定。广州中远海运要努力成为集团社会化产业集群的重要支柱和新兴产业的孵化器，重点围绕大健康、大旅游，打通全产业链运作体系。上海中远海运要大力拓展仓储布局，建立与仓储能力相配套的化学品运输船队，打造液化储运环保产业链。天津、青岛、大连三个新的地区公司将在春节后启动重组，要按照改革方案要求，按时保质完成重组工作，既要保证稳定，也要开拓业务。

7. 海外产业：各海外区域公司要努力打造海外业务“五个平台”，积极做好与集团各产业的协同，切实释放改革红利；要围绕现代供应链建设，大力发展延伸业务，以优质服务增强客户黏性，不断扩大海外市场份额；要加大回程货揽取力度，着力解决航线货量不平衡问题；要推动资产运作，寻找合适的并购机会，优化海外资产布局。欧洲、北美、东南亚等各海外区域公司要聚焦区位发展，加快产业结构调整步伐，做强集团海外业务综合实力。

四、坚持三轮驱动，构建三位一体发展新模式

要坚持经营、资产、资本“三轮”驱动，优化配置资源，推动效率变革、动力变革。一是优化资源在航运产业上的配置。要加强航运主业在欧美优势区域和重点市场的资源配置，在非洲、南美等潜力市场、后发地区的资源配置，在落实“一带一路”倡议、“装备制造走出去”等国家战略上的资源配置。二是优化资源在现代供应链上的配置。当前，要重点加强在比雷埃夫斯港、中欧陆海快线、中铝几内亚铝土矿项目、哈萨克斯坦“霍尔果斯-东方之门”无水港、阿联酋阿布扎比码头、埃及苏伊士国际保税物流园区、东南亚地区物流基础设施及武汉铁水联运中心等的资源配置，以现代供应链的建设，助力“一带一路”倡议的实施。三是优化资源在产融结合上的配置。要以经营为基础、资产为纽带、资本为驱动，构建集团资本层、资产层、生产层三级管控体系。要努力发挥上市平台的直接融资功能，提高直接融资比例、优化资产结构。2018 年，要完成中远海运控股、中远海运能源和中远海运发展的非公开增发。要按要求完成“僵尸企业”处置和特困企业治理任务，对存量股权投资进行主动管理，兼顾效益实现或低成本融资。要继续深化产融结合，挖掘各产业集群之间的协同效益，提升集团整体效益。

五、引领创新发展，全面激发企业新活力

一是大力推进商业模式创新。要深刻认识以互联网为代表、资本为代表的新商业模式，以商业模式创新带动全体系、全业务、全团队创新发展。要注重大数据挖掘、分析和应用，研究运用船货信息平台推动船货匹配，推动航运电商平台发展。二是大力推进科技创新。以“编制一部规划、搭建一个平台、组建一支队伍、形成一套机制、落地一批项目”为抓手，推动集团科技创新工作向“智慧航运与智能制造”发展。智慧航运上，要推进智能船舶、数值水池和船联网项目，加强通导产品研发与合作，努力建立全球最先进的船队。智能制造上，要结合无人船发展趋势、集团内航运公司对智能航行的需求，促进南通川崎的智能建造技术服务航运板块，提升航运智能水准。要完成监造系统开发，全面采集集团内船舶监造各类数据，与集团船管平台无缝对接，形成从船舶建造到运营的全生命周期管理。要加强与其他央企的合作，充分利用社会资源，合作创新。三是大力推进信息化建设。要按照“一个顶层设计、一体化应用、一套基础设施、一个技术团队、一个创新体系”的要求，推进集团“十三五”信息化规划在各板块的落地，建设好航运业务系统、人力资源系统、财务系统、投资系统、集采系统、邮箱系统等统建项目，搭建好纵向管控系统，搭建好集团资源服务平台、大数据平台，促进横向协同。

六、强化瘦身健体，推动转型发展迈上新台阶

要继续做好供给侧结构性改革工作。一是持续做好压减工作。要在保持压减成果基础上，对企业法人有设有立，保持动态平衡，对有业务发

展需要的、符合产业趋势的，不能以压减为由简单限制。二是做好去产能工作。中远海运重工要在平衡好经济效益和产能规模的基础上，扎实推进“去产能”。三是做好降杠杆减负债工作。要按照国务院国资委要求，全面排查集团杠杆风险，按照工作方案细致梳理各级企业负债情况。部分负债率较高的单位，要抓住当前效益好转的有利时机，坚决减负债降杠杆。要积极推动各种形式的债转股、资本运作，改善资本结构，争取把资产负债率实实在在降下来。

七、坚守底线思维，营造安全稳定新局面

各单位要坚持安全发展理念，始终把安全生产摆在重要位置，不越“红线”，不踩“底线”。在生产安全上，要健全安全生产责任体系；各单位主要责任人要切实承担起安全生产第一责任人的责任，所有领导班子成员对分管范围内的安全生产工作承担相应职责，共同把安全工作做实做好做优。要加强安全生产源头管控，严格落实新航线、新货种、新码头、新业务、新业态等安全生产危险识别和风险评估工作，强化重点领域、重点区域、重点部位和重点环节管控。要深化隐患排查治理，持续开展对船舶、油库、船舶修造、危化品生产储存、人员密集场所等单位的检查；要进一步推进驾驶台班组建设，严格驾驶台值班纪律，确保船舶航行安全。要强化防海盗工作，坚决拒海盗于船舷之外。要继续推进现场工班组建设，严格分包方管控，严把分包单位准入、过程监管、评价分级和淘汰退出等关口，将分包队伍管理纳入本单位安全管理中，培育管理规范、安全业绩优良的分包队伍。

在维护稳定上，要做好船员船舶管理体制改革过程中的稳定工作。中远海运船员公司及各航运公司要加强船岸沟通交流，共同做好员工的思想工作；要关心、关爱船员，认真倾听船员心声，切实为船员排忧解难。在今年即将推进的船舶管理体制改革过程中，必须依法合规，严格执行程序，建立健全信访长效机制，预防和处置好群体性事件，营造和谐稳定的新环境。

八、强化风险管理，促进风控工作实现新提升

中央经济工作会议确定，防范化解重大风险是我国今后三年要重点抓好的三大攻坚战的首战。当前复杂的形势要求集团要把风险防范放在重要的位置。在财务风险控制上，要加大资金集中管理力度，着力构建全球统一的司库管理体系，启动司库运营管理中心及境内外两个资金管理平台的搭建工作，实现对全球资金的统一、高效、科学管理，不断提升全球资金配置能力，有效防范资金风险。要严控对外担保，严控借贷规模。要强化预算管理，合理安排融资，加强银企合作，拓展融资渠道，多方筹措资金，确保现金流不断链。在投资风险控制上，要科学把好投资关，严格防范风险，提升投资质量和效益。要突出总盘子控制，集中资源拓展集装箱、物流、码头、金融等业务板块，带动全产业链发展。要创新融资模式，开展产融结合，争取在资产证券化、产业基金搭建等方面有更多突破。要着眼构建完善的投资计划管控体系，进一步强化投资计划对于企业增量资源的配置作用。要加快投资信息化系统的建设，加强资金支出监管力度，坚持量入为出、量力而为，稳健经营。在法律风险控制上，要增强法律法规意识，提高依法治企能力水平，确保企业规章制度，重要业务经济合同和重要决策的法律审核率达到100%。要建立全系统法律风险评估和预警制度，着力完善法律风险防范机制，有效规避法律风险。要加强企业法律工作，严格法律审核把关，努力从源头上防范法律风险，重点防范因合同违约造成的风险。要加强客户信用评价工作，建立和完善有效的应收账款催收制度，最大限度降低坏账损失。此外，我们还要高度重视网络信息安全工作，强化全员网络安全意识和责任意识，加强信息系统安全防护，切实维护好集团网络信息安全。

九、突出行业引领，塑造企业发展新形象

一要加强品牌建设。全面梳理品牌架构，积极开展系统性品牌战略研究和制定工作。要通过

重要活动、大型展览等，积极组织筹划企业形象宣传和推广，展示集团品牌形象，探索构建新时代下，集团“公关 + 品牌 + 宣传”的品牌建设新格局。2018 年，我国首场主场外交将在博鳌拉开帷幕，这也是党的十九大之后的第一场重要外交活动，中远海运博鳌要全力以赴做好论坛服务接待工作，确保博鳌亚洲论坛成功举办。二要加强平台建设。要充分发挥港航联盟、海洋联盟、海工联盟等平台的功能，主动作为，积极提升集团行业影响力，在国际舞台上发出“中远海运声音”。通过努力，我们在 BDI 船型调整、远东干散货指数发布、中国进口干散货运价指数（CDFI）编制推广等方面取得了重要成果，下一步，还要积极推进相关工作，持续提升集团在航运规则制定上的国际影响力。三要加强文化建设。2018 年，我们要深入贯彻社会主义核心价值观，大力弘扬集团优秀历史文化传统，按照集团《企业文化核心价值理念纲要》，着力以“四个一”文化目标为引领，加强文化建设，强化价值认同，增强集团文化软实力。

十、坚持从严治党，推进正风肃纪取得新成效

一要严明政治纪律和政治规矩。不断强化政治建设和政治监督，牢固树立政治意识，为集团改革发展保驾护航。二要锲而不舍落实中央八项规定精神。紧盯重要节点，紧盯最新动向，紧盯基层一线，驰而不息抓好作风建设。三要持续推进审计全覆盖。加大对重大政策落实、重大项目落地、重点资金保障等的审计力度。积极探索建立联网审计系统数据分析和预警功能，进一步发挥联网审计时效性强、覆盖面广的优势。推动全面从严治党向境外企业延伸拓展，不断提升境外企业党员干部的政治意识。

此外，我们要完善以职工代表大会为基本形式的企业民主管理制度，推进厂务公开，支持职工参与管理，维护职工合法权益。春节将至，各级领导要深入基层，做好困难职工帮扶工作，帮助解决实际困难，把集团的关心送到广大职工中，共享集团改革发展成果。

各位代表，同志们！新时代承载新使命，新时代呼唤新作为，我们要不忘初心、牢记使命，继续前进，在习近平新时代中国特色社会主义思想指引下，坚持深化改革，大力提质增效，以责任驱动效益，以实干推动发展，为打造具有全球竞争力的世界一流企业而不懈努力。

构筑新优势　展现新风范
全面开启高质量发展新征程

——集团董事长许立荣在中远海运集团 2018 年年中工作会议上的讲话（摘要）

2018 年 7 月 6 日

第一部分　上半年的工作亮点及存在的问题

一、坚持定力、不懈努力，完成了收购东方海外的所有要约先决条件

2018 年 6 月 29 日，我们正式对外发布公告，宣布收购东方海外的所有要约先决条件已经满足，这标志着我们集团发展进入了新阶段。昨天，集团资本部对一年来收购东方海外的过程做了全面的阐述，让我们深刻感受到这次收购工作背后的艰辛以及收购成功的喜悦。

一年来，在中央的大力指导下，在外部董事的全力支持下，我们和东方海外进行了艰苦的谈判。媒体对我们这次收购反响非常热烈，舆论普遍持积极正面的态度。今天，东方海外的股价已经突破了 74.2 港元。全面要约收购，标志着我们新时代的开始。在只有一年的时间里，要完成如此大规模的战略收购，没有大家的日夜拼搏、艰辛努力，是不可能成功的。

网上有一篇文章是这么写的："成功的道路怎能没有坎坷呢？过去的上半年，是对美贸易互动上最差的半年，那些谈判中披荆斩棘的故事，在方寸之间的合同中据理力争，一个个不休不眠的夜晚，似乎只有中远海运人自己了解。有些事的确是要付出很大的努力，才会让别人觉得毫不费力。或许，不是每一次出发，都能成功到达，但只要终点不变，终将抵达。"字里行间，把我们一年的过程完全刻画了出来。我们拥有优秀的团队，集团领导层、中远海运控股、资本部、公关部、法务部、战企部、运营部、财务部等相关职能部门，在收购过程中都夜以继日地工作，甚至通宵达旦进行谈判。所以，今天的成功真是来之不易。

二、围绕"两个不低于"目标拼搏创效，亮点纷呈

各项指标总体平稳，企业效益稳中向好。上半年，集团实现利润总额超预算进度，营业收入同比增长显著。特别是 6 月份当月，集团的效益明显上升。在国际政治经济变得异常复杂的形势下，在上半年中美贸易摩擦导致市场恐慌并影响运价的前提下，我们还能取得这样的成绩，非常不容易。

航运企业经营水平优于同行，部分企业效益实现大幅增长。中远海运港口上半年实现利润超过预期目标；中远海运散运运输毛利同比增长势头良好；中远海运特运克服半潜船项目货结束的困难，货量稳步增长。受中美贸易摩擦影响，中远海运集运效益上半年有所亏损，但运量、收入等方面好于市场同期水平。

物流、航运金融、航运服务产业集群增利明显，发挥了重要的抗周期作用。物流产业集群、航运金融产业集群、航运服务产业集群均有良好的经营业绩。应该说，按照"十三五"规划四个维度的战略目标，集团抗周期能力有了明显的提升。

三、突出战略引领，集团改革重组取得显著成效

在过去两年不到的时间里，我们对 10 个产

业板块，进行了大刀阔斧的改革重组。随着时间推移，这些重组产业板块不仅市场竞争能力得到进一步提高，而且经济效益也随着能力提升而水涨船高，改革红利也迅速得到释放。

去年，集团在世界500强排名提升了36位，在全球最受信赖公司2000强榜单中排名104位，成为全球唯一上榜的航运企业，在中国大陆最值得信赖企业中排名第一。今年，要再接再厉，继续推进改革重组。

1.船员体制改革。这是今年改革的一个重要内容，昨天中远海运船员公司汇报了改革进展。改革推进比较顺利，初步建立起了“专业化、集约化、市场化、国际化”的船员管理体制，并围绕“三提高一降低”（提高船员综合素质、提高船员总体待遇、提高船舶安全管理水平、降低运行成本）目标，不断推进十项重要工作。不能说这个改革已经完美了，还有值得思考和总结的地方，特别是在整个过程当中，如何与各航运公司做好衔接，还需要认真思考和总结。但总体来看，船员体制改革是成功的。

2.科技与信息资源整合。今年2月2日，集团科技与信息化平台在上海正式启航。2月底，中远海运科技完成了全部信息化股权交割，集团信息资源股权整合工作全部完成。

3.财务公司整合。2017年以来，国家对金融机构监管政策和审批程序出现了一些变化，集团财务公司重组整合方案审批程序受到一定影响。但在集团各方的共同努力下，2018年6月12日，我们取得了银保监会的正式批复，目前正在全力推进后续各项具体工作。

4.香港中远海运机构和业务整合。今年2月7日，中远海运国际董事会审议批准了委托管理协议，同意托管香港中远海运非上市业务。3月底，整合后的香港中远海运机构和人员全部到位，实现了“合四为一”；昨天，香港中远海运已对此做了介绍，整合后外派人员比原来有所减少。虽然这项改革没有太多的宣传，但对香港中远海运这样一个地位非常特殊的公司来说，整合也非常不容易。

随着集团改革重组的持续深化，效益不断攀升，竞争能力不断提升，全球化布局进一步优化，企业品牌和全球影响力持续扩大。前几天，老牌的咨询公司——英国海贸集团（Seatrade）把“全球最佳表现者奖”颁给了中远海运集团，可见集团的改革发展，已经得到了全球业界的关注和肯定。

集团的改革重组，得到了党中央国务院的高度重视和肯定，也得到了中组部、中宣部、外交部、交通运输部、国务院国资委等中央部委的充分认可，在各个场合都给予我们高度的评价。同行对我们的改革也非常关注，对我们取得的成绩感到非常惊讶，也非常认可。通过改革重组，集团正在全球航运行业发挥着越来越重要的作用，世界排名前列的班轮公司都十分看重与我们的合作。昨天，集团战企部做了专题发言，从四个维度分析了集团的改革成效和发展质量。从数据来看，集团四个战略维度的发展取得了明显的成效。今年上半年，中央电视台、《人民日报》、新华社等国家主流媒体对中远海运的报道已经超过110次，应该说，集团的改革重组成效显著，我们应该为此感到自豪。

四、大力推进“一带一路”建设，重点项目取得新的突破

1.比港在“一带一路”上的龙头地位已经初步建立。比港项目作为中希两国合作的成功典范，是集团重点落实的战略项目。现在集装箱吞吐量、中欧陆海快线、修船业务正在同步发展，市场影响力不断提升。修船业务通过重工、特运的协同，由“中远佘山”号改装的“比雷埃夫斯Ⅲ”号浮船坞，经“新光华”轮顺利运抵比港，并在4月份迎来第一艘修理船舶。前不久，希腊议长尼科斯·武齐斯（Nicos Voutsis）到上海访问期间专程到集团访问。他对我们接管PPA之后的发展措施非常赞赏，特别是对我们重振修船业，为当地修船工人创造新的工作岗位的系列举措，表示高度关注和赞扬。此前，希腊总理到集团访问时，也同样提出了希望我们加快在希腊的修船业务的发展。对于这项任务，未来我们还要投入更多精力去做好。在中国，修船产能已严重过剩，

相对而言，希腊正期盼打造一个地中海最好的修船中心，这也符合我们的战略。下一步，以重工为主，要认真谋划好这项工作，全面推进希腊的修船业务发展。

2. 优化全球码头布局，不断提升港口资源控制力。“一带一路”码头基本上分布在新加坡、阿联酋、埃及、土耳其、希腊、西班牙、意大利、荷兰、比利时等国家和地区。前段时间，上海市应勇市长到土耳其访问，专门视察了我们的码头，听取了港口公司的汇报，这是我们在“一带一路”共建国家战略要地的一项投资。应勇市长视察后，对我们团队的精神风貌、码头管理和投资回报给予肯定和赞扬。此外，我们也在积极开展国内重要港口码头的股权投资，正在和国内多家重要港口谈股权收购计划，作为全球布局的一部分内容。6 月 30 日，我们投资的南通通海码头已经开港试运营；未来，我们既要将它打造成海港，又要使它成为长江内河的核心港口。我们还积极推动与各地方政府的合作。在海南，我们积极参与由习近平总书记亲自部署的海南自贸区和自由港的重大战略。在韩正副总理的见证下，我们与海南省签署了战略合作协议。

3. 积极营销海外市场，不断提升“一带一路”市场份额。中远海运集运不断推进全球化战略，大力开拓新兴市场、区域市场和第三国市场。在中美贸易战打响之后，可以看到我们的航线布局调整非常及时。我们欧洲支线投入的船舶直达土耳其，完全是点到点的专线服务。从数据来看，集运东西航线的运力占比从集团整合时有所下降，特别是太平洋航线运力的下降，对应对中美贸易摩擦显得尤为重要。南北航线以及相关的区域市场运力投入有所增加。截至 5 月底，中远海运散运外贸基础货源同比增长 13 个百分点，战略客户比例同比增长 3.6 个百分点。中远海运能源跟随国家“一带一路”倡议，第三国货源比例持续增长。中远海运特运密切跟踪“一带一路”沿线重点项目，沿线货量比重保持上升态势。

4. 大力开拓冰上丝绸之路，打通中欧新的运输通道。到去年年底，中远海运特运共派出 10 艘船舶，累计完成了 14 个北极航次的运输任务。今年夏季，特运还计划安排 6 艘船舶，执行 9 个北极航次。去年开始我们和俄罗斯亚马尔商谈合作项目，这也是我们下一步发展的重点，潜力巨大，都作为国家战略积极推进。

五、持续优化资源配置，企业发展后劲明显提升

1. 大力破除低效、无效供给。在推进“压减”工作上，按照国务院国资委考核口径，2016 年 5 月—2018 年 5 月，集团压减工作得到了国务院国资委的表扬。在“去库存”上，中远海运重工和中远海运金控加强协同，创新合作模式，成功完成 PSV 的去库存工作。在“处僵治困”上，中远海运重工已启动上海地区修造船业务的整合。虽然目前有困难，但是我们必须下决心，过剩产能不整合、不处置，就无法走出困境。所以困难再大，我们也要按照既定战略推进执行。在“三供一业”分离移交上，集团总体完成进度要求，比央企总体进度提前 24 个百分点。

2. 大力培育发展新动能。最近新闻报道比较集中的，就是我们 2 万箱级的集装箱船以每个月 1 ~ 2 艘的速度投入市场。“中远海运宇宙”轮刷新了世界纪录，40 万吨级矿砂船接了 2 艘，VLCC 接了 2 艘，加上其他各类型船舶。到今天我们可以非常自豪地说，集团平均船龄 8.61 年，平均吨位 8.59 万载重吨，这就是我们船队在航运市场核心竞争力的一种体现。在未来改变航运格局中，我们将发挥更加重要的作用。

六、打造创新高地，为企业发展注入新的活力

1. 智慧航运和智能制造不断取得新进展。在智慧航运方面，今年以来，我们完成了《智慧航运纲要》，下水的 2 万箱级集装箱船中，有 3 艘是我们自己设计、自己建造的，具有自主知识产权。区块链是现在最前沿的技术，我们和京东物流、佳农一起，打造了厄瓜多尔香蕉区块链溯源项目。在智能制造方面，我们首次承接了国家智能制造新模式研究专项，“船舶制造智能车间”作为造船行业唯一代表，入选中国科协“中国智

能制造十大科技进步”名单。7 月初，中宣部牵头宣传国家改革开放 40 年来的成就，在工业和信息化部的推荐下，南通川崎成为船舶行业仅有的两个代表之一，这些都是我们值得自豪的。

2. 现代化的信息系统建设不断取得新进展。我们正在建设面向产业链的科技信息平台。虽然信息化建设仍有不足，但总体在不断向前推进。航标平台累计完成 14 家航运公司的实施工作。集团应急指挥中心的全球化信息系统已经开始运用，系统高度集成，我们可以在集团即时掌控航行船舶的动向，包括所处的位置、气候、洋流及能源消耗的情况，以及进入海盗区的部署，还可以与这些船舶进行视频连接，观察船舶航行值班情况，并可以通过卫星直接通话。这个系统对提升我们的安全工作和船舶管理具有重要意义。

3. 海关大数据平台建设不断取得新进展。今年，集团和上海海关、上港集团签署战略合作协议，一起推进跨境贸易管理大数据平台建设。通过平台，船一到港，客户就能直接提货，可以切实降低客户成本，也大大提升了我们的产品服务竞争力。下一步，我们还将利用这个平台配合服务今年的进口博览会。

七、积极履行责任，集团品牌形象和影响力不断提升

1. 全力做好博鳌亚洲论坛核心服务保障工作。今年的博鳌亚洲论坛年会是我国第一场主场外交，正值改革开放 40 周年，正值美国将掀起中美贸易战的关键时刻，意义格外重大。习近平总书记出席并发表重要演讲，阐述了坚持改革开放的信心、决心不动摇，宣布了改革开放新的举措。这次年会，出席代表规格之高、人数之多，都是历史首次。集团也首次在自己的宾馆里接待了 6 个国家 2 个国际组织的 9 位外国政要。中远海运博鳌承担了集团的重任，各相关单位齐心协力，保质保量，圆满完成了论坛的核心服务保障工作，得到了各国元首和政要以及上级主管部门的高度肯定。

2. 全力做好扶贫攻坚工作。2018 年 5 月 21 日，国务院国资委在甘肃组织召开了中央企业深度贫困地区脱贫攻坚现场推进会。会上，国务院国资委书记郝鹏表扬了中远海运集团，对我们的扶贫工作给予肯定。国务院扶贫开发领导小组对全国 310 家中央单位扶贫工作进行了考核评比，我们被评为 54 家优秀之一，这也是中央对我们扶贫工作给予的充分肯定。我们的扶贫工作做得非常认真和仔细，对口扶贫、精准扶贫落实得比较到位。集团工会、慈善基金会做了大量工作。下一步，我们的任务更重，今年，中央将第一次进行扶贫工作考核，对大家的震动非常大。现在很多地方表示，明年要把扶贫资金翻一番，有些准备投几个亿。因此，要继续保持考核优秀的水准，今后还有不少工作要做，任务艰巨。今年要进一步落实好中央精准扶贫工作，保证明年继续评上优秀。

3. 全力做好进口博览会相关工作。中国国际进口博览会，是我国今年四大主场外交的收官之作。现在集团运营部、公关部正在集中精力推进，与商务部进行对接。目前，我们已超额完成了博览会招展工作，顺利邀请 56 家展商参展，成为博览会运输服务商，商务部对我们的工作成效表示了高度的认可。

八、立足长远服务改革，干部人才队伍建设持续推进

昨天，我们传达了习近平总书记和陈希同志在全国组织工作会议上的讲话精神，这次会议非常重要，为我们下一步做好干部人才工作指明了方向。我们还要认真学习贯彻，布置落实工作。“为政之要，莫先于用人”。选好人、用好人，是事业长青的根基。总结我们的干部人才工作，有以下几个特点：

1. 抓长远，强制度，重选配。重组至今，我们在人才机制方面出台了很多制度和规范，做了大量工作。根据中组部对集团 2017 年度选人用人工作民主评议的反馈结果，我们在选人用人上，总体情况满意率及基本满意率达到 100%。

2. 抓改革，重激励，强监督。我们在整个改革重组中，有效控制了员工人数。我们坚持契约化市场化方向，试点开展职业经理人制度，进一

步焕发了企业改革发展的活力。我们坚持对干部“凡提必核”，切实加强了干部的监督管理工作。

3. 抓培养，重青年，强素质。我们举办了10期专题培训班，对全系统近2000名处级干部进行了系统培训。选送62名优秀干部参加了中央党校、国家行政学院等“一校五院”培训班。同时，也输送了不少干部到扶贫对口帮困地区挂职，在这些困难岗位上锻炼了干部。

九、提高政治站位，全力配合中央巡视工作

上半年，我们接受了中央巡视组的巡视，可以说，政治体检来得非常及时。

1. 高度重视，切实做好巡视期间的所有配合工作。集团召开了8次党组会、专题会，研究部署配合中央巡视各项工作，成立了配合中央巡视工作领导小组和工作小组，全力配合、切实保证中央巡视组工作顺利开展。另外，我们还积极和中央巡视组共同研究，一起提供了包括国企党建工作、境外党建工作、改革重组和“一带一路”建设等4个专项报告，中央巡视组给予了充分肯定。

2. 立行立改，认真开展违反中央八项规定精神情况自查自纠专项工作。中央巡视组巡视过程中，我们自查自纠，对违反中央八项规定的严重问题，进行了严格的执纪问责。2018年5月14日，我们召开了违反中央八项规定精神突出问题专项治理教育警示大会，对违反中央八项规定问题进行了通报和专项治理，并延伸到各二级公司全面进行自查自纠。另外，我们也把全面从严治党引向深入，加强作风建设、纪律建设和反腐倡廉建设，严明党的政治纪律和政治规矩，实践运用“四种形态”，严肃监督执纪问责，坚持反腐倡廉，为深化改革和提质增效营造廉洁从业环境。

十、深入贯彻党的十九大精神，全面抓好党的建设和企业文化工作

1. 抓好学习，维护核心。开展了9次党组中心组集体（扩大）学习，召开了2017年度党员领导干部民主生活会，举办了5期党的十九大精神专题培训班。

2. 抓好基础，夯实根基。我们在深化改革重组中，始终坚持党的领导、加强党的建设。上半年，共召开16次党组会，研究集团“三重一大”议题77个。

3. 抓好融合，凝聚队伍。改革重组以来，以“四个一”理念为指引，集团各级单位加强全面协同，全系统干部员工加强自觉融合。通过贯彻落实“四个一”理念，海内外员工士气振奋，在我们这个系统工作，大家都感到十分自豪。不久前，我们14 500TEU的新船“中远海运德纳里”轮交付，新船教母是我们墨西哥公司的一名女员工，叫安吉亚诺，她接受采访时说了一句话，“如果你愿意努力奋斗，那么中远海运就是你的最佳选择”。现在海外员工对我们的改革发展充满信心。这次我去土耳其，一到当地公司就感觉我们的内外籍海外员工精神振奋，对能在我们公司工作感到十分自豪。这些都是各个单位、各级领导抓好融合的成果，把大家的思想统一到“四个一”理念中，对进一步开展工作非常重要。改革重组如果不能有效融合，是不可能成功的，这是重要的前提，希望我们把好的传统继续传承下去。

虽然我们上半年的工作有很多亮点，取得了非常好的成绩，但我们仍然必须清醒地看到，我们还存在一些问题和不足，主要表现在以下几方面：

1. 航运主业受全球政治经济影响十分突出。我们是处于充分竞争中的企业，需要充分在市场上拼搏，所以全球政治经济的变化和我们的关系非常大。2017年年底，我们充满信心，从政治、经济、社会等方面都做了一些分析，更多的是从市场供求关系角度做了细致的分析，所以我们对今年完成目标非常有信心。当然，我们也针对中美贸易战可能发生影响做了应对准备。但是，今年油价上涨，以及贸易摩擦给市场带来了巨大的心理影响，运价持续下滑。直到5月之后，我们的运价才慢慢恢复。中美贸易摩擦究竟会给我们带来多大影响，还要继续密切关注。

2. 经营管控能力亟待提升。无论是从中央巡视检查、国家审计检查、监事会检查来看，还是

从我们自己的审计结果来看，很多单位在经营管理方面，存在的违规行为还是不少的，违规出资、违规审批、违规与特殊关联企业开展业务等，财务核算等方面的收支不合规情况也比较突出，这些都说明我们的基础管理还有待加强。

3. 企业风险敞口仍然较大。海洋工程装备制造板块经营困难是全集团最突出的问题，现在集团为项目大量垫资，部分项目违约拖期存在弃船风险，存在资金短缺情况。另外，质押监管业务涉诉案件时有发生，质押监管融资余额较大，潜在风险不小。部分企业对自己的资产家底不清，对突发风险的应对能力不足。

4. 安全管理存在薄弱环节。虽然集团上半年安全生产形势总体平稳，但也发生了多起一般等级事故，这些事故反映出部分一线员工责任意识和风险意识不足，有一些是我们操作技能上的欠缺。对此，我们要举一反三，把下半年的安全生产工作抓细抓实抓好。

5. 人才队伍建设以及少数干部素质不适应企业发展。集团年轻干部还不够，目前 45 岁以下只占 9.3%。从我们快速发展的步伐来看，我们少数干部素质能力还跟不上发展需求。无论是总部机关，还是二级公司班子成员，有一些人还是老思维，竞争意识不强烈，奉献精神、责任心、自觉性还不够，与集团改革发展形成了非常大的反差。我们有很多干部奉献意识很强，为我们的项目，为我们的效益，努力拼搏不计个人得失，但是也有一些干部不能处理好个人利益与集团利益的关系，不讲对集团的贡献，只计较个人利益得失，这些现象还是存在的。特别是通过这一次政治巡视，也反映出我们一些干部的素质、素养和集团发展要求很不匹配，这些问题亟待解决。

6. 全面从严治党落实不到位。在落实全面从严治党主体责任、监督责任和领导干部“一岗双责”方面，还有不到位的地方，责任压力逐级传导还不够；基层党组织管党治党仍有宽、松、软现象；有的干部对中央八项规定精神的重要性认识不够、理解不深、制度不严、执行不力。这些问题都需要我们认真研究加以整改。

第二部分　下一步工作重点

一、坚定创效信心，全力完成全年任务目标

信心非常重要，虽然中美贸易摩擦将对集团的生产经营产生重大影响，但是我们仍要坚决完成今年的目标任务。今年上半年面对严峻的市场挑战，仍有多家企业按时完成了进度。下半年，我们要有完成任务目标的决心和信心，确保全年实现“两个不低于”（不低于上年水平、不低于市场平均水平）目标。

1. 航运主业要发挥主力军作用。完成“两个不低于”的任务是航运主业的责任。近年来，集团的产业结构和全球化布局正在持续优化完善，但无论如何变化，航运主业依然是中远海运的根与魂。航运兴则集团兴。没有航运主业的发展，基于航运产业链两端商业价值挖掘的航运金融板块及相关产业就失去了依托和发展基础。因此，航运企业一定要发挥主力军作用，认真做好以下工作。

一是从分解指标入手，层层传导压力，落实全年指标。我们既要客观看待市场变化，结合中美贸易摩擦的情况和航运企业实际，实事求是对全年指标进行综合评估，也要坚持目标不放弃，努力把指标扛起来。二是从增加收入入手，夯实创效基础。要从如何提升运价水平，如何增加货量和市场份额，特别是新兴市场的开发，如何扩大新增市场、大客户市场的收入等核心问题入手，抓好增收的关键路径。三是从成本控制入手，挖掘创效潜力。要继续发挥协同效应，降低综合成本。希望各航运单位结合自己的实际，集中精力研究布置落实。

2. 物流产业集群要继续拓展创效空间。上半年，中远海运物流经济效益保持增长。下一步，要加快集约化发展，集中发挥资源优势，提高全程物流的设计和实施能力，最大程度获取创新发展的红利。

3. 装备制造产业集群要尽快扭转不利形势。

上半年工业亏损较大。昨天中远海运重工在交流发言中，为我们描绘了公司2020年的发展蓝图，非常好。当前，需要潜心研究如何抓好落实。造船产能压减是一个重要的任务，该退出的一定要坚决退出，即便有困难也要坚定不移地去落实。特别是在市场接单方面，要认真评估自身能力，能力不足不仅会影响自身的收入和效益，还会影响到集团的整体信誉。要积极争取政策支持，坚持产融结合，全力推进海工项目去库存。国务院国资委在这方面已经有了初步想法，集团职能部门要加快对接。此外，集团还要积极帮助重工盘活资产，推进债转股工作，要通过重要的抓手来解决重工亏损的问题。

4. 航运金融产业集群要争取更大的效益。上半年，航运金融产业集群实现利润增长显著，是集团最大的利润源。下半年，航运金融产业还要继续发挥作用，更好为集团效益创造基础。

5. 航运服务及社会化产业集群要切实发挥互补作用。上半年，航运服务产业集群经济效益保持增长，其中香港中远海运是最大亮点。下一步，香港中远海运可以在平台发展上发挥更多作用。广州中远海运、上海中远海运还要积极推进转型发展，大力提升效益。海外公司及其他业务也要继续增收节支，既要有考核，也要有激励，切实完成全年任务目标。今年上半年，海外区域公司经营效益都有大幅度提升，其中中远海运欧洲、韩国、非洲、北美已经完成全年指标。

二、全面周密部署，积极应对全球贸易摩擦

昨天，集团研究咨询中心在交流发言中，作了关于中美贸易摩擦的专题研究报告，非常深入。从各方面市场分析来看，中美贸易摩擦升级已经不可避免。现在的评论也很多，更多学者认为，美国对华政策正在经历从接触与合作向遏制对抗的转变。这种转变已经不可逆转，这将对中国崛起构成前所未有的挑战。美国对华贸易摩擦只是华盛顿遏制中国战略的开始，中国正在崛起，这是不争的事实。无论如何，美国对中国的遏制必将持续，所以我们要对全球贸易摩擦升级做好充分准备。

1. 切实做好全球贸易摩擦的应对。各个航运企业，特别是集运，要充分做好准备。一要密切跟踪，深入研判；要综合研判贸易摩擦发展趋势，统筹考虑各方面因素，全面做好各类应对方案。二要关注贸易格局和货物流向流量；要认真把握好中国主动扩大开放带来的机遇；无论是集运、散运还是油运、特运，都要抓住机遇争取更多进口货源，这是我们运输平衡最核心的内容。三要积极把握替代市场机遇；一旦中美贸易摩擦全面升级，贸易产品势必会寻找替代市场，因此必须重视新兴市场和区域市场的开发。四要关注汇率和投资风险；虽然总体来看，美元升值对集团影响不大，但对集团部分企业可能会存在风险及不利影响，要重点关注。五要加强集团总部、专业公司、海外区域公司之间的协同。协同就是效益，我们要注重集团内部的协同，特别是系统内的资源要充分利用。在此我们强调，我们对外讲市场化，对内一定要集中用好内部资源，不能以市场化为理由，拒绝使用内部资源，从而影响集团整体协同效应的发挥。希望各公司能以“集团一盘棋”的思维，自觉把握好这个问题。

2. 严格合规做好伊核协议应对。关于这个问题，中远海运能源已经有了准备。下一步，要做好资金结算，认真研究制裁清单，做到完全合规、风险可控。这些工作我们还要做专题研究。

三、深度对接融合，做好收购东方海外后续工作

东方海外项目进展顺利，下一步要把收购后的工作做好。成功收购是第一步，做好收购后的经营才是核心工作。一要按照时间节点，切实完成刊发要约文件、完成股票交割、部分股票出售给联合投资人等相关工作。二要全力以赴，认真做好交割期间的各项工作。三要做好收购后的平稳接收，确保东方海外稳定运营。要尽快明确和实施东方海外董事会调整方案，做好重要岗位员工的稳定工作，增强各级员工对公司发展的信心。四要研究合并后的管理模式，充分发扬东方海外的优势。我们要严格履行对市场的承诺，保持东

方海外的管理体制机制不变，使之实现更好的运营，全面达到我们收购的战略目标。五要谋划发展路径，提高经营水平。收购完成后，集运板块的运力规模将上升至全球第三，太平洋、亚洲区域内、澳新航线市场排名第一。这是一把双刃剑，运力规模是我们全球核心竞争力的重要标志，我们的运力发展已经引发了全球的关注，被认为正在挑战欧洲最大的班轮公司。但是我们必须要考虑一个问题，如果经营不好怎么办，那无疑就要承受巨大的负担，也无法实现效益增长，将会失去航运话语权，更无法在航运格局变化中起到核心引领作用。所以谋划好经营是当前和未来一段时间非常重要紧迫的任务。集运一定要认真谋划，集团也会鼎力支持。六要大力加强协同，快速实现协同效应。合并之后协同效益非常重要。中远海运控股、中远海运集运要切实承担起抓取协同的职责，争取尽快体现协同成果。

四、坚持战略引领，坚持改革创新

集团的改革重组是成功的，因为我们在改革重组之初就制定了清晰的战略目标和实施路径。发展是硬道理，我们必须坚定信心，坚持正确的方向，落实改革发展各项重要措施，在推进关键领域发展上取得实效。一要坚定不移深化改革重组，进一步优化产业布局。要按照集团发展战略规划和实施路径，加快推动燃供、教育资源整合，推进船舶管理体制改革和地区公司定位发展。二要坚定不移推进供给侧结构性改革，着力提升产业发展质量。要继续保持压减力度，严格控制新增公司数量，缩短法人链条，提高管控质量和效率。要抓好去产能、去库存工作，推动企业扭亏减亏。要抓好资源、资产、资本的深度融合，促进存量资产处置。各单位要摸清家底，认真梳理存量资产，通过资本、资产交易，推动存量资产盘活变现。三要坚定不移推进创新，努力打造产业转型升级版。要加强协同创新，继续推动智慧航运和智能制造发展，深度参与上海海关跨境贸易管理大数据平台建设和开发，进一步推进大数据、物联网以及区块链技术在商业模式创新方面的应用。我们还要在管理创新，在机制体制创新方面坚定不移地走下去。继续扩大和优化直属公司董事会授权，扩大职业经理人制度试点工作，推进薪酬激励机制改革落地，推动人工成本管控机制创新。四要坚定不移抓好风险管控，进一步推进产业健康发展。其中，包括要继续压降“两金”规模，要重点加强境外风险防控，要积极防范金融业务风险。

五、着眼全球发展，不断提升全球竞争实力

1. 立足“一带一路”，着力提升服务能力。要进一步发挥比港项目的引领作用。比港项目受到中央高度重视，现已成为国家战略，引起全球关注。我们所有的外派干部必须有高度的政治意识，统一思想认识，坚决围绕中央的整体部署和集团战略安排来推进比港的发展，进一步强化物流延伸的支撑功能。未来，我们将以比港作为中转港，通过中欧陆海快线将服务辐射到中东欧、南欧七个国家 3000 万人口的地区，这将带动整个贸易和运输格局发生巨大的变化。因此，我们必须把中欧陆海快线做实做好。

2. 坚持世界眼光，着力推动全球布局。一要继续开拓“两头在外”的第三方运输市场。中美贸易摩擦升级后，我们意识到了“两头在外”市场的重要意义。我们以前强调的中国本土化优势，还要继续发挥。但从全球化布局来讲，作为一个全球承运人，我们不仅要承运中国到欧洲、中国到美国的货物，两头不在中国的市场，我们也要加大承运比重，就像马士基一样。作为真正的全球承运人，我们要成就领先的核心地位，就要承运全球货物，所以“两头在外”的第三方运输市场一定要认真开发。二要继续推动新兴市场开发。近几年，我们在非洲、拉美等新兴市场的投入幅度比较大，成效也十分明显。我们在一些新兴市场的竞争力，甚至已经给领先者造成了巨大压力。下一步，航运公司、港口、物流和区域公司要继续强化协同，发挥合力，做好市场开发。三要继续服务好我国企业“走出去”。我们要发挥在全球的网点优势、供应链优势，精准对接我国企业“走出去”的需求。中铝几内亚铝土矿项目，就

是我们协同其他央企，推进“一带一路”沿线资源开发的重要举措，散运要与集团相关部门和公司一起协同做好这个项目。

六、全力协同配合，高质高效做好博览会工作

中国国际进口博览会是世界上第一个以进口为主题的国家级博览会，更是今年我国四大主场外交的收官之作。我们必须自觉肩负起办好首届进口博览会的重任，这既是政治责任，也是我们应对贸易摩擦，拓展全球市场，提升品牌形象的重要战略机遇。要聚焦会展服务，充分展现“大集团、新企业、国际范”的企业风貌。要聚焦营销，各航运公司和物流公司应在集团的统筹安排下，抓住博览会机遇，积极争取客户，增加进口货源，促进航线贸易平衡，不断提升创收创利能力。要聚焦展会宣传，把握机遇，集中力量做好对外宣传工作。在进口博览会召开期间，我们还会配套召开全球海运年会。我们一定要加强协同配合，对综合性、跨部门的工作要主动做好协调。

七、认真学习贯彻落实习近平总书记关于人才建设的重要讲话精神，切实抓好干部人才队伍建设

集团党组将组织学习落实习近平总书记在中央组织工作会议上的重要讲话精神，落实陈希同志关于人才建设的具体要求，集团《干部人才工作报告》也提出了具体要求，希望同志们认真抓好贯彻落实。这里，我再强调几点：

1. 年轻干部的培养。一是各级党委要把年轻干部培养放到重要的议事日程上。在全国组织工作会议上，习近平总书记对年轻干部的培养做了重要的阐述，各级党委必须认真学习，把年轻干部培养作为重要工作和重大战略来部署。二是集团组织部门要直接抓，建立后备人才库。对于年轻干部关键要大胆使用，要把他们放到吃劲的岗位上进行锻炼，使我们的事业后继有人，使我们的干部队伍朝气蓬勃。选拔干部还要符合国际化战略需求，将非洲、拉美、中东等海外艰苦地区作为培养锻炼干部的重要平台。三是对现行的制度进行梳理。大胆选拔使用人才，不能受制于现有管理制度，否则就会把手脚束缚住。如果总是受旧有框框限制，年轻干部怎么出得来。对此，我们一定要深刻领会中央精神。

2. 专职外部董事建设。现在二级公司董事会制度建设已经启动了，但是我个人觉得还没有完全做好，因为队伍建设跟不上，外部董事人员现在还匮乏。一要充实专职外部董事队伍。要从二级单位班子成员当中挑选一些素质过硬的干部来当外部董事；同时我们也鼓励各级党委回去摸摸底，做做工作；二级公司同志可以自愿报名，加入董事会队伍建设。二要切实加强专职外部董事的任职管理。董事会制度建设都希望能有更多授权，但是我们对外部董事的任职也要进行管理。现在集团的外部董事履职情况很好，二级公司需要参照国务院国资委建立专职外部董事考核制度做好董事的履职管理。三要保护调动二级公司专职外部董事的积极性。要落实好薪酬待遇，让专职外部董事能有待遇保障，保持薪酬待遇平稳，也可以有一点效益挂钩，这样才可以吸引干部参与专职外部董事队伍建设。这个问题希望各级党委会后认真加以研究。

3. 职业经理人。职业经理人制度是一个好机制，很多地方我们都做得非常成功，但是在执行过程中免不了出现这样那样的问题。我们不能因噎废食，要坚持下去，不断加以完善。要严格执行契约化管理，职业经理人按照契约，称职的留下来，不称职就走人，完全按照契约化来操作；薪酬要与市场对比和风险挂钩，不能盲目攀比。现在有少数人仅看薪酬标准，看不到职业经理人可能存在拿不到相应薪酬和随时走人的风险。对于这一点，我们必须讲清楚。

4. 薪酬制度试行调整。今年我们对薪酬制度做了一些调整，可能会在设计上存在一些问题，很多企业提出了相关建议和意见，组织部门和人力资源部正在征求各个单位的意见，在逐步改进。大家必须做好思想准备，薪酬制度没有绝对公平的，只要有差异就不会让人人满意。反过来讲，没有差异我们就满意了吗？那不是“大锅饭”又来了吗？如果都“大锅饭”了，那些尽心尽责为事业拼搏的人就受到不公平待遇了。当然，合理的建议，我们一定会吸取并调整完善。我们要在重要的问题上达成一致，大家要比担当、比胸怀、比奉献，要有情怀，不要把个人利益放在第一位。各级党委、各级领导班子都要强调重实干、讲担当，各个单位一定要把好事办好。薪酬待遇的提高与绩效挂钩是好事，充分体现了改革方向。但是把好事办好也是一门学问。

5. 境外人力资源及管理。此次会议讨论中大家提了很多意见，说明加强境外人力资源管理至关重要。一是研究境外干部任期问题。原来我们制定标准，中国香港地区5～6年，其他地区6～7年，我们可以结合职业经理人制度去探索，任期问题是不是可以根据不同国家（地区）、不同岗位、不同工作成绩适当作一些分类规定。二是重点研究后备库人员境外外派干部。现在艰苦的地方很多人都不太愿意去，都争着去发达地区和收入高的地区，我们必须要考虑到这种不平衡，集团总部要做好相应安排。优秀员工要到艰苦的地方锻炼，也要到发达地区去发展。三是解决好关于境外人员编制问题。今天有很多人提到，要加快全球化布局，一边新兴市场开发不断增长，一边人手严重短缺，我们的制度又用一刀切的方法把境外公司的发展严格限制住了。改革重组初期有此规定是必需的，现在可以根据市场发展来调整。集团区域间的编制和人员的调整要以各个区域公司为主。我们要认真研究，提高效率，赋予境外公司在机构设置、人员编制、薪酬管理上更多的责任和权力。组织部门要认真研究，各个境外单位可围绕重点问题提些建议，当然最终还是要权衡集团的整体利益来决定。

6. 关于高技术、高技能人才发展路径航运是我们的强项，其他产业集群我们还需要人才，特别是科技研发人才，像船研所、重工等。我们要参照国家规定，培养高技术人才。要有引进人才机制，要把专业人才的培养和引进作为专项工作，为这些职业的发展设置更好的通道，技术人才能有一个较好的平台来发展。因此，专项人才发展方式还需要认真研究。

7. 船岸人员职业发展机会。我们的企业，航运占了半壁江山，上千艘船在全世界航行，在指挥、生产、安全管理上都需要专业人才。因此，船岸人员的职业发展一定要建立和完善管理机制。此次由人力资源部组织的干部培训班，让一大半的优秀船长和轮机长参加了培训。各单位对培训工作不能放松。要注重选拔一些优秀船舶领导干部充实到管理和经营岗位上锻炼成长；要建立船岸岗位的交流机制，使我们的船舶管理和技术人才始终接地气、接海气。

8. 总部员工和职务调整，人员补充调整。应该说集团改革重组后，总部机关的工作量非常大。我们现在编制控制非常严，而各个部门节奏都很高，非常辛苦，运行起来就像一个不间断的机器，晚上加班是经常的事，所以我们也要面对现实，适度补充集团总部人员。要利用公开、公平、公正的原则，向全系统公开选聘，适当引进基层干部，把优秀人才选聘到集团。另外，总部职工的职务晋升也有很长时间没有进行，现在很多岗位空缺，需要进行一些调整。下一步，要按照相关规定，遵循公开公平公正的原则把这项工作做好。

八、强化责任落实，确保集团安全生产稳定

要切实提高安全责任意识，进一步提高对安全生产工作极端重要性的认识，强化主体责任落实。要继续抓好安全基础工作，抓好“基础”管理建设、“基层”建设、“基本功”建设，强化“红线”意识、“底线思维”，强化基层一线管理、现场直线监督，提升员工安全综合素质，避免安全工作出现“两张皮”现象。要认真抓好全球硫排放限制规定的应对执行。2020年全球硫排放限制规定即将生效，集团安管部门必须高度重视，认真做好规划布置，组织落实好相关工作。

九、加强巡视整改，推动全面从严治党向纵深发展

中央巡视组即将向集团反馈巡视情况，我们要把思想和行动统一到中央部署要求上来，把整改落实巡视反馈意见作为解决问题、改进作风、推动工作的重大契机，认真研究部署、全面落实

整改，以巡视整改成效推动提质增效和深化改革等各项工作，促进集团又好又快发展。要提高政治站位，切实增强政治责任担当。要发挥“头雁作用”，确保巡视整改任务不折不扣落实到位。要结合巡视整改推进内部巡视巡察，建立长效机制。要强化监督执纪问责，推进全面从严治党。要驰而不息加强反腐倡廉作风建设。具体要求和内容，集团党组将专题研究后进行动员、部署和落实。

十、加强党的建设，为打造世界一流提供坚强组织保障

我们要把党的政治建设作为党的根本性建设，继续深入学习习近平新时代中国特色社会主义思想和党的十九大精神，联系实际工作，学懂弄通做实。要增强“四个意识”、坚定“四个自信”，在思想上政治上行动上始终与以习近平同志为核心的党中央保持高度一致。为打赢防范化解风险、精准脱贫、污染防治三大攻坚战积极贡献力量，推动国有企业高质量发展。以党建工作责任制为抓手，持续巩固深化全国国企党建会成果，进一步压实管党治党政治责任，为做强做优做大国有资本、培育具有全球竞争力的世界一流企业提供坚强保证。

同志们，上半年，大家付出了艰辛的努力。接下来，希望大家勇于担起新时代改革发展的重任，聚焦“两个不低于”的目标，以坚定的信念、务实的作风，构筑发展新优势，展现集团新风范，全面开启高质量发展新征程，共同为打造世界一流企业作贡献！

坚定信心　精准发力　坚决打赢全年效益攻坚战

——中远海运集团 2018 年年中工作会议总经理工作报告（摘要）

2018 年 7 月 5 日

第一部分　上半年工作总结

上半年，面对纷繁复杂的内外部形势，中远海运集团以习近平新时代中国特色社会主义思想和党的十九大精神为指导，认真贯彻落实党中央、国务院和国务院国资委各项决策部署，积极按照集团董事会的总体要求，围绕“两个不低于”的目标，沉着应对复杂多变的市场挑战，着力提质增效、持续深化改革、突出创新驱动，扎实推进“两学一做”学习教育常态化制度化，各项工作均取得积极成效。

一、聚焦世界一流，规模增长取得积极进展

在经营规模上，上半年，集团完成货运量约占中国货运量的三分之一。中远海运集运积极推进船舶大型化、规模化发展。海洋联盟航线合作不断升级，2018 年投入船舶和服务不断升级，覆盖面、频率均高于 2M 联盟、THE 联盟。中远海运散运新接入第二代 40 万吨“远河海”轮、“远谷海”轮后，实现了 VLOC 船队更新升级，全球竞争能力不断增强。

在市场规模上，截至 2018 年 5 月底，中远海运集运在欧美两大主干航线运力份额继续保持规模优势。同时，大力开拓新兴、区域市场和第三国航线。中远海运能源在市场低迷的不利条件下，内贸市场份额继续保持优势。中远海运物流船代业务以及工程物流业务在核电、轨道交通领域的市场份额均不断增长。此外，集团集装箱内贸、码头、半潜船、集装箱租赁、燃供等市场份额继续保持行业领先，规模增长态势良好。

在资本规模上，积极开展上市公司资本运作，以资本为纽带，助力集团资产结构和综合实力的全面提升。上半年，集团全力以赴推进收购东方海外项目，按照有关程序，先后通过了美国、欧盟的反垄断调查，以及我国主管部门的审批。集团已完成所有要约先决条件在境内外的审批工作，并与联合要约人及联合投资人达成股份收购协议。收购成功后，不仅集装箱运力将达到 300 万 TEU，进入全球班轮行业第一梯队，规模实力大幅提升，而且中远海运控股的资本规模也将快速增长，集团在资本市场的影响力将进一步提升。上半年，集团充分发挥上市公司融资平台功能，中远海运控股、中远海运发展、中远海运能源三家上市公司积极开展定向增发业务，其中，中远海运控股增发计划已通过证监会审核。通过定增，进一步改善上市公司资本结构，提高直接融资比例，稳步实现降杠杆的目标。

二、着力提质增效，集团盈利能力稳步提升

上半年，集团各单位以高度的责任感和使命感，认真落实“两个不低于”经营目标，紧紧围绕效益核心，大力拓市场、降成本，不断提升营销能力，提高盈利水平。

围绕“两个不低于”目标，在提升效益上下功夫

在企业盈利方面，中远海运港口深入推进码头全球化布局，强化控股运营管理，码头业务实现利润保持上升态势，运营能力和盈利能力显著加强；香港中远海运聚焦三大主业体系化发展，强化航运服务，加快转型升级。中远海运金控、中远海运发展积极推进产融结合协同发展，经济效益良好。尽管上半年集团航运主业整体经营效

益受外部市场环境影响出现下滑，但是各航运公司仍取得了较好的经营绩效。中远海运集运在运量、收入等方面均好于市场同期水平，也好于自身上年同期水平。中远海运散运把握市场恢复机遇，实现经营效益不断增长的良好业绩。中远海运能源虽然遭遇市场低谷，但在收入和成本端的经营表现好于同期市场水平。中远海运特运克服半潜船项目货结束的不利因素，揽取货量同比保持增长。

在客户开发方面，集团依托“一带一路”平台，全面推进大客户战略，深度挖掘全球价值客户。今年以来，集团分别与海南省、浙江省、浙江海港集团、临沧市、上海海关、上港集团、俄罗斯诺瓦泰克、酒钢集团签订了战略合作协议。由集团运营部牵头，成功开发国机埃及温室、中交集团蒙内铁路等重大项目，进一步夯实壮大了央企客户合作平台。中远海运散运海外客户开发取得新突破，新开发 LH Shipping、Bruce Oakley 等客户，有效弥补了第三国货源的短板。中远海运特运不断加大与央企的合作。上海中远海运巩固和拓展优质客户资源。中国船燃深化大客户战略，加大与集运、马士基等客户的合作力度，为客户量身定制专属加油方案。

在市场拓展方面，中远海运物流以 Vale 项目为抓手，全力推进散货物流战略落地。中远海运客运积极推进南方客滚旅游项目，大力开拓南海旅游市场，加大网络营销渠道，“南海之梦”轮运营良好。厦门中远海运主动进军邮轮市场，与中旅集团联合开发邮轮业务，实现了从单纯客滚船经营向豪华邮轮迈进。中远海运重工狠抓市场开发，抢订单、保份额，上半年累计承接造船订单及船舶修理改装业务同比去年有大幅增长。上海船研所智能交通、航运信息化、安防工程等业务板块集体发力、协同发展。中石化中海燃供大力拓展保税油市场，加强网点营销力度，上半年，保税油同比增长显著。

在成本控制方面，按照国务院国资委采购管理提升要求，集团积极完善集中采购管理平台，进一步加强了分层次集中采购工作，发挥了集中采购对降本增效的支持作用。中远海运集运大力推动协同降本。燃油采购单价低于市场同期 25% 的涨幅。中远海运船员聚焦“三提高一降低”目标，大力清理冗余富余、消除外派等损失浪费和改革用工制度，成本控制取得明显成效。

深化供给侧结构性改革，在提升质量上下功夫

集团通过推进供给侧结构性改革，进一步突出主业发展，加快清理低效无效资产，推动优质资源更多向主业集中。在结构调整方面，针对不同船型，量身定制具有竞争优势的船舶，提升船舶竞争力。在压减方面，提前超额完成国务院国资委布置的任务目标。在去库存方面，中远海运重工加强产融结合，海工项目去库存工作取得积极进展。在“处僵治困”方面，集团 7 家“僵尸企业”、特困企业中，已有 6 家完成治理。上半年，重点加强中海工业特困企业治理，中远海运重工已启动上海地区修造船业务的整合。在“三供一业”分离移交方面，集团分离移交总体完成进度要求，比央企总体进度提前 24 个百分点。

三、优化资源配置，抗周期能力持续增强

一是优化产业布局。集团围绕 “6+1” 战略布局，全面推进各产业集群的战略执行与落地，抗周期性和抗风险能力持续增强。上半年，为进一步提高投资效率，提高抗周期能力，集团对投资计划进行了调整。其中，航运集群比重较年初有所下降，航运金融集群比重较年初有所上升。中远海运金控、中远海运发展加强产融结合协同发展，着力推进金融租赁和金融投资两大业务。依托集团主业优势，打造“远海系”航运金融品牌，取得了良好业绩。广州中远海运围绕主业做产业，不断巩固“重点发展大健康、大旅游，做精航运配套和物业经营”的产业格局，社会化产业步入良性发展轨道。

二是深化改革重组。今年，集团重点抓了船员和船管体制改革、地区公司定位发展、财务公司、燃供业务、信息资源、教育资源整合。集团通过与银保监会多次沟通，6 月中旬已取得正式批复，财务公司重组进入实质操作阶段；信息资源整合工作在 2 月底完成股权整合后，正按计划

稳步向前推进；香港中远海运整合于 3 月底全部到位，实现了“合四为一”，管理层级缩减一级，改革重组效果显现。上半年，集团启动了船管体制改革和地区公司定位发展的研究工作，形成了改革方案。同时，集团积极推动燃供板块整合和教育资源整合，力争尽快取得新的进展。

三是激发创新活力。在经营创新方面，集团与上海海关、上港集团合作，积极推进跨境贸易管理大数据平台建设。中远海运集运携手京东、佳农打造厄瓜多尔香蕉区块链溯源项目，在参与区块链和市场影响力方面取得了显著效果。泛亚电商“集急送”、“箱信宝”等产品深受市场客户好评，推动了线上助力线下营销。中远海运散运创新合作模式，与必和必拓（BHPB）以固定价和指数价结合的模式签约，在锁定长期稳定货源的同时，规避了市场波动风险。自保公司创新开发了多款主险和附加险，有效发挥了集团保险管理平台作用。

在科技创新方面，以“智慧航运、智能制造”为引领，以集团科技信息平台为基础，有效发挥中远海运科技的平台整合能力，推动了集团科技创新工作。我们沿产业链布置创新链，成立了古野电器合资公司，推动了通导产业升级，与航天科技、部通信中心开展合作，从购买服务到掌控资源，促进了“科技 + 信息 + 产业”融合创新。首次承接了国家智能制造新模式研究专项，“船舶制造智能车间”作为造船行业唯一代表，入选了中国科协“中国智能制造十大科技进步”。

在体制机制创新方面，推进三项制度改革，职业经理人制度试点工作初见成效。探索实施中长期激励，重点推进了中远海运港口、中远海运能源、中远海运控股、中远海运特运、上海船研所 5 家单位中长期股权激励和岗位分红机制，有效激发了人才动力。按照集团总部“管总量、管标准、管流程、管监督”，直属单位“具体实施、把好入口关”的定位原则，创新员工招录管控模式，科学确定用工总量。创新培训模式，运用网络加强员工培训。中海党校上半年完成 9 期党的十九大精神培训任务，共完成各类培训班 24 期，培训 1830 人次。青岛船院创新业务模式，依托校企合作，形成 83 个重点科研成果的项目推荐目录和成果宣传单页。

四、坚持经略世界，全球化发展取得新成效

一是加快码头全球化布局。中远海运港口积极推进比利时泽布吕赫码头股权出让项目，进一步发挥码头与船公司的协同效应，为海洋联盟成员深化合作创造了良好条件。上半年，港口公司还积极跟进美国、印度、埃及、秘鲁等地码头项目，为全球化布局增添了发展后劲。与此同时，大力推进南沙港口供应链平台园区项目、天津集装箱码头整合项目、南通通海码头项目、武汉阳逻铁水联运项目等，进一步优化了股权结构，提升了资源配置和运营效率。

二是大力开拓“一带一路”市场。中远海运集运、中远海运比港（PPA）、中远海运欧洲、中远海运物流等单位协同开发中欧陆海快线。上半年，比港码头装卸箱量、班列运行数量和货量实现快速增长；中欧陆海快线同比增加 102%；累计客户数量超过 760 家，客户群不断扩大、市场影响力不断提升。中远海运集运牵头海洋联盟，着力完善“一带一路”航线网络。今年 1—5 月，在“一带一路”沿线市场货量同比保持增长，其中，印度市场、东南亚市场、非洲市场增长十分显著。中远海运物流抢抓“一带一路”机遇，加快物流通道建设。积极推进班列工作，截至 5 月底，累计货量同比增长 11%。中远海运特运“一带一路”沿线货量比重超过 45%，服务中国企业走出去的能力不断提升。

三是海外市场开发成效显著。中远海运欧洲精耕细作区域市场，上半年波兰地区销售箱量同比增长 251%，土耳其、芬兰、埃及、希腊销售箱量均实现两位数增长，区域市场开发呈现多点开花的良好态势。中远海运北美面对不断升级的中美贸易摩擦，知难而上，上半年太平洋航线西行货量同比增长 11.1%。大力开拓中美洲区域支线业务，运力市场份额由年初的 0.7% 提升到 2.3%。大力拓展设备租赁新业务，上半年完成底盘车、冷箱和冷箱发动机设备的投资计划，同时锁定了下半年的租赁合同，成效显著。中远海运东南亚下属新鑫海公司丰富航线产品，加大延伸服务，上半年完成区域重箱出口箱量同比增长 39%。中远海运澳洲至欧洲和中东流向货分别增长 38% 和 12%，货源结构和服务质量不断优化。

四是品牌影响力不断提升。上半年，我国 2018 年四大主场外交之一博鳌亚洲论坛 2018 年年会成功举办，习近平主席出席年会并发表重要演讲。中远海运博鳌圆满完成了论坛核心服务保障工作，集团也首次在论坛上主办了年会分论坛“物流的变革”，大大提升了集团国际影响力。集团积极开展中国国际进口博览会相关工作，成功入围博览会展会国际段运输服务商。招商、采购及论坛活动等各项工作进展顺利，已签约 56 家参展商，招展面积达到 2079 平方米。上半年，央视大型纪录片《大国重器》，将集团运营或建造的“希望 6 号”FPSO、“新光华”轮、冰区模块运输船、4000 车位双燃料汽车运输船、20 000TEU 集装箱船等列入铸就海运强国的梦想重器广泛传颂。集团“一带一路”建设、“冰上丝绸之路”建设、扶贫工作、上市公司业绩等受到广泛赞誉，这些都充分体现了集团作为全球化企业的责任与担当，集团品牌影响力不断提升。

五、坚持防控并举，抗风险能力不断提升

上半年，集团多措并举，综合施策，全面提升防范系统性风险的能力。一是在管控模式上，持续推进直属公司规范董事会建设。截至 2018 年 6 月底，集团直属公司董事会共决策非受限事项 9 项，各直属公司董事长授权事项共行权 109 项。通过董事会授权，不仅提升了企业投资、决策、经营、管控效率，提升了各经营单元的市场应变能力，而且从战略决策源头控制了投资风险。二是在管控重点上，上半年集团重点围绕贸易摩擦风险、投资风险、反垄断风险、金融风险、资金风险等方面进行系统性风险防范。针对全球贸易摩擦不断升级所带来的风险，集团相关部门和单位做了认真研究，并制定了应对预案。针对投资风险，督促和指导各单位做好投资项目的风险评估工作。上半年，集团出具 15 份风险评估审核意见，涉及租赁、造船、地产、并购、金融等诸多领域，为集团风险防控发挥了重要决策保障作用。针对反垄断风险，集团密切与国家部委、国内外机构进行沟通协调，取得了积极成效。针对资金风险，集团大力推进全球资金管理新模式建设，突出“一套体系、一个中心、两个平台”的资金管控模式定位和布局，积极筹建“司库运营中心”，不断提升资金管控水平，有效防范了各项资金风险。三是在安全管控上，集团坚持“杜绝责任性重、特大事故，避免责任性较大事故，减少一般及以下事故”的目标，强化“目标导向”和“问题导向”，对各单位春节、春运、全国两会、博鳌亚洲论坛和上合峰会等关键时段进行安全监控，深入开展隐患排查治理，进一步强化安全生产考核体系建设。上半年，集团各单位、船舶发生责任性一般等级事故 6 起，同比持平，安全生产形势总体稳定。

在肯定上半年工作和成绩的同时，也必须清醒认识到，虽然我们付出了很大努力，但受市场原因、历史原因和自身工作原因的影响和制约，我们没有按进度完成任务目标。同时，对照新发展理念要求和企业参与国际竞争的需要，我们还存在一些不足：

一是航运主业持续盈利能力有待进一步提升。尽管上半年航运主业仍整体盈利，但是受市场影响，与去年同期相比减利明显，有些航运公司盈利大幅下降，甚至出现亏损，未能完成“两个不低于”的经营目标，这与集团对航运主业提出的持续盈利的要求相差较大。

二是改革红利尚待进一步挖掘。截至目前，集团已完成 13 项改革任务，但是深化改革之路不能停滞。已完成的改革如何进一步释放红利，即将进行的改革如何挖掘红利，都需要我们驰而不息，加大力度将改革进行到底。

三是管理效能有待进一步提升。中央要求推进效率变革，如何提升效率，提高效能，是我们必须重点加强的工作。然而，在具体工作中，有些单位仍然存在作风不实，管理疲沓、效率低下的问题，这与集团提出的建设“大集团、新企业、

国际范”的目标还有很大差距。

六、下半年工作总体要求和具体部署

今年以来，全球经济延续恢复态势，航运业虽然受贸易摩擦、自身供需等因素的影响，出现反复，但航运业总体发展的态势没有变，继续保持稳中向好，航运业仍然面临着许多有利因素。一是美国和中国两大经济体的经济增长平稳，有利于提振全球经济，特别是我国推动经济新旧动能转换，新动能快速成长，含金量明显提升，迈向高质量发展起步良好，为全球贸易、运输夯实了基础。二是党的十九大再次强调中国发展仍处于重要战略机遇期，“一带一路”倡议、京津冀协同发展、长江经济带建设的不断深入，为我国航运业开发国内、国际两个市场，开发新兴市场创造了更广阔的空间。据统计，今年 1—5 月，中国对“一带一路”共建国家进出口增长 11.1%，高出全国整体增速 2.3 个百分点。三是改革开放 40 周年，我国将继续大幅度放宽市场准入，主动扩大进口，这对航运业是重大利好，我们要抓住机遇，扩大进口，补齐进出货源不平衡的短板。此外，下半年航运市场有望逐步均衡，全年需求增速高于供给增速，BDI 全年均值将在去年的基础上继续回升，这将是我们完成“两个不低于”目标的重要基础。

当然，全球经济和航运仍然存在一些不确定因素，特别是全球贸易摩擦的升级，更增加我们完成任务目标的难度。下半年，我们要重点关注全球贸易摩擦、伊核协议废除、运营成本刚性上涨等因素，结合企业实际，切实做好应对。

基于形势判断，结合集团长远发展目标，集团下半年工作总体要求是：深入贯彻落实习近平新时代中国特色社会主义思想和党的十九大精神，适应新常态，把握新形势，聚焦“两个不低于”的目标，坚定信心，精准发力，拼效益、强改革、控风险，推动集团在高质量发展道路上迈上新台阶。

下半年，我们要重点做好九方面工作：

1. 聚焦“两个不低于”，坚决打赢创效攻坚战

今年，集团的经营目标是“两个不低于”，即“2018 年效益指标不低于 2017 年水平，不低于 2018 年同期市场平均水平”，从上半年完成情况看，有的单位不理想，要引起高度重视。我们要坚定信心决心，动员各方力量，采取多种措施，开源节流，拓展效益空间，坚决打赢效益攻坚战。集团年初下发了经营业绩责任书，明确了考核指标，各单位党政领导要切实肩负起创效责任，进一步强化全面预算管理，念好考核“紧箍咒”，为全年效益攻坚保驾护航。

航运产业集群。要扛起主业重任，发挥创效主力军作用。中远海运集运要认真做好贸易摩擦的应对，要对已经产生和潜在的影响进行分析研究，制定短期、中期、长期计划，切实降低贸易摩擦影响；要按照“六个保留”原则，着力做好东方海外并购后的对接、协同工作，切实体现规模效应。要坚定不移推动各时间节点运价恢复工作，着力提升船货收益；要把握进口博览会契机，提升市场份额。要着力强化成本节约，重点做好燃油成本管控，持之以恒控制箱管成本、港口供应商费率和财务成本。中远海运散运要坚持规模与效益并重，强化价值货源和关键客户开发，推动整体货源结构多样性；要着力开拓印度、非洲、秘鲁、智利等新兴市场，开辟新的价值货源和航线组合，创造多元化利润增长点。要高度关注贸易摩擦导致的大豆、粮食等大宗散货的流向变化，规避风险航线，提前布局潜力航线。中远海运能源要挖掘内贸市场潜力，各船型期租水平高于 2017 年平均水平；要提升 VLCC 经营效果，维护拓展西行货源战略客户，提高三角航线比例，增加第三国货运占比；要抓住绿色能源革命带来的机遇，大力发展 LNG 运输业务，进军新能源运输领域；要加强燃油精益化管理，努力节约燃油成本。中远海运港口要做好阿布扎比码头的试运营，推进南通通海、天津港等项目，积极参与国内各省港口资源整合；要与普洛斯、一海通携手，积极拓展延伸服务，构建以港口为核心的供应链平台，创新商业模式。厦门中远海运要全力落实集团与中旅集团在邮轮项目上的合作，加强与地方政府的沟通，争取必要的政策支持，为开启邮轮运营做好充分准备。中远海运客运要抓住下半年暑运、国庆节客运高峰和年底前货运高峰的有利时机，开展专项营销活动，力争取得更好效益。

物流产业集群。中远海运物流要继续深化与青岛、日照、舟山、连云港等港口的合作，加快推进港口物流业务；要提前布局、积极发展电商物流、冷链物流；要加快船代、工程和仓配板块的集约化改革，发挥资源要素最大价值，进一步提升竞争力和抗风险能力。中远海运特运要加大长期收益稳定的项目和COA揽取力度，特别是“一带一路”沿线工程项目和全程物流项目；要稳步推进TCO项目，加强现场监管和供应商管理，保障项目收益，塑造特运全球品牌。

航运金融产业集群。要进一步推进产融结合协同发展，中远海运金控、中远海运发展要以融促产，通过航运基金、物流基金、小贷公司等，为集团其他业务集群转型升级提供支持。要加强流动性风险和操作风险管理，做好项目合同及重大合同的法律、合规审核，进一步加强风险防控。

装备制造产业集群。要积极应对困境，保交付，保质量，全力拼抢订单，增强“造血”能力。中远海运重工要和中远海运发展、中远海运资产协同配合，积极推进产融结合，处置库存海工项目，盘活有关土地和房产。要控制大连重工、舟山重工、广东重工的造船产能规模，进一步压减造船产能；退出南通船务、舟山重工和广东重工平台类海工建造项目。

航运服务产业集群，香港中远海运要在改革重组取得阶段性成果基础上，继续发挥好非金融类业务核心投资平台、航运服务产业集群统一经营平台和基础设施领域投资平台“三大平台”功能，提升航运服务保障能力，努力成为国际领先的航运服务公司。中国船燃、中石化中海燃供要针对当前油价上涨形势，全力协助做好集中采购工作，有效降低燃油成本；要开拓低硫资源，为应对IMO 2020硫排放限制标准做好充分准备。

社会化产业集群。广州中远海运要利用好存量转型和增量突破，进一步优化产业资源；要重点发展航海医学、老年医学等特色学科，做强医疗健康板块；要通过线上线下互动营销，协同集团内部邮轮资源，做精做优旅游板块。上海中远海运要围绕置业发展、液化仓储、化学品运输三大经营平台，进一步推动转型发展，加大低效无效资产处置力度，提升资产价值。

2. 深化供给侧结构性改革，持续提升核心竞争力

下半年，我们要按照确定的时间表、路线图，坚决推进今年各项改革工作。

一要全力确保东方海外收购项目按期完成。集团和中远海运控股对东方海外进行要约收购的各项先决条件已全部完成。下一步，我们要按照程序完成相应的收购工作，相关部门和单位要做好一切准备，确保收购工作依法合规，顺利完成股权交割。收购成功后，要按照“六个保留”的原则，做好财务、运营、合规等方面的沟通对接，并就其市值管理、资本运作、公司治理、协同运营等方面做好相关工作。通过收购，不仅要在规模上实现跨越式增长，更要在资源统筹、成本协同、管理互鉴、合规运作、经营能力上同步提升。

二要持续深化改革。要继续推进船员管理体制改革、科技资源整合、财务公司重组，促进专业公司系统内部的全面融合；要尽快完善船舶管理体制改革、地区公司定位与发展改革方案，并做好落实工作；要推动燃供和教育等整合项目取得实质性进展，适时启动备件与物料、客轮业务、通导业务等整合工作。此外，在压减方面，年底前要完成压减法人单位目标，管理层级保持在4级；“三供一业”分离移交方面，要加大力度，用好政策加速推进，确保在年底前全面完成分离移交工作；“处僵治困”方面，要按照国务院国资委要求，加强对特困企业各项指标的监管，重点完成中海工业的特困治理工作；“两金”压降方面，要将压控成果与业绩考核挂钩，加强对重点单位、重点项目的压控，力争完成国务院国资委考核指标。

三要大力推进船队结构调整。今年是接船高峰期，预计下半年新接船舶26艘/454万载重吨。集团相关部门和各专业公司要大力抓好船舶监造，保证新船质量。要结合经营需求，积极做好新船的运营工作。此外，拆旧造新补贴也要加紧落实，确保今年效益。

3. 围绕“一带一路”，大力拓展全球价值链

一要深化海外公司平台建设。海外区域公司是集团构筑全球公司、实现健康发展的重要载体，是我们推进“一带一路”建设的前沿阵地，要根据区域内外部资源优势和环境特点，为集团主业创效发挥重要的平台支持作用；致力于弥补各专业公司境外服务能力的短板，着力提升集团在区域的可持续发展能力和全产业链竞争实力，大力培育新业务和新的利润增长点。中远海运欧洲要尽快推动中欧陆海快线公司开展实质性业务，抓住掌控关键物流资源工作重点，加快收购内陆铁路场站和铁路公司股权；要积极打造新的班列服务，力争年内开辟比港—马其顿、比港—保加利亚班列，实现快线运量的可持续增长。中远海运比港要继续推进集装箱码头、中欧陆海快线、邮轮码头、修造船板块、物流仓储和汽车船码头六大业务板块发展，加强与集团各业务板块的协同；要与集运、港口一起，配合中欧陆海快线平台公司加速推进快线产品，继续大力提升集装箱业务量；要与重工一起精耕比港修船业务，实现希腊邮渡轮修船中心目标。中远海运北美要重点做好中美贸易摩擦的市场应对工作，同时，抓住美国制造业回流、基础设施建设的重要机遇，重点打造集港口物流、内贸运输、底盘车经营、仓储配送等业务为一体的综合物流供应链服务平台。中远海运东南亚要用好资本运作项目所获取的资金，以及新加坡上市平台融资优势，搭建区域物流网络，提升集团相关业务在东南亚地区的核心竞争能力。

二要大力开发海外市场。新兴市场、第三国市场、区域市场的开拓，是衡量集团全球化发展的核心指标，也是我们有效应对当前贸易摩擦的重要途径。我们要加强对“三大市场”的精耕细作，培育新的收入增长点和发展动力。中远海运集运要进一步优化航线网络，调整运力布局、加大营销力度，积极挖掘“三大市场”的增值空间。中远海运日本要积极推进索尼公司利用比港通道，助力比港和中欧陆海快线货量提升；要加强日本至东南亚、日本至非洲等“一带一路”流向货物的揽取，争取业务有更大突破。中远海运澳洲、中远海运西亚、中远海运非洲、中远海运南美 4 家区域公司，要紧跟我国能矿企业和工程承包企业“走出去”步伐，积极参股项目，分包陆运段业务，争取码头运营，进而带动集团产业链在当地的协同发展；要协助做好“三大市场”的开发，特别是在航线设计、营销网点建设等方面，及时跟踪当地市场变化，掌握第一手信息资源。

三要推进码头全球化布局。特别是要加强在中南美洲、非洲等新兴市场的码头开发，积极填补空白，进一步完善集团全球码头网络布局。要通过全球码头支点建设，为集团主业的全球业务拓展提供支撑，汇聚集团全球创效的新合力。

四要落实与海南省的战略合作。海南是 21 世纪海上丝绸之路的重要节点，是我国新一轮对外开放的重要窗口。我们要利用与海南省签署战略合作协议的契机，在海南自由贸易试验区、中国特色自由港建设中，积极发挥集团的航运领军企业作用，在港口资源整合、航运物流、旅游消费、金融服务、论坛保障、海洋装备制造等领域，进一步加强与海南省的合作，为海南成为新时代全面深化改革开放的新标杆作出更大贡献。

4. 服务国家战略，抢抓开放发展新机遇

首届中国国际进口博览会，是我国今年的四大主场外交之一，是我们拓展海外市场、提升品牌形象的良机，全集团要提高政治站位、统一思想、积极筹备，落实好国务院国资委、商务部有关要求，为保障博览会取得圆满成功发挥重要作用。在展品运输方面，要抓紧推动博览会订舱平台上线，订舱平台除了集运外，也要为其他公司留出接口，以满足客户多元运输需求；要保证运输效率，在确保展品安全及时到会参展的前提下，尽可能让客户感受到我们优质的服务，为今后长期合作奠定基础。在集中采购方面，要做好与国务院国资委央企采购团的对接，做好采购计划，落实成交预期，挑选优质供应商，安排博览会期间举行签约仪式。在布展保障方面，要遵循展会主题、满足展商需求、体现集团元素，选取可靠、有实力的供应商，做好展台的整体设计和服务保障。在论坛活动方面，海运年会的主题要融入进口博览会的主题，要拓宽研讨范畴，广邀展会嘉宾，进一步提升年会的影响力。此外，我们还要加强与相关部门和媒体的沟通协调，尽快落实将订舱平台放到博览局官网，跟进关键性节点，分阶段性开展报道宣传，推动集团品牌的传播。

5.着力创新变革，全面汇聚发展新动能

一是继续推进商业模式创新。随着对外开放持续扩大，我国正逐渐由“卖全球”向“买全球”转变，我们要进一步创新商业模式，以适应我国贸易结构的深刻调整。在大数据平台研创方面，要深入推进跨境贸易管理大数据平台建设，提升产品竞争力。要做好与京东的大数据平台合作，利用大数据，进一步提升集团全球服务品质。在全程物流链运作方面，中远海运散运要牵头做好中铝几内亚项目，积极探索“港口–内河–转运平台–海运”全程一体化运营模式，推进从海上运输向全程物流供应链转型升级。在产融结合方面，要进一步推进航运基金、物流基金、远海明华、小贷公司等业务开拓，助推产融结合、以融促产，为集团其他业务集群转型升级提供支持。

二是全面推进航运科技创新。在智慧航运上，要尽快将智慧航运顶层设计细化为行动方案，并落实到具体项目中。积极推动建立国家智慧航运综合服务平台，支持上海航运中心建设。上海船研所要加强对外合作，提升船舶卫星通信系统运营服务能力，保障船舶航行安全。在信息系统建设上，要做好信息化规划的滚动修订，抓好在建项目质量管控，继续完善和推进船舶管理信息系统建设，做好投资、人力资源等系统上线工作。要梳理集团网络信息安全现状，切实抓好信息安全工作。

三是不断推进体制机制创新。稳步推进薪酬激励机制改革创新工作，在总结中远海运能源、中远海运港口股权激励计划推进经验的基础上，及时推进中远海运控股、中远海运特运及中远海运国际（新加坡）股权激励工作。要积极稳妥推进职业经理人试点工作，发挥董事会和监事会对职业经理人的监督作用，严格实行聘任制和契约化管理。要加强海外员工管理，建立动态管理机制，强化文化认同，培养国际化人才。要完善市场化用工和招录机制，制定《集团陆岸员工招录管理办法》，配合各业务板块深化改革重组，推进机构整合和人员安置工作。要以组建集团企业大学为契机，推进培训管理体系建设，实施“启航、远航、领航”培训计划。

6.提升管控效能，积极打造发展新格局

一是强化战略管控。要进一步完善相关办法和细则，扩大、优化直属公司董事会授权工作，做好三级企业董事会授权试点。要建立健全外部董事履职支撑和服务体系，切实发挥外部董事对企业科学决策的重要作用，为企业长远发展保驾护航。

二是强化协同管控。航运协同上，要认真做好集运和东方海外的协同，真正实现“1+1 > 2”；要继续做好杂货南美航线联营体工作，通过共享运力和互换舱位等，在运力配置、项目合作、成本控制等方面取得更好成效。要继续协力做好“南向通道”建设，中远海运集运、中远海运港口、中远海运物流等相关产业板块，要强化对“南向通道”战略意义的认识，在班轮航线配套服务、海铁联运、港口合作等方面，加大资源投入力度，打造“南向通道”的新优势。对于产业集群的协同，要坚持“集团船舶集团造”的原则，力争集团内部船舶绝大多数在集团内部建造。要强化航运金融产业与其他产业的协同；对于船舶建造、重工设备制造等投资项目，要优先选用集团金融机构进行融资 / 租赁。要在燃油采购、保险理赔、船舶代理等方面，大力推动集团内部资源优先使用，实现集团利益最大化。在项目协同上，要依托“一带一路”，以中铝几内亚项目、霍尔果斯东门无水港项目、港口收购项目等大项目为抓手，强化各业务单元的良性互动。

三是强化投资管控。下半年，要着眼于“十三五”发展规划的落实和保障，强化投资管理对集团战略落实、资源配置的导向作用，加强投资计划和项目实施的后评估管理，集中资源发展优势产业。要适度加大非航产业投资，提升抗周期能力。要提升投资管理的信息化水平，对投资全生命周期进行跟踪管控，提升投资管理效率，规避系统性风险。

7. 着力防控风险，全面筑牢风控防火墙

一要积极应对贸易摩擦风险。贸易摩擦正在全球呈现扩大化趋势，这给国际贸易和航运秩序带来严重威胁。全球贸易摩擦将改变贸易流向和格局，部分商品贸易量减少，商品贸易流向发生转移，全球贸易体系将改变。从目前公布的清单看，对集装箱运输影响最大，散货、杂货、能源影响较小。集团上下要高度重视，总部、各航运公司要加强协调，讲政治、顾大局，做好动态跟踪，制定有效预案，采取切实举措。一是跟踪全球贸易动向。既要关注中美贸易摩擦，也要关注其他贸易摩擦；既要关注影响较大的集装箱运输，也要关注散货、杂货、能源运输，包括已列出的清单和未来可能列入清单的货品都要关注；既要关注贸易模式的变化，也要关注贸易规则的变化。二是灵活做好运力布排。今年，我们大船下水较多，全球闲置运力也在减少，这将进一步加剧供需不平衡。我们既要抓好太平洋航线的应对，也要积极开发新兴市场、第三国市场、区域市场，加大这些区域运力投放力度。三是挖掘替代货源。关注家具、玩具、机电设备等出口企业的货源及贸易动向，拓展与巴西、阿根廷、墨西哥、欧盟等可替代美国大豆进口商的合作，同时加大新货源开发力度，积极发掘替代产品，降低经营风险。四是建立研判和应对机制。要在专业公司、海外区域公司之间，建立起更加高效的信息研判和应对机制，服务集团全球化拓展，提升抵御各类不确定性风险的能力。

此外，对于美国退出伊核协议，也要积极做好应对。要按照有关制裁禁令，做好合规审查，暂停涉及制裁禁令的有关业务，有效规避风险。

二要积极防范重点风险。当前，要重点关注海外风险、债务风险、燃油风险、利率汇率风险、现金流风险等。要加强对重点领域、重点单位的反垄断合规管理。对于海外风险，我们要按照国务院国资委的要求，统一认识，完善体系，合规经营，对重点单位、重大项目、重要业务中有可能形成重大风险的领域，尽可能做到风控关口前移，构建海外风险控制的“三道防线”。要强化资金集中管理，加快推进集团“现代司库理念为核心的全球资金管理体系”建设，有效防范债务风险；要加大内部资金融通，进一步提高资金使用效益，降低资金成本和财务风险；要利用国家支持政策，积极促进中远海运重工与建信投资债转股方案的落地实施。

三要完善防控体系。要不断完善风控制度体系，实现事前、事中、事后全流程管控。要立足关口前移，构建科学的风险控制体系，加强事中监控，逐步建立风险预警体系，进一步完善事中监控手段，完善事后评估，建立多元化的风控评价体系。在具体工作中，要深入梳理分析核心风险，发现风险管控的盲区，完善风险管控的薄弱点；要充分发挥各单位主要负责人“关键少数”的作用，切实履行风控第一责任人的职责，将风控工作从执行层面提升到决策层面。

8. 发挥引领作用，持续提升行业影响力

一要加强市值管理，提升资本市场影响力。要利用收购东方海外的契机，充分发挥境内外多个上市平台优势，统筹考虑集运、港口及东方海外产业链条，利用资本运作推动市值最大化。要密切与境内外媒体的沟通交流，做好集团重大收购、上市公司发布等境内外舆论引导，为集团营造良好舆论环境。要利用中远海运控股非公开发行股票的契机，精心筹划开展投资者推介活动，为项目发行和提升市值奠定良好基础。要加强投资者关系和信息披露管理，向资本市场传递正能量，共同提升企业价值。

二要注重行业引领，提升行业经营引领力。要利用海洋联盟、海工联盟引领行业舆论导向，积极改善业态环境。要积极参与规则制定，在BDI改进的基础上，进一步加强与波交所及其他指数发布机构的沟通，进一步探索干散货指数BDI的改进方式，推进油轮、特种船指数的调整、编制和发布工作，不断提升集团在航运规则制定上的影响力和话语权。

三要强化宣传引导，提升品牌形象影响力。要围绕我国改革开放40周年及“一带一路”建设五周年宣传重点，积极发挥国家外交平台、重要国际合作平台作用，以参加进口博览会为契机，发挥集团总部在上海主场得天独厚的优势，广泛开展对外关系与合作，加强境内外舆论引导，做好“一带一路”海外专题新闻宣传和集团主办国际海运年会、参加中国航海日等宣传报道，讲好中远海运故事，积极推动集团品牌软实力再上新台阶。

9. 坚守安全底线，全力织密安全保障网

一要加强组织领导，切实履行一岗双责；各级领导干部尤其是党政主要领导要认真履行安全职责，亲自带头研究、部署、参与，抓实抓细抓牢各项安全工作。二要加强重点管控，确保安全生产稳定；要密切关注恶劣天气、全球海盗袭扰事件，提前规避，主动防范；深入开展隐患排查治理，对安全生产重点单位做好约谈和挂牌督办，加强安全监管；要聚焦驾驶台纪律、分承包方管理、机关管理及现场工班组管理等重点工作，确保对重点单位、船舶一抓到底；密切跟踪船员管理体制改革、船舶管理体制改革和教育培训改革进展，强化“在岸、在船、在线”培训，确保安全体系运行高效，全员安全素质稳步提升。三要积极主动配合，做好进口博览会安全保障工作；按照国家和上海市有关要求，认真做好中国国际进口博览会的安全保障工作，尤其是上海地区各单位，要持续紧盯人员密集场所和危险品生产经营储运场所等重点部位，加强对到港船舶，尤其是进出上海港和长江口船舶的监管检查，为博览会的召开营造安全稳定的环境。四要推进绿色发展，保护生态环境；污染防治是中央提出的三大攻坚战之一，要按照全国生态环境保护大会要求，提高政治站位，加强对生态环境保护工作的组织领导和实施；要加强对重点船舶、重点场所、重点单位的跟踪监管，全力防范生态环境风险；大力推进岸电装置、能效管理系统等先进技术，积极发展绿色航运；要加强对环保工作的考核，坚持守土有责、守土尽责，全力打好污染防治攻坚战。

同志们，历史只会眷顾坚定者、奋进者、搏击者，而不会等待犹豫者、懈怠者、畏难者。我们要聚焦“两个不低于”的目标，坚定信心，拿出百倍甚至千倍的努力，驰而不息、奋力攻坚，全力打赢全年效益攻坚战，推动集团在高质量发展道路上迈上新台阶。

专论

把航行之“舵” 铸强企之“魂”
以强有力的党建工作推动企业改革重组

中远海运集团党组书记、董事长 许立荣

中国远洋海运集团有限公司由原中远集团和中海集团于2016年2月重组而成，是世界第一大航运企业。集团党组认真贯彻落实以习近平同志为核心的党中央对国有企业改革发展的重大决策部署，深入贯彻党的十九大和全国国有企业党的建设工作会议精神，坚持和加强党的全面领导，强化企业党组织建设，为推进企业改革重组、做强做优做大领航护航。

一、坚持发挥党组领导作用，保证改革重组正确方向

党的领导是做好各项工作的根本保证。集团党组充分发挥把方向、管大局、保落实的重要作用，严格执行“三重一大”决策制度，完善党组议事规则，把党组研究讨论作为董事会、经理层决策重大问题的前置程序，把研究战略性、关键性、全局性重大事项作为党组会议的重要内容，先后召开57次党组会议研究决策重大事项126个。党组把“坚持有利于国有资产保值增值、有利于提高国有经济竞争力、有利于放大国有资本功能”作为改革重组的根本原则，积极贯彻新发展理念，提出打造航运、物流、航运金融、装备制造、航运服务、社会化服务，以及“互联网＋”的“6+1”产业集群发展战略。改革重组以来，集团高效完成了上市公司涉及74项700多亿元的股权交易、新集团总部组建、七大核心板块重组、海外战略布局等工作，收购新加坡、阿联酋、荷兰等“一带一路”共建国家码头8个，牵头成立海洋联盟、收购香港东方海外，改变了世界航运竞争格局。

二、坚持做好顶层设计，确保党建工作与改革重组同步推进

集团党组坚持把党的建设作为国有企业的“根”和“魂”，做到改革重组推进到哪里，党建工作就延伸到哪里；企业经营发展到哪里，党组织建设就覆盖到哪里。一是同步研究党建方案。在制定改革重组方案时，同步制定党建工作方案，把党建总体要求纳入新公司章程，落实党组织在公司法人治理结构中的法定地位。二是同步健全基层组织。改革重组中，集团共完成205个党委、144个党总支和12个境外二级公司党组织的重新组建，境内二级单位全部单独设立党的工作部门，实现组织“全覆盖”并内嵌在公司治理结构中。三是同步配强党建力量。选优配强党务干部，专职党务工作者2108人，其中船舶政委1174人，总部党务干部接近总部职工数的1/4，境外十大区域公司全部委派专职书记，主要区域公司配备纪委书记，党建工作力量有效加强。四是同步理顺工作流程。针对改革重组后组织架构、管理模式、人员归属发生改变的实际情况，理顺党建工作管理链条，完善党建属地化管理体制，增强党建工作合力。五是同步加强制度建设。按照“一个制度体系、一个文件清单”的制度建设目标，制定61项党建工作制度，建立党建责任考核机制，落实全国国企党建会精神，细化38项重点任务和650分的量化指标，与各二级单位签订党建工作责任书。

三、坚持抓实思想政治工作，凝聚改革重组思想共识

集团党组重视发挥思想政治工作生命线作用，把思想政治工作同生产经营管理结合起来，把解决思想问题同解决实际问题结合起来。一是重要导向旗帜鲜明。大力倡导践行“一个团队、一个文化、一个目标、一个梦想”的理念，积极塑造“同舟共济”的企业文化，促进思想共识、感情共融、工作共进。二是重要问题听取意见。主要负责同志与原两大集团总部中层干部逐一谈话，各部门党支部书记与职工逐一谈心，让干部职工在岗位调整前想通想透，在岗位调整后安心工作。三是重大事项及时通报。多次召开总部职工大会，集团领导深入一线带头宣讲，通过设立咨询电话、印发宣传提纲以及内刊内网、新媒体宣传等方式，通报重大事项、宣传相关政策。四是重点人员服务关心。针对集团总部和二级公司机关近500名干部需赴异地工作的情况，党组积极争取当地政府政策支持，想方设法解决职工住宿、落户、就医和子女上学等实际问题，解除职工的后顾之忧。积极履行国有企业社会责任，坚持“不下岗、不裁员”，妥善安置每一位职工。

四、坚持建强干部队伍，夯实改革重组人才基础

集团党组认真落实好干部标准，坚持事业为上，以事择人，选优配强各级领导班子和干部队伍。一是择优选聘，着眼发展选用人才。聚焦世界航运企业发展趋势和集团发展战略，根据岗位需要、结合考评结果，择优选拔高素质专业化干部。二是强化考核，切实发挥“指挥棒”作用。结合实际制定干部考核办法，全面组织开展干部考评和班子分析，树立鲜明的选人用人导向。三是育用结合，推进年轻干部队伍建设。建立后备干部库，实施优秀年轻干部系列培训和专项考察，重点加强理想信念和党性教育，努力储备一批高素质专业化的年轻干部。四是创新机制，有效激发活力。制定“十三五”人才发展规划，推进干部能上能下，先后有16名集团管理干部退出领导岗位。实施职业经理人试点，通过社会化选聘和内部公开竞聘遴选优秀人才，为打造“6+1”产业集群提供坚强人才支撑。积极完善容错纠错机制，落实信访举报澄清工作规定，为干事者鼓劲、为改革者撑腰。

实践证明，党建工作做实了就是生产力，做细了就是凝聚力，做强了就是竞争力。我们将认真学习贯彻党的十九大精神，按照这次会议要求，以提升组织力为重点，切实建强国有企业党组织，推动习近平新时代中国特色社会主义思想在中远海运落地生根，当好国企改革发展的排头兵与先行者，努力向世界一流企业目标迈进。

（2017年12月22—23日，全国组织部长会议在京召开，中远海运集团党组书记、董事长许立荣参加会议，并代表集团党组作主题交流发言。）

不忘初心　牢记使命　永远奋斗
谱写新时代中远海运事业壮丽华章

中远海运集团党组书记、董事长　许立荣

2018 年 6 月 29 日

凭窗远眺，浦江潮涌。在这个火热的季节，我们迎来了中国共产党建党 97 周年。此时此刻，从黄浦江畔到哈德逊河岸，从欧亚大陆到南北美洲，工作在七大洲、四大洋的 13 万中远海运人正以辛劳和汗水，浇筑着我们的共同梦想，为建设具有国际竞争力的世界一流企业不懈努力。

“中国共产党人的初心和使命，就是为中国人民谋幸福，为中华民族谋复兴。”回顾中远海运集团不断发展壮大的历程，就是一部在党的领导下，将企业与国家和民族的命运紧密联系在一起，拼搏奋斗、砥砺前行的历史。几十年来，不论如何风云变幻，一代又一代中远海运人牢记使命，初心不改，矢志不渝，为了洗刷“百年海运无我份”的近代耻辱，为了实现中华民族伟大复兴的历史使命，前赴后继，开拓进取，战胜了一次又一次困难和挑战，实现了一次又一次跨越式发展，以“走出去”的先行者姿态，向世界呈现了中华民族从站起来到富起来，并在以习近平同志为核心的党中央坚强领导下，向着全面建成小康社会、夺取新时代中国特色社会主义伟大胜利目标昂首迈进的顽强斗志和豪迈风采。实现年度利润总额 190 亿元，6 艘 20 000TEU 集装箱船投入运营，集团总部入驻新大楼……新时代展现新气象，新征程创造新辉煌，我们所取得的每一点进步，都是大时代背景下中华民族伟大复兴的片段与缩影，每一名中远海运人都为能够亲身见证并参与这一伟大进程而自豪光荣。

“事业发展永无止境，共产党人的初心永远不能改变。”在党的 97 岁生日到来之际，作为党领导下的国有重要骨干企业，中远海运集团全系统各单位、各级党组织、全体党员和广大员工都要不忘初心、牢记使命，努力展现新作为、作出新贡献。

——不忘初心、牢记使命，就是要在加强政治建设上树立新标准。要坚持把政治建设摆在首位，在学习贯彻习近平新时代中国特色社会主义思想和党的十九大精神中提升党性修养、思想境界、道德水平，保持在理想追求上的政治定力，树牢“四个意识”，坚定“四个自信”，坚决做到“两个维护”，自觉在思想上政治上行动上同以习近平同志为核心的党中央保持高度一致，与全党全军全国各族人民一起，汇聚起夺取新时代中国特色社会主义伟大胜利的磅礴力量。

——不忘初心、牢记使命，就是要在建设世界一流企业上展现新作为。要认真贯彻“五位一体”总体布局、“四个全面”战略布局和新发展理念，坚持质量第一、效益优先，聚焦“两个不低于”的目标，加强战略引领、持续深化改革、突出创新驱动，积极转变工作重心、发展方式、竞争手段、经营理念、发展路径、商业模式，加快打造“6+1”产业集群，在高质量发展上取得新提升，在推动效率变革和动力变革上取得新成效，在完善和优化全球战略布局上取得新进展，毫不动摇地把中远海运做强做优做大，树立新集团、大企业、国际范，巩固和扩大在行业内的领先优势。

——不忘初心、牢记使命，就是要在服务国家“一带一路”建设上体现新担当。要坚决贯彻落实中央重大战略部署，在“一带一路”建设中抢抓新机遇、勇当主力军，进一步加快全球业务布局，全力开拓“一带一路”市场，大力投资沿线基础设施，发挥跨文化管理优势，积极履行社会责任，充分借助博鳌亚洲论坛、金砖国家工商理事会、中国国际进口博览会、国际海运年会等国际组织和对外平台，发出中国声音，讲好中国故事，提升国际话语权和影响力，为“一带一路”建设作出应有贡献、营造良好氛围。

——不忘初心、牢记使命，就是要在不断深化改革创新中赢得新发展。要积极响应习近平总书记发出的号召，坚持走改革开放这一当代中国发展进步的必由之路、实现中国梦的必由之路，以庆祝改革开放40周年为契机，逢山开路，遇水架桥，将改革进行到底，咬住建设世界一流企业目标不放松；对于改革中出现的问题，用改革的精神去面对，用改革的方法来解决，总结经验，兴利除弊，实干苦干，稳扎稳打，在深化改革中实现强身健体，在不断创新中实现提质增效。

——不忘初心、牢记使命，就是要在继承弘扬优良传统的基础上致力新追求。要充分认识新形势下坚持和弘扬艰苦创业、爱国奉献优良传统的重要意义，厉行节约，降本增效，勤俭节约办企业，坚决摒弃特权主义、特权思想。要大力弘扬“四个一”理念和同舟共济的企业精神，坚定信念、凝聚共识、激发动力，努力战胜前进道路上的风险困难挑战，在赓续传承中开新，在立根固本中图强，在做强做优做大中远海运的征程中不断取得新业绩、创造新辉煌。

——不忘初心、牢记使命，就是要在破解深层次矛盾问题上取得新突破。问题是改革创新的起点和动力源。在前进的征途上，要始终坚持强烈的问题意识和鲜明的问题导向，科学研判面临的诸多不确定因素，正视自身差距不足，抓重点、补短板、强弱项，全面促进企业经营管理水平提升，全力以赴打好深化改革、提质增效攻坚战。特别是要高度重视、认真抓好中央巡视和审计署审计反馈问题整改工作，全面系统研究制定整改方案，明确问题清单、责任清单、措施清单，即知即改、立行立改、全面整改，推动企业持续健康发展。

——不忘初心、牢记使命，就是要在全面从严治党上开创新局面。要坚持党对国有企业的领导不动摇，把党的领导融入公司治理各环节、改革发展全过程，坚持“党建工作做好了就是生产力，做细了就是凝聚力，做强了就是竞争力”理念，扎实推进“两学一做”学习教育常态化制度化，积极开展“不忘初心、牢记使命”主题教育，深入落实全国国企党建会30项重点任务和集团基层党建工作三年规划，以提升组织力为重点全面加强基层党组织建设，不断夯实基层基础，提升党建工作科学化水平。

——不忘初心、牢记使命，就是要在攻坚克难中展现当代共产党员新风貌。全体党员要学在先、干在前，以新时代党的建设总要求为遵循，以党章为总规矩、总标尺，进一步坚定共产主义理想信念，进一步打造过硬本领，进一步强化纪律规矩意识，始终保持共产党人忠诚、干净、担当的政治本色，立足岗位，勇当先锋勇立潮头，以脚踏实地、真抓实干的行动坚守初心和使命，团结带领广大职工完成新任务、战胜新挑战、取得新成绩。

志之所趋，无远弗届；志之所向无坚不入。立足新时代，开启新征程，我们要不负时代重托、无愧历史使命，更加紧密地团结在以习近平同志为核心的党中央周围，以永不懈怠的精神状态和一往无前的奋斗姿态，以做强做优做大中国远洋海运事业的实际行动，为书写中华民族新时代的史诗传奇添上浓墨重彩的一笔！

回归产业本质　才是航运的应变之道

——在全球贸易与供应链峰会暨国际海运年会（2018）上的演讲

中远海运集团董事长　许立荣

2018 年 11 月 6 日

虽然宏观经济一直在变，但航运作为全球贸易最主要的载体，地位和角色始终没有变，航运的规模、成本、网络、适货性到目前为止都是不可替代的；虽然技术、成本、规则等产业要素市场一直在变，但航运的"服务本质"没有变；企业竞争格局一直在变，但航运的价值理念没有变。经历了多年的探索与发展，航运界已经达成了这样的共识：零和博弈行不通，跨界更需要合作，只有打通货流、信息流、资金流，共同构建一体化、一站式的全程物流解决方案，才能实现产业链效率提升、客户价值最大化。

近年来航运经历了几轮剧烈波动，虽然中国经济持续稳健，但航运业由于国际化程度高，所以受全球经济波动的冲击和影响更大、更直接。尤其是近 3 年来这些变化明显提速：运力普遍升级、合作模式突破、新技术冲击、行业规则发生巨大变化等。面对这些纷繁复杂的变化，航运人如何应对？可能有多种方案，但我想与其跟随各种产业潮流东奔西走，不如坚持回归航运的产业本质。对此，我谈三点思考：

思考一：宏观经济一直在变，但航运的"贸易地位"没有变。

中国入世以来，国际经贸市场经历了不少大起大落：2003—2008 年，全球经济处于高速增长期，尤其是中国经济，航运业因"中国因素"，一度带动全球航运业的高度繁荣；但好景不长，2008 年 9 月份，爆发了全球金融危机，国际贸易和航运市场在短时间内遭受重创，全球贸易额仅 2009 年就下降了 20% 以上；2011—2015 年，全球经贸持续低迷，航运市场也经历了最艰苦的一段时光；2016 年开始，全球经济逐步企稳，走上寻求变革和复苏之路，2017 年刚有起色，航运业也出现了久违的盈利格局，但今年初又发生了中美贸易摩擦，对航运的影响也是首当其冲，效果还很难预料。虽然今天的航运科技发展，我们拥有了 40 万吨干散货船、2.1 万 TEU 集装箱船、30 万吨原油轮等海上"巨无霸"，但航运业在全球经贸的波动中就像汪洋中的一叶小舟。

但无论外部环境如何变化，航运作为全球贸易最主要的载体，它的地位和角色始终没有变，因为在全球贸易中，航运到目前为止仍然是不可替代的。

一是规模不可替代。据联合国贸易发展促进会统计，按重量计，海运贸易量占全球贸易总量的近 90%；按商品价值计，则占贸易额的 70% 以上，体现了航运在全球贸易中的不可替代；再以中国与"一带一路"共建国家贸易为例，航运在进口中占比 61%、出口中占比 74%，体现了航运在区域贸易中的不可替代性。

二是成本不可替代。在目前所有的国际贸易方式中，海运是最经济的运输方式。据航运咨询机构克拉克森估算，2016 年平均只需支付 1 美元就可以将 1 吨货物在海上运输 95.59 海里（110 英里）。有数据显示，从 10 吨公里的运输成本来看，海运是公路的 1/26，航空的 1/95。

三是网络不可替代。海运的全球网络化布局具有铁路、公路等不可比拟的优势。以网络化特征最为明显的班轮为例，目前全球仅班轮航线就有 2100 多条，东西航线、南北航线和区域内航线纵横交错，覆盖广泛，形成密集高效的市场网络。例如，在"一带一路"上，仅中远海运就有 195 条班轮航线。航运完善的全球网络更适合商品的全球流动，以 2017 年中国数据为例，水运平均运距是铁路的 2 倍，公路的 16 倍。

四是适货性不可替代。航运几乎可以运输所有种类、所有形态的商品：标准化的集装箱；煤炭、铁矿石、粮食等干散货；石油、LNG 等液体散货；更有超大、超重的特种件，比如大型发电设备、高铁机车、海上石油钻井平台等；另外还有冷藏集装箱，可以长距离运输生鲜产品等。航运的这些特点打破了其他运输方式在尺寸、重量、适货性等方面的局限，也体现了在贸易中的不可替代性。

思考二：产业要素市场一直在变，但航运的“服务本质”没有变。

近年来航运市场的一些重大要素甚至核心要素都在变：比如以技术为主线带来的要素变化，包括造船技术、电商、区块链、数字代币等与航运经营管理的各种结合；再比如以成本为主线带来的要素变化，包括限硫令、高油价、LNG 新能源选择等；还有以规则为主线带来的变化，包括议价规则、贸易格局、船舶的环保监测等。其实这些变化都没有改变航运的服务本质。

一是“数字化”难以缓解航运的服务困局。以物联网、云计算等为代表的数字化技术，通过与移动互联的结合，可以使客户随时掌握货物的运输状态；人工智能与机器学习技术，已经将无人驾驶船舶推向了实验阶段等。这些技术进步，只是带来了客户对航运服务的新体验，为创造客户价值提供了新手段。但难以改变航运市场当前突出的服务困局，即船多货少的供需矛盾，如果航运公司过分专注技术层面或不切实际夸大技术功能，或不惜代价追赶技术潮流，就可能会舍本逐末。突破市场困局更需要做的是，我们如何理性投资；如何提升全程运输解决方案，改变传统的服务模式等，其中技术资源可能发挥重要作用，但目前还难以解决航运的根本矛盾。

二是“平台化”没有改变航运的服务实体。当前各种电商平台、信息平台、交易平台纷纷推出，利用航运业的海量数据争取与客户间的流量入口，达到业务整合、服务集成的目标。但这些平台对航运服务流程并未造成实质改变，因为这些平台始终替代不了航运的实体服务。简单地说，无论上什么平台，商品的国际贸易还是要通过船舶运到大洋彼岸，需要码头、堆场、仓储、公路、铁路等全套物流与配送体系，需要由真实的运输服务人员送到客户手中。

三是“大型化”并不代表安全高效的服务宗旨。近年来船舶大型化的趋势非常明显，与十年前相比，8000TEU 以上集装箱占比已从 14.3% 提升至 49%；干散货船中好望角型船舶占比和油轮中 VLCC 占比也已经提升至 39% 左右。大型化通过规模效益，降低了单位成本，但同时也给船舶管理、码头操作和港口疏运体系带来了压力。因此，船舶大型化也没有改变“安全、高效、快捷地实现货物位移”这个运输本质。

四是“虚拟化”颠覆不了航运的供需逻辑。市场上各类期货平台、衍生品交易平台、区块链技术为基础的数字代币平台，出现爆发式的增长，谋求以资产虚拟化、业务金融化的方式，改变航运市场既有的运作机制，获得新的盈利模式。但这些虚拟交易的数据需要以真实的货物运输为基础，虚拟交易的开展需要以真实的交易信用来背书。因此，虚拟化也难以改变市场的供需对比和运行逻辑，市场参与方的理性决策仍是决定市场未来的最主要因素。

思考三：企业竞争格局一直在变，但航运的价值理念没有变。

全球经贸环境的变化，也导致了航运业竞合格局的演变，经历了多年的探索与发展，我认为行业正在达成这样的共识：

一是零和博弈行不通。一直以来，航运市场的主体之间、航运与相关产业之间，不管是争夺市场份额，还是分配供应链价值，总是习惯于“你输我赢”的零和博弈。这种思维导致了价格战，导致了不符合自身能力的非理性投入，导致了航运供应链的碎片化。其结果是全行业盈利水平低下，结构性运力过剩，服务的整体性不足等。因此零和博弈的模式已经逐渐为行业所摒弃。

二是单纯跨界难奏效。在自身行业内的发展遇到瓶颈时，往往选择进入关联行业，期望实现业务增量，这种选择也是市场化之举，虽然能够理解但实际难以奏效。比如一些跨界进入航运的企业，通过各自的优势组建船队进入市场，但这种单纯的跨界竞争，往往由于缺乏足够的专业化资源，在预判、经营、管理等方面经常显现短板，尤其对航运的内在规律缺乏足够的体验，一方面加剧了供需失衡，导致无序竞争；另一方面也无法取得预期的投资回报，往往陷于进退两难，所以跨界或许更需要合作。

三是点状合作还不够。传统的港航合作、船货合作、产融合作等，尽管目前越来越盛行，但这些合作都是产业链上两个节点的合作，这个程度距离客户“全程解决”的需求还远远不够。而且多数都是一些松散型的合作、业务关联度高的合作，其效果和影响力都有局限。只有把这种“点状合作”延伸成为“线状合作”，打通货流、信息流、资金流，共同构建一体化、一站式的全程物流解决方案，这样才能实现产业链效率提升、客户价值最大化。而实现这种模式的内在核心，就是共享共赢的价值理念，否则就难以连点成线。

千举万变，其道一也。今年恰逢中国改革开放40周年之际，首届中国国际进口博览会的召开，彰显了中国坚持扩大开放的决心不变，中国经济稳中向好的态势不变，同时也坚信贸易全球化的既定格局不会变。航运业唯有坚持客户为本，坚守服务初心，坚定共享共赢的理念，才能拨开市场变化的迷雾，驶入可持续发展的航道。

专记

首航，从春天到新时代

——中远海运集团 40 年改革发展巡礼

40 年风雨砥砺，40 年岁月如歌。

历史，总会在一些特殊时空，带给人民上下求索的智慧和力量。40 年前，古老的中国大地荡起了改革开放的大潮。这是一次重大的转折，这是一次浩荡的集结。

40 年来，一部以中国奇迹、中国故事为主题的煌煌赫赫的史册，正向世界打开。这其中，有一页格外醒目，格外厚重。这是中远海运集团以其奋进的历程、辉煌的业绩描绘出的一页，这是 13 万中远海运人以其澎湃的激情、昂扬的斗志书写出的一页。这是蔚蓝色的一页，这是最精彩的一页，这是动人心魄、感人肺腑、令人自豪的一页。

跨越式发展：好风凭借力，扬帆正当时

一艘船的承载能力有多大？

它的船舱只容纳 162 个集装箱，但它却承载了一个古老民族的历史使命，承载了整整一个行业的发展，承载了整整一代人的希冀。

一艘船的启航鸣笛有多响？

它 40 年前一声划破长空的鸣笛，至今依旧回荡在大国崛起的历史回音壁上，声音依旧那样清晰，那样明亮，那样悠远，那样绵长。

就让我们回溯历史，把目光聚焦在中国改革开放最初的那一年。

1978 年，改革开放的浩荡春风吹遍神州大地，10 月 4 日，“平乡城”轮装载着 162 个集装箱驶抵澳大利亚悉尼港，这是中国第一艘集装箱船的首航，中国海上集装箱运输也由此拉开序幕。

伴随改革开放不断向前推进的强劲鼓音，经过几十年间的不懈努力，中远海运的集装箱运输已发生了腾飞性的巨变，企业也走上了跨越式发展的成功之路。截至 2018 年 3 月底，中远海运拥有 373 艘集装箱船舶，运力超过 190 万 TEU，集装箱船队规模世界排名第四、亚洲第一，经营 362 条航线，在全球约 90 个国家和地区的 289 个港口挂靠。2018 年 7 月 27 日，中远海运所属上市公司中远海控要约收购东方海外完成，中远海运旗下集装箱船队规模超过 270 万 TEU，加上新船订单，至 2018 年底将超过 290 万 TEU。

一位美国专家曾感叹：集装箱本来是美国人发明的，世界集装箱海上运输首航出现在 20 世纪 50 年代，也是由美国人开辟的；但今天，引领这个行业的却是中国。

从“平乡城”轮首航到跻身世界五大班轮公司之列，回顾中国改革开放以及中远海运集装箱运输的发展历程，可以得出这样的结论：集装箱海上运输与中国经济奇迹是互为因果的关系。说它是“因”，是因为海上集运凭借其标准化、低成本、高效率的优势，成为全球经济产业结构调整与转移的幕后推手，同时也是中国“两头在外”外向型经济的幕后推手；说它是“果”，则是因为中国制造蓬勃发展产生了大量的国际集装箱运输需求。

中远海运的跨越式发展，正是抓住了这个千载难逢的机遇。

自“平乡城”轮开始，中远海运一次次觅得良机和开拓进取——

1979 年 4 月 18 日，一艘悬挂五星红旗的船舶“柳林海”号首航，航线为上海至美国西雅图。这是美国港口有史以来第一次出现五星红旗，也象征着中国改革开放大门正在迅速打开。

1993 年，亚洲最大资本市场新加坡首次迎来中国国企投资人，中远投资（新加坡）公司在狮城挂牌成立，这是第一家进入海外市场的中国国企。

2002 年 12 月 20 日，我国第一艘 30 万吨

VLCC“远大湖”轮在南通中远川崎船厂举行命名交接。“远大湖”的成功建造使我国首次实现VLCC“国轮国造”零的突破，也标志着中远海运跨越式发展迈出了新步伐。

2003 年，成功签下印度最大经济合作物流工程项目——印度巴库燃煤自备项目物流服务合同，成为“走出国门第一标”。

2004 年 12 月 21 日，“新金洋”轮首航，由沙特阿拉伯满载 27.4 万吨原油运抵青岛港，“新金洋”轮成为我国第一艘悬挂五星红旗的VLCC。

2011年1月20日,14 100TEU的“中海之星”轮首航，由上海港出发，经欧洲航线到达鹿特丹港，这是当时世界最大的集装箱船舶。

2013 年 8 月 8 日，“永盛”轮首航北极，从大连港出发，通过北极到达鹿特丹港，成为第一艘经过北极东北航道完成亚欧航线的中国商船。

2016 年 6 月 26 日，举世瞩目的巴拿马运河新船闸开通启用仪式隆重举行，“中远海运巴拿马”轮作为首航船通过新建船闸，被载入国际航运史册。

2017 年，在福布斯发布的全球最受信赖公司 2000 强榜中，中远海运排名第 104 位，且成为全球唯一上榜的航运企业，在中国大陆最值得信赖企业中排名第一。

这些意义重大的首航，这闪亮的“第一”“唯一”，这诸多的“之首”“之最”，构成了中国改革开放大背景下中远海运奋力开拓、争雄世界的发展图景。好风凭借力，扬帆正当时。回顾中远海运的历史沿革与发展历程，我们深深感到，企业跨越式发展，得益于中国改革开放的天时、地利、人和。

说天时，中国改革开放就是最大的天时，特别是中国加入 WTO，给中国航运业起飞带来极大利好。论地利，中国市场之广阔、与外部联系之紧密就是最佳地利。谈人和，主要体现为中远海运人团结拼搏、积极进取的精神。这样的精神就是凝聚力、战斗力、创造力，有了这样的精神就有了信心，就有了力量，就有了能征善战的斗志。这样的精神，对于一个国家是国魂，对于一个政党是党魂，对于一家企业就是企业之魂。

科学发展: 书写春天里的“中”“远”“海”“运”

1992 年，邓小平视察南方地区，并发表进一步推进改革开放的谈话，一曲《春天的故事》唱响了神州大地。中远海运人坚信，国际航运业本身就是一个最开放的大市场，置身于这样的大市场，无论哪种企业，要想生存和发展，都必须努力打造自身的国际市场竞争力。乘着改革开放的东风，中远海运及时把握住“春天的故事”里透出的市场脉络、开放信息和发展机遇，挥毫泼墨，大气磅礴，书写着中国航运业跨越式发展的历史长卷，书写着四个大字：“中”“远”“海”“运”。

大写一个“中”字。“中”是中国的“中”。在全球化的大市场上，一支“国家级”船队，就代表了一个中国、一个民族航运业的竞争实力。写好一个“中”字，就是打造一个“中”字号的民族品牌，写好一种精忠报国的爱国精神，写好一份铁肩担道义的央企责任。牢牢把握高起点、高标准、国际化的发展方向，积极打造船队品牌、服务品牌、安全品牌、绿色品牌，形成强劲的国际竞争优势，塑造良好的企业信誉。独特的品牌价值观，是中远海运人打造“中”字号民族品牌的宗旨。同时，每逢国家在特殊时期和关键时刻，中远海运总是发挥中央企业的顶梁柱作用，从全力以赴确保煤电油运，到冰雪与地震灾害伸出援手，所有这些都是由“中”字体现出的一种大爱、一种担当。

大写一个“远”字。“远”是志存高远的“远”。写好一个“远”字，就是积极打造全球公司，不断拓展国际市场，不断完善全球布局，不断拓宽国际化视野，让“走出去”的步伐走得越来越实，越来越好，越来越远。早在 20 世纪 90 年代，时任国务院总理朱镕基出访回国后曾感叹，在外国几乎看不到什么有中国标志的东西，唯一能看到的就是有 COSCO 标志的集装箱。2012 年 2 月，时任国家副主席的习近平访美期间视察了中海洛杉矶码头及“新欧洲”轮，对企业的国际化经营给予了充分肯定。到“十二五”末，中远海运的外贸运输及海外业务占比已经超过了50%，国际化经营业务涉及全球160多个国家和地区，远洋航线覆盖全球1500多个港口。

大写一个“海”字。“海”是航海的“海”。中远海运缘于“海”，兴于“海”，强于“海”，立足于“海”，发展于“海”。写好一个“海”字，就是把船队结构做优，把航运主业做强，把航运产业链条做长。立足于“海”，就是坚持调整和优化船队结构，坚持发展壮大航运主业。立足于“海”，还要坚持发展航运供应链业务，在剧烈波动的国际航运市场环境中实现平稳发展。紧紧围绕一个“海”字，中远海运积极整合产业链、供应链业务，形成了“6+1”业务板块之间互相支撑、形成协同的效应。重组成立两年来，中远海运经受了国际航运市场波动的巨大冲击，全球航运翘楚马士基集团连年出现巨额亏损，新集团2016、2017两年的利润同比增幅分别为46.8%和18.2%。

大写一个“运”字。“运”是运输的“运”，也是运筹的“运”。强调运筹，就是坚持运筹帷幄，积极谋划未来，永不满足，永不停步。写好一个“运”字就写好了未来发展，写好了一种进取精神。胸怀“全球领先综合物流供应链服务集团”的新远景，瞄准“具有国际竞争力的世界一流企业”的新高度，在走向未来的征途上，中远海运坚持稳中求进，坚持转型发展不松劲，坚持结构调整不懈怠，坚持奋斗目标不停滞；瞄准新愿景，齐心合力，团结拼搏，积极进取，矢志不渝。

“中-远-海-运”，这4个大字，是中远海运人坚持科学发展的4个主题、4个诠释，是中远海运人不断做强做优的4个理念、4种动力。这4个大字，中远海运人写得风生水起，写得波澜壮阔，写出了自豪，写出了辉煌。

改革发展的脚步始终没有停滞，坚持长期奋斗目标始终没有动摇。瞄准未来前景，中远海运人常常扪心自问：我们从哪里来，要向哪里去？他们的回答是：从国家级企业来，要向世界级企业去；从外延式扩张来，要向内涵式发展去；从新的起点、新的机遇和挑战中走来，向着新的定位、新的作为、新的奋斗目标走去。

新时代发展：新征程新使命

前天，我们唱着《东方红》，打造了中国最大的航运企业——中国远洋集团。

昨天，我们讲着《春天的故事》，构建了又一艘“国”字号央企航母——中国海运集团。

今天，我们开启了“新时代”，一个由中远、中海两大集团改革重组而成的世界最大航运企业——中远海运横空出世。

如果说，自“春天的故事”里启航的“平乡城”轮开始，一次次首航串联起共和国航运业改革创新的发展轨迹，那么，在新时代启航的一艘超级巨轮则改变了全球航运格局，改写了由西方主宰全球航运百余年的历史。这艘巨轮的启航，是郑和船队首航600年后，中国航运业再一次向世界之巅奋力攀登；这艘巨轮的启航，承载着海运强国之梦、改革创新之果、“一带一路”之歌，承载着一个古老民族走向复兴的希冀……

就让我们记住它的首航之日吧。

2016年2月18日，是一个值得载入史册的一天，是中远海运13万船岸职工欢欣鼓舞、引以为豪的一天，也是社会各界广泛关注特别是国际同行强烈关注的一天。这一天，中国远洋海运集团有限公司宣告正式成立。新集团拥有船队规模、码头吞吐量5个“世界第一”和多项“全球领先”，充分体现了集约化战略、规模化经营的优势。

在新集团成立大会上，董事长、党组书记许立荣心情格外激动，这位有着十余年海龄的船长，站在中远海运这艘世界最大的超级巨轮之上，以豪迈的气概、开阔的视野、飞扬的激情发表致辞：新集团的诞生，意味着我们完成了承前启后的历史交接，开始了继往开来的崭新航程；也意味着我们肩负的国家责任更加重大、时代重托更加艰巨、历史使命更加光荣。

中远海运诞生于新时代，发展于新时代，也成就于新时代。

新时代要有新抱负。中远海运提出了一个团队、一个文化、一个目标、一个梦想的“四个一”理念，其中“一个梦想”，就是推动中国实现海运强国梦。国企强，则国家强；航运国企强，则国家海运强。作为世界最大的航运企业，大要有大的样子。大的样子，就是以大船队的优势积极打造全球航运引领者的形象，以大央企的责任肩负起交通强国、海运强国的新使命；大的样子，就是要有勇于担起改革发展时代重任的大胸襟、大格局，就是要有打造具有国际竞争力的世界一流企业的大抱负、大志向。

新时代要有新作为。中远海运正在成为平衡东西方航运市场的主要力量，正在从过去国际航运的跟随者转变为引领者，正在通过自身影响并参与国际航运的行业规则制定，大力提升中国的国际话语权和国际影响力。从“中远海运巴拿马”轮开启扩建后巴拿马运河的首航，到推动修改波罗的海国际干散货航运指数；从牵头17家港航企业发布构建港航生态共同体的“博鳌共识”，到牵头举办金砖五国工商理事会并为国际航运业发展出力发声。一桩桩，一件件，都向全世界彰显了中远海运的新品牌、新面貌，向全世界展示了中国形象、中国力量。

在2017年“一带一路”国际合作高峰论坛上，习近平主席对中远海运的希腊比雷埃夫斯港投资经营项目给予充分肯定，并提出要把比港打造成地中海地区重要的海陆联运桥头堡，成为“一带一路”建设的重要支点。比雷埃夫斯港是希腊最大的港口，也是“21世纪海上丝绸之路”在地中海区域的重要枢纽。2008年，中远海运获得比港2、3号集装箱码头特许经营权。经过多年努力，中远海运将该港码头吞吐量从接管之初的68.5万TEU提升至2017年的415万TEU；利润从接管之初的亏损811万欧元提升到2017年度盈利4800万欧元；比港在全球港口中的排名由第93位跃升至第36位。2018年，集团有9条干线、31条支线挂靠比港，并以此为枢纽，辐射全球。希腊总统普洛科皮斯·帕夫洛普洛斯（Prokopis Pavlopoulos）说，比雷埃夫斯港是从中国和亚洲进入欧洲的重要枢纽，中远海运在比港的投资是双方和谐相处、互利共赢的一个典范。

如果说，希腊比港项目是“一带一路”建设中一颗最耀眼的明星，那么，中远海运开辟的由11艘超大型集装箱船组成的挂靠比港的“星座快航”，则集结为一个璀璨夺目的星系，组成了集团经营的欧洲—地中海精品航线。为庆祝中国改革开放40周年、中国集装箱发展40周年，以及第14个中国航海日，2018年7月4日，集团邀请来自国内外媒体和相关行业嘉宾参观了停靠上海洋山港的“中远海运狮子座”轮。这艘星座系列船舶，船长400米、型宽58.6米、型深30.7米，载箱量达20 000TEU，是目前世界上当之无愧的巨无霸。仰望“中远海运狮子座”巍峨如山，登上这集装箱船的“珠穆朗玛”，真有一种强烈的视觉冲击，中外嘉宾无不啧啧称赞。

从1978年162箱的“平乡城”到2018年20 000箱的“中远海运狮子座”，时光恰恰走过了40年。这是40年的两个端点，恰恰代表了中远海运的两个起点。

两个起点，两种使命。一个起点从“平乡城”轮开始，承载的是国有航运企业艰苦创业、探索创新的使命；另一个起点则以星座系列集装箱船舶为代表，承载的是新时代打造世界一流的新使命。

两个起点，两种高度。从跟跑，到齐跑，再到领跑；从追求最大，到最强，再到最优；从强企梦，到海运强国梦，再到中华民族伟大复兴的中国梦；40年不懈努力，40年砥砺奋进，把中远海运推向了一个新的高度，推进了一个新的时代。

这是中国海运人不断追求卓越、坚持打造一流的新时代！

这是奋斗故事讲了40年且将继续讲下去的新时代！

这是新生的太阳照耀了40年且将继续照耀未来的新时代！（佟成权）

丝路遗泽千年　凭海同舟万里

——为全球合作共赢注入中远海运力量

2018 年 6 月 7 日，中国国家主席习近平在同哈萨克斯坦总统纳扎尔巴耶夫举行会谈时指出，“5 年来，‘一带一路’倡议得到国际社会积极响应。‘一带一路’倡议之所以能取得积极成果，关键在于顺应了世界和平与发展的潮流，符合沿线国家发展合作的现实需求”。[①]

漫漫丝路，遗泽千年。对于全球国际贸易来说，“一带一路”倡议是在全球化进程中基于经济和社会发展的宏大的机遇。“一带一路”贯穿欧亚大陆，东边连接亚太经济圈，西边进入欧洲经济圈。无论是发展经济、改善民生，还是应对危机、加快调整，许多沿线国家同中国有着共同利益。截至 2018 年底，有 100 多个国家和国际组织支持和参与了“一带一路”建设。

在 2018 年博鳌亚洲论坛年会“物流的变革”分论坛上，中远海运集团董事长许立荣指出，中国物流企业走出去，将在国内十几年发展积淀的经验、技术、能力复制到更多的海外市场，保障货物流高效送达，给“一带一路”共建国家带来了便利。

“中远海运有船队、有集装箱、有物流链，他们与相关各方有较好的关系，这就对我们港口很有利，他们有能力协助我们改善港口。”西班牙瓦伦西亚港务局主席 Aurelio Martinez 直言，“从我港口方的角度说，这是全球交通资源的一种整合，这非常重要。”Aurelio 在会见其他媒体时常说：“我们在远东有 COSCO SHIPPING 这个专家。”Aurelio 此番话与许立荣在博鳌亚洲论坛分论坛上的讲话如出一辙。

管理有机对接实现优势互补

港口，在习近平主席心中始终有着沉甸甸的分量。在多个国际场合，习近平提起港口，常用“重要支点”“重要枢纽”来形容港口在“一带一路”中的重要性。

中远海运继全资运营地中海东面的希腊比雷埃夫斯港项目后，2017 年 6 月 12 日中远海运港口有限公司又收购西班牙 Noatum 港口控股公司 51% 股权成为其控股股东，并于 2018 年年初派出专业管理团队管理接管该公司。西班牙 Noatum 港口控股公司作为一个港口集团，旗下有瓦伦西亚、毕尔巴鄂两个集装箱码头以及马德里与萨拉戈萨两个铁路场站共 4 家公司，中远海运港口正逐步用先进的港口管理理念和码头操作工艺提升公司经营管理水平、提高码头操作效率，以更专业优质的服务打通往来亚洲与欧洲的贸易通道。

时任西班牙毕尔巴鄂港务局主席 Asier Atutxa 在接受记者采访时表示：“在中远海运收购 Noatum 港口 51% 的股份以后，他们取得了很好的成绩。如今，码头管理是由一个真正优秀的、有经验的团队管理着，他们将致力于效益增长，并为客户提供最好的服务。”

事实上，2018 年 4 月和 5 月，在中远海运港口管理团队正式上任不到 4 个月的时间里，通过加强成本管控、加大市场营销、细化工艺流程，Noatum 港口公司连续两个月创造该公司自成立（2001 年成立）以来单月最高箱量纪录。为此，瓦伦西亚大区政府主席向中远海运港口管理团队发来了感谢函，感谢他们给瓦伦西亚大区带来了更多的就业机会，为中国和大区之间友好交流起到了桥梁作用。

中远海运港口作为全球第一大码头运营商，

---

① 《习近平同哈萨克斯坦总统纳扎尔巴耶夫会谈 两国元首一致决定在民族复兴征途上携手前行》，《人民日报》，2018年06月08日01版.

从事码头经营已 20 多年，有一套成熟的管理体系。中远海运港口派驻 Noatum 港口公司的中方总经理孙凯曾多年外派比雷埃夫斯港，码头管理经验丰富。就在报道组前去采访的前一日，Noatum 港口公司全新的组织架构图正式下发。

孙凯说："从 2 月 12 日正式上任到 6 月 18 日，我们历时 4 个多月，遵循了中远海运港口的码头管理理念和架构，充分听取当地管理层意见，结合西班牙码头运营现状，因地制宜地制定了这份组织架构图，这是符合现代港口管理的架构图，我们专门设置了操作技术部、安全管理部，体现了中远海运港口安全与效率并行的理念。"确立这样一种现代化的、科学的港口管理架构，不仅可以发挥好总部职能，更好地为 Noatum 港口公司旗下 4 家公司服务，而且能更有效地对接中远海运港口国内总部各职能部门，进一步提升管理效率。

为了加大市场开拓，提升业务量，中远海运港口管理团队来到 Noatum 后，先后拜访了公司 4 家下属公司的主要客户在西班牙或地中海区域的总部，向他们传递中远海运港口"The Ports for ALL"的经营理念。借由海洋联盟的力量，在中远海运港口总部的支持下，他们先后拜访了其大客户 MSC 和 CMA CGM 的总部，陪同瓦伦西亚大区政府代表团访问国内港口和政府部门，还陪同西班牙国家港口局、瓦伦西亚港务局和毕尔巴鄂港务局人员到上海参加亚洲物流双年展，提升了中远海运品牌在西班牙和欧洲地区的知名度。随着时间的推移，这些营销成果已逐步体现。

2018 年 3 月 4 日，公司争取到 Hapag Lloyd 的 Sirius 航线，每年可为公司带来 1.8 万 TEU 的箱量，其中 80% 是本地货；4 月 25 日，公司进一步争取到由 CMA CGM 和 Hapag Lloyd 共同经营的 Med Americas Service 挂靠，每年大约有 7.5 万 TEU 的箱量，其中 70% 是本地货，为公司带来可观效益。

"作为全球公共码头运营商，我们不断提升服务水平，以优质服务获取客户信任，我们新构建的商务部采取新的服务考核标准，特设专人跟踪服务大客户。"孙凯说。此外，在没有增加任何成本的前提下，Noatum 港口公司抽调精兵强将成立了专门从事多式联运业务的铁路服务公司，通过加强海铁联运业务进一步提升下属 4 家公司之间的协同发展，形成网络效应，未来还将为客户提供更好的门到门延伸服务和"最后一公里"解决方案。

2018 年上半年的一系列成绩显示，码头生产效益得到了显著提升，但箱量的增加必将会带来更多的安全压力和隐患，为此，抓实安全管理是 Noatum 港口公司现任中方管理层尤其重视的。下属公司瓦伦西亚集装箱码头总经理 Gustavo 在采访中表示："中远海运港口为瓦伦西亚码头带来了全球最先进的码头安全管理理念。"就在 6 月中旬，Noatum 港口公司发布了最新的英语版码头管理章程。该章程结合了欧盟和西班牙法律的内容，并融合了中远海运港口的安全管理理念，取三者中最高、最严格部分，因而章程措施、内容非常详细，且符合实际。

"'一带一路'建设不是空洞的口号，而是看得见、摸得着的实际举措，将给地区国家带来实实在在的利益"①习近平主席不止一次在各种场合说过这句话。事实上，要把"一带一路"倡议落地，对企业来说，离不开与合资合作企业之间的有机连接，即首先将成熟且先进的管理对接，从点滴处逐步实现优势互补。

港航资源多元释放产业潜能

意大利与"一带一路"早有渊源。历史上，亚平宁半岛是丝绸之路的终点；现实中，意大利位于地中海中心，而欧亚非三大洲在地中海相遇。2018 年 5 月，时任意大利总理真蒂洛尼（Gentiloni）在北京与习近平主席会晤时表示，意大利对"一带一路"倡议非常关注。据意大利热那亚港务局主席保罗·埃米利奥·西格诺里尼（Paolo Emilio Signorini）向本报记者介绍，近两年意大利将会有很多公路、隧道方面的市政

① 《迈向命运共同体 开创亚洲新未来——在博鳌亚洲论坛2015年年会上的主旨演讲》，《人民日报》，2015年03月29日02版.

建设，建成后，这些设施将更好地服务于港口贸易，使之成为中国进出口贸易的一大货源地。

Paolo Emilio Signorini 曾在 2018 年 1 月 24 日热那亚市政府举办的“意大利丝路”专题会议上说：“瓦多码头体系是意大利利古里亚大区的具有竞争优势的决定因素。”当时，利古里亚大区区长乔瓦尼·多蒂（Giovanni Toti）先生表示，利古里亚大区港口要联合起来使其更有效率，以发挥好在中国“一带一路”倡议中的重要地位。由此可见，地处利古里亚湾的瓦多码头已然成为中意两国“一带一路”基础建设合作运营的靓丽名片。事实上，其相关的港口基础建设项目早已吸引了诸如中远海运港口、青岛港等中国企业在意投资。

2016 年 4 月，中远海运港口收购意大利瓦多控股公司 40% 股权，旗下包含瓦多冷藏码头公司和瓦多集装箱码头公司。收购后 APMT Investment 占股 60%（其中马士基码头占 50.1%、青岛港占 9.9%），中远海运港口占股 40%。

这个欧洲南部最大的冷藏码头拥有 5 万平方米的冷藏仓库，目前主要承接来自非洲、中南美洲各类水果进口业务。世界前几位水果贸易商已是瓦多冷藏码头的主要客户，每年水果托盘装卸量保持在 50 万盘左右，瓦多冷藏码头未来将继续加大营销力度，保持其在南欧冷链运输环节中的领先地位。

除此以外，瓦多码头有更多看点：目前的冷藏码头水深 14.5 米，拥有岸线 705 米，其中 465 米可用于集装箱装卸作业。中远海运港口管理团队到任后，经过市场调研，认为杂货、大件、游艇等项目货有可待挖掘的市场潜力。中远海运港口外派瓦多码头副总经理王宇遒主动沟通中远海运集运（意大利）有限公司（以下简称“集运意大利公司”）、中远海运特运（欧洲）有限公司（以下简称“特运欧洲公司”），共同探讨除水果业务以外的集装箱、特种运输装卸业务在瓦多码头开展的具体规划。

2018 年 5 月，瓦多冷藏码头作为热那亚港口群的一员，在王宇遒的倡导下，积极主动参加了在德国不来梅举办的 2018 航运杂货展，主动营销，提高了意大利瓦多码头知名度。瓦多码头合作方马士基码头公司（APMT）总经理保罗·科尔内托（Paolo Cornetto）表示：“中远海运是这个行业的知名品牌，管理团队带来了非常多的基建和管理经验，他们乐于分享，我们有着共同的目标，整个合作团队都非常有干劲，我们合作很愉快。”

王宇遒认为，这是中远海运集团作为全球最大航运企业的多元业务板块的资源优势的体现。集运意大利公司中方外派总经理胡华则表示，瓦多冷藏码头连接着集装箱海运和港口后方南欧大面积腹地，为中远海运集运甚至其他产业在意大利和欧洲的合资公司拓展市场、节约成本、向世界传递服务价值提供了更多协作共赢的机会。

这样的价值究竟如何来衡量，瓦多市场营销部经理 Daniela Mossa 很有发言权，因为她负责一线揽货工作，直接面对各类客户。她说：“全世界都知道，意大利人特别注重品牌。在中远海运港口参股以后，我们的营销工作更有谈资，我们无须刻意向顾客反复推销任何东西，只需展示我们的码头、我们的准备、我们的服务，因为我们是中远海运和马士基品牌旗下的企业。”

不仅是瓦多码头，中远海运品牌旗下的其他航运资源的共享案例也印证了，多元化发展的中资企业的海外投资与合作，给“一带一路”共建国家带来了实实在在的利益。

2014 年，集运意大利公司与中远海运特种运输股份有限公司成功合作承运了巴拿马运河扩建所需的 16 座船闸中的 8 座。项目最初是由集运意大利公司在意大利获悉了相关信息，且了解到客户急需严谨、专业的承运服务。经引荐和推介，特运欧洲公司精心设计方案，最终脱颖而出赢得了客户认可。

当年 7 月，中远海运特运半潜船夏之远 6 轮起运第一载 4 座闸门，并于同年 10 月再回到里亚斯特港接运第二载 4 座闸门。8 座闸门的成功承运不仅展示了中远海运品牌的综合实力，更为这个世界最大水闸式运河的扩建作出了积极贡献，通航能力提升后的巴拿马运河将对世界海洋贸易产生重要影响。

诚如中远海运集团董事长许立荣在第十四届中国航海日上所说的：海运是推动“一带一路”落地最成熟的产业力量。中远海运集团目前航线覆盖全球 160 多个国家和地区的 1500 多个港口，不仅如此，中远海运具有集成化产业特征，它所拥有的国际化资源为“一带一路”建设提供了各种优质资源。

这些港航资源在“一带一路”建设中扮演了重要角色。“中远海运在瓦多的投资，这不仅仅是航运公司所需要拓展的部分，而且经过专业、系统的管理运作，瓦多码头本身也将会有很好的盈利空间。我相信，如果中远海运能够在这里经营一个大体量的码头，热那亚的地方经济将无疑会得到很大的提升，包括金融和物流等各方面，同时也将对当地就业有所帮助。” Paolo Emilio Signorini 说。

专注提升服务传递品牌价值

除港口投资外，在报道组此行途经的意大利和荷兰这两个欧洲国家中，中远海运集团投资了多家公司：中远海运集运（意大利）有限公司（中远海运持股 60%，当地合作方持股 40%）、中远海运集运（荷兰）有限公司（自 2016 年起，由合资转为全资公司）、中远海运特种运输（欧洲）公司（合资公司）、中燃欧洲有限公司（合资公司，以下简称“中燃欧洲公司”），以及鹿特丹 Euromax 码头（合资码头）等，这些合资或全资企业的业务范围涵盖了各类船舶代理、国际货运、内陆运输和物流、船舶燃料供应、散杂货运输等不同领域。

用心服务传递“价值因运而生”

中远海运集装箱运输有限公司围绕“一带一路”沿线，共投入了约 183 艘集装箱船、121 万 TEU 运力，涉及“一带一路”沿线的主要航线已有 137 条，其中涉及欧洲 / 地中海的航线就有 11 条远东至欧洲 / 地中海航线、5 条南亚 / 西亚至欧洲 / 地中海航线、17 条欧洲 / 地中海区域支线、2 条欧洲至非洲相关航线，每周提供的班轮服务累计达到 35 班次、每周累计舱位达到 6 万 TEU，占公司总舱位的 20.4%。中远海运集运在欧洲 / 地中海地区实现了全球化布局。

目前，中远海运集运最新的大船大部分都投放在了欧洲 / 地中海航线上。从 2018 年 1 月起，中远海运集运全新的 20 000TEU 星座系列陆续投入欧洲线运营。首制船“中远海运白羊座”轮首航欧洲时，曾引起当地媒体和公众的高度关注和广泛好评。以“中远海运阿尔卑斯”轮为代表的 14 500TEU 的山峰系列船舶目前也是地中海航线中的主力。今年 6 月，随着更大型的 21 000TEU 船舶“中远海运宇宙”轮上线，中远海运集运在欧洲地区的运输能力又将上一个新台阶，并且，它正以更优质的服务向世界传递“价值因运而生”的运输服务理念。

在意大利，当地客户绝大部分是货代客户，既有国际性的无船承运人，也有当地中小货代客户，大大小小上千家，而大部分货代客户比较传统、保守，犹如集运意大利公司意方副董事 Cosulich 先生所说，“我们喜欢人与人、面对面交流，观念传统，我们还喜欢‘私人订制’的服务体验”。

正因为此，大部分意大利客户倾向于与愿意交流和乐于积极解决问题的船公司合作。针对这一市场特征，集运意大利公司在向小货代客户积极推进电子化、自动化标准服务的同时，不忘中型客户的个性化需求，将标准化和个性化服务有机结合，从满足客户需求出发，寻找平衡，取得了良好的服务口碑和市场份额，货量远超一些全球大型船公司。与中远海运合作近 30 年的 Cosulich 先生感慨道：“这个世界变化得太快了，我们必须要做点什么去改变。这些年，中远海运管理团队的接续到来，把这些航运与科技结合的新东西带来了，提升了我们的客户服务，这是品牌价值体现。”

在助力中国企业“走出去”中，集运荷兰公司也以其广为人知的专业、敬业赢得了客户信赖。2014 年，因中转港口罢工，集运荷兰公司客户华为有 68TEU 的货物受到临时调整航线港序的影响，而其在匈牙利及土耳其的工厂正焦急等待该批货物以保证持续生产。对此，集运荷兰公司在中远海运集运欧洲公司及国内总部的指导下，与华为总部积极对接，寻求最有效的应对方案，经协调决定，该船直靠荷兰鹿特丹港口。

其间，集运荷兰公司持续与码头方面做好靠泊安排，并积极组织当地拖车资源，确保每台车双司机，全程有GPS定位监控。一旦船舶靠港作业，集运荷兰公司现场派员与华为当地员工一起在码头清点箱子，确保所有货物第一时间安排上拖车，分别运输至华为的欧供总部匈牙利布达佩斯和土耳其港口哈德帕萨。最终，该批货物按照之前的合约时间成功交付客户，使其生产顺利进行。此次突发事件的解决，也为日后集运荷兰公司作为华为的核心承运人奠定了基础。至今，华为每年委托集运荷兰公司运输的货量仍在逐步增长。

技术与服务并行的国际航企品牌

在非集装箱业务领域，中远海运特运半潜船业务也名扬四海。特别是近年来，随着中远海运特运半潜船队综合能力的不断提升，船队运输不断呈现新突破。在特运欧洲公司的努力下，中远海运特运致力于为全球客户提供完备的运输解决方案，并且已实现了从传统运输到“运输＋安装”和项目总包商的转变。2017年，“新光华”轮装载重达31 000吨的中远海运重工建造的“希望6号”FPSO项目受到了业界和国内外媒体广泛关注和报道，展现了中远海运装备建造与物流运输的整体实力。在特运欧洲公司工作11年的荷兰员工Marc Beerendonk回忆道：“我全程参与了此次运输任务，当看到我们的大船装载庞然大物靠泊荷兰鹿特丹港时，我感到作为中远海运的一员非常自豪。”

极具全球影响力的YAMAL项目的总承包商曾对中远海运特运LNG模块运输项目的专业服务表示高度肯定，还授予了中远海运特运“杰出成就奖”。YAMAL LNG不仅是全球最大的LNG项目之一，更是全球第一个在北极的大型能源开发项目，也是中国“一带一路”建设的重点项目之一。

特运欧洲公司和广州总部技术中心协同作战，两支由来自荷兰、西班牙、德国和中国多国籍人员组成的团队，在YAMAL项目中，出色地满足了石油公司远高于一般重大件行业运输技术标准的严苛要求，提前完成整个项目建设，使该项目成为行业内最成功的一个超大型LNG开发项目。自2015年执行该项目到2017年结束，中远海运特运先后共投入5艘半潜船，运输了53个主要模块，顺利完成16个航次，其中5个航次经由北极东北航道直航目的港Sabetta。

站在2018年这个历史节点上，“一带一路”倡议提出5周年，中国经历了改革开放40年。此时，回首20世纪70年代末，中远海运（原中远、中海集团）在改革开放伊始即在位于新亚欧大陆经济走廊终端的荷兰鹿特丹设立公司，当时是在一条名为“海洋乐园”的趸船上开始创业的。40年来，中远海运人接续奋斗。目前，中远海运在荷兰已设立和投资共计4家企业，除9名中方外派员工外，其余500多名均为当地招聘员工，业务板块多元，在欧洲区域市场具有一定品牌影响力。

在鹿特丹，1989年成立的中燃欧洲公司历史较为悠久。历经30年的发展变化，该公司坚持以客户为中心，不断加大市场开发力度，业务量从成立之初每年几千吨油品，增长到目前每年110万吨以上；贸易额从成立之初的每年几十万美元，增长到如今每年4亿美元以上。在“一带一路”大背景下，中燃欧洲公司通过有效防范市场风险、深入挖掘市场潜力、不断优化客户结构、加强战略客户合作等有力举措，将公司从提供集团内部供油服务的船供油公司，发展成为具有一定国际知名度和影响力的区域船供油公共服务商，其用心、专业的服务使之与区域内达飞轮船（CMA）、奥登道夫（Oldendorff）等国际知名船东公司、四大粮商在内的大宗商品贸易商和壳牌（Shell）、道达尔（Total）等石油公司等建立了良好合作关系。目前，集团外部业务在公司业务总量的占比已超过70%，而终端客户业务在业务总量的占比已达到97%。

中燃欧洲公司现任总经理陈赞在采访中感慨道：“30年来，我们为集团船队加油，所加船型从国外船厂建造的800多标箱船开始，到目前由中远海运自主建造的2万标箱超大型集装箱船舶，中国船燃中外员工在海外见证了中远海运的发展，我们更感受到了祖国的日益强盛。”

这是一种怎样的自豪感？世界经济与正在波动发展的全球贸易离不开航运业的参与，中国的“一带一路”倡议将世界人民再一次紧密联系在一起，而中远海运以其专业化航运服务、专业化配套产业、专业化人才队伍驱动着航运业创新求变、不断发展，促进“一带一路”共建国家和地区间国际经济合作。较之将数以万亿计的商品按时、保质、在预算内完成千万里的运输而言，能够在这个历史时期参与其中，中远海运本身就是最值得被褒奖和珍视的，这是对世界的责任，航运人的精神会将继续绵延。

文化互敬互崇架起古今桥梁

国之交在于民相亲，民相亲在于心相通。正如习近平主席所说，“‘一带一路’倡议绝不是重复地缘博弈的老套路，其之所以取得阶段性成就，在于它开创了合作共赢的新模式，正在建设和谐共存的大家庭”[①]。

人是万物之灵，人灵在于有感情，亦有理智。在这个被称为“被贸易改善的世界”里，在全球经济大发展的进程中，世界贸易依旧极大地依赖航运业。但我们能看到，商业模式不停创新，科学技术飞快进步，金融市场不断波动……航运业也已悄然发生改变。世界太大，风云变幻，又日新月异，是“一带一路”倡议接过了历史的接力棒，让新的机会不断涌现，这给各国扩大合作、共同发展提供了平台。有同行便不寂寞，携手共进不孤独。西班牙瓦伦西亚港务局主席 Aurelio 那一句“我们在远东有 COSCO SHIPPING 这个专家”让人看到了欧洲港航界人士的智慧，更是充满情感的。

他们眼里的“中国方案”

瓦伦西亚港务局的采访在 Aurelio 的办公室进行，非常有意思的是，大家围坐在一张小圆桌前。Aurelio 说：“小圆桌是受中国文化的启发，这里是一个融合交融的平台。”原来，在业余时间，Aurelio 常和孙凯交流中西历史和文化之异同，今年是他首次在半年里去中国去了 3 次，每次都收获斐然，中国经济的迅猛发展给他留下了深刻的印象。采访中他还说，今年 11 月他将和孙凯一同参加在上海举行的中国国际进口博览会。

在 Noatum 港口公司下属毕尔巴鄂集装箱码头公司，有一位女性管理者 Elvira Gallego 表述了自己对于“一带一路”倡议的认识：这个倡议代表着中国与亚欧非和大洋洲之间庞大的贸易和将他们连接起来的基础设施工程建设。它包括两个部分：“一带”，重建一条古老的丝绸之路陆路；“一路”，它不是真正的路，而是一条穿越各种海洋的路线。如果西班牙参与“一带一路”，并以与中国合资合作的方式与远东连接，那就好比连接了未来，西班牙正在参与当今世界最大的经济平台活动。

Elvira Gallego 女士是毕尔巴鄂集装箱码头公司的总经理。今年 5 月，她被授予了巴斯克大区妇女工商会杰出女性经理人大奖。Elvira 与中远海运港口管理团队一同带领着毕尔巴鄂码头公司克服各种困难，不断提升码头运营效率。正如她在接受记者采访时所说，“中远海运港口的投资为我们提供了与规模较大的、有竞争力的公司相关的资源优势，这样有实力的投资者为 Noatum 港口公司员工带来了归属感，更为未来提供了安全和巨大的发展机会”。

如此理智分析且有情感的话语，恰如其分地展现了 Elvira 作为女性经理人出色的专业素养和领导能力。

再看地中海西面的意大利瓦多码头公司。在这里，有来自意大利、中国、英国、法国、西班牙、荷兰、土耳其、埃及、摩洛哥和巴西等不同国家的员工，为了瓦多码头公司的发展和业务开拓，他们走到了一起。瓦多码头公司为有需要的员工出面聘请意大利语和英语教师；在日常经营管理中，瓦多码头公司的高管会议都是以英语为会议语言的，中远海运港口和合作方马士基 APMT 沟通顺畅，形成了较好的工作交流机制。

瓦多码头 APMT 总经理 Paolo Cornetto 在

① 《携手推进“一带一路”建设——在“一带一路”国际合作高峰论坛开幕式上的演讲》，《人民日报》，2017年05月15日03版.

接受采访时表示："有些人认为'一带一路'是中国提出的想要控制北美、欧洲和亚洲等主要市场的战略，而我认为这是一个很有智慧的尝试。这提倡的是一种服务，不仅仅是通过船舶，也囊括了其他的运输手段，确保世界贸易更加紧密地连接在一起，对所有沿线国家都是大有益处的。"这是全球知名船公司管理层对世界经济活动的理智认识。事实上，在日常工作中，他们与中远海运港口管理团队配合紧密。Paolo Cornetto 大方地赞许："中远海运一直在向前发展，航线和码头有着美好的前景。"

他们眼里的中国现代化

中远海运与意大利企业的合资合作可追溯到1988年。当年，Cosulich 家族就和中远海运（原中远集团）之间开始了合作经营，这是当时中国首次和意大利企业合作。"这么多年，中远海运在意大利的管理团队经历了多任变迁，但我们之间合作始终顺畅，关键在于中国人和意大利人之间互相尊重、坚持合作，只想着如何为我们的事业争取更多，这也是我们合资成功的奥秘。"集运意大利公司外方董事 Augusto Cosulich 说。

2018年6月21日，中远海运特运新造36 000吨冰级多用途船"天佑"轮在上海交船命名，Cosulich 先生的夫人 Luisa Vaccari 女士作为教母为该船命名。"对于中国船东来说，欧洲教母为数不多，我甚感荣幸。"命名仪式举办这一天，是 Cosulich 先生 30 年后再度来到中国，他对所见所闻十分感慨："在中国，在上海，你们出门都不用带现金了，因为你们有手机支付！"他兴奋的眼神让人看到了一位企业家的开明。

Cosulich 先生善于学习，他订阅有关中国文化、中国政策方面的书籍，还聊起了中国政府提出的"互联网+"："科技的引进可以让企业管理变得清晰高效，而由于意大利文化相对传统，我们执行起来比较难。"但显然，这不代表不能尝试。考斯里奇家族在这个行业已经有 160 年历史了，Cosulich 先生认为他们可以利用手上的资源去尝试把新的事物带到航运事业中。他说："中远海运是合作者，是我们企业的中方管理层，每一套管理班子到来，都带来了新的技术和想法，就像是架在中国和意大利之间的桥梁，是连接传统与现代的纽带。"

他们眼里的理想伙伴

6 月末，是荷兰一年中最好的季节，鹿特丹的阳光温暖和煦。临近下班，集运荷兰公司和中燃欧洲公司同驻的办公楼里，键盘声、交谈声、电话铃声依旧，忙碌却不嘈杂。

在会议室里，在集运荷兰公司工作 14 年的荷兰员工 Freek 回忆道："我清晰地记得中远海运集运荷兰公司外派总经理龚东彬第一天来到荷兰的情景，他每个办公室都去了，认识新同事，学着怎么与欧洲人打交道。5 年里，他们带来了中远海运丰富的协同资源，管理团队扎实的专业能力带领企业发展着。而我们，也积极学习如何用中国方法来经营企业。"

为避免层级感，中远海运集运管理团队在管理方式上逐步将原本 team lead 向 team mate 转变，以顺应欧式管理扁平化特点；结合企业员工实际情况，他们推出了"Happy Hour"活动，即每个月最后 1 小时，全公司员工放下手头工作，一起放松、聊天，缓解压力；对于部分员工提出的向往"无烟环境"，管理层结合当地法律法规妥善处理，解决了公司内吸烟问题，保障了员工身心健康……

"我觉得，如果用一个词来形容我们企业，团队（team）最恰当不过了。"Freek 说道。有了"一个团队"的海外企业环境，集运荷兰公司通过强有力的服务和多年的积淀，为各类客户提供全面而富有竞争力的物流运输服务，在荷兰市场赢得了认可。

鹿特丹 Euromax 码头商务和操作部总经理 Kees F. Notenboom 在 20 年前来到鹿特丹港工作，他常年与中远海运在西北欧的海外企业员工有业务往来和接触。"在我心中，无论从日常码头或船舶的操作沟通层面，还是从两家集团或企业的合作层面，我认为中远海运是理想的合作伙伴。"Kees 说。

（《中国远洋海运报》"一带一路"报道组）

中远海运助力贸易畅通　让“四叶草”香漫全球

这个秋日的申城，处处是2018年中国国际进口博览会吉祥物“进宝”手握四叶草的身影。在西方，传说四叶草是被夏娃从伊甸园带到大地的，花语是幸福，也通常被叫作幸运草。这是偶然，还是独具深意。

2018年11月5日，首届中国国际进口博览会就在这外形为四叶草的中国国家会展中心（上海）如期拉开帷幕，展会为期6天。习近平主席在此次进博会开幕式主旨演讲中引用了《古今贤文》的一句话：“一花独放不是春，百花齐放春满园。[①]”追求幸福是各国人民共同愿望。在“四叶草”场馆里，中国搭台，各国宾朋齐聚一堂，全球精品汇聚在此，共寻合作共赢之道。

这一年，正是中国改革开放40周年。改革开放让今日的中国变得流光溢彩，在改革开放再出发之际，举办中国国际进口博览会是全球创举，更是中国政府坚定支持贸易自由化和经济全球化、主动向世界开放市场的重大举措，是“中国开放的大门永远不会关上”的具体实践。

受中远海运集团邀请前来观展的意大利瓦多码头APMT总经理Paolo Cornetto先生兴奋地告诉记者：“这是一场令人难以置信的盛会，规模巨大，产业全面并且专业，我看到了来自意大利和世界其他国家不同行业带来的创新理念和产品，这给我以巨大能量和信心，进口博览会让我看到了未来。”

进口博览会显然会对世界各国加强经贸交流合作起到促进作用，将进一步推动全球贸易和世界经济增长，推动开放型世界经济发展。

世界上最大的铁矿石生产商巴西淡水河谷中国区总裁艾森乔（Sergio Espeschit）先生表示，“我们很高兴可以在庆祝与中国建立合作伙伴关系45周年之际参与首届进博会，进博会为我们提供了一个良机，展示我们世界一流兼具环保与创新的供应链，它使我们得以向中国客户持续提供世界上最优质的铁矿石产品”。

值得注意的是，在淡水河谷的展台上，两艘Valemax船模格外引人注目，参观者纷纷驻足拍照。其中一艘是中远海运旗下40万载重吨Valemax散货运输船远河海轮，该船型目前为世界最大。艾森乔先生说：“Valemax为中国而生，大部分船只获中国融资、由中国设计、在中国建造，并由中国领先的航运企业拥有及运营，是淡水河谷与中国企业之间双赢合作的良好象征。”

进博会召开前期，来自南太平洋岛国瓦努阿图的展品乘坐中远海运冷藏箱漂洋过海来到上海，且备受海内外媒体关注。瓦努阿图投资促进局Minnie Edmanley女士说：“非常高兴能有机会参加首届进口博览会，我们在此期间已经接触到了很多有意向的采购方，不但有来自中国的，还有从日韩等东亚国家来的买家，这是一个很好的平台。我们也大开眼界，并感受到一些自身需要提升改进的地方，例如买家对我们的产品不熟悉，所以我们应该更加透明地展示产品内容、生产环节等。”

中国诚挚邀请各国参展商齐聚这座以“海纳百川、追求卓越、开明睿智、大气谦和”为精神的城市——上海参展，拓展中国市场，共享中国改革开放的红利，向全球宣示了中国百川入海、汇流东西和开放包容、互惠互利的开放决心。

这一年，是“一带一路”倡议提出5周年。在这条探索构建人类命运共同体之路上，中国与“一带一路”共建国家和地区紧抓历史机遇，紧密合作，优势互补，已结出了累累硕果。必须一

① 《共建创新包容的开放型世界经济——在首届中国国际进口博览会开幕式上的主旨演讲》，《人民日报》，2018年11月06日03版.

提的是，首届进口博览会吸引了58个“一带一路”共建国家和地区千余家企业参展，这是共建“一带一路”的又一个重要支撑。

在服务贸易展馆“‘一带一路’互联互通”展区土耳其Kumport码头展台，“连接欧亚的纽带”7个大字映入眼帘。Kumport码头副总经理Erthan Tuncbilek表示：“中国国际进口博览会是一个拓展中国与世界其他各国贸易边界的巨大舞台，有助于促进国际经贸合作。我们非常高兴这次能有这个参展机会。”

进博会为包括“一带一路”相关国家和地区在内的世界各国扩大对华出口提供新机遇，为各国共享中国发展红利搭建新平台，为世界经济增长注入新动力。

土耳其著名品牌企业Kibar控股集团拥有全球22家不同行业、贸易和服务领域的公司。该集团董事长Kibar先生对来华参展首届中国国际进口博览会感到非常幸运，他说：“我感受到中国政府更加包容开放的胸怀和决心，感受到像中远海运集团这样的中国企业一流的品质和运输服务，中国人是值得信赖的朋友。”Kibar先生表示，期待与中远海运集团合作，成为共同发展的伙伴。

事实上，5年来，“一带一路”的实践早已催生了许多创新成果，与中远海运直接相关的是以航运、港口以及配套产业不断优化增能来促进“一带一路”贸易畅通，助力国际企业间互联互通，实现互利共赢。

希腊和地中海的最大港口，欧洲的南大门，“一带一路”上闪耀的明珠的经营者——比雷埃夫斯港务局展台位于“‘一带一路’互联互通”展区最显著的位置，蓝白色调的展台装点着希腊特色的装饰物。一旁，中远海运集团“熊猫船长”同络绎不绝的观众挥手、合影，来往观众驻足观看大屏幕上关于比雷埃夫斯港口的宣传视频。

2018年11月6日，进博会召开第二日，交通运输部副部长何建中来到“‘一带一路’互联互通”展区巡馆，第一站便来到了比雷埃夫斯港务局展台，详细询问了解比港集装箱码头及修船等配套产业的发展现状。希腊比雷埃夫斯港口的发展，对“一带一路”建设而言，在促全球贸易畅通、实现沿线各国互利共赢方面起到不可替代的作用。

就在展会期间，比雷埃夫斯港务局已与威尼斯港务局达成了友好合作意向。在这座“四叶草”场馆里，全球展商接收到了中国政府倡议的包容普惠、互利共赢的强烈信号，并在展会期间有所收获。此次前来参展的比雷埃夫斯港务局希腊参展商Chrysanthi Kamoulakou在采访中说道：“进博会展台上播放的宣传视频可以让全球看到比港的复兴。”

岂止是比港的复兴，可以说，“一带一路”为欧洲南大门的复兴注入了源源不断的能量。首届中国国际进口博览会这个平台向世界展示了“一带一路”建设5年来的丰硕成果。通过这个平台，世界民众携手共进的步伐还将继续大步迈进。

这一年，是中远海运整合重组两周年。回望2016年2月，中国远洋海运集团应时代发展之需重组整合，乘着改革开放与“一带一路”倡议之东风再出发。自此，中远海运始终以“大集团、新企业、国际范”的标准立足航运业，致力于打造全球领先的综合物流供应链服务商。

中国国际进口博览会向世界宣示，中国愿向世界开放国内市场，增进与各国的经贸交流与合作，促进全球贸易和世界经济增长。作为服务全球贸易的主力行业——航运业，领头羊中远海运集团立志服务全球贸易，以实际行动助力国家改革开放再上新台阶。

还记得进博会召开前吸引多家媒体关注的日本Nice集团木结构展品吗？在服务贸易展区，观众们与它如期会面。

日本Nice集团在木材贸易、木结构房屋设计建造等方面具有丰富的技术和经验。该公司全球销售部总经理伊井明诚向前来咨询的观众介绍了来自日本的这批杉木材的特点。他提到，目前在中国市场还未使用过日本纯天然杉木作为主体建筑材料，因此首届中国国际进口博览会是打开Nice木材中国市场的最好突破口。伊井明诚欣喜地告诉记者：“今天上午，已有新疆、山西、深圳等地的交易团代表来到展台详细了解了产品情况，有的还表达了合作意愿，在进博会第一天就让我们感受到了这个平台的价值和意义。”

伊井明诚先生还高度肯定了中远海运为其运输木结构展品的全过程，他说：“因为这个展品高度超出标准集装箱，并且对清洁度要求很高，中远海运特为其定制了符合高标准的超高箱，这让我们非常感动。”“中远海运（日本）株式会社社长谭兵和党委书记盛钢、中远海运集运（日本）株式会社副社长王小文、中远海运物流(日本)株式会社社长李文涛等还多次前往 Nice 工厂查看展品，了解运输需求，中远海运团队为展品如期抵运展馆提供了可靠的运输方案和服务，把展品托付给中远海运承运让我们很安心，我们已预约好了回程服务。”

如果说，中国国际进口博览会为全球客户提供了买遍全球的便利，那么中远海运集团旗下集装箱运输、能源运输、散货运输、特种运输、中远海运物流等品牌，都将为全球“买卖”畅通无阻竭尽所能。

一直以来，纸浆货品的运输要求和标准非常严苛，而近年来中远海运特运的纸浆运输服务产品在该市场名声在外，以其适合纸浆运输的特种船舶、完善的航线服务能力和丰富的纸浆运输经验为买卖双方提供优质的纸浆物流服务产品。

巴西 Suzano（金鱼）纸浆集团是巴西市场上最主要的纸浆出口商之一。对于参展此次进博会，该公司亚洲区总经理杨国华表示，很高兴能在首届进博会上参展，并与中远海运特种运输股份有限公司签订了大额的纸浆采购合同。

在寓意幸福的“四叶草”里，这个申城之秋，全球来宾的购物车添置了些什么？无论您在中国“淘到了”什么，不用担心，贸易畅通会让“四叶草”之香漫布全球。

“11 月 4 日，我乘坐高铁从北京到上海，高铁又快又舒适，我佩服中国高铁技术的发展。一路上，到处都是‘进宝’手拿四叶草的身影。11 月 5 日，当我看到‘四叶草’场馆建筑，我和同事都惊讶了，第一次看到那么棒的展览馆。参展几天了，我感到中国国际进口博览会不仅是中国的大事，也是全世界的大事！”希腊参展商 Chrysanthi Kamoulakou 如是说。

这个一个不一样的秋天，来上海看这些全球精品吧。

10 月 18 日，在日本横滨本牧码头，一个神秘货物装船启程。这是中远海运集团为参展商丰田汽车公司承运的某个展品，也是中远海运为丰田运输的两批展品中的第一批。随着进博会的开幕，这两个展品的真面目终于被揭开。中远海运承运的第一批产品就是 FCEV 氢动力叉车。它使用了最先进的氢电池，充电 3 分钟，可行驶 8 小时。氢动力叉车可以在港口、机场、工厂等地使用。

第二批展品则是极具未来感的 e-Palette 智能网联汽车。它的自动驾驶功能可以向所有人提供及时、高效、便捷的服务。运用场景包括根据家人的健康状况将新鲜的食材在你想要的时候配送到家。

丰田汽车（中国）投资有限公司企业公关室的徐一鸣室长表示，展品运输很顺利，这些展品都完好无损地出现在展台上，没有出现刮痕等问题。

此次丰田汽车展台的主题是“互联你我，智向未来”，提出全方位基于交通工具的解决方案“智联之城（Connected City）”。

在服装服饰及日用消费品展区，来自韩国的品牌惑丽客惑丽客（Holika Holika）以其可爱的包装和卡通形象吸引了参观者，尤其是年轻女性的关注。该品牌海外营销部负责人 Kin Doyoon 对前来咨询的客流量感到欣喜：“上半年从中国代理处得知首届中国国际进口博览会将在上海召开的消息后，我们毫不犹豫报名参展，这是宣传和推广我们品牌的最好平台和机会，因为中国一直以来是我们最大的市场之一。”Kim Doyoon 对承运 Holika Holika 展品的中远海运的运输服务赞不绝口：“中远海运的服务非常贴心，从他们接到展品订单到各种单证的准备，再到 10 月初的海运发货，直至 10 月下旬的货物抵港、清关，整个过程不用我们操心，中远海运全程提供了最便捷、最周到的服务。”Holika Holika 的展区面积为 36 平方米，Kim Doyoon 表示，若能参加 2019 年的中国进博会，他们将视情扩大展区面积，为中国客户带来更多韩国日化产品，也愿意与中远海运开展更多合作。（李琳　胡如月）

第二篇

概况

集团概述

集团概述

【集团简介】

中国远洋海运集团有限公司（简称“中远海运集团”“中远海运”），成立于 2016 年 2 月 18 日，总部设在上海，是中央直接管理的特大型国有企业。注册资本 110 亿元，员工总数 14 万，总资产规模超过 8000 亿元，在境内外拥有 10 家控股上市公司。

中远海运集团以推进航运强国战略以及“一带一路”建设目标为指引，以承载经济全球化使命、打造全球领先的综合性物流服务商为愿景，围绕“规模增长、盈利能力、抗周期性和全球公司”四个战略维度形成了涵盖航运、物流、航运金融、装备制造、航运服务、社会化产业和基于商业模式创新的“互联网 +”相关业务的“6+1”产业结构。

集团成立以来，坚持做强做优做大，持续创效创业创新。在规模增长方面，持续推进航运主业发展，2018 年完成收购东方海外，集装箱船队规模迅速进入全球班轮行业第一梯队，集团综合运力超过 1 亿载重吨，同步实现干散货船队、油轮船队、杂货特种船队、集装箱码头吞吐量和船员管理规模等 6 个“世界第一”，成为全球最大综合航运企业。2018 年，集团在全球 500 强企业排名中位居 335 位，较 2017 年大幅上升 31 位。在提升盈利能力方面，着力深耕市场创造价值，近年来平均利润率 7.8%，高于国际同行，2016—2017 年连续两年获国务院国资委考核 A 级企业。

【历史沿革】

中国远洋海运集团有限公司由原中国远洋运输（集团）总公司和原中国海运（集团）总公司合并重组建立。

原中国远洋运输（集团）总公司（简称“中远集团”）最早前身可追溯到 1961 年在北京成立的中国远洋运输公司。1961—2015 年，在中远 50 余年的发展进程中，中远集团历经数次变更，反映出新中国海洋运输事业的发展壮大和对外贸易运输的沧桑巨变。企业变化经历了四个阶段，即成立初期的政企一体化——交通部远洋运输局和中国远洋运输公司合署办公阶段（1961—1966 年）；“文化大革命”期间的铁、交、邮合并期——交通部水运组主管阶段（1967—1971 年）；国营企业转型期——中国远洋运输总公司自主经营阶段（1972—1993 年）；改革开放大发展期——中国远洋运输集团市场化经营阶段（1993—2015 年）。1993 年 2 月 16 日，成立中国远洋运输（集团）总公司，由原隶属交通部管理的中国远洋运输总公司、中国外轮代理总公司、中国汽车运输总公司、中国船舶燃料供应总公司 4 家企业组建。到 2015 年年末，中远集团拥有船舶 577 艘 /4496 万载重吨；货运量 3.83 亿吨，货物周转量 16 485 亿吨海里；总收入 1 443.2 亿元，总资产 3 613.2 亿元。

原中国海运（集团）总公司（简称“中国海运”）于 1997 年 7 月 1 日在上海成立。中国海运在整合上海海运（集团）公司、广州海运（集团）有限公司、大连海运（集团）公司、中国海员对外技术服务公司、中交船业公司 5 家公司基础上而成立。其中，上海海运（集团）公司的前身是 1872 年成立的轮船招商总局，广州海运（集团）有限公司的前身是轮船招商局广州分公司，两家公司在新中国成立后都经历了军管、公私合营、现代企业制度改革的过程，成为中国沿海的主力航运集团；大连海运（集团）公司的前身是1949年成立的大连轮船公司，在渤海湾航线具有较强的竞争力；中国海员对外技术服务公司成立于1984年，是中国第一家海员劳务外派公司；中交船业公司成立于1993年，主业从事二手船贸易及拆船业务。1997—2015年的18年间，中国海运实现了跨越式发展。到2015年末，中国海运拥有船舶544艘/4047万载重吨；货运量5.46亿吨，货物周转量11 298亿吨海里；总收入799.41亿元，总资产2 321.59亿元。

2016年2月18日中远海运集团挂牌成立后，当年相继完成集装箱运输、航运金融、能源运输、散货运输、港口码头、物流、装备制造等7个核心业务板块和10大海外区域公司的重组整合。

2016年3月1日，集团集装箱运输业务合并原中远和中海两大集团旗下集装箱业务，成立中远海运集运；2016年6月6日，集团油轮运输业务合并原大连远洋运输公司和原中海发展股份公司旗下的油气业务，成立中远海运能源；2016年6月16日，集团散货运输业务合并原中远散运集团和中海散运公司，成立中远海运散运；2016年3月18日，集团港口码头资产以中远太平洋公司吸收合并中海港口公司的方式完成股权交割，重组成立中远海运港口；2016年9月8日，集团航运金融业务保留了原中海集运作为金融上市平台，更名为中远海运发展；2016年6月2日，原中海香港控股公司更名为中远海运金控在香港正式挂牌。2016年2月20日，集团海外业务整合启动，2016年底全部完成海外区域公司和国家公司的整合。2016年12月21日，集团物流业务板块重组整合，中远海运物流正式挂牌。2016年12月，集团装备制造业务完成整合，中远海运重工正式挂牌。

2017—2018年，集团继续推进船员船舶管理体制及地区公司改革，推动信息化资源整合。2017年12月26日，中远海运船员正式成立，成为目前世界上规模最大的专业化船员管理公司。2018年2月2日，中远海运集团科技与信息化平台正式启动，成立中远海运科技，推动集团“数字化转型”。（周家恺）

【经营业绩】

截至2018年底，集团总资产8 081.07亿元，较年初增长13.95%；负债总额5 278.65亿元，较年初增长18.30%。资产负债率65.32%，较年初上升2.4个百分点，剔除收购东方海外因素与年初基本持平。控制运力规模为1278艘/10 139万载重吨，同比上升14.8%，排名继续保持世界第一位置。其中，集装箱船队规模484艘/280.1万TEU，同比上升32.4%，居世界第三。干散货船队运力423艘/3946万载重吨，同比上升1.2%；能源船队运力193艘/2477万载重吨，同比上升25.3%；杂货特种船队163艘/436万载重吨，同比上升1.9%，均居世界第一。客滚船队规模15艘/8.1万载重吨，同比持平。干散货运输、能源运输、特种运输等船队规模继续保持世界第一。码头经营、集装箱租赁、集装箱船队、燃油供应、船舶代理、海工制造继续保持世界前列。

2018年，中远海运集团实现营业总收入2 818.37亿元，同比增长20.29%；实现利润总额200.86亿元，同比增长3.71%，超额完成国务院国资委下达的经营责任目标。（周家恺）

【生产经营】

截至2018年底，集团全年货运量累计完成12.02亿吨，同比增长10.69%；货运周转量累计完成31 607.83亿吨海里，同比增长7.91%，其中集装箱运量累计完成4 168.56万TEU，同比增长21.61%。

中远海运集团拥有55家全资及合资码头公司，包括中远海运港口下属48家、东方海外下属3家，以及长滩PCT、洛杉矶WBCT、希腊PPA、法国Seayard，其中集装箱码头公司51家，集装箱码头吞吐能力11 469万TEU。2018年，集团集装箱吞吐量为12 628万TEU，散杂货吞吐量为7963万吨。2018年新增码头为收购东方海外所间接获得的码头。

集团拥有造船产能748万载重吨/年，修船产能 1500 艘 / 年，年可完工交付海工产品 9 个以内。2018 年，根据国务院国资委压减产能统一部署，集团压减造船产能 72 万载重吨，压减海工产能 3 个。（周家恺）

【员 工 队 伍】

截至 2018 年底，中远海运集团共有员工 12.65 万人，其中陆地员工 8.16 万人，船员 4.49 万人。按境内外划分，境内单位员工 11.69 万人，境外单位员工 9670 人。按劳务形式划分，劳动合同用工 9.51 万人，劳务派遣用工 3.09 万人，其他从业人员 999 人。在劳务合同用工中，在岗职工 9.24 万人，派出职工 1149 人，其他职工 1522 人。（胡柏青）

组织结构

组 织 结 构

【集团领导班子】

中远海运集团实行董事会领导下的总经理负责制。截至 2018 年底，领导班子成员共 9 名，包括：

许立荣：董事长、党组书记
孙家康：副总经理、党组副书记
孙云飞：副总经理、总会计师、党组成员
叶伟龙：副总经理、党组成员
黄小文：副总经理、党组成员
丁　农：副总经理、党组成员
王宇航：副总经理、党组成员
俞曾港：副总经理、党组成员
徐爱生：党组成员、党组纪检组组长

（周家恺）

【集团组织机构】

截至 2018 年底，中远海运集团共有集团本部 15 个、共享中心 6 个，以及北京办事处 1 个；共有全资二级子公司 24 家、控股二级子公司 12 家；另有事业单位 1 家、非法人机构 1 家、代管企业 1 家。

2018 年集团组织机构图见图 2–1。

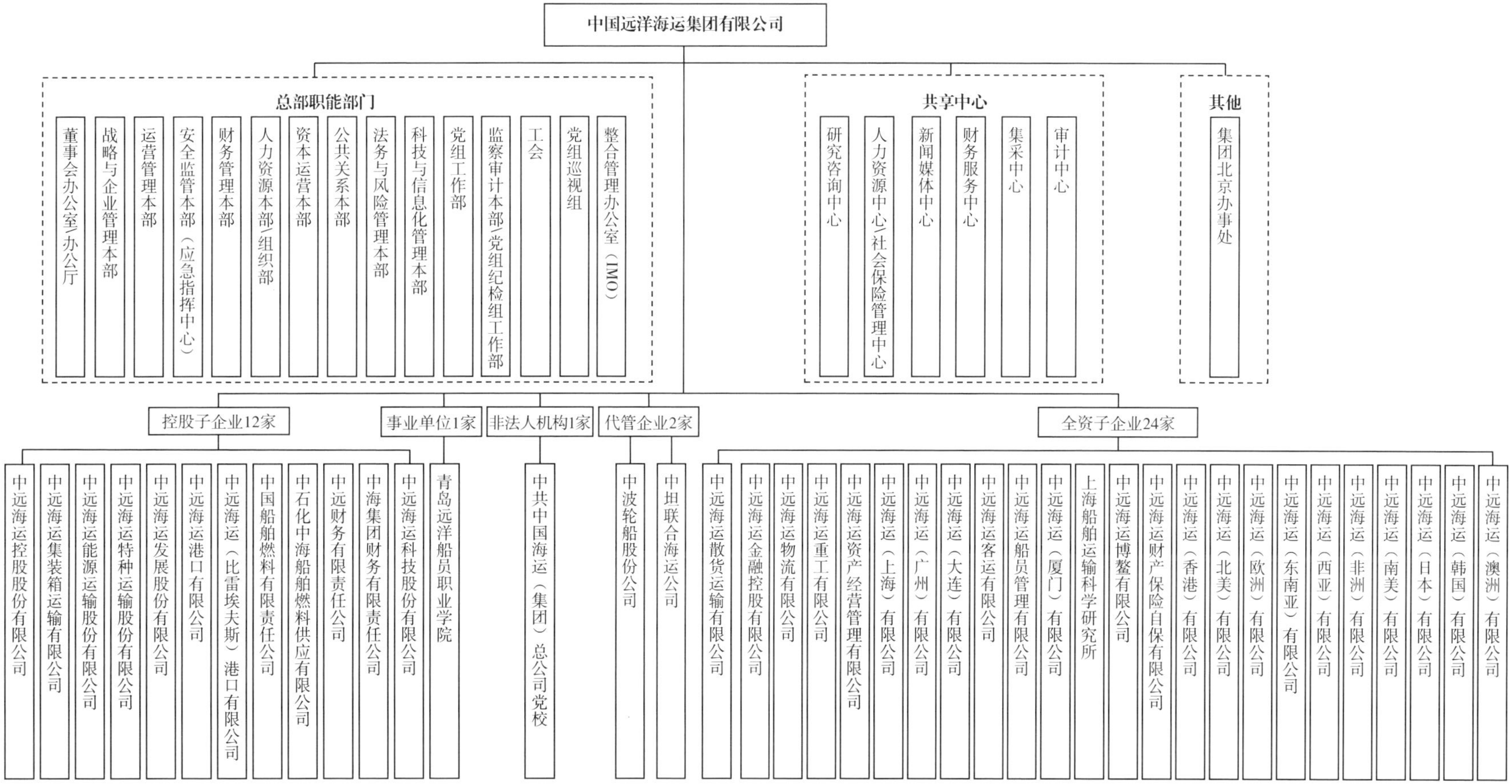
中国远洋海运集团有限公司
总部职能部门
董事会办公室/办公厅
战略与企业管理本部
运营管理本部
安全监管本部（应急指挥中心）
财务管理本部
人力资源本部/组织部
资本运营本部
公共关系本部
法务与风险管理本部
科技与信息化管理本部
党组工作部
监察审计本部/党组纪检组工作部
工会
党组巡视组
整合管理办公室（IMO）
共享中心
研究咨询中心
人力资源中心/社会保险管理中心
新闻媒体中心
财务服务中心
集采中心
审计中心
其他
集团北京办事处
控股子企业12家
中远海运控股股份有限公司
中远海运集装箱运输有限公司
中远海运能源运输股份有限公司
中远海运特种运输股份有限公司
中远海运发展股份有限公司
中远海运港口有限公司
中远海运（比雷埃夫斯）港口有限公司
中国船舶燃料有限责任公司
中石化中海船舶燃料供应有限公司
中远财务有限责任公司
中海集团财务有限责任公司
中远海运科技股份有限公司
事业单位1家
青岛远洋船员职业学院
非法人机构1家
中共中国海运（集团）总公司党校
代管企业2家
中波轮船股份公司
中坦联合海运公司
全资子企业24家
中远海运散货运输有限公司
中远海运金融控股有限公司
中远海运物流有限公司
中远海运重工有限公司
中远海运资产经营管理有限公司
中远海运（上海）有限公司
中远海运（广州）有限公司
中远海运（大连）有限公司
中远海运客运有限公司
中远海运船员管理有限公司
中远海运（厦门）有限公司
上海船舶运输科学研究所
中远海运博鳌有限公司
中远海运财产保险自保有限公司
中远海运（香港）有限公司
中远海运（北美）有限公司
中远海运（欧洲）有限公司
中远海运（东南亚）有限公司
中远海运（西亚）有限公司
中远海运（非洲）有限公司
中远海运（南美）有限公司
中远海运（日本）有限公司
中远海运（韩国）有限公司
中远海运（澳洲）有限公司
图2-1　集团组织机构图

战略规划

战略规划

【发展愿景】

集团“十三五”期间的发展愿景是：承载国家使命、服务世界贸易、构建全球网络，打造以航运、物流及相关金融服务为基础，多产业集群、世界一流的全球化供应链综合服务平台。集团发展愿景的基本内涵是：①承载国家使命。积极融入国家战略，在中国企业全球化布局过程中，以全球综合供应链服务支持中国资本海外扩张，同时以集团多年植根海外积累的本土化优势积极支撑中国企业海外发展。②塑造世界一流。着重强调“规模增长、盈利能力、抗周期性、全球公司”四个维度均衡发展，努力塑造服务一流、人才一流、管理一流的综合性物流服务企业。③着眼全球化经营。基本完成集团核心业务板块的全球化布局，加大第三国业务开发力度，逐步实现海外经营人才的本土化。④打造供应链综合服务平台。整合集团优势资源，形成航运、物流、航运金融为基础，多产业集群及业务板块的协同互动，借助互联网等先进工具，构建端到端供应链服务能力。（张希南）

【发展四个维度】

中远海运集团“十三五”发展规划确立了“规模增长、盈利能力、抗周期性、全球公司”四大战略维度指标，总体完成情况如下：

第一个维度是规模增长。集团“十三五”规划期内，如不考虑外延因素，营业收入年均增速目标为 9.1%。2018 年，集团实际收入为 3127 亿元；2016—2018 年均增速为 8.6%，略低于进度。从各产业集群收入贡献看，航运产业集群收入年均增速 10.6%，远超增速目标，成为拉动集团收入增长的主要动力。

第二个是盈利能力。依据规划目标，集团在规划期末利润率应达到 6.2%。2016—2018 年，集团实际利润率年均为 7.1%，超过预期。从各产业集群利润完成情况来看，除物流产业集群为 2.5%、装备制造产业集群为 –10.4% 以外，其他产业集群均超过规划期末的目标水平。

第三个是抗周期性。依据规划目标，集团在规划期末非周期性资产占集团资产的比重应达到 61.8%，年均增长约 3.2 个百分点。2018 年，非周期性资产占集团资产的比重为 59.3%，2016—2018 年均增长约 4.4 个百分点，符合预期。

第四个是全球公司。依据规划目标，集团在规划期末境外收入占集团总收入的比重应达到 56%，年均增长约 2 个百分点。2018 年，境外收入占集团总收入的比重为 59.5%，超过预期。

（张希南）

【三年滚动规划】

中远海运集团以国务院国资委《中央企业规划编制大纲》为基本框架，以“十三五”发展规划为发展定位和纲领指引，编制完成《中远海运集团 2018—2020 年发展规划》（以下简称“三年滚动规划”），将“十三五”发展规划确定的各项任务目标，特别是阶段规划任务有效分解、有序落实。三年滚动规划作为“十三五”发展规划的重要组成部分，集团对相关发展指标进行了细化，明确了有关战略实施方案和落地举措，是集团未来三年贯彻国家有关方针政策、实现既定战略任务和目标的重要依据。（张希南）

集团董事会

集团董事会

2018 年，中国远洋海运第一届董事会现有成员 6 名，分别是集团董事长、党组书记许立荣，4 名外部董事刘章民、何庆源、钟瑞明、徐冬根，以及职工董事王海民。2018 年 2 月 4 日，由于原集团董事总经理万敏因工作调动不再任职，故提名委员会第 3 次会议评议并提交第一届董事会第 21 次会议，审议通过了关于解聘万敏董事总经理职务的议案。

【董事会及专门委员会会议】

中国远洋海运第一届董事会 2018 年共召开 9 次会议，其中现场会议 4 次，书面通信表决会议 5 次，共审议 21 项议案，听取 8 项重大事项报告，主要审议了集团公司年度投资和资产处置及调整计划、财务预算决算、内部控制评价和风险管理报告等，对于董事会职权范围内的重大事项、重要投资及发展战略等及时作出决策，保证了企业的健康持续发展。

中国远洋海运第一届董事会设立 5 个专门委员会，分别为战略发展委员会、提名委员会、薪酬与考核委员会、审计委员会和风险管理委员会，委员会由 4 ～ 5 名董事组成。2018 年，各专门委员会围绕董事会重要的决议事项议事，共召开 10 次会议，评议议题 11 项，听取工作报告 5 项。全部议题经讨论评估后形成的专项意见均提交董事会审议，很好地发挥了专门委员会对董事会的支撑作用。

中国远洋海运高度重视各位董事的建言献策，每次董事会会议和董事调研后，董事办对会议决议事项及董事提出的意见和建议进行梳理，经集团管理层审核确认后，送相关职能部门办理，确保决议和意见的有效落实。

根据对 2018 年董事会决议事项的落实执行情况和董事会授权事项的执行情况统计，中国远洋海运第一届董事会 2018 年审议 21 项议案；召开总经理办公会 47 次，审议各类议题 159 项，其中涉及董事长和总经理行使董事会授权的事项共计 48 项。真正做到有决议执行、有跟踪督办，将董事会、各专门委员会会议精神和工作要求融入企业经营和管理的各个层面，更好地发挥了董事会的作用。

【投资授权机制】

在授权机制上，进一步完善董事会管理功能，加大投资授权力度，提升企业决策活力和效率。2018 年，集团直属公司董事会完成“非受限”事项行权 41 项，涉及金额 365.77 亿元；各直属公司董事长授权事项共行权 360 项，行权金额共计 521.09 亿元。直属公司董事会开展深化职业经理人制度试点工作，坚持薪酬市场化对标，严格执行契约化管理，并积极总结试点经验，切实做好推广准备。此外，在董事会指导下，集团已成功入选第二批国有资本投资公司试点。此举意味着董事会将拥有更充分的授权和自主权，有利于集团在改革试点、产业链整合、开展优质资产债转股等领域中获得更多切入点和政策资源，从战略高度、功能定位上提升集团在国家战略布局中的分量和作用。

【财务投资决策与管理】

集团董事会按照国务院国资委“稳中有进”的要求，以提高发展质量和效益为核心任务，督促指导编制中国远洋海运集团 2018 年度预算报告。集团董事会第 21 次会议和第 22 次会议分别审议通过了 2018 年度预算报告、2017 年度财务决算的议案；审计委员会 2018 年度共召开 4 次会议，听取 2017 年度审计总结和 2018 年度审计计划，续聘 2018 年度财务决算审计机构等议题，评议内容形成专项意见提交董事会审议，为董事会决策提供建议支持。

【风险管控】

集团董事会高度重视风险管控，经风险管理委员会第 4 次和第 5 次会议评议，董事会第 21 次和第 22 次会议分别审议通过了《2018 年度全面风险管理工作报告》和《2017 年度内部控制评价工作报告》的议案。在风险管控中，注重完善风控体系建设，加强流程管理；编制形成《集团风险管理与内部控制手册文件（2018 版）》，进一步推进集团总部管理流程的规范化，有效保障战略管控型总部职能的发挥。开展年度风险评估工作，形成《集团 2018 年度风险管理报告》，发布《集团 2018 年重大风险管控任务分解清单》，明确了风险管控主体责任。以专项工作为抓手，防范重大风险；通过聚焦重要业务领域和高风险领域，积极推动风险管控融入企业经营管理，力求价值创造；探索建立海外风控模式，开展境外风险排查工作。强调法治融入业务，推进依法治企；集团以项目法律审核、合同管理、案件处置为抓手，不断推进集团法治建设融入企业经营管理，提高依法治企的能力和水平。（李锦绣）

国企改革

国企改革

【资源与业务整合】

2018 年，中远海运集团继续深化改革，推进资源与业务整合。

在船员管理体制改革方面，集团围绕“提高船员素质、提高船员到手收入、提高船员与船舶管理水平和降低船员管理费用”为主要内容的“三提高一降低”的改革目标，制定了清晰的战略和科学合理的工作方案推进船员管理体制改革，取得明显成效。集团船舶平均单船配备人数由年初 52 人 / 船下降至年底的 37 人 / 船，劳动生产率大幅提高，船员素质得到明显提升，船员收入同比增加。

在船舶管理体制改革方面，2018 年 10 月，集团出台了《关于集团集运、能源、散运船舶管理体制改革建议方案》和《关于将中远散运、青岛远洋、大连油运转型为地区公司建议方案》。据此，各相关单位均成立由公司主要领导牵头的改革实施工作组，制定时间表和细化方案，建立顺畅的沟通协调机制和对接机制，为方案实施提供组织保障。2018 年年底，集运、能源、散运等航运公司的船舶管理团队实行合署办公，并完成船舶安全责任转移。大连、青岛、天津 3 家地区公司相继完成重组方案，为翌年挂牌运营及二次创业做好充分准备。

在财务资源整合方面，注重发挥集团境内资金“归集平台、结算平台、监控平台、金融服务平台”功能，其重组整合方案于 2018 年 6 月取得银保监会的正式批复文件；9 月完成中远财务的注销工作；10 月中海财务完成对中远财务的吸收合并，完成工商登记；11 月完成将中远集团、中海集团所持财务公司股份无偿划转给中国远洋海运集团，为翌年挂牌运营奠定基础。

在信息资源整合方面，2018 年 1 月，中远海运科技董事会审议批准将上海船研所委托给中远海科管理，并签署了托管协议，举行了中国远洋海运科技与信息化平台启航仪式。2 月底，中远海运科技完成全部信息化股权交割程序，集团信息资源股权整合工作全部完成。

【混合所有制改革】

2018 年，在泛亚航运公司开展混合所有制改革试点基础上，继续做好深化改革工作。主要包括：组织召开泛亚航运股东会、董事会、监事会和持股员工大会，确保新公司治理结构规范运作；组织做好泛亚航运首次股权分红，重点关注泛亚航运持股员工现金流情况，及时听取来自不同层面的意见，总结股权分红经验；积极参加国务院国资委组织的调研座谈会，重点学习其他中央试点企业的改革经验，协调试点企业研究借鉴；高度重视，认真研究，客观评价，量化分析，落实完成泛亚航运混改的阶段性总结；进一步深化改革，通过挂牌转让泛亚航运 20% 股权的方式，引入战略投资者以加大对泛亚航运业务的支持力度。通过对泛亚航运深化改革的保驾护航，为集团下一阶段推广混改和深化体制机制改革，提供示范效应和改革样本。

【市场化用工机制改革】

制定出台集团人员招录管理办法。根据集团新的战略定位和产业发展需要，结合当前人才队伍现状及市场对标情况，制定出台人员招录管理办法，统一招录政策，明确招录标准，规范工作流程，提升全系统招录工作质量。建立绩效导向招录配置审批机制。按照总部“管总量、管标准、管流程、管结果”，直属单位“具体实施、把好招录质量关”的定位分工，引入预算管理理念，建立基于公司战略和市场对标的招录审批制，通过审核评估申报单位利润、营业收入等关键指标，科学审批用工总量。强化过程管控与结果考核。坚持过程管控，对2018年招录计划的执行情况进行跟踪、分析，并及时做好招录预警分析和提醒，严格执行招录结果备案，积极研究招录考核方案，不断强化用人单位主体责任和能效意识；各单位自我管控意识已经初步形成，在实施招录时能够充分考虑指标挂钩考核要求，结合核心需要，聚焦关键和紧缺岗位，主动内部挖潜压缩招录。

【职业经理人制度试点】

2018年，中远海运集团稳步推进做好金控平台职业经理人试点，严格执行契约化管理，坚持薪酬市场化对标，完成上年度职业经理人履职考核及薪酬兑现。在试点推进过程中，坚持开展“差异化”考核，通过“基本指标、分类指标、约束指标”的考核分类架构，将金控平台基本经营目标、重点战略任务、风险及管理约束事项有机结合起来，为每位职业经理人制定专属细分指标体系，以体现个人岗位特点和不同的任务目标，从而更加精确地反映出每位职业经理人的岗位绩效情况；职业经理人的绩效考核以市场对标为主要手段，做到职业经理人“一人一考核”；考核结果与薪酬及聘任管理相关联，薪酬水平能升能降。此外，还坚持实行“市场化”薪酬；经营业绩和薪酬水平与市场水平双对标，双挂钩；兼顾企业短期效益与企业长远发展，建立绩效年薪递延支付机制，既体现薪酬的市场竞争力，又一定程度避免职业经理人只顾眼前、影响或损害企业中长期发展效益的问题。

【“三供一业”分离移交】

2015年，中共中央、国务院印发了《关于深化国有企业改革的指导意见》，并配套出台一系列改革政策文件，形成了“1+N”改革主体框架。2018年，集团按照国务院国资委工作部署，狠抓“1+N”改革文件的落实落地，其中“三供一业”（企业的供水、供电、供热和物业管理）分离移交是一项重点工作。对此，集团自2016年启动职工家属区“三供一业”分离移交改革工作，按照工作计划，精心组织，攻坚克难，对相关设备设施进行必要的维修改造，达到城市基础设施的平均水平，分户设表、按户收费，交由专业化企业或机构实行社会化管理。历经两年多的艰苦努力，于2018年年底完成“三供一业”分离移交改革各项任务目标，供水、供电、供热、物业管理分离移交完成率均为100%。

【供给侧结构性改革】

在去产能方面，中远海运集团通过产品结构调整、关停并转、提高综合管理能力等手段，去掉过剩产能、去掉落后产能、去掉无市场前景且缺乏竞争力的产能，实现产品结构的优化调整和产能规划的调整。中远海运重工2017年造船产能由设计产能1155万载重吨压减至820万载重吨，按计划完成年度工作目标；2018年，造船产能压减至748万载重吨，完成年度目标。2017年，海工产能由设计产能18个项目压减至11个，按计划完成年度工作目标；2018年，海工产能压减至9个项目，完成年度目标。集团整合上海和广东地区修船企业，停止了安徽荻港船厂修船业务。

在降杠杆、减负债方面，集团在年度经营业绩考核中设立“降杠杆”约束性指标，确定所属高负债企业资产负债率指标，以负债率为约束设立融资上限、严控带息负债增长速度。建立“一个体系、一个中心、两个平台”的资金管控模式，加强资金和债务的预算管理，严格计划执行，做好存量资金和债务规模的平衡。严控“两金”占用规模，提升集团整体运营效率。加强对重点企业和重点业务板块的分析，科学制定“两金”压降方案，进行月度、季度压降效果跟踪。

【压减管理层级】

2018 年，集团制定年度压减清单，并通过定期汇报、现场检查等多种形式督促所属相关公司按计划推进压减工作。截至 2018 年底，集团已压减公司 535 户，压减率达到 29.6%，管理层级压缩至 4 级，提前超额完成任务目标。集团进一步做好 “僵尸企业” 处置工作，治理特困企业取得实效。2017 年底，集团 1 户 “僵尸企业”、6 户特困企业中，有 6 户已完成治理任务，1 户 “僵尸企业” 实现清算关闭，5 户特困企业实现强化管理提升。2018 年，集团对最后一家特困企业采取兼并重组方式完成人员安置，至此集团 “僵尸企业” 处置、特困企业治理任务基本完成。

（王易）

第三篇

产业集群

概述

概　述

“十三五”时期，中远海运集团初步形成了有限多元化产业布局，称之为“6+1”产业结构，即以航运、航运金融、物流产业为核心，以装备制造、航运服务、社会化产业为支持，以“互联网 +”为商业模式创新方式。通过打造新的产业布局，大力提升集团的国际竞争力与综合实力。

航运产业集群作为集团核心产业集群，按业务类型划分为集装箱运输、油气运输、干散货运输、码头运营四大业务板块，以及对台客货运输业务。截至 2018 年底，航运产业集群实现收入 1 600.53 亿元、利润总额 82.57 亿元。

物流产业集群作为集团核心产业集群，按业务类型划分为特种货物运输、综合物流、船舶代理、专业物流、液体储运，以及理货检验六大业务板块。截至 2018 年底，物流产业集群实现收入、利润总额分别为 416.00 亿元、14.44 亿元。

航运金融产业集群作为集团核心产业集群，按业务类型划分为租赁、金融股权投资、保险和财务公司四大业务板块，主要包括中远海运发展、中远海运投资、中海财务、中远财务及中远海运自保等业务主体。截至 2018 年底，航运金融产业集群实现收入、利润总额分别为 180.69 亿元、116.98 亿元。

装备制造产业集群作为集团重要产业集群，按业务类型划分为船舶修理改装、船舶制造、海洋工程装备制造，以及集装箱制造四大业务板块。截至 2018 年底，装备制造产业集群实现收入、利润总额分别为 151.71 亿元、−30.37 亿元。

航运服务产业集群作为集团支持产业集群，按业务类型划分为船员和船舶管理、船舶燃料供应、船舶物资供应（润物料、水、伙食等物资供应、备件供应、海图销售），以及通信导航（主要以通信导航设备维修业务为主）、油漆生产和贸易五大业务板块。截至 2018 年底，航运服务产业集群实现收入、利润总额分别为 1 001.86 亿元、19.61 亿元。

社会化产业集群作为集团支持产业集群，承担了服务其他产业集群、孕育新兴产业、进行地区管理等多项综合职能。综合各种历史沿革及资源存续，社会化产业集群呈现出企业众多、业务分散、盈利能力不强的特点，共有不动产投资、高速公路、交通科技、教育、医疗康复养老和酒店邮轮旅游五大业务板块。截至 2018 年底，社会化产业集群实现收入、利润总额分别为 21.39 亿元、0.11 亿元。

在“互联网 +”业务方面，2018 年，集团在完成科技与信息资源整合工作基础上，通过组织架构重建及区域布局调整，扭转科技和信息化资源“散、弱、小”的局面，实现“人才聚集、资源共享、技术融合、业务协同”新的发展格局。集团按照“十三五”规划要求和对“互联网 +”的定位，积极研究探索新技术、新模式、新场景与集团各产业集群的有机结合，构建“科技创新的创意、组织平台”“创新项目的实施、孵化平台”和“创新成果的管理、转换平台”，为集团产业集群互联网“+1”赋能。

航运产业集群

航运产业集群

【主要业务】

作为集团核心产业集群，航运产业集群业务范围涵盖了集装箱运输、油气运输、干散货运输、码头经营、对台运输业务和海（境）外业务等。

集装箱运输业务 主要通过中远海运集装箱运输有限公司（以下简称“中远海运集运”）专业经营集装箱运输业务。中远海运集团的集装箱船队的主力船队是全集装箱船队，除此之外，杂货特种运输船队和客轮船队也提供少量的集装箱运力。截至2018年底，全集装箱船队运力为484艘/3272万载重吨/280.1万TEU；其中自有船运力为235艘/2221万载重吨/195.4万TEU，租入船运力为249艘/1051万载重吨/84.7万TEU。

油气运输业务 主要通过中远海运能源运输股份有限公司（以下简称“中远海运能源”）专业经营石油、液化天然气（LNG）等液体散货运输业务。按运力规模统计，中远海运能源运输船队是全球第一大能源运输船队。截至2018年底，能源运力为193艘/2477万载重吨；其中油轮船队运力为162艘/2251万载重吨，油轮船队自有船运力为151艘/1976万载重吨，租入船运力为11艘/275万载重吨；LNG船队运力为26艘/224万载重吨，全部为自有船。液化石油气（LPG）船队运力为5艘/1.5万载重吨，全部为自有船。

干散货运输业务 主要通过中远海运散货运输有限公司（以下简称“中远海运散运”）专业经营金属矿石、煤炭、粮食等干散货运输业务。2017年，集团旗下拥有和控制各类散货船423艘/3946万载重吨；其中自有船运力为363艘/3398万载重吨，租入船运力为60艘/548万载重吨；航线覆盖国内沿海和世界主要港口，服务网络遍布全球。干散货船运力规模继续位居世界第一。

码头业务 主要通过中远海运港口有限公司（以下简称“中远海运港口”）、中远海运（比雷埃夫斯）港口有限公司、中远海运（北美）有限公司经营码头及相关业务。截至2018年底，集团参与投资并拥有权益的境内外码头55个；全年集装箱吞吐量1.26亿TEU，在全球码头运营商中吞吐量排位第一；其中中远海运港口吞吐量为1.17亿TEU。从码头布局看，境内在环渤海、长三角、东南沿海、珠三角、西南沿海、长江中下游等主要经济区域均有布局；境外在美国、希腊、西班牙、意大利、土耳其、比利时、法国、荷兰、阿联酋、新加坡、韩国、埃及，以及中国香港、中国台湾等区域进行布局，初步构建起以中国市场为主、国际市场持续增长的全球码头经营格局。

对台运输业务 集团主要通过中远海运（厦门）有限公司从事大陆与台湾间的旅客和货物运输业务。集团积极发挥厦门中远海运地处海峡西岸的区位优势，在两岸海上交流实践中做了大量首创性工作，实现了真正意义上的两岸客货直航，先后主导开通和运营泉州—金门、厦门—金门等海上客运航线，厦门—台中、厦门—基隆、厦门—高雄、大麦屿—基隆等闽台、浙台海上客货直航航线，为提升闽台经贸合作水平、加强两岸产业合作和文化交流、方便两岸人民往来、促进两岸互利共赢作出积极贡献。

境外区域公司 “十三五”期间，集团在境外主要国家和地区设立了了中远海运（香港）有限公司、中远海运（北美）有限公司、中远海运（欧洲）有限公司、中远海运（东南亚）有限公司、中远海运（西亚）有限公司、中远海运（非洲）

有限公司、中远海运（南美）有限公司、中远海运（澳洲）有限公司、中远海运（日本）株式会社、中远海运（韩国）有限公司10家境外区域公司，主要承担起集团的全球业务协同、信息共享、新兴业务孵化、区域服务支持、国际人才培养等五大平台作用。

【“中远费力克斯托”轮载箱量创航次新高】

2018年1月4日凌晨，满载5146TEU的“中远费力克斯托”轮缓缓地离开了澳大利亚布里斯班港。据统计，此次载箱率达94.5%，创造了该轮装箱量新的历史纪录，为中远海运集运“打赢效益攻坚战”目标作出了积极贡献。

“中远费力克斯托”轮自2017年11月上A3C航线以来，就面临着“箱量多”的重大挑战。尤其是130N航次，在离开墨尔本港时，船舶收到澳大利亚最后一港布里斯班的预配图。面对爆仓的数据，该轮坚持做到安全稳妥、科学积载、统筹安排，精益求精，除非“不得已”，绝不甩一箱。船长张红魁同志顾不上靠离码头的疲惫，立即与大副赵志方同志研究装载方案，并及时同集运全球海运操作中心（MOC）预配船长进行沟通交流和协调，最终在确保满足船舶稳性、剪力、弯矩、扭矩、总纵强度、局部强度、危险品隔离、盲区等诸多要求的前提下，圆满完成了配载和装载任务。（曹聪）

【Kumport码头公司斩获EFQM两项大奖】

据《中国远洋海运报》2018年1月12日报道，由土耳其质量协会和土耳其工商业协会联合主办的2017年EFQM（欧洲质量管理基金会）卓越奖颁奖典礼在伊斯坦布尔举行。凭借在质量和绩效管理领域的优异表现，中远海运港口旗下Kumport码头公司荣膺“EFQM 5星卓越奖”，这也是此次唯一斩获此奖项的港口企业。Kumport码头公司在2015年获“EFQM 4星卓越奖”基础上，持续改进卓越绩效管理模式，实施系统化管理，巩固可持续化卓越表现之基础。EFQM专家组用一周时间对码头公司进行了细致严格的现场评审，Kumport码头公司最终获550 ~ 600分，成功晋级“EFQM 5星卓越奖”企业。

另据报道，11月15日在2018年EFQM卓越奖颁奖典礼上，中远海运港口旗下Kumport码头公司凭借在安全和环境领域的优异表现，荣获“EFQM国家卓越奖”称号。Kumport码头公司是土耳其唯一获此奖项的港口企业。在2017年获得”EFQM 5星卓越奖”的基础上，Kumport码头公司实施系统化管理，持续改进绩效管理模式，最终通过了EFQM专家组严格的现场评审，成功晋级为“EFQM国家卓越奖”企业。

EFQM是享誉全球的三大权威质量管理机构之一，于1988年由荷兰飞利浦、德国大众和奔驰、法国雷诺等欧洲最大的14家公司在欧洲委员会的认可下创立。EFQM发布的欧洲质量奖、欧洲卓越绩效企业指数是欧洲乃至全球企业的质量和管理标杆，全球已有500家优秀企业和研究机构成为EFQM会员。（任海军）

【中远海运港口获泽布吕赫码头特许经营权】

1月22日，中远海运集团旗下中远海运港口有限公司宣布中远海运港口泽布吕赫集装箱码头（泽布吕赫码头）获泽布吕赫港务局给予特许经营权优惠，并在比利时布鲁塞尔举行了签署仪式。同时，中远海运港口宣布法国达飞海运集团公司初步入股中远海运港口泽布吕赫码头10%股权，并于特许经营签署仪式后，签署了有关入股谅解备忘录。

比利时副首相兼就业、经济及消费者事务大臣刻芮斯·彼得斯（Kris Peeters）、中国驻比利时王国特命全权大使曲星、中国驻比利时大使馆经商参赞郭建军、比利时西法兰德斯省省长卡尔·德卡路威（Carl Decaluwé）、比利时泽布吕赫港务局董事局主席兼比利时布鲁日市市长雷纳特·兰代特（Renaat Landuyt）、比利时泽布吕赫港务局总裁尤阿希姆·孔智（Joachim Coens）、比利时泽布吕赫港务局荣誉副主席文森特·德·塞德勒（Vincent De Saedeleer）、达飞董事执行总裁法利·沙伦（Farid T. Salem）、中远海运集团董事长许立荣、中远海运集装箱运输有限公司总经理王海民，以及中远海运港口副主席兼董事总经理张为等出席了签署仪式，共同见证了协议的签署。

泽布吕赫港是比利时第二大港口，毗邻汉堡及勒阿弗尔区，接近英国，地理位置优越。作为通往各个方向的交通枢纽，泽布吕赫港有良好的公路及铁路网络连接欧洲大陆各个国家及西北欧、中欧地区、东欧地区等沿海港口。该港还是天然深水良港，能够满足大型船舶挂靠要求。

（钟远海）

【集运连续十年获一汽-大众供应商奖】

1月18日，在一汽－大众2017年度供应商大会上，中远海运集装箱运输有限公司荣获“卓越合作伙伴”供应商奖。2017年，中远海运集运除继续承运一汽－大众长春、成都与佛山三厂进口零部件外，另以100%份额中标一汽－大众天津与青岛新厂项目，为一汽－大众五地六厂提供一体化运输服务，实现合作全覆盖。

作为一汽－大众长期战略合作伙伴，中远海运集运始终坚持以一汽－大众的需求为第一要务，保班保点，克服一体化运输过程中的诸多困难，以高效顺畅的海运班期与强大的延伸服务能力有力地保障了一汽－大众的生产需求，成为汽车行业内优质服务的典范。此次是中远海运集运连续10年获得一汽－大众供应商奖项，也是一汽－大众对中远海运集运长期保障其生产物流服务方面所作突出贡献的认可与肯定。（吉轩）

【比港集装箱码头进入2万箱时代】

2月26日，中远海运比雷埃夫斯集装箱码头（COSCO SHIPPING Piraeus Container Terminal，PCT）第三个2万TEU级集装箱泊位正式投入运营，并同步迎来“中远海运金牛座”（COSCO SHIPPING TAURUS）集装箱船首航。这是希腊航运史上第一次迎来2万TEU+超大型集装箱船舶进港作业，标志着希腊比港从此进入2万TEU+新时代。

中国驻希腊使馆临时代办高文棋、希腊航运与岛屿政策部长、希腊基础设施和交通部副部长、比雷埃夫斯市市长、希腊国会议员、各党派代表，以及来自希腊航运界、中希方媒体及中远海运客户代表等300余人共同见证了这一历史时刻。

2008年11月，中远海运港口通过市场竞标方式，赢得希腊比雷埃夫斯集装箱码头特许经营权。旗下全资子公司比港集装箱码头有限公司于2010年6月1日开始管理比港的2号集装箱码头，随后开始填海建造（部分已投产）比港3号集装箱码头。本次投入运营的泊位位于3号码头。按照计划，至2019年年初3号码头完全建成后的总面积将达34万平方米，有4个水深超过18.5米的泊位，作业岸线总长近1400米；配备13台双起升桥式起重机、6台轨道式起重机和24台电动轮胎起重机，设计年通过能力为300万TEU。届时，加上2号码头，比港集装箱码头有限公司管理的码头年度通过能力将达到620万TEU；再加上PPA管理的1号码头，整个比港将拥有5个万箱集装箱船的操作泊位，年度通过能力将达到720万TEU，硬件条件居地中海之首。2016年，比港集装箱吞吐量374万TEU，超2010年88万TEU的4倍多，集装箱吞吐量全球排名从第93名跃升至第38名。2017年，比港吞吐量突破400万TEU，全球排名有望继续上升。同时，PCT着力优化操作流程，其操作效率在2017年已经跃升为地中海地区第一。

“中远海运金牛座”是中远海运集团投入运营的第二艘2万TEU+超大型集装箱船。该轮总长400米、船宽58.6米，最大吃水16米，设计航速22.5节，最大载重量20万吨，最大载箱量20 119TEU，配备了1000个冷藏箱插座，入DNV-GL和CCS双船级。该轮从上海出发，挂靠希腊比雷埃夫斯港、荷兰鹿特丹港、德国汉堡港，为中国华北、华东地区和东南亚提供到希腊和西北欧主要国家的快速、可靠的直航服务。

（钟远海）

【中远海运散运实施船货分线操作】

3月5日，中远海运散货运输有限公司的租入船“THOR MADOC”轮抵达敖德萨港，执行到国内的粮食运输。该轮是中远海运散运在2月19日锁定的一艘租入船，到3月1日受载期时，市场价格已经有了巨大涨幅，这意味着该航次任务通过提前定船锁定取得了较好盈利。原计划可匹配该货载的“远平海”轮也分线摆位到美湾，可以在市场上涨时利用区位优势为公司创造更大的收益。中远海运散运能够连续在现货市场上创造出高于市场同期水平的利润，得益于船货分线操作经营策略。

船货分线操作一般是指业务人员通过准确判断快速变化的市场行情，将已配载的船、货拆分后再分别进行交易，以进一步增加收益的一种经营策略。分线操作需要租船操作人员对当前短期市场有着敏锐、精准的研判，准确把握市场波动趋势进行船货操作，特别是在处于新业态的航运市场环境下，这更加考验租船团队的内在实力。

中远海运散运紧紧围绕年度奋斗目标，密切跟踪市场的短期波动变化，精心研究和分析货载与自有运力的匹配关系，在合理安排好自有运力的同时，在市场的相对低点租入运力执行已定货载，通过分线操作，不断提升经营收益水平。2017年，中远海运散运累计完成各类分线操作81载，增加收入合计约430万美元，为完成公司创效目标提供了有力支撑。

在各种散货船型中，灵便型船航线短、货种繁杂、船况参差不齐，执行船货分线操作的难度最大。租船人员根据船舶情况和市场变化，面对出现的运力缺口，根据具体货载的特点及变化，通过反复筛选比较市场运力和自有运力的特点，确定执行船舶，在做好运力保障工作的同时，积极加强分线操作，取得了积极成效。

（刘艺惠　崔东星）

【瓜达尔港集装箱班轮航线正式开通】

随着中巴经济走廊的持续推进，尤其是瓜达尔港的升级改造和瓜达尔自由区的开园，瓜达尔港已具备了挂靠和装卸全集装箱船舶的条件。为满足自由区和周边地区的物流服务需求，巴基斯坦当地时间3月7日，由中远海运集装箱运输有限公司主导的卡拉奇瓜达尔中东快航（Karachi Gwadar Gulf Express，简称KGS线）正式开通，这标志着瓜达尔港集装箱定期班轮航线正式开通。天然深水良港瓜达尔地处中东、中亚、南亚交汇处，波斯湾入海口、霍尔木兹海峡湾口，靠近重要国际航线，地理位置得天独厚。

作为市场上第一条固定挂靠瓜达尔的集装箱班轮航线，巴基斯坦瓜达尔中东快航以杰贝阿里、卡拉奇和阿布扎比为中转港，依托中远海运集运的7条远东—中东航线、4条远东—卡拉奇航线，以及5条南亚/中东—欧地航线，通过遍布全球的庞大航线网络，为客户提供进出瓜达尔港快捷和便利的服务。对于远东地区的客户，中远海运集运已经开通经杰贝阿里中转至瓜达尔的服务。

（吉轩）

【散运签署秦—珠准班轮四方协议】

3月23日，中远海运散货运输有限公司与华润电力、秦皇岛港、同煤集团签署了秦皇岛至珠海准班轮协议。至此，中远海运散运沿海干散货准班轮航线已增加至16条。

签字仪式前，各合作方围绕市场发展趋势、下阶段合作方向和模式等内容进行了深入交流，并达成共识，为顺利推进准班轮合作、推动各方共赢发展奠定了坚实基础。

中远海运散运自成立以来，励精图治创业，奋力拼搏创效，锐意进取创新，坚持创新驱动和营销引领，以新视野迎接新业态、以新思维开拓新局面、以新战略谋求新发展，敏锐探触价值高地，开创性地在散货领域成功开展了准班轮运输业务。从一年多的实践来看，准班轮航线完成航次整体效益较同类传统运输模式高出15%，现已成为中远海运散运稳定的利润增长点。中远海运散运16条准班轮航线已在内贸市场形成了明显的规模优势和品牌效应。（冯伯佳）

【2万箱船“中远海运双子座”命名交付】

4月10日，“中远海运双子座”（COSCO SHIPPING GEMINI）集装箱船命名交付。该船由大连船舶重工集团为中远海运集运建造。该船总长400米、船宽58.6米，最大吃水16米，设计航速22.5节，最大载重量202 000吨，最大载箱量20 119TEU，配备1000个冷藏箱插座，挂中国香港旗，入DNV-GL和CCS双船级。

“中远海运双子座”轮助力中远海运集运进一步优化全球班轮航线布局，提升全球集装箱运输服务能力。该系列船在大幅度提升船舶装载能力的同时，充分考虑航线揽货种类和配载操作的实际需求方叶，加大配载灵活性，有效提高了冷箱、危险品箱、重箱和高箱的装载能力。

（方叶）

【集运开启中巴经济走廊沥青运输项目】

4月25日，用以装载中建七局携手中国物流、中石化、新加坡星光能源3家公司首次出口至巴基斯坦的沥青箱，自巴基斯坦起运回到国内。该项目为“中巴经济走廊”铺上了中国产的道路沥青。

据悉，2017年底，中远海运集运宁波分部与客户签署直接订舱协议。沥青集装箱运输海运出口没有先例可寻，协议签订前后，集运宁波分部一边与客户进行对接，一边根据多方信息与多部门沟通协调。2018年2月中下旬，客户委托集运宁波分部安排客户的沥青自备箱在镇海炼化装箱，42个装载沥青的20尺箱子从宁波梅山码头运往巴基斯坦，铺就“中巴经济走廊”第一段通衢。

项目首批货物成功出运后，客户对集运宁波分部的服务给予了高度评价。集运宁波分部专门召开项目协调会，成立专项项目组，对前期的沥青运输流程进一步进行梳理，对各个节点进行细化。基于首次出运的良好合作基础，客户有意继续与宁波分部开展进一步合作。（相志禹）

【集运开通“钦州—越南—新加坡”直航】

4月23日，“中远海运CONTSHIP HUB”轮顺利靠泊钦州港码头，标志着中远海运集运“钦州港—越南—新加坡”直航线正式开通。

据悉，“钦州—越南—新加坡”QVS直航线的开通是中远海运配合“南向通道”建设的又一有力举措，进一步完善了西南区域的航线网络布局，为构建“南向通道”海铁联运无缝连接的一站式物流服务，有力取得市场先机，具有重大影响。该航线与CVX1、RHY航线形成互补，提供一周三班的东南亚直航服务，与“渝桂新”铁路班列完美结合，为四川、重庆、贵州等区域客户提供了更高效便捷的进出口物流服务，深受广大客户好评。（雷镇豪）

【VLCC “新惠洋”轮命名仪式在大连举行】

5月4日，VLCC“新惠洋”轮命名仪式在大连举行。“新惠洋”轮是大连船舶重工集团有限公司为中远海运能源运输股份有限公司下属上海中远海运油品运输有限公司建造的第三艘VLCC。该轮全长332.67米、型宽60米，最大载重量30.8万吨，续航里程超过2.5万海里。该轮采用了优秀的船体型线，以及具有自主知识产权的综合节能设备，能够有效地提高船舶性能和推进效率，兼具安全性、环保性和经济性。

（张可可）

【首船亚马尔LNG经北极航道运抵江苏】

7月19日，中俄能源合作重大项目——亚

马尔液化天然气项目的首船液化天然气（LNG）通过北极东北航道运抵中国石油旗下的江苏如东LNG接收站，交付给中国石油，开启了亚马尔项目向中国供应LNG的新篇章。作为亚马尔项目LNG运输力量的核心保障，中远海运集团承揽了该项目总计15艘Arc7级破冰LNG船舶中的14艘。

亚马尔项目是中国提出“一带一路”倡议后在俄罗斯实施的首个特大型能源合作项目，由俄罗斯诺瓦泰克股份公司、中国石油天然气集团有限公司、法国道达尔公司和中国丝路基金共同合作开发。本次亚马尔项目首次由LNG船舶通过北极东北航道穿过白令海峡向中国供应LNG，航程约10 700千米，比常规苏伊士运河航线节约了约13 400千米；平均用时20天左右，比通过苏伊士运河传统航线节省了20天以上。

（张纪峰）

【集运成功开发化工“端对端”业务】

据《中国远洋海运报》2018年8月17日报道，卡德莱化工（珠海）有限公司成功试单中远海运集运华南分部珠海公司推介的“端到端”服务后，表示高度认可。集运珠海公司为其提供的服务航线从欧地区域拓展到东南亚、日韩、印巴、美线等区域。

据悉，为推广 “端到端”服务，华南分部珠海公司在外贸拖车市场一片空白的状态下对本地市场进行全面排摸，并锁定了目标客户卡德莱。起初，客户对船公司推广“端到端”业务感到意外，他们表示，目前其他船东并无此类服务，中远海运是第一家。为了让客户对“端到端”产品有更加深入的了解，珠海公司针对车队情况、服务承诺等与客户进行多轮推广介绍，详细说明了提单条款变更带来的服务提升与便利。

“端到端”意味着在运输环节提供“一条龙”服务，船东责任从港口延伸到工厂，客户不用再独自对口车队等陆运供应商，简化了操作环节，服务衔接上更加流畅。在“端到端”条款下，珠海公司将服务延伸到装货时间、提箱选箱、准时到厂、司机要求、最终装货、还场，以及工厂对车队具体要求等各个环节，为该客户进行“个性化”制定并逐一落实到位。

（陈燕燕）

【2万箱船“中远海运星云”轮命名交付】

10月23日，中远海运集团又一艘21 000TEU超大型集装箱船“中远海运星云”轮命名仪式在江南造船（集团）有限责任公司码头举行。中远海运集团董事长、党组书记许立荣，总会计师、副总经理孙云飞，副总经理王宇航，中船集团总经理、党组副书记杨金成，副总经理南大庆，以及中远海运集运、中远海运港口、江南造船、中船贸易公司、LR船级社和中国船级社等单位领导和嘉宾出席仪式。青岛港集团董事长、党委书记郑明辉应邀参加活动，并由其夫人刘煜女士为新船命名揭幕。

“中远海运星云”轮是先期交付的“中远海运宇宙”轮的姊妹船，该型船总长400米、船宽58.6米、型深33.5米，最大吃水16米，设计航速22节，最大载重量198 000吨，最大载箱量21 237TEU，配备1000个冷藏箱插座，入英国劳氏船级社（LR）和中国船级社（CCS）双船级，是全球最大箱位的集装箱船之一。该船交付后，投入中远海运的精品欧洲航线（AEU3线）营运。至此，该航线全部升级为2万TEU级船，这进一步助力中远海运集运全球服务网络的完善、优化，为全球客户提供便捷、高效、安全的端到端全程运输服务。

（方叶）

【中远海运特运2018北极行圆满收官】

10月25日，随着最后一艘次执行2018年北极航行任务船舶“天佑”轮顺利抵达广州南沙港，中远海运特运8艘次船舶全部完成北极航行任务，公司2018年北极常态化、项目化、规模化航行圆满收官。

2018年是中国“一带一路”倡议提出5周年，也是中远海运特运北极业务开展5周年。作为国内最早探索极地航行、极地航行经验最丰富的航运企业，中远海运特运多艘次船舶在2013、2015、2016、2017年航行北极东北航道。2018年，公司继续开展北极常态化、项目化、规模化航行，共有8艘次船舶参加，为历年来最多。其中“天惠”轮和“天佑”轮双向通行，“天恩”“天禄”“天健”“天祺”4艘船实施单航次单向航行。至此，自2013年“永盛”轮作为中国第一艘商船首航北极以来，中远海运特运已派出15艘船舶完成了22个航次的北极东北航道航行任务。中远海运特运5年来积极推进北极业务，经过不懈探索与辛勤耕耘，积累了丰富的极地航行经验，极地服务能力得到极大增强，为客户提供了更多航线选择、更便捷优质的服务。（吴小娴）

【中国首船LNG罐式集装箱启运】

11月4日，在海南洋浦港，中远海运特种运输股份有限公司“乐从”轮装载130个LNG罐式集装箱（简称“罐箱”），启程前往山东龙口港和辽宁锦州港，拉开了中国海油气罐水路联通南北的LNG罐箱多式联运先行先试序幕。“乐从”轮开创了中国商船大规模承运LNG罐箱的先河，成为我国LNG罐箱大规模多式联运的“破冰之船”。

LNG罐箱运输作为一种新型运输方式，在全球范围得到广泛关注和实践，国内外已有多家企业、科研及监管机构，就LNG罐箱水路运输进行了多项理论论证、实船测试和商业运营。不过，在“乐从”轮之前，国内尚无LNG罐式集装箱批量运输的实际案例。

“乐从”轮本次启运填补了国内LNG罐箱批量运输空白，通过本次试运营收集、基础设施和专用设备改造、LNG罐箱物流运营等实际操作，为后续LNG罐箱规模化、常态化运输积累了经验，也为国家出台相关行业标准规范和法规提供了运营数据支持，从而促进国内LNG罐箱水运行业规范化发展。这种新型运输方式规模化、商业化后，将在中国沿海形成一条移动的海上天然气输送大动脉。

“乐从”轮是中远海运特运一艘具备装载2.1类危险品资质的多用途船，设计最大航速14.6节。为顺利完成这一特殊的航运任务，中远海运特运专门开展了船员及安全操作培训，编写了《LNG罐箱运输操作手册》等一系列配套工作，为LNG罐箱运输做了充分准备。（沈书俊　吴小娴）

【新加坡中远－新港码头新增两个泊位】

11月21日，中远海运港口有限公司（中远海运港口）与新加坡港务集团（PSA）就位于新加坡的中远－新港码头新增2个泊位签署了合作备忘录。新增2个泊位后，中远－新港码头拥有5个大型集装箱船舶泊位，年处理能力由3个泊位、300万TEU提升至约500万TEU。新增的泊位有助于中远海运港口加强在新加坡的码头网络建设，支持母公司大船化及行业联盟化的需要。

中远－新港码头于2003年成立，由中远海运港口和PSA共同运营，在东南亚担当着集装箱枢纽的重要角色。新泊位与已有的3个泊位一样，有自动化堆场配合运作，能更有效安排船舶靠泊、提升码头效率，并大幅提高服务能力和质量。（远海港）

物流产业集群

物流产业集群

【主要业务】

作为集团核心产业集群，物流产业集群按业务类型划分为特种货物运输、综合物流、船舶代理、专业物流、液体储运，以及理货检验六大业务板块。

特种货物运输业务 集团主要通过中远海运特种运输有限公司（以下简称“中远海运特运”）专业经营特种货及杂货运输业务。2018年，中远海运特运完成货运量1 630.5万吨，周转量824.5亿吨海里，全年营收达到75.76亿元，营业收入同比增加16.4%，货运量同比增长21.5%，经营规模创下自2016年以来的新高。全年包揽全球所有6个“运输+安装”项目，显示公司在该细分领域的绝对优势，是公司依靠先进技术和卓越品牌培育起来的高门槛、高收益的支柱性业务。

综合物流业务 集团主要通过中远海运集运和中远海运物流有限公司（简称“中远海运物流”）专业经营货代、仓储等综合物流业务。其中，货代业务方面，集团从事的货代业务主要包括无船承运人（NVOCC）、海运货代、陆运代理、航空货代等，拥有境内外网点600余家，在境外60多个国家和地区设立了业务机构，与88个海外的货运代理企业签订了长期合作。综合货运业务结构复杂，基本涵盖所有业务类型，在集装箱业务上一直处于国内领先水平，拥有大批专业的操作人员，与港口、海关、商检等政府机构保持了多年的稳定合作，并能根据客户需求，提供定制的综合货运解决方案，涵盖整箱、拼箱、散杂货、大宗货等货物的海运、陆运仓储、关务检务、方案策划为核心的全程物流服务。2018年，全年实现集装箱揽货量362.95万TEU，同比增加4.7%；完成散杂货业务量3.41万吨，同比增加1.9%；实现营业收入159.11亿元，同比增加4.99%。仓储物流方面，实现仓储面积51.01万平方米；非家电业务1 847.63万吨，同比减少60.28%；家电业务6 108.80万台/套，同比减少4.5%。空运代理货量13.5万吨，同比下降0.73%；实现营业收入20.66亿元，同比减少0.88%。供应链管理业务实现营业收入3.71亿元，同比减少64.61%。

船舶代理业务 集团主要通过中远海运物流所属中国外轮代理有限公司（简称“中国外代”）、中海船务代理有限公司（简称“中海船务”）专业经营船舶代理业务。2018年，中国外代代理艘次11.44万艘，同比增长1.5%；代理船舶净吨14.31亿吨，同比增长0.39%；实现船舶代理业务营业收入98.77亿元，同比增长3.74%。

专业物流业务 集团主要通过中远海运物流专业经营工程物流、合同物流、项目物流等业务。其中，在工程物流业务方面，集团紧随国家战略，不断增强参与“一带一路”建设的自觉性和主动性，聚焦十大战略核心行业，抢抓机遇、凝心聚力、乘势而上；抓住双循环新格局构建机遇，拓展国内工程物流市场，抢抓跨境工程物流业务，提升全球物流整体解决方案服务能力，深入挖掘客户全周期物流需求，为综合货运、仓干配物流等创造交叉销售。2018年，工程物流业务全年实现操作货量147万计费吨，实现营业收入14.00亿元。化工物流业务全年实现货量280.37万吨，同比增加18.18%；实现营业收入3.56亿元，同比增加14.8%。

液体储运业务 集团主要通过中远海运（上海）有限公司开展专业经营液体仓储、码头接卸、油污水处理及环保等液体储运业务。其中，上海中远海运液化仓储环保平台分布在上海外高桥地区和福建江阴地区。在上海地区，截至2018年年底，共有储罐 22 只，总罐容 4.2 万立方米，8 万吨级码头（空载）1 座，全长 430 米，水深 9 米，可同时满足两艘 3 万吨级满舱船舶靠泊，年处理船舶污水能力 30 万吨。在福建地区，福州江阴建滔化工码头有限公司位于福州江阴港保税园区，占地约 29.5 公顷，拥有码头岸线 325 米，是福州地区最大的公共液体石化码头之一，连续五年被列为“福建省重点建设项目”。2018 年，该公司积极拓宽业务渠道，新增乙二醇、环己酮等液化品仓储货种 10 项，并通过口岸开放省级验收，成为福州地区第一家具备内外贸兼营资质的液体仓储企业。

理货检验业务 集团主要通过中远海运物流专业经营理货及检验业务。该项业务发展依照“服务产品化”理念，加强鞍钢、沙钢合作，开发驳船监控、新船理货、资产盘点、加固绑扎等理货产品；开发智能理货项目，推进模板协助口岸公司加快智能理货推进。2018 年，该业务实现理货收入 3.37 亿元，同比增加 4%；实现检验收入 6234 万元，同比增长 53.06%；完成理箱量 1.44 亿 TEU，同比增长 4.15%；理货量 16.96 亿吨，同比下降 0.93%；装拆箱理货 522.69 万 TEU，同比下降 17.70%。

【首列中俄国际班列从天津出发】

1 月 5 日，中远海运集团首列中俄国际班列正式启程，一列满载着由中远海运集运承揽的 46 个 40 英尺集装箱货物的货运班列从天津港驶出，开往俄罗斯莫斯科。该班列从天津港经由二连浩特出境，在蒙古国扎门乌德和俄罗斯那乌什基站进行换装后直达莫斯科，全程 7600 千米，行驶时间为 14 天，以双向对开的方式，保证单向每周一班的运营频率。

中远海运中俄国际班列的开启，是中远海运集团、中国铁路总公司、天津港集团三方不断加强创新合作，有效落实战略合作协议、共同开辟华北地区“中蒙俄”海铁联运过境运输大通道的重要举措，是三方共同推进国家第二批多式联运示范工程项目在天津落地的生动实践，也是中远海运集团积极践行“一带一路”建设，充分发挥船队规模优势和集装箱源充足、海内外网点完善等优势，携手铁路、港口企业积极参与陆上丝绸之路建设的重要举措。

在本次首发的“天津—莫斯科”班列上，装载着来自华南、华东和天津沿海地区的汽车发动机配件、通信设备和工艺品、服装、电器等货物。随着该班列服务的持续运营，有更多来自俄罗斯、蒙古国的产品也将沿着这条大通道到达中国各地市场，从而将有力促进中蒙俄三国之间的经贸往来，为“一带一路”建设及“中蒙俄经济走廊”的构建打造更加强大的新动能。（吉轩）

【工程物流连续中标蒙内铁路车辆等项目】

据《中国远洋海运报》2018 年 2 月 24 日报道，农历春节前夕，中远海运工程物流有限公司频传捷报，连续中标中国路桥蒙内铁路车辆项目和俄罗斯进口铜精矿、铁精矿代理业务。

蒙内铁路项目是国家“一带一路”建设重点项目。中远海运工程物流与中远海运特运合作，成功中标该项目，负责提供中国路桥肯尼亚蒙内铁路 220 辆棚车、敞车等运输服务。此举开启了中远海运集团与中国轨道交通领域“巨无霸”中国路桥集团的正式合作，进一步加快了中远海运工程物流在轨道交通领域的前进步伐。

俄罗斯 Nornickel 集团是全球最大的有色金属生产商之一。2018—2020 年，满洲里口岸进口铜精矿、铁精矿项目是中远海运工程所属青岛中远物流国际多式联运有限公司首次在大宗货物的进口业务中作为卖方代理的项目；该公司负责在满洲里口岸接收 500 万吨铁精矿和 75 万吨铜精矿货物，转交相关单据给国内进口商的代理，并及时向客户报告到货和清关进度等情况。

（尤子懿）

【“新光华”比港卸下“比雷埃夫斯三号”浮船坞】

当地时间 3 月 12 日，中远海运特种运输股份有限公司10万吨级半潜船"新光华"轮在希腊比雷埃夫斯港顺利卸下"比雷埃夫斯三号"浮船坞，为本航次任务画上圆满的句点。

"新光华"轮于2月7日在上海绿华山锚地成功潜装"比雷埃夫斯三号"浮船坞后启航开往希腊比雷埃夫斯港。该船坞重20 566吨、宽45米、长242米，长度超过两个标准足球场，打破了公司承运货物最长纪录。

此次卸货采用艉部浮卸的方式进行，即通过拖轮和缆绳的共同作用，从"新光华"轮船艉两个浮箱之间将浮船坞牵引退出船舶主甲板。

卸货过程中，特运船岸团队主要面对来自三方面的挑战：

挑战之一是货物超长，而卸货水域狭窄，可供作业的腾挪空间极为有限。"新光华"轮自身船长加上货物长度超过280米，再加上锚链位置、卸下的船坞位置，以及拖轮活动空间，总共需要至少950米才能满足基本的作业要求。而事实上，港口允许的整个可供卸货作业水域仅为一总长约1000米、宽80米的长条形区域，该区域左侧不到100米就是比港繁忙的航道，右侧大约50米就是萨拉米纳（Salaminas）岛。港口船长笑言："'新光华'船尾往左一扫就进了航道，往右稍转就上了岛。"

挑战之二是作业中必须用两条拖轮控制船舶艏向，为确保作业安全及节省拖轮费用，船舶进港、卸货、出港计划在一个白天内完成，时间非常紧张。由于引水员推迟登船，实际船舶抵达卸货点抛完锚已是2月12日10时。该水域夜里风大，仅靠两条拖轮难以保证船舶锚泊安全。为确保按需在天黑前完成卸货任务出港，在征得引水同意后，现场港口船长果断决定提前压排水，为卸货作业争取了宝贵的时间。

挑战之三是由于船舶无法随风转向，整个卸货过程中，"新光华"轮一直右舷受风，浮船坞一直往船舶左舷压，不断逼近左浮箱。面对不利局面，公司半潜船团队立即稳住船身，放慢速度，不断通过缆绳调整和拖轮协助牢牢地控制住船舶与货物的相对位置，确保作业安全。

3月12日15时，"比雷埃夫斯三号"浮船坞被成功卸下。这是中远海运特运船岸各方精诚协作的结果，也是公司半潜船队"举重若轻的实力、举轻若重的精神"的又一次精彩呈现。船舶抵港前，"新光华"轮的船员们按计划提前割除加固件、带好卸货缆绳，为卸货做好了充分准备；作业水域狭窄，船舶如何操纵、如何调头、如何选择锚位，几位参与作业的船长针对种种细节都提前思考、计划周详，并沟通协调好各方；因为租家指定的卸货锚地回旋区域有限，为满足下潜卸货要求的安全回旋半径，远在广州的半潜船部业务人员周末紧急与租家和收货人协商，安排好两条艏向控制拖轮，为顺利卸货打下了基础。

（柳芳　付绍洪）

【物流开启"北粮南运"海铁联运新通道】

3月13日，满载着东北优质玉米的70个集装箱列车顺利运抵四川，标志着由重庆中远海运物流有限公司和大连中远海运船务代理有限公司联手打造的"北粮南运"海铁联运通道正式贯通。该批货物经大连水运至武汉阳逻港，再经武汉滠口物流基地搭乘货运列车运抵四川。

重庆中远海运物流和大连中远海运船务积极把握我国粮食生产"北粮南运"发展机遇，借助水铁联运产品迅速进入市场，将水运经济性与铁路时效性相结合，引导客户改变传统运输模式。在得到项目信息的第一时间，重庆中远海运物流下属武汉公司便与大连中远海运船务紧密联系，成立项目小组，反复沟通装箱、水运、铁路装车、发运等事宜。该批货物发运正值春节期间，项目小组紧跟船舶动态，确保在货物抵达武汉港后，第一时间安排铁路发运，实现无缝链接。货物从装船至目的站仅用24天时间，物流成本却下降了15%，得到了客户的高度认可。（陈晨）

【物流中标空客A320增量项目】

4月6日，中远海运物流有限公司成功中标空客亚洲总装线二期增量运输服务项目，增量项目运输货量由每月4架次增加至每月6架次；至

2025 年项目二期结束，将整体增加约 200 架次。

空客亚洲总装线是空客公司在欧洲之外建立的第一条飞机总装线，同时也是世界上首个飞机部件跨国全程物流项目。中远海运物流先后在 2007 年和 2015 年成功中标空客亚洲总装线一期和二期物流服务项目。自 2008 年 6 月 24 日第 1 架次飞机大部件自德国汉堡发运起，至 2018 年 3 月 31 日，中远海运共顺利完成 375 架次的飞机部件运输任务，保持 10 年安全零事故，达标率 100%。

中远海运物流、中远海运集运和中远海运（欧洲）公司三方密切配合，协调整合系统资源。中远海运物流联合中远海运集运和欧洲公司组成投标工作小组，认真总结空客项目 10 年来所积累的航空部件跨洲际运输的宝贵经验，在投标过程中根据客户需求提供全程解决方案。经过多个轮次的激烈竞争，投标工作小组最终凭借空客项目 10 年来安全零事故的优秀业绩、安全高效的技术和质保方案，以及有竞争力的商务报价一举中标，成为项目唯一的运输服务供应商。（李晨）

【特运正式执行全球最大油气开发项目】

5 月 2 日，中远海运特种运输股份有限公司 2 万吨半潜船“康盛口”轮抵达韩国蔚山锚地并递交 NOR（船舶就绪备妥通知书），这标志着公司正式开始执行全球最大油气开发项目——TCO 油气开发项目的海运服务。“康盛口”轮将在韩国装载 TCO 项目首船模块 K101/K102 运往位于芬兰 Hamina 港的转运基地。

“康盛口”轮作为整个 TCO 项目海运段的首发执行船，于 2018 年 3 月进入中远海运重工旗下舟山中远海运重工修整改造，并为项目作前期准备，在圆满完成该轮所有 51 个支墩的制造和安装工程后，于 4 月 30 日离开舟山中远海运重工开往韩国。

中远海运特运在运输（超）大型油气模块方面具有 30 多年的丰富经验。2016 年 9 月，公司获得 TCO 的哈萨克斯坦油气项目物流海运服务总包合同。该项目是全球最大的油气开发项目，涉及近 200 个模块的生产运输和安装。中远海运特运作为该项目模块的海运总包商，负责所有模块的海运任务，以及模块支墩的设计建造和安装工作，并联合其他分包商组建一支由半潜船、甲板船组成的庞大运输船队执行该项目。

田吉兹雪佛龙石油有限责任公司（Tengiz Chevr Oil，TCO）成立于 1993 年 4 月，由哈萨克斯坦政府和雪佛龙公司发起成立，其中雪佛龙海外公司持股 50%，哈萨克斯坦国家石油天然气公司持股 20%，埃克森美孚哈萨克斯坦投资有限公司持股 25%，俄罗斯的卢克石油公司持股 5%。该公司一直以世界领先的安全和环保标准为经营方针，主营原油、天然气、硫黄的勘探、开发、生产和销售等业务。（魏丹　陈矗立）

【青岛外代助力中国首次环球海洋科考】

5 月 16 日，由青岛外轮代理有限公司船务部代理的海洋综合科考船“向阳红 01”圆满完成中国首次环球海洋综合科学考察任务，顺利抵达青岛。

“向阳红 01”是我国最先进的海洋综合科考船，此次执行的科考任务为期 263 天，航程约 38 600 海里，相当于绕地球 1.5 圈。作为“向阳红 01”的全球总代理，青岛外代船务部全程为其保驾护航，提供挂靠港船舶代理服务，以及为船员、科学家轮换，伙食、淡水补给、加油、应急与人道主义救援等提供综合代理服务。在船务部精心周密的安排下，“向阳红 01”比原计划提前完成任务返回青岛。

各项计划安排是否能严格按照规划的时间节点进行，是此次科考代理服务的重中之重。青岛外代船务部为保船期付出了巨大的努力。首先是科考船必须严格在外交照会规定的时间窗口内靠离泊。船务部业务人员克服时差、当地恶劣天气封港和港口泊位紧张等不利因素，特别是克服了轮换人员因签证、航班、住宿等诸多不可控因素带来的困难，及时协调各级供应商、服务商，在有限的靠泊时间内完成各项计划安排。其次是科考船挂靠的港口多是偏僻地区，船舶商业服务，以及港口条件有限，对此，业务人员迎难而上，在交通、通讯等方面想了许多办法，最终满足了科考船提出的相关工作要求。

此次任务的圆满完成，标志着青岛外代不仅突破了传统口岸的地域限制，业务领域也从纯船舶码头代理延伸到全产业链船舶服务管理，并首次由被委托代理人身份转变升级为全球总代理身份，谱写了中国外代环球科考船海外港口总代理业务的新篇章。（郭威 邢嘉明）

【特运首次装运海上巨无霸风塔】

8 月 31 日晚，中远海运特运“天禄”轮装载着一批海上风塔，在货主、发货人、港口船长的祝福声中缓缓驶离码头，随后取道北极东北航道，向全球最大海上风电场进发。该轮也成为公司 2018 年第六艘航行北极的船舶。该批海上风塔单件长度近 40 米，直径超过 6 米、重量近 200 吨，堪称巨无霸型海上风塔，无论是长度直径，还是单件重量，均创造公司最新纪录。

中远海运特运过去 5 年装运风电设备超过 700 万立方米，装载的风塔单件重量一般在 100 吨以下。这次是中远海运特运首次装运海上风塔。面对如此庞然大物，公司风电营销小组、欧洲航线的工作人员不畏困难、勇挑重担，质量、技术等多部门大力协作，最终成功与西门子海工项目组直接签订了合同。货物装船期间，公司人员与货主充分沟通，并安排港口船长到现场监装，确保万无一失。随着“天禄”轮穿越北极东北航道，该批风塔搭上“冰上丝绸之路”快车，比传统航路更快捷地抵达目的地。（周小勇）

【集运承运第 5 架 C919 大飞机项目】

8 月 2 日早上 7 点，中远海运集运公司武汉分部的运输车队驶出江西洪都商飞大门。该车队由 5 台车组成，装载了 C919 大飞机第 5 架份中后机身后段部件和第 6 架份中后机身段。在运输过程中，因 12 号台风“云雀”来袭，江浙沪一带影响较大。为确保 C919 大飞机机身段运输万无一失，运输项目小组及时调整运输方案。8 月 2 日晚上 8 点，车队按原定计划抵达浙江龙岗服务区修整待命；3 日凌晨 1 点左右，通过杭州外环高速并进入受台风影响区域，车队全体人员严阵以待，开道车将前方 40 ~ 60 千米以内的天气情况随时向主车队通报；凌晨 4 点以后，风雨骤强，车队转入浙江平湖服务区躲避台风，车队人员冒着风雨对车辆苫盖绑扎进行仔细检查和加固，防止飞机部件受潮。经受过暴风雨的洗礼后，车队于 4 日凌晨再次出发，于凌晨 6 点安全抵达上海商飞总装车间，圆满完成本次运输任务。

（侯昀 李青军）

【南沙跨境电商保税仓库投入运营】

据《中国远洋海运报》2018 年 11 月 2 日报道，为突破现有格局，实现公司打造全供应链物流服务商的发展新战略，中远海运空运积极发展在新贸易形态下的跨境电商物流业务，不断取得业务新突破。10 月底，中远海运空运与阿里集团菜鸟公司合作的广州南沙保税仓正式投入运营。

南沙保税仓所处的广州南沙保税港区是国家自贸试验区南沙片区的核心区域，拥有卓越的地理和政策优势，发展潜力无穷。作为菜鸟公司在华南地区最大的中心仓，仓库面积达 6 万多平方米，体量大，对运营管理的要求高，并且对启动时间要求极为紧迫，为电商团队带来了巨大的挑战。为满足客户需求，中远海运空运所属广州中远海运电商供应链管理有限公司成立了专门的项目推进团队，全力以赴推动项目的各项筹备工作。

南沙保税仓的开仓运营，使中远海运空运广州地区跨境电商业务突破了单一的机场保税仓储操作模式，将业务分布扩展到了海港，建立了海空联动的仓储物流服务新模式；同时缩减了原有“海港—机场”的物流环节，大大节省了物流成本，提升了公司的竞争优势，巩固了公司在华南地区跨境电商业务的领先地位。（张喆 吴绿芝）

航运金融产业集群

航运金融产业集群

【主要业务】

作为集团核心产业集群，航运金融产业集群主要有中远海运发展股份有限公司（简称“中远海运发展”）、中远海运投资控股有限公司（简称“中远海运投资”）、中远海运集团财务有限责任公司（简称“中远海运财务”）和中远海运财产保险自保有限公司（简称“中远海运自保”）等业务主体，以及由集团持有的部分金融股权。该集群主要涉及租赁、金融股权投资、保险和财务公司 4 大业务板块。

租赁业务 集团租赁业务包括船舶租赁、集装箱租赁、非航租赁 3 个业务领域，主要通过中远海运发展以及旗下的专业公司经营。航运租赁板块已步入国内船舶租赁第一阵； 2018 年，该板块的船舶租赁共计 159 艘、约 659 万吨，码头、码头设备及大交通类项目 204 个；实现营业收入同比增长 62.45%。集装箱租赁板块稳步增长；租赁总箱量为 380 万 TEU，占全球租箱市场 18% 以上份额，位列世界第二。非航运租赁板块继续壮大；2018 年，租赁资产余额超过 278 亿元，当年累计投放 130 亿元；营业收入同比增长 42.5%，不良资产率仅为 0.95%，与对标的行业领先公司水平相当。

投资业务 从事投资业务的经营主体较多，除原中远（集团）总公司直接投资持有金融股权以外，中远海运发展、中远海运投资、中远海运（广州）有限公司（简称“广州中远海运”）、中远海运（上海）有限公司（简称“上海中远海运”）等均持有一定规模的金融股权，主要投资参股了招商银行、招商证券、光大银行和渤海银行等股权。

保险业务 主要通过中远海运财产保险自保有限公司开展各类保险业务。在航运保险方面，2018 年新承接 13 个合资公司船队。在其他保险方面，全年保费合计 5 288.6 万元，同比增长 318.8%。中远海运自保成为国内第十四家获批开展首台（套）重大技术装备保险机制试点共保体的保险公司。截至 2018 年末，中远海运自保净资产 21.61 亿元，同比增长 5.3%；全年实现保险业务收入 4.32 亿元，同比增长 114.0%；实现投资收益 9023 万元，同比增加 25.7%；全年完成利润总额 1.30 亿元，完成公司年度目标。

财务公司 集团主要通过中远海运集团财务有限责任公司从事财资管理业务，负责为集团成员单位提供资金管理、交易结算、内部贷款、承兑汇票、开具保函等金融服务，发挥“集团资金归集平台、集团资金结算平台、集团资金监控平台、集团金融服务平台”四项功能。2018 年，公司紧紧围绕提质增效和改革重组两项中心工作，促进集团资源优化配置，节约财务成本，保障资金安全，提升运营效率。截至年末，公司总资产 723.2 亿元，总负债 673.05 亿元，所有者权益 50.15 亿元；全年实现利润总额 4.46 亿元（同比增长 67.22%），净利润 4.16 亿元（同比增长 106.53%），净资产收益率 12.38%。

【航运金融项目签约暨合作恳谈会成功举办】

1 月 18 日，中远海运发展股份有限公司在沪举行航运金融项目签约暨合作恳谈会。中远海运航运金融平台围绕航运主业打造完整的航运金融产业链，航运金融业务已经覆盖航运租赁、集装箱租赁、航运产业基金、物流产业基金、投资基金、小额贷款、保理等板块。该公司坚持“用金融助力实业、让发展创造价值”的理念，以与时俱进的市场开拓、无微不至的客户服务，赢得了广大合作伙伴的信赖。在此次签约活动现场，各业务板块分别与其战略合作伙伴签署了共计26个项目的合作协议，标志着航运金融平台与相关各方的了解、信任与合作已经全面进入到新的发展阶段。（谢佳）

【财务公司与上海银行举行FTP业务交流】

据《中国远洋海运报》2018年4月20日报道，中海集团财务公司与上海银行总行业务部门共同举行FTP业务交流会。FTP（Funds Transfer Pricing）即内部资金转移定价，是指商业银行内部资金中心（司库）按照一定规则与业务单位进行全额的资金转移定价，从而达到准确及时核算资金收益或成本等目的。会上，银行人员介绍了银行内部资金转移定价体系及功能，双方就财务公司建立FTP体系可行性及难点问题展开充分讨论。通过本次交流，为财务公司优化资产结构配置、落实提质增效举措、提升金融服务能力，以及加强内部绩效考核提供了指导性意见。

（陈舒婷）

【“中远海运自保公司成立”入选上海改革开放标志性成果】

据《中国远洋海运报》2018年6月29日报道，经浦东新区推荐，上海市委宣传部将“中远海运自保公司成立”作为30个代表上海改革开放40周年的第一批标志性首创成果之一。“中远海运自保公司成立”成功入选上海改革开放标志性成果，充分证明中远海运集团设立自保公司是具有前瞻性和战略性眼光的重大举措。作为新型的风险管理工具，中远海运自保公司的成立及发展，为上海乃至全国航运保险业提供了可借鉴的经验。

中远海运自保公司是国内航运领域首家自保公司、上海第一家自保公司、上海自贸区第一家自保公司。作为新型的风险管理工具，中远海运自保公司的成立弥补了中国航运金融服务的短板，同时还助力上海形成国内自保和再保险公司集聚地，对上海乃至全国航运业和保险业都具有深远影响。（徐星然）

【自保公司被A. M. Best评为“A级”】

10月5日，国际著名评级机构贝氏评级公司（A.M.Best）正式发布通告，授予中远海运财产保险自保有限公司（简称“中远海运自保”）“A级（卓越）”财务实力评级（FSR）和“a级”长期发行人信用评级（ICR）。该两项信用评级展望均为稳定。此次评级结果，对中国自保行业乃至整个中国保险行业都有着积极意义，标志着中国自保行业的经营模式，以及风险管理能力进一步得到了国际认可。

贝氏评级公司是一家享有全球声誉和影响力的保险行业评级机构，其评级标准和评级结果得到国际保险行业和再保险行业的普遍认可。按照贝氏评级公司的评级标准，财务实力评级结果“A级”意味着该公司具有卓越的财务实力和出色的经营管理能力。（薛堃）

【中远海运成功发行10年期公司债券】

11月1日，中远海运集团在上海证券交易所成功发行10年期小公募公司债券50亿元。本期公司债券分3年期、10年期两个品种，采取簿记建档方式发行，为无担保、固定利率债券。集团最终发行10年期产品50亿元，规模为同期限品种年内最高，发行票息4.90%，为同期市场可比最优水平。至此，集团公司债已发行3期共110亿元。历次公司债券的成功发行，不仅体现了市场投资人对中远海运集团资质和市场地位的认可，更充分彰显了投资人对集团长期稳健发展的信心。（钟远海）

【成功发行2018年度第一期中期票据】

11月9日，中远海运发展股份有限公司在

中国银行间市场成功发行 2018 年度第一期中期票据，金额为15亿元，期限3年，票面利率4.15%。本次中期票据的成功发行标志着公司进一步拓宽了直接融资的新渠道。中远海运发展曾于 2018 年 9 月 28 日获得中期票据注册额度 50 亿元。本次发行的15亿元中期票据的票面利率为4.15%，较同信用级别企业利率更优，不仅为公司降低了融资成本，更在资本市场提升了公司的认可度，对公司建立多元化融资体系具有重要意义。

（钟远海）

装备制造产业集群

装备制造产业集群

【主要业务】

作为集团重要产业集群，装备制造产业集群按业务类型划分为船舶修理改装、船舶制造、海洋工程装备制造，以及集装箱制造等四大业务板块。

船舶修理改装业务 主要通过中远海运重工有限公司（简称“中远海运重工”）专业经营船舶修理改装业务。集团以船舶修理为起点，快速实现从常规修船产品向高附加值、高技术含量特种船、大型改装船等高端产品的升级，具备改装世界各类复杂船型的能力。2018 年，修船累计出厂 1169 艘船，产值 43 亿元。

船舶制造业务 主要通过中远海运重工专业经营船舶制造业务，坚持“引进－消化－吸收－再创新”的发展道路，全面提升高效造船和信息化总装造船能力，在技术上确立了国内领先地位。集团在大连、南通、扬州等地建有大型船厂。截至 2018 年年底，中远海运重工造船交付 32 艘 / 445 万载重吨；新承接造船订单 507 万载重吨，年末手持订单 1253 万载重吨。

海洋工程装备制造业务 主要通过中远海运重工专业经营海洋工程装备制造业务。集团海工业务已跻身国际高端市场，产品几乎覆盖从近海到深海的全部类型，并向系列化、规模化发展，自主设计并交付世界首座超深水海洋石油钻井平台 Sevan Driller、半潜式海洋钻井平台 GM4000、海洋铺缆船改装超深水海洋铺管船“凯撒号”等多个世界首制和国际尖端产品，成为中国海工装备建造行业的领军企业。2018 年，中远海运重工完成海工交付 19 个项目和 9 个模块。

集装箱制造业务 主要通过中远海运发展所属上海寰宇物流装备有限公司专业经营集装箱制造业务。2018 年，集装箱制造板块快速增长。上海寰宇抓住用箱需求和箱价反弹的有利时机，以协同提高效率、从管理中挖掘效益，以全球 8% 的集装箱制造设计产能，占据了 16% 的市场份额，稳居世界第三。公司全年生产集装箱 62.8 万 TEU，创历史纪录，同比增长 25%；销售同比增长 27.4%。

【国内首制 2 万箱级集装箱船完工交付】

1 月 16 日，由中远海运重工旗下南通中远海运川崎船舶工程有限公司建造的、国产首制具有完全自主知识产权的 2 万 TEU 级集装箱船“中远海运白羊座”（COSCO SHIPPING ARIES）轮在南通命名交付。这是南通中远海运川崎为中远海运集运建造的第一艘 2 万 TEU 级集装箱船舶，也是其继 2013 年自主设计完成 13 386TEU 系列集装箱船建造之后的又一力作，不仅再次刷新我国完工交付最大箱位集装箱船纪录，同时也标志着中远海运重工超大型集装箱船建造始终保持在世界第一方阵。

此前，中远海运集团董事长、党组书记许立荣在 1 月 15 日会见了东方海外（国际）主席董建成及其夫人董温子华女士。许立荣欢迎并感谢董温子华女士此次担任“中远海运白羊座”轮教母。

此次命名交付的“中远海运白羊座”轮为中国船厂完工交付的最大最先进的集装箱船，船长 400 米、型宽 58.6 米、型深 30.7 米，最大载重量达 19.7 万吨，甲板面积比 4 个标准足球场还要大，是世界上尺度最长的船舶之一，有“海上城堡”之称。作为新一代超大型集装箱船的典型代表，该船在设计中充分贯彻绿色环保理念，搭载了智能船舶能效系统，具有油耗低、装箱量大、智能化程度高、适港性强等优势，船舶装载量、营运快速性和安全性能指标均属世界先进，能耗水平远低于市场上同级别集装箱船，能效指数低于基准值 50% 左右，满足 10 年之后的国际排放标准。船上还预留有使用 LNG 燃料的装置系统，以满足特定航线大容量 LNG 燃料舱未来的改装需要。（彭常青　方叶）

【大连中远海运川崎交付 30.8 万吨 VLCC】

5 月 9 日，大连中远海运川崎船舶工程有限公司成功命名交付一艘 30.8 万载重吨超大型油轮（VLCC）。该船船体总长 333 米、型深 30 米，设计航速 15.5 节，是大连中远海运川崎为招商局能源运输股份有限公司建造的两艘 VLCC 中的第二艘。自首制船交付以来，经船东运营证明，该船型在装载量、航行速度、燃油消耗等多个方面与同类船相比拥有明显优势，得到了船东的充分认可。

作为新一代经济、节能、安全、环境友好型船舶，该船为马六甲海峡载重吨最大型，通过优化货舱布置，实现了舱容最大化，为船东带来更多经济效益；通过配置半导流罩、舵球舵翼系统等节能装置，优化艏艉型线提高推进效率，降低了船舶的运营成本。该船满足结构共同规范，货舱区域满足 COT-PSPC，装有防海盗设施，安全性较强。该船还通过货 / 燃油防泄漏对策、有害气体排放控制、压载水管理等手段，消除和减少了船舶运营对环境的影响。（王鑫）

【中国船厂首个 FPSO 改装总包项目完工】

5 月 18 日，中国船厂首个海上浮式生产储油卸油船（FPSO）改装总包项目在大连中远海运重工圆满完成改装工程，并正式交付巴西国家石油公司，这标志着大连中远海运重工 FPSO 总包实力已达到了世界级水平。

该 FPSO 项目为世界最先进的超大型 FPSO PETROBRAS 75。PETROBRAS 75 是首个由中国单个船厂独立完成的集船体结构、上部生产模块建造整合、系统调试于一体的完整 FPSO 项目，交付后业主将直接用于巴西深海盐下层油田的开采。盐下层油田指油层上面覆盖一层厚盐的超深海油田，开采难度和技术要求远高于一般海洋油田。巴西是全球开采盐下层油田的领先者，巴西国家石油公司是该国唯一具有盐下层油田开采资格的企业。大连中远海运重工与巴西国家石油公司合作多年，此前交付的多个 FPSO 在巴西油田服役且得到业主高度好评，被业界誉为“中国第一 FPSO 改装工厂”。

PETROBRAS 75 也是大连中远海运重工直接交付巴西国家石油公司的首个适用盐下层油田开采的 FPSO。它的交付，说明大连中远海运重工深海石油工程装备制造实力得到了国际顶级市场的认可，进一步提升了中国高端海洋工程装备核心竞争力。

PETROBRAS 75 原船为 VLCC 超大型油轮，空船重 4.7 万吨。改装为 FPSO 后，空船重近 7.8 万吨，最高作业水深 2500 米，日处理原油 18 万桶，日处理天然气 700 万立方米，储存原油 140 万桶，容纳 158 人工作生活，成为集生产处理、储存、卸载、人员居住、生产指挥于一体，可抵御千年一遇风浪，并能在海上连续作业 25 年不进坞检修的“巨型海上石油加工厂”。项目船壳部分建造改装由 DNVGL 船级社负责检验，项目整体入级 ABS 船级社。

大连中远海运重工负责项目全部系统调试工程，需要协调管理近 40 家国内外知名设备厂商，整合联调 500 多个系统，以及进行 1800 多台设备的功能试验。调试过程中，大连中远海运重工首次使用巴西国家石油公司 FIC 系统进行调试全过程管控，得到了巴西国家石油公司操作团队的认可；甚至巴西国家石油公司直接将移交系统给了中方，达到了项目完工即直接开赴油田进行作业的完整状态，这一情况在国内船厂中也尚属首次。（官雄杰　宝魏）

【上海寰宇第300万TEU在广州箱厂下线】

6月7日，一台标志着上海寰宇物流装备有限公司累计生产的第300万TEU中远海运新LOGO箱，在广州南沙区上海寰宇广州箱厂的出箱口缓缓驶出。上海寰宇下属连云港、锦州、广州3家箱厂，从2005年建厂至2018年已走过了整整13年。在这13年间，上海寰宇全体员工依托集团的资源优势，不断创造新业绩。“十三五”时期，上海寰宇在世界集装箱制造行业中，干货集装箱生产量稳列前三，年销售量突破50万TEU，销售额突破50亿，已成为全球主流船公司、租箱公司的主要供应商。（黄震宇　康静）

【俄红星船厂7台特大型起重机交付】

5月31日，南通中远重工向俄罗斯红星船厂正式交付1200T-230M门式起重机，标志整个合同项下7台大型起重机设备全部安全、按期完成并交付客户使用。客户对南通中远重工的产品质量表示认可，对公司精益、高效的管理表示肯定，对项目团队的敬业拼搏精神给予高度赞赏。

俄罗斯红星船厂7台起重机项目是南通中远重工首个海外总包项目。该项目位于俄罗斯远东大卡缅市，属于极寒地带，一年中有效施工时间仅9个月。合同签订后，南通中远重工凭借多年起重机制造管理经验，通过公司上下和项目团队的共同努力，确保了整体项目按期保质推进。

2016年8月，南通中远重工仅用5个月时间完成了2台320吨门式起重机的设计、制造、安装、调试及滚装交付等工作，创造了公司历史性的完工速度纪录。随后，2017年3—4月先后两船滚装发运了4台100吨门座起重机。作为该订单中规格体量最大的产品，1200吨门式起重机自2016年8月开工下料，同时建造，并于2017年7月在红星船厂完成提升，2017年10月完成调试和试验，2017年12月由客户验收。其间，南通中远重工建造的这些特大型起重机两次受到了俄罗斯总统的检阅，并获得肯定和赞赏，擦亮了“中国制造”和“中远海运”名片。

为了确保3种规格共7台特大型起重机的使用安全，南通中远重工在项目之初就为客户规划了防碰撞安全系统。该系统主要运用GPS定位技术，配以系列计算机程序及远程控制系统，可实现7台设备运行中的自动安全防护，即使起重机操作员疏忽，设备也将通过自动调停防止碰撞事故。该系统于2018年5月调试验收完成，比合同约定足足提前了3个月。同时，该系统填补了国内的空白，标志着南通中远重工在掌握核心技术配套方面跨出了一大步，巩固了公司在起重机领域的优势。

整个项目千头万绪、纷繁庞杂，既有国内工程，又有海外工程，涉及众多供应商、分承包方、协作单位，涵盖全工种各类作业活动，遇到的困难、问题和挑战不计其数。南通中远重工发扬百折不挠的精神奋力拼搏，圆满完成了保交付、创效益任务，并积累了海外工程施工和项目管理经验，为后续项目开展提供成功经验借鉴。

（王建兵　赵奎）

【全球首艘符合IMO GBS档案标准油轮交付】

10月26日，南通中远海运川崎建造的又一艘31.1万吨油轮正式交付。与此前建成交付的船舶不同的是，这是全球第一艘符合国际海事组织（IMO）船舶建造档案标准的新造船舶。

国际海事组织以2017年7月1日或之后签约的150米及该尺度以上的油船和散货船为目标，发布了Goal Based Standards（即GBS）建造标准，定义了通过“功能性要求”和“具体要求”而实现船舶高等级安全目标。为确保功能性要求中的设计透明度，国际海上人命安全公约（SOLAS）要求每艘船在其整个生命周期内，必须配有船舶设计和建造的专用资料。这套文件、图纸和资料被统称为船舶建造档案（SCF）。这就要求船厂在新造船舶交付时提供符合IMO GBS要求、内容涵盖船舶设计和建造信息的档案资料，保存在船上专属的档案中心，以确保船舶整个生命周期内的安全性。

由于全球范围内尚无符合船舶建造档案标准的产品先例，南通中远海运川崎在设计这艘油轮时，便严格遵循 IMO GBS 要求和行业标准，积极研究相关规范、标准，细化规范中的指导性要求，密切与船级社等相关机构磋商，将设计和建造信息转化为行之有效的可操作文件，形成船舶建造档案的图纸清单。

为确保知识产权的保密性，南通中远海运川崎为每份图纸设置了保密等级。对于普通知识产权敏感度的图纸，存储在船上和档案中心，船东可直接查阅；对于高知识产权敏感度的图纸仅储存在档案中心，船东如需查阅则须向档案中心提交申请获取授权。

由于 IMO 的新规范刚刚建立，全球行业内还没有一家档案中心接纳过船舶建造档案存储工作，也没有成熟的服务系统对存储的文件进行维护。鉴于此，南通中远海运川崎技术团队积极联合日本船级社，协助第三方档案中心建设，完善相关服务系统。经不懈努力，公司最终获得档案中心颁发的完结证明，并形成全球第一份符合 IMO GBS 的船舶建造档案，使这艘 31.1 万吨超级油轮成为全球首艘符合 IMO GBS 船舶建造档案标准的船舶。（耿彬　刘灿波）

【2.2万吨宽体新型油船获科技一等奖】

据《中国远洋海运报》2018 年 12 月 28 日报道，在广州举办的中国造船工程学会 75 周年庆典上，大连中远海运重工有限公司建造的 2.2 万吨级超宽浅吃水双桨油船荣获中国造船工程学会科技一等奖。

该型油船是大连中远海运重工为新加坡船东建造的当时世界最大加油船，船长 155 米、型宽 36 米、型深 12.5 米，设计吃水 5.8 米，最大储油量 2.2 万吨，满足新加坡 MPA 规范。作为宽体、浅吃水船舶，该型船具备在港口内和公海上成品油运输，以及加油的能力。船舶为双机、双桨、双舵，艏艉底部配有世界先进的 SPJ 全回转喷水推进器，可以在 4 分钟内从静止状态回转 180 度，在主机完全瘫痪状态下，船舶仍可以继续航行。推进器安装在船底平直部分，喷水口与船底外板平齐，只要船底外板距水底 500mm 就可进行 360 度全回转推进工作。该船型同时配有螺旋桨导流罩、高效襟翼舵、压载水处理装置等，环保节能功效极高。

该型船由大连中远海运重工与中国船舶工业集团公司第七〇八研究所联合设计，由大连中远海运重工负责建造。在设计和建造过程中，大连中远海运重工解决和完成新工艺 15 项，发表论文 4 篇，发明专利 1 项，实用新型专利 2 项。

（梁慧君）

航运服务产业集群

航运服务产业集群

【主 要 业 务】

作为集团支持产业集群，航运服务产业集群按业务类型划分为船舶管理、船舶燃料供应、船舶物资供应（润物料、水、伙食等物资供应、备件供应、海图销售），以及通信导航（主要以通信导航设备维修业务为主）、油漆生产和贸易、一般贸易（沥青等一般贸易业务）等。

船员管理业务 集团所属的中远海运船员管理有限公司（以下简称“中远海运船员”），是集团内从事船员管理、船员劳务派遣的专业公司。公司管理船员近5万名，配员船舶超过1100艘，服务船型覆盖集装箱船、油船、干散货船、特种船、客船、液化气船等各类型船舶，是世界规模第一的船员管理公司，也是国内最大的船员劳务外派公司。公司兼营船舶引航试航业务，主要为集团内部各主营船公司，以及合资合营公司船舶提供海事技术服务和移泊作业业务，同时为多家造船厂新建船舶提供试航业务。截至2018年底，公司拥有和管理船员44 881人，其中高级船员占53.63%，普通船员占比46.37%，自有船员占比61.39%，劳务、外聘船员占比38.61%；全年配员船舶共计766艘。

船舶燃料供应业务 集团主要通过中国船舶燃料有限责任公司（简称“中国船燃”）、中石化中海船舶燃料供应有限公司（简称“中石化中海燃供”）专业经营船舶燃料供应业务，中远海运日本、中远石油有限公司、远华（新）私人有限公司、新峰航运服务有限公司、中海新加坡公司等5家公司也从事境外燃油加注业务。截至2018年底，集团各级业务主体共完成船舶燃料销售量2600万吨，其中中国船燃供油1980万吨，中石化中海燃供供油255万吨。

船舶物料供应、通信导航、油漆生产和贸易、一般贸易业务 中远海运（香港）有限公司（以下简称“香港中远海运”）所属的中远海运国际（香港）有限公司（以下简称“中远海运国际香港”）构建了包括船舶贸易代理、船舶保险代理、船舶设备及备件供应、涂料生产和销售，以及相关产品贸易及供应等综合服务的航运服务产业集群，为航运企业、修造船企业以及集装箱制造商等客户提供多元化及专业化的航运相关服务和产品，业务网络遍及中国、中国香港、新加坡、日本、德国及美国等地。2018年，香港中远海运的航运服务板块实现总收入87.5亿港元，利润总额2.1亿港元。其中，船舶物料备件供应、通导服务实现收入11亿港元，油漆生产和贸易业务实现收入9.6亿港元，一般贸易业务实现收入7.74亿港元。（朱月芳）

【上海中燃为救险船舶开设“绿色通道”】

1月6日，巴拿马籍油船“桑吉”轮在长江口以东约160海里处发生碰撞，导致全船起火并最终爆炸沉没。此次事故救援过程中，中石化中海船舶燃料供应有限公司所属上海中燃船舶燃料有限公司全力以赴保障抢险救援船舶燃油供应，为东海救助局、上海打捞局等救援单位开设燃油供应“绿色通道”。

1月12日下午，东海救助局、上海打捞局先后来电告知有4艘现场救援船舶返回基地，需立即进行燃油补给以返场救援。得知消息后，上海中燃领导高度重视、亲自部署。当时3艘救援船舶供应地点为上海洋山锚地，供应船舶单次航程需13～14个小时，1艘救援船舶由当初150吨的补给量临时调整到了500吨。为不耽误救援任务，上海中燃当即表示开设供应“绿色通道”，全力以赴确保供应及时。营销部、调度室接收指示后，火速开展作业前各项准备工作，联系油库及供应船舶，在最短时间内完成油库提油，让船舶提前赶往供应地点迅速进行供应。通过全员努力，“绿色通道”作用得到了充分发挥，在最短时间内为救援船舶供应了燃油，确保救援工作顺利进行。（戴君毅）

【广西船燃中标 2 年期柴油项目】

2 月 28 日，中国船燃广西公司中标斯道拉恩索（广西）浆纸有限公司林浆纸一体化项目及运营的 2 年期 0 号柴油项目。

斯道拉恩索是一家起源于瑞典和芬兰，为世界上历史最长的造纸集团。斯道拉恩索（广西）浆纸有限公司是由斯道拉恩索浆纸亚洲有限公司和广西桂海林浆纸有限公司共同投资的中外合资企业。

中国船燃广西公司自 2017 年 1 月成为斯道拉恩索（广西）浆纸有限公司油品供应商以来，秉承“客户至上、品质保证、服务贴心”的服务理念，优质高效地完成了每次油品供应任务，赢得了客户的信赖。此次中标该司位于北海铁山港区林浆纸一体化项目厂区和锅炉 2 年期 0 号柴油供应项目，充分说明客户对公司油品计质量和供应服务的认可。（于长江）

【南京国际船配获两项国家专利授权】

据《中国远洋海运报》2018 年 4 月 13 日报道，南京国际船舶设备配件有限公司申报的创新成果“一种阀门密封面硬化加工设备”和“船用中速机气阀模锻成形生产用油压机滑块回缸组件”分获国家知识产权局发明专利授权和实用新型专利授权，这是南京国际船配坚持自主创新、推进知识产权建设的又一重要成果。南京国际船配始终将技术创新作为企业发展的原动力，坚持不断加大科技研发力度和投入，专利工作取得显著成效。截至 2014 年 3 月底，南京国际船配共拥有授权专利 16 项，其中包括发明专利 3 项。（陈舒婷）

【广西船燃暴雨中完成润滑油急供任务】

7 月 14 日，中国船燃广西公司在钦州港圆满完成“大润 17”号扒杆式起重船 11.9 吨长城润滑油供应任务。

7 月 12 日，中国船燃广西公司接到紧急订单，为“大润 17”供应 70 桶长城润滑油。由于恰逢暴雨天气，海上风浪大，不满足供应条件，受油船润滑油业已不足急需添加。为确保客户能及时补充油品，中国船燃广西公司立即派人到供油点进行实地考察，并决定通过运输船供应。14 日晨，风浪减弱，运输船立即起航，顺利搭靠“大润 17”，在同轮机长确认好油品种类、数量，做好供油前各项安全检查后开泵供油。然而，在供油过程中突然下起了暴雨，为了确保油品质量，公司立即停泵，现场业务员一边为油桶撑伞，一边及时清理积水，等雨停后再开泵供应；如此反复三次，直至 18 时圆满完成了供油任务。

（李钊香）

【辽宁燃供成功开拓新能源工程船加油业务】

据《中国远洋海运报》2018 年 9 月 14 日报道，中石化中海辽宁燃供成功争取到中交三航新能源工程船“三航风华”号燃油补给订单，并顺利完成对新能源类工程船舶的首次供油，实现了该公司集团外部终端业务的一项新突破。“三航风华”号为自升式风电安装船，供油船舶单次航程需 13 ～ 14 个小时。辽宁燃供在接到订单后随即开展作业前各项准备工作。为确保供应顺畅，辽宁燃供保持与项目部和受供船联系沟通协调，最终顺利完成了此次供应任务，受到客户及受油船舶的一致好评。（贺筱乾　袁媛）

【何家湾油库油品计质量服务迈上新台阶】

据《中国远洋海运报》2018 年 9 月 14 日报

道，上海中燃船舶燃料有限公司自 2016 年 8 月启动油库改革以来，公司所属何家湾油库全体人员齐心聚力，努力提高油品计质量工作及现场服务质量管理，不断提升客户满意度，油库的计质量服务再上新台阶。

为提高油品计质量工作，油库采取一系列新举措，并取得良好效果：车发平台实现一站式服务，使得更多客户到油库提油；柴油实现满管线操作，解决了扫线过程中耗时长、纠纷多的问题；滑油工艺得以改进，进一步提高发油效率，减轻工作强度，降低安全风险；进一步完善操作票制度，通过相互验证和相互提醒，降低了作业失误率，有效避免质量事故；通过加强巡检监督，将质量问题消除在萌芽状态。为了提高现场服务质量，油库还制定细致的服务流程，获得了客户的充分认可。2018 年 1—8 月，何家湾油库共进油 34 次，发油 330 次，船舶进发油、车发和栈桥发油计量无计量纠纷，客户皆无争议结账。

（乔东军）

社会化服务产业集群

社会化服务产业集群

【主 要 业 务】

作为集团支持产业集群，社会化产业集群承担了服务其他产业集群、孕育新兴产业、进行地区管理等多项综合职能。2017年，该集群共有不动产投资、高速公路、交通科技、医疗康复养老、教育、旅游会展和地区公司7大业务板块。

不动产投资管理业务 特指从事不动产开发及物业投资的公司。目前集团内从事该项业务的公司有中远海运资产经营管理有限公司（以下简称"中远海运资产"）及香港中远海运旗下的中远（香港）置业有限公司。其中，中远海运资产主要从事集团境内存量土地的开发和建设，以及存量资产的经营等业务。截至2018年末，中远海运资产经营物业包括上海、北京、深圳、青岛及连云港12处房产和广州启迪中海科技园1个园区项目，经营物业总面积19.1万平方米，其中可出租物业面积13.99万平方米，出租率为72.78%，配套车位出租率72%，当年实现合同租金收入2.01亿元，同比增长293.53%。

高速公路业务 香港中远海运共参股4家高速公路公司，拥有京石高速、京哈高速公路天津段、津沧高速和济菏高速的经营权，4条高速公路共计全长457.209千米。2018年，4条公路的通行费收入34.27亿元，同比减少5.67%。其中，因石黄段改扩建施工，石家庄段双向禁止黄牌货车及危险品车通行，加之京津冀环保治理力度逐年加大，致使京石高速长途货车车流量减少，通行费收入减少。 （朱月芳）

交通科技业务 上海船舶运输科学研究所（以下简称"上海船研所"）所属中远海运科技股份有限公司（以下简称"中远海运科技"）是国内最早进入智能交通系统集成领域的企业之一，主要从事智能交通、智能交通产品、工业及港航电气自动化、智慧城市和安防、软硬件系统运营维护等领域技术研发和系统集成。除此之外，船研所长期从事国内交通运输和造船行业的共性技术、前瞻性技术的开发研究，作为国内唯一面向航运业的综合应用研究机构，在船舶水动力、船舶运输控制系统等航运技术领域及环境工程领域均有特殊的行业地位。2018年，上海船研所/中远海运科技共申请专利和软件著作权90项，其中发明专利13项、实用新型专利17项、软件著作权60项；发表科技论文51篇，其中核心期刊论文18篇；标准制定与编制3项，科技成果验收14项；全年共完成营业收入15.6亿元，同比增长2.39%；科技创新收入3.02亿元，同比增长10.6%；科技投入达1.16亿元，同比增长37.3%。各项经济指标均再创历史新高，为"十三五"发展目标的实现奠定了坚实基础。

医疗康复养老业务 集团从事医疗康复养老业务的机构为广州中远海运所属广州新海医院和广州中远海运健康管理有限公司（以下简称"远海健康"）。广州新海医院为一所集医疗、教学、保健为一体的综合性国家二级甲等医院。2018年，医院新设船员体检中心，为船员提供体检服务1.36万人次。远海健康旗下三个业务单元形成有机组合，新海颐养苑被广东省民政厅评定为五星级养老机构，新增江南颐养苑养老床位300张，滨江服务中心全年提供养老配餐业务1.43万人次。

教育业务 2017年，集团拥有11家以实体方式运行的教育培训机构，主要承担全集团的党校教育、干部人才培训、船员培训和航海学历教育职能，具体包括2家集团直属院校青岛远洋船员职业学院（含中远党校）、中海党校，9家二级单位所属以船员培训为主的机构；人员近千人。11 家教培机构年均线下培训集团各类干部人才和船员 5.5 万人次，集团外船员及其他技术技能人才 7.5 万人次。2018 年，青岛远洋船员职业学院新校区建设按照集团计划如期实施；新校区位于青岛市西海岸新区古镇口，学院取得约 42.24 公顷土地使用权及约 11.95 公顷海域使用权；新校区一期教育科研区建设项目总投资 13.88 亿元，建筑面积 23 万平方米，主要用于全日制学历教育和船员适任证书技能培训；该学院全年完成培训 558 期，其中社会培训 487 期 2.67 万次，学生培训 71 期 2437 人次。2018 年，中海党校累计完成各类培训班 73 期 5035 人次，其中面授培训 62 期 3912 人次，在线培训 11 期 1123 人次。此外，中海党校还辅助集团职能部门、各单位组织培训及会议 52 期 3377 人次。

旅游会展业务 中远海运博鳌有限公司（以下简称“中远海运博鳌”）是中远海运集团为服务博鳌亚洲论坛专门设立的公司，是博鳌亚洲论坛年会的核心服务单位；年均接待会议 200 多场、千人以上会议 30 余次，接待酒店住客 14 万人次，接待景区游客 80 万人次。2018 年，中远海运博鳌共承接会议 210 个，千人以上会议 37 个，比 2017 年增加 10 个，单月收入突破 3800 万，创历史新高。会议业务连续三年，以年 2400 万元以上的增幅直线增长，成为海南省第二大专业化会务公司。在市场整体下滑的前提下，旅游中心主动作为，拓宽渠道，通过开发产品、打包销售等手段，先后推出“畅游东屿岛”观光套餐等系列度假产品，保证了稳定收入。坚持“引进来”和“走出去”相结合，整合东屿岛资源，推出线上线下组合产品，酒管中心先后引进了“西沙海鲜火锅”、泰式水疗项目，开展音乐美食节等活动，旅游中心先后推出纪念币、珍珠和菊花石等特色项目销售，增加营业收入。

中远海运客运有限公司（以下简称“中远海运客运”）主要经营渤海湾客滚运输业务，包括经营大连至烟台、大连至威海、旅顺至东营（独家经营）3 条航线；拥有客滚船 9 艘（含合资公司 2 艘、光租船舶 2 艘），客位、载车线为 12 182 个、12 033 米，分别占渤海湾运力总量的 37.88% 和 30.87%。2018 年，中远海运客运完成客运量 197.58 万人，同比增长 1.5%；完成车运量 42.89 万辆，同比增长 3.3%。全年完成旅客周转量 1.875 亿人海里，同比提高 1.3%；货运量 3 748.5 万吨，同比提高 2.6%；货物周转量 35.99 亿吨海里，同比提高 2.9%。

地区公司 主要包括中远海运（上海）有限公司（简称“上海中远海运”）、中远海运（广州）有限公司（简称“广州中远海运”）和中远海运（大连）有限公司（简称“大连中远海运”）。2018 年，上海中远海运加快产业升级，着力提质增效，实现收入利润双增长，完成营业收入 3.50 亿元，同比上涨 12.14%；实现利润总额 6 541.33 万元，同比上涨 79%。广州中远海运加大结构调整和投资力度，重点发展大健康、大旅游，做精航运配套和物业发展，并通过产融运营平台的建设积极支持其他产业平台的发展；全年实现营业收入 7.27 亿元，投资收益 9.8 亿元，利润总额 8.79 亿元；国有资本保值增值率为 105.44%；净资产收益率为 3.12%。大连中远海运与中远海运客运实行“两块牌子、一套人马”管理模式，以“提升客运配套服务职能、提升投资管理职能”为发展思路，打造成为集客运配套服务、项目投资运营等业务为主体的实力企业，主要业务收入为船舶租赁、房租租赁、船舶多种经营、投资收益，以及档案管理等。

【厦门中远海运对台业务稳步增长】

据《中国远洋海运报》2018 年 1 月 5 日报道，2017 年，面对赴台旅游人数总体下滑的不利因素，中远海运（厦门）有限公司坚持内部挖潜，强化营销、提升服务、主动作为，实现了对台客运的稳步增长。其中，执行厦金航线的新五缘轮对标“准空运”服务标准，坚持优质优价，累计运营 1309 个航次，运送旅客 17.7 万人次；执行赴台本岛航线的中远之星轮坚持“线上线下”融合，“自由行、团体游”各有侧重，挖掘自身优势，打造特色产品，累计运送旅客数同比增长

51%，运载集装箱量首次突破 1 万 TEU，同比增长 28%。对台业务在两岸的社会影响力持续扩大，有效提升了中远海运对台业务品牌。同时，厦门中远海运着力夯实安全基础，狠抓安全投入，确保安全责任落实，持续改进和落实管理措施，确保了对台航运安全形势的总体稳定。

（姚兆羽）

【广州远宾成为青年音乐周指定接待酒店】

据《中国远洋海运报》2018 年 1 月 19 日报道，继 2017 年成功接待广东国际青年音乐周后，2018 年，广州远洋宾馆凭借优越的地理位置、温馨舒适的入住环境、周到热情的服务等优势，再次成为 2018 广东国际青年音乐周的官方指定接待酒店。广州远洋宾馆成立接待工作团队，提前掌握入住宾客的整体情况，细化各项接待工作落实到人，做到各负其责。接待期间，宾馆客房部以规范标准接待与会外宾，及时做好房型调整安排，深化客房细节服务，让宾客感受星级酒店的细节化服务水平，以“有温度的服务”充分展现了中远海运品牌的魅力，获得入住宾客的一致好评。

（李思思）

【中马“一带一路”跨境电商峰会成功举办】

3 月 12 日，“中马‘一带一路’跨境电商峰会”在广州启迪中海科技园举行。此次峰会由广东省商务厅与马来西亚相关方面共同主办，成为中国广东省与马来西亚投资机构及市场贸易企业携手开拓双方市场的重要平台和商业桥梁，来自两国政商学界及新闻媒体 200 余人出席。

广州启迪中海科技园是中远海运积极响应国家供给侧结构性改革要求，落实创新驱动发展战略，打造开放型产业发展新格局的首个省市级重点项目。该科技园成功举办此次峰会，旨在积极响应国家“一带一路”倡议，推动广东省、马来西亚乃至东南亚的投资及出口经贸商机，尤其是互联网、电子商务、物流、信息科技及双创企业，为中国、马来西亚两国有投资意向的企业和项目搭建沟通洽谈平台，为中国创新创业企业走出去、重点开拓东南亚地区等“一带一路”区域市场搭建稳健平台。

自 2018 年 1 月 6 日开园营业以来，科技园全力开展海洋科技企业孵化与服务，搭建“孵化服务 + 创新培训 + 天使投资 + 开放平台”四位一体的孵化模式，为企业提供从初创到上市的全生命周期和全链条服务。截至 3 月上旬，园区已累计吸引创新企业设立 60 余家，覆盖生物医药、无人机、机器人、人工智能等多个国家重点创新领域，总注册资本超过 6 亿元，成功孵化首个新三板上市企业、国家高新技术企业、广东省科技“小巨人”企业。园区已获广州市人民政府专项认证，是中远海运集团首个国家认证科技企业孵化器。

（袁锡峰）

【中远海运客运春运运量同比增长】

3 月 12 日，2018 年春运工作落下帷幕。春运期间，中远海运客运开展“情满旅途”活动，为旅客提供“安全温馨”服务，9 艘船舶全部投入营运，共安全航行 622 余航次，运送旅客 24.3 万余人次，滚装车辆近 5 万辆，客、车运量均同比增长。此外，他们还收到旅客锦旗 8 面，表扬信 62 封，拾金不昧 160 件，折合人民币近 25 万元。

针对 2018 年春节来得晚、客流集中度节后高于节前、家用轿车出行趋势增长明显等特点，公司通过网站及社会网络等多种渠道方便旅客购票需求，开展“优惠进校园”“国企一家亲、温暖回家路”及“警企互动，温暖探亲路”等系列活动，对特定群体进行爱心帮助。船舶客运团队坚持“一站式服务”理念，新增了“军人依法优先”标识、爱心捐赠台、码头安全提醒、为高等级舱旅客加配一次性浴缸套卫生用品等服务；志愿服务队、大件行李搬运队、客运设施维修队等靠前服务；年三十送水饺、正月十五送元宵等福利活动，让广大旅客感受到了浓浓的年味和温暖。尤其是中远海运吉祥物“熊猫船长”的出现，更

是得到了许多乘船年轻人和小朋友的普遍欢迎。 （王芳）

【广州新海颐养苑获评五星级养老机构】

据《中国远洋海运报》2018 年 3 月 30 日报道，广东省民政厅正式公布首批星级养老机构名单，广州中远海运健康管理有限公司下属广州新海颐养苑被评定为五星级养老机构。广东省民政厅于 2017 年在全省组织开展养老机构星级评定工作，是广东省首次根据养老服务行业标准，委托独立第三方评估机构对全省养老机构开展的等级评定活动，对规范养老机构管理、提升养老机构服务质量、树立养老服务质量标杆具有重要意义。 （陈柳汕）

【上海海事职业技术学院研究项目获奖】

据《中国远洋海运报》2018 年 4 月 20 日报道，由上海海事职业技术学院孙欣欣主持研究的《我国航海高职人才培养模式改革及评价体系研究》项目，在 2017 年上海市职业教育教学成果奖评选中荣获一等奖。该研究项目依据 STCW 公约马尼拉修正案和我国政府相应的法律法规，在分析工作任务的基础上，确定了航海类专业的知识、能力模块与课程结构，并设计、制定出了航海人才培养新模式和新颖的教学实施方案。上海市教学成果奖由上海市人民政府设立，每 4 年评审 1 次，是上海教育领域政府类最高奖励。 （沈飞）

【广州物业与招商物业签订顾问管理协议】

8 月 9 日，广州中远海运物业公司与招商物业广州分公司签订顾问管理协议，招商物业广州分公司顾问团队正式进驻广州启迪中海科技园。此次战略合作，运用招商物业在创意园区管理方面的先进管理理念，共同为广州启迪中海科技园打造“海洋科技、绿色生态、滨海风情”的现代化元素主题，并提供专业的园区管理和优质的配套服务。 （聂睿）

【中远关西为深中通道沉管隧道提供防腐保护】

11 月 2 日，继 2013 年成功中标港珠澳大桥最大涂装标段后，中远关西公司与广船国际、中船物流正式签订了深圳至中山跨江通道（深中通道）沉管隧道钢壳（GK01 标）防腐涂料供应合同。

深中通道项目是港珠澳大桥项目之后广东地区又一重大超级工程，项目位于珠江三角洲核心区域，总投资约 446.9 亿，计划于 2024 年建成通车。主体工程全长约 24 千米，采用东隧西桥方案，是世界级超大型“桥、岛、隧、水下互通”集群工程。其中，隧道部分长度约 6.8 千米，所采用的单个沉管隧道钢壳的重量平均达到 1 万吨，相当于一艘 5 万吨原油船的分段物量。无论是钢结构制作、防腐涂装，还是构件下水发运，都代表着类似工程的世界级最高水准。中远关西本次中标的 GK01 标段为沉管隧道钢壳最大标段，钢结构总重量超 18 万吨，重防腐用涂料约 1500 吨。

中远关西作为桥梁防腐行业的佼佼者，凭借产品配套的优异耐腐蚀性、耐候性，多年来在桥梁防腐领域获得了广泛的应用和良好的口碑；在国内特大型钢结构桥梁领域业绩卓著，已为港珠澳大桥、虎门二桥、厦漳跨海大桥等多座跨江跨海大桥提供防腐保护。 （刘渊明　焦婷）

【广州江南颐养苑获“最佳养老社区”称号】

11 月 8 日，2018 羊城金牌养老机构评选颁奖典礼在第五届中国国际老龄产业博览会上隆重举行，广州江南颐养苑被授予“最佳养老社区”称号。由羊城晚报报业集团主办的“2018 羊城金牌养老机构评选”活动自 2018 年 9 月启动以来，受到业界及社会的广泛关注。此次评选活动共收到广东省省内约 40 家养老机构参评申请，主办单位通过评审团评审、消费者考察、网络投票三种方式，对各养老机构分别从环境设施、医疗护理、膳食营养、文化生活、地理位置等多维度进行综合评定。广州江南颐养苑一直以“医养结合”为特色，向长者提供智慧养老、康复理疗、日常照料、老年教育等一体化服务，秉承医养结合服务特色，积极探索创新服务模式，打造机构养老服务标杆企业。（卢秋芹）

“互联网 +”

“互联网 +”

【主 要 业 务】

“互联网 +”业务集中于上海船舶研究所、中远海运科技。除此之外，集团内各板块、各公司也广泛建立、使用“互联网 +”的业务平台，如中远泛亚电商、一海通公司、中远 e 环球、无界电子、远洋壹号等。2018 年，上海船舶研究所及中远海运科技继续大力推进“互联网 +”战略，完成“1+3”（集成平台、智能航行、智能机舱、智能能效）的软、硬件开发，实现了基于大数据分析的船岸信息对接和协同应用；开发集团主数据管理系统（MDM），启动境内广域网专线整合项目，完成集团下属 19 家二级单位 81 条零散线路整合，改造优化形成 40 个广域网接入节点，基本形成集团境内 MPLS“一张网”；开展实施集团投资管理系统、人力资源系统、财务信息化系统、航标船舶管理系统、采购和供应商管理系统、办公自动化系统、船员管理系统等 10 余个重点统建项目。中远海运集运运用大数据技术，推出在线客服平台，为客户提供“船期查询”“货物跟踪”“进口费用查询”“滞期费查询”等多项服务；同时利用大数据、人工智能技术支持运营活动，不断提升对客户的响应速度，2018 年已有 60% 的客户信用期实现自动审批，免费用箱天智能审批系统也已试点，改变了过去人工层层审核的模式，大大降低了人工干预。围绕商品选择、集中采购、营销宣传、客户服务、协同合作、爱心帮扶、网络安全、新平台建设等方面，集团进一步拓展“远洋壹号”电商平台的影响力和受众度，自主研发建设新“远洋壹号”电商平台；2018 年 12 月，网站一期核心电商功能顺利上线运营。

【“易租船”平台成功采购新运力】

据《中国远洋海运报》2018 年 2 月 2 日报道，在上海泛亚航运有限公司运营保障部、电商经营部，以及计算机中心通力研发下，“易租船”于 2017 年 12 月底正式上线。截至 1 月底，有近 10 艘船舶通过该平台先后被上海泛亚竞拍成功。这满足了长江上海到芜湖航线，洋山到江阴、武汉、南京等航线的运力需求。竞拍情况基本真实反映了油价及供需关系所带来的成本上涨，通过该平台成交的租金水平基本维持在合理范围内。通过“易租船”平台，上海泛亚在打造信息透明、公开、公正的平台环境基础上，不断提升公司运营成本的可控性。（陈雪波）

【货运打造数字化一站式拼箱服务】

据《中国远洋海运报》2018 年 4 月 13 日报道，中远海运货运有限公司以客户为中心，准确把握“端到端”业态趋势，联手行业领先的一站式国际物流电商平台“运去哪”，共同推出“拼箱头等舱”产品，旨在为中小直客提供便捷的数字化一站式拼箱服务。

“拼箱头等舱”是从解决传统拼箱客户痛点出发推出的产品。这些痛点包括物流操作流程繁琐、对接环节多，运费复杂不透明，货物信息滞后等。中远海运货运凭借对海运拼箱 20 余年深耕细作，以及丰富的国内外服务网络，配合“运去哪”平台便捷的网络操作模式，为客户提供驳货、装箱、报关、运输、配送的一体化在线拼箱服务，形成费用一价全包、目的港收费清晰明确、各运输环节实时推送、免费上门提货等四大服务优势。（马琳）

【泛亚电商拖车业务“集划算”正式上线】

5月10日，泛亚电商拖车业务新产品“集划算”正式上线，这是一个客户和泛亚电商双赢的产品。“集划算”是一款售卖“重回匹配”的产品，原理是利用系统计算后提供的拖车重去重回不平衡数据，向拖车公司提供优化拖车资源的货量，让拖车公司最大化地利用闲置运力，同时帮助客户节省大笔拖车费用。泛亚电商首批安排黄埔（东江仓、鱼珠）、南沙港装港的“集划算”产品上线。拖车资源的有效利用，为客户带来更多的服务选择，同时也为泛亚电商吸引客户关注、提高门到门产品成交量新增了卖点。（吉轩）

【无界电商拖车平台入选电子商务百佳案例】

6月27日，中远海运物流有限公司所属无界电子商务有限公司作为嘉宾出席并参加由电子商务创新推进联盟（EBIA）联合相关机构在北京举办的“第五届在线供应链金融及供应链电子商务推进大会”。大会以“跨界协同·合作共赢”为主题，以“供应链电子商务百佳案例”分享为主线，揭晓2018供应链电子商务百佳案例名单。无界电商申报的拖车无界平台案例入选《2018供应链电子商务百佳案例》，无界电商业务部总经理张东亮荣获“2018供应链电子商务领军旗手”。在此次案例评选活动中，EBIA组织专家历时8个月，在316个案例中选出具有代表性的优秀案例汇编成“供应链电子商务百佳案例”。无界拖车平台获此殊荣，是对无界电商平台价值的肯定，有助于进一步推进无车承运业务的创新发展。

按照中远海运物流总部加快推进集约化管理、促进协同创效的战略要求，无界电商深入调研集装箱陆运拖车业务，以共建共享、集约协同为设计思路，搭建完成拖车无界平台2.0，实现拖车业务的精细化管理、信息实时交互、全程可视可控、金融保险服务等功能，为车队、货主和各口岸网点搭建互动、共享的高效协同体系，实现了中远海运物流全系统网点拖车资源的共建和共享。截至2018年6月底，无界拖车平台已在全国28个网点单位业务上线，服务范围超过15个港口，集约了110多家车队和1500多辆卡车，帮助拖车服务供需双方解决实际业务中的痛点。

（严银霞）

【 物流“双十一”电商物流业务创佳绩】

2018年的“双十一”，中远海运物流电商物流迎来第五个“双十一”物流服务大考。中远海运物流所属中远海运空运跨境电商和中远海运仓配阿里零售通两大电商操作平台全力奋战，取得了骄人战绩。

为打好这场“双十一”攻坚战，中远海运空运跨境电商通过调整广州机场保税仓业务布局、建设南沙保税新项目、优化信息系统和升级改造设施设备等举措，大大增加了公司服务的辐射区域，提高了操作效率，形成了海空联动仓储物流服务新模式。“双十一”启动后一小时内物流订单超过30万票，全天跨境进口物流订单超百万票，较2017年同期增长68%。由于本年作业组织进行了优化并投入部分自动化设备，效率有明显改善。截至11月14日，“双十一”跨境电商业务操作已全部完成，提前完成作业计划。

阿里零售通项目青岛、济宁、宁波及南昌四个仓全程参与了此次“双十一”活动。“双十一”期间，订单量极速增长，各仓一派繁忙景象。为更快捷地完成订单任务，项目组开设两班制，大屏幕实时滚动小时人效，采取实时激励等方法调动员工积极性，在竞争中自我突破。截至11月12日，阿里零售通项目累计出库120万件，较2017年同期增长400%，成绩再创新高，得到客户的高度认可。（吴绿芝　孙晓英　马昕）

【“虎克计划”获评优秀智慧物流应用案例】

12月17日，2018年中国智慧物流企业家年会在南京召开，现场发布了由中国交通运输协会举办的2018中国智慧物流优秀案例评比结果，中远海运物流有限公司凭借可视化项目——“虎克计划”在众多信息化项目中脱颖而出，获得优秀智慧物流信息平台应用案例奖项。

中国智慧物流优秀案例评比活动针对2018年物流行业信息化项目，旨在总结国内外智慧物流活动的经验做法，分析未来智慧物流面临的形势，推介智慧物流试点示范企业、优秀案例，以及优秀项目，是中国交通运输协会针对物流行业信息化项目方面重要的评比活动。

“虎克计划”是将业务信息系统、管理信息系统和安全信息系统，以及物联网设备统一集成，通过对相关指标监测，实现物流的全程供应链“信息化显微镜”般的24小时实时动态可视化监控信息化项目。该项目以安全为基石、以客户为中心、以业务和数据为驱动，融合先进技术与物联网设备，提升物流供应链的可视化水平，实现安全管理目标，是中远海运物流“服务产品化”“安全品牌化”的典型案例。（齐祺）

2019

CHINA COSCO SHIPPING CORPORATION LIMITED YEARBOOK

中国远洋海运集团有限公司

年鉴

第四篇

船队建设

概述

概　述

中远海运集团由中国远洋运输（集团）总公司与中国海运（集团）总公司于 2016 年 2 月 18 日重组整合而成，总部设在上海，是中央直接管理的特大型国有企业，有着排名世界第一的庞大运输船队。

【船队综述】

中远海运集团拥有种类齐全的运输船队，船队由集装箱船队，干散货船队，油、气船队，杂货特种船队和客轮船队五大专业化运输船队构成。截至 2018 年 12 月 31 日，中远海运集团经营船队营运船舶 1278 艘，综合运力 10 139 万载重吨，排名世界第一。其中，船队的自有运力规模为 929 艘 /8186 万载重吨，租入运力为 349 艘 /1953 万载重吨。

五大专业化运输船队中，集装箱船队规模居世界前列；干散货船队运力，油、气船队运力，杂货特种船队运力均居世界第一。各船队的运力规模如下：

1. 全集装箱船队

全集装箱船队运力为 484 艘 /3272 万载重吨 /280.1 万 TEU。其中，自有船运力为 235 艘 /2221 万载重吨 /195.4 万 TEU，租入船运力为 249 艘 /1051 万载重吨 /84.7 万 TEU。

2. 干散货船队

干散货船队运力为 423 艘 /3946 万载重吨。其中，自有船运力为 363 艘 /3398 万载重吨，租入船运力为 60 艘 /548 万载重吨。

3. 油、气船队

油、气船队主要包括油轮船队、LNG（液化天然气）和 LPG（液化石油气）船队，运力为 193 艘 /2477 万载重吨。

油轮船队运力为 162 艘 /2251 万载重吨，其中油轮船队自有船运力为 151 艘 /1976 万载重吨，租入船运力为 11 艘 /275 万载重吨；LNG 船队运力为 26 艘 /224 万载重吨，全部为自有船；LPG 船队运力为 5 艘 /1.5 万载重吨，全部为自有船。

4. 杂货特种船队

杂货特种船队运力为 163 艘 /436 万载重吨。其中，自有船运力为 136 艘 /358 万载重吨，租入船运力为 27 艘 /78 万载重吨；另外，杂货特种船队还具有 9.1 万 TEU 的集装箱运力。

5. 客轮船队

客运船队运力为 15 艘 /8.1 万载重吨，客位数为 1.5 万个。其中，自有船运力为 13 艘 /7.0 万载重吨，客位数为 1.2 万个，租入船运力为 2 艘 /1.1 万载重吨，客位数为 0.3 万个。客轮船队还具有 1028TEU 的集装箱运力和 1894 个车位。

集团船队运力基本情况见表 4–1。

中远海运集团船队运力基本情况统计表（截至 2018 年 12 月 31 日）　　表 4–1

船队		自有运力		租入运力		控制运力	
		艘数（艘）	载重吨（吨）	艘数（艘）	载重吨（吨）	艘数（艘）	载重吨（吨）
集装箱船队		235	22 206 669	249	10 508 751	484	32 715 420
油、气船队	油轮船队	151	19 762 602	11	2 750 441	162	22 513 043
	LNG 船队	26	2 237 992	—	—	26	2 237 992
	LPG 船队	5	14 862	—	—	5	14 862

续上表

船队		自有运力		租入运力		控制运力	
		艘数（艘）	载重吨（吨）	艘数（艘）	载重吨（吨）	艘数（艘）	载重吨（吨）
干散货船队		363	33 982 007	60	5 482 225	423	39 464 232
杂货特种船队		136	3 583 631	27	776 458	163	4 360 089
客轮船队	客船	1	47	—	—	1	47
	客滚、客箱船	12	70 250	2	10 699	14	80 949
合计		929	81 858 060	349	19 528 574	1278	101 386 634

（徐帮林）

【新造船接收】

2018 年，集团新交付船舶 47 艘 /766 万载重吨。其中，集装箱船 19 艘 /351 万载重吨，散货船 5 艘 /166 万载重吨，油、气船（含 LNG 船）18 艘 /243 万载重吨，特种船 5 艘 /7 万载重吨。2018 年中远海运集团接收新船的基本情况见表 4–2。

2018 年中远海运集团接收新船情况表 表 4–2

序号	船名	船型	船舶性质	交付时间	建造国家或地区	船旗	载重吨（吨）
1	中远海运阿尔卑斯	集装箱	自有	2018–01–03	中国	中国香港	153 811
2	Fedor Litke	LNG	自有	2018–01–08	韩国	塞浦路斯	98 000
3	Eduard Toll	LNG	自有	2018–01–09	韩国	巴哈马	98 000
4	远河海	干散货	自有	2018–01–11	中国	新加坡	398 595
5	中远海运白羊座	集装箱	自有	2018–01–15	中国	中国香港	197 021
6	OOCL INDONESIA	集装箱	自有	2018–01–18	韩国	中国香港	191 688
7	中远海运金牛座	集装箱	自有	2018–01–29	中国	中国香港	198 030
8	中能温州	LNG	自有	2018–01–31	中国	中国香港	84 064
9	泛美	LNG	自有	2018–01–31	中国	中国香港	83 312
10	Vladimir Rusanov	LNG	自有	2018–03–26	韩国	中国香港	79 970
11	连柏湖	油轮	自有	2018–03–26	中国	中国	72 745
12	中远海运双子座	集装箱	自有	2018–04–10	中国	中国香港	198 030
13	中远海运狮子座	集装箱	自有	2018–04–23	中国	中国香港	197 021
14	泰华湾	特种	自有	2018–05–09	中国	中国	7652
15	远谷海	干散货	自有	2018–05–16	中国	新加坡	398 292
16	新惠洋	油轮	自有	2018–05–20	中国	新加坡	307 664
17	中远海云室女座	集装箱	自有	2018–05–29	中国	中国香港	198 030
18	中能连云港	LNG	自有	2018–05–31	中国	中国香港	84 064
19	中远海运牡丹	集装箱	自有	2018–05–31	中国	中国香港	146 587
20	远贺湖	油轮	自有	2018–06–06	中国	中国香港	318 737
21	中远海运宇宙	集装箱	自有	2018–06–12	中国	中国香港	198 485

续上表

序号	船名	船型	船舶性质	交付时间	建造国家或地区	船旗	载重吨（吨）
22	中远海运德纳里	集装箱	自有	2018-06-13	中国	中国香港	153 811
23	天佑	特种	自有	2018-06-21	中国	中国	37 080
24	丰泽海	干散货	自有	2018-06-28	中国	中国香港	63 413
25	连杨湖	油轮	自有	2018-07-02	中国	中国香港	72 712
26	荣华湾	特种	自有	2018-07-05	中国	中国	7939
27	泛欧	LNG	自有	2018-07-10	中国	中国香港	83 312
28	中远海运天秤座	集装箱	自有	2018-07-17	中国	中国香港	198 030
29	中远海运摩羯座	集装箱	自有	2018-07-18	中国	中国香港	197 087
30	中远海运茉莉	集装箱	自有	2018-08-07	中国	中国香港	145 700
31	中远海运天蝎座	集装箱	自有	2018-08-20	中国	中国香港	197 021
32	Rodolf Samoylovich	LNG	自有	2018-09-06	韩国	巴哈马	98 000
33	中远海运安第斯	集装箱	自有	2018-09-12	中国	中国香港	153 811
34	远谊海	干散货	自有	2018-09-17	中国	新加坡	398 459
35	连杉湖	油轮	自有	2018-09-17	中国	中国香港	72 780
36	远新湖	油轮	自有	2018-09-18	中国	中国香港	318 803
37	中远海运玫瑰	集装箱	自有	2018-09-26	中国	中国香港	192 369
38	中远海运樱花	集装箱	自有	2018-09-26	中国	中国香港	192 369
39	新茂洋	油轮	自有	2018-10-16	中国	新加坡	307 664
40	中远海运人马座	集装箱	自有	2018-10-17	中国	中国香港	199 934
41	Vladimir Vize	LNG	自有	2018-10-19	韩国	中国香港	79 970
42	中远海运星云	集装箱	自有	2018-10-23	中国	中国香港	198 485
43	远宝海	干散货	自有	2018-10-26	中国	新加坡	398 453
44	连桂湖	油轮	自有	2018-12-05	中国	中国香港	72 822
45	Georgiy Brusilov	LNG	自有	2018-12-10	韩国	塞浦路斯	98 000
46	康华湾	特种	自有	2018-12-24	中国	中国	7651
47	盛华湾	特种	自有	2018-12-24	中国	中国	7641
合计							7 663 114

（杨煜）

【新造船投资计划】

2018 年，集团计划投资新造船 37 艘，实际履行集团决策程序后下单订造船舶 20 艘，分别是中远海运特运新造 5+4 艘 62 000 载重吨多用途纸浆船，益丰船务建造中铝几内亚铝土矿项目配套驳运设备 11 艘驳船。上述 20 艘船舶计划 2019—2021 年陆续交付营运。（杨煜）

【淘汰老旧运力】

2018，集团报废处置船舶 1 艘，淘汰老旧运力约 2.7 万载重吨。（赵科）

集装箱船队

集装箱船队

【中远海运集装箱船队概述】

中远海运集装箱船队的运力主要由全集装箱船队提供，杂货特种船队和客轮船队也提供少量的集装箱运力。截至 2018 年 12 月 31 日，中远海运集装箱的总运力为 2 928 183TEU，跻身全球集装箱运输的第一梯队。

全集装箱船队自有船舶 235 艘，载箱量为 1 954 485TEU，总载重吨为 22 206 669 吨。租入船舶 249 艘，载箱量为 846 766TEU，10 508 751 载重吨。控制运力为 484 艘船舶，载箱量为 2 801 251TEU，32 715 420 载重吨。全集装箱船舶运力占集团集装箱总运力的 96.8%。

集团杂货特种船队和客轮船队拥有 92 477TEU 的运力，占集团集装箱总运力的 3.2%。

中远海运全集装箱船队主要包括中远海运集运、中远海运发展和东方海外（国际）有限公司 [Orient Overseas (International) Limited] 旗下的东方海外货柜航运有限公司（Orient Overseas Container Line，OOCL）。2018 年 7 月，东方海外加入中远海运集团，使集团的全集装箱运输船队规模进一步扩大。中远海运集团全集装箱船队的组成见表 4–3。

中远海运集团全集装箱运输船队运力表（截至 2018 年 12 月 31 日）　　表 4–3

公司	自有运力			租入运力			控制运力		
	艘数（艘）	载重吨（吨）	载箱量（TEU）	艘数（艘）	载重吨（吨）	载箱量（TEU）	艘数（艘）	载重吨（吨）	载箱量（TEU）
中远海运集运	100	9 467 933	829 063	214	8 990 550	723 577	314	18 458 483	1 552 640
中远海运发展（集装箱）	74	6 776 015	581 603	—	—	—	74	6 776 015	581 603
东方海外	61	5 962 721	543 819	35 (40)	1 518 201 (1 938 486)	123 189 (157 644)	96 (101)	7 480 922 (7 901 207)	667 008 (701 463)
小计	235	22 206 669	1 954 485	249	10 508 751	846 766	484	32 715 420	2 801 251

注：1.东方海外的租船中，有5艘是租赁中远海运集运的船舶，其中4艘为集运的自有船，1艘为集运的租船。括号内的数字是东方海外统计数字；

2.中远海运集运的自有船包括英国公司的7艘船舶；租船由于统计时间不同略有差别。

【中远海运集装箱运输有限公司】

1. 公司船队现状

（1）船舶数量、运力（载重吨、载箱量、载客量），包括大、中、小型船舶的数量，内贸、外贸船舶的数量

截至 2018 年 12 月 31 日，公司拥有和控制船舶 385 艘，总运力 2 130 845 TEU。其中，自有船 93 艘，运力 790 941 TEU；租入船 292 艘，运力 1 339 904 TEU；扣除出租在外的船舶 9 艘，运力 73 495 TEU，公司实际营运船舶 376 艘、运力 2 057 350 TEU。船队自营运力包括了 10 000TEU 型以上船舶 63 艘 /898 010 TEU，8000 ~ 10 000TEU 型船舶 39 艘 /350 497

TEU，4000 ~ 8000TEU 型船舶 124 艘 /585 946 TEU，4000TEU 以下型船舶 150 艘 /222 897 TEU。

中远海运集运出租在外的船舶见表 4–4。

中远海运集运出租在外的船舶列表　　表 4–4

序号	中文船名	英文船名	载箱量（TEU）	船舶属性	备注
1	中海木星	CSCL JUPITER	14 074	中海自有	出租 CMA
2	中海土星	CSCL SATURN	14 074	中海自有	出租 CMA
3	中海海王星	CSCL NEPTUNE	14 074	中海自有	出租 OOCL
4	中远菲律宾	COSCO PHILIPPINES	8501	中远租赁	出租 OOCL
5	中远汉堡	COSCO HAMBURG	5446	UK	出租 PIL
6	中远安特卫普	COSCO ANTWERP	5446	UK	出租 PIL
7	中远波士顿	COSCO BOSTON	5089	中远自有	出租 OOCL
8	中远纽约	COSCO NEW YORK	5089	中远自有	出租 OOCL
9	腾云河	TENG YUN HE	1702	中远自有	出租 OOCL

船队中有 104 艘船舶 /277 251 TEU 运力在内贸航线服务。

（2）本年度运力增加数量，运力减少数量，年末较年初运力实际增减数（船舶艘数、载重吨、集装箱船的载箱量）

2018 年，公司实际营运船舶 376 艘、运力 2 057 350TEU，与 2017 年底实际运营的 360 艘、运力 1 819 091TEU 相比，共计增加船舶 16 艘、运力 238 259TEU，运力增加 13.1%。

2018 年，公司新交付 4 艘 13 800TEU“中远海运樱花”轮、“中远海运茉莉”轮、“中远海运牡丹”轮和“中远海运玫瑰”轮，3 艘 14 566TEU“中远海运德纳里”轮、“中远海运安迪斯”轮和“中远海运阿尔卑斯”轮，4 艘 19 273TEU“中远海运狮子座”轮、“中远海运摩羯座”轮、“中海海运白羊座”轮和“中远海运天蝎座”轮，5 艘 20 119TEU“中远海运双子座”轮、“中远海运室女座”轮、“中远海运金牛座”轮、“中远海运天秤座”轮和“中远海运人马座”轮，2 艘 21 237TEU“中远海运星云”轮“中远海运宇宙”轮。

2018 年全年，公司共交付新造船 18 艘，合计运力 319 059TEU；新造船舶订单剩余 10 艘，运力总计 178 694TEU，是全球运力增长最快的班轮公司。

2. 公司船队建设采取的措施

（1）船队建设规划（目标）

船队结构特点：7500TEU 以上船舶约占 60%，大型化走在行业前列；新船订单绝对值居行业第一；规模扩张能力强，租船比重约 70%，高于行业平均水平；平均船龄 9 年，较年轻。根据集团航运产业集群的总体战略部署，集运板块将继续通过合理租造船和有效并购，稳健扩大运力规模。

（2）重点发展船型

2018 年底，集运接收新造船 18 艘，合计新增 31.9 万 TEU 运力，包括 4 艘 13 800TEU 型、3 艘 14 566TEU 新巴拿马型、4 艘 19 273TEU 型、5 艘 20 119TEU 型和 2 艘 21 237TEU 型。另持有新船订单 10 艘 /17.87 万 TEU 运力，包括 2 艘 19 273TEU 型、4 艘 21 237TEU 型、4 艘 13 800TEU 型（表 4–5）。按计划，所有新船将于 2019 年年底之前全部交付。

2019 年新船列表　　表 4–5

序号	中文船名	英文船名	载箱量（TEU）	建造厂	计划交船时间
1	中远海运双鱼座	COSCO SHIPPING PISCES	19 273	大连中远川崎	2019 年 1 月
2	中远海运银河	COSCO SHIPPING GALAXY	21 237	上海江南造船长兴重工	2019 年 4 月
3	中远海运太阳	COSCO SHIPPING SOLAR	21 237	上海江南造船长兴重工	2019 年 4 月
4	中远海运杜鹃	COSCO SHIPPING AZALEA	13 800	上海江南长兴造船	2019 年 4 月
5	中远海运荷花	COSCO SHIPPING LOTUS	13 800	上海江南长兴造船	2019 年 5 月
6	中远海运山茶	COSCO SHIPPING CAMELLIA	13 800	上海江南长兴造船	2019 年 5 月
7	中远海运宝瓶座	COSCO SHIPPING AQUARIUS	19 273	南通中远川崎	2019 年 6 月
8	中远海运恒星	COSCO SHIPPING STAR	21 237	上海江南造船长兴重工	2019 年 6 月
9	中远海运兰花	COSCO SHIPPING ORCHID	13 800	上海江南长兴造船	2019 年 8 月
10	中远海运行星	COSCO SHIPPING PLANET	21 237	上海江南造船长兴重工	2019 年 9 月

（3）船队结构变化

公司船队结构得到进一步优化。公司控制自有船舶单船平均箱位已达 5472TEU。自有船舶平均船龄降至 7 年，单船平均箱位及平均船龄方面均处于同业中上水平，进一步有效降低了安全风险，释放船舶管理资源。

（4）船舶租赁情况

2018 年，公司结合航线合作情况，充分利用与其他班轮公司的船舶互租、互补长短、实现共赢，自 2017 年 4 月与太平船务开展租船合作。由于当时合同到期日临近，考虑到两家公司运力具备一定互补性，结合 2018 年的航线运力安排，公司新租及续租 PIL 3 艘船舶，即新租 1 艘 11 000TEU，续租 1 艘 6600TEU 和 1 艘 4250TEU 船舶；出租给 PIL 4 艘 5600TEU 型船舶，通过船舶互租，盘活公司运力，提升了公司整体航线服务水平。

公司密切跟踪租船市场情况，结合航线实际需求，适时租入质优价廉船舶，有效控制公司外租船租金成本，自集团外租入船舶 73 艘次，包括 27 艘新租船舶和 46 艘次续租船舶，合计运力 397 183TEU。其中，为发展“第三国”航线，租入 1 艘 9000 宽体船舶；在对市场运力及自身需求的研判之后，在租金上涨之前提早布局，续租了 4 艘 8500TEU 船舶，新租入 1 艘 8500TEU 船舶；提前布局，为公司租入紧缺型船舶，续租 3 艘、租入 1 艘 5000TEU 宽体船舶；为保障公司扩大西非、南非市场的占有率，及时租入和续租 12 艘西非、南非航线需要的 4250TEU 船舶，保证航线运力需求的同时，有效控制公司租船租金成本。

进入 2018 年下半年， 租船市场进入下降周期，平均租金保持平缓下滑的态势。公司适时对运力进行调整，有序退租部分船舶，退租到期船舶 24 艘，合计运力 131 167TEU。

（5）联营公司船队建设情况

2017 年 4 月，中远海运集运与达飞轮船、长荣海运、东方海外共同组建的海洋联盟（OCEAN Alliance）正式投入运营。

截至 2018 年 12 月 31 日，联盟其他 3 家船公司的运力情况如下：

达飞轮船：508 艘 /2 664 669TEU（不包括订单 20 艘 /232 500TEU）；

长荣海运：200 艘 /1 191 872TEU（不包括订单 72 艘 /457 968TEU）；

东方海外：101 艘 /701 463TEU。

3. 公司几个典型船型介绍

13 800TEU 系列船　2015 年 7 月 29 日，原中海集运（现中远海运集运）与上海江南长兴造船有限公司签订 8 艘 13 800TEU 船建造合同。该型船总长 366 米、船宽 48.2 米、型深 30.2 米，载重量 147 000 吨，载箱量 13 800TEU，主机最大持续功率 48 600 千瓦，设计航速 23 节，船籍港中国香港，入中国船级社（CCS）和英国劳氏船级社（LR）双船级。首制船“COSCO SHIPPING PEONY”轮于 2015 年 10 月 12 日开工，2018 年 5 月 31 日交付。

14 566TEU 系列船 2014 年 9 月 17 日，原中远集运（现中远海运集运）与上海江南长兴造船有限公司签订 5 艘 14 566TEU 船建造合同。该型船总长 366 米、船宽 51.2 米、型深 30.2 米，载重量 153 500 吨，载箱量 14 566TEU，主机最大持续功率 49 000 千瓦，设计航速 22.5 节，船籍港中国香港，入中国船级社（CCS）和挪威船级社（DNV）双船级。首制船“COSCO SHIPPING HIMALAYAS”轮于 2015 年 11 月 9 日开工，2017 年 7 月 25 日交付。

19 273TEU 系列船 2015 年 9 月 9 日，原中远集运（现中远海运集运）分别与南通中远川崎和大连中远川崎签订 4 艘和 2 艘 19 273TEU 船建造合同。该型船总长 399.9 米、船宽 58.6 米、型深 30.7 米，载重量 197 000 吨，载箱量 19 273TEU，主机最大持续功率 55 000 千瓦，设计航速 22.5 节，船籍港中国香港，入 CCS 和 LR 双船级。首制船“COSCO SHIPPING ARIES”轮于 2015 年 11 月 13 日开工，2018 年 1 月 15 日交付。

20 119TEU 系列船 2015 年 9 月 9 日，原中远集运（现中远海运集运）分别与上海外高桥造船有限公司和大连船舶重工（集团）有限公司签订 3 艘和 2 艘 20 119TEU 船建造合同。该型船总长 399.9 米、船宽 58.6 米、型深 30.5 米，载重量 202 000 吨，载箱量 20 119TEU，主机最大持续功率 55 000 千瓦，设计航速 22.5 节，船籍港中国香港，入 CCS 和 DNV 双船级。首制船“COSCO SHIPPING TAURUS”轮于 2015 年 11 月 3 日开工，2018 年 1 月 29 日交付。

21 237TEU 系列船 2015 年 10 月 30 日，原中海集运（现中远海运集运）与江南造船长兴重工签订 6 艘 21 237TEU 船建造合同。该型船总长 399.9 米、船宽 58.6 米、型深 33.5 米，载重量 198 500 吨，载箱量 21 237TEU，主机最大持续功率 57 900 千瓦，设计航速 22 节，船籍港中国香港，前 3 艘船为 CCS 和 LR 双船级，后 3 艘船为 CCS 和 DNV 双船级。首制船“COSCO SHIPPING UNIVERSE”轮于 2015 年 12 月 18 日开工，2018 年 6 月 12 日交付。（刘清卿）

油、气船队

油、气船队

【中远海运油、气船队概况】

中远海运油、气船队主营业务为从事国际和中国沿海原油及成品油运输、国际液化天然气运输以及国际化学品运输。中远海运油、气船队由油轮船队和 LNG/LPG 船队组成。按运力规模统计，中远海运油、气船队是全球第一大能源运输船队。

1. 油轮船队

油轮船队由中远海运能源本部（直营）和北海船务、华海公司、深圳三鼎、洋浦公司及大连中石油海运（联营）公司的船队组成。截至 2018 年 12 月 31 日，油轮船队运力为 162 艘 /2251 万载重吨，其中自有运力 151 艘 /1976 万载重吨，租入运力 11 艘 /275 万载重吨，油轮船队的运力情况见表 4–6。

油轮船队运力表（截至 2018 年 12 月 31 日） 表 4–6

公司	自有运力		租入运力		控制运力	
	艘数（艘）	载重吨（吨）	艘数（艘）	载重吨（吨）	艘数（艘）	载重吨（吨）
中远海运能源本部	119	18 415 870	10	2 745 915	129	21 161 785
华海公司	3	129 884	—	—	3	129 884
洋浦公司	2	133 919	—	—	2	133 919
中远海运石油运输有限公司	15	306 821	—	—	15	306 821
深圳三鼎	2	150 968	—	—	2	150 968
北海船务	10	625 140	1	4526	11	629 666
合计	151	19 762 602	11	2 750 441	162	22 513 043

2. LNG/LPG 船队

LNG/LPG 船队主要由中国液化天然气运输（控股）有限公司（简称 CLNG）、上海中远海运液化天然气投资有限公司（简称“中海 LNG”）及深圳中远龙鹏 3 家公司所属的船舶组成。其中，中海 LNG 为直营船舶，其余为联营，全部为自有运力。LNG/LPG 船队所属公司经营 LNG/LPG 船舶共 31 艘 /225 万吨 /436 万立方米。2018 年，LNG/LPG 船队运力的具体情况见表 4–7。

LNG/LPG 船队运力表（截至 2018 年 12 月 31 日） 表 4–7

船型	公司	艘数（艘）	载重吨（吨）	容积（立方米）
LNG	CLNG	14	1 236 046	2 268 466
	中海 LNG	12	1 001 946	2 076 294
LPG	深圳中远龙鹏	5	14 862	18 213
合计		31	2 252 854	4 362 973

【中远海运能源运输股份有限公司】

中远海运能源运输股份有限公司（简称“中远海运能源”），主要从事油轮运输和 LNG 运输两大核心主业，拥有多年丰富的经验，以及较高的品牌知名度。公司油轮船队运力规模世界第一，覆盖全球主流的油轮船型，是全球油轮船队中船型最齐全的航运公司。中远海运能源也是中国 LNG 运输业务的引领者，是世界 LNG 运输市场的重要参与者。公司所属全资的上海中远海运液化天然气投资有限公司和持有 50% 股权的中国液化天然气运输（控股）有限公司（CLNG）是中国目前仅有的两家大型 LNG 运输公司，已经成为影响世界 LNG 运输市场的重要力量。

在船队建设方面，中远海运能源加快 LNG 发展。2018 年，公司成功收购了 MOL 4 艘 17.4 万立方米常规 LNG 船项目 50% 的股权，LNG 船队发展又迈出了坚实的一步。2018 年，公司共新接入包括 6 艘冰区加强型 LNG 船在内的 10 艘 LNG 新造船，拥有和控制 LNG 船舶达到 26 艘，手持在建订单 12 艘。

截至 2018 年底，公司总计控制油轮总数 162 艘 /2251 万载重吨。其中，自有运力 151 艘 /1976 万载重吨，租入运力 11 艘 /275 万载重吨。另有订单运力 16 艘 /306 万载重吨。公司所属公司经营 LNG 船舶共 26 艘 /224 万载重吨，经营 LPG 船舶 5 艘 /1.5 万载重吨。2018 年底，公司持有订单 12 艘 /208 万立方米。（傅源源）

干散货船队

干散货船队

【干散货船队概述】

截至 2018 年 12 月 31 日，中远海运集团旗下的干散货船队拥有和控制各类散货船 423 艘 /3946 万载重吨。其中，自有船舶 363 艘 /3398 万载重吨；自有船舶中，全资船舶 250 艘 /2680 万载重吨，合营船舶 113 艘 /718 万载重吨。租入船舶 60 艘 /548 万载重吨。干散货船队装载铁矿石、煤炭、粮食、散杂货等全品类散装货物，航线覆盖国内沿海和世界主要港口，服务网络遍布全球。干散货船运力规模位居世界第一。船队的骨干企业为中远海运散货运输有限公司。2018 年中远海运集团干散货船队的运力情况见表 4–8。

2018 年中远海运集团干散货船队运力表　　表 4–8

公司	自有运力		租入运力		控制运力	
	艘数（艘）	载重吨（吨）	艘数（艘）	载重吨（吨）	艘数（艘）	载重吨（吨）
中远海运散运	84	4 864 148	3	184 678	87	5 048 826
中国矿运	8	3 194 060	—	—	8	3 194 060
上海远望	2	151 809	—	—	2	151 809
上海友好	2	95 379	—	—	2	95 379
天津远华	1	47 698	3	133 550	4	181 248
中远新加坡	3	163 484	—	—	3	163 484
香港海宝	8	1 444 000	—	—	8	1 444 000
香港航运	36	5 397 092	—	—	36	5 397 092
雅达公司	101	10 098 117	50	4 976 864	151	15 074 981
中海华润	9	439 715	—	—	9	439 715
中海散运（香港）维利公司	9	2 577 967	—	—	9	2 577 967
神华中海	40	2 154 636	—	—	40	2 154 636
中远海运发展	1	71 634	—	—	1	71 634
天津天惠	—	—	3	171 953	3	171 953
广东省远洋	2	151 380	—	—	2	151 380
广发航运	5	286 540	—	—	5	286 540
广州海电	3	211 057	—	—	3	211 057
广州京海	4	34 784	1	15 180	5	49 964
国投海运	9	513 501	—	—	9	513 501
湖南远洋	2	149 374	—	—	2	149 374
上海嘉禾	4	174 542	—	—	4	174 542
上海时代	28	1 663 834	—	—	28	1 663 834
上海银桦	2	97 256	—	—	2	97 256
小计	363	33 982 007	60	5 482 225	423	39 464 232

【中远海运散货运输有限公司】

中远海运散货运输有限公司（简称“中远海运散运”），隶属中远海运集团，是一家主营干散货运输的国有大型航运企业；运输货物覆盖铁矿石、煤炭、粮食、散杂货等品类，经营航线覆盖全球 100 多个国家和地区的 1000 多个港口。

1. 中远海运散运自有运力情况

2018 年底，中远海运散运自有运力 232 艘 /2577 万载重吨。其中，4.5 万吨级以下小灵便型散货船 15 艘 /56 万载重吨；4.5 万 ~ 6.5 万吨级大灵便型散货船 107 艘 /599 万载重吨；6.5 万 ~ 12 万吨级巴拿马型散货船 49 艘 /407 万载重吨；12 万 ~ 22 万吨级好望角型散货船 33 艘 /617 万载重吨；22 万吨级以上超大型矿砂船 28 艘 /898 万载重吨。

2. 中远海运散运租入运力情况

截至 2018 年底，公司光租租入船舶 7 艘 /40 万载重吨，其中租入集团内其他兄弟公司持有的船舶 4 艘 /25 万载重吨（均为中远海运金控持有）。公司船舶租赁情况见表 4–9、表 4–10。

船舶租赁情况表 表 4–9

租赁方式	2017 年底	2018 年年底
期租	52 艘 /510 万载重吨	58 艘 /552 万载重吨
光租	8 艘 /45 万载重吨	7 艘 /40 万载重吨
合计	60 艘 /555 万载重吨	65 艘 /592 万载重吨

光租租入船情况表 表 4–10

序号	船名	载重吨（吨）	建造日期	船龄（年）	船东
1	恒越时代	32 686.0	2010–10–12	8.23	集团外单位
2	新瑞海	56 092.0	2012–10–10	6.24	
3	新祥海	56 111.0	2012–07–24	6.45	
4	清平山	63 473.0	2015–10–01	3.26	中远海运金控
5	清云山	63 442.0	2016–03–01	2.84	
6	清华山	63 457.0	2016–08–18	2.38	
7	清泉山	63 473.0	2016–12–02	2.09	

3. 合资航运公司船队建设情况

截至 2018 年底，公司共有下属合资航运公司 17 家，自有运力共 112 艘 /700 万载重吨，其中并表口径合资航运公司 11 家，自有运力 64 艘 /429 万载重吨。合资公司情况见表 4–11。

合资航运公司自有运力按船型分类情况表 表 4–11

所属公司	2017 年底	2018 年底
时代航运	28 艘 /166 万载重吨	28 艘 /166 万载重吨
友好航运	3 艘 /14 万载重吨	3 艘 /14 万载重吨
银桦航运	2 艘 /10 万载重吨	2 艘 /10 万载重吨
嘉禾航运	3 艘 /13 万载重吨	3 艘 /13 万载重吨
中海华润	9 艘 /44 万载重吨	9 艘 /44 万载重吨
京海航运	4 艘 /4 万载重吨	4 艘 /4 万载重吨
广发航运	5 艘 /29 万载重吨	5 艘 /29 万载重吨

续上表

所属公司	2017 年底	2018 年底
香港海宝	8 艘 /144 万载重吨	8 艘 /144 万载重吨
广州振华	1 艘 /5 万载重吨	1 艘 /5 万载重吨
烟台中韩轮渡	1 艘 /1 万载重吨	1 艘 /1 万载重吨
神华中海	40 艘 /215 万载重吨	40 艘 /215 万载重吨
远华公司	2 艘 /7 万载重吨	1 艘 /5 万载重吨
海电公司	4 艘 /26 万载重吨	3 艘 /21 万载重吨
中发航运	1 艘 /7 万载重吨	1 艘 /7 万载重吨
中远海运（广州）	—	1 艘 /6 万载重吨
上海远望	2 艘 /15 万载重吨	2 艘 /15 万载重吨
合计	113 艘 /700 万载重吨	112 艘 /700 万载重吨

注：神华中海、远华公司、海电公司、中发航运、上海远望、中远海运（广州）是非并表合资航运公司，上海远望是代管公司。

【散运船队主要船型】

2018 年，中远海运散货船队典型船型主要有小灵便型散货船、大灵便型散货船、巴拿马型散货船、好望角型散货船，以及超大型矿砂船 5 种船型。

小灵便型散货船 主要为 4.5 万吨以下船舶，船舶型深较小，配有船吊，对港口适应性强。几款代表性船舶有：3.5 万吨散货船。2012 年 6 月 15 日—2013 年 12 月 27 日，山海关造船重工有限责任公司建造的“七仙岭”等 3 艘船舶交付。该型船舶总长 179.9 米、型宽 28.8 米、型深 14.6 米，载重量 3.46 万吨，航速 13.6 节，主机功率 6480 千瓦，配有 4 台 30 吨起重机。4.0 万吨散货船。2015 年 9 月 2 日—2015 年 12 月 29 日，天津新港船舶重工有限责任公司建造的“珍珠海”等 4 艘船舶交付。该型船舶总长 179.99 米、型宽 30 米、型深 15 米，载重量 4.0 万吨，航速 14 节，主机功率 6050 千瓦，配有 4 台 30 吨起重机。公司成立以来，先后接入“安定海”“珊瑚海”“绿松海”“建国海”“岫玉海”“复兴海”“德胜海”共 7 艘船舶，3.88 万吨散货船，船长 179.95 米、船宽 32 米、型深 15 米，满载吃水 10.5 米，共有 5 个货舱，可为国内外客户提供干散货运输服务。

大灵便型散货船 主要为 4.5 万 ~ 6.5 万吨船舶，对港口适应性较强。代表性船舶有：4.8 万吨散货船。2013 年 11 月 1 日—2015 年 10 月 29 日，中海工业（江苏）有限公司建造的“宝月岭”等 13 艘船舶交付。该型船舶总长 189.9 米、型宽 32.26 米、型深 15.7 米，载重量 4.77 万吨，航速 13.7 节，主机功率 7948 千瓦。5.6 万吨散货船。2004 年 3 月 28 日—2009 年 4 月 30 日，南通中远川崎船舶工程有限公司建造的“远宁海”等 9 艘船舶交付。该型船舶总长 189.9 米、型宽 32.26 米、型深 17.8 米，载重量 5.56 万吨，航速 13.5 节，主机功率 6970 千瓦，配有 4 台 30.5 吨起重机。5.7 万吨散货船。2009 年 1 月 10 日—2012 年 7 月 5 日，中海工业（江苏）有限公司建造的“中海昌运 1”等 22 艘船舶交付。该型船舶总长 199.82 米、型宽 32.26 米、型深 18 米，载重量 5.78 万吨，航速 14.27 节，主机功率 8510 千瓦。6.4 万吨散货船。2015 年 11 月 30 日—2016 年 11 月 28 日，中船黄埔文冲船舶有限公司建造的“丰德海”等 13 艘船舶交付。该型船舶总长 199.9 米、型宽 32.26 米、型深 18.5 米，载重量 6.38 万吨，航速 14.4 节，主机功率 8050 千瓦，配有 4 台 30 吨起重机。公司成立以来，先后接入“清华山”“宁静海”“丰和海”“丰秀海”“清泉山”等13艘船舶。该船型是目前市场主推的优秀船型之一，可满足当今市场的最新需求，绿色环保，并具有超低油耗、适港性强、适货性广、运营灵便等特点。

巴拿马型散货船 主要为6.5万~12万吨船舶，多数是通用型船舶。代表性船舶有：6.5万吨散货船。2013年1月18日—2014年1月18日，广州黄埔船厂建造交付的6.5万吨散货船“鹏锦”“鹏利”等4艘船舶，总长225米、型宽32.96米、型深17.5米，载重量6.5万吨，航速15节，主机功率12 730千瓦，是根据国内港口特点建造的内贸船舶。7.6万吨巴拿马型散货船。自2010年8月起连续5年，江南造船（集团）有限责任公司建造的巴拿马型船“日观峰”等11艘船舶交付。该型船舶总长225米、型宽32.26米、型深19.6米，载重量7.56万吨，航速13.82节，主机功率8833千瓦。8.2万吨巴拿马型散货船。2014年1月23日—2014年2月18日，广州中船龙穴造船有限公司建造的巴拿马型船“中粮1”等2艘船舶交付。该型船舶总长229米、型宽32.26米、型深20.2米，载重量8.2万吨，航速15.13节，主机功率10 260千瓦。11.5万吨巴拿马型散货船。2012年5月25日—2014年6月19日，上海江南长兴重工建造的巴拿马型船“桃花海”等8艘船舶交付。该型船舶总长254米、型宽43米、型深20.8米，载重量11.5万吨，航速14.92节，主机功率13 080千瓦。公司自成立以来，先后接入“华兴”“华盛”2艘船舶。

好望角型散货船 主要为12万~22万吨船舶。代表性的船舶有：17.5万吨散货船。2003年10月28日—2006年9月28日，上海外高桥造船有限公司建造的17.5万吨好望角型船“新旺海”等7艘船舶交付。该型船舶总长289米、型宽45米、型深24.5米，载重量17.5万吨，航速16.5节，主机功率16 850千瓦。17.8万吨散货船。2008年9月19日—2009年9月2日，上海外高桥造船有限公司建造的17.7万吨好望角型船“百安海”等4艘船舶交付。该型船舶总长292米、型宽45米、型深24.8米，载重量17.8万吨，航速14.36节，主机功率16 860千瓦。20.8万吨散货船。2011年1月18日—2011年11月18日，南通中远川崎船舶工程有限公司和大连中远川崎船舶工程有限公司各建造和交付了4艘20.8万吨好望角型船。其中，“中兴海”“天发海”等4艘船舶，船型总长300米、型宽50米、型深24.7米，载重量20.80万吨，航速14.8节，主机功率17 950千瓦；“恒盛”“恒顺”等4艘船舶，船型总长295米、型宽50米、型深24.7米，载重20.80万吨，航速14.2节，主机功率17 950千瓦。18万吨散货船。2014年3月18日—2015年7月7日，上海江南长兴重工有限责任公司建造的18万吨好望角型船“中海祥和”等4艘船舶交付。该型船舶总长295米、型宽45米、型深24.8米，载重量18.04万吨，航速15.53节，主机功率17 880千瓦。公司自成立以来，先后接入“新达海”“新丽海”“广元海”“广亨海”“广利海”“新昌海”“新富海”7艘船舶。

大型矿砂船型 主要为22万吨以上船舶。代表性的船舶有：23万吨矿砂船。2010年2月5日至2011年11月11日，广州中船龙穴造船有限公司建造的23万吨矿砂船“中海兴旺”等4艘船舶交付，该型船舶总长324.99米，型宽52.5米，型深24.3米，载重量22.90万吨，航速15.61节，主机功率22 500千瓦。29.7万吨矿砂船。2008年12月16日—2010年4月9日，南通中远川崎船舶工程有限公司建造的29.7万吨矿砂船“合恒”等6艘船舶交付。该型船舶总长327米、型宽55米、型深29米，载重量29.75万吨，航速14.5节，主机功率16 680千瓦。2009年2月13日—2010年12月20日，日本船厂Universal Shipbuilding Corporation，Ariake Shipyard建造的29.7万吨矿砂船“新鞍钢”等4艘船舶交付。该型船舶总长327米、型宽55米、型深29.25米，载重量29.75万吨，航速15节，主机功率16 934千瓦。30万吨矿砂船。2011年12月27日—2013年8月10日，大连船舶重工集团有限公司建造的“中海荣华”等6艘依次交付。该型船舶总长330米、型宽57米型、深28.6米，载重量31.5万吨，航速14.89节，主机功率25 200千瓦。

（李晓燕）

杂货特种船队

杂货特种船队

中远海运杂货特种船队主要经营管理半潜船、多用途重吊船、汽车船、木材船和沥青船等类型的杂货特种船舶。中远海运杂货特种船队的运力主要包括中远海运特运、中波公司、厦门远洋等公司船舶的运力。

截至 2018 年底，集团拥有和控制特种运输船舶 163 艘 /436 万载重吨，载箱量 9.1 万箱，汽车船的车位数为 4.3 万个。船队中自有船 136 艘 /358 万载重吨，载箱量 9.1 万箱，汽车船的车位数为 3 万个；租入船舶 27 艘 /78 万载重吨，汽车船的车位数为 1.3 万个。中远海运杂货特种船队总体情况见表 4-12。

杂货特种船队运力表（截至 2018 年 12 月 31 日）　　表 4-12

公司	自有运力				租入运力				控制运力			
	艘数（艘）	载重吨（吨）	载箱量（TEU）	载车量（个）	艘数（艘）	载重吨（吨）	载箱量（TEU）	载车量（个）	艘数（艘）	载重吨（吨）	载箱量（TEU）	载车量（个）
中远海运特运	103	2 607 630	53 689	30 592	24	686 394	0	12 800	127	3 294 024	53 689	43 392
中波公司	15	452 488	27 826	—	—	—	—	—	15	452 488	27 826	—
弘发公司（中波）	1	21 963	1094	—	3	90 064	0	0	8	259 815	8614	—
上海中波航运	6	213 400	7520	—	—	—	—	—	2	65 612	—	—
厦门远洋（特种）	7	253 210	1320	—	—	—	—	—	7	253 210	1320	—
中远海运物流	2	19 126	—	—	—	—	—	—	2	19 126	—	—
上海海运	2	15 814	—	—	—	—	—	—	2	15 814	—	—
小计	136	3 583 631	91 449	30 592	27	776 458	0	12 800	163	4 360 089	91 449	43 392

【中远海运特种运输股份有限公司】

中远海运特种运输股份有限公司（简称“中远海运特运”），经营管理半潜船、多用途重吊船、汽车船、木材船和沥青船等各类型特种船舶。中远海运特运的船舶结构合理、运载能力和适货性强、节能环保，能够承运包括钻井平台、机车及火车车厢、风电设备、桥式起重机、成套设备等超长、超重、超大件、不适箱，以及有特殊运载和装卸要求的货物。公司承运能力从 1 吨～ 10 万吨全覆盖，为广大客户提供安全、高效的运输服务。

2018 年，中远海运特运共新增 5 艘船舶计 6.8 万载重吨，退役 2 艘老旧船舶，同时新签订了 5+4 艘 62 000 吨多用途纸浆船造船合同。

截至 2018 年底，公司自有船舶 104 艘计 261.1 万载重吨（中远海运特运报集团生产统计的口径，自有船 103 艘包含代管中海汽车船的 1 艘“中海高速”。年报的口径不含代管船，另外包含了“泰华湾”和“荣华湾”。这两艘船是 2018 年新造沥青船，合同接船时间是 2018 年，但没有投入实际运营，系统中也没有数据，所以未含在上报集团生产统计的运力之中），比 2017 年增加 3 艘计 2.4 万载重吨，自有船队平均船龄 9.5 年。（柳芳）

【中波轮船股份公司船队】

中波轮船股份公司（简称“中波公司”）船舶随着连续几轮的更新换代，已经拥有了一支船龄年轻、结构合理的重大件设备货专业化运输船队，环球航线连接着亚、欧、美及北非的主要市场。截至 2018 年底，中波公司拥有船舶 15 艘，运力约 45 万载重吨，平均船龄 9 年。2018 年，中波公司中方成功购入 2 艘 33 000 载重吨二手多用途杂货船。下属单位上海弘发航运公司经营中方船队开辟澳新市场，开启澳新航线服务。中方船队按期完成了航标平台项目建设。

（陈晓波）

客轮船队

客 轮 船 队

中远海运客轮船队运力主要由中远海运客运、厦门中远海运、中远海运集运、青岛远洋等公司的船舶组成。截至 2018 年底，中远海运客轮船队运营船舶 15 艘 /80 996 载重吨，客位数为 14 961 个，车位数为 1894 个，载箱量为 1028TEU，其中自有运力 13 艘 /70 297 载重吨，租入运力 2 艘 /10 699 载重吨。除此之外，上海中远海运浦江旅游观光平台下属上海巴士旅游船务有限公司还经营管理 4 艘游览客船，客位总量为 1698 位。中远海运客轮船队运力具体情况见表 4–13。

中远海运客轮船队运力表（截至 2018 年 12 月 31 日） 表 4–13

公司	自有运力					租入运力					控制运力				
	艘数（艘）	载重吨（吨）	载箱量（TEU）	载客量（个）	车位数（个）	艘数（艘）	载重吨（吨）	载箱量（TEU）	载客量（个）	车位数（个）	艘数（艘）	载重吨（吨）	载箱量（TEU）	载客量（个）	车位数（个）
中远海运客运	7	39 361	0	9456	1429	2	10 699	0	2726	329	9	50 060	0	12 182	1758
三沙南海梦之旅油轮有限公司	1	5995	0	721	0	—	—	—	—	—	1	5995	0	721	0
闽台轮渡	1	10 326	256	683	136	—	—	—	—	—	1	10 326	256	683	136
厦门远洋	1	47	0	322	0	—	—	—	—	—	1	47	0	322	0
烟台中韩轮渡	1	6526	293	392	0	—	—	—	—	—	1	6526	293	392	0
中日国际轮渡	1	4321	250	345	0	—	—	—	—	—	1	4321	250	345	0
上海国际轮渡	1	3721	229	316	0	—	—	—	—	—	1	3721	229	316	0
小计	13	70 297	1028	12 235	1565	2	10 699	0	2726	329	15	80 996	1028	14 961	1894

【中远海运客运有限公司】

中远海运客运有限公司（简称“中远海运客运”）为中远海运（大连）有限公司全资子公司，主要经营大连至烟台、大连至威海、旅顺至东营（独家经营）航线。2018 年，中远海运客运经营客滚船 9 艘（含合资公司 2 艘、光租船舶 2 艘），客位是 12 182 个、载车线为 12 033 米，分别占渤海湾运力总量的 37.88% 和 30.87%。2018 年，公司经营 9 艘客滚船与滚动规划船舶保有量 11 艘有一定差距，其原因是地方公司将光租船“德银海”转让，公司所属“青山岛”轮转让给三沙南海梦之旅邮轮公司。（刘福阁）

【中远海运（厦门）有限公司】

2018 年，中远海运（厦门）有限公司在对台客运业务方面，载客量为 24.76 万人次，同比增长 13.3%，创历史新高；其中“新五缘”轮由公司直营，主要航行于厦金航线。“新五缘”轮是一艘采用世界先进制造工艺和技术水平的双体铝合金高速客船，总载重吨为 47 吨，船舶总长 42.3 米、宽 10 米、型深 3.4 米，满载 322 名乘客。“新五缘”轮配备了 2 台全球顶尖的最新喷水推进器，满载最高航速可达 31.5 节，进一步缩短了厦金两岸往来的时间。

2018 年，“新五缘”轮共运营 1344 个航次，载客人数 198 302 人次。往来海峡两岸的“中远之星”轮，则由合营公司的厦门闽台轮渡有限公司经营。（姚兆羽）

【客运合营公司】

1. 中日国际轮渡有限公司

中远海运集运所属的中日国际轮渡有限公司（简称“中日轮渡公司”），是原中远集团与日本日中国际轮渡株式会社创办的合资企业，成立于 1985 年 5 月 30 日。中日双方各占 50% 股份，在中日航线投入客货轮渡“鉴真”轮，从事国际客货运输及相关业务。随着改革开放的深入发展和中日两国间贸易的迅速增长，经交通部、外经贸委、中远集团批准，1993 年公司建造“新鉴真”轮。1994 年 4 月，“新鉴真”轮取代“鉴真”轮，投入中日航线营运。“新鉴真”轮可载集装箱 250TEU（其中冷藏箱 100TEU），旅客 345 人。

2018 年，“新鉴真”轮共完成 99 个航次，其中进口 49 航次，出口 50 个航次；完成集装箱重箱运量 9 544.5TEU；完成旅客运量 4648 人次；完成散货 1195 立方吨。公司实现全年利润总额 1354 万元。（王琳）

2. 上海国际轮渡有限公司

上海国际轮渡有限公司（简称“国际轮渡”），成立于 1992 年 10 月 29 日，由上海远洋运输有限公司与日本上海货客船株式会社合资组建，出资比例各占 50%。当时的中方股东为中国远洋运输（集团）总公司。1992 年 4 月，公司从日本购入新造客货轮“苏州号”。该轮总吨位 14 410 吨，全长 154.73 米，营运航速 22 节，可装载集装箱 229TEU，旅客定员 316 人。根据股东之间的协议，“苏州号”项目下设上海国际轮渡有限公司和日本上海轮渡株式会社两家公司，国际轮渡公司作为船东公司，将“苏州号”轮租赁给上海轮渡株式会社，由其负责经营。同时，国际轮渡公司受其委托担任“苏州号”轮在上海港的船舶代理并协助开展中国境内的经营活动。

2018 年，国际轮渡全年完成货运量 7649TEU、客运量 4722 人次，实现税后利润 547 万元。（翁丹丹）

3. 烟台中韩轮渡有限公司船队

中远海运（青岛）有限公司管理的烟台中韩轮渡有限公司（简称“中韩轮渡”），成立于 1995 年 10 月，是经营中国烟台至韩国仁川海上客货集装箱班轮航线的中韩合资企业，中韩双方出资比例各为 50%。公司具体股东及投资构成包括：中远海运（青岛）有限公司 45%、中国烟台外轮代理有限公司 5%、韩国株式会社鲜光 17%、韩国现代海运株式会社 9%、韩国株式会社国宝 9%、韩国林光开发株式会社 9%、韩国金永润 6%。

中韩轮渡先期主要经营中国烟台至韩国釜

山和群山航线。2000 年，中韩轮渡抓住市场机遇，开通烟台至仁川航线，并将釜山和群山航线相继关停。船期安排是每周三个往返航次，周一、三、五自烟台开航，周二、四、六自仁川返程。用于航线运营的“香雪兰”轮，集装箱舱位 293TEU、载客定员 392 人，是 1996 年由德国建造的豪华客箱船。2018 年，中韩轮渡面对船舶老旧、油价上涨、航线竞争激烈等恶劣条件下，积极采取有效措施，业务量稳步提升。

2018 年，公司累计完成客运量 69 147 人次，比 2017 年同期增加 18 966 人次，增幅为 37.79%；累计完成货运量 33 500TEU，同比增加 2.29 %；重箱率为 82.54%。2018 年，中韩轮渡营业收入为 17 002 万元，累计完成利润总额为 536 万元 。（张雯）

4. 厦门闽台轮渡有限公司

厦门闽台轮渡有限公司（简称“闽台轮渡”），是厦门市首家直航台湾海峡两岸的国有航运企业，总部设在厦门，浙江台州玉环设有分公司。2018 年，公司营业总收入 5244 万元，净利润 383 万元。

闽台轮渡经营海峡两岸间唯一一条以厦门为母港往返于海峡两岸之间的滚装班轮航线，投入船舶为“中远之星”轮。“中远之星”轮全长 186 米，宽 25.5 米，航速 22.85 节，26 847 总吨，8054 净吨，载客配员 683 名。船舱自下而上共计 8 层，1 ~ 3 层可同时容纳 150 辆小汽车，4 ~ 5 层是 256 个标准集装箱舱容设计的货舱层（其中包含有 80 个冷藏箱插位），6 ~ 7 层是经改装后拥有 640 个旅客卧铺的客舱层，第 8 层则是供旅客活动的公共区域。2018 年，“中远之星”轮共载客 49 273 人，同比增长 18.92%；运载集装箱 12 483TEU、散件杂货 1 291.398 0 计费吨、车辆 279 台，同比分别增长 2.82%、增长 136.08%、减少 22.28%。（姚兆羽）

5. 浦江旅游观光平台

上海中远海运浦江旅游观光平台下属上海巴士旅游船务有限公司成立于 2001 年 12 月 12 日，凭借 10 余年的浦江游览行业资历、成熟的运营团队，以及良好的品牌价值，为公司带来稳定的投资收益。截至 2018 年底，公司浦江旅游观光平台共经营管理 4 艘游船，分别是“振宇”“金灿灿”“康宁”和“蓝森”轮，客位总量为 1698 位，4 艘游船的总载重吨之和为 5586 吨。2018 年 2 月，上海浦江游览集团有限公司经上海交运（集团）公司以股权转让的形式转股 50% 成为股东方，与上海中远海运共同经营巴士船务。2018 年 3 月，巴士船务投资的上海水迪企业发展有限公司新项目——星愿湖旅游开发项目正式启动。2018 年 9 月，巴士船务合资公司上海浦江游览营运服务有限公司投入运营，经营态势良好。

2018 年，巴士船务累计完成客运量 442 034 人次，比 2017 年增加 33 997 人次，增幅达 8.3%；实现营业总收入 3 326.45 万元，完成利润总额 1 264.12 万元。（周敏励）

2019

CHINA COSCO SHIPPING CORPORATION LIMITED YEARBOOK

中国远洋海运集团有限公司

年鉴

第五篇

国际化经营

概述

概　　述

作为全球最大综合航运企业，中远海运集团始终对标全球最具竞争力的世界一流企业，国际化经营能力持续提升，已成为国际航运业东方平衡西方的重要力量。2017 年，在福布斯全球最受信赖公司 2000 强榜单中排名 104 位，成为全球唯一上榜的航运企业。2018 年，集团荣获国际海运权威机构——英国海贸（Seatrade）颁发的“全球最佳表现者”大奖。截至 2018 年底，集团在70 多个国家和地区设有境外公司近千家，境外资产占集团总资产的 57.6%，境外收入占比 56.2%，境外利润占比 53.7%。

“一带一路”建设

“一带一路”建设

自“一带一路”倡议提出到2018年底，中远海运在“一带一路”沿线完成投资558.7亿元，其中2018年完成投资388.3亿元。在“一带一路”建设中，集团持续构建沿线的“点、线、面”布局，为畅通沿线国家贸易流通、增强交通运输等基础设施能力，提供了纽带和支点，发挥了积极作用。

【区域海上运输】

中远海运以“21世纪海上丝绸之路”为主线，不断优化全球航线布局。2018年，中远海运在“一带一路”沿线布局集装箱班轮航线189条，投入运力184万TEU，占集装箱总船队规模的60%。在加大干线运力投入的同时，集团围绕区域间市场、第三国市场和新兴市场加大区域支线建设力度。集团在欧洲投入20艘船舶组建区域支线船队，全年完成区域内运输货量31.5万TEU，同比增长50%；在东南亚投入21艘船舶组建区域支线船队，全年完成区域内运输货量22.2万TEU，同比增长52%。除了集装箱班轮运输，集团还在“一带一路”沿线经营油品、干散货和杂货特种运输船队，为我国能源、基础材料和超长、超大、超重的大型设备进出口提供远洋综合运输服务。是年，中远海运在“一带一路”沿线共完成集装箱运输箱量1 215.2万TEU，同比增长9%；散运货量6469万吨，同比增长0.4%；能源运输货量5542万吨，同比增长31%；特运完成货量878万计费吨，同比增长12 %。是年，中远海运完成了对东方海外的收购，集装箱船队规模跃居世界第三，船队规模的增长不仅有利于提升公司竞争力，同时也为践行“一带一路”倡议提供了有力保障。2018年，中远海运与诺瓦泰克公司签署了战略合作协议，参与亚马尔LNG项目，对于保障国家进出口能源安全，推进北极航道常态化运营和落实海洋强国战略具有重大意义。

【沿线港口经营】

中远海运为中国企业参与沿线基础设施建设、特色园区打造、优质产能输出提供海外发展支点。截至2018年底，中远海运在“一带一路”共建国家和地区布局希腊比雷埃夫斯港、西班牙瓦伦西亚及毕尔巴鄂码头、比利时泽布吕赫码头和安特卫普码头、意大利瓦多码头等18个码头。

【陆海综合物流】

中远海运着力解决货物运输在“一带一路”沿线的陆路运输短板问题，推动“通道＋节点”建设，打造全球供应链综合服务能力。加大对中欧班列的投入力度。集团先后开通渝深、蓉深等10条国际货运班列；2018年，中欧班列共完成货运量2.35万TEU。加强对中欧陆海快线的布局。中欧陆海快线是远东通往欧洲的第三条贸易大通道；2018年，中欧陆海快线共完成货运量50 491TEU，同比增长27%。肩负“国际陆海贸易新通道”战略使命。开通了北部湾港首条国际外贸直航班轮干线，实现了西南地区与“一带一路”的无缝对接；与成都市开展战略合作，在建设多式联运国际保税物流园区、拓展新通道运营平台和海外延伸服务能力等方面均取得实质性进展；实现了“海南－东盟（新加坡）”班轮航线在海南首航，打通了我国西部地区、沿海港口货物通过洋浦中转至东南亚的新通道。加快布局海外关键物流节点。2018年，霍尔果斯无水港实现集装箱换装业务量 13.4 万 TEU，同比增长 44.6%；件杂货完成 3 万吨，同比增长 280%；获评“第四届连云港论坛”海外优秀项目；集团在阿联酋阿布扎比开工建设 27 万平方米集装箱场站，并以新加坡高昇控股物流公司为平台，拓展东南亚区域物流服务；在马来西亚布局巴生西港内的 ODD18 堆场，以及巴生西港外保税区内的两座仓库；通过收购当地物流企业，进一步完善在马来西亚的物流资源布局，扩大区域内的市场份额，与船队产生更大的协同效应。

【沿线投资项目】

东方海外 东方海外是世界排名第七的集装箱班轮公司。2017 年，东方海外船队规模为 102 艘，集装箱运输及物流业务总载货量 630 万 TEU，航线覆盖亚洲 、欧洲、北美、地中海、印度次大陆、中东及澳大利亚等地。2018 年 7 月 5 日，中远海控以 78.67 港元 / 股的价格正式签署股份买卖协议，收购东方海外 75% 的股权。交割后中远海控所持东方海外股比为 75%，满足保留其上市公司地位的条件，交易额 63 亿美元。2018 年 7 月 24 日，中远海运完成大股东股权交割，标志着对东方海外收购工作全面完成。随着航运业规模化经营成为大势所趋，中远海运收购东方海外后，成为全球第三大班轮公司，不仅有效提升了竞争力，而且有利于巩固香港国际航运中心的重要战略地位。

亚马尔 LNG 二号项目 诺瓦泰克是俄罗斯最大的独立天然气生产商之一。自“一带一路”倡议提出以来，诺瓦泰克与中石油、丝路基金和法国道达尔共同开发了俄罗斯首个特大型能源合作项目亚马尔 LNG 项目。中远海运在该项目上投资订造了 14 艘北极型 LNG 船舶和 4 艘常规型 LNG 船舶，还为项目提供了液化工厂生产模块的特种船运输服务。在亚马尔 LNG 一号项目投产后，诺瓦泰克着手开发北极 LNG 二号项目等后续北极地区 LNG 项目。二号项目计划于 2024 年投产，年产 1980 万吨 LNG。中远海运和诺瓦泰克公司于 2018 年 3 月签署了战略合作协议，约定推进双方在北极地区油气运输等业务领域的合作。2018 年 5 月，丝路基金和俄罗斯现代商船也加入了商谈。

北极航道的开拓是推进“一带一路”建设、落实打造“冰上丝绸之路”等战略的重要抓手。亚马尔 LNG 项目是“开展北极航道合作，共同打造冰上丝绸之路”倡议提出后，在俄罗斯实施的首个特大型能源合作项目，对提升国家海洋强国战略、保障国家能源进口和运输安全、推动北极航道常态化运行和推升中国船厂技术升级具有重大战略意义。

希腊比雷埃夫斯港 希腊比雷埃夫斯港项目是中远海运在“一带一路”沿线的重要投资项目。比港位于雅典西南，岸线总长 24 千米，陆地面积 272.5 万平方米，年吞吐能力达 720 万 TEU，是欧洲前十、世界排名第 32 位的港口。2009 年，中远海运参与比港 2、3 号集装箱码头私有化。2016 年 8 月 10 日，中远海运以 3.685 亿欧元的对价完成了对比雷埃夫斯港务局 67% 股份的收购，正式成为比港经营者。

中远海运正式参与比港私有化至今，推动比港吞吐量从接管之初的 68 万 TEU 提升至 2018 年 500 万 TEU，公司利润从收购之初的亏损 621 万欧元，到 2018 年实现盈利 7300 万欧元。比港在全球港口中的排名由最初的第 93 位跃升至第 32 位，且在 2011 年、2012 年连续两年成为全球集装箱吞吐量增速最快的港口。在创造良好效益的同时，中远海运积极履行社会责任。自 2009—2018 年底，中远海运为当地直接创造工作岗位 3100 个，间接创造岗位 10 000 多个；每年直接经济贡献约 3 亿欧元。

比港的发展也受到了各方肯定。2018 年 12 月 25 日，比港管理团队被授予“央企楷模”的荣誉称号，被誉为“一带一路”共商、共建、共享的样板项目之一。雅典经商大学将比港案例纳入其最新的 MBA 课程教材，评价中远海运的比港战略是正确的，认为该项目开启了比港发展的新纪元，为积极助力希腊经济复苏树立了一面新的旗帜。

中欧陆海快线 中欧陆海快线是贯穿亚欧的

新型海陆联运通道，是连接“21 世纪海上丝绸之路”和“丝绸之路经济带”的主要通道之一。2014 年 12 月，国务院总理李克强在贝尔格莱德会见塞尔维亚、匈牙利和马其顿三国总理，各方一致同意共同打造中欧陆海快线。中欧陆海快线南起比雷埃夫斯港，北至捷克布拉格，辐射 9 个国家， 7100 多万人口。与传统西北欧海铁联运通道相比，采用中欧陆海快线海铁联运通道可将整体运输周期缩短 7 ~ 11 天。

中欧陆海快线致力于打造第三条中欧贸易大通道，构建“海运-港口-铁路-公路”国际供应链。在推进中欧陆海快线建设的过程中，集团联合当地有实力的铁路供应商、运营商、物流服务商，以及场站供应商，围绕第三条通道，在股权、投资、业务方面等开展密切合作。通过“先行先试”，将中欧陆海快线的成功经验和模式复制到其他海外区域，切实形成覆盖全球的全程供应链服务网络。

2018 年，中欧陆海快线取得了不俗业绩，累计完成货量 50 491 万 TEU，同比上升 27%；共发出列车 829 列，同比增长 17%；客户数量 733 家，同比增长 34%。

阿布扎比哈里发码头 哈里发码头毗邻霍尔木兹海峡，是阿联酋的主要门户港之一，是阿布扎比与迪拜之间的战略要地，与内陆腹地紧密连接，地理位置优越，码头水深 18 米，条件良好。根据哈里发港发展规划，整个港口共分五期建设，中远海运投资的二期集装箱码头，全部建成后拥有 1200 米长的岸线，年处理能力可达 250 万 TEU。阿联酋自与中国建交以来，高层互访频繁，关系友好。此次中远海运港口对阿布扎比哈里发港的投资，致力于服务中国产品、中国企业开拓阿联酋市场，有助于进一步提升两国之间的贸易沟通和文化交流，对推动“一带一路”倡议在西亚地区落地意义重大。

2016 年 9 月 28 日，中远海运与阿布扎比港务局签署特许经营权协议，获得阿布扎比哈里发港 35 年 +5 年的特许经营权。2018 年 12 月 10 日，阿布扎比哈里发港正式开港，国家发展改革委副主任宁吉喆、交通运输部副部长何建中、中国驻阿联酋大使倪坚、阿布扎比王室委员会主席谢克哈米德等出席了开港仪式。截至 2018 年底，码头共完成吞吐量 14 万 TEU，完成靠泊逾百航次。

秘鲁钱凯码头 钱凯码头位于秘鲁中部的钱凯湾，距离首都利马约 78 千米，距离卡亚俄港约 55 千米，可以通过泛美高速公路直达，地理位置得天独厚。

钱凯项目是一个绿地项目，中远海运持有码头 60% 的股权。钱凯项目包括多用途码头、集装箱码头、物流园及相关的基建设施，其中一期项目建设涉及 1 ~ 4 号泊位，岸线长 550 米、水深 14 米，共约 620 万吨吞吐能力，初步匡算 4 个泊位及相关设施的投资额为 12.98 亿美元。

秘鲁副总统梅赛德斯 · 阿劳斯（Mercēdez Araoz）表示，此次中远海运投资秘鲁钱凯港口项目，是中秘两国长期友好合作基础的硕果之一，极大提升了秘鲁的港口、物流基础设施建设，促进了中秘贸易发展及中秘文化友谊。 （吴晓）

境外业务管理

境外业务管理

【坚持“三共”原则】

集团始终坚持“共商、共建、共享”三共原则，本着与东道国打造战略共同体的目标，将企业的发展战略与东道国的发展诉求相结合，通过带动当地就业、促进当地发展，实现“你中有我，我中有你”的本土化运营方针。在带动当地就业方面，集团积极推行“本土化管理”的经营理念，在推动海外产业发展的同时，秉承集团确立的“一个团队、一个文化、一个目标、一个梦想”的理念，推动文化融合和管理创新，增强外籍员工归属感，激发外籍员工工作积极性。截至2018年底，集团境外企业员工总数近2万人，其中外派人员不到500人，重用当地员工不仅促进了企业融合，保障了集团事业在海外的稳步发展，同时也有效带动了当地就业，树立了集团在海外良好的企业形象。

【境外企业制度建设】

中远海运集团注重加强境外管控制度体系顶层设计，将境外单位纳入集团统一的制度监管范畴。自2016年重组以来，集团先后发布了111项规章制度，其中97项适用范围涵盖境外单位。在加强境外公司治理方面，发布公司章程、董事会议事规则、总经理工作规则、“三重一大”决策制度等治理文件，明确议事规则和决策机制，形成权责对等、协调运转、有效制衡的治理机制，严格落实重大事项必须进行合法合规性审查的要求。在加强境外投资管理方面，发布集团投资管理办法、投资授权管理细则、投资项目后评估管理规定，买造船投资管理规定等相关制度，规范境外投资行为，明确投资权责，防范投资风险，实现对境外投资事前、事中、事后全流程管控。在加强境外国有资产监管方面，发布集团资产评估管理办法、产权登记管理办法、国有资产流转指导意见、资产评估项目公示管理细则、废钢船退役处置资产评估管理细则等相关制度，推动国有资产有序流转、防范国有资产流失风险；发布集团公司违规经营投资责任追究实施办法，加强国有资产监管力度，有效发挥违规追责在推动国有企业实现高质量发展、防止国有资产流失方面的重要作用。在加强境外经营风险防控方面，发布集团内部控制与风险管理办法，构建境外风险防控“三道防线”，建立分工负责、齐抓共管、协同联动的风险防控工作体系；发布集团公司内部审计管理办法、经济责任审计工作规定、境外审计工作规程等相关制度，构建内部监督体系，发挥内部审计监督作用，保障境外产业健康发展。

【境外融资管理】

集团境外融资由集团及集团下属二级公司实行集中统一管理，执行集团统一的融资及审批流程。结合不同时点，境内外融资成本差异，通过向境内外金融机构广泛询价，择优选择融资方案;并通过跨境资金池，实现境内外资金相互融通，从而有效降低集团债务风险和融资成本。集团主业公司中，中远海运集运、中远海运散运、中远海运能源、中远海运特运等专业航运公司均设立了境外经营平台，直接面向境外客户，积极“走出去”。由于境外主体初始投资额较少，长期以来主要依靠负债滚动发展，普遍负债率较高。为解决企业境外生产经营发展的资金需求，降低融资成本，各公司结合自身条件，利用境外融资优势，积极采取船舶抵押贷款、内保外贷、境外直接融资等多种方式。从整体来看，集团境外公司发展势头良好，从未发生债务违约事项。

【境外资金管理】

中远海运集团对境外资金进行集中管理。2018 年，集团将中远海运散运所属 11 家境外公司以及香港中远海运物流纳入境外美元资金集中管理范围，有关资金集中采取“账户零余额、收支分账户”的管理模式。在资金归集方面，实行按日清零策略。参与集中单位的收入账户只收不支，每日营业终了将账户余额通过电子银行系统归集至集团的集中账户，收入账户日终保持零余额；支出账户用于集中单位的对外支付，扣除已批准的对外付款外，原则上日终保持零余额，每周五营业终了支出账户资金余额归集至集团的集中账户。在资金拨付方面，实行预算分类管理。参与集中单位按月提交资金使用预算，按周提交付款申请；通过电子银行系统按天将资金下拨至成员单位的支出账户，再由各单位对外支付。同时，为应对突发资金支付需求，公司还建立了资金紧急支付机制和审批流程，服务于参与集中单位，保障业务顺利进行。

【国际化人才队伍建设】

在集团制定的《中国远洋海运集团有限公司“十三五”人才发展规划》中，将国际化人才队伍建设作为关键任务，以各级领导人员、海外员工为重点，着力加强经营管理人才国际化培训，加快培育一批具有国际视野、熟悉国际商业规则、善于跨文化经营管理的人才。在贯彻落实国家“走出去”战略和“一带一路”倡议中，坚持以新兴市场、区域内市场、第三国市场为重点，有计划地选派优秀人才到海外企业培养锻炼。加大海外本土化人才选聘力度，引进一批海外高层次人才进入海外区域公司或国家公司高管层，并试点在全球范围内统筹使用。驻外员工是集团国际化人才队伍的重要组成部分，中远海运坚持选拔政治素质良好、工作表现优异的干部到海外工作。2018 年，集团共选派、交流、调回驻外员工 178 人。同时，为进一步加强国内年轻员工的培养力度，加速集团境内外企业文化的融合，集团选派了 3 批 31 人到海外新兴市场进行 1 ~ 2 年的短期工作。（吴晓）

国际交流与合作

国际交流与合作

【重要外事会见】

会见奥地利联邦铁路 CEO

2018 年 8 月 12 日，集团副总经理叶伟龙会见奥地利联邦铁路 CEO 安德里亚斯·马太（Andreas Matthä）、奥铁直属铁路物流公司 RCA 总经理来克托先生一行，双方就合资公司交流了相关情况。继 2017 年多次会见后，双方在中欧陆海快线、匈塞跨境运输等业务均有良好合作。2018 年，集团拟与对方完成 BILK 场站的股权合作，并以此为标志性起点推动双方战略合作朝着更广阔的空间迈进。

会见新加坡交通部部长

2018 年 4 月 19 日，集团董事长许立荣会见了到访的新加坡交通部兼卫生部高级政务部长蓝彬明代表团一行。双方讨论了中远海运集团在新加坡的业务开展情况，并就航运业相关的热点话题展开深入探讨。本次会见有助于进一步推动集团在新加坡的业务发展，有利于落实区域公司与当地公司的项目，对推动两国经贸往来、互联互通起到重要作用。

会见英国交通部副部长

2018 年 5 月 30 日，集团董事长许立荣会见了来访的英国交通运输部副国务大臣 Ms.Nusrat Ghani 一行。双方就集团在英国的业务及有关话题进行了交流和讨论。（胡彧）

会见葡萄牙海洋部长

2018 年 6 月 6 日，集团副总经理俞曾港会见了来访的葡萄牙海洋部长安娜·宝拉·维托莉诺代表团一行。双方介绍了各方的发展现状及长期规划，并就未来开展合作交换了意见。此次会议上，葡国部长表达了与集团在锡尼什港展开合作的意愿，希望此次会见成为双方展开深入合作的良好开端。

会见希腊议长

2018 年 6 月 21 日，集团董事长许立荣在集团会见了希腊议长武齐斯及夫人、希腊驻华大使罗卡纳斯、希腊驻上海总领馆领事干宝希一行。武齐斯在会见中表示，中远海运在希腊 8 年来的投资运营，为促进希腊经济发展发挥了积极作用；中远海运的投资计划符合希腊政府未来五年的发展规划，必将为希腊经济发展带来更大裨益。

会见希腊外交部长

2018 年 8 月 29 日，希腊外交部长尼科斯·科恰斯到访中远海运集团总部，与集团董事长许立荣进行了会谈，双方就中远海运在希腊的投资与合作等议题进行了交流。科恰斯高度赞扬及肯定近年来中远海运集团整体业务的发展，特别是在推进比雷埃夫斯港合作项目中所发挥的重要作用，希望集团能够扎实推进比港和中欧陆海快线建设，打造“一带一路”合作典范。

会见哈萨克斯坦第一副总理

2018 年 9 月 25 日，正在中国访问的哈萨克斯坦第一副总理马明在北京与集团副总经理黄小文进行会谈。哈萨克斯坦驻华大使努雷舍夫、哈萨克斯坦投资发展部第一副部长斯科拉尔、哈萨克斯坦铁路国有股份公司董事长阿尔佩斯巴耶夫，以及连云港集团董事长丁锐、连云港集团总裁朱向阳等参加了会谈。会上，中哈双方就继续深化霍尔果斯无水港项目及下一步合作打算进行了交流。会谈前，黄小文还单独与哈萨克斯坦铁路国有股份公司董事长阿尔佩斯巴耶夫进行了会见。（胡彧）

【重要出访】

集团董事长许立荣参加巴拿马高访活动

2018年12月3日，集团董事长许立荣陪同国家主席习近平、巴拿马总统巴雷拉在巴拿马城共同参观巴拿马运河新船闸。习近平和夫人彭丽媛抵达新船闸时，满载集装箱的中国远洋海运集团所属“中远海运玫瑰”轮正在第一船闸停靠等待过闸。许立荣向两国元首汇报“中远海运玫瑰”轮情况、中远海运集团在巴拿马及中美洲地区的发展运营情况。两国元首夫妇向“中远海运玫瑰”轮船员挥手致意。玫瑰轮过闸时，习近平主席与玫瑰轮船长亲切通话，询问船上工作和生活条件，并慰问了全体船员。

当天，习近平主席在巴拿马城和巴拿马总统巴雷拉共同会见出席中国－巴拿马经贸合作论坛的双方企业家代表。许立荣参加了会见。12月2日，2018年中国（巴拿马）综合品牌展览会在巴拿马首都巴拿马城开幕，中远海运集团参展。12月3日，巴拿马总统巴雷拉到访中远海运展台，与许立荣进行了交谈，高度肯定了中远海运在推动中巴关系及双边经贸合作中的积极作用。

集团董事长许立荣参加新加坡高访活动

2018年9月19—21日，中共中央政治局常委、国务院副总理韩正应邀访问新加坡。访问期间，韩正考察了新加坡城市规划馆和新加坡国际港务集团，听取了双方企业积极参与“一带一路”建设情况介绍。

9月19日下午，正在新加坡访问的中共中央政治局常委、国务院副总理韩正到新加坡巴西班让港区中远新港码头调研。

韩正登上正在港口靠泊作业的2万TEU系列集装箱船“中远海运摩羯座”轮视察，参观新加坡国际港务集团（PSA）自动化码头控制中心，并听取中远海运集团和PSA相关负责人有关参与“一带一路”和南向通道建设的汇报。中远海运集团董事长、党组书记许立荣全程陪同调研。

韩正在调研中表示，中远海运集团与新加坡国际港务集团的合作是国际港航界强强联合的典范。中新两国合作前景广阔，希望两国企业牢牢把握“一带一路”带来的机遇，推动双方合作进一步向纵深发展。

集团董事长许立荣出访希腊、塞尔维亚

2018年10月13—15日，董事长许立荣在陪同交通运输部部长李小鹏出访希腊期间，与希腊海运与岛屿政策部部长福蒂斯·库维利斯（Fotis Kouvelis）举行会谈。中国驻希腊大使章启月、交通运输部相关司局负责同志参加了会谈及调研。许立荣表示，中希关系正处在新的发展机遇期，中远海运将积极响应国家策略，以比雷埃夫斯港、中欧陆海快线等旗舰合作项目为抓手，深入挖掘在海运、海事、港口、物流和船舶检验等领域的合作潜力，开启更多互利合作项目。库维利斯表示，中国投资经营比雷埃夫斯港，双方团队经过数年努力将该港世界排名由2010年的第93位提升至2017年的第36位，创造了奇迹，也续写了希中友谊。在出访期间，许立荣还专程到中国驻希腊大使馆拜访了中国驻希腊大使章启月，并与中远海运在希腊企业负责人和员工代表召开了会议。

10月17日，许立荣应邀在塞尔维亚总理府拜会塞尔维亚总理阿娜·布尔纳比奇（Ana Brnabić），双方就进一步开展在塞尔维亚业务合作，特别是加强中欧陆海快线合作事宜进行了探讨和交流。中国驻塞尔维亚大使李满长和政务参赞田一澍出席会面。在会谈中，布尔纳比奇总理表示，塞尔维亚愿意与中远海运开展积极合作，拓展从希腊比港到欧洲内陆的运输业务。

集团董事长许立荣参加阿布扎比港二期码头开港仪式

2018年12月10日，中远海运阿布扎比码头开港仪式在阿布扎比哈里发港举行。国家发展改革委副主任宁吉喆、交通运输部副部长何建中、中国驻阿联酋大使倪坚、中远海运董事长许立荣、阿布扎比王室委员会主席谢克哈米德殿下、阿布扎比交通局主席迪亚布·本·穆罕默德、阿联酋国务部长兼阿布扎比港务局主席苏尔坦·贾比尔等出席了开港仪式。

哈里发港位于“一带一路”沿线及西亚地区航运的枢纽咽喉，是阿联酋阿布扎比的主要集装

箱门户港，位于阿布扎比与迪拜之间的战略要地，与内陆腹地紧密连接，地理位置优越。随着中远海运阿布扎比码头的建成并投入运营，哈里发港的世界排名也大幅提升。（胡彧）

【主要签约活动】

中远海运港口泽布吕赫码头特许经营权及达飞航运入股签约仪式

2018年1月22日，集团董事长许立荣出席了中远海运港口泽布吕赫码头特许经营权和法国达飞航运入股泽布吕赫码头10%的谅解备忘录签约仪式。在签约仪式上，中远海运港口有限公司宣布中远海运港口泽布吕赫集装箱码头获泽布吕赫港务局给予特许经营权优惠，合同期限至2040年。同时，中远海运港口宣布法国达飞海运集团公司拟初步入股中远海运港口泽布吕赫码头10%股权，并于特许经营签署仪式后，签署了有关入股谅解备忘录。

比利时副首相兼就业、经济及消费者事务大臣刻芮斯·彼得斯（Kris Peeters）、中国驻比利时王国特命全权大使曲星、中国驻比利时大使馆经商参赞郭建军、比利时西法兰德斯省省长卡尔·德卡路威（Carl Decaluwé）、比利时泽布吕赫港务局董事局主席兼比利时布鲁日市市长雷纳特·兰代特（Renaat Landuyt）、比利时泽布吕赫港务局总裁尤阿希姆·孔智（Joachim Coens）、比利时泽布吕赫港务局荣誉副主席文森特·德·塞德勒（Vincent De Saedeleer）、达飞董事执行总裁法利·沙伦（Farid T. Salem）、中远海运集团董事长许立荣、中远海运集装箱运输有限公司总经理王海民及中远海运港口副主席兼董事总经理张为等出席了签署仪式，共同见证了协议的签署并致辞。

中远海运与迪拜环球港务签署合作备忘录

2018年3月22日，中远海运集团与迪拜环球港务集团（DP World）在上海签署合作备忘录，集团副总经理黄小文、DP World亚太区执行总裁Andrew Hoad等出席签约仪式并见证签约。此次签署合作备忘录，双方将进一步建立全球战略合作伙伴关系，促进在全球范围内的港口码头、物流合作，凭借双方规模与网络优势，紧抓“一带一路”倡议机遇，发挥协同效应，促进互利共赢。

中远海运与俄罗斯诺瓦泰克签署战略合作协议

2018年3月27日，在金砖国家工商理事会中期会议期间，集团董事长许立荣与俄罗斯诺瓦泰克集团董事长米赫尔松在上海见面，双方签署了战略合作协议。双方表示，进一步推进亚马尔二期油气运输、特种船模块运输、堪察加半岛LNG转运中心、北极航线等业务领域的合作，共同为打造冰上丝绸之路作出贡献。

中远海运集运与哈萨克斯坦国有铁路快运公司签署战略合作协议

2018年5月16日，哈萨克斯坦铁路国有股份公司总裁卡纳特·阿尔皮斯巴耶夫一行到访中国远洋海运集团总部。集团副总经理黄小文与卡纳特·阿尔皮斯巴耶夫进行了会谈。会后，在双方领导见证下，中远海运集运与哈铁快运签署了战略合作协议，双方拟在电子数据交换、中欧、中亚班列、霍尔果斯东门无水港项目等方面进一步加强合作。（胡彧）

【重要论坛及国际组织活动】

金砖国家工商理事会2018年中期会议

2018年3月27日，金砖国家工商理事会2018年中期会议在上海举行。来自五国理事会成员单位、新开发银行等合作机构的250余名代表参加会议。会议由金砖国家工商理事会主席、中远海运集团董事长许立荣主持，南非理事会主席伊克巴尔·舒尔维、俄罗斯理事会主席谢尔盖·卡特林、印度理事会主席代表纳文·卡普、巴西理事会主席授权代表何塞·塞拉多尔分别代表本国理事会在会上发言。新开发银行行长瓦曼·卡马特、副行长萨尔基斯、卡兹别科夫应邀出席会议。

会议积极落实五国领导人在厦门会晤期间达成的共识，召开区域航空工作小组第一次会议，与新开行举行对话，发布《金砖国家数字经济发展倡议》，成立数字经济工作小组，讨论成立金砖国家妇女工商俱乐部倡议并完成理事会 2018 年主席权交接，南非理事会正式接任主席。

金砖国家工商理事会年度会议系列活动

2018 年 7 月 22—23 日，金砖国家工商理事会在南非德班召开 2018 年度会议。来自五国理事会、新开发银行等机构的 450 余名代表参加会议。会议审议通过《金砖国家工商理事会 2018 年度报告》，听取 9 个行业工作小组报告，并明确下一步工作重点。集团董事长许立荣代表中方理事会签署年度报告。会上，许立荣表示希望五国工商界继续密切沟通，进一步落实与新开发银行签署的战略合作谅解备忘录，重点推进区域航空、数字经济、综合物流基础设施等领域合作，鼓励更多企业通过理事会平台开展对话合作。

在金砖国家领导人第十次会晤期间，五国领导人在南非约翰内斯堡同金砖国家工商理事会成员进行对话。许立荣作为金砖国家工商理事会中方主席代表中方理事会参加对话会。其间，许立荣代表中方理事会向习近平主席递交《金砖国家工商理事会 2018 年度报告》。

2018 年冬季达沃斯论坛

2018 年 1 月 23—26 日，世界经济论坛第 48 届年会在瑞士达沃斯 – 克洛斯特斯召开，集团董事长许立荣参加了年会开幕式、中外企业家 CEO 对话会、“中国的经济政策”分论坛，以及“新时代下的中国与世界”分论坛等活动。其间，许立荣还会见了重要的客户和合作伙伴，并与马士基集团首席执行官施索仁（Soren Skou）举行了会谈。此外，许立荣还接受了央视财经频道《对话》栏目的采访。

第一届巴拿马 – 中国海事论坛

2018 年 4 月 16 日，第一届巴拿马 – 中国海事论坛在上海举行，巴拿马驻上海总领事馆还在此之前举行了开馆仪式。集团副总经理俞曾港出席论坛及总领事馆开馆仪式。巴拿马海事部部长豪尔赫·巴拉卡特·皮特（Jorge Barakat Pitty）、巴拿马驻上海总领事沈理康出席了论坛。

俞曾港代表集团在论坛做了发言，全面介绍中远海运在巴拿马的业务开展情况，并表示，新运河时代的巴拿马必将成为“21 世纪海上丝绸之路”向拉美自然延伸的窗口和门户，也必将为亚洲和美洲乃至全球贸易往来与发展带来更多的机会，希望本次论坛更好地推动中巴两国在海事领域的合作。

首轮中韩商业领袖和前政府高官对话

2018 年 6 月 29 日，中国国际交流中心在北京召开了首轮中韩商业领袖和前政府高官对话。本次活动旨在通过强化非官方务实交流合作，搭建两国工商界交流思想和观点的平台，协助两国政府加强沟通，增强国家间宏观经济政策的协调。集团董事长许立荣参加了此次活动，并在圆桌讨论中就“中韩自贸协定”及两国企业在产业领域的发展与合作机遇做了发言。还就国际经济形势、中韩经贸关系等话题与参会嘉宾进行了深入交流。

第八届中欧论坛汉堡峰会

2018 年 11 月 26—27 日，第八届中欧论坛汉堡峰会在德国汉堡召开，国务院副总理刘鹤出席闭幕式并发表主旨演讲。集团副总经理俞曾港参加峰会，并在 11 月 26 日下午举行的“中欧美贸易关系——如何重新平衡并加强全球贸易关系”的平行论坛对话会上做了交流发言。俞曾港表示，中远海运集团将以践行“一带一路”倡议为契机，将继续加强与欧洲企业的交流，并在资源共享和协同发展的前提下，开展更紧密、更深入、更广泛的合作。（胡彧）

第四届丝路国际论坛

2018 年 12 月 7 日，集团董事长许立荣出席了在法国巴黎召开的第四届丝路国际论坛。国务院副总理胡春华，法国前总理、展望与创新基金会主席让 – 皮埃尔·拉法兰（Jean-Pierre Raffarin），联合国工业发展组织执行干事法图·海德拉（Fatou Haidara），塞尔维亚前外长、第 67 届联大主席、国际关系与可持续发展中心主任武克·耶雷米奇（Vuk Jeremić），中国国务院发展研究中心主任李伟出席开幕式并致辞。许董事长在“一带一路”与包容性发展环节中，就“共享发展知识与合作商机”议题作了发言。（胡彧）

2019

CHINA COSCO SHIPPING
CORPORATION LIMITED
YEARBOOK

中国远洋海运集团有限公司

年鉴

第六篇

安全生产

概述

概　　述

2018 年，中远海运集团深入学习贯彻落实习近平总书记和党中央、国务院对安全生产工作的重要指示批示精神，按照集团 2018 年工作会、安全工作会的部署，立足新起点、适应新要求、迎接新挑战，认真履行安全职责，为集团改革发展提供了有力的安全保障。（裴凯）

安全制度体系

安全制度体系

【安全生产责任制】

2018 年，中远海运集团组织对《安全生产职责管理规定》进行修订，进一步明确各部门、各单位和各级领导的安全生产责任；与各直属单位签订安全生产工作责任书，明确安全生产考核指标与要求，对安全生产绩效考核工作进行完善，加大安全考核的比重，强化对安全生产的过程性考核工作；与总部职能部门签订安全生产工作责任书，明确安全管理职责要求。（裴凯）

【安全制度体系建设】

2018 年，按照集团安全制度体系的总体设计和专项工作需要，中远海运集团共制定、修订《安全生产职责管理规定》《安全生产风险管理规定》和《船舶舵机管理指导意见》等 10 个规章制度和指导意见，形成了以《安全生产监管办法》为总纲，《安全生产绩效考核管理细则》等 15 项制度为核心，《防台防汛工作指导意见》《船舶防海盗工作指导意见》等 12 项专项指导意见为补充的制度体系框架，形成了较为全面的安全生产制度体系，为集团安全监督管理工作提供了制度保障。（裴凯）

安全工作重点

安全工作重点

【重点管控】

季节性安全、重点船舶及关键时段安全：2018年，集团及各单位密切做好恶劣天气的跟踪和监控，根据季节特点共跟踪寒潮大风、雨雪冰冻、强对流、海冰和能见度不良预警等重要气象信息343次；每天对客滚船、实习船、特殊货载船舶、大型船舶和新接船等重点船舶进行跟踪，共跟踪船舶29 512艘次；做好对全国两会、博鳌亚洲论坛、上合组织峰会、国家法定节假日等重大活动和关键时段的跟踪提醒和值班监控工作。

集团改革安全生产保障：中远海运集团密切跟踪集团船员管理改革实施情况，指导船舶管理改革和地区公司转型等工作，重点关注安全管理组织机构设置、人员配备及体系建设等工作情况，对岸基机关工作开展情况进行调研、检查，确保安全管理“不断不乱”。

首届中国国际进口博览会安全生产保障：结合国家有关部委和上海市工作部署，集团高度重视，制定《中国远洋海运集团关于“2018年中国国际进口博览会”安全生产专项保障工作方案》；按照核心保障区域、重点保障区域和外围保障区域的安全保障要求，对涉及的相关陆岸单位进行责任分工、重点布控、细化措施；各单位把服务首届进博会作为重大政治任务和促进企业全球化高质量发展的重要契机，全过程、多层次、多领域深度参与进博会；安全、高效地承运近100家展商、10个国家馆和1个国际组织的展品，有序开展各项工作，为首届进博会召开提供安全稳定的环境。

重点项目方面：2018年，在北极东北航道航行实施过程中，集团及有关单位根据《船舶北极航道航行指导意见》，组织专家召开2018年北极航行安全研讨会，确定2018年的航行窗口期、航行总体计划，密切跟踪船舶航线设计和执行情况、航行前方的气象冰况情况，船舶安全措施的落实情况。从7月5日“天惠”轮德国埃姆登EMDEN启航开始，到10月25日“天佑”轮顺利抵达中国南沙港为止，集团共完成“天惠”轮、“天佑”轮、“天恩”轮、“天健”轮、“天祺”轮、“天禄”轮6艘船舶、8个航次（其中“天佑”轮、“天惠”轮执行往返航次），经北极东北航道的远东—西北欧北极航行任务。与常规航次相比，此次航行共节约里程26 400海里，节约时间82天，节约燃油2043吨。（裴凯）

【安全活动】

2018年，中远海运集团以“严肃驾驶台值班纪律，规范值班瞭望和交接班行为”为重点，开展“驾驶台班组专项整治活动”，大力开展船舶驾驶台视频检查，并通过集团例会、《中远海运报》开设安全检查专栏等形式及时通报问题、警示他人，狠抓驾驶台资源管理，严肃驾驶台值班纪律，确保航行安全；以“明确现场负责人和责任边界”为重点，深入开展“现场工班组专项整治活动”，以班前安全交底等班组安全活动为依托，重点规范、明确班组现场安全责任人和责任边界，推进班组自主管理；持续加强对分承包方的监管，推动各单位制定分承包方建库、准入审核、定期考评和强制退出机制，鼓励、督促相关单位使用与自身行业地位相匹配的优质分承包方，降低分承包方安全管理风险。

2018年，集团以“生命至上、安全发展”为主题，组织开展“安全生产月”活动。其间，集团公司、各单位通过网站、报刊杂志、自媒体平台、宣传展板和开展知识竞赛、安全征文等平台、活动，积极参加“6·16”安全宣传咨询日活动，做好安全进车间、进班组、进家庭，大力宣传安全理念及安全知识；坚持“安全生产月”活动与年度安全生产任务相结合，与基层车间和一线船舶、班组建设相结合，以“保安全”为核心，以“强基础”为重点，在全系统持续推进“驾驶台班组和现场工班组管理专项整治活动”；大力开展应急建设工作，认真组织开展应急演练，坚持“贴近实战、注重实效”的原则，通过应急演练，发现预案存在的不足，组织进行评估、改进，使员工进一步了解掌握应急处置程序及要求。

（裴凯）

【安 全 培 训】

2018 年，集团制定《船长和驾驶员操纵和避碰能力提升培训指导意见》，指导船员公司和各航运公司联合开展专项培训，持续提高船长和驾驶员避碰意识和操纵技能；积极推动船员在线培训系统建设，整理、优化培训课件 90 个，并在中远海运能源、中远海运散运、中远海运特运和中远海运客运等单位船舶上进行实船安装、测试。（裴凯）

【防 台 工 作】

2018 年，台风生成数量多，西北太平洋共生成台风 29 个；台风强度大，超强台风达到 5 个；路径复杂多变，对我国沿海造成直接影响的台风有 11 个，其中有 3 个台风在上海登陆，为新中国成立以来最多的一年，部分台风对华北、内蒙古和东北地区造成较大影响，共计有 1015 艘次船舶和广东、福建、海南等沿海陆岸单位受到影响。集团及各单位、船舶严格落实“以防为主、适时早避、留足余地”的防台方针的防台原则，保持了船岸单位防台的总体稳定。（裴凯）

【防海盗工作】

2018 年，国际形势复杂多变，对防海盗和船舶保安工作带来较大影响。全球共收到海盗袭击袭扰事件报告 204 起，包括劫持 9 起、袭击 42 起、登船 93 起、试图登船 30 起、疑似接近 30 起，其中 8 起劫持事件发生在西非几内亚湾海域、1 起发生在东南亚海域，局部海域防海盗形势依然严峻。集团公司组织对各海区海盗活动特点及风险进行评估，对防海盗报告区（警戒区）进行调整；将报告区分为两个警戒级别，对不同等级的警戒区提出相应防范建议。

2018 年，航经印度洋亚丁湾、西非几内亚湾、菲律宾南部等防海盗重点区域的集团所属船舶共 2115 艘次，其中有 1687 艘次船舶立足自防，另有 411 艘次船舶雇佣武装保安随船护航、17 艘次船舶参加海军护航。各单位、船舶严格执行集团“预防为主、时刻警惕、立足自身、尽早准备、迅速行动、拒之舷外”的防海盗基本原则，认真落实各项防海盗措施，安全情况均保持正常。

（裴凯）

【安全风险管控】

2018 年，中远海运集团密切跟踪港口国监督检查（PSC）、船旗国监督检查（FSC）、内外部典型事故，以及国际公约最新动态，组织对有关单位、船舶进行检查，做到举一反三、逐一排查；积极开展专项研究，对船舶舵机管理、对外船管、船舶外包委托管理、1.9 万箱大型集装箱船船体结构安全、应对低硫燃油等重点工作进行研讨，及时发布提示和要求；及时组织专题研究，提醒各单位严把燃油采购关，做好燃油的贮存、处理和使用管理，减少、避免因燃油质量引发船舶安全风险。（裴凯）

【安 全 检 查】

2018 年，中远海运集团进一步突出安全检查的导向作用，制定《中国远洋海运集团 2018

年安全检查计划》，按计划组织各单位开展了三个阶段的安全检查工作，分别突出船舶驾驶台和现场工班组管理、分承包方管理和主要领导安全履职、岸基机关安全管理等重点。集团安全检查组共检查船舶 658 艘次，发现缺陷 7016 项，安全检查标准进一步规范；集团公司共检查陆岸单位 40 家，发现问题及隐患 299 项，提出管理建议 265 项，安全检查要求进一步细化。（裴凯）

安全文化与科技

安全文化与科技

【科 技 兴 安】

2018 年，中远海运集团持续推进航标平台“船舶资料、费用管理、能效管理”三个主要模块在全系统各航运单位的全面应用，带动了船舶管理、修船管理等模块的广泛使用，实现了 CCS 船舶证书，以及检验信息、规范指南、通函技术通告等电子信息与航标平台的对接；组织开发船舶防海盗模块并全面上线、应用，实现了对防海盗监控、海盗活动信息、船舶保安护航管理和防海盗器材管理的动态监管，大大提高了船舶防海盗工作的监管效率。

2018 年，集团以总部大楼搬迁为契机，大力推进集团应急指挥中心智能化建设，做好总值班室设备调整、数据备份和应急通信预案，安排值班室人员做好新、老大楼并行应急值班，5 月 28 日 10 时新、老大楼各种联系通信方式正式切换、平稳过渡；充分结合“集团船舶监控系统”、航运信息化平台，以及船舶和陆岸单位远程视频网络等平台，发挥应急指挥中心“日常监控、远程指导、应急应变、窗口展示”的作用，各项功能趋于稳定，共接待各单位、各级领导参观、观摩百余次，成为集团对外展示的重要窗口之一。

（裴凯）

【安全文化建设】

2018 年，中远海运集团积极参与国际海事组织海安会、环保会和国务院国资委、交通运输部专题会等国际、国内会议，有效利用举办的全球贸易与供应链峰会暨国际海运年会、中国油运安全论坛等会议主场，积极代表企业、行业在安全理念传播、节能减排措施和航海专业技术等发出声音，为集团、行业争取有利条件。

中国航海学会驾专委及《中远海运安全》杂志：2018 年，集团与中国航海学会海上船舶驾驶专业委员会联合，组织开展船舶进出港安全、船舶电子海图应用与管理、极地航行安全等专题研讨，为加强船舶管理建言献策；以《中远海运安全》杂志为平台，积极总结、积累航海经验，2018 年共出版 12 期、刊登了 361 篇文章，选送论文参加中国航海学会评比，有 6 篇论文被评为优秀论文。

《船舶防避台风论文集》：2018 年，集团组织一线船长和船舶管理人员，收集、整理历年船舶防避台论文，总结防避台风理论、操作、岸基管理与支持等方面的实践经验，逐一筛选、评估，整理、编制了《船舶防避台风论文集》。该文集共包含理论篇、实践篇和综合篇，收录论文 45 篇、近 20 万字，逐步积淀集团公司航海经验，为建设海洋强国提供安全支持。（裴凯）

2019

CHINA COSCO SHIPPING CORPORATION LIMITED YEARBOOK

中国远洋海运集团有限公司

年鉴

第七篇

企业管理

概述

概　述

2018 年，中远海运集团紧紧围绕“两个不低于”（不低于上年水平、不低于市场平均水平）的经营管理目标，沉着应对复杂多变的市场环境挑战，着力提质增效，持续深化改革，突出创新驱动，优化资源配置，各项管理工作均取得积极成效。

财务管理方面，按照“集中、统一、共享”的管理思路，以管理创新为动力，积极推进财务制度建设及财务信息化建设，不断完善集团财务管控体系，提升财务管理水平，着力做好资金需求保障、改革重组财税支持、降杠杆减负债等专项工作，圆满完成上年度财务决算工作，获得财政部、国务院国资委通报表扬，连续两年在财政部中央企业财务决算排名中位列前五。

人力资源管理方面，大力实施人才强企战略，着力推进干部人才队伍建设；加大对年轻干部的培养，强调敢于把年轻干部放在重要位置；创新干部的考核思路和管理理念，坚持科学选人用人标准；大力培养使用复合型、创新型、国际化人才；不断加强海外员工管理，加强海外干部的人文关怀。

资本运营管理方面，围绕集团年度战略目标，紧跟市场形势变化，全力推进重大战略并购项目，积极开展上市公司资本运作，以资本市场为纽带助力集团资产结构和综合实力的全面提升；积极落实集团年度重点工作任务，拓展思路、创新方式，推动“处僵治困”、聚焦存量资产、创新盘活方式等专项工作取得实质性进展；加强集团金融股权管理，做好风险防控工作；进一步完善基础制度建设，积极做好产权流转审批、资产评估和产权登记各项工作，确保重组整合及资本运作工作的顺利推进。

内部审计管理方面，集团各级审计机构认真落实全国内部审计工作座谈会要求，聚焦集团中心工作，服务大局，紧紧围绕提升管理、防控风险和反腐倡廉的工作任务，切实履行审计监督职责，为集团改革发展、提质增效和从严治企提供保障。

采购管理方面，围绕控制成本、提高效率、保证质量、防范风险、发挥协同效应 5 个维度，全力推进数字化集中采购、标准化产品管理、信息化平台建设等各项工作。在 2018 年 7 月国务院国资委公布的中央企业采购管理对标评比排名中，集团列为第四小组第三名；在所有 98 家央企评分中排名第九，对标评比位次连年提升，采购管理工作取得长足进步。

法务和风险管理方面，坚持依法治理、依法经营、依法管理共同推进，构筑集团法务风控工作管理体系；强化法治建设顶层设计，坚持“统筹安排、分步实施、讲求实效”的工作思路，把握“基础重建、重点提升、创新发展”三个阶段推进集团的法治建设；强化重大项目、重要法律文件的审核把关，提供法律服务保障，确保重组并购方案和交易行为依法合规；狠抓案件管理，促使集团存案数量和金额逐年递减；进一步规范内部控制与风险管理，夯实风险管理体系基础，加强风险闭环管理，为全面提升企业抗风险能力提供制度保障。

财务管理

财务管理

【资金管理】

1. 推进资本市场直接融资

2018年，集团完成本部200亿元公司债注册工作；充分研判市场，抓住有利时间窗口，分期发行公司债累计110亿元，各期利率均为同期可比市场最低水平。完成中远海控、中远海发100亿元中票和180亿元超短融的注册工作，中远海控成功发行40亿元三年期中票，票面利率4.05%，低于同期银行贷款利率20个基点，存续期内节省财务费用3.87亿元。创新融资方式，中远海发完成50亿元租赁资产抵押支持债券发行，保障集团租赁产业可持续发展。加大权益融资力度，积极推动中远海发不超过60亿元可续期债券、港口不超过10亿美元可转债的发行工作。通过融资方式和品种创新，进一步拓宽融资渠道、改善资本结构、降低融资成本。

2. 落实重大项目资金需求

积极推进中远海运收购东方海外项目，落实43亿美元过桥贷款、跨境担保备案等资金安排，确保项目顺利实施。积极推进"丝路基金"项目，主导120亿元七年期境外人民币融资工作，保障项目中长期资金来源。结合集团所属上市公司"定向增发"方案实施，落实中远海控定增配套的并购贷款，积极协调引入定增投资人，保障定增资金来源。制定集团新增设地区公司的改革方案，积极提供资金保障，合计筹措资金80亿元，有力推动地区公司的改革发展。

3. 多措并举保障重点单位融资需求

加强融资工作的指导和资金风险监测，落实融资项目，保障企业发展资金来源。对重点单位提供直接信用支持，争取银行采用集团额度切分、流动性支持等方式对重工授信提供支持超过150亿元。发挥集团总体议价优势，推动中远海运散运、中远海运金控等单位落实融资金额累计超过15亿美元；在保障资金需求的同时，每年可节约融资成本约8000万元。

4. 推进全球集中统一的资金管控模式建设

按照"集中管理、提升效率、保障需求、降低成本"的资金管理原则，围绕"一套体系、一个中心、两个平台"的资金管控模式，集团积极推进项目建设。筹建"司库运营中心"，制定集团全球资金管理模式建设方案，明确司库运营中心管理职责、人员编制及工作机制；中远海运财务公司运营事务部作为司库运营中心的一部分，已正式运行。完善两个平台建设，完成境内资金集中平台财务公司的整合工作，确定VENUS公司为境外资金管理平台，制定资金集中管理方案。启动集团跨境"双向双币种"资金池方案，实现"账户、资金、融资"的集中统一管理，在保障资金安全的同时，有效提高集团资金运用效率和效益。

2018年末，集团外部融资4131亿元，平均资金成本3.38%，成本率位居央企前列；集团内部融资573亿元，其中财务公司贷款余额264亿元，节省资金成本13亿元。（赵丰年）

【预算管理】

1. 完成2018年预算编制工作

按照2018年度预算管理工作要求，集团理顺各单位管理关系，完善预算编制、执行、监测、考核的闭环工作流程，夯实"全员、全过程、全要素"的预算管理工作机制。按照产业集群业务板块战略目标，审核各单位预算，重点关注收支项目及资产负债等关键指标，对各单位预算反映出的突出问题及时提出意见和要求。做好融资预算和总部行政费用两类专项预算工作，有效控制各单位融资规模上限和集团行政费用支出。

2. 加强 2018 年预算执行监控

通过滚动测算，持续跟踪所属单位预算执行进度，及时发现预算执行过程中存在的问题，重点关注影响效益的重大事项进展，督促预算执行差异较大的单位及时采取有效措施，瞄准年度预算进度，推进预算目标落实。以价值创造为导向，细化分解所属单位 2018 年度财务类业绩考核指标及目标值，通过全面预算与业绩考核及薪酬兑现的有效衔接，促进预算执行到位。

3. 做好 2019 年度预算编制准备工作

强化战略管控及引领，早启动、早布置做好 2019 年度预算各项准备工作。8 月下旬起开始征集市场形势，研究预算假设，优化预算报表，为年度预算编制工作打下坚实基础。部署所属单位切实贯彻集团的预算工作总体要求，科学设定 2019 年预算目标，做好预算编制工作。组织集团职能部室，按照产业集群业务板块战略目标，对所属单位初步预算目标、经营措施进行审核、约谈，提出修改完善要求，推动预算与战略对接。

（陈史奇）

【财税管理】

1. 做好财税政策研究分析

加强与各级财政、税务部门的沟通交流，充分利用集团平台优势，推动解决集团及所属公司财税疑难问题。充分利用集团总部优势，主动对接浦东、虹口两区相关部门，推动解决财务公司迁址和集运大额预扣税问题。多方协调交通部、财政部，圆满解决时代航运拆旧建新政策诉求，落实拆旧政策。积极与财政部和国务院国资委沟通，针对上海船研所所属上市公司股权划转税务问题，跟踪落实政策落地。

2. 妥善进行税收筹划

结合集团各项改革重组工作，对各重大经济事项，积极探索优化交易方案，努力降低重组税负成本。用好用足现行税收政策，保证集团前期已争取的税收政策落实，做好前期交易相关企业所得税十年递延缴纳的工作落实，协调能源、发展、集运等公司完成缴纳印花税后续工作。克服现行政策限制，积极出谋划策，实现东大名路房产划转，实现财务公司整合税负最优整合方案。利用各种途径积极反馈税制改革意见诉求，提出适时试点航运企业吨税制改革、减免船员个人所得税和继续深入推进“营改增”改革配套政策等建议。

3. 梳理集团全球税务信息

以编制、发布集团 2017 年度税务关联交易同期资料为契机，梳理集团全球组织架构，资产分布、关联交易定价、收入和纳税情况等信息。完成集团 1528 户单位 2017 年的收入、利润、已缴企业所得税等数据和国别分布信息的整理汇总，对各板块主要关联交易进行梳理列示，明确船舶和集装箱租赁、货运代理、码头服务等 8 项主要关联交易定价方法和原则，对所属关联交易提供更科学、更规范的转让定价指导原则，进一步减少涉税争议，降低税务管理风险。

4. 搭建税务管理云平台

为提升集团税务管理信息化水平，适应“全面营改增”后的管理需要，2018 年 5 月，集团启动税务管理信息系统建设。项目首期以增值税云平台为主要内容，确定集团本部、物流、集运和特远等公司为试点单位，以增值税发票管理为依托，实现销项电子发票开具和进项自动认证，逐步整合税务申报和数据统计分析功能，形成税务管理综合信息平台，满足集团各产业集群增值税业务的操作和管理需要。截至 2018 年年末，集团完成项目需求调研和立项审批，积极推进供应商选聘等工作。

（赵杰）

【会计管理】

1. 完成集团 2017 年财务决算

精心组织、优化流程，扎实推进集团 2017 年财务决算工作。重点做好年度关账、决算报表填列、直属单位决算会审、集团合并报表编制，以及会计师事务所审计等各环节工作，集团财务决算整体编报效率、信息质量较上年进一步提升，获得国务院国资委、财政部通报表扬，并在财政部中央企业排名中连续两年位列前五名。

2. 做好财务决算审计机构调整

根据相关规定，结合集团改革重组实际情况，按照“遵从、统一、兼顾”原则，拟定所属各单位 2018 年决算审计机构选聘方案。通过邀请招标和竞争性谈判等采购方式，先后完成中远海控、中远海运能源、中远海运特运等上市公司审计机构的调整，对超年限二级企业审计机构进行了调整。

3. 夯实会计管理基础

2018 年年内制定下发《会计管理规定》《会计基础工作规范》等财务管理制度，明确会计管理工作机构和职责，统一集团会计管理标准，规范会计管理流程，提高集团会计信息质量提供制度保障。集团所属单位努力做好新收入、新金融工具准则执行准备工作，研究跟进新租赁准则核算变化及执行影响，有效保障集团会计信息质量，夯实集团会计管理基础。（杨新远）

人力资源管理

人力资源管理

【领导班子和干部队伍建设】

1. 集团党组管理干部基本情况

截至 2018 年 12 月，集团党组管理干部共计 262 人，其中总部部门（中心）负责人及以上干部 57 人、直属单位领导班子成员 192 人、直属单位专职外部董事 13 人。中共党员 253 人，民主党派 2 人，群众 7 人。从年龄结构看，平均年龄 51.67 岁，40 岁及以下 6 人，占 2.29%；41 ~ 50 岁 102 人，占 38.93%；51 岁以上 154 人，占 58.78%。从学历结构来看，研究生以上学历 81 人，占 30.92%；本科学历 160 人，占 61.07%；大专及以下学历 21 人，占 8.01%。从职称结构看，高级职称 141 人，占 53.81%；中级职称 93 人，占 35.5%；初级及以下职称 17 人，占 6.49%；无职称 11 人，占 4.2%。（范路遥）

2. 领导干部队伍建设

根据直属单位领导班子建设需要，落实集团党组部署，积极选配综合素质优秀、实绩突出的干部走上更加关键岗位，完成 23 家直属单位、45 人次集团管理干部调整。推动干部交流，探索建立各类人才跨板块、跨专业领域、跨境内外单位交流机制，推动促进集团总部与基层单位之间、不同产业集群之间、海内外单位之间、业务与党群岗位之间的人员交流，着力培养复合型、创新型和国际化干部人才。严格执行干部任期制度、到龄退休制度、退休不得返聘制度，共 16 名集团管理干部到龄退休。（范路遥）

3. 职业经理人试点

结合试点情况，不断完善职业经理人制度和相关做法。集团的金控平台坚持做好 2017 年度职业经理人履职考核及薪酬兑现，严格执行契约化管理，坚持薪酬市场化对标，并对试点工作进行总结，及时发现问题和不足，提出相关建议，制定集团下一步实施职业经理人试点的工作设方案。根据集团“双百行动”工作方案，启动中远海运集运实施职业经理人试点相关工作。

（范路遥）

4. 直属单位董监事管理

根据直属单位规范董事会建设需要，做好董监事人选配备和人员调整，保证董监事会正常履职。加强专职外部董事队伍建设，开展专职外部董事补充工作，研究完善服务管理机制，从提高履职能力、加强履职考核、优化管理办法、加强日常管理和服务保障、优化薪酬配套制度 5 个方面，着手完善相关管理机制。开展专职外部董事履职考核，进一步细化考核指标，引导其不断加强个人能力建设，提高决策水平和履职能力。

（范路遥）

5. 年轻干部选拔培养

多措并举推进年轻干部培养，积极选送优秀干部参加中央党校、国家行政学院等“一校五院”上级培训班，提高干部履职担当能力。组织开展中央党校国资委分校春季处级干部进修班（启航班），共 45 名年轻干部参训，其中首次将工作业绩突出、能力素质优秀的 23 名船舶“三长”纳入启航班。加强岗位实践锻炼，根据博鳌亚洲论坛 2018 年年会筹备需要，选拔调 3 名年轻干部到博鳌公司挂职，通过参与年会筹备工作，锻炼培养年轻干部。全力配合中组部对集团开展优秀年轻干部推荐调研，协调做好个别谈话和座谈调研，按要求报送相关材料。按照中组部要求，组织推进“中管企业年轻干部队伍建设”课题研究，牵头组建课题研究工作小组，组织中远海运集运等 9 家直属单位共同参与，按要求完成课题子报告并报送中组部。（范路遥）

【人才队伍建设】

1. 人才工程

加大人才推优评先力度。2018 年，集团通过推荐申报各类人才工程、人才计划，新增全国技术能手 1 人，国家高技能人才培育突出贡献个人 1 人，省部级领军人才 / 专家 4 人，省部级技术能手 12 人；进入国家部委专家库 84 人次，其中交通部科技专家库 45 人次，工业和信息化部高科技船舶专家库 24 人次。

2. 教育培训

按照“统筹设计、分级实施”思路，有序推进各类专业培训工作。集团深入学习贯彻党的十九大精神，举办集团管理干部学习党的十九大精神集中轮训 4 期，272 人参训，实现集团管理干部全覆盖。指导各直属单位举办各层级、各类型党的十九大精神学习培训班 172 期，5200 余名各级管理人员参加学习。推进使用完善集团网络移动学习平台，注册课程约 10 万门，在线活跃度保持 80% 以上，实现全球跨区域约 1000 人在线学习。（唐继云）

【员 工 管 理】

截至 2018 年 12 月，集团员工总数为 12.65 万人，其中在岗职工 9.24 万人；陆地员工 8.16 万人，船员 4.49 万人；集团机关总部员工 243 人。在控制员工总量的前提下，集团积极推动系统内部人才流动，促进员工队伍结构的优化调整；推动集团总部部门间、总部与下属企业之间的员工交流。在员工招聘中，各直属单位优先考虑系统内部员工，推动人才在系统内的自由流动，2018 年系统内部员工调动 40 人。按照总部“管总量、管标准、管流程、管监督”、直属单位“具体实施、把好入口关”的定位分工原则，对直属单位人员招录采取“计划内报备”模式。各单位结合实际需要，聚焦关键和紧缺岗位，积极内部挖潜，进一步控制用工规模。根据集团战略产业布局和“一带一路”倡议要求，各单位以联合组团方式赴相关重点高校，集中招录有关专业优秀应届毕业生，从源头上把控人员招录质量。

截至 2018 年 12 月底，集团派驻海外干部员工共计 415 人。为加强派驻海外员工管理，集团强调进一步严把海外后备人才入口关，把外语测试与素质能力测评作为进入集团海外后备人才库的资格条件。2018 年，集团共组织开展素质能力测评 3 次，各单位共推荐 306 人参加，全年新纳入海外后备人才库共 162 人。此外，集团还在艰苦地区的海外企业设立交流培养岗位，将具有培养潜质年轻后备人才选派到海外常驻工作 1 ～ 2 年，培养他们吃苦耐劳、知难而进的精神，提升其创新思维和国际化视野。2018 年，基团共选派 17 人赴海外培养锻炼。（陈坤）

【薪酬与绩效管理】

1. 工资总额管理

2018 年，集团按照国务院国资委管理要求，坚持工资效益联动，区分所属企业盈利状况，进一步增强工资总额分配的增减弹力，有效发挥薪酬分配机制撬动作用，推动收入能增能减机制不断完善。对符合集团发展战略、效益贡献特别突出的企业，除工资正常增长以外，额外给予特别奖励，强化奖先罚后的分配导向，增强分配灵活性，激发企业创效活力，充分调动广大干部职工干事创业的积极性。（刘飞）

2. 领导人员薪酬管理

认真贯彻上级有关中央企业负责人薪酬管理规定，做好集团领导班子薪酬日常管理工作。按照国务院国资委相关要求，集团认真编制中远海运集团企业负责人 2017 年度薪酬兑现方案并做好兑现工作。（刘飞）

3. 上市公司股权激励

2018 年 2 月和 4 月，中远海运能源、中远海运港口 2 家上市公司股权激励计划分别获国务院国资委批复。年内，上述两家单位按照规定程序，分别进行股票期权的首次授予，共向 371 名激励对象授予股票期权 8894 万份，集团上市公司股权激励工作取得阶段性成效。同时，集团继续按照“成熟一家、推进一家”的原则，分别指导符合条件的中远海运控股、中远海运特运等上市公司制订股权激励方案。2018 年 12 月，制定中远海运控股、中远海运特运股权激励方案。

（刘飞）

【船 员 管 理】

2018 年，集团持续推进船员管理体制改革。下发《关于推进船员管理体制改革期间船员教育培训机构相关安排的通知》，制定《2018 年度中远海运船员公司分类考核指标》，推动船公司和船员公司管理体制改革，保证船员公司整合重组平稳有序推进，“三提高一降低”改革目标取得明显成效。6 月 27 日—7 月 18 日，船员管理体制改革工作组分别到集运、散运、能源、特运的在港作业船舶与船员进行座谈，了解船员管理体制改革以来广大船员的切实感受和真实想法，听取船员的意见和建议。调研工作取得了良好的效果，各轮船员和各航运公司均对集团深入一线了解真实情况持肯定态度，表示拥护和支持改革，确保船舶运营安全稳定。船员管理体制改革工作组在进一步推进关注改革方案落地和实施的同时，继续关注广大船员的诉求和呼声，协调各公司做好相关工作。（罗开军）

【离退休人员管理】

截至 2018 年年底，集团共有离退休人员 66 426 人，其中离休干部 465 人，退休干部 65 961 人。离退休人员党员 26 943 人，其中离休人员党员 405 人，退休人员党员 26 538 人。设有离退休干部党委 1 个，离退休干部党支部 33 个；其中离休干部党支部 20 个，退休干部党支部 13 个。（张华）

2018 年，集团坚持做好离退休老干部服务，坚持做好节日慰问工作。春节期间，集团领导亲自带队慰问各地老干部，组织举办上海、北京、广州、大连和深圳等 5 市老干部春节团拜会。贯彻落实老干部各项政治、生活待遇，组织集团老干部参加上海市委老干部局的各类形势报告会、通报会等；按期组织总部上海地区老领导学习活动，及时传达两会精神、习近平总书记重要讲话精神，通报集团改革和生产经营情况。（张华）

试点实施退休人员社会化管理。根据国务院和国资委有关要求，按照积极稳定、先试行后推开的原则，稳妥地推进退休人员社会化管理工作。按国务院国资委有关要求，制定并上报集团退休人员社会化管理试点方案，明确了工作目标、内容、计划和要求，并在试点城市上海、大连和重庆各选择 1 家社会化管理条件相对成熟单位作为集团社会化管理试点单位，为正式移交打下扎实基础。（张华）

资本运营管理

资本运营管理

【上市公司资本运作】

2018 年 8 月，集团完成了对东方海外的收购，并成为该公司的控股股东。通过收购，集团迅速跻身全球集装箱班轮行业第一梯队，提升了国有骨干航运企业在国际航运市场的话语权，巩固了在航运业东方平衡西方的重要地位；整个交易共支付股票对价约 492 亿港元，是业界有史以来规模最大的企业并购项目。

为进一步改善上市公司资本结构，提高直接融资比例，稳步实现降杠杆的目标，集团积极推进控股上市公司 A 股再融资项目。通过再融资方案的合理调整，推进中远海控、中远海发、中远海能 A 股非公开发行工作。8 月 20 日，中远海控获得中国证监会对 A 股非公开发行的核准。

鉴于招商证券的战略投资价值，为巩固主要股东地位，集团利用招商证券大型券商的渠道和资源优势支持集团主业发展，实现集团对招商证券进一步的长期投资战略，制定了 2018 年增持招商证券 A+H 股的方案，在增持后实现集团对招商证券的持股比例达到 9.99%。中远海运金控和中远海运发展通过二级市场共增持招商证券 A+H 股累计 7 983.31 万股。增持完成后，集团合计持有招商证券 6.69 亿股，持股比例上升 1.19 个百分点至 9.99%，位列招商证券第二大股东。此外，为增强集团对控股上市公司的控制力，提振投资者信心，中远海运控股（香港）通过二级市场增持及以股代息方式合计增持中远海运港口 4 806.46 万股，持股比例同比上升 0.7 个百分点至 47.61%。

【“处僵治困”专项工作】

2018 年，围绕落实国务院国资委资产盘活工作要求，集团聚焦存量资产、创新盘活方式，着力推进“僵尸企业”处置、特困企业治理工作，重点推进海工产品去库存，实现一定数量的海工遗留产品资产“出表”，以时间换空间，减轻当前海工企业负担。中海工业治理是 2018 年特困企业专项工作重点。对此，集团制定了中海工业脱困方案，整合上海地区修造船业务，对中海工业所属立新船厂进行业务和人员的整顿，同时加大所属土地资源资产盘活力度。

对于存量资产盘活，集团集中精力抓好中远海运散运下属公司房产、中远海运重工下属土地、中远海运特运下属的房产和酒店相关资产、中远海运物流和上远实业的低效资产的盘活工作，推进晋江太平洋深沪港区资产整体出让、京华高尔夫股权挂牌转让、中海工业在上海和扬州数个地块收储盘活等项目。

在治理低效无效专项工作方面，2018 年集团完成原中海集团和广州中远海运所持有的海达保险经纪有限公司 15% 股权挂牌转让，完成大连海运（集团）新加坡公司、天津船务联合开发有限公司 2 家公司的清算关闭工作，以及上海亚太国际集装箱储运有限公司的资产盘活和转型工作，同时完成中远海运散运所属永基花园等 13 套房产对外出售等 5 项低效无效处置工作。

【产权基础管理】

1. 搭建集团产权管理制度体系

2018 年上半年，集团下发了《中国远洋海运集团有限公司国有资产流转指导意见》《中国远洋海运集团有限公司资产评估管理办法》及所配套的《中国远洋海运集团有限公司评估机构选聘管理细则》《中国远洋海运集团有限公司废钢船退役处置资产评估管理细则》《中国远洋海运集团有限公司资产评估项目公示管理细则》等产权管理制度、规定，还下发了《关于规范集团公司公务用车处置有关事项的通知》，完成了产权管理有关的经济行为审批、资产评估备案、产权登记等全套制度文件的下发，进一步夯实了产权管理的制度基础。

2. 完善中介机构库

完成集团新一届评估机构备选库的续建工作，完成 2018—2019 年度中远海运集团废钢船退役处置指定评估机构的遴选工作，确保集团未来两年废钢船退役处置资产评估备案工作的有序开展。同时，根据产权管理调研情况，集团于 12 月初完成集团产权经纪机构备选库的组建工作，以满足所属企业选聘产权经纪机构协助开展资产盘活、处置，以及股权进场挂牌出让、增资工作的需要。

3. 推进“压减”及内部股权重组

2018 年，集团坚持推进“压减”、资产盘活和内部股权重组工作，全年共审批清算关闭项目 5 项，涉及标的公司账面净资产值 9 916.64 万元；股权无偿划转 10 项，涉及标的公司账面净资产值 10.42 亿元；协议转让 11 项，涉及标的公司账面净资产值 9 311.51 万元（其中大连开拓者内部转让项目净资产值为 –11.73 亿元）；股权对外处置盘活 6 项，涉及标的公司账面净资产评估值约 4.5 亿元。

4. 资产评估管理

在集团资产评估管理体系初步建立并平稳运行的基础上，集团加强与制度管理部门及所属单位资产评估管理人员的沟通力度；针对国务院国资委政策要求及集团公司管理需求，在完善资产评估制度建设、细化并明确管理需求的同时，全力做好集团产权整合优化、海外并购，以及资产盘活等事项所涉及的资产评估报告的审核、备案工作，确保相关经济事项后续工作的顺利开展。全年，集团共审核并完成备案手续评估项目 57 个，全部为集团备案项目。

5. 产权登记管理

2018 年，集团共审核并上报国务院国资委产权登记事项 483 项，办理完毕 448 项，确保了相关经济事项下一步操作的顺利开展；完成了湛江远洋船舶供应公司及中海欧控增资等产权登记事项办理手续，有关遗留产权登记事项得到有效解决；修订完善了《关于上报中远海运集团 2017 年度产权登记工作情况的报告》。

【金融股权管理】

2018 年，集团注重对上海农商银行股权的跟踪管理，主要工作包括：准备集团推荐董事的相关资料，经上海农商银行董事会及股东大会审议通过后，于 6 月正式获得上海银监局对集团推荐董事任职资格的批复；积极履行股东职责，参加上海农商银行召开的两次股东大会及九次董事会，针对会议议题提出研究意见，并经集团领导审阅后，行使股东投票权利；做好 2017 年度分红款 1.28 亿元的按时入账；跟进上海农商银行增资扩股方案及 A 股首次公开募股（IPO）进展。配合进行集团股份确权等工作；根据监管要求，配合上海农商银行，报送集团股东情况自查表、参股商业银行情况、关联方名单等文件。

2018 年，集团加强对其控股的 9 家公司和参股的招商银行、招商证券、渤海银行、平安人寿、平安财产、东方航空、广州港、秦港股份、览海投资等公司的各项董事会、股东大会、专业委员会审议议案进行深入研究，完成持股企业信息数据采集、年报季报信息、监管机构要求信息等的提供工作。2018 年上半年，集团共收到上港集团、宝钢股份 2017 年度分红约 5.98 亿元和 1.26 亿元。

根据国务院国资委有关要求，认真组织集团所属金融子企业开展金融业务风险自查，汇总编制《中国远洋海运集团金融业务全面风险自查报告》，并于 4 月 2 日接受了国务院国资委资本局的金融业务风险现场调研。通过本次风险自查，集团明确金融业务风险管理现状和存在的问题，提出下一步提升风险防控能力的有效措施。2018 年 8 月，根据国务院国资委有关要求，针对产融结合、内部管理、资金风险等问题认真开展整改工作并完成整改报告。（周明）

审计监督

审 计 监 督

【内部审计项目】

2018年，中远海运集团各级审计机构共完成各类审计项目859项，超计划62项。其中，完成经济责任审计269项，工程建设项目审计241项，专项审计（调查）146项，财务收支审计53项，管理效益审计36项，船舶机务审计61项，其他审计53项，机务等账单审核4779艘次、9973笔；审计发现问题4189个，提出并被采纳审计意见和建议3381条，促进增收节支和挽回经济损失2.56亿元。审计移送问题线索48件，协助核实信访举报线索49件，建议给予党政纪处分34人。（徐飞）

【扶贫专项检查与审计】

2018年9月，根据集团扶贫援藏工作会议部署，集团派出3个组，分别赴集团总部5个定点帮扶县进行现场监督检查和审计，精准聚焦、靶向发力，通过现场检查凭证、查看文件、访谈和盘点方式，对资金管理和项目管理等进行检查，同时对2017年检查和审计发现的问题整改情况进行复核。（张晖）

【设立审计本部】

2018年12月29日，集团设立审计本部，撤销党组纪检组工作部/监察审计本部内设的审计室，相应的审计管理工作职责调整至审计本部。审计本部编制暂定12名，内部暂设综合管理室和审计管理室。审计本部主要职责为建立健全集团审计工作体系和机制，制定审计规划、审计计划、审计制度等；组织开展集团管理的审计项目；统筹规划和协调集团联网审计工作；跟踪、督促和检查审计发现问题的整改；业务上领导审计中心和境外审计分部，并指导所属单位开展审计工作等。集团设立审计本部，旨在满足全面履行审计监督职责、充分发挥审计监督作用的工作需要，进一步加强集团党组对审计工作的领导、组织管理和指导监督。（徐飞）

【持续推进联网审计】

集团联网审计平台实现与境内外所有二、三、四级企业共计1200余家财务系统的远程连接。通过联网审计，发现下属单位重大问题30余项，共下发了10份整改通知书。集团审计中心编写了联网审计培训教材，并组织境内二级单位25位骨干审计人员，分5批开展“以审代训”工作。（方郑亮）

【审计人才队伍建设】

集团监督审计本部和人力资源本部共同拟定选拔方案，经过英语考试、专业考核，层层选拔，建立了境外审计人才库，并从中选拔审计人员派驻集团境外审计分部；同时经过各单位推荐、综合测评，建立了基建审计专家库。年内共开展4次审计培训，累计参训人次达90人次，包括中高层审计领导人员培训及工程建设审计、机务审计、金融审计等专业培训。（徐飞）

【审计理论研讨活动获奖情况】

2018年，在中国内部审计协会组织的理论研讨中，集团推荐论文入围一等奖1篇，获得三等奖 3 篇、提名奖 4 篇。在中国内审协会“审计报告质量提升”优秀成果展示活动中，集团 4 个项目获得全国优秀奖。12 月 21 日，集团获奖代表参加了中国内审协会召开的总结表彰会。

（徐飞）

采购管理

采 购 管 理

【供应商管理】

2017—2018 年，集团集中推出了《中远海运集团供应商管理办法》《中远海运集团采购管理办法》《中远海运集团集中采购管理办法》《中远海运集团招标采购基础规程》《中远海运集团非招标采购基础规程》《中远海运集团咨询机构选聘管理规定》《中远海运集团采购评审专家管理规范》等近 20 项制度文件，全面规范集团各类采购行为，成为单一业务领域制度规章系统化、覆盖面广、执行指导性强的一个制度框架。在此基础上，根据上述《中远海运集团有限公司供应商管理办法》和《中远海运集团有限公司采购评审专家管理规范》，2018 年完成集团评估机构供应商建库工作，以及采购专家库建库工作，开展集团境外燃油供应商和工程审计中介机构供应商建库工作。（赵博宇）

【油品及船用备件采购】

在燃油采购方面，为满足集团公司燃油集中采购管理需要，保证集团及下属公司依法合规选用燃油供应商，2018 年集团组织完成境外燃油供应商库搭建工作；组织实施燃油浮动价批量采购工作，通过浮动价批量采购，初步实现了保障供应、供应商相对集中和节约成本的目标。

在滑油采购方面，集团强调规范滑油供应商选聘流程和标准，改变以往单纯以船公司意见作为船舶滑油供应商遴选主要依据的操作模式，在集团范围内成立项目评审小组，严格按照集团相关规定规范组织项目评审工作。

在船用备件采购方面，为推进该项目集中采购工作，集团组织主要航运公司、远通公司和中石化中海燃供等单位主管备件采购的负责人员，召开集团船舶备件集中采购工作交流会；组织成立集团主要境外品牌船舶备件采购框架协议谈判项目组；项目组选定 11 家主要供应商作为第一批协议谈判名单。截至 2018 年底，有 2 家供应商签订采购协议。（赵博宇　刘永亮）

【非箱船境外代理采购】

为充分发挥专业公司和海外区域公司的作用，理顺船舶代理管理工作，根据集团加强非集装箱船舶境外代理采购管理的要求，集团组织完成船公司与海外区域公司代理总委托协议的签署工作。（史海鹰）

【网 上 商 城】

2018 年，集团开发建立了具有大数据分析功能的一般通用物资电子采购平台——“智能优选”网上商城，全年线上累积交易金额超过 1 亿元，交易商品超过 100 万件。集团 635 家境内企业全部实现线上采购，总共开设 853 个账户，采购及审批人员 3300 多人，累计访问量超过 22 万次。通过智能化数据管理，对采购数据进行价值挖掘，分析采购行为的各类趋势性、区域对比性、成本合理性等经营所需要的采购数据指标，提升采购管理的工作效率与精准程度。（汪家荼）

【招标采购网】

截至 2018 年底，集团招标采购网注册内部企业用户 1880 多家，涉及下属单位 380 家，基本覆盖所有国内招标需求单位，实现集团对所属单位招标采购工作的统一管理，确保集团招标采购工作的公开、公正、透明，方便集团招标采购工作的管理、统计、分析，为提高招标采购工作效率提供了基础平台，为集团经营降本增效发挥了积极作用。（卢向峰）

【进博会采购组织】

根据集团统一部署，2018 年集团开展第一届中国国际进口博览会采购组织工作，组织协调中国海运集运、中远海运能源、中远海运重工、中船燃等单位与境外包括港口服务、燃油供应、设备、备件等 27 家供应商签署采购合同，总金额共计 10.9 亿美元；举行现场采购签约仪式，完成进口博览会采购签约数据报送，并开展后续采购执行跟踪工作。（史海鹰）

法务与风险管理

法务与风险管理

【合 同 管 理】

2018年，集团进一步加强合同规范化管理。为此，建立集团OA合同审核模块，实现合同线上审核、修改、审批、盖章申请、签约版本存档等功能；建立合同任务分解模块，通过系统将合同任务通知至相关合同履行部门，促进合同的责权利得到有效落实和执行。（徐步）

【重大纠纷案件处理】

推进案件管理信息系统建设 开发案件管理系统平台（一期），实现了诉讼、仲裁类案件数据采集、案件档案管理、案件综合查询、分析等核心环节的信息化、流程化和规范化的管理，促进案件综合管理水平提升。（杨智祥）

出台法律服务采购基本制度 2018年，集团正式发布《集团公司法律服务采购管理细则》。细则对集团法律服务采购管理的运行机制进行专门规范，通过建库、选聘、使用、评价、调整环节中的细化管理举措，形成集团对法律服务供应商闭环管理。（杨智祥）

处置重大案件 对于2018年度的重大案件，集团集中力量加大处置力度，在韩进海运破产案、中海集运与UASC租船合同纠纷案、PPA与周边城市市政诉讼案等重大案件处置中，取得有利于我方的裁决。建立质押监管案件专项管理机制和重大案件的挂牌督办，指导质押监管类重大案件处理，挽回高额损失，有力维护企业权益。（杨智祥）

【规章制度管理】

完善集团制度体系 进一步健全各领域制度体系，2018年集团层面累计制定、修订35项规章制度，重点包括公司治理、投资授权、资产流转、集中采购、绩效考核等方面制度；加强巡视审计类制度建设，落实中央巡视、审计署相关要求，出台船舶租赁、资产流转、国有资产评估等20余项管理制度。（邱晨）

规范直属单位规章制度管理 按照全级次规范和统一规章制度管理机制的思路，集团推进所属单位规章制度的统一管理，发布《关于加强所属单位2018年制度管理工作的通知》，完善制度管理机构和人员配置，规范制度制定工作程序，推动制度管理机制运行。组织各直属单位根据集团制度计划安排，对本单位现行制度进一步梳理完善；以问题为导向，督促各单位梳理巡视审计、监督检查中提出的制度问题，并纳入年度制度计划管理。（邱晨）

推动规章制度执行落实 加大制度执行检查力度，以采购领域为核查重点，集团组建联合工作小组，对所属10家单位开展现场核查，分析研究问题，督导直属单位落实制度执行主体责任，加强问题整改。开展规章制度的宣贯工作，通过《中国远洋海运报》《法险舆情》，以及法险讲堂等平台，宣贯培训新出台的重点制度。（邱晨）

【法治风控宣传教育】

开展普法宣传活动 组织多层次的法务与风险管理学习宣传。集团党组理论学习中心组开展法治央企专题学习。创立“法险讲堂”，发布“法险要情”简报，开展“法治伴你远航 风控创造价值”主题法治宣传月；通过《中国远洋海运报》、“法治远航”公众号、微信学习交流群、法治宣传视频、行业学会活动等多种形式，营造法治文化氛围。

（孙津生）

开展法务风控教育培训 聚焦新形势新问题，组织法务、风控工作者开展专业管理培训，近200人次参加法务基础、法律专业、法务管理等专业培训。2018年5月，集团举办风险内控暨质量管理培训会，通报集团内控评价及检查复核情况，围绕风控管理、质量管理的最新发展趋势，以及信息化工具应用等主题开展现场培训，境内外各直属单位风控管理职能部门负责人、岗位骨干50余人参加。增强法务风控团队力量，集团总部各部门、中心设置兼职法务风控专员，延伸法务风控工作触角，组织有针对性培训，促进能力提升。（孙津生　徐彦）

组织研讨交流 2018年11月，集团举办全集团2018年度风控工作研讨会，围绕海外风险防控、关键指标预警监测、项目风险评估及风控专项提升等方面进行了交流研讨，境内外各直属单位风控管理职能部门负责人、岗位骨干70余人参加。12月，在广州、上海两地举办“新形势下合同履约风险防范研讨会”；邀请外部专家，针对贸易战、国际制裁、IMO2020限硫公约等业务合同可能引发的法律问题进行分析和研讨，并组织所属单位开展合同管理经验介绍和交流。

（徐彦　祁浩）

【风险管理与内部控制】

强化年度重大风险管理 经集团董事会审议确定，集团2018年度风险等级排序依次为：生产管理风险、国际化经营风险、健康安全环保风险、金融业务风险、战略管理风险、信息系统风险、集团管控风险、内部整合和协同风险、宏观经济风险、汇利率风险、竞争风险、投资风险、价格风险。据此，编制形成《中国远洋海运集团2018年度风险管理报告》。

（袁帅）

推动优化内控评价模式 2018年4月，集团督导各单位落实内控自评价工作，探索运用内控成熟度模型，对被检查单位的内控成熟度进行了评估。编制形成《中国远洋海运集团2017年度内控评价报告》。首次编制、发布《中国远洋海运集团2018年风险管理和内部控制报告》，实现全集团系统内信息共享、借鉴学习。

（徐彦）

强化重点领域风险防控 聚焦重要业务领域和高风险领域，积极推动风险管控工作并融入企业经营管理，力求价值创造。2018年10月，针对中远海运发展非航融资租赁业务诉讼案件集中多发、涉案金额较高等情况，开展风险现状调查、现场访谈等工作，深入剖析风险事件成因，举一反三，制定整改方案。根据上级要求，组织开展“集团融资贸易业务风险防控回头看”工作，相关单位开展融资性贸易专项整改工作。（袁帅）

【集团重大项目法律保障】

在收购东方海外交易过程中，涉及境外投资安全审批，一旦受阻将影响这一重大交易进展。为此，集团法务团队深入评估相关法律规则，研究工作策略，协调交易关系，克服工作困难，积极与美国外国投资委员会进行沟通，在依法合规的前提下保障交易如期顺利交割。（陈鑫）

2019

CHINA COSCO SHIPPING CORPORATION LIMITED YEARBOOK

中国远洋海运集团有限公司

年鉴

第八篇

投资者关系

概述

概　　述

截至 2018 年底，中远海运集团在境内外共有 10 家控股上市公司，包括：中远海控、中远海能、中远海发、中远海特、中远海科、中远海运港口、中远海运国际香港、东方海外国际、中远海运国际新加坡、中远海运比港（PPA）。

集团控股上市公司秉持最大程度回报股东、社会和环境的理念，持续完善与市场投资者等利益相关方多层次、多方位的沟通渠道，优化合规、诚信的对话机制，打造资本市场良好形象。

（叶琦）

上市公司股票代码及上市地

上市公司股票代码及上市地

集团控股上市公司股票代码及上市地　　表 8–1

上市公司	股票代码	上市地
中远海控 A 股 中远海控 H 股	601919.SH 1919.HK	上海 香港
中远海能 A 股 中远海能 H 股	600026.SH 1138.HK	上海 香港
中远海发 A 股 中远海发 H 股	601866.SH 2866.HK	上海 香港
中远海特	600428.SH	上海
中远海科	002401.SZ	深圳
中远海运港口	1199.HK	香港
东方海外国际	0316.HK	香港
中远海运国际香港	0517.HK	香港
中远海运国际新加坡	F83	新加坡
中远海运比港（PPA）	PPA（英文代码）/ OLP（希腊语代码）	雅典

上市公司大事记

上市公司大事记

【中 远 海 控】

要约收购东方海外国际

2018 年，5 月 15 日，国家发展改革委对本次收购项目予以备案。6 月 29 日，国家市场监管总局反垄断局对本次收购不予禁止，中国政府反垄断审查的先决条件已达成。至此，本次收购各项先决条件已全部达成。

7 月 6 日，公司与美国国土安全部和司法部签订了国家安全协议，承诺向第三方出售东方海外国际持有的美国长滩集装箱码头的运营实体，并在出售前实施相关信托安排。美国外国投资委员会（CFIUS）已确定目前本次收购不存在未解决的美国国家安全事宜。

7 月 6 日，公司及 Faulkner Global 联合上港 BVI 及东方海外国际公告并寄发《瑞银代表联席要约人提出有条件自愿性全面现金要约以收购东方海外（国际）有限公司的所有已发行股份的综合文件》及其配套文件。

7 月 13 日，公司宣布要约在所有方面成为无条件。根据东方海外国际控股股东的不可撤销承诺，其已就其拥有的全部股份（即 429 950 088 股东方海外国际股份）接受要约。截至 7 月 13 日下午，已就 475 261 974 股东方海外国际股份收到有效的接纳，占东方海外国际投票权约 75.95%。

7 月 27 日，要约期截止。截至 7 月 27 日下午，已就 615 938 743 股东方海外国际股份收到有效的要约接纳，占东方海外国际已发行股本约 98.43%。上述要约接纳完成后，公司持有 553 985 207 股东方海外国际股份（占东方海外国际已发行股本约 88.53%），上港持有 61 953 536 股东方海外国际股份（占东方海外国际已发行股本约 9.9%）。

8 月 7 日，公司完成对价支付和标的资产过户，本次要约收购完成交割。

此外，公司于 7 月 6 日与长江和记实业的下属公司 Crest Apex、国家开发投资集团下属的融实国际、丝路基金下属的 PSD Investco 分别签订股权转让协议，约定在要约收购完成后转让部分东方海外国际股份，以恢复东方海外国际 25% 公众持股量。股权转让完成后，Crest Apex、融实国际及 PSD Investco 将分别持有东方海外国际已发行的全部股份的至多 4.99%、2.38% 和 7.73%，东方海外国际将保持公众持股量不低于 25%，以确保在要约截止日仍保持在香港联交所上市地位。

非公开发行 A 股

2018 年 6 月 26 日，中国证监会发行审核委员会审核通过公司非公开发行 A 股项目。8 月 20 日，中国证监会批复同意公司非公开发行 A 股，核准公司非公开发行不超过 2 043 254 870 股新股。

股票期权激励

2018 年 12 月 3 日，董事会审议通过股票期权激励计划（草案），拟向 475 名激励对象首次合计授予 218 236 900 份股票期权，行权价为 4.1 元。

【中 远 海 能】

2018 年 2 月 26 日，公司召开董事会，审议通过公司作为意向投资人，以不超过挂牌方资产评估报告 51% 股比对应的 39 655.089 6 万元报价，按照增资人披露的条件进场申报对大连中石油海运有限公司增资意向。摘牌及增资完成后，大连中石油海运有限公司将成为公司的控股子公司，纳入本公司合并报表范围。

2018 年 2 月 1 日，公司股权激励计划获得国务院国资委书面批复；10 月 30 日，董事会审议通过股权激励计划（修订案）；12 月 17 日，公司股东大会审议通过股权激励计划（修订案）；12 月 27 日，经股东大会授权，公司董事会审议通过股票期权激励计划的授予，同意确定以 12 月 27 日为授予日，向 133 名激励对象授予共 3546 万份股票期权。

【中 远 海 特】

2018 年 10 月 25 日，公司召开董事会，审议通过全资子公司上海中远海运特运以现金增资入股上海南华国际物流有限公司，并持有该公司 50% 股权。

2018 年 12 月 6 日，公司召开董事会，审议通过公司股票期权激励计划。拟向不超过 87 名激励对象授予 4293 万份股票期权（占总股本 2%）。其中，首次授予 3 434.4 万份，预留 858.6 万份。

2018 年 12 月 28 日，公司召开董事会，审议通过下属中远航运（香港）投资发展有限公司以现金对其下属的中国海运（荷兰）代理有限公司进行增资并实现控股，将其打造成为公司的欧洲经营平台。

【中 远 海 科】

2018 年 1 月 31 日，公司与中远海运集团、上海船研所签署委托管理协议，上海船研所委托公司对其非上市板块的业务和日常事务进行管理并支付委托管理费。

2018 年 3 月 29 日，公司与日本国古野电气株式会社、日本国株式会社平成商事签署合资协议，共同投资设立中远海运古野船舶通导科技有限公司，公司持有合资公司 50% 股权。

【中远海运港口】

2018 年 5 月 25 日，公司与泽布吕赫港务局签署买卖协议，泽布吕赫港务局将战略投资中远海运港口泽布吕赫集装箱码头 5% 股权。

2018 年 6 月 8 日，公司召开股东大会，审议通过《中远海运港口有限公司股票期权激励计划（草案）》。6 月 19 日，公司向 238 位合资格员工授出可认购公司合共 53 483 200 股的股票期权，行权价格为 7.27 港元。

2018 年 6 月 20—21 日，公司董事、管理层及下属码头公司管理人员以自有资金在市场以平均每股 7.11 港元购买合共 1 372 000 股本公司股份，相当于已发行股份总数约 0.04%，总代价为约 9 755 000 港元。

2018 年 7 月 19 日，公司宣布与达飞海运集团正式签署协议，达飞海运透过旗下 CMA Terminal 入股泽布吕赫码头 10% 股权。

【中远海运国际香港】

2018 年 2 月 7 日，公司与母公司香港中远海运订立管理服务总协议，精简及统一业务管理架构，提升营运效率。

2018 年 5 月 28 日，公司向常熟耐素注资 89 830 000 元，认购其 33% 股权。常熟耐素为船舶涂料及重防腐涂料的原材料供货商之一。本次收购有助于实现公司涂料业务产业链的有效延伸。

【东方海外国际】

2018 年 7 月 24 日，中远海运控股股份有限公司在收购东方海外（国际）有限公司的要约中完成面向控股股东的股份收购，标志着中远海运控股股份有限公司成为控股股东。

【中远海运国际新加坡】

2018 年 2 月，公司完成收购印度尼西亚远球船务有限公司（PT Ocean Global Shipping）40% 的股权，收购价格为 1394 万新加坡元。

2018 年 3 月，公司完成以 4.9 亿新加坡元全面收购高昇控股 Cogent Holdings（CHL），物流成为公司主营业务。为整合高昇控股的业务，公司出售其持有的 Greating Fortune Pte Ltd 51% 的股权，交易价格为 29.3 万新加坡元。

（叶琦）

资本市场荣誉

资本市场荣誉

【中远海控获奖情况】

2018年1月，公司获得智通财经2017年“金港股”评选中“最具社会责任上市公司”称号。

2018年4月，公司获得新财富“第十四届新财富最佳IR港股公司”称号。

2018年5月，公司A+H股正式纳入MSCI中国指数。

2018年9月，公司纳入恒生可持续发展企业指数系列成分股。

2018年10月，公司上榜《福布斯》杂志2018全球最佳雇主榜单。

2018年12月，公司获得中国证券金紫荆奖“‘一带一路’最佳实践上市公司”奖项。

2018年12月，公司上榜《证券时报》主办2018“金翼奖”港股通公司成长实力排行榜。

2018年12月，公司获得《证券日报》社金骏马奖“金牌上市公司董秘”奖项。

公司在上海证券交易所2017—2018年度信息披露工作评价中获得A级。

【中远海能获奖情况】

2018年1月，在第三届中国（上海）上市公司企业社会责任峰会上，公司社会责任报告连续第三次获“绿色发展奖”。公司社会责任管理最佳实践被纳入该届峰会“蓝皮书”行业示范案例。

2018年1月，公司获得人民网主办的第十二届人民企业社会责任奖“年度环保奖”。

2018年4月，在第二届香港上市公司发展高峰论坛暨2017“港股100强”颁奖典礼上，公司获得2017“港股100强——最具投资价值奖”，并位列1800多家香港上市公司参评的港股“最具投资价值20强”第六位。

2018年12月，在2018中国企业可持续竞争力年会暨可持续竞争力卓越企业颁奖典礼上，公司获得“环境可持续实践卓越企业奖”。

2018年12月，在第四届上海上市公司企业社会责任峰会上，公司获“2018年度企业社会责任杰出企业奖”。

年内纳入指数情况：上证380（SSE 380 Index）、上证指数（SSE Composite Index），以及MSCI中国A股（MSCI China A Index）；富时社会责任新兴市场指数（FTSE4Good Emerging Index）；恒生可持续发展企业基准指数（Hang Seng Corporate Sustainability Benchmark Index）、恒生AH股A+H指数（Hang Seng Stock Connect China AH (A+H) Index）；恒生AH股H指数（Hang Seng Stock Connect China AH (H) Index）；恒生AH4股A指数（Hang Seng Stock Connect China AH (A) Index）。

【中远海发获奖情况】

2018年1月，在智通财经和同花顺财经主办的洞见港股新价值高峰论坛暨2017“金港股”颁奖典礼上，公司获得“最具社会责任上市公司”奖项。

2018年2月，公司获得上海联合产权交易颁发的上海联合产权交易所“2017年度并购交易服务奖”。

2018年5月，公司A+H股同时被纳入MSCI明晟中国指数名单（MSCI China Index）。

2018 年 9 月，在《中国航务周刊》主办的“第十五届中国货运业‘金轮奖’颁奖会”上，公司获评“最受航运业欢迎的产业金融服务商”。

2018 年 10 月，公司获《证券时报》举办的 2018“金翼奖”最具价值港股通公司——“最具成长港股通公司”奖项。

2018 年 12 月，在由上海上市公司协会、第一财经、上海市经济团体联合会联合主办的第四届上海上市公司企业社会责任峰会上，公司获得“社会公益奖”。

公司在上海证券交易所 2017—2018 年度信息披露工作评价中获得 A 级，同时也是公司连续第四年获 A 级评价。

【中远海特获奖情况】

公司在上海证券交易所 2017—2018 年度信息披露工作评价中获得 A 级。

【中远海运港口获奖情况】

2018 年 3 月，公司获得《经济一周》杂志颁发的“环境社会企业管治大奖”。

2018 年 4 月，公司获得 *Global Business Outlook* 杂志颁发的“交通行业 2018 年度最佳投资者关系奖”。

2018 年 6 月，公司获得《亚洲企业管治》杂志颁发的“最佳投资者关系企业奖”及“最佳投资者关系专业人员奖”。

2018 年 9 月，公司获纳入恒生可持续发展企业基准指数成分股（连续七年获纳入该指数成分股）。

2018 年 10 月，公司获得 2018 ARC Awards“年报设计银奖”、“年报摄影荣誉奖”、航运组别中的“年报铜奖”、“可持续发展报告内页设计铜奖”，以及“可持续发展报告资讯图表铜奖”。

2018 年 10 月，公司获得 2018 Galaxy Awards“2017 年年报铜奖”、“企业网站荣誉奖”及航运及物流组别中的“企业网站铜奖”；《本识顾问》杂志颁发“卓越 GRI 报告奖”及中型市值组别中的“最佳 ESG 报告大奖”。

2018 年 11 月，公司获得香港会计师公会举办的“2018 年最佳企业管治大奖”、H 股公司与其他中国内地企业组别的“最佳企业管治金奖”，这是公司连续第二年获得该奖项。

2018 年 12 月，公司获得《财资》杂志颁发的“最佳环保、社会责任及企业管治金奖”。

【中远海运国际香港获奖情况】

2018 年 3 月，公司获得香港社会服务联会颁发 10 年 Plus“商界展关怀”标志殊荣，以嘉许本公司连续逾 10 年在关怀员工、环境及社会所作出的贡献和承担。

2018 年 11 月，公司 2017 年年报获得第三十二届国际 ARC 年报“财务数据：航运服务银奖”殊荣。

2018 年 12 月，公司连续第五年获得亚洲著名金融杂志《财资》颁发“财资最佳公司治理金奖”殊荣，显示公司在环境保护、社会责任及管治等方面的持续努力和优秀表现获得资本市场肯定。

2018 年 12 月，公司获得亚洲著名金融杂志《财资》颁发的 2018 年度“财资最佳公司治理金奖”（环境、社会及管治）殊荣。

【东方海外国际获奖情况】

2018 年 5 月，公司获得交通及物流业的 2017 年度“香港环保卓越大奖金奖”。为表扬公司在环保领导方面的卓越表现，公司在 15 个不同行业逾 1600 间的机构中脱颖而出，成为第一批“杰出绿色领导大奖”的 10 间机构之一。

2018 年 6 月，公司荣获 2017 年度“中银香港企业环保领先大奖金奖”，成为国际运输及物流业首家获颁发该奖项的企业。

2018 年 8 月，公司获得由新加坡环境理事会（SEC）颁发的“2018 新加坡环保成就奖（SEAA）”区域类别。

2018 年 12 月，在《劳氏日报》全球海事奖颁奖典礼上，公司获得“年度最佳企业奖”。

【中远海运国际新加坡获奖情况】

2018 年 9 月，公司收购 Cogent 交易获得亚洲货币杂志 *Asiamoney* 评选的“2018 年东南亚地区‘一带一路’最佳个案奖”。 （叶琦）

上市公司业绩

上市公司业绩

集团控股各上市公司于 2019 年 2—3 月先后公布 2018 年年度业绩（表 8–2），连续第二年全部实现盈利。其中，中远海运比港（PPA）的净利润大幅增长 147%，是该公司上市以来盈利最好的一年；中远海科的净利润保持稳定增长，增幅 9.53%；中远海运港口扣除 2017 年一次性特殊项目收益的业绩实现较高增长，增幅为 42.9%；其他公司的业绩均有不同程度的下降。

2018 年集团控股上市公司业绩 表 8–2

上市公司	货币	2017 年净利润	2018 年净利润	同比变化
中远海控	人民币	26.62 亿	12.30 亿	–53.79%
中远海能	人民币	17.66 亿	1.05 亿	–94.05%
中远海发	人民币	14.62 亿	13.86 亿	–5.18%
中远海特	人民币	2.38 亿	8607 万	–63.77%
中远海科	人民币	7595 万	8319 万	+9.53%
中远海运港口	美元	5.13 亿	3.25 亿	–36.7%
中远海运国际香港	港元	3.57 亿	2.86 亿	–19.8%
东方海外国际	美元	1.38 亿	1.08 亿	–21.4%
中远海运国际新加坡	新加坡元	2.64 亿	1300 万	–95%
中远海运比港（PPA）	欧元	1130 万	2790 万	+147%

注：中远海运港口2017年扣除一次性特殊项目收益的净利润为2.27亿美元。

（叶琦）

2018 年，上证指数下跌 24.6%，香港恒生指数下跌 13.6%，新加坡海峡指数下跌 9.8%；雅典证券指数下跌 23.6%。集团控股上市公司的股价均下跌，中远海运港口、中远海运比港（PPA）、中远海能 –H 的跌幅较小，均在 10% 以内。2018 年集团控股上市公司股价表现见表 8–3。

2018 年集团控股上市公司股价表现 表 8–3

上市地	上市公司	货币	2018 年 12 月末收市价	市账率 (P/B 倍数）	股价较上年末变化
中国内地	中远海控 –A	人民币（元）	4.04	1.84	–40.3%
	中远海能 –A	人民币（元）	4.44	0.64	–27.5%
	中远海发 –A	人民币（元）	2.28	1.70	–33.1%
	中远海特	人民币（元）	3.25	0.72	–42.1%
	中远海科	人民币（元）	8.97	3.16	–25.1%
	上证指数	—	2494	—	–24.6%

续上表

上市地	上市公司	货币	2018 年 12 月末收市价	市账率（P/B 倍数）	股价较上年末变化
中国香港	中远海控 –H	港元	2.95	1.45	–26.8%
	中远海能 –H	港元	3.91	0.56	–8.4%
	中远海发 –H	港元	0.80	0.57	–50.0%
	中远海运港口	港元	7.70	0.58	–5.3%
	中远海运国际香港	港元	2.69	0.52	–11.2%
	东方海外国际	港元	53.00	0.91	–29.7%
	恒生指数	—	25 846	—	–13.6%
新加坡	中远海运国际新加坡	新加坡元	0.33	1.43	–12.0%
	海峡指数	—	3069	—	–9.8%
希腊	中远海运比港（PPA）	欧元	14.66	1.88	–5.4%
	雅证指数	—	613	—	–23.6%

注：市账率指的是每股现价除以每股账面值（即净资产）所得的比率，又称市净率。由于航运股的盈利波动性较大，航运股的估值水平通常以市账率来衡量，而不是市盈率。

上市公司市值

上市公司市值

截至 2018 年 12 月 31 日，集团控股上市公司的市值合计约 1451 亿元，较 2017 年末下降约 10%。具体见表 8-4。

2018 年集团控股上市公司市值　　表 8-4

上市公司（简称）	A 股市值（人民币）	港股市值（港元）	新加坡市值（新加坡元）	希腊市值（欧元）	市值合计（人民币）	较上年末变化
中远海控	308.48 亿	76.12 亿	—	—	375.18 亿	−36.0%
中远海能	121.48 亿	50.67 亿	—	—	165.88 亿	−11.8%
中远海发	180.85 亿	28.88 亿	—	—	206.19 亿	−33.0%
中远海特	69.77 亿	—	—	—	69.77 亿	−38.0%
中远海科	27.20 亿	—	—	—	27.20 亿	−22.7%
中远海运港口	—	239.7 亿	—	—	210.03 亿	+5.5%
中远海运国际香港	—	41.2 亿	—	—	36.10 亿	−3.6%
东方海外国际	—	331.78 亿	—	—	290.71 亿	−31.1%
中远海运国际新加坡	—	—	8 亿	—	40.10 亿	+1.2%
中远海运比港（PPA）	—	—	—	3.87 亿	30.09 亿	+3.2%

注：以按期末汇率折合为人民币的市值计算。上年末市值合计中不含东方海外国际。

2018 年 12 月末，集团控股上市公司各市值见图 8-1。

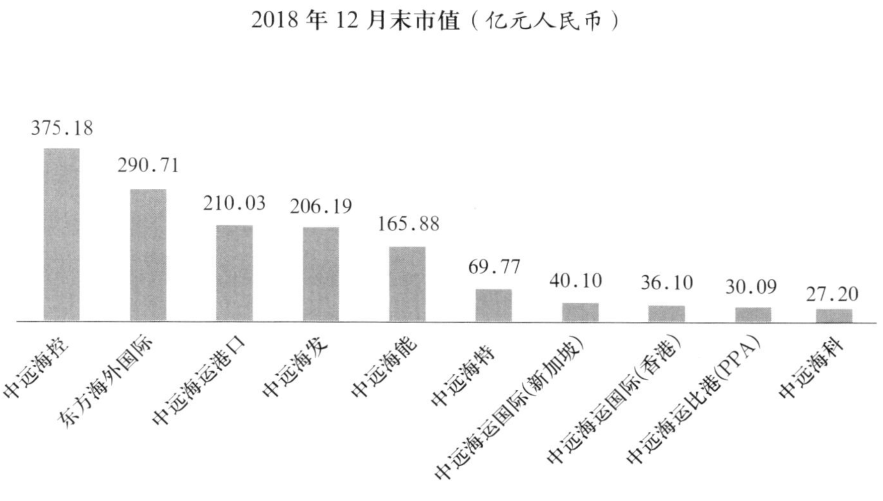

图8-1　上市公司市值

2019

CHINA COSCO SHIPPING CORPORATION LIMITED YEARBOOK

中国远洋海运集团有限公司

年鉴

第九篇

科技创新与数字化

概述

概　　述

2018 年，作为船队规模最大的国际航运企业，中远海运集团围绕“大集团、新企业、国际范”，坚持创新创业创效，坚持实施科技创新驱动发展战略，以新的科技研发能力提升集团核心竞争力。在传统经济向现代经济、互联网经济和数字经济转型过程中，科技创新与信息化建设发挥着越来越重要的作用。

是年，集团以编制一部科技规划为引领，以搭建一个科技创新平台为依托，以建设一支科技创新骨干队伍为基础，以完善一套机制体制建设为保障，以落实一批重大科研项目为抓手，迎接大数据时代的变化，着力打造“智慧航运”“智慧港口”和“智能制造”。围绕产业链布局创新链，加快航运重点领域新技术攻关和推广应用；以智慧航运、智能制造为主攻方向，推动数字化、网络化、智能化技术与集团各产业集群深度融合；立足现代供应链目标，利用新技术，抓紧改造升级传统供应链。在推进科技创新与信息化建设工作中，中远海运集团坚持“开放、合作、共享”的科技创新模式，加强行业内外、产业链上下游多方位科技创新的广度和深度合作，以深度合作、开放包容的创新态度，聚焦提升船队综合竞争力，开展产学研合作，推动集团向全球航运引领者转变。

科技创新

科技创新

【体系建设】

制定《集团科技发展规划》。集团科技发展规划是提升企业综合竞争力的重要指引，是实现引领发展的第一原动力。为加强集团科技创新顶层设计，为加强科技规划的指导和组织保证，集团成立了以集团领导为组长，相关职能部门领导为副组长的科技规划编制工作小组和编撰小组。工作小组先后与麦肯锡、波士顿等国内外十家知名咨询机构开展会谈和深入交流，于 6 月正式与中选机构——交通运输部水运科学研究院签订《集团科技发展规划咨询服务合同》。历经半年多的充分调研、访谈、论证、研究和咨询，并经两轮征求意见，完成《集团科技发展规划（送审稿）》的编制，并提交集团总经理办公会审议通过。

加强科技创新组织保障。集团下发了“关于加快实施创新驱动发展战略，增强科技创新投入和组织保障能力的通知”，要求各单位高度重视科技创新工作的重要意义，落实集团科技创新“五个一”工作，推进集团“两智”建设，进一步加强科技创新领导和组织保障，加大科技创新投入力度，完善科技创新制度建设等五项措施。经不懈努力和督促指导，目前集团所属单位均已全部明确科技创新分管领导和责任部门，为开展科技创新活动提供了组织保障体系。其中，中远海运集运、中远海运散运、中远海运资产、上海中远海运等 4 家单位，结合企业特点成立了科技创新领导小组，23 家单位制定了科技创新工作推进计划。

推进科技资源整合。按照集团“十三五”发展规划的整体部署，经过精心筹备和规范运作，2018 年圆满完成集团科技信息化资源整合。2 月 2 日，集团科技与信息化平台在上海正式启航，标志着集团在“数字化转型”道路上迈出了坚实的一步，是集团积极迎接“大数据”时代变革做出的一项重大决策，为积极打造覆盖集团完整产业链的科技创新生态圈，逐步扭转科技与信息化资源“散、弱、小”的局面，实现“人才集聚、资源共享、技术融通、业务协同”的新局面。该平台的上线对于集团实现长远发展、推动“互联网 +”战略落地、打造强大的科技创新支撑体系，做强做优中国航运事业，具有十分重要的现实意义和深远的历史意义。

成立中远海运重工研究院。为提升船舶建造总体研发设计能力，加大新船型研发力度，进一步适应航运市场变化、满足客户需求，2018 年 10 月，经中远海运重工董事会审议通过，中远海运重工设计研究院正式成立，下设基本设计部、详细设计部、综合管理部和扬州重工分院。设计研究院积极打造设计开发和技术供给平台、科技创新平台、科技人才队伍建设平台、技术交流合作平台、船舶设计信息化及大数据平台和技术产业化促进平台，进一步推动重工整体研发能力提升、团队成长和技术储备。

发挥技术中心特色。中远海运特运于 2011 年成立了亚洲首个航运公司技术中心，主要为半潜船、重吊船、多用途船等船型提供浮装浮卸、滚装滚卸、DP 浮托安装等特殊作业技术支持，开展重大件配载、吊装、衬垫、绑扎等操作规范研究和危险品、特殊性质（如易流态化）货物的安全运输管理。2018 年，技术中心科研能力不断增强，先后开展“重大件绑扎标准研究”，完成《船舶载运重大件货物绑扎系固船舶指导手册》和《船舶载运重大件货物绑扎系固监管指导手册》的编制，为指导船舶系固和海事部门监管发挥重要作用。技术中心的科研水平的提升，为中远海运特运承揽重特大型特殊货物运输发挥了重要作用。2018 年，公司利用半潜船 DP2 动态定位技术，包揽了全球仅有的 6 项 DP 浮托安装项目，进一步巩固了全球领先地位；通过技术进步，承揽了重 3000 吨的海底电缆传送上岸项目，开创了为客户提供“安装 + 运输 + 安装”的总体解决方案的新模式；2018 年先后创造了重吊船吊装高度新纪录、吊装长度新纪录，首创“岸吊 + 船吊接力作业”新模式，为解决北方地区冬季天然气短缺，开创中国商船大规模承运 LNG 罐箱先河。

【获 奖 情 况】

2018 年，由集团牵头，以中国商船极地航行实践为平台，中远海运特运等 10 家国内优秀产学研单位联合承担的“中国商船开辟极地航线关键技术研究与应用”，荣获中国航海学会科学技术特等奖，此为新集团成立以来获得的最高奖项。

中远海运集团参研武汉理工大学“新能源船用关键技术研究及工程应用”及上海船研所承担的“船舶中压交流岸电系统关键技术研究及应用”、中远海运重工及所属单位承担的 “2.1 万吨模块运输船设计与建造关键技术研究与产业化”、南通中远海运川崎承担的“LNG/ 燃油双燃料冰区加强型 4000 车位汽车滚装船设计与建造”、广东中远海运重工承担的“多用途应急救援船研发及建造技术”、大连中远海运重工参研的“2.2 万吨级超宽浅吃水双桨油船”等科研成果荣获省部级科技进步一等奖。

集团及所属单位共获得省部级科技进步奖特等奖 1 项、一等奖 7 项、二等奖 3 项和三等奖 1 项，获奖数量和等级均创历史新高。

【科技成果转化】

提升集团智能航行水准。中远海运集团大力推进智能船舶、数值水池和船联网项目，加强通导产品研发和合作，努力建立全球最先进的船队。以构建智慧航运生态圈为目标，重点推进智能船舶应用示范、数值水池和船联网等重大科研项目研究。打破传统航运业的产业格局，实现船岸一体化智能管控，从而提高航运安全、降低船舶能耗、提升运营效率，降低船舶保养和维护成本。2018 年底，为夯实集团航运大数据基础，做好数据平台建设，中远海运集团组织各航运企业在新造船实施智能船示范应用两步走战略，安排包括 12 艘纸浆船和 12 艘 20.8 万矿砂船在内的 65 艘新造船上，开展智能船舶研究成果的示范应用和下阶段为智能船舶改装做好电缆等设备预埋预留等前期准备，为船舶智能化升级奠定基础。

推进智能制造。在智能制造方面，结合无人船发展趋势和集团内航运公司对智能航行的需求，促进南通川崎的智能建造技术服务航运板块，提升航运智能水准。为提升集团智能制造水平，2018 年集团组织召开智能制造现场会，明确“智能制造”发展规划和实施策略，制定《智能制造三年行动计划》做好顶层设计。在“学川崎”项目引领下，促进南通川崎的精益制造、智能制造技术的辐射推广，提升集团航运智能水准。在此基础上，南通中远海运川崎《船舶超大型复杂结构件智能制造新模式应用》智能制造专项获得工业和信息化部批准立项，大连中远海运川崎的《船舶智能制造试点示范项目》入选工业和信息化部 2018 年智能制造试点示范项目，这是继南通中远海运川崎船舶工程有限公司之后，全国造船企业第二家入围企业。南京国际船配初步建成二冲程气阀智能制坯单元，解决了二冲程气阀制坯的关键难点，达到国内首台套二冲程气阀生产智能化集成化程度最高的工作单元，品牌知名度和认可度逐年提升。与此同时，牵头建设国家智慧航运卫星通信运营平台，参与北斗在港航供应链应用示范，与著名通导商成立合资公司，商用结合、渠道共赢，布局了通导资源产业链。完成工业和信息化部第一个智能船项目，全球首艘智能集装箱船试航。

科技创新保障“为船服务”。为保障集团营运船舶的油品供应，攻克燃油相容性快速判断难题，集团所属中国船舶燃料公司开展“燃油相容性快速检测仪”研发。经过多次试验研究，对仪器设备商的快速试验设备进行标定和调试，验证了试验检测结果与“燃油相容性检查法”的实验结果数据一致，同时达到了“准确、简单、快捷、易操作”的目标。该新型仪器的开发成功，为燃油质量保障发挥重要作用，也得到了集团和航运企业的一致认可，对 2020 年低硫燃油的相容性判断具有重大意义。中石化中海燃供联合中远海科技为航运企业开发的“基于互联网模式的为船服务智能平台”是国内船舶物资供应服务领域中的“物联网 +”交易平台，通过船舶客户端功能将各航运公司的物资、备件需求信息通过标准化处理，实现与中远海运集团航标系统无缝对接，实现需求信息及时在线发布，供应商及时备货。供应链企业间“备货、交货、票据流转”信息清晰透明，成功实现供应链上、下游数据的实时共享。2018 年，“基于互联网模式的为船服务智能平台”入选工业和信息化部“制造业‘双创’平台试点示范项目名单”。

以信息化为手段提升服务品质。中远海运博鳌借助信息化手段，打造智慧东屿岛项目，通过建设移动互联营销平台、升级酒店管理系统、票务管理系统、采购与供应商管理系统、会务管理系统，以及系统接口互联互通等技术，降低对人的依赖，降低成本、提升效率，提高客户满意度；利用博鳌年会智能网联汽车在乐城医疗开展试点应用的基础上，将东屿岛打造成智能网联汽车试验基地，利用智能网联汽车代替现有的酒店穿梭电瓶车、景区观光车，提升东屿岛的科技感，努力建成具有国际影响力的创新型度假区。

提升产品附加值。集团所属中远关西涂料化工依托企业特种工业防腐涂料天津市重点实验室，建设核级防腐涂料研发及产品应用平台，与中广核、上海核工业研究所等专业科研院所合作，不断研发具有市场竞争力的高附加值新产品，已成功应用于第二代、第三代核电产品。公司新推出的核电专用防腐产品 epomarine RX 系列，已在各个核电项目上发挥卓越的功能。联合上海核工程研究院等单位开展的“先进核电站涂料国产化研发及工程应用”项目荣获中国电力企业联合会 2018 年度电力创新一等奖。同时，为响应国家环保政策，中远关西积极倡导工业防腐涂料水性化应用，2018 年科研立项 20 项，项目当年完成率 100%；在水性集装箱涂料、水性工业漆等产品研发领域均取得了重大突破；在特种装备、机器人等领域也同步开展水性化产品推广并获得成功。

【国家级项目与国际技术合作】

为提升集团科技创新能力，中远海运集团积极组织和策划牵头承担国家重点科研专项。2017 年，集团会同哈尔滨工程大学、大连理工大学，联合申请科技部国际合作重点专项“极端环境下北极航行船舶运动和结构安全”，研究一整套以安全、高效、环保为目的北极极端恶劣环境下航路航行的解决方案。2018 年，集团牵头，组织所属单位上海船研所、中远海运集运和中远海运港口，联合大连海事大学、交通运输部水运院等 10 家单位，共同申请科技部 2018 年度“海洋环境安全保障”重点研发专项“海上丝绸之路运输环境安全保障服务系统集成与应用示范”项目。集团所属航运公司和科研企业，积极参与国家科研项目申报。2018 年，集团及所属企业共牵头申报工业和信息化部高技术船舶科研项目 4 项，参与合作申报科研项目 17 项，其中中远海运能源、中远海运散运和特运等航运公司分别参与其中的 5 个项目申报，为科研项目的研究和预期成果的转化应用提供研究需求和应用示范场景。同时，集团在参与项目时也注重自身角色的转变，争取担任重要角色。截至 2018 年年底，集团及所属单位共承担科技部国际合作重点专项 1 项，工业和信息化部高技术船舶科研计划项目 6 项，促进了集团科技创新能力的提升。

2018 年 9 月，中远海运集团组织所属中远海运科技与国际著名通导设备制造商日本古野电气株式会社成立合资公司，推动通导产业从简单代理服务，向研发、生产和服务三位一体的转型，拓展船舶通信导航及其配套产品的国内外市场，实现集团通导产业持续发展。

在船舶设计与建造方面，中远海运重工与日

本川崎重工长期保持着良好合作，联合研发并建造出多种国际领先、颇具市场竞争优势的主力船型。2018 年，中远海运重工与日本 WAZA-ARI 设计公司签订了船舶设计业务技术合作协议，推进技术研发中心川崎设计管理模式建立，并合作开展 64K 散货船新船型研发。

【科技创新制度建设】

为推进集团科技创新驱动战略，建立和健全集团统一指导下的科技创新体系和运行机制，提升集团科技创新能力和管理水平，集团出台了《中远海运集团公司科技创新工作管理办法》，同时制定了《集团科研项目管理规定》《科技创新成果奖励规程》和《首席技术专家评定管理规程》等制度文件，进一步优化管理流程，精简审批程序，提高科技创新管理的制度化、规范化和科学化水平，营造集团鼓励创新的积极氛围。截至 2018 年底，集团所属主要二级单位均结合企业生产经营实际和自身特点，陆续制定科技创新工作管理制度和推进科技创新的指导意见，有效调动了企业科技创新的积极性。

在科技创新考核方面，新集团重组整合之初，即对科技创新重要平台上海船研所设定“科技创新收入”和“技术投入比例”的分类指标。随着集团考核体系的不断完善，考核指标重点向突出战略引领转变，在此基础上增设了“战略实施效果”指标，促进上海船研所进一步发挥科技创新对集团装备制造产业集群的服务作用，顺应数字化、智能化、智慧化趋势，加强数字化推进力度，充分利用大数据，将传统航运业务与先进信息技术有效融合，打造智慧航运新生态。同时，增设“科技平台服务与统建项目建设”指标，考核船研所对各公司科技发展支撑服务情况、中远海运科技承建集团统建项目质量、进度、客户满意及提供服务等情况。2017 年，集团在特殊奖惩指标中，设置“科技创新成果及应用”指标，以实现传导效应；2018 年扩充了该指标的考核范围，在中远海运特运、物流、重工、船研所和青岛船院 5 家单位的基础上，增加中远海集运、散运、油运及物流等 4 家公司，在 2018 年科技工作中起到了很好的激励导向作用。

在薪酬分配制度方面，为鼓励创新，践行国家创新驱动发展战略，2018 年，集团研究制定集团股权和分红激励总体工作方案，确定以上海船研所为首批试点激励企业，以支持符合集团战略布局、科技创新重点明确、创新能力较强、成果技术水平高、市场前景较好的科技型企业实施分红激励。（吴罡）

信息化建设

信息化建设

【完善信息化管理体系】

2018 年 6 月，集团依据国际航运业信息化技术发展趋势的深入研判，启动了集团信息化三年滚动修订工作，确定若干信息化统建项目。中远海运船员、中远海运科技、中远海运集运、中国船舶燃料、中远海运香港、中远海运澳洲等公司完成总体方案设计。按照 2018 年集团工作会“做好信息化规划，做好体制机制保障”的要求，集团对信息规划中 46 个统建项目进行梳理。年内下发了《信息化工作考核实施规程》，为集团信息化建设保驾护航。根据国务院国资委关于深入实施国资监管信息化建设“三年行动计划”的要求，集团成立监管平台数据对接工作领导小组和工作小组，完成大额资金数据动态监测联网并开始报送数据；启动“三重一大”数据对接工作并逐项推进落实。

【推进信息化统建项目】

坚持“内聚外联”，着力打造面向产业链的信息化平台。2018 年，集团新启动 10 项信息化统建项目建设，具体有数据集成共享平台、档案二期、财务快月报、OA 升级、联网审计二期、税务系统、社保系统、防海盗系统、主数据二期、久其报表扩展应用等；持续开展人事系统、集采系统的后续建设；推广使用的系统有 OA 及档案系统、航标平台、投资系统、财务系统、主数据系统、法务案件管理系统、联网审计等。集团航标平台各功能模块建设完成，年内已完成 750 艘船舶上线，基本实现了集团自有船舶的全覆盖和船岸一体化管控。投资与项目管理系统完成第一阶段建设并上线运行，覆盖集团各级法人单位 2453 家；人力资源系统完成第一批次 315 家单位上线，涉及员工近 3 万人；财务信息化系统完成 80 家集团下属二级及三级公司上线，境外上线有突破性进展；办公自动化系统完成 109 家单位的实施应用，总体用户数达 2.4 万人 。网站系统按国务院国资委要求，开展 IPv6 改造工作，其他集采系统、社保系统、档案系统、税务系统、审计系统、联网审计二期、主数据系统、邮件系统、信息化安全保障也在建设中。

大数据应用引领行业发展。中远海运集团与上海海关、上港集团合作建设跨境贸易管理大数据平台，实现“靠泊即提”，为客户节约了时间成本，截止 2018 年底参加试点的客户已有 21 家。中远海运集运联手京东、佳农，推出厄瓜多尔香蕉原产地溯源项目，实现了区块链技术在海运业的首次商业化应用；与全球知名港航企业联合打造了航运业第一个区块链联盟——全球航运商业网络（GSBN），共同推动行业数字化标准的制定及传统流程的变革和创新。

【整合信息资源】

按计划完成集团境内网络整合工作报批工作，启动全华机房搬迁项目，结合已有机房整合存在的问题，制定集团数据中心整合总体方案。在机房整合方面，在各单位上报年度数据中心整合计划的基础上，形成《集团数据中心整合总体方案计划》，明确了中远海运物流、重工等 5 家整合重点对象；中远海运科技启动全华数据中心机房搬迁工作；中远海运财务、厦门远洋、中远海运香港等机房的关停并转工作有序推进。在网络线路优化方面，按照“一套基础设施”架构集团下属 63 条专线逐步整合形成集团境内

MPLS“一张网”。在云计算资源共享方面，中远海科搭建测试环境，草拟方案计划，开展产品对比测试，为集团打造“一体化、服务型、开放式”的云计算服务奠定基础。

【制定信息化规范管理标准】

为了避免新的信息孤岛，夯实信息化基础管理工作，不断完善数据和技术管理标准，2018年集团制定并下发了《中国远洋海运Java开发技术规范》《中国远洋海运SAP PO平台应用技术规范》《主数据－客户域数据标准》三个标准；制定集团网站群实施收费标准、SAP外部运维费用收费标准、航运标准化平台收费标准，为费用支付提供依据，提高结算效率。同时，组织召开集团主要公司参与数据标准管理体系建设研讨会，在建立数据标准和技术架构体系方面达成共识，尝试大数据应用研究，支撑各板块数据共享，在联网审计系统和集团应急指挥中心启动大数据应用试点，根据情况后续在其他系统推广。

【强化信息安全体系建设】

制定集团网信安全专项规划，梳理集团网信安全现状并提出整保思路，完善集团网络安全规划编制系统。集团出台《集团2018年网信安全工作要点》，明确10项重点工作和26项任务。做好重大活动保障工作；各单位顺利完成“两会、博鳌论坛、上合峰会、G20、进博会”等重大活动期间的网信安全保障工作；按照有关上级部委要求，全集团开展电子邮件安全专项整治行动。做好网信安全宣贯，及时下发《集团网信安全月度简报》，开展网络安全宣传周活动，发布病毒预警，提升网信安全意识，制定《集团网信安全应急处置管理细则》，修订《网络安全管理规定》。加强安全监测工作，全年监测试图攻击累计857.654万次，组织应急处置通报性安全事件4起，年内未发生重大安全事件。开展邮件安全专项行动，组织专业公司参加网信安全大赛，获国务院国资委“首届中央企业网络安全攻防大赛优秀组织企业奖”，集团网络安全工作方面获“上海市等级保护工作优秀单位”荣誉称号。

（张琪）

2019

CHINA COSCO SHIPPING
CORPORATION LIMITED
YEARBOOK

中国远洋海运集团有限公司

年鉴

第十篇

企业党建

概述

概　　述

2018 年，中远海运集团深入学习贯彻习近平新时代中国特色社会主义思想和党的十九大精神，牢牢把握新时代党的建设总要求，把党的政治建设摆在首位，落实“两个一以贯之”，落实管党治党政治责任，坚持“党建工作做实了就是生产力，做细了就是凝聚力，做强了就是竞争力”的理念，扎实推进集团党的建设和改革重组向纵深发展，各项工作取得了新进展、新突破和新成效。

是年，集团把宣传思想工作摆在集团总体工作的重要位置，以深入学习、全面贯彻落实党的十九大和习近平总书记重要讲话精神为主线，以贯彻全国宣传思想工作会议精神为抓手，结合中央巡视整改和纪念改革开放 40 周年活动，加强党对宣传工作、意识形态工作的领导，广泛开展形势任务教育，策划推出各类重大主题宣传，推进“1+6”核心价值理念全面落地，促进宣传思想工作与党的建设深度融合，为推进集团改革发展提供了坚强保障、凝聚了磅礴力量。

是年，集团深入贯彻党的十九大、十九届中央纪委二次全会、中央企业党风廉政建设和反腐败工作会议精神，自觉增强“四个意识”、坚定“四个自信”、做到“两个维护”，坚持稳中求进工作总基调，紧紧围绕集团改革发展大局，积极推进中央巡视整改，持之以恒正风肃纪，持续保持高压态势，扎实推进巡视巡察，有力推动全面从严治党向纵深发展，为集团改革发展提供了坚强保障。

党建工作

党建工作

【加强政治建设】

党组把政治建设摆在首位，强化政治理论武装，制定《集团党组（党委）理论学习中心组学习实施细则》，组织党组中心组学习、集中扩大学习 26 次；组织 5 期 357 人党的十九大精神专题培训；各直属单位实现处级以上干部培训全覆盖。结合中央巡视整改、党建督查等对二级单位党委中心组学习情况进行检查，推动学习往深里走、往实里走、往心里走，切实增强“四个意识”、坚定“四个自信”、做到“两个维护”。积极主动向党中央请示报告集团协办博鳌亚洲论坛 2018 年会，收购东方海外，配合习近平访问巴拿马、阿联酋哈里发开港等重大事项 13 次，确保重大事项及时让党中央知道、经党中央同意、听党中央指挥。制定下发《关于坚持全面从严治党、强化组织纪律和工作纪律的若干意见》，规范党员领导干部重大事项请示报告制度。

（窦文金）

【贯彻落实上级精神】

2018 年，集团认真贯彻党中央决策部署，坚决打好集团“三大攻坚战”，即法治风控建设、扶贫工作和供给侧结构性改革。集团党组会专题听取法治风控建设工作汇报，对于完善集团全面风险防控体系提出了明确要求；集团组织对贸易、金融等领域进行全面的风险排查，有效防范化解重大风险。集团召开扶贫援藏工作会议加大扶贫力度，共支出帮扶资金 5 506.6 万元，实施项目 92 项；全集团承接定点帮扶地区干部培训任务 13 批次、216 人次；组织各类培训班 16 批次、352 人次；类乌齐县顺利脱贫摘帽。在 2017 年中央单位定点扶贫考核中，集团被评为“好”，位列中央企业前 20 名。集团坚持新发展理念，持续推进供给侧结构性改革，“压减”工作继续走在央企前列；积极践行绿色航运，集装箱船接收岸电装置改造项目入选交通运输部绿色示范项目。

（窦文金）

【党建工作会】

集团党组于 2018 年 2 月 5—6 日在博鳌召开中远海运集团 2018 年工作会、党建工作会暨一届二次职代会，印发 2018 年度集团党组工作报告。党组工作报告的主题：贯彻落实党的十九大精神，深入推进全面从严治党，为集团建设世界一流企业提供坚强政治保证。明确 2018 年集团党的建设总的工作思路：以习近平新时代中国特色社会主义思想为指导，全面贯彻落实党的十九大精神、十九届二中全会、十九届中央纪委二次全会、全国组织部长会议、中央企业负责人会议精神，坚持党要管党、全面从严治党，不忘初心、牢记使命，以党的政治建设为统领，全面落实新时代党的建设总要求，推动党的政治建设、思想建设、组织建设、作风建设、纪律建设向纵深发展，为集团夯实增长基础、推动高质量发展、建设世界一流企业提供坚强政治保证。对 2018 年工作进行七个方面的重点部署：一是以党的政治建设为统领，全面贯彻落实党的十九大精神；二是以高度的政治自觉，全力配合中央巡视工作；三是以提升组织力为重点，全面加强基层党组织建设；四是以落实人才发展规划为依托，建设高素质专业化干部人才队伍；五是以压实“两个责任”为抓手，推动全面从严治党向纵深发展；六是以内聚人心外塑形象为目标，加强宣传和企业文化建

设；七是以服务职工群众为宗旨，凝心聚力共谋发展。会上，集团党组与直属单位党委签订了年度党建工作责任书。（郭燕萍）

【党 组 会 议】

集团党组坚持把方向、管大局、保落实，修订《党组议事决策规则》，把党组研究讨论作为董事会、经理层决策重大问题的前置程序；全年召开33次党组会，研究讨论党的建设、干部人事和经营管理重要事项167项，在全面从严治党和系列重大收购、重组整合和船管、船员体制改革、地区公司转型发展中发挥坚强领导作用。落实“两个一以贯之”，以坚持党的领导为政治原则，把加强党的领导和完善公司治理统一起来，贯彻落实中央全面依法治国战略和国务院国资委关于推进法治央企建设工作要求，制定《直属公司董事会运作管理办法》，规范董事会运作；修订《集团投资授权管理细则》，推动直属公司完善公司治理。（窦文金）

【落实全国国企党建工作会议精神】

集团党组按照中组部、国务院国资委贯彻落实全国国企党建工作会议精神30项重点任务以及国务院国资委23项重点任务安排，持续贯彻落实全国国企党建工作会议精神，切实抓好党建重点任务。

1. 及时学习贯彻上级会议精神。及时传达学习部署中央和国务院国资委党委重要会议精神和工作要求，根据国务院国资委党委“中央企业党建质量提升年”和2018年党建工作要点等要求，结合集团《基层党建2017—2019年规划》，研究制定集团2018年党建工作要点，将全年党建重点任务分解为8个方面、27项具体工作，推动上级精神落地、重点工作落实。

2. 强化党建主体责任落实。认真总结2017年度党建责任制落实和考核情况，制定2018年党建工作责任书，修订考核指标体系，将重点任务细化为9个方面、1000分的量化指标，推动党建工作责任制、考核机制全面落实。制定《集团党组落实全面从严治党主体责任实施细则》，重点规范党组主体责任的9项重点工作，党组成员履行“一岗双责”责任内容，以书面述职和现场述职相结合的方式，持续推进党组织书记抓党建述职考核评议工作。

3. 层层督导检查。集团党组成立督导组，对落实党建重点任务情况进行专项督查，并列入2017年度党组织书记述职考评、党建责任制考核的重要内容；把党建工作责任制与各单位经营业绩、干部考核一起检查、一起考核，考核情况作为业绩评定、选拔任用和奖励惩戒的重要依据。集团党组对境内直属23家公司，境外东南亚、南美、欧洲3家公司的党建工作开展情况进行了现场督查。

4. 抓好2017年中央企业党建责任考核反馈意见整改落实。国务院国资委党委向集团党组反馈党建责任考核情况后，集团党组召开专题会议学习传达反馈意见，研究整改落实措施。坚持立行立改、即知即改，把中央企业党建年度考核整改与中央巡视整改紧密结合、相互贯通，统筹谋划、全力整改，把相关问题整改工作纳入中央巡视整改落实方案，制定整改任务表，细化整改措施，明确责任部门、整改具体要求和完成时限。

（郭燕萍）

【扎实做好中央巡视整改工作】

集团党组深入学习贯彻习近平总书记关于巡视工作的重要讲话精神，认真对照中央巡视反馈意见，深刻反思管党治党差距不足，研究制定巡视整改工作方案，切实担起巡视整改政治责任，扎实做好巡视“后半篇文章”，取得积极进展和阶段性成果。

1. 配合中央巡视有序。2018年2月22日—5月22日，中央第九巡视组对集团党组开展了巡视。党组把配合中央巡视作为首要政治任务，强化政治责任担当，确保思想认识到位、迎检态度到位、责任落实到位、执行纪律到位、立行立改到位。成立配合中央巡视工作领导小组和工作小组，对中央巡视组提出的要求及时回应，全力加以解决。及时报送各类材料2152份，配合安排干部个别谈话171人次。党组协助中央第九巡视组开展相关课题研究，形成4个专题报告，受到中央巡视组充分肯定。

2. 推动巡视整改有效。7月14日中央巡视反馈大会召开后，集团党组迅速启动全面整改工作。先后召开6次党组会、7次巡视整改领导小组专题会、9次巡视整改工作小组周例会，研究落实阶段性整改措施。把中央巡视整改细化为8方面11类问题和212项整改措施，强化整改督导，成立督查组，对22家重点单位整改落实情况进行现场检查；各直属单位开展巡视整改督导118次，及时发现纠正巡视整改过程中的问题偏差。集团党组领导约谈直属单位负责人19人，直属单位约谈基层负责人406人，推动解决巡视整改问题。召开巡视整改专题民主生活会，深入开展批评与自我批评，党内政治生活质量明显提高。集团党组212项、各直属单位1398项巡视整改措施均有效落实；集团颁布规章制度54项，各直属单位完善制度330项；中央巡视组移交的200件信访件及27件问题线索均已办结。中央巡视办对集团党组巡视整改报告给予充分肯定，巡视整改取得阶段性成效。

3. 巩固巡视整改成果有力。集团注重巡视整改的系统性、整体性、协同性，把巡视整改作为坚持党的领导、加强党的建设、推动企业健康发展的系统工程，把巡视整改工作与做好企业各项工作结合起来；认真落实习近平总书记关于国有企业改革发展的重要指示精神，坚决贯彻落实中央重大战略部署，深入落实新发展理念、服务“一带一路”建设和交通强国战略，全力以赴服务首届中国国际进口博览会，扎实推进集团“6+1”产业集群战略，最大限度放大整改效应、拓展整改成果，聚焦两个“不低于”的目标，坚定创效信心，全力以赴完成全年效益目标，以扎实的整改成果为集团高质量发展提供坚强政治保证。集团党组坚持举一反三、以点带面、标本兼治。在巡视整改中既落实“改”的举措，又完善“立”的机制，对巡视整改反馈的带有普遍性问题，按照中央精神和中央巡视组的要求，从工作机制上查找深层次原因，加强和规范党内政治生活，进一步严明政治纪律和政治规矩，建立健全相关制度，构建长效机制，完善党建规章制度，不断增强全面从严治党的系统性、创造性、实效性，使管党治党走向“严、紧、硬”。（郭燕萍）

【中央巡视整改专题民主生活会】

按照中央巡视整改反馈意见要求及集团党组巡视整改工作安排，2018年9月3日，集团党组召开巡视整改专题民主生活会。会议主题为：深入学习贯彻习近平新时代中国特色社会主义思想和党的十九大精神，全面贯彻落实习近平总书记关于巡视工作的重要讲话精神，认真对照中央巡视反馈意见，深刻剖析在党的政治建设、思想建设、组织建设、作风建设、纪律建设和制度建设中存在的差距不足，深刻反思履行管党治党主体责任、监督责任、“一岗双责”方面的问题根源，切实增强“四个意识”、坚定“四个自信”，强化政治担当，扎实做好巡视整改“后半篇文章”，以巡视整改成效推动集团事业高质量发展，向党中央交出合格答卷。党组书记、董事长许立荣同志聚焦主题，代表集团党组领导班子对照党章党规、新时代党的建设总要求、中央第九巡视组反馈意见和基层干部职工提出的意见建议，认真查找存在的问题，深刻剖析原因，提出了整改方向和措施，并作总结讲话。班子成员孙家康、孙云飞、黄小文、丁农、王宇航、俞曾港、徐爱生同志逐一进行个人对照检查，开展了深刻的批评和自我批评，真正做到了“红脸出汗”。这次专题民主生活会是集团党组对落实中央决策部署、主动担起巡视整改政治责任的切实行动，是对履行全面从严治党主体责任、监督责任、“一岗双责”存在问题的集中反思，是进一步严肃党内政治生活、加强集团领导班子自身建设的深化，对于确保集团全系统高质量、高效率、高标准完成巡视整改，推动各项工作具有重要意义。（郭燕萍）

【加强组织建设】

2018 年，集团党组认真学习贯彻习近平新时代中国特色社会主义思想和党的十九大精神，深入贯彻落实全国组织工作会议和中央企业党的建设工作座谈会精神，按照国务院国资委党委工作部署，层层压实党建主体责任，持续推进全国国企党建工作会议重点任务和“中央企业党建工作质量提升年”各项措施，坚持抓基层打基础，不断提升企业党建工作质量，为集团建设世界一流企业提供了坚强政治保证和组织保证。

1. 坚持“四同步、四对接”。党建工作“四同步”即党的基层组织和生产行政组织同步建立，党务干部和生产行政干部同步配备，党建工作制度和生产管理制度同步制定，党建工作和生产经营工作同步考核；“四对接”即对接党组织标准化建设，对接企业业务指导需求，对接企业生产经营实际，对接企业长远发展愿景。在改革重组中，集团坚持党的领导、加强党的建设，先后完成 205 个党委、144 个党总支和 12 个境外二级公司党组织的重新组建，2018 年集团应换届的 28 家二、三级单位已全部启动换届选举工作。在深化船员船管和天津、青岛、大连 3 家地区公司改革过程中，同步建立健全党组织。巡视整改期间，20 个应建未建党支部中 17 个已建立党支部，3 个单位按业务相近原则建立了联合党支部，重组企业党员组织关系及时进行了划转并纳入管理。优化境外党组织设置，加强境外党建工作，党组在中组部、外交部联合举办的驻外使领馆党委书记海外党建工作能力培训班上三次介绍境外党建工作经验。

2. 推动党建与生产经营融合。坚持“党建工作做实了就是生产力、做细了就是凝聚力、做强了就是竞争力”理念，推动党的建设与企业改革发展深度融合。融入深化改革。在深化船员船管体制改革、地区公司改革过程中，集团成立党建组指导重组单位落实“四同步、四对接”，制定党建工作方案，印发改革宣传提纲，深入细致做好干部职工思想政治工作，确保改革重组平稳顺利推进，干部职工队伍稳定、充满信心。融入重点工作。围绕服务“一带一路”建设、实施创新驱动发展战略、落实“三去一降一补”等重点工作，通过开展船舶“三长”“钻石团队”“双百”先进集体和先进个人评选表彰活动，积极选树典型，在《中国远洋海运报》、集团杂志、网站、微信等开展系列报道，引导广大干部职工坚定初心、爱岗敬业、恪尽职守，为建设世界一流企业积极贡献力量。融入生产经营。中远海运集运党委开展“特色支部”创建活动，结合生产经营创效工作，形成“一支部一品牌一亮点”的生动局面。中远海运能源党委开展“英雄直通车”，以项目制方式推进公司重点工作，为优秀人才提供舞台。

3. 加强党建工作保障。选优配强党建工作力量，集团和各直属单位均成立单独党务工作部门，集团总部党务干部人数接近总部职工数的 1/4。把党务干部纳入《“十三五”人才发展规划》和六大核心人才库建设，着力推动党务和业务干部双向交流、互促提高。境外主要区域公司委派专职党组织书记，全系统专职党务干部 2757 余人，其中船舶政委 1098 人，专职党务干部超过职工数的 1%。落实中央文件要求，加大党建工作经费投入。（郭燕萍）

【党建述职评议考核】

2018 年 4 月 25 日，集团党组召开直属单位 2017 年度基层党建述职评议考核会，6 家直属单位党委书记围绕学习宣传贯彻党的十九大精神，落实全国国企党建工作会议精神，履行党建责任制，推进“两学一做”学习教育常态化制度化，基层党建工作，抓基层党建工作取得的成效、存在的突出问题、加强和改进工作的思路措施等 6 个方面情况进行现场述职。集团党组成员结合分管工作和整体工作情况进行提问，有针对性地进行点评，参会代表进行了现场测评。集团党组书记、董事长许立荣结合现场述职、党建工作考核和日常掌握情况进行点评总结，强调要坚持思想引领，增强抓好政治建设的本领；要坚持基层导向，增强抓好组织建设的本领；要坚持人才强企，增强抓好队伍建设的本领；要坚持“三严三实”，

增强抓好作风建设的本领；要坚持纪在法前，增强抓好廉洁从业的本领；要坚持拼搏奋斗，增强带头干事创业的本领。（郭燕萍）

【党内教育培训】

集团党组以习近平新时代中国特色社会主义思想为引领，深入学习贯彻党的十九大精神，认真落实《2014—2018 年全国党员教育培训工作规划》，制定培训计划方案。2018 年共组织各类党员干部学习班 62 个，培训 4325 人次，持续推进“两学一做”学习教育常态化制度化。结合中央第九巡视组专项巡视整改工作和即将开展的“不忘初心、牢记使命”主题教育，集团组织开展“不忘初心跟党走，牢记使命展作为——中国远洋海运集团有限公司庆祝建党 97 周年”系列主题活动；各级党组织通过组织中心组学习、举办专题培训班、“三会一课”、主题党日活动、知识竞赛、电影党课等形式，加强日常学习教育，增强学习的针对性、有效性；集团党组对 26 家直属单位学习习近平新时代中国特色社会主义思想和贯彻落实党的十九大精神开展现场督导，检查中心组学习、培训教育等台账，推动学习贯彻不断引向深入。集团党组在上海、广州、北京等地举办 5 期党的十九大精神专题培训班，培训 370 人次。各直属单位结合实际开展培训，实现了集团中层以上干部教育培训全覆盖。围绕新时代国企党建任务、经济形势与国企改革、基层党支部书记实务等重点内容，集团党组举办 3 期基层党支部书记、党务干部示范培训班，培训业务骨干 235 名。各直属单位积极开展党支部书记、党务干部轮训。建立“知学云”学习平台，通过 PC 端和手机客户端同步开展学习培训，平台累计访问 10.7 万人次，人均完成学习 130 门课程，人均学时近 50 个学时，组织在线调研和考试 6 次。（郭燕萍）

【统 战 工 作】

集团党组认真学习贯彻《中国共产党统一战线工作条例（试行）》《中共中央关于加强新形势下党外代表人士队伍建设的意见》等重要文件和全国统战部长会议精神，加强党对统战工作的领导，落实统战工作责任，党组书记全面负责集团统战工作，专职副书记分管统战工作，设立日常办事机构，配备兼职统战干部，在基层单位建立健全统战工作组织体系。集团党组积极发现、培养优秀党外干部，推荐党外干部参加国务院国资委党委、上海市委和集团党组举办的各类研修班。提高党外干部和后备干部的比例，在集团党组管理干部中，有 8 人为党外干部。推荐 2 名党外干部参加上海市青年知识分子联谊会，其中 1 人担任理事。推荐相关人员参加全国归侨侨眷代表大会、中央企业归侨侨眷代表大会，1 名代表获全国归侨侨眷先进个人称号。集团把推进统战工作情况纳入集团 2018 年度党建工作责任制、二级单位党组织书记述职考核的重要内容，把统战工作经费纳入集团党建工作经费列支，支持民主党派、统战成员开展各类积极向上的学习教育、考察培训、课题研究等工作。集团所属九三上海中远海运委员会结合上海航运中心建设建言献策，2 篇建议报告被上海市政协采纳，1 篇被上海市领导专门批示。（郭燕萍）

【直属党委工作】

1. 加强党费收缴使用管理

根据中组部有关文件精神，集团从制度层面加强对党费工作的规范和监管，制定印发了《中共中国远洋集团有限公司直属委员会关于党费收缴、使用和管理的规定》。在中国银行上海市分行重新开立了集团直属党委党费账户，完成原中海集团直属党委党费账户在招商银行和中海财务资金管理平台的销户工作。做好党费收缴和使用工作，及时拨付党费，用于慰问生活困难党员和老党员、总部机关各支部开展组织活动、订阅学习资料等，为各项党内活动顺利开展、加强党员教育管理提供经费保障。

2. 做好发展党员工作

集团直属党委认真汇总上报上海和北京地区

2017 年党员发展情况和 2018 年党员发展计划；组织开展年中统计调度工作，为部分有需要的单位争取到增加的党员发展指标，将部分单位无法完成的党员发展指标调剂到其他单位。根据上海市委组织部通知要求，先后组织上海及北京地区各单位开展党的十八大以来发展党员工作自查和 2015 年发展党员违规违纪自查工作，形成报告，提供上海市委组织部。根据中央第九巡视组巡视期间发现的总部机关党员发展中存在的问题，及时召开直属党委会予以研究讨论，批准 6 名预备党员按期转正，批准 2 名同志发展为预备党员，对 3 名发展对象进行了预审，解决存量、做好增量、确保质量。

3. 着力加强基层组织建设

先后批准成立了中远海运财产保险自保有限公司党总支和集团人力资源管理信息系统建设项目组临时党支部，并委托中远海运客运党委对后者进行管理，确保党组织工作有效开展。指导总部机关各支部按照中组部和党组部署召开组织生活会、开展民主评议党员工作，在总部机关各支部和直属党委所属单位党组织先后开展了“不忘初心、牢记使命——2018 我的电影党课”“我的初心使命”“进博先锋·党员行动”等主题党日活动，并及时总结活动情况和好的做法，形成报告提交上海市委组织部。上海市委组织部编印的“不忘初心、牢记使命，习近平新时代中国特色社会主义思想学习实践情况简报”第 49、50 期分别刊出了集团基层单位的好做法、好经验。

2018 年集团全系统党组织、党员基本数据见表 10–1。

2018 年中远海运集团全系统党组织、党员基本数据统计表　　表 10–1

单位：人

项目	人数	项目	人数
党组数	1	发展党员数	1186
党委数	191	发展一线党员数	886
党总支数	147	发展工人党员数	116
党支部数	2839	发展本科学历党员数	589
党员总数	44 169	发展研究生学历党员数	51
非企业单位党员数	740	发展高级专业技术职务党员数	18
本科生学历党员数	16 683	发展特殊人才计划党员数	0
研究生学历党员数	2653	发展女党员数	215
高级专业技术职务党员数	1684	发展 35 岁及以下党员数	578
女党员数	6675	发展离退休（退职）党员数	0
35 岁及以下党员数	10 120	离退休（退职）党员数	11 457
在岗职工党员总数	32 117	其他党员数	595

（赵中博）

宣传思想工作

宣传思想工作

【学习宣传贯彻党的十九大精神】

集团党组将深入学习宣传贯彻党的十九大精神作为首要政治任务和长期任务，认真落实《关于认真学习宣传贯彻党的十九大精神的方案》，以高度的政治责任感，认真学习领会宣传和贯彻党的十九大精神，并将其落实到改革创新、干事创业实践中，在全系统掀起学习贯彻党的十九大、砥砺奋进航海梦的高潮。

1. 坚持全面准确，学原文、悟原理，切实学深悟透。集团各级党组织和全体党员紧扣原文、原理，特别是关于国有企业改革发展、交通强国和海洋强国建设等内容，一章一节、逐字逐句研读分析，把握其中的历史逻辑、理论逻辑和实践逻辑，为集团服务国家海运强国建设、服务“一带一路”建设、服务区域经济发展战略，为培育具有全球竞争力的世界一流航运企业，汇聚强大精神动力。

2. 坚持真学真做，入基层、到一线，切实弄通做实。集团上下紧紧围绕习近平新时代中国特色社会主义思想这个主线，牢牢把握在学懂弄通做实上下功夫这个要求，推动党的十九大精神学习宣传工作往实里去、往深里走。集团党组成员结合分管领域工作，先后赴各地进行宣讲辅导，各企业坚持领导带头，深入基层、支部、船舶进行宣讲，以实际行动带动广大干部群众学习。紧密结合集团深化改革、提质增效、全球发展等战略部署，着力增强针对性、生动性、思想性，联系职工学习需求和企业实际，结合全年各项具体工作，面向全体党员开展多形式、分层次、全覆盖的全员学习活动，把党的十九大精神讲清楚、讲明白，让广大基层一线船岸员工深刻领会、主动落实，为集团打造全球领先的综合性物流供应链服务集团奠定坚实基础。

【党组理论学习中心组学习】

2018 年，集团党组按照“两学一做”学习教育常态化制度化要求，结合“不忘初心、牢记使命”主题教育，坚持不懈学习马克思列宁主义、毛泽东思想和中国特色社会主义理论体系，特别是把学习贯彻习近平新时代中国特色社会主义思想和党的十九大精神作为深化理论武装工作的首要政治任务，作为中心组学习的重中之重，强化政治理论武装，制定《中远海运集团党组（党委）理论学习中心组学习实施细则》，推出《中心组学习》内参，编印 14 期；组织党组中心组学习、集中扩大学习 23 次；组织 5 期 357 人党的十九大精神专题培训。各直属单位实现处级以上干部培训全覆盖。结合巡视整改、党建督查等对二级单位党委中心组学习情况进行检查，推动学习往深里走、往实里走、往心里走，切实增强“四个意识”、坚定“四个自信”、做到“两个维护”。全面增强本领，自觉用习近平新时代中国特色社会主义思想武装头脑、指导实践，推动企业改革发展各项工作。

【庆祝改革开放 40 周年主题活动】

2018 年是改革开放 40 周年，集团党组深入贯彻落实党的十九大精神，贯彻落实党中央、国务院关于庆祝改革开放 40 周年活动有关通知要求，坚持正确政治方向，把握思想理论内涵，反映时代实践需要，将开展庆祝改革开放 40 周年宣传作为贯穿全年宣传思想文化工作的主线，在总结回顾中进一步提高认识、解放思想，在推动工作中进一步大胆实践、砥砺奋进，积极开展有特色有效果的庆祝活动，以积极的精神面貌迎接和庆祝改革开放 40 周年，营造了深化改革、创业创新的浓厚氛围。

1. 认真学习习近平总书记重要讲话。12 月 18 日，庆祝改革开放 40 周年大会在北京人民大会堂隆重举行。中共中央总书记、国家主席、中央军委主席习近平在大会上发表重要讲话。集团总部处室以上负责人，各直属单位班子成员、部门负责人及三级单位班子成员通过电视、网络、手机等各种形式收听收看大会现场直播。会后，集团党组及各单位党组织第一时间举办中心组学习，认真学习习近平总书记在庆祝改革开放 40 周年大会重要讲话精神，并开展各类学习宣传、座谈交流活动，积极畅谈、撰写观后感和理论文章，全面展示改革开放以来集团发展实践，深入展示党的十八大以来企业贯彻落实中央决策部署深化改革取得的重大成效。

2. 参加“伟大的变革——庆祝改革开放 40 周年大型展览”。11 月 13 日，由中央宣传部、中央改革办、中央党史和文献研究院等单位联合举办的“伟大的变革——庆祝改革开放 40 周年大型展览”在国家博物馆开幕。当天下午，习近平总书记等领导同志参观展览，回顾改革开放 40 年的光辉历程，宣示将改革开放进行到底的坚定决心。集团被中央列为参展单位，积极参加各类筹展活动。作为改革开放的见证者和重要参与者，集团多个视频、实物、图文入展，包括：国家领导人视察中远海运比雷埃夫斯港，中远海运全球航线、全球码头布局，中远海运“一带一路”“点线面极”布局，“中远海运巴拿马”轮成功首航巴拿马运河新船闸，“永盛”轮破冰南极、开辟北极东北航道，空客 A320、A330 大部件跨国全程物流服务项目，“中远海运宇宙”轮，“新光华”轮运载“希望 6 号”，以及其他各型远洋船舶等。

3. 举办改革开放 40 周年成果展。在集团总部举办“40 年里的 40 个第一”集团改革开放 40 周年成果展，并发布“敢为天下先”宣传片，全面展示中远海运集团改革开放 40 年来取得的辉煌成就、推动我国经济社会发展作出的重要贡献，充分展示一代代中远海运人的改革勇气和改革智慧，激励广大干部职工在以习近平同志为核心的党中央坚强领导下，不忘初心、牢记使命，继续砥砺奋进，将改革开放进行到底。

4. 组织开展改革开放主题宣传活动。在《中国远洋海运报》等各级平台开辟理论专栏，刊发各单位改革发展党建有关理论文章。结合“不忘初心、牢记使命”主题教育活动，在全系统开展庆祝改革开放40周年征文活动和故事征集活动，组织广大干部职工结合工作，畅谈改革开放 40 周年来社会、企业、自身生活发生的巨大变化，全面展现中远海运人在改革开放中筚路蓝缕、砥砺奋进的故事，展现国企改革发展的光辉历程。挖掘选树宣传在集团深化改革过程中涌现出来勇于担当作为的先进集体或个人，展现推动集团改革发展的典型事迹。各单位结合实际开展了各类庆祝宣传活动，营造了浓厚庆祝氛围。

【学习贯彻全国宣传思想工作会议精神】

全国宣传思想工作会议、中央企业宣传思想工作会议及外宣工作会议召开之后，集团党组第一时间学习传达，对贯彻落实会议精神作出系统谋划和总体部署。8 月 30 日，集团党组召开 2018 年第 23 次党组会，专题传达学习贯彻全国宣传思想工作会议精神。集团党组成员，总部机关各部门主要负责人及以上干部参加了学习。会议认真传达全国宣传思想工作会议精神，重点传达了习近平总书记的重要讲话精神和黄坤明同志的讲话精神，开展了学习讨论。党组成员一致认为：党中央召开全国宣传思想工作会议，是深入贯彻落实习近平新时代中国特色社会主义思想和党的十九大精神、推动宣传思想工作开创新局面的一次重要会议。习近平总书记发表的重要讲话，总揽全局、视野高远、内涵丰富、思想深邃，深刻总结了党的十八大以来党的宣传思想工作取得的历史性成就和“九个坚持”的宝贵经验，深刻阐述了新形势下做好党的宣传思想工作的一系列方向性、根本性、全局性、战略性重大问题，是指导新形势下党的宣传思想工作的纲领性文献。集团党组结合实际，对贯彻落实全国宣传思想工作会议精神作出安排和部署。

会议决定，迅速在全系统部署安排传达学习贯彻落实全国宣传思想工作会议的系列工作。要求各级党组织、党员领导干部提高政治站位，增强“四个意识”、坚定“四个自信”，坚持全面对标看齐，深刻领会习近平总书记重要讲话精神，切实把思想和行动统一到习近平总书记关于新形势下宣传思想工作的战略部署上来，自觉承担举旗帜、聚民心、育人心、兴文化、展形象的使命任务，推动学习贯彻工作往深里走、往实里走，往心里走，武装头脑、指导实践、推动工作；进一步坚定做强做优做大企业的理想信念、信心决心，结合集团深化改革、战略推进、全球发展的实际，坚持为国家立心、为民族立魂，促进广大干部职工在理想信念、价值理念、道德观念上紧紧团结在一起，为培育具有全球竞争力的世界一流企业提供思想保证、舆论支持、精神支撑。

【弘扬爱国奋斗精神主题活动】

为认真贯彻落实习近平总书记关于弘扬爱国奋斗精神重要指示，根据中组部、中宣部和国务院国资委党委要求，集团党组于10月31日在全系统启动“弘扬爱国奋斗精神、建功立业新时代”活动。活动包括四个方面内容。

1. 加强宣传阐释。加强宣传解读；集团报刊网微等平台开辟专栏专题，各单位充分利用本单位宣传平台，加大宣传力度，营造学习弘扬爱国奋斗精神的浓厚氛围。组织基层宣讲；与“大国顶梁柱”系列宣讲活动、集团企业文化核心价值理念纲要宣讲活动相结合，发挥典型引领作用，弘扬爱国奋斗精神。加强研究阐释；将爱国奋斗精神的阐释研究纳入2019年度集团党建思想政治工作研究会重点研究课题，深入挖掘本单位改革发展中的爱国奋斗案例，形成课题成果。

2. 组织学习研究。组织中心组学习；组织党组（党委）中心组深入学习习近平总书记关于爱国奋斗精神的重要指示和爱国奋斗精神学习读本。开展学习讨论；各级党组织把爱国奋斗精神学习教育纳入党支部“三会一课”和主题党日活动，发挥党员领导干部先锋模范作用。组织党员领导干部开展爱国奋斗精神学习讨论。组织专题培训；积极引导各级党员干部树立爱国奋斗、建功立业目标。

3. 坚持示范引领。组织开展学习楷模活动；号召全体党员干部深入学习先进典型英雄事迹，找差距、明方向、添动力、鼓干劲。组织开展先进评选；在全集团开展“钻石团队”“劳动模范”“两个一百”年度先进评选，隆重举办2018年长期服务船舶“三长”表彰大会，选树一批在推动集团改革发展、和谐稳定工作中，积极践行爱国奋斗精神的集体和个人。讲好爱国奋斗故事；深入开展“同舟共济四十载，踏浪高歌新时代” 纪念改革开放40周年中远海运故事征集活动。

4. 开展岗位建功。开展主题活动，推进“爱企业、献良策、作贡献”主题活动，鼓励干部员工围绕企业改革发展建言献策、建功立业。鼓励各单位积极开展职工专项技能大赛，注重员工岗位技能提升，为建设知识型、技能型、创新型队伍，弘扬劳模精神和工匠精神，营造劳动光荣的社会风尚和精益求精的敬业风气作出榜样。开展青年创新创效活动；各级团组织积极创建“号、手、岗、队”，举办青年创新创效论坛等活动，鼓励团员青年立足本职、创先争优、建功立业。

活动以习近平新时代中国特色社会主义思想为指导，以传承弘扬中远海运爱国奉献的光荣传统、同舟共济的航海精神为载体，全面兴起“弘扬爱国奋斗精神、建功立业新时代”活动热潮，引导集团广大干部员工在新时代自觉弘扬践行爱国奋斗精神，为集团建设世界一流企业、为实现中华民族伟大复兴的中国梦贡献智慧和力量。

【宣 传 工 作】

2018年，集团党组深入学习贯彻习近平新时代中国特色社会主义思想，认真贯彻落实习近平总书记关于宣传思想工作的五项使命任务，坚持党管宣传、党管意识形态，全面加强党组和各级党委对宣传思想工作的领导，推动宣传工作唱响深化改革主旋律、弘扬同舟共济正能量，迸发出“新起点、新航程、新梦想”的蓬勃朝气，塑造了“大集团、新企业、国际范”的外部形象。

1. 强化政治引领，确立宣传思想总基调，彰显党的领导力。以深入学习贯彻党的十九大精神和习近平总书记重要讲话精神为主线，坚持抓实抓牢抓深，务求学懂弄通做实。坚持不懈抓好理论武装，充分发挥集团党组（党委）中心组学习的龙头作用，研究制定集团党组（党委）理论学习中心组学习实施细则。以切实行动学习宣传贯彻党的十九大精神，组织学习培训班，开展“喜迎十九大、共筑航海梦”主题宣传、“大国顶梁柱”宣讲、《梁家河》读书分享等系列活动。各级党纪工团通过各种形式，将学习宣传不断引向深入。把巡视整改落实作为重要政治责任，聚焦中央巡视的要求部署，聚焦集团巡视整改、立行立改的质量和成效，大力宣传、弘扬正气。进一步加强理论研究，集团党建思想政治工作研究会组织各单位开展课题研究，形成100余篇优秀课题成果。

2. 强化思想统一，坚守改革重组主战场，激发员工凝聚力。各级党群宣传部门结合全面贯彻落实党的十九大精神、纪念改革开放40周年，策划组织了各类重大主题宣传活动，宣传展示集团改革取得的重大成就、宝贵经验，特别是党的十八大以来的历史性成就和历史性变革；深入挖掘、大力宣传集团典型企业、典型事件、典型项目、典型人物；系统总结集团改革重组、战略推进、全球化发展、“一带一路”建设中的典型经验。集团积极参展国家改革开放40周年展览，在全系统开展以“同舟共济四十载，踏浪高歌新时代”为主题的纪念改革开放40周年故事征集活动；《中国远洋海运报》及微信平台推出“重大改革成果巡礼”“改革发展正当时”“提质增效我担当”“奋斗者”系列报道；集团官网开设“昂首迈向新时代，砥砺奋进航海梦”专栏；集团官微持续发布重大外事、战略合作、重大项目、星座快航、丝路巡航等一系列振奋人心的消息报道，极大提升了广大干部职工投身改革、建功立业的信心。

3. 强化全球理念，围绕“一带一路”大布局，提升品牌影响力。服务国家总体外交战略布局，以国家重大活动、集团重大事项为契机，统筹开展多元化、多层次的对外宣传和品牌传播。同时，利用海内外重大活动平台，提升宣传力度和品牌效应。充分利用金砖国家工商理事会、博鳌亚洲论坛等国际平台，深化与合作伙伴、客户，以及各级政府、协会的交流与合作，不断提升国际影响力。密切与境内外媒体沟通，主动邀请媒体对公司业务发展状况进行了解。在中宣部、国务院国资委的指导下，以参与首届进口博览会为契机，多角度、多层次对集团运输服务、筹办进博会等内容进行对外宣传。积极响应中宣部、国务院国资委、交通运输部的要求，组织中央媒体赴希腊比港、西班牙 Noatum 码头等地进行实地采访，邀请央视《对话》赴比港进行专题拍摄，邀请央视到上海港进行全球最大集装箱船“宇宙”轮首航归来新闻直播，组织央视、央广、新华社、《人民日报》、《中国日报》等单位记者分别登上“中远荷兰”“室女座”“天秤座”“天恩”轮等多艘船舶，跟随中欧航线及北极航道进行随船采访。妥善开展舆论引导，及时处置突发舆情，特别是在敏感舆情与重要投资项目上，建立了快速反应、联动应对的危机公关应急机制，提前研判舆情并做好应对预案。

4. 强化精神领航，唱响同舟共济主旋律，催生文化融合力。集团党组坚持文化先行，文化融合在重组整合过程中发挥了重要作用。以“四个一”为引领，系统整合集团优秀传统文化基因，形成了“1+6”核心价值理念系统，并开展了一系列宣贯活动。在广大干部职工中大力倡导践行社会主义核心价值观，精神文明创建活动连创佳绩。强化典型培育，建立了集团级年度荣誉评选体系。大力塑造比雷埃夫斯港等“走出去”典型，加快培育“国企精神”和“行业领军”。集团优秀船员连续三年当选国家年度“海洋人物”，各类先进典型起到了良好的示范引领作用。集团举办“中远海运之歌”展演活动，制作近20部各类题材宣传片、微视频，编印《为梦远航》《初心如磐》等文化书籍，开展中远海运史志编纂工作、建设集团展示厅，以强烈的历史责任感梳理总结中远海运创业史、奋斗史和发展史，为新时期中远海运人提供长久强大的精神动力。

5. 强化整体联动，发挥报刊网微正能量，汇聚平台协同力。集团建立了党组统一领导，宣传部门牵头协调，基层单位主动落实，全员共同参与的大宣传思想工作机制，有效发挥了宣传策划“牛鼻子”的作用。整合宣传资源加强融媒体建设，强化全系统 191 个网站、15 份报纸、59 份杂志、4 个运营客户端、200 个微信公众号、9 个微博的全媒介平台融合，协同做好集团内外部宣传报道工作。坚持与集团各职能部门、共享中心，以及系统各单位形成良好的互动支撑，在媒体中心的支持下，打造集团对外宣传矩阵，形成集团内外宣合力，创建宣传服务新路径。全系统宣传思想文化工作队伍人员精简，在全力做好舆论宣传工作和服务支撑的同时，在新时代、新形势下，不断历练提升，确保在对内对外宣传报道和主题宣传策划中导向正确、信息准确、效果明显。

【意识形态工作】

2018 年，集团党组认真贯彻落实党中央关于落实党委（党组）意识形态工作责任制的部署和要求，以深入学习贯彻党的十九大精神和习近平新时代中国特色社会主义思想为主线，全面加强党组和各级党委对意识形态工作的领导，把意识形态工作作为宣传思想工作领域的头等大事和硬指标，制定《中国远洋海运集团有限公司党组意识形态工作责任制实施细则》，认真梳理排查意识形态领域风险点，注重以解决改革重组中的实际问题促进解决具体思想问题。坚持党管宣传、党管意识形态，做大做强网上正面宣传，强化网络舆情管理和监控，牢牢掌握意识形态工作主动权。

1. 坚定不移落实意识形态工作责任制。提高政治站位，强化党性原则，切实担起政治责任和领导责任，全年两次专题研究意识形态工作，分析研判意识形态领域情况，一级抓一级建立责任制考核制度，守好自己的门、看好自己的人、站好自己的岗。旗帜鲜明坚持党管宣传、党管意识形态、党管媒体，强化意识形态阵地建设和管理，把住内部媒体、中心组扩大学习、各类培训讲座等重点关口，把各项措施落到实处。

2. 强化意识形态领域风险防控。树立底线思维，安不忘危、治不忘乱，认真梳理排查意识形态领域风险点，切实加强重点防范领域跟踪研判，防止企业个案向意识形态领域发酵扩散。把首届中国国际进口博览会期间的和谐稳定作为政治任务，扎实做好信访维稳工作，及时就地解决职工合理诉求、化解矛盾纠纷；扎实做好综治安保工作，全面及时消除各种不稳定不安全因素，全力维护大局稳定；保持正面强势宣传，加大信息网络检查，营造积极健康的舆论环境；扎实做好安全生产工作，坚决消除各类安全隐患，管好面、守好线、抓好点、尽好责，为进博会圆满举办创造平安稳定的环境。

【思想政治工作】

2018 年，集团各级党组织坚持“党建工作做实了就是生产力、做强了就是竞争力、做细了就是凝聚力”的理念，从“把方向、管大局、保落实”的高度，认真做好改革重组中的职工思想政治工作，为集团“全力创效、合力创业、大力创新”的改革发展大局创造良好环境。

强化理论武装，加强思想建设。集团党组坚定不移把党的政治建设摆在首位，坚定不移贯彻落实习近平总书记和党中央关于意识形态工作的决策部署，深入学习贯彻落实党的十九大精神，用习近平新时代中国特色社会主义思想武装头脑。集团党组举办专题、集中扩大学习会和学习培训班，党的十九大代表、集团党组书记许立荣带头宣讲党的十九大精神，党组成员深入境内外基层单位集中宣讲党的十九大精神 14 次，以上率下掀起学习宣传的热潮。制定《中国共产党党委（党组）理论学习中心组学习规则》，编印学习资料 14 期，开展中心组学习 23 次。集团工会举办庆祝党的十九大胜利召开优秀职工文艺作品展演。各级党纪工团组织通过讲党课、座谈交流、网络学习、微课堂、课题研究、答题竞赛、主题征文、主题演讲等形式，让习近平新时代中国特色社会主义思想深入人心。统筹安排年度宣传思想工作，部署开展“喜迎十九大、共筑航海梦”主题宣传活动，在《中国远洋海运报》开辟重大改革成果巡礼等专栏，引领干部职工牢固树立“四个意识”，听党话、跟党走，在事关政治方向和原则性问题上立场坚定、旗帜鲜明。

开展主题宣传，提升品牌形象。集团党组坚持正确政治方向、舆论导向、价值取向，加强对宣传思想工作的领导，大力建设宣传舆论阵地、思想政治阵地、理论研究阵地和精神文明阵地，着力提高新闻舆论传播力引导力影响力公信力，凝聚推进企业改革发展的强大正能量。有效整合集团报（《中国远洋海运报》）、刊（《中国远洋海运》）、网（集团官网）、微（集团官方微信公众号），以及所属企业报刊等阵地资源，重大主题活动宣传同向发力，媒体矩阵传播同频共振，宣传思想文化工作效果明显提升。围绕集团中心工作，积极开展庆祝改革开放40周年、集团成立三周年主题宣传、央媒改革重组主题宣传、交通运输成就主题宣传、“十九大精神进央企”网络主题活动，唱响改革发展主旋律。响应国家“一带一路”倡议号召，认真总结集团“一带一路”建设成果，开展“一带一路”建设及海外发展宣传，用业绩和亮点展现企业良好风貌。

开展形势任务教育，为改革凝心聚力。充分发挥集团官网、内部报刊、微信公众号等宣传平台作用，积极宣传集团工作会精神，开展形势任务教育。隆重表彰年度各类先进典型，对“钻石团队”、劳动模范进行集中采访，广泛宣传在深化改革、效益攻坚过程中涌现出来的典型事例、优秀团队，着力宣传航运主业提质增效突出成效，进一步提振信心、鼓舞士气。广泛开展“安全生产月”宣传活动。做好混改、船员船管体制改革等相关政策制度的宣贯和释疑解惑等，确保船员船管体制改革、教育资源整合等改革筹备工作的平稳有序。紧扣“四个一”理念，弘扬爱国爱企、团结奉献的文化主旋律，展示广大船岸员工风采，促进深度融合。从集团重组到各二级公司、基层公司整合，各级党组织提前介入、深入基层、调查研究。改革过程中，及时通报信息、答疑解惑，努力协调各类资源，满足职工利益诉求，形成了全员支持改革、拥护改革、共推改革的良好局面。

跟踪舆情动态，做好舆论引导。加强舆情监测，认真梳理热点焦点问题，加强分析与预判，做好重点敏感问题舆情处置预案，及时发现问题、加强主动引导。积极保持与新华社、中新社等主流媒体，《中国交通报》《中国水运报》等行业媒体的沟通，尽可能在第一时间将集团新闻提供第三方发布，建立相对通畅的沟通渠道。有针对性地加大对财经媒体及行业新媒体的沟通，通过建立正常沟通关系，规避敏感报道的舆情风险，为集团营造稳定的舆论环境。

2018年12月24日，交通运输部印发《关于表彰2017—2018年度全国交通运输行业优秀思想政治工作者的决定》，集团获得表彰名单如下：

1. 唐　秀　中远海运散货运输有限公司纪委书记

2. 张清海　大连中远海运油品运输有限公司纪委书记

3. 谢志达　中远海运特种运输股份有限公司党委工作部综合室经理

4. 吴少波　中远海运航空货运代理有限公司党委书记

5. 李明昕　大连中远海运重工有限公司党委书记

6. 龚艳平　中远海运船员管理有限公司广州分公司劳务子公司党委书记、副总经理

7. 王庆华　中远海运（天津）有限公司党委工作部部长、企业文化部总经理

8. 窦文金　中国远洋海运集团有限公司党组工作部综合室（秘书室）主任

9. 吴彦红　中国远洋海运集团有限公司党组工作部党建室主管

10. 吴　腾　中国远洋海运集团有限公司党组工作部宣传室主管

11. 王志良　中远海运集装箱运输有限公司

武汉分部党委书记、副总经理

12. 陆祥荣　中远海运（上海）有限公司党委工作部部长、人武部副部长、机关党委副书记

13. 陈晓艳　中远海运（广州）有限公司党委工作部宣传科副科长

14. 张　鹏　大连中远海运油品运输有限公司宣传业务主管

15. 马永光　中远海运客运运管中心党总支书记、副总经理

【宣传思想工作会】

2018 年 10 月 26 日，集团在“焦裕禄精神”发祥地——河南兰考召开宣传思想工作会暨政研会一届二次会员大会。会议主题：坚持以习近平新时代中国特色社会主义思想为指导，深入贯彻落实全国宣传思想工作会议、中央企业宣传思想工作会议、中央企业外宣工作会议精神，研究分析集团宣传思想工作面临的形势任务，安排部署当前和今后一个时期集团宣传思想工作，提升集团宣传思想工作水平，总结部署集团政治思想研究工作，深化巡视整改任务落实。

集团党组副书记、副总经理、集团政研会常务副会长孙家康代表集团党组和集团政研会讲话。集团党组成员、副总经理俞曾港传达全国宣传思想工作会议和中央企业宣传思想工作会议、外宣工作会议精神。集团党组成员、党组纪检组组长徐爱生主持会议并就学习贯彻好会议精神提出具体要求。

孙家康在讲话中全面总结了集团重组以来宣传思想工作通过强化政治引领、强化思想统一、强化全球理念、强化精神领航、强化整体联动所取得的显著成绩，同时深刻指出了目前仍然存在的差距和不足，强调要把思想和行动统一到习近平总书记在全国宣传思想工作会议上的重要讲话精神上来，以“坚定航向、汽笛长鸣、乘风破浪”为总体要求，努力做好“七个着力”，即：着力推动习近平新时代中国特色社会主义思想深入人心，打造思想政治工作新格局；着力压紧压实意识形态工作责任制，形成思想舆论阵地新气象；着力围绕中心、服务大局，体现宣传思想工作新作为；着力在全球讲好中远海运故事，促进对外宣传工作新提升；着力践行社会主义核心价值观，拓展企业文化建设新内涵；着力把思想认识行动统一到中央关于巡视整改工作的部署要求上来，持续推进巡视整改工作，锤炼从严管党治党新作风；着力加强党对宣传思想工作的全面领导，统领宣传思想战线新征程。

会议强调，新时代赋予新使命，新起点开启新航程，要进一步增强“四个意识”、坚定“四个自信”，不忘初心、牢记使命，以焦裕禄同志“敢教日月换新天”“革命者要在困难面前逞英雄”的奋斗精神扎实工作、奋发有为，做中央精神的传播者、集团改革的记录者、航运发展的推动者和职工幸福的守望者，不断开创集团宣传思想工作新局面，为打造具有国际竞争力的世界一流企业作出新的贡献。

中远海运散运、中远海运特运、中远海运船员、中远海运博鳌、中远海运北美公司、中远海运比雷埃夫斯港口公司、中远海运集运武汉分部湖南公司、中远海运物流上海区域公司等 8 家单位代表在会上作了交流发言。

会议同时对各单位在 2017 年形成的 100 篇优秀政研成果进行了表彰奖励。会议开始前，与会代表还共同观摩了集团为庆祝改革开放 40 周年制作的短片《敢为天下先》。

境内各直属、代管单位党组织书记，部分境外区域公司负责人，集团总部有关部门、中心主要负责人，集团天津、青岛、大连地区公司（筹）及部分三级单位党组织书记，境内各直属、代管、地区公司及部分三级单位党群部门负责人，部分获奖代表，共 80 余人参加了此次会议。

【党建思想政治工作研究会】

2018 年，集团政研会加强自身建设，推进年初课题立项机制、年底总结表彰机制。办好会员大会，加大会员单位之间的经验交流，编印课题研究成果合集，加大课题成果转化应用。加大与中国政研会、全国党建研究会、中央企业政研

会、交通政研会等上级政研机构沟通联系，加强与《学习时报》等理论宣传阵地合作，推动集团理论研究和实践性研究上台阶。

集团政研会年初印发课题研究计划，部署18项重点课题。各会员单位按要求扎实开展重大理论和实践问题研究，共上报近200项研究成果，入围136篇，获奖100篇。

部分获奖集体、获奖课题如下：

1. 中央企业政研会

中远海运散货运输有限公司撰写的《以提升党支部组织力为抓手，进一步强化船舶党组织政治功能研究》荣获中央企业政研会2018年度优秀课题研究成果三等奖。

2. 中国交通职工政研会

中国交通政研究会印发《关于表彰2016—2017年度全国交通运输行业优秀政工论文的决定》，集团2篇论文获一等奖，2篇论文获二等奖，6篇论文获三等奖，17篇论文获优秀奖。

一等奖

“党建+”提升国有企业党的建设价值创造力（作者：中远海运特种运输股份有限公司党委中心组课题组）

服务青年成长应在“五个度”上下功夫（作者：中远海运散货运输有限公司团委书记　张艳）

三等奖

打造4C模式，让“钻石”闪耀时代光芒（作者：中远海运散货运输有限公司党委工作部综合室／秘书室经理　杨静）

做好船头上的瞭望者——新时期新闻宣传工作的探索和实践（作者：中远散货运输有限公司党委工作部／企业文化部）

“两学一做”也需供给侧改革思维——新常态下基层党员教育新思路的探索与实践（作者：南京中远海运物流有限公司党工部　方圆）

对国有企业党建品牌创建工作的思考（作者：中远海运集运青岛分部党委工作部部长　宋其平）

发挥党建优势，提升履职能力，打造稳定的可持续发展的党务工作队伍——关于企业党务工作队伍建设的分析与思考（作者：中远海运（上海）公司党群工作部）

优秀奖（名单略）

3. 中远海运集团政研会

集团政研会印发《关于表彰中国远洋海运集团2017年度党建思想政治工作优秀研究成果的决定》，表彰一等奖论文10篇，二等奖论文20篇，三等奖论文30篇，优秀奖论文40篇。

一等奖（共10篇）

新时代国有企业贯彻新发展理念机制探索——以中远海运特运改革发展实践为例（作者：中远海运特运党委课题组）

中远海运集运特色党支部创建活动的实践与思考（作者：中远海运集运党委工作部　李伟）

中国船燃党建工作绩效考核评价体系研究（作者：中国船燃党建课题组）

见人 见事 见精神——以青年需求为导向，进一步发挥共青团组织在青年典型选树工作中的作用（作者：上海中远海运物流　王君婷　方圆）

以“互联网+”模式探索创新公休船员党员管理（作者：中远海运船员上海分公司党群部　詹黎明）

船舶文化建设标准化研究（作者：深圳远洋党委工作部　钱江　唐俊　曹敏）

抓实党建工作考核评价机制，铸牢企业党建“根”和“魂”——中远散运党建工作考核评价体系建立的实践和思考（作者：中远散运党委工作部课题组）

全球化经营中的中国企业跨文化管理的探索思考（作者：中远海运博鳌行政人事部　杨大义）

发挥国企党校平台作用 加强新时代党员党性教育（作者：中海党校　朱媚　欧阳木林　杨千菊）

完善顶层设计，发挥党委会在公司法人治理结构的制度设计探讨（作者：中远海运控股董事会／总经理办公室　林益松）

二等奖、三等奖、优秀奖（名单略）

【典型培育和选树】

2018年，集团党组把培育选树先进典型作为宣传思想工作的重要工程，注重在集团改革发展、重大工程、急难险重任务中发现培育先进典型，让先进典型的精神力量激励广大干部职工接续奋斗。

1. 上级荣誉

改革先锋

2018 年 12 月 18 日上午，庆祝改革开放 40 周年大会在北京人民大会堂隆重举行。中远海运集团党组书记、董事长许立荣作为远洋运输体制改革的推动者，荣膺“改革先锋”称号，登上主席台接受“改革先锋”奖章和证书，并受到习近平等党和国家领导人的亲切接见。当天下午，中共中央政治局委员、中宣部部长黄坤明同 40 名改革开放杰出贡献受表彰人员代表座谈，许立荣参加座谈会。

作为远洋运输体制改革的推动者，许立荣在担任上海航运交易所首任总裁期间，打造了我国第一个国家级水运交易市场，使之成为我国最早对外开放的航运交易窗口。他直接策划指挥了中远集装箱货运体制改革，引领中国集装箱运输事业的发展，有力推动了中国外贸运输改革，为更多中国企业“走出去”搭建了桥梁。他成功领导全球最大航运企业改革重组，带领中远海运集团积极落实“海上丝绸之路”建设任务，探索国际合作新模式，加快推进码头产业国际化经营，着力打造中国融入全球经济的海洋运输通道和物流通道，为“一带一路”建设提供有力保障。

海洋人物

中远海运特运船长高正捍被评为“2017 年度海洋人物”。

央企楷模

中远海运（比雷埃夫斯）港口有限公司项目管理团队被授予中央企业第三届“央企楷模”荣誉称号。

2. 集团 2017 年度“钻石团队”、先进集体、先进个人

集团党组印发《关于表彰中国远洋海运集团 2017 年度钻石团队、先进集体、先进个人的决定》，授予 6 个团队“钻石团队”称号，授予 100 个集体先进集体称号，授予 100 名同志先进个人称号。

3. 集团 2018 年度船舶“金牌三长”

集团党组印发《关于表彰 2018 年中国远洋海运长期服务船舶“三长”的决定》，授予杨国磊等 3 名船长“金牌船长”称号，授予王宝根等 3 名政委“金牌政委”称号，授予王志军等 10 名轮机长“金牌轮机长”称号；授予何景生等 61 名船长“银牌船长”称号，授予吴贤宗等 16 名政委“银牌政委”称号，授予李玉根等 46 名轮机长“银牌轮机长”称号；授予栗双君等 117 名船长“铜牌船长”荣誉称号，授予赵进忠等 30 名政委“铜牌政委”荣誉称号，授予程书海等 107 名轮机长“铜牌轮机长”荣誉称号。

4. 集团服务首届进博会突出团队和个人

集团党组印发《关于表彰中远海运服务首届进博会 突出团队和个人的决定》，授予 6 个集体“服务进博优秀团队”奖，授予 12 名员工“服务进博优秀个人”奖，授予 18 名员工“服务进博先进个人”奖。（朱雪峰）

党风廉政建设

党风廉政建设

【反腐倡廉会议】

2018 年 1 月 31 日，中远海运集团以视频形式召开 2018 年反腐倡廉建设工作会议，对全面从严治党和党风廉政建设的各项工作作出部署。集团党组书记、董事长许立荣对落实全面从严治党提出要求。集团党组副书记、副总经理孙家康主持会议，并对落实会议精神提出要求。集团党组纪检组组长徐爱生传达了十九届中央纪委二次全会、中央企业党风廉政建设和反腐败工作会议精神，并作题为《不断强化政治建设 维护良好政治生态 持续推动全面从严治党向纵深发展》的工作报告，总结了集团 2017 年反腐倡廉建设各项工作，深入分析了存在的问题和不足，从 11 个方面部署了 2018 年工作任务。会议在集团总部设立主会场，在境内外设立 37 个分会场，近 2800 人参加会议。

【落实责任制】

2018 年 1 月 31 日，集团党组书记、董事长和党组纪检组组长在集团 2018 年反腐倡廉建设工作会议上，分别与直属单位代表中远海运集运、中远海运能源、中远海运船员的党委书记、总经理、纪委书记签订全面从严治党主体责任书、“一岗双责”责任书和监督责任书。会后，集团与境内外各直属单位分别签订全面从严治党“三个责任书”，共计 111 份，签署廉洁从业承诺书 388 份。同时，指导直属单位与所属单位签署全面从严治党责任书，层层压紧压实责任。集团各级纪检监察机构自觉担负坚决落实“两个维护”的重大政治责任，坚持以政治监督推动责任落实，加强监督检查，着力发现问题，及时纠正偏差，推动“三个责任”落实落细。

【监 督 检 查】

集团坚持把政治监督放在首位，加大政治监督力度，推动中央各项决策部署贯彻落实到位，坚决做到“两个维护”。督促落实上级重大决策部署，加大对集团和所属单位贯彻落实中央扶贫工作精神、应对中美贸易摩擦、推进供给侧结构性改革、打好“三大攻坚战”、“一带一路”投资效果等政策情况的监督，有针对性开展监督检查、审计监督和巡视巡察。加大同级监督力度，督促集团领导班子严格落实组织生活各项制度，全面监督“三重一大”决策制度的执行。坚决履行中央巡视整改监督职责，督促集团党组坚持把上届中央巡视反馈意见尚未有效解决的问题与本次巡视反馈问题“一体整改”、全面整改、彻底整改。强化境外监督，督促推动集团党组和有关职能部门加强对境外企业的监督管理，召开会议专题研究境外监督，不断深化境外企业党建和党风廉政建设工作。聚焦脱贫攻坚，于 2018 年 10—11 月，集团党组纪检组派出 3 个纪检监督检查和审计组，分别赴集团总部各扶贫（援藏）点开展对扶贫资金和项目的监督检查。针对 2017 年监督检查发现的问题，督促集团扶贫办、中远海运慈善基金会等加强对扶贫资金、项目和人员的日常管理，加强扶贫干部作风建设，推动制定《中国远洋海运集团有限公司定点帮扶工作管理规定》。

【制 度 建 设】

坚持固本培元，加强制度建设。2018 年，集团党组纪检组制定纪检监察制度 2 项。制定出台《中国远洋海运集团有限公司境内外直属单位纪委书记、副书记和境外直属单位纪检委员及派驻境外纪检监察审计人员履职考核实施办法（试行）》，强化上级纪委对下级纪委的领导，加强对集团派驻境外纪检监察审计人员的管理，引导和督促全面履行党章赋予的职责，强化监督执纪问责。制定出台《关于境内各直属单位纪委聚焦主责主业，持续深化“三转”的通知》，坚持转职能、转方式、转作风，明确境内直属单位纪委深化“三转”要求，各境内直属单位纪委书记不得兼任与纪检监察、巡视巡察、审计和董监事等工作无关的职务，不得分管除此之外的其他业务，不得组织、参加本单位及所属单位与工作职责无关的商务、外事、公务招待活动，以及可能影响公正执行公务的其他招待活动，也不得陪同本单位党政主要负责同志参加上述招待活动等。

【作风建设】

2018 年，集团各级纪检监察机构深入贯彻落实中央八项规定精神，紧盯“四风”问题，持之以恒正风肃纪。认真落实中央纪委国家监委有关精神，在元旦、春节、五一、端午、中秋、国庆等重要节点，开展廉洁警示提醒，明确廉洁过节要求，组织专项监督检查。从学习部署、调研排查、集中整改、监督检查、执纪问责、总结报告等六个阶段，开展形式主义、官僚主义集中整治工作。按照越往后执纪越严的要求，对违反中央八项规定精神问题，坚持露头就打，严格执纪问责，全年集团全系统查处违反中央八项规定精神问题 48 件，处理 146 人，通报曝光 59 人次，退缴违规违纪款项近 29 万元，作风建设成果不断巩固。

【纪律审查】

坚持把纪律规矩挺在前面。2018 年，集团全系统受理信访举报件 796 件，处置问题线索 503 件，其中谈话函询 133 件次，初步核实 346 件次，暂存 3 件次，了结 420 件。集团全系统立案 69 件，处理违规违纪违法人员 63 人，其中党内警告 38 人，党内严重警告 15 人，撤销党内职务 2 人，留党察看 1 人，开除党籍 7 人；政务处分 5 人，其中记过 2 人，降级 3 人；组织处理 163 人。对集团党组管理干部立案 16 件，处分 13 人。处分各级单位“一把手”17 人。精准运用监督执纪“四种形态”，集团全系统运用“四种形态”批评教育帮助和处理 492 人，其中运用第一种形态谈话函询、批评教育 418 人，占比 85%；运用第二种形态给予轻处分、组织调整 58 人，占比 11.8%；运用第三种形态给予重处分、职务调整 15 人，占比 3%；运用第四种形态处理严重违纪违法、触犯刑律的 1 人，占比 0.2%，推动“惩处极少数、管住大多数”成为常态。同时，用好信访举报澄清机制，全年集团全系统共开展澄清 82 人次。加大通报曝光和案件剖析力度，2018 年，共对 46 起违规违纪案件在集团全系统进行通报，涉及相关违规违纪人员 81 人次。协助做好中央巡视工作，集中精力办理中央巡视移交的信访件和问题线索。中央第九巡视组移交的 200 件信访件及 27 件问题线索全部办结，对有关责任人依规依纪作出处理。其中，提醒谈话、诫勉谈话、免职、解除劳动合同 43 人，党纪处分 7 人，行政降级 1 人，涉嫌犯罪移交地方监委处理 4 人，退缴违规违纪款项折合人民币 161.72 万元。

【廉洁教育】

2018 年 12 月，集团在全系统组织开展了以“严守纪律规矩，助力攻坚创效”为主题的教育月活动，通过丰富多彩、务实有效的活动载体，教育引导广大党员遵规守纪，营造风清气正的生产经营环境。据统计，全集团党员领导干部上专题党课 669 场次，10 442 人次参加；组织中心组学习 310 场次，5451 人次参加；组织专题学习活动 907 场，14 076 人次参加；组织辅导宣讲 245 场，10 727 人聆听讲座；参与廉洁从业知识答题人数达到 21 940 人；组织参观反腐倡廉教育基地 187 场，5523 人次接受教育；组织观看反腐倡廉教育片 4952 场次，27 369 人次参与；购买相关主题教育书籍 10 528 本；全系统共 13 438 人接受了谈心谈话或案例警示教育，教育月活动取得了预期的效果。

集团党组纪检组坚持做好《中国远洋海运集团反腐倡廉网》宣传教育，及时发布上级纪委相关工作要求、集团有关党风廉政建设的制度和规定，累计编发工作动态 105 篇。推动廉洁从业教育和警示教育常态化，集团各级纪检监察机构充分运用新媒体、舞台汇演、廉洁书画摄影展、廉洁征文、演讲比赛、廉洁知识竞赛等形式开展寓教于乐的教育，不断增强干部员工的廉洁从业意识和拒腐防腐自觉性。（沈海龙）

内部巡视工作

内部巡视工作

【加强问题整改】

2018 年，根据中央的统一部署，集团列入党的十九大后第一轮被巡视的 30 个地方和单位之一，这是对集团党组织和党员干部的一次“政治体检”，是中央对集团政治上的关心和厚爱。按照中央巡视组要求，集团及时提供相关材料，实事求是反映问题，积极主动做好配合工作；同时，认真总结中央巡视过程中发现的问题，即知即改、立行立改。中央巡视反馈后，认真对照中央巡视反馈意见指出的 5 方面突出问题和 6 点整改意见，深刻反思管党治党差距不足，研究制订巡视整改工作方案，切实担起巡视整改政治责任，强化责任担当，坚持问题导向，严肃执纪问责，举一反三，标本兼治，不折不扣推进集团 5 方面 11 类巡视整改任务落实，扎实做好巡视“后半篇文章”。

【制定集团巡视工作五年规划】

2018 年，集团编制《中共中国远洋海运集团有限公司党组巡视工作规划（2018—2022 年）》，明确集团五年巡视工作的指导思想、总体要求、工作方针和具体任务，明晰实现巡视全覆盖的时间表、路线图、任务书。按照有关政治巡视要求，把深化政治巡视的重点内容具体化，使巡视组精准聚焦问题、精准发现问题、精准反映问题。构建上下联动监督格局，坚持巡视巡察一体部署、一体安排、一体推进，打通层级、接通地气，把巡视巡察利剑直插基层。强化成果运用，推动问题整改见底归零，实现震慑效应。

【巡视巡察制度建设】

集团党组印发《中共中国远洋海运集团有限公司党组关于贯彻〈中国共产党巡视工作条例〉的实施办法》，修改完善《巡视工作领导小组工作规则》《巡视工作领导小组办公室工作规则》《巡视组工作规则》《被巡视党组织配合集团党组巡视工作规定》等 4 项配套制度，为集团开展巡视工作提供了制度保障。集团坚定不移深化政治巡察，制定《关于中国远洋海运集团境内二级单位党委建立巡察制度的意见》，进一步规范巡察工作，保证监督质量，打通全面从严治党“最后一公里”。

【健全巡视巡察组织机构】

按照新时代巡视工作要求和新修订的巡视工作条例，集团党组及时调整组织机构，集团层面成立巡视办，发挥巡视办在统筹推进一届任期内巡视全覆盖及安排巡视各个具体环节工作、协调相关部门单位配合支持巡视工作、指导监督巡视组开展工作等方面的积极作用，推动巡视工作质量不断提升。所属境内二级单位党委全部建立相应巡察工作领导小组及办公室。通过健全规范机构设置，为开展巡视巡察工作提供了组织保障。

【以巡审结合方式开展巡视】

采用巡审结合的形式开展当年巡视任务，巡视与审计优势互补、双剑合璧。在具体工作中，突出问题导向，巡视和审计同步推进、信息互通、人员共管、成果共享。充分发挥巡视权威性强、覆盖面广的特点，加强巡视组、审计组沟通协调，拓宽审计取得线索的渠道，提升审计监督效果；同时，发挥审计专业性强、熟悉业务的优势，查深、查透，提高巡视工作效率，增强巡视发现问题的准确性。巡视和审计在工作机制上加强联络，在业务上加强联查，在人员管理上加强联动，高效对接、互相借力、互补优势，实现“1+1 ＞ 2”的监督效果，发挥监督合力。

【巡视巡察队伍建设】

2018 年，集团举办系统巡视巡察业务培训班，邀请中央巡视办、审计署领导作专题辅导报告，不断提升巡视巡察干部能力和水平，努力打造政治过硬、本领高强的高素质专业化巡视巡察队伍。修订巡视业务、协调协作、自身建设等操作规范38项，规范巡视各个工作环节，汇编成《巡视工作手册》；坚持支部建在组上，制定《巡视组党支部管理暂行规定》《巡视组党支部委员会成员的主要职责》等内部规范，严肃党内政治生活，不断加强巡视机构党组织建设。（卢翔）

信访、维稳、综治工作

信访、维稳、综治工作

2018年，集团信访维稳工作紧紧围绕集团深化改革重组实际，以确保中央巡视工作顺利开展和中国国际进口博览会成功举办为牵引，认真贯彻以人民为中心的思想，坚持抓早抓小抓源头，落实稳定风险排查评估，依法分类调处矛盾，积极推进积案化解，有力保障了集团深化改革重组工作顺利推进，有效维护了企业办公生产经营正常秩序；全年无重大群体性事件、无进京群访事件、无重大刑事案件。自2017年12月1日至2018年11月30日，集团各级共接待职工来信来电来访677批次，其中来访366批次/591人次，占总量的54.1%；办信134件次，占总量的19.8%；电访177批次，占26.1%。处置群访事件10批次/123人次。集团总部接待办理来信来电来访225批次，占总量的33.2%。其中，来访116批次/192人次，占来访总量的31.7%；办理来信54件次，来电55件次。处置群访事件2批次/51人次。

【加强组织领导】

集团党组高度重视信访维稳工作，多次在党组会议上研究有关事项，提出工作要求。在2018年年初集团工作会议上，集团党组对信访维稳工作进行了部署，将信访维稳工作列入党建责任制，与各直属单位签订责任书。结合中央巡视组来集团巡视，以电视会议形式召开了信访维稳工作专题会议，要求各级党组织和领导干部强化责任意识，确保一方平安。党组领导和分管领导批阅职工来信30余封，对具体事项提出明确要求。结合2018年集团推进的船员体制、船管体制和地区公司改革，分别召开专题信访维稳工作会，对相关领域容易出现的稳定问题进行分析，明确工作任务。集团职能部门协同召开矛盾化解协调会，对重点的信访事项重点督办，一抓到底。

【落实“三到位一处理”要求】

“三到位一处理”是中央对信访工作的指导方针和工作要求，即群众诉求合理的解决问题到位，诉求无理的思想教育到位，生活困难的帮扶救助到位，行为违法的依法处理。

集团各级信访部门积极贯彻以人民为中心的发展理念，认真做好职工来信来访接待和矛盾化解工作。积极落实“首办负责制”[①]，确保职工正当诉求及时得到化解。集团各级按照“谁主管谁负责”的原则，及时就地化解信访诉求，有效避免了矛盾积压和激化。积极落实领导包案和接访制，落实领导包案21件次，领导接访81批次；集团党组领导包案的2起信访事项都得到有效化解。坚持诉访分离，分类调处；对协商难以解决的矛盾，积极引导上访人员通过司法途径解决。积极做好重点群体的稳控；充分发挥基层党组织和党员骨干的作用，积极开展走访慰问，一批老的不稳定群体得到有效稳控，全年没有发生进京群访事件。

【健全完善工作机制】

在原有机制的基础上，2018年，集团重点

① 首办责任制，是指对群众首次以书信、电子邮件、来访等形式提出的信访事项，按照“属地管理、分级负责，谁主管、谁负责”的原则，强化首次办理责任制度。

健全了三项机制：一是起草制定了集团突发稳定事应急处置总体预案，并以集团党组名义下发境内各直属单位参照执行；其中明确了突发稳定事件的处置原则、等级划分和响应程序及处置方法等，规范了全系统应急处置程序。同时，要求各直属单位依据总体预案，结合本单位实际制定各专项预案，并与集团总体预案相衔接，构成上下联通、无缝对接的应急处置响应程序。2018 年，按照预案成功处置了一起重工立新船厂 41 名职工因企业关停到集团群访事件。二是制定了集团总部机关重大活动安保方案；针对集团总部重要会议多、重要外宾来访多、重大外事活动多等实际，依据国家安保工作有关规定，制定了上述方案；经常组织总部安保人员开展演练，并在实际任务中得到了检验。三是明确了信访事项办理“三要素”，即对职工正当的诉求，做到“出具一份书面答复意见、与上访对象进行一次面对面谈话、制定一套稳控措施”，进一步规范了信访办理程序。

【开展内部治安隐患排查治理】

以确保中国国际进口博览会成功举办为牵引，集团维稳办下发了《关于做好中国国际进口博览会期间信访维稳工作的通知》，落实了每季度开展一次稳定风险排查，并于 9、10 月集中开展了内部治安隐患大排查活动，先后到 20 多家基层单位调研指导内部治安保卫工作，排查治理隐患 40 余起，积极配合公安机关做好重要场所保卫工作；结合总部机关搬迁新址，进一步健全了总部大厦安保措施，组织了安保人员培训和应急演练，并加强了检查监督。组织上海地区三级以下单位开展平安单位创建活动，积极参与社会治安综合治理，配合公安机关开展打黑除恶、扫黄打非活动。2018 年全年，集团系统未发生重大刑事案件和治安案件。

【加强敏感时节的稳控】

集团落实上级有关要求，在全国两会、中非合作论坛、中国国际进口博览会等重大活动期间，落实维稳值班、领导带班和零报告制度。同时，对重点对象、重点群体、重点领域和重点问题实行领导包案制，按照“四知一跟”（知道信访对象在干什么、想什么、有什么问题和困难，经常性思想和帮困工作要及时跟上），以及“四个一”（对于重复信访事项或信访积案要明确一位包案领导、一个部门牵头组织、一个具体落实单位、一套化解稳控方案）要求，加强稳控，确保敏感时期企业内部安全，没有发生一起进京上访、到重点场馆上访事件。加强集团总部重要会议、重大活动、重要外事安保工作，精心制定安保方案，加强方案演练，密切与公安机关协同。2018 年，集团先后圆满完成了中央巡视组在集团召开重大会议、希腊议会主席来访、全球海运年会期间客户签约等 30 余批次重大安保任务。（刘辉华）

2019

CHINA COSCO SHIPPING CORPORATION LIMITED YEARBOOK

中国远洋海运集团有限公司

年鉴

第十一篇

群团工作

概述

概　　述

2018 年，中远海运集团工会认真贯彻落实习近平新时代中国特色社会主义思想特别是关于工人阶级和工会工作的重要论述精神，坚持围绕中心、服务大局，竭诚服务职工，认真履行职责，团结动员广大职工为集团实现全年各项任务目标作出积极贡献。各级工会坚持企业民主管理，依法履行职代会、厂务公开和职工董监事制度；广泛开展劳动竞赛，组织广大员工大力弘扬劳模精神、工匠精神，控成本、提技能、比贡献，在岗位上建功立业，为企业提质增效助力；加强劳动保护，确保职工生命安全；鼓励职工发明创新，促进职工发明成果；坚持做好职工各类慰问活动，做好劳模先进评选表彰和关心关爱工作，做好女职工工作；积极开展职工运动会、职工书屋建设、中国航海日职工及家属绘画作品展等各类文体活动，丰富职工业余文化生活；坚持履行社会职责，认真做好精准扶贫工作，认真执行集团 2018 年度定点帮扶计划，着力抓好资金投入、教育培训、劳动就业等各类帮扶项目落地。

是年，中远海运集团团委认真落实集团党组和上级团组织部署要求，紧紧围绕企业改革发展中心工作，深入学习宣传贯彻习近平新时代中国特色社会主义思想和党的十九大精神，贯彻落实习近平总书记“7·2”重要讲话精神和团十八大精神，以“夯基础、促规范、勇创新”为主线积极推进共青团工作，加强青年思想政治建设和青年干部队伍建设，积极开展青年创新创效、青年先进典型选树、青年志愿者服务、青年思想动态调研等一系列活动。集团共青团工作焕发勃勃生机，共青团组织和工作实现全覆盖。

工会工作

工 会 工 作

【职工劳动竞赛】

2018年，全集团共开展劳动竞赛1255次，59 268人次参加；征集合理化建议5350多条；开展各类技术比武603次，19 270人次参加。举行第二届“中远海运杯”叉车、冷作、焊接大赛和船员技能比武等劳动竞赛，共28家单位113名选手参加角逐。在第六届中国（上海）国际技术进出口交易会上，集团有4个项目被授予上海职工发明专利奖，有3个项目获评上海市职工合理化建议和先进操作法优秀成果奖。各单位组织职工积极参加全国“安康杯”知识竞赛答题活动，征集20年来各单位开展“安康杯”竞赛等活动的主题照片近200幅。制定印发了安全事故报告制度，规范因工伤亡事故报告工作。

大力弘扬劳模精神、劳动精神、工匠精神和“钻石团队”精神，及时发现培育、宣传推广勤恳工作在一线、自主创新在一线、岗位奉献在一线的优秀先进典型。集团党组出台劳模管理办法，深化劳模创新工作室创建；集团工会拨付专项资金对集团级以上劳模创新工作室给予支持；召开集团劳模、技师、巾帼创新工作室创建工作交流座谈会；开展2018年度集团劳模评比表彰。2018年，集团有29个集体和22名个人获得“五一劳动奖状（奖章）”“工人先锋号”等省部级以上荣誉称号；9名在集团级技能竞赛中成绩优异的同志获评“中央企业技术能手”荣誉称号。

【民 主 管 理】

集团召开一届二次职代会。会议审议了集团党政工作报告，表决通过了《中国远洋海运集团有限公司集体合同》，通报了集团一届一次职代会提案征集处理情况。会议收到提案36份，分送各职能部门进行承办并出具了处理意见。集团工会将承办意见反馈至提案人，职工代表表示满意的为34件，基本满意的为2件。集团工会参加全国工会十七大的代表，向大会提交了保障船员权益专门提案；在广泛征求各方意见的基础上，派员参加《中国船员集体协议》集体协商工作和船员岸上福利设施研讨会。

【关心关爱职工】

各级工会持续开展冬送温暖、夏送清凉、金秋助学活动，工会领导带头入户走访慰问，从“精准度”上下功夫，切实解决困难职工的实际问题。2018年，集团全系统共帮扶困难职工16 875人次，发放帮困金1922万元。在做好系统内帮困的同时，各级工会积极协助行政履行社会责任，在“10·17”扶贫日募捐活动中，集团32家境内外单位45 443名员工共捐款330余万元；工会系统组织采购定点扶贫县农产品703万元，帮助销售农产品124万元。加大对女职工的关心关爱，保护女职工特殊权益，为“四期”女职工送上贴心关爱，集运、能源、港口等4个爱心妈咪小屋被评为上海市四星级爱心妈咪小屋。

【工会自身建设】

集团召开工会一届五次全委会、女工委一届三次全委会，传达上级工会重要会议精神，通报年度财务和经审工作情况，及时调整集团工会常委、委员、经审委委员和女工委员，并对全年各阶段重点工作进行布置。协助指导特运、船员公司、上海中远海运、船研所、博鳌、厦门中远海运和中波公司等公司完成主席、副主席和经审委主任调整；完成上海地区 10 家所属单位工会法人变更。评选首批“模范职工之家”“模范职工小家”“优秀工会工作者”和“工会积极分子”，以评促建，推动建家活动不断深入。集团工会举办工会干部管理提升专题和女工干部、财务经审干部培训班，共计 360 余人参加，努力提升工会干部队伍的政治素养和业务技能。根据上级工会文件规定，及时印发《关于落实全总〈基层工会经费收支管理办法〉等文件精神的实施办法》，规范工会经费使用管理。制定直属单位工会经审工作规范化建设考核办法；完成 4 家直属单位工会主席的离任审计，共提出存在问题 16 项，审计出不合规金额 67.8 万元。对审查审计中发现的问题如实反映、认真梳理、分析原因，提出整改意见和建议，要求被审计单位整改。开展船舶工会经费专项审计，为理顺船舶工会经费管理提供决策参考。集团工会连续三年获得全总颁发的“市级工会财务工作先进单位”称号；集团经审委报送的审计项目再次获得全国经审委 2018 年度全国工会优秀审计项目表彰。

【定点帮扶】

2018 年度，全集团向 5 个定点帮扶县累计投入帮扶资金 5 222.6 万元，帮助引进帮扶资金 563.4 万元，派出挂职干部 11 名，实施项目 53 项，扶贫工作取得扎实成效。集团帮扶的西藏昌都市类乌齐县于年内实现脱贫摘帽。集团明确将开展扶贫援藏工作的成效纳入直属各单位年度党建工作考核范畴；在“10・17”全国扶贫日组织捐款活动，集团党组成员带头参加活动并捐款，32 家境内外单位，共 45 443 名员工参与，共募集扶贫善款 330 余万元；主动参与上海市“双一百”村企结对精准帮扶行动，安排集运、能源两家在沪企业与云南临沧市和贵州遵义市两个村开展结对帮扶。

集团大力推进产业帮扶，积极推进与地方战略合作，与云南临沧市签署战略合作框架协议，进一步落实中央企业参与西藏国有企业改革发展战略合作协议；努力助推湖南安化县的旅游业发展，积极为其与港中旅牵线搭桥，促进开发茶旅一体化项目。集团所属各教育培训机构积极承接定点帮扶地区干部培训任务，共培训基层干部 8 批次计 85 人次；为定点帮扶地区开展产业技能培训，共组织电商、中医等各类培训班 7 批次 148 人次；多渠道帮助贫困地区拓宽农产品营销范围，为定点帮扶地区编制特色产品目录清单，组织集团所属单位和职工采购。集团集采中心、各电商平台、宾馆酒店等加强与集团扶贫办和定点帮扶地区的对接，把当地特色产品列入销售清单，直接购买各受援地农产品 391.3 万元，帮助销售农产品 100 万元。加大就业帮扶力度，集团人力资源部于 2018 年 5 月 9 日在临沧市组织举办“中远海运 2018 年就业专场招聘会”，主会场设在集团定点帮扶的永德县，临沧市其他 7 个县区设分会场，集团 4 家下属企业共提供了 700 多个工作岗位；9 月开始，船员公司在湖南沅陵县和安化县招收远洋船员，并免除贫困户培训费。

集团还坚持“扶智与扶志”并举，抓好教育帮扶重点项目，持续加大对教育扶贫的软硬件投入力度。在硬件方面，集团投资的云南永德县大出水完小教学楼等设施、湖南安化县长塘完小中远海运运动场等一批新校舍、新场馆相继完工落成并投入使用。在软件方面，中远海运希望班由原来的三年一届强化为每年一届。西藏洛隆县和类乌齐县实施的“中远海运・格桑美朵”奖助学金也提升了资金支持力度。在永德县实施多年的“浪花・心愿”结对助学倡议活动，从 2018 年起，将结对帮扶范围扩大到集团其他定点帮扶和对口支援地区；结对帮扶人数已接近 400 户，其中西藏洛隆县新增 30 户。（张洁）

共青团和青年工作

共青团和青年工作

【青年思想政治建设】

集团团委带领各级团组织和团员青年，深入学习贯彻习近平新时代中国特色社会主义思想和党的十九大精神，组织开展五四表彰大会暨学习贯彻党的十九大精神青年演讲比赛，经过多轮选拔后的系统20位优秀团员青年代表参赛，围绕“新时代、新青年、新征程”主题发表精彩演讲，在集团广大团员青年中引起强烈共鸣；集团团委选报的中远海运能源《四双眼睛读青春》荣获“上海团员青年学习习近平新时代中国特色社会主义思想主题征文”二等奖，并在团市委演讲比赛决赛中荣获三等奖、最佳人气奖；举办“青年大讲堂”，邀请集团退休职工、全国劳动模范杨怀远作题为“雷锋精神扁担情”专题报告，鼓励团员青年传承弘扬“小扁担”精神，在平凡岗位上做出不平凡业绩；围绕庆祝改革开放40周年，按照集团工作会、党建会确定的重点任务，面向青年广泛开展形势任务教育，将团员青年思想和力量凝聚到集团公司及各单位年度任务目标和工作要求上来。各级团组织通过开展“不忘初心跟党走”主题团日、专题辅导报告、主题团课、参观学习、专题研讨等形式，深入开展“不忘初心、牢记使命”主题教育，增强广大团员青年“四个意识”，坚定“四个自信”，毫不动摇地在思想上政治上行动上同以习近平同志为核心的党中央保持高度一致。

共青团第十八次全国代表大会召开后，按照中央企业团工委的部署，集团团委以视频会议形式组织集体学习。集团团委对全系统学习宣传贯彻习近平总书记“7·2”重要讲话和团十八大会议精神，凝心聚力做好集团共青团工作安排部署；集团团委委员、在沪直属团组织负责人及团委委员在集团总部会议室参会，沪外各二三级团组织负责人、团委委员、团员青年代表在各自分会场视频连线参会，共开通59个分会场，705名团干部、团员青年代表参加了集体学习。集团团委要求全系统各级团组织把深入学习贯彻团的十八大精神与强化团组织建设、增强团员意识和突出团员作为有机结合，在全系统深入开展“青年大学习”，确保活动团员青年全覆盖；通过线上线下双通道学习模式、主题宣讲、调研座谈、典型交流等形式在团员青年中掀起学习热潮，促使团员青年和各级团干部准确领会把握团的十八大精神的思想精髓、核心要义，以团十八大精神指引各项工作的开展。据不完全统计，集团团委委员、各直属团组织负责人面向基层团组织和团员青年共开展60余场宣讲，面向基层举办的专题学习培训136场次，各基层团支部开展主题团日活动850场次，各级团干部和广大团员青年撰写的主题征文1500余篇。（马洪进）

【青年创新创效活动】

围绕中心工作，引领青年创新创效、岗位建功；积极参加第三届中央企业青年创新大赛暨首届集团青年创新创效竞赛。各级团组织通过参与中央企业青年创新奖评选，引领广大团员青年立足岗位创新创效。集团团委推报的中远海运重工南通中远船务工程有限公司“超大型自航自升式海上风电安装船研制与工程应用”获得第三届中央企业青年创新奖金奖，中远海运特种运输股份有限公司“创建半潜船POOL提升经营效益”、中远海运重工有限公司技术研发中心“15.2万吨动力定位穿梭油轮”两个项目获得第三届中央企业青年创新奖优秀奖，集团团委荣获第三届中央企业青年创新奖优秀组织奖。集团团委围绕企业改革重组、提质增效、安全生产等方面，持续开展“青春建功‘十三五’”青年岗位建功行动。全系统各级青年文明号集体和创建集体，以“建功新时代·展现新作为”主题，开展2018年“青年文明号开放周”活动，发挥青年文明号的示范引领作用，汇聚青年创新创造的正能量；中远海运集运泛亚航运公司大客户开发服务经理陈奇获“2016—2017年度全国青年岗位能手”荣誉称号。

（马洪进）

【青年先进典型选树】

在全系统开展五四“两红两优”先进评选，以全系统视频会议形式举行五四表彰大会，表彰一批青年先进集体和个人；组织在沪单位开展2017年度上海市青年五四奖章、上海市优秀共青团员、上海市优秀共青团干部、五四两优评选推荐工作，中远海运船员公司见习船长王小强获得上海市青年五四奖章（个人）、上海中远海运重工青年设计师团队获得上海市青年五四奖章(集体)，还有一批先进青年个人和集体分别获得上海市优秀共青团干部、优秀共青团员、五四红旗团委、青年突击队、优秀志愿者等荣誉称号。（马洪进）

【青年思想动态调研】

根据团中央开展“青年大学习”的部署，集团团委策划开展了“走进基层、走进青年”团青工作大调研，用累计约三个月的时间先后调研走访了集团13家二级企业、8家三四级企业，访谈了二级单位主要领导，召开了21场座谈会，与约400名团员青年进行了面对面座谈交流。系统各级团干部、团员青年围绕企业团组织开展工作情况、存在的困难，包括团员人数减少、团员分散、团干部兼职化、团的活动经费不足、企业改革发展、个人成长成才、现实生活需求等问题进行了充分交流。集团团委还开展了团干部和青年的网络问卷调查，参与问卷调查的团干部1178人，占集团团干部总数的44.9%；青年员工4415人，占集团青年员工总数的11.3%；在问卷调查中精心设计了40个青年员工关心关注的重点问题，内容丰富，涵盖思想、学习、生活和工作等主要方面。通过现场调研和问卷调查，准确把握各级团组织建设，以及青年员工思想状况，增强集团共青团和青年工作的针对性、实效性。

（马洪进）

【青年志愿服务活动】

在全系统持续推进“浪花·心愿”爱心助学活动，协助云南永德、西藏洛隆两个县团委同80名贫困学生结成对子；2018—2019学年助学款66.34万元汇至云南永德县团委、西藏洛隆县团委指定账户，并委托永德县团委、洛隆县团委督促学校按月将助学款发到受资助学生手中；组织部分团干部和青年代表赴云南永德考察调研“浪花·心愿”爱心助学开展情况，与集团扶贫挂职干部、永德县团委开展座谈交流，为牛火塘完小学生赠送学习用品，举行“梦想启航”主题班课活动，到结对助学学生家进行走访慰问，并在《中国远洋海运报》专版和微信进行宣传报道；动员上海地区团组织、广大团员青年积极参与上海团市委开展的“百万团员青年奉献爱心助力脱贫攻坚你我在行动”活动，共有265个在沪各级团组织、2764名团干部、团员青年参与活动，募集爱心捐款88 373.88元，全部汇入上海市青少年发展基金会专用账户，确保捐款专款专用、使用规范；组织在沪团组织按照团市委通知要求，开展“青春上海”品牌志愿服务站点、志愿服务队申报，并参加团市委的培训，积极做好城市志愿服务；在首届中国国际进口博览会上，由150余人组成的中远海运青年志愿服务团队在进博会场馆引导、会务服务、展台讲解、礼宾活动、物品传送、后勤保障等多个环节中提供服务。

（马洪进）

【青年干部队伍建设】

集团团委努力拓宽团干部分层分类培训的渠

道。集团首次直属单位团委书记培训班在革命圣地延安开班，全系统60名团干部通过专题辅导、现场教学、体验教学、交流研讨、感悟分享等多种方式接受革命传统教育，传承弘扬延安精神，提升政治理论修养和工作水平。同时多管齐下，派员参加中央企业团委书记培训班，推荐优秀二级单位团委书记到团中央挂职，选派二级单位团委书记参加团中央举办的全国重点国有企业团委班子成员培训班，选派在沪单位团干部到上海团市委开展专项工作服务，强化各级团组织和团干部的责任、能力及工作实绩，努力建设一支“党政放心、青年满意”专兼职结合的高素质团干部队伍。（马洪进）

2019

CHINA COSCO SHIPPING CORPORATION LIMITED YEARBOOK

中国远洋海运集团有限公司

年鉴

第十二篇

企业文化

概述

概　　述

2018年，中远海运集团注重加强企业文化软实力建设，深入学习贯彻习近平总书记系列重要讲话精神，按照“五位一体”总体布局和“四个全面”战略布局，认真落实新发展理念，传承红色基因，弘扬航海精神，执行国家战略，履行社会责任，把社会主义核心价值观贯穿融入企业各项工作，把理想信念教育、爱国主义教育摆在更加突出位置；围绕文化融合这条主线，着力从理念引领到人心聚合，从品牌塑造到价值契合，从产品输出到资源整合，充分发挥企业文化的向心力、凝聚力和辐射力，高度统一新时代中远海运人的价值认同和文化主张，向全社会展示中远海运深厚的历史文化内涵和崭新的企业文化形象。

为深入贯彻社会主义核心价值观，大力弘扬集团优秀历史文化传统，适应市场经济规律、行业发展规划和企业发展战略的需求，满足全系统广大员工的文化诉求，中远海运集团制定了《中国远洋海运集团企业文化核心价值理念纲要》(以下简称《纲要》)。中远海运集团由原中远集团和中海集团重组而成。昨日中远和中海，源自同一个起点，熔铸同一根血脉，在图强报国中风雨兼程，在改革大潮中齐头并进，形成了共同的文化理念和一致的价值追求，并在历史与风浪的洗礼中，彰显出厚重的内涵、雄浑的气度和时代的光华。新成立的中远海运集团是原中远和中海文化的继承者和发展者，应当不忘初心、牢记使命，建立延续历史基因、符合行业特质、引领时代风采的新的企业文化核心价值理念体系，对内让集团员工形成理念共识，对外让企业形象凸显精神标识。因此，《纲要》以中远海运集团“四个一”文化目标为引领，坚持一个团队、一个文化、一个目标、一个梦想。《纲要》根据企业战略调整和改革发展的需要，注入新的价值要素，并在文化深植过程中与时俱进、持续改进，以永葆生机活力，使文化真正成为中远海运集团的软实力。

企业文化与精神文明建设

企业文化与精神文明建设

【企业文化核心价值理念】

“四个一”文化目标：一个团队、一个文化、一个目标、一个梦想

“四个一”是集团党组在实施改革重组初期为统一全员思想、提升融合发展能力而提出的系统工程，更是以文化引领推动集团未来做强做优做大的内生动力。

一个团队：打造一个积极进取的优秀团队

坚持同心同德，相互尊重、相互学习、取长补短、高效沟通、协调一致，打造具有“务实、高效、协调、融合、智慧”精神特质的“钻石团队”。“一个团队”是集团改革重组产生聚集放大效应的核心驱动，更是集团做强做优做大的坚实支撑。

一个文化：建设一个同舟共济的和谐文化

坚持同根同源，传承务实笃行、开拓创新的文化基因，延续航运报国、艰苦奋斗的共同血脉，塑造学习型、创新型、和谐型，具有全球化视野和航海精神特质的共同文化。“一个文化”是集团优良文化传统的深度融合，更是集团核心价值理念的全新再造。

一个目标：确立一个世界一流的奋斗目标

坚持同行同向，树立信心、坚定意志、直面困难、矢志不渝，迈向“打造全球领先的综合性物流供应链服务集团”的目标愿景。“一个目标”是企业立足当前提升硬实力和软实力的精神动力，更是着眼长远打造全球公司、实现全球领先的方向指引。

一个梦想：构筑一个实现卓越的伟大梦想

坚持上下同欲，把复兴梦、强国梦、发展梦、强企梦和个人梦想结合起来，树立伟大卓越的共同理想追求，一起绘制新蓝图，一道成就新梦想，做筑梦圆梦的坚定者、奋进者、搏击者。“一个梦想”是全体员工心中执着的信念，更是企业走向基业长青的风帆。

企业使命：创造价值、连接梦想

企业使命是集团自我定位的存在意义和在全球经济中承担的责任和义务，也是对自身和社会作出的庄严承诺。

作为开创新中国航运历史的航运央企和世界规模最大的航运企业，中远海运集团承接着历史，肩负着未来，将坚守初心、矢志不渝，向着打造“更规模化、更全球化、更有竞争力、更具价值”的优秀企业前行，致力于货通天下、物畅其流，为国家、为社会、为客户、为员工创造价值、连接梦想。

成为世界航运卓越的领航者：打造具有国际竞争力、品牌影响力和客户美誉度的世界一流航运物流企业，形成完整的全球业务链，更优地配置全球资源、服务全球贸易，传递商业文明，促进全球互联互通，为人类生活带来便捷、创造幸福。

成为国家战略坚定的执行者：积极响应国家“一带一路”倡议，打造中国连接世界的重要桥梁和融入经济全球化的战略通道，为中国梦提供有力支撑。坚守政治责任，牢记经济责任，确保国有资产保值增值。

成为社会责任优秀的践行者：致力于守法合规、做强做优，实现企业基业长青，以优秀的发展成果履行社会责任和全球契约，关注全球环境，关爱贫困地区，参与国际援助，做优秀企业公民，推动企业与社会的协调发展。

成为全球客户贴心的服务者：承载客户托付，发挥专业精神，打造全球领先的供应链综合服务平台，为全球客户提供更先进、更优质、更高效的全产业链服务，实现客户价值最大化。

成为员工成长最佳的支撑者：尊重企业员工自我价值的追求，为员工搭建干事创业的成长舞台和广阔的发展平台，创造丰厚的物质基础和体面的人文环境，建设优秀雇主品牌，实现“个人梦”与“企业梦”的统一。

企业愿景：承载经济全球化使命，整合优势资源，打造以航运、综合物流及相关金融服务为支柱，多产业集群、全球领先的综合性物流供应链服务集团

企业愿景是企业的发展方向和战略定位，也是一代代企业员工为之努力的坚定信仰和崇高理想。

中远海运集团愿景的着眼点是全球化，立足点是航运、综合物流及相关金融服务为支柱的产业集群，落脚点是全球领先。

全球视野：以世界航运新航母的姿态，站立全球航运潮头，大力推进全球化战略，整合全球网络，实施全球营销，优化全球航线，开拓全球市场，服务全球客户，为全球经济发展贡献中国智慧，提供中国方案，体现中国价值。

全球布局：围绕“规模增长、盈利能力、抗周期性和全球公司”四个战略维度，在全球优化产业布局，整合航运要素，大力推进航运、物流、金融、装备制造、航运服务、社会化产业和基于商业模式创新的“互联网 +”相关业务“6+1”产业集群发展。

全球领先：通过持续的宽领域、多维度、深层次改革，强化战略管控，优化组织架构，深耕流程再造，提升企业管理，真正实现做强做优做大，真正成为全球领先的、具有高度国际影响力的、受人尊敬的中国企业、世界级企业。

企业价值观：客户为上、人才为本、安全为基、创新为魂

企业价值观是中远海运集团和全体员工对企业、对事业的共同的价值取向和价值引领。

客户为上：始终注重与客户的合作伙伴关系，以客户为中心，致力于优质服务、延伸服务，努力带给客户最好的服务体验，让客户满意度成为中远海运每一名员工的工作追求和目标。

人才为本：始终坚持“人才是企业第一资源”的理念，依靠人、尊重人、塑造人、成就人，打造企业与员工责任共同体、利益共同体、命运共同体，让员工与企业共担荣辱、共享成果、共同成长。

安全为基：始终强化全面、全员、全过程、全方位安全管理，狠抓生产安全、经营安全、形象安全、廉洁安全，实现企业安全发展、健康发展、稳定发展。

创新为魂：始终保持创新思维，创新管理、创新技术、创新营销、创新服务、创新产业结构、创新商业模式，通过协同创新、持续创新，实现企业自身发展和跨越。

企业精神：同舟共济

企业精神是企业的发展之道和力量之源，是全体员工由内而外共同展现出的精神状态、思想境界和理想追求。

“同舟共济”是一种航海精神，是属于航海人的精神特质，更是一代代中远海运员工逆境崛起的精神支撑和开创未来的强大力量。“同舟共济”包含了领航精神、奋斗精神和协同精神。

领航精神：开放的视野、宽广的胸襟，领先的气魄、稳健的前行，勇立潮头、敢为人先，忠于职守、临危不惧，永远坚定目标，永远坚守责任，永不迷失方向。

奋斗精神：坚定的信念、顽强的意志，严明的纪律、务实的作风，脚踏实地、真抓实干，知难而进、不辱使命，全力创效、合力创业、大力创新，敢于打硬战、善于攻难关，不轻言放弃、不屈服失败。

协同精神：以大局为重、以团队为荣，以合作为赢、以和谐为贵，精诚团结、风雨同舟，荣辱与共、众志成城，协同团队攻克难关，协同社会优化资源，协同客户共谋发展。

企业作风：务实、高效、协调、融合、智慧

企业作风是企业在长期的经营管理行为中形成的风气，是企业和员工队伍内质态度、做事风格、精神风貌的外在表现。

中远海运集团主张“务实、高效、协调、融合、智慧”的企业作风，并把这种作风所体现的精神称为“钻石团队”精神。“钻石团队”精神来源于石墨和钻石的对比。石墨和钻石均由碳元素组成，但由于组合不同、结构不同，结果一个成了石墨，一个成了钻石。只有集团上下形成“务实、高效、协调、融合、智慧”的企业作风，才能打造宝贵的“钻石团队”。

务实：脚踏实地、真抓实干，营造“低调务实、严谨求实、做事扎实”的实干型文化。

高效：雷厉风行、快速执行，营造“注重效率、注重效益、注重效能”的执行力文化。

协调：勤于沟通、打通壁垒，营造“坦诚交流、便捷交流、随时交流”的分享型文化。

融合：相互学习、取长补短，营造“无人不学、无事不学、无时不学”的学习型文化。

智慧：以人为本、激发创造，营造“持续改进、持续创新、持续变革”的创新型文化。

企业广告语：We are ready

企业广告语是企业用于媒体传播的宣传用语，是企业对外形象、企业态度主张的浓缩。

开放合作，我们已做好准备。我们坚持以和为贵，肩负领航者的担当，胸怀全球、心系天下、包容共享，力推航运生态圈建设，切实维护健康可持续发展的行业秩序。

用心服务，我们已做好准备。我们坚持以诚立信，致力产业链整合和模式创新，以世界第一船队规模、1000 余个全球服务机构，承运全球、服务全球，让客户放心托付。

做强做优，我们已做好准备。我们坚持以勤筑基，弘扬艰苦奋斗的传统，发展“共享经济”，主导跨界融合，构筑最强国际竞争优势、打造最优全球资源配置水平，以世界一流助推海洋梦。

我们向世界宣布：We are ready！

（朱雪峰）

【企业文化建设】

1. 持续宣贯“四个一”和文化融合理念

以“四个一”为核心，推出集团文化指引，推动中远海运核心价值理念纲要的广泛认知认同，建设好经营文化、管理文化、安全文化、人才文化、廉洁文化、员工行为规范等专项文化和所属企业子文化，不断拓展集团企业文化内涵。加强企业文化阵地建设，广泛开展各类主题文化活动，促进企业之间、部门之间、员工之间的和谐融合，打通“柏林墙”，共建“同心圆”。

2. 弘扬中远海运优秀历史文化传统

集团党工部牵头，充分调动全集团资源和专家顾问资源，进行长期性的深入研究，挖掘历代优秀船长的光辉事迹，挖掘集团接侨撤侨的光荣往事，挖掘“支部建在船上”的光荣传统，把中远海运历史文化中的精神标识和具有现实价值的文化精髓提炼出来，让优秀的文化基因得以传承和弘扬。

3. 推出体现航运特质的文化精品力作

在展现企业标示度上下功夫，用好航运资源、海洋资源，全系统共同发力，创作一批爱国主义题材、航海题材、船舶工业题材、改革发展题材、职工文艺题材的作品，用心用情展示航海情怀，体现改革风采，讴歌祖国人民，书写伟大时代。对于优秀的选题和作品，给予资金支持和激励，激活文化人才的创作活力。主动对接交通运输部、国家海洋局、中国航海博物馆、新华网、中工网，加大海员群体的宣传，积极参与世界海员日、中国航海日活动，让海员走向公众，走向演播室，让作家、画家、摄影家走进船舶，让社会了解海员、了解航运，不断提升企业的行业地位和社会影响力。

4. 培育健康向上的职工文化

2018 年，集团举办第二届职工运动会，共有 25 家单位 1600 多名职工运动员参加了足球、羽毛球、乒乓球、游泳比赛和趣味运动会，鼓舞了员工士气，激发了团队精神，促进了文化融合；广泛招募会员，筹备成立集团摄影家、书法家、作家及集邮协会等职工文体协会；组织 241 件职工绘画、摄影、视频、航海故事等作品参加中国海员建设工会等举办的中国航海日职工书画作品展和“远航——光荣与梦想”主题宣传活动，向改革开放 40 周年献礼。（朱雪峰　张洁）

【精神文明建设】

中远海运集团高度重视精神文明建设，构建

企业文化核心价值理念体系，打造各类优秀文化精品，深入开展“钻石团队”、劳动模范、“船舶三长”表彰，深入推进“四个一”落地，牢牢掌握意识形态工作主导权主动权，以人人践行社会主义核心价值观的正能量构筑起员工五彩缤纷的“精神家园”。2018 年 5 月，集团编印《初心如磐》一书，以图文并茂、简明形象的方式，阐述集团所属中远海运集运、中远海运能源、中远海运物流、中远海运发展、上海船研所 5 家全国文明单位的创建特色经验，展示创建成果。

2018 年，交通运输部印发《关于表彰 2016—2017 年度全国交通运输行业精神文明建设先进集体先进个人的决定》，其中集团获得表彰名单如下：

2016—2017 年度全国交通运输行业文明单位

中远海运散运

中远海运特运

宁波中远海运集运

上海弘发航运

2016—2017 年度全国交通运输行业文明示范窗口

集团财务服务中心专项室

中远海运博鳌博鳌亚洲论坛文化旅游区管理分公司船队

中国船燃技术研发中心江苏研发基地

厦门中远海运“新五缘”轮

2016—2017 年度全国交通运输行业文明职工标兵

陈　明　上海中远海运液化天然气投资公司业务经理

余金贤　中远海运船员广州分公司政委

梅永全　中远海运船员上海分公司船长

陈　栋　连云港新东方国际货柜码头有限公司总经理

李冠杰　中石化中海燃供保税油经营中心科长

葛钰麟　中远海运资产办公室主任

2016—2017 年度全国交通运输行业精神文明建设先进工作者

窦文金　集团党组工作部综合室主任

刘孔明　中远海运散运党委工作部 / 企业文化部部长

（朱雪峰）

【集团展示厅】

集团展示厅建设于 2018 年 11 月 1 日完工交付，11 月 8 日起投入使用。至 12 月底，分别接待包括国务院国资委党委书记郝鹏、西藏自治区主席齐扎拉、商务部副部长王炳楠 3 位省部级领导来访参观；接待交通运输部海事局、海南省交通运输厅、国家保密局、国家安全局、天津市证监局、国务院国资委巡视组，上海市交通委、上海团市委、上海市委组织部、云南省永德县等国家机关及地方代表来访参观；接待香港集团董事、集团外部董事，巴拿马记者代表团以及欧洲地区重要客户等贵宾的参观访问。接待集团总部机关及中心共计 18 个党支部赴展厅进行学习教育，接待直属二级单位组织参观 5 批次，组织船舶三长及家属代表参观 1 次，系统内各单位党统代表参观学习 1 次，组织系统内各单位团委干部参观学习 1 次。自 11 月 8 日投入使用起至 12 月底，集团展示厅共接待海内外及系统内各单位（部门）参观共计 53 批次，接待海内外各国来宾共计 860 人次，参观总时长约 2500 分钟。

（傅奇）

品牌建设

品 牌 建 设

【外宣品牌建设及舆情管理】

2018年，中远海运紧紧围绕集团中心工作，服务国家总体战略，配合重大主题宣传，认真筹划集团重要业务进展、重要合作，以及重大资本运作项目的对外宣传，密切与境内外媒体的交流与沟通，加强境内外舆论引导，努力为集团营造良好的生产经营舆论环境。

是年，境内外媒体共刊发中远海运集团相关新闻报道4046条，网络新闻转载6万余条。其中，新华社报道133次，《人民日报》报道67次，中央电视台播出报道121次，为中远海运集团的品牌形象建设和改革重组成效传播发挥了巨大的作用。同时，2018年注重加强了海外宣传，通过海外公司运维脸书（Facebook）、推特（Twitter）等社交平台账号，引导境外媒体刊发报道。2018年，境外英文媒体累计报道459条，非英文报道494条。通过正面宣传，中远海运比雷埃夫斯港、希望6号、中远海运集运星座系列20 000TEU型超大集装箱船舶、“新光华”轮、“中远荷兰”轮、“天恩”轮等成为媒体和舆论关注的焦点。

是年，集团先后组织集团领导参加国新办新闻发布会1次、国务院国资委媒体通气会3次、央视新闻联播采访4次、央视《对话》栏目录制1次、《焦点访谈》栏目1次。同时，积极响应中宣部、国务院国资委、交通运输部的要求，组织央媒赴希腊比港、西班牙瓦伦西亚港开展海外港口调研行，组织5家单位的11名记者随船采访，先后随3艘集装箱船远航远东至欧洲班轮航线，以及1艘特种船远航北极东北航线。首届进博会筹办期间，先后组织媒体赴境内外运输现场进行采访，及时发布进博会展品境外运输新闻，讲好进博会故事，扩大进博会影响力。

为营造良好的生产经营环境，推动集团各项工作顺利开展，中远海运集团自成立起，便每日编发《每日舆情要点》提供生产经营决策参考。2018年，共刊发每日报告及专项舆情报告合计350期，处理各类敏感舆情11起。2018年，先后就“中远海控收购东方海外美国审批”、路透社等外媒质疑“中国企业利用比港非法避税”、希腊比港非法堵门事件、北美公司网络被攻击事件，以及有关船舶事故等重要舆情风险进行处置，迅速制定应对策略及对外口径，做好媒体沟通与舆情处理，有效避免了舆情的进一步发酵。

（马晓静）

【品牌推广活动】

2018年，集团积极推进生产性服装设计工作，通过一线服装形象，展示集团广大基层员工朝气蓬勃、兢兢业业的精气神。集团参加了国务院国资委新闻中心举办的“央企卡通雕塑部落”揭幕仪式，传播“熊猫船长”卡通形象，利用新形式、新媒体创新集团品牌的传播和推广。集团卡通形象“熊猫船长”一直以来均受到各方的好评和喜爱，在2017年“国资小新”微信公众平台推出的“央企卡通形象评选活动”中，以最高票数荣获“最受欢迎央企卡通形象”的称号。2018年6月1日，国务院国资委新闻中心在北京欢乐谷举办中央企业新媒体卡通雕塑公园揭幕仪式，包括“熊猫船长”在内的12座央企卡通雕塑正式入驻欢乐谷并进行长期展示。此次活动被打造成“央企新媒体开放日”，提升了央企形象在年轻一代受众中的认知，充分地展现和传播了央企品牌形象。

是年，统筹集团参与首届中国国际进口博览会工作，全方位参加从招展、展品运输、布展、论坛、媒体宣传，到会务保障等各方面工作，承制了首届进口博览会中国馆中“中国国际贸易陆海大通道电子地图”的设计制作，集团作为核心支持企业，组织 10 家境外单位参展，在国际盛会上展现了集团品牌。此外，还积极组织参加其他大型展览会展示集团形象，2018 年先后组织参加的展览会包括：世界交通大会交通科技博览会、宁波海丝论坛、渝洽会、“中国航海日”论坛、中国－中东欧 16+1 成就展、首届进口博览会、中国（巴拿马）品牌展等。同时，还利用收购东方海外国际、集团新大楼搬迁仪式等契机，统筹开展品牌宣传工作。（马晓静）

文化传媒

文化传媒

【报　　纸】

1.《中国远洋海运报》

《中国远洋海运报》由《中国远洋报》和《海运报》两家报纸重组整合而成，国内统一连续出版物号 CN 31–0116。《中国远洋海运报》出版内容分纸媒和新媒体两大部分。纸媒部分对开 8 版，逢周五出版，每期印刷基本数 2.3 万份。新媒体部分微信公众号为工作日每天更新，每天发文 4 ～ 6 篇。

2016 年 2 月 18 日，中远海运集团成立后，按照集团改革重组相关工作的推进，集团新闻媒体中心迅速启动了一系列更名、变更工作。2016 年 3 月，经上级主管部门批准，原《中国远洋报》更名为《中国远洋海运报》。2016 年 10 月，《中国远洋海运报》注册地由北京转至上海，国内统一连续出版物号 CN 31–0116。更名后的《中国远洋海运报》以崭新形象在博鳌亚洲论坛 2016 年年会上亮相，得到了参会的集团领导、中外嘉宾的认可和赞赏。随后，集团新闻媒体中心完成了《中国远洋海运报》更改主管主办单位、《中国远洋海运报》社的工商变更等工作。2016 年 4 月，经上海市新闻出版局批准，《海运报》正式休刊。2017 年，按照国家新闻出版广电总局和上海市新闻出版局的相关要求，完成《中国远洋海运报》社工商注册上海以及改制工作，报社更名为《中国远洋海运报》社有限公司。

2018 年，《中国远洋海运报》按照集团确定的工作职能，紧紧围绕企业中心工作，牢牢把握正确舆论导向，依托全媒体平台，将宣传服务职能定位融入集团改革发展、提质增效、生产经营、品牌推广、企业文化建设等方面，为集团改革发展稳定和实现可持续发展提供强有力的舆论支持。

是年，《中国远洋海运报》通过全国两会、深入学习贯彻党的十九大精神、博鳌亚洲论坛、金砖国家工商理事会、精准扶贫、集团系列大型集装箱轮交付下水等一系列重大新闻事件的宣传报道，为企业创造了良好的外部舆论环境。6 月 19—29 日，《中国远洋海运报》“一带一路”报道组赴西班牙、意大利和荷兰，采访中远海运海外公司参与国家“一带一路”建设情况。采访后，报道组形成了一系列深度文字报道文章和专题版面，重点反映中远海运海外员工服务国家“一带一路”建设的情况，用文字反映他们的实际行动和作为，向改革开放 40 周年献礼。11 月上旬，《中国远洋海运报》紧密配合做好集团参与首届中国国际进口博览会相关筹备、媒体宣传等工作，派记者前往进博会现场采访，并结合博览会实际情况，作了一系列相关专题报道。

是年，《中国远洋海运报》积极创新，加强专题策划能力，在继续做好 2017 年推出的重点栏目“‘一带一路’——中远海运印记”的基础上，全新推出了“新时代、新气象、新作为——改革发展正当时”“奋斗者——2017 集团双百典型风采录”“海外瞭望”3 个新专栏。在新闻媒体中心的统一安排下，报纸与集团总部相关部门开设《集团安全信息通报》《财经看点》等合办栏目。协同集团党组工作部从 4 月末开始，开辟“奋斗者——2017 集团双百典型风采录”。

是年，围绕中国改革开放 40 周年主题，《中国远洋海运报》力推企业改革成就、发展脉络在主流社会媒体上进行宣传报道，同时在自有媒体平台上，策划了“改革成果报告”系列专题（专栏），聚焦当前企业改革发展的成就及正在进行的重点项目和工作，进一步激发全体员工的自豪感、使命感和责任感。

2.《广州海运报》

《广州海运报》1966年5月7日由广州海运局创刊，1967年8月18日因“文化大革命”停刊，1985年9月25日复刊。广东省画院院长、广东美术家协会主席、著名老画家关山月，闻《广州海运报》复刊的消息，欣然命笔，为《广州海运报》题名（繁体汉字）。1987年8月31日，《广州海运报》获得新闻出版署发的报刊登记证，国内统一连续出版物号CN 44-0093，获批准刊期、发行范围和主编人选，该证由广东省新闻出版局颁发。1992年7月，经新闻出版署批准，《广州海运报》国内统一连续出版物号为CN 44-0128，保留至今。鉴于《广州海运报》使用繁体字报头不符合新闻出版署和国家语言文字工作委员会《出版物汉字使用管理规定》要求，报社邀请岭南书画院、广东省书法家协会著名女书法家苏华为《广州海运报》重新题写了报头（简体汉字），从1993年1月12日新版正式使用，沿用至今。《广州海运报》随着企业的改革发展，不断进步和成熟，由原来的旬刊发展为周报，4开4版，逢周三出版。

《广州海运报》坚持“为职工读者服务，为企业生产经营服务”的办报宗旨，坚持面向广大职工和家属读者，紧密围绕企业的生产经营和工作实际，努力办“读者满意、职工满意、专家满意”的企业报纸，多年来先后获得过“全国三十优企业报”“广东企业报刊金奖”等荣誉。1997年、1999年，《广州海运报》两次荣获全国企业报晋京展一等奖，2004年10月获“全国优秀企业报”殊荣。报社严格按照国家关于报纸出版的各项法规、规章办报，按时向国家版本图书馆缴送样报。报社工作人员经过培训和考试，获得全国统一的正式新闻记者证。同时通过动员组织企业基层通讯员开展新闻报道，刊发一系列消息、通讯、图片等体裁的稿件，行业特色鲜明，报社记者、编辑和通讯员的优秀新闻作品和好版面分别获得全国企业报协会、广州地区出版物新闻工作者协会评审的年度好新闻奖。

《广州海运报》是广州地区出版物新闻工作者协会副会长单位。2018年有27篇作品被协会评为好新闻。是年，《广州海运报》开设“基层巡礼”“身边好榜样”“身边好党员”等专栏，及时发现、挖掘、采写工作亮点成效和好人好事，加大对基层一线先进典型的宣传报道力度，为企业转型发展营造了良好的舆论氛围。9月，超强台风“山竹”引发珠江水倒灌，对广州海运大厦造成严重影响；广州中远海运各单位干部职工众志成城，连续作战抢险救灾。对此，《广州海运报》连续三周以多个专版、不同文体记载公司和各单位防抗台新闻及灾后重建工作报道，以及集团和公司对职工的关怀、慰问情况，弘扬同舟共济的企业精神，传递正能量，鼓舞士气。

（严妙群　陈晓艳）

【杂　　志】

1.《中国远洋海运》

《中国远洋海运》于1995年1月创刊，原名为《中国远洋航务》；2016年3月更名为《中国远洋海运》，由中远海运集团主管主办，国内统一连续出版物号为CN 31-2140/U，国内外公开发行。

《中国远洋海运》创刊20多年来，始终坚持创刊理念，即关注全球航运业热点，发布行业前沿信息；搭建与国际航运业界良性互动与交流的平台，提升中国企业品牌形象；引导舆论导向，提升中国航运业的国际话语权；反映中远海运集团各业务板块关切，为航运企业提供资讯服务。在办刊实践中，杂志依托集团雄厚的品牌和资源优势，瞄准航运市场及相关产业链，以行业视角，及时捕捉航运、物流、经贸、港口、修造船、海事服务等业务资讯；通过与国际行业组织、知名咨询机构及国际媒体合办栏目，广交四海朋友，服务八方客商，努力成为有影响力和美誉度的行业主流媒体；紧密围绕集团发展思路、工作部署和各阶段的重点工作，不断提高新闻舆论传播力、引导力、影响力、公信力，助力集团品牌形象宣传；策划组织行业会议并积极参与国际论坛展会，整合产业链智库资源，促进集团系统内外的思想交流，为行业发展提供智力支持。杂志已成为政府和业界相关机构的案头参考资料。中央政策研究室、社科院、国务院发展研究中心、中国贸促会、中国宏观经济研究院、商务部研究院、交通运输部水科院等研究员主动索取每期杂志；杂志应邀每期寄送联合国国际海事组织，作为中文资料供相关处室参考；杂志定期为新华社、央视、第一财经等社会主流媒体的专业记者提供所需的行业信息；杂志赠送各大院校图书馆，受到广大师生的热烈欢迎。

2018 年，《中国远洋海运》以打造精品为努力方向，站在行业观察视角，反映每月行业大事、热点、难点、焦点，展现中远海运集团各业务板块的产品服务，体现行业话语权。杂志邀请国家级智库专家、国际知名分析机构、国内航运及相关产业链专家百余人次就世界经贸形势、航运市场分析、无人驾驶、区块链、北极航运、LNG 产业链发展、集运联盟走势、多式联运、限硫令、自贸区自贸港、国资国企改革动向等数十个热点阐述观点，给业界提供意见建议，启迪思考。采写的世界银行交通和数字发展部首席经济顾问专访文章被世行刊物全文转载；杂志纸质及其微信编译的 50 篇有关限硫令政策、行业动态、新技术新产品等也被多家媒介转载。参加了包括博鳌亚洲论坛、京交会、中国国际海事展、集装箱多事联运展、慕尼黑物流展、“一带一路”国际冷链物流高峰论坛、中国海事金融国际论坛、航海日论坛、世界交通大会、首届进博会、海运年会等大型展会在内的 30 余场重要活动。利用各层面的展览和论坛，宣传推介集团各相关业务板块，并为其中的单位开展合作牵线搭桥，提升集团品牌影响力。

是年，策划出版 12 个专题内容，主要包括：约请航运产业链各板块权威机构及分析专家对 2017 年各细分市场进行回顾，并对 2018 年走势进行预判；配合集团首次在博鳌亚洲论坛主办物流分论坛，会前推出航运圆桌专题，特邀 12 位来自经济、航运、物流、互联网等领域的重要嘉宾，就物流行业在中国全面深化改革、把握新时代发展机遇进行建言献策；针对两会期间热议的南向通道话题，第一时间邀请规划起草专家从国家高度进行分析，并派记者专访中远海运物流及集运公司的通道实践成果，全面展示该物流通道的价值和机遇，连载了权威专家对南向通道的调研报告；瞄准智能话题在各行业论坛的热议，从技术层面、管理角度、专业市场等视角刊载文稿，展现智能时代航运与物流的发展现状、痛点、趋势等；结合国家改革开放 40 周年及“一带一路”五周年宣传要求，邀请多位学者专家对海运等领域进行了回顾总结与点评；对进口 LNG 的现状及未来进行多视角分析，同时向业界宣传油运和特运公司冰上丝路的开拓之举；通过对进博会和海运年会参展商、嘉宾的采访，多层面展现集团的贡献和影响力。

杂志在国务院批复同意设立中国（海南）自由贸易试验区并印发《中国（海南）自由贸易试验区总体方案》之际，在博鳌举办了 2018 中国自贸区港航圆桌会暨《中国远洋海运》杂志理事单位年会，特邀中国（海南）改革发展研究院院长迟福林、商务部特聘专家桑百川、国家发展改革委运输经济研究所所长汪鸣等名家作主旨发言，围绕自贸区自贸港的政策与风口、扩大开放下的航运之机两大议题展开产学研间的交流互动，为集团及行业发展建言献策。　　（姚亚平）

2.《上海船舶运输科学研究所学报》

《上海船舶运输科学研究所学报》创刊于 1978 年，是船舶科学和船舶运输领域的综合性学术期刊，国内统一连续出版物号为 CN 31–2023/U，由上海船舶运输科学研究所主管、主办，国内外公开发行。该刊曾用名《交通部上海船舶运输科学研究所学报》，2005 年更名为《上海船舶运输科学研究所学报》，2012 年由半年刊改为季刊。

该刊自创刊以来，始终坚持党的基本路线，坚持“百花齐放、百家争鸣”和“理论联系实际”的办刊方针，突出理论与学术服务于丰富的实践，充分发挥科技期刊在成果转化方面的交流和传播作用，助推行业科技进步。刊登的内容主要反映船舶运输系统、船舶设计、船舶控制、交通工程、环保工程、港口工程、工业自动化、电子信息、船舶动力机械和水运经济等方面的科研成果，同时刊登具有一定学术水平的试验报告和科研管理研究报告。经过数十年的办刊历程，期刊的影响力指数逐年提升，现已成为船舶工业和交通运输行业知名的专业学术刊物，是中国核心期刊（遴选）数据库来源期刊、中国学术期刊（光盘版）全文入编期刊、中国学术期刊综合评价数据库来源期刊，同时被国家图书馆、上海图书馆、中国知网、万方数据库和维普数据库等数据库收录。该刊刊登的论文质量较高，曾多次在中国航海学会、上海市船舶与海洋工程学会等专业学术机构的论文评比中获奖，具有较强的学术推广价值。除了收录行业内各高校、科研院所及其他企事业单位科研人员的论文以外，集团航运板块每年都会依托该平台刊登高质量的科技论文，为集团相关科研成果的推广起到了较强的支撑作用，有效提升了集团相关业务在行业内的影响力。

2018 年，该刊共刊登 64 篇论文，其中具有国家级、省部级和市级基金支持的项目论文 4 篇。刊登的论文涉及的专业领域主要包括船舶系统工程、船舶水动力及海事技术试验研究、环境工程、智能交通系统、交通与航运信息化等，均具有较高的学术推广价值，为我国交通运输和造船行业共性技术、前瞻性技术的交流传播，以及行业的科技进步作出了积极贡献。该刊有多篇论文获中国航海学会“2017—2018 年中国航海科技期刊优秀论文”奖，其中，二等奖 5 篇，三等奖 5 篇，优秀奖 1 篇。（胡奕）

3.《青岛远洋船员职业学院学报》

《青岛远洋船员职业学院学报》创刊于 1980 年 7 月，原名《远洋科技》，由中远海运集团直属的青岛远洋船员职业学院主办。

1980 年 7 月，青岛远洋船员进修学院刊物《远洋科技》创刊。1986 年 10 月，青岛远洋船员学院刊物《远洋教育研究》创刊。1996 年 1 月，经中国远洋运输（集团）总公司报交通部同意，并经山东省新闻出版局批准，决定自 1996 年起，青岛远洋船员学院原来主办的《远洋教育研究》和《远洋科技》并刊，改为综合性学报《青岛远洋船员学院学报》。从 1999 年第 1 期起，《青岛远洋船员学院学报》公开发行。2012 年 2 月，经新闻出版总署批准，更名为《青岛远洋船员职业学院学报》，国内统一连续出版物号为 CN 37-1489/U，国际标准连续出版物号为 ISSN 2095-3747。2014 年 12 月，《青岛远洋船员职业学院学报》入选原国家新闻出版广电总局第一批认定学术期刊。该刊每 3 个月出版 1 期，为季刊。

自创刊以来，学报始终坚持编辑刊载学术论文和科研报告，为发展我国远洋科研事业服务的办刊宗旨，面向远洋，突出航运特色，主要设置航海技术、船舶通信与信息工程、轮机管理与船舶工程、船舶电子电气、海事法律管理与公约、航运物流、航海（高职）教育等栏目。中远海运集团成立后，《青岛远洋船员职业学院学报》密切关注集团航运各大业务板块，充分发挥科技期刊的媒介作用，架起行业产业和高校科研之间沟通的渠道和桥梁。经过 40 余年的发展，学报办刊质量不断提高，社会影响力不断扩大，已被重庆维普《中文科技期刊数据库》、清华知网《中国学术期刊（光盘版）》、《中国学术期刊综合评价数据库》、万方数据库《中国核心期刊（遴选）数据库》全文收录。2008 年，学报被评为全国高职高专优秀学报。

2018 年，学报共组稿 150 篇，发文 79 篇；其中自然科学论文 27 篇，社会科学论文 52 篇；航海技术、轮机管理与船舶工程、船舶信息工程、航运物流和航海（高职）教育五大栏目载文 76 篇，占比约 96%，充分体现了学报航运特色。2018 年，学报办刊质量和社会影响力进一步提高，刊载基金论文 24 篇；国内外机构用户达 5200 多个，期刊综合影响因子学科平均值 0.295，全年文献下载量 1.3 万多次，保持平稳增长。（孙宸）

4.《中国海员》

《中国海员》杂志创刊于 1926 年，创办者为成立于 1921 年 4 月 6 日的中华海员工业联合总会。在不同的历史时期，中国海员工会曾四次出版《中国海员》杂志。在改革开放的新时期，中国海员工会全国委员会决定第四次出版《中国海员》杂志。经过半年筹备，《中国海员》杂志于 1985 年 6 月正式出版。1986 年起，又与交通部合办，主管单位为交通部，主办单位为上海（海运）集团公司。

《中国海员》杂志面向交通职工，面向社会，面向海内外；讲述海运、远洋、内河、港口、筑港等广大航运企业职工身边的事情，讲述交通系统职工海内外的见闻，报道全国交通系统发生的重大事件，交流工会工作的经验，发表工会领导人的重要文章。

2018 年 12 月 3 日，习近平主席在巴拿马城同巴拿马总统巴雷拉共同参观巴拿马运河新船闸，并且与正在第一船闸停靠等待过闸的中国远洋海运集团“玫瑰”轮船长通话。《中国海员》杂志在第 6 期封面及时刊登了习近平主席与“玫瑰”轮船长通话的历史瞬间的照片。同时，《中国海员》杂志在第 1 期对“中国海员建设工会四届二次全委会会议”“2018 年中挪海员集体协商工作”等水运系统重大事件进行了全面报道。另外，《中国海员》杂志也重点报道了王晓华、孙德泉、程邦武、高正捍、陈晓红等水运系统先进人物的事迹。《中国海员》杂志全年共出版杂志 6 期，共发表约 200 篇文章，新开辟了《舌尖上的航海》等栏目。（严永强）

5.《航海》

创刊于 1979 年的《航海》杂志，国内统一连续出版物号为 CN 31-1121/U，国际标准连续出版物号为 ISSN 1000-0356，是中国航海界向国内外公开发行的综合性科技期刊，由上海市航海学会主办，上海市科学技术协会主管。该杂志是中国学术期刊综合评价数据库统计源期刊，被中国核心期刊（遴选）数据库全文收录。

《航海》杂志融航海学术交流、科技信息传播、航海文化发掘、航海知识普及、航海生活展示等为一体，成为社会各界朋友了解航运发展态势，开拓航海科技视野的窗口；航海爱好者的文化园地；中外航运界同仁交流信息、情感的渠道。

《航海》杂志开本为大 16 开，全彩印。国内邮发代号：4-272，国外发行代号：BM517。

2018 年，《航海》发表业界学术论文 150 篇（含论文集）。围绕“智慧港航，助力新时代交通强国建设”主题，编印“苏浙闽粤桂沪”五省（区）一市航海学术研讨会论文集。适逢上海市航海学会成立 40 周年，以“扬帆学术，奋楫科海”为题，以历史照片为经，以重大历史事件为纬，连载学会发展简史。同时，向业界知名会员征稿，分享、纪念与学会共同成长的感情珍藏。在业界动态方面，重点关注智能化趋势、区块链技术等给航运生产带来的革命性变化。在科学普及方面，重点报道“雪龙 2”号极地科考船建造、下水及其船舶功能、用途、科技含量等；跟踪报道“开展上海地区水上安全知识进校园系列活动”及被誉为“海洋流动实验室”的法国探险船“塔拉”在上海港的科普活动。为弘扬业界前辈的榜样作用和科学航海精神，期刊坚持推出封面人物及事迹，如 2017 年中国航运名人榜、上海国际航运研究中心秘书长、上海海事大学博士生导师真虹教授，中国航海学会终身成就奖得主、上海海事职业技术学院副教授张兴芝轮机长，中国海事仲裁委员会资深仲裁员、原中远集团副总裁雷海船长，等等。在对外交往中，期刊记录并刊发了中国引航协会、上海港引航站为加纳共和国培训引航员和拖船船长的图文资料；刊物被作为珍贵的礼物，赠予加纳共和国回访官员收藏。（罗斌）

【新 媒 体】

1. 集团网站

中远海运集团网站设立于 2016 年，域名为 http://www.coscoshipping.com，是中远海运集团官方主办的网络平台。网站分中文、英文两个版本，主要承担对外发布集团信息、宣传集团业务、传播集团价值理念等功能，是集团面向社会和公众展示企业品牌形象的重要窗口。网站成立以来，遵从“服务企业价值创造”核心理念，坚持易用性、安全性原则，注重从航运业特色和企业特点出发，结合当下网站发展流行趋势和新媒体环境下网民阅读习惯，推进版式、内容和功能等方面与时俱进、持续创新。网站设有“关于我们、新闻中心、业务领域、社会责任、人才招聘、信息公开、订舱平台”等常备栏目，可系统展示集团核心业务和主要工作；同时，可通过飘窗、临时栏目和链接等，实现重要内容的临时性展示。经过多年来的持续运营和维护，包括客户、投资者、业务伙伴、内部职工等在内的网站受众群体不断扩大，已经发展成为业内知名、社会关注的企业网站。

2018年，集团网站先后组织博鳌亚洲论坛、2万TEU集装箱船及40万吨超大型矿砂船首航、集运中俄班列开通、比港修船坞启用、巴拿马总统来访、东方海外收购完成、集团参与进博会、改革开放40年、国企改革、扶贫攻坚，以及“一带一路”海外建设等各类专题宣传20余项。截至2018年底，集团官网发布中文新闻248篇，英文新闻138条。发布内容涉及集团内外往来、经营活动、绿色发展、企业文化、社会责任等各个方面，较为系统地展现了集团改革发展、服务客户、创新创业等各方面工作成效。

（马晓静　黄奇萃）

2. 中远海运集团新媒体平台

集团新媒体平台包括集团官方微信公众号“中远海运”，以及以集团名义开办的“COSCO SHIPPING”英文脸书账号和推特账号，三者均于2016年设立，是集团在新媒体发展形势下，结合业务拓展需要和品牌传播需求设立的新型网络传播平台。集团新媒体平台包含“最新动态”“走近我们”等栏目，内容涵盖集团业务介绍、新闻信息、品牌标识、船海知识、人才招聘等，是集团对外推广品牌、传播行业知识的重要窗口。集团新媒体平台设立以来，以“服务企业价值创造、紧跟媒体发展潮流”为工作方针，坚持在版式设计上突出活泼性、在内容编排上突出时新性、在运营维护上突出互动性，持续打造全媒体时代下，能够展现集团品牌、适应受众需求的新型对外传播窗口。

2018年，集团官方微信公众号“中远海运”共发布、推送新闻237篇，总阅读量超过75万次。集团官微关注用户38 490人，比上年同期增长近1万人。集团今日头条号共推送新闻超过145条，推荐浏览数超过65万次。（朱江）

【图书和音像制品】

1.《初心如磐》

2018年5月，集团党组工作部编印《初心如磐》一书，以图文并茂、简明形象的方式，介绍集团所属中远海运集运、中远海运能源、中远海运物流、中远海运发展、上海船研所5家全国文明单位的创建特色经验，展示创建成果，为集团所属单位参与全国文明单位创建提供参考。

2.《敢为天下先》

2018年11月，为深入学习贯彻习近平新时代中国特色社会主义思想和党的十九大精神，庆祝改革开放40周年，集中展示中远海运改革开放40年以来的光辉历程、发展成就和宝贵经验，集团党组工作部举办“中远海运40年里的40个‘第一’”纪念改革开放40周年主题展，并拍摄制作《敢为天下先》宣传片，充分彰显了一代代中远海运人的改革勇气和改革智慧。

3.《奔流2018》

2018年底，集团党组工作部拍摄制作《奔流2018》宣传片，以盘点十大要事的形式集中展示了2018年国家主席习近平在巴拿马城同巴拿马总统巴雷拉共同参观巴拿马运河新船闸、完成东方海外要约收购、集团连续入列《财富》世界500强、打造多元化国际合作平台、开启“大船新时代”等集团年度大事件，回顾年度重点工作，激励干部职工以昂扬状态奋进新航程。

（朱雪峰）

第十三篇

企业社会责任

概述

概　述

中远海运集团秉持“创造价值、连接梦想”的社会责任理念，将履行社会责任融入企业的核心价值观。集团积极支持联合国倡导的全球可持续发展，深入贯彻落实国家“创新、协调、绿色、开放、共享”五大发展理念，将自身经营活动与经济发展、社会和谐、环境保护紧密结合，统筹兼顾利益相关方的期望和诉求，以自身的健康发展助力全社会的可持续发展。

2018 年，中远海运集团坚持做好扶贫工作，把对口支援和扶贫开发作为推动区域协调发展、共同发展的重要举措；集团坚持精准施策、上下联动，聚集全集团力量开展和参与扶贫攻坚活动。集团坚持定点扶助湖南省安化县、沅陵县，以及云南省永德县 3 个县，对口援助西藏自治区昌都市洛隆县和类乌齐县。截至 2018 年底，全集团（包括下属单位及中远海运慈善基金会）投入扶贫资金共计 5 506.6 万元，各类扶贫项目 66 项。境内外单位有 45 443 名员工参与 2018 年“10・17”扶贫日募捐活动，募集用于支持地方精准脱贫项目德善款 329.15 万元。在 5 个定点扶贫和对口支援县中，类乌齐、洛隆和安化 3 县已通过国家考核，实现脱贫。

是年，集团秉持保护海洋环境、倡导绿色航运的发展理念，坚持打造绿色船队，对船舶设备实施大规模技术改造，减少船舶航行及运营中的污染排放，并将绿色低碳贯穿到船舶设计、建造、运营及拆解各个阶段；坚持打造绿色港口，持续加大节能减排相关技术的投入，实施油改电项目，使用电能等更清洁能源，提高自动化码头作业效率，减少能源消耗；坚持实施绿色能源战略，依托中国加快发展绿色能源机遇，助力国家绿色能源战略与全球可持续发展的实现，大力发展 LNG 和新能源运输，力争做中国 LNG 运输市场的引领者、国际 LNG 运输市场的重要参与者，打造适合运输风电设备的船舶，积极参与海上风电安装与运输，推动各类清洁能源的发展；坚持提升环保意识，倡导绿色办公，鼓励员工实行双面打印、节省纸张、干净回收、节约用电及环保采购，举办环保法律法规培训、知识竞赛及讲座等多种形式的环保宣传与实践活动，让环境保护成为员工的自觉行为。

是年，集团继续做好海上救助与国际援助工作，积极参与和组织海外社会责任实践活动，注重发挥航运及物流业务优势，为海外援建项目、人道主义支援等活动提供专业运输服务，展现企业的责任担当精神，树立良好的国际形象。围绕“一带一路”，中远海运慈善基金会开辟了“远航・丝路”板块，拓展海外公益活动，自 2016 年以来累计投入 784 万元；其中利用中远海运物流平台为援助物资捐赠运输服务，共投入资金 211.64 万元；在海外人道主义援助项目上开展合作，为中国红十字基金会“丝路博爱基金”项目捐赠从中国到老挝、柬埔寨、叙利亚、伊拉克、巴基斯坦等国的医疗物质援助运输服务，投入资金 150 万元；项目的实施为国家“一带一路”倡议提供了有力支持，其中两次启运仪式邀请到集团、基金会领导参加，对于树立中远海运集团履行企业社会责任的良好形象及拓展基金会项目的海外延伸具有深远意义。

扶贫与公益活动

扶贫与公益活动

【西藏洛隆援助项目】

2018年，集团在西藏洛隆县共投入资金1100万元，实施7个公益慈善项目。包括：投入资金600万元，在洛隆县中亦乡八里村实施易地扶贫搬迁，新建扶贫安置房65套，改善当地群众居住环境；投入资金40万元，选派44名机关和乡镇干部赴内地培训；投入资金30万元，用于困难群体帮扶慰问，并组织开展文体活动；投入资金200万元，在洛隆县俄西乡3个自然村新建饮水设施，解决当地人畜的安全饮水问题；投入资金100万元，用于当地医护人员的培养、培训、引进和奖励优秀医护人才；投入资金30万元，继续支持“岗拉美朵”医疗救助基金，对当地贫困农牧民住院予以借款及适当的补助；投入资金100万元，用于继续支持“格桑美朵”助学基金，帮助成绩优异的贫困学生继续深造圆上学梦。（刘悦）

【西藏类乌齐援助项目】

2018年，集团在西藏类乌齐县投入资金1070万元，实施7个公益慈善项目。包括：投入资金600万元，在类乌齐县扎西贡村实施易地扶贫搬迁，新建扶贫安置房36套，改善当地群众居住环境；投入资金40万元，选派类乌齐县24名中青年干部人才到上海进行培训考察；投入资金30万元，用于困难群体帮扶慰问；投入资金30万元，采购8000支保温杯发放给全县全部中小学生，改善了高寒地区学生的饮水条件；投入资金300万元，在类乌齐县甲桑卡乡、伊日乡、卡玛多乡、岗色乡实施乡村安全饮水工程，解决当地人畜的安全饮水问题；投入资金70万元，用于资助类乌齐县困难家庭学生、教师及考取内地西藏班学生，帮助成绩优异的贫困学生继续深造圆上学梦。（刘悦）

【云南永德扶贫项目】

2018年，集团在云南永德县投入资金620万元，实施8个公益慈善项目。包括：投入配套资金335万元，为德党镇大出水完小、乌木龙乡小村完小新建校舍，改善办学条件；投入资金25万元，用于资助第四届、第五届“中国远洋海运希望班”实施奖助学金；投入资金20万元，用于困难群体帮扶慰问；投入资金100万元，在明信坝村等5村共建设5间村民文化活动室，丰富村民文化生活；投入资金20万元，用于在崇岗乡黑龙村新建村卫生室一栋，改善当地医疗条件；投入资金100万元，用于组织永德县100名中青年科技领导干部赴内地进行集中学习培训（分2批）；投入资金20万元，为永德县德党镇大出水完小捐赠计算机教室、音乐教室等设施，改善当地教学条件。（刘悦）

【湖南安化扶贫项目】

2018年，集团在湖南安化县投入资金700万元，实施10个公益慈善项目。包括：投入资金80万元，扶持安化县田庄乡厚朴基地中药材产业的发展；投入资金65万元，支持柘溪镇国有唐溪茶厂开展茶叶基地建设；投入资金10万元，重建中砥村饮水工程，有效解决人畜饮水问题；投入资金10万元，为南金乡敬老院配备各类设施，改善老人的生活环境；投入资金10万元，为烟溪完小配备、完善教学设备；投入资金

170 万元，为长塘完小配备、完善教学设备；投入资金 10 万元，向安化二中高中部 90 名贫困学生提供援助；投入资金 125 万元，在严家庄村开展河堤整治、茶产业扶贫及贫困村退出项目；投入资金 20 万元，用于困难群体帮扶慰问；投入资金 200 万元（总预算为 400 万元，在 2018 及 2019 年分两次支付），实施安化长塘幼儿园危改项目，对幼儿园的房屋及配套设施实施改造，以改善长塘完小的教育设施。（刘悦）

【湖南沅陵扶贫项目】

2018 年，集团在湖南沅陵县投入资金 800 万元（其中基金会投入 200 万元），实施 11 个公益慈善项目。包括：投入资金 330 万元，在借母溪村建设一栋游客服务接待楼，以增加服务接待能力；投入资金 20 万元，对村民和干部进行技能素质培训，转移剩余劳动力，同时加强扶贫成效宣传力度；投入资金 10 万元，配合村里已成立的“农家乐合作社”和“种养植合作社”，进行产业扶持；投入资金 15 万元，在沅陵一中开办“远航·追梦”自强班，资助、奖励优秀贫困学生；投入资金 25 万元，用于困难群体帮扶慰问；投入资金 25 万元，进行陈家溪村张家组人行桥建设，改善当地群众的出行条件；投入资金 25 万元，实施陈家溪卢家组亮化工程，改善人居环境；投入资金 30 万元，设立“远航·追梦”奖学金和助学金，奖励家庭困难的优秀高中毕业生；投入资金 20 万元，为筒车坪等 4 所学校配备多媒体设备 12 套，改善教学条件；投入资金 200 万元，用于借母溪生态农业观光园第二期建设项目；投入资金 100 万元，用于《狃子花开》实景剧舞台扩建项目。（刘悦）

【教育医疗捐助与法律援助】

扶贫地区电商培训项目。投入资金 30 万元，继续与中国扶贫基金会合作，组织针对扶贫地区的电商培训班，在贵州对来自 5 个扶贫县的 58 名相关工作人员实施了为期 7 天的相关培训，有效促进了当地电商事业的发展。

临沧基础教育捐助项目。投入资金 193.3 万元，实施“远航·追梦”临沧基础教育捐助项目（第十二期），为临沧市沧源佤族自治县、耿马傣族佤族自治县、永德县和镇康 4 县 35 所学校配备学生课桌椅、高低床等各类设施 7000 余套，极大改善了当地的教学环境，促进了边疆地区的民族团结。

“为中国而教”湖南沅陵、安化支教项目。项目周期为 2016—2019 年，具体在 3 年中分两批派遣约 40 名志愿者教师到湖南省安化县、沅陵县的 13 所僻远山区学校任教，项目总金额 199 万元，其中 2018 年支付资金 65 万元。

“远航·善仁”中医特训营项目。投入资金 100 万元，与善小基金会合作，分别于 2018 年 8 月和 11 月在上海对湖南安化县、沅陵县和云南永德县共 93 名乡村医生实施中医特训营培训项目。项目的实施开启了“防未病”治疗的新模式，向“小病不出村，小病不成大病”的目标努力，降低村民就医费用和医患成本，以减少“因病致贫、因病返贫”的发生。

“集善工程助听行动”——关爱听障定点服务机构建设项目。投入资金 100 万元，与中国残疾人福利基金会合作，用于在云南临沧地区，湖南安化县、沅陵县建设听障服务机构，为听障残疾人提供相关服务并发送助听器，有效改善了残障人群的生活质量。

新疆地区学校“健康饮水”项目。投入资金 100 万元，继续与新疆资助教育基金会合作，为新疆喀什地区 20 所学校添置饮水设施，有效解决了当地师生的饮水问题。

法律援助项目。投入资金 200 万元，与中国法律援助基金会合作，在内蒙古、湖南、云南、贵州等 4 个省（区）29 个县实施为期一年的法律援助服务项目，有效地为当地的经济困难群体提供法律援助服务，提高当地的法律援助能力，维护社会和谐稳定。

“大爱无国界”国际义卖活动。投入资金 20 万元，用于支持外交部义卖活动，活动所筹善款用于为甘肃贫困失聪儿童免费安装人工耳蜗。项目的实施有效地帮助贫困地区人民和社会弱势群体改善生活，弘扬了扶贫济困的传统美德。

（刘悦）

【子公司扶贫项目】

除集团层面扶贫项目外，各子公司还广泛开展对口扶贫工作。扶贫项目包括：中远海运（广州）有限公司帮扶湛江市遂溪县洋青镇文相村；中远散货运输有限公司帮扶天津市武清区陈咀镇庞庄村；广州中远物流有限公司帮扶湛江市廉江市安铺镇欧家村；大连中远海运集装箱运输有限公司帮扶大连市庄河市桂云花满族乡桂云花村；海南海盛航运有限公司帮扶海南省儋州市和庆镇木排村；舟山中远海运重工有限公司帮助舟山市普陀区六横镇蛟头初级中学、龙山小学教育基础设施改善；中远海运（大连）有限公司帮扶大连市瓦房店市驼山乡泡子村；泉州市晋江中远发展有限公司支持晋江市紫帽镇四大教育专项基金项目；中远海运博鳌有限公司开展“爱心助学子倾情育英才”捐资助学活动等。（刘悦）

低碳环保

低 碳 环 保

【概 述】

2018 年，中远海运集团紧紧围绕“十三五”节能减排目标，以“节约在先、保护在先、自然恢复”为主要方针，通过优化产业结构、转变生产方式，推行绿色低碳循环发展理念，积极推进能源“双控”和生态环境保护，加大能源节约管理和生态环境保护力度，提升能源节约管理和生态环境保护水平。

2018 年，集团认真贯彻执行国家和地方有关生态环境保护政策和法律法规，成立生态环境领导小组，下设办公室，从体制、机制上保证生态环境保护工作的有效开展；建立全面排查大气污染风险、水污染风险、土壤污染风险，以及固体废物危险废物环境污染风险的长效机制，对查出的环境污染源和生态环境保护风险点，按照国家和地方有关法律法规要求制定整改和治理方案。 （裴凯）

【节能减排管理】

2018 年，中远海运集团及相关单位通过宣传学习、建立监控系统和加强指标考核等手段，加大成熟型节能技术应用的推广力度，推进船舶岸电改造，投资建造 17.4 万立方米双燃料电力推进液化天然气专用运输船，采用双燃料电力推进（DFDE）和纯自然蒸发气达到服务航速的理念；开发船舶能效管理系统，分析评估船舶能效水平，指导船舶实施有效的节能措施，使船舶在航行过程中保持最佳纵倾状态，实现“等功率”航行；加大船队结构改造，重点投入 VLCC、VLOC、大型集装箱、17.4 万立方米 LNG 船舶的建造，不断探索和尝试采用新技术、新产品和新工艺实施船舶节能技改，稳步推进能源总量控制和能耗强度控制。 （裴凯）

【构建绿色低碳循环发展产业体系】

2018 年，中远海运集团加快淘汰落后产能，所属企业全年共淘汰高能耗车辆 8 辆、加油船 3 艘共 0.61 万载重吨，报废处置老旧营运船舶 7 艘共 42.27 万载重吨。关停涉及机加工、电镀等高能耗、高污染企业 1 家；建设绿色制造体系，集团工业制造板块积极开展“清洁生产”、“绿色工厂”认证活动，下属大连中远海运重工、南通中远海运重工等企业根据地方政府要求，结合企业发展和管理需要，开展“清洁生产”活动。启东海工通过了国家“绿色工厂”认证，舟山中远海运重工通过了舟山市“绿色修船企业”认证，有效促进了企业生产和生态环境的和谐发展。

（裴凯）

【发展环保产业】

2018 年，中远海运集团以下属威海科技为重点，加大产品研发力度，大力发展环保产业，合作开发设计生产船舶尾气脱硫设备，2018 年实现 20 套的生产能力；“海盾”船舶压载水管理系统岸基实验、海上船舶应用实验和环境实验已经全部通过，2018 年共交付压载水处理设备 61 台套；研发的污水处理设备首创实现光电催化结合非均相芬顿氧化技术，主要应用于化工、印染、造纸等工厂集中式工业污水处理的深度处理，满足《污水综合排放标准》一级 A 标准，同时减少了约 50% 的污泥量，减少约 40% 的运营成本。 （裴凯）

【参与环保政策研究】

2018年，中远海运集团组织对船舶排放控制区方案调整工作进行研究，就扩大现有国内船舶排放控制区地理范围和提高排放控制区要求等，提出相关意见和建议；就船舶污染控制措施（如SCR、EGC等）的技术成熟度和国内外应用情况，以及核算控制船舶大气污染物排放的经济效益与环境效益等提供相关支撑材料。

（裴凯）

【集运参与“保护蓝鲸与蓝天”项目】

全球范围内，蓝鲸面临来自气候变化、化学污染、声音污染、过度捕捞，以及船只和渔网伤害等各种危险。2018年，中远海运集装箱运有限公司积极参与“保护蓝鲸与蓝天”项目。鉴于班轮业严格的成本管理和运营时间控制，该项目的高要求对参与项目的集装箱船公司提出了更加严苛的挑战。对此，中远海运集运克服困难，对船时效能管理做了进一步研究，重新规划船舶航运、靠泊时间、码头作业等各个环节，并与相关合作方进行密切沟通，努力降低航运对海洋生物的负面影响，达到了“保护蓝鲸与蓝天”项目的运营要求，获得项目主办方的认可，被授予Santa Barbara Channel Region金奖、San Francisco Bay Area银奖。（张希南）

【中远海控节能减排实效不断提升】

为持续提升节能减排成效。中远海运控股股份有限公司不断改进环境与能源管理机制，制定多项节能减排制度，通过技术改造提高船舶效能。公司制定了节能减排管理办法，定期收集燃油数据并发布《燃油管理周报》和《燃润油管理月报》，并对能源绩效数据进行研究、分析和评审。公司还制定了《船舶油污水退岸处理的操作规定》《船上油污应急计划》，以避免发生垃圾污染事故。公司注重提升船舶直靠率及在港操作效率，最大限度控制船舶等泊时间，不断压缩船舶在港时间，从而减少对油料的消耗。截至2018年底，对10艘4250TEU船舶的球鼻艏和螺旋桨进行改造，对3艘10 000TEU船舶和4艘13 000TEU船舶的螺旋桨进行改造，以减少航行过程中的兴波阻力，达到节能减排的目的。（张希南）

【推动码头绿色可持续发展】

张家港永嘉码头位于长江南岸，堆箱容量43 668TEU，码头吞吐能力达100万TEU。2018年4月，张家港永嘉码头完成了对新型液压空气混合动力码头车科研技术改造项目的验收，原本以柴油为燃料的码头车升级为液压空气混合动力码头车。根据对改造前后及其他码头车的数据跟踪对比，改造好的码头车节油率约12%。

继2017年年底完成RTG“油改电”及污水供水系统改造，中远海运港口有限公司所属太仓国际集装箱码头2018年的柴油消耗比上年下降约221吨，碳排放量持续减少；污水系统接入市政污水管网，部分可循环利用的排放水通过净化循环利用冲洗厕所及绿化浇灌。2018年，水资源消耗量为124 072吨，相比2017年下降约29%。（张希南）

【中远海运能源获年度环保奖】

2018年1月11日，由人民网主办的第十二届人民企业社会责任奖颁奖盛典在人民日报新媒体大厦举办。本届评选以“新时代、新责任、新担当”为主题，设置“年度企业奖”“年度人物奖”“年度案例奖”“年度扶贫奖”“年度环保奖”5大奖项。中远海运能源有限公司在这次评选中，获得“将绿色运营纳入到公司的各个方面，树立行业内绿色发展典范”的较高评价，并荣获年度环保奖。

“人民企业社会责任奖”始于2006年，是国内社会责任领域极具影响力的奖项之一，被视为衡量中国企业履行社会责任的重要标尺。

中远海运能源坚持全球契约十项原则，关注气候变化，全力开展绿色运营，加强环境管理，倡导低速航行，推进节能、环保、安全、高效的运输船队建设进程，打造低碳、绿色航运，引领行业可持续发展，获得了评审委员的高度评价和一致认可。（孟祥军）

【远海码头获 APSN“绿色港口”称号】

2018 年 11 月 15—16 日，在由亚太港口服务组织（APSN）主办、新加坡海事及港务管理局承办的港口互联互通论坛上，中远海运港口厦门远海码头凭借绿色港口建设理念及突出业绩，获 2018 年 APSN 亚太“绿色港口”（GPAS）称号。

绿色港口奖励计划（GPAS）是 APSN 一项旨在推动亚太港口绿色发展水平的评估机制。GPAS 的推广和实施将为亚太地区港口的绿色发展提供全面、科学、合理和系统的指导，推动港口的绿色可持续发展，提高亚太港口整体竞争力。经亚太绿色港口奖励计划（GPAS）专家委员会评审，APSN 理事会审议，最终来自亚太地区 8 个经济体的 16 个港口（港口管理局）分别获得 2017 和 2018 亚太绿色港口荣誉称号。2018 年获奖港口分别是：曼谷港（泰国）、裕廊港（新加坡）、启德游轮码头（中国香港）、新加坡港（新加坡）、卡加延德奥罗港（菲律宾）、台北港（中国台湾）、厦门远海集装箱码头（中国）、厦门海润集装箱码头（中国）、上海国际港务（集团）股份有限公司尚东集装箱码头（中国）。

中远海运港口厦门远海码头以其绿色港口建设方面的先进理念和突出业绩、环保技术应用和成果，特别是在自动化项目和船舶岸电建设项目上的成绩引发业内关注，整体提升了码头行业影响力，也打响了国际品牌。（施镇海　陈继文）

【锦州箱厂获评“绿色工厂”企业】

据《中国远洋海运报》2018 年 5 月 25 日报道，辽宁省工业和信息化委员会发文公布辽宁省首批“绿色工厂”企业名单。中远海运发展股份有限公司旗下东方国际集装箱（锦州）有限公司（简称“锦州箱厂”）作为入选企业顺利通过公示，成为辽宁省首批通过认定的“绿色工厂”企业，同时作为锦州市首批通过认定的两家企业之一，也是国内第一家通过认定的“绿色工厂”集装箱制造企业。锦州箱厂坚持“保护环境、绿色造箱、和谐发展”理念，始终坚持清洁生产和节能减排，积极推广绿色设计开发环保产品，在积极构建花园工厂过程中，不断推进企业质量变革、效率变革、动力变革，为当地经济发展和绿色发展贡献力量。（马壮　康凌）

【承接全球最大“旋筒风帆”底座安装】

2018 年 8 月底，由南通中远船务承修的成品油轮“MAERSK PELICAN”在荷兰鹿特丹港完成世界最大的旋筒风帆（Rotor Sail）安装。此前，南通中远船务高质量制作安装了该旋筒风帆的底座，确保其与后续旋筒风帆安装相匹配，获得船东的高度认可。该旋筒风帆顺利完成安装及各项测试，对船舶航运节能环保起到了积极的推动作用。2018 年 9 月 7 日，《中国远洋海运报》对南通中远船务公司坚持为全球客户开展绿色航行、节能降耗提供强有力的技术支持与质量保障，受到广泛赞誉。（田立林）

海上救助与国际援助

海上救助与国际援助

【概　　述】

2018 年，中远海运集团及各单位积极配合，完成 35 次海上搜寻和协助救助，共成功救起 7 名遇险人员，认真履行海上救助责任，得到了国际搜救组织及中国海上搜救中心的高度赞扬。

4 月 9 日，厦门中远海运“宁安城”轮在太平洋中部海域成功救起 1 名失事帆船船员，安全送抵日本港口；8 月 4 日，中远海运船员公司管理的“新世纪 128”、“神华 808”轮在东海舟山海域成功救起 3 名遇险渔船船员，安全移交海事部门和相关救助船舶；11 月 24 日，中远海运散运“嘉茂山”轮在东大西洋摩洛哥沿海，成功救起 2 名落水遇险人员，送交摩洛哥救援船；12 月 7 日，中远海运特运“天福”轮在南太平洋至阿根廷航行途中，成功救助 1 名英国籍女探险家（驾驶帆船遇险）。　（裴凯）

【“翠屏峰”“盛诚海”两轮参与渔船救助】

2017 年 12 月 30 日，中远海运散货运输有限公司“翠屏峰”轮和“盛诚海”轮在香港附近海域参与了一艘遇险渔船人员的救助行动。

当日 7 时 33 分，“翠屏峰”轮航经香港附近海域发现距船舶右正横 0.3 海里处一艘翻扣渔船，并且还有两名穿救生衣的渔民坐在翻扣渔船的船体上。情况紧急，船长迅速指挥“翠屏峰”轮调头救援，同时向香港海事处详细报告遇难渔船情况。此后，“翠屏峰”轮按照香港海事处要求，在做好救助准备工作的同时，一直与其保持通畅联系。

7 时 55 分，中远海运散运“盛诚海”轮在大亚湾附近海域航接到香港海事处命令，协同“翠屏峰”轮共同参与搜救。但由于当时风浪较大，“盛诚海”轮和“翠屏峰”轮只能按照香港海事处要求，在事发海域外围密切关注，随时待命。

9 时 06 分，救援直升机抵达事故现场，并成功救援了遇难渔船和渔民。“翠屏峰”轮和“盛诚海”轮按照香港海事处要求，续航开往目的港。之后，香港海事处特向中远海运散运发来感谢信，感谢“翠屏峰”轮船员积极参与搜救行动。

（林晓生　张国权）

【“神华 808”轮携兄弟船舶营救落水渔民】

2018 年 8 月 4 日，中远海运船员公司广州船管部管理的“神华 808”轮满载货物南下航行至舟山海域。大约 14 时 30 分，该轮大副在甲板巡视时，发现海面上有落水人员求救。船舶迅速启动应急部署，并通过 VHF 播发人员落水信息。

由于受到 2018 年 12 号台风“云雀”的影响，当时海况并不理想，涌浪超过 2 米。“神华 808”轮采用 Williamson 旋回，在调整好船舶与落水人员位置后，用船尾连接的三根缆绳将落水人员拉近船艉，最终在 16 时 35 分成功救起。船舶随后将其转移至医疗室休息，并安排服用姜汤、米糊，派专人看护。

在“神华 808”轮实施救助的同时，正在该海域航行的同一家管理公司的另外两艘兄弟船舶——“新世纪 128”轮和“时代 1”轮，在收到“神华 808”轮播发的信息后，立即投入搜救工作。在广州船管部的协调下，“神华 808”轮作为现场指挥船，组织 3 艘船舶联合搜救，一直持续到当天 22 时左右，直至宁波海事派出的“中国海监 7028”“海巡 0717”抵达事发现场。

本次3船联合搜救行动，“神华808”轮救起1人、“新世纪128”轮救起2人、“时代1”轮搜救过程中打捞起橙色救生衣1件。相关人员及物品全部安全转移交接至“中国海监7028”。命悬一线的3名落水渔民，在海水中漂浮近24小时后得以成功救助。

（李金峰　张志辉）

【“中远02”轮成功救助遇险人员】

2018年10月16日，“中远02”轮310E航次在寸滩抛锚候泊时成功救助一名失控小艇遇险人员。当日17时45分，船长接值班水手报告，上游一艘载有1人的失控小艇朝船艏漂来。船长立即通知并组织人员准备施救。由于水流湍急，营救难度不小，该轮船员竭尽全力，成功控制住遇险小艇，大副和船员将小艇拉到锚链附近位置。固定好小艇后，遇险人员慢慢登上小艇；之后，船长又联系了附近的渔船，由渔船协助失控小艇开回原船；至此，该遇险人员得以成功救助。

（向红）

【“宁安城”轮成功营救一日籍帆船】

北京时间10月9日20时32分，中远海运（厦门）有限公司所属“宁安城”轮收到美国海岸警卫队火奴鲁鲁联合救援协调中心（JRCC Honolulu）救助请求：一艘日本籍帆船CHARCO号在2053N/17 816W处因受恶劣海况影响，主桅断裂，失去动力无法操纵，处于紧迫危险之中，请求“宁安城”轮前往救援。一场十万火急的生命营救就此展开。

10日8时整，“宁安城”轮到达施救水域，经过两个回合的紧张救援，船员们将遇险人员及其个人物品成功救起。“宁安城”轮获得美国海岸警卫队、日本相关方和集团有关部门的肯定与表扬。

（菅鸿飞　唐映旭）

【希腊残奥运动捐助项目】

对于希腊残奥运动捐助项目，集团共投入资金5万欧元，折合人民币37.568万元；在希腊当地公司的配合下，援助希腊残疾运动员参加北京残奥会。这是基金会自成立以来首次直接向海外社会机构实施捐赠，对于基金会未来在海外开展公益活动具有深远意义。

（张希南）

【中远海运承运首批叙利亚救援设备】

2018年5月8日是第71个世界红十字日，中国红十字会援助叙利亚人道救援设备启运仪式在上海外高桥码头举行。此次援助属于中国红十字基金会“丝路博爱基金”项目，由中远海运集团提供运输支持，主要为当地民众提供基本诊疗、手术、体检、转运等综合性卫生服务多功能的移动医疗单元，由两辆医疗大巴、两辆救护车组成，具备移动医疗和远程医疗功能。该项目也是中远海运慈善基金会和中国红十字会长期开展人道主义合作项目。

自2017年3月首批援助巴基斯坦医疗物资启运以来，中远海运慈善基金会已完成3个批次“丝路博爱基金”海外医疗物资运输服务捐赠。此次是中远海运慈善基金会提供的第四批运输服务捐赠。

（钟远海）

【中远海运承运首批伊拉克救援设备】

2018年9月28日上午，“丝路博爱基金”首批援助伊拉克人道救援设备在深圳蛇口码头启运。此次人道救援设备由中远海运提供无偿运输支持，由所属中远海运集运承运。援助的人道救援设备是一套大型多功能的移动医疗单元，由2辆医疗大巴、2辆救护车组成，具备移动医疗和远程医疗功能，可为当地民众提供基本诊疗、手术、体检、医疗转运等综合性卫生服务，以及更高效、快捷的紧急医疗救治。

2017 年 2 月，中国红十字基金会联合中远海运慈善基金会等共同发起成立“丝路博爱基金”，已先后在“一带一路”共建 21 个国家和地区资助开展国际援助项目及人道援助，其中包括中巴急救走廊、蒙古国及阿富汗“一带一路”大病患儿人道救助、博爱单车全球志愿服务行动等项目。截至 2018 年 9 月底，中远海运连续 5 次为“丝路博爱基金”援外物资提供无偿运输支持。（侯景妙）

【中远海运散运多举措保障春节电煤运输】

2018 年新春伊始，受北方装港煤炭资源紧张、气温骤降和强对流天气等因素影响，国内沿海电厂耗量攀升，库存下降。与此同时，春运高峰即将到来，在电煤需求持续加大且货源供应偏紧的情况下，各大电厂库存纷纷告急。中远海运散货运输有限公司发挥优良传统，讲政治顾大局，履行社会责任，把国计民生放在第一位，将电煤运输列为专项重点工作来抓。一是统筹运力安排，全力保障运力充盈。为确保沿海电煤运输运力需求，中远海运散运从外贸市场调集 4 艘兼营船舶累计 24 万吨运力回国内沿海航线参加电煤运输；同时还做好运力置换，让更适配的船型从事电煤运输。二是管控进一步前移，提高船舶周转速度。中远海运散运先后派出多批次工作人员到北方装港疏港，与驻港办人员一起协调煤炭商、港口和引航等单位，做好港航密切配合，提高电煤运输船舶的运营效率，为电煤运输提供更加有力的支持。三是加强市场监控，坚持运调有度。中远海运散运加强对电厂存耗煤的跟踪监控，每天收集电厂的存耗煤变化情况，从总体上计算和匹配服务电厂的运力安排，对库存低、耗量高的电厂保持重点关注，预留部分运力随时做足应急准备，优先保证告急电厂的运力需求，科学合理地安排使用运力。

2018 年春节时期，中远海运散运共投入运力同比增加 23.45%；完成内贸煤炭运输环比增加 2.02%，发挥出国家北煤南运主力军作用，为维护春节期间安全平稳生产提供有力保障。2018 年 2 月 12 日，《中国远洋海运报》对此做了详细报道。（张献民　冯启瑞）

2019

CHINA COSCO SHIPPING CORPORATION LIMITED YEARBOOK

中国远洋海运集团有限公司

年鉴

第十四篇

直属单位概览

中远海运控股股份有限公司

中远海运控股股份有限公司

中远海运控股股份有限公司（简称“中远海控”，英文简称 COSCO SHIPPING Holdings），原中国远洋控股股份有限公司，成立于 2005 年 3 月 3 日，2005 年 6 月 30 日在香港联交所主板成功上市（股票编号：01919.HK），2007 年 6 月 26 日在上海证券交易所成功上市（股票编号：601919）。2015 年 12 月，按照中远—中海两大集团重组的整体部署，公司同步实施重大资产重组，集中资源重点发展集装箱运输和码头业务，并于 2016 年 11 月 4 日更名为“中远海运控股股份有限公司”。公司注册资本人民币 12 259 529 227 元，注册地：天津空港经济区，法定代表人：许立荣。截至 2018 年 12 月 31 日，中国远洋海运集团有限公司及其所属公司合并持有本公司股份共计 45.47%。

【主营业务】

1. 集装箱航运业务

中远海控主要通过全资子公司中远海运集运和控股子公司东方海外国际，经营国内外海上集装箱运输服务及相关业务。

2. 码头业务

中远海控主要通过中远海运港口从事集装箱和散杂货码头的装卸和堆存业务。致力于为客户提供成本、服务及协同等各方面具有联动效应的完善网络，中远海运港口码头布局遍布中国沿海的五大港口群，以及欧洲、南美洲、中东、东南亚、地中海等主要海外枢纽港。

【发展战略】

2018 年是中远海控发展历史上具有里程碑意义的一年。以成功收购东方海外为重要标志，公司服务集运和港口业务全球化战略布局，围绕“四个平台，三家上市公司”发展新要求，着力发挥资本运作核心功能，顺利推进实施了 A 股非公开发行、股票期权激励项目，业务协同、市值管理、公司治理、风险管控、人力资源、财务管理等各方面工作有效开展。

1. 整体规模优势：两大业务板块持续发展规模居前

2018 年 7 月成功收购东方海外国际后，集装箱航运板块船队规模实现了跨越式发展。截至 2018 年末，自营集装箱船队运力 276 万 TEU，据法国航运咨询机构 Alphaliner 统计运力排名跃升至世界第三位，国际竞争优势进一步提升，也为提高集装箱航运服务质量打下更坚实的基础。公司持续推进全球化码头布局，2018 年中远海运港口集装箱码头年总吞吐量排名蝉联世界第一。整体规模优势的进一步扩大，能更有效提升公司自身服务产品在标准化、专业性，以及成本、品质等方面的竞争优势，更好地满足客户多元化的需求。

2. 网络覆盖优势：把握机遇加速推进全球化布局

2018 年，中远海控坚持以全球化眼光和国际化思维，聚焦世界贸易格局变化，把握新兴经济体发展和中国扩大进口市场机遇，积极顺应“一带一路”倡议及中国企业“走出去”战略的深入推进，发挥整体规模优势，充分整合、持续优化全球网络资源，提升本集团的盈利能力和抗周期能力。

3. 商业模式优势：服务创新求变实现价值提升

以客户需求为导向，持续优化客户服务体系，充分利用全球网络资源、数字化、信息化等手段，不断增强服务与创新能力，以及为客户解决端到端全程物流解决方案的能力，持续提升客户体验和价值创造水平。

4. 业务协同优势：全面协同实现互惠共赢

注重发挥业务协同优势，持续优化内部资源配置。凭借“中远海运”和“东方海外”两个集装箱运输服务品牌在全球网络、数字化能力和物流布局等方面的优势互补，客户能够获得更全面的全球化网络支持、更差异化的产品服务，以及更数字化的客户体验。同时，在运力与航线网络规划、采购、集装箱管理、IT、商业协同、海运操作等领域，迅速实现了协同效应，加快实现整体规模优势向规模效益转变。

持续落实贯穿全物流产业链商业模式的协同和发展，在发展船队的同时，积极投资港口码头业。通过积极推进海外枢纽港战略部署，完善全球码头布局和运营管理，为本集团集装箱船队提供稳定、优质和高效的服务。

【经营效益】

2018 年，中远海控实现归属于母公司所有者的净利润为 12.30 亿元。

2018 年，中远海控实现营业收入 1 208.30 亿元，比 2017 年增加 303.66 亿元，增幅 33.20%；发生营业成本 1 106.05 亿元，增加 280.00 亿元，增幅 33.90%；实现营业毛利 102.25 亿元，增加 23.65 亿元。

2018 年管理费用支出 68.33 亿元，比 2017 年增加 16.68 亿元，增幅 32.29%。因成功收购东方海外国际，公司 2018 年管理费用中包含了东方海外国际 2018 年下半年发生的管理费用。

2018 年财务费用支出 29.67 亿元，增加 12.37 亿元。

2018 年投资收益为 22.35 亿元，减少 16.84 亿元。

【内部控制】

中远海控内部控制的目标是合理保证经营管理合法合规、资产安全、财务报告及相关信息真实完整，提高经营效率和效果，促进实现发展战略。由于内部控制存在的固有局限性，故仅能为实现上述目标提供合理保证。此外，由于情况的变化可能导致内部控制变得不恰当，或对控制政策和程序遵循的程度降低，根据内部控制评价结果推测未来内部控制的有效性具有一定的风险。

中远海控按照企业内部控制规范体系的规定，建立健全和有效实施内部控制，评价其有效性，公司董事会如实披露内部控制评价报告。监事会对董事会建立和实施内部控制进行监督。经理层负责组织领导企业内部控制的日常运行。公司董事会、监事会及董事、监事、高级管理人员保证本报告内容不存在任何虚假记载、误导性陈述或重大遗漏，并对报告内容的真实性、准确性和完整性承担个别及连带法律责任。

【社会责任】

中远海控长期秉持可持续发展理念，通过可持续发展管理提升企业的认可度和内在价值，在努力提升经营的同时注重承担社会责任，追求绿色航行，打造低碳港口，并以此推动企业内部管理的持续改善，致力于成为受人尊敬和值得信赖的跨国航运企业。

2018 年，公司持续推广和应用多项先进的节能减排技术，并通过优化船队结构、优化航路设计、提高船舶在港操作效率等管理手段，有效降低油耗，从而降低业务运营对环境的影响和碳排放。针对国际海事组织（IMO）将于 2020 年在全球实施的限硫新规定，公司积极研究对比各种解决方案，跟踪全球低硫油供应发展趋势，加强与燃油供应商的沟通以确保供应，为如期达到国际海事组织的要求做好准备。

基于公司在服务于全球经贸发展和承担社会责任方面所做出的不懈努力，公司的品牌形象和市场认可度稳步提升。2018 年 5 月，公司 A 股及 H 股均被纳入 MSCI 中国指数；9 月，公司 H 股入选恒生可持续发展指数系列成分股；10 月，公司入选《福布斯》杂志发布的 2018 世界最佳雇主榜单；11 月，公司获得香港《大公报》金紫荆“一带一路”最佳实践上市公司奖项；2019 年 1 月，公司荣登首届“新财富最佳上市公司”TOP50 公司榜单。

【公 司 治 理】

2018 年，中远海控严格按照《中华人民共和国公司法》《上市公司治理准则》《关于在上市公司建立独立董事制度的指导意见》《上市公司股东大会规则》《上市公司章程指引》等法律法规的要求，不断完善公司治理，提升规范运作水平。公司结合改革重组现状，修订完善《公司章程》《股东大会议事规则》《董事会战略委员会工作细则》等公司治理规章制度，发挥董事会及专业委员会作用，确保股东大会、董事会、监事会的职能和责任得以充分履行，维护股东和公司利益。

2018 年，公司按照最佳治理标准，强化内部治理，通过健全公司治理结构，推进合规管理长效机制建设，规范“三会”运作，提升运作效率；通过搭建沟通协作平台机制，建立协同配合的工作流程和运行机制，提高各项工作的计划性和前瞻性；通过内控管理体系建设，完善内控制度和风险管理流程，清晰主体责任，明确管理责任，做到职责清晰、措施到位；通过加强任职培训、监管法规推送、权益信息管理、定期信息报告、现场调研考察、发挥独立董事及中介机构作用等多种措施，有效促进董事、监事、高管履职尽责。在《董事会》杂志主办，北京上市公司协会、深圳上市公司协会联合主办，上海、广东等 20 多家省（区、市）上市公司联会联合承办的第十四届中国上市公司“金圆桌奖”评选中，中远海控凭借高质量的公司治理水平在众多上市公司中脱颖而出，获得“金圆桌奖”——董事会价值创造奖。

【员 工 队 伍】

1. 薪酬政策。为使全体员工共享企业发展成果，中远海控结合企业实际和内外部环境，不断改革和完善薪酬分配、福利和保险制度，以满足企业自身的经营发展和人才队伍建设需要。同时，公司严格遵守国家相关法律法规，切实保障弱势劳动群体的基本合法权益。境内企业方面，公司按照不低于所在省（区、市）标准的原则，制定了员工最低工资标准，所有员工参加了养老保险、医疗保险、工伤保险、生育保险、失业保险社会统筹，建立了住房公积金制度。境外企业方面，严格遵守驻在国或地区的薪酬有关法律法规和政策。

2. 股权激励。为进一步完善高层管理人员的长期激励和约束机制，建立健全经营风险控制机制，充分调动公司员工的积极性、责任感和使命感，公司研究制定了股票期权激励计划方案。2018 年 12 月 3 日，公司第五届董事会第二十次会议审议计划（草案）并建议通过；12 月 13 日，方案正式上报国务院国资委；2019 年 2 月 25 日，公司公告收悉国务院国资委《关于中远海运控股股份有限公司实施股票期权激励计划的批复》，国务院国资委原则同意公司实施股票期权激励计划，原则同意本公司股票期权激励计划的业绩考核目标。

【企 业 文 化】

坚持党政工团联动，根据集团企业文化核心价值理念纲要，结合公司实际，群策群力，初步提炼出企业文化核心价值理念。在促融合方面下功夫，力求可操作、可落地。以增强企业凝聚力为导向，以展示职工精神风貌为内容，联合集运、港口，组织开展“悦行五月”、健身徒步走等系列团队融合活动。派员参加集团运动会，增进跨部门、跨板块的交流协助，充分展现了海控员工积极向上、超越自我、勇做新时代奋进者的良好精神风貌。

【党 群 工 作】

中远海控党委以习近平新时代中国特色社会主义思想为指导，深入学习贯彻党的十九大精神，主动适应新时代、聚焦新目标、落实新部署、展现新作为，进一步围绕中心，服务大局，坚持把方向、管大局、保落实，推动党的政治建设、思想建设、组织建设、作风建设、纪律建设向纵深发展，将制度建设贯穿其中，为实现企业的战略目标提供坚强政治保证。具体做好5方面工作：

1.加强政治建设，进一步提高政治站位。持续强化理论武装。通过专题党课、专家辅导讲座、刊发专题文章、组织观看重要讲话视频直播等形式，及时传达学习贯彻中央、国务院国资委和集团重要指示精神，进一步增强“四个意识”、坚定“四个自信”、做到“两个维护”，筑牢理想信念。充分发挥党委领导作用。完善党委议事决策规则，发挥公司党委在把方向、管大局、保落实方面的作用，坚持民主集中制原则，严格执行“三重一大”决策制度。全力做好巡视整改工作。坚持“标准不降、要求不变、力度不减”，建立健全巡视整改工作例会、双周报和工作督办制度，抓好长期、持续整改，确保落实到位。

2.抓好队伍建设，进一步提升团队素质。进一步科学选用干部人才。根据德才兼备，以德为先的要求，坚持好干部标准，做好干部人才选用工作。推动开展多渠道人才交流，坚持对年轻干部进行实践锻炼，让年轻干部在公司F11、H等重点项目中锻炼工作作风、积累工作经验、提高履职能力。加强干部日常管理监督。通过不断完善干部日常管理制度，健全干部监督管理工作的制度体系，优化月度绩效考核、年度考评，建立公司中层干部的廉洁档案，多方面督促干部加强廉洁自律。进一步抓好全员教育培训。2018年，围绕“专业化”培训主题，组织各种涵盖并购整合、股权激励、管理提升、风险管控、财务共享、依法治企等方面知识的业务培训。不断完善激励考核机制。调整月度绩效考核体系，研究制定共享部门月度考核方案，将共享部门工作纳入整体评价体系，积极探索员工考评系统建设，进一步提高干部考核评价体系科学性和可信度。

3.落实党建责任制，进一步提高基层组织力。深入开展“两学一做”学习教育。组织开展“牢记初心使命，助力改革发展”主题党日活动暨员工业务培训，参观爱国主义教育基地，重温入党誓词，进一步强化责任担当，提高党性修养。进一步完善党建工作规范。深入推进党建工作规范化制度化，制定《公司党委意识形态工作责任制实施细则》《党费和党组织工作经费使用管理办法》《先进评选表彰管理办法》等8项制度性文件，从工作制度、工作职责和工作程序等方面进一步规范党组织工作，持续加强党员日常管理。深入抓好支部组织力提升。指导各支部开展“岗位当先锋，工作创一流”“进博先锋”等系列主题活动，倡导党员亮身份、担责任，营造“比学习，比业绩，比贡献”的良好氛围。

4.深化党风廉政建设，进一步落实全面从严治党。压紧压实党风廉政建设责任。组织召开反腐倡廉建设工作会，安排公司领导与各党支部书记、各部门负责人分别签订全面从严治党主体责任书和“一岗双责”责任书，增加与支部纪检委员签订监督责任书，层层压实责任，确保压力逐级传导。健全党风廉政建设制度体系。制定下发《公司管理干部任前组织部门听取纪检部门意见试行办法》《关于落实全面从严治党监督责任的实施办法》《日常监督巡察工作暂行办法》等5项制度，不断完善党风制度体系。抓好廉洁从业教育。着眼党风廉政建设新形势新任务，升级改版设立“清风在畔”官方微信党风廉政专栏，累计发布信息63篇，为党员干部打造了“掌上教育微平台”。深入开展执纪监督。践行监督执纪“四种形态”。坚持把纪律挺在前面，聚焦全面从严治党，组织全员廉洁谈话，实现重点岗位谈话“全覆盖”。开展专项检查和审计监督。组织实施履职待遇和业务支出检查、所属公司新增资本金使用情况检查、廉洁风险排查等3个专项检查，从完善制度、规范流程、夯实责任、强化监督等方面提出整改意见11条，确保中央八项规定精神在公司落地生根。

5.加强新闻宣传，进一步提升企业凝聚力。宣传改革发展新成果，展示企业形象。按照“内聚人心，外树形象”的要求，及时聚焦深化改革、效益攻坚和企业党建工作的亮点和热点，抓好内部新闻宣传工作。聚焦重大项目推进实施，促进协同共进。为完成收购等重点工作，公司各级党组织及时做好内部宣传鼓劲，在思想引领、带头执行、协同配合上下功夫，全力调动各岗干部职工的积极性创造力。通过展板、楼宇视频、*TRUST TOGETHER* 电子刊物等载体，向全系统介绍东方海外的历史、航线、服务、船队、文化等情况，组织志愿者向东方海外同事介绍中远海运发展历程，进一步加深了双方之间的信任与协作。（郭伟　张芸）

中远海运集装箱运输有限公司

中远海运集装箱运输有限公司

中远海运集装箱运输有限公司（简称“中远海运集运”，英文简称COSCO SHIPPING Lines，过渡期2016年3—12月亦称“新集运”），由原中远集团旗下中远集装箱运输有限公司（以下简称“原中远集运”）与原中海集团旗下中海集装箱运输有限公司（以下简称“原中海集运”）集装箱业务及其服务网络整合而成，于2016年3月1日正式运营。

【公司沿革】

20世纪90年代，原中远集团根据世界航运业普遍由专业化分工向集约化经营发展新趋势，对远洋船队经营管理体制实施改革，组建了专业化船队。1993年4月底，原中远集团对集装箱船队实施改革，将原来分散在广州、上海、天津等几大远洋运输公司的集装箱船实施“集中经营、分散管理”。1997年10月21日，经交通部批复同意，由原中远（集团）总公司和原中远对外劳务合作公司共同出资，组建原中远集装箱运输有限公司；同时上海市人民政府函复原中远集团，同意在上海市浦东新区注册成立原中远集运。同年11月11日，原中远集运在北京成立；12月29日，原中远集运搬迁至上海试营业，地点为长阳路1555号。1998年1月27日，原中远集运在上海浦东外高桥保税区举行成立揭牌仪式，时任中共中央政治局委员、国务院副总理吴邦国为原中远集运揭牌。2001年10月10日，原中远集运完成债转股工商变更，并领取新营业执照；注册资本由原来的10亿元增至61亿元；股东在原中远（集团）总公司、原中远对外劳务合作公司基础上，增加中国东方资产管理公司。2002年1月28日，位于上海市东大名路378号的远洋大厦落成，原中远集运搬迁至此。2004年9月，上海远洋实施重组，以船员和船舶管理为重心，拓展多元化产业经营。该公司由原中远集团授权原中远集运管理。2005年6月30日，原中国远洋控股股份有限公司（2005年3月3日注册成立）在香港联交所主板成功上市（股票代码1919.HK），继而于2007年6月26日在上海证券交易所成功上市（股票代码601919.SH）。作为原中远集团上市的资本平台，中国远洋控股股份有限公司拥有原中远集运100%权益。原中远集运由此进入境外和境内两个资本市场。2010年，原中远集运作为原中远集团所属专门从事国际国内海上集装箱运输的核心企业，亦为上市公司——原中国远洋控股股份有限公司的重要组成部分。公司主要经营国际国内海上集装箱运输，接受订舱、船舶租赁、船舶买卖、船舶物料备件、伙食燃油供应及与海运有关的其他业务，以及陆上产业、国内沿海货物运输及船舶代理、通信服务、船员劳务外派业务、仓储及货物多式联运。2015年底，原中远集运拥有集装箱船舶174艘/88.28万TEU。

原中海集运成立于1997年8月28日，是原中国海运所属从事集装箱运输及相关业务的多元化经营企业，经营业务以国内外海洋集装箱运输为主，同时涉及船舶代理、揽货订舱、运输报关、仓储、集装箱堆场、集装箱制造修理销售等多个相关行业。公司总部设在上海，成立初期注册资金总计18.01亿元，其中原中国海运持有40.06%股份，原中海发展持有25%股份，原广州海运持有15.44%股份，原上海海运持有19.5%股份。2002年9月，原中海发展将其持有的该公司25%股权转让给原中国海运；2004年1月，原上海海运和原广州海运亦将所持有的该公司股权全部转让给原中国海运。至此，原中国海运成为原中海集运的唯一股东，持有该公司100% 股权。2004 年 6 月 16 日，原中海集运在香港联交所主板上市；2007 年 12 月 12 日，原中海集运 A 股在上海证券交易所成功上市（股票代码 601866.SH）。原中海集运业务涉及集装箱运输、码头经营、仓储物流等领域，而船队、码头、集卡、仓储、铁路、空运等供应链资源整合，更产生了“1+1 > 2”的集群效应，海铁联运、海空联运、水水联运、水陆联运等综合物流供应链经营，极大地增强了集装箱运输以及集团整体市场竞争力。2015 年底，原中海集运拥有集装箱船舶 172 艘 /90 万 TEU。

2016 年 3 月新成立的中远海运集装箱运输有限公司（亦称“新集运”），是中远海运控股股份有限公司（简称“中远海控”）全资子公司，注册资本 2 366 433.716 5 万元，注册地为中国上海自由贸易区。公司主要经营国际国内海上集装箱运输服务及相关业务，是集团核心业务板块。截至 2016 年底，新集运共有集装箱船舶 346 艘（包括非营运及计划处理船舶）/178.18 万 TEU。

新集运组建之初，在本部设立整合管理办公室 / 流程优化部、总经理办公室、美洲贸易区、欧洲贸易区、亚太贸易区、拉美 / 非洲贸易区、航线网络规划部、全球销售部、全球海运操作中心、战略发展部、收益管理部、供应链发展部、箱管中心、采购管理部、法务及风险管理部、企业资讯发展部、客户服务部、财务部、财务共享中心、安全技术管理部、党委工作部、组织 / 人力资源部、人力资源服务中心、纪委工作部 / 审计监督部、工会和陆上产业事业部等 26 个职能部门。在全国设立大连、天津、青岛、上海、宁波、厦门、华南、海南和武汉等 9 个口岸分部，以及中远海运货运有限公司、中远海运货柜代理有限公司，从事货运和船舶代理业务。拥有上海泛亚航运有限公司、上海远洋运输有限公司、上海中远资讯科技有限公司和中远海运集装箱运输信息服务有限公司等。并在美洲、欧洲、东南亚、澳洲、日本、韩国和非洲等地区设立区域公司或区域分部。

2018 年，中远海运集运领导班子成员为：总经理、党委副书记王海民，党委书记、副总经理钱卫忠，副总经理陈翔，副总经理隋军，副总经理朱建东，副总经理陈威，副总经理辜忠东，副总经理陈帅，副总经理于涛，纪委书记袁健，总会计师郑琦，副总经理陶卫东。

【发展战略　经营创效】

2018 年，中远海运集运通过规模化与全球化、双品牌、数字化、端到端四个战略抓手，加强协同，奋力拼搏，连续 2 年取得运力规模、箱量和收入的快速增长，实现盈利，并好于行业平均水平。

配合中远海控成功收购 OOCL（东方海外货柜航运有限公司）。2018 年 7 月，在中远海运集团统一部署下，中远海运集运配合中远海控圆满完成了对 OOCL 的要约收购，实现了控制权的平稳交接，这是班轮业史上最大规模的一次收购。OOCL 在客户服务、信息技术创新、国际供应链管理能力方面，弥补了中远海运集运的不足，可以极大提升中远海运集装箱板块在全球的竞争地位，也为中远海运集运回归航运本质打造了坚实基础。在实现 OOCL 平稳运营后，公司工作重点放在实施双品牌战略、抓取协同效应上，在前台保持独立运作，在中后台深化整合，最大程度实现协同效应。经过两家公司的共同努力，收购后有效稳定了 OOCL 的员工队伍，7—12 月货量比 2017 年同期增长 7.4%，全年共实现协同效益 9631 万美元，已确认的年化协同金额 2.83 亿美元。

坚定不移推进规模化与全球化。规模化方面，2018 年，中远海运集运共有 18 艘 /32 万 TEU 新船交付上线，是全球运力增长最快的班轮公司。运力规模首次突破 200 万 TEU，在 2018 年底达到 220 万 TEU，比整合重组之初增长 37%。加上中远海控成功收购 OOCL，中远海运集装箱板块运力规模已达 300 万 TEU，跻身全球第一梯队。全球化方面，在巩固东西航线基础上，更加坚定向新兴市场进军的信心。成功实施了远东—南美西线升级计划、延伸南非 ZAX3 线、新开欧洲—南美西线等。重组至今，中远海运集运新增运力的 80% 都被投放到了新兴和区域市场，新兴市场从 12% 升至 18%，区域市场从 30% 升至 37%，运力排布更为均衡和全球化。

经营创效方面，2018 年，中远海运集运完成提单箱量 1737 万 TEU，比 2017 年增长 9%；实现单箱收入 676 美元 /TEU，与 2017 年持平；实现总收入 914 亿元人民币，增长 5%；实现利润总额 12.1 亿元人民币，比 2017 年有所下降，但考虑到同期燃油单价每吨上涨 107 美元（增幅 33%），带来燃油成本增加 36 亿元人民币，净利润 8.32 亿人民币。

【服务客户】

2018 年，中远海运集运以客户为中心，全力提升服务水平和客户体验，在服务提升方面取得了一定进步。

开展主题活动提升服务水平。在全球范围内开展“承诺 2018，服务从心出发”主题活动，不断推进九项服务标准落地和客服单证流程标准化。至 2018 年底，欧洲区域 2 小时订舱确认率从年初的 50% 提升至 90%，其他海外地区由年初的 78% 升至 94%。以往服务指标完成情况比较差的印度，各项服务 KPI 指标达标率均超过 90%，有明显提升。国内 2 小时订舱确认率平均稳定在 98%，中转预配信息维护比例从年初的 83% 提升至 91%。针对核心客户，在九项服务标准基础上，提升了 5 个环节的服务标准，增加了 6 个服务环节的承诺。至 2018 年底，核心客户订舱确认率超过 95%，危大件确认率和提单制作比率达到 99% 以上。同时，为规范全球客户服务体系，在统一全球出口客服单证标准流程的基础上，进一步完善了中国地区进口客服组织架构，统一了全球进口客服单证标准化流程。

依托数字化建设优化客户体验。一是运用大数据技术，推出在线客服平台，为客户提供“船期查询”“货物跟踪”“进口费用查询”“滞期费查询”等多项服务，使客户在全球任何地方都可随时查询货物信息。二是联手京东商城、佳农，推出厄瓜多尔香蕉原产地溯源项目，使客户扫描二维码就可以追溯食品原产地，这是海运业对区块链技术化的首次商业化应用，实现了 B2B2C（“供应商→生产商→经销商→消费者”销售模式）的服务，增加了客户黏度。三是利用大数据、人工智能技术支持运营活动，不断提升对客户的响应速度，已有 60% 的客户信用期实现自动审批，免费用箱天智能审批系统也已试点，改变了过去人工层层审核的模式，大大降低了人工干预。四是完成内贸新系统的上线使用，提升端到端服务水平，实现一个入口提供内贸各环节全程线上服务，加强了对两端拖车供应商的系统化管控。

【企业管理】

进一步深化体制机制改革。一是进一步完善中远海运集运治理体系，按照中远海运集团部署，落实了扩大后的董事会授权决策范围，落实了对上海泛亚航运有限公司、中欧陆海快线公司两家三级企业开放董事会及董事长授权。二是积极稳妥推进集装箱船舶管理体制改革，以“三提高一降低（提高船员素质、提高船员实际收入、提高船舶管理水平、降低船舶管理和船员费用）、提升航运主业竞争力”为目标，打造统一标准、精简高效的集装箱船舶管理平台。2018 年 12 月 18 日，原中远海运发展船舶管理各单元与上海远洋运输有限公司实现合署办公。三是推进修箱板块整合，组建了新的鑫三利集装箱服务有限公司。四是根据东南亚战略落地最新情况，对新鑫海航运有限公司的组织架构和职能进行优化，要求其从高速发展向发展与质量并重转变，将发展质量放在首位，使管理更加精细化。

加强精细化管控降低成本。2018 年，中远海运集运继续强化全员成本管控意识，全力将成本控制工作做细做实。全年单箱运输成本若剔除燃油因素，比 2017 年略有下降，其中单箱箱管成本 64.7 美元，下降 14.7%。集装箱周转效率进一步提升，全年平均箱位比 1 ∶ 1.43，下降 0.05，为历年最低，处于全球领先地位。全球平均空箱停留天7.1天，下降13.4%。

探索提升管理效率新思路。开展全员参与的“创客行动”，探索提升全中远海运集运管理效率和服务水平的数字化创新方法和思路。共收到申报项目76个，通过审核15个，涉及智能定价、用箱天预测、燃油采购、电子发票等领域，至2018年底已有10个项目基本完工，并进入试运行阶段。通过数字化应用场景的不断挖掘实施，实现内外部数据的互联互通，以数字化手段向客户、合作伙伴、内部员工传递了全新价值。

持续开展“压减”工作。全年共关闭注销合并范围内法人企业9家，收回投资3229万元人民币。重组以来共关闭法人企业119家，收回投资4.58亿元人民币。至2018年底，中远海运集运全系统法人企业总数降至234家。

【安全生产】

2018年，中远海运集运按照“明确一个目标，坚持两个导向，抓好八项重点”的总体思路，通过强化安全生产主体责任，开展安全大检查和安全文化建设等活动，使隐患得到了消除，在船舶安全、货物运输安全、设备安全、防止污染、节能减排、成本控制等方面均取得较好成效。全年中远海运集运安全管理总体正常有序，未发生重大安全责任事故，未发生海盗劫船，未发生火灾、重大道路交通事故等治安灾害事故，确保公司安全生产工作处于稳定和可控状态。

安全航行方面，中远海运集运安全生产形势基本保持稳定，船队未发生较大以上事故。全年，中远海运集运岸基管理部门跟踪指导大风浪航行船舶111艘次、冰区航行船舶34艘次、雾航船舶369艘次、跟踪重点船舶411艘次，共97次向7523艘次船舶发布工作提示、信息提示和极端天气预警等，先后对受西北太平洋29个台风影响船舶进行跟踪，指导相关船舶航行、滞航、绕航、锚泊共328艘次，同时还跟踪其他洋区热带风暴（飓风）65个，指导船舶防避6艘次。在应对恶劣气象方面，全年未发生任何险情，确保冬防、防避台风100%的成功。2018年，中远海运集运以整治驾驶台值班纪律、规范值班行为和季节性安全生产为重点，认真开展专项安全检查和季节性安全工作。先后连续开展了3期安全检查，完成了跨年度的“进出港航行安全和防碰渔船专项整治”活动和为期3个月的“长江船舶、内贸线船舶安全管理专项整治活动”，通过有效开展安全活动，进一步提高了航行安全的保障力度。针对危险品运输安全，中远海运集运改进管理方法，提高管理措施，通过加强对客户的管理，不断完善黑名单制度，不断从源头加强对危险品谎报瞒报的控制。

应急管理方面，根据管理改革要求，中远海运集运对应急管理机构进行重组，将原中远海运集运应急管理值班室和上远公司海务监督值班室统一整合为应急指挥中心，从而使中远海运集运的应急管理更加有效。2018年，中远海运集运先后举行12次各类演习，包括4次船岸联合演习。通过实战化演习，检验了中远海运集运应急指挥、组织、预案和人员的应急能力，进一步提高了中远海运集运应急管理水平。

企业安全文化建设方面，2018年，中远海运集运共安排35名负责人、27名安全管理人员参加各地的安全证书培训；举办1期各单位安全管理人员培训班。开展船舶危险源的收集和初步辨识工作，全年采集、汇总船舶危险源67项，经逐条核对，删去重复和过去已核定的危险源，辨识出船舶新危险源13项，并纳入体系文件。

【风险管理】

2018年，中远海运集运面对重组改革各项工作的深入及对OOCL的收购合并，从控制风险和收购成本等原则出发，合理规避及防范全系统整体风险。财务风险方面，中远海运集运财务部、财务共享中心开展了对40家下属国内单位的财务大检查工作，通过检查进一步夯实财务基础工作，加强各项财务风险控制。网络风险方面，随着班轮业规模化、数字化进程的不断加快，网络风险也在逐步增加。7月，中远海运集运美洲地区受到网络信息攻击，在第一时间发现后，中远海运集运全球的信息技术团队在 OOCL 大力支持下，迅速行动，妥善应对，仅 7 天就完全恢复了美洲地区网络功能，有效排除了网络风险，保证了网络安全。法务风险方面，中远海运集运法务及风险管理部健全综合管理体系组织网络，举办质量管理体系标准培训班，整合修改完善综合管理体系文件，完成安全生产标准化持证年度审核事项，开展环境因素、危险源辨识和评价，实施管理体系监控检查，组织中远海运集运综合管理体系和可持续发展报告内外部审核以及管理评审。

中远海运集运纪委不断增强廉洁风险的防控力。2018 年，审计部共完成常规审计项目 90 项，累计提出意见数 708 条，促进增收节支 6 228.74 万元。完成工程建设审计项目 48 项，累计核减额 327.44 万元，核减率 4.97%。完成船舶机务坞修费用审计项目 30 项，另出具航修费用审计函 1492 份，坞修审计函 9 份，累计核减额 2 235.71 万元，核减率 11.58%。物料通导备件费用核减 4.1 万元。

开展 2018 年廉洁从业主题教育月活动。教育月期间，中远海运集运全系统共组织中心组学习 58 场次，参加学习 2006 人次；举办专题党课 157 场次，参与听党课 2475 人次；组织研讨 169 场次，参与研讨 1431 人次；开展专题学习活动 242 场次，参加人数 3475 人次；邀请专家授课 9 场次，参与听课人数 909 人次；各级领导讲课 20 场次，听课人数 1245 人次；组织参加廉洁从业知识答题 6534 人次；共剖析案例 38 个；开展谈心谈话或警示教育 2735 人次；组织参观各地反腐倡廉教育基地 47 场次，参加活动 1255 人次；组织观看警示教育片等活动 142 场次，观影人数 4692 人次；购买发放相关主题教育书籍 2553 本。

【境外业务】

2018 年，中远海运集运境外业务按照年初制定的工作计划，创新营销手段、着力管理提升、狠抓供应商管理，在全体中外方员工的共同努力下，较好地完成了各项考核指标。

实现运力和货量同步增长。新增运力方面，2018 年在巩固东西航线的基础上，公司坚定了向境外新兴市场进军的信心，成功实施了远东—南美西线升级计划，投入 11 艘 8500TEU 船舶，投入运力增加一倍，市场份额从 6% 升到 12%，并实现盈利；延伸南非 ZAX3 线，周舱位增幅 95%，排名从第五升至第三；全年东南亚、欧洲、中美洲区域内航线运力分别增投 17.6%、16%、173%，进一步完善了支线通道和网络；拓宽第三国航线服务，新开欧洲—南美西线，实现了“零”的突破。货量提升方面，在贯穿全年的“赢战 2018”系列专项营销活动中，各贸易区、各经营中远海运集运每个阶段突出当期营销重点，制定营销目标和激励措施，有效助力业绩提升。全年海外地区 local 出口货量增幅达到 19.3%，高于国内。所有海外区域 local 出口箱量均实现增长，其中非洲地区增长 58%、南美地区增长 44%、东南亚地区增长 29%、欧洲地区增长 17%。货量在 1 万 TEU 以上的国家公司，增幅超过 30% 的有 30 家，排在前列的有墨西哥、多米尼加、印度、越南、肯尼亚等。

积极参与首届中国国际进口博览会参展工作。集运意大利公司成功承运了 7 个 40 英尺高箱的兰博基尼跑车回中国；集运芬兰公司协助中远海运集团与 Stora Enso 集团和 Metsa 集团在进口博览会会场内分别签署了集团间的战略合作协议，为长期稳定合作夯实了基础；集运澳洲公司成立工作组与各参展企业进行一对一衔接，在物流“端到端”每个环节进行全过程跟踪服务，全力确保每一家参展企业的展品都能按时到达会场；集运新西兰公司在新西兰、库克、纽埃等国家（地区）的博览会招展工作取得进展，三个国家（地区）均参加了国家展、企业展和虹桥论坛；集运日本公司成立日本区域“中国国际进口博览会”专项工作组，共邀请了 3 家客户参展。

【陆上产业】

2018年，中远海运集运陆上产业围绕“实现年度目标任务、船管和船员改革稳定推进”工作主线，坚持“保障公司主船队，创效提升服务水平”经营理念，强化大局意识和服务意识，聚焦效益增长，确保陆上产业安全生产和可持续发展。

推进陆上产业协同效应项目。一是挖掘陆产系统内协同效应，全年共开展15个陆产单位间的协同项目，如国贸公司和越洋公司的船舶备件进口代理项目、供应公司和通导公司的通导设备仓储管理项目等，涉及范围包括业务协同、人员协同、办公场所协同等，累计实现系统内协同金额154万元。二是开展4项陆地单位与中远海运集运系统内的协同效应项目，包括降低海图通告印刷成本、降低英版书籍印刷成本、通导设备销售及修理服务业务、开发大金冷藏箱冷冻机采购代理业务，全年共实现协同金额63万元。三是中远海运集运战略发展部与远洋宾馆联合开展《加强亏损企业治理》项目，期间远洋宾馆落实各项提质增效任务，2018年远洋宾馆比整合前的2015年减亏5493万元。

国贸公司推进“远洋壹号”电商业务。围绕商品选择、集中采购、营销宣传、客户服务、协同合作、爱心帮扶、网络安全、新平台建设等方面，进一步拓展“远洋壹号”电商平台的影响力和受众度。针对原“远洋壹号”网站由外部公司开发而存在诸多问题的现状，中远海运集运陆上产业事业部与计算机中心合作，于2018年5月联合成立项目小组，自主研发建设新“远洋壹号”电商平台，以提供强有力的技术支持和保障。12月，网站一期核心电商功能顺利上线运营。

物资公司改革重组平稳开展。物资公司于2017年1月1日全面退出船舶退废油业务后，导致2017年出现大幅亏损，且短期内开拓新业务的可能性较小，经营状况难以有效好转。根据中远海运集运2018年第7次总经理办公会精神，因报关业务许可证资质限制等政策原因，采取物资公司由国贸公司实施托管的运营模式，推进物资公司业务和人员转移至陆产系统内相关单位，以及物资公司各项资产和债权债务的处置工作。2018年7月1日，物资公司由国贸公司托管，完成改革重组。物资公司2018年账面净利润−17万元，比2017年减亏671万元，大幅减少亏损，同时人员稳定安置，改革重组平稳开展。

【队伍建设】

中远海运集运根据改革发展实际需要，优化干部选聘，确保了公司干部队伍结构合理、优势互补，为促进提质增效和加强企业党建提供了坚强组织保障。

加强领导班子自身建设。中远海运集运党委始终坚决贯彻落实中央精神和中远海运集团党组决策部署，严明纪律和规矩，加强凝聚力建设，做到相互信任、勇于担当、协同补位，打造“信念过硬、政治过硬、责任过硬、能力过硬、作风过硬”的坚强班子。始终坚持把党的领导融入公司治理各个环节，确保前置程序要求落实到位，发挥中远海运集运党委把方向、管大局、保落实的作用。始终坚持民主集中制，严格执行“三重一大”决策制度。2018年，共召开27次党委会、35次总经理办公会，对中远海运集运战略实施推进、“双百行动”方案制定、组织架构优化、船舶管理体制改革方案制定和修洗箱业务板块整合、重大投资、干部任免等事项深入研究，确保科学决策、民主决策。

坚持以好干部标准选齐配强干部。根据“德才兼备、以德为先、五湖四海、任人唯贤”原则，综合考察知识、资历、能力等因素，搭建好各级领导班子，提升引领改革发展的整体合力。进一步完善班子和领导干部述职、考核工作制度，建立健全科学选配、动态交流有效机制。2018年，共调整干部136人次，其中提拔40人、平调48人、降级1人、免职11人、兼职调整8人、机构改革调整7人、挂职15人、外派6人，确保了干部队伍结构合理、优势互补，做到人尽其才，充分发挥各级领导干部干事创业的积极性、主动性和创造性。

搭好干部人才成长平台。启动境内外“英才计划”，进一步加强中远海运集运的干部梯队建设。坚持业绩、能力、潜力并重的导向，择优选拔14名基层一线网点负责人和10名外籍中层管理人员到总部机关交流任职。深化“菁英计划”，通过选派17名优秀菁英驻海外艰苦地区、新兴市场国家，开展为期两年的岗位任职，加强青年人才培养，为中远海运集运全球化发展战略培养储备人才。

【党群工作】

中远海运集运党委直属中远海运集团党组，现任党委班子由11人组成。至2018年12月底，中远海运集运直属党委16个、党总支27个、挂靠党组织1个，所属各级基层党组织共计405个（其中党委37个、党总支27个、党支部341个），党员5255人。

中远海运集运党委把学习贯彻习近平新时代中国特色社会主义思想和党的十九大精神作为首要政治任务和一项长期工作抓实抓好。全年共组织14次党委中心组（扩大）学习；组织400余人次参加党的十九大精神专题培训班；组织110人次党员领导干部参加“弘扬延安精神，不忘初心、牢记使命”主题教育活动和韶山政研会；开展两期基层党支部书记轮训，共计100人参加培训；组织90多人参加入党积极分子培训班；举办“不忘初心跟党走，牢记使命新作为”党日活动。2018年，中远海运集运党委继续深入开展特色党支部评选活动，评审命名了第二批10家基层“特色党支部”，通过举办特色党支部创建经验交流会，巩固“一个支部一种特色，一个支部一个称号”的创建活动格局。持续开展与港口、口岸单位、大客户、社区街道等单位的党建交流共建，做到资源共享、优势互补、互惠共赢，助推企业生产经营。

召开中远海运集运一届二次职工代表大会，对中远海运集运领导班子和班子成员进行民主测评，征集处理职代会提案20份。围绕公司数字化战略目标，中远海运集运工会协同企业资讯发展部在全系统开展“创客行动”主题活动，得到了各单位积极响应，27个单位/部门陆续申报76个项目。持续开展合理化建议征集活动，共收到各二级工会择优上报的合理化建议117条，内容涵盖经营模式的创新、管理效率的提高、服务细节的改善、工作流程的优化、数字航运的建设等方面。做好对困难党员、劳模，困难职工等的慰问工作，共计发放250万元慰问金及价值270.48万元的慰问品。中远海运集运团委组织青年开展党的十九大精神知识竞赛和举办“New Era，New Shipping”英语演讲比赛，进一步展示了中远海运集运广大青年职工干事创业、奋发有为的精气神。

【企业文化】

多渠道大力宣传改革创效成果。一是以习近平总书记2018年12月3日在巴拿马运河新船闸与“中远海运玫瑰”轮通话精神为鼓舞，以纪念改革开放和开创集装箱远洋运输事业40周年为契机，发布图片展和企业宣传片，参与巴拿马国际展会，充分彰显“大集运、新企业、国际范”的品牌形象。二是积极参与首届中国国际进口博览会，开展与央视、新华社、东方卫视等多家主流媒体的深入合作，广泛宣传中远海运作为本届进口博览会推荐国际段运输服务商，以及为进口博览会胜利召开所提供的服务，全面推广企业品牌，展现中远海运集运的品牌形象和员工风采，展示中远海运集运良好形象。三是通过《一周要闻》电子周刊、《集运轩》微信、《集运新视界》杂志、楼宇电视等多个阵地，宣传报道中远海运集运改革发展重大成果，集中展示创业创效创新的新业绩、新成果。

增强企业员工的文化认识和认同。在中远海控收购OOCL的大背景下，与OOCL加强文化交流活动，通过多种载体向中远海运集运全系统介绍OOCL的历史、航线、服务、船队、文化等情况，并组织志愿者向OOCL介绍中远海运集运的发展历程，组织开展系列文化融合活动，进一步加深双方之间的了解与互信。同时，对中远海运集运“英才计划”选拔人员、基层营销工作人员、新进员工等开展企业文化培训，增强员工对企业文化理念的认识与认同，进一步激励员工与企业同呼吸共命运、同进步共发展。

（金佳慧　蔡宏　林欣　范祝莲）

中远海运能源运输股份有限公司

中远海运能源运输股份有限公司

【概　　述】

中远海运能源运输股份有限公司（简称“中远海运能源”，英文简称 COSCO SHIPPING Energy），成立于 2016 年 6 月 6 日，依托原中海发展股份有限公司上市平台，由中海油轮运输有限公司、大连远洋运输有限公司和中海集团液化天然气投资有限公司等组建而成，总部设在上海。中远海运能源注册资本 403 203 286 1 万元，注册地为中国上海自贸区。公司主要从事油品、液化天然气等能源运输及化学品运输，是集团核心业务板块。

2018 年，国际油运市场深度低迷，中远海运能源面对严峻市场形势，围绕“四个全球领先”目标，按照“传统业务战略转型、新兴业务挺进蓝海”既定战略，外拓市场、内控成本、狠抓安全、加快发展，完成了集团部署的工作任务。

【生 产 经 营】

2018 年，中远海运能源在应对市场底部异常严峻形势时，积极主动，措施有力，经受住了市场的考验。同时，公司以危为机，进行周期底部布局，坚定推行“传统业务战略转型、新兴业务挺进蓝海”战略，在追求“四个全球领先”目标上迈出了坚实的步伐，为把握住市场复苏周期做好了准备。

资本市场布局，提供了产业升级强劲动力。整合内外贸业务和运力资源，实现油轮业务战略转型离不开资本市场支持。2018 年，在之前完成中石油海运大连公司股权收购项目的基础上，公司战略性进入并成功布控内贸成品油运输市场。配合新造船项目，公司在 A 股市场积极推进非公开发行股票，为订造船舶募集资金，为公司发展提供了稳定的长期资金，提升了财务稳健性。

海外网点布局，初步构建了全球营销服务体系和全球安全保障体系。要实现传统油轮业务战略转型，“经营管理从以船舶为中心向以客户为中心转变、建立全球营销服务体系”和“船舶管理从分散管理向集约化管理转变、建立全球安全保障体系”，是两个至为关键的环节。2018 年，在国内外 8 个客户服务中心全球化经营结构布局的基础上，公司以“安全营销”为抓手，不断强化海外公司等网点营销服务和安全服务建设，进一步实现了能源板块客户服务资源的全面共享。

即期市场布局，开拓了新的商业模式。即期市场是油轮业务重要业务版图，也是传统油轮业务战略转型的主战场。2018 年，公司以客户为导向，在运营管理从粗放管理向精益管理转变上下功夫，强化运营管理效率和效益，进一步放大中化项目的运营收益，全力打造中缅马德岛项目 VLCC“准班轮”运输的精品航线，服务“一带一路”建设。

LNG 发展布局，抢占了新能源发展战略高地。2018 年，把握绿色能源革命的机遇，在新兴业务挺进蓝海的进程中，新航线、新业务、新项目全面发展，北极航线已经成功开辟，亚马尔二期项目工作进展良好，在抢占北极能源中赢得了先机；进军甲醇、乙烷等新能源运输领域，积极推进中石油项目、锦州甲醇项目、天津乙烷项目、南山集团乙烷项目等，进一步抢占新能源市场。

2018 年，公司资产总额 634.16 亿元，累计完成货运量 15 483.6 万吨，周转量 5 453.7 亿吨海里；实现营业收入 122.86 亿元，发生营业总成本 103.6 亿元，实现利润总额 4.44 亿元；实现净利润 1.05 亿元。

【运力情况】

中远海运能源低成本发展布局，巩固了国家主力船队地位。2017 年，公司敏锐发现航运周期底部的商机，开始实施低成本发展战略，重点推进油轮船队发展项目，订造了包括 6 艘 VLCC 在内的 16 艘新造船，进一步巩固了运力规模“世界第一”地位，为公司长远发展奠定了基础。

截至 2018 年底，中远海运能源总计控制油轮总数 162 艘 /2251 万载重吨。其中，自有运力 151 艘 /1976 万载重吨；租入运力 11 艘 /275 万载重吨。另有订单运力 16 艘 /306 万载重吨。公司所属公司经营 LNG 船舶共 26 艘 /224 万载重吨；2018 年底持有订单 12 艘 /208 万立方米。2018 年中远海运能源运力统计见表 14–1。

2018 年中远海运能源运力统计表　　表 14–1

公司	自有运力		租入运力		控制运力	
	艘数	万载重吨	艘数	万载重吨	艘数	万载重吨
上海油运	74	881.2	8	215.2	82	1 096.4
上海北海船务股份有限公司	10	62.5	1	0.5	11	63.0
华海石油运销有限公司	3	13.0	—	—	3	13.0
深圳市三鼎油运贸易有限公司	2	15.1	—	—	2	15.1
中国东方液化天然气运输投资有限公司	2	16.9	—	—	2	16.9
中国北方液化天然气运输投资有限公司	2	16.9	—	—	2	16.9
中国能源运输投资有限公司	6	50.4	—	—	6	50.4
蓝色北极液化天然气运输有限公司	1	8.0	—	—	1	8.0
绿色北极液化天然气运输有限公司	1	8.0	—	—	1	8.0
大连油运	45	960.3	2	59.5	47	1 019.8
龙鹏公司 (LPG)	5	1.5	—	—	5	1.5
洋浦公司	2	13.4	—	—	2	13.4
中远海运石油运输有限公司	15	30.7	—	—	15	30.7
CLNG	14	123.6	—	—	14	123.6
合计	182	2 201.5	11	275.2	193	2 476.7

注：集团内部租船统计为自有运力。

【人事管理】

2018 年，公司紧跟改革步伐，加强干部人才队伍建设。

干部选配及时到位。完成新架构下的岗位职责与岗位编制方案、员工安置方案、干部员工职务职级体系及选聘竞聘方案；做好能源总部、大连油运、上海油运干部员工意愿调查，按要求履行职代会程序并顺利通过。坚持尊重历史，兼顾平衡，重点抓住“岗位公布、意愿征询、人选推荐、组织审核、逐级选聘”五个环节，努力把合适的人放在合适的岗位，给优秀的年轻人创造更多更好的事业平台，并同步推进非领导职务序列。目前，公司的组织架构已完成重建，各岗位干部全部任命、调整到位。

人事基础工作逐步完善。修订完善《中远海运能源干部管理办法》《中远海运能源干部人才海外历练实施细则》《中远海运能源员工培训管理办法》等基础性制度。探索总部和所属企业员工薪酬管理办法、部门二次分配办法、特殊奖励实施办法，细化考核指标颗粒度，提高激励绩效。完成股权激励人员名单确定和股票期权的授予工作。完成人力资源信息化系统建设，组织总部及7家直属公司1258人填报10万余条信息数据。

人才培养开发持续加强。持续推动外派干部人才库建设，进库人数达到41人，通过集团海外后备人才英语考试或具备同等英语证书资格的人数达到60人。选派3名干部赴海外公司工作。选派2人参加集团中青年干部启航班培训，选派3人到Heidma、Navig8学习。搭建移动学习平台，开通50余门精选课程，开展网络自助学习。总部机关围绕重点课题开展形式多样的教育培训61项、932人次。

【安全管理】

2018年是中远海运能源坚持战略引领、推进深化改革、向“四个全球领先”战略积极迈进的一年，也是公司安全管理接受巨大挑战的一年。

面对复杂多变的国际航运和安全生产形势，在集团的正确领导下，中远海运能源认真贯彻国家、集团一系列安全生产要求，坚持“以人为本，安全第一，预防为主，综合治理”的安全指针，着眼目标和问题导向，夯实基础管理，强化安全检查，注重措施落地，2018年公司安全生产形势总体平稳，完成了年度安全指标。

公司狠抓责任制落实、深入隐患排查治理，安全绩效保持总体平稳。2018年度公司未发生责任性一般及以上等级的安全生产事故，未发生因工重伤和工亡事故。船舶单位共发生非责任性安全生产小事故2起（“百花源”“天鹅座”被他船擦碰）、人身伤害事故1起（“连运湖”）、2起PSC检查滞留事故（“大理湖”），陆业单位没有发生任何生产安全事故，社会综合治理全面达标。

防台防汛成功率100%，防海盗成功率100%，ISPS检查通过率100%。接受PSC检查137艘次，无缺陷批注通过率为81.75%，环比提高了1.22个百分点；接受FSC检查91艘次，无缺陷批注通过率为25.27%，环比提高了1.66个百分点；接受大石油公司检查290艘次，接受率为100%；接受集团安全检查83艘次，无重点督查船舶。安全管理绩效保持总体平稳，但在外部检查方面有所波动。

全面落实船舶管理体制改革任务要求，扎实开展高标准管理体系建设。按照集团和公司统一部署，公司积极推进船舶管理体制改革的相关工作任务，周密部署，细化方案，制定相应风险防控和应急预案，做好船管体制改革实施推进期间安全保障工作，确保安全管理各项工作不断不乱、无缝衔接。分析安全管理队伍现状，提出加强船舶管理人员培养和队伍建设模式新思路。完成了高标准综合管理体系编写工作，2019年1月10—11日，顺利通过了新版体系临时DoC审核，获取了临时DoC证书。

坚持预防为主，防台防汛、防海盗及季节性安全工作卓有成效。2018年，公司共189艘次受西北太平洋台风影响。在安全管理团队的努力下，没有发生任何事故和险情，防台成功率100%。监控高危水域航行船舶962艘次；加入护航编队21艘次；雇佣保安82艘次，防海盗成功率100%。

精心策划和组织，切实做好进博会安全保障工作。成立了公司“进博会”生产安全保障领导小组和工作小组，制定了安全生产专项保障工作方案，进行全面部署和动员；针对各阶段工作任务和重点，强化现场检查和监督，对上海油运和抵上海港船舶进行专项督查，及时发现和整改相关安全隐患；精心策划和组织了船岸联合演练、大楼人员应急疏散演练；认真落实重要时期领导在岗带班和关键岗位值班制度、零报告制度等，切实保障了进博会期间能源公司的安全平稳。

坚持问题导向，安全大检查工作成效进一步显现。在总结2017年安全大检查工作的基础上，公司进一步细化方案、改进检查方式方法，统一评定标准，统筹协调，深入开展安全大检查工作。2018年，共对能源系统153艘船舶实施“拉网式、全覆盖”安全大检查。检查发现缺陷2906

条，平均单船缺陷 19 条，环比减少 12%；高风险项 75 条，环比减少 3.12%。缺陷主要分布在应急管理、航行安全、安全管理和轮机管理等几个方面。安监部对缺陷和导致缺陷的原因进行了细致的梳理分析，合理制定缺陷的纠正措施，跟踪缺陷整改情况，及时尽快消除安全隐患。截至 2018 年底，除了需要等坞修时进行整改的 10 条缺陷，其余 2896 条缺陷已完成整改，整改完成率为 99.6%。

重视隐患排查，防患于未然，及时消除险情根源。2018 年，船岸共同努力，加大隐患排查力度，统计的隐患报告 283 804 份，整改 282 730 份，整改率为 99.62%。2018 年报送的数量和质量都有不同程度的提高。

突出技术引领，完成网络安全体系建设。通过与 CCS 合作，完成了公司网络安全体系建设，成为国内第一家具有完整网络安全体系的航运企业，也为集团推进网络安全体系建设打下了坚实的基础。齐抓共管，打赢机务成本管控攻坚战。以“保安全、控成本”为主旨，坚持高标准、严要求和厉行节约的管理理念，强化安全投入合理度评估，在全体船岸员工的共同协作下，较好完成了成本管控各项工作。以建造高标准船舶为准则，船舶设计与建造上坚持倡导节能减排、绿色航运等先进理念，采用新型绿色智能主机、匹配高效桨和节能装置，提前 7 年满足 IMO 2025 年第三阶段指标要求。

公司强化督察与培训，船岸两支队伍素质稳步提升。

2018 年，能源总部安监部分别对大连油运、上海油运、广州分公司、三鼎公司和华海公司开展了安全管理专项督查。通过交谈、询问与抽查等方式，围绕海务、机务、船员以及体系运行等关键领域，进行了现场巡查和评估，排查重点安全管理工作落实情况、安全管理工作中存在的问题及整改情况，提出缺陷和问题共计 53 项，管理改进建议 37 项。截至 2018 年底，缺陷和问题均已得到整改，促进了能源系统岸基管理水平的提升。

针对大连油运“大理湖”轮三个月连续发生 PSC 滞留事故，在按照“四不放过”原则进行事故调查处理的同时，对公司主要领导和安全管理团队进行了事故警示约谈，提出了相关的整改要求。

根据集团《船长和驾驶员操纵和避碰能力提升培训指导意见》，公司拟定了细化实施方案并稳步推进，共完成 21 名船长专项技能培训工作。其中，安排 6 名新船长进移泊组培训，完成了自引、靠离泊培训。新任职 6 名船长跟船实习，在指导船长的指导下，完成相关船长培训工作； 8 名船长进行了远程 VIQ 培训；3 名远洋船长完成到内贸船舶自引、自靠工作。完成 1 名转型船长培训。

【法务与风险管理】

全面风险管理与内控是保障公司持续稳定运营的关键。公司持续优化公司全面风险管理体系，不断提升经营管理水平和抗风险能力。2018 年，公司未发生违反法律法规而受到重大处罚的事件。

公司完善规章制度体系建设，推进顶层设计，发布公司重点领域 16 项行政管理类规章制度、6 项党群类规章制度：对海内外 8 家公司进行问题诊断和评估改进，推进规章制度建设。

2018 年，公司推动内控体系建设。根据深化改革后的组织机构、职能职责等情况，与业务流程梳理优化同步开展公司内控体系完善工作。

公司推进业务流程梳理。以战略为导向、以客户为中心、立足业务的视角调整和梳理核心业务流程上半年，编制完成 19 个核心业务流程。

公司探索制裁合规管理，对标学习国际先进公司经验，建立公司制裁合规数据库，制定公司制裁合规管理办法等，初步形成制裁合规管理体系。

为了增强员工风险意识和风险防范能力，公司建立法律信息共享和交流研讨机制，通过创办“法律信息”月刊，针对公司生产经营过程中热点、难点法律问题，进行法律知识讲解和典型案例解读；建立航运业务法律研讨机制，通过季度研讨会以内训的形式与业务人员围绕航运实务中的法律问题进行讨论交流，确保公司法律风险防控工作有效推进和落实。

【制度改革】

2018年，公司持续深化改革，有序开展改革各项工作。

按照集团船舶管理体制改革和地区公司转型发展总体部署，公司与总部机构改革相结合，成立了改革领导小组和工作小组，制定了时间表和细化方案，稳步推进各项改革工作。

以“四个全球领先”目标为导向，按照船管体制改革、综合改革“两步改革、一次到位”总体思路，遵循集约化、扁平化、国际化原则，以质量和效率为核心，完成了组织架构设计，在尊重历史的基础上，深化关键领域改革，重点强化整合核心业务、激发内生动力、发挥协同效应，向改革创新要红利，提升航运主业国际竞争力。

把船管体制改革、地区公司转型发展、油轮运营模式改革和总部机构优化统筹推进，牢牢抓住航运主业船舶安全的关键环节，按照一个标准、一套体系、一个DoC的集约化船舶管理模式目标，对标TMSA等国际油轮船舶管理标准，构建了高标准能源综合管理体系，完成了集团部署的2019年1月1日安全管理责任稳妥交割任务，做到体系有序衔接、安全无缝对接。

既坚定不移地推进改革，又处理好改革发展稳定的关系。广泛听取职工群众意见，公开改革方案设计，及时公布员工安置和干部选拔竞聘方案，确保全员参与改革、支持改革。目前，各岗位干部已选聘到位，按照新的组织架构高效运行。

【党群工作】

2018年，公司党委把“学懂、弄通、做实”习近平新时代中国特色社会主义思想作为政治任务，以公司深化改革、创效攻坚的成果作为党建工作的检验标准，团结带领广大干部员工奋力奔跑、努力追梦。

2018年，公司党委加强政治建设，贯彻落实党的十九大精神。

旗帜鲜明讲政治。按照“武装头脑、指导实践、推动工作”的要求，丰富学习内容，组织党委中心组学习、集中扩大学习、领导干部上党课等10次，强化对中央精神、集团要求的及时传达学习。

围绕大局抓落实。落实党委会前置程序，全年共召开党委会41次，研究议题169项，其中前置议题98项，较好地发挥党组织把方向、管大局、保落实作用。

央企责任勇担当。落实国家精准扶贫工作部署，向湖南沅陵借母溪地区捐助400万元，组织全体干部员工开展“10·17扶贫日”捐款68 100元。积极参与“一带一路”建设、北极航线开发、军交运输等工作，认真研究中美贸易摩擦下的市场机遇和挑战，选派得力人员参与博鳌亚洲论坛2018年会、中国首届进口博览会等工作，彰显央企责任与担当。先后荣获“企业社会责任杰出企业奖”“中国上市公司企业社会责任奖”等奖项。

2018年，公司党委立足价值创造，切实做好三篇大文章。

巡视工作配合有序。公司党委全力支持配合巡视工作，成立配合巡视工作领导小组和工作小组，对中央巡视和集团巡视提出的要求及时回应，台账、材料随要随报。集团巡视期间，配合安排干部个别谈话36人次，到下属单位开展调研检查2次，协助开展相关课题研究，形成5个专题报告，受到集团巡视组肯定。针对中央巡视反馈意见制定38项整改措施，把集团巡视反馈意见细化为7个方面56个问题136项整改措施，做到整改目标、责任领导、责任部门、责任人、整改时限、整改措施“六个明确”。

“能源英雄直通车”影响深远。在公司党政领导亲自推动、各单位领导大力支持下，440余项目、650余人次直接参加了“能源英雄直通车”活动。活动中能人不断涌现。他们立足自己的本职岗位，提出了许多令人眼前一亮的新理念、新思路、新方法。

党建共建开花结果。深入贯彻落实习近平总书记提出的“国企党建工作坚持服务生产经营不偏离”要求[①]，以互助服务为着力点、互利共赢为切入点，与上下游重要客户、战略伙伴开展党建共建。与联合石化建立定期互访、信息共享、海外网点深度互动等机制，成果颇丰。与宁波舟山港加强港航合作，在过驳项目、港口使费等方面进行了友好协商。与中国船燃按照“运之原油、用之燃油 / 滑油”的模式，探索建立互为客户、供应商的新型上下游合作伙伴关系，实现协同效益的最大化。各直属单位、各部门也因地制宜开展党建共建工作，持续改善企业外部合作环境。

2018 年，公司党委全面提升组织力，加强基层党建工作。

基础管理常抓不懈。认真落实民主生活会、领导干部双重组织生活会、“三会一课”、民主评议党员、谈心谈话、主题党日等制度。与中石油进行充分沟通，按“四同步、四对接”原则，明确中远海运石油党组织隶属关系，组建党委落实党建工作入章程。制定《合资公司管理办法（试行）》，加强党建工作对接，强化日常监督管理。选派人员参加集团举办的党务干部示范培训班，督促各单位开展党支部书记、党务干部轮训，全面提升履职能力。统一印制《党支部工作手册》，加强日常党建工作的考评督导。

船舶党建扎实推进。制定《公司领导船舶联系点制度》，各级领导班子成员赴联系点 23 人次，班子成员既当“检查官”又做“教练员”，帮助船舶解决实际问题，以点带面推进管理和服务力量下沉。结合船舶安全大检查同步开展船舶党建大检查 96 艘次，检查内容涵盖了支部工作、安全监督、班子建设、船员管理、宣传教育和生活后勤等六个方面，提出建议 1057 条。

联系群众更接地气。打通服务群众“最后一公里”，开通党政领导信访邮箱，举行党政领导接待日活动，召开深化改革和巡视整改意见建议座谈会，收集生产经营、人才队伍建设、深化改革、船舶船员、安全管理、党建工作等 8 大类意见建议 56 条，并结合深化改革工作推进落实，职工满意率 98.2%。落实维稳工作责任，关注员工思想动态，做好风险隐患排查，及时化解矛盾。

2018 年，公司党委落实全面从严治党主体责任，推进党风廉政建设。

强化“不敢腐”的震慑效应。开展违反中央八项规定精神自查自纠，查处违反中央八项规定精神问题 2 起。2018 年共收到信访件 49 件、处置问题线索 49 件，其中初步核实 36 件，谈话函询 8 件；党纪立案 4 件；实践运用监督执纪“四种形态”，提醒谈话 6 人，诫勉谈话 4 人，党内警告 1 人，开除党籍 3 人。全年开展审计项目 23 项，提出审计意见 93 条，促进增收节支 1900 余万元。

构建“不能腐”的有效机制。持续开展船舶廉洁风险防控动态排查，以船舶油污水管理、货油安全、燃油加装等 8 个方面为重点，将岗位职责、工作流程、廉洁风险点及防控措施、关键审批环节相融合，积极探索船舶廉洁风险防控的有效手段。坚持关口前移、过程监督，将制度建设、决策流程、新船选厂、设备选型和现场监造作为重点监督内容，监督 16 艘新船选厂竞争性谈判和 27 批次设备选型过程。

筑牢“不想腐”的思想防线。开展“严守纪律规矩，助力攻坚创效”为主题的廉洁从业教育月活动；在全系统通报 3 起违纪问题，对新提任干部进行廉洁从业集体谈话，对新入职员工开展廉洁从业教育；每逢重要节点开展廉洁提醒；编发《纪检监察审计简讯》12 期。

2018 年，公司党委加强企业文化建设，增强企业凝聚力。

发挥先进典型引领作用。总结提炼“远大湖”轮、“新金洋”轮的优秀事迹，将“五长”定船制、师傅带徒、家文化建设等好经验在系统内进行推广。运用“能源英雄直通车”开门搞评比的理念，通过差额推荐、风采展示、组织审议等程序，评

① 《习近平在全国国有企业党的建设工作会议上强调 坚持党对国有企业的领导不动摇 开创国有企业党的建设新局面》，《人民日报》，2016年10月12日01版.

选“两优一先”先进典型。配合集团做好劳动模范、先进集体和先进个人的评选工作，以及长期服务船舶“三长”的表彰工作。

加强企业品牌形象建设。以公司搬迁为契机，完成公司形象宣传片《为世界‘船’递能量》的制作和企业文化展示厅的建设，反响较好。加强外宣工作，主动撰写高质量论文 10 篇，被境内外主流财经、航运媒体转载 70 多次；在集团媒体刊发《“大客户、大合作”战略迈出新步伐》《扬帆北极圈“冰上丝路”背后的故事》等 10 余篇专版，积极发出公司声音。加强公司微信公众号的建设，全年共推送 273 期，目前关注人数已达 2973 人。先后承办“中国油运安全论坛”“上海 LNG 论坛”“安全技术论坛”“SHELL 中国区合作伙伴交流会议”等活动，品牌影响力、社会影响力逐步提升。

群团组织履职尽责。工会持续推进民主管理，畅通合理化建议渠道，16 项职代会提案全部答复到位；组织人员参加集团第二届职工运动会，开展送温暖、安全生产知识竞赛、劳动竞赛和“隐患大家找，安全随手拍”等活动，被中华全国总工会授予“全国模范职工之家”荣誉称号。团委积极开展“浪花心愿”爱心结对助学工作，资助 18 名集团对口帮扶云南永德县贫困学生；选派人员参加上海市“青年大学习”演讲比赛，获得最佳人气奖和三等奖；选派优秀的年轻人担任集团和公司的展厅讲解员。（傅源源）

中远海运散货运输有限公司

中远海运散货运输有限公司

中远海运散货运输有限公司（简称“中远海运散运”，英文简称COSCO SHIPPING Bulk），是中远海运集团旗下的全资子公司，由原中远集团旗下的中远散货运输（集团）有限公司（简称“中散集团”）和原中国海运旗下的中海散货运输有限公司（简称“中海散运”）整合而成，于2016年6月2日在广州南沙自贸区注册成立，6月16日正式挂牌运营。

【公司沿革】

2011年6月7日，中远集团的控股子公司——中国远洋控股股份有限公司（以下简称“中国远洋”，H股代码：1919，A股代码：601919）董事会执行委员会批准通过进一步推进散货体制改革基本原则和基本框架。根据中国远洋第三届董事会第二次会议决议，决定独家出资设立中散集团，实现对中国远洋旗下中远散货运输有限公司（中远散运）、青岛远洋运输有限公司（青岛远洋）、中远（香港）航运有限公司/深圳远洋运输股份有限公司（中远香港航运/深圳远洋）3家散货公司生产经营、企业管理、人力资源、财务策划、发展战略等全方位的整合。中散集团于2011年10月26日取得企业法人营业执照，注册资本为人民币10亿元，注册地为天津市东疆保税区，中国远洋持有其100%的股权。2011年12月13日，中国远洋以其持有的中远散运100%股权、青岛远洋100%的股权，以及深圳远洋51.72%的股权对中散集团增资，金额为106.97亿元。增资后，中散集团注册资本变更为116.97亿元。2012年3月31日，中国远洋以其持有的对中散集团的债权对中散集团增资，金额为142.71亿元。增资后，其注册资本变更为259.68亿元。中散集团的经营范围包括：国际船舶普通货物运输；国内沿海及长江中下游普通货船运输；船舶租赁、买卖、管理及相关信息咨询；货运代理；企业管理。截至2015年底，中散集团拥有和控制干散货船舶225艘/2 199.6万载重吨。其中包括自有船176艘/1 748.16万载重吨，光租船4艘/19.73万载重吨，期租船45艘/431.71万载重吨。

1998年4月22日，中海集团的控股子公司——中海发展股份有限公司（以下简称“中海发展”，H股代码：01138，A股代码：600026），在广州市南沙区成立中海发展股份有限公司货轮公司（以下简称“中海货运”）。中海货运拥有中海集团下属的中国沿海最大的货轮运输船队，由上海海运集团公司（上海海运）、广州海运集团公司（广州海运）、大连海运集团公司（大连海运）所属的3家专业货运公司组建而成。2011年11月，中海集团着手进行干散货运输资源的再次整合，决定设立新的独立法人——中海散运，将其作为中海集团干散货船队统一经营管理平台，逐步将中海集团所属的干散货船舶的资产、业务（含中海货运）及中海发展所属散货联营公司的股权划转到中海散运。中海散运于2012年6月12日取得企业法人营业执照，注册地为广州市南沙区，注册资本5亿元。中海发展持有中海散运100%股权。2012年6月30日，中海发展以其持有的对中海散运的债权对中海散运增资，金额为11.67亿元，增资后其注册资本变更为16.67亿元。2012年9月28日，中海发展向中海散运增资26.33亿元，其中货币资金出资797 240 200.00元，以其所持有的中海散货运输（上海）有限公司100%股权和天津中海华润航运有限公司51%股权出资1 835 759 800.00

元，变更后中海散运注册资本为43亿元。中海散运的经营范围包括：国际船舶管理；国内船舶管理；国际船舶运输；内贸普通货物运输；水上运输设备租赁服务；水上货物运输代理；国际货运代理；水上运输设备批发；船舶修理；船舶零配件销售；船舶、海上设施、岸上工程的技术检验；煤炭及制品批发；谷物、豆及薯类批发；金属及金属矿批发（国家专营专控类除外）；钢材批发；钢材零售；非金属矿及制品批发（国家专营专控除外）；货物进出口（专营专控商品除外）；建材、装饰材料批发。截至2015年底，中海集团控制和拥有干散货船舶265艘/2 053.68万载重吨，其中自有船舶248艘/1 921.65万载重吨，租船11艘/132.03万载重吨。中海集团旗下的中海散运拥有和控制船舶106艘/927.35万载重吨，其中自有船舶95艘/835.43万载重吨，租入船舶11艘/91.92万载重吨。其余船舶为中海集团下属的其他公司或合营公司的船舶。

2015年下半年，为了加快推进中远集团和中海集团散运板块业务的整合工作，中散集团、中海散运分别派人参加筹备工作，进行深入调研，拟写整合重组方案，并协助散运资产从上市公司剥离，为后续改革重组做好前期准备。2016年2月18日，中远海运集团成立。2月24日，集团召开了散运整合工作会，宣布集团散运改革重组工作组成立。会上介绍了整合背景，宣布整合基本原则及分工、整合方案内容及时间表等。重新组建的散运改革重组工作小组在前期方案的基础上，结合集团成立后的新形势和新要求，在经营体制上深度创新，在方案论证上精雕细琢，前后修改83稿，最终完成《中国远洋海运集团散货运输板块业务整合总体建议方案》，并经集团4月18日第11次总经理办公会审议通过。3月30日，集团召开大会，宣布任命公司领导班子。4月20日，公司召开第2次总经理办公会，决定成立筹备工作领导小组和13个专项筹备组。筹备工作领导小组和专项筹备组成立后，制定工作计划及进度表，严抓工作进度，严格时间节点，严控质量效率，按照倒排时间进度的要求，确定10项重点任务，包括新公司工商注册、总部“三定”（定岗、定责、定编）、总部人员选配、业务切换方案、基本规章制度、信息系统切换和上线、办公及后勤保障、新公司总部开业仪式、方案宣贯、履行民主程序等，每项工作均指定分管领导负责推进。重点工作的按时完成到位，确保重组筹备工作的整体推进，保证公司按期注册、挂牌成立并平稳运行。6月30日，公司获得水路运输许可证、国际船舶运输经营许可证，并成功启动业务切换工作。11月19日，公司完成海南海盛100%股权的收购工作。12月28日，公司在完成自身增资66.12亿元的同时，通过对中散集团增资扩股，成为其股东并拥有56.5%表决权。

2018年是中远海运散运实现跨越式发展、历史性转变的关键一年。面对复杂多变的国际干散货市场环境和艰巨的改革发展重任，公司广大干部职工紧紧围绕“深化体制改革、扩大竞争优势、提升盈利能力”的工作主线，把握机遇、应对挑战，攻坚克难，砥砺前行，以坚定的信念、务实的举措，推动散运公司由商业模式变革向全面深化改革迈进，由单点创新突破向体系化创新能力转型，由做大规模效应向做强规模收益升级，构建了公司更为集约化的管理格局、更具竞争力的价值服务体系、更富影响力的市场地位，向“世界一流”的目标又迈出了坚实而重要的一步。

【经营效益】

2018年，中远海运散运完成货运量3.5亿吨（合并报表口径）；完成周转量1.09万亿吨海里（合并报表口径，约2万亿吨公里）；实现营业总收入244.8亿元，同比增长3%；发生营业总成本238.8亿元，同比下降3%；考虑营业外收支，实现利润总额26.8亿元，同比增加21.4亿元，超额完成了集团下达的15亿元的奋斗目标，用切实行动为集团创效发展作出积极贡献。公司先后获评“金轮奖最佳散货运输公司”“云南省临沧市先进扶贫单位”“全国交通企业文化建设卓越单位”“全国交通运输行业文明单位”等荣誉称号，“嘉茂山”轮成功进行海上救助等，树立了散运公司良好的品牌形象。

【深化改革】

自2016年底，集团提出深化改革动议以来，中远海运散运以实现国有资产“做强做优做大”的重要部署为指导，以集团“6+1”总体发展战略为引领，围绕“三提高一降低”的目标，按照“统一管理、精简高效、职责清晰、分工专业”的总体要求，先后历经了船员体制改革、船管体制改革、组织架构调整优化、区域公司转型发展等体制改革的谋划与实施。历时两年有余，时间跨度较长、复杂程度高、协同难度大，涉及散运公司总部，中远散运，青岛远洋、香港航运、深圳远洋、三个分部、原广州船管中心、原天津三个中心、原中海国际船管业务，共9地近千人。

改革过程中，散运系统广大干部职工能够准确领会和把握改革战略意图，将思想和行动统一到集团部署上来，坚持集团和公司利益优先，服从组织安排，强化责任担当，主动维护安全稳定局面，为深化改革的顺利实施提供了坚实保障。各相关工作机构，明确责任划分，注重沟通协调，坚持深改快改，有力确保了业务切换有条不紊、体制机制衔接有序、人员资产转移平稳的目标。从改革后试运行的初步成效看，散运总部、分支机构职责更加清晰，直属单位作用更加聚焦，形成了更为紧密的“后台管理支撑前端经营”的有机整体，为散运公司发挥系统集成的规模优势、提升整体竞争力起到了重要助推作用。公司管控架构图见图14-1。

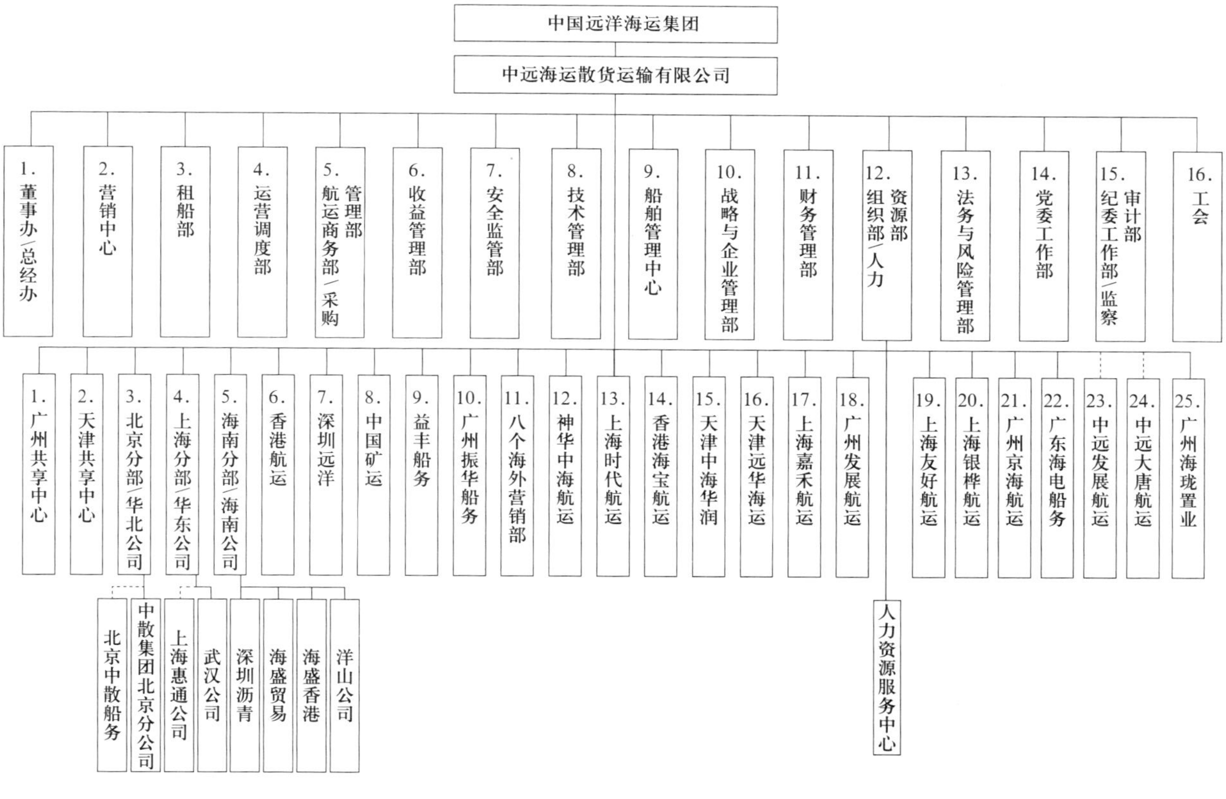

图14-1 中远海运散运管控架构图

【全球营销】

坚持全球化、大客户战略，把握国家政策导向、发挥内贸本土优势，是中远海运散运成功扩大货源规模的重要抓手。2018年，公司全球营销机制进一步完善，瑞士代表处正式成立，各海内外营销网点充分发挥当地优势，有力推动了全球区域市场客户的精准营销。通过紧紧把握“一带一路”等国家对外开放政策，扎实推进沿线国家及第三国货源揽取力度，公司在谷物、散杂等多条第三国新航线上取得了新突破，提升了全球货源揽取能力；通过高层营销、二次营销，积极实施“走出去”战略，扩大互动合作空间，公司与VALE、BHP、FMG、TCP、宝武、大唐、中铝、中粮等战略客户的合作不断深化，与华润电力、厦门象屿、厦门国贸等多家客户达成战略合作协议；通过有效聚合散运及多家合资航运公司在内贸航线的资源优势、规模优势，公司内贸市场占有率和影响力得到进一步提升。

【创新发展】

立足航运服务本质，抓准大客户需求，从单一要素驱动向多要素聚合化创新升级，使中远海运散运逐步形成了独具特色的差异化竞争优势。在专项定制运力发展方面，2018年，公司为客户量身定制的3.25万吨新造船签约落地，以及新接入4艘第二代40万吨级矿砂船，标志着公司专项定制运力发展模式走向成熟。在准班轮运营方面，21条准班轮航线成为公司全球化、规模化、创新性服务产品，通过标准化的运作，形成了“货主+船东+港口”合作模式，大力提升了三方效率，完成航次整体效益高出同类传统运输模式10%。在中铝几内亚项目开拓方面，公司作为合作主体，成功中标中铝几内亚铝土矿项目。量身定制的驳船、拖轮、过驳平台等转驳转运设备，为实现港口—内河—转运平台—海运全程“一站式”服务积累了运营经验，有力突破了公司在经营模式和业务规模方面的瓶颈，大幅提升其全球综合服务竞争实力。中铝几内亚项目组荣获集团“钻石团队”。

【共赢发展】

2018年，中远海运散运在产业间协同发展、价值链共生共长的新业态下，融入时代发展潮流，引领行业发展新趋势，并较为成功地克服了地缘政治冲突和贸易摩擦加剧等不确定性因素。2018年，公司在船东峰会、行业媒体平台，以及国内外市场上发声的引领性明显增强，强化了正面预期引导，坚定维护了市场信心。同时，协调波罗的海贸易海运交易所（BE）、上海航运交易所（上交所）及波罗的海国际航运公会（BIMCO）等行业机构，主动参与波罗的海干散货指数（BDI）改革、BIMCO标准合同全过程修订，并全力推广上交所远东干散货指数（FDI）及内贸标准化合同范本，向着“航运规则制定者”身份转变迈出了重要步伐。通过紧随国家“走出去”战略、不断深化央企合作，有力提升了散运公司发展速度。2018年，中远海运散运进一步响应国家海南发展战略，按照集团部署，向海南海盛划转散货船，提前抢占海南未来发展先机。依托全球网点联动，公司市场研判体系渐趋精准成熟，全球运力布局持续优化，船货匹配水平不断提升，外贸分线操作、运力置换等市场手段日益灵活，远期固定收益业务比例进一步提升。同时，内贸规模庞大的基础货源得到充分利用，“船东和货主”双重角色灵活把握切换，持续深化了公司由“控船”向“控货”的转型，由“规模优势”向“规模效益”的转化。作为联结大货主、推进互利共赢的重要平台，公司携手各合资方不断创新经营理念，强化规范管理，在资源共享、业务开拓等方面加强协同联动，提升了合资合营企业的市场竞争力和盈利能力。

【安全管理】

2018年，中远海运散运站在深化改革与攻坚创效的新起点，聚焦提质增效，积极响应前端需求，为生产经营树立了坚实的后台管控保障。围绕“去产能、调结构”的任务，从股权结构调整、存量资产盘活、非主业资产剥离等多维角度出发，优化资源合理配置。围绕强化风险防控体系建设，大力推进重点领域、关键环节的风险防控及合规授权管理，进一步梳理优化法治建设、重大合同管理、重点项目风险评估等方面的制度流程，2018年出台或完善各项规章制度18项。围绕确保安全稳定的局面，以落实主体责任、加强监督管控、强化船岸协同为抓手，积极主动作为，全年 PSC 检查无滞留，无缺陷通过率达 85.7%，同比提高 4 个百分点；防海盗、防抗台成功率 100%；未发生较大及以上事故，保持了公司安全形势总体稳定。围绕高效化、流程化的目标，统筹推进信息化建设，对 BMS 系统、航标系统等进行改造完善，为经营提供了有力支撑。同时，主动应对网络诈骗、信息泄密等新型风险，以技术管控为抓手，捍卫公司信息安全的防线。

【队伍建设】

中远海运散运坚持正确选人用人导向，坚持好干部标准，突出政治标准，对总部、分支机构、海外营销网点和合资合营公司干部进行了调整补充，共交流任用干部 39 人次。组织实施公司成立后首次校园招聘，把牢人才招录关口，为干部人才队伍注入新鲜血液。根据船管体制改革和组织架构调整优化后的新情况，制定人员选配实施方案，组织员工意愿征集，充分考虑员工的合理诉求，尽一切努力妥善做好员工安置工作，既突出专业标准、选贤任能，又做到统筹大局、尊重历史，共选配各级干部 209 人次。最大程度上保持了队伍稳定，为改革平稳有序推进奠定了人才基础。加强干部培训培养，不断充实外派后备人才库，选派年轻业务骨干 20 人次到海外网点进行为期 3 个月的交流学习，推进人才培养国际化、专业化。全年共组织总部员工参加内外部培训班 80 期，培训人员 1481 人次，有效提升了干部队伍的综合素质。持续完善干部管理制度体系，严格做好干部日常管理，落实领导人员重要情况报告制度，开展干部人事档案专项审核，积极推进人力资源信息化建设。开展领导班子和领导人员履职情况年度考核以及总部员工年度考核测评，持续完善干部考核评价机制，激励约束作用有效发挥。

【党群工作】

2018 年，中远海运散运党委把学习习近平新时代中国特色社会主义思想和党的十九大精神作为首要政治任务。制定《中远海运散运党委理论学习中心组学习实施细则》，严格落实党委中心组学习制度，组织党委中心组集体学习 10 次。修订《公司党委议事决策规则》，把党组织研究讨论作为董事会、经理层决策重大问题前置程序，全年召开党委会 29 次，研究决策重大事项 84 项，特别是对公司船管体制改革和组织架构调整优化、中铝几内亚项目等重大事项均履行党委决策前置程序。各级领导班子发扬“钻石团队”精神，坚决贯彻落实集团船员船管体制改革、地区公司转型发展等一系列深化改革战略部署，全力以赴谋划实施体制机制改革工作。积极配合中央巡视工作，强化政治责任担当，确保思想认识、迎检态度、责任落实、立行立改到位。成立配合中央巡视工作机构，召开 4 次党委会、3 次工作小组专题会研究落实阶段性整改措施。对照集团巡视反馈问题，举一反三，针对 41 条问题细化实施整改措施 154 项。党委班子成员深入基层单位开展巡视整改督导 9 次。同时，坚持依法治企，高度重视法治建设。建立健全制度机制，深入推进法治建设各项工作，公司法治工作水平持续提升。

公司进一步健全完善党建工作考核机制，印发《党委落实全面从严治党主体责任实施细则》，制定年度党建工作责任制考核评价指标体系，与各直属单位签订党建工作责任书，并组织现场检查考核。认真落实党建进章程、党组织换届、党委决策前置等要求，共 11 家单位完成党建进章程和党组织换届工作，保证各级党组织的领导作用充分发挥。坚持“四同步、四对接”原则，围绕船管体制改革和组织架构调整优化，做好顶层设计，科学设置党群组织和职能机构，理顺全系统党群组织架构和隶属关系，使党建业务有序切换、平稳过渡。重视抓好船舶党建工作，结合船员船管体制改革，探索实施船舶党建工作新思路新举措，把船舶党建工作列入公司船舶评级考核的重要内容。修订公司《党费收缴、使用和管理规定》，进一步规范党费收缴、使用和管理工作。以提升组织力为重点，严肃党内政治生活。公司党委召开了年度民主生活会和巡视整改专题民主生活会，党委班子成员分别参加 8 家直属单位年度民主生活会和巡视整改专题民主生活会。组织开展以“不忘初心跟党走，牢记使命展作为”为主题的庆祝中国共产党成立 97 周年系列党日活动。重视党员发展工作，始终把政治标准放在首位，努力把优秀的生产经营骨干培养成党员，把党员培养成优秀的生产经营骨干。2018 年，公司发展党员 16 名。

公司工会认真学习贯彻全国工会十七次代表大会精神，加强民主管理，对涉及企业重大改革事项和职工切身利益重大问题依法依规履行职代会等民主程序，维护职工合法权益。为改革后异地来穗员工 150 多人精心准备“暖心礼包”，举办欢迎仪式和参观交流活动，做好后勤保障，帮助异地员工尽快适应新环境融入新团队。公司工会荣获集团“模范职工之家”称号，4 个基层工会荣获“模范职工小家”称号。做好扶贫帮困工作，积极履行社会责任，年内全系统完成 6 个扶贫项目，落实捐赠资金 2372 万元。公司被云南省临沧市评为扶贫先进单位，莫韦嶙同志被评为云南省 2018 年社会扶贫模范和云南省临沧市扶贫先进工作者。各级团组织深入学习贯彻团十八大精神。积极开展“青年文明号开放周”活动，形成创新创优成果 42 个。深化共青团品牌建设，激发了青年员工投身企业改革发展的动力。以“综治维稳工作责任书”为抓手，逐级传导压力，压实综治维稳责任。制定《公司突发稳定事件应急处置总体预案》，建立应急指挥、联动处置、舆情掌控一体化的应急处置机制，持续巩固安全稳定局面。

【全面从严治党】

2018 年，中远海运散运严格落实中央巡视整改要求，深入开展落实中央八项规定精神情况自查自纠。开展内部审计和巡察工作，加强对依法合规经营、廉洁自律、落实中央八项规定精神等方面的监督检查。不断健全完善制度体系，推进长效机制建设，全面提升公司风险防控能力。严格特殊关联企业管理，加强发现问题整改，堵塞管理漏洞，以强有力的措施彻底斩断非法利益输送链条。制定实施《公司管理干部任职前组织部门听取纪检部门意见试行办法》，严把选人用人廉洁关、防范选人用人风险。丰富党内监督方式，成立巡察工作领导机构和工作机构，制定 5 项巡察工作制度和年度巡察工作计划，扎实开展第一轮巡察。通过内部审计、专项检查等方式，持续推进纠正“四风”，落实好集中整治形式主义、官僚主义工作的监督工作。严肃执纪问责，对参与超标准公款宴请，违反履职待遇、业务支出有关规定的相关责任人员进行诫勉谈话等处理；对集团转来有关问题线索进行深入核查，并按要求进行追究问责。依法合规开展查信办案，共收到信访举报件 29 件，已办结 29 件，立案处理 2 起，给予党纪处分 2 人。完成审计项目 52 项，发现问题 161 个，提出审计意见 158 条，促进增收节支 958.8 万元。立足早提醒、早警示，组织副经理级以上和关键岗位员工签订廉洁从业承诺书 281 份，及时对新入司员工、新提拔调整干部进行任前廉洁谈话，在廉洁从业教育大会上对党员干部员工进行集体廉洁谈话。将廉洁风险防控触角延伸到境外，在对境外公司开展审计监督的同时，加强对外派干部廉洁教育工作。持之以恒贯彻落实中央八项规定精神，严明“十五个严禁”等纪律要求，做好重要节假日廉洁自律提醒教育。精心策划开展廉洁从业主题教育月活动，组织参观廉洁教育基地、观看廉洁影片，开展知识答题和“廉洁岗位我代言”等活动，有力推进了散运特色廉洁文化建设。

【宣传思想文化工作】

2018 年，中远海运散运坚持党管宣传、党管意识形态，制定《公司党委意识形态工作责任制实施细则》，召开公司宣传文化工作会，印发 2018 年宣传思想文化工作要点。结合船管体制改革，撰写宣传提纲，加强正面宣传引导。创新宣传手段，形成“一刊一机一网一微一厅一墙”为特色的立体化宣传格局，制作《金色航迹》公司成立两周年宣传片，全方位宣传展示公司各方面工作取得的新成效。丰富媒体朋友圈，拓展对外发声渠道，全年外宣发稿 180 余篇。利用参加进博会、国际海运年会等时机，宣传展示企业形象。把握市场舆论导向，主动发声，组织撰写和发布多篇市场分析文章，有力提振市场信心、提升公司话语权和影响力。公司获评集团 2018 年度新闻报道优秀组织奖，4 人获评优秀通讯员，6 人在“扬丝路风帆，共筑航海梦”摄影及微视频大赛中获奖。针对党建思想政治工作中的重点、难点和热点问题，集中力量开展重点课题攻关，在提升研究深度和精度上下功夫，政研成果丰硕。4 篇论文在全国交通行业优秀政工论文评选中获一等奖和三等奖。1 篇论文在中央企业党建思想政治工作优秀研究成果评选中获三等奖，是集团唯一一篇获此殊荣的政研成果。24 篇政研论文获集团表彰，在集团二级单位中名列前茅。同时组织对公司 2017 年度党建政研优秀成果进行评选表彰，编印《优秀论文集》。

加强文化阵地建设，及时更新维护企业文化展厅，全年接待客户、来宾 30 多批、400 多人次。举办以“新时代・新跨越”为主题的第二届“企业文化月”系列活动，组织职工文艺汇演，羽毛球、排球比赛，朗诵比赛，安全生产知识竞赛等系列文体活动，打造了散运特色文化品牌，增强了职工队伍的凝聚力、向心力。积极开展创先争优活动，抓典型树标杆，组织开展评选“钻石团队”、先进集体、先进个人活动，深入挖掘宣传先进典型的生动事迹。总经理杨志坚荣登“2018 中国航运名人榜”，党委书记张治平荣获广东省五一劳动奖章，工会主席鲍旭当选全国工会十七次代表大会代表，“新鞍钢”轮荣获广东省五一劳动奖状。此外，有 2 名员工获评集团“劳动模范”，10 个集体和 5 名员工分别获评集团先进集体和先进个人；中远海运散运几内亚项目组、船管改革与调整优化工作组 2 个团队荣获公司“钻石团队”称号，36 个集体和 40 名员工获评公司先进集体和先进个人。

2018 年中远海运散运主要情况见表 14–2。

2018 年中远海运散运主要情况表　　表 14–2

类别	项目（单位）	数据
运力	艘数（艘 / 万吨）	361/3598
	自有船舶（艘 / 万吨）	296/3006
	其他船舶（艘 / 万吨）	65/592
	新船订单（艘 / 万吨）	5/165.7
运量	货运（亿吨）	3.52
	周转量（亿吨海里）	10 873.96
财务状况	总资产（亿元）	876.56
	净资产（亿元）	130.3
	总收入（亿元）	245.45
	利润总额（亿元）	26.40
员工队伍	年末员工总数（人）	1211

（李晓燕）

中远海运特种运输股份有限公司

中远海运特种运输股份有限公司

中远海运特种运输股份有限公司（简称“中远海运特运”，英文简称 COSCO SHIPPING Specialized），是中国远洋海运集团控股的上市公司，也是集团的战略产业集群之一，主营特种船运输及相关业务。中远海运特运拥有规模和综合实力居世界前列的特种运输船队。2018 年，公司经营管理半潜船、多用途船、重吊船、汽车船、木材船和沥青船等各类型船舶 100 多艘 /260 多万载重吨。

【公司沿革】

中远海运特运的前身——中国远洋运输公司广州分公司（简称“中远广州分公司”），成立于 1961 年 4 月 27 日，是新中国成立最早的国有远洋运输企业，被誉为新中国远洋运输事业的摇篮和发源地。1979 年 5 月 1 日，经交通部批准，中远各分公司改称为所在地区的远洋运输公司，中远广州分公司从此改称为广州远洋运输公司（简称“广州远洋”或“广远”）。中远海运特运更名前全称为中远航运股份有限公司（简称“中远航运”），成立于 1999 年 12 月 8 日，于2002年4月18日在上海证券交易所挂牌上市。根据中远集团总体战略部署，2012 年初，广州远洋和中远航运本部实施机构整合，新机构于 1 月 9 日起正式运作。12 月 5 日，中远航运董事会通过决议，以自有资金收购中远集团持有的广州远洋 100% 股权，至此，广州远洋整体上市项目圆满完成。2016 年 2 月 18 日，原中远集团与原中海集团实施合并重组，成立中国远洋海运集团有限公司。新集团成立后，同年 12 月 7 日，公司更名为中远海运特种运输股份有限公司。

【生产经营】

2018 年是改革开放 40 周年，也是公司贯彻落实党的十九大精神，推动实现创新创效发展的重要一年。中远海运特运全体船岸员工在中远海运集团和公司董事会的正确领导下，以创效为核心，迎难而上，奋力拼搏，齐心开创公司卓越发展新篇章，各项工作取得良好成效。

中远海运特运的航线覆盖全球，船舶航行于 160 多个国家和地区的 1600 多个港口之间。公司以远东为依托，在欧洲航线、美洲航线、非洲航线、泛印度洋航线、泛太平洋航线上，已经形成了较强的优势，并积极开拓了大西洋航线、澳新航线等新航线。

中远海运特运 2018 年完成货运量 1 630.5 万吨，周转量 824.5 亿吨海里，全年营收达到 75.76 亿元，营业收入同比增加 16.4%，货运量同比增长 21.5%，经营规模创下近三年来的新高。经济效益稳步攀升，全年实现利润总额 1.24 亿元，净利润 0.87 亿元；经营规模也稳定提升，发展质量不断提高，股本回报率（Return on Equity，ROE）达到 0.90%，资产负债率 55.76%。

【战略调整】

2018 年，公司以创效为核心，提升航运主业发展质量，成功实现整体盈利，创新发展能力进一步增强，为公司迈上长远稳定发展的道路奠定了坚实基础。

公司以创新为抓手，推动航线经营转型升级。一是创建欧洲经营平台，在荷兰组建合资公司，搭建首个海外经营平台，并作为独立的经营性公司掌控运力和营销资源，全面开拓欧洲、美洲、地中海等区域市场，提升公司全球化经营能力。二是创新推出准班轮服务业务，实现行业引领。木材船部相继推出西非、东非和回程板材准班轮航线并取得成功。三是聚焦第三国市场成功开辟大西洋航线。2018年，公司第三国货量同比增加24%，全球发展能力不断增强。四是突破传统思维模式，开辟全球大三角航线，2018年底首次实现环球航行，总航次天191天，运费收入、平均期租水平、总效益都较理想，不仅解决了进出口货源不平衡的难题，也顺应了贸易全球化的大势。五是应对贸易变革加大新市场运力投放，在新兴市场较为集中的地区组建泛印度洋、泛太平洋和澳新航线，确保在新的贸易格局中占据主动。六是扩大极地优势建设冰上丝绸之路。2018年，公司圆满完成8个北极航次，成为全球利用北极航线最多的航运公司，取得良好的经济效益和社会效益。

【公司治理】

2018年，公司董事会顺利完成换届，第七届董事会正式运作，开启了公司新的发展时期。第七届董事会成员分别为：董事长丁农，副董事长陈威，董事张莉、张炜、陈冬，独立董事郑伟、谭劲松和许丽华。同时，公司保持了高质量的信息披露水平，持续获得上海证券交易所“上市公司信息披露A类”评级，克服航运市场和资本市场低迷的困难，保持了公司在资本市场的良好形象。

2018年，面对严峻的市场形势，公司坚持质效并举，不断强化节约意识，加大成本管控力度，提升船队发展质量，取得一定成效。其中，船舶管理成本下降明显，机务费用较年初预算大幅减少。船舶运营效率进一步提高，船舶载重利用率达到52.2%，单航次挂港数降至4.4个，比上年减少0.2个。加大港口使费商谈力度，代理费等成本下降4.5%，绑垫料成本下降1.6%，货损索赔金额下降58%，货运质量进一步改善。

2018年，公司坚持深化改革，激发创效活力。一是立足船岸融合，稳步推进船员体制改革。公司根据集团统一部署有序推进船员体制改革，完成船员整体划转，围绕“三提高一降低”改革目标，确立“上了特运船，就是特运人”的船员工作理念，把船员家属站、船员激励、为船员办实事等关心关爱船员的各项举措延续下来，继续把船员视为自有船员，畅通船岸交流渠道，为船员成长与职业发展提供更有力的支持，促进船岸融合，共享发展成果。二是组建采购管理部，提升管理效能。为贯彻落实中央巡视反馈意见整改要求，理顺管理机制，规范采购流程，压降采购成本，防范廉洁风险。同年12月，公司对分散在各个部门的采购职能进行整合，组建采购管理部，实现采购管理“需、管、办”的有效分离，推动采购管理规范化运行。三是创新人才培养，激发干事创业激情。公司坚持高标准选聘人才，拓宽人才引进渠道，推动青年接力；严把干部选用关，人才选拔机制不断优化；完善薪酬激励方案，建立薪酬晋升双通道管理机制；开展股权激励，强化绩效考核，进一步激发员工干事创业的活力。四是发挥上市平台优势，拓展资本合作。根据战略发展需要，公司对合资合作项目进行优化，使资本合作聚焦更有发展潜力的新兴业务，更好地服务于公司的长远稳定发展。五是加快推进科技创新和信息化建设。公司把握大数据发展趋势，持续推进业财一体化，并以非班轮系统、航标系统为载体，以船舶智能技术为驱动，打造智慧航运。

2018年，公司岸产企业经营水平不断提升，为公司整体效益作出重要贡献。远洋宾馆大力开拓市场，增加客源，各项指标保持良好上升势头。建设实业经过重组改革，发展活力不断增强，利润同比大幅增长46%；同时，在盘活存量资产上取得积极进展，中远海运大厦顺利动工，华坑路地块改造进入实操阶段。航运服务板块发挥协同优势，丰富业务模式，发展能力不断增强，其中，供应公司积极开发邮轮物资供应业务；船技工程抓住低硫油保供机遇，扩大高端产品代理权；船电科技为大客户提供定制服务，通导商城线上承揽业务量持续稳定增长；教育培训板块成功开拓中海国际船员培训、岗前适任培训等项目，内部特色培训针对性更强、质量更高。

截至 2018 年底，公司所属全资及参股企业 10 家，即上海公司、天津公司、滚装公司、特运欧洲公司、特运美洲公司、香港公司、广州海特、中远日邮、德利新能源公司，以及通过上海公司持股的南华物流公司。另外，公司管理广州远洋运输有限公司、代管广州远洋投资有限公司。公司通过广州远洋运输有限公司出资管理全资及参股企业 7 家：沥青公司、天星船务、远洋宾馆、东海大厦、船技工程、供应公司和船电科技；通过广州远洋投资有限公司出资管理全资及参股企业 5 家：建设实业、物业公司、广远职校（金桥学院、海员学校）、湛江供应公司和广东省远洋；通过滚装公司代管公司 3 家：中海汽车船运输有限公司、中海汽车船（香港）有限公司和大连中海汽车船运输有限公司。根据国务院国资委的要求和集团总体部署，公司积极推进低效无效资产处置和“压减”工作，年内完成中远日邮的注销、完成境外单船公司天王星公司和海王星公司的注销，并按计划处置相关低效无效资产。

【项 目 建 设】

2018 年，公司做强前沿业务，培育未来发展新引擎。一是强化技术引领，独占“运输 + 安装”市场。2018 年，公司包揽全球所有 6 个“运输 + 安装”项目，显示了公司在该细分领域的绝对优势，这是公司依靠先进技术和卓越品牌培育起来的高门槛、高收益的独占市场，是公司未来发展的重要支柱。二是加强技术攻关，开发老旧平台拆卸业务。该方案通过康菲澳大利亚项目首轮评审，在市场开拓上迈出重要一步。三是加强项目管理，提升全程物流服务能力。公司建立项目管理制度，加大市场开拓力度，相继中标中电装土耳其凡城电站项目、中航国际肯尼亚项目等 3 个全程物流项目。四是组建操作平台，拓展纸浆分拨延伸服务。公司正式执行鹦鹉和芬宝纸浆国内分拨转运业务，货量超过 16 万吨，同时收购南华物流 50% 股权，搭建延伸服务平台，培育新的业务增长点。五是把握市场机遇，开创 LNG 罐箱海运先河，成功完成国内首个 LNG 罐箱海运航次，为公司打造 LNG 陆海联运新通道，分享 LNG 市场增长红利奠定了基础。六是圆满完成比港浮船坞的承运项目，为集团打造“一带一路”枢纽港提供强大助力。

【航 运 经 营】

2018 年，公司坚持营销先行，市场营销工作亮点纷呈。一是加大央企客户开发力度，扩大项目合作，其中“一带一路”沿线货量比重达到 43%。同时积极参加进口博览会，举办全球营销大会、大西洋航线推介会，参展欧洲、中东杂货展等重要展会共 31 场，加强市场推介，扩大影响力。二是分行业营销取得丰硕成果，纸浆和风电营销效果最为突出，纸浆方面相继与 Stora Enso、Arauco 等公司签署长期合作协议，迅速积累了超过 1000 万吨纸浆货源储备；风电方面中标金风科技澳洲和阿根廷项目，续签西门子－歌美飒年度 COA，公司作为“风电运输专家”的影响力和领先优势不断扩大。三是货源和客户结构持续优化，基础货源不断夯实，新签 COA 91 个，超额完成全年目标。积极与优质大客户开展战略合作，实现 16 家重要大客户运费超额完成指标，直接客户比例提升至 56%。机械设备运费贡献比重达到 45.5%，为提升航次盈利能力提供了支撑。四是大项目执行与开发成果显著，精心推进 TCO 项目并执行 14 个航次，安全交付 32 个模块，同时加大远期项目开发，中标 LNG CANADA 项目，与 TCO 项目实现有序衔接，锁定 4 艘半潜船远期收益。五是强化协同，提升全球营销水平，加大南美、欧洲、澳洲等区域的网点建设和派员，全年海外网点货量贡献同比增加 24%。国内营销方面，加强与物流和集运网络的合作，提高揽货成效，其中物流系统货量贡献增长 70%，集运系统货量贡献同比增长近 2 倍。

【党 群 工 作】

中共中远海运特种运输股份有限公司委员会（简称“中远海运特运党委”），隶属中国远洋海运集团有限公司党组（简称“中国远洋海运党组”），2018 年 1—10 月，属地广东省直属机关工作委员会（简称“省直工委”），10 月底公司党组织关系转移至广东省国资委党委。公司党委下设党工部、组织部、纪工部等工作部门。

2018 年，公司党委深入学习贯彻习近平新时代中国特色社会主义思想和党的十九大精神，充分发挥把方向、管大局、保落实作用，带领船岸职工拼搏进取，推动改革发展稳定各项工作取得新成效。公司胜利召开党代会，回顾总结改革发展成就，谋划部署未来五年愿景蓝图，选举产生新一届“两委”班子，进一步积聚了合力创业、全力创效、大力创新的强大动能。

在讲政治上聚神，树牢“四个意识”引领改革发展。深化理论学习，以新思想新精神武装头脑。修订党委中心组学习实施细则，制定学习党的十九大精神补充方案，全年举办党委中心组集体学习 15 次、自学 8 次，举办党的十九大精神专题轮训班 2 期，开展庆祝建党 97 周年“六个一”活动，引导党员学深学透，把思想认识统一到新时代、新使命、新担当要求上来，统一到中央大政方针和集团党组的决策部署上来。发挥领导作用，扛起把方向管大局政治责任。修订议事规则，明确决策清单，健全完善党委研究讨论重大事项前置程序。全年召开党委会 25 次，研究审议议题 108 个，其中作为办公会前置议题 19 个。专题听取并研究船员管理体制改革、法治建设、机构调整、重点项目、精准扶贫、文化建设和保密等工作，提出具体要求，推动任务落实。指导二级单位全部完成“党建入章程”，党组织发挥作用进一步组织化、制度化、具体化。

在夯基础上聚责，固本强基建强基层战斗堡垒。党建工作责任继续夯实。落实国务院国资委“党建质量提升年”部署和集团党组工作要求，进一步健全完善公司党建工作责任制实施办法和考核评议细则，以“述考评议”为抓手推动党建责任落实到位。通过现场述职、联合检查、访谈测评和专项评价，对直属党组织党建工作成效评分定级。公司二级党组织书记述职评议考核工作得到集团党组、广东省直工委等上级组织的充分肯定。基层组织力逐步提升。牢固树立“党的一切工作到支部”鲜明导向，深化“党建示范工程”建设，抓实基层，建强支部。“党建示范工程”进一步延伸拓展，示范支部扩充至 20 个，一批支部工作法得到总结提炼，先进示范带动作用得到彰显。党员教育培训进一步常态化规范化，全年举办组织委员培训班 2 期，组织参加省、集团、公司轮训培训 406 人次。全年新发展党员 11 人、培养入党积极分子 37 人。党的组织体系不断健全。完成组织关系从广东省直工委向省国资委党委转接、划转招商广办党总支、调整优化办事处党支部设置。顺利推进船员管理体制改革，设立船舶管理部党总支，补足船舶党建工作力量，确保工作不断、标准不降。制定公司《基层党组织换届选举管理办法》，完成公司党委、直属党委、金桥学院党委和陆岸党支部的换届选举，党组织实现“应换尽换”。

在正风纪上聚效，推动全面从严治党纵深发展。切实履行“两个责任”。制定公司党委落实全面从严治党主体责任实施细则，明晰党委主体责任内容，细化党委班子、党委第一责任人，以及班子成员在党风廉政建设和反腐败工作的具体职责，完善工作程序和保障机制，真正压实“一岗双责”。党委全年专题研究全面从严治党、党风廉政建设、巡视巡察工作等 21 次，签订全面从严治党主体责任、监督责任、“一岗双责”责任书 44 份，签署廉洁从业承诺书 71 份，结合开展“纪律教育学习月”和“廉洁从业主题教育月”活动，日常学习、专题教育、案例警示落到日常、严在平常。严肃监督执纪问责。强化线索处置，保持反腐高压态势。全年共受理信访举报 6 件，了结率 100%。立案 1 件，党纪处分 1 人，挽回经济损失约 1400 万元。同时坚持抓早抓小，用好“四种形态”，严格落实领导干部谈话制度，全年各级完成常规谈话 726 人次、提醒谈话 12 人次、诫勉谈话 4 人次。对所属 2 个单位 3 名党员干部受到的不实举报予以澄清，传递出为干事创业者撑腰鼓劲的强烈信号，树立了扶正祛邪、激浊扬清的鲜明导向。驰而不息反对“四风”。开展落实中央八项规定精神情况自查自纠专项工作，针对检查发现的问题，督促整改落实。制定《深入贯彻落实中央八项规定精神、进一步加强作风建设的实施意见》，印发《进一步加强履职待遇和业务支出管理的实施意见》，深入开展形式主义、官僚主义调研排查。把“四风”问题作为纪检、监察、巡察、审计的共同检查内容，强化监督执行，不断巩固和拓展落实中央八项规定精神成果，把作风建设引向深入。提升审计监督质量。充分发挥审计监督“探头”和“尖刀”作用，聚焦关键环节、重点领域、重大项目开展审计监督，全年组织开展特殊关联交易、半潜船运费管理、已核销坏账情况、扶贫资金使用等专项检查25项，完成各类审计项目23个，覆盖公司总资产的47.18%。累计发现问题173个，提出并被采纳审计意见建议189条。其中，机务账单审核、工程审计等促进增收节支496.47万元，厂修费用减账3 149.6万元，为公司降本节支作出了积极贡献。

2018年，公司被评为全国交通运输系统文明单位，一批先进集体和个人受到上级表彰；公司创新创效项目获得第三届“中央企业创新创效优秀奖”；公司“新光华”轮获评全国青年安全示范岗，“永盛”轮荣获广东省五四青年奖章，一批基层团组织和团员青年受到上级表彰。

【安全生产】

2018年，中远海运特运认真贯彻落实党和国家安全生产大政方针，按照中远海运集团的统一部署和指示要求，围绕“一个坚持、三项建设、六个强化”安全工作总体思路，坚持以人为本，强化责任担当，着力抓好安全监督管理工作，安全生产形势总体稳定。

公司航行安全工作以季节性安全工作为主线，通过加大闭路电视监控系统（CCTV）视频抽查频度，狠抓“驾驶台班组”管理，强化对“四重船舶”的跟踪指导，为航行安全提供有力保障。圆满完成“天健”轮等6艘船舶8个航次的北极航行任务。全年发生海损小事故5起，防台成功率100%。继续加大对防海盗措施落实情况的跟踪指导，有针对性地做好预防工作。全年跟踪指导航经海盗活动“高危海域”船舶967艘次，停靠偷渡猖獗的非洲港口237艘次，成功击退2起疑似武装海盗船袭扰，没有发生海上保安和港口偷渡事件。陆岸安保围绕全国两会、首届进博会、重大节假日等重点时段，提前检查布置，强化过程监控，全年没有发生安保事件。

2018年，公司船队共238艘次船舶接受PSC检查，无缺陷通过率84.9%，无船舶被滞留。沥青公司接受油公司、油码头检查共45艘次均顺利通过，接受PSC/FSC/COC检查41艘次，无缺陷通过率82.90%。

2018年，公司强化风险管理，积极提升货运安全保障水平。公司全年实现特种货物运输无货损货差，普通货物的货损票数率为公司考核指标的80%；货方提出具体索赔额同比下降58%。

公司高度重视隐患排查治理工作，全年在全系统内开展了“航行安全专项整治行动”“深入基层安全大检查”等活动，以排查治理安全隐患为切入点，消除安全短板、堵塞管理漏洞。针对全年发生的各类安全事故/事件，按照“四不放过”原则进行事故调查，查明原因，严肃追责。对各类检查缺陷进行统计分析，通报船队，要求船舶举一反三，认真落实整改，把事故苗头消灭在萌芽状态。

按照集团统一部署，公司顺利完成船员体制改革，保持船员队伍基本稳定，保证船舶管理工作不断不乱。公司建立了特运船员进出库机制，完善《体系思维与船舶安全管理》、《风险评估与船舶安全管理》、劳动安全和航行安全等课件，积极开展具有特运特点的船员培训工作，取得了较好的效果。

【风险管理】

2018年，公司积极转变风险防控理念，由事后应急应变处理转变为事前跟踪预防，建立健全法制基础，提前介入海工、重大件、全程物流、合资合作等项目合同的谈判，确保项目投标与运作合法合规，进一步提升防范化解重大风险的能力。

公司不断完善以QHSE管理体系（质量Quality，健康Health，安全Safety，环境Environment）为核心的安全体系，提升体系的有效性和可操作性，狠抓一线落实。公司加强安全队伍建设，严把船员入库关、上船关、在船关，加强安全教育培训和在船培训，提高安全教育培训针对性和效果，提升船员队伍素质。加强岸基安全管理队伍建设，继续开展短航线跟船制度，促进船岸互动交流，强化安全考核，打造一支满足公司战略发展安全管理队伍和船员队伍。针对新业务、新项目、新航线带来的新挑战，公司不断加强风险评估，完善安全保障方案，持续抓好船舶航行安全、货运安全、劳动安全、设备安全、防海盗安全，保障船舶良好适货性和竞争力。

根据公司船员体制改革、项目管理和新业务开展需要，公司持续改进体系，及时完善体系，修订发布QHSE方针和目标，完成船员管理、防污染、船舶保安、其他管理文件57个修改更新，保持体系的符合性、适应性、有效性和可操作性。加强体系运行的监控和跟踪，完成853项不符合、事故、险情的跟踪整改，完成安全生产标准化年度自评工作，继续保持水路运输一级水平。

【队伍建设】

2018年，公司在强队伍上聚力，加大力度深化人事制度改革。坚持突出政治标准，树立鲜明选用导向。公司践行新时代好干部标准和国企领导人员“20字”要求，切实用好考核评价办法和“一报告两评议”制度，对71名部门及直属单位负责人开展年度考评，全面掌握干部“德能勤绩廉”情况。做到干部选用过程全纪实，落实“四凡四必”，全年提拔交流中层干部25人，提拔交流经理级干部52人，公司纪委书记全部参与初始酝酿，纪检部门全部出具廉洁意见，设立专门经理层级干部谈话记录台账，做到实事求是、公平公正，确保干部选用程序合规、风清气正。深化人事制度改革，激发人才队伍活力。公司贯彻落实集团干部人才工作会精神，制定22项具体工作举措；推动中层干部退出、岗位公开竞聘，构建“人事相宜”选任体系；实行薪酬管理制度改革，实施“双通道晋升”“差异化薪酬”管理，建立激励约束并举、效率公平兼顾的分配机制。首批选录169人进入公司人才库，招收应届毕业生21名，社招高端人才7名，猎聘全程物流人才1名，差异化薪酬招录紧缺人才8名，实施项目制用工6名，公司人才资源进一步盘活，队伍结构进一步优化。培养优秀年轻干部，落实“青年接力”要求。公司以开展集团课题研究为契机，对公司干部队伍情况进行梳理，分析现状、查摆问题、明确举措。建设“航运、岸产、高端”三个人才库，打造“航运经营、航运技术、职能管理”三支队伍，搭建“中层干部及业务经理接班人”两个梯队，遴选掌握一批优秀干部苗子。举办新晋经理管理提升研修班，72人参训完成11大项课程学习。发动员工参加集团外派人才选拔，入库人数新增28人。用好“部门总经理助理”平台，大胆起用年轻优秀人才，在重点项目、扶贫援建、外派培养等方面搭平台、架梯子、压担子。

【企业文化】

2018年，公司以企业发展战略统一思想、凝聚共识，强化各级党组织思想政治引领能力，细致做好改革中思想政治工作。公司党建理论研究成果丰硕，党委课题获“全国交通运输行业优秀政工论文”一等奖第一名。年度上报集团8篇论文全数获奖，并连续两年获集团政研会优秀论文一等奖第一名。

公司以社会主义核心价值观为指引，大力弘扬集团“四个一”理念、“三创”精神和公司“两举”文化，总结凝练开拓创新、爱岗奉献“永盛精神”，船岸对标先进、比学赶超蔚然成风。发布公司《企业文化核心价值理念纲要》，建立统一VI、BI系统，启动公司新展厅建设，加强文化价值宣贯，“特运”企业归属感和品牌认同度日益提升。

公司着力加强“高效率宣传格局、高质量宣传矩阵、高素质宣传队伍、高美誉度宣传品牌”等“四高建设”，围绕纪念改革开放40周年、服务“一带一路”建设、开辟“冰上丝绸之路”、承载大国重器、挑战“超极限”运输等主题，多角度全方位讲好“特运故事”，深化企业品牌建设，受到中央电视台、新华社、《人民日报》、《泰晤士报》等主流权威媒体关注，相关报道累计超过百则。公司“天恩”轮北极航行新闻在新华社手机客户端点击量破百万，公司外宣工作经验在集团宣传思想工作会经验交流中获得一致好评。

【社会责任】

2018年，公司制定了《海洋环境保护管理规定》《防油污染管理规定》《防止大气污染管理规定》《船岸节能减排管理规定》《溢油应急处理操作须知》《船舶碳排放数据收集操作须知》等16个环境保护相关的操作规程和应急反应预案，以制度的方式明确了船舶和岸上各部门各岗位的职能和责任。公司船舶均安装了油水分离器、生活污水处理装置、焚烧炉等防治污染设施，并严格按照公司安全管理体系和操作规程要求操作，确保设备有效运行，共同维护海洋环境。公司定期接受中国船级社（CCS）等第三方机构对于船舶防止污油、含油污水污染、防止生活污水污染等方面的合规性检查及换证检查，确保符合环境保护要求。公司积极采用新设备和新技术，开展技术改造，致力提高船岸环境保护，在新造船舶时，注重符合附加环保标准，着力打造一支绿色、清洁、环保型船队。

2018年，公司从贯彻中央决策部署、打好“三大攻坚战”高度，重视抓好定点扶贫工作，投入扶贫项目资金134万元，选派优秀干部支持集团湖南援建及广东彭村帮扶工作，工作成效获上级组织和当地群众高度评价。2018年，“国家扶贫日”和“广东省扶贫济困日”职工累计捐款26.67万元。彭村被列为阳江市“民主法治示范村”、广东省创建“省级文明村”；孙雄同志被阳江市委推荐申报广东省“优秀农村党组织书记”并参评“第一书记案例”；蔡华健同志被评为湖南省益阳市“2018年脱贫攻坚先进个人”。

2018年，公司“天福”轮成功搜救英国帆船选手，受到国际社会及业界的普遍赞扬。

（柳芳　徐飞）

中远海运发展股份有限公司

中远海运发展股份有限公司

【企业沿革】

中远海运发展股份有限公司（简称“中远海运发展”），是中远海运集团所属专门从事供应链综合金融服务的公司，前身是成立于1997年的中海集装箱运输股份有限公司。公司总部设在上海，是一家在香港、上海两地上市的公司，企业注册资本116.8亿元。截至2018年底，公司总资产1 378.37亿元。

2018年，公司认真学习贯彻党的十九大精神，肩负起集团赋予的重托，紧紧围绕“深化改革、优化机制、精益管理、提质增效”的总体工作思路，在金融政策日趋收紧、市场竞争日益加剧的大背景下，在全体员工团结拼搏、开拓进取、转变观念、勇于创新的共同拼搏下，以“产融结合、以融助产”为主旨的一站式航运金融服务体系初具雏形，生产经营取得了较好成绩，总体保持了良性发展势头。

【经营情况】

2018年是贯彻党的十九大精神的开局之年，也是改革开放40周年。中远海运发展自成立以来便始终与改革开放同行，是改革开放的积极贡献者和受益者。2018年，面对充满挑战的市场环境，公司勇开新局、砥砺前行，发挥自身航运产业优势，打造全球领先的供应链综合服务平台，努力为新一轮改革开放贡献新动能。

2018年是宏观调控和金融去杠杆政策贯彻全年，国内资本市场出现深刻的变化，在整体去杠杆背景下，社会的投融资、消费均出现了不同程度的萎缩，对生产和消费均产生了较大的影响。中远海运发展作为集团“以融促产”重要平台，深入贯彻党中央决策部署，落实国务院重大政策措施，积极践行提质增效发展理念，各业务板块稳健发展。

1. 航运租赁板块步入国内船舶租赁第一阵营。公司强化内部协同，积极与集团内航运公司开展业务。截至2018年底，航运租赁板块资产净值合计人民币354.3亿元，其中船舶159艘，约659万吨，码头、码头设备及大交通类项目204个，实现营业收入同比增长62.45%，净利润同比增长32%，实现以融促产。

2. 集装箱租赁板块稳步增长。公司所属佛罗伦管理总箱量为380万TEU，占全球租箱市场18%以上份额，位列世界第二，实现净利润120%；加强北美地区闲置箱处置，共清理待售箱5.68万TEU，全年节省堆存费超过800万美元。

3. 多元化租赁板块继续壮大。稳步拓展新业务方向，多元化租赁板块优化业务、风控、运营和资产等方面的管理，业务规模发展迅速。截至12月末，租赁资产余额超过278亿元，当年累计投放130亿元；营业收入同比增长42.5%，不良资产率仅为0.95%，与对标的行业领先公司水平相当。同时公司加大了拨备力度，总体保持稳健经营的态势。

4. 集装箱制造板块快速增长。公司所属上海寰宇抓住用箱需求和箱价反弹的有利时机，以协同提高效率、从管理中挖掘效益，以全球8%的集装箱制造设计产能，占据了16%的市场份额，稳居世界第三。2018年，公司生产集装箱62.8万TEU，创历史纪录，同比增长25%；销售同比增长27.4%。

5. 不断优化金融投资业务板块布局。中远海运发展深耕产融结合，助力集团主业发展，稳健运营远海系基金，聚合外部资本，产融结合、以融助产。紧密围绕航运主业，航运基金协助中远海运重工运作广东中远海运重工 PSV 项目，远海中原物流产业基金建设成为大物流产业中独具差异化竞争优势的投资机构，远海明华基金协助集团资本运作推进扇贝项目，与中远海运科技共同发起设立远海华鹭海洋新动力基金，商业保理、产权经纪等业务为集团成员企业和相关方的进场交易提供全流程服务。积极布局在新能源、跨境贸易、先进制造等方面金融投资机会，2018 年公司获取优质项目资源 70 多个。

【企 业 管 理】

公司始终坚持科学、合理的法人治理结构，严谨、合规的董事会运作，审慎、高效的董事会授权体系，及时、准确、完整、真实的披露要求。根据国务院国资委和集团建设规范董事会有关要求，在改革创新的同时，坚持合规、高效的议事决事机制，确保国有资产保值增值。

根据沪港两地上市规则和有关法律法规，建立健全公司治理的工作规则等制度规范，在股东大会、董事会、监事会、经理层之间形成了权责明确、相互协调、相互制衡、相辅相成、各司其职、各负其责、各展其能的治理机制。2018 年度公司共召开股东大会 3 次，审议 18 项议案；董事会共召开 20 次，共审议 49 项议案；监事会共召开 4 次，共审议 12 项议案。

推进内控建设，扎实提升工作质效。为健全公司操作风险与内部控制管理体系，完善内控管理机制，有效进行风险管控、保障公司业务持续稳健发展，根据财政部等五部委联合发布的《企业内部控制基本规范》及其配套指引，以及相关监管规定和要求，公司制定《操作风险与内部控制管理试行办法》。根据规章制度推进情况和业务发展需要，围绕优化治理结构、提升经营能力、促进精细管理、强化风险防控的目标，从规范公司治理的根本性制度、确保组织机构运营的保障性制度、规范经营管理的行为性制度、明确责任追究和监督救济的约束性制度四个维度，公司制定或修订各部门和各专业板块管理规定，并组织召开内部管理培训会，解读内部控制管理新版 COSO ERM 框架。

防范化解风险，构建严密风控体系。一是强化制度建设，规范经营，从制度上构建全面风险管理体系，同时编制《合规手册》，作为依法合规经营的有力工具。二是严格落实风险控制体系，制定和监测 2018 年度风险限额、金融投资及租赁业务杠杆预算；聚焦流动性风险、信用风险和操作风险，优化日常风险管控机制；完成对所有下属子公司的全面风险管理调研工作，抓实内控自评和内控审计中发现的内控缺陷整改工作。三是强化诉讼案件管理，维护公司利益，成功赢得韩进持有船厂股权执行和与阿拉伯联合国家轮船公司（UASC）4 艘互租船解约案，为全集团挽回经济损失超过 9000 万美元。

加强财务管理，全面提升资金安全。通过推进资金集中管理，提升流动性风险管控力度，积极拓宽融资渠道，保障重点项目实施。2018 年全年公司完成外部融资人民币 396.7 亿元，美元 33.1 亿元，积极进行税务筹划，减少整体税负近 5000 万元。盘活存量金融资产，提高资源配置效率，2018 年通过置出集团财务公司，实现降低资产负债率 0.59 个百分点；根据项目投放进展，收回基金实缴资本及收益近 1 亿元。标本兼治，制定多管齐下的减负债方案。在负债性融资方面，调整长投项目期限长短比例，实现项目现金流匹配，通过向市场发行资产支持证券（ABS）、资产支持票据（ABN）及其他债券等，调整债务结构和期限，实现投融资期限匹配，在降杠杆减负债的同时，加强防范化解流动性风险，确保公司到期债务及时偿付。多管齐下推进减负债方案顺利落地，将公司资产负债率降低至 85% 以下。

【企 业 改 革】

推进事业部改革。根据金融业务特性及市场化运作的需要，原金融业务部转型为金融事业部，对团队配置、人员激励方面作出大胆尝试，探索采用 360 评价体系对员工工作成果进行考评，形成以员工绩效成果决定工作报酬的激励方式，绩效考核更科学、更严格，薪酬发放由原来岗位薪酬向价值薪酬方向改革和过渡。按照市场化的绩效考核原则将绩效指标分解下达到金融事业部每一位员工，并给金融事业部单独划出工资总额，授权金融事业部管理层对员工的薪酬等级、分配金额等进行实时管理。

推进船舶管理体制改革。公司积极贯彻集团船舶管理体制改革方案，将原船管、技保、安监人员将与中远海运集装箱运输公司（中远海运集运）的相关机构船管人员合并，并将74艘自有集装箱船舶委托中远海运集运管理。管理委托移交后，由公司指定部门承接相应管理权限，确保工作有序衔接。收回委托中国国际管理的船舶，积极沟通解决各类遗留问题，做到船舶运营不断不乱，保障航线港口顺利衔接。

【人力资源】

随着中远海运发展业务转型升级，公司不断调整人力资源管理政策，匹配市场化人才管理需求，提升权益保障和服务员工的能力，进一步完善人力资源管理职能。

2018年，中远海运发展更新完善《中远海运发展股份有限公司人力资源一体化管理工作指引》《中远海运发展股份有限公司员工招聘管理办法》《中远海运发展股份有限公司总部员工试用期管理细则》《中远海运发展股份有限公司实习生管理办法》《中远海运发展股份有限公司新员工入职指南》等一系列人力资源管理制度，构建了完整的人力资源管理制度体系。在做好总部人力资源管理和服务的同时，中远海运发展注重提升人力资源管理一体化水平，建立人力资源管理标准化文档，定期对下属公司开展人力资源管理经验分享和技术指导，提升公司整体人力资源管理能力。

围绕企业转型的全新业务板块和管理方向，加强干部队伍培训力度，增强干部素质培养的系统性、持续性、针对性。积极安排骨干员工参加集团、公司和社会培训机构举办的金融投资、市值管理、党务干部等方面培训；结合金控平台业务同质、两点办公的优势，加强互动交流，努力为干部员工提供多元化的学习培训机会和多维度的实践锻炼平台，不断打造国际化、专业化、年轻化的干部人才队伍。全年共安排组织各级干部参加培训65人次，出国（境）交流83人次。同时，制定司管干部后备人选管理办法，着眼近期需求和长远战略需要，努力培养造就一支数量充足、素质优良、结构合理的高素质专业化后备人选队伍。

公司制定《员工培训管理办法》，鼓励事业部和下属公司系统性地规划员工教育培训。所属航运租赁事业部采用多样化培训模式，培育员工综合素养。整合内外部培训资源，通过内外结合、专家培训、网络学习三种形式，开展行业特色鲜明、形式多样的员工培训活动。航运租赁事业部培育部门内训师，每周以专题形式分析解读部门管理制度、行业发展动态；引入外部专家或组织员工走出去，接受前沿的专业知识培训；设置网络课程，帮助员工利用碎片化时间，灵活平衡工作学习安排。2018年，航运租赁事业部已开展“融资租赁法律实务热点问题”“当前油气船市场分析”等专题的培训近40次，累计培训员工600人次。上海寰宇下属连云港箱厂、广州箱厂、锦州箱厂将基层员工培训作为重点，以班组为基本单位，持续开展入职培训、岗位培训，通过师带徒、岗位练兵、岗位安全竞赛、质量竞赛的形式，帮助员工将知识应用于实践，在实践中获取知识，助力基层员工快速成长。广州箱厂为基层班组长组织“现场5S与目视化”“金牌班组长管理”“团队协作”等课程，提升班组长团队管理和实践应用能力；东方国际锦州箱厂组织一线工程师工艺纠偏小组，对班组进行现场技术指导，提高员工技术水平，打造卓越班组；东方国际连云港箱厂积极落实班组培训建设，其生产部机加工班组被连云港经济技术开发区总工会授予工人先锋号荣誉称号。

【企业党建】

1. 党组织发挥作用方面

公司党委坚持把方向、管大局、保落实，把加强党的领导和完善公司治理统一起来，从企业实际出发，明确新阶段各级党组织的工作职责，不断研究探索党建工作的新特点，充分发挥各级党组织在企业改革发展中的战斗堡垒作用。2018年初，公司党委印发《2018年党建工作要点》，对年度重点工作进行细致部署。召开公司党建工作会暨基层党组织书记抓基层党建述职评议会，公司党委与各直属单位党组织、船舶党工委签订党建工作责任书，并建立考核评价指标体系，将党建重点工作细化为29个重点任务和100分量化指标。同时，公司还结合直属单位党组织述职和年度党建重点工作现场检查情况，完成对各单位上一年度党建重点工作评分，切实做到了党建工作有布置、有落实、有考核。结合集团党组要求和公司党建工作实际，制定公司《党建工作责任制实施办法》《关于党费收缴、使用和管理的规定》等制度性文件，进一步提高了党建各项工作的规范性和系统性。公司各级党组织有针对性地开展一系列各具特色、主题鲜明的党建活动，并将开展这些活动作为丰富党建内容和形式、增强党建工作影响力的一项重要内容来抓，努力通过党建工作创新营造企业朝气蓬勃、团结奋进的良好氛围。

2. 落实两个责任方面

2018年初，公司按照集团党组统一部署，抓好全年反腐倡廉建设8个方面、31项任务的细化分解，加强监督检查，逐级压实责任。逐级签订全面从严治党主体责任、“一岗双责”和监督责任书171份（含船舶）、廉洁承诺书230份；组织召开全系统纪检监察审计工作会议，学习传达集团纪委书记会议精神，部署推进阶段性重点工作；对4家直属单位政治生态开展调研，加强督促指导，增强维护良好政治生态的思想自觉和行动自觉。2017年11月，根据上级要求部署，认真推进公司巡察工作开展，相继成立巡察工作机构，制定巡察配套制度，建立巡察干部人才库，组建巡察组，召开巡察工作启动会。同年11月11日，巡察组进驻公司所属航运租赁事业部，以巡审相结合的方式，开展为期3周的首轮巡察试点。

3. 执行中央八项规定及实施细则精神和廉洁从业方面

认真贯彻集团违反中央八项规定精神突出问题专项治理教育警示大会精神，在全系统组织开展落实中央八项规定精神情况自查自纠。加强廉洁从业教育，增强各级干部不想腐的自觉，紧盯年节假期等重要时间节点，贯彻集团党组纪检组要求，及时印发通知，做好提醒督促，强化纪律刚性约束，保障节日廉洁。建立重要节假日期间公务用车报备机制，促进规范管理；公司纪委坚持“逢提必谈”，结合岗位特点和“一岗双责”要求，与4名新提任干部进行任前廉洁谈话，并结合其岗位特点提出个性化要求；通过公司OA网站警示教育专栏，先后刊发各类违纪违法典型案例94个（含集团内党政纪处分案例32个），加强全员经常性警示教育。

4. 选人用人方面

以习近平总书记关于国有企业领导人员“对党忠诚、勇于创新、治企有方、兴企有为、清正廉洁”要求为目标，以各项干部选拔任用的政策制度为依据，认真落实中央巡视整改和中组部选人用人专项检查要求，严格标准、坚持原则、规范程序、健全制度，抓好了干部人才队伍各项工作。加强顶层设计，规范做好干部选任。结合企业改革发展实际，建立以德为先、任人唯贤、人事相宜的选拔任用体系，坚持好干部标准和事业为上、以事择人、人岗相适的原则，建立科学的干部人才队伍建设规划，大力推进选人用人工作，修订《中远海运发展股份有限公司管理干部管理规定（试行）》《中远海运发展股份有限公司管理干部后备人选管理办法》。扎实开展教育培训，着力建设高素质干部人才队伍。围绕企业转型的全新业务板块和管理方向，加强干部队伍培训力度，增强干部素质培养的系统性、持续性、针对性。积极安排骨干员工参加集团、公司和社会培训机构举办的金融投资、市值管理、党务干部等方面培训。同时，制定司管干部后备人选管理办法，着眼近期需求和长远战略需要，努力培养造就一支数量充足、素质优良、结构合理的高素质专业化后备人选队伍。

【企业文化与社会责任】

进一步做好企业文化落地工作。经过近一年的调研、访谈和筹备工作，公司2017年正式对外发布了“卓实”企业文化体系，凝练出“金融助力实业，发展创造价值”的企业使命、“打造卓越产业金融服务商”的企业愿景，以及“诚信高效 进取 共赢”的企业核心价值观，确定了企业的经营原则、管理原则、企业宣传语、管理者行为宣言、员工行为公约等。为推动企业文化体系落地，公司编制印刷企业文化手册分发至各单位和部门，并在公司微信公众号及集团各媒体平台进行宣传推广；组织展了企业文化全员培训，并邀请外部设计公司为搬迁后的总部新办公地点进行环境设计，突出企业文化元素，深植企业文化理念。此外，公司积极组织员工参与“中远海运之歌”优秀作品展演，协助做好中国远洋海运集团全国文明单位形象展示画册制作等工作。

2018年，公司强化对陆岸单位安全生产、环境保护的监督管理，安全环保监管部会同上海寰宇保持一年二次对下属3个箱厂的安全生产、环境保护检查，及时发现、排除并消除隐患，隐患排查率达到100%，为三个集装箱制造厂的安全、环保保驾护航。寰宇三个箱厂对员工签订的安全承诺书达到100%，专职安全管理人员持证上岗率达到100%。一年来，陆岸各生产单位的安全、环保管理工作有序开展，安全、环保生产状况保持稳定。

2018年，公司在云南永德县开展精准扶贫工作，投入帮扶资金4万元，开展“10·17牵手号”活动，积极扶持扶贫产业，认购扶贫产品，投入产业扶贫项目资金416.41万元。公司关注社会弱势群体和儿童的福祉，组织并鼓励员工参与社区公益活动、慈善捐赠，回馈社会、共享发展，促进形成良好社会氛围，积极参与“浪花心愿”结对助学活动和“海纳善德”志愿者服务，培养服务意识，践行社会责任。公司15名个人与1个集体分别与云南永德16名贫困家庭学生结对帮扶，全年共资助助学款26 400元。

2018年中远海运发展基础数据见表14–3。

2018年中远海运发展基础数据 表14–3

类别	项目	单位	数据
财务数据	总资产	亿元	1 378.37
	净资产	亿元	180.40
	总收入	亿元 / 万元	166.84/1 668 373.77
	利润总额	亿元 / 万元	18.39/183 866.84
	净利润	亿元	13.86
人力资源数据	员工总数（含劳务工）	人	8082

（任梦婕）

中远海运物流有限公司

中远海运物流有限公司

【公司概况】

中远海运物流有限公司（简称“中远海运物流”，英文简称COSCO SHIPPING Logistics），隶属于中远海运集团，由原中国远洋物流有限公司、中海集团物流有限公司和中海船务代理有限公司重组整合而成，于2016年12月21日正式挂牌运营。2017年9月18日，中国外轮理货总公司整合并入中远海运物流。

中远海运物流是居中国市场领先地位的国际化物流企业，在项目物流、工程物流、综合货运、仓储物流、船舶代理、供应链管理、化工、空运、理货检验等业务领域为国内外客户提供全程物流解决方案。

中远海运物流在中国境内30个省（区、市）及海外17个国家和地区设立了分支机构，在全球范围内拥有500多个销售和服务网点，形成了遍及中国、辐射全球的服务网络系统。

中远海运物流与中国外轮代理有限公司（简称“中国外代”）、中国外轮理货有限公司（简称“中国外理”）为一套人马、三块牌子。截至2018年底，全系统共有职工11 708名，劳务派遣用工2915名。

【发展战略】

中远海运物流以《集团“十三五”战略规划》为依归，在波士顿咨询公司协助下，从行业趋势、国家战略、集团使命和自身实际四个维度进行研究、论证，制定了《中远海运物流“十三五”后两年滚动规划暨未来五年初步规划》，并于12月19日提交董事会审议通过，并上报集团审批。此规划是新物流成立两年多来对战略进行的全面、系统梳理和表述，对公司未来发展具有根本和深远的影响。

战略使命：在国家战略层面，国家“十三五”规划纲要明确，以区域发展总体战略为基础，以“一带一路”建设、京津冀协同发展、长江经济带发展为引领，形成沿海沿江沿线经济带为主的纵向横向经济轴带，塑造要素有序自由流动、主体功能约束有效、基本公共服务均等、资源环境可承载的区域协调发展新格局，鼓励开展多式联运、加强南向通道建设是提升“一带一路”运能的重要战略举措。中远海运物流应紧紧围绕上述国家战略，尽快布局、打造自身能力。

在集团战略层面，把企业战略融入国家战略，是中远海运集团始终坚持的工作指导方针。服务国家战略是也是中远海运物流作为物流行业骨干国企的历史使命和责任，公司要围绕国家战略布局和集团赋予的“作为转型突击队、航运主业放大器和催化剂、利润增长点”战略使命，通过打通全程物流链，与集团集装箱、干散货、杂货特种船等公司业务进行对接，并不断嫁接陆上的综合服务能力。

综合分析行业趋势、战略使命、自身能力，以传统业务突围、大宗货物流为核心的新型业务培育、关键优质资源获取、海外业务拓展为发展路径，以及组织管控变革、提升数字化水平、尝试收购兼并优质业务资源等为手段，履行“物流供应链的突击队、集团航运（码头）主业价值提升的放大器和催化剂、集团新的利润增长点”的集团战略使命，将中远海运物流打造成现代化的国际全程物流链与供应链服务提供商。

在此战略定位下，公司全程物流链的内涵在于作为客户的“全程总代理”，提供覆盖全球的、端到端的、以多式联运为核心手段的物流服务，将以国际货代业务的转型升级为基础。

物流供应链的内涵在于作为客户的“物流部门”，切入客户的供应链，提供长期的、整体的、综合全面的物流外包解决方案，将以大宗货物流等新兴业务的顶层设计及发展壮大为依托，突出资源整合及方案设计核心能力的打造。

物流链的定位，要求中远海运物流向“平台化”转型。过去的业务开展多是碎片化的、割裂开的，没有集约化的服务客户、投建资源、协同管控。未来的转型方向是各个业务线之间的协同作战，是经营资源沿物流链的统筹布局，是总部管控的集约化和效率提升。从而，船代、货代、理货等各项业务，集成各自优势为合力，打造整体物流解决方案，对全程物流链和物流供应链战略定位形成支撑。

【战略协议】

2018 年 1 月 18 日，中远海运物流有限公司与厦门港务控股集团有限公司在厦门签署战略合作框架协议。中远海运物流副总经理董大欣和厦门港务集团副总经理蔡立群分别代表双方签署了战略合作框架协议，中远海运集团总经理助理兼中远海运物流董事长、总经理韩骏和厦门港务控股集团总经理陈志平等出席并见证签约。

3 月 26 日，中远海运物流有限公司与杜伊斯堡港口股份公司在杜伊斯堡签署战略合作协议，中远海运物流副总经理董大欣和杜伊斯堡港口股份董事会主席兼 CEO 艾利希·史大克先生分别代表双方在协议上签字。根据协议，双方将以中国“一带一路”倡议为契机，充分发挥各自优势，共同搭建中欧班列服务平台，加强在国内通道建设和资源投资等领域的深入合作。同时，双方明确了联络对接机制，旨在推动合作尽快落地。

4 月 25 日，中远海运集团董事长、党组书记许立荣在杭州拜会了浙江省委副书记、省长袁家军，双方就进一步加强合作进行了友好会谈。中远海运集团和浙江省在诸多领域存在广阔的合作空间，中远海运集团将全面落实党的十九大提出的高质量发展要求，继续加大在浙江省投资兴业的力度，通过加强在海洋经济、港口航运、国际市场、物流供应链、新能源、现代航运服务、先进装备制造等方面的合作，共同推进“绿色港口、绿色航运、智慧航运”建设。中远海运集团还将进一步密切与浙江省海港集团，特别是宁波舟山港的合作，共同为践行“一带一路”倡议和推动长江经济带发展而努力。

5 月 10 日，中远海运物流有限公司与中国环球工程有限公司在北京签署战略合作协议。中远海运集团总经理助理兼中远海运物流董事长、总经理韩骏和中国环球工程执行董事、总经理王新革见证签约，中远海运物流副总经理董大欣和中国环球工程副总经理宋绍光分别代表双方签署协议。根据协议，双方将本着“自愿、平等、互利、诚信、资源共享和优势互补”的原则，充分利用各自优势，在物流服务、信息与业务交流等方面进行全面深入的战略合作。通过紧密合作，双方凭借统一的资源整合优势，打造双赢、可持续发展的全面战略合作伙伴关系。

7 月 11 日，中远海运物流与连云港港口控股集团在北京举行了战略合作协议签约仪式。中远海运物流总会计师段永桓和连云港港口控股集团总经济师陈光平分别代表双方签署了战略合作协议，中远海运物流董事长、总经理韩骏和连云港港口股份集团总裁朱向阳等出席并见证签约。双方一致同意着眼长远、求同存异、快速推进战略合作协议的落地，明确了合作平台搭建的近期工作目标和有关计划。

9 月 6 日，中远海运物流与中集现代物流战略合作协议签署仪式在中远海运物流大厦举行。中集集团常务副总裁、中集现代物流董事长高翔，中远海运集团总经理助理兼中远海运物流董事长、总经理韩骏出席战略合作协议签署仪式并共同见证协议签署。中集现代物流总经理胡鹏飞与中远海运物流副总经理王志杰分别代表双方在战略协议上签字。

9 月 9 日，在厦门第 20 届中国国际投资贸易洽会上，中远海运物流与厦门港务集团深化战略合作框架协议备忘录签署仪式隆重举行。厦门市国资委主任王龙雏、厦门港务集团董事长陈志平、中远海运物流副总经理董大欣等领导出席签署仪式并共同见证协议的签署。按照协议，双方将在原有基础上有效整合优势资源，强强联合，共同打造以港口物流为核心的现代综合物流平台。

11 月 12 日，中远海运物流与中车株机战略合作协议签约仪式在中远海运物流大厦举行。中车株洲电力机车有限公司党委书记兼董事长周清和、副总经理廖洪涛，中远海运物流副总经理董大欣出席签约仪式。中车株机副总经理陈志新与中远海运工程物流总经理刘东石分别代表双方签署战略协议。

11 月 26 日，中远海运物流有限公司与大连商品交易所签署战略合作框架协议。中国远洋海运集团总经理助理兼中远海运物流董事长、总经理韩骏和大连商品交易所总经理王凤海出席并见证签约，中远海运物流副总经理王志杰和大连商品交易所副总经理朱丽红分别代表双方签署战略合作框架协议。此次战略合作框架协议的签署是中远海运物流与大连商品交易所深化合作的重要举措。双方未来将在期货交割库、航运期货研发、信息共享和人才培养等方面开展全方位合作，共同打造国内期货行业高品质服务新标杆。

【公 司 治 理】

中远海运物流实行董事会领导下的总经理负责制。2018 年，公司董事会共召开 6 次会议，其中 2 次现场会议，4 次非现场会议，共审议 26 项议案，全部获得通过。此外，行使董事长授权事项共 49 项。

公司组织机构。2018 年，中远海运物流共设置 18 个部门，包括：董事会 / 总经理办公室、直属机关党委、党委工作部、项目物流部、船务部、综合货运部、仓储物流事业部、供应链物流部、理货事业部、战略与企业管理部、海外发展部、人力资源部 / 组织部、财务管理部、法务 / 风险管理部、信息化管理部、安全监管部、监察审计部 / 纪委工作部、工会。另根据实际情况设置了上海营销中心、巡察办公室、政研会、网络安全中心等 4 个特设机构。公司办公地址设在北京市朝阳区八里庄北里 220 号中远海运物流大厦。

企业管理层级。截至 2018 年底，中远海运物流管理层级分为 3 级。其中，一级法人公司 4 家（中远海运物流、中国外代、中外理、中汽货代）、二级法人公司 37 家（含 4 家境外法人公司）、二级海外代表处 4 家、三级法人公司 218 家、三级分公司 201 家，合计 464 家。

企业法人层级。截至 2018 年底，中远海运物流法人层级分为 4 级。其中，一级法人公司 1 家（中远海运物流）、二级法人公司 37 家、三级法人公司 214 家（含 4 家境外法人公司）、三级分公司 107 家、三级海外代表处 4 家、四级法人公司 7 家、四级分公司 94 家，合计 464 家；无金融子企业和控股上市公司。

2018 年，公司董事长、总经理、党委副书记为韩骏，党委书记、副总经理为孙军。

【经 营 效 益】

2018 年，港航业持续低迷，政府加大反垄断力度和推行“提质降费”等政策给传统港口物流业务带来实质性冲击，行业升级和跨界竞争不断给新兴业务带来新的挑战；系统内部解决各种历史遗留问题、降负债、控风险的任务繁重。面对复杂严峻的内外部形势，全系统坚持“固本强基，保存量，拼增量”的经营方针，上下同心、迎难而上、奋力拼搏，提质增效，全年实现营业收入 339.21 亿元，同比增长 3.3%；发生营业成本 317.3 亿元，同比增长 3.6%；完成营业毛利 21.9 亿元，实现利润总额 8.4 亿元，超过集团下达年度必保指标 20.6%；实现净利润 5.86 亿元。

截至 2018 年底，全系统资产总额 204.68 亿元，较年初下降 4.2%；负债总额 145.61 亿元，较年初下降 7.8%；所有者权益 59.07 亿元，较年初增长 6.1%；资产负债率 71.1%，较年初下降 2.8%，公司财务状况进一步优化。

【主营业务】

公司业务包含项目物流、综合货运、仓储物流、空运货代、工程物流、化工物流、供应链物流、船舶代理、理货检验等业务板块。

项目物流业务。2018 年全年，公司操作货量 4 794.35 万计费吨，同比增加 9.9%；完成箱量 15.72 万 TEU，同比增加 73.32%；实现营业收入 28.30 亿元，同比增加 27.28%；实现营业毛利 1.60 亿元，同比增加 18.13%。

2018 年下半年中欧陆海快线遇到挑战，主力货源惠普项目由于受到竞争对手科佩尔中转方案的竞争，6 月初开始转移货量，于 7 月 31 日完成全部转移。全力准备应对惠普项目 2019 年全球海运投标、力争挽回货量。惠普中欧班列项目正式上线。加强与渝新欧、蓉欧、郑欧、长安号等国内班列运营平台公司交流，在回程货揽取，租箱运营、海外网点资源共享等方面尝试合作；尝试与中林等客户进行中俄木材回程班列的合作。进一步推动南向通道建设，形成每周 5 ~ 7 班的常态化运营。计划在成都、重庆和贵州等地成立合资平台公司，并在钦州洽谈投资 10 公顷土地建保税物流园。与临沧市政府商讨临沧火车站多式联运项目合作。成立成都战略合作项目领导小组和工作小组，推进成都战略合作项目。在全系统发布全程海铁联运班期及运价，进一步丰富多式联运服务产品。

牵头空运公司全力做好上海进口博览会服务贸易区布展工作，合计为集团负责招展的 56 家参展商中的 41 家提供了展位设计搭建服务。

针对多式联运的发展战略，确立了“为打造一个以大数据分析为核心的信息化平台”目标，着手进行公司业务数字化转型路线图和实施计划的制定。

综合货运业务。2018 年全年，公司实现集装箱揽货量 362.95 万 TEU，同比增加 4.7%；完成散杂货业务量 3.41 万吨，同比增加 1.9%；实现营业收入 159.11 亿元，同比增加 4.99%；实现营业毛利 5.08 亿元，同比减少 0.78%。

推进集团战略客户中铝、酒钢等项目。中铝项目组配合中铝公司与几内亚政府完成八轮谈判，项目进入到建设期；做好驳运方面与散运交接相关工作，并为项目后续工作开展全力提供支持和协助。对酒钢项目氧化铝产品从牙买加内恩—中国嘉峪关的回程运输方案进行了整体规划和设计。

完成国机重工集团项目操作及延伸物流服务开展，完成埃及温室钢结构运输项目操作，并密切跟进二期招标情况；国机集团子公司中国成套工程有限公司项目就乌克兰粮食回运提出项目操作意见并对物流园合作进行交流。通过中储粮项目运作，成功开发上海地区多家粮油客户，持续跟进泰山玻纤项目在美国内陆的运输业务。

马钢项目在上一年度操作 8 条澳洲回运铁矿石 CAPE 船的基础上，再次成功推进了 170 万吨澳矿进口运输整包运输协议的签署。开发江铜项目，主要操作出口阴极铜、进口粗铜，新增的阳极铜进口业务已经顺利展开。牵头北京区域、秦皇岛物流共同操作鑫博能源内贸煤炭海铁联运项目，从内蒙古铁路发货至曹妃甸，集港装船运抵江苏、浙江等地。广东火电项目在上一年度总部与其签订战略合作协议的基础上，加强双方物流领域战略合作，操作了孟加拉国 G4 项目和约旦项目等。

成功中标项目包括北京区域中国有色刚果（金）RTR 项目的铜湿法冶炼部分、上海区域上海电建阿根廷光伏电站项目、宁波区域中信戴卡摩洛哥项目等，持续合作的客户包括大连区域中国一汽的整车和零件出口、上海区域泰州乐金的冰箱及配件的进出口、广州区域斯道拉恩索北海纸浆厂纸板仓储及内贸运输、中远海运船务宜家的内贸海运及陆运业务等。

仓储物流业务。2018 年全年，公司实现仓储面积 51.01 万平方米，非家电业务 1 847.63 万吨，同比减少 60.28%；家电业务 6 108.80 万台 / 套，同比减少 4.5%；实现营业收入 14.54 亿元，同比增加 7.86%；实现营业毛利 1.51 亿元，同比减少 12%。

推进镇江综保区物流园、宁波 101、齐河物流园、苏州工业园、重庆两江新区、黄岛前湾保税港、青岛国储二期、上海国储二期、中空天津空港物流园、成都高润仓库、中远海化工江苏豪杰仓库等一系列仓储资源建设投资项目的工可研、立项评审、各项评估（资产、风险、安全等）、拿地等工作，以及南通通海物流园、海南自由贸易区（港）物流整体规划等项目的前期工作，推进广州南沙物流园项目，配合欧洲公司进行PPA码头仓库业务调研。做好宁波101项目总包合同签约、开工前审计、现场施工、各项招标等工作。镇江综保区项目已进入施工阶段。

协调集团层面与上期所、大商所和郑商所签订战略合作框架协议，推进大宗商品仓储业务的“三化”迭代。在前期与江苏苏美达集团签订战略合作协议的基础上，就公司仓储项目光伏发电站设计、建设、运营等问题进行了探讨，并就苏美达光伏组件仓储业务合作进行交流。与中集现代物流发展有限公司签订了战略合作协议，约定双方的合作范围主要包括：重点加快扩大在国内堆场的合作范围，充分利用双方在全国堆场网点资源，在集装箱堆场加强合作；另外，双方将在托盘循环使用、铁路相关业务、多式联运业务、政策研究、行业标准等方面进行合作。

针对系统内仓储企业业务信息系统纷杂老旧、功能欠缺的问题，仓储板块与总部信息化管理部携手共同推进仓储板块“投、建、管、运”信息化建设工作，并就已确定的仓储信息系统三个主体模块，即仓储项目投资开发模块、工程建设管理模块和业务运营模块，中运营模块已于2018年10月在仓配公司主要运营分中心上线试运行。

供应链管理业务。公司全年实现营业收入3.71亿元，同比减少64.61%；实现营业毛利0.33亿元，同比减少34.64%。

依托河南供应链产业基金与远海物流基金为主的基金平台，围绕“四位一体”供应链模式来推动和开展重点项目。河南供应链产业基金是2018年新启动项目，工作重点在于前期的沟通交流、方案磋商等方面。

河南供应链产业基金项目。河南供应链产业基金是继远海物流基金之后，公司在布局供应链金融战略、加快推动供应链创新发展的关键举措，也是公司为新设立的河南远海物流平台公司相配套的入口资源。该基金的设立将为推动公司物流供应链业务发展及河南地区的物流配套资源建设等方面提供平台，有利于供应链金融配套的专业化物流服务业务模式的推广。

远海物流基金项目。鹰城供应链项目（平顶山项目）：该项目是借助物流产业基金在政策资源、产业资源方面的集聚优势，通过供应链基金为客户提供供应链综合服务的一次尝试。该基金已完成审批备案注册等落地工作，项目正有序推进，项目模式的落地将为四位一体供应链业务模式的标准化和产品化提供重要的基础。

泌阳兴牧项目（恒都牛肉项目）：恒都牛肉是原河南物流存量的冷链客户。根据客户扩大业务的需求，协同青岛区域向河南物流基金做了供应链金融综合服务的需求推荐。项目于上半年获得远海物流基金初调意向。下半年供应链管理部联合客户共同赴当地拜访县政府，联合青岛区域公司赴恒都牛肉泌阳冷库进行现场调研，围绕客户的痛点和需求，以四位一体的供应链模式，制定定制化服务方案。该项目已通过基金的投决会。在与远海物流基金共同拓展客户供应链金融服务的同时，借基金对客户进行尽调的机会，积极营销公司在全国各地的物流网络能力，成功揽取了客户从钦州港运往重庆的冷冻牛肉运输业务，为广州区域广西物流开发了新客户。截至2018年底，广西公司完成恒都牛肉8个批次共计64×40冷藏集装箱（RH）从钦州到重庆团结村场站的冷链物流运输业务。

平行进口汽车项目。平行进口车项目是公司围绕供应链金融打造全程物流服务体系的一项模式创新。2018年6月19日，签订了业务服务协议，制定平行进口车全程物流项目SOP方案，将在运行过程中不断优化和改进。

KEYBOY冷链方仓项目。该项目是以基金为助力，寻求进入冷链物流金字塔尖的高端医药冷链物流项目。高创基金表示希望尽早开展对此项目的投资，未来上海区域计划通过方舱项目寻求与KEYBOY资本合作拓展医药冷链物流，并将在项目技术及产品成熟基础上，选择合适区域复制推广，逐步在全系统打造高端冷链物流的服务产品。

其他冷链物流情况。2018 年全年，系统内操作冷链物流业务的宁波区域、青岛区域依靠现有资源基础，在做精做好存量业务的同时，积极开发新客户。全年共操作 564 冷柜冷冻牛肉及冷冻鸭肉、7 万吨冷冻猪肉及相关进出口业务清关、报检等，实现营业收入 3927 万，毛利实现 407 万。主要客户有河南双汇、河南永达、恒都牛肉、卡夫亨氏等。宁波区域克服中美贸易战影响，提升客服水平，保证了双汇进口业务量的良好业绩，赢得了客户的好评，在中美贸易锐减的大环境下，保持业务量与去年同期持平。远洋鸿池克服冷库严重老化带病运营等现状，积极服务重点客户卡夫亨氏的物流配送业务，2018 年仓储保持 98% 的库存量，9 月又成功中标卡夫亨氏 2018—2019 年度物流配送业务。青岛区域河南公司积极开拓当地新市场，操作恒都牛肉进口大通关业务取得了不错的成绩，全年通关量超过 2570 吨，河南永达冻鸭出口操作了 400TEU。

空运物流业务。全年实现空运代理货量 13.5 万吨，同比下降 0.73%；实现营业收入 20.66 亿元，同比减少 0.88%；实现营业毛利 1.24 亿元，同比增加 4.11%。

2018 年，成功开发了 30 个直接大客户。中标的主要项目有：奔驰汽车广州清关和配送业务，宝马电池全国配送业务，上汽进出口巴西、东南亚等空运业务，长安福特全程进口业务，奔驰汽车仓库贴标服务，一汽丰田报关业务，一汽大众配件进口清关派送业务，波音飞机舟山工厂的关务业务，浪潮电子出口业务等。新聚焦的行业上，中标的主要项目有：海太、芯恩、合肥视涯三家半导体公司的设备进出口业务，实现了公司在半导体业务上零的突破；成功中标了中国免税品集团“第四方物流供应商及供应链可视化平台集采项目”，该项目的成功开发标志着空运进入了全新的业务模式，向“供应链管理”方向发展迈出了坚实的步伐，具有标杆性的意义。

顺利完成了中国首届国际进口博览会中远海运集团展区 41 个展台的搭建任务，作为希腊马拉松配套文化活动的承办单位，完成活动的策划、设计和布置，负责领导主持的发言稿、高层活动安排等任务。设立“北京中远海运国际会展服务有限公司”正式得到审批。中远海运 e 环球累计完成电商业务票数 645 万票，同比增长 39%。成功开发菜鸟 6 万余平方米南沙保税仓库的运营业务，“双十一”共接到跨境电商物流订单超百万票，较 2017 年同期增长了 68%。在进口电商方面，开发了妮维雅、艾薇登、LAOX 等一系列国际品牌。全面与香港莎莎开展合作，中国香港仓、新西兰仓、德国仓、日本仓等转运直邮单量保持稳步增长，境外全程进口业务年订单量 63 万票。在出口电商方面，着力打造出口电商物流专线产品，美线产品投放市场后，出货量稳定，年订单量达 82 万票。

推进机场资源建设，广州白云机场已购置的约 6.1 公顷土地完成了土地初勘，积极推进“三通一平”工作，基建工程项目完成了工可研及相关报审工作；天津北方物流基地项目完成了立项、投资评审、党委及办公会研究，完成约 3.7 公顷土地的购置；成都天府机场项目已通过立项审批；重庆江北机场项目提交立项申请；郑州空港项目，已向郑州政府提交了项目建议书。出资 1.9 亿元入股天津空港大通关基地平台公司（天津航空物流发展有限公司），项目已正式通过了立项、投资评审、党委及办公会议决策，完成投资协议签署、正式入资工作。顺利完成中海环球公司管理权的交接、工商股权变更、产权变更等工作，逐步清理中海环球公司各地分公司，完成中海环球外高桥分公司、松江分公司、上海分公司、浦东分公司、厦门分公司的注销工作。

工程物流业务。2018 年，公司实现操作货量 147 万计费吨；实现营业收入 14.00 亿元，同比增加 8.52%；实现营业毛利 1.75 亿元，同比增加 12.90%。

2018 年，在巩固现有市场份额基础上，公司提高了市场占有率，连续在重点领域、重点客户方面中标了多个项目，签约额同比 2017 年增长 71%，中标项目数量超过 70 多个。核心业务线空客总装线项目一期400架次零事故交付，获得空客颁发的“运输优秀贡献奖”和“货物安全奖”，成功中标空客总装线二期项目增速、续签哈飞空客项目。光电业务线成功中标欣奕华项目（供应机械人手臂）、深圳旭硝子项目（供应玻璃基板），以及惠州华星模组项目（下游企业），中标长江存储项目建厂设备物流海运标段。中标中车四方美国芝加哥地铁项目，签署中车株机战略合作协议。中标烟台万华美国MDI项目，成功斩获所有设备海运段及国外段的全程物流业务，中标金额超过4亿元。“818”项目史无前例安全顺利完成冬季运输、三罐次运输，以及三罐次空罐返运至不同目的地。顺利完成浙石化4000万吨/年炼油乙烯裂解炉运输项目9台裂解炉模块整体运输，设备单件运输重量约4000吨，高度近60米。成中标中石化2000万吨炼化一体化项目，签约金额为1.3亿元，完成共计12万吨化工设备运输。中标“中俄”战略性项目——俄罗斯阿穆尔天然气处理厂（AGPP）项目，中标金额约6000万元。

化工物流业务。公司全年实现货量280.37万吨，同比增加18.18%；实现营业收入3.56亿元，同比增加14.8%；实现营业毛利6266万元，同比增加36.0%。

张家港化工基地完成苏州化工和金港化工集约化方案，形成了一套班子与管理团队。苏州化工进一步拓展了与陶氏、盛禧奥、兰科化学、PPG等客户的深度合作，注重探索新技术、新工艺，成功掌握了自动加压灌装系统和罐箱自动加热系统两项含金量较高的技术，并取得国家专利；金港化工引领行业标准，升级洗罐、库区安全设备及智能信息系统，规划自动化立体仓库试点，同步开展了项目全程审计，对于审计发现的问题，坚持立行立改、真抓实改；三期项目配套核心客户PPG，项目组积极推进，经多次接洽，已基本明确土地政策和建设内容，将复制苏州中远一期配套陶氏、二期配套润英联的模式，打造苏州中远第三个配套定制项目。推进重庆化工项目的诉讼进程，目前诉讼已进入司法鉴定阶段，并已启动修复方案、工程量清单和工程造价编制工作。协助夏商基地一期项目完成罐区评审，取得危化品经营许可证。推进二期疏港堆场项目的意向，加速完善项目的规划方案和可研报告，并启动了资产并购立项前的相关调研准备工作，争取尽快推进股权合作。南通化工基地认真开展南通地区仓储行业市场、政策准入、产业布局、竞争对手情况调研。江苏豪杰项目启动收购前各项准备工作；南通通海港项目初步规划建设“仓储+堆场+定制化”的化工产品综合性物流服务中心。天津南港项目完成《天津南港危化品综合物流项目方案》初稿。

2018年，公司荣获中国化工物流行业“综合服务企业20强”、中国化工物流“社会责任贡献奖”、“改革开放40年危险品物流行业最具影响力服务品牌企业”等一系列荣誉称号；荣获核心客户润英联年度“HSSE杰出表现奖”、亨斯迈年度“最佳物流供应商奖”；公司全程参编的《非危液态化工产品逆向物流通用服务规范（GB/T 34404—2018）》荣获中国物流与采购联合会科学技术奖。

船舶代理业务。2018年，中国外代代理艘次11.44万艘，同比增长1.5%；代理船舶净吨14.31亿吨，同比增长0.39%；实现船舶代理业务营业收入98.77亿元，同比上升3.74%；实现营业毛利6.68亿元，同比减少11.26%。

中远海运物流船代业务有PENAVICO、中远海船务两大品牌：中国外轮代理有限公司，成立于1953年1月1日，是中国国际船务代理和国际运输代理行业的领导者，其专业经验和市场地位被业界所公认，目前在外贸班轮、外贸非班轮船代理方面依然处于行业领先地位；中远海运船务代理有限公司（原中海船务），成立于1997年，凭借原中海集团散货、油运内贸市场上的绝对优势地位，在内贸船代理方面优势明显。

2018年，中国外代面对国家政策变化、船代市场放开、整体费率下降等不利局面，以集约化为抓手，以创新转型为目标，勠力同心，迎难而上，确保了船代业务的基本稳定。中远海运船务积极应对河北港口内贸船代市场突变的巨大冲击，在总部大力支持下，较好化解了风险，并以此为契机倒逼服务理念与模式创新，推动了黄骅港船代信息化平台的开发；组织了应对形势变化大讨论，增强了干部职工固本强基和转型发展的内生动力；大力推进片区“集约化”改革，其中华南片区“集约化”改革成效最为显著，今年实现利润超过4000万元；积极落实总部部署，在开发中欧陆海快线货运市场方面走在系统前列。全年实现营业收入23.2亿元，同比增长23.8%；完成利润总额7945万元，同比增长3.6%。

理货检验业务。2018年，公司实现理货收入3.37亿元，同比增加4%；实现营业毛利1.67亿元，同比减少6.8%；实现检验收入6234万元，同比增长53.06%；完成理箱量1.44亿TEU，同比增长4.15%；理货量16.96亿吨，同比下降0.93%；装拆箱理货522.69万TEU，同比下降17.70%。

集装箱业务收入19.5亿元，同比增长4.20%；件杂货业务收入5.22亿元，同比下降2.68%；延伸业务收入1.76亿元，同比增长7.01%；中理检验实现收入6 943.06万元，同比增长40.66%。

2018年，中外理系统直属控股公司各项主要业务指标较2017年均有所下滑，随着理货行政审批取消、强制理货取消、理货费率市场化的推进，再加上港口降费的发展趋势，理货面临着更为严峻的挑战。

在我国质量强国、经济全球化等国家战略和“一带一路”倡议的引领下，第三方检验行业加快市场化变革，迎来了快速发展的历史机遇，检验业务大幅增长。2018年在战略布局、集团内外部资源整合协同、市场营销、提高服务质量等方面全面发力，在石化产品、矿产品、农产品及海事服务检验等领域形成了核心竞争力，取得了较好的市场份额、公正信誉和经营效益。

【信息化建设】

2018年，中远海运物流完成6个信息化“十三五”规划子规划制定工作，18个信息化制度制定工作，9个重点软件项目上线工作，4个重点硬件项目上线工作。

强化战略引领能力。按照公司“强化战略引领，战略规划制定与实施齐头并进”的工作要求，一手抓信息化“十三五”规划的细化，一手抓已制定部分的落地实施。规划的细化方面，完成了《可视化子规划》《网信安全子规划》《业务架构子规划》和《技术架构子规划》4个子规划，以及《网信安全子规划》的两个子规划《机房安全可视化规划》和《机房云规划》制定工作，这6个子规划是对信息化“十三五”规划的细化，为其落地实施指明方向。规划的落地实施方面，4个应用平台落地实施工作，实现了业务处理平台落地实施工作。船代信息系统改造项目是以《业务架构规划》和《技术架构子规划》为基础，实现业务处理平台落地实施。该项目预计2019年底全面上线。信息安全体系建设落地实施工作，制定了《网信安全子规划》，并从信息安全组织、管理和技术3个方面进行落地实施。

强化集约管控能力。建立集中式信息系统，实现信息系统集约化管理，推进船代信息系统改造项目。推进仓储建仓信息化项目和仓储综合管控平台信息化项目，完成了仓储综合管控平台的建设工作，完成青岛仓配本部及济南、上海、郑州、南京、石家庄、北京、重庆、南昌8家分公司的60个分中心的90余个项目上线工作。推进办公平台的合同管理模块、客商管理模块、资产管理模块、绩效管理模块等项目。截至2018年底，全系统二级公司和132家三级公司完成了移动办公平台上线工作。推进财务共享中心项目，完成总部和上海、青岛、广州3家区域公司的报账平台的搭建工作，完成单据递送模块和影响识别模块的开发工作。

强化创新驱动能力。管理创新：“虎克计划”参加了中国物流采购联合会2018年物流企业优秀信息化产品评比活动，并获得了2018年度物流企业信息化优秀案例奖项。2018年3月，“虎克计划”在中远海运物流化工公司正式上线，预计2018年底在泸州酒业上线，未来将会推广到其他业务板块中去。技术创新：单证自动化填报项目已经在货代、空运、仓储业务板块完成调研，2018年底预计在货代板块4个区域公司（青岛、上海、大连、宁波）15 个业务流程上线工作，后续将推广到其他业务板块中去。

强化风险防控能力。开展安全体系建设工作，制定了《网信安全子规划》及机房等级标准，同时加强机房管控。

【风险管控】

中远海运物流充分吸取公司前身在经营和发展方面的诸多教训，把“稳健经营”放在突出位置，积极推进法制央企建设。在业务拓展上坚持以“三不做”原则努力排查经营风险。通过推行统一的客户/供应商管理系统，将合同管理系统延伸到三、四级单位，明显提升了客户和合同管理的集约管控水平。

公司牵头成立了历史遗留问题处理专项小组，总经理韩俊和党委书记孙军任小组组长，专项小组下设涉诉案件应对组和存续项目处置组。各涉诉区域/专业公司也分别成立专项工作小组。作为处理历史遗留问题的责任主体，各公司专项小组负责本公司及所属公司历史遗留问题的处置及推进工作。

制定并印发《中远海运物流有限公司外聘法律服务机构管理规定》。根据该规定内容，物流将整合系统法律服务机构资源，建立系统统一的法律服务机构库。制定并印发《中远海运物流有限公司应收账款管理办法》，对下属各二级单位建立了应收账款月度数据表和应收账款月报制度，并就应收账款管理从十二个维度进行分析，对收集汇总的应收账款数据进行多维度剖析与全面管理，建立了应收账款工作三级管理体系，确保应收账款工作各单位都有专人负责并实时更新联系信息。制定并印发《中远海运物流有限公司客户资信管理办法》，为总部客户信用管理奠定了顶层设计的基础。依据客户资信管理办法规定，督促所属各单位加强对客户资信管理工作，做到客户资信事前审批、事中跟踪、风险预警和资信再评估。在物流系统内统一推广使用了客户/供应商管理系统，加强对客户资信情况的监督和审核，建立了系统化、电子化的客户信用风险防控机制，业务风险的动态评估和管理机制。

【安全管理】

2018 年度全系统安全生产形势平稳。

狠抓责任落实。在 2017 年建立健全安全生产责任制的基础上，中远海运物流完善了物流总部安全生产管理人员各岗位的安全生产责任制，对全系统各单位的安全生产责任制的建设情况进行了摸底统计，并从落实企业主体责任的角度，在责任制建设总体要求、编制方式和时间进度等方面提出了明确的要求。

完善规章制度。制定并印发了《中远海运物流有限公司生产安全事故综合应急预案》《中远海运物流有限公司安全生产绩效考核管理细则》《中远海运物流有限公司安全生产费用提取和使用指导意见（试行）》《中远海运物流有限公司分承包方安全管理指导意见》《中远海运物流有限公司境外单位安全生产管理规定》《中远海运物流有限公司安全生产责任追究办法》《中远海运物流有限公司安全生产监管办法》《中远海运物流有限公司节能减排管理规定》《中远海运物流有限公司危化品仓储安全管理办法》《普通仓库安全管理办法》和《陆运安全生产指导意见及制度框架指引》11 项规章制度。

强化监督检查和隐患排查。对系统内 45 家单位开展了安全生产检查与调研。组织外部专家对“国投 101”轮进行了安全检查。组织系统各所属单位深入开展安全生产隐患排查工作，将排查出的隐患逐一统计建档，明确隐患整改责任单位、责任人、整改措施及整改时限，及时消除事故隐患。

推进安全生产信息化管理。中远海运化工物流安全生产可视化中心正式运营，并根据集团陆岸视频平台接入的要求，完成了化工物流、泸州物流、广裕仓码等公司现场视频监控、车辆动态监控与集团视频监控平台的对接。中远海运化工安全管理信息系统投入试运行。

【队 伍 建 设】

认真贯彻落实集团人才工作会议精神，结合“十三五”后两年滚动规划暨未来五年初步规划和全系统的人力资源现状，总部党委编制了“十三五”人才发展规划，进一步明确了人才资源建设目标、方向和实施路径。制定完善了《司管干部管理办法》《领导人员后备人选管理办法》《境内直属二级单位主要领导“红、黄牌”管理办法》《境内直属二级公司领导人员年薪制管理办法》及配套的风险年薪考核兑现办法，进一步明确了选人用人标准，进一步体现了公平与效率的有机结合。总部党委举办了 3 期脱产培训班，近 200 名司管干部专题学习了关键逻辑和项目管理等课程，进一步强化了定战略、抓落实的思维。上海区域党委举办了首期“启航先锋”年轻干部成长培训班，宁波区域党委、大连区域党委联合举办了中青年干部高级研修班，切实把青年干部的培养工作放到更加突出的位置。

结合巡视整改要求和企业转型发展实际，2018 年，总部党委共调整直属单位班子成员 41 人次，其中提拔 12 人次，岗位交流 29 人次。通过调整，进一步充实了宁波区域、中远海运仓配、中远海运船务、中联理货领导班子力量，进一步优化了青岛区域、上海区域和工程物流领导班子结构，也规避了同一岗位任职时间过长潜在的廉洁风险。

【党 群 工 作】

2018 年，中远海运物流党委在集团党组的正确领导下，以习近平新时代中国特色社会主义思想为指导，深入学习贯彻党的十九大精神，认真贯彻集团党组各项工作部署，把方向、管大局、保落实，以政治建设为统领，不断加强思想建设、组织建设、作风建设、纪律建设和制度建设，全面提升党建科学化、规范化水平，为企业努力转型升级发展提供了坚强的政治保证。

截至 2018 年底，中远海运物流党委班子由 10 人组成。公司党委所属基层党组织 405 个，其中党委 37 个、党总支 32 个、党支部 336 个，包括直属法人单位党委 15 个、直属法人单位党总支 1 个，党支部 1 个、直属机关党委 1 个。共有中共党员 4701 名，其中在职党员 4041 名，离退休党员 660 名。各直属单位党组织在接受中远海运物流党委领导的同时，遵循属地化管理原则，接受属地上级党组织的管理。

进一步加强顶层设计。修订完善了《党委议事决策规则》，把党委研究讨论作为董事会、经理层决策重大问题的前置程序，全年共计召开党委会 35 次，研究决策事项 137 项，研究讨论前置事项 22 项，实现了加强党的领导和完善法人治理有机统一。推动总部和 17 家直属单位、外理控股 5 家公司完成党建入章程，把党组织嵌入公司治理结构各环节、党建工作融入生产经营全过程，进一步明确了发挥党组织作用、实现党建工作价值的路径。

切实推进全面从严治党。积极开展 2017 年度党建工作目标责任制考核、党组织书记抓基层党建述职评议，对直属二级单位 2017 年度党建工作进行综合考评，并强化结果运用，与领导人员年薪兑现和职务调整相挂钩。签订 2018 年度党建工作责任书，将年度党建工作分解成 38 大项 136 条具体任务，通过党建工作调研和专项检查等方式不定期督导，层层压实党建工作责任。党委书记和分管领导参加并指导 17 家直属单位党组织、总部直属机关党委召开党员代表大会、党员大会，代表总部党委与新当选党委和纪委班子开展任前谈话，切实规范基层党组织的换届选举工作。进一步完善党员领导干部联系点工作，加强系统党员领导干部对基层联系点的政治引领、调研指导、督导检查和协调服务。制定印发《中远海运物流党支部工作指导手册》，指导基层党支部规范“三会一课”，推进党支部规范化建设。全面落实党组织应建必建，凡是党员人数达到 3 人的法人单位，均建立了党支部，并结合企业实际动态调整。加强直属单位党务机构和党务工作人员配备，规模较大的直属单位都设立了独立的党群工作部门，并配备了专兼职党务工作人员。举办 2 期党支部书记和党务工作者培训班，切实提升党务干部队伍政治素质和履职能力。

系统工会举办了“巾帼展风采、奋斗立新功”巾帼建功创建评选表彰和劳动竞赛活动，引导全系统广大职工立足岗位、创新创效。深化以职工代表大会为基本形式的民主管理制度，在重大决策上认真听取职工意见，保障了职工参与管理和监督的民主权利。深入开展送温暖和夏季送清凉活动，慰问98家基层单位、42户困难职工家庭和5500余名一线职工，发放慰问款物197万元。承办集团第二届职工运动会乒乓球比赛，得到了集团工会充分肯定；积极组织职工参加运动会各类比赛，取得了优异成绩，展现了良好精神风貌。举办企业家庭日活动，促进了文化融合。

切实发挥团青组织后备军的作用。召开系统第一届团代会，党委书记出席会议并从“位”“为”“聚”“新”“强”“严”六个方面对新一届团委和全系统青年员工提出殷切希望；开展学习共青团十八大“一本册子”“一次宣讲”“一个创意”“一次比赛”为主题的“四个一”活动，进一步加强青年思想引领。向系统青年员工发出“改革发展立新功 提质增效当先锋”倡议书，广泛开展创新创效活动。开展了“浪花心愿”“青”心支教志愿者服务，以及“平安志愿者，爱心义卖”等活动，打造物流特色青年志愿服务品牌。

截至2018年底，中远海运物流全系统35周岁以下青年共4658名，其中28周岁以下青年1478名，团员1078名（含保留团籍的党员161名）。

【廉政建设】

2018年，中远海运物流党委、纪委深入学习贯彻党的十九大精神，全面落实集团党组纪检组和公司党委工作部署，认真履行监督职责，把纪律挺在前面，扎实推进党风廉政建设和反腐倡廉各项工作向纵深发展。

强化责任落实。与直属单位及原中外理系统直管单位共签署“三个责任书”68份，与司管干部、总部关键岗位人员签署廉洁承诺书248份，建立总部党委管理干部廉洁档案198份。结合新形势新要求，将反腐倡廉工作责任层层落实，建立了齐抓共管的责任机制。

扎实两级巡视。2018年召开动员部署会2次、党委会16次、领导小组会9次、推进会15次，专题研究巡视整改工作，开展专项检查自查15项，形成了“主要领导亲自抓、分管领导具体抓、一级抓一级、层层抓落实”的良好局面。截至2018年12月底，中央巡视反馈76项整改措施已完成55项，整改完成率为72.4%；集团党组巡视组反馈4大方面68项整改事项已完成59项，整改完成率为86.8%。两级巡视整改共问责61人次，建立健全制度近600项。开展了落实中央八项规定精神、物流总部机关及领导2017年度招待费用、特殊关联企业治理等专项检查工作，引导全系统各级领导干部依法依规履职。

强化内部审计。全面推进审计项目：完成审计项目96项，其中经济责任审计72项、工程建设项目审计3项、财务收支审计20项、专项审计（调查）1项，审计覆盖资产占公司总资产的25%。共发现问题459项，提出意见建议329项，促进增收节支41万元，移交问题线索30项，对相关责任人进行追责问责11人次，审计广度和深度进一步加强。强化审计问题整改：严格执行公司制定的审计整改办法，强化“三不放过”原则，推进审计问题销号管理，督促被审单位落实整改责任，全年召开2次审计发现问题整改工作会议，通报整改情况，有效扩大审计成果的运用。推进联网审计：派2人次参加集团审计中心联网审计项目，“以审代训”培养联网审计人员；制定并印发《联网审计工作规程》，配合集团开展5项联网审计调查。

【企业文化】

公司党委进一步加强对集团企业文化核心纲要的宣贯，提升对企业文化的归属感和认同感，以文化认同推动企业和职工深度融合。

聚力主题宣传。强化意识形态管理。结合庆祝新中国成立70周年，五四运动100周年，在加强企业改革舆论宣传上做好策划，深入宣传全系统各单位推进战略落地的重大举措和转型升级的重大成果，总结深化改革中的好经验、好做法，唱响主旋律、传播正能量，引导广大职工坚定“四个自信”。加强先进典型培育，选树一批勇挑重担、勇于担当的奋斗者典型，让少讲空话、狠抓落实、实干苦干形成习惯，成为自觉。

加力品牌宣传。组织策划了“一带一路”“提质增效我担当”“改革开放口岸一线行”等一系列主题宣传活动；在《中国远洋海运报》推出“we are ready——走进中远海运物流”集中报道，大力宣传全系统在提质增效、创新发展等方面的成果经验。充分借助“进博会”“西洽会”“物流节”和“连博会”等行业平台资源，采取“走出去”与“请进来”相结合的方式，有针对性地主动发声，提升品牌的关注度；认真落实集团党组扶贫援藏工作部署，认真做好对口扶贫援藏工作，以西藏中远海运物流有限公司成立为契机，打通西藏物流产业的瓶颈，连通南亚陆路大通道，全面助推西藏经济发展，彰显央企社会责任。

加强文化建设。深入贯彻落实集团企业文化核心价值理念纲要，在融合原四总部企业文化优良基因的前提下，提炼总结符合行业特点、体现物流特色的中远海运物流企业文化核心价值理念纲要；鼓励各单位根据企业实际开展安全、廉洁、创新等专项文化建设，丰富企业文化内涵。推进中远海运物流发展史编纂和企业文化展室的升级工作，广泛开展各类主题文化活动，打造企业文化展示窗口和员工精神家园。充分发挥政研会服务、导向、参谋平台作用，围绕转型升级发展的实践确定研究课题，多出高质量、有温度、接地气的政研成果，指导推动工作。

培育廉洁文化。学习宣传新修订的《中国共产党纪律处分条例》。印发通知要求全系统纪检干部开展新条例学习，公司纪委组织纪委委员带头集中学习 1 次，向党委中心组宣讲 1 次，组织纪检监察审计干部集中学习、培训。做好日常廉洁教育宣传。利用公司党建网、公众号等宣传平台，刊登工作动态 38 条，发布廉洁教育文章 37 篇；编发《纪检信息》3 期。开展典型案例教育。转发上级通报案件 25 起，主动通报系统内部案件 4 起。组织党员领导干部参加集团违反中央八项规定典型案件通报警示大会，协助公司党委召开专题民主生活会。开展廉洁教育谈话。全年在总部机关开展专项约谈、任前谈话、关键岗位人员谈话共 96 人次。

2018 年中远海运物流基本情况见表 14–4。

2018 年中远海运物流基本情况表 表 14–4

类别	项目	单位	数据
生产情况	集装箱揽货量	万 TEU	362.95
	散杂货货量	亿吨	3.41
	空运代理货量	万吨	13.5
	仓储面积	万平方米	51.01
	电商业务 / 中远 e 环球	万票	754
	工程物流操作量	万计费吨	147
	代理船舶艘次	万艘	11.44
	代理船舶净吨	亿吨	14.31
	理货总艘次	万艘次	1.14
	集装箱理箱量	万 TEU	68.75
	件杂货理货量	万吨	2 246.64

续上表

类别	项目	单位	数据
财务情况	总资产	亿元	204.68
	净资产	亿元	59.07
	总收入	亿元	339.21
	利润总额	亿元	8.44
	净利润	亿元	5.86
人力资源	员工总数	人	11 708

（孙洋洋）

中国外轮代理有限公司

中国外轮代理有限公司

【公 司 简 介】

中国外轮代理有限公司（简称“中国外代”或PENAVICO），原为中国外轮代理总公司，成立于1953年1月1日，是中国国际船务代理和国际运输代理行业的领导者，其专业经验和市场地位被业界所公认，2018年，中国外代在外贸班轮、外贸非班轮船代理方面依然处于行业领先地位，“PENAVICO”作为其注册商标，代表着准确、及时、文明、周到的服务。中国外代总部设在北京，下设80多家口岸外代，有遍布全国的300多个业务网点，在美国、欧洲、日本、韩国、新加坡、中国香港设有代表处，具有完善的服务网络。

1992年底，随着中远总公司更名为中国远洋运输（集团）总公司，在经过31年一套机构、两块牌子体制之后，外代总公司从中远总公司分离出来，恢复了企业法人独立运作体制，成为中远集团的重要一员。2004年2月19日，中国外轮代理总公司更名为中国外轮代理有限公司，从2002年起与中远海运物流为“一套人马、两块牌子”。

【经 营 效 益】

2018年，中国外代代理艘次11.44万艘，代理船舶净吨14.31亿吨；实现船舶代理业务营业收入98.77亿元，同比上升3.74%；实现营业毛利6.68亿元，同比减少11.26%。

【业 务 发 展】

2018年，面对国家政策变化、船代市场放开、整体费率下降等不利局面，公司以集约化为抓手，以创新转型为目标，勠力同心，迎难而上，确保了船代业务的基本稳定。

推进集约化工作。以非班轮项目制和班轮服务标准化入手，突出战略引领、固本强基，推动船代业务转型发展。非班轮项目制：推进项目制团队相关工作，成立9个项目组，明确项目组工作目标，制定切实可行的工作计划，推进各项目组团队组建工作；各项目组建章立制，梳理细分市场核心客户和目标客户，分析市场情况，制定个性化营销策略，做好集约化服务理念和项目制团队推介工作。班轮“马士基服务方案”：以集约化战略为导向，深刻分析班轮代理市场特点，通过召开集约化研讨会等方式与口岸公司充分沟通交流，从服务产品化和发挥长板效应入手，以最高服务标准作为系统班轮船代的服务要求，切实提升班轮船代的服务水平，于2018年9月正式发布《马士基船代专业化服务方案》第一版，要求各口岸公司对标服务方案，优化业务流程，取长补短提升服务；同时，继续补充先进经验和优秀服务理念，对该方案进行持续改善升级。

创新升级经营模式。服务产品化：建立信息共享机制，推出《班轮市场月报》制度。持续推进客户服务报告标准化，为马士基、地中海航运（MSC）、海洋联盟（ONE）、联合石化、阳明、MOL-CT、皇家加勒比、中联化等客户提供服务报告；口岸公司创新服务产品，助力船代转型。产品服务化：紧跟电子化趋势，提升船代服务水准。以客户为中心，创新服务模式，助力转型升级。客户市场化：持续关注总代业务发展，依托优势资源，向外部客户延伸，向专业化、标准化转型，以客户为中心，以市场为导向，优化内部架构。

坚持战略营销。战略营销：贴近市场，紧随

客户，利用高层出访、高层营销、集中营销、精准营销等立体营销模式，稳固了班轮、非班轮、内贸等客户的关系，保证了船代业务的稳定。协议谈判及招标工作：顺利完成法国达飞（CMA）、海洋联盟（ONE）、地中海航运（MSC）、地中海邮轮、中远海特运、中远海散运、中远海能源等重点客户的集中营销谈判和签约。持续完善营销例会制度，强化营销例会功能，进一步发挥系统的网络优势，共享客户信息与资源，共享口岸公司优秀营销案例，共享总部、营销中心、口岸公司营销计划，为协同营销工作提供支持。

（孙洋洋）

中国外轮理货有限公司

中国外轮理货有限公司

【公司简介】

中国外轮理货有限公司（简称“中国外理”或COSTACO），原为中国外轮理货总公司，成立于1961年，是经交通运输部批准、国家工商管理总局登记专门从事船舶理货业务的国有重要骨干企业。中国外理先后隶属交通运输部、中央企业工委、国务院国资委管理；2005年，根据国务院国资委国企改革精神，成为中远集团所属全资子企业；2017年，与中远海运物流整合重组，并完成公司制改制，名称变更为中国外轮理货有限公司。重组后，中远海运物流与中国外理为“一套人马、两块牌子”。

中国外理在理货市场份额、行业地位、影响力等方面具有很高的市场占有率和控制力。近年来，中国外理系统企业每年的理货业务收入约为26亿元，约占国内理货市场总收入的90%，其中集装箱理箱收入（含装拆箱收入）约占74%，件杂货理货收入约占20%，其他收入约占6%。

【发展战略】

结合理货、检验行业的新形势，公司以新思维、新动能、新模式为指引，借助波士顿咨询公司外脑，对理货检验板块“十三五”滚动规划进行了重新修订，进一步升华发展愿景、战略使命，不断厘清业务战略，完善支撑体系。

对于理货业务，起草了重构理货商业模式的研究报告，推进4个转变。一是从传统理货向数字理货转变；二是从人工理货向科技理货转变；三是从粗放式理货向集约化理货转变；四是从低附加值向高附加值理货转变。

对于检验业务，推进4个“新”战略。一是整合新资源，加强与港口、国家重点实验室及其他检验机构的战略合作；二是创造新价值，打造石化产品检验、矿产品检验、农产品检验、海事服务、符合性认证等核心业务线，提升在全程物流价值链中的作用；三是开拓新市场，在巩固传统优势的进出口大宗散货市场的基础上，拓展新兴检验市场；四是探索新模式，打造前端客户化、后端平台化、内部一体化的统一检验平台，同时探索检验板块与物流全程供应链其他业务板块跨界共享的新模式。

【系统平台】

积极搭建系统交流平台，研讨宣贯发展战略，进一步统一思想、凝心聚力，从行业大局、宏观层面帮助口岸公司提供决策依据和合理化建议，稳定市场，深化合作，寻求共识。2018年4月，在扬州召开系统年度工作会，执行董事韩骏就新时代的思考、物流产业的新思维、新动能、新模式，以及未来理货行业的发展路径发表了讲话，得到了外理系统各口岸公司与会代表的高度认同，为理货转型指明了方向。8月，召开三次江苏口岸研讨会，通报了理货政策现状与调整情况，与会公司就巩固与拓展业务进行深入交流。10月，在秦皇岛召开华北、东北地区研讨会，从探讨理货核心价值出发，提出了“互联网理货平台＋数据服务商”的业态定义，明确了实施理货重构战略的具体措施。12月，在博鳌召开系统业务工作会，充分研讨理货业务转型亮点和未来方向。

【公司治理】

受行业审批权限放开、有关政策废止和外贸

形势低迷影响，理货经营压力持续增大。部分口岸理货公司提出留存资金用于开拓市场、应对竞争及智能理货投入，不分或者少分红。在此背景下，中国外理积极沟通协调，通过彰显行业引领者的价值，维护小股东投资权益。通过努力，2018 年，公司实现分红 12 274 万元，超出年初预期。加强合资合作经营管控，编制了《中外理合资合营企业经营纪律管控情况报告》，全面梳理了内控情况。

【经 营 效 益】

面对传统理货业务受政策调整的严重影响，中国外理系统树立新思维、运用新动能、探索新模式，认清形势，协同发展，实现了稳定经营，达到了固本强基的预期效果，为全系统转型发展奠定了坚实基础。

2018 年，外理系统实现理货收入 26.49 亿元，同比增长 2.95%；实现利润总额 9.92 亿元，同比下降 2.06%。完成理箱量 1.44 亿 TEU，同比增长 4.15%；理货量 16.96 亿吨，同比下降 0.93%；装拆箱理货 522.69 万 TEU，同比下降 17.70%。

集装箱业务收入 19.5 亿元，同比增长 4.20%；件杂货业务收入 5.22 亿元，同比下降 2.68%。延伸业务收入 1.76 亿元，同比增长 7.01%。中理检验实现收入 6 943.06 万元，同比增长 40.66%。

【政 策 环 境】

协助中国理货协会，通过各种形式，向国家发展改革委、国家市场监督管理总局、国家口岸办、交通运输部和各级地方交通运输主管部门提出了多项有关深化港口理货行业改革的意见和建议。积极与相关政府部门沟通，针对理货行政审批、理货费收、反垄断调查、易流态业务等相关政策的调整，积极建言献策。协助中国理货协会，邀请交通运输部水运局、法制司相关领导，举办团体标准《理货行业服务规范》评审工作会议，并最终发布部颁标准。主办港口理货企业《中华人民共和国反垄断法》和海关监管政策宣贯会，邀请海关监管司和国家市场监督管理总局价监局，介绍海关监管法规的调整及改革方向，以及 AOE 制度基本概述等内容。

【交 流 互 访】

紧随港口发展趋势，加强交流互访。2018 年，中外理总部先后拜访了张家港港务集团、太仓港口管理委员会、张家港市港口管理局、福州港务集团、大连港集团、森达美集团、厦门港务控股集团、宁波舟山港集团、上海港集团、浙江省海港集团等有关港口单位；同时，也接待了厦门港务控股集团、森达美集团、江阴港港口集团、漳州招商局码头、武汉港务集团、太仓港管委会等来访，分别向有关港口单位介绍了新形势下理货行业的发展方向，就进一步提升港理合作、促进理货行业健康稳定展开了广泛交流。

【转 型 发 展】

2018 年，中理检验借助理货资源优势，贯彻“六个说清楚、三做三不做、六个紧随”等新发展理念，以集约化改革为抓手，以抢资源促合作为重点，不断优化检验发展布局。

为进一步把握检验市场机遇、应对挑战，加强外理、中联两大系统的检验资源集约，外理总部制定了《检验业务集约化改革方案》。明确了集中资源，打造内部一体化的检验平台，实现“前端客户化、后端平台化”模式。提出了重点推动三个层面的集约化。一是针对检验板块自身的资源，建立紧密型集约化；二是与中远海运集团兄弟单位，建立半紧密型集约化；三是与港口全面建立“合作型”集约化。

积极关注“一带一路”非洲、欧盟、西亚、澳大利亚等共建国家和地区的进出口符合性认证需求，紧随政府平台，重点抢抓非洲市场的机遇期与窗口期，发挥系统理货、检验网络优势，从原有装运前检验（PSI）业务入手，积极开拓了尼日利亚符合性认证业务（SONCAP 项目）。2018 年 4 月 16 日，中理检验出具了第一份尼日利亚 SONCAP 证书，出证时效与质量均获得了客户的高度认可和好评。SONCAP 项目，对于中理检验拓展“一带一路”非洲、西亚、欧盟等共建国家和地区的符合性检验业务、拓展全球检验市场具有重要意义。进博会期间，还抓住科特迪瓦商务部部长来华拜访中远海运集团的契机，针对科特迪瓦装运前检验的新规则，提出检验服务方案。

中理检验积极加强与港口的合作，特别是成功与日照港集团合资成立了日照中理检验检测认证公司。合资检验公司是在中远海运物流与日照港集团全面战略合作的背景下，充分发挥中理检验专业优势以及日照港集团的货源优势，强强联合，深耕日照港口检验市场，为探索全国港口检验合作模式带来了借鉴。（孙洋洋）

中远海运重工有限公司

中远海运重工有限公司

中远海运重工有限公司（简称“中远海运重工”，英文简称 COSCO SHIPPING Heavy Industry），属于中远海运集团旗下的装备制造产业集群，是世界知名航运公司和海洋石油服务商在中国的重要业务合作伙伴。中远海运重工致力于振兴中国船舶与海洋工程装备制造产业，为国际航运和海洋开发提供一流装备和服务，努力打造中国领先、世界一流的船舶和海洋工程装备制造企业。

2018 年，市场持续低迷、产能严重过剩的形势没有改变，重工困难复杂的外部形势没有改变，但全体干部员工逆势拼搏、艰苦奋斗，坚决落实公司各项工作部署，付出了极大的努力，取得了积极的进展，完成了集团下达的年度主要考核指标。其中，南通中远海运川崎和大连中远海运川崎继续保持盈利，南通中远海运川崎、上海中远海运重工 / 上海中远船务实现较大额度盈利，这在当时市场条件下难能可贵。中远工服、南通远洋配套、丰昌船务等多家配套企业也继续保持盈利，为重工效益作出了积极贡献。

【大　事　记】

2018 年 1 月 16 日，由中远海运重工旗下南通中远海运川崎船舶工程有限公司建造的、国产首制具有完全自主知识产权的 20 000TEU 集装箱船“COSCO SHIPPING ARIES（中远海运白羊座）”轮在南通命名交付。

2018 年 2 月 8 日，中远海运重工召开 2018 年反腐倡廉建设工作会，部署党风廉政建设和反腐败工作。

2018 年 2 月 9 日，由上海中远海运重工完成改造的“比雷埃夫斯三”号(PIRAEUS Ⅲ）浮船坞在中远海运特运“新光华”轮的装载下，顺利起航，前往希腊比雷埃夫斯港。

2018 年 4 月，南通中远海运川崎发明专利获首届船舶与海洋工程行业专利奖金奖，并在中国船舶与海洋工程产业知识产权联盟年会暨中国船舶与海洋工程产业知识产权发展高端论坛受表彰。

2018 年 5 月 15—16 日，中远海运集团副总经理、中远海运重工董事长王宇航听取中远海运重工“学川崎”工作的专题汇报，重点了解了扬州中远海运重工“学川崎”工作及在建重点项目推进情况。

2018 年 7 月 23 日，中央电视台《焦点访谈》节目播报的“中国企业的全球化故事”，报道了南通中远海运川崎的创新发展之路。

2018 年 9 月 20 日，上海海洋工程装备制造业创新中心揭牌暨合作协议签约仪式在上海临港举行。工业和信息化部装备司副司长王瑞华、上海市经信委副主任吴磊、上海临港管委会党委书记陈杰、中远海运集团副总经理王宇航、挪威船级社大中华区总裁诺伯特・科莱（Norbert Kray）等，为创新中心揭牌并见证系列协议签约。中国海工联盟理事长、海工创新中心董事长梁岩峰主持仪式。

2018 年 11 月 6 日，中远海运集团所属企业在上海国家会议中心与全球合作伙伴签署了多个采购协议。其中，中远海运重工所属南通中远海运川崎、启东中远海运海工和扬州中远海运重工与 12 家供应商签订了船舶设备和备件采购协议。

2018年11月19日，大连中远海运重工“5+4”艘 6.2 万吨系列多用途纸浆船签约。

2018 年，中远海运重工党委对企业党建品牌进行归纳总结、提炼推广，形成“3+2”的党建品牌及平台建设格局，实现党建工作与企业生产经营管理深度融合。“三大载体”即：创建特色党支部、项目党建和分承包方党建；“两大平台”即：精益党建、党建信息化。

【经营情况】

2018年，世界经济扩张的均衡性呈现下降，中国尚处于“改革阵痛”的范畴内，中美贸易战改变了中国经济“稳增长”与“促转型”的平衡点，随着融资环境收紧和经营成本过快上升，制造业回升的持续性受到威胁。全球所有船型的造船新签订单略比2017年增加，海工建造市场总体仍然低迷，下半年脱硫装置加装市场的如期爆发，预计将带动2019年修船市场的增长。

2018年以来，受成本、汇率及主流船厂手持订单量上升等因素影响，当年的价格略好于上一年，为重工业务提升创造了外部条件。公司全年共生效造船订单45艘，中标BP Tortue FPSO FEED+EPCIC项目，修船业务完成报价投标2659个项目，中标修理项目1491个，同比2017年中标修理项目1228个实现增长21.4%。

【经营效益】

2018年，中远海运重工造船交付32艘/445万载重吨；海工交付19个项目和9个模块；修船累计出厂1169艘船，产值43亿元。新承接造船订单507万载重吨，年末手持订单1253万载重吨。项目主要节点按时实现率83%，较2017年提高16个百分点。

持续全面推进精益管理，促进企业降本增效。生产管理方面，主要以扬州重工为试点协调落实三方技术协议，企业管理改善效果显著，管加工制作、内业数控切割、小组立等工序效率明显提升；其他企业多维度同步实施，以改善前期研讨、设计、生产、物资、安全、班组建设和智能制造等管理为主题制定推进计划，促进企业管理提升。质量方面，从培训、交流、持续改进和自主管理等方面促进企业提高自主质量管理意识和能力。

【企业改革】

2018年，中远海运重工深化重组整合工作，取得显著成效。通过深化改革，法人数量进一步压减，员工队伍进一步精简。深入推进去产能，造船产能累计压减407万载重吨，海工平台类产能压减12个。

理顺股权和管理关系。一是以经审计的净资产值为依据，将中远造船100%股权由中远集团划转至中远海运重工。二是将广州远洋、上海远洋所持中远船务股权通过先划转至中远集团，再划转至中远海运重工，将中远船务变更为中远海运重工全资子公司。三是将中海集团持有上海中远海运重工股权划转至中海工业公司，上海中远海运重工变更为中海工业全资子公司，完成上海中远海运重工与上海中远船务整合。四是将启东国投持有启东海工股权无偿划转至中远船务，将启东中远海运海工变更为中远船务全资子公司。五是立新船厂克服困难响应改革号召，停止三林厂区、东沟厂区修船业务。

开展配套及专业化公司重组整合，压减法人数量4家和压减员工81人。一是中远船务以评估价为基准收购香港嘉铭持有中远工服股权，将中远船务持有南通自动化股权无偿划转至中远工服，实现中远工服与南通自动化整合。二是完成大连迪施吸收合并南通迪施，上海市一电机吸收合并上海万度力，南京国际船舶配件有限公司吸收合并南京中远配件厂。三是中远船务以评估价回购新加坡克莱芬持有南通克莱芬的股权，将中远船务持有南通克莱芬的全部股权无偿划转至南通中远海运船务。

技术研发体制改革稳步推进。制定《中远海运重工科技三年行动计划》，全系统积极攻关关键技术。南通中远海运川崎《一种大型船舶的半串联建造方法》荣获中国船舶与海洋工程行业专利奖金奖。全系统多个重点项目获工业和信息化部项目立项，数个科研成果获中国造船工程学会和中国航海学会科学技术奖一等奖。申请并受理专利155项，授权76项，获得计算机软件著作权登记8项。

此外，中远海运重工作为海工联盟理事长单位，还牵头组建成立上海海洋工程装备制造业创新中心，与相关方签订了系列合作协议。

通过深化改革，公司法人数量进一步压减，员工队伍进一步精简。深入推进去产能，造船产能累计压减 407 万载重吨，海工平台类产能压减 12 个。

【科 技 创 新】

2018 年，中远海运重工制定并印发《中远海运重工科技行动计划（2018—2020 年）》，以行动计划引领重工科技创新工作。中远海运重工所属南通中远海运川崎的“基于两化深度融合的智能船厂建设的智能工厂解决方案”入选国家“2017 年制造业与互联网融合试点示范入选项目名单”成为试点示范项目。中远海运重工所属南通中远海运川崎的“基于两化深度融合的智能船厂建设”入选中国科协智能制造学会联合体组织的“智能制造科技进展 (2017 年)”。

2018 年，中远海运重工首度实施年度科研计划，经遴选、评审、批准，《邮轮典型居住舱室模块化设计与研制》等 8 个项目列入公司 2018 年度科研计划。

中远海运重工所属南通中远海运川崎《船舶超大型复杂结构件智能制造新模式应用》荣获工业和信息化部“2018 年智能制造综合标准化与新模式应用”的立项；大连中远海运川崎的《船舶智能制造试点示范项目》入选工业和信息化部 2018 年智能制造试点示范项目，这是继南通中远海运川崎船舶工程有限公司之后，全国造船企业第二家入围企业。中远海运重工的《2 万箱级超大型集装箱船设计建造》《深水动力定位原油输送装置》《超深水海工作业船》《新一代地质地球物理综合调查船》4 项重大科技成果入选国务院国资委“中央企业重大科技成果摘要”。

中远海运重工的《LNG/ 燃油双燃料冰区加强型 4000 车位汽车滚装船设计与建造》《2.1 万吨模块运输船设计与建造关键技术研究与产业化》《多用途应急救援船研发及建造技术》荣获中国航海学会科技进步奖一等奖，《2.2 万吨级超宽浅吃水双桨油船》荣获中国造船工程学会科学技术奖一等奖。

中远海运重工所属南通中远海运川崎设计建造的《LNG/ 燃油双燃料冰区加强型 4000 车位汽车滚装船》荣获中国航海学会科技进步奖一等奖。该船舶具有油耗低、绿色环保、自动化智能化程度高等特点，代表着国际船舶技术发展的热点和方向，填补了我国在大型船舶使用双燃料领域的技术空白；被国际知名船舶杂志 *Maritime Reporter & Engineering News* 评为世界十大名船之一；作为国内建造的世界首制船舶，被国际船舶网评《7 艘“世界首艘”船改变全球船业》。

2018 年 6 月 22 日，上海海洋工程装备制造业创新中心在上海临港注册成立，中远海运重工有限公司总经理梁岩峰担任创新中心公司董事长。

【风 险 管 控】

中远海运重工出台了《中远海运重工综合管理体系建设、运行与评价管理办法》，为公司综合管理体系的建设、运行与评价工作建立了制度规范；组织召开了公司综合管理体系宣讲会，组织综合管理体系内审知识及实务培训，综合管理体系建设、运行与评价及流程图绘制、风险辨识和控制措施制定方法培训。

修订了《中远海运重工有限公司规章制度管理办法》，并配套出台了《规章制度规范指引》；规范公司各类规章制度的制定与管理，建立规范化的规章制度体系，确保规章制度依法合规与有效执行。组织编制 2018 年度公司规章制度年度制订、修改与废止计划，按照计划中的时间节点对各部门规章制度制定情况进行跟踪。

出台《企业主要负责人履行推进法治建设第一责任人职责实施细则》的专项规章制度并予以推广落实。为落实党中央、国务院、国资委，以及中远海运集团有关依法治国、法治央企建设的部署和要求，推动中远海运重工及所属企业的法治建设，有效防控重大的法律风险，公司发布了

《中远海运重工有限公司企业主要负责人履行推进法治建设第一责任人职责实施细则》。为贯彻落实《实施细则》有关要求，公司对章程做了相应的修订，成立了法治建设领导组织机构，并在2018年12月举办的重工年度全面风险管理培训班上对总部相关领导和所属企业的有关领导做了宣贯培训。

2018年，中远海运重工进一步强化资金滚动预算编报工作，坚持从“底线思维”出发，编报三年期资金滚动预算，尽早发现资金缺口，有针对性地制定融资计划并落实，持续做好资金风险预警工作。

争取进出口行和国开行的低息优惠贷款。2018年末，中远海运重工在进出口银行和国开行融资余额占融资总额的29%，不仅获得低息资金支持，还增强了商业银行和其他金融机构对重工的信心。公司及所属企业新增银行授信87亿元，为经营业务做好金融支持，缓解企业资金压力，保障企业经营活动正常开展起到重要的作用。

【安全环保】

2018年，在集团的正确领导和大力支持下，中远海运重工积极贯彻落实集团和重工安全工作会的部署，全力推进各项安全工作落实，以下是主要工作任务开展情况。

全面辨识安全风险，建立健全安全管理制度体系，整理出危险源共计7038项，重要危险源135项。修订完善安全管理制度6项，强化制度体系的贯彻落实，开展危险作业管控的专项检查，避免制度与执行“两层皮”的现象。

坚持问题导向，强化对重点风险和企业的监管，组织开展四次季度安全大检查督促员工现场的规范作业。对上海中远海运重工、扬州中远海运重工突出安全问题实施挂牌督办，督促企业补齐短板，提升安全管理水平。

深入推进安全管理“学川崎”，从“安全改善、特安班组、班组恳谈会、通风管理、预防性维修”五个方面，制定推进方案，取长补短促提升，深入推进安全管理“学川崎”工作。

强化现场工班组建设，按照集团《驾驶台班组和现场工班组管理专项整治活动方案》的部署和要求，推进现场工班组建设，推动班组自主管理。

深入推进大型起重设备管理的学川崎工作，编制标准，以量化打分的方式全面评价设备的结构完好性、性能适宜性和安全达标性，从而筛选出重工需要重点关注的老旧重点设备，并提出后续的管理和改进要求。

高度重视环境保护工作，建立完善生态环保管理组织机构，组织召开全系统“生态环境保护专题会”和“生态环保专项培训”，强化生态环境保护工作优化，提升生态环保的综合管理水平。

【队伍建设】

根据公司“十三五”人才发展规划，中远海运重工科学谋划公司“十三五”人才队伍建设，研究制定了《中远海运重工“十三五”后三年（2018—2020）人才发展规划》，明确了干部人才队伍建设目标任务。

根据公司党委管理干部队伍建设实际需要，2018年公司对总部部门负责人及16家所属企业领导班子54名干部进行调整，其中提拔使用12名优秀年轻干部，降职使用2名干部，免职退出2名领导干部。

按照公司整合重组战略要求，结合产能压降重点工作任务，推进冗员压减和队伍结构优化工作。制定2018年度人员压降指标1586人，指导立新船厂按计划推动人员安置工作，完成两家迪施重组整合人员安置方案；同时在集团批复招录指标318人内组织实施劳务用工转为合同制员工工作，确保人才队伍结构素质持续优化。

研究制定《中远海运重工企业领导人员薪酬管理办法》《中远海运重工总经理奖励基金管理办法》等薪酬管理制度，明确薪酬管理激励机制。完成《中远海运重工经营中心经营业绩激励管理实施细则（试行）》《中远海运重工经营中心重大项目特殊奖励管理实施细则（试行）》，优化完善经营接单奖励机制。

规范用工管理，推进所属企业生产劳动力动态监控，督导所属企业进一步降低劳务派遣用工比例，开展年度工程业务外包分承包方年度及分级管理评审，推进所属企业外包班组规范化管理提升，持续满足企业生产劳动力需求。

【企业党建】

2018 年，中远海运重工党委深入学习贯彻习近平新时代中国特色社会主义思想和党的十九大精神，按照新时代党的建设总要求，以落实全面从严治党主体责任为主线，以规范党内政治生活为核心，以夯实基层党建工作为基础，坚持“党建工作做实了就是生产力，做细了就是凝聚力，做强了就是竞争力”的理念，始终把促进深化改革、提质增效作为公司党建工作的出发点和落脚点，团结和带领全体干部员工攻坚克难、拼搏进取，为企业改革发展提供了坚强的政治、思想和组织保障。

深入学习习近平新时代中国特色社会主义思想和党的十九大精神，组织党员领导干部和基层党支部书记共计 400 多人，开展党的十九大精神专题培训。

成立了配合中央巡视组工作领导小组和工作机构，积极配合、保质保量完成相关材料的收集和报送工作，制定落实《整改工作方案》。

在推进企业改革重组中，规范党建管理体制，完善党建工作制度。牢固树立党的一切工作到支部的鲜明导向。形成“3+2”的基层党建工作布局，印发关于开展特色党支部创建、项目党建和分承包方党建工作的指导意见。全系统扎实推进“两学一做”学习教育常态化制度化。

对总部部门中层干部及 16 家所属企业领导班子进行了调整，涉及干部 54 人。对 2 名干部予以退出领导岗位，对 2 名干部降职使用。南通中远海运川崎先后派出 33 名指导员，现场指导扬州中远海运重工推进“学川崎”工作。启东中远海运海工、大连中远海运重工派出 85 人次的生产骨干人员支持舟山中远海运重工、广东中远海运重工“保交付”工作。

2018 年，中远海运重工纪委深入学习贯彻党的十九大精神，从严监督执纪问责，为公司改革发展营造了风清气正的环境。层层压实全面从严治党主体责任，强化政治监督，严肃查处违反政治纪律问题。深化落实中央八项规定精神，组织全系统开展招待费使用、食堂管理、公务用车等监督检查。以制度形式明确纪委参与人事选拔初始酝酿，把好党风廉政意见回复关。建立 172 名重工党委管理干部廉洁档案。强化关键岗位人员监督，推动岗位交流 71 人次。加强供应商、外包外协单位监督，推动在业务合同中加入反商业贿赂条款。全面推进廉洁文化建设，深入开展理想信念教育、纪律教育、廉洁从业主题教育，结合系统内部案例开展警示教育 175 场、5053 人次。落实中央巡视整改，加强整改工作监督检查。建立健全巡察体制机制，成立巡察工作组织机构，组建巡察组长库、人才库，制定 5 项制度、2 项指引文件，完成对 1 家单位常规巡察。全系统完成各类审计项目 111 项，增收节支 1 329.62 万元，有力推动问题整改和管理提升。

【企业文化】

中远海运重工积极宣贯集团企业文化核心价值理念纲要，推动公司企业文化建设，完成公司企业发展史的编撰工作，组织“庆祝改革开放 40 周年”系列宣传报道工作。大力推动党建思想政治工作，推出了一批有价值、有深度、有分量的研究成果和理论文章，公司多个论文成果获集团表彰。刊发稿件数量在中远海运系统名列前茅。

围绕“新重工、新品牌、新形象”，加强与中央主流媒体和行业媒体的沟通和合作。“中远海运白羊座”轮交付，中央电视台、人民网、新华网等多家主流媒体进行了报道，《大国重器（第二季）》展示了公司五大重要产品，央视《焦点访谈》讲述了南通中远海运川崎的全球化故事，品牌宣传工作成效显著。

2018 年 5 月，《中远海运重工有限公司厂务公开管理办法》正式印发，进一步推进党风廉政建设任务的厂务公开管理办法正式实施。公司开展了2018年专题合理化建议征集活动，全系统共征集合理化建议2860条；开展以“新时代的奋斗者”为主题的“劳模先进大讲堂”活动，用劳模的优秀品质聚集正能量，增强劳模示范带动效应，形成崇尚劳模、学习劳模、争当劳模、关爱劳模的良好氛围，8家主力造船企业、1家配套企业开展了“劳模大讲堂”活动。

2018年10月22日，中远海运重工所属启东中远海运海洋工程有限公司机电工区陈佳袁作为中国工会十七大全国代表出席会议，并围绕一线职工的技能培养等建言献策，积极履行代表职责。

中远海运重工积极履行央企的社会责任，大力开展扶贫活动。“10·17扶贫日”，组织总部及所属22家单位开展了募捐活动，共计参与人数13 727人，募集资金406 712.88元。公司工会组织所属企业积极购买对口扶贫地区产品，2017—2018年，共组织各级工会共计采购云南永德扶贫茶叶26 250份，合计金额468万余元。

2018年12月28日，上海中远海运重工分承包方联合工会第一次会员代表大会召开，选举产生联合工会两委班子。分承包方联合工会将15家分承包商员工悉数纳入工会组织管理范围，受到了广大分承包方员工的拥护。

2018年中远海运重工财务和人力资源情况见表14–5。

2018年中远海运重工财务和人力资源数据 表14–5

类别	项目	2017年	2018年	增幅
财务状况（亿元）	总资产	611.01	562.72	–7.90%
	净资产	66.55	34.51	–48.14%
	总收入	153.33	151.71	–1.06%
	利润总额	–30.37	–28.41	6.45%
板块收入（亿元）	船舶建造	62.84	65.84	4.77%
	船舶修理	30.83	34.24	11.06%
	海工建造	46.26	39.77	–14.03%
	船舶配套	9.36	8.53	–8.87%
人力资源信息	员工总数（人）	14 337		

（马嵘）

中远海运资产经营管理有限公司

中远海运资产经营管理有限公司

【公司概述】

中远海运资产经营管理有限公司（简称“中远海运资产”，英文简称 COSCO SHIPPING Property），原名中海集团资产经营管理有限公司，是经上海市工商行政管理局虹口区分局批准，由中国海运（集团）总公司、广州海运（集团）有限公司、上海海运（集团）公司、大连（海运）集团公司于 2014 年 6 月 10 日共同出资设立的有限责任公司。公司注册资金为 20 亿元。2016 年 9 月 13 日，公司更名为中远海运资产经营管理有限公司。2017 年，中远海运集团和香远（北京）投资有限公司共同向公司增资 30 亿元。增资后，公司注册资本由 200 000.00 万元增至 411 553.00 万元。公司经营范围：资产管理、投资管理、实业投资、投资咨询、商务咨询、企业管理、企业管理咨询、企业形象策划、市场营销策划、自有房产经营。

【目标定位】

中远海运资产是中远海运集团社会化服务产业集群成员企业，承载着中远海运集团存量土地房产、商务不动产开发、运营专业化管理使命。根据集团“十三五”发展规划和集团对公司的整体战略发展定位和要求，公司确定了“承载集团社会化产业使命，致力于集团商务不动产的开发、运营、管理，致力于打造具有航运特色不动产品牌，努力建成国内优秀资产运营管理公司”的战略发展目标。按照集团战略发展规划，中远海运资产制定公司发展规划、投资计划，具体开展在不动产领域的各项投资和经营活动；制定存量土地、房产资源经营管理规范标准，防范风险，提高收益；统一经营全集团非生产用房，负责统一购置、处置各类非生产用房；负责全集团土地资源的开发、利用、处置。

【经营效益】

截至 2018 年末，公司合并资产总额 1 266 660.41 万元，负债总额 305 698.16 万元，所有者权益总额 960 962.25 万元，资产总额同比增长 39.62%，所有者权益总额同比增长 24.77%，资产负债率 24.13%，较上年度上升 9 个百分点。2018 年累计实现营业收入 20 993.11 万元，发生营业成本 4 089.81 万元，税金及附加 3 567.41 万元，管理费用 8 409.49 万元，利润总额为 11 244.76 万元，所得税费用 4 909.12 万元，净利润 6 335.64 万元，利润总额同比增长 55.69%，净利润同比增长 34.62%。

2018 年纳入中远海运资产合并报表范围的企业共有 13 家，具体情况见表 14–6。

2018 年中远海运资产合并报表范围的企业情况统计表 表 14–6

序号	企业名称	级次	公司性质	实收资本（万元）	法人代表	持股比例（%）	合并日期
1	中远海运资产经营管理有限公司	2	本部	411 553	俞曾港	—	—
2	中海工业建设（上海浦东）有限公司	3	项目公司	90 000	严李浩	100	2014 年 10 月
3	上海长兴中远海运资产经营管理有限公司	3	平台公司	4000	林尊贵	80	2015 年 03 月

续上表

序号	企业名称	级次	公司性质	实收资本（万元）	法人代表	持股比例（%）	合并日期
4	中海海运（上海）资产经营管理有限公司	3	平台公司	52 000	严李浩	0	2015 年 04 月
5	广州中远海运资产经营管理有限公司	3	平台公司	12 000	林尊贵	51	2015 年 04 月
6	上海础泰实业有限公司	3	房产项目公司	3000	戴达	100	2015 年 04 月
7	上海超昆实业有限公司	3	房产项目公司	3000	戴达	100	2015 年 04 月
8	上海越昆实业有限公司	3	房产项目公司	3000	戴达	100	2015 年 04 月
9	上海峥锦实业有限公司	3	房产项目公司	8000	戴达	100	2015 年 04 月
10	广州海鸿房地产经营有限公司	4	项目公司	10 000	周立杰	70	2015 年 08 月
11	上海卓昆实业有限公司	3	房产项目公司	500	戴达	100	2016 年 07 月
12	上海海璟置业有限公司	3	项目公司	75 000	严李浩	0	2017 年 06 月
13	上海海瑄置业有限公司	3	项目公司	70 000	严李浩	0	2017 年 09 月

【项目运营】

截至 2018 年底，公司经营物业包括上海、北京、深圳、青岛及连云港 12 处房产和广州启迪中海科技园 1 个园区项目，经营物业总面积 19.1 万平方米。其中，可出租物业面积 13.99 万平方米，出租率为 72.78%，配套车位出租率 72%；当年实现合同租金收入 20 114.59 万元（含税金额），同比增长 293.53%。

广州启迪中海科技园项目经过一年半的改造建设，于 2018 年 1 月 6 日正式开园投入运营。园区运营以来，共接待企业及项目来访客百余次，数十家科技创新企业入驻，累计入驻企业 100 家，注册资金超过 10 亿。截至 2018 年底，出租面积 16 078.59 平方米，项目整体出租率 43.58%，全年项目整体运营收入近 600 万元。

【项目建设】

2018 年，公司围绕集团改革重组的部署，积极推进集团内存量土地、物业的盘活和开发，积极推进公司发展和项目建设，努力打造成为国内优秀的资产经营管理企业，为集团新一轮发展作出积极贡献。

中远海运大厦项目：项目建设任务圆满完成。2018 年 5 月 28 日，集团顺利入驻新大厦，在入驻典礼上集团董事长、党组书记许立荣充分肯定了公司对中远海运大厦建设作出的贡献。大厦已获得美国绿色建筑协会“LEED 金奖”和建设工程白玉兰奖，正式入围“安装之星奖”和中国建设工程最高奖鲁班奖。

广州启迪中海科技园项目：项目开发建设任务圆满完成，正式开园投入营运。作为公司首个存量资产盘活项目，该项目被列入了 2017 年广州重点建设工程和珠江两岸建设的标志性工程，并已申请广州市重点创新创业孵化器。

海尚世界项目：项目建设全面启动。作为杨浦区重大工程，3 月 30 日正式开工，10 月 26 日该项目克服进博会期间重重困难，完成深坑区大底板浇筑，确保了现场施工安全。

海尚云栖、海尚源深项目：两项目获得规划方案批复，通过补地价方式实现土地转型，成为上海市城市更新政策实施落地的范例，为集团存量土地盘活开启了先河，大大提升了存量土地价值。海尚云栖项目从 4 月 27 日签订土地出让合同，到 11 月 28 日项目开工，仅仅用了 7 个月。海尚源深项目也已完成所有前期报批报建手续，预计 2019 年一季度开工。

广州国际航运大厦项目：项目得到了广州市政府、集团与中远海运散运的高度关注和大力支持，被正式列入海珠区重点建设预备项目。通过与琶洲规划总师团队和规划部门反复沟通，实现了规划高度从 165 米调整至 185 米的突破，项目前期工作正在积极推进中。

【土地收储与开发】

积极推进黄浦江沿岸地块收储和城安围二期开发。按照成熟一块，推进一块的原则，推进浦东三厂区地块的收储工作，东沟厂区已列入高桥港以南片区土地储备项目，土地评估工作正式展开；抓住城安围地块控规调整机遇，向政府递交《关于海珠湾（沥滘片区）规划调整的反馈意见》，得到政府采纳，实现了土地控规调整为研发用地。

【管理提升和改革发展】

2018 年，公司以新发展理念为指引，坚持开发、运营、管理并重，紧紧围绕“两个不低于”和“建成国内优秀资产运营管理公司”的目标，努力承担起集团存量开发运营管理平台职责，管理水平得到进一步提升，各项工作取得明显成效。

1. 努力增收节支，财务状况保持稳健

（1）强化物业租赁管理。国客中心六号楼采用多渠道、多元化的市场招租方式，努力寻找优质客户，年内签订整幢出租意向书，为实现稳定租赁收入提供了保障。广州启迪中海科技园虽然在运营上遇到各种困难，通过与启迪控股沟通更换了园区运营管理团队，新营运方案的确定将为推进园区租赁打开新的局面。

（2）强化成本分析与管控。在做好中远海运大厦和广州启迪中海科技园项目建设投资结算和争议费用解决的同时，中远海运大厦还认真对标同类型房产开发建造成本，符合市场建造投资水平，两个项目共节约投资 5501 万元（其中，中远海运大厦节约 3285 万元，广州启迪中海科技园项目节约 2216 万元）。为推进项目成本管控，制定了项目成本月报和周报制度及成本后评估制度，对在建项目成本进行动态跟踪，分别编制了海尚世界、海尚源深、海尚云栖项目考核版成本目标，考核版成本较方案版成本压缩了 12%，实现了由项目成本管控向成本筹划的转变。

（3）强化预算管理与执行。开展月度经济效益预算执行分析和资金计划执行分析，及时监控预算执行情况和资金计划使用情况，通过项目月度资金平衡会，加强资金预算管控，严格控制资金支出。坚持厉行节约，公司全年管理成本压缩了 20.26%。统筹规划公司整体融资结构及进度，加强资金集中统一与内部融通，保证资金流动性和收益性双重优化，提高资金使用效率，节约财务成本共计 7150 万元。

2. 完善顶层设计，推动公司战略落地

（1）明确公司发展战略举措。公司战略发展规划（2018—2022 年）经公司董事会审议通过，并确定了公司“承载集团社会化产业使命，致力于集团商务不动产的开发、运营、管理，致力于打造具有航运特色不动产品牌，努力建成国内优秀资产运营管理公司”的战略发展目标。在具体战略规划推进中坚持“一个中心”“两个结合”“三个优先”“四个加强”（以商务不动产投资开发运营为中心，存量与增量结合、开发与持有结合，资源优先、专业优先、品牌优先，加强培育内部资源融合的协同效应、加强培育外部资源整合的专业效应、加强培育不动产运营管理服务团队、加强培育航运标志性特色品牌项目），在实施路径上坚持“调研一批、开发一批、改造一批、处置一批”，确保企业的持续发展。

（2）以产品为核心形成战略规划落地方案。按照集团部署，对 1264 处存量土地和房产进行汇总整理，对其中 24 块具备开发潜力的土地进行坪效分析，完成了《关于发展 e+ 航运服务园区的初步建议》等 5 份调研报告，提出后续存量盘活建议。结合产品线研究，形成了《集团存量资产盘活的产品建设实施策略及路径》专题报告，得到集团战企部的认可。

（3）积极推进盘活存量土地策划。通过与资产权属单位沟通项目基本情况和现状，完成上海政民路项目前期调研及分析报告，大连华北路跨境电商园区初步方案和大连远洋大厦会议中心加建项目方案建议。

3. 强化管控意识，管理工作不断提升

（1）推进优秀企业学习对标。积极与电气资产、华鑫资产、东航资产、泓树建设等同行开展对标学习，通过围绕市场研究、项目管理、营销管理、运营管理等核心因素，学经验、找差距、补短板，推进管理水平上新台阶。

（2）推进业务管控体系建设。通过梳理明确公司主营业务管控模式和工作职责，组织业务部门制定并发布了公司主营业务管控模式，梳理出权责事项 120 多项，流程环节 1000 余个，提炼出 19 条业务重大权责事项及 45 条 ERP 系统相关权责事项，制定了营运管理办法、主营业务建设管理系统权责表、项目专业成果评审委员会运作管理规定等制度。

（3）推进招投标管理。强化标准化招标文件和范式合同工作，完成范式合同 33 份，全年共完成招标采购 60 项，涉及金额为 14.903 1 亿元（其中公开招标 30 项，涉及金额为 14.79 亿元，邀请招标 30 项，涉及金额为 1 119.28 万元），确保了项目顺利推进。公司还修订完善了供应商管理办法、招标采购评审专家管理办法和合同管理办法，建立了品牌库、专家库、供应商库，进一步规范了招投标管理和供应商评估考核。

（4）推进投资管理。积极配合集团投资与项目管理系统建设，开展系统用户培训、测试和资料入录。积极推进海尚世界、海尚源深、海尚云栖项目，以及广州海珑债转股增资事项。完成国客中心六号楼、新天国际产权过户工作。完成中海工业滨江置业、滨江建设两个壳公司的关闭注销，完成集团下达的压减任务。

（5）推进项目管理。从项目计划管理、成本管理、合约管理、施工过程管理入手，提升项目管理水平。一是制定了项目工程防渗漏、工程样板管理等系列作业指导书和项目计划管理、启动会制度、内部验收等管理规定。二是完善项目日报、月报制度和工程管理例会制度，对项目现场实施动态管理。三是率先在海尚世界项目实施总控计划编制，确保项目推进可检查、可评估、可追溯。四是率先在海尚源深、海尚云栖项目推行项目启动会制度，从定位、营销、设计、成本、工程、财务、目标等 7 个方面对项目实现全过程分析，明确管控措施。五是对已竣工的中远海运大厦项目与广州启迪中海科技园项目开展后评估工作，编制缺陷手册和后评估报告，多维度查找存在问题和缺陷为后续项目提供经验借鉴。六是启动 ERP 系统计划模块和成本模块的开发，已在海尚世界项目正式上线运行。

（6）推进法人治理建设。提高董事会、总经理办公会质量和议事效率，制定和修订董事会制度 6 项，完善和修订了公司“三重一大”决策制度实施办法。全年召开董事会 4 次，审议议案 19 项，加强对所属单位董事会指导和管理，全年审核控股和参股单位议案 44 项，并向集团提出完善董事会和总经理办公会授权事项建议。召开总经理办公会 37 次，审议议题 129 项。

4. 加强人力资源管理，提高团队素质

（1）人员结构进一步优化。为保障项目的推进人力资源配置，加大紧缺专业人才招聘力度，目前公司市场化专业人员占总人数的 34.3%，公司专业化能力和优势进一步显现。

（2）制度体系进一步完善。进一步加强干部、员工的管理和考核，先后制定了《员工招聘管理规定》《劳动合同签订管理规定》《员工考核管理规定》和《公司管理干部考核管理规定》。研究形成推行职业经理人制度方案，以此推动市场化选人用人机制的建立，搭建干事创业平台。

（3）教育培训进一步加强。组织新入职员工进行集团发展战略和企业文化培训，进一步增强全体员工“四个一”（一个团队、一个文化、一个目标、一个梦想）理念，增加认同感，归属感，提高融合度。组织公司管理干部赴延安和梁家河学习培训，强化迎接挑战、战胜困难的信心与士气。全年选派参加外部培训 90 人次，参加内部培训 74 人次。

5. 落实巡视整改，推进反腐倡廉

（1）积极推进巡视整改落实。认真对照中央巡视反馈意见，制定巡视整改方案，结合巡视整改要求，针对自查发现的问题开展分析研究，督导“履职待遇、业务支出”等制度完善，细化“业务招待、购赠礼品、教育培训、内部接待”等风险控制措施，推进公司5方面7项14类问题巡视整改任务落实，形成整改工作措施51项。

（2）抓实审计检查做到防微杜渐。围绕“打赢防范‘楼盖起来、人倒下去’的攻坚战、持久战”，加大项目审计力度，全年开展项目审计7项，发现问题70项，提出审计意见建议14条次。加大对招投标事项监控力度，有9家单位被列入供应商黑名单，并对相应问题进行警示约谈。

（3）强化自我监督推动制度执行。落实重要时间节点的反腐倡廉警示提醒，通过财务联网审计，对节假日期间公款消费、超标准接待等支出情况开展监督检查，持续关注制度纪律落实执行。

（4）扎实做好法治风控工作。推进法务风险管理，制定《全面风险管理和内部控制管理办法》《公司落实企业主要负责人履行推进法治建设第一责任人职责的实施细则》《外聘律师管理规定》，完善法务风控相关管理制度。加强风险体系建设，形成公司风险地图和风控管理手册，将建设类重要风险点管控措施融入ERP流程设置。

6. 筑牢安全防线，确保安全生产

2018年，公司安全生产结合两个竣工项目实施经验，不断开展项目工程安全评估及针对性工作督查，确保全年安全平稳无事故。

（1）做好重要会议活动期间安全稳定。根据集团及上级指示精神严格执行全国两会、进博会等重要会议活动期间的施工要求，落实各项安全生产制度，确保项目安全稳定。

（2）做好安全隐患排查。结合公司全年安全工作计划持续开展安全“大检查”工作，开展安全督查41次，督查工作点6处，发现管理缺陷和安全隐患53项，落实整改53项。所属单位开展安全隐患自查306次，发现隐患182项，落实整改182项。

（3）做好应急响应与处置工作。开展季节性安全工作部署，以“安全生产月”和“119”消防周等活动为载体，大力开展安全教育和各类应急演练活动。积极做好抗击台风工作，在超强台风“山竹”防台防汛工作中，广州资产干部员工临危不惧，精心组织，确保了园区安全，将损失降到最低。

【内部管控】

公司进一步聚焦集团关于内部控制、风险管控与合规管理的工作部署，围绕建设项目筹备、推进、施工管理和持有物业租赁运营等关键重点，强化风险防控。

建立健全内部控制体系。形成风控法务部牵头、多部门组合的联动型内控机构机制。其中，由成本合约部门重点对项目开发的投资估算、目标和计划成本、招采工作等重点事项进行集中管控，财务资金部门对成本费用、增收节支、资金使用和管理实行集中管控等。

以制度优化管理，进一步健全风控制度流程体系。公司贯彻落实集团制度体系建设要求，结合年度全面风险管理体系和ERP信息系统建设，根据业务特性和实际情况，实行制度流程统一规范、规章体系下盖一级的管控措施，由公司对规章制度作统筹规划、编制。按公司《2018年度规章制度制定计划清单》稳步推进制度体系建设工作，公司已颁布计划内制度26项、计划外制度9项。公司已落实合规性审查待颁布29项，待审查36项。其中《供应商管理》《评审专家管理》等关键业务或控制管理制度已提前实施。

年度风险管理工作计划落实有效。针对房地产开发领域高风险、多风险的实际，公司从建设全面风险管理体系着手，推进内部管理制度体系完善，重点强化关键风险环节的控制。积极开展全面风险管理体系建设。在集团的指导下，聘请普华永道商务咨询（上海）有限公司作为体系建设实施单位，通过系列工作强化风险点识别，形成风险地图，进而进行制度流程优化，实现控制措施与ERP融合，进一步强化风险管理和防范能力。根据实际需求和内控措施要求，再次梳理调整管控模式，重新划分业务条线权责分工，理清管控链条，增强防控力度。强化供应商和评审专家管理体系，优化招标采购重要领域的风险防范。通过改进工程单证控制流程，增强建设管理管控手段。着力推进建设项目全成本管控。以计划成本、目标成本、实施成本、营销成本的阶段性控制，优化性耗比，提升投资效益。

【安全生产】

2018年，中远海运资产坚决贯彻落实习近平总书记和党中央、国务院对安全生产工作的重要指示精神，立足2018年公司安全工作会要求，进一步完善安全生产长效机制，积极组织开展安全培训、“安全生产月”、“119”消防宣传月等一系列专项活动，齐心协力防抗“山竹”台风。在公司及公司所属各单位的共同努力下，2018年公司未发生一般及以上等级事故，完成与集团签订的2018年安全责任书履约条款，实现了公司年初制定的安全管理目标。2018年，公司工程管理部对集团新大楼、重点生产单位开展安全督查41次，督查工作点6处，发现管理缺陷和安全隐患53项，落实整改53项。所属各单位开展安全隐患自查306次，发现隐患182项，落实整改182项。2018年共对外租赁不动产10处，涉及租赁单位126家，对外租赁面积10.19万平方米，全年未发生责任性一般及以上等级安全事故。公司安全生产形势继续保持稳定，为公司发展和“十三五”规划实施提供了良好的安全环境。

1. 强化安全本质，全面提升安全管理观念

中远海运资产自成立运营以来，不断强化公司安全本质，坚持以安全创效作为公司发展核心关键之一，围绕存量用地开发建设，旧厂房改造升级及不动产楼宇租赁三大创效要点，在提升安全管控能力、加强科技创新等方面形成良好发展势头，为公司实现收入利润双增长、发展质量稳步提高，以及今后的多元化发展夯实了基础。

（1）强化安全生产主体责任，明确安全工作目标和任务

公司把握安管职能定位，注重理顺“保障安全与促进发展”的矛盾关系。根据集团和公司两级安全工作会议精神，编制了公司《2018年安全工作计划》，明确了公司及所属单位要以杜绝责任性重、特大生产安全事故、火灾事故，避免责任性一般及以上生产安全事故，减少一般以下生产安全事故的安全工作目标。结合集团对中远海运资产下达的安全生产责任书要求，在公司年初工作会、党建工作会会议期间，公司与6家所属单位分别签订了安全工作责任书，与广州海珑签订了安全责任建议书，明确各单位安全生产管理责任、工作目标及考核指标，层层落实各级安全生产的责任，为公司实现全年安全生产工作目标奠定了基础。

（2）加强安全风险管控和体系建设，完善安全管理制度

2018年，公司深入推进体系建设工作，根据集团颁布的有关安全生产的文件要求，制定完善了公司《生产安全事故报告和调查处理规定》《安全教育培训管理规定》等安全制度类文件15项，进一步规范了公司各层级及人员安全管理责任、监督责任的工作要求，明确了对安全生产事故相关人员的责任追究、处分、安全生产绩效考核内容等工作要求；在充分借鉴、融合新集团安全管理办法和集团安全文化的基础上，结合本公司业务特点及工作实际，对公司现有安全管理规则进行完善升级。一是按照公司关于制度体系架构建立计划及要求，编制了公司安全管理架构表，根据公司领导变化，及时调整了公司有关安全管理机构；二是按照制度的轻重缓急编制了《安全管理办法》《项目工程安全文明施工管理办法》等安全管理一、二级制度，由点到面地推动公司各级安全责任意识的建立。

2. 强化计划落实，提升管理质效

（1）围绕“方针”突出重点，齐抓共管，持续改进

公司在加强工程项目监控的基础上，以建设工程项目安全、质量为管控重点，围绕“安全第一、预防为主、综合治理”的安全方针，积极履行安全生产监管职责。按照集团《2018年安全检查计划》以及生产安全事故分析会精神的要求，分阶段开展以项目建设现场管理等为重点的安全生产大检查，积极采取有效措施，以市文明工地规范要求为准则，围绕工程进度特点，加强对工程监理单位和施工总包履行安全生产管理职能的监管，推进在建工程项目巡查评审机制。

海尚世界项目：自 2018 年 3 月 30 日正式开工以来，以现场安全文明施工为管理重点，围绕项目现场桩基、围护、地下结构等施工现状及施工特点辨识危险源，组织并督促施工单位和监理单位抓好细节管理和末端管理，将安全监控重点放在基坑的总体稳定监测、大型设备设施的安装使用、临边作业防护、支撑拆除、起重吊运、劳动防护、用电安全、文明施工等方面。

海尚云栖项目：2018 年 6 月 15 日启动项目现场油管改道工程，为了确保施工安全，项目现场加强安全巡检，落实施工组织设计、油管切割和拼接的实施方案，并在油管切割作业前，与参建各方签订安全协议，确保施工安全。同年 11 月 28 日，海尚云栖项目正式启动，项目以工程安全策划为龙头，将项目安全工作做前、做细、做实，为项目后续推进打下扎实基础。

海尚源深项目：重点围绕项目现场违章建筑拆违和场地内清障、勘察、试桩及试桩检测工作进行工程推进。现场各项工作以安全为先，强化过程安全监督，确保绿化搬迁、地下障碍物清障和试桩等工作的顺利开展。

广州启迪中海科技园项目：自 2018 年 1 月 6 日开园以来，园区共接待企业及项目访客百余次，累计租赁面积 16 078.59 平方米，园区的安全生产工作中心由工程建设转移到园区招商运营管理上。广州资产以“识别风险、消除隐患、杜绝事故”为工作目标，以“生命至上，安全发展”为指导思想，深入贯彻落实安全生产责任制，完成了公司下达的各项安全生产管理目标。

（2）加强应急管理工作，提升应急响应和处置能力

2018 年，上海、广州沿海地区台风较往年有较大幅度增加，受到正面袭击就有“玛利亚”“安比”“山竹”等台风，从 5 月下旬起各单位提前做好防台防汛各项准备工作，落实对防台防汛设备设施的检查，完善应急队伍，在台风来袭期间，为切实做好季节性安全工作及防台防汛工作，公司所属各单位认真落实“以防为主，适时早避，留足余地”的防台要求。同时，公司大力开展安全教育、消防互动体验和各类应急演练活动。公司所属各单位根据公司安全专项活动安排，积极组织开展了消防灭火、应急救援、人员疏散以及上下联动等各项应急演练；上海及广州地区结合年度计划，各开展了 2 次综合应急演练。

受 2018 年 22 号台风“山竹”影响，广州启迪中海科技园处台风影响区域，公司适时启动防台防汛应急工作，在台风过境广州前对园区码头区域、用电安全等工作进行了再落实，通过 48 小时奋战，园区无人员伤亡，设备设施均未收到此次台风影响，确保了园区安全。台风过境之后，公司领导高度关心广州受灾情况，成立专项工作小组赴广州启迪中海科技园就“山竹”台风造成的影响进行评估，全面检查了各单体建筑物渗漏水情况、消防等重点机房设备，以及园区绿化景观和安全设施情况。

（3）做好节假日、重要时段安全工作

按照上级部门及公司领导的指示精神，在节日长假、全国两会、进博会等重要时段，提前谋划安全管理工作，结合所属各单位情况，布置落实安全生产的工作要求，督促各单位要合理安排好生产作业运行和人员值班等工作，认真做好安全生产自查工作，排摸不稳定因素，有效确保重要时段的各项工作正常有序。公司工程管理部会同有关部门做好对所属各单位的安全督查工作，利用微信平台及时做好信息的沟通和上报工作，保障节日长假和重要时段公司及所属各单位生产运行的安全。

进博会期间，海尚世界项目如无法完成项目深坑区大底板浇筑，将对项目基坑稳定造成不利影响。针对特殊时期、特殊情况，公司领导谋事在先，根据项目总控计划就进博会期间可能对工程项目施工产生的影响进行预判，及时前置协调外部资源并办理相关抢险作业施工许可，于 10 月 26 日进博会召开前完成了深坑区最后一块底板的浇筑，确保了海尚世界项目整个基坑的安全稳定。

3. 强化安全文化建设，营造安全管理氛围

（1）强化安全宣教，扎实开展安全专项活动，推进企业安全文化建设

2018 年，公司高度重视安全教育培训及安

全文化建设，以“集团企业负责人安全管理培训”“2018 年全年安全大检查”等安全专项活动为契机，将“安全文化建设”作为工作重点，持续开展各项安全宣教及专项活动的开展。具体情况如下：

2018 年，围绕年初制定的安全培训计划，公司组织开展了安全管理人员、企业负责人安全管理培训，培训人数共 14 人。

根据集团安全监管本部关于“安全大检查”工作部署及集团《关于组织开展全系统安全大检查的通知》精神，结合公司现下各业务条线推进工作节点、季节性安全工作难点，深化推动公司自身安全环境建设与自查自纠隐患排查工作开展，制定了公司“2018 年安全生产大检查活动方案”。设立活动阶段性总结点，边总结边完善，通过活动拉动公司安全文化的全面建设，同时以此次安全大检查活动为契机，深入探究企业安全生产主体责任，实现安全观念从被动向主动转变。

（2）落实开展“安全生产月”“消防宣传月”等专项活动

2018 年，所属各单位围绕安全生产月“生命至上安全发展”及“119”消防月“全员参与防治火灾”的活动主题，通过公司电子屏、板报形式扩大宣传，以观看安全警示教育片、发放宣传手册、知识竞赛等方式，不断增强员工安全、消防意识。同时结合生产和经营实际，提升企业应急处置组织能力为重点，组织开展了消防灭火、人员疏散等各类应急救援演练。海尚世界以项目施工区域为重点，组织开展综合性应急疏散演练；集团新大楼由物业公司举行了消防灭火、人员疏散应急演练和消防器材的实操训练；广州启迪中海科技园针对园区现场租户多，码头区域停靠 WP 船舶的特点联合物业与园区运营单位开展了消防应急疏散及被困人员应急救援等安全应急演练。

【党 建 工 作】

2018 年，公司党委以习近平新时代中国特色社会主义思想为指导，牢牢把握新时代党的建设总要求，坚持“党建工作做实了就是生产力，做细了就是凝聚力，做强了就是竞争力”的理念，按照党组书记、董事长许立荣对公司提出的“看清战略、加强管理、勇于创新、凝聚力量、扛起党建主体责任”工作要求，发挥党委领导作用，努力提升党建工作水平。

1. 政治建设有新成效

一是强化创新理论武装。公司党委以深入学习贯彻落实习近平新时代中国特色社会主义思想和党的十九大精神为主线，坚持党委中心组学习交流平台，以党员领导干部为重点，组织党委中心组（扩大）学习 11 次，参加集团党组中心组集中扩大学习 2 次；公司领导班子成员分政治建设、思想建设、组织建设、作风建设、纪律建设、文化建设等 6 个专题，作主题发言，并开展学习交流发言；坚持以党支部“三会一课”为平台，组织全体党员学习；组织公司 6 名党员领导干部、25 名司管干部参加集团党校轮训；组织党员干部职工 180 余人次观看主题电影和参观主题展览，不断提高对习近平新时代中国特色社会主义思想所蕴含的“新时代”“新目标”“新矛盾”“新方略”和“新要求”的认识，深刻领会新时代中国特色社会主义的历史方位、奋斗目标、客观依据、行动纲领和党的建设总要求，推动学习往深里走、往实里走、往心里走，增强“四个意识”、坚定“四个自信”、做到“两个维护”。

二是坚持以创新理论指导实践。在抓好创新理论武装的同时，注重以理论更好地指导工作实践，将学习理论与工作实践相结合，做到学而信、学而用、学而行，真正用以武装头脑、指导实践。党委中心组学习结合资产公司重点工作任务，分别安排专家、业务部门负责人作不动产租后管理、超高层办公建筑、商业资产保值增值、设计管理、项目成本管理等业务学习交流，以工作实践诠释创新理论的深刻内涵，更好深化创新理论学习。

三是坚持以创新理论推动工作。认真贯彻落实集团党组学出方向、学出目标、学出智慧、学出眼光、学出干劲的要求，把学习习近平新时代中国特色社会主义思想和党的十九大精神转化为推进公司发展的工作思路、工作举措和具体行动。

激发党员干部职工敢于担当责任、奋力干事创业的精气神，公司发展和经营管理成绩可圈可点。2018 年 1 月 6 日，公司第一个旧改项目城安围船厂改造而成的广州启迪中海科技园正式开园；3 月 30 日，海尚世界项目正式开工；5 月 28 日，公司第一个新建项目“中远海运大厦”正式交付集团使用；11 月 28 日，海尚云栖项目正式开工；海尚源深项目和广州琶洲项目取得重大突破；黄浦江沿岸地块收储中已启动东沟地块和三林电镀厂地块收储评估工作；现有租赁面积 19.09 万平方米，出租率 72.79%，实现应收账款颗粒归仓。公司在管控模式、信息化建设、法制建设、缺陷评估、安全管理等方面管理水平不断提升。

2. 干部队伍建设有新提升

一是领导班子奋发有为。认真贯彻新时代好干部标准和国有企业领导人员“20 字”要求，坚持学在前面，干在实处，走在前列。坚持想问题、作决策、办实事，始终在集团大局下思考与行动，站在局部谋全局，对标华鑫资产、长阳创谷、东航资产等行业先进，深入思考，积极推动战略落地。坚持约法十章，以身作则，攻坚克难，勇于担责，化解资产运营管理上的难题，为集团存量资产盘活出谋划策，形成《集团存量资产盘活的产品建设实施策略及路径》专题报告。认真贯彻民主集中制原则，在思想上求共识，工作上求共融，事业上求共进。严格履行“三重一大”决策制度，完善党委议事决策规则，严格执行党员领导干部双重组织生活制度，对班子自身建设存在的问题，注重运用批评与自我批评武器，增强班子的凝聚力、战斗力和创造力，努力将领导班子打造成为干事创业的钻石团队。

二是加强干部人才教育、培训、管理。贯彻落实新时代党的组织路线，注重干部人才的教育培训，从严管理，严格要求，挺起纪律规矩，提出并践行“坚持政治标准、展现专业水准、彰显敬业精神、严守纪律规矩、勇于担当作为、甘于创业奉献”的干部人才队伍建设要求。组织司管干部赴延安和梁家河学习，传承弘扬延安精神，坚定理想信念。累计选派 90 人次参加外部各类专业培训，开展内部专业培训 74 人次，提高干部人才队伍的素质能力。加强考核，在对 32 名公司管理干部进行 2017 年度综合考核评价基础上，强化考核“指南针”作用，引领管理干部全面提高综合素质的自觉性。2018 年，公司制定管理干部考核评价管理规定和员工考核管理规定，规范考核管理工作。根据项目推进需要，加强调整交流，新任命公司纪委副书记 1 名，充实公司关键岗位司管干部 1 名，市场化招聘人才 4 名，集团内引进人才 4 名，完成 20 名员工内部岗位调配。

三是健全规范干部人才管理制度。规范劳动合同管理，修订劳动合同签订管理规定，根据项目推进情况，在两个任期结束劳动合同续签时加强综合考核，并与员工协商一致，签署固定期限劳动合同。制定员工招聘管理规定，加强对人员招聘及录用的规范管理。着手研究实施职业经理人制度方案，经与集团人力资源部进行多次汇报沟通后组织实施，并以此为契机，推动全员市场化改革。

3. 党建基础工作有新加强

一是坚持制度管党。深入学习贯彻全国国企党建工作会议精神，发挥党委领导作用，把方向、管大局、保落实，把党委研究讨论作为董事会、经理层重大决策前置程序。全年召开 26 次党委会，研究讨论党的建设、干部人事和经营管理重要事项 81 项，履行前置程序审议了公司战略发展规划（2018—2022 年）、向海璟等 3 家公司增资、信息安全管理体系等事宜。先后修订、制定党委议事决策规则、党委落实全面从严治党主体责任实施细则、党委巡察工作实施细则、党支部书记考核奖惩办法等 8 项制度。完成党委换届选举工作，2018 年 6 月，公司召开第一次党代会，选举新一届两委班子。

二是以考核压实党建工作责任。认真落实集团党建工作 650 分考核工作要求，明确提高“三会一课”制度运行质量要求，10 个党支部全部完成支部书记上党课，每个支部撰写 1 个特色案例，共为 12 名党员“画像”。制定党支部书记考核奖惩办法，对专兼职支部书记强考核、硬兑现，对兼职支部书记考核评价为“优秀”和“良好”

等级给予奖励，“不合格”等级的扣除年度绩效奖，对专职支部书记考核评价为“不合格”等级的扣除年度绩效奖。认真落实全面从严治党主体责任，明确领导班子责任、主要负责人责任、班子成员“一岗双责”责任、党的工作部门责任。与各党支部签订党建工作责任书，召开党建现场述职评议会，开展党建工作考核，对党支部书记进行“述评考”。每季度召开党支部书记例会，加强党建工作交流，督促指导党支部更好地履职尽责，推进“两学一做”学习教育常态化制度化。

三是提升基层党支部的组织力。树立党的一切工作到支部的鲜明导向，公司党员领导干部参加双重组织生活会，以普通党员身份参加所在支部学习。选优配强党支部书记，及时调整2名机关党支部书记。在公司内部调整充实党务力量，公司党群部新增加1名党务干部。上海项目部党支部在海尚世界、海尚源深、海尚云栖3个项目设立党小组，为项目现场提供组织保证；广州资产党支部积极与政府相关部门和业务单位开展共建，促进园区招商运营；机关一支部开展“锤炼党性、提升品位”主题读书活动，推进学习型支部建设；机关四支部与上海船研所第一支部开展共建活动，共同探讨交流提升办公室工作质量；各支部以党员大会、党员微信群等形式，抓好党员经常性教育和日常性教育。开展庆祝建党97周年“八个一”系列主题活动，党员“三亮三比三评”活动。召开组织生活会，开展民主评议党员，公司10个党支部，71名党员参加民主评议，优秀党员24名，合格党员47名，无基本合格党员和不合格党员。开展“两优一先”评选，表彰2个先进集体、4名先进个人。进一步规范党费收缴工作，按月收缴党费，增强党员意识。做好发展党员工作，新发展党员1名，成立青年党章学习小组。

4. 积极落实巡视整改有新举措

一是支持配合中央巡视。认真学习贯彻落实习近平总书记关于巡视工作的重要指示和中央第九巡视组巡视集团党组工作动员会精神，全力支持配合巡视工作。巡视期间，公司累计报送35份、852页文件资料和1家所属单位4年105本会计账本原件，配合现场检查1次。

二是积极推动有效整改。认真对照中央巡视反馈意见指出的5方面突出问题和6点整改意见，举一反三，制定与集团党组对接的巡视整改方案，不折不扣推进公司5方面7项14类问题巡视整改任务落实，形成整改工作措施51项，其中限期整改的36项，长期整改的15项。完成与集团直接关联的5项限期整改措施，完成举一反三的30项限期整改措施，长期整改措施有效落实，建立完善制度11项。召开巡视整改专题民主生活会和落实中央八项规定精神专题民主生活会，深入开展批评与自我批评，推动巡视整改全面落实。

三是开展首轮政治巡察。按照集团巡视巡察工作动员部署会和集团党组2018年巡视工作启动会精神，抓好公司政治巡察工作。制定2018—2022年巡察工作规划和党委巡察工作实施细则等5项制度。2018年，完成公司党委对广州资产党支部的巡察工作。

5. 宣传思想工作和文化建设有新气象

一是坚持唱响主旋律。认真学习传达全国宣传思想工作会议、中央企业宣传思想工作会议、外宣工作会议精神，“举旗帜、聚民心、育新人、兴文化、展形象”，加强宣传引导，让广大员工深切感受集团改革重组发展取得的优异成绩，深切感受集团“新起点、新航程、新梦想”的蓬勃朝气，深切感受“大集团、新企业、国际范”的担当作为，激励广大干部员工爱岗敬业奉献。重视新媒体宣传工作，加强公司微信工作群的使用管理，加强公司官微推送，发布各类信息153篇，其中在集团媒体发布稿件19篇。

二是坚持彰显正能量。举办集团发展战略与企业文化培训暨新员工入职培训，增强广大员工作为中远海运人的自豪感、归属感，激发“创新、创业、创效”的自觉性和主动性。以集团入驻新大楼为契机，拍摄“新时代、新起点，中远海运大厦”宣传片，大力宣传公司首个新建项目，打造航运不动产品牌，归纳提炼“追求品质、涵养品味、打造品牌”文化理念。成立公司网站建设、宣传册制作专题小组，推出公司网站，提升公司形象。积极选树先进典型，推出公司巾帼风采（1 个集体、4 名个人）、劳模风采（2 个集体、17 名个人）、青年风采（1 个集体、9 名个人）和党员风采（1 个集体、4 名个人），加大宣传力度，引领职工学习先进，对标先进。

三是坚持构建家文化。践行集团“四个一”理念，倡导“进了资产门、就是资产人”，加强相互融合，相互协作。开展主题拓展活动、健康走等活动，不断增强团队的凝聚力、向心力、执行力。发挥群团组织作用，推进公司民主管理，组织开展“金点子”活动为公司发展献计献策。关心关爱职工，调整“救急、帮困”补助标准，坚持做好帮困慰问工作，让广大干部职工更有获得感、幸福感，感受家的温馨。

6. 反腐倡廉建设有新进展

一是加强教育，夯实责任。学习贯彻落实《中国共产党纪律处分条例》，抓实抓细党员、干部、员工的教育管理工作，挺起纪律和规矩。注重运用集团通报案例，加强教育，打消任何可能导致腐败的私心杂念，及时筑牢拒腐防变的思想道德防线。层层传导责任，公司与 4 个所属单位签订全面从严治党主体责任书和全面从严治党监督责任书，与 34 名中层以上及重要岗位人员签订廉洁承诺书，与 32 名党员、非党员中层干部签订全面从严治党“一岗双责”责任书，全面分解落实责任。

二是突出特点，把握重点。把握行业特点，加强廉洁风险防控，践行打赢防范“楼盖起来，人倒下去”的攻坚战、持久战工作目标，签订 108 份专项廉洁承诺书。紧盯关键环节，加强招投标管理，监督检查海尚世界、海尚源深、海尚云栖建设项目招标情况。重点加强对各级领导干部和重要岗位人员的谈话提醒教育。坚持“提拔前、任职前、开工前、审计前、审计后”五个必谈制度，重在防患于未然。

三是加强监督检查，严肃问责。有效管控“合格供应商”，通过风险警示函等形式，连续向有违规行为的“内部供应商”亮出“红牌”。对再分包违规操作的设计院作内部降级处理；将存在“围标、串标”行为的 8 家供应商调整出库并纳入“黑名单”，三名法定代表人及其名下的关联企业永久禁入；另外，还有 1 家因存在行贿刑事记录的单位同样纳入“黑名单”并永久禁入等。针对相应问题进行两次警示约谈共 8 人次。认真执行公司履职待遇、业务支出管理办法，开展自查自纠专项工作。认真做好信访举报和案件查处工作。（王钰涛　卢婧瑶）

中远海运（上海）有限公司

中远海运（上海）有限公司

【公司概况】

中远海运（上海）有限公司（简称“上海中远海运”，英文简称 COSCO SHIPPING（Shanghai）），坐落于上海市虹口区北外滩，是一家从事综合服务、投资经营、液体化学品储运、航运海事技术及陆岸业务的国有控股有限责任公司。

公司的前身可追溯到清末时期的招商局，1949 年 5 月 27 日上海解放后，市军事管制委员会接管招商局。此后历经变革，于 1953 年 5 月 1 日更名为交通部上海海运管理局；1993 年 6 月 18 日，改组为上海海运（集团）公司；2016 年 7 月 28 日，更名为中远海运（上海）公司；2017 年 12 月 13 日，由全民所有制综合性企业改制为有限责任公司，更名为中远海运（上海）有限公司。

作为中远海运集团的全资子公司，上海中远海运总部机关设置办公室 / 政策研究室、党委工作部、战略与企业发展部、财务部、法务与风险管理部、人力资源部 / 组织部、安全监督管理部、监察审计部 / 纪委工作部、液化储运营运部、置业运营部、信息管理部等 11 个部门；设立离退休人员服务中心 / 社保中心、信访接待中心 / 综治管理中心、档案管理中心 3 个中心；代管上海市航海学会 / 中国海员杂志社、人民武装部 / 集团人武部。上海中远海运下属 6 家企业，分别是：上海中远海运仓储有限公司 / 上海海运船舶污水处理厂、中海化工运输有限公司、福州江阴建滔化工码头有限公司、上海海运物业管理有限公司、上海海运海事技术有限公司、上海海运服务有限公司。

2018 年，上海中远海运紧密团结在以习近平同志为核心的党中央周围，牢牢把握许立荣董事长、党组书记关于“地区公司发展要坚持有所为、有所不为，围绕战略做好取舍，解决好历史遗留问题”的重要指示精神，全面实施中远海运集团批复的公司“十三五”发展规划，以“整合资源、盘活存量”为主线，全面深化改革、聚力提质增效，大力推进液化仓储环保、化学品运输、置业发展三大平台建设，在优化产业结构、加强市场营销、提升管控能力等方面形成良好发展势头，迈出公司“十三五”期间向液化储运专业化企业转型的关键性、实质性一步，站在全新的历史起点上谱写新的历史篇章。

【公司治理、企业管理】

健全法人治理结构，加强董监事会建设。上海中远海运在集团的指导下不断完善董监事会决策支持系统，充分发挥董监事会作用，为公司正确、高效决策提供有力保障。公司董事会由 7 名董事组成，其中股东派出董事 2 名，股东聘请外部独立董事 2 名，公司董事 3 名。公司监事会由 3 名监事组成，包括由股东派出的 2 名监事和由公司职工民主选举产生的 1 名职工代表监事。按照集团有关授权管理规定，公司严格履行董事长授权决策程序。2018 年，公司董事会累计召开会议 4 次，审议《关于修改中远海运（上海）有限公司章程的议案》等 11 项议案，行使董事长授权决策 7 次。持续完善董事会制度建设，制定《董事会战略与投资委员会议事规则》《公司总经理工作规则》等制度，明确了集团授权管理下的直属企业董事会、董事长决策内容及程序，规范了董事会运作机制。

围绕规划落地调整组织架构，以平台化运

营强化公司业务管控能力。上海中远海运围绕“十三五”规划核心业务发展需求调整总部组织架构，于 2018 年 7 月正式新增设立液化储运营运部、置业运营部、信息管理部 3 个部门，通过优化部门架构、调整总部职能，更好地服务公司专业化转型。3 个业务部门围绕项目拓展、客户开发、市场营销等方面推进工作，有效强化总部对经营创效平台的战略引领和管控水平。其中，液化储运营运部围绕“储运结合”深挖潜在客户和业务需求，置业运营部通过盘资产、查品控、抓整改、强管理、访市场推进重点项目管理开发，信息管理部推进落实信息化重点项目建设切实提高总部集中管控，实现了公司运营能力、盈利能力、风控能力和可持续发展能力的整体提升。

紧扣专业发展主线，深化干部人事“三项制度”改革。2018 年，上海中远海运深入推进实施“干部人才三年滚动发展规划及人力资源管理体系优化项目”，在诊断运行质效的基础上，以战略导向型考核机制为指引，推进公司总部岗位价值评价和部门职责体系优化，探索以岗位、绩效、能力为支撑的宽带薪酬制度，保障人力资源在实现公司远景与近期目标中发挥最大价值。通过一年内编制干部人才发展规划、改进干部考核评定方法和标准、建立现代化岗位价值等级体系、优化完善公司机关及所属单位薪酬绩效考核办法、构建员工职业发展双通道等一系列工作，项目符合成果输出条件，为公司持续推进人力资源体制机制改革奠定了坚实基础。公司紧扣专业发展主线，以“2+N”模式推进深化改革工作，通过“双品牌”运作、市场化薪酬激励、超额利润分配等工具，推动上海中远海运向一流化工物流端到端服务商转型。公司总部加强专业人才梯队建设，择优选聘专业技术能力强、行业从业经验丰富的市场化人才，推动经营创效平台发展。公司下属单位海运仓储推行全员 KPI 考核机制，以考核促绩效。公司下属单位海运物业通过公开竞聘、宽带薪酬、绩效考核相结合的方式，激发创效活力。公司下属单位海运技术采用“超额利润分配”对一线经营创效团队实施分红激励。经过一系列深化改革举措，全年公司 5 家单位实现扭亏为盈。

深入推进全面预算管理，提升财务集中管控能力水平。2018 年，上海中远海运紧紧围绕集团财务管理目标，在对公司核心财务资源和财务风险进行集中管控的基础上，稳步提升财务管理能力水平。一是加强全面预算管理。各单位从“要我预算”向“我要预算”积极转变，高效落实全面预算管理工作要求，以业务预算为源头、以生产经营为起点，纵向深入到业务最前端、横向拓展到经营管理各环节，实现全面预算管理的价值链条全覆盖、组织机构全覆盖、关键节点全覆盖，有效优化了资源配置，发挥了预算引领作用。加强资金管理，以定期存款、七天通知存款方式提高闲置资金使用效率，增加资金收益。二是深入推进财务集中管理。扩大集中管理范围，将代管单位上海市航海学会和集团社保中心纳入公司财务集中管理范畴，实现上海地区公司全覆盖。同时，加强财务付款审批管控，及时调整公司及所属单位的财务组织架构、岗位设置、职责分工，全面梳理财务付款审批权限、流程、依据，按照公司统一标准对集中管理单位的财务凭证进行集中审核，大大提升了公司财务凭证及会计核算的合规性，有效提高了会计核算质量。三是健全规章制度，促进合法合规经营。开展财务规章制度整理修订工作，年内制定发布《公司会计管理规定》《公司会计凭证工作规范》《公司社保中心资金支付管理规程》等，以制度建设为抓手有效降低公司财务风险。开展资金管理、财务管理、增值税等一系列专项检查，同时针对集团联网审计、业务招待审批专项检查等各项检查中发现的问题抓好整改落实，推动财务管理工作迈上新台阶。

完善集中采购机制，强化供应商管理。上海中远海运把推进集中采购作为采购管理专项提升、落实“十三五”规划、推动提质增效的重要抓手。一是集中采购管理机制不断完善。公司按照“管办分离”原则，建立垂直领导的采购条线，成立由公司党政主要领导为组长，班子其他成员为副组长，各部室、各中心及所属各单位主要负责人为组员的采购专项工作领导小组，领导小组下设管理机构，并设立集中采购中心为独立采购部门与海运服务合署办公，有效完善了公司的采购管理体系，强化了集中采购的制度流程，实现了集采工作“从无到有”的跨越。二是集中采购运营水平不断提升。公司以智能优选平台采购为切入点，制定下发《集中采购管理办法（试行）》，借助OA升级契机，初步搭建集中采购流程，新增客商管理、合同管理模块，严格供应商准入标准，实行供应商统一管理，为公司开展业务筑牢防线，并逐步实现了集中采购从计划、实施到验收、结算、归档的全流程管理，实施采购过程中，通过比价、议价切实降低了公司采购成本。

【战略管理、经营效益】

全力以赴克服不利局面，收入利润实现双增长。2018年，上海中远海运在中远海运集团和公司董事会的领导下，紧紧围绕“十三五”规划目标以及“战略引领、集约经营”的发展思路，“转”字当先、上下同欲，面对投资收益大幅减少、营业外收入同比下降的不利条件，加快产业升级，着力提质增效，经营成效显著，实现收入利润双增长。完成营业收入35 010.53万元，同比上涨12.14%；实现利润总额6 541.33万元，同比上涨79%，超过集团考核目标。成本费用利润率达13.54%，净资产收益率达1%，均优于考核要求，为集团完成“两个不低于”年度目标作出积极贡献，为公司高质量发展和专业化转型奠定了坚实基础。

积极转变思想观念，强化落实公司本质。上海中远海运自2017年完成公司制改制以来，不断突出公司本质，全面转变观念，坚持把深入基层调研、靠前指挥作为推动“十三五”战略规划落地的有效载体和重要举措，立足发现问题、解决问题，全力完成集团的各项决策部署和公司转型发展的重大任务。一是发展重心从存续求稳向盈利创效转变，坚持用市场化理念审视全局工作，全力以赴抓好经济运行和产业升级工作。二是运营模式从传统经营向平台型运营转变，通过构建液化仓储环保、化学品运输、置业发展三大经营创效平台，做强做优核心主业，促进公司产业链一体化发展，实现公司运营能力、盈利能力、风控能力和可持续发展能力的整体提升。三是管理理念从“职能管理型”向“战略管控运营相结合”转变，通过对组织架构、人力资源、管理机制等方面深化改革并取得实效，初步改变了原有服务保障单位的固化思维和管理惯性，为公司转型发展增添新动力。

持续跟进“十三五”进程，推动规划执行与项目落地。上海中远海运坚持以“十三五”战略规划为指引，最大发挥企业整体效能，夺取市场战略主动权。一是开展业务三年滚动规划编制，从战略全局和可持续发展出发，编制业务三年滚动规划，形成一批符合公司战略方向、为企业创效增收的举措项目，明确公司2019—2020年发展阶段目标和具体实施路径。二是做好“十三五”规划实施进展评估，梳理总结公司“十三五”以来规划完成情况和实施效果，开展年度战略实施考核。三是推进规划执行与项目落地。启动新建2艘13 800吨不锈钢化学品船计划，成立造船项目小组，推动智能船舶系统、油电混合动力系统应用研究。

强化股权管理，实现国有资产保值增值。上海中远海运坚决服从集团改革大局，全力配合集团统一部署做好股权管理工作，会同上港集团、中外运稳步落实锦江航运股权处置及补充分红等后续事宜。根据集团产业协同要求，对自有资金情况进行研究，配合中远海运资产落实向世界路、商城路项目公司以债转股方式增资事宜，解决影响项目开工的资本结构问题。加强重大资产处置事项的跟进管理，推进公司所属单位不动产产权转让工作，妥善做好房产转让的资产评估公示和备案，全年完成评估备案4项，涉及资产18项。年内，公司对福州建滔、亿升海运股权调整事宜进行专项研究，并着手启动亿升海运70%股权收购的前期研究论证工作。

【“3+1”经营创效平台】

1. 液化仓储环保平台

液化仓储方面。上海中远海运液化仓储环保

平台主要分布在上海外高桥地区和福建江阴地区。上海地区，上海中远海运仓储有限公司是由上海中远海运投资并吸收世界银行贷款和全球环保基金组织赠款共 1.9 亿元建成的港口环保企业，于 1997 年 4 月经交通部验收投产，经上海口岸管理委员会批准为对外开放码头，是一家专门为客户提供液体化工品、动植物油、燃料油等装卸、过驳业务的环保特色企业。现有储罐 22 只，总罐容 4.2 万立方米，8 万吨级码头(空载)1 座，全长 430 米，水深 9 米，可同时满足两艘 3 万吨级满舱船舶靠泊，年处理船舶污水能力 30 万吨。与LBC合资兴办的上海亿升海运仓储有限公司，可为散装液体化工产品提供储存、分驳、中转、包装、运输及保税等服务。2018 年，海运仓储围绕公司“十三五”规划目标，主动对接市场、对标行业先进，以落实码头安全主体责任为契机，加强操作现场安全管理，打破沿用十多年的工作制度，创新工班运行和管理体制，全面接管码头、罐区现场操作，实现液化物流由单一仓储向综合供应链管理转型。主动顺应市场变化，转变思想、凝聚共识，推动公司安全管理意识从被动监管向“我要安全”转变、经营服务理念从墨守成规向以客户为中心转变、价值导向从平均主义向多劳多得转变，与益海嘉里、LBC 等客户重塑业务定价模式，全年过油及仓储收入实现大幅增长。积极拓展新客户，完成了从储罐光租到逐步自主操作再到液化码头仓储全环节服务的业务转型，从盈亏边缘提升成为千万元级利润贡献单位。福建地区，福州江阴建滔化工码头有限公司（简称“福州建滔”）是原中国海运（集团）公司与福建省人民政府签署战略框架协议后，于 2015 年 1 月，由上海中远海运下属海运仓储公司通过增资扩股方式与福建省顺昌富宝实业有限公司成立的合资公司。福州建滔注册资本 5.87 亿元，作为国有控股企业主营液体石油化工产品的仓储及中转业务，目前获批仓储货种资质 19 个，并取得商务部签发的成品油批发资质。福州建滔位于福州江阴港保税园区，占地约 29.47 公顷，拥有码头岸线 325 米，是福州地区最大的公共液体石化码头之一，连续五年被列为“福建省重点建设项目”。公司项目总规划建设一座 5 万吨级石化泊位，3 座内港池 3000 吨级泊位。项目建设分三期实施，一期已正式投产，拥有储罐 38 座，总罐容为 18.1 万立方米。2018 年，福州建滔面对市场严冬，积极应对、危中求机，在新增作业货品、实现外贸作业、引进优质客户的同时，加强科技创新引领，自主研发技术改造，不断提升服务水平与竞争优势，实现中石油业务回归。年内，主动拓宽业务渠道，新增乙二醇、环己酮等液化品仓储货种 10 项，并通过口岸开放省级验收，成为福州地区第一家具备内外贸兼营资质的液体仓储企业，为跨入保税仓储业务奠定基础。5 月，中国香港籍船“奥罗拉号”装载 2000 吨进口乙二醇靠泊福州建滔 10 号泊位，作为福州建滔码头口岸开放后靠泊的第一艘外轮，标志着公司外贸中转、仓储业务正式开放，打开了福州地区大型保税外贸仓储的新篇章，促进和带动了公司液化储运产业链及福州市物流运输、国际贸易等产业融入国家“一带一路”倡议。公司以服务客户为核心，主动对标行业内先进企业，引进新业务模式，10 月完成撬装站装卸设备技改并投入使用，实现了一车三仓同时装卸，大幅提高罐区装卸精度和作业效率。12 月，外贸粗甘油船“ARAHAN”靠泊，福州建滔通过码头及延伸管线将货物输送至后方园区客户工厂，为江阴地区树立了公共码头首次管输直卸至园区的成功典范。

环保产业方面。上海海运（集团）公司船舶污水处理厂是由上海中远海运投资并吸收世界银行贷款和全球环保基金组织赠款共 1.9 亿元建成的港口环保企业，专门为客户提供船舶油污水接收处置服务。2018 年，公司准确把握上海市环保处理政策调整机遇，逐步由单一船舶油污水处理向全产业链运营转型。充分利用上海港唯一陆岸船舶油污水处置企业的区位优势，成功与马士基、地中海、歌诗达、达飞等享誉全球的大公司签订油污水处理协议并提供良好服务。实施污水处理工艺改造项目，顺利通过第一阶段验收，有效提升复杂污水处理能力，采用成熟的 SBR 处理技术，实现污水处理标准超过国家与上海市行业标准。积极拓展陆岸油污水接收处置，参与上海市双层罐改造加油站油污水接收处理项目，为上海中石油、中海油加油站改造项目处理含油污水，全年安全卸车167车次，合规处理油污水3582吨，成功拓展了油污水处理产业链宽度，实现从单一船舶油污水处理到油污水处理的跨越。公司作为市科委立项课题试验基地，与澄清能源共同进行超高温过热蒸汽处理油污泥的可行性认证，与意大利涡龙公司商洽涡轮薄层干化合作项目，推动环保业务转型升级。

2. 化学品运输平台

上海中远海运化学品运输平台下属中海化工运输有限公司成立于1988年12月，是我国第一家专门从事散装化学品国际、国内运输的专业化学品运输公司，也是集团内目前唯一一家液体化学品运输船公司。截至2018年底，公司拥有2艘7900吨五星红旗不锈钢化学品船，装载货物涵盖乙二醇、苯乙烯、甲苯、二甲苯、纯苯、二甘醇等，年内完成华北到华东、华北到华南等内贸航次，东南亚到华东、东北亚到华北等外贸航次，主要客户包括烟台万华、中丝大连等。一是专设职能部门，强化战略管控。为强化总部战略管控，推进集约管理，推动上海中远海运化学品运输平台高质量发展。2018年7月27日，公司总部成立液化储运营运部，负责公司液化储运板块、船舶修理、物资供应等业务的运营管控和战略客户开发等工作。二是多措并举，降本增效效应逐步显现。公司优化航线配置，提高船舶运营效率，“金海涛”“金海澜”轮在完成五年特检、影响运营时间29.5天的前提下，航次和货运量较2017年度持平，收入实现同比增长，并顺利与中国最大化学品生产商万华集团续签COA。三是强化科技引领，加快造船项目落地。为顺应集团和公司战略规划要求，加快培育发展新动能，壮大液化储运产业链建设，改善运力不足、供不应求矛盾，在进行充分可行性分析的基础上，2018年3月19日由集团科信部、战企部主持，上海中远海运会同中远国际船贸公司成立造船项目小组，推进2艘13 800吨造船项目前期技术和商务工作。年内，公司积极与中远海运重工、船研所开展“混合动力系统＋储能装置”一体化研究，推进智能船舶系统、油电混合动力系统研究，并选定中国船舶重工集团下属川东船厂为备选承建单位。

3. 置业发展平台

2018年，上海中远海运置业发展平台以提高质量效益和核心竞争力为重心，外拓市场，内抓管理，积极打造置业发展平台“三维一体”综合业态。一是围绕置业发展“三维一体”，推进资源重组整合。公司围绕置业发展平台核心主业，积极推动内部业务板块、经营资源重塑整合，对公司所属海运物业、海运资产、海运服务3家单位和700号大楼指挥部、赵家宅项目部等经营业务单位进行组织架构重塑，内部划转海运技术后勤服务保障业务，建立完善运营管理体制，实现置业发展平台由物业运营单一业务向物业、资产、餐饮“三维一体”综合业态管理模式转型，带动平台整体业务跃升。二是努力打造金牌服务团队。公司顺利承接中远海运集团总部大楼和中远海运能源总部大楼物业管理项目，以中远海运“大集团、新企业、国际范”为标杆，以“提升服务质量”为核心，引入市场优秀人才和先进管理理念，输入行业领先的物业、培训及薪酬体系，不断提升平台物业和餐饮服务水准，全力以赴确保集团总部5月28日顺利迁入中远海运大厦，中远海运能源10月8日顺利入驻国客中心5号楼。通过中远海运大厦物业管理项目的示范效应，有效加大了外部市场的开拓和营销力度，打响了公司置业发展服务品牌。三是积极开拓物业管理项目。公司在巩固原有物业管理项目的基础上，年内顺利承接、续签了中国远洋海运大厦、上海市检测中心、国客中心5号楼、成山路办公大楼、陆家嘴金融文化中心及综管大楼等物业管理项目，新增周家渡街道延伸服务等楼盘项目。与此同时，公司按照平台发展目标和发展定位，稳妥有序退出低效居住物业管理项目，取得积极成效。四是提高资产经营管理效率。通过对存量资产进行摸底盘点和分类划分，全面评估700号海运大楼、赵家宅等重点资产项目，公司制定资产开发改造方案，寻求资产盘活新思路，推动存量资产的区位优势转换为公司的创效优势。加大存量使用权房和低效无效资产处置力度，按照集团相关规定进一步完善房产处置流程，分类有序进行处置，提升资产总体品质，为公司核心业务发展提供坚强后盾。五是持续推进海运大楼改扩建项目。2018 年 4 月 25 日，公司顺利取得市规划同意海运大楼改扩建项目分阶段实施事宜的复函，为推进海运大楼改造施工工程提供了制度保障。

4. 浦江旅游观光平台

上海中远海运浦江旅游观光平台下属上海巴士旅游船务有限公司成立于 2001 年 12 月 12 日，凭借 10 余年的浦江游览行业资历、成熟的运营团队以及良好的品牌价值，为公司带来稳定的投资收益。截至 2018 年底，公司浦江旅游观光平台共经营管理 4 艘游船，分别是“振宇”轮、“金灿灿”轮、“康宁”轮和“蓝森”轮，客位总量为 1698 位。2018 年 2 月，上海浦江游览集团有限公司经上海交运（集团）公司以股权转让的形式转股 50% 成为股东方，与上海中远海运共同经营巴士船务。2018 年 3 月，巴士船务投资的上海水迪企业发展有限公司新项目——星愿湖旅游开发项目正式启动。2018 年 9 月，巴士船务合资公司上海浦江游览营运服务有限公司投入运营，经营态势良好。2018 年 10 月，公司浦江旅游观光平台下属“康宁”轮参加由黄浦江游览星级评定委员会组织开展的星级船舶评定项目，顺利取得三星级游船评级，对提升公司浦江旅游观光平台的知名度和影响力起到了积极作用。公司牢牢把握浦江游览改革发展契机，把安全航行作为推动浦江旅游观光平台高质量发展的重中之重，2018 年初完成安全生产标准化二级证书年度审核工作，年内深入学习贯彻《上海黄浦江航行安全管理规定》和防治大气污染、水污染、油污污染等相关措施及执行标准，落实游船航行安全、船舶报告等工作规定，定期组织开展安全消防演练、消防设备设施检查，从思想上、行动上配合主管部门开展工作，全力以赴规范安全生产行为，为推动浦江游览安全运营保驾护航。

【安 全 生 产】

聚焦安全生产管理目标，持之以恒落实本质安全。2018 年，上海中远海运紧紧围绕“十三五”战略发展目标，强化安全发展理念，弘扬生命至上、安全第一思想，树牢红线意识，加强公司安全责任体系、风险管控、班组管理、安全文化建设，不断夯实公司安全生产管理基础。全年，未发生上报统计范围内的一般及以上安全生产事故、污染事故、火灾事故，以及船舶 PSC/FSC 被滞留事件，公司安全生产工作总体平稳可控。一是安全生产主体责任持续强化。公司部署、分解、细化十项安全生产重点工作以及各阶段的安全工作安排和主要内容，签订安全工作责任书，开展履职情况监督考核，层层压实工作责任。二是安全检查、隐患治理效果显著。按照集团部署，公司分阶段开展了以船舶驾驶台和工班组管理、生产作业现场、外发包（工程）项目管理等为重点的安全生产大检查工作，开展了以消除生产安全隐患和管理缺陷为目标的隐患排查治理工作，有效解决了长期以来影响公司安全管理的历史遗留问题。2018 年，所属各单位开展安全隐患自查 144 次，发现隐患 148 项；开展安全督查 25 次，提出安全建议 211 项；所属单位、船舶接受集团检查 9 次、PSC/FSC 检查 5 次，未发生船舶被滞留事件。三是安全管理宣传教育工作扎实推进。公司围绕“生命至上、安全发展”“全员参与防治火灾”等主题，开展“安全生产月”、“消防宣传月”、“安康杯”竞赛等活动，增强公司整体安全和消防意识。围绕“建设美丽中国，促进绿色发展”主题，开展节能宣传周和全国低碳日活动，营造低碳环保意识。扎实推进安全教育培训及应急演练，全年开展消防安全、应急管理培训、安全知识竞赛 27 次 /959 人次，所属单位开展职工岗位安全教育培训 23 次 /90 人次，消防灭火、疏散和救援抢险等应急演练 27 次 /959 人次，对外来及施工人员开展安全教育培训 55 次 /225 人次，组织安全应急培训 31 次 /476 人次，有效增强了员工适岗能力。四是安全风险管控制度体系不断完善。各单位按照行业安全标准化管理体系要求，认真开展管理体系年审工作，推进安全风险管控和隐患排查治理双重预防机制建设，深入推进危险源辨识，有效提升公司安全风险管控能力。全年，公司及所属单位编制、修订各类安全管理制度89项。五是季节性安全防控措施有力。在做好日常安全管理的基础上，公司重点加强节日长假、全国两会、进博会等重要时段的安全工作，面对影响上海、福州沿海地区的“玛利亚”等4个强台风，公司及时部署调整作业，确保防台措施有效落实，生产运营稳定有序。

【合规风控】

法务与风险管理方面。上海中远海运坚持以推进依法治企为统领，将法务与风险管理工作融入核心主业，使法治工作支撑改革更到位、保障发展更有力、维权成效更明显、法治文化更浓厚。一是法治建设责任压紧压实。公司制定《企业主要负责人履行推进法治建设第一责任人职责实施细则》，成立法治建设工作领导小组，认真落实主要负责人履行推进法治建设第一责任人职责。同时，制定印发《企业法务与风险管理考核实施方案》，将各单位执行情况纳入所属企业的经营者业绩考核，并进一步细化考核指标，形成倒逼机制，将法治建设工作责任层层压紧压实。二是全面强化风险管控。公司以法律、风险内控一体化思路推动综合性风险管控，将开展企业内控体系评价、季度风险控制监测、风险评估作为内控工作常态化管理的重要抓手，主动将风险防范转变为公司经营管理的内生需求。指导所属单位结合业务开拓、经营调整和管理架构变动更新内控手册，确保各项业务健康发展。企业财产商业保险实现全覆盖，各类风险得到防控，经营发展更添保障。三是推行合同集中管理模式。通过修订合同管理办法、制定业务范式合同、升级OA合同管理流程，区分22种合同类型，分类核定普通合同、一般重要合同和重大合同的划分标准，明确各类合同的审核和报批流程，规范执行公司各级主体的合同签订分级审批，有效防范法律风险。四是管理基础不断夯实。公司坚持标本兼治，建立法务、审计、纪检、财务等协同的监督工作机制，以供应商和采购管理为重点开展多个专项检查，对公司特殊关联企业进行彻底清查并迅速斩断违规业务往来，对供应商管理环节全面梳理整顿、流程再造，补齐管理短板，确保关键业务流程、关键控制节点及关键控制措施有序运转与实施。五是规章制度“立、改、废”取得成效。公司加强规章制度的综合审查，年内制定和修订规章制度24项，并通过OA“规章制度门户”强化制度宣贯，为企业深入改革发展提供制度保障。六是普法宣传教育深入推进。开展法治宣传月活动，通过征集书法作品、观摩宣传展板、参加模拟法庭、法治论坛等形式强化员工法治意识。2018年，公司及所属单位共255人次参加法治建设相关培训，公司在牵头承办中远海运“法治伴你远航、风控创造价值”辩论大赛工作中，获评优秀组织者称号。

监督审计方面。上海中远海运深入贯彻落实国务院国资委和集团对审计工作的各项任务要求，认真落实公司反腐倡廉建设工作会议安排，以“监督与服务并重”为指导理念，重点聚焦公司改革发展和中心任务，强化工作流程，揭示问题短板，明确责任要求，加强沟通衔接，推动提质增效，为促进公司管理提升提供支持。2018年，公司认真落实年度审计计划，完成审计项目9项，发现问题100项，提出管理意见55条，为企业降本增效47.12万元，移交审计发现线索1条，上报审计专报两期。认真落实公司原总经理离任经济责任审计整改工作，制定整改方案和整改措施，年内基本完成集团“整体整改在三个月内完成”的工作要求，监督审计在提升管理、防范风险、支持决策等方面的积极作用得到进一步凸显。

【科技信息】

坚持创新驱动，加快实施业务创新、科技创新。上海中远海运坚持创新驱动战略，积极做好创新管理工作，加快推动公司转型发展。一是加强科技创新工作的组织领导和制度建设，成立了由公司总经理、党委书记担任组长的创新工作领导小组，设立创新工作管理办公室，召开科技创新工作推进会，编制下发《公司科技创新工作管理办法》，开展年度科技和双创工作。二是围绕战略重点项目加大科技投入，推动业务创新发展。公司把环保业务作为战略性新兴产业，完善环保业务发展规划，明确产业发展目标和要求。公司所属单位海运仓储启动化验室改造升级，从含油污泥无害化、减量化两个方面开展调研，推进危废环保技术合作及投资，努力实现船舶油污水、工业污水及污泥处理产业化发展。公司所属单位福州建滔积极汲取新经验、学习新技术，顺利完成撬装站设备技改和盐酸吸收塔技改，大幅减小装卸误差、提高环保效果。公司所属单位海运技术开展陆岸罐区维保业务，积极寻求转型。

推动数字化变革，为公司信息化建设提供充足保障。2018 年以来，随着上海中远海运"十三五"规划有力推进和公司产业建设不断升级，信息化建设在业务发展中也起到了越来越重要的作用。一是专设职能部门，强化信息化工作组织领导。年内，公司正式设立信息管理部，专职负责信息化运营管理的研究、开发、实施和运维，对公司信息化、信息化标准委员会以及网信安全工作领导小组及工作小组进行调整，明确管理责任，任务均到岗到人，切实保障信息化工作顺利开展。公司组织赴中远海运物流、中远海运集运等单位进行信息化建设对标学习交流，为明确工作目标、加快推动信息化建设深度融合应用奠定坚实基础。二是强化信息化制度建设。编制发布《公司信息化项目管理办法》，进一步规范公司信息化项目的全过程管理，有效控制和降低项目风险，最大限度保证项目投入的最优价值回报，为信息化建设提供制度保障。三是加快推进重点信息化项目。公司以提高内部管理效率为导向优化 OA 系统建设，新版 OA 系统新增客户管理、供应商管理及合同管理功能模块，有效减少冗余环节，改善用户体验，年内正式上线实施。完善公司社保信息系统，有效提升系统操作的便捷性、集团社会保险业务管理的规范性和社会保险报表的准确性。海运仓储启动液体仓储 ERP 系统一期项目建设，通过整合基础数据、商务、客服、操作、门卫、地磅计量集成、结算、账务管理等功能，进一步规范业务流程，最大限度避免人为操作失误。海运物业以打造置业板块"三维一体"综合业态为目标，推进建设基于 BIM 可视化技术的置业管理平台，年内各项工作均启动并进入实施阶段。

【服务管理】

信访接待和综治维稳方面。上海中远海运全面履行好中远海运集团上海地区综治信访维稳内保工作牵头单位职责，2018 年未发生任何严重群体性上访事项和极端信访事项，未发生任何治安或刑事案件，为集团改革重组营造了平安和谐稳定的发展环境。信访工作方面，公司严格按照国务院《信访条例》，认真做好每一起信访事项的登记、受理、答复、转办、交办、督办、调处事宜，全年接待各类信访 322 次 /511 人次，有效调处一般信访事项 37 起，成功调处完结历史遗留、疑难信访事项 2 起，未发生矛盾激化或扩大现象。稳定工作方面，面对 2018 年集团改革重组步入深水区，以及各种新老问题矛盾逐步凸显的情况，公司深入信访重点单位、新整合组建单位、三四级单位和即将推进实施船员体制改革的单位开展调研，面对面了解涉信涉稳情况，前瞻性地做好分析研判，有针对性地做好防范预控，全年共排查 24 家单位不稳定因素 43 起，确保不发生严重群体性或极端信访事项。节假日期间，对重点信访群体及主要信访人员开展走访慰问合计 105 人次，主动邀约主要信访群体代表座谈、沟通 2 次，有效避免重点信访群体、信访事项反弹。在中央巡视组进驻、首届进博会召开等重要时间节点，用心、用情做好上访人员政策解释、思想疏导、情绪安抚和现场稳控工作，确保集团总部正常办公秩序。内保工作方面，公司认真履行集团上海地区内保管理牵头单位职责，以"创安复验"和"平安单位"创建为抓手，强化人防、技防、物防和制度防等综合性防范措施，全年开展治安检查 38 次，协助做好一级安保 4 次，配合首届进博会、集团总部搬迁、重要外事活动等制定工作预案，做好现场安保和稳控工作 75 次。2018 年，集团上海地区共 39 家单位获评“平安单位”，10 家单位获评上海市平安示范单位，信访接待中心 / 综治管理中心获评上海市治安保卫先进集体。

离退休人员服务管理和社保管理方面。一是加强老干部服务管理。上海中远海运认真学习贯彻落实上级关于老干部工作的部署要求，加强和改进离退休干部服务管理。通过主题征文、聆听讲座、文艺汇演、组织培训、微信竞赛等形式，引导广大离退休干部坚定理想信念，以实际行动支持、服务企业转型发展。加强和改进新形势下离退休人员组织建设，紧紧依托每月组织生活，不断调整、充实、归并基层党支部，凝聚老干部智慧力量。截至 2018 年底，公司在册离退休干部 307 名，其中离休干部 114 人（平均年龄 87.01 岁），处级以上退休干部 193 人。二是做好退休人员管理工作。公司以“细致关心、全面关爱、特殊关注”为目标，坚持“好事要办好，实事须办实”，服务管理好公司退休人员。开展“家访送关怀，困难扶一把”活动，发挥块组长作用对 300 多名患重大疾病的退休人员开展家访。全年，走访重点人员家庭 300 余人次，接待来访人员 700 余人次，收到并处理来信 1710 封。积极帮助外地退休、支农、北归等生活困难职工解读法规、政策，协助解决生活难题，为集体户口家住外地的退休职工办理上海市老年补贴卡。三是严格履行社保服务管理职能。做好本单位和集团上海地区兄弟单位在职及离退休人员的社保服务工作，推进中心部门化管理，及时堵塞业务流程漏洞，消除监管盲区。截至 2018 年底，集团上海地区补充医保参保单位共 62 家，参保人数 29 680 人，全年基金支出 6 177.49 万元，涉及 30 387 人次。年内，公司足额缴交养老保险、基本医疗保险、失业保险、生育保险、工伤保险等各类保险基金，未发生任何欠缴情况。

档案管理方面。上海中远海运坚持把档案管理作为一项重要的基础性工作，全力确保档案管理规范化、标准化、科学化。一是推进档案信息化管理。在 2017 年档案信息化工作的基础上，总结经验，提升效率，对公司 1991—1997 年文书档案、本公司及所属单位 2017 年文书档案、1998—2007 年财务报表等进行数字化扫描，实现人人归档、随时归档。二是加强档案管理工作培训。举办档案信息系统培训讲座、会计档案归档和信息化操作辅导讲座，进一步规范公司文书归档和档案信息系统利用。三是做好档案管理日常工作。积极开展国际档案日主题宣传，通过张贴宣传挂图、开展“档案见证改革开放”征文等形式，有效增强企业和全体员工的档案利用意识。2018 年，公司共接待档案查阅 2397 人次，接收新进人员档案 860 人次，收集人事材料 5535 份，登记人员动态 1658 人次，转递人员档案 538 人次，人员移库 748 人次，审核装订档案 1150 本。协助完成集团总部 2017 年度文件归档 4279 件，完成本公司文件归档 575 件，指导下属单位完成文书档案归档 2628 件、会计档案归档 13 009 件。截至 2018 年底，公司共存放人事档案 25 576 本，文书存放案卷类档案 44 524 卷，按件类档案 50 954 件，船舶档案 67 艘，财务档案 89 443 本，基建、实物、照片、病史档案 256 279 件。

职业健康卫生管理方面。上海中远海运坚持“以人为本”工作理念，每年组织员工开展健康体检，并做好员工基因检测健康评估，提出健康促进意见。公司内设的非营利性医疗机构自 2017 年 7 月 28 日开业以来，全心全意为企业职工提供基本公共卫生服务、基本职业卫生服务和基本医疗服务。2018 年 6 月 6 日，中远海运集团医务室正式开业，作为上海中远海运卫生所的延伸服务点，为总部员工提供门诊、换药、测血压、测血糖、健康咨询、医疗保障等服务。一方面，加强职业健康卫生宣传教育，为职工提供充足服务保障。卫生所定期为公司总部及所属单位职工提供免费医疗服务、慢病宣传教育和医疗咨询，积极协助集团和公司举办大型会议、专项活动等。2018 年，卫生所门诊量 1177 人次，开展随队医疗保障服务 15 次，均实现零差错、零事故、零投诉。同时，卫生所通过微信公众号发布实时动态、宣传应季健康知识、更新每月药物清单，便于职工更好地开展职业健康卫生管理。另一方面，积极推进内设医疗机构标准化建设。4月26日起，上海中远海运卫生所启动标准化建设工作，成立领导小组、工作小组，并制定标准化建设落实方案。10月18日，市协会专家组一行对卫生所标准化建设工作进行检查验收，对卫生所医疗工作质量表示认可。

【队伍建设】

上海中远海运始终坚持正确选人用人导向，积极拓宽人才引进思路，为公司三大经营创效平台建设广聚人才，公司干部人才队伍建设不断取得新进展。截至2018年12月，上海中远海运领导班子成员6人，其中：总经理、党委副书记赵邦涛，党委书记、副总经理蔡震洲。公司职工队伍总数562人，其中女职工167人，劳动合同签订率100%。一是加大干部人才引进力度。公司积极转变选人用人理念，扎实推进三个业务营运部门负责人和员工招聘工作，首次采用市场公开选聘、内部竞聘、竞争性选拔的方式，招录业务部门负责人，在党委严格审核把关下录用，有效提高选人用人的精准性和适应性，为公司人才队伍建设打开新局面。二是建立健全干部选拔任用制度。公司坚持选好配强基层领导班子队伍，制定《干部选拔任用初始酝酿阶段征求纪委书记意见办法》《所属单位纪委书记提名考察办法》，全年调整各单位班子成员16人，增强各创效平台"火车头"的引领带动力。加大年轻干部培养力度，年内提拔5名"80后"年轻优秀干部赴重要岗位任职，为年轻干部历练成长创造条件。加强干部监督管理，严格落实领导干部个人有关事项报告制度，开展任期综合考核评价工作，实现干部考核全覆盖。三是持续加强干部职工从业能力建设。围绕企业核心业务要求和职工综合能力提升需求，实施中长期能力导向型培训。开展法务风控、内控管理、危机管理、信息系统应用等专项培训，全面提升干部职工队伍专业素养。创新培训机制，引入喜马拉雅轻学堂App，实行自助选课、在线学习，提高员工学习效率。组织对标行业领先企业，拓宽员工思维视野。

【党群工作、企业文化】

党建工作方面。2018年，上海中远海运党委以习近平新时代中国特色社会主义思想为指导，深入贯彻落实党的十九大精神，牢牢把握新时代党的建设总要求，在集团党组的坚强领导下，坚持党要管党、全面从严治党，坚持融入中心、服务大局，全面推动党的政治建设、思想建设、组织建设、作风建设、纪律建设向纵深发展，为公司全面完成"十三五"改革创效稳定各项任务提供坚强政治、思想和组织保证。一是深入贯彻新时代党的建设总要求，把党的政治建设摆在首位。巩固和延伸"坐下来学、请进来讲、走出去看"的三位一体学习体制，全年召开中心组学习12次，530人次参加。贯彻落实《关于新形势下党内政治生活的若干准则》等党纪党规要求，开好专题民主生活会，严肃党内政治生活。把落实中央巡视整改作为重要工作，牢固树立"不抓整改是渎职，整改不力是失职"的工作思想，扛起主责、抓起主业、扎实推进，有力推动整改落实到位。坚持把方向、管大局、保落实，把党委研究讨论作为董事会、总经理办公会决策前置程序，全年召开党委会31次，研究讨论公司"三重一大"议题83项。召开党建工作会，签订党建工作责任书，抓牢抓实全年重点任务，推动中央决策、集团部署和公司党建举措落地见效。构建"党组织书记带头抓、班子成员分责抓、党建部门具体抓、基层党支部联动抓"的党建工作责任体系，开展年度党建工作责任制考核评价、党组织书记抓基层党建述职评议。二是加强思想引领，把理论武装转化为推动发展的实际行动。公司党委坚持把学习党的十九大精神同"两学一做"学习教育常态化制度化相结合，推动学习教育持续深入。组织司管干部参加集团党的十九大精神集中轮训，夯实干部队伍理论基础和政治素养。指导基层党组织在"三会一课"学习形式上做好拓展延伸，引导全体党员读原文、悟原理、守初心、践初心。各单位党组织坚持规定动作和自选动作相结合，以丰富多样的教育形式，号召每个支部、每名党员以担当诠释初心、以实干践行使命。所属单位党组织与联建单位共同开展主题党日、交流研讨等活动，以党建激发协同效应。三是坚持夯实党建根基，实现基层党组织建设全面进步、全面过硬。公司党委完善基层党建交流指导机制，实行党务工作者月度例会制度和党委书记季度例会制度，通过“以会代训，以学促做”模式，有效帮助基层解决党建难点问题，推动公司党建重点任务逐项落实。指导各单位党组织严格按照《中国共产党章程》要求，公开透明、规范有序完成两委换届。坚持制度治党，制定下发《党员领导干部参加双重组织生活会制度》等党建制度 14 项，有效扎牢制度的笼子。

党风廉政建设和反腐败工作方面。2018 年，上海中远海运在集团党组和党组纪检组的坚强领导下，深入贯彻习近平新时代中国特色社会主义思想和党的十九大精神，认真落实年初工作会议部署，提高政治站位，深化“三转”要求，围绕公司战略目标，聚焦主责主业，注重风险防控，推进公司党风廉政建设和反腐败各项工作。一是加强履职担当，落实党风廉政建设主体责任。2 月 11 日，公司召开反腐倡廉建设工作会，部署 2018 年反腐倡廉重点任务，与各单位签订全面从严治党主体责任书、“一岗双责”责任书和监督责任书，贯彻全面从严治党要求，凝聚廉洁从业共识。二是聚焦主责主业，巩固廉洁氛围。公司持续加强作风建设，防范“四风”变异，驰而不息地将中央八项规定精神落到实处。以“严守纪律规矩，助力攻坚创新”为主题开展廉洁从业教育月活动，召开各类会议、专题学习 33 场，开展集中警示教育 8 次，1271 人次接受学习教育。强化廉洁档案管理，认真落实《上海中远海运领导干部廉洁档案管理规定（暂行）》，对 49 名司管干部廉洁档案进行建档和完善。全年，两级纪委共受理信访及问题线索 18 件，公司纪委均进行了认真调查处理，运用“四种形态”查办问题线索，到期办结率达 100%。三是坚持问题导向，推进巡察工作制度化开展。公司准确把握和遵循巡察工作的原则、程序、标准，制定《党委巡察工作 2018—2022 五年规划》及 5 个配套制度，突出政治巡察的政治特性，年内启动首轮首家巡察工作，推动全面从严治党走深走实。四是坚决筑牢干部职工拒腐防变思想防线。公司举办反腐倡廉教育网络培训班，课程内容涵盖党的历史、新党章、十九大报告、《中国共产党廉洁自律准则》、《中国共产党纪律处分条例》等内容，两级纪检监察干部、财务、业务等 42 名关键岗位人员完成在线学习，有效增强干部职工不敢腐、不能腐、不想腐的自觉性。

宣传思想和企业文化工作方面。2018 年是公司深入推进“十三五”战略规划落地实施的关键一年，公司宣传思想和企业文化工作牢牢抓住学习贯彻习近平新时代中国特色社会主义思想和党的十九大精神这条主线，准确把握宣传思想工作举旗帜、聚民心、育新人、兴文化、展形象的重要使命任务，从党中央和集团对宣传思想工作的定位出发，从公司转型发展面临的新形势、新任务、新要求出发，为公司实现年度经营目标任务提供有力思想舆论保证和良好精神文化条件。一是强化理论武装，筑牢信念基石。紧跟时代步伐，把学习习近平新时代中国特色社会主义思想作为首要政治任务，引导公司党员干部在学懂弄通做实上下功夫。二是准确定位年度新闻宣传工作主线，广泛开展形势任务教育宣贯。开展“党的十九大精神”“改革开放 40 周年”“科技创新”等多个重大主题宣传。充分利用企业内刊、网站、微信公众号等媒介资源，对公司重大会议、主题教育活动，以及重大商务、文化活动进行全方位宣传报道。做好公司史志资料编纂工作，顺利完成《上海中远海运发展史（1949—2016）》《上海中远海运年鉴合订本（1949—2015）》《上海中远海运年鉴（2016）》编印，满足职工日益增长的精神文化需要，营造健康向上的文化氛围。加强意识形态引导和改革创效氛围营造，全年出版《海运》杂志六期。三是秉持传承创新，熔铸海运精神。大力倡导践行社会主义核心价值观，抓好精神文明创建，着力提升在理论建设、意识形态、思想表达、文化建设、精神文明等方面的过硬本领、实战经验和整体素质。拍摄制作党建宣传片，展现党组织在“服务中心、深化全面从严治党”中的积极探索和丰硕成果。

不断满足职工日益增长的精神文化需求，开展“上海中远海运杯”乒乓球比赛、羽毛球比赛、钓鱼比赛、全民健身健康行活动，举办急救知识讲座，创办职工书屋，营造健康向上的企业文化氛围。组建上海中远海运足球队、篮球队、乒羽球队，在集团第二届职工运动会赛场上展现公司英勇顽强、努力拼搏的精神风貌，取得优异成绩。通过一系列宣传思想工作的扎实推进，公司意识形态的领导力、核心价值的引领力、文化阵地的吸引力、宣传品牌的原创力、海运文化的影响力不断增强。

工会工作方面。2018 年，上海中远海运坚持围绕中心、服务大局，在加强职工政治引领、组织职工建功立业、维护职工合法权益、保持职工队伍和谐稳定等方面开展了富有成效的工作。一是围绕中心任务，举办劳动技能竞赛。竞赛内容涵盖：“119”消防演习、急救包扎、单边桥驾驶、拆装车辆轮胎、码头危险化学品泄漏事故应急演练等 13 项，有力促进了公司生产经营水平和职工技术能力提升。二是敞开建言渠道，推进民主管理。公司全年收到职工提交的合理化建议 65 条、安全生产金点子 18 条，为公司凝聚转型发展智慧。强化民主管理，及时在公告栏、OA 等平台发布职工关心的热点、焦点问题，保障职工的知情权和监督权。三是注重源头参与，落实职代会制度。公司认真贯彻落实《上海市职工代表大会条例》《中国远洋海运集团职工代表大会实施细则》，组织基层工会参加辅导讲座，落实换届改选要求，有效提高职代会运行质量。发挥劳动保护监督作用，公司 82 个班组、785 名职工参加“安康杯”竞赛，886 名职工参与全国职工劳动安全卫生防护与自救逃生知识普及竞赛，推动企业安全生产任务落实落地。年内，上海中远海运工会荣获全国“安康杯”竞赛安全文化宣传活动优秀组织单位，上海海运海事技术有限公司荣获 2017 年度“安康杯”劳动竞赛（上海赛区）优胜单位，上海中远海运仓储有限公司荣获 2018 年度上海市五一劳动奖状。四是竭诚服务，保障职工权益。公司坚持众人拾柴火焰高，全年筹集帮扶资金 100.12 万元，争取到上级工会帮困金 7.4 万元，募集“一日捐”资金 8.06 万元。公司领导带队深入船厂、码头等生产作业一线慰问干部职工队伍。全年，公司工会帮困 1608 人次，助学 33 人次，发放“金秋助学”金 4.88 万元，走访慰问 219 人次，为职工办理住院医疗、重大疾病医疗、工会会员卡等普惠化保障服务，覆盖率达 100%。

共青团工作方面。2018 年，上海中远海运团委以服务企业改革发展、服务青年成长成才为抓手，引导公司青年不忘初心、牢记使命。一是抓牢青年思想政治建设。公司团委深入学习贯彻党的十九大精神和团的十八大精神，全面部署推进“青年大学习”网上主题团课，开展“践行新思想 拥抱新时代”组织生活会，引导青年职工深刻领会公司“向集团液化储运专业化企业转型新突破”的工作要求。召开纪念五四运动 99 周年暨 2018 年共青团工作会，表彰先进典型，分享青春奋斗故事。年内，上海中远海运团委获评 2017 年度“上海市五四红旗团委”，1 名团干部获评 2017 年度“上海市优秀共青团干部”。二是以青年创新创效促进提质增效。组织青年参与 2018 年“中国航海日”活动、“物尽其用 爱心传递”主题党日活动，展现上海中远海运青年文明号风采。开展“凝心聚力 携手奋进”新员工培训，增强员工团队协作力、凝聚力和向心力。开展青年培训需求网络调研，为提升公司培训质量提供参考。三是坚持关心关爱青年发展。开展第六届“书香海运”读书活动，举办悦读马拉松、海运悦读者、文学对谈等子活动，开阔青年员工文化视野。联合中远海运科技 / 上海船研所团委、上港集团浦远船舶团委举办“月团圆 人团员”团章团史知识竞赛暨趣味逻辑推理大赛，促进企业间青年交流，拓宽青年朋友圈。积极组织青年参与志愿服务和社会公益，为退休职工开设“移动互联网”课堂，“浪花 · 心愿”爱心助学结对 23 名学生。四是不断夯实团组织建设。定期召开团委委员例会和工作例会，组织理论学习，加强工作交流。坚持双推优制度，不断充实党内新生力量。积极选派团干部参加上级举办的团委书记培训班、共青团实务工作培训班，提升团干部服务中心和服务青年能力。加强共青团宣传工作，编发《海运团讯》，有序运转“海运范儿团”微信运营工作室，主动融入集团“网上共青团青年之声”，形成宣传合力。（周敏励）

中远海运（广州）有限公司

中远海运（广州）有限公司

中远海运（广州）有限公司（简称“广州中远海运”，英文简称 COSCO SHIPPING（Guangzhou）），是中远海运集团全资子公司，注册资本 319 120.240 6 万元，注册地广州市海珠区滨江中路 308 号。公司成立于 1949 年 10 月 22 日，企业名称和管理体制多次变更。2016 年 6 月 28 日，公司正式更名为中远海运（广州）有限公司。

【公司治理】

广州中远海运为国有独资企业，不设股东会。由 2 名股东代表、2 名公司董事、2 名外部董事和 1 名职工董事组成的董事会是公司的最高决策机构，对股东负责。董事会坚持议大事、把方向、控风险，在集团授权范围内，对公司的部分事项规范行使决策权。2018 年 5 月 19 日，公司董事会审议通过了《规范公司所属企业法人治理结构及撤销内设管理机构工作方案》。公司建立直属单位董事会（管委会），并通过委托代管形式明确其他子公司的管理关系和决策权限，进一步完善下属企业的法人治理结构。公司要求下属 11 家单位修订完善“三重一大”实施细则并动态管控执行“三重一大”决策制度情况，定期检查台账记录。12 月 6 日，集团批复同意修改《中远海运（广州）有限公司章程》，该章程按集团“党建入章程”的规范文本要求，修正关于党建条款的表述，增加法治建设条款。

公司经理层 6 人均为公司党委委员。坚持民主集中制，修订印发公司党委议事决策规则，规范落实党委会前置研究“三重一大”事项程序。

坚持全心全意依靠职工群众办企业，全面落实党务公开、司务公开制度。召开 2018 年工作会议、党建工作会议、一届二次职代会暨安全工作会议，听取了总经理工作报告、党委工作报告，书面审议了职代会工作报告、安全生产工作报告和公司职工解困救急基金会工作报告，通报了 2017 年公司领导履职待遇业务支出情况，签订了 2018 年经营业绩责任书、基层党建工作责任书及安全生产工作责任书，表彰了先进集体和个人。

2018 年底，公司总部调整为 9 个部门：董事会办公室 / 总经理办公室、党委工作部（武装部）/ 团委、企划部、法律事务部、财务部、组织人事部（安全监管部 / 安委会办公室）、纪委工作部 / 监察审计部、基建办、工会办公室；下设 7 个管理主体：新海医院、远海健康、海星旅游、物业公司、海船工程、海宁公司、海建公司；另设 3 个后勤保障中心：社会保障服务中心、财务核算中心、档案管理中心。

【战略发展】

按照集团关于“要利用好存量转型和增量突破，进一步优化产业资源”的要求，结合公司中长期业务规划确定的战略定位，公司形成了“以健康产业为主线，坚持产业聚焦、资源聚拢、人才聚集、文化聚力，推动医疗、旅游、养老、体检、环保等产业融合发展，把公司打造为具有良好品牌影响力的大健康产业集团公司”的发展思路。2018 年，公司经营范围增加游泳馆、停车场经营、场地租赁等项目，以及远程医疗、健康大数据、网络营销和服务、酒店配套、国际健康产业合作等业务的相应经营项目。2 月 20 日，广州中远海运健康管理有限公司滨江街社区居家养老服务中心开业。7 月 20 日，广州江南颐养苑试营业。

2018年，公司派出第二批健康产业学习团队赴日本学习交流，与日本Suncare Holdings株式会社签署了合作备忘录，以养老护理培训为起点开展健康产业合作，并与泰康人寿、松鹤养老院、中社基金会等同行保持着友好沟通。积极推进新海医院与知名高校医院的业务合作。公司领导带队前往中山大学孙逸仙纪念医院、广东省人民医院、广东省第二人民医院、复星医疗佛山禅城医院等单位开展交流。物业公司承接启迪中海科技物业项目时引入了招商物业顾问团队，通过对标合作单位提升服务水平。

公司对部分低收益、高风险业务进行调整，逐步退出不具备资源控制能力的旅游资源同业批发业务，并成立业务督导组，落实整改措施。年末，公司及所属经营实体已没有开展相关风险业务。

在实践中，公司中长期和“十三五”发展战略规划实施效果与规划目标存在较大差距，有的甚至发生方向的偏离。主要包括：一是战略目标未完成。战略实施与规划提出的年度分解任务出现较大差距。二是关键举措未落地。旅游板块重资产模式没有得到有效落实，同业批发业务出现较大风险，康养游综合体建设没有得到体现。健康养老大楼、239库改造重点项目进度推进迟缓。三是保障机制未建立。公司拟通过引入民营资本组建混合所有制企业，推进存量物业开发、高新技术商业运用等项目实施，但2个合资项目最终未能开展，混合所有制改革的推进处于停滞状态。四是协同效应未得到充分体现。各产业间和各经营主体间业务运营未得到有效协同，偏离了产业发展的预定实施路径。五是人才流失特别是新海医院骨干医师流失问题较为严重。

至2018年底，公司总资产310.35亿元，总负债为58.86亿元，资产负债率为18.97%。资产变动主要受金融资产市值变动影响。

【改革重组】

公司重点推进法人治理结构改革，以“法人管法人”的方式重构了公司与直属单位的管理关系。2018年9月，全面实施《规范公司所属企业治理结构及撤销内设管理机构工作方案》，撤销了旅业公司、船舶工程公司、健康公司3家内设管理机构，分别转由海星旅游、海船工程、远海健康3家全资子公司承接，明确了代管关系和法律责任，实现出资人职责与经理人职责相分离。在海星旅游、物业公司、远海健康、海船工程、海宁公司、海建公司等6家公司制全资子企业的直属经营单位设立董事会，在新海医院设立管委会，由公司分管领导担任法定代表人，并修订公司章程，规范董事会运作；其他5家全资子公司和母公司的3家经营性分公司，则按照业务板块划分分别委托7家直属经营单位代管，进行集中营销、统一管理、项目核算，并由直属经营单位派出执行董事、监事，履行公司治理职责。12月3日，公司董事长批准清算关闭广州迪施有限公司。

实施机关职能部门改革，法务部不再与企划部合署办公；设立基建办公室，负责统筹公司基建项目及相关事务的管理、协调工作。

经集团批准，公司2018年无新增“压缩管理层级、减少法人单位”工作任务。至2018年底，公司下属11家全资子公司、1家非企业法人单位及1家并表参股企业，在集团层面的管理层级均为3级、法人层级均为4级。

【经营管理】

公司主要经营业务分为健康产业、旅业旅游、航运及配套服务、物业经营与服务、金融投资等五大板块。公司加大结构调整和投资力度，重点发展大健康、大旅游，做精航运配套和物业发展，并通过产融运营平台的建设积极支持其他产业平台的发展。

海船工程以代管“新粤顺”轮运营为突破口，准确把握市场机会，船舶经营效益大幅改善，全年实现利润1080万元，成为公司自2010年以来首个利润突破1000万元的下属企业。新海医院突出航运企业医院特色，医疗、体检、康复“一体两翼”联动发展，新设船员体检中心，为船员提供体检服务13 612人次。远海健康旗下三个业务单元形成有机组合，新海颐养苑被广东省民政厅评定为五星级养老机构，新增江南颐养苑养老床位 300 张，滨江服务中心全年提供养老配餐业务 14 307 人次。海星旅游积极开拓商务会议和餐饮业务，壹街叁號·海员宾馆开房率高于市场平均水平。海宁公司继续巩固华南地区海图业务优势，以合规经营为导向，稳步开展油污水处理业务。物业公司努力向物业开发经营转型，重点推动大沙地西物业改造及“江南坊”运营工作。海建公司积极拓展华中地区无水港业务；为集团税务工作采购项目、乘用车采购项目及中远海运特运、中远海运船员公司提供专业服务。产融结合方面，在确保资金安全的前提下，公司继续参与网下新股申购，提高了金融资产收益水平。

本年度公司下属亏损企业为 5 户。公司采取措施减亏扭亏：一是着力精细化管理，加快业务结构调整，努力拓展市场；二是做好加减法，加快业务转型，稳妥逐步退出低效亏损项目；三是盘活现有资源，提升经济效益；四是把握市场，创新商业模式，加大对外合作力度；五是深化改革，严控经营成本；六是对扭亏无望的企业进行清算关闭。

按集团巡视整改要求，公司严格排查贸易业务类型及操作流程，严控风险并确保资金安全，大量缩减了原机票代订、同业批发和商品销售业务，直接导致营业收入大幅减少。历史遗留项目在诉讼中，暂未收回投资款项，导致一年以上应收账款大幅增加。

至 2018 年底，公司实现营业收入 7.27 亿元，投资收益 9.8 亿元，利润总额 8.79 亿元；管理费用 1.76 亿元；资产减值损失 5921 万元，国有资本保值增值率为 87.49%，主要是受股价下跌影响，金融资产市值减少 32.99 亿元，向集团上缴 2016 年、2017 年利润共 14.13 亿元，减少了所有者权益。若剔除该不可控因素，国有资本保值增值率为 105.44%，净资产收益率为 3.12%。

【信息化建设】

公司配合集团做好人力资源系统、IMP 系统、财务核算系统、投资与项目管理系统与人力资源管理系统等统建系统的建设、基础维护工作和信息化安全保障工作。分三年投资建设的海宁公司船舶数据智能服务系统上线，为集团船舶应用电子海图资料提供可靠服务。

为进一步推进信息化与企业战略和业务的融合，公司出台信息化建设项目鼓励政策，引导各单位补强信息化短板。公司加大投资力度，做到重点项目重点抓。全年投资信息化项目 18 个，其中新建项目 12 个，续建项目 6 个，总投资 1579 万元，为近五年来最大的投入。其中，重点项目之健康智慧服务平台（第一期）项目完成机构养老系统、居家养老健康管理系统、VI 设计、微信运营、呼叫和安防硬件设备采购等，全面覆盖远海健康现有业务；重点项目之船舶远程医疗与健康服务系统项目通过了集团科研项目立项评审，列入集团科研计划，获得集团 40 万元的经费支持。按时完成了公司视频会议系统建设，极大提高了公司与基层单位之间的会议效率和效果，节约了时间成本。

公司持续加强网络与信息安全管理，以关键信息基础设施、重要信息系统和网站为防护重点，加强网络安全基础设施和 IPV6 网络基础设施的升级改造，在国家重要节日、会议和网络安全攻防期间，做好公司的网络安全防范、应急演练处置和信息报送。公司全年未发生重大网络与信息安全事件。

【法 治 风 控】

公司董事会、审计与风险管理委员会、经理层、法律事务部、监审部、其他职能部门及各下属单位共同构成公司内部控制和风险管理组织架构，分别履行内部控制和风险管理相关的决策、监督、执行等方面职责。公司逐步建立起两级管理、相对集中的法律管理体制，公司法律事务部自 2018 年 9 月 29 日起独立办公，统筹负责法律事务与风控工作。各下属单位在制度授权范围内和公司法务部指导下开展具体法律事务与风控工作，重大决策、重大合同、重大纠纷等涉及法务与风控事项由法务部协助处理。公司聘请了广东广信君达律师事务所和北京大成（广州）律师事务所作为常年法律顾问，分别负责“总部＋康养游”和“总部＋航运配套及物业经营”两个不同板块业务的法律服务支持，基本形成了“公司主要负责人负总责、总法律顾问牵头推进、法务部指导开展、常年法律顾问辅助、各单位具体实施”的工作体系。同时，公司逐步形成以公司法律事务、规章制度管理、合同管理、法制宣传教育、纠纷案件管理、内部控制、法律风险评估为主要内容的法律业务体系；及时完善规章制度、授权、合同、纠纷案件、法律咨询、内部控制、风险评估、客户信用管理等管理制度和工作流程；结合办公系统情况，建立了合同审查、案件情况报告、规章制度审查等信息化流程。

注重风险管理的制度建设，制定6项法务与风险管理相关制度，完善经营管理重点领域制度，涵盖企业主要负责人履行法治建设第一责任人职责、合同管理、客户信用管理、供应商管理、不动产租赁、资产评估、投资管理等多个方面，同时对公司规章制度进行了合法合规性审查。先后新建、修订了《产权登记管理办法》《资产转让管理办法》《股权投资和产权收购管理办法》《国有资产评估管理办法》《国有资产评估机构选聘工作制度》等多项产权管理和资产评估的相关制度，对工作进行了规范。14家直属法人单位（含母公司）已全部办妥企业产权登记手续；企业清理及资产购置、处置过程严格执行法律法规、集团和公司的规定，推行信息公开、按章操作，未发生重大违规事件。

将风控工作的开展纳入基层单位年度经营业绩考核，并在总部和基层单位开展了内控评价工作，选择公司总部和3家基层单位聘请外部咨询机构开展评价，其他单位自评，内控评价范围覆盖公司高风险领域，不存在重大遗漏。积极开展2017年度内控缺陷的整改工作，制定相应的工作计划和管理策略。进一步加大风险管理文化的宣贯力度，通过培训、法律知识竞赛、专题宣传、主题宣传日和召开内控项目启动会，增强全体员工风险意识；通过完善员工招聘、入职、考勤、离职等常规工作流程，防范用工争议与风险，积极稳妥地处理各类职工利益上访诉求，维护职工合法权益，营造和谐的劳动关系；通过法律手段等途径解决历史遗留的劳动纠纷诉讼案件；指导下属单位做好各类劳动争议案件；自2018年5月1日起司管干部的劳动合同由与公司签订改为与其所属单位签订，进一步规范公司管理干部劳动合同管理。

健全客户资信评级制度，全面梳理经营业务，合法妥善退出资金占用量大、效益不突出、风险不可控的业务。经过长期努力，公司与北海市铁山港管委会就历史遗留问题达成和解协议，土地定金案件应收款项494万元回收完毕。针对海星旅游审计问题定期进行督导检查，25个督导项目有7个完成结算并收回资金，风险总体可控。至2018年底，公司新发生7个旅游行业的商务合同纠纷案件，风险敞口约6000万元。

【干部人才队伍建设】

党委进一步规范干部管理，健全干部考核评价制度，修订完善公司管理干部管理办法、竞争上岗管理办法、公司总部机关员工和下属单位班子成员年度考核管理办法等。落实中央第九巡视组巡视反馈意见整改工作要求，组织开展公司选人用人工作全面自查。强化考核结果的运用，对两名中层干部进行诫勉谈话，对经营业务开展过程中造成重大资金回收风险、形成重大损失的责任人给予免职。

公司重点加强核心管理人才、经营管理人才、专业技术人才“三支队伍”的建设，全年共调整交流提拔干部25人。向广州资产第二届董事会推荐董事2人、监事1人，向广州资产推荐副总经理、财务负责人各1名。选派1名年轻干部到基层挂职，5名员工被集团借调到相关部门锻炼，抽调下属单位业务骨干到公司总部进行轮训。开展“80后”干部调查摸底，向集团推荐优秀年轻干部。严格规范公司管理干部提拔流程，加大干部考核与经营业绩、管理绩效的挂钩力度，变“相马”为“赛马”。试行职业经理人制度，引入了第三方人力资源服务机构，加大人才引进力度，公开招聘法务部、新海医院、海船工程及核算中心负责人，以及企划部资产科负责人、财务核算中心负责人和科室负责人。加快社会用工审批流程，鼓励各单位用好用活“市场化”用工机制，按规定有计划地重点引进业务领域急需、紧缺的人才，共招录市场化人员 111 人。在新任期职称聘任中审核聘任 309 人。

以市场化为导向，深化薪酬分配制度改革。一是完善总部机关职工考核奖励办法，加大下属单位经营利润考核比重，新增所属单位对总部机关职工的考核评价机制，建立下属单位重大项目考核奖励机制。二是修订所属单位经营者年薪考核办法，将经费单位负责人纳入年薪考核管理范围；根据效益规模构建差异化薪酬水平，鼓励下属经营单位争创千万利润。三是新建司管干部离岗追收待遇管理办法及停职人员待遇管理办法，引导经营者依法合规把控经营风险。

至 2018 年底，公司共有职工 1573 人，平均年龄 39 岁。工资总额 21 090 万元。工资总额的分配与管理遵循“效益升、薪酬升；效益降、薪酬降”，以及“效率优先，兼顾公平”原则，工资总额及人工成本增长率均低于经济效益增长率。

公司通过“请进来、送出去”、举办专题培训、读书活动、知识竞赛和向中山大学购买学习套票供干部职工自主选择学习课程等方式，提高职工参加学习的针对性；选派相关人员到招商物业等先进企业对标、到日本学习先进养老产业管理等，并请日本 Sun Care 养老集团专业团队来广州举办养老机构运营研修班培训。组织开展“大旅游、大健康在贵州”“沟通与交流”“基层党务干部实务”“十九大报告专题培训班”“环保专题培训”“反腐倡廉教育月”等各类培训。全年外送培训 576 人次，内部培训 8603 人次。

【安全生产和生态环保】

公司全面排查各类安全生产、环境污染隐患，进一步完善安全生产长效机制，组织开展一系列专项活动，防抗超强台风“山竹”，全年安全生产形势保持稳定，没有发生一般及以上等级生产安全事故。

2018 年初，公司与 12 家下属单位签订了安全生产工作责任书，任命了总部各部门的安全生产和防火责任人。各下属单位分别与各自重点部门、重点岗位签订安全生产工作责任书、安全生产承诺书共 612 份，进一步压实责任。公司党政领导全面落实“党政同责、一岗双责”的要求，约谈下属生产经营单位分管安全负责人，带队到基层开展安全检查、督促隐患整改，出席消防技能比赛活动等。公司每月召开生产安全效益例会，确保各项政策法规、安全防范措施落实到位。

公司编制了年度安全检查计划，对重点工程实施重点检查，对发现的隐患明确责任人、整改时限，保障整改资金，做到立行立改。全年开展安全检查 37 次，发现隐患 60 项，已完成整改 59 项，剩余 1 项为 239 库地质灾害隐患，继续整改中。公司还全面清理排查了建设工程的施工许可情况，以及公司经营性物业的土地使用证、房屋产权证及消防审验证明等基本情况，促进各单位依法合规经营，降低安全和经营风险。

制定环境污染风险排查治理工作方案，成立领导工作小组，提出并落实“深入学习、全面排查环境污染隐患、彻底整治污染隐患、建立环境保护长效机制”四步走的工作安排。下属净海公司先后接受了省、市、县、乡镇 4 级政府、12 个部门共 20 多批次的检查、调查和问询，通过了国务院国资委环保督察组为期 2 天的环保督察。

先后组织开展了环境污染风险排查治理、工贸行业重大生产安全事故隐患排查、节能减排宣传、“安全生产月”、“119”消防宣传月等多项活动。统一购买一批安全宣传光碟、安全宣教挂图供各单位观看学习、张贴宣传。在安全生产月活动中举办消防技能竞赛，下属单位组织 55 名队员组成 11 支队伍参加竞赛。各单位在各专项活动期间，积极开展应急预案演练，包括灭火器材使用、火场疏散逃生、溺水急救、外伤包扎、担架运送伤员，以及污油泄漏应急处置等，检验了应急设备设施的有效性，不断提高应急处置和应急指挥能力。

组织开展各种类型层次的安全知识和技能培训，邀请专家举办环保知识讲座；组织 115 名安全管理人员开展为期 2 天的专题培训，实现安全管理人员百分百持证上岗；组织安全管理人员和职工代表 30 人到广东省职业病防治院参观职业病体验馆。及时追加 239 库地质灾害隐患整改资金，对涉及生产安全的维修改造项目给予大力支持。将下属单位对生产作业现场的 21 个视频监控点的信号接入到集团的视频监控平台，实现了集团、公司、下属单位同平台、随时随地对各生产作业现场的实时视频监控。

9 月中旬，2018 年第 22 号超强台风“山竹”来袭，公司及时作出部署，要求各单位落实领导值班制度和防台措施，并对广州海运大厦、城安围码头、三江 1 号清污船、239 库等重点场所检查防台措施落实情况。台风来临，公司及时启动应急响应，公司总经理、党委书记、安全总监提前到岗指挥，各下属单位主要负责人全部在岗值班。9 月 16 日 19 时 30 分，超强台风引发了三百年一遇的历史最高值，江水漫过江边护栏，超出广州海运大厦防洪设计高度，防洪设施失效，15 分钟内，江水漫过大厦大堂水平面，涌入地下车库、配电房，大厦停电停水，停止运营。

灾情发生后，公司现场指挥部立即启动救灾工作，连夜召开紧急会议，组建救灾指挥中心，成立工作小组，对抽排积水、恢复供电，后勤保障、客户告知、保险理赔、次生灾害预防等救灾工作进行部署。班子成员通过现场巡查、慰问抢险救灾职工、拜访客户等，带头抢险救灾。9 月 17 日，集团副总经理俞曾港率集团慰问组从上海飞赴广州，到广州海运大厦现场勘查抢修救灾情况，并慰问坚守岗位值班的工作人员和相关单位干部职工；听取了广州中远海运、中远海运散运领导班子关于抗台工作情况汇报。

公司各单位同舟共济，全面投入广州海运大厦的抢险救灾工作。经共同努力，提前完成了“48 小时恢复供电”的任务，“中远海运”标志在广州海运大厦楼顶重新亮灯。大厦于灾后 72 小时基本恢复运营。抢险救灾工作结束后，公司召开防抗台风“山竹”专题总结会，对灾后重建工作进行部署，并对在抢险救灾过程中表现突出的单位和个人进行奖励。

【党工团工作】

公司党委深入学习贯彻习近平新时代中国特色社会主义思想、党的十九大和十九届二中、三中全会精神，推进“两学一做”学习教育常态化制度化，夯实党建基础，推进基层党建工作与生产经营管理互促共融。2018 年 11 月 1 日起，公司 7767 名党员的党组织关系从广东省直机关工委整建制转入广东省国资委党委进行属地管理。

坚持深入学习贯彻党的十九大精神。完善学习贯彻习近平新时代中国特色社会主义思想和党的十九大精神方案；协办集团党组在广州举办的深入学习贯彻党的十九大精神专题学习培训班；发放《习近平谈治国理政》（第二卷）等学习用书；编发党的十九大精神应知应会知识 100 题并开展知识测试、竞赛活动；组织到深圳参观招商历史博物馆和改革开放 40 周年展，观看电影纪录片、纪念马克思诞辰 200 周年大会和庆祝改革开放 40 周年大会现场直播、纪念改革开放 40 周年主题电影《照相师》等，深入开展交流分享；组织专题学习新修订的《中国共产党纪律处分条例》、专题党课解读《关于新形势下党内政治生活的若干准则》等。全年组织召开 2017 年度领导干部民主生活会、落实集团“违反中央八项规定精神突出问题专项治理教育警示大会”精神专题民主生活会等共 4 次民主生活会。

坚持党管意识形态。制定印发公司党委意识形态工作责任制实施细则、新闻舆情事件应急处置管理办法，每月开展舆情分析，加强对各类意识形态阵地的管理。修订公司《党委理论学习中心组学习办法》，下发《关于结合实际开展党内学习工作的通知》，采取集中学习、专家辅导、务虚研讨、参观学习、到延安培训等方式，共组织中心组学习 21 次。落实党委委员督学制度，带动基层政治理论学习，全公司参加政治理论教育学习 2300 多人次。部署开展党建思想政治工作课题研究，下拨工作经费 37 600 元，5 篇优秀政研论文获集团表彰。

坚持依法治企。党政主要领导认真履行推进法治建设第一责任人职责，党委重大决策经过合法合规性审查。党委会专题听取法治工作汇报，党委中心组开展法治专题学习，组织法务与风控工作会议，组织法律知识竞赛、在报纸开设法治宣传专栏、开展法治宣传月活动。将法治素养和法治能力作为企业选人用人条件，加强企业干部法治素质培训。

坚持狠抓落实，严格考核，压实党建责任。年初与各直属单位签订党建工作责任书 11 份；定期检查党建工作责任制考核评价指标体系落实情况；把党建工作要求作为“专项指标”纳入企业领导班子和领导人员综合考评体系，严格追责问责。公司领导深入联系单位开展调研督导，每人均在 12 次以上，并在党委会上对履行全面从严治党第一责任人责任、监督责任和“一岗双责”情况进行述责。坚持党建“书记抓、抓书记”，2018 年初和 10 月份两次开展基层单位党组织书记和机关党支部书记工作约谈。公司接受广东省直机关工委“落实党建工作责任情况评议考核”获 97.3 分。

坚持完善工作制度。坚持党群工作例会制度；下发《关于做好基层党支部按期换届提醒督促工作的通知》，指导公司机关党委、2 个直属单位党支部完成换届选举工作，指导 3 个单位完成“应建未建”党支部的整改工作；制定印发公司党委加强党的基层组织建设三年行动计划、公司党委贯彻落实习近平总书记重要指示精神集中整治形式主义、官僚主义的工作方案，修订完善公司党建工作制度 15 个。组织开展党组织书记抓党建工作书面述职和现场述职评议工作。

坚持夯实党建基础。继续深入推进“两学一做”学习教育常态化制度化，组织开展“不忘初心跟党走，牢记使命展作为”系列活动，向党龄超过 50 年的 169 名老党员颁发广东省委“南粤七一纪念奖章”。理顺企业重组后属地化管理关系，整建制转出原中海工业菠萝庙船厂和海电公司党员共 176 人；与中远海运船员管理公司签订其下属广州分公司党团和武装战备工作托管协议，接收船舶党员 1794 人。全年接转党员组织关系 2383 名；发展党员 120 人（其中直属单位 16 人），预备党员转正 81 人（其中直属单位 16 人）；选送 32 名入党积极分子参加培训。协办集团党务干部示范培训班；派出 13 名党务干部参加上级组织的业务培训；4 次组织基层党务干部培训，并派员到基层单位授课，参加学习培训超过 150 人次。下拨 24.9 万元党员教育学习经费并要求规范使用管理。开展基层党建工作基础台账检查。

坚持做好巡视“后半篇文章”。成立中央巡视反馈意见整改工作领导机构、工作机构，建立巡视整改工作周例会、月度例会制度，先后召开 8 次党委会议专题研究部署，4 次组织党委中心组开展专题学习研讨，听取情况汇报，评估工作效果，建立完善制度 16 项。班子成员 17 次深入基层开展督导，组建 6 个督导组开展巡视整改督导 12 次，公司党委和纪委约谈下属单位负责人 30 人次，推动问题解决。党委针对 34 项问题制定的 83 项整改措施中，限期整改的 57 项已完成，长期整改的 26 项继续认真推进。

坚持汲取教训立行立改。2018 年 5 月 14 日，集团召开违反中央八项规定精神突出问题专项治理教育警示大会，公司新老班子成员共 8 人因违规公款宴请问题被通报，受到党内警告或诫勉谈话处理。党委层层传达学习会议和有关文件精神，开展谈心谈话、专题研究、深化学习，召开党委专题民主生活会、党支部专题组织生活会，班子成员深刻检讨、汲取教训，落实十项整改措施，做到立行立改。

坚持党管武装、党管保密。做好拥军优属工作和民兵后备力量建设、适龄青年兵役登记、协助退伍军人做好信息摸查登记等工作。落实领导干部保密工作责任制，加强保密工作宣传教育和学习培训，做好涉密人员、载体管理，集团对公司保密工作复核评分为 91 分。

坚持抓好维稳工作。组织召开信访维稳工作专题会、协调会；定期开展不稳定因素排查，确保中央巡视组进驻集团巡视和上海进博会期间重要节点的安全稳定；做好历史问题诉求的稳控和矛盾化解工作，多次派员到粤西开展退休船员慰问，公司领导 2 次接待到广州海运大厦上访的个别粤西退休船员；做好离退休人员服务管理工作，落实老干部“两项待遇”。主动上调了 10 年未变的科级以下退休人员体检标准，让老同志更好地分享企业发展成果。

坚持党建带工建、带团建。通过职代会通报公司战略目标任务、提质增效成果、盘活存量资源和加强内控管理成效，完善人才队伍建设、落实安全生产责任等各项工作举措；履行职代会代表团长联席会议职能，收集、落实公司职代会提案 9 条，审议关乎企业发展、职工权益的议题 4 项；对公司下属 6 个单位开展劳动安全专项巡查工作，提出整改项目 18 项。举办“新时代工会工作的思路与方法”专题讲座；组织开展“提高盈利能力，促进企业发展”主题劳动竞赛和合理化建议征集活动，征集到 205 条合理化建议；组队参加集团第二届“中远海运杯”职工技能竞赛焊接大赛，2 名职工获颁高级工资格证书。公司解困救急基金、帮扶维稳基金、职工医疗互助保障基金对 297 名特困职工进行特困救助，给付基金共 40.43 万元；对 54 名特困职工子女开展“金秋助学”，发放助学金 4.26 万元；对 122 名患重大疾病及重点帮扶职工给付医疗互助金、帮扶金共 198 万元。继续组织工会系统 25 个单位 2164 名职工参加 2018 年广东省职工互助保障基金会“住院二次医保”计划，同时推动第五期（2019—2021 年）职工医疗互助保障计划实施。慰问特困职工、烈士家属、劳动模范、医师、护士、教师队伍、高温一线职工等共 5768 人次，送上慰问金及各类慰问品 109.77 万元，在首个“中国医师节”对广州新海医院 234 名医师开展慰问。组织开展“三八”节踏青活动；承办集团工会女职工委员会一届三次会议及培训班；表彰年度先进女工委 5 家、先进女职工 17 名；推荐女工干部担任滨江地区妇联第四届执委委员、第四次代表大会代表，选派女工干部参加全省工会女职工工作干部业务上岗资格培训班。

2018 年 5 月 11 日，召开共青团中远海运（广州）有限公司第一次代表大会，选举产生了新一届团委委员。指导下属团组织开展换届选举、增补团支部委员。组织“不忘初心跟党走”“新时代·新青年”学习教育活动、“铭记英烈，不忘初心”主题团日活动，参观辛亥革命纪念馆，开展缅怀先贤（唱红歌）、颂英烈（颂诗歌）、明己任（重温入团誓词）现场体验教学；联合公司关工委开展“传承红色基因，争做时代新人”主题教育活动，参观深圳招商局历史博物馆、深圳改革开放博物馆；组织参加上级团组织“不忘初心跟党走，青春建功新时代”主题演讲大赛，分别获得省直团工委片区赛二等奖、集团二等奖及省海员工会三等奖。举办第三届“创新发展·青年担当”青年创新创效比赛活动，10 个单位 35 名青年参与 12 个项目，涵盖经营、管理、技术、服务等多方面的创新，6 个项目受表彰。对团干和青年职工 123 人进行 PPT 设计培训，组织 PPT 设计比赛。向青年职工推送“微团课”，开展“青春力量”主题宣传。组织“新时代·新风采”成果展示作品征集活动，征集“改革开放青观察”图片作品 17 幅（套）、“品牌建设青之见”论文 6 篇、“新时代青年说”宣传作品（动画视频）3 个。推荐 3 个基层团组织和 3 个团员、团干部参加集团五四系列评先并获表彰；推荐 7 名优秀青年入党。检查各单位共青团工作基础台账。全面完成集团团青工作考核指标要求。加大团干培训力度，共培训基层团干部 268 人次。组织 224 名团员、团干部参加集团团委开展的团青工作网络问卷调研，团干部通过座谈交流、谈心谈话等，深入了解一线团员青年思想、学习、工作和生活情况。

【企业文化建设】

公司党委坚持发挥企业文化引领作用。印发公司《企业文化核心价值理念纲要》（2018 版）；编纂企业文化建设系列丛书；在集团指导下修改完善《广州海运发展史（1949—1997）》；拍摄制作企业形象宣传片《新广海，心传诚》；启动公司企业文化展览室的升级改造工作；连续

11 年开展“读书 · 思考 · 进步”专题读书活动；在青年中开展“悦读 · 悦青春”读书活动。

加大宣传报道力度。在公司媒体开设“基层巡礼”“身边好榜样”“身边好党员”等专栏；公司微信公众号“广海微风”2018 年 11 月 9 日起改名“发现广海”，通过推送及积极向集团媒体投稿等，加大对基层一线生产经营、党建和先进典型的宣传报道力度，全年公司及下属单位在集团各类媒体刊发宣传稿件 177 篇次；公司获集团 2017 年度新闻报道优秀组织奖，2 人获评集团新闻报道优秀通讯员。评选表彰《广州海运报》2017 年度优秀、积极通讯员 16 人；27 篇作品获广州地区出版物新闻工作者协会好新闻作品奖。

丰富职工业余文体生活。组队参加中远海运集团第二届职工运动会足球、羽毛球、游泳、乒乓球、趣味运动等比赛项目，承办其中的游泳比赛；关注职工身体健康管理，举办“高血压病发病原因及防治健康知识讲座”“远海健康养生谈”等专题讲座；组织青年职工观看《厉害了，我的国》和《青年马克思》并分享观影体会；举办“劳动铸就新时代梦想”、“廉洁 · 党旗红”、企业文化月职工主题书画展、职工瑜伽及太极拳培训班等，并长期租设篮球、羽毛球、乒乓球、足球职工活动场地供职工业余开展体育活动。

坚持志愿服务常态化。继续开展“奔跑吧 · 志愿者”志愿服务活动；组织 10 个单位 48 名青年志愿者到职工居住的明月小区开展“快乐志愿 · 关爱进社区”学雷锋便民服务活动；组织志愿者到滨江街社区居家养老服务中心开展“浓情端午 · 粽享快乐”志愿服务活动；继续开展“浪花 · 心愿”爱心助学活动，帮助 2 名云南永德贫困学生寻找结对助学对象，做好 7 名贫困学生的助学款支付工作；组织到公司定点扶贫村慰问贫困户，到外塘村小学为 146 名学生赠送学习文具。新海医院招募医院青年职工及职工 12 岁以上的子女组成志愿服务团队，协助公司退休职工有序体检；物业公司组织青年志愿者到公司远安新街租赁房开展大扫除活动，解决住宅出租前保洁问题；海星旅游组织 5 名青年作为 2018 年博鳌亚洲论坛年会志愿者参与服务国家 2018 年首个主场外交活动。

【纪检监督审计】

公司党委、纪委全面落实集团对中央巡视整改工作的要求，担当起党风建设主体责任、监督责任，强化党内监督，促进作风转变，构建正风肃纪新常态。

坚持抓好责任落实。召开 2018 年反腐倡廉建设工作会议，把年度反腐倡廉建设重点工作任务分解细化为 8 个方面 27 项具体工作；与各直属单位负责人签订全面从严治党“主体责任”“一岗双责”“监督责任”书共 36 份，组织 46 名领导干部签订廉洁承诺书，对 67 名直属单位主要负责人进行集体廉洁谈话，压实责任；直属单位共 82 人签订责任书，240 人签订廉洁承诺书，开展集体廉洁谈话和提醒谈话、常规谈话共 272 人次。修订公司党委落实全面从严治党主体责任实施细则、印发《关于坚持全面从严治党强化组织纪律和工作纪律实施办法》。对在落实 2017 年党风廉政建设工作责任中出现问题的 9 名直属单位领导班子成员、违反中央八项规定精神的 1 名司管干部严格按制度追责。

坚持稳步推进巡察工作。成立巡察机构，组建巡察人才库，制定印发公司党委《关于贯彻〈中国共产党巡视工作条例〉的实施细则》等 6 项巡察制度，开展巡察工作动员和培训，建立巡察工作运行机制。开展对新海医院党委和社保中心党总支的巡察，对巡察发现的突出问题点人点事提出处理意见，要求全力整改。

坚持抓好教育提醒，及时转发上级典型案例通报，推送廉洁信息，发送廉洁短信。组织 37 名党员干部到广州市档案馆参观李嘉、万庆良恶劣影响警示展；组织 984 名职工开展党风廉政建设和反腐倡廉工作问卷调查，形成分析评价报告，反馈调查结果，提出整改建议。开展廉洁从业主题教育月活动，通过组织辅导报告会、参观学习、廉洁从业知识答题、警示案例教育、问卷调查、廉洁书画展等，强化正风肃纪。宣讲解读国有企业违规经营投资责任追究制度，督导各单位严格执行。

公司审计及时揭示重大问题，促进公司督导旅业公司对业务进行全面清理，逐步退出风险较大项目，占用资金逐步回收，风险得到有效控制。通过对建设项目开工前、建设期间、竣工审计，加强对工程建设程序、投资控制、工程造价、招投标、工程管理、内部控制、竣工结算等情况监督，对违规单位予以通报，对相关责任人进行提醒谈话，督促整改。与基层单位召开研讨会，总结工程建设项目存在的共性问题、难点问题，邀请专家对工程造价审计定性及争议答疑解惑，帮助被审单位规范建设项目管理。约谈工程审计监督不到位的造价工程师事务所，提出改进要求。建立工程项目台账，对 16 个在建项目定期汇总跟踪，建立提醒机制，要求整改。进一步加强对重点领域、大额资金、高风险业务的监管，完善制度，防范风险。全年完成各类审计项目 13 项，审计发现问题 99 个，提出并被采纳审计意见和建议 32 条，审计协助核实信访举报线索 4 件。抽调 14 人次，完成集团监察审计本部交办的各项工作。

加强对审计发现问题整改落实的督导。一是对审计发现违规违纪单位和相关责任人严肃追责，全年立案审查 2 人，组织处理 2 人，提醒谈话 10 人次。二是对上年被审计单位整改情况进行后续审计，对整改情况进行公示，对整改不到位的 3 个单位进行通报批评并限期整改。三是强化口头交换意见，聚焦问题，促进即知即改，在审计现场及时整改问题 10 项。四是将各单位的整改情况纳入年度考核，与单位负责人年薪挂钩。厘清经营单位与财务核算中心责任，将审计中发现的财务管理和会计核算问题责成核算中心整改，并纳入核算中心年度考核。

【扶贫工作】

公司投入年度扶贫资金 300 万元，推进实施扶贫项目。公司领导深入对口帮扶的广东省湛江市遂溪县洋青镇文相村，指导扶贫工作队加强村党支部建设和扶贫队自身建设，并组织公司结对贫困户的中层干部以及青年职工、关心下一代工作委员会成员到扶贫点慰问贫困户、助学小学生。2018 年 6 月，集团工会主席张善民、副主席是铮一行到文相村考察近三年来开展精准扶贫工作的情况，慰问驻村扶贫干部。至 2018 年底，文相村建档立卡贫困户 157 户，贫困人口 542 人全部实现预脱贫，预脱贫率达到 100%。

积极推进实施产业扶贫项目。一是由广东省扶贫专项资金建设的光伏发电项目共建设 11 期，投入资金 767 万元，年收益约 60 万元。二是公司投入自筹资金 320 万元的文相村肥猪养殖场项目完成土建工程建设。三是由公司投入自筹资金 20 万元、湛江港集团出资 5 万元共 25 万元作为启动资金，成立“遂溪县文相种植专业合作社”开展经济作物种植，首期种植 4 公顷发财树，年收益 2.5 万元。合作社种植用工优先使用贫困户劳动力。以上三个项目年收入预计 90 万～100 万元，收益贫困户 157 户、贫困人口 542 人，扣除管理费用（包括税费），每个贫困人口年约 1500 元收益，为脱贫攻坚建立长效机制。扶贫项目工程款、危房改造补助资金、慰问贫困户资金、购买农资资金等的支付严格按规定流程转账。

继续实施道路硬底化工程。一是公司配套投入自筹资金 41.4 万元，完成外村塘村至道孟村、道孟村至陈保石场两段共 2.2 千米道路硬底化建设及外村塘村桥头两端路面重修建设。二是自筹资金 15 万元，帮助山头村进行环村道路硬底化建设、安装太阳能路灯、小广场建设，美化乡村环境等。实施养老院修缮工程，自筹资金 28 万元修缮的文相村养老院于 6 月完成装修并通过验收，配套厕所、冲凉房、灶台、睡床等生活设施，改善了养老住房的居住条件。推进新农村建设，配合各自然村主要巷道建设、综合楼建设、厕所、生活垃圾处理、污水治理工程，完成新农村建设 2018 年必考项目。此外，完成 2018 年危房改造贫困户 21 户。

公司向省直机关工委申请“强基振兴项目基金”19.40 万元专款用于扶贫村党支部文化阵地建设，修缮文相村委会办公楼、把二楼办公室改建成“强基振兴”党建阵地，改善了村办公条件，方便村民办事。

公司捐赠400万元扶贫专项资金、组织1356名职工共捐款8.75万元，助力集团扶贫（援藏）项目。开展“广东扶贫济困日”募捐活动，2107名职工共捐款15.78万元，指定用于文相村的扶贫项目。扶贫工作队员在洋青镇教育基金捐献活动中积极捐款，受到当地政府的表扬。

（严妙群　陈晓艳）

中远海运（大连）有限公司/
中远海运客运有限公司

中远海运（大连）有限公司 / 中远海运客运有限公司

【公司概况】

中远海运（大连）有限公司〔简称“大连中远海运”，英文简称 COSCO SHIPPING（Dalian）〕，为集团直属单位，企业法人层级与管理层级均为二级；中远海运客运有限公司（简称“中远海运客运”，英文简称 COSCO SHIPPING Ferry），是大连中远海运的全资子公司，为专业化客滚运输船队，集团按二级公司管理。两个公司实行一套班子、两块牌子、部分机构合署办公的管理模式。

大连中远海运注册资本金 89 843.9 万元，主要为客运业务提供配套支持与服务，目前收入来源主要为房屋租金、客运配套服务收入。

中远海运客运注册资本金 88 970.46 万元，经营大连至烟台、大连至威海、旅顺至东营（独家经营）3 条航线。2018 年，公司经营客滚船 9 艘（含合资公司 2 艘、光租船舶 2 艘），客位、载车线为 12 182 个、12 033 米，分别占渤海湾运力总量的 37.88% 和 30.87%。

【改革重组】

稳妥推进厂办大集体改革。成立厂办大集体改革工作领导小组与工作小组，对海运服务公司资产负债、人员等情况进一步梳理，逐一确认人员信息，制定改革及职工安置初步方案，完成企业性质界定。日常做好费用承担、安排岗位，保证企业平稳运行。

做好内部资源整合准备。随着集团整合，旗下各专业业务板块也将陆续重组。一方面，根据集团要求做好主业梳理，调整下属公司股权；另一方面，兼顾历史遗留问题及企业长期平稳发展，统筹做好整合准备，保持企业稳定，维护职工利益。

【发展战略】

“十三五”规划目标及落实情况：

1. 大连中远海运以“提升客运配套服务职能、提升投资管理职能”为发展思路，打造成为集客运配套服务、项目投资运营等业务为主体的实力企业。

完成情况：客运配套服务目标方面，强化大客户服务工作，充分发挥客户响应中心效能；注重服务的全过程管理，推出“首接负责制”，设立服务明星岗、专职咨询接待岗；巩固“服务质量提升年”活动成果，将服务链延伸至码头。项目投资运营目标方面，积极稳妥推进拉树房地块开发已履行完内部审批决策程序；与广州中远海运联合参与南海邮轮公司的销售，与集团兄弟单位开展合作；协助蓬莱港客运码头办理贷款融资，协调加快推进码头建设，为客运主业航线拓展提供支撑。

2. 中远海运客运以由“内”向“外”、由“运”向“游”、由“海”向“陆”拓展的发展思路，努力打造处于我国领先地位的客轮船队，构建以客滚运输、海上旅游、邮轮为主体的业务结构。

完成情况：夯实客滚运输业务方面，一是全力推进公司运力结构优化，按照集团造买船规定启动新造船程序，协同设计院完成船舶设计，确定建造厂商与船价；二是稳步推进南方客滚运输项目，积极落实项目合作框架协议，完成项目可研报告；三是研究开拓东北亚国际客滚航线，会同港口赴当地考察，实地调研港口、市场等状况，与当地港航企业与主管部门座谈，探讨开通相关海上客运航线可行性。拓展海上旅游业务方面，利用大连中远海运国际旅行社平台，协助南海邮轮公司开展西沙旅游业务销售，助推合资公司经营效益改善，为未来拓展其他航线以及目的地开发等业务提供支持。探索介入邮轮业务方面，关注国内外邮轮行业政策信息、市场动态，参加集团豪华邮轮国轮国造项目，参与船型、运营、建造等工作讨论。

【企业管理】

一是积极理顺企业架构。为贯彻落实集团采购管理、法制工作等要求，理顺采购与法务工作组织架构，完成集采中心、法务与风险管理室设立。二是积极参与投资、产权管理系统建设使用，协助集团做好投资与项目管理信息系统项目建设，配合国务院国资委产权管理系统整合。三是保证公司资质最新有效，及时完成公司营业执照和水路运输许可证的年检，以及中远海运客运股东名称的备案和站前商场的注销。四是规范完成资产日常管理，严格开展资产清查，维护国有资产效益。五是严格落实供应商管理，按时完成年度供应商评价，动态调整合格供应商库。六是严格投资项目管理，按时组织编制和上报年度投资及处置计划，合理进行年中调整，投资金额纳入公司全面预算管理。七是严格管理公司土地证和房产证，防范公司各种产权证书管理风险，稳妥做好证明开具、租赁房证更换、接待群众来访等工作。

【企业改革】

公司近年通过系列企业改革举措，整合调整了部分组织架构，理顺了营销体制机制、管船组织体系，全力清理低效无效资产，关闭注销了新加坡公司、万发轮船公司等，实现“三供一业”平稳移交，同时实施干部竞聘上岗、社会化引进船舶政委等手段，干部职工精神面貌明显提振，企业经营效益一直保持较好水平。未来公司将积极贯彻落实集团与公司发展规划，按照“三个拓展”思路，把握东北振兴、海南深化改革等重要战略机遇，全力寻求新的发展路径，推动公司改革发展实现新突破。

【经营效益】

1. 大连中远海运

公司目前无主营业务，其他业务收入主要为投资收益、房屋租金、档案管理、船舶多种经营收入，企业整体持续发展能力不强。

2. 中远海运客运

渤海湾共有4家船公司从事客滚运输，近几年，各公司都致力于运力更新。截至2018年底，渤海湾共有25艘客滚运输船舶，其中22艘为2005年及以后投入营运的新船，仅3艘为老旧船舶，新船趋于大型化，运能大幅增加。2018年，渤海湾客滚总运力船舶25艘，总客位32 158人，总载车线38 983米。

2018年，中远海运客运船舶艘数、客位、载车线分别占渤海湾实际投入运力总量的36.00%、37.88%和30.87%，同比无变化。

2018年，中远海运客运完成客运量197.58万人，同比增加2.99万人，增幅为1.5%；完成车运量42.89万辆，同比增加1.38万辆，增幅为3.3%。全年完成旅客周转量1.875亿人海里，同比提高1.3%；货运量3 748.5万吨，同比提高2.6%；货物周转量35.99亿吨海里，同比提高2.9%。2018年，客运市场份额为33.07%，同比降低0.6个百分点；车运市场份额为31.99%，同比降低0.18个百分点。

2018年，中远海运客运总收入8.93亿元，总成本7.58亿元，利润总额1.17亿元，净利润0.99亿元。

【安全生产】

2018年，公司安全生产形势总体平稳，没有发生海损上报事故和FSC滞留事件，没有发生机损、火灾、人员严重伤亡事故，顺利通过安全管理体系、质量管理体系外审以及安全生产标准化年度复查及船舶 SMC 和保安审核，保持公司、船舶相关资质证书有效。

为了落实公司安全生产主体责任，公司与船舶和相关部室 / 单位签订安全生产责任书，组织船员、员工签署安全承诺书，将安全生产责任层层分解，落实到每一个员工。公司制定了考核办法，定期对员工安全责任的落实情况进行考核。

为了提高公司安全管理体系的有效性和可操作性，公司对安全体系文件进行了改版。结合公司管船机构改革（成立船管中心），公司对体系文件的手册、管理程序、管理须知、应急预案等文件进行了重新修订。2.0 版体系文件于 2018 年 3 月 1 日正式生效，并不断进行修订完善。公司已组织人员对相关文件和制度进行修订完善，保持公司体系文件、管理制度的相容性。

公司组织制定 2018 年公司年度培训计划和船舶年度培训计划，培训内容涵盖公司安全管理体系规定的全部内容。公司人力资源部和船管中心分别对陆岸培训和船舶培训的实施情况进行监控。公司通过日常监督、内审对培训计划完成情况进行考核，确保员工、船员能够得到有效培训，能够获得执行体系的知识和能力。公司制定陆岸应急演习计划、岸船联合演习计划和船舶应急演习计划，各轮船长负责组织各轮应急演习计划的实施，船管中心负责组织岸船联合演习计划的实施和船舶应急演习计划实施情况的监督检查，安委办负责公司陆岸应急演习的组织实施。公司通过应急演习和训练，提高了员工、船员的应急安全意识和应急反应能力，提高了应对突发事件的能力。

公司建立了风险分级管控和隐患排查治理双重机制。公司组织制定风险管控手册，并组织人员进行风险识别和评估，建立风险识别清单，根据评估对风险进行分级，并制定了相应的防范措施和应急反应措施，为船舶风险管控提供保障和指导，确保风险得到有效控制。公司制定隐患排查治理须知文件，通过日常监督检查、内审、外审、集团安检及 FSC 检查等对船舶隐患进行排查，对发现的隐患和缺陷进行原因分析并制定整改措施，确保缺陷和隐患得到有效整改，定期对发现的缺陷和隐患进行统计分析，举一反三，逐步减少隐患和事故风险。

【风 险 管 控】

公司内控体系建设工作始于 2013 年 7 月，通过培训、访谈、调研、修订、测试等方式，建立了包括《风险管理手册》《内部控制管理手册》《内部控制评价手册》《廉洁风险防控手册》在内的内控和风险管理体系，其后按集团要求逐年完善。公司按照集团要求和年初制定的年度风控规划，开展了内控缺陷整改、风险评估、内控季度监测、内控评价等工作，切实保证各项工作得到有效落实。

2018 年 11 月，公司引入集团统一外聘的北京迪博风控技术有限公司，开展了为期一周的内控评价工作。项目组出具了《公司年度内部控制评价报告》。公司以评价中发现的内控体系设计和执行缺陷为突破口，分阶段系统检查和改进，切实揭示和防范风险，进而合理配置资源，优化公司管理。当月，公司还召开了 2018 年度风险评估及培训专项会议，各主要部门负责人参加。会议成立了风险评估工作小组，并对公司 2018 年风险评估工作情况进行了总结，对 2019 年公司风险评估工作进行全面规划。

【服 务 客 户】

依据市场变化，公司深入市场研判，加大服务力度，释放营销活力，克服船舶运力条件带来的竞争力不足影响。以服务质量提升为抓手，实现全过程、无缝隙服务。建立客户响应中心，在客响中心工作建设中逐步完善信息采集、航班推送、问题解答、突发事件及时干预与引导功能，充分发挥客户响应中心效能，对标民航标准，为客户提供标准、统一、高时效的售前、售中和售后服务支持；设立港口业务室，加强售票、集港、安检、登船等环节协调配合，为售票网点提供服务支持，做好延伸服务，解决票点和司机所遇困难，顺畅登船途径；发展自营协议车辆，设立VIP客户专员，提供24小时专人维护、车位预留、抵港旅行等服务。

【员 工 队 伍】

1.深化机构改革，优化组织架构。为进一步理顺公司管理体制和运行机制，本着合理、精简、高效的原则，将原安管部、技术部、客管中心的全部职能进行整合，成立船舶管理中心；将公司采购业务进行整合，成立集采中心；将原总经理办公室法律室撤销，设置法务与风险管理室。

2.强化内控管理，优化制度流程。根据公司实际情况，针对2017年度内控评价提出的缺陷及问题，结合各级审计整改要求，对员工管理相关制度进行了修订，并制定了福利费、培训经费使用等的管理办法。

3.加强员工培训，提高履职能力。组织中层干部参加党的十九大精神宣贯10期569人次，组织中层干部、中层干部的后备干部、基层党支部、公休政委参加“不忘初心、牢记使命”延安红色教育培训两批58人，组织陆地员工各级培训26期605人次。为配合公司邮轮发展战略，选派11名船员进行邮轮相关管理、业务知识的培训，了解邮轮不同岗位工作流程，熟悉邮轮经营管理模式，积累邮轮工作经验。

4.聚焦船员短缺，加强队伍建设。一是与中远海运船员大连分公司协商，提出在主营船严格按照配员合同的前提下，保证配员后备系数。二是积极委托第三方进行社会招聘，扩大招聘范围，拓展人员来源渠道。三是加强船舶政委队伍建设，根据任职政委库人选选拔原则，提出任职政委库9名建议人选，已安排1人到船舶任职。四是做好客运经理、客运领班后备库人选的选拔工作。本着公开、公平、公正、竞争、择优的原则，对客运经理、客运领班岗位进行公开竞聘，选拔5人入选客运经理后备库，选拔22人入选客运领班后备库。

5.做好信息化建设工作。一是推进人力资源管理信息系统项目。按照集团人力资源管理信息系统建设项目整体工作计划，于2018年7月初开始进行组织及员工基础信息的收集工作，并提前完成了上线运行前的准备工作。二是推进绩效考核。在绩效考核系统中增加组织年度考核和人事年度考核两大模块，实现本年度考核工作信息化。

6.加强薪酬核算管理工作。一是加强人工成本的预算管理，未经批准的预算费用本年度不得使用，使人工成本得到更好的管控。二是认真分析船员岗位成本，并与其他船公司对标，在不增加船员人工成本的前提下，增加船员的实际收入，应对船员短缺问题。三是2018年集团联网审计后，部室内部进行自查，将应付职工薪酬的各项费用进行梳理，规范各项费用的列支渠道。

【党 群 工 作】

2018年，在集团党组和大连市委的正确领导下，公司党委以习近平新时代中国特色社会主义思想为指导，深入学习贯彻党的十九大精神、国企党建工作会精神，认真落实集团党组工作部署，以落实巡视整改和巡察工作为抓手，扎实推进党的建设各项工作，把关定向保落实，稳步推动企业改革发展、提质增效。

1.强化思想政治建设，深化理论武装

党委坚持把思想政治建设放在首位，健全中心组学习制度，全年17次集中学习习近平新时代中国特色社会主义思想、党的十九大精神、国企党建工作会精神，增强“四个意识”、坚定“四个自信”、做到“两个维护”，着力在学懂弄通做实上下功夫，以新理论武装头脑，指导实践，把党的十九大战略部署转化为具体工作思路和举措。

党委班子成员发挥“头雁”作用，落实联系点制度，开展分层级宣讲，推动学习活动向基层延伸。举办13期贯彻党的十九大精神专题培训班，组织2期60人次延安红色教育轮训，选派40余名党员干部、基层党组织书记、党务工作者参加集团和大连市理论学习培训班，实现党的十九大精神学习培训全覆盖。为基层党组织、党员购置《习近平谈治国理政》《习近平新时代中国特色社会主义思想三十讲》等学习书籍 780 本。

2. 强化领导班子建设，突出党委领导作用

认真贯彻国企党建工作会精神，强化党对一切工作的领导，修订完善党委议事规则，明确党委议事决策范围和前置程序，党委召开 27 次会议，坚持把方向、管大局、保落实，集体研究讨论 100 余项全面从严治党和公司改革发展的重要事项。认真落实全面从严治党主体责任，制定《全面从严治党主体责任实施细则》；党委会专题听取审议党委履行主体责任、纪委履行监督责任、班子成员履行“一岗双责”情况汇报，推动履职尽责。

班子成员发挥表率作用，严格党内政治生活，认真落实党员领导干部民主生活会、双重组织生活制度，坚持“红脸出汗”开展批评与自我批评，完成 2 次高质量专题民主生活会，参加所在支部 3 次组织生活会，立行立改，推动作风转变。

3. 强化基层党组织建设，着力提升组织力

认真贯彻落实党建工作责任制，传导压实“两个责任”，与 27 个基层党组织和负责人签订党建工作责任书、全面从严治党主体责任书、“一岗双责”责任书。

坚持“党建工作做实了就是生产力、做细了就是凝聚力、做强了就是竞争力”的工作理念，聚焦“基本组织、基本队伍、基本制度”，着力推进基层党建工作标准化体系、支部书记常态培训体系、特色支部创建体系、主题党日活动体系、支部党建考核体系、先进典型培育体系、基层工作保障体系建设，制定完善 18 项党内政治生活制度和 10 余项党建工作制度办法。

扎实推进“两学一做”学习教育常态化制度化，积极推进大连市“一单位一品牌”、“一线筑垒”特色支部创建活动，做到融入日常，抓在经常。严格“三会一课”，规范和从严党内政治生活，组织开展 3 次组织生活会。布置开展“不忘初心跟党走，牢记使命展作为”、庆祝改革开放 40 周年、建党 97 周年等 8 项系列活动；激励党员新时代新作为，开展“一先两优”评选表彰活动。

4. 强化干部队伍建设，打造高素质干部队伍

坚持党管干部党管人才，优化公司管理干部队伍结构，完成中层管理干部调整 16 人次。突出政治标准和选人用人“凡提四必”原则，制定实施年轻干部队伍建设规划，形成中层干部、后备干部人才库，完善年轻干部分级分层次培养机制。强化党组织的领导和把关作用，落实干部选拔任用工作纪实制度。针对船舶政委队伍建设短板，积极探索机关和陆岸单位管理人员任职船舶政委实施办法，制定船舶任职政委选拔任用管理规定。

5. 强化党风廉政建设，推进巡视巡察问题整改

深入贯彻集团反腐倡廉建设工作会部署，压实责任，签订“一岗双责”责任书、廉洁从业承诺书。制定全面从严治党监督责任的实施细则，修订完善 32 名中层领导干部全面从严治党主体责任清单。加强对重点领域、关键环节、少数人员的督促指导、监督检查，抓住突出问题和重点环节开展专项整治，对 450 余家合作单位进行核查，推动建立不敢腐、不能腐、不想腐的体制机制。

高度重视、认真落实中央巡视工作部署和集团党组工作安排，配套成立巡视整改领导小组和相关组织机构，严格按照时间节点要求深入开展自查自纠和专项治理；对照集团整改方案，研究制定了 65 个具体整改措施，截至 2018 年底按期完成 54 个既定整改任务，持续整改任务继续稳步推进。

发挥巡察利剑作用，深化政治巡察。针对基层党建工作宽松软，特别是船舶党建工作弱化问题，公司党委强化巡察工作组织领导，制定完善巡察工作实施办法、巡察工作 5 年规划等 8 项制度；积极探索、有效推进党委政治巡察，在集团率先启动巡察工作，以船舶管理为重点先后完成对 1 家基层单位、1 个职能部室、2 艘船舶巡察任务，集中整治了船舶党建不强、管理不严、监督不力、工作不实、落实不到位等突出问题。

强化执纪监督，支持纪委出台同级监督实施办法，深化运用监督执纪“四种形态”，持之以恒正风肃纪，抓早抓小，防微杜渐，核查3起信访件，立案查处违规升等涉案人员，落实诫勉谈话、提醒谈话制度，召开2次警示教育大会，深入开展“严守纪律规矩，助力攻坚创效”廉洁从业主题教育，积极营造风清气正、干事创业政治生态。

6. 强化和谐企业建设，汇聚改革发展力量

坚持党建带工建、带团建，支持工团组织紧密围绕生产经营中心发挥作用。工会积极组织开展“安康杯”和“精品航线”竞赛活动；关心关爱职工，组织321位职工参与大连市医疗互助活动，为96名住院职工申请补助11.6万元，走访慰问职工1391人次。

深入开展平安单位创建工作，加强国家安全人民防线工作，与28家下属单位、船舶签订社会治安综合治理责任书。加强两会、进博会等重要节点研判和敏感群体稳控，有效化解矛盾诉求，公司荣获2013—2017年度社会治安综合治理突出贡献奖集体称号。贯彻新时期国防动员和军民融合工作要求，圆满完成军事运输和战略投送任务。

【企业文化】

贯彻集团企业核心价值理念，推进“四个一”文化落地，修订《企业文化核心价值理念纲要》；制定新闻宣传工作管理办法和先进典型评选管理办法，大力宣传先进人物、先进集体突出贡献和感人事迹。组织拍摄《海上芳华》海员风采宣传片；推进党建思想政治工作研究，编印《管理论坛》2期，汇总论文37篇；编纂1998—2017年度15期《企业年鉴》。

制定《意识形态工作责任制实施细则》，强化意识形态管理和舆论阵地建设。坚持正面宣传，做好舆论宣传引导，通过《大连中远海运报》、公司网站、微信平台，持续开展形势任务教育，广泛营造凝心聚力谋发展良好氛围。

组织开展“送冬迎春”职工户外健身活动、第二届职工徒步健身活动、员工海滩拓展活动，持续开展书画、摄影、瑜伽等多种兴趣小组活动，活跃职工文化生活。修订公司《对外捐赠管理办法》《定点帮扶工作管理规定》，对扶贫定点单位进行精准帮扶。团委深入开展“青春建功‘十三五’”青年岗位建功行动，发挥“号、手、队、岗”等传统品牌优势，鼓励青年立足岗位建功成才。（杨健　刘福阁　陈晓雨）

中远散货运输有限公司

中远散货运输有限公司

【公司概况】

中远散货运输有限公司（简称“中远散运”，英文简称 COSCO Bulk），前身是 1970 年成立的中国远洋运输公司天津分公司（后更名为天津远洋运输公司），是原中国远洋运输集团组建的基础之一。现为中远散货运输（集团）有限公司直属企业、中远海运集团三级企业，注册资本 62.9 亿元。截至 2018 年，公司已经走过了 48 年的发展历程。

【改革重组】

2018 年是中远散运向中远海运（天津）有限公司转型发展过渡的关键一年。根据《关于下发〈集团集运、能源、散运船舶管理体制改革方案（散运部分）〉的通知》及《关于下发〈天津、青岛、大连地区公司转型发展框架方案（天津地区公司部分）〉的通知》精神，按照集团船舶体制改革总体部署，公司于 2018 年 10 月 9 日启动船舶体制改革及地区公司改革，成立天津地区公司筹备工作组，在三家地区公司中，最先制定了公司转型发展实施方案，确定了 12 个方面 79 项工作任务。公司积极推进新地区公司设立，配合开展船舶划转，妥善做好船舶资产划转和船舶管理交接等相关各项工作，厘清交接涉及的后续问题。

1. 船管改革交接和船员管理改革后续工作

按照集团的部署和要求，中远散运主动对接、积极配合，在规定时间内全部完成船舶管理职能移交和安全管理责任切换，配合中远海运散运做好新船员管理协议及相关补充协议签署工作，与中远海运散运、船员分公司就改革一系列资产、费用、管理、船员案件历史遗留等问题达成一致。公司于 2018 年 5 月发文撤销船员中心机构设置，为船员分公司组建创造条件。

公司顺利完成开曼公司（划转昌盛公司）、中散劳务公司（划转新船员），以及远华公司（划转新散运）股权划转工作。公司完成全部船舶资产的划转工作，其中 9 条船舶划转海南海盛公司，10 条船舶划转新散运。

2. 天津地区公司筹备各项工作

为适应公司转型集团直属二级公司的需要，按照党建进章程和依法治企的要求，初步确定新公司章程报集团审批。同时，抢抓京津冀协同发展和雄安新区建设的战略机遇，积极走出去、请进来，多方接洽、深化合作，努力推进公司业务由“减法”向“加法”的转变。

积极维护拓展政商关系，签署战略合作协议。拜访了京津冀地区各级政府、地方企业及系统内兄弟公司，探寻合作发展机遇。与天津市河北区政府、空港经济区管委会、金风科技、香港中远海运 4 家单位签署了战略合作协议。经过积极争取，获得了空港经济区管委会给予的实收资本增资部分 2% 运营补助等多项优惠政策，为公司发展特别是获得集团的资源支持创造了有利条件。

努力争取集团支持，优化公司资产结构。集团对天津地区公司起步发展高度重视，给予专项扶持政策。其中，集团明确天津远洋大厦公司 51% 股权以增资回购方式划入天津地区公司；明确将集团参股持有的苏州工业园、秦港股份无偿划转给天津地区公司。同时，公司在集团的指导下，积极推进远昌公司、房产公司股权划回工作。

抢抓地方混改契机，跟踪储备发展项目。先后参加了天津市滨海新区 72 个项目、天津市 24 个一级集团项目的混改推介会。明确了 20 余个项目进行跟踪洽谈，如天保控股集团、天津港集团、泰达集团、天津外经集团、天津信托、地铁集团、公交集团等，丰富了产业项目储备。同时，主动拜访中远海运集运、散运、物流、发展、香港中远海运、广州中远海运等兄弟公司，商讨拓展新业务，协同寻找合作机会。

积极调研朝阳产业，谋求转型发展机遇。调研论证了北斗卫星海洋应用、沿海旅游、养老地产、北京卫星地面站和智能拖轮等朝阳产业项目；实地拜访调研北京英诺众创空间，了解运营模式和特色；与中远海运发展及所属AMC资产管理公司就盘活中远里单身宿舍楼项目初步确定了合作方案等。

【发展战略】

中远散运认真落实集团改革框架方案，在准确把握地区公司发展方向的基础上，对照集团“6+1”产业布局和“十三五”规划，积极落实京津冀协同战略和雄安新区建设规划，按照公司定位，边实践摸索边推动发展，初步明确地区公司转型发展的总体思路。

1. 转型目标和原则

合理配置人、财、物资源，确保平稳转型为中远海运集团天津地区公司，按照既定的时间节点按期挂牌成立；继承延续公司品牌形象、管理积淀和政商关系，实现效率最优、效益最大，确保地区公司健康可持续发展。

2. 发展愿景

天津地区公司在产业布局上将“立足天津，布局京冀，横贯东西，‘一带一路’”，成为集团发展京津冀和山西、内蒙古等华北地区，以及陕西、甘肃、宁夏、青海等西北地区的相关业务的主体；为集团在中国北方特别是京津冀地区产业布局和业务发展提供战略支撑，成为集团新产业格局中转型升级的开拓者、资源整合的实践者、机制创新的先行者、创新创效的贡献者，争做集团地区公司转型发展的标杆和领头羊。

3. 公司定位

在愿景目标的指引下，确定了以下五个平台的定位：

一是集团在京津冀地区社会化产业的投资拓展平台。做好社会化产业投资经营，在商业地产、酒店物业、文旅服务、健康养老、清洁能源和新能源配套等领域探索新技术、新业态，形成结构合理、回报良好、抗周期性强的发展格局。

二是公司现有业务的经营发展平台。大力盘活现有低效闲置的存量资产，继续发展船舶供应、管理、船代货代、通信导航等航运辅助业务，服务航运主业、提升创效能力。

三是集团主业在京津冀地区的协同发展平台。充分利用天津打造北方国际航运核心区的优惠政策，积极与集团航运、物流、金融产业集群单位分享地区商机并构建良性合作机制，在协助和参与集团主业拓展业务的基础上获得有效回报。

四是集团在京津冀地区的公共关系平台。发挥长久积累的政商资源和优势，积极巩固和发展与京津冀地区政府部门、行业协会，以及企事业单位的良好关系，寻找合作机会、促成项目落地、协调解决困难，扩大集团品牌影响力和话语权。

五是集团在京津冀地区的支持和服务保障平台。通过地区共享中心整合专业资源、统一管理流程、提高运作效率，为所属企业及其他专业公司在本地区提供标准化、集约化的后勤保障服务，提升服务质量、降低整体运营成本。

【经营创效】

天惠公司积极对接改革，提前谋划自身转型和投资布局，与远海信达投资签署了战略合作协议，并全力推进天津船舶产业基金项目。中散货运与金风科技建立了战略合作关系，2018年双方签署了109套风电设备的出口货物运输协议，占到金风科技整体出口份额约60%。船管公司成功中标神华中海8艘船舶的管理项目。中散国贸发挥技术优势，在为集团40万吨矿砂船、中远海运散运几内亚项目船舶技术谈判、合同签署上作出积极贡献；全年手持系统内外监造订单共计13艘，其中系统外6艘。远昌公司成功开拓进入上海洋山港冠东码头冷箱维护市场；积极拓展备件翻新和供船业务，与股东开利公司关系更加紧密；全年收入、利润同比分别增长 14.3%、92.5%。海上电子取得了国家高新技术企业证书，积极牵头组织天津市海洋经济示范项目、重点参与国家高技术船舶科研项目、海上智能无人艇产业链协同创新与应用示范项目。供应公司积极拓展系统内外客户，新拓展的原中海系统单位的业务规模超过预期；所属船务公司有效利用码头和趸船资源，研究探索船舶污水处理等项目。

大厦公司、物业公司、天津远洋宾馆树立“一盘棋”思想。大厦公司近 3 年以市场化的租金水平实现平均租售率超过 95%；慧评网连续三年网络评分达到 88 分，高于周边大多数星级酒店。天津远宾也累积了良好的口碑。塘沽远宾顶住压力，克服困难，耐心扎实工作，顺利完成天实大楼租户清退，为天实大楼的整体改造盘活奠定了基础，通过自我变革解决经营问题，减亏增盈取得新成效。房产公司积极推进公司所属中远里底商等房屋资产的租户清退工作，有序推进闲置资产盘活利用，顺利完成“三供一业”分离移交任务。

2018 年，公司各项任务指标完成情况良好，全年累计实现利润总额 2.98 亿元。

【企业管理】

中远散运积极落实集团各项部署要求，高度重视和加强公司治理，完善董事会管理机制，积极拓展新业务新项目，推动产业结构优化调整，稳妥开展投资和企管业务，持续加强风控法务工作，做好所属企业管理和考核，主动融入做好船管改革交接，积极落实天津地区公司筹备等工作任务，保持平稳运行。

改革启动后，公司一方面组织专项工作组紧锣密鼓推进地区公司筹建和船管体制改革，另一方面按部就班保持现有各项工作的平稳运转，为地区公司成立及下一步寻求主业发展提供坚实稳定的工作基础。

【风险管控】

中远散运严格落实中远海运集团工作部署及 2018 年度风险管理工作计划，深入开展风险管理和内部控制建设，与体制改革同步推进内控制度顶层设计，加大重点风险资源投入，年度未发生重大风险事件。

一是重点加强公司转型期间的风险控制，确保特殊时期公司平稳运转、管理不断、秩序不乱。建立健全过渡期船员管理工作流程，承接船员综合管理职责，协助履行船员劳动合同义务。加强船舶正式划转前的对船监督指导，强化整改隐患治理，筑牢安全防线。妥善制定人员划转安排方案及履行民主程序，持续做好对重要案件、重点人员的知情和管控，维护改革期间的安全稳定局面。

二是深入开展内控制度建设，结合地区公司改革实际夯实制度体系基础。深入学习集团规章制度管理模式和筹备期管理经验，以及兄弟单位内控制度建设实践经验。结合调研情况和工作实际，对公司规章制度管理、体系管理和风险内控管理进行深入整合，形成地区公司制度管理方案。本着急用先行原则，组织提前开展部分制度的建设和修订工作，与集团全面对标，保障公司成立初期的正常运行。

三是深入推动风险管理触角向下延伸。首次将所属公司纳入 2018 年风险评估范围，将共性或重大风险纳入公司风险清单，在二级单位层面建立了基本的风险管理机制，督促制定重大风险应对方案并落实。以考核为抓手，对所属公司年度任务书风控指标进行了修订调整，加强内控制度建设，年度整体风险管理工作得到很好落实。

四是全面提供综合法律服务。依托商务流程平台提升合同审核质量，完成审核各类日常经营合同 1115 份，同时完成合同范本梳理上报工作。跟进各项案件进展，年度结案 4 起，最大限度维护企业合法权益。草拟公司章程，报工商部门预审核、报集团相关部门审批。为改革涉及的各项股权及资产转让提供法律咨询意见，协同做好船舶划转交接、历史遗留案件处理等有关法律工作。

【财务管理】

中远散运圆满完成2017年度财务决算、财务审计、税务审计工作等各项财务管理工作。根据上级有关船员体制改革、船舶管理体制改革和天津地区公司转型发展工作方案等相关要求，积极履行财务工作职责。

根据集团和中远海运散运无偿划转公司船舶的通知要求，公司制定详细工作计划，完成银行抵押船舶提前还款和贷款平移，沟通船舶进行存货和备用金盘点，完成船舶划转税费测算与资金结算，完成海南海盛、中散集团划转资产报账对接，配合协调企管部办理原船舶租赁、船员租赁合同终止，顺利完成船舶划转涉及的各项财税工作。

公司克服人员不足、相关业务规则尚待建立、船员费用核算业务之前未涉猎、对内对外业务接口大幅增加等诸多不利因素影响，确保从1月1日开始，财务相关工作能够支持新的船员管理体系运行，并根据船舶划转工作安排，确保相关船员费用顺利过渡对接。

由于公司自有运力的减少、船舶租金调整不到位、外部到期债务集中等因素，公司资金一度非常紧张，经过多方协调、统筹兼顾，在不增加外部银行债务前提下，多方筹措资金，满足生产经营正常资金需要，确保外部银行到期贷款按时还本付息和公司资金链安全。

结合中央巡视组对集团巡视提出要求及中远海运散运对公司巡察提出要求，公司对相关问题第一时间进行完善，同时配合《公司本部工作人员履职待遇、业务支出管理办法（暂行）》的制定，配套修订并下发《公司管理性费用报销及支付管理规程（暂行）》。为保证制度刚性执行，对资金支付管理信息平台进行系统完善，并于7月份全面上线，确保了业务招待费、差旅费等项费用管控严格。

积极组织力量提供多角度财务支持数据，支持集团和公司相关改革方案的调研论证。参加公司未来新兴业务的探讨和论证，助力公司的转型发展。配合推进有关股权划转方案的落实，对房产公司、大厦公司、远昌公司股权划转提出财税意见。对优化大厦二期项目建设，提出多角度财务分析测算比较方案。提前研究制定天津地区公司相关制度，制定并持续完善《中远海运（天津）有限公司费用报销管理规程》《中远海运（天津）有限公司预算管理办法》《中远海运（天津）有限公司资金支付管理细则》等。

【产业发展】

按照天津地区公司组建筹备工作要求，中远散运与空港物流区招商办联系对接，就双方拟形成的投资合作协议相关事宜进行沟通接洽；参加天津市国有企业混改项目招商推介会，梳理跟踪重点项目，赴天保控股、天保租赁、大通关基地、船舶基金等进行实地调研，形成项目报告报筹备组。

持续跟进研究产业发展政策，为企业转型发展寻找良机。与航天五院合作开展北斗导航系统实船实验，持续跟踪船舶航行情况分析北斗定位精度。积极接洽意向合作开发单位，做好大厦二期满足集团良性发展要求基础上的后续开发工作。协同天惠公司与远海信达公司签署战略合作框架协议，推进产融结合、轻资产发展。

存量资产整合方面，落实“压减”任务，完成船务联合的清税及银行账户关闭工作；研究广州越洋解散清算事宜，形成工作方案并组织落实；督促所属单位依法依规清退房屋租户，努力盘活资产。

【安全生产】

2018年是公司继续深化船员管理体制改革、高效完成船舶管理体制改革、提前谋划地区公司转型发展的关键之年，船舶资产交接、人员整体划转、监管重点转移，所有这些都给公司安全生产带来巨大的挑战。面对种种不利因素，公司始终将安全放在首要位置，坚持高标准贯彻执行上级各项安全工作部署，圆满完成改革过渡期各项安全生产指标，全年未发生上报等级的海损、机损及污染事故，防抗台、防海盗成功率 100%，为公司深化改革提供了坚实的安全保障。

一是强化跟踪指导，全力保障船舶航行安全。重点跟踪监控复杂航区、恶劣气象条件下等船舶动态，及时进行业务指导。广泛搜集全球范围内海盗活动和偷渡毒品走私等相关信息，分析新形势新特点，及时给予船舶针对性指导提示。

二是强化检查指导，狠抓问题整改隐患治理。以“驾驶台规范管理、驾驶台班组和现场工班组专项整治”活动为契机，加强对船舶驾驶台管理情况的专项检查，抽查驾驶台视频，未发现问题。强化机海务管理、船员管理登船检查，发现缺陷及时整改。对大厦公司等单位开展安全检查，针对性提出安全管理建议并指导整改工作。认真开展在船船员五类情况专项风险排查，切实保障在船船员适任。

三是强化船舶体系审核，夯实安全管理基础。持续关注各港口国、船旗国对电子海图显示和信息系统（ECDIS）设备的最新要求，对船发布工作提示指导做好迎检工作。整理“船舶体系平台”更新数据包，指导船舶下载更新，为船员自主体系培训和使用提供信息化便利。以季度为单位持续开展一流船舶管理公司指标评价体系对标工作，获等级船舶数量稳中有升。顺利通过天津市交通运输委员会 2017 年度安全生产责任制考核，获评市交通运输行业 2017 年度安全生产优秀单位。

【员 工 队 伍】

中远散运按照集团改革方案要求及地区公司组建工作计划，做好人力资源数据统计工作，对公司人才队伍、人员基本情况、人工成本、员工收入等情况进行深入分析，摸清底数做实数据，为地区公司改革提供数据支撑。制定地区公司人员选聘工作方案，根据集团干部管理规定及地区公司转型需要，重点围绕选聘原则、任职资格条件、选聘程序等方面，制定地区公司人员选聘方案。根据地区公司转型发展定位，认真筹划做好机构职能设置、人员编制等相关工作。协调中远海运散运推进船管及相关业务人员划转工作，做好船舶管理人员 88 人、天津分支机构人员 166 人，以及相关驻外 / 业务人员 21 人的划转工作；做好相关人员 184 人（含北京中散、远华公司）劳动合同解除手续工作。

公司注重高效执行，全力配合，全面做好船员改革相关工作。按照集团关于船员管理体制改革的整体部署与改革方案，做好船员管理体制改革后续事宜跟踪落实工作。梳理跟进人力资源板块关于劳动合同转签、社保建户、历史遗留问题、船员欠款、集体户口等问题。全过程参与船员管理费用审计。根据新散运关于船员费用审计有关要求，协调新船员公司天津分公司、天津中散海员劳务服务有限公司和财金部等单位和部门统计审计成本数据，完成船员审计报告确认工作，切实为推进船员体制改革助力。

公司多措并举，强化培训。围绕“蓄力，启航”培训主题，开展“三大人才（即领军人才、青年骨干人才、专业技术人才）队伍”培养。以“骧行实训营”、企业对标课堂、“百人学堂”、中散 MBA 大课堂、O2O 社群学习平台等多种形式为载体，提升培训效果，充分调动和激发人才积极性。举办企业对标课堂，组织公司相关职能部室负责人、各创业项目组成员、各单位班子成员及青年业务骨干共计 30 余人，开展“企业对标课堂——天津光电集团的双创之路”培训研讨会。精心组织“骧行实训营”，不断提升青年员工处理复杂问题的能力。由部门推荐、个人自荐 10 名优秀青年骨干，4 月、8 月针对性地到中散货运、供应公司、天津远宾、船管公司、远昌公司等业务岗位实际任职、真实“练兵”。

公司主动作为，提前谋划，充分做好区域公司前期制度建设工作。根据公司 2018 年重点工作《探索并逐步实践职业经理人机制》要求制定了《职业经理人管理办法》。从未来区域公司管理与发展角度出发，结合现行员工管理制度运行情况，以及国家政策调整等因素，对《员工管理办法》《员工手册》进行修订。修订完成《员工薪酬管理办法》，以“职业发展体系”为核心，建立双通道晋升机制，拓宽激励晋升渠道。创新采用EVA（经济增加值）作为考核评价指标，制定了《所属企业价值贡献激励办法》，将企业价值增长目标从规模导向到价值导向转变，努力做到“三个强化”，即强化与考核结果联动，强化突出贡献激励，强化“奖罚分明”的双向激励原则。修订完善《所属企业负责人年薪管理办法》强化对控股企业负责人年薪管理的全覆盖，建立绩效业绩与绩效奖励的评价联动机制。推进企业负责人的薪酬结构与履职相适应，薪酬水平合理反映企业的规模、行业、发展及安全风险等综合因素，充分体现经营者的受托责任、价值贡献与经营业绩，并加强监督约束。

【党群工作】

“深化改革”是公司2018年工作的最大主题。按照集团船管改革部署，公司紧密围绕改革时间表中17类109项工作，挂图作战、对账销号、倒逼进度，确保按节点、按要求完成船管职能、安全责任、船舶划转及其他历史遗留工作的顺利切换交接，安全形势保持平稳。

在集团的大力指导和帮助下，公司深刻聚焦12个方面79项筹备任务，一手抓机构组建，一手促转型发展。一方面，筹备工作紧锣密鼓，平稳有序。召开地区公司转型发展动员会，编发宣传提纲，解答职工关切问题，稳定职工思想情绪；组织召开专题职代会，改革及转型发展实施方案获全票通过，为后续各项工作奠定了坚实基础；机构编制和人员选配方案稳步实施，办公室搬迁按计划在一周时间内完成，确保揭牌仪式前全员到岗就位。另一方面，转型发展主动出击，多点联动。结合集团社会化产业发展空间布局、京津冀协同发展国家战略，以及天津建设“一基地三区”的战略机遇，研究确立天津中远海运转型发展的行进图；积极争取集团和地方政策支持，努力寻求新的项目新的合作。深化与地方政府和内外部单位的合作交流，分别与天津市河北区政府、天津空港经济区管委会，以及香港中远海运、金风科技等签订相关合作协议，区域发展及合作共赢的脉络根系不断延伸。

公司落实集团关于进一步完善各直属单位董事会制度建设的指示要求，组建公司第一届董事会、监事会，将“党的领导”和党委职责明确写入公司章程，加强党的领导和完善公司治理有机统一；陆续发布《党委议事规则》《董事会议事规则》《监事会议事规则》《总经理工作规则》《党建工作责任制实施细则（试行）》等规章制度，管理制度体系逐步搭建；坚持党管干部原则，落实集团干部人才工作会议精神，大力选拔任用优秀年轻干部，为公司创业发展筑底蓄力。

公司纪委助力全面从严治党向纵深发展、向基层延伸，为企业改革稳定、健康发展提供保障支持。

发挥审计作用，在风险防控上做深做实。全年完成常规审计项目12项，发现审计问题31个，提出审计意见或建议32条；完成基建开工前审计10项、竣工结算审计7项，节省工程建设资金112.49万元；完成船舶修费审计349艘次，累计促进增收节支867.35万元。

发挥纪律审查警示作用。全年共受理信访线索4件，均严格按照工作程序认真进行核查处理。查办违规违纪案件1起，对相关责任人给予党纪处分并进行通报。扎实深入做好基础管理工作。组织开展党纪案件审理、新修订《中国共产党纪律处分条例》等内部业务培训，选派各层级业务骨干参加中纪委、集团等组织的业务培训，派员参与集团审计项目。组织撰写《探究在以“管资本”为主的国资监管方式下内部审计方式的转型与价值作用》论文获得中国内部审计协会2018年优秀论文一等奖。

公司聚焦中心任务，做好宣传转型，营造“与改革对接，为改革铺路”氛围。撰写《传承井冈山精神　坚定理想信念　助力公司改革发展》《“骧行”归来更少年——公司启动青年素质提升工程“骧行实训营”》《越是改革时期，越要打起精神做好安全工作》《公司率先在所属船舶上实验应用北斗导航系统》等反映干部员工勇于担当积极作为的文章，特别是传达公司领导决策声音和关键时期重要部署的新闻稿件，为处于改革中的干部员工指明了前进方向。同时，继续做好船舶宣传工作，采编了《当“七夕”遇上“温比亚”》《同一个港口、同一个检查官，从被滞留到无缺陷——远信海轮澳洲 PSC 检查打了个漂亮的翻身仗》等一系列贴近一线、富有海味的宣传作品。2018 年，公司内网共刊登稿件 140 篇，其中专题类稿件 36 篇，常规类新闻宣传稿件 104 篇。发挥新媒体特别是微信公众号的集合优势，扩大新闻宣传影响力和渗透力。“中散在线”微信公众号用户达 3460 余人，推送 143 期，176 篇美文，成为员工感知企业改革发展最为便捷和直接的桥梁。努力外塑形象，展示中远散运风采。2018 年共在《中国远洋海运报》、集团官微、新散运官微及业内媒体刊发文章 42 篇，8 万余字。做精做强影像宣传，对 8 家陆产单位进行现场拍摄，获取影像素材 370 余分钟；拍摄各类会议活动 31 场次，制作专题 5 场，总时长 320 分钟；完成 9 期《远洋在线》制作；向上级单位提供影视素材 105G，时长 190 分钟。

公司各级工会组织围绕改革发展，推进船员体制改革的相关工作。部署开展“当好主人翁、建功新时代”劳动竞赛活动；深入基层单位开展安全督查和群众性劳动保护监督检查；完成五一表彰和各类先进评选工作；做好劳模先进管理工作；精准慰问送温暖；开展职工文化活动，举办“迈步新征程，健康伴我行”春季职工健步行和“中远散运 2018 年职工球类团体赛”。

部署 2018 年共青团工作重点，制定下发 2018 年《共青团和青年工作要点》和《共青团工作百分制评分办法》。各基层团组织开展以“践行新思想 拥抱新时代”为主题的组织生活会，开展支部微信群、收听微党课、撰写微书评等宣传教育活动，掀起了青年学习践行的热潮。做好共青团天津市第十四次代表大会代表选举工作，公司团委书记作为正式代表出席共青团天津市第十四次代表大会。

【企 业 文 化】

稳步推进文化建设。实现船舶党建职能划转，完成涉及船舶党建、船舶文化、新闻宣传、船舶团建等方面清单及资料归集及交接工作。参加《中远海运之歌》展演，完成公司入选作品《起航 Cosco Shipping》的音频制作、视频录制等工作。编写中远散运（天津远洋）发展史，总结传承公司成立 48 年来发展的成功经验和宝贵精神，进一步凝聚公司新时期改革发展、创效创新创业的力量。对公司文化展板重新进行设计，赴各单位开展视频、照片等资料的现场采集和征集工作。做好历史名船、名人有关资料的搜集、整理及报送工作，完成“永门轮”索马里撤侨相关原始资料的搜集整理，做好企业文化的传承。

（张磊　杨涛　丁建龙　李鹏
王祺　刘永政　宋涛）

青岛远洋运输有限公司

青岛远洋运输有限公司

【公 司 概 况】

青岛远洋运输有限公司（简称“青岛远洋”，英文简称 COSCO Qingdo），前身是中国远洋运输总公司青岛分公司（简称“中远青岛分公司”）。1976 年 7 月 1 日，中远青岛分公司正式成立，是我国首家专门经营干散货运输船舶的专业公司。1979 年 5 月 1 日，中远青岛分公司更名为青岛远洋运输公司。2007 年 6 月 27 日，青岛远洋运输公司又更名为青岛远洋运输有限公司。2016 年 6 月 16 日，中远海运散货运输有限公司在广州成立，青岛远洋成为其全资子公司。

2018 年是青岛远洋进行改革转型前的关键一年。面对复杂多变的经济形势和艰巨繁重的改革发展任务，青岛远洋坚决贯彻落实中远海运集团和中远海运散运决策部署，紧紧围绕公司中心工作，抓班子、带队伍、强基础、转作风、育文化、促和谐，团结带领全体党员干部和职工群众积极维护改革大局，拼搏进取、奋发图强、砥砺前行，完成了上级下达的各项生产任务指标。

【大　事　记】

2018 年 3 月 22 日，青岛远洋党委印发《2018 年度党建工作责任书》和《2018 年度党建工作责任制考核评价指标体系》。

2018 年 4 月 12 日，青岛远洋召开远洋国际旅行社负责人宣布会，青岛远洋总经理戚文忠、工会主席单继强出席会议。

2018 年 6 月 5 日，青岛远洋党委印发《关于开展落实中央八项规定精神情况自查自纠专项工作的通知》。

2018 年 8 月 15 日，青岛远洋党委印发《中共青岛远洋运输有限公司委员会对中央第九巡视组巡视反馈意见整改工作方案》。

2018 年 10 月 8 日，集团召开船舶管理体制改革和地区公司转型发展工作实施启动会，中远海运集团青岛地区公司转型发展正式实施。

2018 年 11 月 13 日，青岛远洋党委印发《党委议事决策规则》《党委理论学习中心组学习实施细则》《党委落实全面从严治党主体责任实施细则》。

2018 年 11 月 16 日，中远海运集团党组副书记、副总经理孙家康一行到青岛远洋开展地区公司转型发展工作调研。

2018 年 11 月 28 日，青岛远洋党委印发《贯彻落实习近平总书记重要指示精神集中整治形式主义、官僚主义工作方案》。

2018 年 12 月 28 日，青岛远洋召开 2019 年务虚会。

【公 司 机 构】

青岛远洋共设 12 个部门 / 中心，分别为：总经办、安技部、安质部、财务部、战略发展部、人力资源部 / 组织部、企业文化部 / 党工部、监督部 / 纪委、工会、法律事务部、信息中心、陆产管理中心。

根据集团船员管理体制改革方案，结合公司实际情况，青岛远洋对船员管理中心、青岛远洋对外劳务合作有限公司（简称“劳务公司”）及青远山庄等机构职责进行调整。撤销船员管理中心，其原负责的青远山庄管理职能转由陆产管理中心负责；劳务公司在取消船员劳务外派职能后，原青远山庄经营职能继续保留；劳务公司暂由陆产管理中心负责管理。

【生产经营】

2018年，公司合并口径完成账面利润8927万元，超额完成年度考核指标。截至2018年底，公司合并口径资产总额33.5亿元，资产负债率为35.2%。

【安全管理】

2018年，青岛远洋管理“好望角型”“巴拿马型”“灵便型”干散货船21艘（包括2艘30万吨的VLOC船舶），运力213.8万载重吨，承运矿石、煤炭、粮食、钢材、水泥、铝矾土等各种大宗干散货，航线遍及100多个国家和地区的360多个港口。

2018年，正值中远海运集团船员体制和船管体制改革过渡期，青岛远洋认真贯彻落实山东省、青岛市，以及集团安全生产工作的部署要求，加强重点领域、重点行业的安全管控，认真履行企业安全生产主体责任，保证了公司安全生产稳定。坚持以船舶安全为重点，继续推进船舶等级制管理，落实落细防碰撞、防机损、防污染、防海盗、防偷渡等各项工作的安全防范措施，保证了公司船舶安全营运。坚持以安全体系执行和隐患排查治理为抓手，认真开展风险管理与内部控制工作，实现了内控和风控体系与综合管理体系的有效融合。按照“持续培训、持续提高”的原则，优化创新培训模式，注重培训效果，认真抓好船舶在船培训的有效实施。针对各陆产单位特点和行业风险，狠抓重点领域和关键环节，制定有针对性的预防和预控措施，保证了陆产企业安全生产持续稳定。加强安全文化建设，深入推进“安全人人有责，安全从我做起”主题系列活动，持续营造了良好的安全文化氛围。

【人事管理】

2018年，青岛远洋党委以党的十九大精神为指引，按照上级总体部署和要求，围绕“改革创新、转型创业、发展创效”的工作中心，以协同推进公司改革转型为重点，抓队伍建设为主线，服务职工为基础，强化自身建设，提高管理、服务水平，着力解决人才队伍结构性矛盾，构建完备的人才梯次配备，务实高效地完成各项改革工作，营造了有利于公司创新发展的人才成长环境。

主动担当，周密安排，扎实推动各项改革工作。积极沟通，细致周全，配合推进船舶管理体制改革，充分考虑改革过程中各类人员意愿，有效做好人员划转中的思想政治工作；精心筹划，缜密设计，做好地区公司改革人事相关工作，深入领会集团关于地区公司转型发展精神，认真梳理员工队伍整体情况，做好人员选配准备工作，打造高效的人力资源管理体系。

完善机制，科学规划，推动三项制度改革纵深开展。按照“市场化选聘、契约式管理、差异化薪酬”的思路，选拔远洋国旅负责人。扩大组织考核范围，引入成长曲线等动态分析工具，同时结合OPQ管理潜质测评，完善“干部画像”，为干部选拔任用提供参考依据。同时，积极做好人事信息系统上线准备，对集团SAP-HR系统的学习，全力支持集团人事信息系统上线工作。根据公司实际情况，组织开展年度经营管理考核工作，并按“业绩升薪酬升、业绩降薪酬降”的原则做好考核兑现。

聚焦人才培养，提升员工队伍素质。强化顶层设计，制定下发《青岛远洋2018年度培训工作要点及培训计划》，紧贴业务需求，务实推进，全年共完成各类培训45期；组织选拔11名优秀干部员工参加中远海运散运领导力提升、年轻干部训练营，以及国务院国资委处级干部培训等上级调训；组织20名参加集团外派后备人员测试；选调12名年轻干部参加青岛市举办的工商管理培训，不断提升公司干部员工队伍职业素养。

【企业管理】

2018年，公司高效落实集团改革部署，抓实转型发展方案落地。1月1日完成船员管理体制改革，10月启动船舶管理体制改革和地区公司转型发展工作。改革推进期间，各部门主动做好工作衔接和职能调整，船员管理业务无缝衔接；配合中远海运散运完成船舶资产无偿划转，按计划平稳切换船舶管理业务，船舶管理改革顺利实施。

公司成立专项工作小组，制定落实地区公司转型发展实施方案，规划了较为清晰的转型发展蓝图，系统筹划转型发展重点项目：有序做好F10项目股权回购、祥和工贸股权划回前期准备；完成新造客滚船技术审核、资金注入；远洋大厦一期续建项目获得政府部门规划变更许可，形成可行性研究报告并获批；完成与连云港海通物流成立LNG罐箱合资公司项目上报，达成了LNG薄膜型货舱项目合作意向；积极研究推进科苑路、傍海中路、青远山庄等存量资产的盘活方案；与青岛特锐德集团、青岛华通集团、青岛中科院能源所等企事业单位探讨了在新产业、新能源、新材料等方向的合作机会。

深入推进风控、内控与综合管理体系的深度融合。对4家重点单位实施了“小金库”和资金债务专项检查，落实整改建议15条，有效防控了资金风险。进一步推动法务部门介入生产经营各环节，参与了远洋国旅转型升级、历史遗留问题处理等法律风险审核。顺利通过中国船级社巴拿马旗DoC、中国香港旗DoC第一次年度审核及质量、环境和职业健康安全管理体系第二次监督审核，完成了安全生产标准化一级企业的年度核查。

【财务管理】

加强资金管理，确保公司资金流畅通。根据集团改革部署，积极寻求集团资金支持；加强与金融机构的沟通与合作，拓宽资金补充渠道；创新资金筹措渠道，补充资金来源；开展资金动态滚动测算，合理统筹安排资金支付，积极开展财务节支创效；加强所属单位资金集中管理力度，发挥存量资金潜能。

加强全面预算管理，完善预算管理体系。进一步健全公司全面预算管理体系和组织架构，加强预算管理力度，建立重大资产和投资项目全生命周期预算机制；继续加强预算指标的跟踪力度，重点关注经营及业务的计划与变化，分单位建立备查清单，建立重大业务事项跟踪机制。

稳步推进并圆满完成船员体制改革涉及财务工作。制定并下发了《青岛远洋船员管理体制改革财务细化实施方案》《青岛远洋船员改革过渡期资金支付管理细则》《劳务公司资金支付管理细则》等制度，组织做好船员改革涉及的资产划转、财务工作移交工作，确保改革涉及财务工作的顺利衔接。

完成地区公司股权收购等重大项目实施。按照集团地区公司改革要求，落实改革方案，稳步推进集团收购地区公司股权、F10项目股权回购、祥和工贸股权无偿划回和4艘五星旗船舶资产无偿划转等重要项目的实施，确保改革工作的顺利完成。

加强“两金”压控和债权回收，降低财务风险。贯彻落实公司“两金”压控工作方案，准确统计、上报公司“两金”压降的实时变化情况，加强“两金”压降指标的考核和管理，减少“两金”占用风险，提升企业财务状况。

夯实财务基础工作，提高财务报告的预测和分析水平。优化财务核算和财务分析，多角度、多维度开展数据统计和分析，为公司决策提供个性化、定制化的财务分析预测报告；积极参与公司重大项目实施，深入研究财税政策、资金、效益、回报等，提高项目收益；加强税务政策研究和筹划，努力降低企业税负。

加强财务队伍建设，提高财务人员履职综合素质。结合新的财务管理模式，进一步加强对所属单位财务负责人管理，增强现场服务，强化考核约束，提高各单位财务负责人履职能力和水平。持续加强财务人员的内外部培训、专业考核和岗位交流，优化财务人员结构，为公司可持续发展提供财务人才保障。

【党群工作】

抓学习、重效果，深入宣传贯彻党的十九大精神。一是认真开展集中宣讲，公司领导班子成员结合到基层调研指导工作带头宣讲，各基层党政主要负责同志深入职工群众宣讲，集中开展了党的十九大精神宣讲活动。二是切实抓好集中培训，分期分批举办了为期5天的党员领导干部学习贯彻党的十九大精神培训班，对如何全面理解和把握习近平新时代中国特色社会主义思想、加快建设世界科技强国等内容进行了深入学习和解读。三是持续组织学习竞赛，共组织了6次“灯塔-党建在线”党的十九大精神学习竞赛活动，公司33个基层党组织532名党员积极参与，营造了良好的学习氛围。

抓整改、促落实，从严从紧推进巡视整改任务落地。按照中远海运散运党委关于中央巡视反馈意见整改的工作部署和要求，公司党委认真对照认领和查找重点问题，研究制定切实可行的整改措施，形成整改工作方案，加强组织领导，明确责任分工和完成时限，坚持即知即改，立行立改，持续推进整改落实。对照中远海运散运整改方案中的重点问题，主动认领和查找了六个方面的26个重点整改问题，研究制定了切实可行的整改措施，并经公司2018年第7次党委会审议通过了《中共青岛远洋运输有限公司委员会对中央第九巡视组巡视反馈意见整改工作方案》（以下简称《方案》），进一步加强组织领导，明确责任分工和完成时限等事项。8月28日，公司召开第8次党委会，班子成员逐条逐项地梳理了《方案》中每一个问题的整改落实情况，形成报告上报中远海运散运党委，同时明确了继续严格督导检查，强化执纪问责，加快推进整改落实，持续放大整改效应，拓展整改成果转化。

抓思想、重宣传，努力营造和谐稳定的改革发展环境。公司党委通过多种方式和渠道，及时、准确地做好改革政策的宣传解释，切实维护企业和职工长远利益，努力把全体船岸职工的思想和行动统一到改革发展的战略目标上来，引导全体职工以高度的政治责任和全局意识，支持改革、服从改革、参与改革。同时高度重视维稳工作，坚持提前介入、主动化解、压力传导的工作原则，夯实维稳责任、强化信访综治管理，加强重要节点不稳定因素的排查，及时妥善处理有关问题，有效地维护了改革期间员工的思想稳定。坚持典型引路，大力宣传各级各类先进典型，用先进事迹教育人、引导人、带动人，年初表彰了“学创活动”先进集体和个人，以发挥先进模范表率作用为重要抓手，有效激发了广大干部职工干事创业的积极性和主动性。加强推进集团新品牌、新形象的建设推广，大力宣传集团“四个一”理念和“钻石团队”精神，传承公司优秀文化基因，用文化凝聚人心、用文化激发力量、用文化创新管理，以文化的力量统一思想、鼓舞士气、提升管理，着力营造有利于企业改革发展的舆论氛围，引导全体职工以“钻石团队”为标杆，激发全员爱岗敬业、争创一流、艰苦奋斗、甘于奉献的创业激情。

抓龙头、夯根基，推动企业党建工作再上新台阶。公司党委严格执行《青岛远洋运输有限公司党委理论学习中心组学习实施细则》，认真落实并及时完善中心组学习计划，共组织党委中心组学习13次，通过开展集中学习研讨、自学等形式，坚持学习提高，努力改进作风，不断提高领导能力和水平，班子的凝聚力、战斗力持续增强。严格执行新制定的《青岛远洋运输有限公司党委议事决策规则》等各项制度，共召开党委会13次，在充分调研、讨论的基础上，发挥班子集体智慧，研究问题、解决问题、破解难题，更加有效地规范决策行为。在公司领导班子的带领下，各级党员领导干部发挥示范表率作用，认真学习党纪条规，严格执行中央八项规定精神，严守组织纪律和工作纪律，认真贯彻落实习近平总书记重要指示精神集中整治形式主义、官僚主义，坚持不懈纠正“四风”，持之以恒正风肃纪，努力当好以上率下的引领者、风清气正的示范者，发现问题立行立改，以问题整改促进作风转变、提高工作效率、推动企业发展。扎实推进“两学一做”学习教育常态化制度化，组织各基层党组织和广大党员以“三会一课”为基本形式，持续跟进学习习近平总书记最新讲话精神，引导广大党员干部始终用习近平新时代中国特色社会主义思想武装头脑、指导实践。下发了2018年度党建工作责任书和党建工作责任制考核评价指标体系，细化党建工作考核标准，量化党建工作内容，促进公司各级党组织切实担负起党建主体责任。

抓教育、强监督，多措并举筑牢党风廉政建设防线。及时传达贯彻上级反腐倡廉建设工作会议精神，对公司党风廉政建设和反腐倡廉工作做出全面部署。组织召开了党委中心组（扩大）集体学习暨2018年廉洁从业主题教育月活动启动会，由党委书记对70多名党员领导干部等开展了党风廉政和反腐倡廉教育集体谈话，纪委书记韩建国就新修订的《中国共产党纪律处分条例》进行了学习辅导宣讲。教育和引导各级领导干部进一步提高认识、转变观念、强化自律、抵住各种诱惑，严格遵守政治纪律和政治规矩，履职尽责，干事创业，依法合规经营，为公司转型发展作出新的贡献。坚持送教上门，由纪委书记亲自带队到基层单位开展廉洁从业教育，对68人次开展廉洁教育谈话；开展领导人员任职前谈话3人次。组织各级领导干部和关键岗位人员58人参观了青岛市反腐倡廉教育基地，开展反腐倡廉警示教育。及时转发集团案例通报，选编“每月一案”和廉洁警言12期，以案为鉴教育党员干部。结合公司深化改革、转型发展的工作实际，先后制定或修订完成了《青岛远洋纪检监察审计干部行为规范》等10多项规章制度。按照全面从严治党要求，公司党政纪主要领导签订了全面从严治党主体责任书、“一岗双责”责任书、监督责任书，8名公司领导班子成员均签订了党员领导干部廉洁承诺书。此外，组织公司党员干部和关键岗位人员签订2018年廉洁承诺书619份，分别与陆产中心、连远公司签订了2018年度主体责任书、“一岗双责”和监督责任书，陆产中心与陆产各企业签订了全面从严治党主体责任书和“一岗双责”责任书，层层压实责任。

抓和谐、聚合力，群团组织凝聚力工程建设收效显著。工会紧紧围绕公司中心任务，以“围绕改革发展，凝聚职工智慧，助力中心工作”为工作主线，创新工作思路，完善工作机制，提高履职能力，精心组织承办了第二届中远海运集团职工运动会足球比赛青岛赛区预赛，组织参加了中远海运集团职工运动会相关比赛项目、中远海运散运公司第二届职工文化月等相关活动，积极开展重大节日走访慰问“送温暖”、夏季“送凉爽”、职工劳动竞赛、“三八”节女职工趣味咏春会、职工春秋健身游等活动，动员和引导广大职工以全新好姿态理解、支持和参与企业改革，进一步提高工作的积极性和主动性，凝心聚力，团结拼搏，取得了较好的工作成效。公司工会2018年再次获评青岛市工会工作优秀单位，并获得10万元经费补助奖励。团委继续深化“党建带团建”，致力于加强青年群体围绕中心、服务大局的组织引导，紧紧围绕服务企业发展，组织开展了“青年、青春、青远——五四团干有话说”主题分享、大洋上的雷锋班、“浪花·心愿”结对助学和爱心募捐等活动，着力激发青年员工立足创新创效、服务企业发展的责任与情怀，进一步增强了企业的凝聚力，营造了健康向上、积极奋进的氛围。

【直 属 企 业】

2018年，公司以“两个不低于”原则为前提，科学制定年度任务指标，帮助各企业找准短板、突出优势、精准发力。各企业强化目标导向，深挖内部创效节支潜力，实现了稳定发展。

中韩轮渡新班子积极作为，克服停航坞修等不利因素，努力开拓客货市场，开辟过境货物海铁联运，逐步扭转亏损局面；连远公司完成债转股项目，不等不靠、主动出击，寻求转型发展新思路、新项目，环保科技项目已经落地并取得订单；流体公司巩固传统业务优势，持续转化技术创新成果，开拓LNG新市场，利润大幅增长，累计盈利1559万元；船贸公司发扬“尺子精神”，认真做好船舶现场监造工作，高质量完成“远河海”轮等4条40万吨超大型矿砂船的监造工作；船务公司积极拓展市场、严控成本，利润同比大幅增加；供应公司新班子成立后，迎难而上，通过恢复中断的储运业务、开辟新业务模式等措施，迅速突破经营困局；远洋华林坚持差异化管理、个性化服务理念，深化与船东的合作共荣，年度新揽取12艘船舶；房地产/大酒店积极做好峰会接待的服务保障，软硬件水平明显提升，并参加了博鳌亚洲论坛服务保障工作，被授予2018年博鳌亚洲论坛年会志愿者服务贡献奖荣誉称号；远洋国旅实施转型升级，逐步落实契约化选聘负责人、体制机制创新、劳动用工管理、协同资源配置等方面的改革措施，逐步打开新局面。

（张雯）

中远海运船员管理有限公司

中远海运船员管理有限公司

【公司概况】

中远海运船员管理有限公司（简称“中远海运船员”，英文简称 COSCO SHIPPING Seafarer），隶属于中远海运集团，是集团旗下从事船员管理的专业化公司。公司以原中海集团下属中海国际船舶管理有限公司为平台，整合原中远集团下属上海远洋、大连油运、中远散运、青岛远洋、深圳远洋、中远海特、厦门远洋、中远劳务等公司的船员管理业务组建而成，于 2017 年 12 月 26 日挂牌成立，总部设在上海，在北京、上海、广州、大连、天津、青岛、深圳地区设立分支机构。

中远海运船员坚持全心全意服务船员，全心全意服务船公司，为集团主营船队和集团合资合营船队提供可靠、优质、集约、专业、高效的船员管理服务，打造具有国际竞争力的全球领先船员队伍，为集团建成世界一流企业提供战略支持和人才保证。公司还兼营船舶引航试航业务，主要为集团内部各主营船公司以及合资合营公司船舶提供海事技术服务和移泊作业业务，同时为多家造船厂新建船舶提供试航业务。

2018 年，在集团的正确领导下，中远海运船员坚持政治统领，党建引领，以集团战略为使命，以推进船员管理体制改革为驱动，管理好、使用好、服务好、发展好船员队伍，推进公司“十项”船员管理工作，不断实现“三提高一降低”总目标，全面完成了集团下达的 2018 年各项考核指标。

【公司治理】

1. 加强董事会建设

2017 年 12 月 26 日，中远海运船员管理有限公司成立，公司根据《中华人民共和国合同法》《中远海运集团有限公司章程》制定公司章程，明确了新公司董事会组成、职权和义务，为下一步健全公司董事会治理体系、规范行权运作机制、明确行权主体责任打下坚实基础。

2018 年 9 月 13 日，集团下发《关于孙家康等在中远海运船员管理有限公司董事会、监事会任职的意见》，对公司董事会人员安排提出意见，并要求公司履行相关程序。2018 年 11 月 28 日，公司召开第一届职工代表大会第一次会议，就职工董事人选、职工监事人选履行民主程序。

2018 年 12 月 30 日，集团下发《关于印发集团直属单位董事会授权事项清单的通知》，明确了对中远海运船员管理有限公司的授权事项。公司根据《中国远洋海运集团有限公司直属公司董事会运作管理办法》，组织制定公司董事会治理相关制度。

2. 规范董事会运作

为保持工作连贯性和有序衔接，新公司成立以来，公司董事会以公司董事长的授权事项行权等形式开展。对公司董事长授权事项，经公司总经理办公会审议通过后，报公司董事长批准。其间，上报公司董事长审批事项共 8 项，均已跟进落实到位。

3. 提升公司治理效能

2018 年是船员公司新成立的开局之年，既要全面改革重组、全面管理体制和管理体系建设，又要解决大量历史问题，船员管理要上公司船员管理体系轨道，尽快实现“三提高一降低”总目标，可以说难度很大。公司经理层在公司党委的坚强领导下，始终以生产经营为中心，紧紧围绕“三提高一降低”总目标，运用“每天简单重复做好做到不简单”的管理体系轨道，确定了新公司必须每天简单重复“做对做全做好做久”的《“十项”船员管理工作模板作业标准表》，从 2018 年 1 月 1 日起公司各单位每天填报每天例会推进，确保了公司上下步调一致生产经营不断不乱。经过努力，公司用 9 个月时间高标准高质量完成全面改革重组、全面管理体制和管理体系建设任务，全面完成集团下达公司的安全稳定考核指标、效益考核指标、服务集团船公司和集团船员满意度考核指标、党建考核指标等，公司“三提高一降低”总目标取得显著成效。

【战 略 发 展】

2018 年，中远海运船员总体战略发展思路为：坚持以习近平新时代中国特色社会主义思想为指导，全面贯彻落实党的十九大精神，按照国家加强“一带一路”建设、加强海洋强国建设的总体方略，以集团“6+1”总体发展战略和“十三五”发展规划为引领，坚持问题导向、辩证思维、底线思维，坚持“以集团船员为中心，以集团船公司客户为中心，以集团为中心”的发展思路，建立“专业化、集约化、市场化、国际化”船员管理体制不断深化船员供给侧结构性改革，努力实现航运主业效益最大化。

公司围绕“提高船员素质、提高在船船员到手收入、提高船舶管理水平、降低船员费用”（以下简称“三提高一降低”）这一根本目标，全面推进“十项”工作：一是清理冗余富余：按照“用是前提、养要条件、清是常态”三原则，每天简单重复做好冗余富余清理工作。二是招募调整用工结构：通过进出库管理把好库内船员质量关。按照“骨干船员自有化、通用船员市场化”、通用船员“管理培养自有化、用工成本市场化”，建立高素质、低成本的自我保障制度。三是消除各种损失浪费：做好全口径收入成本费用业务核算管控，把成本控制工作做在前面，努力彻底消除各种损失浪费。四是统一配置资源确保自有船员岗位：统一配置集团船舶岗位与船员资源，保障自有船员都有岗位。五是套派调配服务船公司：通过套派调配把好配员质量关。船员套派是做好岗前套派培训和在船船员管理、保障船舶生产秩序和生产安全等工作的重要生产组织。六是又红又专岗前套派培训：通过上船前套派培训把好船员派前培训质量关。上船前套派培训，把船员的思想武装起来，精神状态振奋起来，管理方法业务技能掌握起来，注意事项警觉起来，总的目标是“又红又专”。七是做好履职评估与培养培训工作：在船履职评估结果是船员公正公平公开聘用、识别培训需求、支持职业发展的客观依据。八是服务船员办实事谋幸福：坚定不移贯彻以人民为中心的发展思想，全心全意为集团船员办实事谋幸福。九是承担船舶党建主体责任：①在新体制下建立船舶党建新机制；②在新体制下展现船舶党建新作为；③在新形势下显现船舶党建新成效。十是统一船员管理信息系统：船员管理信息系统是公司规范管理和流程控制、数据全面准确和集成高效应用，以及为船员服务的最重要技术保障。

【经 营 效 益】

2018 年度，中远海运船员全年实现营业收入 71.59 亿元，发生营业成本 66.20 亿元，管理费用 5.48 亿元，账面利润总额 658 万元，完成集团下达利润考核指标。

【船 员 管 理】

截至 2018 年底，公司管理船员近 5 万名，配员船舶 766 艘，服务船型覆盖集装箱船、油船、干散货船、特种船、客船、液化气船、邮轮等各类型船舶，是世界规模第一的船员管理公司。下属中远海运对外劳务合作有限公司是目前国内最大的船员劳务外派公司。

1. 船员管理体制改革对接及划转相关工作情况

积极推进船员划转工作：一是认真研究相关

法律法规，拟定船员划转工作具体推进措施，就划转前后船员劳动合同关系转移相关问题征求律师意见。二是拟写“关于订立劳动合同等相关问题的告知单”，征求公司法务部、律师、国家主管机关意见后修改完善。三是指导集团相关单位发布“关于订立劳动合同等相关问题的告知单”，积极稳妥解决划转前后船员劳动合同的转移事宜。四是指导分公司建立相关集团船公司专属船员库，坚持“三个不变”，服务好集团船员。五是指导各分公司准备船员劳动合同，积极与合同到期船员签署新船员公司合同；指导分公司积极推进划转船员的合同转签工作。划转后，6家分公司共有船员 37 406 人，对外劳务（原中海劳务 + 原中远劳务）共有船员 8642 人。详见表 14–7、表 14–8。

2018 年初集团分公司船员队伍情况

表 14–7

分公司	自有船员（人）	协作船员（人）	劳务分包船员（人）	劳务自管船员（人）	市场外聘船员（人）	合计（人）
上海	6518	3916	937	34	356	11 761
广州	6771	561	637	795	883	9647
大连	3379	1105	336	67	192	5079
天津	3339	1644	—	—	193	5176
青岛	2237	1113	—	0	135	3485
深圳	1410	—	848	0	0	2258
汇总	23 654	8339	2758	896	1759	37 406

2018 年初集团对外劳务船员队伍情况

表 14–8

类别	职业劳务船员（人）	协作船员（人）	劳务分包船员（人）	劳务自管船员（人）	市场外聘船员（人）	合计（人）
对外劳务	4064	690	—	1596	2292	8642

截至 2018 年 11 月底，集团主船队派员业务情况见表 14–9。

集团主船队派员业务情况

表 14–9

分公司	按船型分					按航线分		按船旗分		按经营分		汇总（艘）
	集装箱（艘）	油轮（艘）	散货（艘）	特种船（艘）	客轮（含厦远杂货船）（艘）	内贸（艘）	外贸（艘）	五星（艘）	非五星（艘）	主营（艘）	合资（艘）	
上海	160	41	33	0	2	46	190	122	114	215	21	236
广州	11	38	108	101	0	37	221	162	96	231	27	258
大连	5	63	28	0	9	35	70	73	32	65	40	105
天津	0	0	72	2	0	3	71	26	48	73	1	74
青岛	0	0	45	0	2	4	43	17	30	45	2	47
深圳	0	0	44	0	2	4	42	5	41	45	1	46
汇总	176	142	330	103	15	129	637	405	361	674	92	766

注：大连分公司派员的油轮船舶含合资的LNG、LPG船舶。

2. 船员管理工作情况

船员管理重点制度建设。依照“劳工公约和集体协议”、《船员服务管理规定和海员外派管理规定》、《国内水路运输辅助业管理规定》、《中华人民共和国安全生产法》，以及公司船员管理相关要求，制定船员管理相关制度。

（1）资质证书办理等工作

一是完成公司海洋船舶船员服务机构资质证书、招募安置机构资质证书等证书相关变更手续；办理CCS招募安置机构证书更名及附加审核。二是组织编写船员在船履约培训方案并获得海事局通过，向上海海事局提出试点申请并获得同意，制定对推进该项工作的指导意见，指导上海分公司开展在船培训履约项目，推动高级值班机工、高级值班水手在船培训换证的相关工作。三是收集汇总各分公司关于海事局船员业务申报系统新模块上线后面临的问题和困难，跟踪新船员业务申报系统模块动态，报部海事局恳请给予支持。

（2）分公司工作标准表、定岗定责表及制度与流程规章制定

一是广泛调研、认真编写《分公司各项管理职能工作标准表》和《分公司定岗、定责、定员表》，认真听取分公司及公司职能部门意见并修改完善，经上下多次反复后，供公司领导参考。二是广泛调研、认真研究，兼收并蓄原中远、原中海船员管理精要，围绕公司推进“十项”船员管理工作要求，制定分公司“十项”船员管理工作制度与流程规章，并赴6家分公司进行理解辅导和执行指导。

（3）船员管理统计报表系统建设

指导分公司选定船员管理报表专职工作（或管理）人员，组织对报表专职工作人员进行成船员管理统计报表填报培训，自2018年2月起，逐步建立完善以“船员队伍情况月度统计表”和“派员业务情况月度统计表”2张表为“数据源”的船员管理统计体系，按时高质量完成集团和公司月度、季度各种报表的填报工作。2018年3月起，逐步建立完善以自有船员资源集团船舶利用率、集团船舶平均单船配员人数、自有船员集团船舶在船率、自有船员集团船舶在船船员中的比例、集团船舶套派率、岗前套派培训面、集团船舶安全面、驾驶员和轮机员人数比例、集团船员满意度、集团船公司满意度等10个数据指标为“度量衡”的船员管理指标体系。2018年8月起，指导分公司逐步建立完善《在岸船员动态及冗员清理分析表》《船员数量素质结构与船队情况分析表》《船员经营收入成本费用与业务量核算及降本措施分析表》《各岗位船员工资社保与市场比较分析表》4张表为“导向标”的船员管理报表体系。

【干部人才】

在集团党组和职能部室的指导帮助下，中远海运船员以集团《船员管理体制改革方案》为总遵循，严格按照“三基本”模板，克服涉及单位多、人员广、职务职级复杂的困难，圆满完成改革重组期间的干部人事工作。

1. 基本组织设置到位

中远海运船员完成分/子公司机构设置相关工作，实现两大创新。一是各分/子公司船员库采用“四位一体”机构设置和“三位一体”职责分工模式。即船员库内设立“驾驶高级船员主管室、轮机高级船员主管室、普通船员主管室、船舶党建室”；各管理室内计划调配、执行调配、培训师“三位一体”到位。这一创新实现原中海国际和原远洋板块在船员管理和调配方面的“优势互补”与“特色巩固”。二是建立新劳务体制下的机构设置和职能配置。即在劳务事业部下设立“劳务事业分部”，通过建立健全“纵向体制”和配置完善“横向机制”，进一步界定各船员分公司与劳务子公司职责职能，理顺协作机制，明确管理模式。在两大创新的基础上，结合“主船队船舶艘数、外派班子数量、管控总人数”三个维度，核定各分/子公司人员编制，经测算劳动生产率远高于市场水平。

2. 基本队伍配置到位

一是选优配强分/子公司领导班子及总部部门负责人。在坚持“党管干部、任人唯贤”“尊重历史、人岗相适”等原则的基础上，广泛征求

意愿，报集团批复同意后，完成公司总部部门负责人、分/子公司领导班子人员选配工作。二是坚持以“一图两表”为抓手，一次性解决直属单位中层干部选配和员工安置问题。以三个“基本不变”、“解决老问题、不留新问题”为目标，制定了公司总部和各直属单位全员纳入的新老机构“职务职级界定表”，为改革后的干部人事工作提供了基准原点。在充分尊重历史前提下，公司全系统遵循人员全体起立、机会均等、数量均衡的原则，由纪委全程参与、有效监督，切实履行“三上三下”组织程序后，完成总部员工和直属单位中层干部选配工作。

3. 基本制度建设到位

为规范干部人事工作，大力推进建章立制相关工作，先后制定下发《中远海运船员管理有限公司管理干部管理规定（试行）》《总部员工管理办法（试行）》等多项规章制度，确保相关工作有章可循、有据可依。

【党 建 工 作】

1. 加强基本组织建设

中远海运船员在改革重组中，着重抓好两级党委、三级班子组织机构设置。坚持“四同步、四对接”，在公司层面设置成立7个直属党委、1个直属党支部和1个机关党委，配齐党组织书记；设置4个党建职能部门，配强党务干部。创新新体制下船舶党建工作，在公司党工部专设党建室重点负责船舶党建工作，在直属各分公司专设党工委负责船舶党建，在各分公司船员库专设船舶党建室，将船舶党建内嵌船员管理业务单元，避免“两张皮”，发扬光大“支部建在船上”党建优良传统。按照“应建必建”要求抓基层组织建设，2017年，陆岸机关共建立党支部86个，船舶党支部794个，公休党支部213个，实现基层组织全覆盖，做到业务工作开展到哪里、党的组织就建设到哪里、党的工作就开展到哪里。同时，高质量高标准完成两级党委和船舶支部换届工作，先后制定印发《关于组织基层党组织开展换届选举工作的通知》等通知，专题组织换届选举培训，公司两级党委11家党组织严格按照规范要求完成换届选举。

2. 加强基本队伍建设

中远海运船员分层分类加强党务干部和党员队伍建设，着重抓好陆岸管理、船舶政委和船员党员三支队伍建设。配强陆岸党务干部队伍，在改革重组中按照“职能职责整建制、人员精简留对口”和“工作职责基本不变”的原则，将最了解船员、最熟悉船舶的原船管单元从事船舶党建的工作人员划转进公司。截至2018年底，公司共有专职党务工作人员123人。建强船舶政委/党支部书记队伍，对公司系统现有在职可用1000余名船舶政委、陆岸党支部书记86人进行全面梳理，组织举办两期船舶政委/党支部书记专题培训示范班，从船长、轮机长中选拔人员培训后备政委，不断提升基层党支部带头人队伍综合素质和履职能力。同时，制定《关于加强后备船舶政委培养的管理规定》，并参照船长、轮机长管理办法着手研究政委分级管理办法。直属各单位先后组织57名公休船舶政委到机关学习观摩，并按照党委要求组织368名船舶政委/党支部书记集中培训，确保队伍素质进一步提升。高度重视党员队伍建设，认真梳理公司现有12 094名党员（其中船员党员11 010人）基本情况，分批召开高质量专题组织生活会，开展民主评议党员工作；组建225个公休党支部，加强公休党员队伍管理；着手研究制定《外聘船员党员管理办法》，全覆盖做好外聘船员党员教育管理监督工作；坚持把政治标准放在首位，严把党员发展质量关，全年发展党员368人；抓好党员组织关系转接管理工作。

3. 加强基本制度建设

中远海运船员在改革重组过程中，按照“不立不破、先立后破”原则，各种成文的、现存的、有效的制度坚决予以严格执行，确保工作不断不乱、有效衔接。同时，狠抓基本制度废改立工作，纵向上全面梳理新集团成立以来出台的各项规章制度，结合公司管理实际列出清单、排出时间、明确责任，按计划自上而下逐一对照建立健全；横向上主动作为，全方位分三个层级建立一整套与船公司共同抓船员管理、船舶党建的横向沟通协调机制。截至2018年底，已先后制定印发了《中共中远海运船员管理有限公司委员会议事决策规则》《关于深入贯彻落实中央八项规定精神进一步加强作风建设的实施细则》《党建工作责任制实施办法（试行）》等60项规章制度，确保公司党建工作规范化、制度化。其中，党建工作基本制度取得重要成果，搭建起了新体制下履行船舶党建主体责任的“四梁八柱”，建立了船舶党建“一主三辅一配套”（即：在一个船舶党建主体责任指导意见之下分别建立政委队伍建设、船员党员队伍建设、公休船员党员支部建设三个制度，在集团指导下建立一个与船公司的沟通协调配套制度）制度体系。

【纪检监督】

1. 精准有效实施监督

中远海运船员加大改革重组期间选人用人监督力度，对干部选拔任用严格把关，确保不发生“带病任用”“违规任用”，建立完善司管干部廉洁档案，强化日常监督管理。持续深化“吃拿卡要”专项治理，结合公司改革重组，深入进行工作调研，研究制定具体措施，起草《陆岸管理人员专项廉洁从业管理规定》。开展特殊关联企业治理，对照集团公布的第三批573家特殊关联企业清单，以及公司梳理的特殊关联企业清单，对公司目前业务资金往来涉及的所有外部客商逐一进行比对检查，坚决斩断非法利益输送链条。

2. 持续加强作风建设

中远海运船员梳理编制《落实中央八项规定精神有关文件规定汇编》，督促制定《公司党委关于深入贯彻落实中央八项规定精神进一步加强作风建设的实施细则》《企业负责人履职待遇、业务支出管理办法》等规章制度，固化落实中央八项规定精神相关要求。制定印发《关于加强对中央八项规定精神落实和纠正“四风”工作情况监督检查的意见》，建立每年两次落实中央八项规定精神定期检查和重要节日时点提示提醒等机制，加强监督检查，防止“四风”问题反弹回潮。

3. 强化船岸廉洁教育

中远海运船员开展陆岸干部廉洁谈话和船员派前教育，全年廉洁谈话976人次，任前谈话732人次，领导干部述职述廉179人次，船员派前廉洁教育16 869人次。强化警示教育，对查办的典型案件进行深入剖析，编发案件通报并向全系统进行曝光，做到举一反三、以案明纪。全年公司系统共组织参加警示教育报告会334人次，参观警示教育基地105人次，观看教育警示片186人次。

4. 严肃高效执纪问责

中远海运船员对违规违纪违法行为坚持“零容忍”，发现一起，查处一起。全年各级纪检组织共受理信访举报件和相关问题线索20件，办结17件。党纪立案3起，党纪处分3人。精准运用监督执纪“四种形态”，注重在第一种形态上下功夫，对苗头性问题及时约谈提醒。深化以案促改，深刻剖析问题，推动强化内部管控，发挥查办案件治本功能。

【关心关爱】

中远海运船员工会开展的“公司之家”“招待所之家”“移动之家”“船舶之家”4个“家”文化建设，已固化为全心全意服务于船员的品牌项目，赢得了广大船员的认可和称赞。在“家”文化建设中创办的“一站式”服务大厅，由最初的6～8个服务窗口扩大到10个服务窗口，从“一站、一线、一网”三个维度构建一个创新、高效、“互联网+”的船员服务平台，为每一名船员提供标准化、流程化、常态化的“一站式”服务。2018年，各分公司服务大厅共接待和服务船员37 612人次，接送船员上下船1731人次。

“招待所之家”在服务船员过程中不断增加新的服务项目，在原有的安排住宿、便民服务的基础上，新增了为半夜赶船的船员安排车送、为船员探亲家属安排住宿等。2018年接待和安置船员及船员家属57 613人次，赢得了船员的赞誉，让船员真正感受到了“家”的温暖。

劳务公司有近万名船员分散在近百艘船舶工

作，形成了“点多、线长、面广”的船员分布格局，传统的“访船、慰问、送温暖”等难以做到全覆盖。为使在船船员及时获得工会活动及建设成果的红利，劳务公司工会发挥互联网优势，试点“互联网＋工会”的模式，把传统的垂直管理转变为扁平化管理，实现更加柔性化的管理和及时有效的沟通。现阶段“互联网海员之家”具有服务内容：船员问诊室、工会电子书屋、船岸实时通话、工会卡服务、一站式服务大厅等。一年来，劳务公司公众号已覆盖超过75%的船员，重点栏目平均访问量达到56%，吸引了广大船员的眼球。

公司“家”文化建设得到集团工会的肯定。在全集团评选建家活动中，公司3家单位被评为模范职工之家，7家单位被评为模范职工小家，3名工会干部被评为优秀工会工作者，11名工会干部被评为优秀工会积极分子。（詹黎明）

中远海运（厦门）有限公司

中远海运（厦门）有限公司

【公司概况】

中远海运（厦门）有限公司〔简称“厦门中远海运”，英文简称 COSCO SHIPPING（Xiamen）〕，前身是厦门远洋运输公司，是中远海运集团在福建地区唯一的一家全资二级子公司。原中远集团为履行中央企业的使命与责任，推进两岸和平繁荣，促进两岸交流合作，迎接海峡两岸“三通”，于 1993 年 10 月 28 日成立了厦门远洋运输公司。2017 年 10 月 27 日，根据国务院国资委、中远海运集团的相关要求，厦门远洋运输公司改制更名为中远海运（厦门）有限公司。

厦门中远海运积极发挥集团的品牌优势和地处海峡西岸的区位优势，在两岸海上交流实践中做了大量首创性工作，于 2007—2009 年间作为唯一航运央企开通了对台客货运业务。“新五缘”轮经营厦门 / 金门客运航线；“中远之星”轮经营厦门 / 基隆、厦门 / 台中和浙江大麦屿 / 基隆三条对台客滚直航航线，为扩大两岸人员往来、促进两岸“三通”和闽台经贸合作人员往来、促进两岸融合发展作出积极贡献。

2018 年，厦门中远海运按照集团战略部署，积极向洲际邮轮平台转型发展，取得了实质性进展。公司主业经营、对台业务亮点频出，安全形势、和谐氛围持续巩固，内部管理各项工作迈上新台阶，企业的综合实力、发展潜力和社会影响都有了新提升。

【经营情况】

2018 年，厦门中远海运坚持转型发展和传统业务“两条腿走路”，积极发挥远洋货运的支撑作用、对台业务的协同效应，实现两者均衡协调发展。远洋货运方面，公司主打远东至中南美品牌航线，拥有 7 艘散杂兼营船，2018 年共实现货运量 217.86 万吨，为年计划的 136.2%；周转量 110.09 亿吨海里，为年计划的 100.08%。对台业务方面，载客量 24.76 万人次，同比增长 13.3%，创历史新高；集装箱货量 1.25 万 TEU，较上一年增长 3%。效益完成方面，公司全年实现营业总收入 33 442 万元，净利润 1075 万元。

远洋货运方面，厦门中远海运实施内贸外贸航线兼营、远洋近洋航线搭配的经营策略，有效提升船队整体效益。一方面，坚持以货为中心，加强集团货物客户和项目货客户的维护和开发，提升高值货源比例，并持续优化基础货源，实现单航次效益稳步提升；另一方面，不断强化集团业务协同，充分运用集团平台的各种资源，积极参加国内外展览会、博览会，向海内外参展客户开展差异化营销，提升自身知名度及市场影响力。

对台业务方面，公司积极响应国家“一带一路”倡议，牵头厦门建发集团、海投集团推进台厦欧、台厦俄等海铁联运业务，建立了台湾经厦门到“一带一路”共建国家的货运常态化机制。同时，通过推出“玉环 1+2 日”“厦门 2+2 日”特色产品，中秋博饼、台湾流水席、船长感恩晚会等主题活动，在“中远之星”轮、“新五缘”轮上开展一系列客运服务提升活动，落实“准空运”服务，为两岸人文交流持续强化提供助力。

在做好传统业务的基础上，公司与中旅集团成立筹备组并在厦门启动联合办公，抓紧开展相关政策研究，与政府职能部门积极磋商，通盘筹划运营中心方案。在集团支持下，公司还协同系统资源积极筹建自有的海事、酒店、岸上支持等邮轮管理核心团队，并为集团发展邮轮产业锻炼队伍、培养人才。

【企业发展】

2018年，集团明确以厦门中远海运作为集团发展邮轮业务的主体。对此，公司高度重视，全力推进邮轮业务这一重点工作。

1. 扎实推进合资邮轮项目。公司与中旅集团成立联合工作小组，加快推进合资邮轮公司项目。2018年6月，从欧洲市场购入豪华邮轮“奥莉安娜”号，计划2019年第一季度成立合资邮轮运营公司。

2. 达成企业与地方的合作成果。积极推动两大集团与厦门市政府签署关于发展邮轮产业的合作备忘录，明确邮轮运营总部落地厦门，并努力争取地方政府对邮轮项目的政策支持。根据三方合作备忘录，厦门市政府承诺将在总部用地、邮轮运营、邮轮全产业链业务，以及税收优惠、人才激励等方面按照“一企一策”的原则给予支持。

3. 学习积累邮轮管理经验。选定邮轮第三方管理公司一起运营“奥莉安娜”号，通过快速积累标准化邮轮运营经验，培养自主运营管理邮轮的人才。

4. 配合集团推进邮轮国轮国造项目的前期调研。包括政策、航线、船型、管理和销售模式、人才队伍建设等方面的研究，并协同中远海运重工启动船舶设计的前期咨询机构选聘工作。

【企业管理】

2018年，厦门中远海运稳步推进公司风险管理和内部控制建设，持续强化公司风控体系，为实现公司航运主业盈利的年度经营目标保驾护航。

1. 全面落实企业主要负责人履行推进法治建设第一责任人职责。推动公司法治建设组织机构的建立健全，成立了法治建设领导小组和工作小组、明确领导小组和工作小组的职责分工，设立法律事务部、负责公司的法律事务管理，从组织机构上确保公司的法治建设。

2. 加强规章制度建设。组织编制年度规章制度制定计划，修订了《规章制度管理办法》，进一步规范规章制度的法律审核要求严格执行，确保规章制度法律审核率100%。2018年度公司重新发布、修订和新建规章制度41项，初步形成较为完整的规章制度体系。

3. 稳步推进公司风险管理和内部控制建设，持续强化公司风控体系。在按季度开展风险识别基础工作的同时，成立专项风险评估小组，开展了合资运营邮轮业务项目的专项风险评估，对项目中可能影响邮轮购买、经营、安全管理等投资目标实现的风险进行识别，明确项目风险的分布情况，通过制定相应风险管控措施，落实风险管理责任，达到防范和降低风险的目的，保证公司战略和投资目标的实现。

4. 紧密围绕企业中心工作开展审计监督工作，有效服务企业管理提升和提质增效。持续开展内部审计工作，深化经营管理审计，高度关注增加收入与成本控制的关键点，着力开展大额成本管控、经营风险防控、管理漏洞堵塞等方面的监督检查和管理审计。

【人力资源管理】

2018年，公司以集团对公司新战略部署和公司“十三五”人才发展规划为指引，把加强干部人才队伍建设作为公司转型升级、提质增效工作的重要抓手，着重从基本组织、基本队伍和基本制度出发，突出创建学习型、创新性党组织和干部队伍，为公司各项工作的顺利开展提供坚实的人力资源保障。

公司紧扣“全面提升”主题，把坚持党管干部原则和发挥市场机制作用紧密结合起来。一方面，严格按照中共中央办公厅《关于进一步激励广大干部新时代新担当新作为的意见》的要求，制定《干部选拔任用工作程序》，牢固树立重实干重实绩的用人导向，进一步规范干部选拔任用程序。另一方面，针对公司一直因受定位、规模限制，人员流动不足，整体队伍年龄结构偏大，尤其是高级船舶管理人员亟须补充的情况，分别从集团内部和社会引进船舶管理人才及高级经营人才，利用闽台轮渡和合资邮轮公司两个平台，有计划派员上国际邮轮任职锻炼，扎实推进公司人才队伍结构优化。

【企 业 党 建】

2018 年，厦门中远海运党委认真贯彻落实党的十九大精神和全国国有企业党建工作会精神，牢牢把握新时代党的建设总要求，坚持党建引领和保障企业攻坚创效和改革转型，不断推动各项工作迈上新台阶。

公司坚持以推进“党建质量提升年”为抓手和以“‘两学一做’常态化制度化”为抓手，一方面明确了基层党组织“团结群众的核心、教育党员的阵地、攻坚克难的堡垒、创新创效的先锋”的四个定位和船舶党组织“确保安全、创新品牌、提质增效”的三大任务；另一方面，大力推行“党建 e 家”系统等新媒体运用，打造指尖上的党务管理平台，实现党建管理精细化、规范化和智能化。2018 年，国务院国资委在厦门召开央企基层党建调研，公司党委代表集团作交流发言，介绍了提升党建质量的经验做法，得到了国务院国资委党建局的充分肯定。

同时，公司党委坚持筑牢“三项基础”，推进党建重点任务落地。一是加强基本组织建设，构建党建管理新格局。坚持船员管理体制改革与“支部建在船上”同步推进，做到应建尽建、全面覆盖，并成立船舶党建专职机构，直接对口督导船舶党建，对接协调船员公司党建管理，努力使船舶党建地位不动摇、作用不削弱、更好地服务船舶生产经营。二是加强基本队伍建设，全面提升党员素质能力。大力加强党员教育管理和廉洁从业教育，强化作风建设，2018 年公司继续保持了零举报、零上访、零案件的三零纪录。公司党委重视和做好发展党员工作，到 2018 年底，员工中党员比例达到 66%。三是加强基本制度建设，进一步实现党建工作规范化。以中央巡视和集团党组巡视工作为契机，对照中央巡视反馈意见和集团党组要求，逐项梳理、举一反三，制定及完善了《党建责任制实施细则》《党委议事决策规则》等 20 多项工作制度，层层压实党建责任，使党建工作标准化体系得到了制度支撑。

（姚兆羽）

上海船舶运输科学研究所 / 中远海运科技股份有限公司

上海船舶运输科学研究所 / 中远海运科技股份有限公司

【公司概况】

上海船舶运输科学研究所（简称“上海船研所”，英文简称 SSSRI），成立于 1962 年，位于上海浦东陆家嘴功能区，占地面积约 8.67 公顷，注册资本 3.5 亿元，资产总额为 28.5 亿元，净资产 17.77 亿元，是我国最大的交通运输综合技术研究开发基地。

中远海运科技股份有限公司（简称“中远海运科技”，英文简称 COSCO SHIPPING Technology），成立于 2001 年，总部设在上海，主要从事智能交通系统，交通和航运信息化，工业自动化，安全防范工程领域的软、硬件产品科研、开发、销售、系统集成，承揽相关工程项目的设计、施工和工程承包；网络技术开发，互联网信息服务；自营技术产品的进出口业务，以及技术咨询、技术开发、技术转让和技术服务。2010 年 5 月，公司在深圳证券交易所成功挂牌上市。

【历史沿革】

上海船研所原为交通部直属科研事业单位，2000 年转制为中央科技型企业，改由中央企业工作委员会领导；2003 年，转由国务院国资委管理；2010 年，整体并入中国海运（集团）总公司（以下简称“中海集团”），成为其全资子企业；2014 年，按照中海集团的战略规划整体部署，原中海集团直属单位中海电信有限公司和中海信息系统有限公司整体划归船研所管理；2016 年，随着中国远洋运输（集团）总公司与中海集团合并成立中国远洋海运集团有限公司，上海船研所成为其全资子企业。

中远海运科技原是船研所控股子公司，2010 年随船研所整体并入中国海运（集团）总公司后，更名为中海网络科技股份有限公司；2016 年，随船研所整体进入中远海运集团后，更名为中远海运科技股份有限公司；2017 年 8 月，根据中远海运业务重组工作安排，上海船研所与中远海运科技实施战略重组（以下简称“船研所 / 海科”）。

【组织架构】

上海船研所组织架构由管理部门和基层部门两部分组成，其中：管理部门包含十部一办；开展科研生产经营业务的基层部门（公司）主要包含 1 个国家工程研究中心、1 个国家重点实验室、1 个行业重点实验室、3 个事业部和 4 个二级公司。2018 年，公司时任领导：所长 / 董事长、党委副书蔡惠星，党委书记、副所长夏蔚，副所长陆嘉明，总会计师、工会主席戴静，纪委书记陈学恩，副所长瞿辉，团委书记朱辰初。

中远海运科技组织架构由管理部门和基层部门两部分组成，其中：管理部门包含十部一办；开展科研生产经营业务的基层部门（公司）主要包含 6 个事业部、2 个中心、1 个二级公司、5 个分公司和 1 个办事处。按照上市公司要求，设置股东大会、董事会和监事会，董事会下设战略委员会、提名委员会、薪酬与考核委员会、审计与风险委员会。时任领导：董事长、党委副书记蔡惠星，党委书记、副董事长夏蔚，总经理、党委副书记周群，副总经理、总工程师吴中岱，总会计师、工会主席戴静，纪委书记陈学恩，副总经理王新波，总法律顾问杨阳，团委书记朱辰初。

【主要业务】

经过多年的发展，船研所/海科形成了具有专业特色的主营研究开发领域，在舰船自动化、船舶水动力及海事技术试验研究、智能交通系统、交通与航运信息化、船舶通信导航、环境工程等研究领域内，研究开发及技术服务水平均处于国内领先地位。

1. 舰船自动化

主要从事舰船机舱自动化、驾驶自动化和舰船管理信息系统等技术及其产品的研发、生产和系统集成。研制的各型机舱监控系统技术性能处于国内领先地位，被应用于军用舰船及各类民用船舶，军品业务约占国内同类市场份额的55%。

2. 船舶水动力及海事技术试验研究

主要从事船型优化与性能预报技术研究、推进器研究与节能技术开发、船舶能效与安全评估、海事安全研究与防撞技术开发、船型论证评估与开发等。通过航运技术与安全国家重点实验室和航运技术行业重点实验室承担国家科研项目和行业共性技术的研究开发。作为国际拖曳水池会议（ITTC）会员及顾问委员会成员单位，在行业内具有较大的影响力和核心竞争力，业务约占国内同类市场份额的60%。

3. 智能交通系统

主要从事智能交通、智能交通产品、工业及港航电气自动化、智慧城市和安防、软硬件系统运营维护等领域技术研发和系统集成，包括高速公路、大桥、隧道、轨道交通、城市道路等监控、通信、收费系统机电工程项目的设计、施工和总承包。

4. 交通与航运信息化

主要从事智能交通信息化建设、航运信息化建设，开展规划设计和研发实施，提供高质量、多方位、深层级的行业解决方案和运维保障、系统集成服务。

作为中远海运集团内部提供专业信息服务的公司，船研所承担了集团本部及下属各专业公司信息化建设的规划设计、研发实施、运维保障、系统集成等工作，以及集团数据中心的建设与运营。承建了集团综合管理平台、集团辅助决策系统（DSS）、集团内网门户、SAP财务系统、船东IMIS系统、集装箱代理系统、全球资金管理系统、集中采购管理平台、海员管理系统等建设、咨询和服务，并负责运营中海数据中心和灾备中心，为集团信息化建设提供了有力的技术支撑和运维保障。

5. 船舶通信导航

主要从事船舶通信导航与通信工程专业技术服务，开展船舶通导设备的技术设计与检验服务、海上通信代理、通导信息技术服务、船舶通导产品销售代理和各类通信系统、有线和无线通信工程等综合服务。

6. 环境工程

主要从事建设项目和区域开发项目的环境影响评价，港口、工矿企业的油污水、化学污水、生活污水、工业废水的治理及高速公路、城市高架轨道交通噪声治理。

【经济指标】

2018年，船研所/海科共完成营业收入15.6亿元，同比增长2.39%；实现利润总额1.8亿元，同比增长7.57%；科技创新收入3.02亿元，同比增长10.6%；科技投入达1.16亿元，同比增长37.3%。各项经济指标均再创历史新高，为“十三五”发展目标的实现奠定了坚实基础。

【资源整合】

2018年，船研所/海科圆满完成集团科技与信息资源整合工作。2月2日，集团科技与信息化平台在上海正式宣告启航，7月18日，中远海运科技（北京）有限公司在北京举行揭牌仪式。

信息化资源整合后，公司坚持以战略为引领，深入贯彻“合力创业、全力创效、大力创新”的理念，牢记使命、实干担当、协同发展，通过组织架构重建、区域布局调整，实现技术协同和资源共享，逐步扭转科技和信息化资源“散、弱、小”的局面，总体实现“人才聚集、资源共享、技术融合、业务协同”新的发展格局。

【科技研发】

1. 工业和信息化部智能船舶项目

作为技术战略转型的重要抓手，船研所/海科完成“1+3”（集成平台、智能航行、智能机舱、智能能效）的软、硬件开发，实现了基于大数据分析的船岸信息对接和协同应用，为船舶航行和设备运维提供了辅助决策支持，也进一步提高了船舶的安全、环保、经济、高效和智能化水平，奠定了中国首个智能船舶规范的基础。

2. 搭建研发创新平台

2018年5月8日，公司成立研发创新中心，按照集团“十三五”规划的战略部署和对“互联网+”的定位，研发创新中心积极研究探索新技术、新模式、新场景与集团各产业集群的有机结合，构建“科技创新的创意、组织平台”“创新项目的实施、孵化平台”和“创新成果的管理、转换平台”，为集团产业集群互联网“+1”赋能。完成集团“十三五”信息化滚动规划修订等顶层设计优化工作。

3. 构建集团信息化“一套基础设施”

开发集团主数据管理系统（MDM），加强集团数据管理，逐步实现数据共享。按照“三地四中心”模式，启动云数据中心建设工作。按照集团《数据中心整合专项规划》，启动境内广域网专线整合项目，完成集团下属19家二级单位81条零散线路整合，改造优化形成40个广域网接入节点，基本形成集团境内MPLS“一张网”。

4. 促进集团战略管控和服务共享

根据集团统一部署，公司开展实施集团投资管理系统、人力资源系统、财务信息化系统、航标船舶管理系统、采购和供应商管理系统、办公自动化系统、船员管理系统等12个重点统建项目，并已取得阶段性进展。

集团投资管理系统一期覆盖集团各级法人单位2453家；集团人力资源系统第一批次上线289家单位，涉及员工近1.7万人；集团财务信息化系统完成80家二、三级公司上线；实施航标船舶管理系统和集团OA系统推广工作，OA系统基本覆盖集团全部二级单位，总用户人数达2.4万，航标船舶管理系统覆盖集团各主要航运公司，累计实施船舶751艘。

【科技成果】

2018年，船研所/海科共申请专利和软件著作权90项，其中发明专利13项、实用新型专利17项、软件著作权60项；发表科技论文51篇，其中核心期刊论文18篇；标准制定与编制3项，科技成果验收14项。

【市场经营】

1. 智能交通业务板块

面对高速公路机电市场投资回落、行业市场竞争激烈的困难局面，船研所/海科深化重点区域市场经营工作，深耕上海、贵州、四川、宁夏等重点区域市场，积极开拓新区域，在吉林、青海、广东、安徽、河北等市场取得较大进展，实现重大突破。

2. 航运信息化板块

以集团战略为引领，船研所/海科充分发挥集团信息化资源整合优势，全面提升主动服务意识，在集团内部市场实现重大突破，集团投资与项目管理系统、人力资源管理系统、财务核算系统、集中采购系统等集团统建项目有序推进。

3. 安防业务板块

船研所/海科立足上海区域，抓住首届中国国际进口博览会等重大市场机会，深耕拓展“雪亮工程”“智慧公安”等市场业务，成功获得浦东公安雪亮工程等项目，区域市场地位得到进一步加强。

4. 港航自动化业务板块

船研所/海科持续深化业务结构布局及转型发展，以智能交通配套产品和港口业务为抓手，扎实做好内外部市场开拓，跟踪用户需求，找准合作点，为战略转型、业务发展积极准备。

5. 航运技术与舰船自动化业务板块

面向行业发展需求，船研所 / 海科聚焦集团主业需要，积极开展军民融合、能效管理、节能减排等新兴领域的技术研究，大力推进市场拓展及应用，业务总体保持稳定。与海装机关、两大造船集团保持紧密联系，市场经营稳步推进，军品业务在激烈市场竞争中保持稳定。

6. 区域业务板块

北京中远海科把握资源整合机遇，强化业务协同，在保持集团运维业务和统建项目建设稳定的同时，集团物流信息化业务和烟草、铁路、“一带一路”等外部市场取得重要突破。

7. 中海电信

创新市场经营模式，把握外部市场机遇，在江苏、广州、珠海等地成功开拓多家船厂新客户，成功开展船舶 VSAT 系统“销售转租赁”经营方式，服务质量和水平得到进一步提升。

8. 中海环境

保持轨交环评市场份额国内领先地位，大力拓展四川、青海、贵州等省份交通环评新领域，业务经营保持稳定良好态势。

【对 外 合 作】

1. 与日本古野电气、平成商事成立船舶通导合资公司

2018 年 9 月 10 日，中远海运古野通信导航科技（上海）有限公司在集团总部大楼正式揭牌成立。合资公司将在股东各方支持下，开展船舶通信导航产品及相关技术应用领域的研发、生产、销售和服务合作，拓展船舶通信导航及其配套产品的国内外市场。

2. 搭建国家智慧航运卫星通信与综合服务平台

10 月 15 日，与交通运输通信信息集团有限公司签署合作协议，拟共同组建国家智慧航运卫星通信与综合服务平台，建设覆盖集团全球航线的卫星通信网络，统一管理卫星通信资源，实现卫星通信“资源可调、数据可控、运行安全、价格更低”的目标。

3. 推进国家重点实验室易址建设

深水拖曳水池、航海安全水池池体及研发实验楼作业面按计划持续推进，项目进入建筑施工工艺和非标设备技术难关的攻坚期。

4. 与中远海运发展合作筹建新动能股权投资基金

围绕集团产业链加快打造科技创新生态圈，优化公司产业布局，提升公司未来盈利能力，中远海运科技与中远海运发展合作，筹建新动能股权投资基金，以新技术、新业态、新经济产业为主要投资方向。

5. 与临沧市人民政府、滇西科技师范学院共同组建临沧科学技术应用研究院

9 月 26 日，临沧科学技术应用研究院签约揭牌仪式在滇西科技师范学院举行，临沧科学技术应用研究院将充分发挥相关方优势资源，围绕扶贫开发、产业升级、沿边开放、智能交通、智慧城市、智慧边境等开展科学技术应用研究。

【管 理 提 升】

1. 建立精简高效组织架构体系

完成总部管理机构调整和干部、员工的聘任工作。对标集团发展愿景和产业规划，以“智慧交通、智慧航运、智慧物流、智能船舶、环境工程”五大业务板块为布局，完成业务部门机构调整及干部配备工作，建立了以事业部和直属公司为业务经营主体，以云数据中心为数据管理平台，航运技术与安全国家重点实验室、智能船舶专项办、研发创新中心为创新支撑平台的业务体系。

2. 改进企业决策流程和制度体系

结合企业经营情况和统一管理需求，对内控体系进行了一系列的改进与完善。一是完善企业决策流程，加强党的建设与上市公司治理有机结合，强化党的领导作用，修订《党委会议事决策规则》《“三重一大”决策制度实施办法》，坚持党委研究讨论是董事会、经理层决策重大问题的前置程序。二是加强企业制度体系建设，梳理现行有效制度清单，并按照独立法人为条线，完善制度建设和流程优化，全年完成 170 余项制度修订。三是提高信息化管理水平，通过 ERP 系统改造提升经营管理效益，强化成本和流程的管控；通过 OA 系统优化提高行政管理效率，规范公文签报、规章制度、印章管理等流程管理。坚持“管理制度化、制度流程化、流程信息化”，切实提高管理效益。

【人 才 队 伍】

1. 基本构成

船研所 / 海科共有在职职工 1284 人，具有高级技术职称人员 243 人，中级以上职称人员 580 人，本科以上学历人员 1078 人，享受政府特殊津贴的高级专业技术人员 6 人。

2. 优化资源

2018 年 4 月，公司启动人力资源管理体系建设优化工作，并聘请了专业人力资源管理咨询公司协助进行，已陆续实施了总部管理部门的岗位价值评估、岗位分层及岗位等级体系对标、人员薪酬分析和套算、薪酬结构体系和绩效考核体系搭建等工作。

3. 推进岗位分红激励机制

依据《国有科技型企业股权和分红激励暂行办法》等政策规定及企业实际情况，开展上海船研所岗位分红框架方案的编制工作。

【干 部 选 聘】

1. 按照集团改革重组期间干部员工安排及分流安置工作的指导意见，船研所 / 海科研究制定了《中远海运科技 / 上海船研所总部管理部门干部员工聘任方案》并报集团组织部原则上同意后实施，在充分听取管理部门每位干部员工自主意愿的前提下，严格按照选人用人规范程序，聘任干部到岗 24 人次。

2. 以立足船研所 / 海科未来战略发展目标的实现，编制了《中远海运科技 / 上海船研所业务板块整合及干部聘任方案》，完成了涉及“智慧物流”“智慧交通”“智慧航运”“智能船舶”4 个业务板块的 12 个事业部班子调整，从实际需要出发，尊重历史，兼顾平衡，聘任干部 17 人次，提任 13 人次。纪委在重组考察考核期间，参与 20 余名管理干部考察工作，访谈 46 人，为企业重组选好干部提供了坚强纪律保障。

3. 启动中远海运科技北京公司筹建工作，成立中远海运科技北京公司筹备组。与原网络北京、网络物流公司领导班子成员及中层干部进行调研座谈，听取关于整合重组意见，对整合方案及具体推进步骤进行原则把关，聘任干部 4 人次，提任 1 人次。

【质 量 安 全】

1. 质量管理方面

完成上海市技防办二级、系统集成一级资质、建筑机电安装二级资质、公路机电一级资质、软件行业协会 AAA 信用等级、军委装备发展部装备承制单位注册证书的换证工作，以及中国安防协会一级资质的年审工作。

2. 安全生产方面

一是在企业安全体系管理方面，组织签订部门年度安全生产工作责任书、员工安全承诺书，落实安全生产责任；加强监管力度，制定应急预案，对安全隐患进行排查与整改；组织安全培训及考试，提高从业人员安全素质，确保安全体系有效运行。二是在企业网络信息安全方面，构建集团网络安全治理体系，承办集团 2018 年网络安全宣传周活动。

【全面从严治党】

全力配合做好中央巡视工作，扎实开展巡视整改，启动巡察工作。深化“两学一做”学习教育常态化制度化。围绕改革重组大局，选好干部配齐班子。坚持“三会一课”、民主评议党员等制度，深化落实党建工作责任制。严明政治纪律和政治规矩，处置 6 件信访件，严肃查处违纪违规问题；扎牢制度笼子，强化制度执行；加强廉洁从业宣传教育，提高党员干部严守纪律规矩的自觉性。围绕企业科研生产经营工作，坚持问题导向，开展 9 项审计项目。

【学习宣传贯彻党的十九大精神】

党委把深入学习贯彻习近平新时代中国特色社会主义思想和党的十九大精神作为首要任务。一是坚持“带头学”。针对工学矛盾突出的实际，党员领导干部想尽办法全力克服，原原本本学习报告原文，扎扎实实领会理论要点，认真学习人民日报评论员文章等学习材料。中心组成员结合“两学一做”及学习党的十九大精神情况在中心组学习会上交流学习心得，着力在学懂弄通做实上下功夫。二是坚持“集中学”。丰富学习途径，除了领导宣讲、理论导读和个人自学外，积极通过周例会、党委会、中心组学习会，基层党组织“三会一课”等形式开展集中专题学习。三是依托主题活动“创新学”。开展以“不忘初心、牢记使命”为主题的 2018 年度党员教育月活动。教育月期间，各级党组织根据要求，围绕主题，开展“五个一”活动（即：一次主题教育活动、一次党员公开承诺活动、一次主题实践活动、一次“两优一先”评选，以及围绕许立荣党组书记、董事长在集团召开的违反中央八项规定精神突出问题专项治理教育警示大会上的讲话精神及纪委下发的警示案例材料组织一次支部大讨论活动），开展岗位承诺和党员捐款活动，共收到 371 名党员捐款 29 496 元。四是依托网络平台“便捷学”。通过网站“党建要情”、OA“学习园地”、微信公众号、微信群等平台，将十九大原文、重点解读和时事评论员文章，及时进行推送，方便广大党员和党员领导干部开展学习，进一步拓展深化“互联网 + 党建”模式。

【党　代　会】

根据集团党组的批复，上海船研所第九次 / 中远海运科技第一次党代会于 2018 年 12 月召开，选举产生了新一届船研所 / 海科党委。上海船研所第九次 / 中远海运科技第一次党代会是船研所 / 海科在全面改革发展进入新时代关键时期的一次重要会议。为统一思想、凝聚共识，全力做好党代会筹备工作，党委制定下发《关于认真做好中国共产党上海船舶运输科学研究所第九次 / 中远海运科技股份有限公司第一次代表大会有关准备工作的通知》，从支部开始推荐候选人，经过“二上二下”选举产生出 111 名党代会代表。经过“三上三下”反复酝酿、逐级遴选，确定了新一届两委委员候选人预备人选的正式名单。

【宣 传 舆 论】

2018 年，船研所 / 海科向《中国远洋海运报》发稿并登载 21 篇；向集团各类新媒体投稿并登载 32 篇（其中中远海运微信公众号 1 篇、中国远洋海运报微信公众号 14 篇、中国远洋海运 E 刊 1 篇、中国远洋海运杂志微博 9 篇、集团反腐倡廉网 7 篇）；在各微信公众号上发表推送 119 篇（中远海运科技 23 篇、上海船研所 37 篇、船研青年 59 篇）；在所网站新闻板块发布党建类新闻 15 篇，在公司网站新闻板块发布党建类新闻 11 篇；在所网站党群工作板块发布信息 79 篇（精神文明建设 2 篇、党建要情 7 篇、中心组学习 1 篇、党建专题 1 篇、基层党组织活动 17 篇、船研人 2 篇、先进风采个人 32 篇、先进风采集体 17 篇）。

【社 会 责 任】

2018 年，船研所 / 海科选派 15 名优秀青年参加上海进博会志愿服务和讲解工作，《中国远洋海运报》对公司的优秀志愿者作了专题报道；作为洋泾青年理事会的轮值主席单位，继续与洋泾街道团委、浦东新区第二中心小学、六师附小合作开展“趣味科技进校园”公益科技讲座，组织来自不同部门 / 公司的科技青年志愿者团队为学生们开展“程序员的那些事”“趣读电子海图”“趣说‘辽宁舰’”等各类科普课程 6 次；与航头镇团委、海事职业技术学院团委合作开展主题为“科技创新、强国富民”国家重点实验室开放活动，共组织50余名学生参观船研所国家重点实验室；在3月志愿者服务月中、重阳节期间分别开展阳光之家开展公益志愿活动、“最美食物包捐助活动”“九九重阳节、浓浓敬老情”敬老爱老活动；积极配合集团云南永德爱心助学及工会援藏捐衣活动，全年共开展各类志愿活动20次、完成助学结对12人，捐助衣物25箱。

【工团建设】

船研所/海科指导中远海科（北京）公司按民主程序筹建，并组建工会组织选举产生第一届工会委员会，维护职工的合法权益；指导网络航科成立基层工会、指导中海电信工会和贵州新思维工会届满换届改选，从组织上保证工会职责的履行。认真处理职工代表提案，关心职工生活和劳动保护，努力为职工提供应急互助保障措施。有1033名职工参与“一日捐”，奉献爱心54 470.5元；为61名困难员工发放援助金96 100元；走访慰问职工374人次，发放慰问金24.15万元；为全体会员申办上海市工会会员卡，提供会员专享保障。推荐上海市五一劳动奖章1人、中央企业劳动模范1人、上海市三八红旗集体1个，推荐4项一线职工发明专利提交第六届上交会一线职工发明专利展示交流，荣获上海职工发明专利银奖、铜奖各1项。

通过规范化流程不断夯实团组织建设基础，提升基层团组织的组织力、领导力、战斗力和影响力。依托“青年大学习”行动，抓好党的十九大、团的十八大、习近平总书记“7·2”重要讲话精神的学习贯彻落实工作。全年共开讲基层团课10次，覆盖人数200余人。以务实的支部个性化提升目标推动团组织自身建设，形成团建特色及工作品牌。（吴勤范）

中远海运集团财务有限责任公司（筹）

中远海运集团财务有限责任公司（筹）

中远海运集团财务有限责任公司（筹）（简称“中远海运财务”，英文简称COSCO SHIPPING Finance），为中远海运集团直属二级公司，前身中海集团财务有限责任公司（简称“中海财务”），是经中国银行保险监督管理委员会批准成立的企业集团财务公司。公司于2009年12月30日成立，2018年根据《中国银行保险监督管理委员会关于中海集团财务有限责任公司股权变更及吸收合并中远财务有限责任公司等有关事项的批复》，吸收合并中远财务有限责任公司（简称“中远财务”）。

中海财务初始注册资本3亿元，2011年增资至6亿元（含500万美元）。2016年，根据集团整体重组安排，经上海银监局批准，中海财务完成股东间股权转让，转让后中海财务股东中国远洋海运集团有限公司持股10%、中远海运发展股份有限公司持股65%、中远海运能源运输股份有限公司持股25%。2017年，中海财务增资至12亿元（含500万美元），股东及股权比例保持不变。2018年完成吸并后，中远海运财务注册资本为合并双方注册资本之和，共计28亿元（含2500万美元），对应出资额和股比以两家公司经集团备案确认的净资产评估值所确定的股权价值重新按比例计算，股东由3家变为17家。同年11月，中国海运集团有限责任公司将其持有的公司3.597 7%股权无偿划转予中远海运集团；中国远洋运输有限公司将其持有的公司27.610 6%股权无偿划转予中远海运集团，无偿划转完成后股东由17家变为16家，中远海运集团成为公司的最大股东和实际控制人。

作为非银行金融机构，公司主要经营范围为：对成员单位办理财务和融资顾问、信用鉴证及相关的咨询、代理业务；协助成员单位实现交易款项的收付；经批准的保险代理业务；对成员单位提供担保；办理成员单位之间的委托贷款及委托投资；对成员单位办理票据承兑与贴现；办理成员单位之间的内部转账结算及相应的结算、清算方案设计；吸收成员单位的存款；对成员单位办理贷款及融资租赁；从事同业拆借；承销成员单位的企业债券；有价证券投资；代客普通类衍生品交易业务（仅限于由客户发起的远期结售汇、远期外汇买卖、人民币外汇掉期产品的代客交易）。

【经营效益】

2018年，中远海运财务紧紧围绕提质增效和改革重组两项中心工作，处理好改革、发展、稳定三者关系，全面推进各项工作，积极践行集团“四个一”理念，充分发挥财务公司“四个平台”功能，促进集团资源优化配置，节约财务成本，保障资金安全，提升运营效率。截至2018年年末，公司总资产723.2亿元，总负债673.05亿元，所有者权益50.15亿元；全年实现利润总额4.46亿元（同比增长67.22%），净利润4.16亿元（同比增长106.53%），净资产收益率12.38%。

【主要业务】

2018年，中远海运财务积极配合落实集团结构调整、供给侧结构性改革措施。按“三去一降一补”的工作要求，公司抓住结算新模式上线和属地化工作的契机，加强内部融通，积极支持去产能、去杠杆工作。2018年12月末，公司自营贷款余额人民币230.13亿元，美元4.95亿元，全年累计为成员单位节约财务成本逾1.02亿元，为降低集团负债率提供辅助支持。

2018 年全年，公司人民币累计结算量 1.56 万亿元，结算笔数 228 万笔；美元累计结算量 507.02 亿美元，结算笔数 33 万笔。顺利实现原两家财务公司结算业务体系的整合，保持资金结算各项工作的平稳过渡，实现结算工作的不断不乱，确保集团及成员单位的资金安全。

公司以预算管理为抓手，在保障资金安全性和流动性的前提下，开拓闲散资金利用途径，采用阶梯式议价等方式，不断优化活期资金价格，2018 年公司同业业务日均余额 297 亿元，平均收益率达 3.02%。同时，公司还积极开展同业拆放业务，进一步加强同业合作，向中铝财务拆出资金 9 亿元。

公司持续优化资产配置结构，降低投资风险，审慎开展投资业务。2018 年投资业务日均规模 20.88 亿元，实现收益 1.39 亿元（含吸并前中远财务投资收益 0.57 亿元），年化收益率 6.66%，市值增长 1.09 亿元，年化收益率 5.21%。各口径投资收益率都高于预算考核基准及市场中位数，较各类型公募基金资产均有超额收益。

按照国务院国资委央企资金集中度的管理要求，公司在保证原中远、中海资金集中的基础上，进一步贯彻“能归尽归”原则，加强各成员单位账户及资金管理，建设人民币、外币资金池，不断推动资金集中管理工作。截至 2018 年底，公司吸收存款达到 670.87 亿元，资金集中度达到 51.13%。

公司重组整合期间，完成外汇交易主体并轨、制度修订等，确保外汇交易业务不断不乱，有序开展。进一步开拓公司交易对手，通过代理结算行进行上海清算所场内外汇中央对手方清算业务进行可行性研究，为优化清算模式奠定基础。

【改革重组】

2018 年，通过开展大量前期准备工作以及与监管部门保持密切沟通，公司于 6 月 7 日取得了中国银保监会《关于中海集团财务有限责任公司股权变更及吸收合并中远财务有限责任公司等有关事项的批复》，财务公司重组整合进入落地实施阶段。公司以 2018 年 6 月 30 日为基准日，由中海财务对中远财务实施吸收合并的账务处理，8 月完成中远财务税务清算，9 月 18 日取得北京工商部门出具的合并注销证明。

经上海银保监局核准，公司办公地址由虹口区东大名路 670 号 5 楼迁至浦东新区滨江大道 5299 号中远海运大厦 8 层，于 7 月 28 日顺利迁入新总部大楼，按照“一总、一分、四地延伸柜台”的组织架构，即总部 11 个部门、北京分公司 5 个部门，以及在天津、大连、青岛及广州设立 4 个延伸柜台，完成合署办公。

【企业管理】

全面修订规章制度，结合重组工作，公司组织对原中远、中海财务公司规章制度体系进行对比和梳理，制定新公司规章制度目录框架，经各筹备小组讨论后分工编写并定稿。截至 2018 年年末，公司完成法人治理、风险及内控管理、法务合规、稽核审计、信贷、投资、外汇、资金管理等公司总部 13 类、分公司 4 类共 168 项规章制度制定修订。同时根据集团要求，对公司章程进行修订，将党建工作总体要求纳入章程，补充了职工董事、股东义务等内容。

公司按计划、分步骤推进结算新模式上线和原中海成员单位属地化工作，完成 590 多个账户的退出和转挂接，完成原中远企业 AB 账户的改造、上线和原中海 AB 账户改造方案的确认工作，以及新结算模式下银行账户的新开户工作。全面梳理客户账户清单，根据新模式要求对所有账户进行确认和改造，完成原中远 222 家企业共 808 个账户的改造和上线，企业上线率达 100%；原中海符合条件的 96 家企业共 350 个账户完成新模式上线。

【信息化建设】

2018 年，公司搭建了合并后新公司 TMS 生产环境，完成了新、旧 TMS 系统切换和数据迁移，顺利完成系统上线，实现两家公司后台数据融合；完成财务系统切换、数据接口；积极配合集团对TMS大额资金支付数据接口的开发和测试，按期完成上线，实现对集团大额资金动态监控。

【风险管控】

自2018年7月合署办公后，公司成立资产负债管理委员会、信贷业务审核委员会、投资业务审核委员会、衍生产品业务审核委员会4个新的专业委员会决策机制。

2018年，公司共召开贷审会14次，审议28项议案；召开投审会19次，审议议案20个。发出风险提示10次，包括季度常规业务提示、网络执行查控、租赁公司信贷管控、关联交易、异地票据业务、固定资产贷款合规要点、财通润富4号风险提示、成员单位报备提示等。

根据监管机构关于深化整治市场乱象工作要求，公司进一步深化市场乱象整治工作方案，从法人治理、宏观调控政策执行等8个方面，结合自身业务实际，开展全面自查，切实做到“要点全覆盖、部门全覆盖、业务条线全覆盖”。同时，公司在2018年各部门绩效考核体系中，加大对风控合规指标的考核力度，风控合规指标占比由原先的20%左右提升至40%以上。

2018年，公司重点围绕制度执行和资金安全两个重点，完成各类审计项目19项，其中：完成离任经济责任审计3项，专项审计（调查）14项，财务收支审计1项，飞行检查1项。审计资产总额达2772亿元，100%覆盖公司总资产。

【企业文化】

公司广泛动员全体员工参与编制《企业文化核心价值理念纲要》，凝聚文化共识。组织员工共同参与制作企业形象宣传片、开展帮困扶贫捐款奉献爱心活动，促进员工增进了解和文化对接，为新公司凝聚团队力量、实施内部机构整合打下良好基础；联合中国商飞集团财务公司，以“进博先锋·党员行动”为主题共同开展党建活动，助力进博会，为城市添光彩。

组织开展丰富多彩的文体活动，让“四个一”理念不断在基层、在具体工作中落地生根。组织开展职工摄影比赛、徒步健身、烘焙、插花、与集团新闻媒体、商飞财务公司联合开展以“勇于创新、合作共赢”为主题的五四青年节活动等，不断提高员工的凝聚力和参与度，积极营造企业良好的文化氛围。

【人才队伍】

合并重组期间，公司坚持好干部标准，完成公司管理干部的选配；完成总公司11个部门、分公司5个部门和4地延伸柜台部门职能梳理，形成各部门和延伸柜台部门职责说明书；编制总公司、分公司、延伸柜台共102个岗位的岗位说明书；确定各部门、延伸柜台的人员编制，开展总、分、延伸柜台的员工的定岗定编工作。公司以市场化为导向，通过岗位价值体系优化，薪酬体系优化，设计一体化薪酬方案，统一薪酬标准和职业发展通道，实现财务公司合并薪酬体系的平稳过渡。

按照新公司业务发展需求，公司开展应届毕业生和社会公开招聘人员的选聘工作，完成投资、信贷、风控、审计等岗位5名员工的招聘工作。

【党群工作】

公司党委坚持把方向、管大局、保落实，在新公司章程中明确公司党委发挥领导作用，确保党组织在公司法人治理结构中的法定地位。制定并实施《中远海运集团财务有限责任公司（筹）“三重一大”决策制度实施办法》《中远海运集团财务有限责任公司（筹）党委议事规则》，把党委研究讨论作为董事会、总经理办公会决策前置程序，着力推进和解决公司整合重组和改革发展稳定中的重大事项和问题。

不断强化政治思想建设，组织开展学习贯彻党的十九大精神宣讲、新党章专题党课、党建知识测试活动等，在学思践悟中将党的十九大精神内涵转化为工作的指向和动力。组织召开党员领导干部民主生活会、巡视整改专题民主生活会、组织生活会等，深入开展党性分析、深刻剖析思想根源。

全力配合中央巡视工作开展，先后召开3次党委会议研究部署推动巡视整改工作，开展1次党委中心组学习，学习习近平总书记关于巡视工作的重要指示精神、中央巡视反馈会精神、集团党组工作部署等。成立中远海运集团财务有限责任公司（筹）党委巡视整改工作组织机构，制定《中共中远海运集团财务有限责任公司（筹）党委对中央第九巡视组巡视反馈意见整改工作方案》，切实抓好中央巡视反馈意见的整改落实。

不断夯实党建基础工作，与各党支部签署2018年度党建工作责任书。积极探索党支部工作目标管理机制，制定《中远海运集团财务有限责任公司（筹）党支部标准化建设工作指引（试行）》。坚持党内“三会一课”制度，认真落实组织生活会、民主评议党员制度，提升基层党组织组织力。根据员工数和党员数均衡的编制原则，对党支部进行重新编制，完成支部换届选举工作，夯实党支部组织基础。开展“新时代新作为—我是共产党员”特色活动，亮出党员身份，充分发挥党员先锋模范作用。

深入推进党风廉政建设，研究制定了《中远海运集团财务有限责任公司（筹）2018年反腐倡廉建设工作任务分解》。加强顶层设计，在公司总部、分公司分别设置纪检监察部门，在延伸柜台明确纪检监察岗位人员，最大可能地配齐配强纪检监察审计人员；成立中远海运集团财务有限责任公司（筹）巡察工作领导小组和办公室，建立健全巡视巡察组织机构；研究制定《中远海运集团财务有限责任公司（筹）党委巡察工作实施细则》等5项制度及《中远海运集团财务有限责任公司（筹）党委巡察工作规划（2018—2022年）》，对天津延伸柜台党支部开展巡察工作，按照巡察中发现的问题清单制订整改计划，切实做到真改实改，全面完成整改任务。2018年中远海运集团财务有限责任公司（筹）基本情况见表14-10。

2018年中远海运集团财务有限责任公司（筹）基本情况　　表14-10

类别	项目	单位	数据
财务情况	总资产	亿元	723.2
	净资产	亿元	50.15
	营业总收入	亿元	11.48
	利润总额	亿元	4.46
业务规模（年末规模）	存放同业	亿元	395.77
	信贷资产	亿元	264.14
	投资理财	亿元	28.61
	吸收存款	亿元	670.87
人力资源	员工总数	人	154

（赵燕青）

中远海运博鳌有限公司

中远海运博鳌有限公司

【公司概况】

中远海运博鳌有限公司(以下简称“博鳌公司”，英文简称 COSCO SHIPPING BOAO)，成立于 2001 年 8 月，是中远海运集团直属二级单位，是博鳌亚洲论坛核心服务商和基建投资商。

博鳌公司一方面服务于博鳌亚洲论坛，另一方面积极参与市场竞争，核心业务主要集中在会议和度假两大产业。业务范围包括会务、酒店餐饮和客房、高尔夫、景区观光、温泉等。客户广泛分布于汽车、医药、IT、金融、保险、制造、教育等行业。

截至 2018 年底，博鳌公司成功完成 18 届博鳌亚洲论坛年会的服务保障任务，先后接待了 10 位中方领导人、142 位外方领导人、2 万余名嘉宾代表。习近平总书记分别参加了 2010 年、2013 年、2015 年、2018 年会。公司还参与服务保障了首届进口博览会。博鳌公司全力服务国家外交大局，擦亮集团“金字招牌”。

【深化改革】

2018 年，博鳌公司以集团赋予的 12 项利好政策为切入点，以集团财务中心发布的《博鳌公司管理和流程梳理专项报告》为依据，以推动战略落地、建设幸福企业为主线，加强顶层设计，形成了公司组织结构调整和相关配套措施改革初步方案。同时，酒店运营管理中心为公司全面深化改革开了个好头，为后续工作开展起到了示范作用。推动集采改革稳步推进，认真落实中央巡视整改要求，按照统一资源调配、统一采购渠道的原则，制定集采中心改革方案。择优选派 14 名后备年轻干部到公司本部和“两个中心”挂职，加强人员多岗位、跨职能、跨行业实践锻炼，提升了人才队伍综合能力。

【发展战略】

2018 年是博鳌公司落实企业发展战略的发力之年。在圆满完成年会重大政治使命的同时，博鳌公司全面回归企业本质，市场化道路越走越宽广。会务公司坚持市场导向、客户思维，内外兼修，全面提升市场核心竞争力。全年共承接会议 210 个，千人以上会议 37 个，比上年增加 10 个，单月收入突破 3800 万，创历史新高。连续三年，会议业务以年 2400 万元以上的增幅直线增长，成为海南省第二大专业化会务公司，会议承接、策划、搭建等统筹能力显著提升。在市场整体下滑的前提下，旅游中心主动作为，拓宽渠道，通过开发产品、打包销售等手段，先后推出“畅游东屿岛”观光套餐等系列度假产品，保证了稳定收入。坚持“引进来”和“走出去”相结合，整合东屿岛资源，推出线上线下组合产品，酒管中心先后引进了“西沙海鲜火锅”、泰式水疗项目，开展音乐美食节等活动；旅游中心先后推出纪念币、珍珠和菊花石等特色项目销售，增加收入。

【经营效益】

2018 年，博鳌公司实现营业总收入 25 950 万元，比上年增加 4839 万元，增幅 23%；营业总成本 37 461 万元，比上年增加 5957 万元，增幅 19%；利润总额 -9555 万元，比上年减亏 187 万元，减幅 2%。

会议业务方面，公司通过加大医药、协会、金融、汽车、快消品等传统行业直客的开发力度，做深做细，要求每一个行业达到100家有效重要直客客户；对北上广营销网点进行了深度开发和重新布局，重点与客源地一级会务组织方建立直接联系，逐步摆脱严重依赖海南二级、三级会务组织方处于食物链末端的劣势；持续借助海南省对会展板块出台的资金扶持补助政策，建立及深化各大战略合作伙伴的合作，积极举办或协办更多定期定址的品牌论坛和大型活动。

【风险管控】

公司推进风险评估常态化，为全面搜集风险相关信息，形成准确的风险预测信息，继而确定相应的应对策略，为公司的管理和决策提供科学依据。自2018年第二季度开始，公司启动风险评估常态化工作，每季度组织一次风险评估收集公司领导、各级员工的风险信息，持续关注公司关键风险点；并及时将评估发现的重大风险信息反馈至责任部门，提醒其加以关注，提前预警。

在集团法险部的统一部署及指导下，2018年公司邀请了专业风控咨询机构（普华永道）对公司进行全面的风险评估。经过访谈、查阅资料等方式收集风险信息后，建立公司风险数据库，共计74项风险点；同时，通过调查问卷方式，向公司高管及中层干部收集重大风险信息，评估出公司前五大风险分别为市场开发风险、业务协同风险、市场需求风险、工程项目管理风险和采购风险。针对这五项风险，普华永道提供了专业性的应对举措，为企业实现有效的风险防控提供了安全保证。

【年会服务】

2018年4月8—11日，以“开放创新的亚洲，繁荣发展的世界”为主题的2018年年会在博鳌召开。来自63个国家和地区的8位中外领导人，2位主要国际组织负责人，13位外国前政要，10位中方副国级领导，47批国外部长级官员、国际组织负责人及代表，71批国内省部级领导及央企负责人，72位世界500强CEO，240多家媒体的2100多名记者，2000多位代表参会，其中企业界代表1645人，约占82%，媒体记者同比增加100%，共5800人出席年会。参会企业代表和媒体规模均为历史之最。此届博鳌会是历届年会规格最高、规模最大的一届。

在集团坚强领导下，全体干部员工弘扬“四个一”文化理念，发扬“同舟共济”精神，以机制化建设为统领，大力推进“双精”工程建设，全面提升专业化、国际化、规范化服务水平，出色地完成了史上规模最大、层次最高、标准最严，多达5800人、465场活动的2018年年会服务保障工作。确保了中方领导人参会活动、“6+2”外方政要团同时入住金海岸酒店、云亭国宴、2100余名媒体记者保障等12个重要方面万无一失，实现了多年来一直想办而没有办成的“一地办会”目标，打造了服务品质新经典。共收到各类表扬信、感谢信130余封，全部与会的7位国家元首和政府首脑、2位国际组织负责人均留下亲笔感谢信，全面展示了集团“金字招牌”的价值力和含金量。

【服务客户】

优质的服务是企业核心竞争力之一。2018年全年，公司共承接会议210个，千人以上会议37个，比上年增加10个，单月收入突破3800万，创历史新高。连续三年，会议业务以年2400万元以上的增幅直线增长，成为海南省第二大专业化会务公司，会议承接、策划、搭建等统筹能力显著提升。

推动旅游度假业务平稳发展。在市场整体下滑的前提下，旅游中心主动作为，拓宽渠道，通过开发产品、打包销售等手段，先后推出“畅游东屿岛”观光套餐等系列度假产品，保证了稳定收入。坚持“引进来”和“走出去”相结合，整合东屿岛资源，推出线上线下组合产品，酒管中心先后引进了“西沙海鲜火锅”、泰式水疗项目，开展音乐美食节等活动；旅游中心先后推出纪念币、珍珠和菊花石等特色项目销售，增加收入。2018年11月5—10日，首届中国国际进口博览会在上海国家会展中心隆重举行。这是我国推动新一轮高水平对外开放的标志性工程，是2018年四大主场外交的收官之作。博鳌公司作为博鳌亚洲论坛年会核心服务供应商，多年来的服务品质得到了各方及钓鱼台会展的充分认可。钓鱼台会展主动邀请公司参与本次进博会的服务管理。为做好此次服务管理输出，公司高度重视，组建一支150余人的管理与骨干团队奔赴上海。这一服务管理项目输出既是公司首次尝试以服务管理输出创造效益，也是公司借鉴经验、提升服务品质的重要机遇，同时也是公司首次人才输出，这对公司未来人才队伍建设开启了新的篇章，带来了新的机遇，意义重大、影响深远。

【安全生产】

在集团的正确领导和大力支持下，博鳌公司严格按照“安全第一、预防为主、综合治理”的方针，认真贯彻落实上级文件要求，不断强化安全、环境保护方面各项培训、完善制度体系、落实主体责任，认真抓好隐患排查治理、应急预案演练，深入开展“安全生产月”、“119”消防宣传月等专项活动，成功接待2018年博鳌亚洲论坛年会服务保障工作，坚决贯彻落实“一岗双责、党政同责、齐抓共管 失职追责”的要求，进一步完善了公司安全管理组织机构，明确公司主要负责人为应急管理第一责任人，党委书记与总经理同责。分管领导为主要责任人，班子的其他成员对分管范围内的安全工作负领导责任。公司安委会及各职能部门、各经营单位，层层签订安全生产责任书，做到岗位安全人人有责，确保安全生产责任制得到有效落实。组织各类安全培训98场次，参加人员3200人次，培训总课时101小时。牢固树立“宁可防而不来，不可来而无备”的理念，强化防抗台知识培训，做好防台物资的管理为主，利用公司与政府应急管理、三防办、气象等部门建立的信息沟通渠道，及时掌握气象、水情等灾害信息，按照预案第一时间发出预警、防抗等通知，组织各单位开展防台防汛工作。结合工班组情况，按区域负责制原则，进行区域消防安全网格化划分，制定了网格化示意图，做到安全管理责任到人。2018年，公司全年未发生重大安全生产事故、重大财产损失事件及严重环境污染事故，实现了零伤亡、零事故、零污染的“三零”目标。

【队伍建设】

2018年，博鳌公司在全公司范围内开展干部人才专项调研，通过网络匿名问卷、员工座谈会（5场，150余人）、现场实地调研、省内行业间考察等方式，对人员工作现状、选拔任用、绩效管理、培训发展、薪酬福利及人员基本情况等情况进行调研。据统计，共667人参与本次调查问卷，人员参与率达53.3%。针对调研发现的问题与不足，公司党委及时组织召开了公司干部人才工作专题会进一步统一思想、明确目标、制定措施、强化落实。一是出台了《关于加强和改进优秀年轻干部选拔培养使用的实施意见》《公司后备人才培养实施方案》。二是建立各级各类人才跨岗位序列、跨业务序列、跨建制序列横向纵向交流机制，制定2018年下半年挂职交流计划并组织实施，广范围、深层次地推进本部与经营单位间、不同业务板块间的岗位交流，确保“培训提高一批、挂职交流一批、墩苗锻炼一批、选拔使用一批”举措落到实处。三是坚持多渠道选拔和引进人才，坚持竞争上岗制度化，形成“能者上、平者让、庸者下”的用人机制，同时借助海南省百万人才进海南计划落地的契机，制定2019年应届毕业生储备招募计划，奔赴武汉、北京等地开展校招，宣传企业、引进人才。四是深度推行全员绩效考核，优化绩效考核与薪酬分配制度，实现效益与薪酬挂钩，奖勤罚懒，激发活力，提高员工积极性，彻底改变“干与不干一个样、干好干坏一个样”。五是加大公司培训资源统筹力度，丰富培训形式，搭建公司网络培训平台、上线培训App，集中组织开展公司新员工入职培训、博鳌青年大讲堂、营销策划培训班、内训师培训班、储干培训班、中层干部培训班等。六是实现劳动关系契约化管理，依规规范公司用工，实现公司全员劳动合同市场化、人员进出市场化、社会保障市场化。

2018 年，博鳌公司根据下属单位经营管理需要，结合下属单位领导干部构成实际，从优化下属单位班子的年龄结构、知识层次、工作经验、特长等方面着手，对 2 个下属单位班子进行优化调整，以形成并发挥班子的最大合力。充实会务公司领导班子 2 人；由公司总经理助理兼任酒管中心总经理，并安排 1 名挂职干部充实中心班子力量。加强选人用人工作监督，强化重点检查，对干部群众反映强烈的突出问题、举报反映多的单位和个人进行有针对性的检查；建立巡查机制，充分发挥巡查对选人用人工作的监督作用；注重事前监督，在干部选拔任用前端和过程进行全程监督，防止出现违规选人用人问题；加强结果监督，坚持和完善干部离任审计制度，有效规范选人用人行为。通过加强监督、严明纪律，营造良好政治生态。是年没有收到干部群众对公司选人用人问题的反映或投诉。

【企 业 文 化】

突出论坛年会宣传。创新丰富宣传载体，弘扬正能量，为集团品牌宣传和公司改革发展树立良好形象、营造良好舆论环境。2018 年年会品牌宣传工作取得历史性突破。据统计，4 月 8—11 日，央视《新闻联播》、《东方时空》等栏目，东方卫视、海南电视台等电视媒体，《人民日报》、新华网等纸质网络涉及集团的报道 328 篇。此外，设计安装集团元素广告 3 个，救生圈 14 个、路灯标识标牌 140 个、电瓶车 97 辆。41 名引导员手持“熊猫船长”指示牌进行路径引导，邀请 23 名记者参加“物流的变革”分论坛。《中国远洋海运报》刊发 6 个整版、16 篇稿件，《中国远洋海运杂志》刊发 13 个页面，中远海运博鳌官微刊发年会报道 70 余篇。合计 10 万余字、近 500 张照片，为 2018 年年会营造了良好舆论氛围，有力提升了集团“金字招牌”的含金量。

突出公司内部宣传。加强对宣传思想工作的领导，及时研究部署宣传思想工作，把党管宣传、党管意识形态的要求落到实处。提供视频和感谢信等素材配合完成集团企业文化展厅布展工作。成立公司思想政治工作研究会，制定印发政研会章程，为公司改革发展提供智力支持。党工部杨大义撰写的《全球化经营中的中国企业跨文化管理的探索思考》荣获集团政研会一等奖，并被推荐到国务院国资委《企业文明》杂志发表。公司官微紧紧围绕年会服务保障、大型会议接待等开展高密度、常态化宣传报道，推出“2018 年年会 我（们）在奋斗”和“年会故事”系列报道，弘扬主旋律、传播正能量。公司全年官微刊发稿件 300 余篇，集团官微、集团报刊登稿件 20 余篇。丰富“三服务”理念，推出《东屿岛之歌》歌曲及 MV，总结提炼“六大年会精神”，第一时间制作《2018 年年会视频》，展播效果良好。加强舆情应对管理，及时在公司官微发布《关于“博鳌未来新闻官”活动对“中远海运博鳌有限公司”的侵权声明》，消除影响。

各级工会组织深入贯彻中国工会十八大精神，通过各种形式引导工会会员投入年会服务保障、安全生产、劳动竞赛等活动。建立完善 16 项民主 10 制度，提高工会工作科学化水平。关心关爱员工，全年开展春节、困难员工、送清凉等慰问 4192 人次，慰问金额 79.21 万元。开展金秋助学活动，发放助学金 4.3 万元，32 名员工子女受益。开展员工家属游园活动，36 名员工的 79 名家属参加。相继成立足球、读书会、文艺等 7 个兴趣小组，举办首届东屿岛马拉松比赛和趣味运动会；组织开展青年联谊活动，52 人次参加，丰富员工业余生活。公司趣味比赛项目荣获集团第二届职工运动会二等奖。公司团委深入学习贯彻团十八大精神，扎实推进“一学一做”教育实践，推进从严治团。开展主题团日和书记讲团课活动，组织召开“五四”表彰大会暨“年会身边的感动”座谈会，举办两期博鳌青年大讲堂，组织开展“勇当先锋 做好表率”主题青年演讲比赛，在海南省国资委系统和行业工会演讲比赛中均荣获二等奖，坚定理想信念，激发工作热情，激励团员青年创新创效。

【党群工作】

2018年，公司党委始终把学习宣传贯彻习近平新时代中国特色社会主义思想作为首要政治任务抓紧抓好，推动学习往深里走、往实里走、往心里走。举办两期学习习近平新时代中国特色社会主义思想和党的十九大精神专题培训班，160人次参加。

组织开展纪念中国共产党成立97周年系列活动暨“不忘初心、牢记使命”主题党日活动，坚定党员干部理想信念。开展“在建设海南自由贸易试验区和中国特色自由贸易港实践中勇当先锋、做好表率”专题教育活动，引导党员干部员工为海南自贸区（港）建设添砖加瓦。各级党纪工团组织通过讲党课、座谈交流、网络学习、答题竞赛、主题征文、主题演讲、歌咏比赛等形式，将学习宣传不断引向深入。制定党员干部教育培训计划，开展新修订《中国共产党党章》专题培训，通过公司官微、“三会一课”等形式学习习近平在博鳌亚洲论坛2018年年会开幕式、海南建省办经济特区30周年纪念大会、庆祝改革开放40周年大会等重要讲话精神，强化党员教育效果。公司党委委员严格落实党员领导干部双重组织生活，全程参加所在支部的“三会一课”和谈心谈话活动。各党支部围绕年会服务保障、“不作为、乱作为”治理活动等召开3次专题组织生活会，要求党员佩戴党徽，增强党员意识和党性观念。始终把加强班子建设作为重中之重，坚持用习近平新时代中国特色社会主义思想武装头脑、指导实践，始终同以习近平同志为核心的党中央保持高度一致，同集团党组保持步调一致。重点抓好班子成员的政治建设和思想建设，全年举办中心组学习6次，党委6委员讲党课5次，及时传达贯彻中央和集团党组精神，树牢“四个意识”。2018年党委委员深入基层联系点调研26次，大兴调查研究之风。严格党内政治生活，从严从实开好党员领导干部民主生活会和中央巡视整改专题民主生活会，营造风清气正政治生态。班子成员以事业为上、大局为重，经常交心通气，团结协作意识得到增强，凝聚力、战斗力进一步提升。坚持高站位，倡导“马上就办”精神，广泛开展“论坛当先锋，保障我先行”主题活动，百日誓师大会、“服务年会，拼搏有我”升国旗仪式暨环境美化活动，党委委员带头到基层党建工作联系点调研，发现问题、解决问题，所属16个党支部及集团志愿者临时党支部全部召开“服务保障年会”专题组织生活会，同时成立进博会核心服务团队临时党支部，注重发挥党组织战斗堡垒作用和党员先锋模范作用，思想上解压、政治上解惑、工作上解难、生活上解困，配合集团完成国际陆海贸易新通道海南启动仪式和“物流的变革”分论坛。坚决贯彻中央和海南省脱贫攻坚决策部署，开展就业、产业、健康扶贫，切实做好定点扶贫工作，全年投入帮扶资金近20万元，购买滞销芒果，帮助小女孩符兰英治疗眼疾，捐助床和床垫，受到省国资委和当地群众的好评。旅游中心大党总支委派驻村干部，酒管中心党总支结合生产经营需要，购买五脚猪、秋葵等农产品，促进当地群众增收。2018年博鳌公司财务数据及员工情况见表14–11。

2018年博鳌公司财务数据及员工情况　　表14–11

类别	项目	数据
财务状况	总资产（亿元）	23.05
	净资产（亿元）	8.86
	总收入（亿元）	2.60
	利润总额（亿元）	–0.96
员工队伍	年末员工总数（人）	1281

（宋晓冬）

中远海运财产保险自保有限公司

中远海运财产保险自保有限公司

【公 司 概 况】

中远海运财产保险自保有限公司（简称“中远海运自保”，英文简称 COSCO SHIPPING Insurance），由中远海运集团全资设立，于 2017 年 2 月 8 日成立，注册资本金 20 亿元，注册地中国（上海）自由贸易试验区。作为中远海运集团航运金融产业集群的重要组成部分，中远海运自保紧紧围绕集团战略发展和产业布局，积极履行集团赋予的“风险管理工具、保险管理平台、风险成本中心”的核心职责，为集团提供专业的风险保障，助力集团提升防灾防损和安全生产能力，为集团构建全球综合物流供应链服务生态赋能。同时，中远海运自保在集团的领导下，以成为国内自保翘楚为目标，积极贯彻卓越经营理念。2017 年，中远海运自保保持银保监会风险综合评级为最高的 A 类评价。2018 年，公司获得国际著名评级机构 A.M.Best 的 “A 级（卓越）”财务实力评级和“a 级”长期发行人信用评级。

【历 史 沿 革】

经济强国必定是海洋强国、航运强国。经济的增长离不开贸易，而贸易的最重要载体就是航运。航运自古与风浪为伴，是一个风险较高的行业，一直与保险业有着非常紧密的联系。

2016 年，中远海运集团成立，一跃成为世界第一的综合性航运物流企业。为了更好地践行国家“一带一路”倡议和海洋强国战略，稳定经营海外业务，实现自身高质量发展，中远海运集团在运力和资产规模实现跨越式增长的同时，非常重视高水平的经营能力和优质风险管理能力建设。为此，集团亟须建立行之有效的风险管理模式，以确保集团建成世界一流的全球综合物流供应体系。

通过对标其他世界一流企业做法，并与保险监管机构充分沟通，集团决定设立一家自保公司，作为集团的“风险管理工具、保险管理平台、风险成本中心”，希望通过自保公司，成为集团风险管理的有效抓手，促进集团整体风险管理能力的提升。在我国，自保公司是专为母公司及其控股子公司提供保险的保险公司，业务范围主要有财产保险、短期健康保险和短期意外伤害保险。

2017 年 1 月 25 日，中远海运财产保险自保有限公司获得监管部门保险法人机构的批复，2 月 8 日完成工商注册，2 月 17 日正式开业。中远海运自保是中国第六家、内地第三家自保公司和国内首家航运企业的自保公司。同时，中远海运自保也是上海市唯一的自保公司，得到上海市有关部门的高度重视，被纳入上海市重点金融法人机构名录，于 2018 年入选上海改革开放标志性首创案例浦东新区十大案例。

在集团的领导下，中远海运自保自成立以来，积极履行集团赋予的“保险管理平台、风险管理工具、成本控制中心”的核心职责，努力为集团产业发展提供专业的风险保障。

作为中远海运集团成立后首家由国家金融监管单位批准设立的金融机构，中远海运自保不仅是中远海运集团航运金融赋能产业发展的里程碑，也是我国保险业的一次成功实践，十分契合中国保险业在新时代的创新发展需求，对丰富我国保险市场主体，完善保险市场构成也起到积极作用。

【经营业绩】

2018年，中远海运自保保险业务顺利开展、资金运用稳健高效。2018年末，中远海运自保净资产21.61亿元，同比增长5.3%；全年实现保险业务收入4.32亿元，同比增长114.0%；实现投资收益9023万元，同比增加25.7%；全年完成利润总额1.30亿元人民币，完成公司年度目标。

【保险服务】

1. 大力发展保险业务，履行公司职能定位

继续加速整合保险，发挥集团保险管理平台作用。航运保险方面，2018年新承接13个合资公司船队。集团国内港口、装备制造、物流等集群板块的保险也逐步整合归入中远海运自保。其他保险方面，全年保费合计5 288.6万元，同比增长318.8%。2018年，中远海运自保成为国内第十四家获批开展首台（套）重大技术装备保险机制试点共保体的保险公司，为后续开展相关业务做好了准备。

2. 大力推动创新产品，践行集团风险管理工具职能

根据业务发展规划，中远海运自保2018年共完成21款主险和192款附加险的开发和注册，在货运险、涉人类保险、责任类保险等领域开发了更适合集团需求的创新产品。经充分研究，中远海运自保为中远海运集运量身定制“远海通”保险项目，于2018年10月在华南地区优先开展试点，并计划逐步推广到各口岸网点及海外航线。此保险安排有利于助力集运提升西非航线的综合竞争力。

此外，为了配合集团深入践行“一带一路”倡议，中远海运自保推出海外派遣人员雇主责任险，有效地为集团及下属各单位海外派遣人员提供了可靠的保险保障。

3. 不断提升服务水平，进一步控制集团风险成本

坚持服务与创新是中远海运自保一贯的经营理念。

2018年，中远海运自保在防损培训、客户拜访，以及业务管理模式等方面作出创新。全年共组织安排3次大型防损交流会及若干次小型防损专业培训，旨在帮助客户企业提升对于保险风险的识别和防范能力。

全年外出走访客户116次，除了国内的大型航运公司外，还拜访了OOCL、西班牙Noatum码头、北美公司，新加坡远洋等集团境外单位，主动将保险服务延伸到了国外。

成立船舶险专业委员会，邀请集团内各大船公司的保赔专业人员加入中远海运自保船舶保险业务的重大决策中。通过这种创新模式，加强与客户之间的相互理解，提高业务透明度，从全局出发切实维护各方利益，共同创造价值。

进博会期间，中远海运自保在集团统一领导下，密切配合各相关单位，提供进口博览会货运险服务方案，积极协助集团做好进博会配套宣传和保障工作。

【资金运用】

准确判断市场行情，投资收益超额完成年度收益目标

2018年，中远海运自保资金运用业务继续秉承保障资金安全获取绝对收益的投资理念，在董事会授权的年度资产配置计划内稳健开展各项投资，投资收益率稳步提升，资金使用效率较上一年度有了明显提高。公司成功抓住年初、季末利率高企时点以固收类产品锁定收益，又在市场利率下行及信用风险缓和期间增配净值型债券类产品获取超额收益，通过一系列正确判断和及时的操作，有效规避了权益市场下跌对公司投资收益率的影响。中远海运自保2018年投资综合年化收益率为5.16%，较去年同期提高53BP，超额完成了年度目标。

在做好投资操作的同时，中远海运自保也在不断完善和规范投资业务流程，不断提升投资能力和资产负债管理能力。公司建立了资产负债管理体系，制定了15项制度及相应流程，建立了资产负债管理模型和资产配置模型，科学地进行

资产负债管理。此外，对上一年度投资交易对手准入名单进行了更新，筛选出符合公司要求的2018年度投资交易对手白名单。

【国际卓越评级】

2018年10月，国际著名评级机构贝氏评级（A.M.Best）授予中远海运自保“A级（卓越）”财务实力评级（FSR）和“a级”长期发行人信用评级（ICR）。贝氏评级标准和评级结果得到国际保险行业和再保险行业的普遍认可，财务实力评级结果“A”表明中远海运自保的财务实力和经营管理能力已得到国际专业肯定。

【监管评价】

中远海运自保根据2017年监管机构偿二代全面风险管理现场评估结果，持续推动内部整改工作并取得一定成效。自2017年三季度起，公司已连续5个季度获得银保监会“风险综合评级”A类最优评定。在2018年第三季度银保监会组织开展的公司治理现场评估过程中，整体情况及反馈良好。

【公司治理】

2018年，中远海运自保共召开8次董事会（共41项议案）、3次监事会（共12项议案）、4次战略与决策委员会（共9项议案）、6次经费于审查委员会（共18项议案），以及1次提名与薪酬委员会（共1项议案），34次总经理办公会（101项议案），6次党总支会议（17项议案）。

中远海运自保坚持依法合规经营理念。2018年，公司新建制度38个，修订制度50余项。截至2018年底，公司共制定了包括公司治理、基本管理制度、操作细则和规范指引四大类、涵盖全部条线164项制度。公司还加强全面风险管理，完成了风险偏好体系、风险管理报告体系、风险管理组织架构与职能体系的建设，建立了适合公司的风险管理工具和模型，在公司日常经营管理中逐步加以运用。

【人才队伍建设】

为匹配企业战略发展需要，中远海运自保根据市场化用人机制，加大人才招募和配置力度，规范劳动用工管理，提升员工履职能力，关心员工职业发展。全年共组织和参与各类境内外培训167次，在建设专业化业务团队的同时努力提升员工的综合能力和整体素养。

为深化实施市场化管理机制，努力打造优质人才队伍，公司于2018年制定并发布《公司员工职业发展体系管理办法》，旨在加强专业人才培养和基础队伍建设，鼓励员工积极参与自身职业规划建设，努力实现自身与公司同步成长。

【信息化建设】

2018年，中远海运自保完成包括信息安全、网络管理等十余项信息化管理的制度修订；完成了40余张财务报表的开发，提升公司业务管理和分析和效率与质量；完成了资金运用系统一期以及保单登记三期项目的实施与验收；配合集团完成SAP的系统建设。

在银保监会信息化非现场监管评定中，2018年，中远海运自保持续获得93分以上的好成绩，保单登记项目的工作也得到了银保监A级的评价，名列整个保险行业前茅。

中远海运自保积极响应集团科技创新管理要求，与中远海科成立了联合创新实验室，致力于发挥产融结合、数据先行的作用，希望通过对集团数据分析，利用新技术推进产融结合，为公司业务开展带来新思路。2018年主要有两项创新成果：一是通过人工智能技术创新开发“智能录单系统”。通过机器人录单取代人工录单，不仅提升了录单的效率，也有效地降低了单证录入的错误率，提升了数据的准确性。二是利用船舶AIS数据结合第三方地理数据资源，建设了“特战险”和“停航退费”场景下的船舶航行状态监控系统。提高申报数据的准确性和后续承保业务的效率。

【企业党建】

1. 组织架构建设

2018 年 3 月，根据集团党组通知，中远海运财产保险自保有限公司党总支成立，4 月建立党小组，8 月根据直属党委指导，组建基层党支部。

2. 党组织发挥作用

2018 年，中远海运自保党总支坚持以学习习近平新时代中国特色社会主义思想为重点，增强“四个意识”。全方位、深层次开展学习贯彻习近平新时代中国特色社会主义思想和党的十九大精神，着力在学懂弄通做实上下功夫。按照国务院国资委和集团党组的要求，认真抓好学习贯彻和落实。通过“三会一课”开展集中学习研讨，党员结合工作分享学习心得；组织开展党建知识测试活动；组织全体中层干部参加 5 天以上脱产集中培训，进行系统学习；组织集体观影，畅谈体会感受；组织参观“勇立潮头——上海改革开放 40 周年成果展”，感受上海改革开放 40 年来。在学思践悟中将习近平新时代中国特色社会主义思想和党的十九大精神内涵转化为工作的指向和动力。

2018 年是中远海运自保大力推进创新发展的一年，按照集团下达的各项任务指标及公司经营规划目标，公司党总支发挥领导作用，深入学习贯彻习近平新时代中国特色社会主义思想，以巡视整改为契机，强化履行全面从严治党责任，团结和带领广大干部职工，为公司创新发展提供保障。

【工会成立】

在中远海运自保党总支及上级工会的指导下，依照《中华人民共和国工会法》《中国工会章程》有关规定，2018 年 5 月 23 日，公司召开中远海运自保职工大会，成立自保公司工会，通过选举并经上级工会批准成立了第一届工会委员会。

中远海运自保工会加快建设“职工书苑”，截至 2018 年底，职工书苑藏书达 1000 余册，为员工学习生活提供了坚实的物质基础保障。

工会积极组织开展各类文化体育活动，包括“三八”节最美厨娘活动、观赏木兰皮影戏秋季亲子活动、下半年全员电影观影活动等文化活动，以及 Juggling 俱乐部，同学汇日常体育运动场馆等体育活动安排。工会还组织员工参加了集团第二届职工运动会，最终成功完成公司第一次在集团集体层面的精彩亮相，获得了好评。

（薛堃）

中远海运（香港）有限公司

中远海运（香港）有限公司

【公司概况】

中远海运（香港）有限公司（简称“香港中远海运”，英文简称 COSCO SHIPPING（HongKong））,其前身是原中国远洋运输（集团）总公司（简称“中远集团”）旗下的中远（香港）集团有限公司（简称“中远香港集团”），1994 年 8 月 28 日在香港成立，是原中远集团在海外重要的区域管理公司和经营实体。公司业务经营范围是以海洋运输为主及围绕运输业开展的其他业务，拥有并统一管理中远香港集团在中国、中国香港、新加坡、美国、德国及日本地区所有独资、合资企业。2016 年 5 月 10 日，原中远集团按照整合重组的工作安排向中远香港集团下发了《关于中远（香港）集团有限公司名称变更的通知》，确定中远香港集团的中文名称变更为中远海运（香港）有限公司，并从 2016 年 11 月 1 日起正式生效。

【经营效益】

2018 年，香港中远海运认真落实集团工作会议精神，全力推进集团各项工作部署。公司上下齐心协力，砥砺前行，真抓实干抢拼效益，攻坚克难深化改革，稳步推动项目落地，重视学习常学常新，完成了集团下达的各项工作任务。从数据上看，公司圆满完成了 2018 年奋斗指标，完成效益情况位列集团前三。

香港中远海运 2018 年营业收入共 3 240 122 千美元（214.69 亿元人民币），利润总额 259 564 千美元（17.20 亿元人民币），资产总额为 7 272 057 千美元（499.10 亿元人民币），净资产为 439.04 亿元人民币。

航运服务板块狠抓营销服务，紧盯业务不放松，系内系外两手抓，整体实现利润 1.75 亿元人民币，贡献明显。

基础设施业务单元累计实现收益 4.81 亿元人民币，为公司创效工作作出巨大贡献。

工业制造业务板块整体实现利润 3435 万元人民币，其中中远关西、中远佐敦攻坚克难，尽最大努力完成创效工作。

物业经营板块存量资产有进有出，资产质量提升蓄势待发，酒店、旅行社抓住时机，服务内容日渐丰富，整体累计实现利润 13.65 亿元人民币，其中香远北京公司实现利润 3211 万元人民币。

散货运输板块狠抓客户关系管理，瞄准市场时机，累计实现利润 10 277 万元人民币，创效工作成效显著。

码头业务板块累计实现利润 3.31 亿元人民币，成为公司重要的效益来源。

香港地区物业租金收入 3 226.3 万美元，比上年增加 28.1 万美元，上升 0.9%；写字楼新租约租金价格上升 19.9%，住宅新租约租金价格上升 11.8%。

【发展战略、改革重组】

香港中远海运积极响应国家关于维护香港地区繁荣稳定和推进粤港澳大湾区城市群发展规划落地的政策号召，以集团“6+1”发展战略为引领，利用自身的区位优势、资金优势和历史积淀，“深耕香港、立足湾区、面向全球”，积极开拓粤港澳和其他海外区域业务，努力实现转型升级，成为香港中资企业的重要力量，为集团优化产业结构、实现跨越式发展起到关键的支持作用。香港中远海运主要定位于三大平台功能：一是集团非金融类业务的核心投资平台，引领和参与集团对海外非金融类业务关键领域、重点项目的重大投资；二是航运服务产业集群统一经营平台，提升航运服务保障能力，支持集团航运产业健康发展，并开拓第三方客户市场，成为国际领先的航运服务公司；三是在现有高速公路投资的基础上，拓展成为国内外基础设施领域的投资平台。

2018 年 3 月，香港中远海运改革重组方案顺利落地实施。4 月 6 日，香港中远海运按照改革重组后的新机构正式运行，突出了“517”上市公司的地位和作用，实现了机构精简高效，经营导向更加明确，管理和决策更加集中，管理成本进一步降低，为机制创新优化提供了机遇。香港中远海运的改革重组力度大、影响面广，改革重组所形成的公司管理一体化、业务经营的集约化、资源配置的科学化、实施战略的便捷化等等，将对公司未来发展产生深远影响，必将带来思维方式、管理理念、运营模式等一系列变革。

【企业管理】

香港中远海运按照认真学习贯彻党的十九大精神，以战略为引领，推动香港中远海运实现转型升级。按照经济效益要确保完成集团下达的奋斗目标，战略落地要有实质性突破，管理质量和效率要有进一步提升的工作思路，各部门齐心协力、各司其职，通过细化具体工作，扎实提升公司基础管理水平。

随着公司改革重组，新架构正式运行，原香港中远海运本部及其所属中远海运国际香港、中远海运香港工贸、中远海运香港置业的总部管理机构和人员“合四为一”。从前各项公司的要求及工作需要经归口公司层层落实，四合一后，管理和决策得到进一步集中，公司的各项要求均可以直接从各部门联系到各直管公司，减省了中间通过层层通知的转折工作，工作效率得到了提升。同时，“合四为一”的转变，打破了公司的常规格局，促进了公司各部门与各直管公司之间的融合，把各公司的重复性工作合并，将公司资源发挥到最佳状态，实现精简高效，管理扁平化。

香港中远海运积极推进财务集中管控，年内公司全面启动 SAP 财务信息系统建设和 MAS 系统上线。79 家单位使用 SAP 财务信息系统，SAP 财务信息系统覆盖率超过 80%；公司通过 MAS 费控系统的上线运用，进一步梳理和统一报销流程，财务报销工作日渐规范；稳步推进资金集中管控工作，初步搭建起公司资金集中管理平台，香港地区非上市公司闲散资金得到统一管理。

在成本控制方面，香港中远海运全面推进财务集中管控，细化成本控制，降本增效取得新成果。公司以重组改革为契机，以财务系统建设为抓手，积极推进财务集中管理。通过全面启动 SAP 财务信息系统建设和 MAS 系统上线，对报销流程、要求逐一规范和梳理，强化成本控制事前、事中的管控。重组改革整合后，公司将成本控制作为实现提质增效的重要手段，对生产成本，管理费用，销售费用，财务费用进行严格管理。2018 年，公司成本费用占营业收入比重为 95.69%，比上年同期（96.69%）下降 1 个百分点。管理费用（不含 PPA 公司）为 47 153 万元人民币，比上年同期（55 449 万元人民币）减少 8296 万元人民币，降幅为 15%。

香港中远海运坚持财务稳健原则，提高财务风险防控意识。一是加强运营资金动态管理，确保资金链安全；二是发挥公司融资优势，合理筹划资金，加强与金融机构紧密合作，提高存量资金收益；三是强化资金集中统筹使用，挖掘内部资源，降低对外融资风险；四是加强对汇率、利率风险的监察和控制，合理筹划资金安排，有效控制汇率、利率风险。

香港中远海运贯彻落实国务院国资委《关于进一步做好中央企业“两金”压控工作的通知》及集团关于加强压控“两金”工作的要求，认真梳理“两金”压控工作机制并制定了“两金”压控工作方案，持续优化管理应收账款及存货管理工作，按照 2018 年集团下达给香港中远海运的“两金”压控工作目标共四项，剔除当年度特殊因素后，四项指标都顺利完成。

2018 年 9 月 5 日，香港中远海运在战略发展部增设采购管理处，作为专职机构负责集中采购管理工作，主要职责包括牵头建立香港中远海运采购管控和规章制度体系，组织推进集中采购在各级单位的落实工作，负责对所属公司超过一定金额的采购项目进行审核和管控，以及对所属公司采购工作运行情况进行检查、指导和考核等。设立专职机构后，香港中远海运能够更加深入贯彻集团集中采购的操作要求，提高集团电子采购平台使用频率，不断提高集中采购率。为将采购管理工作落到实处，香港中远海运加大了对各单位采购管理工作的检查和监督力度，除专项审计外，多采用不定期抽查、现场检查等方式，发现问题及时整改，以确保采购管理规范运作，做好内部控制，降低风险，提高效率，节约成本，实现整体利益最大化。

香港中远海运开展制度梳理和完善工作，完成对原来香港中远海运 79 条、中远海运国际香港 54 条现行制度的梳理和整合工作；结合新总部的管控定位，新增制度 2 条，废止已不适用或不合时的制度 6 条，确保了各项工作有章可循、有章可依。根据集团关于集中采购工作的总体要求，香港中远海运建立健全采购管理制度和体系，优化采购工作规程和采购业务流程，针对不同业务板块的经营特点和企业实际，加强供应商的统一管理，建立分业务类型的供应商库，降低成本，货比三家，促进采购绩效提升。

同时，配合新架构运行，香港中远海运 OA 系统正式上线，工作流程经调整后节点数量大幅下降，工作效率得到提升，系统自动化程度进一步提高，减轻了操作人员的工作压力，可以直接从 OA 系统办理收发文、签报、会议室预订、规章制度阅览等公文处理工作，提高公文流转效率，提升工作质量。

【经 营 管 理】

香港中远海运专注客户关系维护，营销服务成效显著。香港中远海运积极拓展营销领域、创新营销方式，通过客户拜访、交流会、推介会等不同形式，开展主动营销、全员营销、领导带头营销工作，比较好地增进了与客户之间的了解和信任，比较充分地掌握了到客户的需求，整体工作取得较好的成效。

中远关西通过自身努力及系内单位协同，获得广船国际深中通道全标段钢壳油漆项目合约，为公司 2019 年工业防腐涂料业务开辟了新的增长点。中远佐敦年内将新造船市场 2018 年度订单份额提升到了 56%，进一步巩固了中远佐敦国内市场份额第一的地位。远通公司与多家海外设备厂商成功争取到较大幅度备件折扣优惠，有效降低集团船东采购成本，争取市场份额。中远海运保险经纪公司在船贸协同、支持下，获得广船国际新造船船建险业务，推进天津新港船厂 32 万吨新造船项目的保险代理，取得预期成效。深圳新世纪积极开拓系外市场，成功获得深圳富华公司（2018 年下半年开始进入干箱市场的私营企业）90% 以上订单，为双方今后合作奠定了基础。江门铝业乘国家供给侧结构性改革之势，优化产品结构与开拓新市场并举，深加工产品比例持续增加。高速公路企业结合雄安新区建设和京津冀一体化发展，不断提升服务，利润同比增加。香远北京公司及各所属公司狠抓市场营销及客户服务和开发工作，取得良好业绩。香港外代本着合作共赢的原则，积极拜访业务伙伴及科研机构，有效推进了项目立项和项目实施。其他公司在市场开拓及增收创效上均取得较好成效。中远旅行社积极开拓系外客户，2018 年新增了工银亚洲、巴拉歌船务公司、长海船务管理公司、中联办、中央电视台亚太中心记者站、环球数码、凯斯博投资管理、TSC 等 8 家新客户，系外业务营业额同比增加 38.2%。中远酒店在维护好原有大客户的基础上，积极开拓新客源，提升网络订房客量，与深圳金盟旅行社合作销售隔日空房，减少团队接待；在保持入住率的前提下，稳步提升房价，全年平均房价 512 港元，同比增加 15.6%。泉州公司积极协调沟通，利用好政府政策，球场 16 号球道红线外水系整修工程费用约 15 万元人民币和球场内湖泊清淤费用约 40 万元人民币，共计 55 万元人民币投入都由政府承担和协调解决，为球场节支创效。

香港中远海运不断盘活存量，业务结构、资产结构得到优化。针对公司老旧资产回报率偏低等问题，结合上级单位工作要求，香港中远海运进一步在盘活存量资产、分离社会职能等方面主动作为，各部门、各公司积极行动、大步跟进，取得了良好效果。

一是进一步盘活低效资产，置业业务部通过全面梳理现有物业资产，成功放售三湘大厦 19 层物业以及大角咀福泽街 4 套物业，两次高位放售为今后继续提升资产质量、提高在港物业经营实力奠定了资金基础。同时，置业业务部继续跟进永丰大厦改造项目，探索在港物业创新经营新模式。

二是配合完成“三供一业”分离移交工作，较好地完成了集团交给的任务。面对政策性强、时间紧、任务重、环节多、难度大、情况复杂的多重压力，在集团的指导和支持下，香港中远海运主动跟进、压实责任，战略发展部牵头协调，香远北京公司全力以赴攻坚克难，周密部署，落实有力，按期完成了集团部署的任务，并因工作进展较为突出受到集团表扬。

【资本运作】

香港中远海运坚持战略引领，聚焦长远发展，在寻求战略突破上不断尝试，公司上下协调配合，积极推进项目落地工作，进一步夯实了公司健康蓬勃发展的基础。

香港中远海运为扩大香港中远海运航运服务业板块规模，充分发挥系内企业协同效应。香港中远海运与北美中远海运在北美地区就底盘车及冷箱租赁业务展开合作，双方通过成立合资公司，利用各自的优势，共同深耕北美地区的航运设备租赁业市场。股东双方完成两期出资，并实现了当年投入当年盈利。

中远海运国际香港为拓展涂料上游产业，通过增资扩股方式入股常熟耐素生物材料科技有限公司 33% 股权，与公司涂料板块形成协同效应。上述两个项目的成功开发，标志着香港中远海运向打造航运服务产业平台迈出了重要一步。

齐鲁高速在香港成功上市，标志着该公司从单一公路经营企业转型成为地区优质公路资产的经营与投资平台，香港中远海运作为第二大股东可进一步分享山东公路发展的成果，增强公司的持续盈利能力。

2018 年 8 月，集团批复同意香港中远海运以有限合伙人身份参投鼎晖第六期美元产业基金，公司于年内完成签署《合伙协议》等入伙手续。基金管理人鼎晖投资是中国知名资产管理机构之一。公司参投鼎晖基金目的是通过“借船出海”促进公司业务的成长、人才的成长，持续扩大公司的创效发展能力，做大做强非金融股权投资平台。

此外，根据集团统一部署，公司积极参与了海南港航股权重组项目的前期调研工作。按照集团通知要求，启动了盘活香港中远酒店和北京远洋酒店的相关工作，制定了盘活方案并稳步推进。

【安全生产】

香港中远海运保持安全稳定，护航改革发展。公司对 2018 年的安全工作认真谋划，周密部署，超前布置，检查落实，确保安全稳定，护航改革发展。一是组织员工认真学习党的十九大精神和习近平新时代中国特色社会主义思想，准确把握企业安全与员工对美好生活向往的内在联系，进一步激发员工做好安全工作的潜能。二是按照《集团安全生产“十三五”规划》落地实施要求和年度工作整体部署，结合公司实际，着力提高安全管理队伍、生产一线员工履职尽责的六种能力。三是根据改革进展，超前评估机构调整对安全管理效能可能造成的影响，及时提出稳定安全管理队伍、平稳过渡的应对措施。四是在改革实施后，多次对安全管理现状进行评估，理顺机制，修订制度，完善应急预案，做到改革前后无缝对接。五是落实安全工作责任制，与所属企业签署安全责任书，各基层企业落实三级安全管理责任制，层层传导安全压力。

强化体系建设，提升管理水平。公司继续把

强化体系建设作为提升安全管理水平的重要抓手。本部修订完善了《安全生产监管办法》，进一步明确责任，细化措施，见人见物，公司还按照“应急、简明、易行”的原则，对应急预案做了较大修订，更加适应实战要求；基层单位继续推进标准化建设，持续改进，不断提升认证等级，不断提高执行力度。截至12月底，公司所有生产经营型企业全部通过了标准化认证。政府部门不认证的，由企业参照标准化规范建立体系，有序运行。

发挥班组作用，推进重心下移。公司高度重视船舶和现场工班组建设，把班组建设作为发挥班组作用、强化现场管理最有效的手段，一以推之，一以贯之。4月，公司下发了现场工班组管理指南；6月，组织了现场工班组管理专项培训和现场教学，务求对现场工班组管理工作在制度上进行规范，进一步充实管理人员的业务知识和实务技能，树立现场工班组管理的榜样和标杆。在集团指导下，公司连续两年全力推进工班组建设，安全压力传导到最基层，监督人员、管理人员和一线工人管理合力明显增强，安全重心下移取得明显成效。

严治安全隐患，防控安全事故。公司坚持对安全隐患排查要全、治理要严的工作要求，对安全隐患长期全面排查治理，积极防控事故发生。截至12月底，排查治理安全隐患近1340项。对上级单位安全督查和检查中发现的隐患和问题，全部按要求整改，验证关闭。一是按照集团要求，采取上级检查和基层自查相结合、全面排查和重点检查相结合、经常性排查和专项检查相结合，组织了3次安全大检查。重点突出、目标明确、针对性强，比较好地结合了季节性安全工作特点。二是设立安全专员岗位，专司对内地企业现场安全检查之责，对重大事件期间、重点单位的现场安全管理工作，实施重点指导和专项监督检查。三是在两会、上海合作组织（SCO）峰会、中非论坛、进博会等重大活动期间，对北京地区、青岛地区和上海地区企业安全和维稳进行了专项布置、全面排查安全和稳定隐患，督促落实整改措施，专人专责，确保了安全稳定。

全程监控管理，保证船舶安全。有船公司继续对船舶实行“全程式”管理，重点抓好船舶航行安全、进出港、防台、防海盗、防偷渡、防货损货差等安全工作，把好船员面试选拔关、培训关、考核关，加强船舶日常维护和保养，保证了船舶安全。截至12月底，船舶安全进出港284艘次，防抗台12艘次，航经海盗高危区21艘次（包括挂靠西非几内亚湾港口2艘次、亚丁湾参加多国海军护航编队4艘次、安排武装保安随船护卫5艘次）。

抓好重点工作，确保专项安全。一是抓好危化品企业专项安全管理。公司加强对危化品企业合规性管理，持续保持特种设备、特种作业人员持证合法；公司落实安全生产责任制度，在经营困难、人员流动较大的情况下，保持了安全骨干、管理骨干、生产骨干三支队伍的基本稳定；公司加强对第三方的安全管理，认真执行《危险化学品安全管理条例》，严格管控原材料入库质量，严格分包工程的监督和管控，对运输等关键分包商实行严格的资质动态评估管理。在“11·28”张家口氯乙烯爆燃事故后，公司及时布置各危化品企业开展第三方安全专项检查；配合集团在12月中旬开展的专项检查。二是做好防抗台等季节性安全工作。超强台风“山竹”对粤港沿海企业造成巨大威胁。公司未雨绸缪，提前5天进行布置。主要领导亲自部署，带队检查，分管领导逐家过问，坐镇指挥，安委办组织各级企业从疏通排水设施、防止玻璃爆裂、防止车辆浸水、防止高空坠物、防止电器火灾、保证人身安全、补充抗灾物资、加强安全防范等八个方面进行重点检查和排查，明确风险点，采取有效防范措施，及时排除检查中发现的安全隐患，对预案逐项核实，确保符合实战要求。在大家共同努力下，虽然多家公司经历了12级台风的袭击，但没有造成任何人员伤害和大的财产损失，取得了防抗台的全面胜利。基层企业还结合实际，采取措施加强对暴雨、高温等灾害性天气的防范，取得了预期效果，没有发生人员伤亡和财产损失。三是强化物业消防安全，防止发生火灾事故。公司继续推进劳动密集场所消防安全专项整治，坚决防止出现消防安全事故引发群死群伤的恶性事件。对住宅物业等“三供一业”移交范围内的物业，严格执行安全标准，不带病移交，对移交前后容易出现管理空档问题，主动加强安全巡视检查，移交后，保持关注，及时提醒提示接收方做好相关工作；对写字楼、住宅物业加强日常消防安全管理和检查，及时发现和整治事故隐患；在消防安全宣传月期间，普及消防安全知识培训，按规定开展消防疏散应急演练 31 次，参加人员 1640 人次。四是严格劳动纪律，防控工伤事故。各基层单位以强化船舶班组和现场工班组管理为契机，全面推行现场 5S 管理，充分发挥班组长在防控劳动安全事故方面的突出作用，进一步完善规章制度，建立管理台账，加强对特种作业场所和密闭空间的安全管理，生产秩序明显改善，劳动纪律明显加强，对分包方的管理日益规范。2018 年，公司继续保持了劳动安全的良好纪录，没有发生任何人员伤亡事故。五是加大环保投资力度，化解环保风险。这一年，公司在金山厂、珠海厂共投入 1300 多万元人民币资金安装尾气收集燃烧设备，金山厂设备已经试运行，珠海厂也进入了最后安装阶段。为破解地方危废收集处理能力不足的问题，各危化品企业主动想办法，通过压缩处理、分拣处理等方法，减少危废品数量，降低占用空间。但地方危废处理成本越来越高，处理能力严重不足，对企业长远发展是一个巨大挑战。

【法务风控】

香港中远海运紧紧围绕公司改革发展的中心工作，认真践行集团法务部提出的“法治伴你远航，风控创造价值”的管理理念，为公司各项工作的顺利开展提供了积极的法律支持。

一是完善制度体系，规范价值创造流程。在集团的指导与支持下，2018 年 4 月 6 日香港中远海运完成了第一阶段改革重组工作，公司按照新架构正式运作。为了配合香港地区有关规定的要求，两家公司原先在规章制度体系建设中是各自运行其制度，并且因应不同的监管要求情况而存在一定的差异性。但在公司整合重组后，两家公司由两个层级的管理型公司向一个层级的经营管理型公司转变，实施“一套班子、两块牌子”。为了做好公司营运和员工管理工作，在积极配合集团重组整合同时要符合香港上市公司条例规管等要求，公司以香港中远海运规章制度为蓝本，确定了制度建设的基本原则：将两家公司包括法务管理、投资管理、采购管理、人力资源管理、科技信息管理、财务管理、风控管理、安全管理、审计监督管理、综合行政管理等管理领域的规章制度进行比较、分析，落实，以上市公司的管治要求为标准，进行全面修订和补充，以适应公司发展新战略、新平台、新定位的发展要求。

二是助力深化改革，挖掘价值创造潜力。推进香港中远海运的整合重组，涉及到上市公司和非上市工作，在方案设计时，集团领导提出的第一个要求就是要依法合规。公司成立了香港中远海运改革重组推进小组，分设法律组、财务组、业务组、人事组和综合组，公司总法律顾问担任法律组组长，具体处理改革重组中的法律问题。按照“整体谋划、精简高效、突出主业、创新发展”的原则，对公司的业务布局、发展目标、组织和管理架构、整合原则和路径、人员安置等方面进行了深入讨论、分析和论证，经过共同努力，形成了具备决策和实施条件的细化方案。根据香港对上市公司独立董事的独立性要求，香港中远海运与中远海运国际香港董事会分设，内部董事合一，外部董事 / 独立董事各自聘任。香港中远海运公司领导层根据监管的需要适当保留非上市公司兼职身份。

三是细化风险管控，弥补价值创造短板。公司持续优化治理结构、管理体制和运行机制，合理设置内部组织机构，明确各机构的职责权限；进一步完善规章制度，构建制度保障体系；组织开展境外风险排查工作，加强重点领域、关键环节的内部控制；认真组织开展 2018 年度内控评价和 2019 年风险评估工作；积极参加并宣贯集团法务部举办的各项“法务与风险管理”讲座，提升全体员工尤其是一线业务人员的风险管控意识和风险防控能力；举办《香港上市公司规则培训》，特邀年利达律师事务所的张家贤律师和杨佩君律师从内幕消息的披露、买卖上市公司的证券、关连关易三方面内容进行细致地讲解，为今后公司全面规范上市公司规则打下扎实的基础。

值得一提的是，在汇率风险控制上，香港中远海运2018年的总体策略还是紧盯美元。减少汇率风险敞口规模，做好利率、汇率、金融资产管理，严控风险。在美元兑人民币、美元兑港元汇率频繁波动的过程中，有关单位和部门曾提出进行货币币种转换的建议，试图博取短期收益。公司坚持这一策略不动摇，避免了汇兑损失，提升了利息收入。

【审 计 监 督】

随着香港中远海运四合一改革重组，香港中远海运审计监督工作与上市公司的内审工作合二为一，审计监督部积极研究学习香港上市公司联交所的要求、高效率完成部门职责调整和人员的分工，非常顺利地完成了审计监督业务改革重组的重要使命，确保了上市公司内审工作符合要求。2018年，香港中远海运共实施各类审计项目23项，审计总资产5 618 492.79万元，审计发现问题86个，提出并被采纳审计意见和建议86条，促进增收节支314万元。

根据集团的统一部署，香港中远海运积极配合集团，建立联网审计工作联系群，在短时间内高效率协调101家单位与集团审计中心联网，为后续推进联网审计工作打下了坚实的基础。同时，香港审计分部积极支持、配合、参与内地二级公司对其驻港单位的审计监督工作，4次派员参加对驻港单位的现场审计，充分发挥了香港中远海运区域公司作用。

为深入贯彻中远海运集团年度反腐倡廉建设会议精神，部署香港中远海运系统2018年反腐倡廉建设和反腐败工作，进一步提高公司监督部、各单位反腐倡廉监督责任人的监督执纪意识和能力，强化监督责任，香港中远海运在深圳召开了2018年反腐倡廉建设工作会。公司领导、监督部负责人及各单位反腐倡廉监督责任人共29人参会。公司还邀请深圳市委有关专家就反腐倡廉建设和反腐败斗争新部署作了专题讲座，进一步丰富了与会人员的反腐倡廉知识和技能。

香港中远海运在香港举办防贪管理专题培训讲座，特邀香港廉政公署社区关系处高级廉政教育主任屈伟掦先生进行讲解。通过本次讲座，与会人员对香港地区的整体廉洁度、《防止贿赂条例》、容易引发贪污的工作范畴、防贪锦囊等多个方面有了更加深入的了解和掌握。讲座内容对日常工作很有指导意义，与会人员学到了知识，也受到了一次很好的廉洁从业教育，进一步促进了企业的反腐倡廉建设工作。香港中远海运副总裁刘祥浩、王威，中远海运驻港企业中层管理人员、关键业务岗位负责人和业务骨干共105人参加。

香港中远海运组织公司驻港内派人员以及驻粤各单位班子成员共40多人，参观了深圳市反腐倡廉教育基地——中国改革开放蛇口博物馆。

【队 伍 建 设】

公司改革重组后，香港中远海运直接管理的境外企业由4家增加到12家，公司制定并下发了统筹管理中高级管理人员的《公司管理干部（境内）选拔任用管理规定（试行）》、《公司管理干部（境外）选拔任用管理规定（试行）》和规范本地员工管理的《员工管理办法》、《公司本部员工入职和离职管理办法（试行）》，加强管理，为推进国际化人才队伍建设打下基础。

坚持“凡提四必”，严格执行选拔任用相关规定。2018年3—4月，公司对上海、北京地区所属公司进行领导班子年度考核，完成了中远关西涂料化工有限公司、新世纪标志（深圳）有限公司、中远海运国际贸易有限公司、远通经营总部、中远国际船舶（北京）有限公司、中远国际旅行社（香港）有限公司、香港中远酒店管理有限公司、中远海运（香港）保险顾问有限公司等领导班子的调整和补充工作。

人力资源管理信息系统（SAP-HR）项目是2018年集团的重点统建项目之一。公司积极推进实施SAP-HR项目，规范所属企业人力资源管理，按集团项目组要求的时间节点，保质保量地完成上线前的数据收集和人员培训等。2018年11月15日，SAP-HR项目如期上线。

2018年，香港中远海运员工总数为3243人。

【企业文化】

香港中远海运积极开展社会参与工作，促进香港繁荣稳定。公司全面贯彻落实习近平总书记重要指示精神，认真贯彻执行中央对港方针政策，全面落实“一国两制”和《中华人民共和国香港特别行政区基本法》，高举爱国爱港旗帜，广泛团结爱国爱港人士，促进人心回归，为全力维护中央对香港的全面管治权、保证香港繁荣稳定作出了积极贡献，得到了上级充分肯定。

为适应公司改革重组的新架构，弘扬公司企业文化传承，构建职工学习、沟通和交流平台，公司修订并下发《香港中远海运/中远海运国际香港公司联谊会章程》。

香港中远海运/中远海运国际香港举行媒体午餐会，来自新华社香港分社、《中国日报》、《文汇报》、《大公报》、《香港商报》、凤凰卫视、彭博等18家媒体机构的20名记者参加午餐会。在午餐会上，香港中远海运总裁、中远海运国际香港总经理朱建辉对媒体记者的出席表示欢迎，并就中美贸易战、大湾区机遇及中远海运国际香港的发展等问题发表了看法，各媒体亦就中远海运国际香港的营运情况、未来项目收购等问题向管理层发问，现场气氛热烈。这是香港中远海运与中远海运国际香港签订托管协议后，首次举行的媒体午餐会，与各媒体增强了沟通和互动，进一步提升了公司知名度。香港中远海运副总裁、中远海运国际香港副总经理刘刚及公共关系部相关人员出席了午餐会。

香港中远海运积极派员参加中企协组织的各项活动，取得不俗的成绩。公司在“中企协保龄球比赛”中获得团体第四名，两项个人冠军；在“香港龙舟嘉年华2018”中获得龙舟赛第八名；在“中企协羽毛球赛”中获得羽毛球赛团体第三名；在“中企协第八届运动会”中获得运动会总分第四名，各项成绩均在40多家参赛队伍中名列前茅。

香港中远海运积极支持本地慈善事业。2018年2月10日，香港新界大埔公路发生重大交通事故，一辆公交双层巴士失事侧翻，造成19人死亡、60多人受伤。事故发生后，香港中远海运积极响应香港中国企业协会的呼吁，发扬“爱国、爱港”的优良传统和“一方有难、八方支援”的关爱情怀，出资100万港元善款，捐给香港特区政府社会福利署，用于援助事故中的遇难者家属及受伤人士，表达了公司全体员工积极奉献社会、关爱香港之心；派员参加非牟利机构邻舍辅导会组织的“传承爱深　中秋探访”义工活动，成功探访了40名住在石硖尾白田邨的独居长者和同住长者，与他们同祝中秋佳节；以“金赞助”的身份，派出由62名员工及家属组成的队伍，参加由非牟利慈善团体苗圃行动举办“苗圃挑战12小时2018”慈善越野马拉松中的12公里赛事；与非牟利机构基督教励行会合作资助举办“我爱海洋教育计划2018”活动，公司义工与40名受资助儿童到香港海洋公园，通过现场参观、专题教育工作坊、观看表演等，认识保护海洋的重要性及了解如何保护海洋生态；与非牟利机构邻舍辅导会合办及资助“与耆同游系列之高铁盆菜林村游”，派出18名义工陪同38名长者们游览香港西九龙高铁站、参观大埔林村许愿树及品尝别具特色的盆菜午宴，让长者感受到小区的关怀，也同时传递香港中远海运对小区长者的关爱。

香港中远海运举办“庆回归　登狮子山”行动，共有60名员工和家属参加；组织公司32名员工及家属参观“米埔红树林浮桥之旅”，探索认识红树林，体验湿地生态的多样性，在大自然中放松身心之余，增进对香港自然环境及可持续发展的认识。

（朱月芳）

中远海运金融控股有限公司

中远海运金融控股有限公司

中远海运金融控股有限公司（简称“中远海运金控”，英文简称 COSCO SHIPPING Financial Holdings），是中远海运集团全资子公司。公司前身为中国海运（香港）控股有限公司，于 1998 年 3 月 6 日在香港注册成立，注册资本 5 亿港元。2016 年 5 月 18 日，公司正式更名为中远海运金融控股有限公司，并于同年 6 月 2 日在香港正式挂牌成立。

中远海运金控与中远海运发展充分挖掘集团航运产业链供应链上下游协同发展机遇，合力打造中远海运金控平台（简称“金控平台”）。金控平台自建立以来，发挥境内外联动优势，坚持优化产业布局，努力成长为具有航运特色的供应链综合金融服务平台。截至 2018 年底，中远海运金控总资产为 265.9 亿元，净资产为 92.07 亿元，资产负债率为 65.38%。

【发展战略】

金控平台以服务国家战略、助力集团产业链供应链升级为目标，充分发挥集团产业优势，优化资源配置，通过开展投资融资、产业培育和资本运作等，逐步成为平抑集团航运主业波动的重要支撑。公司在高速发展的基础上注重质量发展，在现有业务的基础上推动创新发展，通过发挥投资引导和结构调整作用，培育核心竞争力和创新能力；通过开展产融结合模式研究、加强行业对标分析，提升对各业务板块战略工作的指导能力，以进一步拓展产业链上下游协同发展的空间；通过探索公司组织机构和职能管理体制的优化方案，以提高公司运营管理效率，降低公司经营风险，推动业务快速成长，支撑金控平台的长期稳定发展。

【公司治理】

中远海运金控作为集团首批董事会授权制度试点单位，持续完善董事会工作流程，根据集团董事会授权有关规定，建立相关程序和制度。2018 年，中远海运金控董事会严格依照议事规则和授权规则要求，规范决策程序，认真履行职责，充分运用董事会 / 董事长授权，确保董事会高效运作，并结合公司风险管理、合规管理、财务监督、审计监督等配套管理机制，为公司的各项决策与授权提供支持，确保公司运营合法、合规，经营决策风险可控。

公司优化组织机构，在原金融业务部基础上成立金融事业部，按照市场化的绩效考核原则授权金融事业部管理层对员工进行管理；完善一企一策的授权管理，通过推进扁平化管理，提高运营效率，推动各所属公司成为依法自主经营、自负盈亏、自担风险、自我约束、自我发展的独立市场主体，有效激发释放了企业活力。

【业务经营】

集装箱租赁板块，抓住国际贸易蓬勃增长、班轮公司争夺运力份额的机遇，加大新箱投资和出租，全力推行优质大客户战略，强化北美地区闲置箱处置，维持全球租箱公司规模第二大地位。

航运租赁板块，对内积极落实集团产融结合战略，对外努力塑造品牌形象；在非船融资租赁业务上，实现了高速公路和码头等大交通类业务的突破。保险服务板块，保险经纪公司在保证对集团船队、自保公司服务的同时，努力拼市场、拼服务，稳定老客户、开发新客户。

投资业务方面，配合境内航运基金共同研究

了中远海运重工资产盘活项目，探索从境外引入资金、投资人、金融机构等，实现多样化融资及合作运营新模式；研究财务投资组合盘活，切实降低整体财务投资组合波动率、规避市场风险的同时，提高组合收益；中远海运金控与中波公司开展产融协同，为中波公司中方船队融资项目降低近 30% 成本。

不良资产管理业务方面，中远海运金控出资 5000 万美元，于 2018 年 10 月 11 日注册成立中远海运资产管理（宁波）有限公司，以“盘活存量资产，孵化新兴产业”为使命的资产管理平台初步搭建。

【经营效益】

2018 年，公司完成主营业务收入 3566 万元，发生主营业务成本 4409 万元，投资收益 168 592 万元，累计实现利润总额 6.96 亿元，净利润 4.50 亿元，较好地完成集团下达的任务目标。

公司紧跟国家“一带一路”、“产融结合”政策方向，是集团实施“走出去”战略和国际化经营的桥头堡和生力军，核心业务为战略性金融股权投资、财务性金融投资及产融结合类投资，通过积极发挥融资平台和资金集中管理功能，根据资金状况开展集团内部资金融通，协同支持集团内公司发展。2018 年以来，资本市场波动显著，港股整体行情较去年下跌严重，公司密切跟踪市场情况，积极对存量金融资产展开主动管理。截至 2018 年底，公司存量金融资产市值折 158 亿港元，包含 12 支股票、4 支基金、2 支优先股，累计实现收益（处置与分红）约 23.7 亿港元。以财务口径计，全年各类金融资产实现收益 16.86 亿元。

【信息化建设】

公司完成“信息化安全管理制度体系”建设工作。制定并发布公司信息安全管理手册、信息安全风险评估规范、网络建设与维护安全规范、信息系统部署与维护安全规范、访问控制管理办法、机房建设与维护安全规范、软件设计与开发安全规范、信息化外包管理办法、网络与信息安全应急处置管理规范、员工日常办公安全规定、信息化工作管理办法等一系列制度，完善各项生产、管理等业务过程中的信息安全措施，细化信息化规划、信息化投资预算、信息化项目建设和管理、基础管理、信息安全体系建设、团队建设工作流程。

金控平台管理的债权及权益类资产规模迅速扩大，业务规模增量可观，为增强企业竞争力，提升公司风险管理水平，促进企业持续、健康、稳定发展，根据公司信息化建设总体方案，立项建设全面风险管理系统，形成了系统建设的建设思路和步骤、系统功能架构图、2018 年系统功能开发规划。全面风险管理系统应用于风险管理的各项工作，建立涵盖风险管理基本流程和内部控制系统各环节。系统通过对各种风险的计量和定量分析、定量测试、实时反映风险矩阵和排序频谱、重大风险和重要业务流程的监控状态，对超过风险预警上限的重大风险实施信息报警，满足风险管理内部信息报告制度和公司对外信息披露管理制度的要求。

【风险管控】

公司于 2018 年 1 月制定并发布《中远海运金融控股有限公司合规管理办法》，并于同年 7 月完成了首部《合规手册》编撰及发布工作。由法务与风险管理部牵头，多部门参与，通过全面梳理外部法律法规、集团公司规章制度及公司内部制度规范，摘录和汇整主营业务、经营管理等方面的合规要点及具体工作要求，形成分类清晰、内容全面的《合规手册》，供公司管理层、各职能部门查阅和开展合规风险识别与评估，保障各项业务的合规性。

根据国务院国资委关于企业主要负责人履行法治建设第一责任人的相关工作要求，公司成立了法治建设领导小组，制定下发了《企业主要负责人履行推进法治建设第一责任人职责实施办法》。公司全面推进依法治企，明确了公司主要负责人推进法治建设相关职责及公司法治工作管理机制。公司将法治建设与风险管理相结合，利用“三个层次 + 三道防线”的法务与风险管理组织架构和管理体系，在授权管理、制度建设、合同管理、案件管理、法治宣传等方面明确职责分工，优化工作机制。此外，公司还采取法治教育，通过培训、讲座、期刊、知识竞赛、在线学习、案例通报等多种形式开展宣传教育，大力提升全员法治意识、法律素质和法治思维能力，推进法治体系、法治能力和法治文化一体化建设，培育良好的法治文化。

公司围绕业务核心，抓经营管理重点事项，有序推进依法合规经营。根据香港地方规定、交易习惯及管理规范，公司制定了《操作风险与内部控制管理试行办法》《流动性风险管理试行办法》《信用风险管理试行办法》等，强化操作风险、流动性风险、信用风险的管理措施和要求的执行，助力公司运营和风险管理工作；同时制定《合同管理办法》，配套加强合同管理信息化建设，全面实现 OA 合同审核流程管理，有效提升合同审核和管理效率。

【员 工 队 伍】

截至 2018 年 12 月 31 日，中远海运金控及金控平台在港下属公司员工总数为 164 人，其中内派人员 15 人，当地员工 149 人；中远海运金控本部员工总数 51 人，金控平台在港下属公司员工总数为 113 人。

金控平台持续推进职业经理人试点工作。公司以“业绩管理为基础、契约约定为手段、薪酬激励为动力、风险管理为保障”为基本要求，积极推动实施职业经理人制度；以“实事求是，尊重契约”精神为指引，按照工作方案和履职契约推进职业经理人各项工作，强化职业经理人制度和国企干部管理制度的有机融合，加快年轻干部培养，加强干部交流力度，培养一支思想可靠、作风过硬、业务精湛的干部人才队伍，营造纪律严肃的从业氛围，为公司改革发展保驾护航。

【企 业 文 化】

公司在积极践行集团“四个一”理念的基础上，为加强思想融合，推动企业和谐发展，正式确立“卓实”企业文化理念，以“金融助力实业，发展创造价值”为使命，以“打造卓越产业金融服务商”为愿景，以“诚信、高效、进取、共赢”为核心价值观，发布《卓实》企业文化手册，并于 2018 年 11 月 2 日开展全员企业文化培训，激励全体员工团结一心奋力拼搏，全面推动企业和员工快速成长，凝聚拥护改革、支持改革共识，为金控平台的改革发展提供不竭的力量源泉。

公司探索加强思想工作的新方式、新方法，开展丰富的企业文化活动。4 月 10 日，组织公司青年代表、业务骨干赴深圳市博物馆“深圳改革开放史”主题馆，深入参观学习深圳市改革开放史，回顾改革开放 40 年成就，通过重温历史，传承革命精神，感受大国重器力量，促进香港与内地文化交流，坚定文化自信，增强了员工对国家、对中华民族、对中华文化的认同感与自豪感。

公司扎根香港，融入香港，积极参加香港社会重要社会团体组织的文体活动，塑造集团驻港企业良好品牌形象。6 月 28 日，中远海运金控组织公司员工参加香港中国企业协会龙舟邀请赛；10 月 28 日，香港中国企业协会第八届运动会在湾仔运动场举行，40 多家驻港机构及企业组队参赛，中远海运金控员工积极报名，与集团其他驻港企业组成中远海运队参加。全体员工运动员代表同舟共济，勇于突破，以卓越的表现完成各类赛事，在运动赛场上展现了奋发向上、勇于潮头的集团驻港企业员工风貌。　（刘旭阳）

中远海运港口有限公司

中远海运港口有限公司

【历史沿革】

中远海运港口有限公司（简称“中远海运港口”，英文简称 COSCO SHIPPING Ports），前身为佛罗伦集团，于 1994 年 12 月在香港联合交易所，即今日的香港交易所上市，成立初期以集装箱租赁业务为主，并逐渐扩大集装箱码头业务。佛罗伦集团后于 1996 年更名为中远太平洋有限公司（简称“中远太平洋”）。中远太平洋于 2015 年 12 月 11 日签订协议，以 76.32 亿元收购中海集团旗下港口业务，同时以 77.84 亿元向中海集装箱运输有限公司出售佛罗伦集团全部股权。2016 年交易完成后，中远太平洋业务集中于码头港口营运，并正式更名为中远海运港口有限公司。

【经营效益】

中远海运港口控股股东为中远海运控股股份有限公司（简称“中远海控”，股份代号 1919），其母公司为中远海运集团。截至 2018 年 12 月 31 日，公司持有权益的 48 家全资及合资码头公司经营管理共计 283 个泊位，其中集装箱泊位 192 个、散杂货泊位 86 个、汽车泊位 3 个、托盘泊位 2 个；设计年处理能力 1.188 2 亿 TEU，散杂货 27 374 万吨，汽车 78 万辆，水果托盘 60 万 PLT。码头组合遍布中国沿海五大港口群，以及西北欧、地中海、东南亚、中东及南美等地区。

2018 年，充满挑战与机遇，全球贸易存在诸多不明朗因素。中远海运港口继续发挥协同优势，有效实施战略。这一年，中远海运港口完成集装箱总吞吐量 11 736.5 万 TEU，同比增长 17.1%；权益吞吐量 3 706.2 万 TEU，同比增长 15.8%。

2018 年，中远海运港口实现营业收入 67.19 亿元，同比增加 54.2%。大幅度上升的主要原因是公司分别于 2017 年 10 月和 2017 年 12 月完成收购西班牙码头和增持泽布吕赫码头至控股公司。2018 年，公司实现利润总额 29.17 亿元，超额完成集团下达的 25 亿元利润总额考核指标。

2018 年底，公司总资产为 621.75 亿元，资产负债率 35.9%，公司财务状况健康稳定。

【企业管理】

在公司治理方面，中远海运港口重视规章制度对公司运营的管控作用，常态化开展公司规章制度年度计划管理工作，于 2018 年年初组织了公司各职能部门，根据公司运营管理模式优化完善的情况，制定 2018 年度规章制度计划并按时报送集团。同时，保持制度制订计划执行的跟踪，在每季度末将公司规章制度新建及修订的情况上报集团相关部门。另外，公司也在 2018 年发布了 37 项规章制度以完善公司管理。

在参股公司管理方面，公司不断健全与参股码头管理层、委派人员的日常沟通和信息传导机制，通过对参股码头提交总部的管理层月度报告等相关信息质量进行把关，关注数据异常变动，分析参股公司经营效益数据，以寻找参股公司效益改善点。

在考核方面，公司与集团做好各项指标沟通工作，厘清各项指标的具体管理要求并分解至总部各职能部门，以及下属公司，并动态跟踪指标完成情况，要求落后指标的责任部门及下属公司提出加快达标的措施。

在法人公司管理方面，截至2018年底，中远海运港口已超额完成法人公司压减工作目标，并保持管理层级在4级及现有最长法人层级数不再增加。

【企业改革】

根据集团要求，2018年，中远海运港口在加强内部控制和风险控制、完善下属公司董事会管理，以及优化考核管理方面开展了相关工作。其中，在内部控制和风险控制工作方面，制定了三级风险清单并就“一带一路”项目进行了系统风险排查。

在完善下属公司董事会管理方面，2018年下属公司共召开董事会61次，审议涉及近500条议案，对于业绩有上升空间的参股公司，公司在董事会层面提出建议和意见，以维护股东利益。

在优化考核管理工作方面，公司重新梳理了对下属码头的业绩考核管理的规章制度，修订了下属公司2018年业绩考核内容，并修订完善了KPI架构和指标。

【码头布局】

中远海运港口在推进国内码头资产战略投资的同时，加强了东南亚地区的码头布局，引进战略投资者，优化全球码头网络，发挥规模和协同效应，提升码头运营能力。

1. 2018年12月，中远海运港口通过子公司上海中海码头发展有限公司以约4.7亿元认购北部湾港股份有限公司(简称“北部湾港”)非公开发行的70 943 455股股份，占北部湾港当年发行后总股本约4.34%。北部湾是国际陆海贸易新通道的出海口，具有重大发展战略意义。中远海运港口此次入股北部湾港，在与北部湾国际港务集团有限公司在广西钦州国际集装箱码头有限公司的合作基础上，进一步加强了双方的合作，为公司参与广西港口整合打下基础。

2. 在东南亚区域对集装箱码头需求强劲的背景下，2018年11月，中远海运港口与新加坡港务集团就位于新加坡的合资公司中远–新港码头有限公司（简称“中远–新港码头”）新增两个泊位签署了合作备忘录。2018年12月，双方正式签署合约，通过合资公司中远–新港码头在原有1200米岸线、3个泊位的基础上，租入剩余553米岸线并购入7台桥式起重机。所新增泊位于2018年底完成交割，于2019年1月1日正式启用。新增两个泊位后，中远–新港码头合计拥有1753米岸线、5个集装箱泊位，年处理能力达485万TEU。

3. 为加快泽布吕赫码头的发展，2018年中远海运港口引入泽布吕赫港务局及达飞海运集团成战略合作伙伴。2018年5月，泽布吕赫港务局战略投资泽布吕赫码头5%股权；2018年7月，达飞海运集团策略投资入股泽布吕赫码头10%股权。

4. 此外，2018年公司还实质性推进了收购秘鲁钱凯码头股权项目。

【重点建设项目】

为加快全球港口布局，实现公司持续高质量发展，中远海运港口持续推进对国内外重要航运节点港口、供应链物流项目建设。

1. 中远海运港口秘鲁钱凯港项目是公司当年重点开展的开发项目

在项目合作洽谈阶段完成概念方案设计和技术尽职调查，并对长周期波问题积极组织应对方案研究，最终确定了兼有经济性、操船便利性，以及远期发展优势的Layout10方案，推动合作方开展波浪现场观测，跟踪和分析所取得的数据，夯实研究工作。在确立新方案后，推动合作方重新启动地质勘探和基本设计工作，并根据合作文件的需求，完成对Development Plan的审核、补充和确认。

2. 中远海运港口快速推进阿布扎比哈里发港集装箱码头二期项目

截至2018年底，800米范围的码头前沿、A区和B区道路堆场建设完成，7台岸桥和16

台堆场轨道吊全部到场进行单机调试和系统联调，工程建设满足总体进度要求。阿布扎比码头于 2018 年 12 月 10 日举行开港仪式如图 14–2 所示。

图14–2　中远海运港口阿布扎比码头开港仪式

3. 中远海运港口阿布扎比场站项目建设准备工作正在紧锣密鼓地开展

中远海运港口阿布扎比场站项目是公司第一次由海外设计单位进行工程设计的项目。截至 2018 年底，完成了概念设计、初步设计及详细设计三个阶段的工作，正在进行详细设计文件的最终审核。同时，招标文件、评标办法准备就绪，项目造价由专业的第三方造价审核机构进行确认。本项目一期工程的报批工作同步展开，完成了阿布扎比市政府的项目注册及结构设计的第三方审查工作。

【市 场 营 销】

2018 年，中远海运港口控股码头合计完成箱量 20 442 735TEU，同比上升 32.7%。公司一贯全球化战略，通过收购西班牙码头及比利时泽布吕赫码头的权益，业务取得跨越式增长，同时跻身全球一线的码头运营商。根据德鲁里（Drewry）发布的 2019 年全球集装箱码头运营商年度回顾和预测报告，（Global Container Terminal Operator Annual Review 2019），中远海运的权益吞吐量排名从 2017 年的第五位一跃上升至 2018 年的第三位。控股码头数量、箱量，以及业务占比不断增加，标志着公司的战略转型不断进步，公司从码头财务投资人转型至成熟码头运营商。

1. 以中远海运双品牌为依托，发挥在海洋联盟的影响力，产生协同价值

最近几年行业发生巨大变化，从船舶大型化，至 2017 年起海洋联盟成立，海运业通过整合持续提升经营效率。背靠中远海运体系，中远海运港口善用自身资源，务求以中远海运双品牌为依托，发挥在海洋联盟的影响力，产生协同价值。

客户沟通方面，公司与集运双品牌搭建季度交流会沟通机制，由双方管理层牵头定期进行沟通，高层协调资源满足各方发展需要；另外多次参与海洋联盟码头采购委员会和航线规划委员会的会议，加强客户对公司控股码头的印象，重点强调各家码头的产品特色，争取业务合作机会。

就成效而言，公司通过与厦门港务沟通合理化资源配置，争取厦门远海成为海洋联盟在东南沿岸地区的母港。2018 年，海洋联盟在当地合计完成箱量 176.7 万 TEU，同比上升 50.9%；另外就希腊码头，通过客户拜访强调产品特色，说明希腊 PCT 在装卸成本、网络、操作，以及对大型船舶在设施设备上的优势，成功成为了海洋联盟各家船东在地中海东部枢纽，2018 年，公司合计完成箱量 277.1 万 TEU，同比上升 13.1%。2017—2018 年集运双品牌及海洋联盟在部分码头的箱量及变化见表 14–12。

2017—2018 年集运双品牌及海洋联盟在部分码头的箱量及变化 表 14–12

单位：万 TEU

码头	集运双品牌			海洋联盟			码头总箱量		
	2017 年	2018 年	同比	2017 年	2018 年	同比	2017 年	2018 年	同比
希腊码头	113.8	158.9	39.6%	245.0	277.1	13.1%	369.2	440.9	19.4%
南沙二期	82.9	87.3	5.3%	162.7	184.1	13.1%	466.8	480.9	3.0%
厦门远海	64.7	92.7	43.3%	117.1	176.7	50.9%	150.1	196.9	31.2%
西班牙码头	—	20.8	—	—	92.0	—	53.0	347.3	555.0%
连云港新东方	49.6	55.8	12.5%	60.4	71.5	18.3%	102.6	116.7	13.8%
泽布吕赫	2.2	4.1	82.1%	14.0	20.8	48.7%	31.6	39.2	24.0%
外贸小计	313.2	419.6	33.9%	599.3	822.2	37.2%	1 173.3	1 622.0	38.2%
内贸小计	80.8	82.9	2.6%	80.8	82.9	2.6%	367.7	422.3	14.9%
总计	394.0	502.5	27.5%	680.1	905.1	33.1%	1 541.0	2 044.3	32.7%

2. 配合港口公司码头投资投产步伐，做好阿布扎比前期营销

由于阿布扎比码头在 2018 年 12 月开港运营，初期航线布局对码头日后的发展定位至为重要，就此，港口公司提前组合营销部门和码头管理层与客户进行拜访推介，介绍码头的工程进展和基本情况、市场定位、腹地服务等，务求提早建立客户联络，让他们在航线规划和采购码头时多考虑阿布扎比。营销部协同集运双品牌成功申请海洋联盟 DAY3 产品 MEA5 及 MEA3 中东航线推出即挂靠阿布扎比码头，同时推动阿布扎比港务局和其他合作方，布局波斯湾的驳船支线搭建，为阿布扎比枢纽港定位提前铺垫。

【科 技 创 新】

1. 科技创新工作

2018 年，中远海运港口在国内外控股公司继续开展技术改造和创新项目工作，取得了 23 项技术改造和创新成果。同时，根据集团《科技创新工作管理办法》为指导，在实施过程中各部门的反馈意见，不断完善公司相关规章制度，并于 2018 年 6 月完成修订和审议后及时发布了《技术分中心管理办法》和《技术改造和创新项目管理规定》。

2018 年，中远海运港口创新成果主要有：厦门远海码头获得了由亚太港口服务组织（APSN）授予的 2018 年亚太“绿色港口”（GPAS）称号；厦门远海自动化集装箱码头装卸系统关键技术及应用申报 2018 年度国家科学技术进步奖，并被上海市提名一等奖。此外，中远海运港口及附属码头共获得知识产权 3 项，发表科技论文 7 篇。

2. 技术创新体系建设

在中远海运港口技术分中心下属单位成员包括公司各控股码头，2018 年新增的中远海运港口武汉码头，壮大了中远海运港口技术分中心的队伍。2018 年，中远海运港口通过利用技术分中心这个平台，加强技术交流和成果共享，加强对各级政府部门的创新优惠政策和其他外部创新资源的利用，拓宽技术创新渠道，增加技术创新投入数量，促进中远海运港口技术分中心的建设和发展。

【风 险 管 控】

2018 年，根据《中央企业全面风险管理指引》和《企业内部控制基本规范》，结合集团全面风险管理和内部控制体系建设的相关要求，并遵循风险管理和内部控制的目标导向、全面性、制衡性、经济性、系统性原则，中远海运港口开展并持续健全、完善全面风险管理和内部控制体系的相关工作，为公司依法合规经营保驾护航。

1. 围绕集团的风控指导思想，有序推动各项重点工作

积极响应集团有关“防范化解重大风险，落实风险管控主体责任”的要求，公司根据集团列示的三级风险清单制定、细化、分解工作，收集汇总了相关部门提供的应对策略和措施，在此基础上编制了《中远海运港口有限公司 2018 年度重点风险管理清单及应对策略和措施》，并于 2018 年 5 月份正式发布该文件，供各相关部门参照执行，确保各项风控措施严格落实到位。

根据集团 6 月份对于境外项目风险排查的通知和要求，公司针对海外项目，特别是承担了“一带一路”重任的项目进行了系统梳理排查，针对存在的潜在问题，进一步完善了风险防控预案，并从公司层面认真进行全面、系统自查，梳理往年风险事件，形成《中远海运港口有限公司境外风险管控情况报告》。

2. 组织开展 2018 年风险评估及应对工作

根据国资委办公厅《关于 2018 年中央企业开展全面风险管理工作有关事项的通知》和集团要求，公司通过调查问卷的方式，积极听取高管层、各部门负责人和外部风险管理专家的意见，并确定了 2018 年风险管理工作的步骤和计划。根据评估结果，公司 2018 年面临的 5 个重大风险为：投资决策风险、并购重组的执行与整合风险、投资后评价风险、人力资源规划风险和信息系统规划风险。

3. 积极推进下属码头风险管理及内部控制的深化工作

就内部控制评价发现的下属码头在运营方面的问题和缺陷，公司分解整改任务并确定责任部门，多次组织相关部门召开会议，制定整改措施并跟踪落实情况。经过系列整改措施和体系建设完善工作，下属码头公司内部控制体系总体运行及执行情况良好。

4. 强化风控人员专业能力建设，培育风控文化

为提升全体员工的风险管理意识，促进风险管理工作的有效推进，公司组织了风险管理系列专题培训及讲座，传播企业管理理念、全面风险管理及内部控制基础知识，营造良好的企业风控文化，切实提升全体员工的风险意识。

5. 组织开展 2018 年内控评价工作

公司邀请第三方中介机构就 2018 年内部控制有效性进行全面评价。根据最终评价结果，2018 年公司已按照企业内部控制规范体系和相关规定的要求在所有重大方面保持了有效的财务报告和非财务报告内部控制。年内，未发生任何影响或可能影响内部控制有效性评价结论的因素。

【安 全 生 产】

2018 年，在集团安监本部的指导下和公司安委会的正确领导下，公司认真贯彻落实集团年初安全工作会议和集团领导有关安全工作重要指示精神，始终秉承“发展不以牺牲人的生命为代价”的安全理念，以《中国远洋海运集团 2018 年安全管理工作要点》为导向，紧紧围绕公司“提质增效、稳定发展”中心工作，以安全生产标准化体系建设为主线，以中远海运集团 2018 年安全生产工作责任书下达的指标任务为目标导向，以安全检查发现的缺陷为问题导向，牢固树立“红线”意识，坚持“底线”思维，进一步完善安全生产责任、风险管控，教育培训、应急救援等安全管理体系，加大安全生产资金的有效投入，全面完成集团下达的年度安全工作任务目标，确保公司安全生产形势总体稳定。

1. 签署安全责任书，落实企业主体责任

根据中国远洋海运集团 2018 年安全生产工作责任书下达年度安全考核指标和工作任务，结合码头安全实际，公司与下属控股码头签署了中远海运港口有限公司 2018 年安全生产工作责任书，按照“党政同责、一岗双责、失职追责” 和 “三管三必须” 安全工作要求，任务层层分解，做到安全责任“横向到边、纵向到底”，完善安全生产责任体系。

2. 完善制度体系，强化制度执行力

2018 年内，公司共起草下发了《中远海运港口安全督导员管理实施办法》等 4 个安全管理制度，不仅完善公司安全管理制度体系，而且加强码头作业现场安全监督管理，强化制度执行力，起到以制度为保障、监督规范行为的作用。

3. 营造安全气氛，积极开展专项活动

公司组织开展多项安全生产专项活动，建立健全组织机构，制定活动方案。“安全生产月”活动、现场工班组管理专项整治、“119”消防宣传月等活动有效开展，各单位明确职责分工，强化责任体系，落实保障措施；加大专项活动宣教力度，大力营造活动氛围，提高全员安全意识，实现本质安全。

4. 压实基层管理，全面抓好安全生产队伍建设

为进一步加强安监队伍建设，做到安全管理全覆盖，公司从码头一线聘任丰富安全管理经验的安监人员成立了安全督导员队伍，共同参与安全管理工作。采用“第三只眼睛看问题”的方法，充分利用督导员现场管理经验，及时发现被查单位安全隐患，提出整改建议；挖掘被查单位行之有效的安全管理方法，并运用于实际工作中，进一步强化和完善安全管理工作机制，弥补薄弱环节，起到共同提高的目的。

5. 突出重点，持续推进安全隐患排查治理工作

公司坚持“视隐患为事故，视安全为效益”理念，以《中远海运集团 2018 年安全检查计划》为指导，以季度安全综合督察为抓手，对重点单位，重点领域、关键岗位和重要设备设施持续开展安全隐患排查治理工作，通过自查自纠、集团专项检查以及系统内综合督查，及时发现安全隐患并整改到位，将事故苗子扼杀在萌芽状态，持续保持安全生产稳定局面。公司共开展自查自纠工作 902 次，查出一般隐患 598 项，全部整改到位，投入隐患治理资金约 512.7 万元，为可持续发展提供了强有力安全保障。

6. 安全教育培训全覆盖，提升本质安全

各单位结合自身实际，通过外部授课和内部交流的方式，学习和借鉴先进管理理念和工作方式，提升控股码头安全管理软实力，推进和促进安全生产标准化一级达标工作；通过精准培训，不仅提高安监人员履职能力，而且使全员安全防护意识和技能得到进一步提升，达到本质安全。系统内员工培训达 18 830 人次，总授课时达 45 225 课时，全员安全培训投入达 76.42 万元，培训率达 98.5%。

7. 完善应急预案，提高应急处置能力

根据年度应急演练计划，各单位共进行了应急演练 120 次。通过演练，不仅提高了救援队伍应对港口突发事件应急处置能力，而且针对发现问题，及时修改和完善应急预案，使应急预案更具科学性和可操作性，应急物资、设备设施以及资金保障功能得到有效检验。

8. 积极主动应对，做好季节性安全工作

以《中国远洋海运防台防汛工作指导意见》为行动指南，坚持“以防为主、适时早避、留足余地”的防台防汛方针，始终秉承“宁可防而不来，不可来而无备”的防抗台工作理念，建立和完善防抗台应急组织体系和机制，明确职责，采取层层预警和防范措施，为防抗台工作保驾护航。公司各级领导高度重视季节性安全工作，应急响应及时，防抗措施得当，没有因防范措施不到位而发生人身伤害和财产损失事件，取得季节性安全工作阶段性成功。

9. 强化境外企业安全监管，确保港口整体安全

随着公司投资管理规模的不断扩大，境外全资和控股企业越来越多，安全压力和监管难度加大；持续强化对境外企业的安全监管，为境外企业安全管理工作提出工作建议，完善组织架构，构建安全管理专职队伍，加强信息沟通，畅通信息传送渠道，及时掌控境外企业的安全生产状况和安全风险，并对境外企业安全管理工作进行必要指导，完善监管手段和工作方法，有效降低安全生产风险，为境外企业尽快融入公司安全管理体系以及安全健康、可持续发展奠定坚实基础。

【人 力 资 源】

1. 加强员工绩效考核

根据工作实际，为了更有效地发挥绩效考核的激励约束作用，公司在完善绩效考核体系的基础上，于 2018 年年初开展了总部和下属公司委派人员 2017 度绩效考核。为了达到通过考核使资源向绩优人员倾斜、把公司战略发展目标与员工个人工作表现紧密结合、促进员工与公司共同发展的目标，本着差异化、全面性及公开公正的原则，依据不同职级的任职要求和岗位职责，有针对性地设定不同的考核指标、考核主体和权重，并结合下属公司经营业绩指标考核及总部各部门 KPI 指标考核的情况，以定量与定性相结合的方式，对员工进行 360 度考核评价。公司依据员工绩效考核结果，对 24 名优秀员工进行了职务晋升。在推进绩效考核结果面谈反馈过程中，广泛收集意见和建议，进一步完善了员工绩效考核办法。在依据员工绩效考核结果核定员工年度花红及调薪的同时，继续严格贯彻干部选拔任用与岗位职责、任职能力及工作绩效相关联的联动机制，把绩效优的干部选拔任用到所需岗位。

2. 拓宽人才引进渠道

公司通过多种方式，拓宽渠道，加强人才引进。一是推行大学毕业生招聘储备计划。于大学毕业季期间到内地各相关院校开展现场校园招聘，同时在香港总部实施管理培训生计划，为公司人才梯队建设输入新鲜血液。二是践行推进市场化人才选聘机制。利用香港人才市场优势，积极推进公司首席财务官、营销总监等的选聘工作，同时逐步探索制定公司职业经理人工作方案。三是畅通下属控股码头属地员工职业发展通道。根据境内新项目对管理人员的需求，开展公司内部相关岗位公开报名工作，当年通过开展公司内部公开报名，经考核，4 位下属合资码头公司属地员工被选拔到新成立的中远海运港口武汉有限公司担任业务部门负责人。同时，根据码头管理专业人才储备不足的现状，公司从下属合资公司中借调当地业务骨干到总部业务部门或其他下属码头公司的中层管理岗位任职锻炼，并视借调期间的工作表现决定是否正式调入港口系统。在总结上述工作的基础上，公司制定了《控股码头人才引入管理办法》，以拓宽公司人才引入渠道及畅通控股码头属地员工职业发展通道，此举打破了下属控股码头公司属地员工的职业生涯发展天花板，极大地调动了员工的积极性，用活了现有人力资源。

3. 优化人员岗位配置

公司以年底考核为依据，对相关岗位做进一步的调整，以优化人力资源和干部岗位的配置，积极推进公司战略目标的实现。近年，公司聚焦码头业务，强化码头网络，抓住国家推进“一带一路”建设的契机，积极拓展海内外码头项目。根据码头项目工作需求及公司干部岗位实际情况，公司通过考核选拔并履行干部任职程序，把最符合相关岗位任职要求的干部选拔任用到所需岗位，及时、有效地做好了干部人员岗位的调整配置，为运营好、管理好新项目和公司资产提供了坚实的人力资源保障。

4. 推进培训体系建设

港口公司按照基层、中层、高层的分层次员工培训方向，设计制定差异化的人才发展培养计划并推进落实，根据不同层级员工的发展需求，开展各种形式的培训。按照本年培训计划，公司推出了针对总部基层员工的员工成长系列课程，使基层员工较全面了解了公司整体发展现状；实施员工交流计划，在总部、境内码头委派及合资公司员工中推荐先进员工进行岗位交流，为员工提供进阶发展和学习的平台；公司根据着重加大境内外下属码头公司管理层人员的培养及今后的任用需求，继2017年在香港举办中高层管理人员领导力培训班后，又于上海举办了2018年中高层管理人员领导力训练营；开创性地与和记港口在深圳联合举办了中高层管理人员专业培训班，以加快培育公司发展所需的国际化、专业化的经营管理团队，切实促进码头运营及操作中高层管理人员的专业管理水平提升。此外，公司各部门及下属公司也都根据业务实际举办了多项培训活动。

【企业党建】

2018年，公司党委在集团党组的正确带领下，深入学习贯彻习近平新时代中国特色社会主义思想和党的十九大精神，坚持以党的政治建设为统领，树牢“四个意识”，坚定“四个自信”，坚决做到“两个维护”，认真落实公司党委关于全面从严治党的主体责任，坚持和加强党的领导，认真贯彻落实中央和集团的各项任务部署，围绕企业投资经营主体工作，激发广大党员干部和群众干事创业的积极性，保证了公司全球化港口发展战略实施，全年公司效益和码头吞吐量实现大幅增长，圆满完成年初既定的各项任务目标。

1. 注重政治素养和思想理论水平提高，切实学深悟透做实党的十九大精神

公司党委把学习宣传贯彻党的十九大精神作为当前和今后一个时期的首要政治任务，推动党的十九大精神和习近平新时代中国特色社会主义思想在公司系统内落地落实。全年开展各种形式的学习12次，涉及内容包括：党的十九大精神、习近平同志关于推进全面深化改革的讲话精神、《中国共产党纪律处分条例》、中央八项规定精神、中央巡视整改工作等。各基层党组织按照“三会一课”制度规定定期开展党的十九大精神学习，以及结合支部书记上党课、主题党日活动、下发学习书籍等多种形式，掀起学习热潮。

在学深学透党的十九大精神的前提下，公司党委把开展党的工作与推动公司发展统一起来，把提质增效和推动转型发展作为贯彻落实党的十九大精神的生动实践。南通通海港口工程建设如期完成，于2018年6月正式开港试运营，且开港后运营能力持续创新高，至年底共计完成集装箱吞吐量26.21万TEU；阿布扎比码头管理人员克服恶劣高温天气、工程技术人员招聘困难等情况，推动项目顺利进展，于2018年12月举行开港仪式。两家码头委派团队获得了中远海运集团先进集体的荣誉称号。

2. 深入领会全面从严治党要求，认真做好“中央巡视整改”后半篇文章

公司党委对照“中央巡视问题整改任务分解表”逐项核查，制定了《中远海运港口对中央巡视反馈意见整改工作方案》，共计明确了三大类16个整改项目的责任领导和责任部门，并由公司党委书记挂帅亲自抓，召开专项工作会议逐一确认项目整改进度，层层推动、压紧压实整改责任。在扎实做好巡视整改工作的基础上，公司党委认真筹备召开中央巡视整改专题民主生活会，按照不搞形式主义，突出务实高效、敢于动真碰硬的要求，深刻反思履行管党治党主体责任、监督责任、“一岗双责”方面的问题根源。在集团党组纪检组组长的亲临指导下，公司党委班子开出一场具有“辣味”的领导班子民主生活会，取得了良好的成效。

3. 深入推进“两学一做”学习教育常态化制度化，重点抓好外派党员教育

按照“两学一做”学习教育常态化制度化工作要求，公司党委紧贴实际，精心组织、筹划开展了形式多样的主题活动。公司年中业务研讨会期间，召集总部总助以上人员、海内外派出干部和部分业务骨干等共120人，进行中央八项规定精神的专题中心组（扩大）学习，并邀请深圳市委党校老师作专家授课；班子利用召开董事会、安全检查等公务出差期间，先后在比利时、希腊、青岛、厦门等码头，召集外派党员领导干部学习党的十九大精神；制定发布了《中远海运港口外派党员领导干部思想教育指引（2018版）》，作为强化外派党员思想教育的重要举措之一；与海控党委构架起共建学习平台，联合开展了“追梦闪光历程——定向健步走”主题党日活动等。

在公司总部的带动下，基层直属党委也立足实际打造各具特色的党建品牌，亮点纷呈：厦门远海码头党委倾力打造“远海红——远见非凡、海纳百川、红动全球”党建品牌，被评为厦门市企业党建示范基地；泉州太平洋码头党委以“一月一主题”为载体，组织多形式的党建活动；武汉港口公司党委组织开展党员“亮身份、尽职责、树形象”活动；锦州新时代党支部开展“岗位大练兵，打赢攻坚战”活动等。

4. 深入推进党建体制机制完善，夯实基层党建管理

一是结合实际制定了《公司“三重一大”决策制度实施细则》，以及重新修订《公司党委议事决策规则》《公司党委理论学习中心组学习实施细则》等制度，并指导下属控股的PCT码头等4家公司发布了“三重一大”决策制度。二是深入推进基层控股码头“党建进入章程”，截至2018年底已在7家控股码头完成此项工作。三是拓展了对公司境内控股码头直属领导的范围，年内建立了武汉港口公司党委，以及落实了对锦州新时代码头党支部的直属领导。四是加大了对直属基层党组织的管理和考核力度。年初与厦门远海及泉州太平洋码头两家直属党委签订党建工作责任书，年末对这两家单位党委班子及党委书记进行了述职考评。五是坚持协调融合、服务中心工作，按照公司“三重一大”制度规定，全年召开党委会37次，做到了对公司重大经营事项的前置把关。六是扎实做好各类组织管理工作，为各机关支部、基层党组织提供活动经费保障，制定《公司党费收缴使用管理办法》，落实党员组织关系转接等，夯实党建基础管理工作。

5. 认真贯彻落实中央八项规定精神，构筑科学严密惩防体系

按照集团党组《关于深入贯彻落实中央八项规定精神进一步加强作风建设的实施意见》，公司党委向全系统海内外领导干部和业务骨干传达指示精神，要求党员干部坚决落实好中央八项规定精神，做到入脑、入心、入行；班子成员利用海内外出差机会，对4家海外公司和5家境内公司委派人员开展集体廉政谈话，共20人次；年内，公司党委及纪委年内对1人进行提醒谈话，3人进行诫勉谈话，受集团委托对1人进行提醒谈话，1人进行诫勉谈话；成立专项检查小组，对总部机关及所属境内8家控股合资公司开展中央八项规定精神落实情况专项检查，发现各类问题22个，提出整改建议23个，除个别制度制定和下发需要时间外，大部分整改已完成；进一步织密制度的笼子，完善履职待遇类规章制度，出台了《公司负责人履职待遇、业务支出管理办法》《公司业务招待管理办法》《公司出差管理规定》《总部员工手册》等制度；审计监督部门明确主题、突出重点，切入生产经营问题及风险多发环节，至年底共完成各类审计项目19项，发现问题87个，基建审计促进增收节支495.2万元。

6. 严把选人用人关口，培养符合新时代发展理念的管理人才

一是坚持党管干部原则，严把选人用人关口，年内出台了《公司司管干部任职前人事部门听取纪检部门意见试行办法》，增加了对干部任职前的考察力度，确保选拔任用干部工作程序到位、操作规范；二是修订和发布了《员工手册》，促进人才培养提升，加强考核激励，满足公司全球化发展的新格局和新要求；三是积极推进学习型组织建设，针对不同层面的人员开展中高层管理人员领导力训练营、中层骨干人员管理拓展培训、员工成长系列课程，邀请Navis专家为总部及各码头的专业人士开设中英文业务培训等；四是推行股票期权计划，向符合资格员工授出股票期权，激励广大员工与公司同发展共提升。

通过加强人才培训和完善激励机制，公司广大干部员工提振起干事创业的精气神，在提升素质能力上比学赶帮超，以求真务实作风立足岗位履职尽责，涌现出一批标兵楷模：连云港新东方国际码头的陈栋等同志获得全国交通运输行业文明职工标兵和集团劳模、先进个人、服务进博优秀个人等荣誉称号，树立起担当新使命、展现新作为的榜样。

7. 深入推动企业文化建设，提升企业国际品牌效应

随着全球化战略提速及海外项目接连落地，随之而来的“跨文化”融合管理成为企业文化建设拓展升级的重点。完善企业 CIS 系统，增进全系统对于公司价值观、使命方向的一致性认同；紧扣“一带一路”五周年及改革开放 40 周年主题宣传，积极向集团内外媒体平台宣传推广公司战略成果；开展年度 CSP“跃动激情，港动世界”系列文化活动，推进企业文化融合和基层一线先进宣传；发布《中远海运港口通讯员管理办法》，举办宣传工作会议暨通讯员业务培训班，加强公司通联站工作规范性。

8. 深入推动工会团委发挥协同作用，同向发力提升凝聚力

公司党委积极领导和支持工团开展工作，推进服务型组织、和谐企业建设。工会成立各类文娱活动小组，丰富员工业余生活。在集团职工运动会上，公司羽毛球队、足球队、广播操队等均取得了优良成绩，展现港口人的拼搏精神和雄姿；落实好节日帮困慰问和夏季高温送清凉工作，公司领导到控股码头现场慰问一线员工，送去党组织的关怀和温暖；落实好各项职工实事项目，推进港口“爱心妈咪小屋”星级建设，开展职工健康体检等，全力保障职工利益。共青团成功举行了团委班子的换届选举，并继续加强团员青年的思想引领，积极开展发扬“雷锋精神”实践工作、结对助学活动，全身心投入 2018 中国国际进口博览会志愿者工作，展现了生力军的昂扬斗志和风采，也发挥了团员青年在公司各项工作中的突击队作用。

【企业文化与社会责任】

改革重组第三年，中远海运港口企业文化和品牌宣传工作以深入贯彻“The Ports for ALL”发展理念为抓手，内强文化融合，外树品牌形象，推进“跨文化”融合管理。

建立一套 CIS 是企业规范化发展的必备动作。期内，更新发布公司中英文版视觉识别导视系统（VI 手册），新增控股码头标志规范、码头岸桥和轨道龙门吊涂装规范等延展内容，启动理念识别规范（MI）、行为识别规范（BI）编制工作，在公司多元化发展及尊重全球控参股码头企业属地特性的前提下，逐步培育、植入和推广具有公司特色的核心价值观和行为规范。

加强内外宣传。积极向集团内外媒体平台宣传推广公司全球化战略落地成果，邀请媒体参与希腊比雷埃夫斯码头、阿联酋阿布扎比码头、西班牙码头等“一带一路”项目报道。同时集结展示公司全球化进程中的革新发展气象，挖掘在投资、营销、客户服务、管理、工程技术等领域的实践与成果；开展年度 CSP“跃动激情，港动世界”系列文化活动，下分“悦动镜头 发现 CSP 人”“悦动镜头 发现 CSP 成就”“悦动镜头 发现摄像之美”三大篇章，推进企业文化融合和基层一线先进报道。

持续依法合规开展公益捐赠，积极回馈社会。公司主动与各小区持份者紧密协作，以支持当地小区蓬勃发展为目标，加强对营运所在小区的投入，推动当地共融与建设。2018 年内积极参与慈善工作，对外捐款和物资捐赠共计超过百万元，包括：向中远海运慈善基金会捐赠 400 万元；向香港当地慈善团体捐款并举办慈善活动；积极鼓励旗下码头公司利用自身资源发挥技术优势，通过员工群策群力、赞助捐赠、组织或参与慈善项目等，身体力行，用心履行中远海运港口作为“负责任的企业公民”的承诺。

公司继续聚焦社会责任、可持续发展等长期重要事项，积极推动 ESG 发展，提高执行和管理能力，为社会各界创造正面及长远的价值。近年公司在环境、社会和公司治理方面取得的成绩亦获得市场肯定。2018 年，公司获得了《财资》杂志颁发的“最佳环保、社会责任及企业管治金奖”； 获得香港会计师公会举办的“2018 年最佳企业管治大奖”中 H 股公司与其他中国内地企业组别的“最佳企业管治金奖”；获得本识顾问颁发的“最佳 ESG 报告大奖 – 中型市值”及“卓越 GRI 报告奖”；以及获得《经济一周》杂志颁发的“环境社会企业管治大奖”。2017—

2018 年中远海运港口主要情况见表 14–13。

2017—2018 年中远海运港口主要情况表 表 14–13

类别	项目	2017 年	2018 年	备注
吞吐量	总吞吐量（万 TEU）	10 020.2	11 736.5	—
	权益吞吐量(万 TEU)	3 199.9	3 706.2	—
财务状况	总资产（亿元）	586.30	621.75	—
	净资产（亿元）	381.09	398.53	—
	营业收入（亿元）	43.58	67.19	—
	利润总额（亿元）	42.96	29.17	2017 年计入出售青岛前湾码头投资收益 188 633 万元、大连整合项目投资收益 4975 万元和视同出售泽布吕赫码头参股股权投资收益 20 万元，如不计入此等一次性项目，2018 年利润总额则同比同口径上升 23.6%
人力资源	员工总数（人）	154	154	总部人数

注：1.以上财务数据为中国企业会计准则下数据；

2. 2017年金额采用平均汇率为1美元：6.757 262人民币计算；2018年金额采用平均汇率为1美元：6.626 1人民币计算。

（翁羽）

中远海运（北美）有限公司

中远海运（北美）有限公司

【公司概况】

中远海运（北美）有限公司（简称“北美公司”，英文简称 COSCO SHIPPING（North America）），是中远海运集团全资子公司，注册资本 2071 万美元，注册地在美国加利福尼亚州。北美公司业务主要涉及：航运代理、货运代理、散货运输、油轮运输、物流服务、码头经营、燃油供应、技术服务、房地产、设备租赁等。

1982 年 8 月 6 日，原中国远洋运输总公司在美国加利福尼亚州注册成立中远美国公司。1996 年 6 月 27 日，中远美国公司正式更名为中远（美洲）公司，成为中国远洋运输（集团）总公司在美洲地区的区域管理中心，履行北美洲、中美洲、南美洲和西印度群岛地区的管理职能，业务网点分布于美国、加拿大、巴拿马、巴西、阿根廷、秘鲁、乌拉圭、智利、墨西哥等 9 个国家。2000 年 2 月，中国海运（集团）总公司在美国特拉华州注册成立中海（北美）控股有限公司，注册资本 50 万美元，主要负责管理美国、加拿大、巴西、阿根廷、智利、墨西哥等地区的集装箱代理业务。

2016 年 4 月 12 日，根据集团的统一部署，中远海运（北美）有限公司宣布成立。原中国远洋运输（集团）总公司的中远（美洲）公司和原中国海运（集团）总公司的中海（北美）控股有限公司正式开始整合重组，历时 5 个月的时间，于同年 9 月底全面完成整合，实现了合署办公。

改革重组后的北美公司成为集团的全资子公司和区域公司，是集团在北美地区业务拓展的唯一平台。北美公司对包括美国、加拿大、墨西哥、巴拿马等北美、中美洲及加勒比地区公司实施区域管理，公司业务范围涉及投资及区域管理、集装箱、码头、物流、设备租赁、社会化服务、散运、能源运输、船代、无船承运人、燃料供应、船舶备件与技术供应、特种船及多用途船等多个领域，形成了多元化产业布局，具备打造成为集团航运主业及相关专业公司在北美的现场服务支持和保障中心的业务基础。同时，作为集团的驻外窗口，北美公司积极履行社会责任，积极配合区域内中国使领馆，服务广大中资企业，促进与当地企业经贸合作。北美公司 2018 年组织结构图（按法人层级）见图 14–3。

2018 年，北美公司总裁为冯波。

【发展战略】

2018 年上半年，遵循集团海外发展战略及投资政策的指引，北美公司结合自身实际情况，对公司“十三五”发展规划进行了修订。按照修订后的规划：一是北美公司将紧紧围绕设备租赁、码头及物流三大板块，立足存量、着眼增量，通过对公司全面发展进行了战略创新；二是注重量与质并举，加强风险防控，激发资源、资产和资本三大要素活力，全力拓展业务延伸和业务孵化；三是迅速积累资源 / 资产 / 资本规模和物质基础，扩大经营规模，增强规模优势，迅速提升创效能力；四是围绕内部协同机制编织牢固的资产纽带；五是谋划发展愿景，制定发展目标，开拓发展新路径。

北美公司紧紧围绕“6+1”战略，全力发展“设备租赁、码头和仓储物流”三大战略产业，持续加大战略项目的推进力度；实行项目组工作机制，责任主体明确，战略推进工作取得良好成绩。

加大设备租赁业的投资力度，快速提升业务发展规模。2018 年，公司完成与集运 2000 台

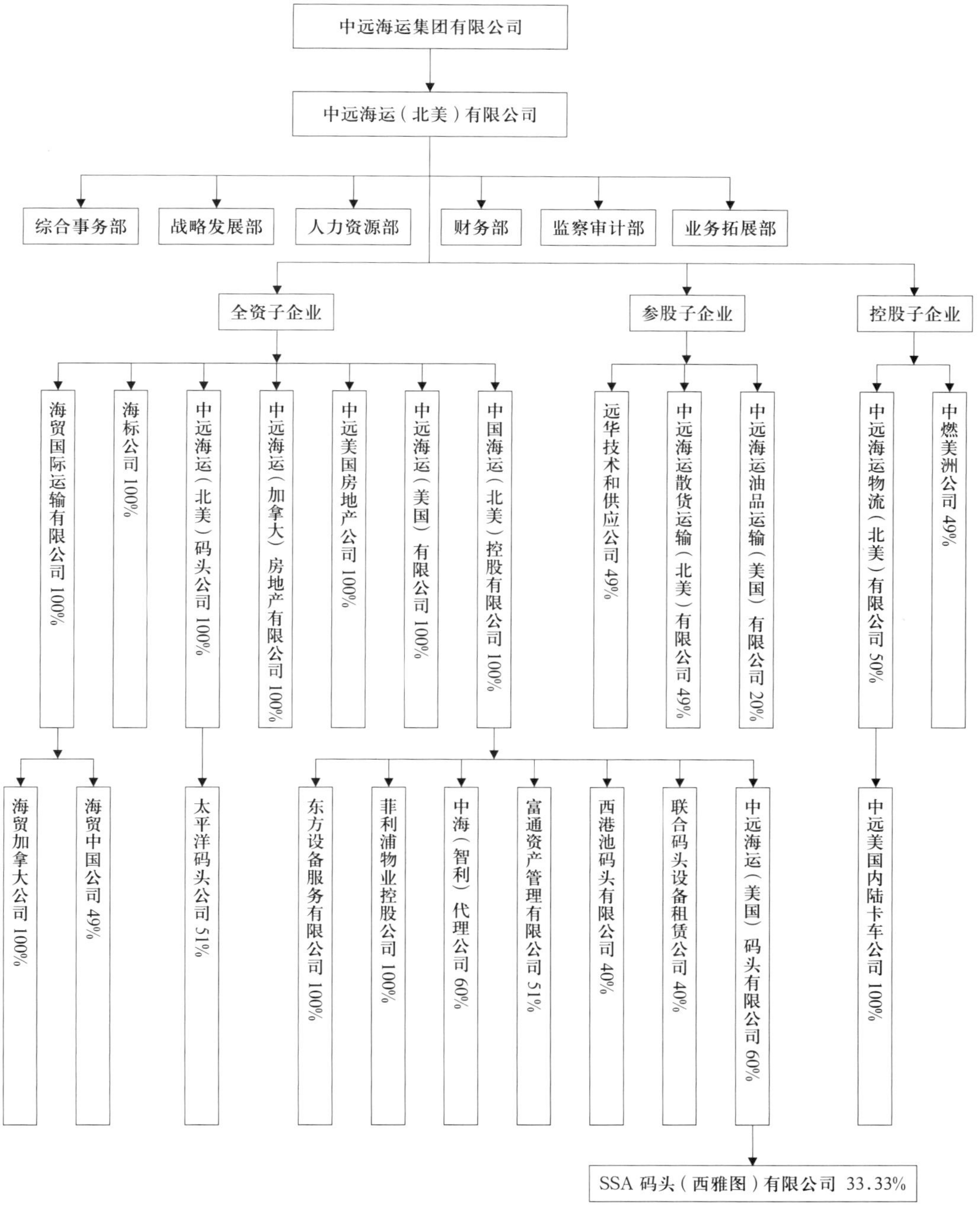

图14-3　北美公司2018年组织结构图（按法人层级）

冷箱、与 NACPC（North American Chassis Pool Cooperative）1000 台底盘车、与集运 200 台冷箱发电机，以及与集运 4000 台 40 尺冷箱设备租赁项目。北美公司锁定了与 DCLI（Direct Chassis Link Inc.）的 7500 台底盘车租赁合同，设备分三年交付，4500 台已经交付并起租，2019 年和 2020 年将交付剩余的 3000 台。

落实与中远海运香港公司设立合资公司的项目，创新发展模式。北美公司所属北美控股与中远海运香港公司所属公司在美国合资注册成立了富通资产管理有限公司，专营底盘车和集装箱冷箱等设备的租赁业务。该公司注册资本为

2 474.51 万美元，其中北美控股持股 51%。

积极发展北美地区的仓储物流业务，提升延伸服务的能力。公司为优化集运在巴拿马的全程供应链服务、打造端到端业务，抓紧论证研究在巴拿马合资设立物流公司的可行性。

北美公司重启了 PCT 码头升级改造项目。计划对 PCT 北码头 3 台桥式起重机进行升高改造，另外再购置 2 台大型桥式起重机配置在北码头。升级改造项目完成后，码头将具备装卸 18 000TEU 船舶的能力，进一步提升码头竞争力。

积极改善西雅图 T30 码头经营效果，协调港务局、码头等各方关系，通过调整码头航线分配增加码头业务量改善经营效益。

积极整合美西南码头资源，促进集团利益最大化。2018 年，公司根据航线布局和码头资源利用率，积极与集运配合，加强美西南洛杉矶、长滩码头互动，灵活调整航线挂靠计划，兼顾航线客户服务质量和码头效益，操作管理一盘棋，使码头运营稳定，实现集团利益最大化。

【经营效益】

1. 效益情况。2018 年，北美公司实现营业收入 447 653.80 万元，同比增加 19.47%；发生营业成本 385 722.17 万元，同比增加 20.77%；发生管理费用 45 551.29 万元，同比增加 11.54%；发生财务费用 183.04 万元，同比减少 410.96%；录得投资收益 2 247.22 万元，同比减亏、增利 4 096.87 万元；实现利润总额 13 075.68 万元，同比增长 88.75%；实现净利润 11 483.82 万元，同比增加 150.88%。

2. 财务状况。截至 2018 年底，北美公司资产总额 331 433.84 万元，同比增加 40.29%；负债总额 147 846.81 万元，同比增加 102.92%；所有者权益 183 587.03 万元，同比增加 12.37%，主要是经营积累和汇率变动的影响。

3. 指标完成情况。2018 年，公司财务考核指标为利润总额 3500 万元，成本费用占营业收入 97.48%，营业总收入 37.35 亿元；2018 年决算全年利润总额 13 075.68 万元，成本费用占营业收入 96.3%，营业收入 44.77 亿元，完成各项考核指标。

【企业管理】

1. 出色完成投资系统建设工作。按照集团的统一部署，北美公司积极参与集团投资系统建设工作，派员回国参加系统建设培训，按照集团要求的时间节点，较好完成了集团的各项工作任务。

2. 加强北美所属公司董事会建设和规范运作工作。梳理北美公司下属实体企业董事会的构成状况，及时更新、登记下属公司董事会成员变动。严格按集团对下属公司董事会管理规定及当地的企业治理要求，根据《北美公司下属公司董事会管理办法》的规定，做好下属公司董事会管理工作，督促下属公司按照董事会运作管理办法规范董事会会议材料，优化董事会议事质量。

3. 加强企业考核管理工作。2018 年，公司按照集团考核规定，认真落实考核责任，及时跟踪考核进展情况，督促各方完成考核指标，真正发挥考核的激励与约束功能；年初完成了北美公司 2017 年考核自评工作；配合集团完成北美公司考核方案制定工作。认真做好北美下属公司经营业绩考核工作，完成上年度考核结果核定工作，签署了 2018 年考核责任书，落实了考核激励机制。

4. 强化产权交易监督管理。年内严格执行集团关于国有资产交易的有关规定，履行资产、产权对外转让、增资扩股等事项的逐级审批决策流程，确保相关操作依法合规进行，加强对产权交易的监督管理。

5. 完成压减工作任务。按照集团压减工作的要求，经过与外部律师及新泽西和宾夕法尼亚税务部门的多次沟通，公司顺利完成了原中海（北美）代理公司在新泽西和宾夕法尼亚州的注销工作。

【海外营销】

1. 在总部的统一指导下，与 OOCL（东方海外）开展区域协同工作。每周与 OOCL 北美总部召开电话会议，沟通和对标出口附加费、GRI（General Rate Increase）等市场信息；2018 年 9 月中旬，OOCL 北美高管拜访了北美公司新泽西总部，双方进行了第一次见面，均高度赞同积极推进双品牌战略，不断提升市场份额和品牌价值。对比 OOCL 的进出口附加费登记办法，北美公司完成了 10 月 1 日起美线进出口 Local Charge 入舱单工作，完成与 OOCL 北美出口附加费第一阶段对标工作。11 月与 OOCL 物流美国公司进行业务对接，进一步提升端到端服务能力。

2. 调整和优化营销机制，充分释放内部协同力量。5 月，全面梳理部门各层级业务管理关系，成立了营销执行委员会，组建了 5 个专业营销队伍，出台了市场营销管理办法，以期通过集体决策结合专业化营销的方式，优化管理层级、改善决策方式，实现推动市场开发再上新台阶；同时为了强化营销团队内外联动的合力，将休斯顿操作中心营销支持团队纳入全球销售部管理，并对各职能模块进行了调整，明确了工作职责以及职能对接，使销售和销售支持真正融合成一个整体，以提升客户体验；9 月，借鉴 OOCL 美国公司对冷箱经营采取“售前及售后”两大主体既独立又互补的运作模式，将营销人员（包括支持人员）以及客服人员的职能精准定位，以专注提升专业水准，满足客户精细化需求。

3. 开展淡季专项营销工作，不断提升航线装载率。年初集运总部开展春季淡季营销工作中，北美团队精心组织、全力打赢淡季营销攻坚战，取得了圆满成功并得到总部奖励；在太平洋航线西行夏季淡季（25 ~ 36 周）营销中，为激励销售团队超越自身、超越过去，设立太平洋航线出口淡季营销激励计划；虽然淡季营销受到中美贸易摩擦、网络攻击等因素的影响，仍然圆满完成了太平洋航线出口淡季营销工作，共完成销售出口箱量 11.7 万 TEU，同比增长 4.7%，销售收入同比增长 16.3%，达到了预期目标；在美国 8 个销售地区中，有两个地区完成指标。

4. 精准把握市场发展态势，全力推动出口运价上涨。随着贸易格局发生变化，特别是东南亚、印巴、中东地区货量增长尤为明显，全球销售部审时度势，灵活运用价格杠杆不断推动运价上涨工作。太平洋航线成功推涨：6 月 1 日到东南亚、印巴、中东地区西行 GRI，7 月 5 日美国出口废纸货类 GRI，7 月 15 日美国出口到澳大利亚、新西兰地区的 GRI，10 月 15 日美国出口所有航线 GRI，11 月 1 日美国出口冷箱 GRI（USD160/200）。大西洋航线成功推涨：6 月 11 日大西洋航线东行 GRI，10 月 15 日美国出口到西北欧基本港 GRI。增加新的出口附加费：启动新的三级费率出口单证费，增加中国海关 24 小时申报费，进一步推广美国出口客户网上电子订舱和电子单证服务。

5. 精心筹划并积极推进年度签约工作，签约箱量获得新的突破。根据总部 2018 年签约工作的整体部署，北美公司早规划、早部署，全面做好营销动员工作，使营销团队统一了思想、提高了认识，充分领会了年度签约工作的重要性；在日常签约过程中，北美营销团队积极与总部保持紧密联系，及时反馈签约市场情况，找差距、提建议，得到了总部全力支持。2018 年北美共完成太平洋年度签约客户 484 家，签约量 1 133 428TEU，完成年度签约任务指标的 97.3%，同比增长了 7.4%，新合约 MQC（最低承诺销量）再创历史新高。

6. 做好创效源头管理和过程控制，努力提升航线效益。2018 年签约期间，市场舱位供大于求的关系没有明显改变，即期市场运价不升反降，客户签约观望情绪严重，导致签约运价不断下滑，北美公司顶住来自客户的各种压力，想办法、找措施，按既定目标推进签约进度；同时在签约过程中全力控制额外成本，严控 Free time（免费期）、底盘车费用补贴的减免等，如劳氏公司（Lowe’s）和施耐德（Schneider）两家客户同比下降了 5 天 Free Time 和底盘车费用补贴，丰达电机株式会社（Foster Electric）同比下降了 6 天 Free Time，全年共有 17 家 FOB 进口客户 Free time 同比下降；除了客户指定拖车（CNT）服务外，严控 House Trucker（直接签约车队）到门服务，从源头控制成本，促进了航线效益的提升；在旺季期间，综合考虑客户体量、历史支持度、运价水平等各种因素，每周对爆舱航线的舱位进行分配及全程控制，达到稳定客户和提升收益之目的。

7. 持续优化出口货源结构，提升非“三废”货物比例。在中美贸易摩擦和中国对三废严格控制的双重影响下，美国出口到中国货量全年同比下降 70 万 TEU，而海洋联盟的运力布局突出以中国市场为主，太平洋航线西行营销工作举步维艰。但根据总部货源调整战略要求，北美公司全力优化出口货源结构，年度美加出口全流向货量同比增长 6%，普通杂货（Cargo Nos）货量占比达 27%，同比提高 4%；林业产品占比超越废纸成为我司第一大出口货源，占比 26%，同比提高 20%；棉花和农产品货量也分别提升了 90% 和 76%，“三废”货量同比下降 10% ~ 17%。

8. 积极拓展第三国航线市场开发工作。年进出口销售货量增幅分别达到 2.3% 和 8%，太平洋航线东行来自非中国的销售箱量达到 19 万 TEU，占北美进口销售总量的 21%，同比提升 4%；在美国出口至中国的货量同比减少 70 万 TEU 的情况下，第三国货量为 38 万 TEU，同比 2017 年的 23.3 万 TEU 大幅提升了 63%；尤其是在东南亚及印巴市场上，货流占比已经达到了 23%，同比提升 13%，美国出口到个别国家诸如越南、菲律宾、印度、巴基斯坦、泰国、阿联酋等区域的货量增长迅速。

9. 树立新客户开发工作长期性理念，全力拓展客户合作面。进口部分，年内共开发了 31 家新客户，合计签约箱量 26 656TEU，签约 MQC1000TEU 以上客户共 10 家，其中新签 JOC TP100 进口客户有都乐包装食品公司（Dole Packaged Food）、雀巢（Nestle）、孩之宝（Hasbro）、惠而浦（Whirlpool）等。出口部分，实现全年订舱活跃客户数量达 1046 家，同比 2017 年 1003 家增长了 4%，其中 378 家出口客户出货超 2017 年同期，此外还新签了 JOC TOP100 中的黛美达（Domtar）、巴斯夫（BASF）、伊士曼（Eastman）、雷欧尼尔（Rayonier）、西石公司（Westrock）、路易达孚（LDS）等客户。

10. 组建冷箱和大件货开发团队，制定市场拓展规划。6 月，公司充分整合内部资源，与海贸、物流和集运北美操作中心（NAOC）一起组建了冷箱和大件货开发团队，结合海贸公司在冷箱开发、物流在大件货开发以及集运北美公司操作中心专业服务的优势，组建一支强大的开发和服务团队，同时制定了下一步市场拓展规划。冷箱销售箱量同比增加 14%，其中太平洋航线增幅最明显，运费收入同比增长 20%，实现量价齐升，贡献值三大幅改善 USD55/TEU。

【客 户 服 务】

1. 集运业务方面

（1）不断提升服务质量，完成全年 KPI（Key Performance Indication）指标。2018 年，操作及客服团队认真细致地梳理各项业务流程，优化各项业务节点，加强员工培训和监督，推进电子化客服水平，并不断完善各项部门内部的奖惩机制，细化分解各项 KPI 指标，提升服务质量。通过努力，北美操作客服部克服人员短缺、业务量增长、客户新需求增加等各种困难，较为顺利地完成了全年的各项工作，树立了北美集装箱运输行业一流的服务形象。具体看来，各项 KPI 数据达标如下：出口客服全年完成电话接听 94 900 次，日均电话接听 300 个，电话接听率 90%，与上一年基本持平；完成出口订舱 22 856 票，同比增长 18%，并且通过努力网络订舱已经达到 85%，同比上升 18%，99% 的订舱都能在 2 小时内给予确认；全年完成出口航线操作箱量 461 000TEU，同比基本持平；签发提单约 98 156 份，同比增长 8%；处理邮件 368 000 封，同比增加 25%；网上 Portal 系统处理客户要求 85 600 个。进口客服全年完成电话接听 108 000 个，电话接听率 90%，同比持平；电话等待时间 5 分钟，同比持平；进口提单操作 324 700 票，同比增长 12%；进口邮件处理 203 000 封，同比基本持平；完成进口重箱操作 813 000TEU，同比增长 8%；网上 Portal 系统处理客户要求 26 500 个。VIP 客服：出口 VIP 客服完成电话接听 26 000 个，同比增长 20%；电话接听率 99.4%，完成邮件回复 64 800 个，同比增长 17%；进口 VIP 客服邮件回复约 46 800 个，同比增长 35%。各项数据同比都有较大幅度的提升。

（2）着眼行业发展趋势，提升客服电子化水平。在集运总部 BPS 的推动下，北美客服、BPS、全球信息，以及北美销售部一起，以服务提升为承诺，吸引客户使用网上订舱及舱单发送系统。2018 年，北美地区网上订舱比例为 85%，ESI 比例为 50%。电子化订舱及 ESI 的推广使得现在 99% 以上的订舱能够实现 2 小时确认，90% 以上的订舱在客户提供 SI 以后能够在 8 个工作小时内完成提单制作。客户的订舱及单证体验得到了大幅提升。此外，为了更有效地控制内部流程，加快业务流转，控制不断增加的邮件数量，北美客服团队积极同 BPS 同事合作，全面推广基于 Freshdesk 云端平台的客户服务 Portal，努力说服客户改变原有的邮件沟通模式，改为上网提交 Ticket。该系统的使用一举改变了北美地区沿用 18 年的公共邮箱的传统操作习惯，使得操作中心的各项操作业务得到了现代化的提升。

（3）突出 VIP 客服优势，提升北美客服水平。北美操作中心建立了 VIP 客服部门，专门为 VIP 客户提供全程一站式个性化服务。年内，出口 VIP 客服团队一共服务 188 家客户，其中大型客户 32 家（如上汽集团、美国中南、巴斯夫化工、美孚能源等），棉花客户 23 家，特种箱客户 91 家，冷箱客户 42 家；进口 VIP 团队服务 35 家大型直客及货代，如沃尔玛、三星、亚马逊等。通过努力，北美公司同 VIP 客户的关系得到了有效的改善。客户能够第一时间找到服务专员，公司也更清楚地知道每家客户的不同需求及服务痛点，能够更有效地对 VIP 客户提供个性化服务。

2. 非集运业务方面

推进非集装箱船舶代理工作。根据集团集采中心《关于集团非集装箱船舶境外代理总委托协议事宜的通知》要求，北美公司与中远海运能源、中远海运散运、中远海运特运、中远海运厦门、国投海运发展有限公司、广州中远海运工程物流、COSCO Singapore 各专业船公司分别签署了非集装箱船舶境外代理总委托协议，努力做好各国家公司和非集装箱船舶公司的附协议协商和签署的沟通工作，并研究北美公司非集装箱船舶船代货代工作的体制机制。

【员 工 队 伍】

人才是企业发展的真正动力。北美公司根据企业的当前全局状况和未来发展情况进一步完善薪酬福利制度，确保建立与现代市场相适应的人力资源薪酬福利管理机制，塑造训练有素的人才培养理念，为每位员工构建展现自我的舞台，使员工的人力资本得到保值与增值，使员工与企业共同成长。公司始终围绕“选才、留才、理才、用才”开展国际化人才建设工作，为员工提供了更广阔的发展空间。

1.“选才有道”，建立人员选拔聘任机制。北美公司拓宽了员工招聘渠道，利用广告招聘、校园招聘、猎头招聘，以及从同行业公司招揽人才等招聘渠道，同时打破了唯学历为唯一标准的做法，依岗定人，将合适的人安排到合适的岗位上，使每位员工都能充分发挥主观能动性和创造力，提高公司员工的工作积极性和企业归属感，吸引、留住优秀人才。

2.“留才有度”，重视选人用人工作。在发挥外派人员的同时，公司尤其注重发挥当地员工的积极性，做到制度管人、感情留人、待遇留人。公司采用了对关键岗位人员签署劳动合同的雇佣方式，以及绩效合约化，合同为期两年，到期后双方自愿选择是否续签，协商合同条款更新等事宜；同时以合同的方式明确薪酬福利待遇、工作职责，以及员工违约、到期解约等责任追究条款，以契约的方式进行人员管理，也为公司推行职业经理人奠定了基础。

3.“理才有方”，提升员工队伍素质。公司着力抓好人才引进、培养、使用三个环节，培养造就适应转型升级要求的人才队伍。加快落实人才发展规划，推进人才考核建设，优秀人才评价选拔、培养开发、激励考核、实现人才结构进一步优化工作体系。为做好人力资源经营、实现人力资本增值，公司建立了行政等级、工作资深度、现实工作表现等相互独立的岗位晋升渠道，根据人才的特点研究制定了人才分类考核评价方法，为不同岗位人员设定了个性化的绩效考核，以及职务晋升的管理体系。

4.“用才有效”，确保人尽其才。坚持人尽其才，及时发现、大胆起用各类优秀人才。公司为员工提供各种发展历练的平台，公司业务项目推进工作采用并不断深化项目组工作机制，选调优秀员工进入工作组，并动态调整组员构成，促进人才合理流动，实现了更高匹配度。北美公司战略项目推进工作采用并不断深化项目组工作机制，抽调各单位、部门优秀员工进入战略项目推进工作组，并根据项目推进的不同阶段动态调整各项目组的组员。公司的发展需要更多的现代高级管理人才及专业技术人才，公司采用外部人才引进与内部培养选拔相结合的方式，一方面积极从外部引进符合公司文化理念的管理及技术人才；另一方面不断从员工队伍中挖掘各方面后备力量，通过岗位轮换及培养机制，引导员工充分认识自我、开发自我、经营自我、挑战自我，使人才始终有成长的空间。以人为本，促进和谐企业建设取得新成效，大力提升员工队伍素质。着力抓好人才引进、培养、使用三个环节，培养造就适应转型升级要求的人才队伍。

【内控建设】

1. 全力控制风险，突发事件及诉讼案件应对能力显著提升

（1）应对网络受袭。2018 年 7 月 23 日，北美公司的网络服务器遭到外部攻击，网络全部瘫痪。在集团和集运总部统一指导下，北美技术团队采取了“全面断网、查杀病毒、最小环境搭建、PC 安全加固、网络安全持续强化”等一系列紧急措施，1 天内提取了可分析病毒样本；3 天内完成了最小安全环境搭建；6 天内恢复 90% 系统应用能力及 85% 安全 PC 入网；7 月 30 日（周一）全面恢复了业务生产。集运业务在本次网络攻击事件中受到的影响被控制在最小程度，与同行相比，凸显能力。

（2）沉着应对密集法律诉讼。平稳应对美国司法部（DOJ）反垄断诉讼案；IBT 卡车司机劳工诉讼索赔案件将损失控制到最低水平，从 7000 万美元降到 600 万美元。

2. 继续完善公司制度建设，使各项工作朝制度化、流程化方向不断发展

（1）制度建设与完善。2018 年，北美公司共发布规章制度 19 个，内容涵盖公司治理、综合行政、人力资源、审计监督、法律风控和制度建设等。公司成立后，共计发布相关规章制度 33 个，基本涵盖了公司日常管理、生产经营各方面内容。北美公司充分利用全面评审和修订公司规章制度的契机，对公司管理流程进行了进一步规范，强化制度的约束作用，提高执行力。对于完善公司治理、促进合规经营、落实规范管理和防范风险方面起到了积极的促进和保障作用。2018 年，北美公司共计发布了《北美公司董事会议事规则》《北美公司董事会授权规则》《北美公司董事会审计与风险管理委员会议事规则》《北美公司董事会战略与投资委员会议事规则》《北美公司总裁工作规则》等一系列董事会运行的规章制度，以及有关加强所属公司管理的《北美公司所属公司董事会运作及向合资公司派出人员管理办法》。通过制度的执行，对董事会、董事会专门委员会、董事长、总经理的职权与责任、董事会会议制度，以及董事会专门委员会及董事会秘书工作制度等都做了明确规定，进一步夯实现代化企业管理基础，公司董事会建设有了很好的抓手，使董事会工作有章可循。

（2）狠抓制度运行，提升公司运营效率。北美公司在制度建设方面明确纪律，每个职能部门都有制度建设和制度运行的责任和义务，并纳入部门的年度目标责任书中考核，最终落实到奖惩上。在制度制定的同时，也注重约定归口管理部门和检查制度的落实与执行，形成制度落实的闭环。对于每项出台的制度，制度管理部门督促有关职能部门对制度内容进行抽丝剥茧的梳理，制定配套的实施细则、附件和计划，按照人员分工职责到人。对于一些带有普遍性的需要全员遵守的制度，开展专项培训和宣贯，保证制度的全覆盖。北美公司通过制度的严格执行，取得了以下成果：第一，预防了风险，确保所有行为在既定轨道内运行。第二，提升了效率，确保在一个尺度按照规则办事，减少协调和内耗。公司管理效能明显提升，工作质量逐步提高，业务工作成果不断扩大，各项工作实现健康持续发展。第三，降低了成本，减少了可有可无的控制环节。

3. 逐步完善内控管理体制和项目风险评估机制

根据集团《风险评估管理规定》要求，北美公司根据内外部环境的变化，对影响企业目标实现的各类风险进行评估，形成风险评估报告，编制风险评估情况评估表，包括风险辨识、风险分析、风险评价等内容。在此基础上，针对风险评估结果积极开展风险应对，最大限度防范和降低风险损失。同时，通过法务工作集中管理，重大决策必过法律关已经深入人心，法律风险得到了有效规避。

【信息化建设】

1. 探索搭建基于 Freshdesk 的客户服务平台。北美 BPS/IT 技术团队在充分了解客户服务团队关于 Public Folder 功能痛点后，积极探索使用先进系统工具来管理海运行业客户服务请求的解决方案，提高北美公司客户服务效率和质量。综合平衡功能、成本和行业匹配度，基于 Freshdesk 搭建了北美公司客户服务平台，运行情况良好，管理效果显著。主要收益包括：业务部门普遍反馈垃圾和无效邮件显著减少，比如进口单证团队邮件数量从每月 5000 封下降到每月 3000 封；出口大客户及冷箱服务团队邮件数量从每周 4500 封下降到 1200 封；铁路运输查询邮件数量从每周 300 封下降到 50 封左右；业务部门对于客户服务请求的响应时间显著缩短：使用 Freshdesk 之后各业务部门对于一般服务请求的响应时间均控制在 2 小时左右；铁路运输单创建时间从 90 分钟下降到 70 分钟。各层面业务管理人员能够有效监控服务请求的服务质量，迅速界定超时服务请求并作出安排；准确统计业务人员的工作量和工作效率；各业务部门的加班时间得以控制。

2. 持续推广电子化在线服务，重点实施电子托单。在集运总部的指导和支持下，北美公司企业资讯发展部（BPS）根据北美地区客户偏好和业务特性，持续协助业务部门推广各项在线服务，借助电子化手段提高日常操作效率，改善客户服务效果。在成功完成在线订舱（Online Booking）推广之后，北美公司重点做好电子托单（ESI）的推广和应用工作。提单是海运业务最重要的单证，而托单是提单制作的直接依据。推广电子托单的使用能够有效减少制单错误，加快单证流转，提高制单效率，做好电子托单推广工作的意义重大。经过精心准备，北美公司于 9 月 1 日正式对外推广电子托单。经过三个月的努力，北美地区电子托单比例从实施前的 25% 迅速提高到 2018 年底的 55% 左右。电子托单的推广又进一步促进了电子订舱的使用，电子订舱比例从 75% 进一步提高到 85% 左右。

【安 全 生 产】

北美公司注重岸基基础工作，及时更新港口压港动态，协调港口作业工班，全力缩短船期。同时帮助船员查找安全隐患，及时解决，确保顺利通过美国港口各类检查，全年未发生一次船舶滞留。飓风季节期间，及时地将最新预报资料不间断地发往受影响各轮，同时协助船舶做好预案，保障了代理船舶在恶劣天气下的安全。

【公 共 关 系】

1. 服务国家外交和高访活动，集团品牌价值得到彰显。

（1）2018 年 12 月 3 日，习近平主席出访巴拿马期间，在巴拿马巴雷拉总统陪同下参观了

COCOLI 新船闸，亲切慰问了正在通过船闸的“中远海运玫瑰”轮全体船员，并为该轮打开了通往太平洋的闸门。其间，北美公司和巴拿马公司、中美洲公司协助集团做好了船闸现场活动的筹备和协调工作，圆满完成了任务。

（2）7 月 17—19 日，时任中共中央政治局委员、上海市委书记李强率中共代表团访问巴拿马，期间实地考察了巴拿马运河望花船闸。中美洲公司、巴拿马公司全体中外方员工通力合作，日夜奋战，较为圆满地完成了迎访工作，得到了高访团、外交部、中联部和当地使馆的充分肯定。

（3）8 月，公司圆满完成了交通运输部李小鹏部长访问巴拿马的有关安排配合工作。

2. 按照集团 F11 项目工作组的要求，公司积极主动，配合做好与美国监管部门的沟通协调，全力以赴承担项目组各项保障任务。

3. 公司发挥公关公司纽带作用，加强与美国联邦海事委员会（FMC）、海关、海事管理局（MARAD）、太平洋海运协会（PMA）、港务局等政府部门、行业协会、合作方沟通协调，争取各行业监管部门、协会的理解和支持，营造出良好的经营环境。

北美公司 2018 年主要情况见表 14–14。

北美公司 2018 年主要情况统计表　　表 14–14

类别	项目	2018	备注
业务量	集装箱销售箱量（万 TEU）	170.27	—
	集装箱 local 箱量（万 TEU）	85.93	—
	码头吞吐量（万 Unit）	93.1	权益箱数
	租赁设备保有量（台）	17 305	—
	干散货揽货量（万吨）	456	注 1
	件杂费揽货量（计费吨）	33 092	—
	船舶燃油供应量（万吨）	41.9	—
	船舶代理（艘次）	398	—
	物流卡车业务运输量（Move）	145 485	—
	物流内陆运输量（Unit）	11 761	—
	物流货运业务量（TEU)	19 880	—
财务状况	总资产（亿元）	33.14	—
	净资产（亿元）	18.36	—
	总收入（亿元）	44.77	—
	利润总额（亿元）	1.31	—
员工队伍	年末员工总数（人）	926	—

注1：其中自揽货量125万吨。

（王金山）

中远海运（欧洲）有限公司

中远海运（欧洲）有限公司

【公司概况】

中远海运（欧洲）有限公司（简称“欧洲公司”，英文简称COSCO SHIPPING（Europe）），是中远海运集团全资子公司，注册资本419万欧元，注册地德国汉堡。作为集团在欧洲地区的区域管理公司，欧洲公司管辖范围包括欧洲地区、非洲北部地区（包括摩洛哥、埃及、利比亚、突尼斯、阿尔及利亚）、中亚地区（包括哈萨克斯坦、乌兹别克斯坦、塔吉克斯坦、土库曼斯坦、吉尔吉斯斯坦）、西亚地区（以色列、土耳其、塞浦路斯、阿塞拜疆、亚美尼亚、格鲁吉亚等），以及俄罗斯远东地区。公司主要业务范围涵盖集装箱运输、散杂货运输、油品运输、货运代理、物流服务、码头业务、船舶技术服务和船舶燃料供应等。

欧洲公司原名中远欧洲有限公司，前身是中远驻汉堡代表处，成立于1989年2月15日，注册地点为德国汉堡市，注册资本50万西德马克，2009年增资至378万欧元。2016年3月，根据集团的统一部署，原中国远洋运输（集团）总公司所属中远欧洲有限公司和原中国海运（集团）总公司所属中国海运欧洲控股有限公司正式开始整合重组。2017年9月11日，中远欧洲有限公司更名为中远海运（欧洲）有限公司。2018年6月27日，欧洲公司无偿受让中国海运欧洲控股有限公司的全部股份，注册资本金增至419万欧元。

欧洲公司代表集团对区域内各公司行使属地化管理职能，在区域负责提供行政、人事、财务、法务、监审、战略等共享服务。截至2018年底，欧洲公司本部设行政人事部、战略发展部、供应链发展部、财务管理部、审计分部、杂货运输部6个部门，直接管理企业49家（其中全资33家、合资16家），代管企业12家。

欧洲公司领导班子为林戟总裁、郭京副总裁、王松文副总裁、俞海华总会计师、田东副总裁；2018年10月19日，俞海华同志调回退休。

欧洲公司2018年组织结构图见图14-4。

【发展战略】

履行区域公司管理职能，搭建信息平台。通过搭建全球业务协同平台、信息共享平台、新兴业务孵化平台、区域管理服务平台和国际人才培养平台等五大平台，发挥功能作用，实现资源效率最大化，成为集团“6+1产业集群”战略的重要支撑，促进区域协同发展和实现集团全球化的海外发展战略。

贯彻落实集团比港战略，持续推进陆海快线建设。火车班列运行数量和货量保持高速增长，市场影响力不断提升，在经营现有线路的基础上，筹划准备开辟比港—马其顿和比港—保加利亚的班列服务。关键资源投资项目稳妥推进，奥地利联邦铁路总公司旗下布达佩斯BILK铁路码头的股权（10% ~ 15%）收购项目完成二次补充尽职调查和价值评估；PEARL铁路公司60%股权项目收购备忘录已基本谈妥。

响应“一带一路”倡议，对“一带一路”相关的中亚和外高加索地区核心国家（哈萨克斯坦、阿塞拜疆、格鲁吉亚）进行现场考察，计划适当时机建立和完善在该区域的服务网点，为集团各专业公司提供更全的配套支持。

以做大做强欧洲区域业务为目标，着手推进区域支线实体化经营方案。2018年3月19日，公司召开欧洲区域航线业务实体化转型工作启动

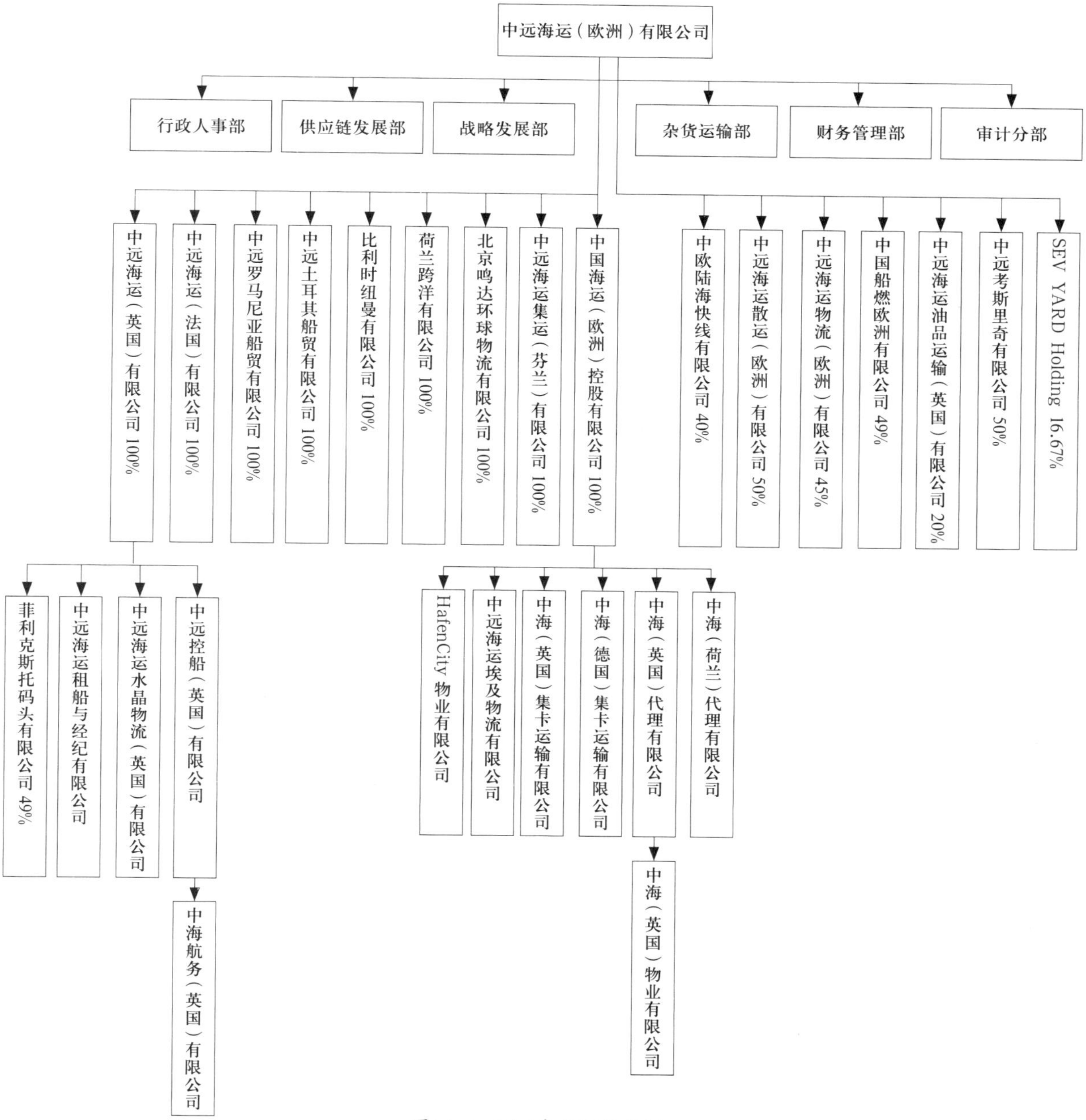

图14-4 2018年组织结构图

会，成立欧洲支线业务实体化推进工作小组。

发挥“全球业务协同平台”作用，持续深化与国内专业公司业务合作。欧洲公司与中远海运物流达成扩大合作意向，将中国海运德国集卡运输有限公司的第三方拖车和综合物流业务转移至中远海运物流（欧洲）有限公司；与中远海运特运商定以中国海运（荷兰）代理有限公司为平台组建合资公司，助力中远海运特运开拓欧洲杂货运输市场。

【经营效益】

2018 年度，欧洲公司实现营业收入 89 595 万元，实现利润总额 5455 万元，超额完成全年 1000 万元利润指标。截至 2018 年末，欧洲公司总资产 21.59 亿元，净资产 13.50 亿元。

【经营情况】

集装箱业务。完成销售箱量 210 万 TEU，同比增加 16%，指标完成率 98%。其中：完成 local 出口箱量 168 万 TEU，IET 箱量 31.4 万 TEU，大西洋销售箱量 7.7 万 TEU，西非、南美销售箱量 6.9 万 TEU。实现营业收入 43.66 亿元，利润总额 2.16 亿元，完成年度预算 80.91%。

散货业务。完成揽货 522 万吨，指标完成率 158.2%，同比减少 11%。

件杂货业务。完成揽货 244.9 万运费吨，指标完成率 153%，同比增长 11.3%。

燃供业务。完成燃油销售量 121 万吨，同比增长 8.5%；实现利润总额 840 万元，同比增长 70%，指标完成率 170%。

油运业务。完成揽货 300 万吨，同比增长 30%，完成年度指标 200%。

物流及延伸服务业务。完成空客 A320 项目大部件 53 架次，空客 A330 项目大部件 11 架次；完成青岛阳光纸业项目 1217 个集装箱和 26 件分体吊装货；完成非集装箱船舶代理 741 艘次，同比增加 13.8%；完成拖车业务 26.32 万 TEU，同比增长 12.9%；中远海运物流（欧洲）有限公司完成集装箱货运 14 387TEU，空运业务 2 947.8CBM，新增物流收入 214 万欧元。

中欧陆海快线业务。全年开行火车 925 班次，比上年增加 216 班次，增长 30%；完成货量 50 491TEU，比上年增加 10 670TEU，增幅为 27%。

【企业管理】

完善公司治理、建立全面风险防控体系。设立风险委员会与投资委员会，制定《欧洲公司所属单位董事会管理办法》，完善授权事项、决策体系和管理流程；制定《欧洲公司规章制度管理办法》，完善规章制度主体职责、明确管理机制、强化审核环节；制定《全面风险管理办法》，建立公司风险库与风险应对方案，组织开展核心业务风险点梳理和合规风险排查；2018 年 5 月 25 日《欧盟数据保护法》正式实施后，建立工作应对小组、聘用专业数据保护官，对所涉数据保护的各环节进行对照检查，严控风险；稳妥处置土耳其代理纠纷案、北非代理纠纷案等遗留案件，全力维护公司利益。

完善、健全规章制度。制定《公司负责人履职待遇、业务支出管理办法》《中方外派人员履职及业务支出管理规定》《生活保障实施细则（试行）》等制度，规范中方人员薪酬待遇管理；制定《会议管理规定》《费用报销管理规定》《日常办公设备管理办法（试行）》《手机设备使用及管理办法（试行）》《礼品管理办法（试行）》《区域团组接待管理规定（暂行）》《业务招待事前审批单》等制度，规范业务支出管理；制定《财务工作交接管理办法》《产权登记管理办法》《固定资产管理办法》《会计档案管理办法》《会计管理规定》《资产减值准备财务核销管理办法》，完善财务管控制度体系。

推进财务管理信息化建设。欧洲公司本部及下属中国海运欧洲控股有限公司、Hafencity 物业有限公司的SAP财务系统实施项目稳步推进，2019 年 1 月将正式上线。

持续加强检查监督。全年开展审计项目 12 项，发现审计问题 88 个，提出审计意见或建议 64 条；推进境外联网审计前期工作，所属单位财务系统实现联网；开展“2017 年审计发现问题自查自纠专项工作”，跟踪审计问题整改；开展落实“中央八项规定精神”自查自纠，强化作风建设。

持续强化安全管理。注重安全预警、教育，专人负责并根据各下属单位业务特点，制定应急预案、开展必要应急演练。中远海运英国有限公司以出台《船舶考核办法》等为契机强化制度建设，及时发现、有效处置各类隐患，确保公司所属 7 条集装箱船舶及货物的安全。2018 年，欧洲区域未发生重大安全事故。

【改革发展】

遵循集团“十三五”海外发展规划和年度工

作目标，欧洲公司以提质增效为工作主线，一手抓传统业务发展，一手抓区域新业务拓展，夯实欧洲区域可持续发展基础。

1. 紧盯“两个不低于”（2018 年效益指标不低于 2017 年的水平，盈利水平不低于 2018 年的市场平均水平）的目标要求，加强营销调控，实现集装箱业务质、量并进。全年欧线东行中标箱量 44 万 TEU；新兴市场和第三国市场业务同比提升了 44%，增幅排名全球第一；冷箱货、特种箱货、危险品货等高值货量在各航线上同比 2017 年实现了两位数以上增长，其中欧洲区域内航线同比增长 77%，拉非航线同比增长 80%；端到端业务（联运 + 代运）完成总量 66.3 万 TEU，较 2017 年增长 15%。

2. 围绕“一带一路”倡议和集团比港战略，优化、拓展欧洲区域航线覆盖及规模。落实 OCEAN PLUS、端到端的发展战略，新增 PFX2、PVS、AGX、AIG、BRX、PBX 等支线，摩洛哥、拉脱维亚、塞浦路斯、黎巴嫩、阿尔巴尼亚等新兴市场首次实现自有支线网络覆盖，形成 18 条自有支线、2 条 NET 系列区域干线共计 20 条航线的服务网络，自有支线网络覆盖国家达到 25 个。截至 2018 年末，支线船舶增至 20 艘，运力总计 4.38 万 TEU，较 2017 年增长 67%，运力在区域内排名攀升至第五位，亚洲背景船公司排名第一。欧洲区域航线全年调度总箱量 116 万 TEU，同比增长 50.6%，其中第三国 IET 业务完成箱量超 31.4 万 TEU，同比增长 57%，完成率 114%。突出比雷埃夫斯枢纽港“战略枢纽”和“桥头堡”作用，全年欧洲自有支线挂靠比港 448 艘次（其中，欧洲公司运营操作的支线船挂靠 325 艘次；通过推进共同投船的方式，吸引达飞、长荣、赫伯罗特、阳明等合作方船舶挂靠 123 艘次）；全年自有支线在比港装卸箱量达到 56.7 万 TEU，同比增长 50.4%。

3. 完成大西洋航线承运人切换工作，全力推进大西洋航线减亏。2018 年 4 月，欧洲公司会同中远海运北美共同推进并顺利实施了大西洋航线生产环境切换工作，切换后欧洲公司作为大西洋航线的经营主体，开始全面承担航线经营管理职责，并围绕航线减亏全力开展工作。欧洲公司以提高航线装载率、提升单箱收入、严控单箱成本作为实现大西洋航线减亏的三个重要抓手，精心组织、协调航线各挂靠港单位开展工作，全年在舱位同比减少 5.7% 的情况下，货量同比增长 28%，同比 2017 年主营业务利润扭亏 570 万美元，调整后主营业务利润扭亏 540 万美元，完成大西洋预算目标。

4. 增强业务协同，持续提升物流及延伸服务的业务覆盖、规模。中远海运运物流欧洲有限公司成功试运作空客增速项目操作，继续推进和杜伊斯堡港口开展战略合作。中国海运德国集卡运输有限公司、中国海运英国集卡运输有限公司在继续做好集运延伸服务保障的同时，着力开拓第三方物流业务，全年第三方业务总量达 2.6 万 TEU，同比增长 44%。英国水晶物流有限公司积极践行“特色业务战略”，开发展品物流、演唱会物流等新项目，全年新增客户 53 家。

5. 与国内专业公司协同配合，立足海外市场客户做大做强非集装箱业务。中远海运散运欧洲有限公司、中远海运英国租船与经纪有限公司积极参与重点 COA 招投标项目谈判，践行中远海运散运海外业务发展战略；欧洲公司杂货运输部注重航线推介及客户维护，开发新客户共 12 个；中国船燃欧洲有限公司培育燃油贸易业务、润滑油代理加油业务、比港代理加油和实体供油业务等新业务和利润增长点，实现燃供业务平稳健康增长；中远海油品运输（英国）有限公司为客户提供 24 小时不间断“贴身”服务，推动业务合作，油运业务超额完成指标。

6. 全力落实公司重组和压减关闭工作。按照集团整合方案，欧洲公司整合法律程序于 2018 年 6 月底顺利完成；完成所属中远海运物流埃及有限公司增资 900 万埃及镑，获得货运代理人资格签发 House 提单和从事拼箱业务；新设斯洛伐克分公司、泽布吕赫与莫斯科代表处，关闭上海欧地营业部；积极落实集团压减任务，全年压减关闭企业 6 户。

【员工队伍】

截至2018年末，欧洲公司共有外派员工111人（含29名代管人员），当地雇员1941人。全年欧洲区域（含代管单位）完成海外员工轮换共计18人（含代管单位8人），其中离任调回国内5人、自国内新赴任13人（代管单位8人），另有10人已启动轮换手续，包括拟离任调回国内2人、区域内转点2人、拟自国内赴任6人。

以考核为抓手，不断提升外派干部能力、素质、水平、态度。欧洲公司充分利用集团海外员工考核平台，全面、认真、客观开展对外派干部的考核、评价。对考核中反映出来的重要倾向性问题，通过个别谈心、交流等方式做好与员工的沟通，摆明问题，指出存在问题及改进方向；根据最终考核结果，与外派干部逐一反馈、沟通，肯定其成绩、优点，解答其疑问，对存在的不足提出改进建议等。通过对考核及考核结果的有效使用，帮助外派干部清晰对自身的了解，并开展针对性学习、培训，不断提高自身能力与水平。

配合集团全球人力资源管理信息系统建设及推进工作。2—3月，欧洲公司牵头辖区内主要单位进行人力资源管理信息系统建设项目海外调研；4—5月，按期完成了系统前期沟通及蓝图确认，与集团就欧盟5月25日起正式实施的《数据保护法》进行沟通。根据集团意见，适当延后系统在欧洲推进，全面评价《数据保护法》对系统推进实施的影响。

奖勤罚懒逐劣，在本地雇员中营造积极向上的工作氛围。依据员工表现及部门对其工作评价，在本地雇员工资调升时进一步拉大幅度差异，最大限度体现奖勤罚懒人事工作导向；对工作有突出表现的本地雇员发放一次性奖励，褒奖、鼓励员工的工作积极性；对于工作敷衍、不负责任的不合格本地雇员坚决清除。

【企业文化】

推行“四个一”文化理念，加强多元化文化管理，尊重当地员工的宗教信仰，以人为本，关爱员工，努力缔造企业的团队精神和凝聚力，在共同的经营管理中，实现协同一致的目标。

注重发挥外籍员工熟悉当地人文社会环境、贴近海外市场、熟悉国际商业规则的优势，推进实施招聘本土化、人才本土化、管理本土化，倡导“进了中远海运门，就是中远海运人”，无论中方员工还是外籍员工，只要爱中远海运、能力强、业绩优同样委以重任。坚持拓宽跨文化交流渠道，不断增进各界对企业的认知认同，建立与各方面的良好关系。2018年4月11日，欧洲公司代表集团，赴俄罗斯参加第十五届克拉斯诺亚尔斯克经济论坛；2018年6月9日，中远海运集运（德国）有限公司举办德国下萨克森州中资企业活动日。注重承担广泛的“企业公民”责任，积极促进当地就业、履行可持续发展责任、开展公益慈善等活动，有效维护了与当地社会的良好关系。

做好中方员工的关心关爱，及时解决员工提出的合理诉求。通过组织节日party、传统佳节慰问家属、参加当地使领馆和中资企业的有关活动，不断丰富业余文化生活，使中方干部和家属感受到集体温暖；认真组织开展安全教育，保证中方干部的健康与安全。

【社会责任】

积极部署中国首届进口博览会欧洲参展商展品运输工作。经过精心组织，欧洲区域一大批展商积极报名参加进博会，同时一大批展品通过中远海运船舶从德国、土耳其、丹麦、挪威、意大利、比利时、埃及、瑞士、乌克兰等国起运前往上海，央视、新华社、上海广播电视台（SMG）、第一财经等传媒均给予了大篇幅报道，为促进中欧贸易交流和经济发展作贡献，提升了中远海运的品牌知名度和影响力，

积极配合做好“一带一路”相关宣传工作。欧洲公司协调各下属单位认真做好“一带一路”相关宣传工作，协助安排多家媒体记者站记者及中央电视台（CCTV）、新华社、《中国日报》等多家媒体随船采访记者在欧洲区域内的采访、

主题拍摄、在线直播等活动，得到了媒体及记者的一致好评，也极好地提升了企业的宣传形象。2018 年 4 月，央视新闻直播间“我在海外”系列报道还以“身处汉堡港的中国海员”为题报道了公司海运操作中心总经理宋术青船长的事迹，提升了集团海员们的荣誉感。

2018 年度中远海运（欧洲）有限公司基本情况统计见表 14-15。

2018 年度中远海运（欧洲）有限公司基本情况统计表 表 14-15

类别	项目	单位	数据
船队	船舶艘数	艘	7
	载重吨	万吨	48.38
生产情况	干散货揽货量	万吨	522
	件杂费揽货量	万计费吨	244.9
	油品揽货量	万计费吨	300
	中欧陆海快线	万 TEU	5.05
	海运综合物流业务量	万 TEU	7.7
	内陆拖车业务	万 TEU	26.32
	船舶代理	艘次	741
财务情况	总资产	亿元人民币	21.59
	净资产	亿元人民币	13.50
	总收入	亿元人民币	8.96
	利润总额	亿元人民币	0.55
人力资源	员工总数	人	312

（龚韶明）

中远海运（东南亚）有限公司

中远海运（东南亚）有限公司

【公 司 概 况】

中远海运（东南亚）有限公司（原中远控股（新加坡）有限公司，2017 年 4 月 6 日正式更名为现名，以下简称“中远海运东南亚”），是代表中远海运集团在东南亚和南亚地区行使区域管理职能的公司，为中远海运集团全资子公司，注册资本为 10 238 万新加坡元。中远海运东南亚拥有 9 家全资子公司、4 家控股子公司和 8 家参股公司。公司作为中远海运集团在东南亚及南亚地区的区域总部和管理中心，负责管理和发展中远海运集团在本区域 17 个国家的各项业务。其经营范围包括物流、船舶及货运代理、燃油贸易、燃油储存、油驳供船、油品检验、海事咨询、房产管理、船舶供应、劳务和租船中介等。

【企业大事记】

2018 年 6 月，中远海运东南亚与印度 Apollo 物流公司合资成立 ZON 集装箱服务公司。东南亚公司出资 49 000 印度卢比，股比 49%；Apollo 物流出资 51 000 印度卢比，股比 51%，合资公司经营集装箱服务业务。中远海运东南亚在 2018 年 7 月收购鑫陆物流合作方 30% 股份，鑫陆物流成为东南亚的全资子公司。

【经 营 效 益】

2018 年，中远海运东南亚完成营业收入 111.19 亿元，同比增加 20.94%；利润总额 5 511.16 万元，同比减少 10.80%。区域各项业务考核指标完成较好。战略落地指标全面完成；销售箱量为 98.36 万 TEU，同比增长 39.74%，完成了考核目标的 120.4%；区域综合物流新签约合同 1618 万美元，超额完成 900 万美元的目标。散货揽货量完成 187 万计费吨，杂货揽货量完成 32.5 万计费吨，油品揽货 255 万吨，较好地完成了考核目标，支持了相关业务板块的发展。

【发 展 战 略】

按照集团对公司的定位，中远海运东南亚在遵照、细化分解《中国远洋海运集团 2020 年发展战略暨“十三五”发展规划》的基础上，组织完成了《中远海运国际（新加坡）有限公司 2020 年发展规划》编制工作。规划贯彻了集团发展战略，积极整合内外部资源，推进上市公司调整产业结构和产业转型升级，将资本市场作为融资主要来源，多渠道并用筹集资金，以并购、投资等多种方式开拓物流业务和集运延伸业务，建立区域物流网络，与集团“6+1”战略集群业务协同发展，提高市场开拓、抗风险和创收的能力，将上市公司打造成为区域物流业务发展中心和利润增长点。2018 年，中远海运国际新加坡通过收购 Cogent 物流及印度尼西亚远球公司 40% 股份注入上市公司，区域打造物流发展业务上市平台的目标已经实现。

从整体上看，东南亚区域实现了“重点发展现代物流业务，以上市公司为平台，利用并购、投资等多种方式开拓物流业务，建立区域物流网络，通过扩大投资和开拓新的上下游业务，争取综合物流业务盈利未来五年达到公司整体利润的 50% 以上”的发展目标；中远海运国际新加坡公司也做到了调整产业结构，扭亏创效；积极配合集团“6+1”业务集群开拓市场，整合散货运输、油轮运输、燃油供应、海工及船舶修造等业务，打造相关业务运营、销售、协同和管理平台。

【生 产 经 营】

2018 年，中远海运东南亚按照集团工作会要求，围绕集团和区域发展战略，发挥上市公司海外资本平台作用，调整业务结构；多种方式并举，进军物流产业；坚持加快深化改革，规范基础管理，生产经营和改革发展各项工作顺利推进，各项工作不断的取得新突破。为使中远海运国际新加坡尽快成为区域物流业务的投资发展平台，东南亚区域按照集团批复，积极推进 Cogent 物流的收购工作，并在 2018 年 3 月 7 日完成了 Cogent 物流全部股份收购及私有化的程序。海外公司在新加坡上市，主要是利用其资本市场，而主营业务大多在原有国家，但中远海运国际新加坡通过本次收购，真正成为在新加坡上市且在新加坡经营的本土企业。新加坡资本市场对本次收购给予积极评价，认为在短短两个月时间完成尽职调查、谈判和内部审批，并以有利的价格成交，这是“高效的决策、划算的交易”，充分体现了其专业性和决断力，这令新加坡资本市场对中国国企、对中远海运刮目相看。

【企 业 管 理】

创新管理体制，建设管理服务平台。为提升区域内专业化管理服务水平，提高运营管理效率，降低管理成本，中远海运东南亚进一步完善共享中心建设。目前基本建成的有 4 个共享中心。区域公司直属的驻新加坡的 12 家公司中，除了两家油品公司由于整合方案未明确的原因以外，其余10家公司的账务处理均由财务共享中心承担，并根据所属公司开户银行实际情况，确定了以花旗为结算行、中国银行为避险保值行的原则，归集资金，建立资金集中管控模式。信息技术共享中心目前对区域公司、新鑫海公司等 9 家驻新公司提供信息技术服务并对集运国家公司提供技术指导。以区域公司法务部门和远祥咨询公司为主体，法务共享中心对直属公司提供法律报务和指导，对代管公司提供法律咨询。为解决区域内人力资源工作多数由财务或者行政人员兼任、专业服务能力不强的问题，提高人力资源管理水平，组建了人力资源服务共享中心，为区域内各公司提供人力资源相关服务工作。

【风 险 管 控】

2018 年，公司以健全公司法人治理结构为前提，以完善管理制度为基础强化风险防范工作。一是完善管理制度。审议通过了《三重一大决策办法》《安全管理办法》《投资管理办法》等 20 多项管理制度。截至 2018 年底，共制定完善了 40 多项管理制度。二是加强对经营活动的监督管理，严格执行各项规定。已完成各类审计项目 17 项，发现问题 50 多个，提出各类审计意见和建议 56 条，促进增收节支 136 万元。结合区域管理特点，利用集团通报、主题教育月、区域通知等形式推送集团反腐倡廉要点，坚决反对“四风”问题。三是加强风险评估，对于高风险业务、新型业务、重大改革，以及重大投资并购等事项，建立专项风险评估制度和风险预警机制。重点防控现金流风险、汇率利率风险、市场风险、投资风险、债务风险、信用风险等。在重大项目的评估论证过程中，风控、法律、内审等部门全程参与，携手强化监督机制。聘请德勤事务所全面参与上市公司内控评价工作，重点针对 Cogent 公司的新业务、新模式、新环境、新团队和内控制度进行了评价。区域推进的较大的投资项目是巴生西港仓库项目。在项目前期工作中，公司对项目的政策、管理、市场等风险进行了充分分析，并将风险防范的重点放在市场风险上。先后两次召开了项目专题研讨会后，才决定将项目提交总裁办公会审议。四是完善全面预算管理框架，完善全面预算管理办法，成立预算管理委员会、预算管理办公室等预算机构，下达下属各个公司的全面预算目标。每月根据预算完成进度分析预算执行情况，每个季度向预算管理办公室通报预算完成情况，认真落实各项预算管理措施，真正发挥预算管理作用。五是强化安全管理，营造安全发展环境。认真开展安全大检查和重点单位安全巡查工作，重点关注油库、航运公司、海事工程，以及恐怖袭击不断、形势不稳定的国家的公司，加强安全隐患排查、找出薄弱环节整改。结合区域安全工作特点，制定了《中远海运（东南亚）有限公司人员公共安全管理规定》《中远海运（东南亚）有限公司员工安全管理指引》《中远海运（东南亚）有限公司人员公共安全管理补充指引）》规定，加强安全生产风险分级管控，开展安全生产危险辨识和风险评估工作，组织开展事故隐患排查，消除隐患，强化了员工的安全教育培训和应急培训。

【员 工 队 伍】

截至 2018 年底，中远海运东南亚及所属企业员工 163 余人，区域内代管公司员工 1560 余人。

【船舶运力情况】

截至 2018 年底，公司自有船舶 3 艘 /16 万载重吨，完成货运量 126 万吨，货运周转量 51 亿吨海里。（梁键锋　朱春辉）

中远海运（澳洲）有限公司

中远海运（澳洲）有限公司

【公司概况】

中远海运（澳洲）有限公司（简称“澳洲公司”，英文简称COSCO SHIPPING（Oceania）），由原中远集团旗下的中远（澳洲）有限公司（以下简称“中远澳洲”）和原中海集团旗下的中国海运（澳大利亚）代理有限公司（以下简称“中海澳大利亚”）重组合并而成，于2016年6月2日正式完成公司更名。

澳洲公司是中远海运集团的全资子公司，是集团海外区域管理公司之一，代表集团行使对澳、新等大洋洲地区所有企业的管理及业务协调、市场研发、投资决策及资产经营等职能。澳洲公司前身中远澳洲和中海澳大利亚分别于1995年8月和1998年12月在澳大利亚新南威尔士州注册登记成立，注册资本分别为254.83万澳元和8万澳元。截至2018年底，改革重组后的澳洲公司，管辖大洋洲范围内的7家公司，净资产规模达到22 452.81万元。

澳洲公司六大业务板块见图14-5。

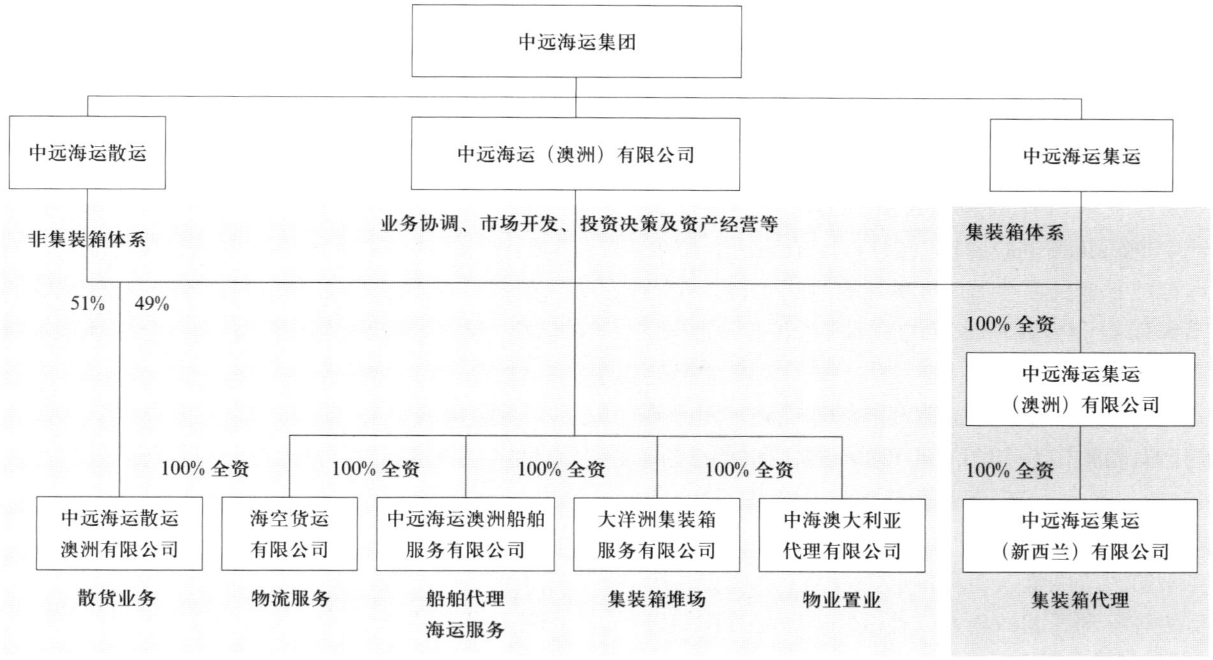

图14-5　澳洲公司六大业务板块

【改革重组】

2018年是改革开放40周年，也是“平乡城”轮首航澳大利亚正式开辟中国国际集装箱班轮航线40周年。在这意义非凡的一年里，澳洲公司坚持贯彻集团战略引领，全力践行“两个不低于”工作要求，在立足“6+1”发展战略，围绕“规模增长、盈利能力、抗周期性和全球公司”四个发展维度，推动业务整合，优化产能结构，加快打造新集团在大洋洲地区的业务协同平台、信息共享平台、新兴业务孵化平台、区域管理服务平台。

通过改革重组，澳洲公司规模实力、综合优势和市场影响力显著增强。2018 年，澳洲公司营业收入规模达到 1.71 亿元，利润总额 2 313.56 万元；资产规模突破 3.25 亿元。澳新区域集装箱本地出口箱量规模达到 24.79 万 TEU，本地出口箱量收入规模达到 1.26 亿美元。其中，集运澳洲完成 local 北行出口箱量 17.90 万 TEU，同比小幅上升 1.48%；完成 local 出口箱量收入 8 740.68 万美元，同比小幅增长 1.56%。集运新西兰完成 local 北行出口箱量 6.89 万 TEU，同比上升 12%；完成出口收入 4 537.76 万美元，同比增长 10.18%。澳新区域干散货揽货量达到 1 591.6 万吨，其中自揽货量 431.6 万吨，协同揽货量达到 1160 万吨。

通过改革重组，澳洲公司充分释放协同效应，精益管理成效日益显现。2018 年，澳洲公司进一步加强供应商管理，利用规模优势，提升议价能力，通过与供应商协商争取更优惠费率，将规模优势转化为规模效益。2018 年，公司累计实现码头类供应商协同效应 4920 万元，降低堆存成本累计产生 8.9 万澳元的协同效益；在协同集团专业公司压降采购成本的同时，同步供应商服务效率保持高效。2018 年，公司加强与澳、新两地主要码头运营商的沟通交流，累计节约自有船舶在港作业时间 438 小时，指标完成率 461%，悉尼和布里斯班的 8000TEU 船舶作业效率同比提升了 18% 和 10%。集运新西兰努力克服航线班期延误、利特尔顿港罢工、奥克兰港事故等不利局面，全力以赴做好现场配载和保班工作，累计在港停留时间同比减少 57.81 小时。在实现规模效益的同时，公司充分发挥整合后的协同互补效应，通过合署办公、人力资源共享等举措，累计实现协同效应 1121 万元，较好实现了“1+1 ＞ 2”的重组效果，提升了澳、新区域的竞争优势。

【发展战略】

2018 年，澳洲公司继续贯彻集团“十三五”发展规划，着眼海外公司“五大”平台功能定位，围绕提升延伸服务能效的工作目标，坚持做优做强，大洋洲地区综合物流供应链平台的功能性建设不断深化。

服务辐射范围向南太平洋岛国拓展。船舶代理业务板块以新西兰为中心，将代理业务服务范围覆盖南太平洋各主要岛国，大幅提升了公司在南太平洋地区船代延伸服务能力和公务船补给能力。2018 年出色完成“和平方舟”号、“黄山舰”号等公务船访问大洋洲期间的船舶服务代理工作，为集团和澳洲公司在南太平洋地区塑造了良好的企业品牌形象。

新堆场运营步入正轨，业务量提升显著。墨尔本新堆场于 4 月落成并正式对外运营，大洋洲集装箱服务公司在确保新老堆场业务无缝衔接的基础上，实现了堆场主要业务量和营业收入的同步增长。堆场全年完成进出场标箱 218 667TEU，同比增长 28.86%。新堆场在硬件上提升了大洋洲集装箱服务有限公司（Oceania Container Services Pty Ltd，OCS）运营能力，同时作业效率与服务水平也取得了质的飞跃，是目前船东在澳洲所有口岸中服务能力最强最优的堆场，得到船东的广泛好评，有效吸引集团外客户入场。

墨尔本配送中心提升延伸服务能力。借力于仓储中心落成运营，海空货运延伸服务能力得到进一步提升，带动了货代业务量以及盈利能力的稳步增长。全年进出口整箱分别完成 2486TEU 和 762TEU，较上年同比增长 76.44% 和 1%；报关业务完成 1004 票，同比增长 20.10%。同时，公司协助集运总部、配合集运澳洲完成进口博览会海外段展品运输工作，充分发挥海空延伸服务能力，有序衔接各段运输环节，为展商提供了高效、安全的全程供应链端到端服务，为集运客户提供更多的增值服务。

坚决落实第三国市场开拓战略。澳洲公司持续优化市场和货源结构，在维护好现有传统优势航线的基础上，全力开拓第三国市场，提升高货值货物装载比例。2018 年，澳洲公司克服整体市场贸易量下滑，成功揽取澳大利亚至韩国流向箱量 13 217TEU，至东南亚流向箱量 29 826TEU，同比均实现了增长。成功揽取新西兰至东南亚流向箱量 7847TEU，至韩国流向箱量 4621TEU，同比分别增长 7% 和 8%。同时，积极响应开发高价值货物专项营销的号召，加强冷、特、危高货值货物的营销力度，成效显著。集运澳洲成功开发冷、特、危 16 975TEU，同比增长 18.11%。集运新西兰完成 18 108TEU，同比提升 22%，高货值货物运费收入同比提升 18%。

【经营效益】

2018 年，全球经济存在很大的不确定性，贸易保护主义、去全球化势力的抬头对中澳、中新双边的经济贸易带来了较大的负面影响。澳洲公司面对困难与挑战，以集团年初、年中工作会重要精神为指引，聚焦“两个不低于”的工作目标，坚持创收创效，不断加强协同作战，凝心聚力，奋力拼搏，区域整体经营效益稳中向好。

2018 年，澳洲公司实现营业收入 1.71 亿元，比上年增长 1689 万元，增幅 11%；实现利润总额 2 313.56 万元，同比增长 1.69%；产生营业成本 1.16 亿元，成本费用占营业总收入为 86.71%，在经济效益方面取得了较好成绩。区域内各业务板块抓住整合重组带来的市场机会，进一步夯实创收创效盈利基础。

货运代理业务规模和盈利能力大幅提升。公司全年创造营业收入 5 802.49 万元；实现利润总额 521.78 万元。其中，货运代理进、出口海运整箱业务量同比增长 50.16%，业务收益同比增长 27%；空运代理业务量同比增长 95.34%，业务收益同比增长 90.14%。借力于仓储中心落成运营，海空货运公司在确保货代业务稳步增长的基础上，大力推动仓储新业务的发展，强化仓储业务的市场营销，成功开发了多家新客户，仓库利用率不断提升，拆装箱业务量不断增长。

堆场业务运营效率和服务质量显著提升。澳洲公司着力提升墨尔本新堆场运营能力和作业效率，为向公共堆场转型夯实了基础。公司全年进出场箱量共计完成 21.87 万 TEU，同比增长 28.86%，PTI（Proof tracking index，冷箱检验升级）、食品箱及空箱调运等业务均有明显增长。堆场业务板块实现营业收入 6 241.66 万元，同比增长 23%；实现利润总额 878.72 万元。

船舶代理业务整合效应凸显。2018 年，公司完成各类非集装箱船舶代理 672 艘次，比上年增加 21 艘次。其中，完成公务船舶代理 11 艘次，提供燃油补给 4 艘次，集团外部船舶占比达到 47%。全年累计完成港口国预、协检技术支持工作共计 230 艘次，为集团履行政治责任和社会责任作出了突出贡献。船舶代理业务板块全年实现营业收入 3 967.84 万元，实现利润总额 680.65 万元。

【服务客户】

2018 年，澳洲公司持续构建大洋洲综合物流服务平台，全力以赴为集团航运产业集群在大洋洲地区的生产经营保驾护航。在此基础上，公司积极开发延伸业务，强化核心业务板块服务驱动作用，打造产品服务竞争力，为客户提供更加专业化的高质量服务。

围绕客户需求，丰富全程服务产品设计。澳洲公司全力发展仓储配送服务、组建专业仓储团队，多元化延伸配套服务产品，结合客户需求，大力拓展延伸服务和客户端到端服务，为客户提供现场拆装箱业务、报关检疫、仓库堆存和配送服务，想方设法切入到客户的项目供应链中，全年完成 420TEU 仓储配送服务，为客户全程物流运输需求提供了更多的保障，也为集运总部拓展澳新地区全程物流服务提供了更多的选择。

围绕运营效率，提升服务质效。墨尔本堆场根据船东箱管政策、运力规划、用箱需求，有针对性提高堆场细分作业领域的工作效率。全年堆场冷箱预检量同比增加 30.58%，食品箱升级量同比增长 26.66%，空箱运输业务量同比增长 17.81%。OCS 加强安全生产和船东服务保障能力，以合作共赢的思维助力船东及客户，维护供应链稳定。

牢记初心使命，主动承担社会责任。2018年，为进一步加强首届进口博览会物流运输服务，公司组建专项工作小组，统筹协调展品运输各项工作，根据大洋洲区域展商的产品特点、运输需求，制定了端到端全程供应链物流解决方案，出色完成首届进口博览会大洋洲区域的展品运输任务，为展品运输保驾护航。公司圆满完成中国卫星海上测控部、中国海军东海舰队、国家极地中心等多家单位访问澳新、南太平洋地区期间的公务船舶代理任务，以高效优质的服务，获得船东的好评。

依托网络优势，畅通客户中转运输渠道。澳洲公司合理运用A3航线优势，拓展多条中转路径，想方设法为客户缓解中转慢、效率低等问题，保障客户供应链畅通，全年中转至欧洲和中东流向货量，同比分别增长46.58%和42.43%。中远海运被澳洲当地权威海运新闻媒体*DAILY CARGO NEWS*评为澳大利亚至东北亚航线最佳承运商，同时荣获集运总部颁发的最佳客户服务奖。

【企业管理】

2018年，澳洲公司紧紧抓住改革发展的关键阶段，坚定不移地推进业务板块的深度重组、内控制度的落实执行，苦练内功，激发内在动力，迈好了高质量发展的关键一步。

坚持推动对标管理。澳洲公司坚决贯彻集团创新发展理念，将提升主营业务效益和推进高质量发展摆在首位，通过横向与纵向相结合的对标方式，建立例会制度，定期审议对标指标完成情况，找出短板与差距，并持续改进，引导区域内各业务板块提质增效升级。2018年，澳洲公司与市场上主要船东的航线舱位分配横向对标，针对舱位分配问题，将相关改进意见及建议汇报至集运总部。公司通过开辟新路径、疏通积压箱等措施缓解中转延误等问题，提升了客户服务体验，较好满足了市场和客户需求，取得了客户的箱量支持。集运新西兰通过与合作方装载数据对标，集运新西兰JKN航线装载率达到82.75%，冷插利用率提升至112%，在合作方排名第一。

坚持抓好建章立制。澳洲公司强化制度建设，加强内控管理，始终将制度化建设作为一项重要的工作内容。通过企业制度的制定和完善，各业务板块不断优化业务操作流程，不断增强持续发展能力，为企业的持续发展奠定了坚实的基础。2018年，公司先后下发《中远海运（澳洲）有限公司安全生产事故报告处理规定》等22项规章制度，并成立了区域安全管理委员会，从制度上规范了经营、投资、采购、安全生产和财务等方面的管理和风险防控，扎紧制度“笼子”，进一步加强了公司的体制机制建设，完善了公司的风险防控体系，夯实公司发展基础。

严格落实精益化管理。澳洲公司加强生产经营各环节监管力度，统筹调配资源，实现最优化利用，提高了管理效率。严格规范澳洲公司及所属各单位的采购管理、供应商资信体系建设；实现对供应商优胜劣汰的管理模式；规范化合同管理水平，防范合同风险，切实维护合法权益。同时，强化合规执行力度，加强、完善集中采购的管理水平。在应收账款管控方面，根据集团“两金”压控工作要求和目标，结合自身实际，公司多措并举加强应收款项回收力度，期末应收账款余额1414万元，较年初减少634万元，减幅31%，取得了较好的效果。

全力实现内部协同。集团全年完成了对OOCL的收购项目，全球规模优势进一步凸显，同供应商的议价能力进一步加强，内部协同效应不断释放。在集团统筹领导下，公司深入开展与OOCL的协同，融合并强化“双品牌战略”，加快与OOCL“一个船队、一个箱队、一个系统”协同建设，充分利用区域内现有资源和规模优势，最大化协同效应。全面做好IRIS-4系统上线的培训、测试和应用，确保新系统按时切换上线，工作不断不乱。全面加强了同OOCL航线舱位的互换和箱子的互用，航线成本不断下降，市场份额不断提升，竞争力不断增强。全面发挥规模优势，通过与OOCL的协同合作，利用规模优势，通过与供应商协商争取更优惠费率，实现了规模效益。2018 年，公司累计实现码头类供应商协同效应 4920 万元，降低堆存成本累计产生 8.9 万澳元的协同效益。

【安 全 生 产】

澳洲公司根据集团部署，结合改革重组后的机构、人员变化情况，始终把安全生产摆在最重要位置，切实增强抓好安全工作的责任感。澳洲公司与各直属单位、澳新分部签署了安全生产责任书，下达了安全生产控制指标，全系统认真履行安全生产主体责任，不断提高识别安全风险的能力，做好隐患排查工作，加强重点监控，严防麻痹思想和懈怠情绪，牢固树立“效益是饭，安全是饭碗”的安全管理理念，坚守安全底线，不越安全红线。全年公司未发生一起责任性一般等级及以上安全生产事故，维持了安全稳定的经营生产局面。

高度重视，全员行动，强化安全体系执行力。区域公司及下属各公司主要责任人切实承担起安全生产第一责任人的责任，以上率下，将安全生产责任层层传达、层层贯彻，层层压实。对各项安全生产保障工作进行梳理和部署，巩固措施的操作性和有效性，确保安全工作不留死角、不留真空。

聚焦突出问题，紧盯重点领域。2018 年，澳洲公司深入开展安全生产风险隐患大排查、大整治。加强对码头现场、堆场等主要生产场所的安全生产危险识别和风险评估，强化源头管控和重点区域管控。通过组织全面自查，建立问题和隐患清单，举一反三、做好整改和复查，防止安全隐患重复出现。同时，配合集团专业公司做好区域内 PSC 船舶安全预协检工作，积极协助在域内港口处理海务、机务、航运、船员等影响船舶安全运营的突发事件，提供及时有效的岸基支持。

加强日常安全管理和培训。澳洲公司实行安全例会制度，通过每周会议纪要的形式，对区域内的各项行政要求和安全管理注意事项进行分解、梳理，同时要求澳洲公司所属各公司，结合自身特点，建立和不断完善公司各项安全规章制度，使安全管理常态化、规范化。同时，加强堆场、仓库等现场操作人员安全生产培训。既抓好上岗前培训，又做好工作中培训，把安全运营作为检验培训成效的重要标准，全面落实集团生产场所安全管理的要求。

【风 险 管 控】

建立健全规章制度。澳洲公司按照年度制定的计划安排，逐步建立、健全各项经营管理制度，完善规章制度管理和运行机制。公司先后制定了董事会议事规则、授权规则、“三重一大”决策制度实施办法、总裁工作规则、采购和供应商管理规定、投资、固定资产管理、产权管理、客户资信和应收款项管理、预算管理、行政费用和经营支出审核、大额资金调度和支付审批管理、安全生产、事故管理、WHS 手册、内部控制和风险评估、管理、合同和法律纠纷管理、咨询机构选聘管理、员工计算机信息安全、内部审计管理、履职待遇、特殊关联企业和反商业贿赂、保密制度、当地员工差旅及业务招待管理办法等 39 项制度规定，为企业法治工作实施提供了制度保障。

实施专项风险管控。按照 2018 年 2 月 22 日实施的澳大利亚隐私法修正案的要求，公司组织法务、信息部门梳理现有员工隐私及信息管理制度，辨识可能的风险点，并在第三方的协助下制定了区域的须申报数据泄露反应方案。该反应方案涵盖了数据泄露的确认、控制（Contain）、评估（Assess）和补偿行动（Take remedial action）、管控（Manage）、人员职责（Roles and Responsibilities）、文档（Documentation）、申报（Notify）和复核（Review）等诸多方面和步骤，为在该类风险发生时正确应对提供了可靠的行为指引。

抓好重大风险防控。关联交易风险是公司 2018 年风险评估中确认的一个重大风险。关联交易一直是澳大利亚税务机关重点关注的方面。税务机关获知关联交易的一个重要来源就是公司进行年度纳税申报时一同提交的本地文档（local file），该文档汇集了关联方、交易种类、性质、金额、关联方所在国（地区）、关联方的定价标准、转移定价文档的完备程度、关联方协议副本等信息。澳大利亚于2017年6月7日与包括中国在内的其他67个国家和地区签订了《实施税收协定相关措施以防止税基侵蚀和利润转移的多边公约》，并先后通过一系列国内法律修订以制衡跨国避税，同时签署了国别报告自动交换的多边协议，采用了BEPS Action 13中关于国别报告、主体文档和本地文档的规定和要求，并从2016年1月1日起对全球收入超过10亿澳元的重要全球公司（Significant Global Entities）施行。同时，从2017年7月1日大幅度提高了对SGEs没有按时提交国别报告的罚金，最高可达52.5万澳元，并对SGEs的避税安排征收40%的利润转移税（PDT）。公司按集团的总体部署，充分利用2017年度是国别报告报送规定实施的第一年的实际，通过与税局的反复沟通和澳大利亚安永的协助，于2018年1月5日从澳大利亚税务局获得了对区域内三个（合并）纳税主体2016年度国别报告和主体文档附条件的豁免。2018年10月，澳洲公司得知集团内其他公司向当地税务机构提交了国别报告后，按照澳大利亚税务局附条件豁免的要求，积极与澳大利亚税务局沟通，以保证2016年主体文档仍获得豁免。与此同时，积极收集第三方价格信息，以满足2017年度及以后年度本地文档中的转移定价文档及充足度的相关要求，从而降低税局转移定价审计风险。

加强合同管理，降低合同风险。公司根据集团对合同管理工作的总体要求，结合区域的具体实际，严格执行《中远海运（澳洲）有限公司合同管理暂行规定》，在将合同主要条款初审的责任前推至合同承办机构（人）的同时，加强了对重大合同法律性条款的审核，从而降低合同法律性风险，更好地保护公司权益。公司还重视采用合同标准条款，对于以公司为主拟定的合同，如商用房屋出租合同、员工雇佣合同、仓储服务合同等，注意总结先前合同的经验，并结合最新实践，着重使用标准条款，同时根据具体情况尽可能少地作出修改，既降低了风险，也节约了合同起草、谈判和终审的成本。

加强合规管理，积极处理历史遗留问题。在公司领导的理解和大力支持下，经过权衡利弊，公司决定向澳大利亚新南威尔士州税务局就车位税的历史遗留问题作主动披露。公司先通过税务律师向澳大利亚新南威尔士州税务局了解对纳税人主动披露的处理实践，在得到澳大利亚新南威尔士州税务局就税务追溯实践中对主动申报一般往回追溯五年的邮件确认后（注：法律上无追溯期的限制），通过安排州税局实地检查，同时利用残疾人、装载区及对车位大小的要求，继续争取到了一些车位数量上的豁免，进一步降低了税务负担，也取得了对车位税这一历史遗留问题满意的解决。

2018年，澳、新地区没有任何新增重大案件，亦无因企业本身违规引发的重大案件。

【员 工 队 伍】

2018年，澳洲公司结合澳新当地实际情况，紧紧围绕改革重组、提质增效等中心任务，认真贯彻落实《集团“十三五”人才发展规划》，统筹推进各类人才队伍建设，不断提升干部人才工作水平，为集团在澳洲区域的发展提供了坚强的组织保证和人才支撑。

坚持科学的选人用人标准，积极培养选拔优秀人才。公司把海外当地员工队伍视为集团人才的重要部分，高度重视人才的国际化，积极向集团推荐和提拔优秀人才。2018年，公司提拔1名本地熟悉集装箱箱管业务，且具备长期工作经验的当地管理人才出任墨尔本堆场OCS公司副总经理。

完善科学化人才考核机制，积极吸引和留住人才。公司健全以合同管理为核心、以岗位管理为基础的用工制度，在符合当地法律法规的前提下，努力推动形成人员能上能下、能进能出的合理流动机制。制定和完善适用于区域的本地员工招聘、培训、薪酬、考核测评、绩效、晋升及奖惩等人事管理机制。努力发挥本土人才的地利优势，助力公司业务提升和经营发展。严格经营业绩考核，将考核结果作为薪酬兑现、岗位聘任或调整的依据。

坚持向市场公开选聘人才，把好入口关。公司遵循当地法律法规，结合公司的实际需求，通过多种途径雇佣员工，坚持向市场公开选聘人才，按照资历审查、背景调查、面试、试用等流程严把入口关。入职时对员工进行入职前教育，要求入职员工认真阅读员工手册，并签署承诺书，以保证员工确实了解手册上的各项规定。认真做好雇佣合同签署，为公司人才队伍的质量提供保证。

坚持服务企业经营发展，积极加强员工培训。公司坚持人才工作为企业发展中心任务服务的根本，紧紧围绕深化改革，激发队伍内生动力，提升系统运行效率、质量和客户体验等重点工作，加大相关行业领域人才培养开发力度。结合业务发展需要，选拔有培养潜力、向往为公司更好服务的优秀后备人才进行资格和技能培训。2018年，公司出资选派员工参加财税、企业管理、依法合规、网络安全、验箱师资质、叉车操作等各类培训29人次。

2018年，澳洲区域管辖4家直属公司、1家合营公司、2家代管公司，共有员工191人。大学以上文化程度占员工总数的68%；40岁以下员工和40岁以上员工基本各占一半；外派中方人员13名。

【企业文化】

澳洲公司十分重视“四个一”理念的深入，特别关注改革重组后员工队伍的融合和团结。公司积极向中外员工传达集团、集运“四个一”系列的宣传视频、微信帖；通过邮件、微信群等渠道，及时向广大中外员工传达集团在响应国家“一带一路”倡议上的重大战略举措，以及重组以来在经营发展上所取得的成就。公司注重日常工作中团队文化建设，赞助并组织员工参与中国总商会的羽毛球比赛等文体活动；“三八”节安排给全体女员工送花；员工生日送蛋糕，以增强员工归属感；组织新员工登船参观，提高新员工对企业的认知，增强公司的凝聚力；尊重本地传统，悉尼本部、新西兰公司及墨尔本和布里斯班当地积极组织举办圣诞聚会；组织员工和家属参加悉尼跨海大桥国际长跑活动等。通过组织开展系列员工各类活动，团队融合度日益增加，员工凝聚力不断增强。

2017—2018年中远海运（澳洲）有限公司主要情况见表14-16。

2017—2018年中远海运（澳洲）有限公司主要情况　　表14-16

类别	项目	2017年	2018年	增幅
服务保障	堆场容量（TEU）	6000	7200	20%
	综合物流开发（万澳元）	815.63	936.04	14.76%
	船舶代理艘次	757	672	-11.23%
服务营销	本地出口箱量（万TEU）	23.6	24.79	5.04%
	干散货揽货箱量（万吨）	505	1 591.6	315.17%
财务状况	总资产（万元）	34 180.14	32 512.96	-4.88%
	净资产（万元）	23 798.62	22 452.81	-5.65%
	总收入（万元）	15 370.47	17 059.55	10.99%
	净利润（万元）	1 477.44	1 612.63	9.15%

（孙铁）

中远海运（日本）株式会社

中远海运（日本）株式会社

【概　　述】

中远海运（日本）株式会社〔简称“日本公司”，英文简称 COSCO SHIPPING（Japan）〕，由原中远日本株式会社和中国海运日本株式会社整合而来，于 2016 年 4 月正式运营，是中远海运集团的直属全资子公司。公司是在日大型中国企业之一，也是在日中国企业协会副会长单位。公司注册资本金 4000 万，注册地日本东京都千代田区。

1977 年，原中远总公司经交通部批准在东京设立办事处，并派出航运代表到日本工作，该办事处隶属中国驻日大使馆经济商务处领导。1994 年 6 月，中远日本株式会社成立。该公司是中远在日本的全资子公司，也是直属中远集团的日本区域公司，统一管理中远集团驻日所有机构，并担负着对中远系统派驻日本的其他机构和合资企业进行内部指导和管理的责任。1993 年 9 月，中远还在日本成立中远正和船务株式会社；2001 年更名为樱花物流株式会社；2006 年 7 月更名为中远服务株式会社。1994 年 4 月，中远东方轮船株式会社成立。2002 年 7 月，中铃海运服务株式会社成立。2005 年 1 月，中远集运日本株式会社成立，该公司由中远集运 100% 控股，其业务为中远日本株式会社原有集装箱业务划转而来。2010 年，配合集团备件供应业务重组，中远日本公司将中铃海运服务株式会社业务和工作人员转让到由远通公司（中远国际所属企业）在日本设立的新中铃株式会社。2017 年 6 月 7 日，中铃海运服务株式会社注销关闭。

1996 年 4 月，上海海运局成立上海海兴轮船株式会社，1997 年更名为中国海运日本株式会社。1997 年 12 月，中国海运日本株式会社和日本海运株式会社合资成立中海集装箱日本株式会社，股比分别为 60% 和 40%。2000 年 12 月，中国海运日本株式会社收购日本海运株式会社持有的股份，中海集装箱日本株式会社变为中国海运日本株式会社全资子公司。2007 年 9 月，中国海运日本株式会社与日本运通株式会社合资成立中日世界物流有限公司。日本区域重组整合后，2016 年 11 月 29 日，中海集装箱日本株式会社注销关闭；2017 年 6 月 28 日，中日世界物流有限公司注销关闭。

2016 年 2 月，中国远洋海运集团有限公司成立后，对海外机构实施重组整合。根据新集团的安排，集团对中远日本株式会社和中国海运日本株式会社进行整合。4 月，中远海运（日本）株式会社成立，成为中远海运集团直属的日本区域管理公司。公司设有行政人事部、财务管理部、战略发展部和油料业务部 4 个部门，承担区域管理职能，具体负责区域内行政人事管理、财务管理、集团发展战略落地、油料供应业务、码头投资经营和管理、房地产经营和管理等。作为在日大型中国企业，日本公司还在“在日中国企业协会”中任副会长单位。日本公司直管全资子公司 2 家，代管公司 4 家，代管代表处 3 个。企业管理架构见图 14–6。

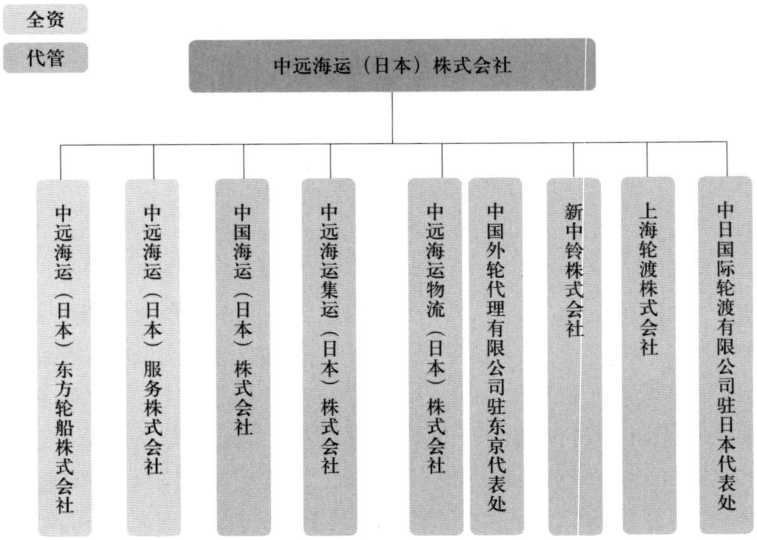

图14-6　中远海运（日本）株式会社

【各公司情况简介】

中远海运（日本）东方轮船株式会社，成立于 1994 年 4 月，前身中远东方轮船株式会社。公司主要负责散货船舶、杂货船舶、油轮船舶代理及揽货等业务。2017 年 1 月 1 日，公司正式更名为中远海运（日本）东方轮船株式会社。

中远海运（日本）服务株式会社，成立于 1993 年 9 月，前身中远服务株式会社。公司主要负责公司房产的管理、租赁等业务，经营范围涵盖货物运输代理、保险代理、劳务派遣、旅行代理、小型货物快递、进出口贸易、集装箱修理、不动产的投资、经营、管理、租赁等。2017 年 11 月 16 日，公司正式更名为中远海运（日本）服务株式会社。

中远海运集运（日本）株式会社，成立于 2005 年 1 月，前身中远集运日本株式会社。公司主要负责日本地区集装箱船的代理、揽货等业务，下属大阪支店、福冈营业所，以及海虹国际货运有限公司一个合营公司。2017 年 1 月 1 日，公司正式对外更名为中远海运集运（日本）株式会社。

中远海运物流（日本）株式会社，成立于 2008 年 11 月，前身中远物流（日本）株式会社，由中远物流有限公司与中远集运（日本）株式会社合资成立，股比分别为 55% 和 45%。公司主要负责日本区域物流业务、无船承运人、进出口拼箱和日本沿海、内陆、铁路、航空利用运输等业务。2017 年 6 月 19 日，公司正式更名为中远海运物流（日本）株式会社。

中国海运日本株式会社，前身为 1996 年 4 月成立的上海海兴轮船日本株式会社，1997 年 11 月更名为中国海运日本株式会社。公司主要是对所属子公司及合资公司进行业务及资金等方面管理。作为中国海运（集团）总公司的全资子公司，公司下辖全资子公司中海集装箱日本株式会社（已于 2016 年 11 月关闭），以及与日本通运合资成立的中日世界物流有限公司（已于 2017 年 6 月关闭）。2016 年重组整合后，公司无具体业务。

新中铃株式会社，成立于 2010 年，负责日本地区船舶备件物料供应、船舶修理，以及化工品贸易等业务。

海虹国际货运有限公司，成立于 2001 年。2016 年，中远海运集运（日本）株式会社占股 30%，中远海运国际货运代理有限公司占股 70%。公司成立之初，由中远日本株式会社和中货总公司合资成立，中远日本株式会社所属中远服务公司拥有30%的股权。2007年，为理顺中远日本地区集装箱业务管理体制，中远服务公司将所持30%的股份转让给中远集运日本株式会社（现已更名为中远海运集运（日本）株式会社）。

中铃海运服务株式会社，成立于2002年7月，于2017年6月7日关闭。公司原负责日本地区船舶备件物料供应、船舶修理，以及化工品贸易等业务，海外备件业务重组后目前以化工品贸易业务为主。2010年，为配合原中远集团备件供应业务重组，该公司的船舶备件物料供应、船舶修理业务和工作人员让渡到由香港远通公司（中远国际所属企业）在日本设立的新中铃株式会社。

中日世界物流有限公司，成立于2007年9月，于2017年6月28日关闭。公司由中国海运日本株式会社与日本通运合资成立，双方股份各占50%。该公司借助日通在日本的影响，负责揽取日本BCO大客户竞标货、NVOCC等货物。

【经营效益】

2018年，日本公司按照集团年度工作部署，全体员工强化协同，奋力拼搏，再次取得了年度业务规模和收入的双增长，经营业绩考核指标全面完成，经济效益同步提升。日本公司以集团战略为引领，继续围绕“全力创效、合力创业、大力创新”的理念，全力以赴推进各项工作开展，各板块成功实现了业务和效益的良好增长，各项工作均超额完成了指标进度。

2018年，日本公司实现营业收入17.11亿元（合并全额口径人民币收入，下同），同比增长27.32%；营业成本17.06亿元，同比增长27.26%；管理费用2 084.05万元，同比增长27.24%；利润总额664.41万元，同比增长49.9%。

2018年年末，公司总资产3.08亿元，净资产1.65亿元，净资产较年初增加1 476.8万元，增幅9.8%，实现了国有资产保值增值。

【生产经营情况】

件杂货运输揽货业务。日本公司2018年完成52.8万计费吨揽货量，同比增长7%，超额完成全年指标31.9%。

散货运输揽货业务。公司2018年完成80万吨揽货量，同比增长10%，超额完成全年指标14.3%。

非集装箱船舶代理业务。公司2018完成船舶代理136艘次、206港次，均同比增加1%。

船燃油供应业务。公司2018年完成供应量56万吨，同比增长3.42%；全年营业毛利148.94万美元，同比增加8.98%。

【领导关怀】

2018年1月16日，中国驻日本大使程永华视察日本公司，全体中方外派党员干部听取了程大使就党的十九大精神的宣贯，加深了对党的十九大精神的理解和认识。

2018年5月8—10日，按照中华人民共和国驻日本国大使馆的通知和指示要求，日本公司派员参加了李克强总理率领的中国政府代表团访日期间的部分活动，接受了李克强总理的接见，并听取了总理作的重要讲话；参加了中国政府访日代表团成员、中国国际贸易促进委员会和中国国际商会姜增伟会长主持召开的、与部分在日中资机构负责人的座谈会等活动。

【提质增效】

1. 集装箱业务

集装箱业务以提升货量和市场份额为首要核心工作，采取各项经营和管理手段和措施，进一步完善营销组织架构，组建、强化航线专项营销团队和跨航线营销小组，发挥内部协同，促进营销；圆满完成了2018年度投标工作，各航线货量显著增长。2018年，公司实现客户签约箱量21.24万TEU，同比增长40.8%，其中，新兴、区域市场的营销实现大幅度增长，非洲航线销售和local箱量同比增长209%和238%；中东红海航线销售和local箱量同比增长21%和69.6%；东南亚航线销售和local箱量同比增长

55.8% 和 89.6%；三废禁令实施后迅速开展替代货源揽货工作，减少了三废类货物锐减对航线舱位利用率和效益的影响。加大回程货源开发、改善货流平衡。除中日航线外，各航线进口销售箱量增长了 4071TEU，同比增长 3.6%；日本分代理揽货箱量同比增长 17.5%；航线运价恢复和附加费征收工作，成功在东南亚航线上征收了铅封费、中日航线上征收了 CIC 并在部分航线上推进了 FAF 的征收。成功推进海运费的上调，集装箱销售箱量单箱收入同比增长 23.8 美元、local 箱量单箱收入比上年增长 50 美元。

2. 物流业务

新型业务开发平稳起步，在巩固原有传统业务的基础上，积极探索、勇于尝试开发新型业务。重点推进 TCL 项目，该项目为物流日本公司自主开发的首个全程物流供应链服务试水项目，后续在维护好项目、深挖潜能的基础上，及时总结，进一步深入调研，积极探讨项目的推广和可复制性。力争成为国内兄弟公司、业务单元的海外服务平台。代表南通外代参与并再次成功中标 TORAY2018 年新年度物流项目等，成为国内兄弟公司、业务单元的海外业务信息平台。大力协助国内公司进行相关项目日本段运输方案制订及报价工作，如配合工程公司参与 Shell Penguins FPSO Project 等多个项目推进；大力协助国内公司在东京等地对船公司、客户进行年度或各种专题营销拜访工作；大力协助国内公司进行日本当地业务、市场信息采集工作。力争成为中远海集运板块在日本当地的延伸服务平台。作为集运日本公司在当地门到门内陆、内航以及 DDU、DDP 等贸易模式增值物流服务提供商，加强与各分代理的沟通、协调，聚焦服务提升和成本控制，协助集运日本持续提高供应链服务能力，充分发挥协同效应。

3. 杂货业务

协助中远海特推进 JGC 战略合作协议。成功签订新的 3 年 COA 项目，阿尔及利亚哈希美北部管线设备项目。协助中远海特成功与新日铁住金工程公司签订回程半潜船重大件业务，从新加坡回运日本东京湾的一艘油管铺设船。该载货物已于 8 月初在日本东京湾顺利卸下，运输全程安全、顺利、高效，得到了新日铁住金工程公司高度评价；成功订载“新日铁住金株式会社”从日本出口至波斯湾钢材运输业务。

4. 散货业务

日本公司与三井物产成交了一载美湾至日本的灵便型船谷物货载，实现了近年来首载美湾回日本的谷物运输交易，为在中美贸易战的影响下探寻替代的谷物货载做了非常有意义的尝试。成功拓展第三国新航线，重点营销日本第二大钢厂 JFE，实现了再次合作，承接菲律宾到日本的铁矿石货载。实现了直接承运日本电厂进口煤炭“零的突破”，成功中标了 JERA 俄罗斯远东回日本四日电厂的煤炭进口货载，打破了日本船东的“垄断”局面。

5. 燃油贸易业务

以可持续性发展为目标，找准抓手，加大营销力度，开拓市场，优化客户结构。顺利进入集团新燃油供应商库，成为集团境外燃油供应商，并多次为集团内部船舶提供紧急供应服务，保障了船舶的正常运营；紧跟市场变化、研判政策风向、掌握供需动态，抓住市场出现的变化机会，积极开发低硫油市场需求，2018 年底前预计可完成 7000 吨订单；成功拿到烟台打捞局日本偏港的加油订单，积累了为特种船（半潜船）安排加油作业的相关经验；成功进入中石油管道局海工船供应商库并完成首单业务；新开发日本当地优质客户 3 家；合德项目燃油业务合作平稳有序开展；谋划业务发展布局、继续推进东南亚“一带一路”沿线市场的开发，与壳牌公司就泰国港口加油业务达成合作意向；积极收集、整理、分享 LNG 等环保新能源市场信息，密切关注 2020 年全球限硫排放的相关政策要求，并与集团内部外部专业公司建立沟通机制。

【重要活动重大项目】

2018 年 2 月 9 日，日本公司在东京成功举办了“中远海运北极航线客户推介会”，介绍北极航线“冰上丝绸之路”，宣传中远海运优质运输资源。6月6日，公司参加钏路日中友好协会等单位举办的“日中平和条约缔结40周年纪念事业”活动，宣传中远海运为中日友好作出的贡献。8月20日，“天惠”轮首航北极航线挂靠日本钏路，日本公司举办“‘一带一路’——冰上丝绸之路”北极航线首航庆祝仪式，宣传中远海运集团，不断推动日本客户参与到“一带一路”建设中。9月8日，赞助中国驻日本大使馆举办“2018中国节”活动，向中日民众宣传中远海运，促进了中日民间友好。

积极响应大使馆的号召，履行企业社会责任。向西日本洪涝灾害地灾区捐资50万日元，援助当地救援和灾后重建，受到了大使馆和在日中国企业协会的表彰。协助大使馆帮助台风灾区滞留的中国旅客平安回国。9月初，“新鉴真”和“苏州号”协助因台风“飞燕”滞留日本的乘客平安返乡，开辟了旅客回国海上绿色通道，得到了中国驻日本大阪领事馆的表彰。

全力开展中国首届国际进口博览会相关工作，取得成绩。充分认识中国首届国际进口博览会的重要意义。组织精干力量，成立日本区域中国国际进口博览会专项工作组，建立工作机制和报告制度，确保各项工作做实、做细，逐项落地。此次进博会日本区域共邀请了3家客户参展。日本区域内各业务板块积极对接展商的运输布展等需求，为丰田、NICE等多家大客户提供了全程物流服务。

紧盯市场稀缺资源。日本区域为掌控优质稀缺资源、整合物流环节、有效集约操作、融入跨越式发展布局，持续跟踪东京Y2码头项目，协同集运业务板块共同对东京港Y2集装箱码头项目进行了可行性调研并参与竞标。在获知竞争对手组合及招标方倾向性意见等新情况后，为了维护集团声誉不受损失，公司战略性地选择退出竞标。通过此次研究和参与竞标，公司对日本的码头承租、运营情况有了更深的掌握，积累了宝贵的经验，为今后如何在日本掌控优质延伸服务资源打下了良好基础。下阶段，公司将继续对潜在的日本码头项目等延伸服务资源保持密切跟踪，加深对相关的调查研究，把握时机，争取在掌控优质延伸服务资源方面实现实质性突破。

【全力推进“一带一路”】

日本公司积极响应国家号召，遵照集团的指示和部署，大力宣传和积极推进“一带一路”建设，初步形成了日本区域全方位的“一带一路”构架和模式，即以南线传统海上丝绸之路、中线“跨境海铁联运”、北线北极航线“冰上丝绸之路”，引导、拉动了日本客户参与其中。公司在集装箱、散杂货、物流等多业务领域推动“一带一路”建设，取得了成效。2018年2月9日，与中远海运特运在东京成功举办了“中远海运北极航线客户推介会”，宣传了包括“冰上丝绸之路”在内的“一带一路”倡议，拉动日本企业参与“一带一路”，得到了日本各界的广泛关注。6月6—7日，参加钏路日中友好协会等单位举办的“中日和平友好条约缔结40周年纪念”活动，向参加活动的中国驻日本大使馆及在日中国企业协会领导，以及钏路市政府等各界人士宣传和推介“一带一路”、宣传中远海运集团。8月20日，在日本北海道钏路市，成功举办“‘一带一路’——冰上丝绸之路”北极航线再航日本庆祝仪式，得到了当地媒体的重点关注和采访。8月21日的《钏路新闻》以头版进行重点宣传。

【新领域新业务】

日本区域在开发新业务、探索新业务机会、拓宽延伸业务领域方面取得了进展和成效。

开展贸易电商业务取得突破，为落实集团“6+1”产业集群战略，日本公司与集运远洋一号跨境定电商协同，开展贸易电商业务。根据国内市场需求锁定目标产品，公司组织货源并安排运输工作，成功地于2018年7月20日从东京港整箱出运，8月13日在电商平台正式上架销售。全程供应链从商品采购到物流运输，以及终端零售各个环节，实现了日本公司跨境电商业务零的突破，达到了与相关单位共同开展起步阶段小规模电商贸易的目的，也为下一步扩展该项业务奠定了基础。

开展系统外集装箱船舶代理业务，日本公司积极响应国家“把中国企业和产品带出来”的号召，主动开发系统外集装箱船舶代理业务，与唐山港地方国企合德公司合作，开展船舶代理及船用燃油供应业务，拓展了区域公司经营范围，实现了收入和利润双丰收。

开启医疗体检旅游特色服务业务，日本公司与东京多家医疗体检旅游机构建立联系达成合作意向，成功开启了心脏检查和癌症筛查特色体检旅游业务，为实现区域公司“十三五”多元化发展规划开启了新的业务领域，为后续多元化业务拓展奠定了基础。

【践行“四个一”理念】

日本区域主动作为，提升集团在日本的声誉和影响力，得到了当地中国驻日本大使馆、在日中国企业协会、日本当地客户、中日媒体的高度关注。公司内部开展学习集团劳模、学习先进典型，加强引领，弘扬劳模精神；组织中日员工自编自导自演，积极策划、拍摄制作“1718，一起赢吧”宣传视频，展示了中远海运员工风采。公司内部 COSCO 会开展多种多样的文化活动，如“散步会”“太极拳爱好者协会”等得到员工积极响应。

【员工队伍建设】

加强青年干部培养工作，特别是对年轻干部的物色、考察、加压使用、培养和推荐。日本公司贯彻落实集团下发的《中国远洋海运集团有限公司海外员工薪酬管理办法（试行）》，统一了中方外派员工薪酬；细化了住房及用车管理办法并向集团报备。推进集团人力资源管理信息系统实施。成立日本区域 SAP HR 工作小组。按照集团项目组的统一要求，做好项目实施的前期准备工作。持续优化调整人员结构。根据公司岗位需要和缺口，通过市场化招聘等方式，调整公司员工结构。同时，做好集运日本客服单证转移人员岗位安置工作。加强员工培训交流。加强员工交流，派日籍年轻骨干员工回国开展营销互动，取得了良好效果。按照培训计划，参加集团、集运以及各专业公司组织的法律、人事等培训以及组织全体员工进行安全防灾培训，增强应对能力。对中方员工开展日语培训，增强员工日常沟通能力。

【安 全 工 作】

日本区域认真贯彻落实集团关于安全工作的指示精神，高度重视、深刻认识当前安全生产的严峻形势，认真落实企业安全生产主体责任，坚守底线、不越红线，切实做到“安全第一”，保持安全稳定的局面。2018 年，日本地区灾难多发，5 月日本各地高温酷暑；6 月 18 日，大阪发生里氏 6.1 级地震；7 月 20 日，千叶近海发生 6.0 级地震；9 月 4 日，大阪遭遇 25 年来最强台风；9 月 6 日，北海道发生 6.6 级地震。面对灾害频发，区域公司要求全体中方外派人员提高认识、常抓不懈，及时采取措施、必要时启动应急预案。在区域内组织全体员工进行防灾演习，提高紧急情况下的应对能力。高度重视网信安全工作。面对集运北美网络遭遇恶意病毒攻击，日本区域迅速反应，区域内各单位协同，及时排查、升级，确保了日本区域网络系统安全和业务系统的正常运转。

【风险防控工作】

日本区域高度重视风险防控和管控，不断提高风险管控意识，依法合规经营。不断加强日常风险管理，提升抗风险能力。明确风控工作的“第一责任人”，在各单位设立兼职风险管理员，加强风险防控“第一道防线”建设。组织评估确定年度区域内十大风险点，并制定相应防控方案和措施。加强风控理论学习，参加集团组织的风险内控暨质量管理培训班；与集团内兄弟单位交流风控工作实践经验，拓宽风控工作思路。做好区域内风险提示工作，根据集团风险通告，中美贸易摩擦事件等情况，向区域各单位发送风险提示，要求重视合规风险，开展业务遵守法律、法规、行业规范等规定，遵守集团内部规定，避免出现违规事项，避免产生声誉、经济等损失。对特殊关联企业情况清查和经营纪律检查。强化风险管理意识，形成全员参与风险管理的良好局面，确保风险可控在控。（李景石）

中远海运（韩国）有限公司

中远海运（韩国）有限公司

【公 司 概 况】

中远海运（韩国）有限公司〔简称“中远海运韩国公司”，英文简称 COSCO SHIPPING（Korea）〕，是中远海运集团的全资子公司，注册资本 79.5 万美元，于 1995 年 6 月在韩国首尔成立。中远海运韩国公司是中远海运集团在韩国的区域管理公司，也是集团在韩国地区的综合管理中心和对外形象宣传窗口，负责韩国区域内各项综合管理及集团在韩国地区航运业务的开拓，为区域内所有集团企业的经营活动提供必要的支持，并代表集团协调不同业务单元的关系，促进合作。中远海运韩国公司还负责具体生产经营活动，主要包括对集团非集装箱船舶在韩国的代理及揽货业务，对京汉航运公司集装箱船舶代理及揽货业务。公司设 7 个部门 2 个办事处，即代理部、运输部、散货部、物流部、财务部、行政人事部、战略发展部，以及釜山及仁川办事处。截至 2018 年 12 月底，公司共有 55 名员工，其中中方外派人员 7 人，韩国当地员工 48 人。公司负责人为尹为宇。

中远海运韩国区域目前共有中远海运集团所属的 6 家公司，2 家参股公司及 1 个代表处。具体包括：集团下属的中远海运（韩国）有限公司，是集团在韩国的区域管理公司；中远海运集运公司下属的京汉航运有限公司，中远海运集运（韩国）有限公司及及其子公司远明海运有限公司 3 家公司；中燃有限责任公司与中远海运（韩国）有限公司合资设立的中燃韩国有限公司；原中海集团总公司下属的中国海运韩国株式会社于 2018 年 12 月注销关闭；1 家代表处为外代总公司驻韩国代表处（未在韩国正式登记注册）。另外 2 家中远海运集团下属公司参股公司是大仁轮渡有限公司和乐天中远物流有限公司。截至 2018 年底，韩国地区 6 家集团直属公司共有中外员工 163 人，其中中方外派人员 12 人，聘用当地员工 151 人。大仁轮渡公司另有 1 名中方外派人员。中远海运韩国公司组织机构见图 14-7。

【大 事 记】

1. 2018 年 1 月，尹为宇接替陈哲瑜，任中远海运韩国公司董事、总经理职务。

2. 2018 年 2 月，中远海运集团向中远海运韩国公司增资 26.7 万美元，折合 287 900 000 韩元。公司注册资本总额增加至 687 900 000 韩元（折合 612.4 万元人民币）

3. 2018 年 9 月起，公司引进金张律师事务所，推进当地员工人事制度改善项目，制定人事薪酬制度改革框架方案，获得当地员工全票赞成。

4. 2018 年 12 月，中国海运韩国株式会社完成清算关闭工作，存续业务和人员并入中远海运韩国公司。

【“十三五”规划推进情况】

中远海运韩国公司“十三五”规划总体目标是围绕集团“承载中国经济全球化使命，整合优势资源，打造以航运、综合物流及相关金融服务为支柱，多产业集群、全球领先的综合性物流供应链服务集团”的战略愿景和集团“规模增长、盈利能力、抗周期性和全球公司”四个战略维度，贯彻落实集团“一个团队、一个文化、一个目标、一个梦想”理念。“十三五”规划以开拓发展韩国地区业务和效益为方针，建立健全适应新集团、

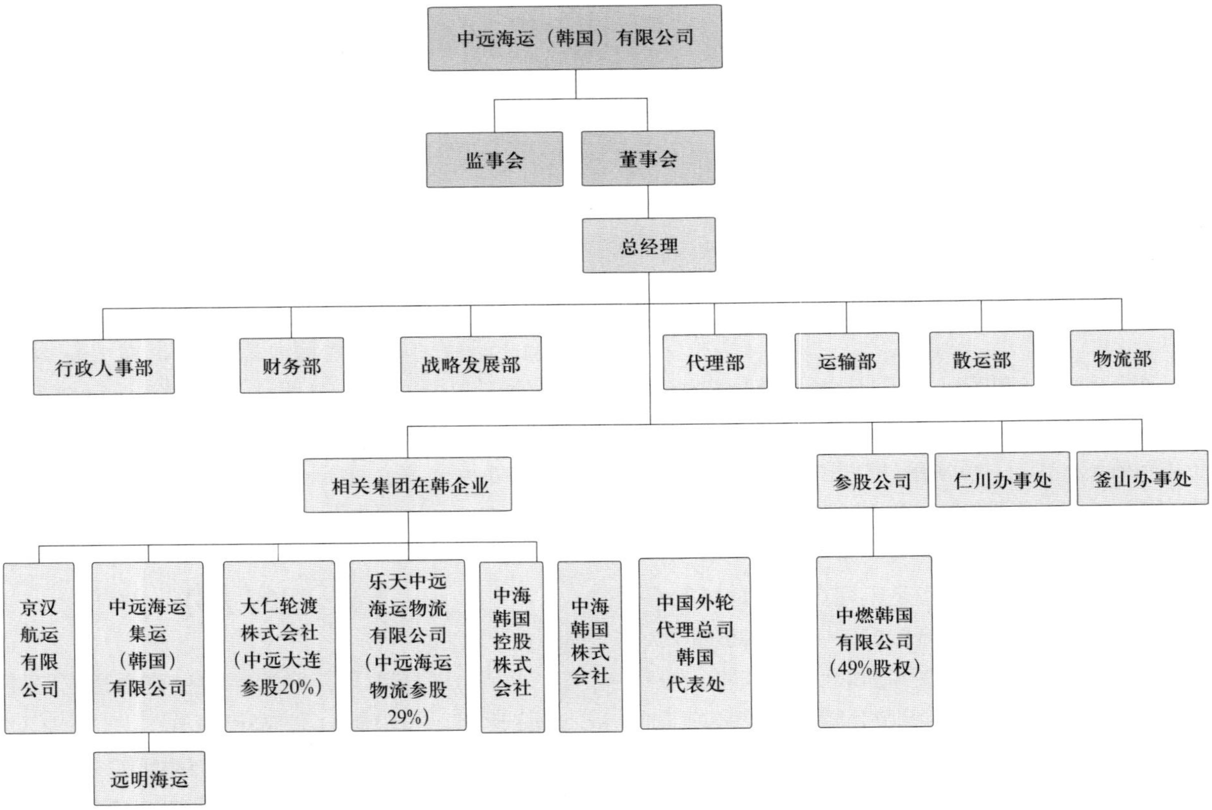

图14-7　中远海运韩国公司组织机构图

新经济和新常态的体制机制，坚持稳中求进，积极推进集团全球业务协同平台、信息共享平台、新兴业务孵化平台、管理服务支持平台、国际人才培养等5个平台在韩国地区的建设。公司制定了“十三五”各项奋斗目标、依托集团“6+1”产业集群的布局，按照集团海外“十三五”发展规划，积极推进集团及国内各专业公司在韩国地区发展，努力挖掘产业链的机遇，把韩国公司打造成集团在东北亚综合性物流供应链服务的核心网络基地。“十三五”期间，公司初步完成全球业务协同平台、信息共享平台、新兴业务孵化平台、管理服务支持平台、国际人才培养等5个平台在韩国地区的建设，建立健全适应新集团、经济新常态的体制机制，为下一步打造东北亚综合性物流供应链服务的核心网络基地奠定基础。

2018年，中远海运韩国公司在完成机构和业务整合的大背景下，继续深入融合，有序推进“十三五”发展规划落实落地。公司严格按照集团总体要求和部署，按照各专业航运公司经营布局统筹各项业务，努力提升经营效益。在恶劣的市场环境下，公司全体干部员工奋力拼搏，超额完成2018年度各项生产经营计划目标。各业务板块经营任务推进情况如下：

集装箱板块业务：2018年，京汉航运公司（中韩航线）运量继续保持提升，公司（中韩航线）2018年共完成721航次，比上年减少63航次；完成箱运量44.4万TEU，同比增加6.0%。2018年，中远海运韩国公司为京汉航运公司代理箱量23.2万TEU，同比增长18.8%；代理上海仁川轮渡公司（SIFCO）箱量9.3万TEU，与去年基本持平。增长较快的是代理仁川—大连（大连集发）航线，全年代理箱量2612TEU，同比增长近五倍。

非集装箱船舶代理业务：2018年，韩国散杂货市场依旧低迷，散杂货船来韩国港口挂靠相对减少，导致韩国公司非集装箱船代理艘次下降幅度较大。2018年，公司非集装箱船代理341

艘次，比 2017 年减少 71 艘次，下降 17.2%。船舶代理业务板块代理艘次下降严重，其中重大件多用途船比上年下降 29 艘次，化工品船比上年下降 21 艘次，散货船比上年下降 19 艘次。

干散货业务：在 2018 年得到飞跃式发展，自揽货量突破 360 万吨，超出年度计划的 5 倍，为公司实现多元化战略布局、平衡因过分依赖集装箱业务而带来的周期风险起到积极作用。韩国区域公司散运部从 2018 年开始，从以往只盯着自己手里的货物运输需求转变为积极研究散货总部的有效需求，重点推送能与散总手中货盘形成闭环航线的货载，从以往只盯着韩国当地客户的需求，转变到间接考虑散货总部的实际需求。在新客户开发方面，2018 年开发了两个重要的新客户，一个是水泥生产商双龙水泥（Ssangyong Cement），2018 年承运几船单载货后获得他们的 COA 合作机会；另一个是韩国主要盐用户之一的韩华化工（Hanwha Chem），取得了两年一度的盐进口合同参与资格。

件杂货业务：韩国杂货市场依旧低迷，韩国的工程总包公司 EPC 承揽海外工程项目能力受到中国以及欧美的两端挤压，呈现越来越羸弱的趋势。现代重工，三星重工的海工产品部门 2018 年下半年已经关闭，由此可见韩国市场的状况不佳。区域公司件杂货营销团队克服困难，积极拼抢市场，把货源结构向低价值货物转移，争取低端货物的市场份额。公司完成货物订舱共 40 万运费吨。

船舶燃油供应业务：韩国区域公司下属中燃韩国公司因燃油采购和销售平台变化，并停止信用风险较高的客户业务。2018 年，公司完成供油 30.3 万吨，比上年下降 35.5%。

物流板块业务：延伸服务完成 9000TEU，收入 59 万元。协助推进完成工程物流长兴岛 SSSRI 项目、现代重工钻井平台模块运输项目、中石化俄罗斯 AGPP 项目 3 期、韩国 NVOCC 业务项目、菲律宾 JG SUMMIT 项目等重点物流项目。

【经营效益】

2018 年，韩国区域公司各项指标完成情况超过考核指标。各项指标具体完成情况：公司利润总额 668.3 万元，完成全年指标的 445.5%；成本费用占营业收入的比重完成 84.37%，超额完成考核指标。散货揽货量完成全年指标的 334.4%，件杂货揽货量完成全年指标的 100%，综合物流开发完成全年指标的 178%。

中远海运韩国公司 2018 年经营责任书考核指标完成情况见表 14-17。

中远海运韩国公司 2018 年经营责任书考核指标完成情况表　　表 14-17

序号	公司	指标项目	2018 年考核目标	2018 年完成情况	完成程度
1	中远海运韩国公司管理口径	利润总额	150 万元	668.3 万元	445.5%
2	中远海运韩国公司管理口径	成本费用占营业收入比重	91.29%	84.37%	完成
3	中远海运韩国公司	干散货揽货量	70 万吨	234.1 万吨	334.4%
4	中远海运韩国公司	杂货揽货量	40 万吨	40 万吨	100.0%
5	中远海运韩国公司	综合物流开发	1 亿韩元	1.78 亿韩元	178.0%

【内控体系建设】

根据企业内控及风险管理框架，中远海运韩国公司内部控制及风险管理工作由董事会、管理层及其他员工共同参与，并应用于公司战略制定。公司内部控制及风险管理工作旨在识别可能对公司造成影响的事项，并在其风险偏好范围内管理风险，保证公司目标的合理实现。公司按分工负责、归口管理的原则建立健全内控与风险管理组织体系，该体系包括：董事会、内控与全面风险管理委员会、工作小组、工作小组办公室及相关职能部门。针对业务经营和各项管理工作，公司制定了具体的管理制度，为内部控制工作确立了制度保障，明确了职责和管理程序，保证了各项工作全面有序的开展。控制活动主要包括：建立董事会、监事会制度，确立规范的公司治理模式，每年定期召开董事会，审定公司年度经营计划、财务预算与决算，重大投资等管理事项。强化集体决策，确保对重大事项的有效监督。中远海运韩国公司坚持重大事项集体决策的原则，深入贯彻集团关于“三重一大”的决策程序。针对区域内各公司涉及生产经营、战略发展、重大投资、财务管理、人事劳资等方面的重大事项由韩国公司及区域内各公司负责人集体研究决定，需要提交董事会，或经上级单位审批的重大事项再按规定程序进行审批。做到防范决策风险，提高决策水平，促进反腐倡廉。加强财务监管，实施定期审计。

【深化改革】

2018 年，中远海运韩国公司在完成机构整合的新的形势下，按照集团海外区域工作的总体方针，进一步深化韩国区域机构合并，业务整合、人员融合。树立“看齐意识”，强化责任担当，根据集团整合整体思路，服从大局、服从整体，加强协同。面对依然严峻的航运市场，在稳步做好韩国区域机构整合的同时，公司深入研究韩国地区各公司的经营管理状况，思考适合韩国地区的经营管理模式。为实现集团“提质增效、瘦身健体”要求，到达优化管理结构和提升运营效率的目的，区域公司按照集团总体要求研究制定了全年“压减工作”计划。中海韩国株式会社清算关闭工作已在 2018 年底前全部结束。

韩国区域公司在 2018 年深化改革，用创新驱动企业可持续健康发展。按照许立荣董事长、党组书记在 2018 年集团务虚会上关于“深化改革，创新发展，培育具有全球竞争力的世界一流企业”的讲话精神，韩国区域公司领导班子把“深化改革、创新驱动”作为公司发展的指导方针。在完成韩国公司企业重组之后，公司领导班子把“深化改革、创新驱动”作为企业健康、可持续发展的战略抓手。2018 年 3 月，公司成立由多数本地员工参加的“战略发展委员会”，以期用广大员工的智慧为公司长远发展献计献策。为使委员会运作规范化，同年 4 月，公司专门制定了《韩国区域公司战略委员会实施细则》。从该委员会负责议案的收集、审阅、批准、执行监督和结果评估的职能来看，韩国区域公司的民主决策范围得到有效扩充，民主监督流程得到进一步规范。

【提质增效】

2018 年伊始，韩国区域公司确立“统一规划、分步实施、重点突出、深入推进”活动总原则，着力完善一整套覆盖企业财务、投资、资金、安全、合同、经营等各环节的风控体系，延续以往一贯坚持的“风险意识即是提质增效”经营思路，将制度建设纳入 2018 年度提质增效活动当中，为新年度提质增效活动标注主题符号。

提质增效、瘦身健体。一是严明纪律，清退冗员，按照中国和韩国的法律规定，区域各公司依法办理到龄退休高级管理人员 4 名，清退不称职高级管理人员 4 名；二是按照集团总体要求制定全年“压减工作”计划，2018 年底前完成中海韩国代理株式会社清算关闭工作。

严控资金风险，应收账款余额压降效果显著。2018 年，公司继续加强运费回收和船舶使费账务资金结算，制定了公司《2018 年“两金”压控目标及管理方案》，力争完成 2750 万“两金”压降目标。加强运使费催收的监控，缩短了应收账款的账龄时间，有效降低了应收账款余额。

加大成本控制力度，提升预算管理效果。2018 年，公司采取更加严格的管理方针对公司各项成本费用进行控制和压缩，全年主要可控费用总额预计同比下降 13.5%。公司实施部门事业部预算管理模式，分解落实业务经营指标，加强成本费用控制措施，加强对预算执行情况的跟踪分析，及时上报年度效益滚动预测，为公司实现年度预算目标发挥监督作用。

落实战略举措，持续推进集团“十三五”发展规划及公司“十三五”中长期规划所确立的任务和目标。其中，全年新签订重大合同金额为1.1亿元，超出计划指标2000万的550%；物流延伸服务预计完成9000TEU，收入59万元。

提质又增效。2018年，京汉公司面对油价和港口装卸费上升的双重压力，直面困难，全力拼搏，想方设法揽取高贡献值货物，果断放弃越做越亏的低价货。同时，利用京汉公司黄海协会中方会长单位的身份采取各种手段积极推升运价的恢复。公司在2018年实施了一系列积极的揽货措施增加收入、严控成本，经营业绩明显高于韩国地区同行业评价水平。

【制度建设】

强基固本、控制风险是企业规范化管理的需要，是做强做优、创新发展的基础性工作。截至2018年底，韩国区域公司已颁布实施一系列企业规章制度，其中包括：战略发展和法律类规章14部、财务规章14部、行政规章16部和信息安全规章13部，“依法经营、依规治企”迈上新台阶。

【廉政监督】

韩国区域公司党支部紧紧围绕集团公司改革重组核心任务，把纪律和规矩挺在前面，强化反腐倡廉工作要求，坚持不懈抓教育、抓监督，创建和完善重点制度，为集团改革重组顺利完成作出了应有的贡献。强化廉洁教育，着力构筑不想腐的堤坝。按照集团关于开展廉洁从业活动要求，公司以抓实学习、强化教育、组织开展主题活动为重点，不断拓展教育月活动的深度与广度，丰富内容、提升实效。

2018年是公司全面贯彻党的十九大精神的开局之年，也是落实巡视工作规划的第一年。按照集团对中央第九巡视组巡视反馈意见整改工作方案和统一部署，公司党支部于9月7日召开了2018年落实集团党组巡视整改专题民主生活会，认真学习贯彻习近平总书记关于巡视工作的重要讲话精神，深刻反思履行管党治党主体责任、监督责任、“一岗双责”方面的问题根源，切实增强“四个意识”，强化政治担当，切实担起巡视整改政治责任，扎实做好巡视整改“后半篇”文章，确保巡视整改工作落实到位，并把巡视整改工作作为公司当前和今后一个时期的重要政治任务。

【安全管理】

2018年，韩国区域公司企业安全生产工作取得可喜成果。PSC检查依旧保持零滞留记录、未发生一般事故及以上安全生产事故，安全生产管理制度和应急预案体系相对完备。韩国区域公司高度重视企业安全生产工作，始终把安全生产放在企业经营管理的优先位置，建立健全了企业生产管理制度5部、信息安全规章13部，应急响应预案2部。这些规章制度在企业日常经营过程中起到了重要的作用，得到中国驻韩大使的充分肯定。2018年8月和9月，韩国区域公司相继启动《对应突发事件处理程序》，对预防台风“苏力”和第二次卷土重来的“中东呼吸综合征”发出预警和处理预案。为规避在当地经营引发的法律风险，2018年8月，韩国区域公司聘请当地知名机构——金张律师事务所作为公司常年法律顾问，为企业提供专业法律咨询服务十余件，为班子成员和其他中方外派干部授课计12个学时，参与项目管理合同2份。常年法律顾问的设立，为韩国区域公司撑起一道防范法律风险的保护伞。

（祝孝福）

中远海运（西亚）有限公司

中远海运（西亚）有限公司

【公 司 概 况】

中远海运（西亚）有限公司（简称“西亚公司”，英文简称COSCO SHIPPING West Asia），为中远海运集团全资子公司，注册资本金300万迪拉姆，注册地为迪拜杰贝阿里（Jebel Ali）自贸区。

公司主要经营范围为船舶代理、货运代理、物流、投资等，代表集团管理辖区下属合资子公司；行使对下属公司和集团外派人员实施管理、监督、协调、服务的职能；对区域内的集装箱代理服务业务进行统筹管理和运营，负责监督、指导、协调各代理的日常工作；依托集团下属各板块业务单位，拓展散货、油轮、物流等业务在区域内的发展。

截至2018年末，公司中方外派人员13人（含代管机构中方外派人员）。

2018年，公司负责人为邱晋广。公司组织架构图见图14-8。

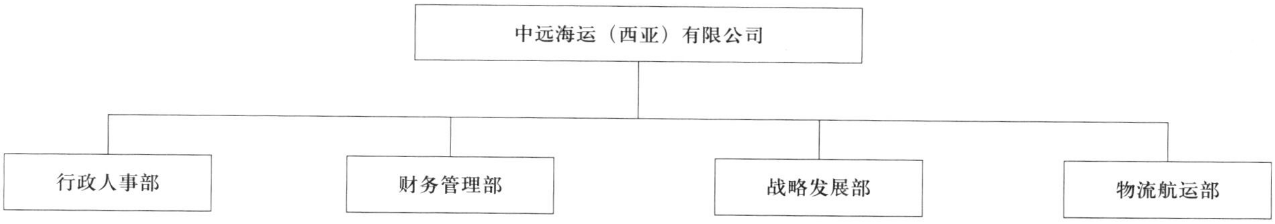

图14-8　中远海运（西亚）有限公司组织架构图

【大　事　记】

1. 2018年5月22日，西亚公司召开第一届董事会2018年第一次会议，审议了《中远海运（西亚）有限公司董事总经理2017年工作报告》《中远海运（西亚）有限公司2017年财务决算报告》《中远海运（西亚）有限公司2018年财务预算报告》《中远海运（西亚）有限公司2017年利润分配方案》，以及《中远海运（西亚）有限公司“十三五”发展规划》。

2. 2018年7月10日，中远海运集团发文聘任邱晋广为西亚公司董事、总裁，免去王耸西亚公司董事、总裁职务。

3. 2018年11月13日，公司召开2018年度第二次董事会，审议通过了“关于关闭绿洲物流有限公司的议案”。

【经 营 业 务】

2018年，公司代理散杂货船150艘次，比上年下降12艘次；代理油轮合计502艘次，比上年增加144艘次。

2018年，公司揽取散杂货3.8万计费吨，同比增长52%。

截至2018年底，公司累计完成海军舰队补给任务32批次，代理服务430艘次，护航业务成为军民融合、军地融合的优秀范例。

2018 年，公司 local 出口箱量完成 32.7 万 TEU，为年度经营指标的 100.7%；销售箱量完成 26.9 万 TEU，为年度经营指标的 92.9%；local 进口箱量完成 73.5 万 TEU，为年度经营指标的 88.9%。

2018 年，西亚地区集装箱操作量达到 225.6 万 TEU。由于波斯湾地区和红海地区的大量船舶空班和航线减少，集装箱操作量同比下降 5.9%。

2018 年，西亚地区重箱堆存费 97.4 万美元，空箱堆存费 243.4 万美元，冷箱码头监控成本 84.2 万美元，集装箱修理费 5.6 万美元；区域内码头装卸费、堆存费、中转费等操作费用共节省约 66.3 万美元。滞箱费完成 2.73 亿元，为年度经营指标的 132.5%，同比增长 32.2%。

【经营效益】

2018 年，公司资产总额 11 860 万元，负债总额 361 万元，净资产总额 11 499 万元，实现利润总额 –277 万元。

【内部控制】

西亚公司研究并修订完善了《中远海运（西亚）有限公司“三重一大”决策制度实施办法》，规范公司董事会、经理层的职责、权限和议事规则。

（刘剑）

中国船舶燃料有限责任公司

中国船舶燃料有限责任公司

【公 司 概 况】

中国船舶燃料有限责任公司（简称“中国船燃”，英文简称 CHIMBUSCO），其前身是中国船舶燃料供应总公司，于 1972 年 4 月经国务院批准成立，先后隶属于交通部、中远集团。2003 年 12 月 26 日，中国远洋、中石油两大世界 500 强企业并肩携手，共同改制组建中国船舶燃料有限责任公司，开始踏上新的征程。作为中国船舶燃料行业的“龙头”，中国船燃表现出强劲的发展势头。在国内溯长江而上，沿海岸线南下，中国船燃在境内各主要港口设立了 23 家子公司；在境外新加坡、韩国、荷兰、美洲等地设有专业公司和网点，中国船燃的服务走向全球。公司拥有和控制储油能力近 200 万立方米，各类船舶 100 余艘，以及设施完备的油码头和火车装卸线，构建了集约化的物流管理体系和一体化的营销网络。在五大洲四大洋，公司与世界各国的船东、租船人、投资者和贸易伙伴建立了合作共赢的良好关系。

【生 产 经 营】

2018 年，中国船燃面对复杂多变的经营环境，全系统上下深入贯彻落实两大股东和董事会工作部署，牢牢把握“稳中求进、稳中求好”的工作总基调，坚持战略引领，瞄准世界一流，优化资源配置，完善网络布局，化解潜在风险，各项工作取得了较好成效。面对市场放开和限硫令的双重挑战，公司坚持以市场为导向，以客户为中心，聚焦高质量发展，不断提升综合竞争力，向“国际一流船舶燃料服务商”迈出坚实一步。

2018 年，中国船燃全球销售总量 1980 万吨，完成董事会下达年度目标 1650 万吨的 120%，再创历史新高。其中，境内销量 978.6 万吨，同比增长 6.3%；境外销量 1 001.6 万吨，同比增长 1.5%。公司实现营业收入 439.2 亿元，同比增长 38.3%；实现利润总额 1.63 亿元，同比增长 10.1%。

保税油单元境内销量 573.6 万吨，同比增长 8.8%，境内市场份额 49.4%，在市场竞争日趋白热化的情况下，仍居市场龙头地位。一是努力开拓资源渠道，保障供应。随着 IMO2020 限硫期限的临近，亚洲市场上高硫资源逐步减少，贸易部积极开拓美湾、欧洲的套利资源，增加以跨市 SUEZ 和 VLCC 大型油轮到岸的进货比例，既保障资源供应又实现了降本增效。二是优化物流，跨关直供稳步推进。保税油部与航运公司共同配合，持续推进跨关直供，运作直供驳船 17 艘，运力达到 6 万吨，直供区域覆盖青岛、董家口、日照、岚山、连云港、上海、南通、太仓、宁波、舟山和深圳等港口。全年直供量 210 万吨，同比增长 25.7%。三是发挥网络优势，境内外公司协同联动，境内保税油销量再创历史新高。华东区：中船燃公司 500CST 降本增量明显，同比增长 32.6%；舟山公司持续外锚地加油和直供业务，供应量增长 22.2%；宁波公司大力推进直供，提升驳船效率，供应量增长 53%。泛渤海区：日照公司加强口岸协调，精简业务流程，供应量增长 15.8%；河北公司拓宽保税供应区域，加强区域协同，供应量增长 13.3%；连云港公司顺利完成与海关物流系统对接，供应量增长 7.8%。长江区：江苏公司抢抓市场机遇，供应量增长 31.3%；南京公司加强自主接单能力，成效明显，供应量增长 23.7%。泛华南区：湛江公司大力开拓宝钢和渔业市场，供应量增长 57.4%；福建公司深度拓展“厦门、福州、泉州”三大港区的供油市场，再次开启福州港保税燃油转关供应业务，供应量增长6.1%；新加坡公司加大客户开发力度，拓展第三方业务，供应量增长6%；远邦公司深耕主业，创效超千万美元，供应量稳中有升，稳居香港船供油行业第一名的位置；中远海运日本公司燃油部紧跟市场，抢占先机，三个月内拿到58笔低硫订单，低硫油销量取得新突破。

内贸油单元全年完成内贸销量388.7万吨，同比增长2.4%；创效能力显著提升，同比大幅增长31%，创十年新高，进一步巩固了内贸水上市场龙头地位。内贸油部持续推进内贸资源集中采购。2018年，全系统内贸燃油集中采购148万吨，比上年增加21万吨，增幅16%。其中，柴油集中采购量64.5万吨，集采比为51%。燃料油集中采购量83.6万吨，集采比为44%。在2017年内贸燃料油出现资源紧张、价格上涨的情况下，集中采购平台为各公司在获取资源、降本增效等方面发挥了重要作用。各公司积极开拓终端市场，内贸终端销量281万吨，同比增长5%，“终端为王”策略深入推进。2018年，烟台和珠海/深圳公司内贸销量增幅最大。烟台公司持续推动“向海上转型，多品种发展”策略，销量增长123%，创近十年新高。珠海/深圳公司围绕重点大客户做好维护工作，同时全力开拓集团内部新客户，销量增长78%。大连公司立足水上主业，大力拓展陆域市场，内贸终端销量同比增长15%，实现连续五年超10%增长。宁波公司依托港口优势，港区柴油供应业务增长迅速，同比增长25%。南通公司灵活运用集采平台，开展资源竞合，实现量效齐升。江苏公司继续实施客户经理制，重点开发陆域终端市场，不断拓展车供业务，新增客户近20家，客户总数突破100家。广州公司加强与救助打捞系统的合作，供应量同比增长42%，连续三年实现大幅增长。湛江公司与内贸油部加强协同联动，抓住机遇开发西南市场3号喷汽燃料业务，取得良好效益。广西公司深挖临港陆地市场，实现了北部湾港区陆地终端用油全覆盖，销量同比增长25%。

润滑油单元克服造船业低迷、政策调整等不利的市场因素，全年完成销量12万吨，同比增长4.5%。保税代供业务市场占有率86%，利润同比持平，创效水平趋于稳定。润滑油部集采平台运行顺畅，为系统各公司采购昆仑润滑油4434吨，自营销售单吨利润持续提高，经营质量显著提升。上海公司努力开拓新客户，积极落实与救助打捞局、海事局的战略合作，内贸滑油销量同比增长44.5%，再创新高。青岛公司以智库系统建设为切入点，发力提升服务软实力，采用事业部制，明晰业务职能，竞聘业务人员，建立现代化仓储管理系统，全年代供量突破10 000吨，创历史新高。南通公司提升服务硬实力，润滑油仓库搬迁至具备丙1类资质的专业仓库，经营环境再上新台阶。

【服务客户】

1. 加强团队建设，持续实施大客户战略

保税油部落实大客户战略，提升大客户销量和成交比例。2018年，前十名大客户供应量287万吨，同比增长24%，占总销量的57.2%，提升5.6个百分点。前十大客户长约合同成交量178万吨，占总销量的36%，同比提升6个百分点。全球营销团队建设持续加强，海外营销团队成交量178.9万吨，同比增长26%。年度订单综合成交率65.6%，同比提高16个百分点，业务规模、订单成交率大幅提升。内贸油部与各公司一道，继续加大对战略大客户的开发维护力度，全面实施与海事局签订的战略合作协议，落实与国家救助打捞系统新一轮供油服务协议，中标国家海洋局、广州地质调查局等关系到国计民生单位的供油项目，体现了央企的担当。2018年，公司新增内贸大客户5家，总部直接维护的大客户达21家，系统前十名大客户加油量109万吨，同比增长10个百分点，占全系统水上终端销量的比例超过50%。润滑油部协同福建、宁波、上海、河北等公司，充分发挥自身优势，把润滑油的销售业务与代供业务、燃料油销售业务相结合，为客户提供一体化、个性化的销售服务，成功开发了福建海运集团、福建海通船务、宁波远洋、

中谷新粮、浙海集团等一批新船东客户，并获得客户的好评与信任。

2. 开拓新市场，布局新领域

深耕主业，开拓新市场。舟山公司积极开拓温州、台州、嘉兴三港保税油业务，打通三地海关、边检、海事的相关流程，获得了跨关区直供业务许可。2018 年 6 月 1 日，在温州港成功完成第一单跨港区供油，为温台地区业务发展奠定了基础。湛江公司积极开拓海南市场， 3 月在三亚首次为“南海救 112”轮供应 0 号柴油 180 吨，随后在海口以及洋浦陆续开展业务，全年供应量 8600 吨，实现了救助局搜救船舶在海南区域内的全面供应。南京公司以长江下游市场为依托，不断开发川江市场和长江中游市场，取得了实效。全年共计走访和维护客户 400 家次，新增客户 31 家，新客户带来增量 7000 多吨。同时，积极开展外港代供业务，在武汉和宜昌地区供应燃油近 6000 吨，实现稳量增效。

两翼布局，拓展新业务。一是积极对接互联网新业态，对临港陆地加油市场有了更加清晰的认识，制定了中国船燃实施水陆两栖发展方略，找到陆上终端业务发展的新路径。二是 LNG 业务水陆并进，在日照借助港务局资源布局陆上加注业务，在长江借助中海油资源布局水上加注业务。

布局低硫燃油供应网络。借助中石油股东的资源优势，公司制定了低硫油调和基地项目方案，形成“6+5”低硫网络布局。境内方面，在大连、青岛、中船燃（洋山港）、舟山、南京、珠海（桂山油库）充分发挥地理、港口等优势，建立低硫油调和、储存、供应基地，辐射全国沿海及长江各个港口。境外方面，积极推进外贸低硫油调和基地项目，在新加坡、ARA 及部分“一带一路”港口建立供应中心，辐射周边港口，并逐步向全球其他重点市场拓展。

【企业管理改革】

1. 以集团保供为抓手，夯实发展基础

中国船燃坚持把服务好集团船队燃油供应作为根本任务和发展根基。公司全年总计为集团供应燃油 307.5 万吨，比上年增加 22.8 万吨。其中，境内 155.4 万吨，增加 24.4 万吨；境外 152.2 万吨，减少 1.6 万吨。完成内贸油供应 57.8 万吨（占集团需求量约 53%），同比增长 5.4%；完成保税油供应 97.5 万吨（占集团需求量约 81%），同比增长 28.2%。

根据集团船队需求，提供高质量的供应服务。一是加强与集团船队的密切沟通，公司管理层亲自带队，分别与集运、散运、能源和特运等重点客户进行了互访，建立定期沟通机制。同时，公司加强与中远海运能源的合作，共推“苔花项目”，践行了集团内部协同效益最大化的原则。二是在资源调配、额度授信、驳船使用等方面优先满足集团船队的需求，最大限度为集团船队提供最优服务。三是为集团船东提供锁价服务。根据集团船东需求特点，在油价持续上涨的情况下，抓住低点时机，执行锁价共 10.3 万吨，为集团船队节约燃油成本约 3300 万元。四是配合船队需求，努力在境外提供优质、优价的燃油供应服务。2018 年 2 月 27 日，欧洲公司在比利时安特卫普港为集团首艘 20 000TEU 集装箱船“中远海运白羊座”轮顺利完成 5000 吨燃油供应，为该轮开启新航程提供了动力保障。此外，中国船燃还积极参与了由中远海运集团主办的首届中国进口博览会，代表集团签订 5.2 亿美元的采购大单，占集团总签约额度的 70% 以上，获得集团和各界好评。

2. 以低硫应对为契机，推进转型升级

做好高、低硫燃油转换，保障集团船队供应，是中远海运集团赋予公司的神圣使命，也是公司必须完成的任务。2018 年，公司围绕低硫燃油应对，开展一系列工作，取得良好成效。一是制定低硫油应对总体方案，为集团船队定制专门的低硫解决方案，发挥网络优势、升级设备设施，建立总部库存，提升保障能力。自 2019 年 1 月 1 日起，国内已全面开展低硫燃油供应，内贸高、低硫切换平稳有序。二是积极开发稳定的境外低硫资源渠道，先后与远东、中东、美洲几家炼厂签订了 110 万吨长期供应协议，将低硫长约资源覆盖到2020年第一季度，提升资源掌控能力。三是为应对IMO2020限硫政策，2017年公司率先在国内开展保税低硫、超低硫燃油试点供应。经过一年的试练，公司在货源组织、物流优化、驳船改造、区域协同等方面都取得了长足的进步，2018年11月在华东和长江等重点区域开始常态化供应，全年保税超低硫、低硫产品累计供应超过14万吨。四是依托青岛、江苏两个研发基地，联合各大院校和科研单位开展低硫燃油项目研发工作。研发中心根据各类燃油调和原料的指标情况，开展了大量的调和配方试验，积累了丰富的经验数据，为建设低硫油加工基地提前做好技术储备。五是开展燃油相容性快速检验设备研究，经过大量的试验和实践，成功开发出“燃油相容性检测仪”，得到了集团、船东和同行的赞许。2018年准备在系统内推广使用。六是提升服务，质量流量计交接大幅上升。2017年完成中国船燃8艘驳船质量流量计MID认证工作，在国内重要供油区域已全部实现向客户提供以质量流量计作为交接依据的燃油供应服务。全年，质量流量计交接量达到1500余艘次，占系统总供油艘次的20%。

【安 全 生 产】

2018年，中国船燃全年未发生一般等级及以上安全事故，油库、码头、船队实现了安全平稳运行。

2018年，中国船燃在全系统持续以高压态势狠抓安全生产，坚持“高标准、严要求、重实效”的原则，以新时代安全发展理念为引领，落实安全责任，加大风险管理力度，着力解决安全管理中存在的薄弱环节和“宽、松、软”问题，确保了中国船燃全系统安全形势平稳受控。一是突出管理创新，加强风险管控。按照“铁腕治安全”的理念、创新管理模式，公司颁布“中国船燃16条规定”，从7个方面提升风险管控强度，各项生产作业平稳运行。二是强化重点，全力保障船舶航行安全。公司深刻汲取“中燃39”轮事故教训，开展船舶航行安全工作整治，落实驾驶台班组标准化管理，加大监控视频抽查力度，安全驾驶取得实效。三是治理隐患，推进油库标准化建设。公司规范中国船燃油库、润滑油库、加油站、铁路装卸栈台的管理标准和操作流程，持续推进油库“达标”活动，对标查找出存在的不足和问题127项，严格逐项整改落实，消除安全隐患，提升油库安全管理水平。

【风 险 防 控】

强化经营风险防控，提升运营水平。一是继续加强对禁止类贸易业务的管理工作，全方位对贸易业务客户进行评估，严格规定各境内外公司一律禁止开展以融资为目的、无真实货物的融资性贸易业务，以及客户资信不清晰的贸易业务。二是加强国际制裁及反洗钱管理工作。公司对全面风险管理体系的相关程序进行了修订，积极推进内控合规和风险化解，不断提高公司风险防范能力。同时要求各单位在业务开展前严格执行供应商身份识别、客户身份识别及付款方身份识别审查，确保各项业务活动不违背国际制裁及反洗钱等要求，并明确专人负责相关合规管理工作。三是以构建征信渠道和丰富动态管控手段为切入点，积极推进客户信用风险管理长效机制建设，针对内贸业务上线“风险雷达”监控系统，有效提升了风险控制能力。

实施稳健的财务策略，保障业务运营。一是加强财务基础管理，筑牢财务风险防范能力。二是推进资金集中管理，提高系统资金统筹调度的灵活性。三是强化财务风险管控能力，增强内部会计控制体系建设。2018年，中国船燃各公司没有发现重大财经纪律违规事件，各国、各地税务检查和稽查工作应对妥当，合规管理又上新台阶。

聚焦关键环节，强化审计监督。依法、依规加大审计力度，重点关注企业关键业务、高风险领域、资产资金合规运营等方面，从经营机制层面揭示分析共性、制度性、倾向性问题，全年完成27个审计项目，涉及经营管理14个方面，发现问题81个，有力保障了经营管理各项工作合规、有效开展。

全力配合中央巡视组，积极推进巡视整改落实。中央巡视第九组2018年对中远海运集团进行了巡视，并于2018年4月到中国船燃总部和中国船燃广州公司开展了巡视抽查。中国船燃高度重视中央巡视组反馈的意见和指出的问题，以坚决的态度，不折不扣地进行整改落实，截至2018年底已全部完成24项限期整改事项。通过此次巡视整改，中国船燃进一步提升了遵规守纪意识，规范了部分经营管理工作，推动解决部分历史问题，企业党风廉政建设得到深化。

【队伍建设】

坚持党管人才原则，坚持正确选人用人导向。正确认识并客观对待集团关于干部人事冻结的政策，严格落实集团规定，坚持内部挖潜，努力克服自然减员带来的人员压力。认真梳理亟须补充和调整的关键岗位，加强与集团的沟通协调，全年共向集团书面上报8次预沟通报告，累计调整干部30人次。根据集团干部人才专题会议精神，修订了领导人员管理办法等制度规定。改进总部员工绩效考核方式方法，以多维度多层次进行360度全方位考核。开展选人用人工作自查，对系统内98名司管干部进行逐一核查，匡正选人用人风气。加强中层干部队伍建设，完善了二级公司中层干部信息库，建立起总部对二级公司中层干部的评价考核体系。选调3名青年干部分别参加集团组织的处级干部启航班和远航班培训。加强对二级公司中层干部轮训，开展四期支部书记、中层干部学习党的十九大精神培训班。坚持抓能力素质提升，组织了金融管理、信息化、油品质量、安全驾驶、市场研判、英语等各类培训53次，累计培训2498人次。

【企业党建】

1.以保障力提升为根本，做好保驾护航

坚持全面从严，提高党建质量。认真落实新时代党的建设总要求，推动全面从严治党向基层延伸。坚持把党的建设摆在首位，强化习近平新时代中国特色社会主义思想系统学习培训，推动党的十九大精神“大学习、大宣传、大落实”，教育引导党员干部树牢“四个意识”、坚定“四个自信”、坚决做到“两个维护”，确保中央精神及集团党组决策部署全面贯彻落实。

2.强化基层组织建设，推动党建工作规范化

落实党建责任制，全面提升工作效能。公司党委坚持“党建工作做实了就是生产力、做细了就是凝聚力、做强了就是竞争力”的工作理念，全面落实全国国企党建会重点任务和集团基层党建工作三年规划。与各单位签订了党建工作责任书，对二级公司逐级开展党组织书记党建述职评议，层层压实责任。通过专项督查和年度考核，督促各单位全面落实党建责任书、党建责任考核各项内容。召开党建工作季度例会，交流党建工作，查漏补缺，借鉴经验。对基层党支部书记进行轮训，进一步增强其履职能力。

加强党组织制度建设，夯实党建工作基础。公司研究制定了《中国船燃党建工作责任制实施办法》《中国船燃党委关于深入贯彻落实中央八项规定精神进一步加强作风建设的实施细则》，全面落实从严管党治党要求；制定了《中国船燃党委落实全面从严治党主体责任实施细则》，重点明确党委履行全面从严治党主体责任、党委书记第一责任人、党委成员履行“一岗双责”领导责任内容。

注重典型选树，增强员工能力素质。开展“两优一先”评选表彰，把学习宣传贯彻落实党的十九大精神作为选树先进基层党组织和先进个人的重要标准。全系统评选出30名优秀共产党员、13名优秀党务工作者、9个先进基层党组织。加强党内激励和关怀帮扶，开展了“党心暖我心”定期长期慰问帮扶对象摸排工作。稳妥有序开展了不合格党员处置，积极开展发展党员违规违纪自查工作，规范发展党员程序。

3.强化意识形态引导，彰显思想引领

把握舆论导向，坚持意识形态管控不放松。公司党委把意识形态工作纳入重要议事日程，纳入党建工作责任制，同部署、同落实、同检查、同考核。进一步加强企业宣传平台建设，利用公司自媒体及时传播党的最新理论成果和公司改革发展成效。发挥政研会理论研究平台和意识形态导向作用，在2018年集团政研会一届二次会员大会优秀论文表彰中，中国船燃推荐的4篇论文分获一等奖、二等奖、三等奖和优秀奖。围绕集团政研会的年度研究重点，公司研究确定系统重点政研课题，组织开展课题研究，共收集到论文52篇，评选表彰21篇优秀政研成果，向集团推荐了5篇课题论文。

【企业文化】

积极拓展宣传渠道，加大内外宣传力度。公司以庆祝改革开放40周年和中国船燃成立46周年为契机，组织策划公司成立46周年专稿，进一步展示中国船燃形象。开展了系统宣传报道评选表彰工作，更新制作了公司中英文版宣传片。以中国船燃内部刊物、网站、官微为主要载体，广泛宣传系统先进典型事迹。协调中燃欧洲公司、中燃新加坡公司积极参与“一带一路”沿线专题采访，配合开展相关调研活动。派员参加《中国远洋海运》杂志理事单位年会、新闻媒体中心年会及集团培训。积极参加船用燃料油流通协会、世界油商大会，巩固行业知名度和美誉度。在集团指导下参加首届进口博览会和海运年会活动。2018年，中国船燃获得集团新闻报道优秀组织奖，新集团成立以来连续两年获奖，4人荣获集团优秀通讯员称号；在《中国远洋海运报》共刊发稿件97篇，在《中国远洋海运》杂志发表17篇，公司微信公众号推送69次，稿件270余篇。其中通过微信公众号推送的“最美一线员工”展板投票，在中国船燃各公司引起强烈反响，阅读量达2.6万余人次。青岛公司党委利用各种宣传平台，积极宣传经营管理、安全环保、风险预控、党风廉政建设、基层党建等工作。广西公司党支部创新企业宣传方式，宣传稿件在集团报和股东宣传媒体的上稿数量均创新高。

积极践行集团“四个一”理念，推动系统各单位贯彻落实《中国船燃“十三五”企业文化建设规划》和《中国船燃企业文化理念》，不断提升企业文化的向心力、凝聚力和辐射力。结合行业特点和公司特色，主动借鉴学习先进公司的优秀文化内涵，以优秀的企业文化为引领，营造“为客户立心、为员工立业、为社会立信”的良好氛围。河北公司党委积极搭建文体活动平台，推进和谐企业文化建设，选送歌舞节目《大鱼的翅膀》代表中远海运集团受邀参加在上海举办的第二届中国航海日活动，为集团和中国船燃争得了荣誉。宁波公司党支部开展了全员“你为谁工作”读书活动及职工座谈会，全面深化学习型企业文化建设。（郭静）

中石化中海船舶燃料供应有限公司

中石化中海船舶燃料供应有限公司

中石化中海船舶燃料供应有限公司(简称“中石化中海燃供”，英文简称 SINOBUNKER)，由中国石油化工股份有限公司(简称“中国石化”)与中国海运(集团)总公司(简称“中海集团”)于2003年12月共同出资组建的合资公司。2016年2月,中海集团与中国远洋运输(集团)公司(简称“中远集团”)重组成立中远海运集团。

中石化中海燃供注册资本为87 666万元，注册地为广州市经济技术开发区才汇街4号。公司总部设在广州，在深圳、海口、宁波、厦门、南京、上海、青岛、天津、唐山、湛江、秦皇岛和大连、香港等地设分(子)公司。公司主要经营燃料油、成品油、保税油、润滑油和化工等石油产品的销售、仓储和运输，在沿海港口为船舶提供各种燃料油、柴油、保税油、润滑油、物料、备件和淡水供应，以及专业的船舶救生筏和消防系统检修、舱容检定等配套服务。截至2018年底，公司资产逾18.9亿元，拥有13艘船舶，船舶燃料及物资供应业务覆盖国内沿海和长江中下游、珠江三角洲等主要港口58个。

【改革重组】

中石化中海燃供的前身为中海供贸有限公司(简称“中海供贸”)。该公司是根据中海集团“优化资产组合，实施专业重组”的总体改革部署，由中海集团、上海海运(集团)公司、广州海运(集团)有限公司和大连海运(集团)公司4家共同投资组建，是中海集团控股的一级子公司，专业从事船舶燃物料备件供应等业务。

2003年12月，为充分发挥主业优势，进一步开拓海上船舶燃料销售市场，提高企业在市场竞争中的实力，根据中国石化与中海集团2003年9月25日签订的合资框架协议，中国石化、广州海运(集团)有限公司、上海海运(集团)公司三方本着平等互利、优势互补的原则，经过友好协商，一致同意将中海集团下属的中海供贸进行增资扩股，并将公司名称更名为中石化中海船舶燃料供应有限公司。

2016年，中远海运集团成立后，公司在中远海运集团“6+1”发展战略中属于航运服务板块。新集团成立后，集团内各船公司燃油物资采购模式发生了变化，对公司传统业务带来较大的影响。公司以优化经营机构为契机，力促管理水平的提升，推进规模经营，实现统筹运作、精细管理、安全运营的要求。

【发展战略】

中远海运集团根据整体部署，将中石化中海燃供与中燃的重组整合列入企业深化改革计划。依据集团“十三五”规划“航运服务产业集群分规划”，公司编制三年滚动规划及年度经营计划，作为过渡期临时战略发展规划。公司确定“按照集团航运综合服务板块的战略路径，通过有效整合发展，配套支持，联动发展，对内保障服务，对外产业发展，运用互联网技术，延伸船舶增值服务，至2020年，发展成为行业领先的现代船舶综合服务商”的发展战略。

【经营效益】

2018年，中美贸易摩擦、成品油消费税改革给油品市场带来巨大挑战，国际油价先扬后抑巨幅震荡。面对种种不确定因素和严峻形势，公司贯彻落实股东决策部署，坚持稳中求进工作总基调，着力提质增效，持续深化改革，积极创效增收。2018 年，公司所属 15 家单位全面盈利，公司实现营业收入 72.58 亿元，利润总额 3000 万元，净利润 3304 万元，连续三年超额完成董事会下达的利润奋斗目标。

中石化中海燃供在 2018 年实现油品销售 254.70 万吨，完成集团下达指标（260 万吨）进度的 98%。集团主营船公司船舶管理和物资供应模式深度调整，公司以优质服务确保市场份额，全年对集团内的供应燃油 76 万吨，同比增长 1%。全年实现油品外部终端销售量 86 万吨，同比增长 21%。保税油销量 60.66 万吨，完成年计划进度的 92%，同比增加 6.6 万吨，增长 12%。实现毛利 829 万美元，完成年计划进度的 123%。全年物资销售收入 43 264 万元，同比增加 20%；物资销售毛利 5991 万元，同比增加 16%。其中集团内物资销售收入为 28 021 万元。

2018 年末，公司资产负债率为 43.03%，保持稳健。公司所有者权益 107 676 万元，比上年增加 1477 万元，国有资本保值增值率为 101.35%，实现年度保值增值目标。

【风险管控】

面对复杂多变的市场环境，中石化中海燃供强化风险管理，持续完善风险管理体系，推动规章制度建设。深入学习宣传新宪法，组织《中华人民共和国合同法》《中华人民共和国物权法》及法治大讲堂等专题培训，开展实货贸易业务专题会议和新业务新模式经营风险管控培训，让合规意识和法治理念入脑入心，不断提升依法治企能力。充分发挥法律顾问作用，总部与基层单位均实现法律顾问全覆盖，强化合同法律审查，公司法律顾问累计履行合同审查服务 250 余次，制度审查服务 20 余次，法律事务咨询服务 80 余次。采取有效措施，积极应对佛安能源融资性贸易案件，一审判决我方胜诉。广州燃供妥善应对银行保理案件和广州昊力租罐纠纷，有效推动佛陶股权清退。江苏燃供与南京华灿商务纠纷处理取得实质性突破，历史包袱得以减轻。

坚持问题导向，加大审计监督力度，加强人员配置，深化特殊关联企业排查。注重审计结果运用，建立“发现问题－剖析根源－两级整改”的工作模式，形成闭环管理。公司全年共实施内部审计项目 11 项，占公司总资产的 35.46%，其中单位负责人离任审计 5 项，任中经济责任审计 2 项，专项审计项目 3 项，合资公司联合审计项目 1 项。通过内部审计，发现问题 118 个，年内基本整改完毕，提出合理化建议 88 项，促进完善规章制度 10 项，举一反三，防患未然，放大审计效能。

中石化中海燃供党委落实全面从严治党各项要求，坚持“一岗双责”，压实“两个责任”，搞好党风廉政和风险防控等工作。公司纪委组织签订党风建设责任书和廉洁承诺书，强化廉洁从业的责任意识。开展违反中央八项规定精神情况自查自纠专项治理，对超标准办公用房等问题做了整改。组织开展以“严守纪律规矩，助力攻坚创效”为主题的廉洁从业主题教育月活动，提高廉洁从业的自觉性，凝聚起拼搏创效的正能量。

【服务客户】

中石化中海燃供上下联动拜访集团内客户，认真倾听服务意见和建议，研究改进提升服务质量；通过积极协调协商，科学引导内供流向，资源统筹组织，全年内供竞价订单比例与去年基本持平。公司重点强化采购验收、装船复核及配送管理，规范计量和取样操作，完善油品交接手续，确保集团内船舶供应数质量，全力保障股东航运主业船舶安全航行，未发生断供、漏供和错供事故，客户服务满意度超过 95%。

中石化中海燃供深化“为船服务”电商平台应用，完成中远海运散运内部超过 300 艘船舶业务无缝对接，积极推进船舶端智能仓库实施方案，完成 103 艘船舶软硬件配置安装，并尝试在外部船公司推广。网络商城“海燃居”在股东中远海运集团“智能优选”平台开业，产品销售涉足电商领域。

中石化中海燃供全心对接船东需求，充分发

挥合资企业优势，主动应对全球限硫令下船用燃料发展变革，全力以赴打造优质低硫燃油供应链。积极邀请中远海运散运、中远海运特运建立燃油信息定期共享机制，会同中远海运集运参加浙江自贸区船用低硫燃油产业发展研讨会，充分了解股东船舶低硫燃油需求。公司积极向股东中国石化建言献策，获得支持。积极争取纳入中国石化低硫燃油计划配置体系，跟进中国石化炼厂低硫资源效益核算和产品试运行情况，加强与中国海油、浙江石化等炼厂合作。公司协同股东中远海运集团对接舟山市政府及浙江自贸区，探讨低硫燃油供应合作。与海南省海口综合保税区就推动扩大低硫燃油供应、借鉴舟山经验做大保税燃油产业达成共识。

中石化中海燃供组织参加第二届世界油商大会，赴新加坡与当地企业交流经验，应邀出席上海期货交易所燃料油期货挂牌仪式并致辞，提升行业影响力。在粤港澳大湾区航运合作研讨会上发表主旨演讲，倡议大力发展船舶燃料物资供应服务产业，激发粤港澳大湾区建设新动能，并与现场 17 家企业共同签署《粤港澳大湾区港口与航运联盟倡议书》，构建和谐共赢合作关系。

中石化中海燃供全年油品外部终端客户 591 家，对外终端销售同比增加 21%；全年共投标 1111 次，中标率 64%，投标业务已执行毛利占公司累计毛利的权重为 12%。

中石化中海燃供紧密跟踪油品升级和环保要求，动态管理全系统供应商、配送商及代供商，严把进口关，重点针对 IMO 2020 船舶排放区域控制，严格执行国家政策标准，全年未发生责任性数、质量投诉和纠纷。宁波 / 舟山燃供率先安装船舶质量流量计，推进计量标准化。

2018 年，公司体系内 17 家经营单位总顾客满意度达 99.19%。

【企业管理】

优化顶层设计。成立法务风控部，强化公司法律服务和风险管控能力；完善经营管理部职能，将企业发展部的物资供应管理职能整建制划入经营管理部，统筹油品及物资经营管理。保税油经营中心实施独立运作、独立考核，加强经营自主性；重点推进辽宁燃供物资与油品板块深度融合，实现优势互补。

重视经营管理。坚持信息研究，深化成果运用，把握采购节奏，依托友云采平台，为扩销创效奠定坚实基础。实现马鞭洲转关广州、海口，打通华南区域广州—深圳、华东区域舟山—宁波的跨关直供通道，进一步扩大经营规模。保税油经营中心与深圳船燃、福建燃供通力合作，成功取得集团在香港地区的合格供方资质；在夏威夷海域完成海洋科考船“向阳红 03”轮燃油补给，境外燃油供应实现突破。

重视财务管理。推进业财融合，强化预算执行，切实降本压费，全年公务性费用支出同比下降 13%；统筹资金安排。在额度紧缺、利率上浮及汇率波动的复杂形势下，优化融资渠道，集中资金调度，减少融资利息支出 271 万元；争取财政支持。积极协调政商关系，全年共获各类财政补贴 137 万元。

规范制度建设，启动内控体系建设工作。顺利完成质量体系转版工作，取得新证书，满足用户对产品和服务不断提升的质量要求。优化调整公司总经理办公会议题申请程序，强化党委前置研究，坚持科学决策。新制定《规章制度管理办法》等 30 项，修订《员工守则》等 15 项，废止不适用制度 1 项。

上线使用中远海运集团统建的投资管理、OA 办公、人力资源、采购与供应商等管理系统，提高对接效率。持续推进供给侧结构性改革，广州燃供瘦身健体，组织保障有力，提前完成“三供一业”全部分离移交任务，受到股东中远海运集团嘉奖。辽宁燃供积极协调，圆满完成退休人员社会化管理试点工作。

【安全生产】

中石化中海燃供狠抓安全管理、数质量控制、制度建设、风险防控和内部监督，综合施策，确保企业安全稳定健康发展。出台《安全生产监管办法》，确保安全管理与规章制度体系有序融合。共投入 630 多万元进行设备设施技术改造和隐患整改，保持设备设施处于良好状态。建立作业现场远程视频监控，实现有船有库单位全覆盖。全年公司和所属单位共检查船舶 12 艘次，查出 41 项隐患 / 缺陷，检查陆岸单位 218 个次，查出 490 项隐患 / 缺陷，没有出现重大隐患，全部隐患完成整改。抓好防台防汛等季节性安全工作，广州燃供、广州物供、佛山燃供、深圳船燃成功防御超强台风“山竹”。全方位做好博鳌亚洲论坛 2018 年会、首届中国国际进口博览会等国家重大活动安保工作。上海物供荣获年度“上海市平安示范单位”称号。全年公司未发生责任性安全事故，安全生产状态保持平稳。

【境外业务】

中石化中海船舶燃料供应香港有限公司，是公司境外全资子公司，注册地为中国香港，注册类型为有限责任公司，注册资本为 12.89 万美元，经营范围为汽油、柴油、燃料油、润滑油、船用零配件、船用物资、化工产品、日用百货的销售和供应。组织机构上，公司设董事长 1 名，总经理 1 名，均由公司人员兼任。公司在境外无固定资产投资情况。

【员工队伍】

公司按照组织选拔和群众公认相结合的原则，突出政治标准，严把素质关口，注重实干实效，通过全方位考察，好中选优，将能力突出、发展潜力大的14名年轻干部充实到后备干部队伍中，为年轻干部历练成长创造条件。加大问责力度，对年度考核排名靠后的司管干部进行提醒谈话，根据保理案调查处理结果对 2 名司管干部作降职处分。调整公司 6 个职能部门和下属单位 7 名司管干部，提拔 1 名司管干部为公司总经理助理，充实管理力量。在股东方支持下，招录 67 名新员工，缓解人员紧缺问题，补充企业发展后续力量。提高员工素质，以 12 个重点项目为抓手，实施三期“以干代训”新模式，全年组织各类培训 293 项，同比增加 30%，促进员工技能提升。坚持以人为本，健全考核机制，致力于让员工共享企业发展成果。2018 年，公司所属单位人均工资最低水平突破 11 万元，职工薪酬连续三年上台阶。

【企业文化】

中石化中海燃供注重文化引领，积极推进精神文明建设。加强宣传工作，开通公司微信公众号，围绕企业中心工作，以“一刊一网一平台”为媒介，开展形式多样的对内对外宣传报道，出版《燃供简讯》402 期，推送微信信息 249 条，举办“燃供年度十大新闻”评选活动，通过“一刊一网一平台”，传播信息、交流经验、指导工作、推动创新发展。注重品牌形象建设。公司树立先进典型，认真做好年度先进的评选、表彰工作，深入挖掘基层一线先进人物和事迹，营造崇尚先进、学习先进的良好氛围，为企业改革发展注入“正能量”。

【党群工作】

2018 年，中石化中海燃供党委班子由 5 人组成。公司所属各级基层党组织共计 52 个，其中党委 4 个、党总支 4 个、党支部 44 个，共有党员 385 人。公司坚持“党要管党”和“两手抓、两手都要硬”的原则，抓好党委和基层党组织建设，以及工会、共青团等工作，推进公司两个文明建设同步发展。

公司党委把学习贯彻习近平新时代中国特色社会主义思想和党的十九大精神作为首要的政治任务，修订了《党委（党组织）理论学习中心组学习实施细则》，坚持“三相同、一统一”和“1+2+2”的学习方式（即学习重点内容相同、主题专题相同、思考题目相同，统一学习记录本，每次安排一至两家基层单位以视频连线方式与总部一起互动学习，由一名公司党委成员、两名机关中层干部和两名基层党政主要负责人发言），公司领导班子成员以上率下，紧密联系实际带头作专题发言，通过示范和互动，增进总部与基层的交流，提高了二级单位中心组学习质量。举办 3 期学习习近平新时代中国特色社会主义思想和党的十九大精神专题培训班，实现处级以上干部、各单位党组织负责人、基层党支部书记培训全覆盖；公司党委成员深入基层单位集中宣讲党的十九大精神 6 场次；组织收看纪念马克思诞辰 200 周年大会、庆祝改革开放 40 周年大会直播。

落实党委研究讨论作为董事会、经理层决策重大问题的前置程序，公司修订完善《公司党委议事决策规则》，全年召开党委会 25 次，研究讨论党的建设、干部人事和经营管理重要事项 70 项。贯彻落实中央全面依法治国战略和国务院国资委关于推进法治央企建设工作要求，优化顶层设计，完善制度体系，强化过程监管，提升风险管控能力。

2018 年 4 月，中央巡视组在对公司现场巡视时，肯定了公司党建工作成效。公司党委按照集团党组统一部署，强化政治担当，坚持问题导向，认真查摆出 19 个具体问题，制定 60 项整改措施，明确责任，突出重点，立行立改。公司党委成员以上率下，深入基层单位检查督导，巡视整改取得阶段性成效，有力促进公司党建和管理工作上台阶，集团巡视整改督导组对公司巡视整改工作给予充分肯定。

公司党委坚持落实党建责任制，不断夯实党建基础。公司制定《党组织工作经费使用管理暂行办法》《党政领导班子成员反腐倡廉工作责任分工（试行）》等制度，为加强基层党组织建设提供制度保障。公司胜利召开了第一次党代会，选举出新一届党委委员，这是公司党内生活的一件标志性的大事。

公司四届三次职代会通过公司《集体合同》，做好新一轮《集体合同》签订工作。坚持做好夏送清凉、冬送温暖、金秋助学、慰问困难和生病住院职工、八一及春节期间拥军优属工作，公司各级工会共慰问困难、伤病职工 330 多人次，发放帮困、慰问金 10.25 万元。落实集团工会要求，认购扶贫茶 1062 份。积极为职工做好事、办实事，多措并举建设和谐“家”文化。加强劳动保护，提出强化伤亡事故报告工作的落实措施。参加中远海运第二届职工运动会取得较好成绩，参加广州中远海运工会系统职工气排球比赛荣获团体第四名。开展羽毛球、游泳、健步走等健身、休闲活动，促进职工身心健康。

积极发挥共青团青年主力军作用。学习贯彻习近平总书记“7·2”重要讲话和共青团十八大精神，组织召开学习座谈会、“践行新思想、拥抱新时代”专题组织生活会。参加集团学习贯彻党的十九大精神青年演讲比赛决赛获三等奖。开展纪念五四运动 99 周年主题团日活动。开展拓展活动、青年文明号开放周、志愿服务活动，积极履行社会责任，增强团组织的凝聚力，展示青年积极向上、力争上游的良好精神面貌。

2017—2018 年中石化中海燃供主要情况见表 14-18。

2017—2018 年中石化中海燃供主要情况表 表 14-18

类别	项目	2017 年	2018 年
船舶	艘数	13	13
	载重吨	19 444	19 444
油库	座	6	6
	容积（万立方米）	22.44	22.44
	吞吐量	172.2	196.4
仓库	座	3	3
	面积（万平方米）	3.25	3.25

续上表

类别	项目	2017年	2018年
财务状况	总资产（亿元）	16.39	18.90
	净资产（亿元）	10.62	10.77
	总收入（亿元）	50.16	72.58
	利润总额（亿元）	0.40	0.30
员工队伍	年末员工总数（人）（含我方委派到合资企业员工及上海中燃员工）	950	913

（史明彪）

青岛远洋船员职业学院

青岛远洋船员职业学院

【学校概况】

青岛远洋船员职业学院（以下简称“学院”），是一所办学特色鲜明、教育质量一流、文化底蕴深厚，集学历教育、在职培训、科技研发为一体的国有公办普通高等职业院校。学校隶属于中远海运集团，教育行政管理隶属山东省，面向全国招生。建院 40 余年来，学院累计为中国远洋航运事业培养各类人才 60 000 余人。

学院前身为中国远洋运输总公司 1976 年在青岛市市南区组建的青岛海运学校。1980 年经交通部批准改为成人高校，更名为青岛远洋船员进修学院。1983 年经交通部批准更名为青岛远洋船员学院。2010 年经教育部批准改建为普通高等职业院校，更名为青岛远洋船员职业学院。2015 年通过山东省教育厅、财政厅组织的山东省技能型人才培养特色名校建设项目的验收。2016 年 2 月 18 日，中远集团和中海集团改革重组，成立中远海运集团，青岛远洋船员职业学院成为其直属的二级单位。

2007 年，为配合原中远集团资产重组和中国远洋回归 A 股“LUCKY”项目的需要，天津海员学校从原天津远洋运输有限公司无偿划转至学院，成为学院下属的事业法人单位。但多年来没有进行实质性人员、业务与资产划转，天津海员学校的人事管理、干部任命、财务制度、资产管理等都保持原管理体制和模式。学校仅负责其投资计划上报和下达，以及财务数据合并与上报。

2018 年，学院设有航海系、机电系、船舶与海洋工程系、物流与航运管理系、外语系、基础部 6 个系（部），招生专业 14 个。学院拥有国家级教学改革试点专业 2 个、国家级精品专业 1 个、省级特色（示范）专业 7 个、市级重点专业 5 个。学院教职工 429 人，其中专任教师 244 人，正高级职称 27 人，副高级职称 154 人，省、市级教学名师 8 人。“双师型”教师占 70% 以上，副高及以上教师占 40% 以上，具有博士、硕士学位教师占 55% 以上，结构良好，富有活力。学院全日制在校生 4700 余人。

2018 年，学院新校区建设按照集团计划如期实施。新校区位于青岛市西海岸新区古镇口，学院已经取得 42.24 公顷土地使用权及 11.95 公顷海域使用权。新校区一期教育科研区建设项目总投资 13.88 亿元，建筑面积 23 万平方米，主要用于全日制学历教育和船员适任证书技能培训。新校区落成后，学院将更好地发挥企业举办高职教育的辐射和带动作用，为国家航运、物流和修造船等产业，以及山东省蓝色经济区跨越发展作出更大的贡献。

【战略发展】

2018 年，学院按照集团教育培训资源改革总体工作部署，深入研究党中央、国务院、教育部、国资委等在剥离企业办社会职能和职业教育方面的最新政策，认真准备和配合集团教育培训改革专题调研工作，到中铝企业大学（党校）、中广核企业大学、青岛港湾职业学院等单位开展企业办学专题调研，形成专题调研报告及参考资料等 10 余份，提交集团及职能部门。从教育资源的整合路径、管控模式、组织保障和企业大学的功能定位、组织架构、管控职能、配套制度等多方面入手，学院主动作为、超前谋划，协调沟通青岛西海岸新区在引进总部经济方面的优惠政策和举措，为企业大学 / 研究院注册做好政策环境研究分析与准备。

继续推进学历教育移交。继续按照集团要求统筹谋划推进学院学历教育移交工作，学院加强与山东省政府、省商务厅、财政厅、人社厅等政府职能部门和交通运输部、大连海事大学等单位的沟通与协调，就学院土地资产划分、人员编制待遇、社保关系转移等关键问题开展集团与学院层面各类谈判磋商20余次，起草会议纪要、会商函件、参考材料、可行性报告等20余篇（件），在资产移交、事业身份、人员编制、财政拨款等诸多问题上努力推动双方消除分歧、达成共识，力促实现平稳移交。

【学历教育】

加强专业与课程建设。2018年，学院《船舶操纵与避碰》《主推进动力装置》《全球海上遇险与安全系统(GMDSS)综合业务》《机舱资源管理》等4门课程顺利通过山东省精品资源共享课评选，获批建设经费20万元。《船舶电站操作与维护》课程获评山东省成人高等教育（继续教育）数字化优质课程。截至2018年底，学院共有国家级精品课程2门、省级精品课程16门、山东省成人高等教育数字化优质课程7门、山东省精品资源共享课程5门。2018年，第四批青岛市重点专业航海技术专业通过验收，第五批青岛市重点专业海洋工程技术专业通过中期检查。2018年，青岛市政府共拨付学院各项重点专业建设资金200万元。

推进教育教学改革与创新。2018年，学院组织参加职业教育省级教学成果申报。经省教育厅评选，周明顺教授主持的“依托生产性教学实习船的航海类专业人才培养创新与实践”、陈爱玲教授主持的“教育信息化背景下机舱资源管理课程教学创新与实践”2个项目获省级职业教育教学成果一等奖；陈爱玲教授主持的“基于富媒体的轮机基础课程混合式教学模式研究与实践”、刘加钊副教授主持的“基于海洋船舶驾驶的ECDIS教学研究与实践”等5个项目获省级职业教育教学成果二等奖。获奖项目数位列驻青高职院校第一。

提高人才培养质量。学院不断强化内涵建设，深化教育教学改革，提升学生职业素养，提高育人质量。2015级航海类专业普通专科学生610人参加了全国适任证书统考，332人一次性通过全部科目考试，通过率为54.43%，总通过率全国排名第一。

做好招生工作。2018年，学院录取新生1559人，报到1399人，报到率89.7%，完成率77.7%，总体高于2017年6个百分点。

【在职培训】

学院培训工作坚持企业化思维，做大、做强、做优培训项目，做出增量，做出品牌。创新推出MAN电喷柴油机、高压电培训、电子海图培训、驾驶/轮机模拟器培训等十余个受到企业高度认可的船员培训品牌，取得了海船船员培训等39项国际认可的证书培训资质，国家海事主管机关许可船员培训项目27个，学院成为目前国内最大的国际海员培训基地。2018年，学院获评“郑和航海风云榜2017年度最受欢迎的海员教育培训机构”称号。

2018年，学院充分发挥校企合作理事会的桥梁和平台作用，关注政府职能转变和企业结构调整转型期间对培训的政策和要求，探索与中介机构的培训合作，开发新市场和新客户，开发及优化管理培训项目，不断提高培训质量和服务质量，创新创效取得新的成绩。学院全年完成培训558期，其中社会培训487期26 685次，学生培训71期2437人次。企业对学院培训的总体满意率为97.6%，学员总体满意率为94.14%。

2018年，学院培训工作基于深入调研，精准把握集团培训需求，在培训项目的开发与设计、培训课程的研究与定制、培训师资的甄选与配备、培训效果的跟踪与测评等方面进行了深入研究，高质量完成了集团第三期深入学习贯彻党的十九大精神专题培训班、中远海运集团党支部书记示范培训班、中远海运集团2018年机务审计培训班、山东省人力资源和社会保障厅“新旧动能转换”国家战略下多式联运体系化发展高级研修班等培训项目方案的设计与实施，得到委培单位的高度评价。

【科技研发与质量管理】

加强科技创新人才培养。学院成立青岛远洋船员职业学院科学技术协会，副院长周明顺任院科协第一届委员会主席，张铎、刘柱任副主席；完成第九届学术委员会换届工作，白培军任主任委员。2018 年，学院向交通运输部、山东省高教学会等单位推荐各类专家人选 37 名。林毅副院长、孟祥武教授入选交通运输部海事局国际海事研究委员会船员分委会委员、顾问；刘柱、张铎、李博洋、何昌伟、王鹏等 5 名教师获聘集团研究咨询/技术中心特聘研究员；孙化栋、刘加钊、高兴斌等 3 位副教授入选山东省科普“工程技术类”专家人才库。

加大科研创新力度。学院印发《青岛远洋船员职业学院科研成果推广应用和转化管理办法（试行）》，为学院科研成果推广应用和转化提供了依据。2018 年，学院新签约科技咨询类成果转化项目 6 个，新增合同额 90.4 万元。13 个科技开发项目资金到账 145.752 万元，完成全年科技开发收入指标的 292%。共组织 17 次课题立项申报，有 11 个项目获批，其中集团立项项目 5 个，新增项目经费 130 余万元。管理 65 个科研项目，33 个项目通过验收或鉴定，一项成果填补了国内空白，总体达到国内领先水平。学院起草提交 IMO 的“《高级值班水手》示范课程”提案获得 IMO 的一次性确认通过。共有 34 项课题成果获 2017 年度院级优秀科研成果奖，其中科学技术类 15 项、人文社科类 19 项。开展技术前沿跟踪研究，为集团《技术前沿》组稿 4 篇。发挥专业优势，开展科普工作，3 次到小学进行航海科普讲座，获得青岛市 2018 年度重点社科普及活动资助，2 个科普项目获得市科协立项。2018 年，学院共有 7 项科研成果获得中国航海学会、山东省教育厅、中国交通教育研究会等单位的科研奖励，其中中国航海科技奖二等奖 1 项，山东省高校优秀科研成果一等奖 1 项。

积极推进质量与风控体系建设。大力推广船员培训质量管理体系和 ISO9001:2015 两大质量管理体系。根据 ISO9001:2015 要求，完成质量管理体系文件升级换版，顺利通过挪威船级社（DNV GL）ISO9001:2015 质量管理体系 2018 年换证、升版审核。系统推进学院 19 个部门内审工作，加强对发现问题的持续整改和后续跟踪验证。扎实有效抓质量建设，机电系“弧光”QC 小组的“提高船舶高压电培训满意度”和研究发展部“评教”QC 小组的“提高学生网上评教的参评率”课题成果荣获交通运输行业 2018 年度优秀质量管理小组及成果。组织开展学院年度风险评估工作，组织 19 个部门扎实开展风险初始信息收集（风险辨识）、风险分析、风险评价等工作，形成学院 2018 风险评估结果，进一步明确了内控工作的薄弱环节和存在问题，推动相关部门积极采取风险应对策略，持续提升学院管理水平。

【学 生 管 理】

强化学生半军事化管理工作，加强“一日生活制”的落实，组织开展学生干部、学生教官培训 500 余人次，不断提高学生“自我教育、自我管理、自我服务”的能力。坚持部队教官指导学生教官主训的原则，出色地完成了 2018 级新生的军训工作。超额完成年度征兵任务，共 44 名同学参军，学院获得“2018 年度青岛市征兵工作先进单位”荣誉称号。

落实国家和集团各类奖助贷补政策，完成奖助学金评选 1000 余人，发放奖助学金总金额 332 万元，全院家庭经济困难学生数 850 人，资助人数实现了全覆盖；通过国家开发银行贷款学生 329 人，总金额 178.65 万元；2018 年大学生入伍批准补偿代偿及学费减免 112 人，总金额 134 万元。

推进大学生心理健康教育工作。加强心理健康教育队伍建设，选派专兼职教师 30 余人次参加校内、校外专题培训，举办“班级心理委员朋辈辅导技能”等培训，培训班级心理委员近 150

人次。举办“珍爱生命·激扬青春”的第十一届大学生心理健康教育月活动；开展全院学生心理测试，建立心理档案3276份，约谈问题学生124名；做好心理辅导与咨询；开设《大学生心理健康教育》《船员心理健康教育》选修课；报送的心理健康教育论文获得青岛高校心理健康教育研究优秀成果二等奖。

举办多种形式的学生社团活动、社会实践活动和文化体育活动。举办第八届大学生职业技能大赛、社团巡礼月活动等，提升学生实践技能和综合素养。开拓社团活动阵地，共有学生社团38个；召开第二十八届院学生会换届选举大会；开办第22期业余团校。2018年，学院选派200余名志愿者参加上合组织青岛峰会的会议志愿者服务工作，2名志愿者获得山东省委上合峰会优秀志愿者表彰；选派学生代表学院参加集团学习贯彻党的十九大精神青年演讲比赛决赛，取得第1名；参加第五届山东省大学生科技创新大赛，获得一等奖和三等奖。

坚持人才培养特色，培养适应企业发展需求的优质毕业生。2018年，学院有毕业生1821人，毕业生就业率为95.3%。其中，航海类毕业生就业率为96.3%，船舶修造类专业毕业生就业率为93.7%，航运管理类专业毕业生就业率为94.9%，海乘专业毕业生就业率为93.9%。

【人才队伍建设】

2018年，学院实施集团教育资源改革期间从严从紧的人力资源策略，新人不进、退休不补，着力进行内部结构调整和优化管理。至12月，学校教职工总计429人，退休13人，内部岗位微调29人，调离及离职3人。

建立员工培养培训体系，关注人才梯队建设和青年教工成长。2018年，学院共安排各类员工培训750余人次；安排海上专业教师上船顶职或实习8人次；安排教师随船认识实习指导50人次；选派管理系专业教师参加优秀青年教师跟岗访学国培项目；选派机电系教师参加珠海巨涛船厂防爆实践培训；选派航海系两位老师到大连造船新厂超级油轮学习新造船舶的甲板新工艺新技术；组织教师40余人到“COSCO SHIPPING LEO”（中远海运狮子座）超大型集装箱船学习现代化的航行控制系统和智能化的船舶管理系统。积极鼓励教职工攻读学位，本年度学院在职攻读硕士学位21人，在职攻读博士学位6人。

加强员工队伍素质能力建设，多名教师获得上级表彰奖励。李博洋、黄磊老师获得第四届青岛高校教学名师称号；刘加钊老师荣获第十一届山东省高职院校教学名师称号；崔玉红老师荣获首届在青高校十佳思政名师称号；陈维宏老师荣获首届在青高校十佳辅导员称号；船海系“船舶工程技术专业教学团队”被评为2018年山东省职业院校教学团队；机电系何法明老师主持的工作室获评山东省首批职业教育名师工作室，并获批建设经费6万元；航海系王学法老师主持的船舶水手技艺技能传承创新平台项目获评山东省职业教育技艺技能传承创新平台，并获批建设经费6万元；于淼老师获得第七届青岛市首席技师称号；刘柱老师获得交通运输行业高层次技术人才培养项目专项资金资助；初忠老师获得2015—2017年度青岛市劳动模范称号；毛宏雨、李慧、姜萌、范洪军、张晶等多名教师在全国、省、市各类教学比赛中获奖。

做好专业技术职务任职资格评审。学院严格按照职称评审文件规定，组织开展职称评审材料的申报、审核、评审及推荐工作。2018年，共有研究员1人、副教授1人、高级工程师2人、工程师3人、政工师2人、助理政工师2人通过评审。

【对外交流与合作】

充分发挥校企合作理事会平台作用，加强对外交流合作。2018年，学院先后与中远海物流青岛有限公司、中远海集装箱青岛分公司、青岛远洋运输公司、中远对外劳务合作公司、青岛引航站、青岛洲际船务有限公司、宁波海运集团股份有限公司、华洋海事中心、江苏远洋、等企业就加强校企合作、开展专项培训、开展订单班培养、设立企业奖学金等开展交流合作。

深化国际交流合作，推进与加拿大北岛学院邮轮乘务管理专业合作办学项目，与利比里亚驻华大使洽谈培训合作事宜，加强与澳大利亚塔斯马尼亚大学海事学院的交流，促进双方在海员教育培训方面的合作交流，提升我院船员教育在国际上的声誉和地位。

【党群工作】

学院党委始终坚持以习近平新时代中国特色社会主义思想为指导，自觉加强理论学习，坚定政治站位，增强“四个意识”、坚定“四个自信”、做到“两个维护”，深入学习贯彻党的十九大精神、十九届二中全会精神、全国教育大会精神、集团党建会议精神等，自觉在思想上行动上同党中央和集团党组保持高度一致。全年学院开展党委理论中心组学习14次，领导班子带头讲党课8人次。

深入推进“两学一做”。学院党委坚持把学习贯彻党的十九大精神作为核心任务，把推动“两学一做”学习教育常态化制度化作为工作主线，努力提高师生员工的政治意识和担当意识。2018年，学院共组织支部书记讲党课34人次，先进典型讲党课6人次，中层干部讲党课19人次。组织各党总支（直属支部）、党支部集体党课78次，集中学习讨论等396次，有效推进基层组织“两学一做”学习教育常态化制度化全面落实。组织学院领导、部分中层干部负责人参加“集团深入学习贯彻党的十九大精神培训班”；组织党支部书记参加教育部举办的2018年全国高校基层党支部书记学习贯彻党的十九大精神专题网络培训班；组织党员干部群众在线学习党的十九大报告和党章党规等有关学习资料并开展“灯塔－党建在线”党的十九大精神学习竞赛活动，在职教工近400人参加了网上自学及答题。

夯实基层党建基础。完善基层党建工作制度，修订、建立和完善《学院党总支（直属党支部）党建活动经费使用与管理办法（试行）》等多项党建制度。围绕规范、严管、激活、创新工作思路，研究制定《学院2018年度党建工作要点》，与基层党组织签订2018年度党建工作责任书，科学分解任务，层层压实责任，同时科学运用考核结果，将落实党建工作责任制考核结果作为评定部门绩效与评先推优的重要依据。2018年，学院共表彰奖励优秀共产党员10人，优秀党务工作者3人，先进党支部9个，有效调动基层组织和教职工的积极性。认真开展党费收缴管理，配合并顺利通过青岛市党费专项审计组对学院专项审计。认真开展民主评议工作，共有31个党支部、2个直属党支部，389名党员参加测评。做好党员组织发展工作，2018年共有319人参加系级业余党校培训，237人取得合格证书；213人参加院级业余党校培训，149人取得合格证书；全年发展党员58人，预备党员转正36人。

组织召开第七次党代会。2018年12月27—28日，学院召开第七次党代会，全面总结学院第六次党代会以来的工作，确定学院今后五年改革发展的任务目标以及实现这些目标所应采取的方针、政策为目标，动员全院共产党员和教职员工，不忘初心、牢记使命，把握新机遇、迎接新挑战，为实现学院转型升级的目标而努力奋斗。大会共有代表107名，实际到会代表104名，大会选举产生第七届中共青岛远洋船员职业学院委会会和纪律检查委员会。

全面落实巡视整改。认真开展中央巡视及集团巡视整改，建立主要领导亲自抓、分管领导具体负责、职能部门组织落实的巡视整改领导机制和工作责任制，深入剖析反思，认真对待反馈意见，充分利用巡视成果。根据集团中央巡视反馈问题整改要求，结合学院实际情况，学院党委共查找出8项需要整改问题，制定25项整改措施，其中限期整改的10项，长期持续整改的15项，整改完成率100%。

扎实开展宣传思想工作。把握宣传要求，提升宣传质量，充分利用学院网站、微信平台、《船院信息》《中国远洋海运报》《中国远洋海运》杂志、山东省教育厅网站、校园宣传栏等线上线下途径做好学院的内外部宣传，重点宣传党的十九大精神、改革开放40年成果、集团重大决策部署、改革重组工作进展、学院改革发展创新举措成果等，引导师生增强文化认同，坚定发展信心。坚持问题导向，组织开展政研课题研究。紧紧围绕新时代党建工作新形势及学院改革发展新任务，开展政研课题研究，组织完成政研课题立项16项，政研论文70篇。定期开展师生思想动态调查，研判主流形势，查摆突出问题，力促整改提高，制定下发《学院意识形态工作责任制实施细则》；针对教职工普遍关心的学历教育移交问题，学院党委多次通过中层干部会议等途径正面传达集团总体改革思路、改革方向和正在推进的工作，耐心细致做好教职工思想工作，使其对未来发展树立信心，对集团改革拥护支持。

充分发挥群团桥梁纽带作用。组织参加集团第二届职工运动会，举办学院第15届体育节暨第38届运动会，组织教工踢毽子比赛、射箭比赛、羽毛球友谊赛、排球友谊赛等多项比赛，倡导教职工开展“阳光健身，快乐工作”；开展“书香校园—经典咏流传”主题读书诵读活动、省部级劳模疗休养活动、五一劳模慰问等多种活动，打造轻松、愉快的工作氛围；开展“爱心奉献活动月”、三八国际妇女节慰问、走访贫困生家庭等多项措施，尽力解决师生实际问题，不断增强学院凝聚力，促进和谐稳定、积极向上的校园环境。

【纪检监督审计】

2018年，学院纪委落实全面从严治党各项要求，聚焦党风廉政建设和反腐败工作，为推动学院发展、构建和谐校园提供坚强保障。不断加强党风廉洁教育，组织学院中层干部、新校区建设指挥部全体工作人员、综合服务中心下属各中心经理共70余人签订廉洁承诺书；组织部分党员领导干部及相关物资采购、资金使用、招生、工程管理、财务核算等重点岗位人员40余人参观青岛市反腐倡廉教育基地；组织开展廉洁从业主题教育月活动，开展专题学习活动、领导干部讲党课活动、廉洁谈话活动、警示教育活动、廉洁从业知识答题活动以及读书观影等主题教育活动；召开廉洁警示教育会，纪委书记石庆贺对全体中层干部进行集体谈话。通过系列教育活动，增强党员干部廉洁从业意识，筑牢拒腐防变的思想防线。

2018年，学院启动学院巡察工作。学院党委成立巡察工作领导小组，由学院党委书记担任领导小组组长，领导小组下设办公室，办公室设在监督部。学院党委印发了《巡察实施办法（试行）》《巡察工作规划（2018—2022年）》，完善了巡察工作制度体系，为巡察工作全面启动奠定了基础。11月，学院召开2018年巡察工作启动会，11月26日巡察组进驻对航海系党总支开展首轮常规巡察。

加强对重点领域和关键环节的监督。聚焦“三重一大”、招标采购、合同执行等开展监督，对新校区建设项目实施全过程动态监督。2018年，学院开展了新校区近几年的施工合同履行情况审计检查，同时对工程建设过程实施全过程跟踪审计，对施工过程中材料采购、经济合同、建设资金支付、工程变更、经济签证等开展审计，不断加强工程建设领域廉政风险防控。

强化内部审计工作。2018年，学院加强对学院核心业务和经营管理环节的审计监督，及时发现风险隐患，重点加强教学、培训和后勤管理的审计监督，对业务涉及的资金收支程序、招投标情况、合同执行情况要重点审查，切实加强对重大经营风险的监督与防范；同时，开展了育远劳务公司总经理任中经济责任审计、招标采购管理专项审计、合同管理审计、后勤服务保障管理审计、培训管理审计5项专项审计。

【新校区建设】

学院结合集团教育资源板块整合总体思路和新校区建设的具体要求，积极稳妥做好新校区建设工作。2018年，新校区建设主要工作为航海训练基地项目收尾及各类专项验收工作。航海训练基地项目疏浚工程通过交工验收。经学院委托，天津海事测绘中心承担了青岛远洋船员职业学院新校区航海训练基地项目扫海测量任务，获得项目水深数据。青岛市交通工程质量安全监督站对疏浚工程进行了质量鉴定。经鉴定，工程按设计要求完成了施工内容，扫测水深满足设计要求，达到合格标准，工程总评为合格。青岛市交通工程质量安全监督站对航海训练基地项目进行了安全专项验收，认定工程达到交工验收要求，取得交通建设工程安全生产验收证明。同时，航海训练基地项目浮码头工程通过交工验收；航海训练基地项目填海竣工海域通过山东省海洋局组织的使用验收。航海训练基地工程项目建设训练艇泊位 44 个，100 米长实习船平台 1 座，防波堤 567 米，护岸 847 米，建设形成水域面积约 3.86 万平方米，陆域面积 5.23 万平方米。（姜丽莉）

中共中国海运（集团）总公司党校

中共中国海运（集团）总公司党校

2018 年，中共中国海运（集团）总公司党校 / 中国海运管理干部学院（简称“中海党校”）认真贯彻落实集团各项工作部署，坚持服务集团人才强企战略，围绕中心、聚焦主业、创新实践、履职尽责、提质增效，在干部人才培养、党校能力发展等方面取得成效，圆满完成全年任务，为集团人才队伍建设提供了支持和保障。

【历史沿革】

1981 年 2 月 20 日，上海海运局党委经会议讨论，决定在上海海运政校基础上，成立上海海运党校。此后，交通部党组于 1993 年 2 月 6 日发文，批准在上海海运党校基础上，建立交通部党校上海分校；上海海运党校遂成为交通部党校第一个挂分校牌子的单位。由此，上海海运党校既是公司内的党校，也是交通部党校上海分校；交通部正式确定部属在沪单位处级干部培训、轮训由上海海运党校承担。自 1997 年中国海运（集团）总公司成立后，集团内的干部培训主要由上海海运党校承担。上海海运党校延续原有干部培训的功能，每年均有计划地培训、轮训包括集团在内的交通部在沪单位处级干部、船舶政委、党支部书记、党员和入党积极分子，发挥了作为在沪单位干部船员教育培训基地的作用。

2011 年 9 月 26 日，为贯彻落实中央提出的“大规模培训干部、大幅度提高干部素质”的战略决策，中国海运集团党组会议决定，要大力加强企业党校建设。10 月，集团组成党校建设项目工作小组，开展党校建设调研，形成集团党校建设调研报告。11 月 3 日，集团党校建设项目工作小组提交《关于加强中国海运集团党校建设方案》。

是年 12 月 30 日，中国海运集团党组印发《关于成立中国海运（集团）总公司党校的通知》，决定成立中国海运（集团）总公司党校（以下简称“中海党校”），明确中海党校由集团党组直接领导，明确中海党校的组建目的、主要职责、领导体制。

自 2012 年 1 月 1 日始，中海党校开始进行基础设施建设、组织机构组建、规章制度构建、人员选聘等工作。经过半年筹备，中海党校于 2012 年 6 月 27 日在源深路 118 号正式揭牌。

2013 年 5 月 21 日，集团印发《关于成立中国海运管理干部学院的通知》，明确中国海运管理干部学院与中海党校实施“两块牌子、一套班子”。

是年 5 月 30 日，中国海运管理干部学院在中海党校举行揭牌仪式。

【干部培训】

2018 年，中海党校累计完成各类培训班 73 期，培训 5035 人次、16 664 人天，比上年增加培训 563 人次、1056 人天，增幅分别为 12.5% 和 6.7%，其中面授培训 62 期 3912 人次、16 664 人天，在线培训 11 期 1123 人次。此外，辅助集团职能部门、各单位组织培训及会议 52 期 3377 人次、4573 人天。

“领航”“远航”“启航”班。为适应集团改革发展对人才的需求，中海党校服务集团人才强企战略，以建设人才梯队为目标，以年轻干部为重点，通过组织干部系列培训班，加大人才储备力度。2018 年上半年，党校举办为期 3 个月的“中央党校国资委分校中海党校 2018 年春季处级干部进修班（启航班）”，首次将船舶“三长”纳入培训学员范畴，培训包括23名“三长”的船岸年轻干部45人，培训班取得良好成效，为集团进一步打通船舶和陆岸工作通道，加强船舶和陆岸管理的协同发挥了积极作用。与此同时，党校还根据集团加强高级干部培训的需求，会同集团组织部策划“领航班”，将集团管理干部作为培训对象，设计理论、实践、研讨相结合的培训班项目，提出总体培训方案。由此，集团干部梯队培训的“启航班”“远航班”“领航班”系列项目构成体系，形成品牌。在梯队培训项目的设计和组织实施中，党校重点保障培训质量，精心筹备策划，课程上突出理论教育、党性教育和集团改革发展实际，科学安排教学方案，有效增强了培训针对性，促进了中青年高级管理人员的理论素养提升、宏观视野拓展和管理能力提高。

党的十九大精神系列培训班。为进一步宣贯党的十九大精神和习近平新时代中国特色社会主义思想，中海党校与集团党工部联合策划、组织实施了党的十九大精神学习宣贯系列培训班，先后在上海、北京、广州举办4期集团党的十九大精神专题培训班，共培训集团管理干部、党群部门负责人等285人次、855人天。为满足各二级单位宣贯党的十九大精神需要，2018年党校还协助各二级单位举办党的十九大精神培训班6期，培训673人次、2899人天。

干部专题培训。党校围绕集团产业发展和人才规划，认真开发各项专题培训项目，将培训融入业务、融入管理，重点抓好党务和业务干部培训设计和实施，按需施教，突出培训效果，满足各类各级干部的培训需求。2018年，党校先后举办法务、安全、财务、集中采购、党务、工会、纪检巡视等业务专题培训班，提升了广大业务干部的综合素质和能力。在各类专题培训班组织中，党校坚持实效培训，通过讲授、研讨、现场考察等方式方法，培训最新理论与管理实践，讲解新业态、新规则、新标准，紧密结合集团实际，让各业务干部了解新知识、新要求，掌握新技能，为推动各方面工作提质增效发挥了重要作用。

在线培训。在抓好面授培训的同时，党校还开拓了创新搭建线上培训平台，持续完善党校“在线学习管理平台”，不断丰富线上课程，2018年先后采购93门在线培训课程，总课程达到822门、1184学时，有效满足集团广大员工网络学习需求。为扩大在线学习成效，党校举办线上培训班11期，培训1123人次，加强在线组织、实施、跟踪和考核，既解决了工学矛盾，又提升了培训实效。

援藏援滇帮扶干部培训。党校以培训为抓手，认真落实集团援藏援滇扶贫任务，积极履行社会责任，为对口帮扶的西藏类乌齐县、云南永德县开展智力帮扶，2018年举办2期帮扶培训班，培训上述两县中青年领导干部74名。

委托培训。党校坚持服务集团内各级企业，满足各二级单位培训需求，充分发挥党校培训平台作用，积极为集运、能源、重工等各单位举办各类培训班，全年累计承办二级单位委托班21期1341人次、5016人天。

【教学管理】

挖掘教师资源。2018年，中海党校利用中央党校、上海市委党校等高端平台，强化与专业培训机构合作，开发和维护优秀师资资源；在启航班及各类业务班中，多次邀请集团领导、职能部门负责人、业务专家为学员们讲课，宣贯集团改革发展任务和要求。截至2018年底，党校已建立一支由450余名集团内外部学者、专家组成的多层次、多专业师资队伍，其中集团内部教师已达80余人。

丰富培训方式。通过外部学习、研讨等形式，更新培训理念，引进先进培训方法，结合培训课程和对象实际，形成课堂讲授与案例教学、现场教学、结构化研讨等相结合的教学模式。在课堂上，学员互动交流频繁，迸发出许多思想火花，取得了丰富的学习研讨成果。

坚持从严管理。坚持从严治校、从严治教、从严治学，严格培训纪律，强化学习考核管理，营造良好学习风气。在培训管理实践中，党校推广应用项目制、学员积分制、学员自主管理等形式，强调学习纪律，抓好学习考核，把控各环节安排和服务，实现了教学过程管理制度化、流程化、精细化。

强化基础管理。2018年，中海党校按照制度建设体系化、规范化、科学化要求，不断完善管理制度，累计完成制度修订5项，新增制度2项，内容涵盖"三重一大"决策实施、党务、保密、安全等方面。制度制定后，党校加强制度宣贯，严格制度执行，加强考核检查，保障了党校培训和运营管理规范、有序。党校还注重抓优质服务，以精细管理为手段，以培训过程管理和后勤保障为重点，细化培训保障流程，坚持服务规范，认真收集学员对培训办班和后勤服务的意见和建议，开展满意度测评。2018年，学员培训总体满意率达到98%。

【基层党建】

强化思想建设。党校作为党的工作部门，始终坚持党的领导，将宣贯党的十九大精神和习近平新时代中国特色社会主义思想作为首要政治任务，强化党的大政方针政策宣传教育，促进党校干部员工和学员树牢"四个意识"，坚定"四个自信"，坚决做到"两个维护"。党校共组织党总支中心组学习会11次，党员集体学习10次，党员领导干部民主生活会2次，各支部党员组织生活16次，基层党支部书记讲党课7人次，组织党的十九大精神相关知识在线测试1次，组织全体14名党员参加"不忘初心、继续前进"在线培训班1期。

加强党组织自身建设。强化基层党组织书记责任担当，落实党建责任书各项任务。2018年，党校修订《"三重一大"决策制度实施办法》，进一步明确党校党总支委会、校长办公会重大事项决策职责和决策程序，保障党组织履行领导、协调、服务和监督职能；全年共召开办公会2次、党总支会16次、员工大会2次、专题会议3次、周例会40次。通过各种形式讨论和部署各项工作，充分发扬党内民主，推进校务、党务公开。严格"三会一课"制度，规范健全组织生活，通过召开党员领导干部民主生活会，开展支部书记述职评议考核，完成基层党支部换届选举，组织支部学习，开展党员民主评议等，有效促进领导干部服务党员、服务党校事业。围绕中心工作，以结构化研讨方式，以支部为单位，开展主题研讨活动，形成"团队建设"、"创新发展"研讨成果。持续开展党员教育培训，党务干部参加培训3人次，学习工作方法，增强履职本领。

开展党建主题活动。持续推进"两学一做"学习教育常态化制度化，组织开展党员日主题活动，参观"不忘初心、牢记使命"展览。围绕党校培训中心工作，推进党建工作信息化建设，运用"互联网＋党建"的方式，开展党建知识宣传、在线培训、知识竞赛等主题活动，创新活动载体，激发党员凝聚力和战斗力。

抓好反腐倡廉纪律建设。党校认真落实党风廉政建设责任，时刻把党的政治纪律和政治规矩挺在前面，通过开展廉洁教育月活动等，强化教育和监督。党员干部积极参加专题辅导报告会、观看警示教育影片、参观反腐教育基地、组织廉洁知识问答等主题活动，加强了领导干部的自律和他律。督促全体职工敬畏法律，谨守规则，各项管理规范有序，严格落实中央八项规定，未发生违规违纪行为，党校风清气正的良好氛围不断得到巩固和加强。（欧阳木林）

中远海运（南美）有限公司

中远海运（南美）有限公司

【公司概况】

中远海运（南美）有限公司（简称“南美公司”，英文简称COSCO SHIPPING（South America）），是中远海运集团直属二级单位，其前身为2013年5月27日中国海运（集团）总公司注册成立的中国海运南美控股有限公司。2016年3月，中远海运集团决定对原中远集团、原中海集团在南美地区的资产和业务进行重组整合，成立中远海运（南美）有限公司。2016年9月，南美公司正式投入运营。2017年5月，公司正式完成更名，是中远海运集团在南美的区域管理公司。

南美公司注册资本合计250万美元，折合585万巴西雷亚尔。其中，中远海运集团持有95%的股份，中远海运北美公司持有5%的股份。

南美公司的组织结构见图14-9。

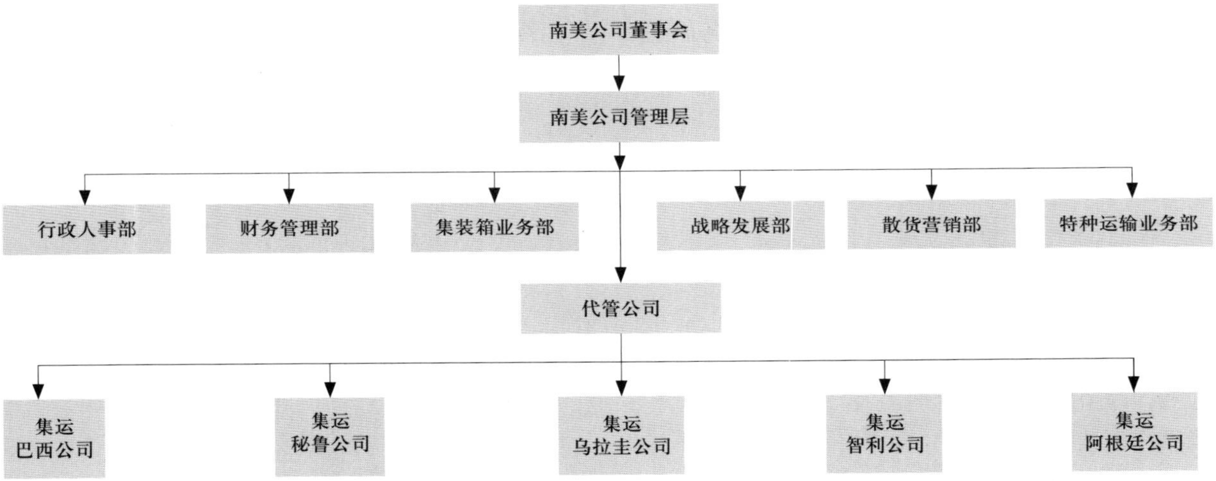

图14-9 南美公司的组织结构

【经营业务】

南美公司经营的业务主要包括船舶代理、货运代理、集装箱买卖修理、船舶配件及修造船业、船舶加油及综合贸易、码头及仓储投资等。

【管理职能】

2018年，南美公司实际履行的管理职能包括集运业务和非集运业务两大块。

1. 集运业务

南美公司下设集装箱业务部行使集运南美分部管理职责，管理集运总部下属的中远海运集运（巴西）有限公司、中远海运集运（秘鲁）有限公司、中远海运集运（乌拉圭）有限公司、中远海运集运（智利）有限公司、中远海运集运（阿根廷）有限公司，以及中远海运集运在哥伦比亚和厄瓜多尔的公共代理。公司主要负责南美区域内市场营销和开发、供应商协议谈判和管理、供应链物流、箱管操作、船舶码头操作、客户服务、BPS、分代理管理、财务结算、考核等各方面的工作。

2. 非集运业务

南美公司管理的业务主要包括：非集装箱船舶代理、非集装箱业务的市场开发和营销、集装箱买卖业务，退租和调运、船舶配件及修造船业、船舶加油及综合物流和贸易、码头及仓储投资等。

【公司组成与员工】

2018 年，南美公司设有行政人事部、财务管理部、集装箱业务部、战略发展部、散货营销部、特种运输业务部等 6 个部门。截至 2018 年底，公司共有雇员 19 人，其中中方外派人员 7 人，当地员工 12 人。

2018 年，南美公司（南美分部）常务副总经理为陈珲，副总经理为叶敬彪。

【发 展 战 略】

南美公司的发展战略立足南美市场，依托海外业务协同平台，强化以客户需求为导向的综合营销管理模式，创造价值，实现集团利益最大化。公司围绕航运主业，做实集运，培育发展非集运业务，服务综合航运物流供应商战略转型；打造集团在南美地区的业务协同平台；依托集团品牌效应及整合各专业公司在南美业务的规模优势，协助各专业公司在散货、件杂货、综合物流上积极拓展南美地区业务。

【经 营 效 益】

南美区域内各公司汇总口径 2018 年营业收入为 20 334.97 万元，比 2017 年的 20 396.00 万元减少 0.3%。2018 年，各公司合计利润总额为 1 699.07 万元，比 2017 年的 2 087.00 万元下降了 18.59%；净利润 1 088.20 万元，比 2017 年的 1169 万元减少 6.91%。

【所管理公司概况】

1. 中远海运集运（巴西）有限公司

1994 年 6 月 8 日，中远美洲公司和巴西当地 CORY 公司共同出资成立中远巴西公司。公司主要从事船舶代理业务和集装箱货运代理业务。1998 年 10 月，CORY 公司退出。2007 年 12 月，中国远洋运输（集团）总公司和中远美洲公司将股份分别转给中远集运和中远集运美洲公司。2016 年 7 月 1 日，原中远巴西公司和原中海巴西公司正式合署办公，并顺利完成业务切换。2016 年 10 月，“COSCO SHIPPING LINES (BRASIL) S/A”的工商登记完成，注册资本 52 万巴西雷亚尔。公司设市场营销部、操作部、客服部、财务部、综合部等 5 个部门，在圣保罗和桑托斯设有办公室。截至 2018 年底，公司现有员工 45 名，其中中方外派员工 3 名，巴西籍员工 42 名，总经理为李政。

2. 中远海运集运（秘鲁）有限公司

中远海运集运（秘鲁）有限公司的前身是中远秘鲁公司，于 1996 年 6 月成立。2001 年初，中远秘鲁公司被中远集运美洲公司并购，从 2012 年开始公司注册资本增至 50 万美元，2016 年 9 月 28 日正式更名为中远海运集运（秘鲁）有限公司。目前，秘鲁公司股权结构是中远海运集运（北美）有限公司占股 99%，中远海运（北美）有限公司占股 1%。公司负责中远海运集运在秘鲁各口岸的船舶代理和货运代理业务，公司总部位于秘鲁首都利马市，有市区和卡亚俄港区两个办公场所，设有市场营销部、客服部、操作部、财务部、行政部等部门。截至 2018 年底，公司现有在职员工 32 人，其中外派员工 3 人，总经理为谢梓凯。

3. 中远海运集运（乌拉圭）有限公司

1996 年 10 月 1 日，中远南美公司与 Agencia Maritima Repremar S.A. 合资成立中远乌拉圭公司，注册资本为 200 万乌拉圭比索（按当时汇率折 25 万美元），中远南美公司占股 55%，Repremar 占股 45%。1999 年 9 月，中远南美公司收购了对方股份解除合营，成为中远乌拉圭公司的全资母公司。2003年7月1日，中远南美公司撤销，中远乌拉圭公司100%的股权转让给中远美洲公司。2011年1月，中远美洲公司将所持中远乌拉圭公司100%股份转给中远集运美洲公司。2016年，中远集运美洲公司更名为中远海运集运（美洲）公司。根据集团统一命名规则，中远乌拉圭公司已于2018年年中更名为中远海运集运（乌拉圭）公司。公司下设操作部、市场销售部、客户服务部、财务部和行政部。截至2018年底，公司现有19名员工，其中中方外派人员2名，总经理为陈宁。

4. 中远海运集运（智利）有限公司

中远海运集运（智利）有限公司位于智利首都圣地亚哥，前身是中远智利公司，成立于1996年9月6日，由中远南美公司与智利当地代理Somarco合资组建，注册资本为20万美元，其中中远南美公司股比为51%，代理公司Somarco股比为49%。2016年9月，新集运智利公司向合资方收购了24%股权，中远海运股比提高到75%。公司设有销售部、操作部、财务部、单证客服部、行政部5个部门，业务范围包括中远海运集运船舶代理、市场营销、客户服务、供应商管理、集装箱设备管理等。截至2018年底，公司有员工32人，其中中方员工3人，总经理为殷勇。

5. 中远海运集运（阿根廷）有限公司

中远海运集运（阿根廷）有限公司成立于1995年9月25日，前身是中远阿根廷海运股份有限公司，是由中远集团投资控股的独资公司，注册资本10万美元，固定资产150万美元。公司在阿根廷首都布宜诺斯艾利斯市帕赛欧·科隆（PASEO COLON）大街221号一楼购700平方米办公楼一层作为办公地址。2011年1月，中远集运美洲公司以220.8万美元收购其98%的股份，股份分配为中远集运北美有限公司（CCLA）98%，中远北美有限公司（CAI）2%。2016年整合更名为中远海运集运（阿根廷）有限公司，中远海运北美有限公司控股2%，中远海运集运北美有限公司控股98%。公司主营船舶代理业务和集装箱进出口货运代理服务。公司设有市场营销部、操作部、财务部和综合部4个部门，无下属分支机构和外派办事处。截至2018年底，公司有员工29名，其中中方外派员工3名，本地籍员工26名，总经理为万铁根。

【所管理公司经营情况】

1. 中远海运集运（巴西）有限公司

2018年，在集运总部及南美公司的正确指导下，巴西公司各项业务顺利开展，并取得了较好的成绩。2018年，公司完成销售出口箱量52 654TEU，local出口箱量完成56 663TEU，均完成上级下达的任务指标。

2. 中远海运集运（秘鲁）有限公司

2018年，在集运总部和南美公司的领导下，秘鲁公司着力开拓新客户新货源，在鱼粉和矿粉两大出口领域取得重大突破，顺利完成集运总部年初下达的主要考核指标。公司全年共完成销售箱量29 954TEU，指标完成率105%，同比增长152.3%；local箱量30 743TEU，完成预算指标104.2%，比上年增长156.3%。

3. 中远海运集运（乌拉圭）有限公司

2018年，在集运总部及南美公司的正确指导下，乌拉圭公司各个部门密切配合，全体员工共同努力，各项业务得以顺利开展，并取得了较好的成绩。公司全年完成销售箱量17 355TEU，完成预算指标107%；完成销售收入1700万美元，完成预算指标113%。

4. 中远海运集运（智利）有限公司

2018年，在集运总部及南美公司的正确指导下，智利公司按上级要求加强品牌整合，努力拼搏市场、拓展客户群体，较好完成各项生产任务指标。2018年，公司local出口箱量完成56 374TEU，销售箱量完成55 942TEU，均完成上级下达任务指标。

5. 中远海运集运（阿根廷）有限公司

2018年，在集运总部及南美公司的支持和指导下，阿根廷公司各项业务顺利开展，并取得了较好的成绩。全年local（中远侧）出口箱量完17 655TEU，完成预算指标116%；销售箱量完成18 873TEU，完成预算指标114%。在协同效应上取得明显成果。（徐国栋）

中远海运（比雷埃夫斯）港口有限公司

中远海运（比雷埃夫斯）港口有限公司

【企业概况】

中远海运（比雷埃夫斯）港口有限公司（简称“中远海运比港”），前身为希腊比雷埃夫斯港务局（简称PPA），于1930年在希腊成立，是希腊一家大型国有公共服务企业，1999年改制为股份有限公司。2002年，比雷埃夫斯港务局与希腊政府签订了为期50年的特许经营权协议，并依据该协议经营和管理比雷夫斯港（简称“比港”）。比雷埃夫斯港务局于2003年在雅典证券交易所挂牌上市（股票交易代码为“PPA”）。

2016年8月10日，中远海运集团通过中远（香港）集团有限公司与希腊国有资产开发基金正式签署股权转让协议，收购比雷埃夫斯港务局67%股权，并将其改组成为中远海运（比雷埃夫斯）港口有限公司。

公司注册地为希腊比雷埃夫斯市，注册资本5000万欧元，主要经营业务包括：邮轮码头、渡轮码头、滚装船（汽车）码头、集装箱码头、船舶修理和物流仓储业务。

2018年，公司在职员工为1029人。

【经营管理】

中远海比港在2018年围绕“创新、协调、绿色、开放、共享”五大发展理念和“去产能、去库存、去杠杆、降成本、补短板”五大任务，采取了战略引领、重组架构、盘查存量、依规经营、风险管控等措施，起到了公司效益明显提升、成本显著下降的良好效果，推动比港高质量发展。

2018年，公司发挥中远海运集团产业链协同效应，从集团所属中远海运重工采购的8万吨浮船坞的顺利运抵比港，有效实现国内产能的转移和再利用。

2018年，公司依法合规推动采购、业务外包和供应商管理制度，设计优化采购及审批流程，严格执行采购程序，防范风险，切实维护公司利益。2018年，公司共完成150项工程和采购招标工作，同比增加150%，通过商务谈判为公司节约超过50万欧元。

2018年，公司业务板块实施费率调整和提供新增值服务，提高收入水平。集装箱码头和汽车码头的当地货作业费率从3月16日进行调整，并同时开征汽车码头当地货ISPS，全年增收180万欧元以上。物流作业费率从5月15日起进行调整，增加物流板块收入15万欧元左右。邮轮码头发布国际邮轮业务2020年费率调整的通知，根据调整后的费率测算，从2020年起每年将增加国际邮轮板块收入100万欧元左右。一号集装箱码头从9月1日起提供冷箱插、拔电和监控等服务，每年将增加净收入20万欧元以上。

2018年，公司物流业务实施改革，进行架构重组和冗员转岗，合并进出闸口、提高费率增收节支等有效措施，物流部减亏50%以上，效益得到明显改善。

从2018年9月17日起，公司推动业务板块实施“轮班制”，把所有操作员工进行集中管理和统一调配，制定劳工部与各操作部门之间的标准工作程序，并通过与工会的有效沟通确保“轮班制”得到了顺利实施。此举依法合规大幅降低了加班和节假日的额外成本，为进一步加强成本控制打下良好基础。

2018年，公司加强安全保卫工作，通过外包加强安保力量，同时建立重大风险防范机制，做到及时预警，事前应对。2018年，公司无一起主动安全事故，并于第一时间救助了参与利比亚撤侨救助活动的希腊籍渡轮“EL VENIZELOS 号”。在污染防治方面，公司遵守驻在国环保要求，质监部门牵头通过 ISO 认证，从流程设置入手，把污染防控工作进行规范。

【经 营 业 绩】

2018 年度，公司实现营业收入 103 827 万元，较上年的 85 107 万元增加 18 720 万元，增幅达 22%。营业总成本为 73 395 万元，与上年的 72 419 万元基本持平。截至 2018 年 12 月 31 日，公司总资产 310 072 万元，增长 26 238 万元，增幅 9.2%；负债总额 138 898 万元，较上年增加 7028 万元，增幅 5.1%，小于收入增幅。2018 年末，公司资产负债率为 47.1%，较上年的 48.9% 下降约 1.8 个百分点；企业人工成本总额为 43 248 万元，其中工资总额为 35 470 万元。2018 年末，公司拥有职工总数 1029 人。

2017—2018 年中远海运比港各业务板块生产经营情况见表 14–19。

2017—2018 年中远海运比港各业务板块生产经营情况表 表 14–19

业务板块	单位	2017 年	2018 年	同比（%）
PPA 集装箱	TEU	453 256	498 708	+10.03
滚装船	辆	431 157	429 170	–0.46
邮轮码头	人次	1 055 559	961 583	–8.90
邮轮码头	挂靠	618	562	–9.06
渡轮码头	人次	15 555 123	15 642 044	+0.56

【重 要 活 动】

2018 年 2 月 26 日，中远海运比港举行了中远海运金牛座集装箱船首挂比港仪式，开启了比港为 20 000TEU 集装箱船提供服务的新时代。中国驻希腊使馆临时代办、希腊海运部部长、基础设施部副部长、希腊议会议员、各党派代表、公司客户、航运公司代表、中外各大媒体约 200 人参加了庆祝仪式。

2018 年 6 月 4 日，中远海运比港以崭新的品牌形象亮相在雅典开幕的希腊波塞冬海事展上。希腊总理齐普拉斯和海运部长库鲁布利斯专程到访展台参观。

2018 年 6 月 22 日，公司召开年度股东大会，审议通过了 2017 年度报告。投资者对公司在中远海运集团和公司管理层领导下实现的业绩提升和分红提高给予了高度赞赏。

2018 年 9 月 28 日，希腊议长尼科斯 · 武齐斯在中国驻希腊大使章启月的陪同下视察了比港。尼科斯 · 武齐斯议长高度评价中远海运比港项目为当地经济发展和增加就业岗位所作的贡献。

2018 年 10 月 14 日，交通运输部李小鹏部长视察比港，集团许立荣董事长陪同。李小鹏高度评价中远海运在比港投资经营所取得的积极成果，赞许中远海运立足当地社会、尊重当地文化，遵守当地法规、造福当地百姓、促进当地经济的贡献，体现了“一带一路”共商、共建、共享的理念，希望中远海运未来在比港的经营进一步为促进中希两国经贸合作发挥更大的作用。

2018 年 11 月 5—10 日，公司在集团统筹安排下，以参展商身份参加了中国首届进口博览会，巴拿马总统巴雷拉、交通运输部副部长何建中等视察了公司展台，并对公司各项工作给予积极评价。

2018 年 12 月 25 日，国务院国资委党委在北京举办了“大国顶梁柱——第三届‘央企楷模’发布仪式”，公司管理团队荣获央企楷模称号。

【形象建设】

公司积极履行企业社会责任，帮扶当地社会，对港口周边四个城市的困难家庭发放食品，在圣诞节期间向周边城市儿童送上节日慰问礼物，树立了央企在海外的良好社会形象。

公司积极与当地政府、企业、媒体保持良好关系，扩大比港“朋友圈”，通过中远海运金牛座集装箱船首挂比港仪式、希腊波塞冬海事展等活动，加强希腊当地社会对比港的了解，有效宣传比港公司形象和专业能力，为比港经营发展营造了良好的社会氛围。同时，中远海运比港以参展商身份参加了中国首届进口博览会，巴拿马总统巴雷拉、交通运输部副部长何建中等视察了公司展厅，有效宣传了比港和希腊港口行业的服务能力和市场竞争力，促进了希腊港口行业的形象宣传。（张志明）

中远海运（非洲）有限公司

中远海运（非洲）有限公司

【公 司 概 况】

中远海运（非洲）有限公司（简称“非洲公司”，英文简称COSCO SHIPPING（Africa）），是中远海运集团在南非投资成立的全资子公司，是集团直属的二级公司。集团拥有非洲公司100% 股权。非洲公司注册资本为 1000 兰特，注册地为南非约翰内斯堡市，注册时间为 1994 年 5 月 7 日（原中远非洲公司注册时间）。2016 年 7 月，根据集团的统一部署，原中远非洲公司和原中国海运非洲控股公司完成了整合并开始合署办公，后续完成一系列变更手续，即以原中远非洲公司为基础，变更公司名称、董事及股东，成立中远海运（非洲）有限公司。2016 年 7 月 4 日，中远非洲公司更名为中远海运（非洲）有限公司。中海非洲控股公司在 2018 年完成注销。

非洲公司主要经营范围：船舶代理、货运代理、中非及第三国与非洲间全程物流供应链相关产业服务、船舶配件及服务、贸易、融资租赁和投资等非集团负面清单业务。

非洲公司业务及区域事务管辖范围为：非洲西海岸自毛里塔尼亚及以南地区，和非洲东海岸自肯尼亚及以南地区的所有非洲区域。2018 年，非洲区域内管辖 5 家公司，其中中远海运非洲直属公司 2 家（以上均是包含区域本部），有人员 134 人，其中集团派出人员 13 人。

非洲公司实际履行的职能包括两大块：集运业务和非集运业务。

集运业务：通过南非和尼日利亚两个国家公司作为南、西非分中心，为集运督促管理相应非洲区域内市场营销和开发、供应商协议谈判和管理、供应链物流、箱管操作、船舶码头操作、客户服务、BPS、分代理管理、财务结算、考核等各方面的工作。

非集运业务：主要包括非集装箱船舶代理、非集装箱业务的市场开发和营销、船舶配件加油及航修，以及内陆综合物流等业务。

【企业组织形式和法人治理结构】

非洲公司是集团按南非公司法，在南非豪登省约翰内斯堡市全资注册的有限责任公司。2018 年，非洲公司组织结构为总经理 1 名，部门 4 个；在册员工总数 9 人，其中中方外派人员 4 人，当地招聘员工 5 人。公司法人代表为万军。公司拥有 1 家全资子公司，即远南海事技术服务中心；1 家参股公司，即中远海运物流（非洲）邮箱公司（持股 45%）。

非洲公司是集团直属二级公司，设有董事会，为公司经营决策最高机构。董事会共由 5 名董事组成，其中含董事长 1 名，董事 1 名，外部董事 3 名，均为集团派出董事。

根据非洲公司“三重一大”决策制度要求，公司在集团对直属公司的授权范围内，非受限事项的重大事项按总经理办公会、董事会分级审批。受限事项先经公司内相应的会议审议后报集团审批。公司本部各职能部门及下属公司为具体决议的执行层。公司财务部还兼具区域内监督审计职能。

区域内各公司及股权架构情况见表 14–20。

区域内各公司及股权架构情况表

表 14–20

公司名称	股东名称	持股比例（%）
中远海运（非洲）有限公司	中国远洋海运集团有限公司	100
远南海事技术服务中心	中远海运（非洲）有限公司	100
中远海运物流（非洲）有限公司	中远海运物流供应链（香港）有限公司	55
	中远海运（非洲）有限公司	45
中远海运集运（南非）有限公司	中远海运集装箱运输有限公司	100
中远海运集运（尼日利亚）有限公司	中远海运集运（南非）有限公司	70
	COMET SHIPPING	20
	BOLLORE 尼日利亚公司	10

【区域内主要公司情况】

1. 远南海事技术服务中心

远南海事技术服务中心（以下简称“远南”），注册时间为 1999 年 5 月 28 日，注册地为约翰内斯堡，办公场所位于德班。远南是中远海运（非洲）有限公司下属全资单位，注册资本 1000 兰特。远南现设有船代业务部、财务管理部。公司共有人员 2 人，其中中方外派人员 1 人，当地员工 1 人。公司建立以船东为中心的业务流程、服务模式和企业文化，主要为集团内船东服务，同时也一直在加强服务范围的拓展，特别是利用国际海事组织压载水管理计划的实施，完善船舶设备的售后服务；力争在保障集团内部船东各项技术需求的同时，进一步扩展对系统外船东的服务。

2018 年，远南共为 122 艘次船舶提供了现场服务（集团内 95 艘次，占总艘数的 78%）。其中：船舶航修 5 艘次；船舶物料供应 31 艘次，比上年 54 艘次减少了 23 艘次；船舶备件转运 82 艘次，与上年持平；刮船底 26 艘次，比上年 29 艘次减少了 3 艘次；设备年检 8 艘次，比上年 6 艘次增加 2 艘次；船舶代理 29 艘次，比上年 3 艘次增加了 26 艘次。

2018 年，远南收入为 694 万元，同比增长 16%；总经营利润（税前）为 163 万元，同比增长 83%。

2. 中远海运集运（南非）有限公司

中远海运集运（南非）有限公司（以下简称“南非公司”），是中远海运集装箱运输有限公司下属全资单位，注册资本为 100 兰特。南非公司本部设在南非德班市，在约堡、开普敦和伊丽莎白港分别设有办事处。

南非公司的前身是中远非洲公司，1995 年 9 月在南非合资成立的考斯瑞尼（COSREN）航运代理公司。2016 年 7 月 1 日，在中远、中海两大集团重组整合的背景下，COSREN 航运代理公司和中海南非代理公司完成了重组整合工作。2016 年 8 月 31 日，中远海运集运从中远海运非洲公司收购了南非公司的全部股权，南非公司从 9 月开始向集运上报财务报表，并于 9 月 7 日在当地完成了公司更名。

2016 年 11 月 30 日，南非公司从中海非控收购尼日利亚公司 60% 的股权，于 12 月开始合并尼日利亚公司财务报表。2017 年 2 月，南非公司又从当地合资方 Comet Shipping 收购了尼日利亚公司 10% 的股权。南非公司拥有尼日利亚公司 70% 的股权，尼日利亚当地的两家合资方 Comet 公司和 Bollore 公司分别拥有 20% 和 10% 的股权。

为完善中远海运海外代理网络，2017 年 6 月，集运总部在肯尼亚成立新的合资公司。新成立的中远海运集运（肯尼亚）有限公司股东由集运南非公司、中坦公司和原肯尼亚代理 Rais

Shipping Services (Kenya) Ltd 三方组成，所占股份分别为 50%、30%、20%，南非公司按股比出资 10 万美元。

2018 年 6 月，中远海运集运（加纳）有限公司（以下简称“加纳公司”）设立，由南非公司持股 60%，Bollore 公司持股 40%。据此，南非公司按股比以自有资金现金实际出资 30 万美元入股。2018 年底，加纳公司完成注册。

南非公司服务于中远海运集运的集装箱航线经营，主要负责南非地区的集装箱业务海内外的协调和管理，负责在当地市场调研揽货、船舶代理、运使费审核结算、集装箱调运、信息跟踪、集装箱维修，以及集装箱货物在南非和周边地区的内陆运输等业务。截至 2018 年底，中远经营远东至南非集装箱航线有 5 条，每周舱位 3634TEU，在当地的市场份额排名第三。公司业务区域除南非地区外，还负责东起莫桑比克、西至刚果（布）以南的非洲地区的各项业务。此外，公司在南部非洲的跨境业务也取得快速发展，全程供应链服务延伸至津巴布韦、赞比亚、博茨瓦纳和莫桑比克等主要网点。

南非公司下设行政部、市场部、客服部、操作部、财务部和箱管部等 6 个部门。截至 2018 年底公司共有雇员 60 人，其中中方外派人员 3 人，当地员工 57 人。

南非公司 2018 年全年西行箱量实际完成 26 252TEU，指标完成率 89%；东行箱量实际完成 33 683TEU，指标完成率 103%。

3. 中远海运集运（尼日利亚）有限公司

中远海运集运（尼日利亚）有限公司（以下简称“尼日利亚公司”），原是于 2009 年 5 月 21 日由中海（欧洲）控股有限公司和 Comet shipping Agencies Nigeria Ltd 按照 60% 和 40% 股权比例合计出资 1000 万奈拉在尼日利亚拉各斯设立的合资代理公司。后因种种原因，公司迟迟未实际开业运营。2013 年 9 月 27 日，经中海集团总经理办公会审议通过，中国海运（非洲）控股有限公司收购中国海运（欧洲）控股有限公司 60% 股权（投资 600 万奈拉），且由非洲控股完成增资 2400 万奈拉，总计投资 3000 万奈拉；外方股东按股权比例相应增资 1600 万奈拉，总计投资 2000 万奈拉。2016 年，随着中远、中海全球资源整合步步推进，公司按集团统一部署更名为 COSCO SHIPPING LINES (NIGERIA) CO.LIMITED。2016 年 9 月 21 日，按照中远海运集团整合战略的总体部署，以及作为第二批股权转股企业的指示，公司大股东中国海运（非洲）控股有限公司与中远海运集运（南非）有限公司签署了 60% 股份转让协议。转让后，中远海运集运（南非）有限公司持股 60%，成为公司第一大股东，于 12 月开始合并尼日利亚公司财务报表。2017 年 2 月，南非公司又从当地合资方 Comet Shipping 收购了尼日利亚公司 10% 的股权。南非公司拥有尼日利亚公司 70% 的股权，尼日利亚当地的两家合资方 Comet 公司和 Bollore 公司分别拥有 20% 和 10% 的股权。

2018 年，COSCO SHIPPING 在西非的影响力持续扩大，非洲大发展战略继续扎根落实，集运总部明确了尼日利亚国家公司作为西非区域分部的职能定位，业务管辖范围进一步扩大。2018 年，西非航线共有三组远东线，一组地中海西非线，一组西北欧西线，另加两组非洲区域支线。每周舱位从 2017 年的 3500TEU 左右的舱位，增加到每周约 4500TEU 的舱位。

2018 年，西非全年进口重箱 15TEU，市场份额持续增加，年内市场份额已经上涨到 14%；出口揽货突破 45 000 箱，大大改善了回程装载率以及进出不平衡局面。

2018 年，为继续确保盈利向总部合理转移，尼日利亚公司按总部规定的七三分成返还比例，完成 1.44 亿奈拉的税收筹划，并且抓住年内奈拉对美元汇率基本在 360 ~ 364 之间浮动的机会，通过官方和平行市场购汇的方式，向总部汇回 2369 万美元，大幅减少了留存在当地的船东费用。另外，公司高度重视总部对于“两金”压降的要求，做到逐票清查、责任到人，2018 年应收账款由年初的 678 万元下降至年末的 394 万元。

2018 年，尼日利亚公司营业收入 1881 万元，同比减少 13.6%；总利润 188.7 万元，同比也减少 13.6%。

4. 区域合并报表情况

2018 年，非洲公司纳入年度财务决算合并范围的企业数量为 3 个，分别是中远海运集团二级公司中远海运非洲公司及下属全资子公司远南海事服务中心，以及合资子公司中远海运物流非洲公司，无未纳入合并的公司。因物流公司 55% 股权转让，公司年度决算利润表合并其年初至处置日期间的损益，资产负债表期末金额不合并物流公司数据。

2018 年度，非洲公司合并实现利润总额 130 万元，比上年减少 172 万元，降幅为 57%；净利润 80 万元，降幅为 64%。

（1）营业收入较上年减少 2732 万元，降幅为 49%，不同业务板块对营业总收入的影响如下：

①物流营业总收入较上年减少 3436 万元，降低 95%。2018 年，物流风塔项目完成及物流公司转股，报表合并口径变化，是造成收入大幅减少的主要原因。

②公司本部营业总收入较上年增加 521 万元，增长 37%。主要原因是按照非洲公司与集运总部的协议，2018 年按照新的标准收取了代理公司的管理费。

③船舶技术服务业务收入较上年增加 192 万元，增长 31%。经过艰苦努力，船舶技术服务业务较去年同期有所上升，特别是代理业务增长明显。2018 年，船舶代理 29 艘次，比上年 3 艘次增加了 26 艘次。

（2）营业总成本减少 2732 万元，降幅为 50%，其中：

①营业成本下降 3059 万元，降幅为 79%。主要是由于风塔工程物流业务完成及物流公司转股，报表合并口径变化，成本随之有大幅度下降。

②管理费用增加 996 万元，增幅 56%，其中职工薪酬增加 1327 万元。主要原因是 2018 年公司整合、薪酬清算，以及汇率变动等因素的综合体现，另外是随着物流公司合资、远南业务的增长而相应有所增长。除去以上不可比因素，整体上公司 2018 年管理费用控制良好。

③财务费用较上年下降 565 万元，减幅 158%，2017 和 2018 财务费用均为负值，实际为财务收益。变动原因主要是美元升值汇兑收益有所增加，以及 2018 年公司严格遵照集团要求加强资金管理的结果。

（3）投资收益，2018 年度为 −96 万元。因转让非洲物流公司 55% 股权，报表合并口径变化，合并层面转出 2018 年 8 月非洲物流公司其他综合收益外币折差金额。

（4）资产处置收益 32 万元，是非洲公司处置固定资产的收益。

非洲公司的主要财务数据见表 14–21、表 14–22。

非洲公司的主要财务数据（合并） 表 14–21

年份	总资产（万元）	收入（万元）	利润总额（万元）
2017 年	11 847.07	5 573.91	302.07
2018 年	8 051.88	2 842.37	130.30

非洲公司的主要财务数据（本部单户） 表 14–22

年份	总资产（万元）	收入（万元）	利润总额（万元）
2017 年	10 268.40	1 394.79	28.57
2018 年	7 412.11	1 915.45	1 201.56

【提 质 增 效】

1. 集装箱业务

非洲区域各公司都非常重视市场开拓：南非公司 2018 年大力拓展东、西行客户群，为新航线提供有力支撑。东行开发出了几家大箱木材货客户 KN/Savino/LTD/AROC/SOL 等，每周木材货的出口量达到 50 个高箱（HQ）左右，有效改善了回程大箱货源比例结构；另外，借助新航线拓展 PE 锰矿出口货源，成功开发了 Nautilus 每周 100 个小箱货源；借助 ZAX3 航线挂靠钦州港的服务，开发出了珠海润天隆、Nautilus/Meridian/ACM/Sea-Act 等客户的钦州货源，每周货量稳定在 100TEU 以上；加大对非洲区间货、澳新等第三地货源揽货力度，货量同比增长 50%；配合国内口岸公司开发 FOB 回程货源，尤其烟草及矿产品大宗货物上给予箱源及舱位保障。2018 年回程 FOB 货量同比增长 150%。尼日利亚公司市场开发两手抓：抓旺季，抓大客户。在年初和年末两个旱季高峰期，提前拜访客户，备箱，做好了充分准备，农产品货物，尤其是腰果以及芝麻货物出现了井喷式发展；木材、橡胶、矿物、废金属货物出货也都保持了比较稳定的货量，出口货量较 2017 年再上涨 30%。

2. 散杂货业务

2018 年，非洲公司共为散运报送 16 票 Capesize 铁矿，以及其他 Handymax 的锰矿；与租家 O&M 共成交两载 7 万吨铁矿从南非萨尔达尼亚港（Saldanha Bay）到中国航次。除了 Capesize 铁矿之外，散运对其他船型南非货种基本没有需求。杂货方面，共为特运挂靠东非、南非船舶洽谈货载约 50 余票，成交 9 票，货量约 12.3 万吨，货种以锰矿、铬矿为主，货量基本在 5000 ~ 20 000 的水平，给非洲公司佣金均为 1.25%。散货业务部除了完成散运、集团及特运的下发的货量业务指标之外，同时也承接南非地区散货市场业务，为当地小众货量租家、货代，以及立足于非洲市场的众多中资企业提供散货业务咨询并探讨潜在合作机会；2018 年还为客户 AMG 集团成交一载 4 万吨锰矿，为非洲公司带来利润约 1 万美元。

3. 船舶代理服务业务

2018 年，非洲公司在南非完成的航修比 2017 年同期减少了 4 艘次，主要原因是系统内船舶的总体船龄降低，自动化程度越来越高，设备可靠性增加，多数设备的修理以模块化的更换即可完成。物料供应的服务艘次有所降低，备件转运去年持平，刮船底船舶艘次也稍有降低，船舶代理的艘次明显增加。按照非洲公司的部署及安排，今年以来，远南开始为系统外的非班轮船舶提供船代业务，安排加油、船员换班等，尤其几次船员在海上发生急病或受伤都是在周六、周日，均及时、有效的将受伤或生病的船员从船上救下送医院，挽救了船员生命，受到病员及船公司的赞誉。远南周到、优质的良好服务已经赢得一些国内地方船东的信任，尤其下半年以来，地方船东指定远南作为代理的艘次明显增加。另外，公司与纳米比亚 Manica 集团的船代公司签署分代理协议及完成财务账期申请，为后期在纳米比亚的沃尔维斯港（Walvis Bay）靠泊的船舶提供服务打下了基础。

【压 减 工 作】

非洲公司一直按集团要求积极推进原中海非洲控股和中海南非代理公司的压减关闭工作。2018 年初，公司已经完成中海南非代理公司的关闭工作；年底中海非控的关闭手续也已全部完成，银行账户已经注销，相关税金已全部返还，所有资金已经全部安全返还股东中远海发展。

【社 会 责 任】

作为南非中资企业经贸协会常务副会长单位，非洲公司在认真完成上级单位下达的各项经营任务的同时，长期积极倡导并致力于环保、野保、培训等多种体现公司社会责任的活动中。2018 年，非洲公司积极参与在南中资企业履行社会责任白皮书的编写、校订和发布等活动。由于本次编制报告为中国企业首次在南非发布此类报告，意义重大，协会因此还邀请中国驻南非大使馆及中南双方知名商会和企业家等专门举办了白皮书的发布会，在南非当地社会引起广泛关注。

【代理管理】

随着2018年西北非新增三港蒙罗维亚/弗里敦/科纳克里，中远海运集运在西非地区设置代理的国家已经达到10个，代理操作管理水平的高低直接影响到集运业务能否正常开展。为更好地完成区域代理的管理工作，尼日利亚公司从基础业务流程入手，一方面不断补充和完善日常业务流程指导文件，下发到代理用于指导其日常业务操作，另一方面利Teamviewer/skype/whatsapp等软件对代理开展定期的业务培训，同时针对日常业务中发现的问题和漏洞，随时完善和优化业务流程。另外，按照集运总部要求，2018年末将进行贝宁/多哥代理切换工作，前期准备工作已经着手进行，接下来将在总部指导下尽快完成新老代理业务交接切换，确保交接期间业务平稳过渡。

【法治风控】

非洲公司按照集团法务与风险管理工作的总体部署，制定和落实法务与风控工作计划，深入推进依法治企，坚持法律工作主动服务于公司改革发展稳定大局，大力加强基础管理和风险控制，积极稳妥地开展工作。在公司所有中外员工的积极配合下，公司在完善法律风险防范机制、保障企业合规管理、加强规章制度体系建设、加强法治文化建设、全面推进依法治企等方面，较好地发挥了组织领导和协调把关作用。针对公司目前业务分散、规模较小，处于转型发展期的实际情况，公司坚持注重把企业风险管理的要求融入各项管理和业务流程中，与公司战略管理、全面预算管理、内控体系建设结合起来。在日常工作中，公司时时讲、常常抓，让所有员工把风险意识放到首位。在人员配置上也非常重视，公司一直有专职法务人员，对于法务人员的职能也给予了充分的扩展，基本覆盖公司从业务合同、人力合同到行政租约等所有方面，确保公司一切行为都在可知可控范围内。（李辉）

中波轮船股份公司

中波轮船股份公司

【公司概况】

中波轮船股份公司（简称“中波公司”，英文简称 CHIPOLBROK），成立于 1951 年 6 月 15 日，是新中国第一家中外合资企业。中波公司的成立，是为了冲破当时西方国家对我国实行的经济封锁和海上禁运，开辟我国至世界各国的海上通道。公司的创建、运营和发展，得到了党和国家领导人的亲切关怀和大力支持。

毛泽东主席指示“好好办”。政务院总理周恩来亲自确定公司名称，为公司制定“平等互利、协商一致”合作原则，并视察中波公司。政务院副总理兼财政经济委员会主任陈云亲自为中波公司签发营业执照。1991 年、2001 年，在中波公司成立 40 周年、50 周年之际，李鹏总理、朱镕基总理分别发来贺信，称赞中波公司是我国对外开放的示范窗口和经济合作的典范。

2016 年 6 月，国家主席习近平访问波兰前夕，在波兰《共和国报》发表署名文章中指出，“1951 年成立的中波轮船公司是新中国第一家中外合资企业，至今运营良好”[①]。

自成立以来，中波公司始终保持稳健发展势头，不仅为我国经济建设作出重要贡献，更成为两国合作的典范、友谊的象征。中波公司从 4 艘旧船起家，如今已发展成为全球重大件设备货专业化运输领军企业。

【经营情况】

确立了“打造世界一流重大件设备货专业运输企业”的发展目标，伴随着中国装备“走出去”及“一带一路”的脚步，中波公司先后承接了国民油井华高（NOV）石油公司美国设备项目、纽约大桥整修项目、厄瓜多尔输变电项目、沙特阿拉伯电站项目、埃及炼油厂设备项目，以及亚马尔液化天然气项目、中车土耳其机车项目、哈电土耳其项目等一系列大型成套设备项目的成功运输，充分彰显了中波公司在重大件设备货运输领域的卓越能力与专业特长。

2018 年，中波公司双方航运主业完成营运收入 1.5 亿美元，净利润 65 万美元。下属单位 2018 年完成总营业收入 12.59 亿元，净利润 6291 万元。

中波公司有 4 条航线，2018 年新开辟波斯湾航线班轮服务。①环球航线：远东—美湾—欧洲—远东；②美洲航线：远东—美湾—远东；③欧洲航线：远东—欧洲—远东；④波斯湾航线：远东—波斯湾—远东。

【改革创新】

面对经营管理和改革发展中的新情况、新变化、新趋势，中波公司坚持创新驱动，着力提质增效。

中波公司发展战略由“航运”向“航运为主，上下游产业链协同发展”转变稳步推进。

积极推进运营模式由“自有船”向“自有 + 租船”转变方面取得突破。公司打破长期以来完全依靠自有船经营的单一模式，实现了租船运营新突破；全年租入船完成 5 个航次，改善经营效

① 《习近平在波兰媒体发表署名文章 推动中波友谊航船全速前进》，《人民日报》，2016年06月18日01版.

果明显，不仅拓展了新的利润增长点，更为实现全年利润目标作出重要贡献。教学实习船“育鹏”轮项目开创校企合作新模式，船舶运营、管理和船员派遣均赢得校方高度评价，有效提升了中波品牌的对外形象。

积极推进揽货方式，在由“代理”向“代理+直客”转变方面成效显著。公司全年新开发直客11家，与多家物流、装备企业签署战略合作协议，增强货源组织能力，促进租船业务开展；发挥品牌效应，积极带动下属单位共同做好直客开发工作，合力提供全程物流解决方案，更好实现协同发展。

中波公司在提升服务和提高市场份额方面取得显著成效，成功推出波斯湾航线班轮服务，加大对风电、能源等行业的营销力度。机械设备运费对公司航运主业营收贡献占比进一步提高。

2018 年，中波公司全年租入船舶 4 艘，租出船舶 3 艘。

【精 益 管 理】

中波公司坚持把精细化管理作为控制成本、提升管理的有效手段，全面融入经营管理各环节。公司完成 35 项制度的制定和更新，发布采购实施细则 13 项；进一步细化员工岗位职责，制定关键绩效指标。

毫不松懈抓好成本管控工作。开展机务上船交流指导，有效降低备件、物料采购成本，合理安排船舶修理，机务费用相比预算下降 12.5%。确保安全前提下，扩大船员自防，合理压缩武装保安在船时间，武装保安费用相比预算下降 44%。落实询价竞价机制，推动分公司支付保费总额比上年下降 26.21%，实现在波斯湾部分港口优惠程度达 20% ~ 30%。

密切关注美元汇率波动情况，统筹安排资金使用，对银行贷款进行合理置换。加强资金管理，拓宽融资渠道，降低融资成本。年内完成 3 个财务分中心组建。

风险防控全面加强。形成年度重点风险管理清单，有的放矢做好风险防控工作，开展风险管理和内部控制培训，以及风险防控专题培训。全年审核合同及提供相关法律咨询共计 60 余项。组织编制 2020 年全球限硫新规应对方案，结合公司实际用油情况提出具体应对措施，并制定相应实施计划。

【船 队 建 设】

截至 2018 年底，中波公司拥有船舶 15 艘，运力约 45 万载重吨，平均船龄 9 年。随着连续几轮的更新换代，公司目前拥有一支船龄年轻、结构合理的重大件设备货专业化运输船队，环球航线连接着亚、欧、美及北非的主要市场。2018 年，中方成功购入 2 艘 33 000 载重吨二手多用途杂货船。下属单位上海弘发航运公司经营中方船队开辟澳新市场，开启澳新航线服务。中方船队按期完成了航标平台项目建设。中波公司船队综合状况见表 14–23。

中波公司船队综合状况一览表 表 14–23

船型	船名	吨位（万载重吨）	最大吊重（吨）	船龄（年）	箱量（TEU）
永兴型	诺威德	2.2	300	20	1094
太阳型	太阳	3	640	15	1094
	明月	3	640	15	1094
	斯塔夫	3	640	15	1094
	奥尔坎	3	640	15	1094
恒星型	乾坤	3	640	7	1094
	寰宇	3	640	7	1094
	恒星	3	640	7	1094

续上表

船型	船名	吨位（万载重吨）	最大吊重（吨）	船龄（年）	箱量（TEU）
恒星型	克拉舍夫斯基	3	640	7	1094
	帕兰道夫斯基	3	640	7	1094
	阿斯尼克	3	640	7	1094
太平洋型	太平洋	3.2	700	2	1923
	大西洋	3.2	700	2	1923
	诺沃维耶斯基	3.2	700	2	1923
	帕德雷夫斯基	3.2	700	2	1923

【人力资源】

中波公司紧紧围绕公司发展需求，着力加强人才队伍建设，不断夯实人才发展基础。

公司颁布实施《中波公司船员上船前培训暂行规定》及《中波公司中管船舶主要领导上船前谈话和下船后述职暂行规定》。根据办法和规定，做到自有、基地及外借船员上船前培训全覆盖，全年安排船舶“三长”上船前谈话 49 人次、下船后述职 34 人次。全年累计组织安排船岸各类培训 95 批次 1266 人次。

公司制定下发了本部员工管理办法，确立了领导职务和非领导职务双序列。设立晋升双通道，明确了非领导职务的专业任职资格条件。结合本部及海外机构各岗位实际，不断完善绩效考核管理，制定下发关键绩效考核指标，初步建立起定性定量绩效考核体系，有效发挥了激励导向作用。颁布实施海外员工薪酬管理办法，合理规范薪酬构成，绩效薪酬与业绩紧密挂钩，进一步完善了薪酬激励约束机制。

【风险防控】

中波公司内部控制和风险管理领导小组及工作小组开展内控工作。公司分别于 2017 年 3 月和 11 月制定了《中波公司内部控制和风险管理办法》《中波公司风险评估管理规定》，规范公司的内部控制和风险管理工作，健全内部控制和风险管理组织架构与职能，明确工作目标、原则、内容与方法，完善内控和风险管理体系并使之有效运行 。

公司建立由总经理任主任的安全生产委员会，设立安全管理部作为公司安全生产的专职主管部门。安全管理部由海务监督室和安全质量体系管理室组成，负责公司安全质量管理体系和安全生产标准化体系在公司运行的符合性及有效性的维护；同时履行安委会办公室的职能，对整个公司实施日常安全管理。

2018 年，公司制定 27 项企业管理制度，修订更新 24 项。内部控制体系建设符合公司安全生产实际需求，总体情况良好。

【安全生产】

2018 年，中波公司安全生产形势稳定，年内没有发生任何重、特大责任性安全事故，防海盗成功率 100%，船舶、下属单位和船岸员工安全基本面 100%，小事故发生率持续下降，安全生产形势保持平稳有序。

公司修订完善一系列安全规章制度，进一步明确了安全管理职责和范围，强化了安全管理制度在安全监管、指导和奖惩等方面的作用。持续推进安全生产标准化建设，积极构建安全生产长效机制。

公司深入开展驾驶台班组和现场工班组管理活动，全年对 17 艘次船舶驾驶台视频进行抽查。加大安全隐患排查治理力度，船舶及下属单位分别排查安全隐患 3085 条和 74 条，均及时进行跟踪和验证，并全部落实整改；严密监控，妥善安排54艘次船舶安全顺利通过海盗袭扰高风险水域，对其中32艘次通过亚丁湾船舶安排武装保安随船护卫，22艘次进出波斯湾船舶进行自防指导；实施船岸联合应急演习3次、公司综合应急演练1次、专项应急演练2次、公司岸基桌面应急演习14次；顺利通过中国海事局和劳氏船级社外部审核，保持公司体系文件有效运行和持续改进。

公司全年对船舶进行安全提示和指导80余次，对公司本部和下属单位进行安全提醒和工作部署10余次。

【企业党建】

2018年，中波公司党委认真贯彻落实党的十九大精神和习近平新时代中国特色社会主义思想，发挥把方向、管大局、保落实的作用，深入推进全面从严治党，积极融入集团改革发展大局。

党委中心组开展理论学习31次，包括2次现场学习教育活动。党的十九大以来，党委领导班子送学到基层讲授党的十九大精神党课62场。在党委带领下，各级党组织集中开展七一纪念日活动25场，“进博先锋，党员行动”主题活动10余场，围绕习近平总书记在首届进口博览会开幕式上的主旨演讲、纪念《共产党宣言》中译本出版100周年、改革开放40周年、“弘扬爱国奋斗精神、建功立业新时代”等主题开展了各类活动。特色党支部创建船岸共同开展，波兰分公司党支部落实全面从严治党要求，创建学习型党支部阶段成果得到上海市委有关领导的高度评价。

截至2018年底，公司各下属非合资企业全部完成党建进章程工作。修订颁布了《中波轮船股份公司（中方）关于“三重一大”决策制度实施办法》《关于加强党的建设工作的实施意见》《中波轮船股份公司党委工作规则》《中波轮船股份公司党委下属党组织工作规则》和《中波轮船股份公司船舶党支部工作实施细则》；落实党建带团建，年内完成公司团委换届。

【党风廉政】

精心组织廉洁从业主题教育月活动，党委中心组围绕廉洁从业专题学习4次；组织基层专题学习会17场次，198人参加答题自测活动，赴廉洁教育基地参观2次。主题教育月活动覆盖船岸员工1000余人次。

紧盯“四风”新动向，加强对基层党组织的监督检查力度。针对来信举报及审计移交问题，公司开展提醒谈话13人次、诫勉谈话3人次、谈话函询5人次。

公司修订并下发了《中波公司关于构建“不能腐”体制机制的实施办法》《中波轮船股份公司纪委关于开展党风廉政谈话工作的实施办法（试行）》《中波轮船股份公司纪委议事规则（试行）》等制度文件。

按照集团巡视整改要求，公司结合自查自纠及自我加压的15项问题进行了认真反思和整改。启动对下属单位的第一轮常规巡察，完成对弘发航运、中波船代公司的进驻式巡察工作；开展审计项目5项，1条线索移交纪委办案，共发现问题24个，提出建议24条，对问题持续跟踪指导。

【企业文化、社会责任】

2018年3月21日下午，新任波兰共和国驻华大使赛熙军（Wojciech Zajączkowski）及驻沪总领事彼得·诺沃特尼亚克（Piotr Nowotniak）到访中波公司。

中波公司工会组织各类文体活动丰富员工业余文化生活，积极开展家属站建设。公司选派代表队参加了集团运动会和游泳比赛、黄浦区楼宇运动会。10月17日，公司组织开展扶贫日专项活动，在上海、大连等地组织开展了形式多样的募捐活动，公司广大员工踊跃捐款。

2018年，公司获得上海市和谐劳动关系达标企业称号。11月，公司“CHIPOLBROK”“C–P”两个商标同时入围《上海市重点商标保护名录》，是上榜的唯一一家从事船舶运输的航运企业。

（陈晓波）

中国-坦桑尼亚联合海运公司

中国-坦桑尼亚联合海运公司

【公司概况】

1966年4月22日，在国务院总理周恩来和坦桑尼亚总统尼雷尔的倡议下，中坦两国政府签署《备忘录》，决定成立中国-坦桑尼亚联合海运公司（简称“中坦公司”，英文简称SINOTASHIP）。1967年6月22日，尼雷尔总统在达累斯萨拉姆亲自宣布中坦公司成立。公司成立的目的是本着“友好合作、平等互利”的原则，进一步加强中坦两国在航运方面的联系和合作。

根据双方协议，中坦两国政府于1967年和1971年先后两次各投资150万英镑，总计300万英镑，作为公司注册资金（折合857.8万美元），双方政府各占公司50%股份。中坦公司是两国政府合资经营企业，也是中国政府最早对坦投资企业，为增进中坦两国人民友谊作出了积极贡献，曾被誉为“两国政府间企业合作的典范”。

自成立以来，公司长期拥有并经营一支4～6艘件杂货船舶的船队，从事远东至东非的散杂货海上运输。2009年，公司首艘新造船5.7万DWT散货船“长顺Ⅱ”轮投入运营，进入散货运输市场。2013年底，公司作为中远海运集运公司在坦桑尼亚指定代理，涉足集装箱代理业务，逐步融入中远海运集团大家庭，推动业务多元化和公司转型发展。自开展集装箱代理业务以来，公司业务量持续快速增长，助力中远海运集运公司不断扩大东非航线的市场份额。

【发展战略】

加大协同合作，发挥中远海运集团的全球网络和品牌优势，努力将公司打造成集团在东部非洲的桥头堡。公司业务从现有“航运＋船代”的“双轮驱动”稳步发展为“航运＋船代＋物流＋资产管理”的“四轮驱动”，不断增强公司经营能力和防抗风险能力。公司船队发展采取“稳健经营、审慎投资”策略，在确保稳健经营的基础上，努力提高经营绩效，不断积累资金，为适时推进下一轮船队发展奠定基础。

【经营情况】

2018年，在中远海运集团坚强领导下，中坦公司认真贯彻落实集团2018年工作会、党建工作会和年中工作会要求，深入学习贯彻落实党的十九大精神和习近平新时代中国特色社会主义思想，突出加强企业党建工作，坚持稳中求进，在双方员工努力拼搏下，公司生产经营和安全局面得到进一步改善和提高。2018年，中坦公司实现营业收入574.1万美元，同比下降4.2%；总成本508万美元，同比下降11.3%；全年实现净利润67.8万美元，同比增长220.8%。

【风险管控】

非洲政策多变，营商环境复杂，通信、交通条件落后，加上各类传染病常年保持高发状态，形成各类风险和不确定因素叠加。为此，中坦公司上下十分重视风险预防管控工作，时刻关注当地安全形势，扎实做好包括人员、商务履约、资产和资金安全、网络安全在内的各类风险管控，确保公司安全平稳健康发展。

在船舶和集装箱代理业务方面，公司需在日常业务中与众多良莠不齐的当地小型货代公司打交道。公司不断加强商务审核和财务力量，加大对客户背景和业务环节的排查审核，重点盯住存在商务履约风险和支付风险的客户，努力避免商务履约风险。公司认真执行集团有关国际制裁和客户合规风险，避免从事任何可能涉及各类制裁、敏感业务、高风险业务和特殊关联企业的业务，避免突发事件的发生，筑牢风险防火墙，确保合规经营。

【服务客户】

作为集运公司和OOCL在坦桑的统一代理，中坦公司在实现业务量持续增长的同时，通过加强进、出口客服培训、考核和人员配置调整，对客户要求的响应速度大幅提升，客户服务整体水平不断提升。公司认真贯彻落实集团要求，转变经营理念，由产品驱动向客户驱动转变，坚持以客户为中心，及时解决各个业务环节出现的问题，想客户所想，急客户所急，不分工作日还是节假日，全方位服务和维护好客户。与此同时，公司克服航线合作方连续数月取消大量东行出口航次、坦桑本地出口贸易增速停滞，以及出口小箱箱源严重不足等困难，坚持走向市场，积极宣传和依托“中远海运”良好品牌，深入挖掘和开发新客户，得到越来越多新客户的关注和支持，东行出口航次业务量保持高速增长。

【企业管理】

中坦公司的创立和发展，彰显了中坦两国人民友好合作的共同夙愿，也承载了重要历史使命。公司双方员工在各项重大事务和生产经营中，按照“友好合作、平等互利”的原则，求同存异、合作共处，共同走过了半个多世纪的发展历程。公司注重加强双方合作和团队建设。中方员工顾全大局、以身作则，认真落实集团战略目标和工作部署，围绕公司工作重点，加强与坦方的交流合作，团结和带动坦方员工，形成良好工作合力。

在努力加大市场开拓，改善经营效果、提升服务质量的同时，公司强化内部管理，大力推动管理提升。公司在2017年推出《员工绩效评估》后，2018年按照评估表对员工工作责任心和工作业绩等多方面进行绩效评估，对调动员工积极性起到良好的激励和督促作用，改变了部分坦方员工原有的“大锅饭”心态，有效提高了公司内部管理效果。

【安全生产】

中坦公司在安全管理方面始终以如履薄冰的心态，2018年公司安全生产形势继续保持稳定。在船舶安全生产方面，公司保持与船管公司和船员公司的良好沟通，加强对自有船舶航行安全和货物安全的指导检查，督促船管公司和船员认真做好防抗海盗、防抗台、防污染等重要安全工作，避免各类事故的发生，确保船舶安全。

【员工队伍】

中坦公司中方外派人员是一支总体素质好，工作责任心和工作积极性高，善于吃苦、勇于拼搏的干部队伍，大家工作积极、团结进取，是中坦公司近两年实现走出困境、转型发展的骨干力量。而随着公司集装箱代理业务的迅速发展和综合物流业务开发，公司员工队伍人数逐步增加，新增员工主要为近两年招聘的当地大学毕业生。为确保新员工的素质能力，公司从两方面加强员工队伍建设。一是把好入门关，公司充分利用当地大学毕业生就业率不高的实际，认真挑选综合素质较好的毕业生进入公司，实习考察半年至一年后，再次选拔合格人员聘用留任，从而能够较好地把控新入职人员的总体素质和能力。二是对这些新入职员工加强岗位培训，明确其岗位职责和工作要求，由老员工传帮带，勉励他们加强学习，不断进步，使这些年轻员工的素质尽快得到提升，为公司进一步发展提供人才保障。

【企业文化】

中坦公司高度重视企业文化建设和中坦文化交流融合工作，倡导“友好合作，平等互利”。

公司双方员工不断增强大局意识、合作意识、发展意识和创业意识，双方员工团结一致、加强合作、相互支持、努力拼搏，共同推动公司健康稳定发展。

【公司业务】

中坦公司长期从事远东至东非的散杂货海上运输。自公司成立以来，航运业务始终是公司主营业务。除航运业务外，公司是中远海运集团旗下在坦桑尼亚唯一指定代理。公司主要代理 2 大类业务：一是集装箱船舶代理——公司是中远海运集运公司和 OOCL 双品牌在坦桑尼亚的共同代理，为抵港集装箱船舶提供代理和揽货服务，目前每周操作 2 艘抵港集装箱船舶。二是散杂货船舶代理——公司是中远海运特运公司在坦桑尼亚代理，为抵港件杂货和特种船舶提供代理和揽货服务。得益于中远海运集团大力开发新兴市场的良好机会，近年来公司船舶代理业务持续快速发展。

集装箱代理已经成为中坦公司一项核心业务。为积极配合集团加快开发新兴市场和集运公司升级非洲航线，中坦公司在努力提高进口集装箱服务质量的同时，极为重视和大力揽取东行出口货物，始终保持了较好的客服质量和较高的出口重箱比例，得到集运公司高度肯定。今年初，坦桑政府主管部门取消了集装箱代理业务的部分本地收费项目，公司单箱业务收入大幅下降，对全年经营造成较大压力。为此，公司采取多种措施加强市场营销，努力增加出口业务量，提高业务收入。2018 年，公司操作集装箱进出口总量 36 545TEU，同比上年增长 48.3%。其中，进口箱量 25 107TEU，同比增长 41.3%；出口箱量 11 438TEU，同比增长 46%，出口重箱比达到 46%。

中坦公司的另一项航运关联业务是延伸运输业务。为认真践行国家“一带一路”倡议，落实集团开发新兴市场和向产业链为代表的体系竞争转变的战略，中坦公司及时启动综合物流和延伸运输服务，并在年内先后推出从达累斯萨拉姆至赞比亚、卢旺达和刚果金的跨境陆路运输服务产品，积极配合集运公司和客户需求，提供包括海上货物运输订舱和陆路延伸运输在内的全程运输服务链。该项业务虽然起步较晚，但公司充分利用集运公司在国内各口岸的营销网络，加强对外宣传，加大市场开拓；在物流业务出口货源方面，公司也积极加强营销，多方挖掘客户，延伸运输业务得到稳步增长。（顾菊根）

2019

CHINA COSCO SHIPPING CORPORATION LIMITED YEARBOOK

中国远洋海运集团有限公司

年鉴

第十五篇

大事记

一月

1 月 11 日下午 中远海运集团所属中远海运能源运输股份有限公司与中国中化集团所属中化石油有限公司在上海举行油轮运输合作协议签字仪式。此次合作，中远海运能源通过租入中化石油 5 艘 VLCC 的方式扩大了运力规模，深化了双方在能源运输服务方面的合作，进一步拓宽了双方合作领域。

1 月 18 日 中远海运集团、上海海关、上港集团在上海举行全面推进跨境贸易管理大数据平台建设战略合作协议签字仪式。根据协议，三方合作运用大数据、物联网和区块链技术，将更多贸易链、供应链、物流链数据纳入跨境贸易管理大数据平台，共同创建跨境贸易智慧通关新流程，助力上海加快建设开放型经济新体制，打造营商环境新高地。

1 月 22 日 中远海运集团所属中远海运港口获泽布吕赫港务局给予特许经营权，并在比利时布鲁塞尔举行了签署仪式。同时，中远海运港口宣布法国达飞海运集团公司拟初步入股中远海运港口泽布吕赫码头，就此双方签署了入股谅解备忘录。

二月

2 月 5—6 日 中远海运集团召开 2018 年工作会、党建工作会暨一届二次职代会。会议回顾总结了集团 2017 年工作，分析了当前形势和任务，研究部署了 2018 年工作。会议强调，2018 年是贯彻党的十九大精神的开局之年，是改革开放 40 周年，也是集团实施“十三五”规划承上启下的关键一年。集团上下持续推进合力创业、全力创效、大力创新，站在“大集团、新企业、国际范”的发展新坐标和新定位上，把思想和行动统一到党的十九大精神上来，举全集团之力，兴改革创新之举，走协同发展之路，努力交出一份新的令人满意的答卷。

2 月 22 日 中央第九巡视组巡视中国远洋海运集团有限公司党组工作动员会召开。会议强调，要增强“四个意识”，把思想和行动统一到习近平新时代中国特色社会主义思想和党的十九大精神上来，按照中央巡视组的要求，把全力支持、积极配合中央巡视工作作为重要政治任务和重大政治责任，坚持从严、从实、从紧，把巡视工作要求落实到位，诚恳接受中央对中远海运集团党组的巡视监督。

三月

3 月 5 日 第十三届全国人民代表大会第一次会议在北京人民大会堂开幕。党和国家领导人习近平、李克强、张德江、俞正声、张高丽、汪洋、王沪宁、赵乐际、韩正等出席会议。第十三届全国人大代表、中国远洋海运集团有限公司董事长、党组书记许立荣参会。

3 月 22 日 中远海运集团与迪拜环球港务集团在上海签署合作备忘录。迪拜环球港务集团是全球领先的码头运营商之一，致力于为全球贸易提供综合物流供应链服务。此次双方签署合作备忘录，旨在进一步建立全球战略合作伙伴关系，促进双方在全球范围内的港口码头、物流合作。

3 月 27 日 金砖国家工商理事会 2018 中期会议在上海召开，来自中国、巴西、俄罗斯、印度、南非工商界及金砖国家新开发银行等合作机构近 250 位代表参加会议。金砖国家工商理事会主席、中远海运集团董事长许立荣主持会议并发言。许立荣呼吁五国工商界积极构建利益共同体，进一步落实《金砖国家经济伙伴战略》，深化在创新增长、数字经济、产能合作、互联互通等领域务实合作。

四月

4 月 10 日 国家主席习近平在海南出席博鳌亚洲论坛 2018 年年会开幕式，并发表题为《开放共创繁荣 创新引领未来》的主旨演讲。中远海运集团主要领导现场聆听了习近平主席的重要讲话，并在第一时间传达学习贯彻习近平重要讲话精神。作为论坛的核心服务单位，中远海运集团在论坛理事会、外交部、公安部、海南省等指导和支持下，圆满完成论坛年会的现场服务保障任务，得到上级部委和当地政府、参会嘉宾及社会各界的高度赞扬和一致好评。

4 月 11 日 国家主席习近平同出席博鳌亚洲论坛 2018 年年会的中外企业家代表座谈，中远海运集团董事长、党组书记许立荣应邀参加并作为 9 位企业家代表中唯一一家央企代表在座谈会上发言。中远海运作为博鳌亚洲论坛年会的核心服务品牌商，连续第 18 年圆满完成本届论坛年会的服务保障任务，得到各国参会政要、论坛秘书处、各国参会嘉宾的好评。

4 月 25 日 中远海运集团与浙江省政府签署战略合作框架协议。根据协议，中远海运集团继续加大在浙江省投资兴业的力度，通过加强在海洋经济、港口航运、国际市场、物流供应链、新能源、现代航运服务、先进装备制造等方面的合作，共同推进“绿色港口、绿色航运、智慧航运”建设。

五月

5 月 28 日 中远海运集团总部喜迁新址。入驻首日，集团董事长、党组书记许立荣发表讲话，勉励全集团不忘初心、牢记使命，改革发展再出发，开启崭新航程。许立荣表示，中远海运大厦承载着浓厚历史，弘扬了航运文化。正前方是建于 1853 年，承载 165 年航运历史的董家渡船坞，曾被誉为“远东最佳船坞”，具有非常浓厚的历史底蕴；入驻中远海运大厦，象征着一艘世界级的航运旗舰在浦东滨江扬帆起航，即将开启崭新的航程。

5 月 31 日 中远海运集团所属中远海运科技与日本古野电气株式会社、株式会社平成商事在上海签署了合资公司合资合同。成立合资公司是中远海运集团与古野电气、平成商事三方发挥各自优势、加强船舶通导领域技术合作、共同打造市场品牌的重要举措。

六月

6 月 21 日 希腊议长武齐斯及夫人、希腊驻华大使罗卡纳斯、希腊驻上海总领馆领事千宝希等一行到访中远海运集团总部。中远海运集团董事长、党组书记许立荣，集团党组副书记、副总经理孙家康等与代表团举行了会谈。武齐斯表示，中远海运在希腊 8 年来的投资运营，为促进希腊经济发展发挥了积极作用；中远海运的投资计划符合希腊政府未来五年的发展规划，集团在希腊的发展促进了当地就业，特别是在接管 PPA 之后重振修船业，为当地修船工人创造了新的工作岗位。

6 月 29 日 国际海运权威机构——英国海贸集团在伦敦举办第 30 届海贸颁奖典礼。中远海运集团获得了组委会颁发的“全球最佳表现者”大奖。

七月

7 月 1—3 日 中共中央政治局常委、国务院副总理韩正在海南考察调研期间，视察了由中远海运集团负责管理的博鳌亚洲论坛永久会址，出席了海南省与中远海运集团等 7 家央企签署战略合作协议的活动。

7 月 2 日 海南省政府与中远海运集团等 7 家央企签署了战略合作协议，中共中央政治局常委、国务院副总理、推进海南全面深化改革开放领导小组组长韩正，中共中央政治局委员、国务院副总理胡春华，全国政协副主席、国家发展和改革委员会主任何立峰出席了战略合作协议签约仪式。根据协议，中远海运集团与海南省政府充分发挥双方各自优势，加强在航运、码头及物流等领域的全面合作，加快推动海南成为新时代全面深化改革开放的新标杆，形成更高层次改革开放新格局。

7 月 11 日 上海举办第 14 届中国航海日，交通运输部部长李小鹏、上海市市长应勇出席活动并致辞。中远海运集团董事长、党组书记许立荣受邀出席论坛并发表题为《航运是“一带一路”建设不可或缺的产业驱动》的主旨演讲。

7 月 17 日 国务院国资委公布 2017 年度中央企业负责人经营业绩考核 A 级企业名单。中远海运集团获得 A 级，排名第 32 位，较 2016 年提升 5 位，这是中远海运集团自 2016 年成立以来连续第二次获得 A 级企业。

7 月 19 日 2018 年《财富》世界 500 强排行榜发布，中远海运集团凭借 346.68 亿美元的营业收入，排名第 335 位，继 2017 年大幅上升后，2018 年继续提升 31 位。

7 月 19 日 由中远海运承运的中俄能源合作重大项目——亚马尔液化天然气项目向中国供应的首船液化天然气（LNG）通过北极东北航道运抵江苏如东 LNG 接收站并交付中国石油，开启了亚马尔项目向中国供应 LNG 的新篇章。亚马尔项目是中国提出“一带一路”倡议后在俄罗斯实施的首个特大型能源合作项目，由俄罗斯诺瓦泰克股份公司、中国石油天然气集团有限公司、法国道达尔公司和中国丝路基金共同合作开发。本次亚马尔项目首次通过北极东北航道穿过白令海峡向中国供应 LNG，比通过苏伊士运河的传统航线节省 20 天以上。

7 月 22 日 国务委员、国务院党组成员、国防部部长魏凤和到中远海运集团投资经营的厦门远海自动化码头进行现场调研，听取了厦门远海码头军民融合海铁联运项目建设情况。

7 月 27 日 中远海运集团所属中远海运控股有限公司发布公告，完成对东方海外的收购。此前，中远海运集团所属中远海控于 2017 年 7 月 9 日发布公告，携手上港集团向东方海外全体股东发出要约收购。收购完成后，中远海运集团充分发挥旗下中远海运集运与东方海外的协同效益，通过优化运营效率，增强盈利能力，共同实现跨越式发展。

7 月 30 日 成都市人民政府与中远海运集团战略合作协议签署仪式在成都举行。根据协议，成都市与中远海运集团携手，在打造以成都为中心的铁海联运平台、加快建设落户成都的国别合作园区和特色产业园区、拓展海外服务能力等方面加强务实合作，支持成都加快建设泛欧泛亚门户枢纽城市。

八月

8 月 8—11 日 交通运输部部长李小鹏率团访问巴拿马。在巴期间，李小鹏分别与巴海事局局长巴卡拉特、运河事务国务部长罗伊、运河管理局局长基哈诺举行会谈，中远海运集团副总经理孙家康陪同会见。在孙家康的陪同下，李小鹏参观了巴拿马运河观花船闸，与中远海运“奥克兰”轮船长通话，慰问全体船员，并为“奥克兰”轮通过运河闸口操作船闸控制按钮。此外，李小鹏还与中远海运等中国在巴交通运输、基建企业代表和所属单位举行座谈，了解企业在巴投资和经营情况并听取他们对两国交通运输主管部门的意见和建议。

8 月 9 日 中远海运集团举行了航标移动应用试运行发布会。集团副总经理丁农出席会议，集团安管部、科信部和各下属公司相关人员参会。中远海运集团航标平台在集团自管的 733 艘船舶安装使用，实现了“纵到底、横到边”的一体化应用。

九月

9 月 10 日 中远海运集团 2018 年扶贫援藏工作会议在集团总部召开。会议传达了中央和国务院国资委有关会议和文件精神，总结回顾了集团前阶段扶贫援藏工作并部署下一步工作。集团自 1995 年响应中共中央、国务院号召参与国家扶贫开发事业以来，始终以高度的政治责任感和使命感，致力于定点扶贫和对口支援工作，累计投入帮扶资金 4.75 亿元，派出挂职干部 98 名，帮助 184 万贫困人口实现了脱贫目标，有力地推动了贫困地区经济稳步发展和社会长治久安。

9 月 12 日 中共中央政治局常委、国务院副总理韩正在出席第十五届中国 – 东盟博览会开幕式期间，到中远海运集团所属钦州国际集装箱码头公司进行考察，了解集团参与国际陆海贸易新通道建设的有关情况。

9 月 19—21 日 中共中央政治局常委、国务院副总理韩正在应邀访问新加坡期间，视察了由中远海运集团与新加坡国际港务集团合资的集装箱码头，了解中新两国共建国际陆海贸易新通道与“一带一路”对接的有关情况。

9 月 27 日 中远海运集团所属中远海运散货运输有限公司与华润电力控股有限公司战略合作协议暨第一条外贸准班轮签约仪式在广州举行。本次协议签署后，中远海运散运第一条外贸准班轮航线经过试运行后正式上线运行。该航线定装港、定收发货人、定船舶，是“定期定线”的外贸进口煤炭运输模式，对于干散货远洋市场来说具有开创性和里程碑式的意义。

9 月 29 日 中远海运集团与中国铝业集团在北京举行几内亚铝土矿运输合同签约仪式。双方一致认为，中远海运集团和中铝集团携手推进几内亚铝土矿运输项目，是共谋发展大局，共创央企合作新模式，是双方落实“一带一路”倡议、实现央企强强联合、共同维护和保障国家矿产资源安全的具体实践。

十月

10 月 5 日 国际著名评级机构——贝氏评级公司（A.M. Best）正式授予中远海运财产保险自保有限公司“A 级（卓越）”财务实力评级（FSR）和“a 级”长期发行人信用评级（ICR）。此次评级结果，标志着中国自保行业的经营模式及风险管理能力进一步得到了国际认可。

10 月 20 日 中远海运集团与厦门市人民政府、中国旅游集团在上海举行共同发展邮轮产业合作备忘录签约仪式。根据协议，三方共同推动我国邮轮产业高质量、高效率发展。

十一月

11 月 4 日 中远海运集团与广西壮族自治区人民政府签署战略合作框架协议。根据协议，双方积极融入国家“一带一路”倡议，共同致力于推进南向通道建设，以物流畅通吸引产业集聚、驱动经济平衡可持续发展。

11 月 5 日 首届中国国际进口博览会在上海开幕。国家主席习近平出席开幕式并发表题为《共建创新包容的开放型世界经济》的主旨演讲。中远海运集团董事长、党组书记许立荣出席开幕式，现场聆听了习近平主席的演讲，并陪同领导人巡馆。11 月 6 日，在首届中国国际进口博览会上，中远海运集团主办了“国际海运年会 2018”，签订了多项采购协议，与多个合作伙伴签署战略合作协议，并参加了有关配套活动。

11 月 21 日 中远海运集团旗下中远海运港口有限公司与新加坡港务集团就位于新加坡的合资码头新增两个泊位签署合作备忘录。新增两个泊位后，合资码头拥有 5 个大型集装箱船舶泊位，年处理能力由 300 万 TEU 提升至约 500 万 TEU。

十二月

12 月 3 日 国家主席习近平在巴拿马访问期间，视察巴拿马运河船闸，听取了中远海运集团在巴拿马经营情况的介绍，了解现场等待过闸的“中远海运玫瑰”轮情况并与船员进行通话，询问船上工作和生活条件，慰问全体船员，并对中远海运集团的航运事业发展作了进一步指示。

12 月 10 日 由中远海运集团与阿联酋阿布扎比港务局合资的中远海运港口阿布扎比码头开

港仪式在阿布扎比哈里发港举行。中远海运港口阿布扎比码头是中远海运港口第一个控股的海外绿地项目，该码头的建成与投入运营使哈里发港从世界排名第89的集装箱港口进入前25名。

12月18日 在庆祝改革开放40周年大会上，中共中央、国务院表彰了为推动改革开放作出杰出贡献的100位“改革先锋”，集团董事长、党组书记许立荣以“远洋运输体制改革的推动者”的身份，入选改革开放杰出贡献人员名单。

12月25日 国务院国资委党委举办“大国顶梁柱——第三届‘央企楷模’发布仪式”。中远海运集团在希腊比雷埃夫斯港的管理团队以打造“‘一带一路’共商共赢的样板”入选十大楷模。

12月29日 由海南省人民政府与中国远洋海运集团共同主办的国际陆海贸易新通道暨中远海运“海南—东盟(新加坡)”班轮航线首航仪式，在海南港航控股有限公司旗下洋浦小铲滩码头举行。此次首航，打通了中国西部地区通过洋浦南行至新加坡的直航通道，也打通了中国沿海港口货物通过洋浦中转至东南亚的新通道，海南洋浦港成为“国际陆海贸易新通道”的新支点，标志着以钦州为门户港、以洋浦为国际枢纽港的国际陆海贸易新通道步入了新的历史发展阶段。

2019

CHINA COSCO SHIPPING CORPORATION LIMITED YEARBOOK

中国远洋海运集团有限公司

年鉴

第十六篇

光荣册

许立荣荣膺“改革先锋”称号

许立荣荣膺“改革先锋”称号

2018 年 12 月 18 日，庆祝改革开放 40 周年大会在北京隆重举行。中共中央总书记、国家主席、中央军委主席习近平在大会上发表重要讲话。王沪宁宣读《中共中央、国务院关于表彰改革开放杰出贡献人员的决定》。中国远洋海运集团党组书记、董事长许立荣作为远洋运输体制改革的推动者，荣膺“改革先锋”称号，登上主席台接受“改革先锋”奖章和证书，并受到习近平等党和国家领导人的亲切接见。

2018年中远海运集团获得荣誉奖项

2018 年中远海运集团获得荣誉奖项

1. 2018 年 4 月 9 日，2018 年上海海上搜救工作会议在沪召开。会议表彰了 2017 年上海海上搜救工作先进单位和先进个人。中远海运集团荣获 2017 年度搜救工作先进单位称号。

2. 2018 年 5 月 7 日，中国远洋海运集团共荣获香港海事处及香港船东会四个大奖：

“香港船舶注册处最高注册总吨船东”、“香港船舶注册处 2017 年度最多注册总吨公司”、“香港船舶注册处超越 1.15 亿总吨里程船只”和“2017 年度最优秀港口国监督检查”。

3. 2018 年 6 月 29 日，英国海贸集团（Seatrade）在伦敦举办了第 30 届“海贸颁奖典礼 2018”（Seatrade Awards 2018），中远海运集团受邀参加了该典礼。在颁奖典礼上，中远海运集团获得了组委会颁发的“全球最佳表现者”大奖（GLOBAL PERFORMER AWARD），用以表彰中远海运集团 2016 年重组以来，作为世界最大的海运集团对世界航运及相关产业所作出的突出贡献。

4. 国务院扶贫开发领导小组通报了 2018 年中央单位定点扶贫工作考核情况，中远海运集团在 2018 年中央单位定点扶贫考核中再次被评为最高等级“好”，成为连续两年获得此荣誉的 17 家中央企业之一。

2018年中远海运集团获省部级以上先进集体荣誉汇总表

2018 年中远海运集团获省部级以上先进集体荣誉汇总表

表 16–1

序号	直属单位名称	先进集体名称	先进集体所在单位	所获荣誉称号	受表彰时间	表彰单位
1	中远海运集装箱运输有限公司	中远海运集装箱运输有限公司	中远海运集装箱运输有限公司	2017 年全国五一劳动奖状先进集体	2018 年 4 月	中华全国总工会
2		中远海运集装箱运输信息服务有限公司（筹）支持中心合同管理部	中远海运集装箱运输信息服务有限公司	2017 年度上海市巾帼文明岗	2018 年 3 月	上海市妇联
3		“中远海法”轮	中远海运集装箱运输有限公司	2017 年度上海市工人先锋号	2018 年 3 月	上海市总工会
4		上海远洋船舶供应公司	上海远洋船舶供应公司	2016—2017 全国“安康杯”（上海赛区）优胜单位	2018 年 4 月	上海市总工会
5		中远海运集装箱运输有限公司美洲贸易区	中远海运集装箱运输有限公司	2017 年度上海市青年突击队	2018 年 4 月	共青团上海市委员会
6	中远海运能源运输股份有限公司	“桐林湾”轮	中远海运能源运输股份有限公司	上海市工人先锋号	2018 年 4 月	上海市总工会、上海市人社局
7		中远海运能源运输股份有限公司工会	中远海运能源运输股份有限公司	全国模范职工之家	2018 年 9 月	中华全国总工会
8		中远海运能源运输股份有限公司沿海运营部商务室	中远海运能源运输股份有限公司	2017 年度上海市巾帼文明岗	2018 年 3 月	上海市妇女联合会
9	中远海运物流有限公司	中国茂名外轮代理有限公司	中国茂名外轮代理有限公司	全国优秀报关企业	2018 年 12 月	中国报关协会
10		广西中远海运物流有限公司党总支	广西中远海运物流有限公司	2016—2018 年度先进基层党组织	2018 年 7 月	广西壮族自治区国资委
11		中远海运化工物流有限公司	中远海运化工物流有限公司	2018 年上海市工人先锋号	2018 年 4 月	上海市总工会
12		中远海运仓配太原分中心	中远海运仓配太原分中心	山东省水运系统工人先锋号	2018 年 12 月	山东省海员工会
13		中远海运仓配	中远海运仓配	山东省海员工会工作先进单位	2018 年 7 月	山东省海员工会
14		中远海运仓配济南分中心	中远海运仓配济南分中心	山东省海员工会工作先进基层	2018 年 7 月	山东省海员工会
15	中远海运资产经营管理有限公司	中远海运资产经营管理有限公司	中远海运资产经营管理有限公司	上海市五一劳动奖状	2018 年 4 月	上海市总工会、上海市人力资源和社会保障局

续上表

序号	直属单位名称	先进集体名称	先进集体所在单位	所获荣誉称号	受表彰时间	表彰单位
16	中远海运重工有限公司	南通中远海运川崎船舶工程有限公司	南通中远海运川崎船舶工程有限公司	2016—2017年度全国“安康杯”竞赛优胜单位	2018年4月	中华全国总工会、应急管理部
17		外业二科自动焊组	南通中远海运川崎船舶工程有限公司	2016—2017年度全国“安康杯”竞赛优胜班组	2018年4月	中华全国总工会应急管理部
18		新光彩船舶电焊一班	大连中远海运重工有限公司	2016—2017年度全国“安康杯”竞赛优胜班组	2018年4月	中华全国总工会应急管理部
19		航修一号班组	上海中远船务工程有限公司	2016—2017年度全国“安康杯”竞赛（上海赛区）优秀班组	2018年4月	上海市总工会、上海市安全生产监督管理局
20		南通中远海运川崎船舶工程有限公司工会	南通中远海运川崎船舶工程有限公司	全国模范职工之家	2018年9月	中华全国总工会
21	中远海运港口有限公司	连云港货柜码头工会	连云港货柜码头	江苏省“模范职工之家”	2018年12月	江苏省总工会
22		厦门远海集装箱码头	厦门远海集装箱码头	2018年度APSN亚太“绿色港口”（GPAS）荣誉称号	2018年11月	亚太港口服务组织(APSN)
23	中远海运（上海）有限公司	中远海运（上海）有限公司团委	中远海运（上海）有限公司	2017年度上海市五四红旗团委	2018年4月	共青团上海市委员会
24		上海中远海运仓储有限公司	中远海运（上海）有限公司	上海市五一劳动奖状	2018年4月	上海市总工会、上海市人力资源和社会保障局
25		中远海运（上海）有限公司工会	中远海运（上海）有限公司	2018年度全国职工劳动安全卫生防护与自救逃生知识普及竞赛活动优秀组织单位	2018年11月	全国“安康杯”竞赛组委会
26	中远海运（广州）有限公司	广州中远海运船舶工程有限公司	广州中远海运船舶工程有限公司	国家高新技术企业	2018年11月	广东省科学技术厅、广东省财政厅国家税务总局广东省税务局
27		中远海运（广州）有限公司	中远海运（广州）有限公司	2017年度广东省守合同重信用企业	2018年6月	广州市工商行政管理局
28		广州中远海运物业发展有限公司	广州中远海运物业发展有限公司	连续十六年（2002—2017）广东省守合同重信用企业	2018年6月	广东省工商行政管理局
29		广州新海颐养苑	广州中远海运健康管理有限公司	广东省五星级养老机构	2018年3月	广东省民政厅
30		广州海建工程咨询有限公司	广州海建工程咨询有限公司	2018年度水运交通优质工程奖	2018年11月	中国水运建设行业协会
31	上海船舶运输科学研究所	高玉玲船舶水动力性能与能效研究项目组	上海船舶运输科学研究所	2018年上海市巾帼创新工作室	2018年12月	上海市总工会

续上表

序号	直属单位名称	先进集体名称	先进集体所在单位	所获荣誉称号	受表彰时间	表彰单位
32	中远海运（厦门）有限公司	厦门闽台轮渡有限公司	厦门闽台轮渡有限公司	2018 年春运“情满旅途”活动先进集体	2018 年 7 月	交通运输部、公安部、应急管理部、中华全国总工会、共青团中央
33	中远海运博鳌有限公司	博鳌东屿岛旅游运营管理中心	中远海运博鳌有限公司	2016—2017 年度全国交通运输行业“文明示范窗口”荣誉称号	2018 年 5 月	交通运输部
34		博鳌东屿岛旅游运营管理中心	中远海运博鳌有限公司	海南省国资委“三八红旗集体”	2018 年 5 月	海南省国资委
35		博鳌东屿岛旅游运营管理中心	中远海运博鳌有限公司	海南省国资委“工人先锋号”	2018 年 4 月	海南省国资委
36		博鳌东屿岛酒店运营管理中心	中远海运博鳌有限公司	海南省国资委“省系列活动服务保障先进集体”荣誉称号	2018 年 10 月	海南省国资委
37		中远海运博鳌有限公司	中远海运博鳌有限公司	海南省国资委五一劳动奖状	2018 年 4 月	海南省国资委
38		博鳌东屿岛旅游运营管理中心	中远海运博鳌有限公司	2018 年海南省国资系统文明单位	2018 年 7 月	海南省国资委

2018 年中远海运集团获省部级以上先进个人荣誉汇总表

2018 年中远海运集团获省部级以上先进个人荣誉汇总表

表 16–2

<table>
<tr><th>序号</th><th>直属单位名称</th><th>先进个人名称</th><th>先进个人所在单位</th><th>所获荣誉称号</th><th>受表彰时间</th><th>表彰单位</th></tr>
<tr><td>1</td><td>集团总部</td><td>董杰</td><td>中远海运集团安全监管本部总值班室</td><td>2017 年度搜救工作先进个人</td><td>2018 年 4 月</td><td>上海海上搜救中心</td></tr>
<tr><td>2</td><td rowspan="6">中远海运集装箱运输有限公司</td><td>陈翔</td><td>中远海运集装箱运输有限公司</td><td>2017 年上海市五一劳动奖章</td><td>2018 年 4 月</td><td>上海市总工会</td></tr>
<tr><td>3</td><td>徐欣</td><td>大连中远海运集运</td><td>2017 年度辽宁省五一劳动奖章</td><td>2018 年 4 月</td><td>辽宁省总工会</td></tr>
<tr><td>4</td><td>陈奇</td><td>上海泛亚航运有限公司</td><td>2016—2017 年度全国青年岗位能手</td><td>2018 年 5 月</td><td>共青团中央</td></tr>
<tr><td>5</td><td>刘畅</td><td>中远海运集装箱运输信息服务有限公司</td><td>2017 年度上海市优秀共青团员</td><td>2018 年 4 月</td><td>共青团上海市委员会</td></tr>
<tr><td>6</td><td>李洋</td><td>中远海运集装箱运输有限公司</td><td>2016—2017 年度上海市优秀志愿者</td><td>2018 年 1 月</td><td>共青团上海市委员会</td></tr>
<tr><td>7</td><td>张志学</td><td>上海国际轮渡有限公司</td><td>2018 年春运“情满旅途”活动先进个人</td><td>2018 年 7 月</td><td>交通运输部、公安部、应急管理部、中华全国总工会、共青团中央</td></tr>
<tr><td>8</td><td rowspan="11">中远海运船员管理有限公司</td><td>梅永全</td><td>中远海运船员上海分公司</td><td>2016—2017 年度全国交通运输行业文明职工标兵</td><td>2018 年 11 月</td><td>交通运输部</td></tr>
<tr><td>9</td><td>王小强</td><td>中远海运船员上海分公司</td><td>2017 年度上海市青年五四奖章</td><td>2018 年 5 月</td><td>共青团上海市委员会</td></tr>
<tr><td>10</td><td>高正捍</td><td>中远海运船员广州分公司</td><td>2017 年度“海洋人物”</td><td>2018 年 6 月</td><td>自然资源部</td></tr>
<tr><td>11</td><td>龚艳平</td><td>中远海运船员广州分公司</td><td>2017—2018 年度全国交通运输行业优秀思想政治工作者</td><td>2018 年 10 月</td><td>中国交通职工思想政治工作研究会</td></tr>
<tr><td>12</td><td>余金贤</td><td>中远海运船员广州分公司</td><td>2016—2017 年度全国交通运输行业文明职工标兵</td><td>2018 年 11 月</td><td>交通运输部</td></tr>
<tr><td>13</td><td>鞠万波</td><td>中远海运船员天津分公司</td><td>2018 年全国交通技术能手</td><td>2018 年 12 月</td><td>人力资源和社会保障部</td></tr>
<tr><td>14</td><td>刘伟</td><td>中远海运船员天津分公司</td><td>2018 年全国交通技术能手</td><td>2018 年 12 月</td><td>人力资源和社会保障部</td></tr>
<tr><td>15</td><td>李刚</td><td>中远海运船员天津分公司</td><td>2018 年全国交通技术能手</td><td>2018 年 12 月</td><td>人力资源和社会保障部</td></tr>
<tr><td>16</td><td>朱永昌</td><td>中远海运船员天津分公司</td><td>2017—2018 年度天津市优秀共青团员</td><td>2018 年 5 月</td><td>共青团天津市委员会</td></tr>
<tr><td>17</td><td>陈可松</td><td>中远海运船员青岛分公司</td><td>2018 年全国水运公路系统安全生产先进个人</td><td>2019 年 2 月</td><td>中国海员建设工会、交通运输部安全委员会办公室</td></tr>
<tr><td>18</td><td>左为民</td><td>中远海运船员天津分公司</td><td>2017—2018 年度天津市优秀共产党员</td><td>2018 年 7 月</td><td>中共天津市委组织部</td></tr>
</table>

续上表

序号	直属单位名称	先进个人名称	先进个人所在单位	所获荣誉称号	受表彰时间	表彰单位
19	中远海运重工有限公司	黄勇华	南通中远海运川崎船舶工程有限公司	江苏工匠	2018年1月	江苏省人民政府
20		马上录	扬州中远海运重工有限公司	江苏工匠	2018年1月	江苏省人民政府
21		崔建峰	南通中远海运船务工程有限公司/启东中远海运海洋工程有限公司	江苏工匠	2018年1月	江苏省人民政府
22		邵峰	南通中远海运船务工程有限公司/启东中远海运海洋工程有限公司	国家技能人才培育突出贡献个人	2018年11月	人力资源和社会保障部
23		杨学群	大连中远海运川崎船舶工程有限公司	中央企业青年岗位能手	2018年4月	国务院国资委
24		杨学群	大连中远海运川崎船舶工程有限公司	中央企业技术能手	2018年4月	国务院国资委
25		肖曙东	南通中远海运船务工程有限公司	中央企业技术能手	2018年4月	国务院国资委
26		宋轶	南通中远海运船务工程有限公司/启东中远海运海洋工程有限公司	中央企业技术能手	2018年4月	国务院国资委
27		卢晓建	南通中远海运川崎船舶工程有限公司	中央企业技术能手	2018年4月	国务院国资委
28		崔建峰	南通中远海运船务工程有限公司/启东中远海运海洋工程有限公司	江苏省技术能手	2018年12月	江苏省人力资源和社会保障厅
29		陈刚	南通中远重工有限公司	江苏省技术能手	2018年12月	江苏省人力资源和社会保障厅
30		赵明正	南通中远海运船务工程有限公司/启东中远海运海洋工程有限公司	江苏省技术能手	2018年12月	江苏省人力资源和社会保障厅
31		张志祥	南通中远海运川崎船舶工程有限公司	江苏省五一创新能手	2018年9月	江苏省总工会
32		何敏	扬州中远海运重工有限公司	江苏省五一创新能手	2018年9月	江苏省总工会
33		徐国禄	南通中远海运船务工程有限公司/启东中远海运海洋工程有限公司	江苏省五一创新能手	2018年9月	江苏省总工会
34		何丕伟	上海中远船务工程有限公司	上海市五一劳动奖章	2018年4月	上海市总工会、上海市人力资源和社会保障局
35		刘志爱	广东中远海运重工有限公司	广东省五一劳动奖章	2018年4月	广东省总工会

续上表

序号	直属单位名称	先进个人名称	先进个人所在单位	所获荣誉称号	受表彰时间	表彰单位
36	中远海运重工有限公司	张民涛	广东中远海运重工有限公司	广东省“金锚奖”	2018 年 4 月	广东省海员工会
37		赵呈勇	广东中远海运重工有限公司	广东省“金锚奖”	2018 年 4 月	广东省海员工会
38		孟武辉	广东中远海运重工有限公司	广东省“金锚奖”	2018 年 4 月	广东省海员工会
39		汪丹萍	上海中远船务工程有限公司	上海市 2017 年度巾帼建功标兵	2018 年 3 月	上海市巾帼建功活动领导小组 上海市妇女联合会
40		应续华	南通中远海运川崎船舶工程有限公司	江苏省优秀共青团员	2018 年 5 月	江苏省团委
41		符海燕	南通中远海运川崎船舶工程有限公司	江苏省工会积极分子	2018 年 5 月	江苏省总工会
42	中远海运物流有限公司	贾永哲	中远海运仓配	山东省海员工会积极分子	2018 年 7 月	山东省海员工会
43		王佳	中远海运仓配	山东省优秀海员工会工会干部	2018 年 7 月	山东省海员工会
44		王佳	中远海运仓配	山东省安康杯竞赛先进个人	2018 年 7 月	山东省总工会
45		谢楠	中国钦州外轮代理有限公司	全国优秀报关员	2018 年 12 月	中国报关协会
46	中远海运港口有限公司	刘 志	连云港货柜码头	江苏省五一创新能手	2018 年 12 月	江苏省总工会
47		刘 志	连云港货柜码头	2016—2017 年度全国青年岗位能手	2018 年 7 月	共青团中央、 人力资源社会保障部
48		牛 宇	广州南沙海港集装箱码头	2018 年度广东省“金锚奖”	2018 年 5 月	中国海员工会广东省委员会
49		姚镇祥	广州南沙海港集装箱码头	2018 年度广东省“金锚奖”	2018 年 5 月	中国海员工会广东省委员会
50	中远海运资产经营管理有限公司	葛钰麟	中远海运资产经营管理有限公司	全国交通运输行业文明职工标兵精神文明建设先进工作者	2018 年 11 月	交通运输部
51	中远海运（上海）有限	陆祥荣	中远海运（上海）有限公司	2017—2018 年度全国交通运输行业优秀思想政治工作者	2018 年 12 月	中国交通职工思想政治工作研究会
52		王丹青	中远海运（上海）有限公司油运	2017 年度搜救工作先进个人	2018 年 4 月	上海海上搜救中心
53	中远海运（广州）有限公司	余莹生	广州中远海运船舶工程有限公司	全国优秀工会积极分子	2018 年 9 月	中华全国总工会
54		李荣标	中远海运（广州）有限公司	广东省五一劳动奖章	2018 年 4 月	广东省总工会
55		陈晓艳	中远海运（广州）有限公司	2017—2018 年度全国交通运输行业优秀思想政治工作者	2018 年 12 月	中国交通职工思想政治工作研究会

续上表

序号	直属单位名称	先进个人名称	先进个人所在单位	所获荣誉称号	受表彰时间	表彰单位
56	中远海运（广州）有限公司	张明	广州新海医院	中华医学会航海医学分会杰出贡献奖	2018年8月	中华医学会航海医学分会
57		安剑铮	广州新海医院	中华医学会航海医学分会突出贡献奖	2018年8月	中华医学会航海医学分会
58		汤东平	广州新海医院	中华医学会航海医学分会优秀贡献奖	2018年8月	中华医学会航海医学分会
59		凌淑芬	广州中远海运健康管理有限公司	广东省养老服务业最佳奉献奖	2018年1月	广东省养老服务业商会
60	中远海运发展股份有限公司	周媛媛	中远海运发展股份有限公司	全国优秀工会积极分子	2018年9月	中华全国总工会
61	中远海运客运有限公司	迟菡	中远海运客运有限公司	2018年春运“情满旅途”活动先进个人	2018年7月	交通运输部、公安部、应急管理部、中华全国总工会、共青团中央
62	上海船舶运输科学研究	陈霞萍	上海船研所运输部	2018年国务院政府特殊津贴专家	2018年1月	国务院
63		陈迪秋	上海船研所舰船自动化部	2017年度上海市交通委青年岗位能手	2018年5月	上海市交通委
64	中远科技股份有限公司	韩懿	中远海运科技股份有限公司	上海市五一劳动奖章	2018年4月	上海市总工会、上海市人力资源和社会保障局
65	中远海运博鳌有限公司	周德高	中远海运博鳌有限公司	2018年海南省国资系统五一劳动奖章	2018年4月	海南省国资委
66		王阳	中远海运博鳌有限公司	2018年海南省国资系统精神文明建设先进工作者	2018年7月	海南省国资委

2018 年中远海运集团获省部级以上科学技术奖及专利

2018年中远海运集团获省部级以上科学技术奖及专利

表16-3

序号	直属单位名称	获奖集体/个人名称	获奖集体/个人所在单位	所获科技奖项/专利	受表彰时间	表彰单位
1	中国远洋海运集团、中远海运特运	中国远洋海运集团有限公司、中远海运特种运输股份有限公司	中国远洋海运集团有限公司、中远海运特种运输股份有限公司	"中国商船开辟极地航线关键技术研究与应用"获2018年中国航海学会科学技术奖特等奖	2018年12月	中国航海学会
2	中远海运重工有限公司	中远海运重工有限公司、大连中远海运重工有限公司	中远海运重工有限公司、大连中远海运重工有限公司	"2.1万吨模块运输船设计与建造关键技术研究与产业化"项目获2018年中国航海学会科学技术奖一等奖	2018年12月	中国航海学会
3	中远海运重工有限公司	南通中远海运川崎船舶工程有限公司	南通中远海运川崎船舶工程有限公司	"LNG/燃油双燃料冰区加强型4000车位汽车滚装船设计与建造"项目获2018年中国航海学会科学技术奖一等奖	2018年12月	中国航海学会
4	中远海运重工有限公司	南通中远海运川崎船舶工程有限公司	南通中远海运川崎船舶工程有限公司	"一种大型船舶的半串联建造方法"专利获中国船舶与海洋工程行业专利奖金奖	2018年4月	中国船舶与海洋工程产业知识产权联盟
5	中远海运重工有限公司	南通中远海运船务工程有限公司	南通中远海运船务工程有限公司	"多点系泊圆筒型浮式生产储油装置（FPSO）研制"项目获中国海洋工程咨询协会科学技术奖一等奖	2018年12月	中国海洋工程咨询协会
6	中远海运重工有限公司	大连中远海运重工有限公司	大连中远海运重工有限公司	"2.2万吨级超宽浅吃水双桨油船"项目获2018年度中国造船工程学会科学技术奖一等奖	2018年12月	中国造船工程学会
7	中远海运重工有限公司	广东中远海运重工有限公司	广东中远海运重工有限公司	"多用途应急救援船研发及建造技术"项目获2018年中国造船工程学会科学技术奖三等奖	2018年12月	中国造船工程学会
8	中远海运重工有限公司	广东中远海运重工有限公司	广东中远海运重工有限公司	"多用途应急救援船研发及建造技术"项目获2018年中国航海学会科学技术奖一等奖	2018年12月	中国航海学会
9	中远海运重工有限公司	黄剑	南通中远海运船务工程有限公司/启东中远海运海洋工程有限公司	江苏工匠工作室	2018年3月	江苏省人力资源和社会保障厅
10	中远海运重工有限公司	黄剑	南通中远海运船务工程有限公司/启东中远海运海洋工程有限公司	国家级技能大师工作室	2018年8月	人力资源和社会保障部

续上表

序号	直属单位名称	获奖集体 / 个人名称	获奖集体 / 个人所在单位	所获科技奖项 / 专利	受表彰时间	表彰单位
11	上海船舶运输科学研究	船舶中压交流岸电系统关键技术研究及应用项目	上海船研所舰船自动化部	获得中国航海学会科学技术奖一等奖	2018 年 12 月	中国航海学会
12	中远海运物流有限公司	大连中远海运物流仓配分公司	大连中远海运物流仓配分公司	仓储多功能框架托盘实用新型专利证书	2018 年 7 月	国家知识产权局

2016 年度钻石团队、劳动模范、先进集体、先进个人名单（补录）

2016 年度钻石团队、劳动模范、先进集体、先进个人名单（补录）

（2017 年 1 月 10 日表彰）

钻石团队（5 个）

1. 中国远洋海运集团财务管理本部资金管理室
2. 中国远洋海运集团人力资源本部领导人员管理室
3. 中远海运集装箱运输有限公司 IMO 小组
4. 中远海运能源运输股份有限公司沿海运营部
5. 中远海运（东南亚）有限公司领导班子

劳动模范（37 人）

集团总部

1. 黄　坚　资本运营本部总经理

中远海运集装箱运输有限公司

2. 曾昭民　宁波中远海运集装箱运输有限公司总经理
3. 张鸿雁（女）　收益管理部总经理

中远海运能源运输股份有限公司

4. 李倬琼（女）　战略与企业管理部总经理
5. 严育才　上海中远海运油品运输有限公司船长

中远海运散货运输有限公司

6. 吕宏志　中远散货运输有限公司船长
7. 王建刚　青岛远洋运输有限公司船长

中远海运特种运输股份有限公司

8. 陆海鸣　船舶管理部副总经理
9. 涂慕欧　广州远洋宾馆有限公司总经理兼党委副书记

中远海运发展股份有限公司

10. 蔺　钢　中远海运租赁有限公司副总经理

中远海运港口有限公司

11. 洪　峻　营销部总经理

中远海运物流有限公司

12. 张元林　青岛中远海运物流有限公司物流总监
13. 姜潜洪　宁波外代新扬船务有限公司副总经理

中远海运资产经营管理有限公司

14. 杨晓明　成本合约部总经理

中远海运（上海）有限公司

15. 陈海生　上海海运服务有限公司企业管理部经理

中远海运（广州）有限公司

16. 李小锋　广州中远海运船舶工程管理公司产品研发部副经理

中远海运（大连）有限公司 / 中远海运客运有限公司

17. 丛秀芬（女）　中远海运客运有限公司客运经理

中远海运重工有限公司

18. 姜季江　上海中远船务工程有限公司副总经理（主持工作）
19. 陈　弓　南通中远川崎船舶工程有限公司党委书记、副总经理

中海国际船舶管理有限公司

20. 彭华基　广州分公司轮机长
21. 蒋雨雷　上海分公司船长

青岛远洋船员职业学院

22. 陈爱玲（女）　机电系主任、党总支书记

厦门远洋运输公司

23. 郭　涛（女）　总经理助理、对台事务总监、总法律顾问

中国船舶燃料有限责任公司

24. 宁　军（女）　上海中船燃石油有限公司/江苏中燃油品储运有限公司总经理/党总支书记

中海集团财务有限责任公司

25. 王　菲（女）　营运总监

上海船舶运输科学研究所

26. 董国祥　事业部主任、党支部书记

中远海运博鳌有限公司

27. 周大卫　酒店运营管理中心总经理

中远海运（香港）有限公司

28. 张海霞（女）　深圳中远保险经纪有限公司副总经理

29. 徐　建　总裁办公室行政处经理

中远海运（北美）有限公司

30. 张晓岚　总裁助理

中远海运（欧洲）有限公司

31. 谢满定　中远海运集运（埃及）有限公司总经理

中远海运（东南亚）有限公司

32. 陈　瞩　中远海运集运（印尼）有限公司常务副总经理

中远海运（西亚）有限公司

33. 班国柱　中远物流（西亚）有限公司财务部总经理（主持工作）

中远海运（非洲）有限公司

34. 季　晴　中远海运集运（尼日利亚）有限公司总经理

中远海运（南美）有限公司

35. 丹尼尔·圣蒂内利·路易斯　中远海运集运（阿根廷）有限公司操作部经理

中远海运（日本）株式会社

36. 杨　献　中远海运集运（日本）株式会社操作部经理

中远海运（韩国）有限公司

37. 周利国　财务部总经理

先进集体（99个）

集团总部

1. 整合管理办公室
2. 研究咨询中心
3. PPA项目工作小组

中远海运控股股份有限公司

4. 证券事务部

中远海运集装箱运输有限公司

5. 箱管中心
6. 上海泛亚航运有限公司企业发展部
7. 上海中远资讯科技有限公司应用运维部
8. 青岛分部连云港分公司
9. 上海分部嘉兴分公司
10. 宁波分部客户销售部
11. 上海远洋运输有限公司“中远亚洲”轮
12. 上海远洋运输有限公司“中远荷兰”轮
13. 上海远洋运输有限公司“中远欧洲”轮
14. 上海远洋运输有限公司“中远太平洋”轮
15. 上海远洋运输有限公司“中远海法”轮
16. 上海远洋运输有限公司“奇云河”轮

中远海运能源运输股份有限公司

17. 中远海运能源远洋运营部
18. 上海中远海运油运广州分公司
19. “远珍湖”轮
20. “荣池”轮
21. “洋宁湖”轮
22. “金牛座”轮

中远海运散货运输有限公司

23. 中远散运“新发海”轮
24. 青岛远洋“宇华海”轮
25. 香港航运/深圳远洋“新鞍钢”轮
26. 广州船管中心“中海韶华”轮
27. 中远散运“新柳林海”轮
28. 香港航运/深圳远洋“宏景”轮
29. 广州船管中心“凤凰峰”轮
30. 广州船管中心“育德”轮
31. 香港航运/深圳远洋“安远”轮
32. 中远散运“新旺海”轮
33. 青岛远洋物业管理有限公司

34. 中远散运船员中心教育培训部

中远海运特种运输股份有限公司

35.TCO 项目专项小组

36.“永盛”轮

37.“金广岭”轮

38.“平安松”轮

中远海运发展股份有限公司

39. 东方国际集装箱（广州）有限公司水性漆涂装生产线技术改造项目组

40.“新徐州”轮

41.“新亚洲”轮

42.“新长沙”轮

43.“中海南海”轮

中远海运港口有限公司

44. 项目开发部

45. 锦州新时代集装箱码头有限公司管理团队

46. 泉州太平洋集装箱码头有限公司石湖港小虎队

中远海运物流有限公司

47. 中远海运物流有限公司综合货运部

48. 大连中远海运物流有限公司（筹）班轮部

49. 青岛中远海运物流有限公司（筹）船务部

50. 中国太仓外轮代理有限公司市场部

51. 湛江中远物流有限公司

52. 上海中远空港保税物流有限公司

53. 广州中海船务代理有限公司

54. 黄骅港中海船务代理有限公司

55. 中远海运化工物流（筹）营销部

中远海运资产经营管理有限公司

56. 中远海运大厦建设项目管理团队

中远海运（上海）有限公司

57. 上海海运服务有限公司餐饮服务部

中远海运（广州）有限公司

58. 广州海运大厦服务中心

中远海运（大连）有限公司/中远海运客运有限公司

59.“棒棰岛”轮

中远海运重工有限公司

60. 中远海运重工经营中心船舶修理改装经营部

61. 大连中远船务工程有限公司 FPSO 改装“斯塔德”项目组

62. 广东中远船务工程有限公司“海洋四号”大修改造项目组

63. 大连中远川崎船舶工程有限公司设计部

64. 南京国际船舶设备配件有限公司技术研发部

65. 中海工业（江苏）有限公司总装三部

66. 中海工业（上海长兴）有限公司财务核算部核算中心

中海国际船舶管理有限公司

67. 中海国际船员一站式服务大厅

68. 中海国际上海船管部“银致”轮

69. 中海国际广州船管部“五桂山”轮

70. 中海国际大连船管部“新世纪 198”轮

71. 中海国际广州分公司船员部

青岛远洋船员职业学院

72. 研究发展部（科技开发事业部）

厦门远洋运输公司

73. 厦门闽台轮渡有限公司“中远之星”轮

中国船舶燃料有限责任公司

74. 中国船舶燃料青岛有限公司“中燃33”轮

75. 总部贸易部

76. 中燃舟山船舶燃料供应公司船供部

中石化中海船舶燃料有限公司

77. 海南国盛石油有限公司经营管理部

中国外轮理货总公司

78. 信息技术部

中远财务有限责任公司

79. 总经理办公室/党群工作部

中海集团财务有限责任公司

80. 计划财务部

中远对外劳务合作公司

81. 海事证书部

上海船舶运输科学研究所

82. 基于 EEDI 验证状态实船测试及航速预报团队

83. 中海网络科技股份有限公司系统运营维护事业部

中远海运博鳌有限公司

84. 海南中远海运博鳌国际会务有限公司

中共中国海运（集团）总公司党校

85. 教务部

中远海运（香港）有限公司

86. 北京远洋酒店有限公司营销服务部
87. 远通海务贸易（上海）有限公司机械部
88. 中远（江门）铝业有限公司经营管理团队

中远海运（北美）有限公司

89. 中远海运集运（巴拿马）有限公司

中远海运（欧洲）有限公司

90. 中远海欧洲整合管理（IMO）工作组

中远海运（东南亚）有限公司

91. 中远海运东南亚区域海外网络整合工作组

中远海运（非洲）有限公司

92. 中远海运集运（南非）有限公司

中远海运（南美）有限公司

93. 中远海运集运（智利）有限公司市场营销部

中远海运（日本）株式会社

94. 财务管理部

中远海运（韩国）有限公司

95. 京汉航运有限公司财务部

中远海运（澳洲）有限公司

96. 中远海运集运（新西兰）有限公司

中波轮船股份公司

97. “中波恒星”轮
98. 船技部

中海（海南）海盛船务股份有限公司

99. “盛昌海”轮

先进个人（99人）

集团总部

1. 冯波鸣　战略与企业管理本部总经理
2. 马晓静（女）　公共关系本部品牌管理与媒体关系室高级主管
3. 吴　迪　监督审计本部综合管理室主任

中远海运控股股份有限公司

4. 陈益群（女）　财务管理部会计管理室副经理（主持工作）

中远海运集装箱运输有限公司

5. 钱　明　拉美／非洲贸易区总经理
6. 吴　宇（女）　企业资讯发展部副总经理（主持工作）
7. 程　菁（女）　航线网络规划部常务副总经理
8. 李民生　组织／人力资源部副总经理
9. 孙卓群　供应链发展部项目管理部副经理
10. 徐　斌　上海远洋运输有限公司船长
11. 王志良　武汉分部党委书记
12. 谭　宇　大连分部客户服务部总经理
13. 王树立　天津分部延伸业务部总经理
14. 吴学红　厦门分部宁德分公司总经理
15. 陈碧珊（女）　华南分部梧州分公司总经理
16. 周轶凡　中远海运集装箱运输信息服务有限公司审核中心中级业务员

中远海运能源运输股份有限公司

17. 毛华宇　上海中远海运液化天然气投资有限公司商务部总经理
18. 丛云邦　大连中远海运油运船长
19. 初敬福　大连中远海运油运船舶政委
20. 黄建明　上海中远海运油运企管部科员

中远海运散货运输有限公司

21. 刘云飞　中远散运船长
22. 孙传利　青岛远洋轮机长
23. 陈伟平　香港航运／深圳远洋船长
24. 黄　忆　广州船舶管理中心政委
25. 饶文福　收益管理部业务预算室员工
26. 闫世奎　中远散运船管部小灵便型船队机务副经理
27. 林燕兴　香港航运／深圳远洋海务管理部总经理
28. 孙衍刚　青岛远洋船员中心总经理
29. 石福安　上海时代航运有限公司总经理

中远海运特种运输股份有限公司

30. 高正捍　船长

31. 舒昌洪　政委

32. 姚永亮　轮机长

中远海运金融控股有限公司 / 中远海运发展股份有限公司

33. 徐　英（女）　航运租赁事业部资产运营与管理部总经理

34. 张明明　财务部副总经理

中远海运港口有限公司

35. 史　健　太仓国际集装箱码头有限公司副总经理

36. 陈　昉　广西钦州国际集装箱码头有限公司常务副总经理

37. 邢　艳（女）　企业文化部经理

中远海运物流有限公司

38. 何莉芳（女）　中国远洋天津物流有限公司集装箱部经理

39. 徐　伟　上海（常熟、太仓、嘉兴）中海船务代理有限公司总经理

40. 胡　萍（女）　中海华东物流有限公司客服

41. 康　乐　厦门中远海运物流有限公司（筹）党委委员、副总经理、物流总监

42. 蔡小龙　泸州中远物流有限公司总经理

43. 林海东　中远海运工程物流有限公司（筹）副总经理

44. 孙勇强　中远物流仓储配送有限公司大宗商品事业部副总经理

45. 张东亮　无界电子商务有限公司业务部负责人

46. 庄佐凡　中远海运物流供应链管理有限公司（筹）副总经理

中远海运资产经营管理有限公司

47. 张企宏　市场发展部高级经理

中远海运（上海）有限公司

48. 吕毅斌　监审部纪检室主任

中远海运（广州）有限公司

49. 冉守连　广州新海医院神经内科主任

中远海运（大连）有限公司 / 中远海运客运有限公司

50. 孙　兵　运管中心总经理

中远海运重工有限公司

51. 郭学峰　中远海运重工技术研发中心设计师

52. 李　良　舟山中远船务工程有限公司制造经营部经理

53. 刘玉峰　中远船务工服上海分公司总经理

54. 张建新　南通中远重工有限公司副总经理

55. 冉洪波　南通远洋配套有限公司总经理

56. 刘忠俭　威海中远造船科技有限公司技术部负责人

57. 郭明星　中海工业（江苏）有限公司调试部经理

58. 顾朝宏　中海工业（上海长兴）有限公司采购中心经理

中海国际船舶管理有限公司

59. 郭建梁　中海国际上海分公司党委书记

60. 叶吉祥　中海国际上海分公司船舶船长

61. 盘华庆　中海国际广州分公司船舶政委

62. 周世辉　中海国际大连分公司总经理

63. 段守元　中海国际大连分公司船舶轮机长

64. 汤常明　中海国际大连分公司船舶船长

65. 孙　琦　中海国际上海教培中心主任

66. 常　兵　中海海员船舶船长

67. 吕均富　中海国际广州船管部船舶船长

68. 谢启秀　中海国际大连船管部海务主管

69. 徐龙根　中海国际海技中心引航船长

青岛远洋船员职业学院

70. 周海荣　财务部主任

厦门远洋运输公司

71. 李　水　厦门远洋运输公司船舶大副

中国船舶燃料有限责任公司

72. 陈　赞　中燃欧洲有限公司总经理

73. 何　斌　唐山曹妃甸中燃船舶燃料有限公司总经理

中石化中海船舶燃料有限公司

74. 王绍英（女）　福建分公司客户经理

中国外轮理货总公司

75. 王　辉　中理检验有限公司检测部总经理

76. 刘先富　中联理货有限公司总经理、书记

中远财务有限责任公司

77. 姜德发　青岛结算中心主任

中海集团财务有限责任公司

78. 冯羽华（女）　创新发展部主管

中远对外劳务合作公司

79. 陆榴榴（女）　海员业务部船员调配业务主管

上海船舶运输科学研究所

80. 付爱军　中海电信有限公司总经理

81. 林亦雯（女）　中海网络科技股份有限公司副总经理

中远海运博鳌有限公司

82. 胡　曦　战略发展部总经理

中共中国海运（集团）总公司党校

83. 欧阳木林　综合管理部主任

中远海运（香港）有限公司

84. 卞　江　中国外轮代理（香港）有限公司总经理兼中远物流（香港）有限公司副总经理

85. 曾南鹏　泉州市晋江中远发展有限公司副经理

86. 夏永健　代理部总经理

中远海运（北美）有限公司

87. 曾　力　战发部总经理

88. 张惠斌　中远海运集装箱（北美）公司资讯发展部总经理

中远海运（欧洲）有限公司

89. 陈玉平　中远海运集运（欧洲）有限公司航线经营中心总经理

90. 王新亮　中远海运集运（乌克兰）有限公司总经理

中远海运（东南亚）有限公司

91. 张　晶　中远海运集运（越南）有限公司总经理

92. 张福光　中国矿运有限公司总经理

中远海运（西亚）有限公司

93. 庞　博　战略发展部总经理

中远海运（非洲）有限公司

94. 刘　骏　中海（非洲）控股有限公司财务经理

中远海运（南美）有限公司

95. 何勤峰　中远海运集运（巴西）有限公司商务经理

中远海运（韩国）有限公司

96. 徐　佳　市场部副经理

中远海运（澳洲）有限公司

97. 张　旸　中远海运集运（澳洲）有限公司总经理助理

中波轮船股份公司

98. 汤红兵　船长

中海（海南）海盛船务股份有限公司

99. 王越孟　船管部经理

2017 年度钻石团队、先进集体、先进个人名单

2017 年度钻石团队、先进集体、先进个人名单

（2018 年 1 月 30 日表彰）

钻石团队（6 个）

1. 集团战略与企业管理本部投资管理室
2. 集团资本运营本部战略入股上港集团项目（“海王星”项目）团队
3. 集团公共关系本部金砖工商理事会工作团队
4. 中远海运散货运输有限公司领导班子
5. 中远海运港口有限公司领导班子
6. 中远海运（澳洲）有限公司领导班子

先进集体（100 个）

集团总部

1. 集团运营管理本部
2. 集团党组工作部
3. 集团监察审计本部 / 党组纪检组工作部

中远海运控股股份有限公司

4. 财务管理部

中远海运集装箱运输有限公司

5. 欧洲贸易区
6. 拉美 / 非洲贸易区
7. 宁波中远海运集运义乌分公司
8. 厦门中远海运集运福州分公司
9. 武汉中远海运集运江西中远海运国际货运有限公司
10. 泛亚航运有限公司供应链营运中心
11. “中远亚洲”轮
12. “中远意大利”轮
13. “中远太平洋”轮
14. “中远海法”轮
15. “中远美洲”轮
16. “天锦河”轮

中远海运散货运输有限公司

17. 战略与企业管理部
18. “新发海”轮
19. “新旺海”轮
20. “远慧海”轮
21. “宇中海”轮
22. “海吉”轮
23. “新鞍钢”轮
24. “宏景”轮
25. “安平”轮
26. “凤凰峰”轮
27. “中海韶华”轮
28. “云密峰”轮

中远海运能源运输股份有限公司

29. 上海 LNG 亚马尔项目组
30. 上海中远海运油运 VLCC 监造组
31. “远腾湖”轮
32. “连盛湖”轮
33. “华川”轮
34. “金牛座”轮

中远海运特种运输股份有限公司

35. 半潜船经营部
36. “永盛”轮
37. “新光华”轮
38. “吉祥松”轮

中远海运发展股份有限公司 / 中远海运金融控股有限公司

39. 金融业务部
40. 综合管理部 / 董秘办

41.“新徐州”轮

42.“新大洋洲”轮

43.“中海环球”轮

中远海运物流有限公司

44. 大连中远海运物流整合管理办公室

45. 广州中远海运物流 VALE 湛江项目组

46. 宁波中远海运物流散杂货营运中心

47. 青岛中远海运物流班轮部

48. 上海中远海运物流班轮代理分公司业务部

49. 中联理货中远海运燃油管控项目组

50. 黄骅港中远海运物流

51. 中远海运工程物流青岛分部

52. 中远海运化工物流安全技术管理部

中远海运重工有限公司

53. 南通中远海运川崎智能制造推进工作组

54. 大连中远海运川崎制造本部

55. 大连中远海运重工马士基深水海工作业船项目组（SSV 项目组）

56. 广东中远海运重工 “海洋地质十号”（N703 项目）项目组

57. 上海中远海运重工技术研发中心

58. 中远船务工程技术服务（大连）有限公司舟山分公司

59. 南京国际船舶设备配件有限公司智能制造项目组

中远海运资产经营管理有限公司

60. 广州启迪中海科技园项目建设管理团队

中远海运（上海）有限公司

61. 中海化工运输有限公司 / 上海海运海事技术有限公司工程部

中远海运（广州）有限公司

62. 广州中远海运海员宾馆

中远海运客运有限公司 / 中远海运（大连）有限公司

63.“棒棰岛”轮

中远海运船员管理有限公司

64. 上海分公司冗员管理办公室

65. 广州分公司培训师办公室

66.“银连”轮

67.“倚龙山”轮

68.“神华 502”轮

中波轮船股份公司

69. 上海弘发航运有限公司

70.“黄河”轮

中远海运（厦门）有限公司

71.“新五缘”轮

中国船舶燃料有限责任公司

72. 内控部

73. 技术研发中心江苏研发基地

74.“中燃 35”轮

中石化中海船舶燃料有限公司

75. 福建分公司经营部

上海船舶运输科学研究所

76. 船用岸电系统技术团队

77. 航运技术与安全科研设施及基地建设项目组

中远海运集团财务有限责任公司（筹）

78. 中远财务公司上海延伸柜台

79. 中海财务公司综合管理部

中远海运博鳌有限公司

80. 中远海运博鳌酒店运营管理中心北京外派服务班组

青岛远洋船员职业学院

81. 培训中心

中共中国海运（集团）总公司党校

82. 综合管理部

中远海运财产保险自保有限公司

83. 理赔部

中远海运（香港）有限公司

84. 北京远洋酒店有限公司

85. 中远关西水性箱漆攻关小组

86. 江门中远海运铝业有限公司经营管理团队

中远海运港口有限公司

87. 西班牙 Noatum 码头项目团队

88. 安庆港“管理输出”团队

89. 厦门远海自动化码头运营中心

中远海运（北美）有限公司

90. 中远海运集运（北美）有限公司全球销

售部

中远海运（欧洲）有限公司

91. 航线经营中心

中远海运（东南亚）有限公司

92. 中远海运集运（越南）有限公司

中远海运（澳洲）有限公司

93. 中远海运（澳洲）船舶服务有限公司

中远海运（日本）株式会社

94. 中远海运（日本）东方轮船株式会社营业部

中远海运（韩国）有限公司

95. 中远海运集运（韩国）有限公司欧地销售部

中远海运（西亚）有限公司

96. 中远海运（西亚）有限公司

中远海运（非洲）有限公司

97. 中远海运集运（南非）有限公司

中远海运（南美）有限公司

98. 中远海运集运（巴西）有限公司

中远海运（比雷埃夫斯）港口有限公司

99. 行政部

中远对外劳务合作公司

100. 上海中远劳务合作有限公司

先进个人（100名）

集团总部

1. 胡亚豫　集团办公厅信息调研室经理
2. 陈　吉　集团安全监管本部机务安全监督室高级经理
3. 陈　鑫　集团法务与风险管理本部规章管理室高级经理

中远海运控股股份有限公司

4. 胥　东　组织/人力资源部经理

中远海运集装箱运输有限公司

5. 邵文斌　亚太贸易区经理
6. 梁智锋　航线网络规划部
7. 方　叶　党委工作部高级业务代表
8. 柴晓珏　财务共享中心高级业务代表
9. 屠朔青　法务及风险管理部副总经理
10. 冯雪梅　中远海运国际货运公司供应链运营部高级业务代表
11. 苗光锋　青岛中远海运集装箱运输有限公司总经理
12. 蒋恩明　上海中远海运集装箱运输有限公司运价管理部总经理
13. 王　锐　中远海运集装箱运输信息服务有限公司（筹）单证中心副主任
14. 侯　俊　华南中远海运集装箱运输有限公司客户销售部经理
15. 朱盛军　上海中远资讯科技有限公司市场事业部副经理（主持工作）
16. 严正平　上海远洋运输有限公司船舶船长

中远海运散货运输有限公司

17. 刘伟航　运营调度部灵便型操作二室经理
18. 许　巍　上海分部营销总监
19. 王兰敬　中远散运天津塘沽远洋宾馆营销服务总监
20. 胡崇伟　青岛远洋国际船舶贸易有限公司总经理
21. 范国兴　香港航运/深圳远洋机务管理部技术管理室经理
22. 陈旭东　广州船管中心海务管理部华东船队管理室经理
23. 袁济忠　神华中海航运有限公司总经理
24. 赵　亮　中远散运政委
25. 赵宗团　青岛远洋船长
26. 王文胜　香港航运/深圳远洋轮机长

中远海运能源运输股份有限公司

27. 陆建华　沿海运营部总经理
28. 李　森　大连中远海运油运船长
29. 蔡利芳　大连中远海运油运船长
30. 沈小明　上海中远海运油运党工部部长、工会副主席

中远海运特种运输股份有限公司

31. 王晓明　船长
32. 蔡连财　保障部副总经理、货运技术中心总经理

33. 陈建钦　广州中远海运建设实业有限公司总经理

中远海运发展股份有限公司 / 中远海运金融控股有限公司

34. 黄健婷　财务部会计处处长

35. 周媛媛　党群工作部 / 组织部部长

36. 裴　锋　佛罗伦国际有限公司副总经理

中远海运物流有限公司

37. 史丹丹　北京中远劳捷斯物资有限公司总经理

38. 张劲松　厦门中远海运物流副总经理

39. 张志敬　泸州中远海运物流副总经理

40. 柳国旗　中远海运航空货运代理有限公司总经理

41. 张春晓　中远海运物流仓储配送有限公司人力资源部总经理、组织部长、总经理办公室主任（兼）、党群工作部主任（兼）

42. 王真雄　无界电子商务有限公司总经理助理兼 IT 部经理

43. 杨兆宏　江苏（镇江）中远海运船务副总经理

44. 柳渌莹　上海中远海运物流供应链管理有限公司营销中心

45. 王仲谦　潍坊外轮理货有限公司总经理

46. 刘　盛　中远海运物流项目物流部总经理

中远海运重工有限公司

47. 陆明锋　南通中远海运川崎基本设计部副部长

48. 姚道江　中远船务（启东）海洋工程有限公司海工项目管理部 N697（CTV）项目经理

49. 郭志强　舟山中远海运重工经营部经理

50. 王旭东　广东中远海运重工修船事业部经营室经理

51. 郭明星　扬州中远海运重工总装部经理

52. 欧阳磊鑫　上海中远海运重工生产管理部总管

53. 姚　鹏　上海中远川崎重工钢结构有限公司项目部科长

54. 崔刘林　南通中远重工生产本部本部长

中远海运资产经营管理有限公司

55. 陈　虹　总经理助理

中远海运（上海）有限公司

56. 周涵聪　党群工作部党建室副主任

中远海运（广州）有限公司

57. 凌淑芬　健康公司广州新海颐养苑

中远海运客运有限公司 / 中远海运（大连）有限公司

58. 刘晓娜　客运领班

中远海运船员管理有限公司

59. 刘卫东　上海分公司船舶政委

60. 蒋圣安　上海分公司人事部经理助理

61. 吴　波　广州分公司船舶船长

62. 晏星辉　广州分公司工会干事

63. 王国文　大连分公司船舶轮机长

64. 王　东　中远海运劳务对外合作有限公司船舶船长

65. 曾广宏　上海船管部国投 105 轮船舶政委

66. 谢健平　广州船管部神华 812 轮船舶船长

67. 孙　夏　上海教培中心教务处教科研员

68. 谈皓吉　海技中心副总经理（主持工作）

69. 黄瑞正　总经理办公室总经理助理

中波轮船股份公司

70. 张保星　船舶船长

中远海运（厦门）有限公司

71. 梁一舟　安监部经理

中国船舶燃料有限责任公司

72. 刘立果　内贸油部副总经理

73. 张　燕　舟山中燃船舶燃料有限公司总经理、党总支书记

中石化中海船舶燃料有限公司

74. 李冠杰　经营管理部保税油经营中心科长

上海船舶运输科学研究所

75. 朱鸣跃　中海环境总经理

76. 陈树威　中远海运科技董事会办公室主任

中远海运集团财务有限责任公司（筹）

77. 李　玥　中远财务公司结算业务部总经理

78. 夏洪刚　中海财务公司创新发展部副总经理

中远海运博鳌有限公司

79. 杨红梅　海南中远海运博鳌国际会务有限公司市场部总监

青岛远洋船员职业学院

80. 李先强　航海系主任

中共中国海运（集团）总公司党校

81. 刘若刚　教务部主任助理

中远海运财产保险自保有限公司

82. 张新嘉　航运保险部副总经理

中远海运（香港）有限公司

83. 高　杰　总经理助理兼行政人事部经理

84. 汤菊香　财务部副总经理

85. 夏永健　代理部总经理

中远海运港口有限公司

86. 王　敏　采购部总经理

87. 刘国如　扬州国际码头有限公司总经理

中远海运（北美）有限公司

88. 刘　敏　东方设备服务有限公司副总经理

89. 徐广贤　中远海运集运（加拿大）有限公司财务经理

中远海运（欧洲）有限公司

90. 王海先　中远海运集运（欧洲）有限公司航线经营中心总经理

91. 郑　宋　战发部副总经理

中远海运（东南亚）有限公司

92. 李　满　中远海运国际（新加坡）有限公司副总裁

93. 梁键锋　财务总经理

中远海运（澳洲）有限公司

94. 宋道宁　中远海运集运（新西兰）有限公司财务经理

中远海运（日本）株式会社

95. 王小文　中远海运集运（日本）株式会社副社长

中远海运（韩国）有限公司

96. 刘　韬　战发部副总经理

中远海运（西亚）有限公司

97. 宋伟军　中远海运集运（伊朗）有限公司（筹）总经理

中远海运（非洲）有限公司

98. 陈　军　中远海运集运（南非）有限公司总经理

中远海运（南美）有限公司

99. 邱　林　中远海运集运（智利）有限公司操作部经理

中远海运（比雷埃夫斯）港口有限公司

100. 田　超　财务部经理

2018年中国远洋海运长期服务船舶“三长”表彰名单

2018年中国远洋海运长期服务船舶“三长”表彰名单

（排名不分先后）

金牌船长（3人）

杨国磊　陈伟民　许祥章

金牌政委（3人）

王宝根　牛锡胜　余炳坤

金牌轮机长（10人）

王志军　吴根泉　林松山　季福生　富桂明　陆　良　张学昌　马陈武　吕冬焱　彭华基

银牌船长（61人）

何景生　李祥来　侯振东　夏广斌　庄祥江　陈祥荣　陈云山　仇伟良　方敏儿　顾龙华　顾明章
何德昌　黄家林　沈菊民　唐之海　王佳海　王力明　吴文彬　张建忠　陈柏华　丁庆祥　茅慧权
祝基鸿　胡建良　管建荣　钱卫民　朱亚春　朱有勤　张徐良　程　航　楼复民　蔡卫星　刘国荣
王圣和　翁志杨　陈子强　臧思勋　尹功业　张　建　宋协礼　赵宗团　陈　振　徐龙根　李文浩
秦善武　曾胜初　许亦凡　林宋光　蔡礼铭　方大为　李金良　陈芝健　沈家钢　闫冬青　何　堃
孙声远　朱西平　李胜亚　孙有安　何志刚　谢文桐

银牌政委（16人）

吴贤宗　徐海荣　鄢长根　唐忠良　周同岐　蒋黎明　孟庆略　游泽群　陈定新　莫　昌　庄仅元
张惊雷　丁明朋　常　滨　李长安　丛　伟

银牌轮机长（46人）

李玉根　王景山　肖浩礼　张焕辉　周荣章　赵荣伟　孙文柏　冯恩辉　郝善胜　丁鸿亮　孙万江
江　华　张庆华　陈永德　忻樟雄　马晓秋　张洪水　刘全红　黄天华　陈利中　杨冬根　韩净祥
王叶军　陈　尉　周　强　朱建忠　陈晓峰　马国富　郑烈彬　刘家福　欧福星　梁文华　赖学燊

陈建云 袁立峰 林海林 马俊琪 刘优贵 崔其胜 付忠伟 茹正湛 张　海 付可宏 刘光勋
徐海滨 孙仲加

铜牌船长（117人）

栗双君 陈育波 柯庆平 郭　宏 史明福 张春和 王柏祥 李贵鸿 刘　文 孟昭东 马玉亭
艾天罡 范惠民 廖庆毅 边士海 孟宪亮 贺铭展 林俊贤 惠康联 刘港业 钱　龙 田华松
王　新 林友凤 莫卫东 黄学年 陈来富 黄培刚 乔玉平 左永根 王国庆 金志义 徐德祥
何文武 尹　炜 郑　放 顾发明 雷　高 周奕隆 汪惠权 赵建林 眭兴逢 陈学文 叶吉祥
郁琦纯 黄文武 冯润发 陆建荣 王腾蛟 蔡　骥 严生党 尤晓波 顾建军 黄强平 王　平
李胜春 蔡永林 郭贵新 何瑞湧 江吉红 李　辉 徐建海 杨震海 陈海平 李　辉 沈国强
闻振华 张建良 张兴龙 施方方 胡达峰 丁新华 颜少琳 赵英球 谭　红 黄　敏 李冠辉
陈俊波 符保生 刘少宏 黄金雄 王梓杰 邱向强 蒋志广 刘　雷 张国森 陈超毅 吴建文
杨光华 何钟铭 苏德权 苏映彪 王耀明 陈富松 郑绳桂 毛成建 石广义 丛　书 杨元斌
吕万玉 莫喜胜 刘长利 王忠全 申　民 冯　新 张会民 李明利 胡小旺 蔡成春 夏树斌
于令昌 杜卫平 冯立新 郤实和 孙长岁 曹　阳 朱建平

铜牌政委（30人）

赵进忠 张　晨 蒋其友 徐德海 沈永安 孙再清 曹　庆 祝德平 洪一鸣 葛海兵 陆志晨
薛新伟 吕战信 魏智明 李　林 沈洪兴 曹忠跃 施泽跃 陈建周 唐建阳 王海宁 吴金科
张群国 刘　勇 王清波 丛培智 胡孝鲁 于洪杰 孙晓强 席　臣

铜牌轮机长（107人）

程书海 张　方 王志标 姜俊欢 洪建海 迟　军 张庆华 吴立民 张梦江 郭洪发 芮　宝
胡　兵 王建忠 李文铸 黎军龙 孟东汉 杨光群 高清启 金轶非 费振东 许国新 刘义荣
曾维刚 杨　涛 薛洪献 朱海明 顾新昌 周晓明 徐克俭 张俊兴 邵志放 尹伟平 黄建龙
费长禄 孟祥友 黄　洲 杨华兴 范明康 徐顺东 乐建明 沈　健 张建林 金海江 杨仁忠
陈建明 厉伟荣 祝丁忠 陈建良 张卫东 沈惠强 谢　彦 陆新军 周明敏 沈凌华 颜海祥
樊建森 卢竹勇 程金梦 朱　伟 梁成城 孔来勇 王启开 韩　雄 杨　唱 许柏林 李干文
朱　江 肖　盛 林木贺 孙汉雄 秦化广 林永辉 徐永烧 卓　勇 何振雄 陈克东 张碧峰
梁西胜 胡长友 吴赞乾 叶谋海 林建明 马加强 张春知 殷定雄 任树志 刘　学 刘桂泉
张朝阳 李　彬 郑建乡 王　翀 李长林 乔德志 陈文斌 段全平 慕殿江 陈多宾 刘长伟
王振伟 陈才虎 齐维恩 苏光辉 朱　玉 王明家 徐京智 沈炳忠

中远海运服务首届进博会优秀团队、优秀个人、先进个人名单

中远海运服务首届进博会优秀团队、优秀个人、先进个人名单

优秀团队（6个）

1. 集团运营管理本部
2. 集团公共关系本部
3. 集团研究咨询中心
4. 中远海运集运进博会运输服务组
5. 中远海运航空货运代理有限公司会展中心
6. 中远海运博鳌进博会核心服务团队

优秀个人（12人）

1. 陈　东　集团运营管理本部客户室主管
2. 任海浩　集团运营管理本部客户室经理
3. 黄　娟　中远海运港口有限公司中国部副经理（专项工作小组）
4. 尹红花　集团办公厅外事管理室主管
5. 郭　婧　集团公共关系本部品牌及媒体关系主管
6. 姜艳妮　集团研究咨询中心航运经营研究室经理
7. 王松文　中远海运集运（欧洲）有限公司副总裁兼任德国代理公司总经理
8. 胡媛媛　中远海运集运冷箱贸易区总经理
9. 王　晔　中远海运物流项目物流部副总经理
10. 贾津津　中远海运物流党委工作部宣传室主任
11. 宋新建　中远海运博鳌总经理助理、酒店运营管理中心总经理
12. 侯程恺　中远海运博鳌酒店运营管理中心副总经理

先进个人（18人）

1. 刘　磊　集团运营管理本部采购管理室主管
2. 赵黎丽　集团运营管理本部客户室主管
3. 胡　彧　集团公共关系本部对外关系室经理
4. 马晓静　集团公共关系本部品牌管理与媒体关系室主管
5. 胡亚豫　集团办公厅信息调研室经理
6. 吴彦红　集团党组工作部党建室主管
7. 孔凡华　集团研究咨询中心副主任
8. 肖　烈　集团研究咨询中心投资管理研究室经理
9. 胡如月　集团新闻媒体中心报纸编辑室
10. 李　琳　集团新闻媒体中心报纸编辑室
11. 卢向峰　集团集采中心信息室主管
12. 黄　橙　上海中远海运物流计划调度（专项工作小组）
13. 谢国松　中远海运国际货运公司供应链运营部总经理助理
14. 吴　岳　中远海运集装箱运输有限公司
15. 何小羽　上海中远海运物流班轮代理分公司业务部单证操作员
16. 沈永峰　中远海运工程上海分部总经理助理
17. 张　杰　中远海运博鳌酒店运营管理中心行政助理
18. 孔庆贺　中远海运博鳌行政人事部经理

2019

CHINA COSCO SHIPPING
CORPORATION LIMITED
YEARBOOK

中国远洋海运集团有限公司

年鉴

第十七篇

统计资料

船队统计

船队统计

（截至 2018 年 12 月 31 日）

2018 年中远海运集团集装箱船队自有船舶船名录

表 17–1

序号	所属二级公司（经营）	权属	中文船名	英文船名	建造时间	建造国家或地区	船旗	总载重量（吨）	载箱量(TEU)
1	中远海运集运	中远海运集运	奇云河	QI YUN HE	2000–10–18	日本	巴拿马	24 261	1432
2	中远海运集运	中远海运集运	松云河	SONG YUN HE	1998–08–08	日本	巴拿马	24 237	1432
3	中远海运集运	中远海运集运	中远菊花	COSCO KIKU	2002–01–31	日本	巴拿马	9294	542
4	中远海运集运	中远海运集运	飞云河	FEI YUN HE	2000–07–12	中国	中国	25 723	1702
5	中远海运集运	中远海运集运	凌云河	LING YUN HE	2000–09–02	中国	中国	25 723	1702
6	中远海运集运	中远海运集运	青云河	QING YUN HE	2000–05–29	中国	中国	25 679	1702
7	中远海运集运	中远海运集运	天安河	TIAN AN HE	2010–06–21	中国	中国	63 165	5089
8	中远海运集运	中远海运集运	天宝河	TIAN BAO HE	2009–10–31	中国	中国	62 997	5089
9	中远海运集运	中远海运集运	天福河	TIAN FU HE	2010–07–26	中国	中国	63 143	5089
10	中远海运集运	中远海运集运	天锦河	TIAN JIN HE	2010–05–28	中国	中国	63 187	5089
11	中远海运集运	中远海运集运	天康河	TIAN KANG HE	2010–06–30	中国	中国	63 296	5089
12	中远海运集运	中远海运集运	天丽河	TIAN LI HE	2010–04–28	中国	中国	63 253	5089
13	中远海运集运	中远海运集运	天隆河	TIAN LONG HE	2010–01–28	中国	中国	63 195	5089
14	中远海运集运	中远海运集运	天庆河	TIAN QING HE	2010–07–20	中国	中国	63 258	5089
15	中远海运集运	中远海运集运	天盛河	TIAN SHENG HE	2010–05–20	中国	中国	63 292	5089
16	中远海运集运	中远海运集运	天兴河	TIAN XING HE	2009–12–08	中国	中国	63 001	5089
17	中远海运集运	中远海运集运	天秀河	TIAN XIU HE	2010–04–15	中国	中国	63 188	5089
18	中远海运集运	中远海运集运	天运河	TIAN YUN HE	2009–11–18	中国	中国	62 997	5089

续上表

序号	所属二级公司（经营）	权属	中文船名	英文船名	建造时间	建造国家或地区	船旗	总载重量（吨）	载箱量(TEU)
19	中远海运集运	中远海运集运	天顺河	TIAN SHUN HE	2004-12-25	日本	巴拿马	67 209	5816
20	中远海运集运	中远海运集运	天祥河	TIAN XIANG HE	2004-11-10	日本	巴拿马	67 209	5816
21	中远海运集运	中远海运集运	泛亚宁德	FAN YA NING DE	2006-04-01	韩国	中国	68 030	5060
22	中远海运集运	中远海运集运	泛亚广州	FAN YA GUANG ZHOU	2006-04-01	韩国	中国	68 030	5060
23	中远海运集运	中远海运集运	泛亚天津	FAN YA TIAN JIN	2005-04-01	韩国	中国	67 025	5029
24	中远海运集运	中远海运集运	泛亚上海	FAN YA SHANG HAI	2004-04-01	韩国	中国	67 025	5029
25	中远海运集运	中远海运集运	彩云河	CAI YUN HE	2000-06-02	日本	巴拿马	24 259	1432
26	中远海运集运	中远海运集运	中远亚丁	COSCO ADEN	2011-12-22	中国	中国香港	49 963	4253
27	中远海运集运	中远海运集运	中远非洲	COSCO AFRICA	2008-05-23	韩国	巴拿马	109 968	10 062
28	中远海运集运	中远海运集运	中远美洲	COSCO AMERICA	2008-01-12	韩国	巴拿马	109 968	10 062
29	中远海运集运	中远海运集运	中远亚喀巴	COSCO AQABA	2013-07-03	中国	中国香港	49 963	4253
30	中远海运集运	中远海运集运	中远阿什杜德	COSCO ASHDOD	2013-03-11	中国	中国香港	49 963	4253
31	中远海运集运	中远海运集运	中远亚洲	COSCO ASIA	2007-06-08	韩国	巴拿马	109 968	10 062
32	中远海运集运	中远海运集运	中远奥克兰	COSCO AUCKLAND	2011-12-12	中国	中国香港	49 963	4253
33	中远海运集运	中远海运集运	中远比利时	COSCO BELGIUM	2012-12-10	中国	中国香港	156 605	13 386
34	中远海运集运	中远海运集运	中远波士顿	COSCO BOSTON	2007-06-04	韩国	巴拿马	68 241	5089
35	中远海运集运	中远海运集运	中远科伦坡	COSCO COLOMBO	2012-02-14	中国	中国香港	49 963	4253
36	中远海运集运	中远海运集运	中远丹麦	COSCO DENMARK	2014-07-09	中国	中国香港	156 610	13 386
37	中远海运集运	中远海运集运	中远德班	COSCO DURBAN	2012-03-29	中国	中国香港	49 963	4253
38	中远海运集运	中远海运集运	中远英格兰	COSCO ENGLAND	2013-05-25	中国	中国香港	156 618	13 386
39	中远海运集运	中远海运集运	中远欧洲	COSCO EUROPE	2008-01-01	韩国	巴拿马	109 968	10 062
40	中远海运集运	中远海运集运	中远福斯	COSCO FOS	2012-06-27	中国	中国香港	49 963	4253
41	中远海运集运	中远海运集运	中远法国	COSCO FRANCE	2013-03-08	中国	中国香港	156 596	13 386
42	中远海运集运	中远海运集运	中远热那亚	COSCO GENOA	2012-05-14	中国	中国香港	49 963	4253

续上表

序号	所属二级公司（经营）	权属	中文船名	英文船名	建造时间	建造国家或地区	船旗	总载重量（吨）	载箱量(TEU)
43	中远海运集运	中远海运集运	中远海法	COSCO HAIFA	2012-05-14	中国	中国香港	49 963	4253
44	中远海运集运	中远海运集运	中远休斯敦	COSCO HOUSTON	2012-02-12	中国	中国香港	49 963	4253
45	中远海运集运	中远海运集运	中远伊斯坦布尔	COSCO ISTANBUL	2012-07-09	中国	中国香港	49 963	4253
46	中远海运集运	中远海运集运	中远意大利	COSCO ITALY	2014-02-09	中国	中国香港	156 610	13 386
47	中远海运集运	中远海运集运	中远伊兹密尔	COSCO IZMIR	2013-03-11	中国	中国香港	49 963	4253
48	中远海运集运	中远海运集运	中远吉达	COSCO JEDDAH	2012-07-09	中国	中国香港	49 963	4253
49	中远海运集运	中远海运集运	中远高雄	COSCO KAOHSIUNG	2008-07-16	中国	中国	111 315	10 020
50	中远海运集运	中远海运集运	中远荷兰	COSCO NETHERLANDS	2013-08-21	中国	中国香港	156 549	13 386
51	中远海运集运	中远海运集运	中远纽约	COSCO NEW YORK	2007-07-28	韩国	巴拿马	68 235	5089
52	中远海运集运	中远海运集运	中远大洋洲	COSCO OCEANIA	2007-12-24	中国	中国香港	109 920	10 020
53	中远海运集运	中远海运集运	中远太平洋	COSCO PACIFIC	2008-04-03	中国	中国香港	109 920	10 020
54	中远海运集运	中远海运集运	中远比雷埃夫斯	COSCO PIRAEUS	2012-07-06	中国	中国香港	49 963	4253
55	中远海运集运	中远海运集运	中远葡萄牙	COSCO PORTUGAL	2014-04-24	中国	中国香港	156 610	13 386
56	中远海运集运	中远海运集运	中远桑托斯	COSCO SANTOS	2012-09-25	中国	中国香港	49 963	4253
57	中远海运集运	中远海运集运	中远圣保罗	COSCO SAO PAULO	2012-09-25	中国	中国香港	49 963	4253
58	中远海运集运	中远海运集运	中远海运多瑙河	COSCO SHIPPING DANUBE	2016-07-22	中国	中国香港	111 290	9092
59	中远海运集运	中远海运集运	中远海运泰晤士河	COSCO SHIPPING THAMES	2017-04-11	中国	中国香港	111 290	9092
60	中远海运集运	中远海运集运	中远海运伏尔加河	COSCO SHIPPING VOLGA	2017-01-18	中国	中国香港	111 290	9092
61	中远海运集运	中远海运集运	中远西班牙	COSCO SPAIN	2013-11-12	中国	中国香港	156 572	13 386
62	中远海运集运	中远海运集运	中远泗水	COSCO SURABAYA	2013-06-01	中国	中国香港	49 963	4253
63	中远海运集运	中远海运集运	中远太仓	COSCO TAICANG	2008-11-03	中国	中国香港	111 499	10 020
64	中远海运集运	中远海运集运	中远瓦伦西亚	COSCO VALENCIA	2012-11-08	中国	中国香港	49 963	4253
65	中远海运集运	中远海运集运	中远威尼斯	COSCO VENICE	2012-12-24	中国	中国香港	49 963	4253
66	中远海运集运	中远海运集运	中远惠灵顿	COSCO WELLINGTON	2012-12-26	中国	中国香港	49 963	4253

续上表

序号	所属二级公司（经营）	权属	中文船名	英文船名	建造时间	建造国家或地区	船旗	总载重量（吨）	载箱量(TEU)
67	中远海运集运	中远海运集运	峰云河	FENG YUN HE	1998-09-24	日本	巴拿马	24 251	1432
68	中远海运集运	中远海运集运	锦云河	JIN YUN HE	2000-04-03	日本	巴拿马	24 244	1432
69	中远海运集运	中远海运集运	密云河	MI YUN HE	2000-12-11	日本	巴拿马	23 853	1432
70	中远海运集运	中远海运集运	腾云河	TENG YUN HE	1999-12-25	中国	中国	25 723	1702
71	中远海运集运	中远海运集运	中远安特卫普	COSCO ANTWERP	2001-04-20	中国	英国	68 910	5446
72	中远海运集运	中远海运集运	中远费利克斯托	COSCO FELIXSTOWE	2001-09-27	中国	英国	69 107	5446
73	中远海运集运	中远海运集运	中远汉堡	COSCO HAMBURG	2001-07-17	日本	英国	69 098	5446
74	中远海运集运	中远海运集运	中远香港	COSCO HONGKONG	2001-12-28	日本	英国	69 098	5446
75	中远海运集运	中远海运集运	中远鹿特丹	COSCO ROTTERDAM	2001-11-09	日本	英国	69 098	5446
76	中远海运集运	中远海运集运	中远上海	COSCO SHANGHAI	2001-05-29	日本	英国	69 098	5446
77	中远海运集运	中远海运集运	中远新加坡	COSCO SINGAPORE	2001-09-21	日本	英国	69 098	5446
78	中远海运集运	中远海运集运	天畅河	TIAN CHANG HE	2005-02-22	日本	巴拿马	67 209	5816
79	中远海运集运	中远海运集运	中远海运塞纳河	COSCO SHIPPING SEINE	2017-06-13	中国	中国香港	111 401	9092
80	中远海运集运	中远海运集运	中远海运喜马拉雅	COSCO SHIPPING HIMALAYAS	2017-07-25	中国	中国香港	153 812	14 566
81	中远海运集运	中远海运集运	中远海运莱茵河	COSCO SHIPPING RHINE	2017-09-04	中国	中国香港	111 244	9092
82	中远海运集运	中远海运集运	中远海运乞力马扎罗	COSCO SHIPPING KILIMANJARO	2017-12-10	中国	中国香港	153 812	14 566
83	中远海运集运	中远海运集运	中远海运阿尔卑斯	COSCO SHIPPING ALPS	2018-01-06	中国	中国香港	153 811	14 566
84	中远海运集运	中远海运集运	中远海运白羊座	COSCO SHIPPING ARIES	2018-01-15	中国	中国香港	197 021	19 273
85	中远海运集运	中远海运集运	中远海运金牛座	COSCO SHIPPING TAURUS	2018-01-27	中国	中国香港	198 030	20 119
86	中远海运集运	中远海运集运	中远海运双子座	COSCO SHIPPING GEMINI	2018-04-10	中国	中国香港	198 030	20 119
87	中远海运集运	中远海运集运	中远海运狮子座	COSCO SHIPPING LEO	2018-04-23	中国	中国香港	197 021	19 273
88	中远海运集运	中远海运集运	中远海运室女座	COSCO SHIPPING VIRGO	2018-06-02	中国	中国香港	198 030	20 119
89	中远海运集运	中远海运集运	中远海运牡丹	COSCO SHIPPING PEONY	2018-05-31	中国	中国香港	146 587	13 800

续上表

序号	所属二级公司（经营）	权属	中文船名	英文船名	建造时间	建造国家或地区	船旗	总载重量（吨）	载箱量(TEU)
90	中远海运集运	中远海运集运	中远海运宇宙	COSCO SHIPPING UNIVERSE	2018-06-12	中国	中国香港	198 485	21 237
91	中远海运集运	中远海运集运	中远海运德纳里	COSCO SHIPPING DENALI	2018-06-13	中国	中国香港	153 811	14 566
92	中远海运集运	中远海运集运	中远海运天秤座	COSCO SHIPPING LIBRA	2018-07-17	中国	中国香港	198 030	20 119
93	中远海运集运	中远海运集运	中远海运摩羯座	COSCO SHIPPING CAPRICORN	2018-07-18	中国	中国香港	197 087	19 273
94	中远海运集运	中远海运集运	中远海运茉莉	COSCO SHIPPING JASMINE	2018-08-07	中国	中国香港	192 369	13 800
95	中远海运集运	中远海运集运	中远海运天蝎座	COSCO SHIPPING SCORPIO	2018-08-20	中国	中国香港	197 021	19 273
96	中远海运集运	中远海运集运	中远海运安第斯	COSCO SHIPPING ANDES	2018-09-12	中国	中国香港	153 811	14 566
97	中远海运集运	中远海运集运	中远海运玫瑰	COSCO SHIPPING ROSE	2018-09-26	中国	中国香港	192 369	13 800
98	中远海运集运	中远海运集运	中远海运人马座	COSCO SHIPPING SAGITTARIUS	2018-10-17	中国	中国香港	199 934	20 119
99	中远海运集运	中远海运集运	中远海运星云	COSCO SHIPPING NEBULA	2018-10-23	中国	中国香港	198 485	21 237
100	中远海运集运	中远海运集运	中远海运樱花	COSCO SHIPPING SAKURA	2018-09-26	中国	中国香港	192 369	13 800
101	中远海运发展	中远海运发展	中海东海	CSCL EAST CHINA SEA	2014-08-01	中国	中国香港	121 186	10 036
102	中远海运发展	中远海运发展	中海南海	CSCL SOUTH CHIAN SEA	2014-11-01	中国	中国香港	121 147	10 036
103	中远海运集运	中远海运发展	中海北冰洋	CSCL ARCTIC OCEAN	2015-03-20	韩国	中国香港	184 320	18 982
104	中远海运集运	中远海运发展	中海亚洲	CSCL ASIA	2004-07-07	韩国	中国香港	101 612	8468
105	中远海运集运	中远海运发展	中海大西洋	CSCL ATLANTIC OCEAN	2015-04-29	韩国	中国香港	184 320	18 982
106	中远海运集运	中远海运发展	中海之秋	CSCL AUTUMN	2014-05-09	中国	中国香港	121 270	10 036
107	中远海运集运	中远海运发展	中海渤海	CSCL BOHAI SEA	2014-06-09	中国	中国香港	121 824	10 036
108	中远海运集运	中远海运发展	中海环球	CSCL GLOBE	2014-11-21	韩国	中国香港	184 320	18 982
109	中远海运集运	中远海运发展	中海印度洋	CSCL INDIAN OCEAN	2015-01-23	韩国	中国香港	184 320	18 982
110	中远海运集运	中远海运发展	中海木星	CSCL JUPITER	2011-05-20	韩国	中国香港	155 480	14 074
111	中远海运集运	中远海运发展	中海火星	CSCL MARS	2011-10-28	韩国	中国香港	155 467	14 074

续上表

序号	所属二级公司（经营）	权属	中文船名	英文船名	建造时间	建造国家或地区	船旗	总载重量（吨）	载箱量(TEU)
112	中远海运集运	中远海运发展	中海水星	CSCL MERCURY	2011-07-15	韩国	中国香港	155 374	14 074
113	中远海运集运	中远海运发展	中海海王星	CSCL NEPTUNE	2012-05-22	韩国	中国香港	155 264	14 074
114	中远海运集运	中远海运发展	中海太平洋	CSCL PACIFIC OCEAN	2014-12-19	韩国	中国香港	184 320	18 982
115	中远海运集运	中远海运发展	中海土星	CSCL SATURN	2011-12-21	韩国	中国香港	155 467	14 074
116	中远海运集运	中远海运发展	中海之春	CSCL SPRING	2014-01-08	中国	中国香港	121 849	10 036
117	中远海运集运	中远海运发展	中海之星	CSCL STAR	2011-01-15	韩国	中国香港	155 470	14 074
118	中远海运集运	中远海运发展	中海之夏	CSCL SUMMER	2014-03-07	中国	中国香港	121 805	10 036
119	中远海运集运	中远海运发展	中海天王星	CSCL URANUS	2012-03-09	韩国	中国香港	155 628	14 074
120	中远海运集运	中远海运发展	中海金星	CSCL VENUS	2011-04-29	韩国	中国香港	155 305	14 074
121	中远海运集运	中远海运发展	中海之冬	CSCL WINTER	2014-04-18	中国	中国香港	121 805	10 036
122	中远海运集运	中远海运发展	中海黄海	CSCL YELLOW SEA	2014-06-27	中国	中国香港	121 193	10 036
123	中远海运集运	中远海运发展	新北仑	XIN BEI LUN	2005-09-23	中国	中国	52 223	4250
124	中远海运集运	中远海运发展	新北京	XIN BEI JING	2007-04-19	韩国	中国香港	111 572	9572
125	中远海运集运	中远海运发展	新沧州	XIN CANG ZHOU	2013-05-01	中国	中国	67 001	4738
126	中远海运集运	中远海运发展	新长沙	XIN CHANG SHA	2005-11-06	中国	中国	52 214	4250
127	中远海运集运	中远海运发展	新常熟	XIN CHANG SHU	2005-06-29	中国	中国	69 225	5688
128	中远海运集运	中远海运发展	新赤湾	XIN CHI WAN	2004-06-01	中国	中国	69 272	5688
129	中远海运集运	中远海运发展	新重庆	XIN CHONG QING	2003-07-10	中国	中国	50 188	4051
130	中远海运集运	中远海运发展	新大连	XIN DA LIAN	2003-02-23	中国	中国	69 024	5668
131	中远海运发展	中远海运发展	新大洋洲	XIN DA YANG ZHOU	2009-04-01	中国	中国	102 396	8533
132	中远海运集运	中远海运发展	新丹东	XIN DAN DONG	2006-04-16	中国	中国	52 210	4250
133	中远海运集运	中远海运发展	新防城	XIN FANG CHENG	2005-07-12	中国	中国	52 241	4250
134	中远海运集运	中远海运发展	新非洲	XIN FEI ZHOU	2008-12-03	中国	中国	102 379	8533
135	中远海运集运	中远海运发展	新福州	XIN FU ZHOU	2004-09-10	中国	中国	69 235	5688

续上表

序号	所属二级公司（经营）	权属	中文船名	英文船名	建造时间	建造国家或地区	船旗	总载重量（吨）	载箱量(TEU)
136	中远海运集运	中远海运发展	新海口	XIN HAI KOU	2005-09-03	中国	中国	52 212	4250
137	中远海运集运	中远海运发展	新杭州	XIN HANG ZHOU	2012-05-19	中国	中国	67 040	4738
138	中远海运集运	中远海运发展	新香港	XIN HONG KONG	2007-02-06	韩国	中国香港	111 747	9572
139	中远海运集运	中远海运发展	新黄埔	XIN HUANG PU	2005-08-09	中国	中国	52 216	4250
140	中远海运集运	中远海运发展	新惠州	XIN HUI ZHOU	2013-07-23	中国	中国	66 904	4738
141	中远海运集运	中远海运发展	新兰州	XIN LAN ZHOU	2012-08-10	中国	中国	67 061	4738
142	中远海运集运	中远海运发展	新连云港	XIN LIAN YUN GANG	2003-09-05	中国	中国	69 024	5668
143	中远海运集运	中远海运发展	新洛杉矶	XIN LOS ANGELES	2006-06-20	韩国	中国香港	111 889	9572
144	中远海运集运	中远海运发展	新美洲	XIN MEI ZHOU	2008-04-10	中国	中国	102 453	8533
145	中远海运集运	中远海运发展	新南沙	XIN NAN SHA	2005-10-16	中国	中国	52 216	4250
146	中远海运集运	中远海运发展	新南通	XIN NAN TONG	2003-11-24	中国	中国	50 189	4051
147	中远海运集运	中远海运发展	新宁波	XIN NING BO	2003-08-25	中国	中国	69 323	5668
148	中远海运集运	中远海运发展	新欧洲	XIN OU ZHOU	2007-11-11	中国	中国	102 461	8533
149	中远海运集运	中远海运发展	新浦东	XIN PU DONG	2003-02-15	中国	中国	69 303	5668
150	中远海运集运	中远海运发展	新秦皇岛	XIN QIN HUANG DAO	2004-07-08	中国	中国	69 225	5688
151	中远海运集运	中远海运发展	新钦州	XIN QIN ZHOU	2012-03-01	中国	中国	66 904	4738
152	中远海运集运	中远海运发展	新青岛	XIN QING DAO	2003-05-09	中国	中国	69 423	5668
153	中远海运集运	中远海运发展	新泉州	XIN QUAN ZHOU	2005-05-12	中国	中国	54 163	4250
154	中远海运集运	中远海运发展	新日照	XIN RI ZHAO	2005-11-22	中国	中国	52 192	4250
155	中远海运集运	中远海运发展	新汕头	XIN SHAN TOU	2005-11-05	中国	中国	52 157	4250
156	中远海运集运	中远海运发展	新上海	XIN SHANG HAI	2006-10-09	韩国	中国香港	111 889	9572
157	中远海运集运	中远海运发展	新苏州	XIN SU ZHOU	2004-02-15	中国	中国	50 192	4051
158	中远海运集运	中远海运发展	新太仓	XIN TAI CANG	2008-07-07	中国	中国	52 241	4250
159	中远海运集运	中远海运发展	新天津	XIN TIAN JIN	2003-05-25	中国	中国	69 225	5668

续上表

序号	所属二级公司（经营）	权属	中文船名	英文船名	建造时间	建造国家或地区	船旗	总载重量（吨）	载箱量(TEU)
160	中远海运集运	中远海运发展	新威海	XIN WEI HAI	2006-01-03	中国	中国	52 219	4250
161	中远海运集运	中远海运发展	新温州	XIN WEN ZHOU	2013-03-01	中国	中国	67 053	4738
162	中远海运集运	中远海运发展	新武汉	XIN WU HAN	2008-10-20	中国	中国	52 160	4250
163	中远海运集运	中远海运发展	新厦门	XIN XIA MEN	2004-03-03	中国	中国	69 260	5668
164	中远海运集运	中远海运发展	新徐州	XIN XU ZHOU	2013-03-01	中国	中国	66 904	4738
165	中远海运集运	中远海运发展	新亚洲	XIN YA ZHOU	2007-08-24	中国	中国	102 396	8533
166	中远海运集运	中远海运发展	新烟台	XIN YAN TAI	2005-01-01	中国	中国	69 225	5688
167	中远海运集运	中远海运发展	新盐田	XIN YAN TIAN	2004-01-02	中国	中国	68 961	5668
168	中远海运集运	中远海运发展	新洋浦	XIN YANG PU	2008-07-22	中国	中国	52 160	4250
169	中远海运集运	中远海运发展	新洋山	XIN YANG SHAN	2005-04-01	中国	中国	52 242	4250
170	中远海运集运	中远海运发展	新扬州	XIN YANG ZHOU	2004-03-29	中国	中国	50 137	4051
171	中远海运集运	中远海运发展	新营口	XIN YING KOU	2006-03-12	中国	中国	52 187	4250
172	中远海运集运	中远海运发展	新湛江	XIN ZHAN JIANG	2006-02-18	中国	中国	52 279	4250
173	中远海运集运	中远海运发展	新漳州	XIN ZHANG ZHOU	2008-11-01	中国	中国	52 216	4250
174	中远海运集运	中远海运发展	新郑州	XIN ZHENG ZHOU	2012-07-10	中国	中国	67 041	4738
175	东方海外	东方海外	—	OOCL GERMANY	2017-08-24	韩国	中国香港	191 422	21 413
176	东方海外	东方海外	—	OOCL HONG KONG	2017-05-18	韩国	中国香港	191 422	21 413
177	东方海外	东方海外	—	OOCL INDONESIA	2018-01-18	韩国	中国香港	191 688	21 413
178	东方海外	东方海外	—	OOCL JAPAN	2017-09-11	韩国	中国香港	191 688	21 413
179	东方海外	东方海外	—	OOCL SCANDINAVIA	2017-11-28	韩国	中国香港	191 343	21 413
180	东方海外	东方海外	—	OOCL UNITED KINGDOM	2017-09-29	韩国	中国香港	191 688	21 413
181	东方海外	东方海外	—	OOCL FRANCE	2013-04-30	韩国	中国香港	144 162	13 208
182	东方海外	东方海外	—	OOCL EGYPT	2013-07-26	韩国	中国香港	144 179	13 208
183	东方海外	东方海外	—	OOCL MALAYSIA	2013-10-16	韩国	中国香港	144 162	13 208

续上表

序号	所属二级公司（经营）	权属	中文船名	英文船名	建造时间	建造国家或地区	船旗	总载重量（吨）	载箱量(TEU)
184	东方海外	东方海外	—	OOCL BANGKOK	2013-09-13	韩国	中国香港	144 043	13 208
185	东方海外	东方海外	—	OOCL BERLIN	2013-03-26	韩国	中国香港	144 143	13 208
186	东方海外	东方海外	—	OOCL BRUSSELS	2013-03-26	韩国	中国香港	144 150	13 208
187	东方海外	东方海外	—	OOCL CHONGQING	2013-06-28	韩国	中国香港	144 060	13 208
188	东方海外	东方海外	—	OOCL KOREA	2014-04-17	韩国	中国香港	144 131	13 208
189	东方海外	东方海外	—	OOCL POLAND	2013-01-22	韩国	中国香港	144 342	13 208
190	东方海外	东方海外	—	OOCL SINGAPORE	2014-05-23	韩国	中国香港	144 159	13 208
191	东方海外	东方海外	—	OOCL BEIJING	2011-04-29	中国	中国香港	101 589	8888
192	东方海外	东方海外	—	OOCL CANADA	2011-07-18	中国	中国香港	101 412	8888
193	东方海外	东方海外	—	OOCL GENOA	2015-08-27	中国	中国香港	101 115	8888
194	东方海外	东方海外	—	OOCL HO CHI MINH CITY	2015-10-30	中国	中国香港	101 047	8888
195	东方海外	东方海外	—	OOCL MEMPHIS	2013-03-28	中国	中国香港	101 544	8888
196	东方海外	东方海外	—	OOCL MIAMI	2013-01-16	中国	中国香港	101 566	8888
197	东方海外	东方海外	—	OOCL TAIPEI	2015-01-07	中国	中国香港	101 147	8888
198	东方海外	东方海外	—	OOCL UTAH	2015-03-31	中国	中国香港	101 279	8888
199	东方海外	东方海外	—	OOCL ASIA	2006-03-17	韩国	中国香港	105 530	8063
200	东方海外	东方海外	—	OOCL ATLANTA	2005-02-28	韩国	中国香港	105 337	8063
201	东方海外	东方海外	—	OOCL EUROPE	2006-07-26	韩国	中国香港	105 545	8063
202	东方海外	东方海外	—	OOCL HAMBURG	2004-02-26	韩国	中国香港	99 517	8063
203	东方海外	东方海外	—	OOCL LONDON	2010-04-13	韩国	中国香港	105 350	8063
204	东方海外	东方海外	—	OOCL LUXEMBOURG	2010-04-30	韩国	中国香港	105 374	8063
205	东方海外	东方海外	—	OOCL ROTTERDAM	2004-01-15	韩国	中国香港	105 450	8063
206	东方海外	东方海外	—	OOCL SEOUL	2010-01-15	韩国	中国香港	105 563	8063
207	东方海外	东方海外	—	OOCL SOUTHAMPTON	2007-05-30	韩国	中国香港	105 400	8063

续上表

序号	所属二级公司（经营）	权属	中文船名	英文船名	建造时间	建造国家或地区	船旗	总载重量（吨）	载箱量(TEU)
208	东方海外	东方海外	—	OOCL TOKYO	2007-01-08	韩国	中国香港	105 423	8063
209	东方海外	东方海外	—	OOCL WASHINGTON	2010-01-11	韩国	中国香港	105 358	8063
210	东方海外	东方海外	—	OOCL CHICAGO	2000-10-27	中国	中国香港	67 278	5714
211	东方海外	东方海外	—	OOCL SAN FRANCISCO	2000-09-15	中国	中国香港	67 313	5714
212	东方海外	东方海外	—	OOCL NEW YORK	1999-12-10	韩国	中国香港	67 660	5770
213	东方海外	东方海外	—	OOCL SHANGHAI	1999-12-30	韩国	中国香港	67 584	5770
214	东方海外	东方海外	—	OOCL AMERICA	1995-11-28	日本	中国香港	67 741	5344
215	东方海外	东方海外	—	OOCL CALIFORNIA	1995-08-29	日本	中国香港	67 765	5344
216	东方海外	东方海外	—	OOCL AUSTRALIA	2006-11-30	中国	中国香港	52 217	4583
217	东方海外	东方海外	—	OOCL ZHOUSHAN	2006-09-15	中国	中国香港	52 214	4583
218	东方海外	东方海外	—	OOCL BRISBANE	2009-07-20	韩国	中国香港	50 575	4578
219	东方海外	东方海外	—	OOCL BUSAN	2008-01-04	韩国	中国香港	50 567	4578
220	东方海外	东方海外	—	OOCL CHARLESTON	2010-01-05	韩国	中国香港	50 518	4578
221	东方海外	东方海外	—	OOCL DALIAN	2009-11-10	韩国	中国香港	50 464	4578
222	东方海外	东方海外	—	OOCL GUANGZHOU	2010-05-17	韩国	中国香港	50 575	4578
223	东方海外	东方海外	—	OOCL HOUSTON	2007-10-22	韩国	中国香港	50 585	4578
224	东方海外	东方海外	—	OOCL JAKARTA	2010-06-08	韩国	中国香港	50 560	4578
225	东方海外	东方海外	—	OOCL KOBE	2007-06-29	韩国	中国香港	50 554	4578
226	东方海外	东方海外	—	OOCL LE HAVRE	2010-01-05	韩国	中国香港	50 580	4578
227	东方海外	东方海外	—	OOCL NAGOYA	2009-11-23	韩国	中国香港	50 501	4578
228	东方海外	东方海外	—	OOCL NEW ZEALAND	2009-09-04	韩国	中国香港	50 490	4578
229	东方海外	东方海外	—	OOCL NORFOLK	2009-02-13	韩国	中国香港	50 489	4578
230	东方海外	东方海外	—	OOCL PANAMA	2008-04-25	韩国	中国香港	50 633	4578
231	东方海外	东方海外	—	OOCL SAVANNAH	2010-06-08	韩国	中国香港	50 490	4578

续上表

序号	所属二级公司（经营）	权属	中文船名	英文船名	建造时间	建造国家或地区	船旗	总载重量（吨）	载箱量(TEU)
232	东方海外	东方海外	—	OOCL TEXAS	2008-02-05	韩国	中国香港	50 610	4578
233	东方海外	东方海外	—	OOCL YOKOHAMA	2007-07-25	韩国	中国香港	50 634	4578
234	东方海外	东方海外	—	OOCL MONTREAL	2003-05-19	韩国	中国香港	47 828	4402
235	东方海外	东方海外	—	OOCL BELGIUM	1998-09-30	韩国	中国香港	40 972	2992
合计								22 206 669	1 954 485

2018 年中远海运集团集装箱船队租入船舶船名录

表 17-2

序号	所属二级公司（经营）	中文船名	英文船名	建造时间	建造国家或地区	船旗	总载重量（吨）	载箱量(TEU)
1	中远海运集运	—	CONMAR HAWK	2002-01-01	—	英国	8003	707
2	中远海运集运	—	ACACIA VIRGO	2007-06-01	中国	巴拿马	13 760	1022
3	中远海运集运	弘泰 223	HONG TAI 223	2017-09-21	中国	中国	21 060	1330
4	中远海运集运	泰晟 75	TAI SHENG 75	2008-02-03	中国	中国	10 100	648
5	中远海运集运	—	JI FA NAN HAI	2016-08-01	中国	中国	20 676	1184
6	中远海运集运	华晟 57	HUA SHENG 57	2018-03-08	中国	中国	25 260	1508
7	中远海运集运	钱海 83	QIAN HAI 83	2012-10-25	中国	中国	11 920	802
8	中远海运集运	华鑫 878	HUA XIN 878	2009-06-06	中国	中国	2 647	435
9	中远海运集运	弘泰 229	HONG TAI 229	2017-09-21	中国	中国	21 060	1330
10	中远海运集运	中海伊势湾	BARO	2004-02-18	中国	马绍尔群岛	23 416	1740
11	中远海运集运	泛亚博多	HALCYON	2007-04-19	日本	巴哈马群岛	12 480	1102
12	中远海运集运	瀚兴	HAN XING	2015-07-13	中国	中国	18 197	1113
13	中远海运集运	辉泓春晓	HUI HONG CHUN XIAO	2015-04-27	中国	中国	31 650	1740
14	中远海运集运	丰顺 69	FENG SHUN 69	2011-08-19	中国	中国	10 307	724
15	中远海运集运	华鑫 888	HUA XIN 888	2007-11-12	中国	中国	8700	570
16	中远海运集运	鸿翔达 1	HONG XIANG DA 1	2013-03-31	中国	中国	23 552	1397
17	中远海运集运	中海名古屋	CSCL NAGOYA	2008-10-15	中国	中国香港	12 550	954
18	中远海运集运	中海门司	HANSA STEINBURG	2009-04-29	中国	利比里亚	23 285	1740
19	中远海运集运	惠金桥 593	HUI JIN QIAO 593	2013-11-18	中国	中国	16 809	1148
20	中远海运集运	昌盛集 6	CHANG SHENG JI 6	2014-03-30	中国	中国	15 564	872
21	中远海运集运	石商 18	SHI SHANG 18	1997-05-08	中国	中国	24 500	1637
22	中远海运集运	鹏安盛	PENG AN SHENG	2013-08-13	中国	中国	14 139	859

续上表

序号	所属二级公司（经营）	中文船名	英文船名	建造时间	建造国家或地区	船旗	总载重量（吨）	载箱量(TEU)
23	中远海运集运	金祥源	JIN XIANG YUAN	1999-01-07	中国	中国	35 187	1780
24	中远海运集运	新永昌 9	XIN YONG CHANG 9	2014-04-17	中国	中国	13 136	778
25	中远海运集运	华旭达 68	HUA XU DA 68	2014-07-22	中国	中国	17 267	1113
26	中远海运集运	恒盛 26	HENG SHENG 26	2015-04-20	中国	中国	18 011	1113
27	中远海运集运	港宏 22	GANG HONG 22	2012-04-23	中国	中国	12 037	748
28	中远海运集运	华祥 999	HUA XIANG 999	2012-05-29	中国	中国	11 228	724
29	中远海运集运	泰晟 29	TAI SHENG 29	2012-02-28	中国	中国	16 500	1131
30	中远海运集运	—	MARCLOUD	2007-11-19	韩国	安提瓜岛和巴布达	12 775	1049
31	中远海运集运	中海东京	CSCL TOKYO	2008-01-15	中国	中国香港	12 561	954
32	中远海运集运	兴宁 78	XING NING 78	2006-04-26	中国	中国	11 260	713
33	中远海运集运	—	HYPERION	2008-02-25	日本	巴哈马群岛	12 480	1102
34	中远海运集运	华鑫 858	HUA XIN 858	2006-09-27	中国	中国	6676	417
35	中远海运集运	金吉源	JIN JI YUAN	1998-08-10	中国	中国	35 187	1780
36	中远海运集运	华茂 6	HUA MAO 6	1999-02-01	日本	中国	29 958	2135
37	中远海运集运	万富达	WAN FU DA	1997-08-01	中国	中国	28 500	2100
38	中远海运集运	东成盛	DONG CHENG SHENG	2012-02-15	中国	中国	28 000	1546
39	中远海运集运	—	JEJU ISLAND	2006-03-01	德国	马绍尔群岛	37 882	2741
40	中远海运集运	中海秋田	OPTIMA	2011-06-01	日本	巴哈马群岛	12 490	1024
41	中远海运集运	弘泰 22	HONG TAI 22	2010-06-24	中国	中国	10 565	720
42	中远海运集运	新鸿翔 76	XIN HONG XIANG 76	2010-03-24	中国	中国	8100	686
43	中远海运集运	弘泰 25	HONG TAI 25	2011-12-23	中国	中国	10 325	724
44	中远海运集运	新滨河	XIN BIN HE	2012-02-29	中国	中国	14 500	893
45	中远海运集运	万兴达	WAN XING DA	1997-10-20	韩国	中国	27 000	2100
46	中远海运集运	新隆运 86	XIN LONG YUN 86	1998-07-01	中国	中国	30 081	2193

续上表

序号	所属二级公司（经营）	中文船名	英文船名	建造时间	建造国家或地区	船旗	总载重量（吨）	载箱量(TEU)
47	中远海运集运	东成碧海	DONG CHENG BI HAI	2007-04-27	中国	中国	46 228	3768
48	中远海运集运	—	MILD TEMPO	2015-05-08	中国	中国香港	13 255	1098
49	中远海运集运	钱海 82	QIAN HAI 82	2009-05-04	中国	中国	8285	538
50	中远海运集运	惠金桥 598	HUI JIN QIAO 598	2015-03-24	中国	中国	17 663	1146
51	中远海运集运	东成浩海	DONG CHENG HAO HAI	2007-07-05	中国	中国	46 288	3768
52	中远海运集运	—	XIN HONG XIANG 57	2006-07-20	中国	中国	10 238	648
53	中远海运集运	金富源	JIN FU YUAN	1998-02-24	中国	中国	43 973	2241
54	中远海运集运	华祥 988	HUA XIANG 988	2010-07-04	中国	中国	17 500	956
55	中远海运集运	金顺河	JIN SHUN HE	1997-08-19	中国	中国	27 000	2045
56	中远海运集运	昌盛集 7	CHANG SHENG JI 7	2015-05-16	中国	中国	24 076	1427
57	中远海运集运	远泰 28	YUAN TAI 28	2015-06-26	中国	中国	14 473	933
58	中远海运集运	金秀河	JIN XIU HE	1998-05-18	中国	中国	28 500	1386
59	中远海运集运	中航盛	ZHONG HANG SHENG	2004-03-05	中国	中国	36 049	2755
60	中远海运集运	辉泓海	HUI HONG HAI	2010-02-08	中国	中国	22 215	1313
61	中远海运集运	友和	YOU HE	2012-09-18	中国	中国	26 274	1168
62	中远海运集运	—	HUA MAO 369	2003-06-01	中国	中国	35 069	1874
63	中远海运集运	—	FENG SHUN 68	2010-05-31	中国	中国	10 442	720
64	中远海运集运	和滨	HE BIN	1999-01-01	中国	中国	11 386	834
65	中远海运集运	华祥 936	HUA XIANG 936	1997-08-21	中国	中国	24 548	1675
66	中远海运集运	昌盛集 5	CHANG SHENG JI 5	2012-09-07	中国	中国	15 800	872
67	中远海运集运	昌盛集 2	CHANG SHENG JI 2	2010-03-10	中国	中国	11 105	629
68	中远海运集运	东成茂	DONG CHENG MAO	2009-07-09	中国	中国	19 000	843
69	中远海运集运	中宏 29	ZHONG HONG 29	2012-10-26	中国	中国	16 500	1131
70	中远海运集运	金源河	JIN YUAN HE	1991-06-01	中国	中国	21 138	1599

续上表

序号	所属二级公司（经营）	中文船名	英文船名	建造时间	建造国家或地区	船旗	总载重量（吨）	载箱量(TEU)
71	中远海运集运	金盛河	JIN SHENG HE	1995–11–01	中国	中国	21 087	1599
72	中远海运集运	—	ZHONG LIANG HONG YE	2014–05–25	中国	中国	32 602	1768
73	中远海运集运	东成蓝天	DONG CHENG LAN TIAN	2014–09–12	中国	中国	32 500	1768
74	中远海运集运	金兴源	JIN XING YUAN	1999–03–01	中国	中国	44 541	2241
75	中远海运集运	长荣顺达	CHANG RONG SHUN DA	2018–03–08	中国	中国	10 217	816
76	中远海运集运	—	LANTAU BREEZE	2008–04–25	韩国	安提瓜和巴布达	12 780	1049
77	中远海运集运	长江新星	CHANG JIANG XIN XING	2011–11–07	中国	中国	7515	487
78	中远海运集运	—	JIAN GONG 288	2005–08–20	中国	中国	3878	189
79	中远海运集运	众兴 22	ZHONG XING 22	2008–01–01	中国	中国	10 440	663
80	中远海运集运	—	TACOMA TRADER	2015–08–12	中国	新加坡	13 048	1102
81	中远海运集运	—	MAUREN	2005–04–21	中国	安提瓜和巴布达	14 022	1118
82	中远海运集运	中海横滨	CSCL YOKOHAMA	2008–07–22	中国	中国香港	12 548	954
83	中远海运集运	中海大阪	CSCL OSAKA	2008–06–18	中国	中国香港	12 599	954
84	中远海运集运	—	ANAN BHUM	1996–06–29	新加坡	泰国	13 825	993
85	中远海运集运	—	SEVILLIA	2007–12–01	中国	利比里亚	18 900	1794
86	中远海运集运	—	GSS YANGON	1993–12–01	日本	巴拿马	18 421	1367
87	中远海运集运	—	NINOS	1990–08–30	日本	巴拿马	18 253	1142
88	中远海运集运	—	HAMMONIA ISTRIA	2013–06–13	中国	利比里亚	65 202	4957
89	中远海运集运	弗洛雷斯	CAPE FLORES	2005–08–18	德国	马绍尔群岛	16 584	1200
90	中远海运集运	—	CTP FORTUNE	1998–06–30	日本	印度尼西亚	16 567	1064
91	中远海运集运	—	HIGHWAY	1998–03–17	韩国	巴拿马	24 758	2200
92	中远海运集运	—	MS TIGER	2006–07–19	韩国	马绍尔群岛	39 266	2824
93	中远海运集运	—	OCEAN NHAVA SHEVA	2008–09–18	日本	巴拿马	21 438	1577
94	中远海运集运	—	MOUNT KELLETT	2017–07–12	中国	中国香港	23 354	1756

续上表

序号	所属二级公司（经营）	中文船名	英文船名	建造时间	建造国家或地区	船旗	总载重量（吨）	载箱量(TEU)
95	中远海运集运	—	CONTSHIP HUB	2003-01-29	罗马尼亚	利比里亚	12 850	1096
96	中远海运集运	—	E.R. FELIXSTOWE	2000-09-01	韩国	利比里亚	67 564	6008
97	中远海运集运	中海圣地亚哥	CSCL SANTIAGO	2008-11-06	中国	中国香港	33 800	2500
98	中远海运集运	中海卡亚俄	CSCL CALLAO	2009-04-28	中国	中国香港	33 800	2500
99	中远海运集运	中海圣何赛	CSCL SAN JOSE	2008-04-22	中国	中国香港	33 800	2500
100	中远海运集运	—	AEGEAN EXPRESS	1997-11-10	中国	巴拿马	18 581	1439
101	中远海运集运	—	SEASPAN FRASER	2008-10-13	中国	中国香港	50 382	4258
102	中远海运集运	中海利马	CSCL LIMA	2008-06-24	中国	中国香港	33 800	2500
103	中远海运集运	—	KOTA LAYAR	2009-03-05	中国	新加坡	50 595	4253
104	中远海运集运	—	CSCL HOUSTON	2008-08-08	日本	巴拿马	33 613	2553
105	中远海运集运	中海圣保罗	CSCL SAO PAULO	2008-08-07	中国	中国香港	33 800	2500
106	中远海运集运	中海蒙特维多	CSCL MONTEVIDEO	2008-09-02	中国	中国香港	33 800	2500
107	中远海运集运	中海巴拿马	CSCL PANAMA	2008-05-12	中国	中国香港	33 800	2500
108	中远海运集运	—	PACITA	2004-11-01	德国	葡萄牙	14 807	1200
109	中远海运集运	—	KUO HSIUNG	1993-05-01	日本	巴拿马	17 867	1142
110	中远海运集运	中海金斯敦	CSCL KINGSTON	2008-02-23	日本	巴拿马	33 651	2553
111	中远海运集运	中海曼萨尼约	CSCL MANZANILLO	2009-09-18	中国	中国香港	33 800	2500
112	中远海运集运	—	THORSWIND	1999-03-26	德国	利比里亚	30 046	2169
113	中远海运集运	—	ISEACO GENESIS	1997-07-31	中国	巴拿马	18 581	1200
114	中远海运集运	中远营口	COSCO YINGKOU	2007-07-06	中国	中国香港	42 201	3534
115	中远海运集运	中远福山	COSCO FUKUYAMA	2009-02-19	韩国	巴拿马	50 687	4506
116	中远海运集运	—	JPO TAURUS	2010-01-14	中国台湾	德国	42 115	4178
117	中远海运集运	—	CAPE FELTON	2008-03-04	德国	马绍尔群岛	20 351	1440
118	中远海运集运	—	NORDEMILIA	2016-01-01	中国	马耳他	23 673	1756

续上表

序号	所属二级公司（经营）	中文船名	英文船名	建造时间	建造国家或地区	船旗	总载重量（吨）	载箱量(TEU)
119	中远海运集运	—	SINOTRANS KAOHSIUNG	2017-07-18	中国	中国香港	24 753	1946
120	中远海运集运	—	AS MORGANA	2010-03-31	韩国	利比里亚	51 535	4255
121	中远海运集运	—	RHL ASTRUM	2006-07-20	中国	葡萄牙	10 277	1732
122	中远海运集运	—	OKEE ALBA	2002-06-18	中国	利比里亚	23 493	1740
123	中远海运集运	—	CAPE FORBY	2006-08-08	德国	马绍尔群岛	20 307	1440
124	中远海运集运	—	VENETIA	2010-10-28	中国台湾	葡萄牙	52 788	4178
125	中远海运集运	—	BEI JIANG	2005-01-01	中国	伯利兹	7633	562
126	中远海运集运	—	MAX KUDO	2008-07-28	挪威	马耳他	23 840	1702
127	中远海运集运	—	PACAO	2005-12-08	德国	葡萄牙	16 403	1200
128	中远海运集运	—	KHUNA BHUM	2018-10-25	中国	泰国	19 840	1668
129	中远海运集运	—	YA LU JIANG	2004-01-01	中国	中国	7633	549
130	中远海运集运	—	PRESIDIO	2003-10-29	德国	马绍尔群岛	16 421	1200
131	中远海运集运	—	BAHAMAS	2010-06-01	菲律宾	利比里亚	52 173	4360
132	中远海运集运	—	JPO TUCANA	2010-01-30	中国台湾	利比里亚	52 788	4178
133	中远海运集运	—	SANTA LORETTA	2005-11-01	韩国	德国	110 860	9784
134	中远海运集运	—	BOMAR FULGENT	2007-08-31	韩国	利比里亚	42 822	3451
135	中远海运集运	—	E.R. TEXAS	2006-10-18	韩国	利比里亚	107 612	8533
136	中远海运集运	—	SEAMAX ROWAYTON	2015-08-28	日本	马绍尔群岛	117 823	9472
137	中远海运集运	—	KURE	1996-01-30	丹麦	利比里亚	90 456	7403
138	中远海运集运	—	HAMMONIA SAPPHIRE	2014-01-07	中国	利比里亚	60 566	4896
139	中远海运集运	—	CALAIS TRADER	2001-04-27	德国	马耳他	33 715	2526
140	中远海运集运	—	GROUSE HUNTER	2006-03-28	韩国	利比里亚	55 483	4130
141	中远海运集运	—	ROSA	2010-07-29	韩国	利比里亚	54 339	4387
142	中远海运集运	中海悉尼	CSCL SYDNEY	2005-04-19	韩国	中国香港	50 500	4251

续上表

序号	所属二级公司（经营）	中文船名	英文船名	建造时间	建造国家或地区	船旗	总载重量（吨）	载箱量(TEU)
143	中远海运集运	—	EUROPE	2004-01-01	韩国	塞浦路斯	107 267	8468
144	中远海运集运	—	JPO VIRGO	2009-12-01	中国	葡萄牙	50 361	4258
145	中远海运集运	—	YM EXCELLENCE	2005-01-01	中国	利比里亚	57 320	4662
146	中远海运集运	—	LLOYD DON PASCUALE	2007-01-04	韩国	利比里亚	103 378	8533
147	中远海运集运	—	ELENI T	2009-06-23	韩国	马绍尔群岛	50 702	4253
148	中远海运集运	—	SAN CLEMENTE	2014-07-25	韩国	利比里亚	111 911	9034
149	中远海运集运	—	CSCL ZEEBRUGGE	2007-03-15	韩国	中国香港	111 889	9572
150	中远海运集运	中海布里斯班	CSCL BRISBANE	2005-05-23	韩国	中国香港	50 500	4251
151	中远海运集运	中海非洲	CSCL AFRICA	2005-01-24	韩国	中国香港	101 611	8094
152	中远海运集运	—	KOTA PEMIMPIN	2018-03-27	中国	中国香港	132 736	11 923
153	中远海运集运	中海长滩	CSCL LONG BEACH	2016-07-05	韩国	中国香港	111 889	9572
154	中远海运集运	—	HAMMONIA TOSCANAN	2013-07-25	中国	马绍尔群岛	62 272	4957
155	中远海运集运	—	TOMMI RITSCHER	2014-09-17	中国	葡萄牙	58 073	4957
156	中远海运集运	—	KOTA CANTIK	2012-09-12	中国	新加坡	83 964	6606
157	中远海运集运	—	RHL CONCORDIA	2011-06-07	中国	利比里亚	58 187	4664
158	中远海运集运	—	SEASPAN FELIXSTOWE	2002-10-16	韩国	中国香港	50 790	4253
159	中远海运集运	中远广州	COSCO GUANGZHOU	2005-12-09	韩国	马耳他	107 277	9469
160	中远海运集运	中远宁波	COSCO NINGBO	2006-01-20	韩国	马耳他	107 277	9469
161	中远海运集运	中远盐田	COSCO YANTIAN	2006-03-10	韩国	希腊	107 277	9469
162	中远海运集运	中远北京	COSCO BEIJING	2005-12-09	韩国	马耳他	107 277	9469
163	中远海运集运	中远希腊	COSCO HELLAS	2006-05-19	韩国	希腊	107 277	9469
164	中远海运集运	中远福州	COSCO FUZHOU	2007-03-27	中国	中国香港	42 201	3534
165	中远海运集运	中远名古屋	COSCO NAGOYA	2008-05-17	韩国	巴拿马	50 270	4506
166	中远海运集运	中远神户	COSCO KOBE	2008-06-21	韩国	巴拿马	50 270	4506

续上表

序号	所属二级公司（经营）	中文船名	英文船名	建造时间	建造国家或地区	船旗	总载重量（吨）	载箱量(TEU)
167	中远海运集运	中远大阪	COSCO OSAKA	2008–09–29	韩国	巴拿马	50 270	4506
168	中远海运集运	中远川崎	COSCO KAWASAKI	2010–02–27	韩国	巴拿马	50 713	4506
169	中远海运集运	中远韩国	COSCO KOREA	2009–10–09	韩国	中国香港	102 700	8501
170	中远海运集运	中远菲律宾	COSCO PHILIPPINES	2009–11–20	韩国	中国香港	102 713	8501
171	中远海运集运	中远日本	COSCO JAPAN	2010–03–05	韩国	中国香港	102 834	8501
172	中远海运集运	中远鲁伯特王子港	COSCO PRINCE RUPERT	2010–12–10	韩国	中国香港	102 742	8501
173	中远海运集运	中远印度尼西亚	COSCO INDONESIA	2010–06–04	韩国	中国香港	102 876	8501
174	中远海运集运	中远马来西亚	COSCO MALAYSIA	2016–01–04	韩国	中国香港	102 796	8501
175	中远海运集运	中远泰国	COSCO THAILAND	2010–10–15	韩国	中国香港	102 713	8501
176	中远海运集运	中远荣耀	COSCO GLORY	2011–06–10	韩国	中国香港	141 588	13 114
177	中远海运集运	中远自豪	COSCO PRIDE	2011–04–27	韩国	中国香港	140 666	13 114
178	中远海运集运	中远和谐	COSCO HARMONY	2011–08–19	韩国	中国香港	140 453	13 114
179	中远海运集运	中远发展	COSCO DEVELOPMENT	2011–06–17	韩国	中国香港	140 609	13 114
180	中远海运集运	中远诚信	COSCO FAITH	2012–03–25	韩国	中国香港	140 599	13 114
181	中远海运集运	中远卓越	COSCO EXCELLENCE	2012–03–07	韩国	中国香港	140 146	13 114
182	中远海运集运	中远希望	COSCO HOPE	2012–02–03	韩国	中国香港	140 241	13 114
183	中远海运集运	中远财富	COSCO FORTUNE	2012–01–13	韩国	中国香港	140 637	13 114
184	中远海运集运	—	AGLAIA	2010–08–28	中国台湾	利比里亚	52 788	4178
185	中远海运集运	—	SONGA CALABRIA	2010–01–05	中国	利比里亚	50 354	4256
186	中远海运集运	—	MAIRA XL	2015–08–24	菲律宾	利比里亚	111 300	9115
187	中远海运集运	—	COSCO SHIPPING PANAMA	2015–11–06	日本	马绍尔群岛	117 293	9472
188	中远海运集运	—	QINGDAO TOWER	2003–01–27	韩国	利比里亚	50 887	4253
189	中远海运集运	—	ROBIN HUNTER	2010–02–28	韩国	利比里亚	54 255	4395
190	中远海运集运	—	ANTHEA Y	2015–08–02	菲律宾	利比里亚	111 300	9115

续上表

序号	所属二级公司（经营）	中文船名	英文船名	建造时间	建造国家或地区	船旗	总载重量（吨）	载箱量(TEU)
191	中远海运集运	—	AS PALATIA	2006-01-27	中国	利比里亚	34 200	2526
192	中远海运集运	—	VEGA ZETA	2006-01-25	韩国	利比里亚	13 717	1118
193	中远海运集运	—	HANSA MEERSBURG	2007-11-23	中国	德国	23 372	1740
194	中远海运集运	—	AS FRANZISKA	2005-06-28	中国	安提瓜和巴布达	17 097	1341
195	中远海运集运	—	SEASPAN JAKARTA	2006-02-21	韩国	中国香港	50 742	4253
196	中远海运集运	—	SEASMILE	2013-08-07	韩国	马耳他	62 603	5071
197	中远海运集运	—	NORDVIOLET	2015-11-19	中国	马耳他	23 574	1756
198	中远海运集运	—	DELPHIS BOTHNIA	2016-08-29	韩国	中国香港	24 427	1926
199	中远海运集运	—	AS FATIMA	2008-06-01	中国	利比里亚	18 550	1300
200	中远海运集运	—	DELPHIS GDANSK	2017-01-03	韩国	中国香港	24 427	1926
201	中远海运集运	—	HOBBY HUNTER	2009-08-11	韩国	利比里亚	51 671	4259
202	中远海运集运	中远越南	COSCO VIETNAM	2010-12-24	韩国	中国香港	102 875	8501
203	中远海运集运	—	TROUPER	2005-08-01	德国	葡萄牙	11 150	868
204	中远海运集运	—	BALTIC SHEARWATER	2005-05-09	德国	塞浦路斯	15 952	1638
205	中远海运集运	—	JORK	2001-10-15	德国	塞浦路斯	11 494	868
206	中远海运集运	—	DELPHIS RIGA	2017-03-08	韩国	中国香港	24 454	1926
207	中远海运集运	—	CPO BALTIMORE	2009-04-24	韩国	利比里亚	51 699	4563
208	中远海运集运	—	HERON HUNTER	2009-05-20	韩国	利比里亚	51 745	4259
209	中远海运集运	—	EF EMMA	2008-02-29	德国	葡萄牙	24 089	1710
210	中远海运集运	—	CAFER DEDE	2003-04-11	土耳其	马绍尔群岛	26 812	1878
211	中远海运集运	—	AS FLORIANA	2008-04-08	中国	葡萄牙	18 550	1300
212	中远海运集运	—	INDEPENDENT CONCEPT	2007-03-22	中国	利比里亚	20 994	1432
213	中远海运集运	—	ALSTERDIJK	2011-06-21	中国	利比里亚	21 297	1436
214	中远海运集运	—	LANTAU ARROW	2001-09-01	韩国	马绍尔群岛	14 901	1216

续上表

序号	所属二级公司（经营）	中文船名	英文船名	建造时间	建造国家或地区	船旗	总载重量（吨）	载箱量(TEU)
215	东方海外	—	CAPE TAINARO	2016-01-01	—	—	133 000	11 037
216	东方海外	—	MAERSK SARNIA	2005-01-01	—	—	102 861	8450
217	东方海外	—	OOCL QINGDAO	2004-01-01	—	—	99 539	8063
218	东方海外	—	OOCL ITALY	2007-06-29	—	—	66 940	5888
219	东方海外	—	OOCL OAKLAND	2007-05-24	—	—	66 940	5888
220	东方海外	—	OOCL KUALA LUMPUR	2007-03-28	—	—	66 940	5888
221	东方海外	—	OOCL DUBAI	2006-06-29	—	—	66 940	5888
222	东方海外	—	OOCL ANTWERP	2006-05-12	—	—	66 940	5888
223	东方海外	—	OOCL KAOHSIUNG	2006-03-29	—	—	66 940	5888
224	东方海外	—	OOCL VANCOUVER	2006-02-02	—	—	66 940	5888
225	东方海外	—	PUCON	2006-01-01	—	—	81 099	6541
226	东方海外	—	VERMONT TRADER	2004-01-01	—	—	67 677	4992
227	东方海外	—	CIMBRIA	2002-01-01	—	—	39 310	2824
228	东方海外	—	PROTOSTAR N	2007-01-01	—	—	37 570	2741
229	东方海外	—	APOLLON D	2008-01-01	—	—	34 361	2554
230	东方海外	—	ST BLUE	2011-01-01	—	—	33 381	2535
231	东方海外	—	ST GREEN	2011-01-01	—	—	33 417	2535
232	东方海外	—	CARDIFF TRADER	2003-01-01	—	—	33 740	2526
233	东方海外	—	MOLLY SCHULTE	2018-01-01	—	—	30 350	2345
234	东方海外	—	TZINI	2013-01-01	—	—	24 122	1756
235	东方海外	—	MOUNT GOUGH	2016-01-01	—	—	23 673	1756
236	东方海外	—	GREEN HORIZON	2013-01-01	—	—	21 957	1736
237	东方海外	—	OLIVIA	2012-01-01	—	—	21 789	1714
238	东方海外	—	ORNELLA	2012-01-01	—	—	22 000	1714

续上表

序号	所属二级公司（经营）	中文船名	英文船名	建造时间	建造国家或地区	船旗	总载重量（吨）	载箱量(TEU)
239	东方海外	—	KING CRIMSON	2007-01-01	—	—	22 125	1710
240	东方海外	—	MOONCHILD	2008-01-01	—	—	24 091	1710
241	东方海外	—	SAN LORENZO	2014-01-01	—	—	21 900	1708
242	东方海外	—	KYOTO TOWER	2007-01-01	—	—	21 981	1708
243	东方海外	—	SANTA LOUKIA	2014-01-01	—	—	21 965	1704
244	东方海外	—	WARNOW CHIEF	2009-01-01	—	—	21 206	1500
245	东方海外	—	OOCL RAUMA (EX. ELYSEE)	2009-01-01	—	—	17 861	1421
246	东方海外	—	NAVI BALTIC	2009-01-01	—	—	17 861	1421
247	东方海外	—	IBERIAN EXPRESS	2008-01-01	—	—	13 760	1118
248	东方海外	—	VEGA FYNEN	2006-01-01	—	—	13 826	1118
249	东方海外	—	CONMAR BAY	2012-01-01	—	—	13 200	1036
合计							10 508 751	846 766

2018 年中远海运集团油、气船队原油及成品油船队自有船舶船名录

表 17–3

序号	所属二级公司（经营）	权属	中文船名	英文船名	出厂日期	建造国家或地区	船旗	总载重量（吨）
1	中远海运能源	上海中远海运油品运输有限公司	新金洋	XIN JIN YANG	2004–11–28	中国	中国	297 376
2	中远海运能源	上海中远海运油品运输有限公司	新宁洋	XIN NING YANG	2005–04–11	中国	中国	297 439
3	中远海运能源	上海中远海运油品运输有限公司	新安洋	XIN AN YANG	2007–11–10	中国	中国	297 491
4	中远海运能源	XIN TONG YANG SHIPPING S.A.	新通洋	XIN TONG YANG	2009–01–04	中国	中国香港	297 183
5	中远海运能源	XIN RUN YANG SHIPPING S.A.	新润洋	XIN RUN YANG	2009–07–07	中国	中国香港	297 244
6	中远海运能源	XIN YUE YANG SHIPPING S.A.	新岳洋	XIN YUE YANG	2009–09–03	中国	中国香港	297 232
7	中远海运能源	XIN HAN YANG SHIPPING S.A.	新汉洋	XIN HAN YANG	2009–12–12	中国	中国香港	297 293
8	中远海运能源	上海中远海运油品运输有限公司	新埔洋	XIN PU YANG	2010–01–07	中国	中国	309 362
9	中远海运能源	上海中远海运油品运输有限公司	新甬洋	XIN YONG YANG	2010–07–10	中国	中国	309 266
10	中远海运能源	上海中远海运油品运输有限公司	新申洋	XIN SHEN YANG	2010–12–09	中国	中国	309 189
11	中远海运能源	上海中远海运油品运输有限公司	新厦洋	XIN XIA YANG	2011–02–11	中国	中国	309 140
12	中远海运能源	XIN DAN YANG SHIPPING S.A.	新丹洋	XIN DAN YANG	2013–11–20	中国	中国香港	322 829
13	中远海运能源	XIN LIAN YANG SHIPPING S.A.	新连洋	XIN LIAN YANG	2014–01–06	中国	中国香港	322 861
14	中远海运能源	XIN LONG YANG SHIPPING S.A.	新龙洋	XIN LONG YANG	2017–06–05	中国	新加坡	308 375
15	中远海运能源	XIN WEI YANG SHIPPING S.A.	新威洋	XIN WEI YANG	2017–08–01	中国	新加坡	308 313
16	中远海运能源	XIN HUI YANG SHIPPING PTE.LTD.	新惠洋	XIN HUI YANG	2018–04–24	中国	新加坡	307 664
17	中远海运能源	XIN MAO YANG SHIPPING PTE.LTD.	新茂洋	XIN MAO YANG	2018–10–11	中国	新加坡	307 664
18	中远海运能源	上海中远海运油品运输有限公司	柳林湾	LIU LIN WAN	2004–05–20	中国	中国	109 181
19	中远海运能源	上海中远海运油品运输有限公司	杨林湾	YANG LIN WAN	2004–08–18	中国	中国	109 411
20	中远海运能源	上海中远海运油品运输有限公司	榆林湾	YU LIN WAN	2004–11–18	中国	中国	109 277
21	中远海运能源	上海中远海运油品运输有限公司	桃林湾	TAO LIN WAN	2012–09–20	中国	中国	109 533
22	中远海运能源	上海中远海运油品运输有限公司	梅林湾	MEI LIN WAN	2012–11–02	中国	中国	109 485

续上表

序号	所属二级公司（经营）	权属	中文船名	英文船名	出厂日期	建造国家或地区	船旗	总载重量（吨）
23	中远海运能源	上海中远海运油品运输有限公司	桦林湾	HUA LIN WAN	2012-12-07	中国	中国	109 475
24	中远海运能源	TONG LIN WAN SHIPPING S.A.	桐林湾	TONG LIN WAN	2014-05-23	中国	中国香港	109 615
25	中远海运能源	NAN LIN WAN SHIPPING PTE.LTD.	楠林湾	NAN LIN WAN	2017-04-28	中国	新加坡	109 699
26	中远海运能源	RONG LIN WAN SHIPPING PTE.LTD.	榕林湾	RONG LIN WAN	2017-07-28	中国	新加坡	109 699
27	中远海运能源	上海中远海运油品运输有限公司	金牛座	JIN NIU ZUO	2005-08-05	中国	中国	75 493
28	中远海运能源	上海中远海运油品运输有限公司	狮子座	SHI ZI ZUO	2005-09-06	中国	中国	75 447
29	中远海运能源	上海中远海运油品运输有限公司	天龙座	TIAN LONG ZUO	2006-04-07	中国	中国	75 484
30	中远海运能源	上海中远海运油品运输有限公司	凤凰座	FENG HUANG ZUO	2006-06-13	中国	中国	75 514
31	中远海运能源	上海中远海运油品运输有限公司	麒麟座	QI LIN ZUO	2009-05-05	中国	中国	75 568
32	中远海运能源	上海中远海运油品运输有限公司	飞马座	FEI MA ZUO	2009-10-22	中国	中国	75 579
33	中远海运能源	上海中远海运油品运输有限公司	羚羊座	LING YANG ZUO	2010-01-15	中国	中国	75 573
34	中远海运能源	上海中远海运油品运输有限公司	海豚座	HAI TUN ZUO	2010-03-23	中国	中国	75 571
35	中远海运能源	上海中远海运油品运输有限公司	珊瑚座	SHAN HU ZUO	2010-05-22	中国	中国	75 596
36	中远海运能源	上海中远海运油品运输有限公司	鲸鱼座	JING YU ZUO	2010-07-19	中国	中国	75 577
37	中远海运能源	SHAN YING ZUO SHIPPING PTE.LTD.	山鹰座	SHAN YING ZUO	2010-11-05	中国	新加坡	75 588
38	中远海运能源	KONG QUE ZUO SHIPPING PTE.LTD.	孔雀座	KONG QUE ZUO	2011-06-27	中国	新加坡	75 579
39	中远海运能源	BAI LU ZUO SHIPPING S.A.	白鹭座	BAI LU ZUO	2011-11-18	中国	中国香港	75 595
40	中远海运能源	TIAN E ZUO SHIPPING S.A.	天鹅座	TIAN E ZUO	2012-02-23	中国	中国香港	75 594
41	中远海运能源	上海中远海运油品运输有限公司	天鸿座	TIAN HONG ZUO	2016-09-30	中国	中国	64 986
42	中远海运能源	上海中远海运油品运输有限公司	天鹰座	TIAN YING ZUO	2016-12-27	中国	中国	64 982
43	中远海运能源	上海中远海运油品运输有限公司	天鹤座	TIAN HE ZUO	2017-04-25	中国	中国	64 982
44	中远海运能源	上海中远海运油品运输有限公司	瑞金潭	RUI JIN TAN	2007-04-01	中国	中国	52 687
45	中远海运能源	上海中远海运油品运输有限公司	黎平潭	LI PING TAN	2007-06-25	中国	中国	52 670
46	中远海运能源	上海中远海运油品运输有限公司	遵义潭	ZUN YI TAN	2007-09-09	中国	中国	52 662

续上表

序号	所属二级公司（经营）	权属	中文船名	英文船名	出厂日期	建造国家或地区	船旗	总载重量（吨）
47	中远海运能源	上海中远海运油品运输有限公司	泸定潭	LU DING TAN	2007-12-06	中国	中国	52 682
48	中远海运能源	上海中远海运油品运输有限公司	平池	PING CHI	2003-01-18	中国	中国	42 196
49	中远海运能源	上海中远海运油品运输有限公司	安池	AN CHI	2003-04-27	中国	中国	42 203
50	中远海运能源	上海中远海运油品运输有限公司	昌池	CHANG CHI	2003-08-27	中国	中国	42 196
51	中远海运能源	上海中远海运油品运输有限公司	盛池	SHENG CHI	2003-12-18	中国	中国	42 147
52	中远海运能源	上海中远海运油品运输有限公司	兴池	XING CHI	2004-03-15	中国	中国	42 017
53	中远海运能源	上海中远海运油品运输有限公司	旺池	WANG CHI	2004-04-14	中国	中国	42 003
54	中远海运能源	上海中远海运油品运输有限公司	腾池	TENG CHI	2005-01-16	中国	中国	42 047
55	中远海运能源	上海中远海运油品运输有限公司	达池	DA CHI	2005-08-30	中国	中国	42 047
56	中远海运能源	FEI CHI SHIPPING S.A.	飞池	FEI CHI	2005-12-11	中国	中国香港	42 036
57	中远海运能源	YUE CHI SHIPPING S.A.	跃池	YUE CHI	2006-03-16	中国	中国香港	42 053
58	中远海运能源	上海中远海运油品运输有限公司	百池	BAI CHI	2007-07-19	中国	中国	41 983
59	中远海运能源	上海中远海运油品运输有限公司	年池	NIAN CHI	2008-11-05	中国	中国	41 956
60	中远海运能源	ZHONG CHI SHIPPING S.A.	中池	ZHONG CHI	2009-03-03	中国	中国香港	41 968
61	中远海运能源	HAI CHI SHIPPING S.A.	海池	HAI CHI	2009-07-27	中国	中国香港	42 005
62	中远海运能源	QIAN CHI SHIPPING S.A.	千池	QIAN CHI	2008-06-30	中国	中国香港	45 541
63	中远海运能源	QIU CHI SHIPPING S.A.	秋池	QIUCHI	2009-01-15	中国	中国香港	45 484
64	中远海运能源	WEI CHI SHIPPING S.A.	伟池	WEI CHI	2009-06-22	中国	中国香港	45 854
65	中远海运能源	YE CHI SHIPPING S.A.	业池	YE CHI	2009-11-18	中国	中国香港	45 740
66	中远海运能源	上海中远海运油品运输有限公司	荣池	RONG CHI	2012-04-05	中国	中国	48 698
67	中远海运能源	上海中远海运油品运输有限公司	华池	HUA CHI	2012-08-21	中国	中国	48 743
68	中远海运能源	上海中远海运油品运输有限公司	富池	FU CHI	2012-07-20	中国	中国	48 769
69	中远海运能源	上海中远海运油品运输有限公司	贵池	GUI CHI	2012-10-25	中国	中国	48 801
70	中远海运能源	上海中远海运油品运输有限公司	秀池	XIU CHI	2012-11-26	中国	中国	48 781

续上表

序号	所属二级公司（经营）	权属	中文船名	英文船名	出厂日期	建造国家或地区	船旗	总载重量（吨）
71	中远海运能源	上海中远海运油品运输有限公司	丽池	LI CHI	2012-10-08	中国	中国	48 653
72	中远海运能源	上海中远海运油品运输有限公司	河池	HE CHI	2013-01-04	中国	中国	48 698
73	中远海运能源	上海中远海运油品运输有限公司	山池	SHAN CHI	2013-01-08	中国	中国	48 739
74	中远海运能源	上海中远海运油品运输有限公司	华川	HUA CHUAN	2013-01-08	中国	中国	6323
75	中远海运能源	北海船务	北海远望	BEI HAI YUAN WANG	2004-01-02	中国	中国	45 828
76	中远海运能源	北海船务	北海众望	BEI HAI ZHONG WANG	2011-06-08	中国	中国	56 192
77	中远海运能源	北海船务	北海厚望	BEI HAI HOU WANG	2011-08-15	中国	中国	56 168
78	中远海运能源	北海船务	北海开拓	BEI HAI KAI TUO	2017-05-18	中国	中国	63 401
79	中远海运能源	北海船务	北海奋进	BEI HAI FEN JIN	2017-09-02	中国	中国	63 508
80	中远海运能源	北海船务	北海威望	BEI HAI WEI WANG	2007-08-02	中国	中国	104 404
81	中远海运能源	北海船务	北海展望	BEI HAI ZHAN WANG	2008-11-05	中国	中国	104 324
82	中远海运能源	北海船务	北海名望	BEI HAI MING WANG	2013-07-05	中国	中国	116 166
83	中远海运能源	北海船务	滨海 607	—	1999-07-28	中国	中国	7574
84	中远海运能源	北海船务	滨海 608	—	1999-08-26	中国	中国	7575
85	中远海运能源	华海公司	华海 5	HUA HAI 5	2001-09-25	中国	中国	40 560
86	中远海运能源	华海公司	华海 6	HUA HAI 6	2002-12-30	中国	中国	40 560
87	中远海运能源	华海公司	华海 21	HUA HAI 21	2013-03-25	中国	中国	48 764
88	中远海运能源	深圳三鼎	三鼎长春	SAN DING CHANG CHUN	2012-06-18	中国	中国	75 507
89	中远海运能源	深圳三鼎	三鼎长乐	SAN DING CHANG LE	2013-04-18	中国	中国	75 461
90	中远海运能源	寰宇公司	远大湖	COSGREAT LAKE	2002-12-01	中国	巴拿马	298 833
91	中远海运能源	寰宇公司	远荣湖	COSGLORY LAKE	2003-01-01	日本	巴拿马	299 145
92	中远海运能源	寰宇公司	远明湖	COSBRIGHT LAKE	2003-04-01	中国	巴拿马	299 079
93	中远海运能源	寰宇公司	远盛湖	COSGRAND LAKE	2006-02-01	日本	巴拿马	298 997
94	中远海运能源	寰宇公司	远惠湖	COSGRACE LAKE	2006-07-01	日本	巴拿马	299 118

续上表

序号	所属二级公司（经营）	权属	中文船名	英文船名	出厂日期	建造国家或地区	船旗	总载重量（吨）
95	中远海运能源	寰宇公司	远怡湖	COSMERRY LAKE	2006-12-01	中国	巴拿马	298 920
96	中远海运能源	寰宇公司	远珍湖	COSPEARL LAKE	2008-01-01	日本	中国香港	298 195
97	中远海运能源	寰宇公司	远翠湖	COSJADE LAKE	2009-01-01	日本	中国香港	298 216
98	中远海运能源	寰宇公司	远金湖	COSGOLD LAKE	2011-03-01	中国	中国香港	297 163
99	中远海运能源	寰宇公司	远兴湖	COSGLAD LAKE	2011-04-01	中国	中国香港	297 388
100	中远海运能源	寰宇公司	远富湖	COSRICH LAKE	2012-06-01	中国	中国香港	297 388
101	中远海运能源	寰宇公司	远翔湖	COSFLYING LAKE	2015-04-01	中国	中国香港	310 421
102	中远海运能源	寰宇公司	远智湖	COSWISDOM LAKE	2016-11-09	中国	中国香港	308 012
103	中远海运能源	寰宇公司	远腾湖	COSRISING LAKE	2016-12-28	中国	中国香港	310 595
104	中远海运能源	华昌公司	远洋湖	YUAN YANG HU	2010-01-01	中国	中国	297 305
105	中远海运能源	华昌公司	远山湖	YUAN SHAN HU	2010-04-01	中国	中国	297 136
106	中远海运能源	华昌公司	远春湖	YUAN CHUN HU	2014-12-01	中国	中国	308 012
107	中远海运能源	华昌公司	远月湖	YUAN YUE HU	2015-07-01	中国	中国	308 002
108	中远海运能源	大连油运	远秋湖	YUAN QIU HU	2015-09-01	中国	中国	308 580
109	中远海运能源	大连油运	远花湖	YUAN HUA HU	2015-12-01	中国	中国	308 370
110	中远海运能源	大连油运	远尊湖	COSDIGNITY LAKE	2017-05-02	中国	中国香港	308 084
111	中远海运能源	大连油运	远喜湖	COSLUCKY LAKE	2017-08-10	中国	中国香港	310 574
112	中远海运能源	大连油运	远誉湖	COSHONOUR LAKE	2017-09-12	中国	中国香港	307 953
113	中远海运能源	大连油运	远旺湖	COSFLOURISH LAKE	2017-11-09	中国	中国香港	308 152
114	中远海运能源	大连油运	远贺湖	COSWISH LAKE	2018-06-06	中国	中国香港	318 737
115	中远海运能源	大连油运	远新湖	COSNEW LAKE	2018-09-18	中国	中国香港	318 803
116	中远海运能源	大连油运	连顺湖	LIAN SHUN HU	2005-06-01	中国	中国	71 940
117	中远海运能源	大连油运	连平湖	LIAN PING HU	2005-01-01	中国	中国	71 940
118	中远海运能源	大连油运	连运湖	LIAN YUN HU	2006-05-01	中国	中国	75 493

续上表

序号	所属二级公司（经营）	权属	中文船名	英文船名	出厂日期	建造国家或地区	船旗	总载重量（吨）
119	中远海运能源	大连油运	连兴湖	LIAN XING HU	2006-08-01	中国	中国	75 504
120	中远海运能源	大连油运	连盛湖	LIAN SHENG HU	2006-08-01	中国	中国	75 499
121	中远海运能源	大连油运	连松湖	LIAN SONG HU	2017-12-04	中国	中国	72 746
122	中远海运能源	大连油运	连柏湖	LIAN BAI HU	2018-03-26	中国	中国	72 745
123	中远海运能源	大连油运	连杨湖	LIAN YANG HU	2018-07-02	中国	中国香港	72 712
124	中远海运能源	大连油运	连杉湖	LIAN SHAN HU	2018-09-17	中国	中国香港	72 780
125	中远海运能源	大连油运	连桂湖	LIAN GUI HU	2018-12-05	中国	中国香港	72 822
126	中远海运能源	大连油运	大明湖	DA MING HU	2003-12-01	中国	中国	159 149
127	中远海运能源	大连油运	大源湖	DA YUAN HU	2004-06-01	中国	中国	159 149
128	中远海运能源	大连油运	大理湖	DA LI HU	2004-12-01	中国	中国	159 549
129	中远海运能源	大连油运	洋宁湖	YANG NING HU	2009-08-01	中国	中国	109 815
130	中远海运能源	大连油运	洋美湖	YANG MEI HU	2010-02-01	中国	中国	109 855
131	中远海运能源	大连油运	洋丽湖	YANG LI HU	2010-05-01	中国	中国	109 892
132	中远海运能源	大连油运	连欢湖	LIAN HUAN HU	2017-01-16	中国	中国	50 239
133	中远海运能源	大连油运	连喜湖	LIAN XI HU	2017-05-25	中国	中国香港	50 239
134	中远海运能源	大连油运	连乐湖	LIAN LE HU	2017-08-01	中国	中国香港	50 239
135	中远海运能源	洋浦公司	洞庭湖	DONG TING HU	1994-04-08	中国	中国	61 957
136	中远海运能源	洋浦公司	连安湖	LIAN AN HU	2004-06-10	中国	中国	71 962
137	中远海运能源	中远海运石油运输有限公司	鄱阳湖	POYANGHU	1994-03-08	中国	中国	61 957
138	中远海运能源	中远海运石油运输有限公司	辽油 601	LIAO YOU 601	2003-06-16	中国	中国	6000
139	中远海运能源	中远海运石油运输有限公司	辽油 602	LIAO YOU 602	2006-07-24	中国	中国	6640
140	中远海运能源	中远海运石油运输有限公司	辽油 801	LIAO YOU 801	2004-03-17	中国	中国	8400
141	中远海运能源	中远海运石油运输有限公司	辽油 121	LIAO YOU 121	2007-03-22	中国	中国	10 968
142	中远海运能源	中远海运石油运输有限公司	辽油 123	LIAO YOU 123	2007-11-26	中国	中国	10 968

续上表

序号	所属二级公司（经营）	权属	中文船名	英文船名	出厂日期	建造国家或地区	船旗	总载重量（吨）
143	中远海运能源	中远海运石油运输有限公司	辽油 126	LIAO YOU 126	2006-08-04	中国	中国	12 768
144	中远海运能源	中远海运石油运输有限公司	辽油 128	LIAO YOU 128	2007-03-29	中国	中国	12 819
145	中远海运能源	中远海运石油运输有限公司	昆仑油 106	KUN LUN YOU 106	2010-04-29	中国	中国	13 085
146	中远海运能源	中远海运石油运输有限公司	昆仑油 003	KUN LUN YOU 003	2008-01-29	中国	中国	12 929
147	中远海运能源	中远海运石油运输有限公司	昆仑油 202	KUN LUN YOU 202	2011-12-30	中国	中国	30 046
148	中远海运能源	中远海运石油运输有限公司	昆仑油 201	KUN LUN YOU 201	2011-12-15	中国	中国	30 119
149	中远海运能源	中远海运石油运输有限公司	昆仑油 203	KUN LUN YOU 203	2012-07-09	中国	中国	30 032
150	中远海运能源	中远海运石油运输有限公司	昆仑油 205	KUN LUN YOU 205	2012-07-27	中国	中国	30 038
151	中远海运能源	中远海运石油运输有限公司	昆仑油 206	KUN LUN YOU 206	2012-10-10	中国	中国	30 052
合计								19 762 603

2018 年中远海运集团油、气船队原油及成品油船队租入船舶船名录

表 17-4

序号	所属二级公司（经营）	中文船名	英文船名	建造日期	建造国家或地区	船旗	总载重量（吨）
1	中远海运能源	新宜洋	DS VISION	2011-03-25	中国	利比里亚	297 345
2	中远海运能源	新澄洋	DS VENTURE	2011-09-28	中国	利比里亚	297 345
3	中远海运能源	新华克	SHINYO SAOWALAK	2010-06-01	中国	中国香港	296 988
4	中远海运能源	新凯瑞	SHINYO KIERAN	2011-06-01	中国	中国香港	297 066
5	中远海运能源	新湾洋	HARBOUR SPLENDOR	2010-03-22	中国	中国香港	297 052
6	中远海运能源	新屿洋	ISLAND SPLENDOR	2010-03-24	中国	中国香港	296 919
7	中远海运能源	新春洋	SPRING SPLENDOR	2011-01-10	中国	中国香港	296 908
8	中远海运能源	新海洋	SEA SPLENDOR	2012-03-29	中国	中国香港	297 123
9	中远海运能源	新丽洋	OCEAN LILY	2004-02-04	日本	中国香港	299 170
10	中远海运能源	鑫通洲	XIN TONG ZHOU	2005-09-08	日本	中国	69 999
11	中远海运能源	康发 86	KANG FA 86	2011-10-17	中国	中国	4526
合计							2 750 441

2018 年中远海运集团油、气船队 LNG 船队自有船舶船名录

表 17–5

序号	所属二级公司（经营）	权属	中文船名	英文船名	出厂日期	建造国家或地区	船旗	总载重量（吨）	LNG 立方数（立方米）
1	中远海运能源	中国东方液化天然气运输投资有限公司	巴布亚	PAPUA	2015–01–31	中国	中国香港	84 444	171 859
2	中远海运能源	中国北方液化天然气运输投资有限公司	南十字星	SOUTHERN CROSS	2015–06–30	中国	中国香港	84 318	171 859
3	中远海运能源	中国北方液化天然气运输投资有限公司	北斗星	BEIDOU STAR	2015–11–30	中国	中国香港	84 480	171 825
4	中远海运能源	中国东方液化天然气运输投资有限公司	天堂鸟	KUMUL	2016–04–29	中国	中国香港	84 379	171 877
5	中远海运能源	中国能源运输投资有限公司	中能福石	CESI GLADSTONE	2016–10–18	中国	中国香港	84 065	174 059
6	中远海运能源	中国能源运输投资有限公司	中能青岛	CESI QINGDAO	2017–01–06	中国	中国香港	84 064	173 999
7	中远海运能源	中国能源运输投资有限公司	中能北海	CESI BEIHAI	2017–06–01	中国	中国香港	84 064	173 999
8	中远海运能源	中国能源运输投资有限公司	中能天津	CESI TIANJIN	2017–09–26	中国	中国香港	84 064	173 999
9	中远海运能源	中国能源运输投资有限公司	中能温州	CESI WENZHOU	2018–01–31	中国	中国香港	84 064	173 999
10	中远海运能源	蓝色北极液化天然气运输有限公司	—	VLADIMIR RUSANOV	2018–03–26	韩国	中国香港	79 970	172 410
11	中远海运能源	中国能源运输投资有限公司	中能连云港	CESI LIANYUNGANG	2018–05–31	中国	中国香港	84 064	173 999
12	中远海运能源	绿色北极液化天然气运输有限公司	—	VLADIMIR VIZE	2018–10–19	韩国	中国香港	79 970	172 410
13	中远海运能源	CLNG	大鹏昊	DAPENG SUN	2008–04–03	中国	中国香港	83 050	147 236
14	中远海运能源	CLNG	大鹏月	DAPENG MOON	2008–07–10	中国	中国香港	83 050	147 236
15	中远海运能源	CLNG	大鹏星	DAPENG STAR	2009–12–10	中国	中国香港	82 428	147 236
16	中远海运能源	CLNG	闽榕	MIN RONG	2009–03–11	中国	中国香港	82 359	147 236
17	中远海运能源	CLNG	闽鹭	MIN LU	2009–08–17	中国	中国香港	82 598	147 236
18	中远海运能源	CLNG	申海	SHEN HAI	2012–09–20	中国	中国香港	82 625	147 236

续上表

序号	所属二级公司（经营）	权属	中文船名	英文船名	出厂日期	建造国家或地区	船旗	总载重量（吨）	LNG 立方数（立方米）
19	中远海运能源	CLNG	泛亚	PAN ASIA	2017-10-13	中国	中国香港	83 312	174 000
20	中远海运能源	CLNG	—	BORIS VILKITSKY	2017-12-26	韩国	塞浦路斯	98 000	172 610
21	中远海运能源	CLNG	—	FEDOR LITKE	2018-01-08	韩国	巴拿马	98 000	172 610
22	中远海运能源	CLNG	—	EDUARD TOLL	2018-01-09	韩国	巴拿马	98 000	172 610
23	中远海运能源	CLNG	泛美	PAN AMERICAS	2018-01-31	中国	中国香港	83 312	174 000
24	中远海运能源	CLNG	泛欧	PAN EUROPE	2018-06-21	中国	中国香港	83 312	174 000
25	中远海运能源	CLNG	—	RUDOLF SAMOYLOVICH	2018-09-06	韩国	巴拿马	98 000	172 610
26	中远海运能源	CLNG	—	GEORGIY BRUSILOV	2018-12-10	韩国	塞浦路斯	98 000	172 610
合计								2 237 992	4 344 760

注：CLNG为中国液化天然气运输（控股）有限公司。

2018 年中远海运集团油、气船队 LPG 船队自有船舶船名录

表 17-6

序号	所属二级公司（经营）	权属	中文船名	英文船名	出厂日期	建造国家或地区	船旗	总载重量（吨）	LPG 立方数（立方米）
1	中远海运能源	龙鹏公司	百花源	BAI HUA YUAN	1997-10-07	日本	中国	3338	3500
2	中远海运能源	龙鹏公司	芙蓉源	FU RONG YUAN	1996-02-13	日本	中国	2854	4013
3	中远海运能源	龙鹏公司	同心源	TONG XIN YUAN	2008-05-31	中国	中国	2736	3500
4	中远海运能源	龙鹏公司	同德源	TONG DE YUAN	2007-12-27	中国	中国	2716	3500
5	中远海运能源	龙鹏公司	平安源	PING AN YUAN	2011-11-28	中国	中国	3218	3700
合计								14 862	18 213

2018 年中远海运集团干散货船队自有船舶船名录

表 17-7

序号	所属二级公司（经营）	权属	中文船名	英文船名	建造日期	建造国家或地区	船旗	总载重量（吨）
1	中远海运散运	GOLDEN VIEW	慈云山	CI YUN SHAN	2010-04-06	中国	中国香港	56 687
2	中远海运散运	GOLDEN VIEW	狮子山	SHI ZI SHAN	2010-12-09	中国	中国香港	56 605
3	中远海运散运	GOLDEN VIEW	寿臣山	SHOU CHEN SHAN	2011-08-20	中国	中国香港	56 625
4	中远海运散运	GOLDEN VIEW	笔架山	BI JIA SHAN	2011-04-29	中国	中国香港	56 625
5	中远海运散运	GOLDEN VIEW	福全山	FU QUAN SHAN	2011-06-16	中国	中国香港	56 621
6	中远海运散运	GOLDEN VIEW	太平山	TAI PING SHAN	2010-12-25	中国	中国香港	56 607
7	中远海运散运	GOLDEN VIEW	倚龙山	YI LONG SHAN	2011-06-16	中国	中国香港	56 637
8	中远海运散运	GOLDEN VIEW	五桂山	WU GUI SHAN	2011-08-20	中国	中国香港	56 620
9	中远海运散运	GOLDEN VIEW	锦泰峰	JIN TAI FENG	2011-09-06	中国	中国香港	93 758
10	中远海运散运	GOLDEN VIEW	国投 303	GUO TOU 303	2012-06-27	中国	中国香港	93 758
11	中远海运散运	GOLDEN VIEW	国投 305	GUO TOU 305	2013-01-01	中国	中国香港	93 758
12	中远海运散运	GOLDEN VIEW	丰惠海	FENG HUI HAI	2017-06-16	中国	中国香港	63 261
13	中远海运散运	昌盛公司	珍珠海	ZHEN ZHU HAI	2015-09-02	中国	中国香港	39 746
14	中远海运散运	昌盛公司	琥珀海	HU PO HAI	2015-11-06	中国	中国香港	39 781
15	中远海运散运	昌盛公司	丰德海	FENG DE HAI	2015-11-30	中国	中国香港	63 797
16	中远海运散运	昌盛公司	京津海	JING JIN HAI	2015-09-21	中国	中国香港	77 871
17	中远海运散运	昌盛公司	京鲁海	JING LU HAI	2015-11-03	中国	中国香港	77 927
18	中远海运散运	昌盛公司	蓝宝海	LAN BAO HAI	2015-12-29	中国	中国香港	39 780
19	中远海运散运	昌盛公司	珊瑚海	SHAN HU HAI	2016-08-30	中国	中国香港	39 765
20	中远海运散运	昌盛公司	丰和海	FENG HE HAI	2016-11-16	中国	中国香港	63 356
21	中远海运散运	昌盛公司	丰秀海	FENG XIU HAI	2016-11-28	中国	中国香港	63 408
22	中远海运散运	昌盛公司	绿松海	LV SONG HAI	2016-11-24	中国	中国香港	38 500

续上表

序号	所属二级公司（经营）	权属	中文船名	英文船名	建造日期	建造国家或地区	船旗	总载重量（吨）
23	中远海运散运	昌盛公司	建国海	JIAN GUO HAI	2016–12–08	中国	中国香港	38 767
24	中远海运散运	昌盛公司	新富海	XIN FU HAI	2016–12–15	中国	中国香港	178 332
25	中远海运散运	昌盛公司	岫玉海	XIU YU HAI	2016–12–16	中国	中国香港	38 558
26	中远海运散运	昌盛公司	复兴海	FU XING HAI	2016–12–22	中国	中国香港	38 801
27	中远海运散运	昌盛公司	宁静海	NING JING HAI	2017–04–11	中国	中国香港	63 573
28	中远海运散运	昌盛公司	宁悦海	NING YUE HAI	2017–04–20	中国	中国香港	63 562
29	中远海运散运	昌盛公司	华盛海	HUA SHENG HAI	2017–04–26	中国	中国香港	81 233
30	中远海运散运	昌盛公司	安定海	AN DING HAI	2017–05–16	中国	中国香港	38 800
31	中远海运散运	昌盛公司	德胜海	DE SHENG HAI	2017–05–16	中国	中国香港	38 822
32	中远海运散运	昌盛公司	广元海	GUANG YUAN HAI	2017–05–12	中国	中国香港	207 392
33	中远海运散运	昌盛公司	新昌海	XIN CHANG HAI	2017–09–12	中国	中国香港	178 361
34	中远海运散运	昌盛公司	新丽海	XIN LI HAI	2017–05–05	中国	中国香港	178 302
35	中远海运散运	昌盛公司	广亨海	GUANG HENG HAI	2017–06–06	中国	中国香港	207 389
36	中远海运散运	昌盛公司	丰茂海	FENG MAO HAI	2017–06–28	中国	中国香港	63 413
37	中远海运散运	昌盛公司	广利海	GUANG LI HAI	2017–06–30	中国	中国香港	207 241
38	中远海运散运	昌盛公司	宁泰海	NING TAI HAI	2017–07–11	中国	中国香港	63 475
39	中远海运散运	昌盛公司	华兴海	HUA XING HAI	2017–07–28	中国	中国香港	81 108
40	中远海运散运	昌盛公司	丰丽海	FENG LI HAI	2017–08–29	中国	中国香港	63 424
41	中远海运散运	昌盛公司	丰收海	FENG SHOU HAI	2017–11–28	中国	中国香港	63 366
42	中远海运散运	昌盛公司	新达海	XIN DA HAI	2017–12–28	中国	中国香港	178 438
43	中远海运散运	昌盛公司	丰泽海	FENG ZE HAI	2018–06–28	中国	中国香港	63 413
44	中远海运散运	开曼公司	舟山海	ZHOU SHAN HAI	2009–10–31	中国	巴拿马	56 988
45	中远海运散运	开曼公司	金州海	JIN ZHOU HAI	2009–11–30	中国	巴拿马	56 976
46	中远海运散运	开曼公司	普兰海	PU LAN HAI	2010–03–13	中国	巴拿马	56 966

续上表

序号	所属二级公司（经营）	权属	中文船名	英文船名	建造日期	建造国家或地区	船旗	总载重量（吨）
47	中远海运散运	开曼公司	岱山海	DAI SHAN HAI	2010-01-05	中国	巴拿马	56 945
48	中远海运散运	开曼公司	衢山海	QU SHAN HAI	2010-05-07	中国	巴拿马	56 965
49	中远海运散运	开曼公司	长山海	CHANG SHAN HAI	2010-06-29	中国	巴拿马	56 907
50	中远海运散运	开曼公司	中兴海	ZHONG XING HAI	2011-05-06	中国	巴拿马	207 978
51	中远海运散运	开曼公司	远旺海	YUAN WANG HAI	2011-06-16	中国	巴拿马	207 906
52	中远海运散运	开曼公司	新柳林海	XIN LIU LIN HAI	2004-06-12	中国	巴拿马	55 676
53	中远海运散运	开曼公司	远安海	PLACID SEA	2004-07-19	中国	巴拿马	55 604
54	中远海运散运	开曼公司	天发海	TIAN FA HAI	2014-02-18	中国	巴拿马	207 978
55	中远海运散运	开曼公司	郁香海	YU XIANG HAI	2014-03-20	中国	巴拿马	115 088
56	中远海运散运	开曼公司	津达海	JIN DA HAI	2014-04-23	中国	巴拿马	207 811
57	中远海运散运	开曼公司	马莲海	MA LIAN HAI	2014-05-15	中国	巴拿马	115 297
58	中远海运散运	开曼公司	康馨海	KANG XIN HAI	2014-06-19	中国	巴拿马	115 339
59	中远海运散运	明海公司	远平海	YUANPING S	2004-04-01	中国	巴拿马	55 646
60	中远海运散运	明海公司	远宁海	YUANNING S	2004-03-01	中国	巴拿马	55 580
61	中远海运散运	明海公司	宇华海	YU HUA HAI	2010-04-11	中国	巴拿马	297 846
62	中远海运散运	明海公司	宇中海	YU ZHONG H	2010-02-12	中国	巴拿马	297 959
63	中远海运散运	明海公司	远安海 1	YUAN AN HAI 1	2009-12-23	中国	巴拿马	56 957
64	中远海运散运	明海公司	远顺海	YUAN SHUN HAI	2009-09-08	中国	巴拿马	56 958
65	中远海运散运	上海实业	巨大	JU DA	2005-05-16	中国	中国	73 603
66	中远海运散运	上海实业	海皇星	HAI HUANG XING	2005-06-23	中国	中国	73 581
67	中远海运散运	海南海盛	天宝海	TIAN BAO HAI	2004-12-01	中国	中国	174 505
68	中远海运散运	海南海盛	天禄海	TIAN LU HAI	2005-03-01	中国	中国	174 398
69	中远海运散运	青远本部	德明海	DE MING HAI	2008-06-23	中国	中国	76 432
70	中远海运散运	青远本部	德新海	DE XIN HAI	2008-09-27	中国	中国	76 528

续上表

序号	所属二级公司（经营）	权属	中文船名	英文船名	建造日期	建造国家或地区	船旗	总载重量（吨）
71	中远海运散运	上海友好	友好 3	YOU HAO 3	2014-09-01	中国	中国	44 972
72	中远海运散运	深圳远洋	鹏宇	PENG YU	2013-12-16	中国	中国	49 998
73	中远海运散运	深圳远洋	鹏泰	PENG TAI	2013-12-10	中国	中国	49 837
74	中远海运散运	深圳远洋	鹏利	PENG LI	2013-12-30	中国	中国	64 509
75	中远海运散运	深圳远洋	鹏锦	PENG JIN	2013-01-18	中国	中国	64 542
76	中远海运散运	深圳远洋	鹏福	PENG FU	2013-12-05	中国	中国	49 926
77	中远海运散运	深圳远洋	鹏德	PENG DE	2014-01-20	中国	中国	64 486
78	中远海运散运	深圳远洋	鹏安	PENG AN	2013-12-23	中国	中国	64 493
79	中远海运散运	香港航运	安昌	AN CHANG	2009-04-30	中国	中国香港	55 217
80	中远海运散运	香港航运	安宁	AN NING	2009-02-16	中国	中国香港	55 256
81	中远海运散运	香港航运	安平	AN PING	2009-02-16	中国	中国香港	55 259
82	中远海运散运	香港航运	安远	AN YUAN	2009-04-30	中国	中国香港	55 277
83	中远海运散运	香港航运	中远鞍钢	COSCO ANST	2009-10-14	日本	中国香港	297 719
84	中远海运散运	香港航运	港宇	CHS COSMOS	2006-03-02	中国	中国香港	174 091
85	中远海运散运	香港航运	港生	CHS CREATI	2006-09-28	中国	中国香港	174 110
86	中远海运散运	香港航运	恒顺	HENG SHUN	2011-09-25	中国	中国香港	207 941
87	中远海运散运	香港航运	恒隆	HENG LONG	2011-11-18	中国	中国香港	207 900
88	中远海运散运	香港航运	恒茂	HENG MAO	2011-03-09	中国	中国香港	207 980
89	中远海运散运	香港航运	恒盛	HENG SHENG	2011-01-18	中国	中国香港	208 001
90	中远海运散运	香港航运	港丰	CHS HARVES	2006-04-19	中国	中国香港	173 624
91	中远海运散运	香港航运	合恒	HE HENG	2008-12-16	中国	中国香港	297 592
92	中远海运散运	香港航运	宏兴	HONG HING	2010-07-26	中国	巴拿马	76 549
93	中远海运散运	香港航运	合利	HE LI	2010-12-22	日本	中国香港	297 381
94	中远海运散运	香港航运	港华	CHS MAGNIF	2006-09-19	中国	中国香港	173 624

续上表

序号	所属二级公司（经营）	权属	中文船名	英文船名	建造日期	建造国家或地区	船旗	总载重量（吨）
95	中远海运散运	香港航运	宏泰	HONG DAI	2010-04-30	中国	巴拿马	76 557
96	中远海运散运	香港航运	宏富	HONG FU	2009-11-20	中国	中国香港	76 402
97	中远海运散运	香港航运	宏景	HONG JING	2008-08-21	日本	中国香港	82 354
98	中远海运散运	香港航运	宏宇	HONG YU	2009-09-15	中国	中国香港	76 364
99	中远海运散运	香港航运	合平	HE PING	2009-12-08	中国	中国香港	297 759
100	中远海运散运	香港航运	宏盛	HONG SHENG	2010-07-30	中国	巴拿马	76 546
101	中远海运散运	香港航运	港辉	CHS SPLEND	2006-07-12	中国	中国香港	170 000
102	中远海运散运	香港航运	合通	HE TONG	2009-07-01	中国	中国香港	297 633
103	中远海运散运	香港航运	港寰	CHS WORLD	2006-01-02	中国	中国香港	174 232
104	中远海运散运	香港航运	合瀛	HE YING	2010-07-30	日本	中国香港	297 679
105	中远海运散运	香港航运	合永	HE YONG	2009-10-02	中国	中国香港	297 738
106	中远海运散运	香港航运	宏元	HONG YUAN	2009-12-03	中国	中国香港	76 574
107	中远海运散运	香港航运	康誉	KANG YU	2004-09-22	日本	中国香港	52 988
108	中远海运散运	香港航运	康诚	KANG CHENG	2004-04-30	中国	中国香港	55 541
109	中远海运散运	香港航运	康寰	KANG HUAN	2004-07-30	日本	中国香港	52 810
110	中远海运散运	香港航运	康弘	KANG HONG	2005-05-31	中国	中国香港	55 589
111	中远海运散运	香港航运	康满	KANG MAN	2004-07-02	日本	中国香港	52 818
112	中远海运散运	香港航运	康信	KANG SHUN	2004-05-26	中国	中国香港	55 566
113	中远海运散运	香港航运	新鞍钢	NEW ANSTEE	2009-02-13	中国香港	中国香港	297 488
114	中远海运散运	香港航运	顺欣	SHUN XIN	2010-02-26	中国	中国香港	56 933
115	中远海运散运	海南海盛	盛平海	SHENG PING HAI	2012-12-05	中国	中国	56 564
116	中远海运散运	海南海盛	盛安海	SHENG AN HAI	2012-12-05	中国	中国	56 564
117	中远海运散运	海南海盛	盛兴海	SHENG XING HAI	2009-08-01	中国	中国	57 291
118	中远海运散运	海南海盛	盛旺海	SHENG WANG HAI	2009-10-01	中国	中国	57 208

续上表

序号	所属二级公司（经营）	权属	中文船名	英文船名	建造日期	建造国家或地区	船旗	总载重量（吨）
119	中远海运散运	海南海盛	盛诚海	SHENG CHENG HAI	2013-11-08	中国	中国	56 632
120	中远海运散运	海南海盛	盛恒海	SHENG HENG HAI	2013-11-08	中国	中国	56 649
121	中远海运散运	海南海盛	玉龙岭	YU LONG LING	2010-06-23	中国	中国	32 005
122	中远海运散运	海南海盛	九峰岭	JIU FENG LING	2010-08-15	中国	中国	32 033
123	中远海运散运	海南海盛	七仙岭	QI XIAN LING	2012-06-15	中国	中国	34 551
124	中远海运散运	海南海盛	盛发海	SHENG FA HAI	2009-11-27	中国	中国	57 631
125	中远海运散运	海南海盛	盛达海	SHENG DA HAI	2010-05-13	中国	中国	57 613
126	中远海运散运	海南海盛	盛荣海	SHENG RONG HAI	2010-06-29	中国	中国	57 640
127	中远海运散运	海南海盛	盛昌海	SEHNG CHANG HAI	2010-11-22	中国	中国	57 562
128	中远海运散运	中海散运（香港）维利公司	中海兴旺	CSB FORTUNE	2010-02-01	中国	中国香港	228 990
129	中远海运散运	中海散运（香港）维利公司	中海希望	CSB HOPE	2010-09-01	中国	中国香港	229 009
130	中远海运散运	中海散运（香港）维利公司	中海吉祥	CSB PROPITIOUSNESS	2011-02-01	中国	中国香港	229 127
131	中远海运散运	中海散运（香港）维利公司	嘉惠山	JIA HUI SHAN	2011-04-01	中国	中国香港	56 611
132	中远海运散运	中海散运（香港）维利公司	嘉隆山	JIA LONG SHAN	2011-05-01	中国	中国香港	56 603
133	中远海运散运	中海散运（香港）维利公司	嘉盛山	JIA SHENG SHAN	2011-07-01	中国	中国香港	56 632
134	中远海运散运	中海散运（香港）维利公司	嘉茂山	JIA MAO SHAN	2011-11-01	中国	中国香港	56 623
135	中远海运散运	中海散运（香港）维利公司	中海荣华	CSB GLORY	2011-12-01	中国	中国香港	315 063
136	中远海运散运	中海散运（香港）维利公司	中海繁华	CSB PROSPERITY	2012-02-01	中国	中国香港	315 279
137	中远海运散运	中海散运（香港）维利公司	中海韶华	CSB BRILLIANT	2012-04-01	中国	中国香港	315 228
138	中远海运散运	中海散运（香港）维利公司	中海英华	CSB HERALD	2012-06-01	中国	中国香港	315 145
139	中远海运散运	中海散运（香港）维利公司	中海年华	CSB YEARS	2012-06-26	中国	中国香港	315 085
140	中远海运散运	中海散运（香港）维利公司	中海才华	CSB TALENT	2013-01-01	中国	中国香港	315 041
141	中远海运散运	中海散运（香港）维利公司	兴隆	FLOURISH	2011-11-01	中国	中国香港	228 694
142	中远海运散运	中海散运（本部）	日观峰	RI GUAN FENG	2010-08-11	中国	中国	75 566

续上表

序号	所属二级公司（经营）	权属	中文船名	英文船名	建造日期	建造国家或地区	船旗	总载重量（吨）
143	中远海运散运	中海散运（本部）	月观峰	YUE GUAN FENG	2010-09-15	中国	中国	75 581
144	中远海运散运	中海散运（本部）	玉柱峰	YU ZHU FENG	2011-01-03	中国	中国	75 519
145	中远海运散运	中海散运（本部）	翠屏峰	CUI PENG FENG	2011-06-08	中国	中国	75 486
146	中远海运散运	中海散运（本部）	芙蓉峰	FU RONG FENG	2011-08-22	中国	中国	75 444
147	中远海运散运	中海散运（本部）	云密峰	YUN MI FENG	2011-11-07	中国	中国	75 421
148	中远海运散运	中海散运（本部）	嘉信山	JIA XIN SHAN	2004-12-15	中国	中国	57 134
149	中远海运散运	中海散运（本部）	嘉祥山	JIA XIANG SHAN	2005-01-01	中国	中国	57 646
150	中远海运散运	中海散运（本部）	嘉和山	JIA HE SHAN	2005-04-01	中国	中国	57 596
151	中远海运散运	中海散运（本部）	嘉安山	JIA AN SHAN	2005-06-05	中国	中国	57 605
152	中远海运散运	中海散运（本部）	嘉永山	JIA YONG SHAN	2005-06-14	中国	中国	57 094
153	中远海运散运	中海散运（本部）	嘉宁山	JIA NING SHAN	2005-08-01	中国	中国	57 599
154	中远海运散运	中海散运（本部）	嘉顺山	JIA SHUN SHAN	2005-10-31	中国	中国	57 250
155	中远海运散运	中海散运（本部）	安国山	AN GUO SHAN	2009-04-25	中国	中国	57 700
156	中远海运散运	中海散运（本部）	安民山	AN MIN SHAN	2009-09-20	中国	中国	57 652
157	中远海运散运	中海散运（本部）	安强山	AN QIANG SHAN	2009-12-10	中国	中国	57 667
158	中远海运散运	中海散运（本部）	安惠山	AN HUI SHAN	2010-02-04	中国	中国	57 668
159	中远海运散运	中海散运（本部）	安诚山	AN CHENG SHAN	2010-04-16	中国	中国	57 691
160	中远海运散运	中海散运（本部）	安永山	AN YONG SHAN	2010-04-29	中国	中国	57 652
161	中远海运散运	中海散运（本部）	安裕山	AN YU SHAN	2010-09-19	中国	中国	57 617
162	中远海运散运	中海散运（本部）	安隆山	AN LONG SHAN	2011-01-02	中国	中国	57 727
163	中远海运散运	中海散运（本部）	安盛山	AN SHENG SHAN	2011-01-13	中国	中国	57 679
164	中远海运散运	中海散运（本部）	安悦山	AN YUE SHAN	2011-06-08	中国	中国	57 668
165	中远海运散运	中海散运（本部）	安绣山	AN XIU SHAN	2011-08-15	中国	中国	57 668
166	中远海运散运	中海散运（本部）	安华山	AN HUA SHAN	2011-09-16	中国	中国	57 668

续上表

序号	所属二级公司（经营）	权属	中文船名	英文船名	建造日期	建造国家或地区	船旗	总载重量（吨）
167	中远海运散运	中海散运（本部）	凤凰峰	FENG HUANG FENG	2012–06–19	中国	中国	75 396
168	中远海运散运	中海散运（本部）	玉霄峰	YU XIAO FENG	2012–12–25	中国	中国	75 398
169	中远海运散运	中海散运（本部）	宝日岭	BAO RI LING	2013–10–30	中国	中国	47 828
170	中远海运散运	中海散运（本部）	宝祥岭	BAO XIANG LING	2013–11–26	中国	中国	47 514
171	中远海运散运	中海散运（本部）	宝安岭	BAO AN LING	2014–03–28	中国	中国	47 483
172	中远海运散运	中海散运（本部）	宝星岭	BAO XING LING	2014–12–18	中国	中国	47 753
173	中远海运散运	中海散运（本部）	宝宁岭	BAO NING LING	2014–12–20	中国	中国	47 443
174	中远海运散运	中海散运（本部）	宝辰岭	BAO CHEN LING	2015–03–16	中国	中国	47 805
175	中远海运散运	中海散运（本部）	宝广岭	BAO GUANG LING	2015–03–16	中国	中国	47 821
176	中远海运散运	中海散运（本部）	宝达岭	BAO DA LING	2015–03–16	中国	中国	47 801
177	中远海运散运	中海散运（本部）	宝源岭	BAO YUAN LING	2015–05–26	中国	中国	47 807
178	中远海运散运	中海散运（本部）	宝和岭	BAO HE LING	2015–05–26	中国	中国	47 442
179	中远海运散运	中海散运（本部）	宝仁岭	BAO REN LING	2015–06–15	中国	中国	47 483
180	中远海运散运	中海散运（本部）	宝德岭	BAO DE LING	2015–06–01	中国	中国	47 830
181	中远海运散运	中海散运（上海）	云龙峰	YUN LONG FENG	2012–01–23	中国	中国	75 394
182	中远海运散运	中海散运（上海）	集贤峰	JI XIAN FENG	2012–03–07	中国	中国	75 410
183	中远海运散运	中海散运（上海）	朝阳峰	ZHAO YANG FENG	2012–04–20	中国	中国	75 396
184	中远海运散运	中海散运（上海）	安信山	AN XIN SHAN	2010–01–15	中国	中国	57 559
185	中远海运散运	中海散运（上海）	安顺山	AN SHUN SHAN	2010–08–02	中国	中国	57 644
186	中远海运散运	中海散运（上海）	安茂山	AN MAO SHAN	2011–02–28	中国	中国	57 684
187	中远海运散运	中海散运（上海）	安锦山	AN JIN SHAN	2011–06–15	中国	中国	57 668
188	中远海运散运	中海散运（上海）	安康山	AN KANG SHAN	2011–11–29	中国	中国	57 672
189	中远海运散运	中海散运（上海）	安泰山	AN TAI SHAN	2011–12–21	中国	中国	57 668
190	中远海运散运	中海散运（武汉）	嘉诚山	JIA CHENG SHAN	2004–09–28	中国	中国	57 187

续上表

序号	所属二级公司（经营）	权属	中文船名	英文船名	建造日期	建造国家或地区	船旗	总载重量（吨）
191	中远海运散运	中海散运（香港）	中粮 1	COFCO 1	2014-01-23	中国	中国香港	81 531
192	中远海运散运	中海散运（香港）	锦霞峰	JIN XIA FENG	2014-02-18	中国	中国香港	81 537
193	中远海运散运	中海散运（香港）	中海祥和	CS SERENITY	2014-03-18	中国	中国香港	180 364
194	中远海运散运	中海散运（香港）	中海顺和	CS GRACE	2014-06-06	中国	中国香港	180 429
195	中远海运散运	中海散运（香港）	中海康和	CS SALUBRITY	2014-09-03	中国	中国香港	180 301
196	中远海运散运	中海散运（香港）	中海泰和	CS HARMONY	2015-06-25	中国	中国香港	180 193
197	中远海运散运	中散集团本部	鹏龙	PENG LONG	2012-11-02	中国	中国	49 970
198	中远海运散运	中散集团本部	兰花海	LAN HUA HAI	2013-12-12	中国	中国	115 118
199	中远海运散运	中远海运散货	远智海	YUAN ZHI HAI	2005-09-23	中国	中国	74 272
200	中远海运散运	中远海运散货	中海昌运 6	ZHONG HAI CHANG YUN 6	2012-05-01	中国	中国	56 639
201	中远海运散运	中远海运散货	中海昌运 1	ZHONG HAI CHANG YUN 1	2009-01-01	中国	中国	57 794
202	中远海运散运	中远海运散货	中海昌运 2	ZHONG HAI CHANG YUN 2	2009-04-01	中国	中国	57 791
203	中远海运散运	中远海运散货	中海昌运 3	ZHONG HAI CHANG YUN 3	2009-08-01	中国	中国	57 858
204	中远海运散运	大连海运	石龙岭	SHI LONG LING	2013-12-12	中国	中国	34 510
205	中远海运散运	大连海运	青峰岭	QING FENG LING	2013-03-26	中国	中国	34 473
206	中远海运散运	海南海盛	新旺海	XIN WANG HAI	2003-10-28	中国	中国	174 733
207	中远海运散运	海南海盛	新发海	XIN FA HAI	2004-02-25	中国	中国	174 611
208	中远海运散运	海南海盛	远慧海	YUAN HUI HAI	2006-04-20	中国	中国	74 272
209	中远海运散运	中散集团本部	普陀海	PU TUO HAI	2007-11-28	中国	中国	53 371
210	中远海运散运	中散集团本部	九华海	JIU HUA HAI	2008-01-03	中国	中国	53 371
211	中远海运散运	海南海盛	武夷海	WU YI HAI	2008-06-05	中国	中国	53 444
212	中远海运散运	中散集团本部	百安海	BAI AN HAI	2008-09-19	中国	中国	178 022
213	中远海运散运	中散集团本部	文竹海	WEN ZHU HAI	2008-09-18	中国	中国	76 381
214	中远海运散运	海南海盛	雁荡海	YAN DANG HAI	2008-11-28	中国	中国	53 371

续上表

序号	所属二级公司（经营）	权属	中文船名	英文船名	建造日期	建造国家或地区	船旗	总载重量（吨）
215	中远海运散运	中散集团本部	武竹海	WU ZHU HAI	2008-12-09	中国	中国	76 381
216	中远海运散运	中散集团本部	年丰海	NIAN FENG HAI	2008-12-10	中国	中国	177 878
217	中远海运散运	中散集团本部	金竹海	JIN ZHU HAI	2009-05-27	中国	中国	76 450
218	中远海运散运	中散集团本部	银竹海	YIN ZHU HAI	2009-06-26	中国	中国	76 463
219	中远海运散运	中散集团本部	中腾海	ZHONG TENG HAI	2009-07-17	中国	中国	178 242
220	中远海运散运	中散集团本部	远信海	YUAN XIN HAI	2009-09-02	中国	中国	178 076
221	中远海运散运	海南海盛	桃花海	TAO HUA HAI	2012-05-25	中国	中国	115 184
222	中远海运散运	海南海盛	荷花海	HE HUA HAI	2012-06-21	中国	中国	115 079
223	中远海运散运	海南海盛	菊花海	JU HUA HAI	2012-07-18	中国	中国	115 075
224	中远海运散运	海南海盛	梅花海	MEI HUA HAI	2013-11-21	中国	中国	115 198
225	中远海运散运	广州中远海运	新粤顺	XIN YUE SHUN	2011-08-01	中国	中国	57 300
226	中远海运散运	广州振华	宝瑞岭	BAO RUI LING	2014-08-19	中国	中国	58 107
227	中远海运散运	中海绿舟散货有限公司	清平山	QING PING SHAN	2015-10-01	中国	中国香港	63 473
228	中远海运散运	中海绿舟散货有限公司	清云山	QING YUN SHAN	2016-03-01	中国	中国香港	63 442
229	中远海运散运	中海绿舟散货有限公司	清华山	QING HUA SHAN	2016-08-18	中国	中国香港	63 457
230	中远海运散运	中海绿舟散货有限公司	清泉山	QING QUAN SHAN	2016-12-02	中国	中国香港	63 473
231	中远海运散运	上海远望	锦瑞峰	JIN RUI FENG	2012-06-20	中国	中国	93 755
232	中远海运散运	上海远望	嘉裕山	JIA YU SHAN	2014-09-30	中国	中国	58 054
233	中远海运散运	广发航运	广州发展 1	GUANG ZHOU FA ZHAN 1	2010-01-01	中国	中国	56 970
234	中远海运散运	广发航运	广州发展 2	GUANG ZHOU FA ZHAN 2	2010-05-01	中国	中国	57 025
235	中远海运散运	广发航运	广州发展 3	GUANG ZHOU FA ZHAN 3	2010-09-01	中国	中国	57 732
236	中远海运散运	广发航运	广州发展 4	GUANG ZHOU FA ZHAN 4	2011-03-01	中国	中国	57 105
237	中远海运散运	广发航运	广州发展 5	GUANG ZHOU FA ZHAN 5	2010-01-01	中国	中国	57 708
238	中远海运散运	广州京海	京海昌	JING HAI CHANG	2010-01-26	中国	中国	15 034
239	中远海运散运	广州京海	京海兴	JING HAI XING	2017-09-06	中国	中国	6588

续上表

序号	所属二级公司（经营）	权属	中文船名	英文船名	建造日期	建造国家或地区	船旗	总载重量（吨）
240	中远海运散运	广州京海	京海盛	JING HAI SHENG	2017-10-13	中国	中国	6574
241	中远海运散运	广州京海	京海旺	JING HAI WANG	2017-11-23	中国	中国	6588
242	中远海运散运	上海嘉禾	嘉禾航运 1	JIA HE HANG YUN 1	2012-02-01	中国	中国	53 106
243	中远海运散运	上海嘉禾	嘉禾航运 2	JIA HE HANG YUN 2	2012-07-01	中国	中国	53 007
244	中远海运散运	上海嘉禾	友谊 20	YOU YI 20	1992-05-10	巴基斯坦	中国	20 698
245	中远海运散运	中海散运（本部）	宝月岭	BAO YUE LING	2013-10-12	中国	中国	47 731
246	中远海运散运	上海时代	银浦	YIN PU	1997-04-01	日本	中国	46 663
247	中远海运散运	上海时代	时代 1	SHI DAI 1	2007-09-01	中国	中国	76 610
248	中远海运散运	上海时代	时代 2	SHI DAI 2	2007-12-01	中国	中国	76 509
249	中远海运散运	上海时代	时代 20	SHI DAI 20	2010-10-01	中国	中国	115 000
250	中远海运散运	上海时代	时代 21	SHI DAI 21	2010-11-01	中国	中国	115 496
251	中远海运散运	上海时代	银宝	YIN BAO	1996-03-01	中国	中国	45 513
252	中远海运散运	上海时代	银宁	YIN NING	2008-01-01	中国	中国	53 380
253	中远海运散运	上海时代	银顺	YIN SHUN	2009-04-01	中国	中国	53 496
254	中远海运散运	上海时代	银平	YIN PING	2010-05-01	中国	中国	53 380
255	中远海运散运	上海时代	银能	YIN NENG	2010-06-01	中国	中国	53 478
256	中远海运散运	上海时代	银致	YIN ZHI	2009-09-01	中国	中国	57 924
257	中远海运散运	上海时代	银连	YIN LIAN	2010-01-01	中国	中国	57 664
258	中远海运散运	上海时代	银杰	YIN JIE	2010-04-01	中国	中国	57 586
259	中远海运散运	上海时代	银远	YIN YUANG	2010-06-01	中国	中国	57 674
260	中远海运散运	上海时代	银福	YIN FU	2012-05-01	中国	中国	48 909
261	中远海运散运	上海时代	银禄	YIN LU	2012-06-01	中国	中国	48 886
262	中远海运散运	上海时代	天龙星	TIAN LONG XING	1995-08-01	德国	中国	37 532
263	中远海运散运	上海时代	银绣	YIN XIU	1995-08-01	日本	中国	28 730

续上表

序号	所属二级公司（经营）	权属	中文船名	英文船名	建造日期	建造国家或地区	船旗	总载重量（吨）
264	中远海运散运	上海时代	时代 8	SHI DAI 8	2012–09–01	中国	中国	75 458
265	中远海运散运	上海时代	银浩	YIN HAO	2012–10–25	中国	中国	48 910
266	中远海运散运	上海时代	时代 9	SHI DAI 9	2012–11–06	中国	中国	75 458
267	中远海运散运	上海时代	时代 10	SHI DAI 10	2012–12–28	中国	中国	75 414
268	中远海运散运	上海时代	银彩	YIN CAI	2012–12–18	中国	中国	48 929
269	中远海运散运	上海时代	银瑞	YIN RUI	2012–12–20	中国	中国	44 945
270	中远海运散运	上海时代	时代 11	SHI DAI 11	2012–12–28	中国	中国	75 467
271	中远海运散运	上海时代	银雪	YIN XUE	2013–01–26	中国	中国	44 945
272	中远海运散运	上海时代	银年	YIN NIAN	2013–11–18	中国	中国	44 926
273	中远海运散运	上海时代	银鹤	YING HE	2014–01–20	中国	中国	44 952
274	中远海运散运	上海银桦	银桦 1	YIN HUA 1	2013–11–01	中国	中国	48 413
275	中远海运散运	上海银桦	银桦 2	YIN HUA 2	2014–06–06	中国	中国	48 843
276	中远海运散运	上海友好	友好 1	YOU HAO 1	2012–05–18	中国	中国	47 715
277	中远海运散运	上海友好	友好 2	YOU HAO 2	2012–08–28	中国	中国	47 664
278	中远海运散运	香港海宝	铭德	MING DE	2014–01–20	中国	中国香港	82 000
279	中远海运散运	香港海宝	仁达	REN DA	2010–06–01	中国	中国香港	230 000
280	中远海运散运	香港海宝	义达	YI DA	2010–11–01	中国	中国香港	230 000
281	中远海运散运	香港海宝	礼达	LI DA	2011–11–01	中国	中国香港	230 000
282	中远海运散运	香港海宝	智达	ZHI DA	2012–01–01	中国	中国香港	230 000
283	中远海运散运	香港海宝	风华	FENG HUA	2013–07–29	中国	中国香港	180 000
284	中远海运散运	香港海宝	光华	GUANG HUA	2013–09–25	中国	中国香港	180 000
285	中远海运散运	香港海宝	文德	WEN DE	2013–12–10	中国	中国香港	82 000
286	中远海运散运	中国矿运	远见海	YUAN JIAN HAI	2013–11–22	中国	新加坡	399 996
287	中远海运散运	中国矿运	远卓海	YUAN ZHUO HAI	2014–07–11	中国	新加坡	399 975

续上表

序号	所属二级公司（经营）	权属	中文船名	英文船名	建造日期	建造国家或地区	船旗	总载重量（吨）
288	中远海运散运	中国矿运	远实海	YUAN SHI HAI	2013-07-22	中国	新加坡	400 293
289	中远海运散运	中国矿运	远真海	YUAN ZHEN HAI	2013-03-29	中国	新加坡	399 996
290	中远海运散运	中国矿运	远河海	YUAN HE HAI	2018-01-11	中国	新加坡	398 595
291	中远海运散运	中国矿运	远谷海	YUAN GU HAI	2018-05-16	中国	新加坡	398 292
292	中远海运散运	中国矿运	远谊海	YUAN YI HAI	2018-09-17	中国	新加坡	398 459
293	中远海运散运	中国矿运	远宝海	YUAN BAO HAI	2018-10-26	—	新加坡	398 453
294	中远海运散运	中海华润	华润电力 2	HUA RUN DIAN LI 2	2012-08-01	中国	中国	45 541
295	中远海运散运	中海华润	华润电力 3	HUA RUN DIAN LI 3	2012-11-19	中国	中国	45 567
296	中远海运散运	中海华润	华润电力 5	HUA RUN DIAN LI 5	2013-02-22	中国	中国	45 555
297	中远海运散运	中海华润	华润电力 6	HUA RUN DIAN LI 6	2013-04-15	中国	中国	45 560
298	中远海运散运	中海华润	华润电力 7	HUA RUN DIAN LI 7	2013-08-27	中国	中国	45 523
299	中远海运散运	中海华润	中海华润 1	ZHONG HAI HUA RUN 1	2013-09-09	中国	中国	75 397
300	中远海运散运	中海华润	华润电力 8	HUA RUN DIAN LI 8	2013-10-18	中国	中国	45 500
301	中远海运散运	中海华润	华润电力 9	HUA RUN DIAN LI 9	2013-11-15	中国	中国	45 536
302	中远海运散运	中海华润	华润电力 10	HUA RUN DIAN LI 10	2013-12-24	中国	中国	45 536
303	中远海运散运	广州海电	新靖海	XIN JING HAI	1988-07-01	日本	中国	68 377
304	中远海运散运	广州海电	新平海	XIN PING HAI	1994-08-01	日本	中国	68 636
305	中远海运散运	广州海电	新红海	XIN HONG HAI	1995-05-01	日本	中国	74 044
306	中远海运散运	神华中海	宁骅	NING HUA	1993-11-01	日本	中国	69 607
307	中远海运散运	神华中海	新世纪 168	XIN SHI JI 168	2010-03-01	中国	中国	57 587
308	中远海运散运	神华中海	新世纪 128	XIN SHI JI 128	2009-12-01	中国	中国	57 662
309	中远海运散运	神华中海	新世纪 188	XIN SHI JI 188	2010-09-01	中国	中国	57 587
310	中远海运散运	神华中海	新世纪 198	XIN SHI JI 198	2010-07-01	中国	中国	57 690
311	中远海运散运	神华中海	神华 501	SHEN HUA 501	2011-12-01	中国	中国	46 032

续上表

序号	所属二级公司（经营）	权属	中文船名	英文船名	建造日期	建造国家或地区	船旗	总载重量（吨）
312	中远海运散运	神华中海	神华 521	SHEN HUA 521	2012-03-01	中国	中国	44 799
313	中远海运散运	神华中海	神华 502	SHEN HUA 502	2013-06-19	中国	中国	44 899
314	中远海运散运	神华中海	神华 523	SHEN HUA 523	2013-07-05	中国	中国	44 826
315	中远海运散运	神华中海	神华 503	SHEN HUA 503	2013-08-08	中国	中国	44 842
316	中远海运散运	神华中海	神华 526	SHEN HUA 526	2013-09-11	中国	中国	44 831
317	中远海运散运	神华中海	神华 801	SHEN HUA 801	2013-10-18	中国	中国	75 331
318	中远海运散运	神华中海	神华 505	SHEN HUA 505	2013-10-10	中国	中国	44 942
319	中远海运散运	神华中海	神华 508	SHEN HUA 508	2013-10-25	中国	中国	44 849
320	中远海运散运	神华中海	神华 506	SHEN HUA 506	2013-10-10	中国	中国	44 942
321	中远海运散运	神华中海	神华 802	SHEN HUA 802	2013-10-28	中国	中国	75 380
322	中远海运散运	神华中海	神华 522	SHEN HUA 522	2013-11-20	中国	中国	45 948
323	中远海运散运	神华中海	神华 525	SHEN HUA 525	2013-10-25	中国	中国	44 942
324	中远海运散运	神华中海	神华 528	SHEN HUA 528	2013-10-25	中国	中国	44 806
325	中远海运散运	神华中海	神华 803	SHEN HUA 803	2013-11-14	中国	中国	75 403
326	中远海运散运	神华中海	神华 511	SHEN HUA 511	2013-11-15	中国	中国	46 116
327	中远海运散运	神华中海	神华 512	SHEN HUA 512	2013-11-15	中国	中国	46 116
328	中远海运散运	神华中海	神华 513	SHEN HUA 513	2013-11-15	中国	中国	46 116
329	中远海运散运	神华中海	神华 531	SHEN HUA 531	2013-11-15	中国	中国	47 476
330	中远海运散运	神华中海	神华 811	SHEN HUA 811	2013-12-03	中国	中国	76 150
331	中远海运散运	神华中海	神华 533	SHEN HUA 533	2014-03-10	中国	中国	47 525
332	中远海运散运	神华中海	神华 532	SHEN HUA 532	2014-03-10	中国	中国	47 509
333	中远海运散运	神华中海	神华 515	SHEN HUA 515	2014-03-12	中国	中国	47 691
334	中远海运散运	神华中海	神华 812	SHEN HUA 812	2014-04-10	中国	中国	76 124
335	中远海运散运	神华中海	神华 805	SHEN HUA 805	2014-04-08	中国	中国	75 347

续上表

序号	所属二级公司（经营）	权属	中文船名	英文船名	建造日期	建造国家或地区	船旗	总载重量（吨）
336	中远海运散运	神华中海	神华 561	SHEN HUA 561	2014-03-31	中国	中国	47 727
337	中远海运散运	神华中海	神华 535	SHEN HUA 535	2014-03-10	中国	中国	47 525
338	中远海运散运	神华中海	神华 516	SHEN HUA 516	2014-04-16	中国	中国	47 640
339	中远海运散运	神华中海	神华 806	SHEN HUA 806	2014-06-06	中国	中国	75 285
340	中远海运散运	神华中海	神华 808	SHEN HUA 808	2014-07-01	中国	中国	75 411
341	中远海运散运	神华中海	神华 518	SHEN HUA 518	2014-07-01	中国	中国	47 676
342	中远海运散运	神华中海	神华 536	SHEN HUA 536	2013-10-15	中国	中国	47 555
343	中远海运散运	神华中海	神华 562	SHEN HUA 562	2013-07-25	中国	中国	47 676
344	中远海运散运	神华中海	神华 538	SHEN HUA 538	2014-07-02	中国	中国	47 500
345	中远海运散运	神华中海	神华 563	SHEN HUA 563	2013-12-31	中国	中国	47 566
346	投资新加坡	中远新加坡	—	COS PROSPERITY	2006-03-28	中国	新加坡	55 550
347	投资新加坡	中远新加坡	—	COS ORCHID	2006-02-23	中国	新加坡	55 539
348	投资新加坡	中远新加坡	—	COS LUCKY	2003-04-03	日本	巴拿马	52 395
349	中远海运散运	天津远华	泰安海	TAI AN HAI	1986-11-25	中国	中国	47 698
350	中远海运散运	中远发展	富恒山	FU HENG SHAN	2011-11-14	中国	中国	71 634
351	厦门远洋 湖南远洋	SHAOSHAN TWO SHIPPING LIMITED	韶山 1	SHAO SHAN 1	1997-01-27	日本	中国香港	74 009
352	厦门远洋 湖南远洋	SHAOSHAN EIGHT SHIPPING LIMITED	韶山 8	SHAO SHAN 8	2012-09-03	中国	中国香港	75 365
353	国投海运	国投海运	国投 001	—	2010-08-26	中国	中国	56 916
354	国投海运	国投海运	国投 101	—	2010-10-29	中国	中国	56 936
355	国投海运	国投海运	国投 102	—	2011-01-03	中国	中国	56 879
356	国投海运	国投海运	国投 103	—	2011-02-10	中国	中国	56 901
357	国投海运	国投海运	国投 105	—	2012-01-18	中国	中国	57 076
358	国投海运	国投海运	国投 106	—	2012-06-28	中国	中国	56 704

续上表

序号	所属二级公司（经营）	权属	中文船名	英文船名	建造日期	建造国家或地区	船旗	总载重量（吨）
359	国投海运	国投海运	国投 107	—	2013–11–01	中国	中国	57 000
360	国投海运	国投海运	国投 108	—	2014–03–10	中国	中国	57 000
361	国投海运	国投海运	国投 109	—	2015–02–12	中国	中国	58 089
362	中远海运特运	广东省远洋	毓鹏海	YU PENG HAI	2010–11–30	中国	中国	76 000
363	中远海运特运	广东省远洋	毓麟海	YU LIN HAI	2012–03–27	中国	中国	75 380
合计								33 982 007

2018年中远海运集团干散货船队租入船舶船名录

表 17-8

序号	所属二级公司（经营）	中文船名	英文船名	建造日期	建造国家或地区	船旗	总载重量（吨）
1	中远海运散运	育德	YU DE	2015-07-31	中国	五星旗	57 500
2	中远海运散运	育明	YU MING	2012-12-01	中国	五星旗	45 308
3	中远海运散运	恒越时代	TRANSCENDEN TIME	2010-10-12	中国	方便旗	32 686
4	中远海运散运	新瑞海	XIN RUI HAI	2012-10-10	日本	方便旗	56 092
5	中远海运散运	新祥海	XIN XIANG HAI1	2012-07-24	日本	方便旗	56 111
6	中远海运散运	新唐山海 1	XIN TANG SHAN HAI 1	2013-03-01	中国	方便旗	81 870
7	中远海运散运	爱德华	EDWARD N	2011-01-01	中国	方便旗	176 000
8	中远海运散运	—	TIGER EAST	2013-03-01	中国	中国香港	76 213
9	中远海运散运	—	TIGER SOUTH	2012-08-30	中国	中国香港	76 255
10	中远海运散运	—	TIGER WEST	2012-08-30	中国	中国香港	76 230
11	中远海运散运	—	TIGER NORTH	2013-07-02	中国	中国香港	76 250
12	中远海运散运	—	THEODOR OLDENDORFF	2004-11-30	日本	中国香港	77 171
13	中远海运散运	正和 58	ZHENG HE 58	2009-11-26	中国	五星旗	15 180
14	中远海运散运	—	XIN JIN HAI	2009-11-06	—	方便旗	180 406
15	中远海运散运	—	XIN TAI HAI	2011-05-19	—	方便旗	180 346
16	中远海运散运	—	BULK DENMARK	2010-11-01	—	方便旗	180 200
17	中远海运散运	—	XIN BIN HAI	2010-03-01	—	方便旗	180 085
18	中远海运散运	—	AMITY	2009-07-01	—	方便旗	180 000
19	中远海运散运	—	CAPE ALEXANDROS	2010-09-01	—	方便旗	180 000
20	中远海运散运	—	CAPE AGAMEMNON	2010-07-01	—	方便旗	180 000
21	中远海运散运	—	SHAGANGFIRST POWER	2011-02-01	—	方便旗	179 500
22	中远海运散运	—	CHINA PRIDE	2009-08-01	—	方便旗	177 856

续上表

序号	所属二级公司（经营）	中文船名	英文船名	建造日期	建造国家或地区	船旗	总载重量（吨）
23	中远海运散运	—	CAPE STAR	2010-07-01	—	方便旗	176 000
24	中远海运散运	—	RED LOTUS	2006-04-01	—	方便旗	83 007
25	中远海运散运	—	GOLDEN ENDURER	2011-01-01	—	中国香港	79 600
26	中远海运散运	—	GOLDEN ENDEAVOUR	2011-01-01	—	中国香港	79 600
27	中远海运散运	—	GOLDEN ECLIPSE	2010-04-19	—	中国香港	79 474
28	中远海运散运	—	GOLDEN EMPRESS	2010-12-02	—	中国香港	79 463
29	中远海运散运	海鲁	HAI LU	2004-07-01	—	方便旗	76 500
30	中远海运散运	海吉	HAI JI	2004-03-01	—	方便旗	73 601
31	中远海运散运	海青	HAI QING	2000-01-01	—	方便旗	73 288
32	中远海运散运	—	CHANG SHUN II	2009-09-18	中国	方便旗	56 962
33	中远海运散运	—	GNG CONCORD 2	2014-12-01	—	中国香港	75 336
34	中远海运散运	—	GNG CONCORD 3	2015-01-01	—	中国香港	75 478
35	中远海运散运	—	GNG CONCORD 1	2015-01-01	—	中国香港	75 396
36	中远海运散运	—	JOSCO JINZHOU	2012-11-01	—	中国香港	58 685
37	中远海运散运	—	MANDARIN TRADER	2011-01-01	—	方便旗	56 677
38	中远海运散运	—	SEA STAR	2014-01-01	—	方便旗	56 591
39	中远海运散运	—	LM SELENE	2009-01-01	—	方便旗	93 250
40	中远海运散运	—	ALMANDIN	2010-01-01	—	方便旗	56 899
41	中远海运散运	—	OCEAN RHEA	2010-01-01	—	中国香港	92 648
42	中远海运散运	—	JULIAN	2003-01-01	—	方便旗	73 613
43	中远海运散运	—	CHOW	2016-01-01	—	方便旗	180 000
44	中远海运散运	—	E TRADER	2010-01-01	—	方便旗	56 841
45	中远海运散运	—	VEGA LIBRA	2010-01-01	—	方便旗	53 716
46	中远海运散运	—	PELLA	2010-01-01	—	方便旗	82 163
47	中远海运散运	—	GENCO VIGOUR	1999-01-01	—	中国香港	73 941

续上表

序号	所属二级公司（经营）	中文船名	英文船名	建造日期	建造国家或地区	船旗	总载重量（吨）
48	中远海运散运	—	MAINA	2016-01-01	—	方便旗	63 280
49	中远海运散运	—	YIANNIS N.G.	2014-01-01	—	方便旗	81 043
50	中远海运散运	—	D SKALKEAS	2011-01-01	—	方便旗	93 500
51	中远海运散运	—	WESTERN AIDA	2012-01-01	—	方便旗	37 452
52	中远海运散运	—	CIC PAOLA	2014-09-01	—	方便旗	179 999
53	中远海运散运	—	CL LINDY	2017-01-01	—	中国香港	63 498
54	中远海运散运	—	TRANSCENDEN BRIGHT	2018-01-01	—	中国香港	81 600
55	中远海运散运	—	PHOENIX OCEAN	2014-01-01	—	中国香港	76 067
56	中远海运散运	—	SHAO SHAN 6	2012-01-01	—	中国香港	75 416
57	中远海运散运	—	ESHIPS PROSPERITY	2012-01-01	—	方便旗	56 832
58	中远海运散运	宝仁岭	BAO REN LING	2013-12-12	—	五星旗	47 761
59	中远海运散运	金海鸥	JIN HAI OU	1997-06-16	—	五星旗	43 764
60	中远海运散运	明州 25	MING ZHOU 25	1990-08-28	—	方便旗	42 025
合计							5 482 225

2018 年中远海运集团杂货特种船队自有船舶船名录

表 17–9

序号	所属二级公司（经营）	权属	中文船名	英文船名	出厂日期	建造国家或地区	船旗	总载重量（吨）	载箱量 (TEU)	车位数（个）
1	中远海运特运	中远海运特种运输（香港）有限公司	新大中	XIN DA ZHONG	1998–06–30	日本	巴拿马	16 957	685	—
2	中远海运特运	中远海运特种运输（香港）有限公司	大华	DA HUA	1998–07–01	日本	巴拿马	16 957	685	—
3	中远海运特运	中远海运特种运输（香港）有限公司	大富	DA FU	1998–10–01	日本	巴拿马	16 957	685	—
4	中远海运特运	中远海运特种运输（香港）有限公司	新大强	XIN DA QIANG	1998–11–01	日本	巴拿马	16 957	685	—
5	中远海运特运	中远海运特种运输股份有限公司	乐昌	LE CHANG	1999–07–01	中国	中国	21 728	—	—
6	中远海运特运	中远海运特种运输股份有限公司	乐宜	LE YI	2000–04–01	中国	中国	28 450	1089	—
7	中远海运特运	中远海运特种运输股份有限公司	乐里	LE LI	2000–09–01	中国	中国	28 450	1089	—
8	中远海运特运	中远海运特种运输股份有限公司	乐从	LE CONG	2000–12–01	中国	中国	28 450	1089	—
9	中远海运特运	中远海运特种运输股份有限公司	乐和	LE HE	2001–02–01	中国	中国	28 450	1089	—
10	中远海运特运	中远海运特种运输股份有限公司	乐民	LE MIN	1999–06–01	中国	中国	21 728	—	—
11	中远海运特运	中远海运特种运输股份有限公司	乐业	LE YE	2000–03–20	中国	中国	21 728	—	—
12	中远海运特运	中远海运特种运输股份有限公司	乐同	LE TONG	2000–05–01	中国	中国	21 400	—	—
13	中远海运特运	中远海运特种运输股份有限公司	乐荣	LE RONG	1999–04–01	中国	中国	21 728	—	—
14	中远海运特运	中远海运特种运输股份有限公司	乐顺	LE SHUN	1999–09–01	中国	中国	22 296	—	—

续上表

序号	所属二级公司（经营）	权属	中文船名	英文船名	出厂日期	建造国家或地区	船旗	总载重量（吨）	载箱量(TEU)	车位数（个）
15	中远海运特运	中远海运特种运输股份有限公司	乐锦	LE JIN	1999–11–01	中国	中国	21 728	—	—
16	中远海运特运	中远海运特种运输（香港）有限公司	凤凰松	FENG HUANG SONG	2009–04–28	中国	中国香港	27 300	1371	—
17	中远海运特运	中远海运特种运输（香港）有限公司	孔雀松	KONG QUE SONG	2010–02–01	中国	中国香港	27 382	1371	—
18	中远海运特运	中远海运特种运输（香港）有限公司	麒麟松	QI LIN SONG	2010–08–30	中国	中国香港	27 300	1371	—
19	中远海运特运	中远海运特种运输（香港）有限公司	卧龙松	WO LONG SONG	2010–11–25	中国	中国香港	27 000	1371	—
20	中远海运特运	中远海运特种运输（香港）有限公司	大丹霞	DA DAN XIA	2009–10–15	中国	中国香港	28 451	1706	—
21	中远海运特运	中远海运特种运输（香港）有限公司	大紫云	DA ZI YUN	2010–02–05	中国	中国香港	28 451	1706	—
22	中远海运特运	中远海运特种运输（香港）有限公司	大玉霞	DA YU XIA	2011–01–14	中国	中国香港	28 348	1706	—
23	中远海运特运	中远海运特种运输（香港）有限公司	大翠云	DA CUI YUN	2011–05–20	中国	中国香港	28 367	1706	—
24	中远海运特运	中远海运特种运输（香港）有限公司	大青霞	DA QING XIA	2011–07–26	中国	中国香港	28 367	1706	—
25	中远海运特运	中远海运特种运输（香港）有限公司	大彤云	DA TONG YUN	2011–11–25	中国	中国香港	28 378	1706	—
26	中远海运特运	中远海运特种运输（香港）有限公司	大虹霞	DA HONG XIA	2012–05–10	中国	中国香港	28 367	1706	—
27	中远海运特运	中远海运特种运输（香港）有限公司	大彩云	DA CAI YUN	2012–09–18	中国	中国香港	28 378	1706	—
28	中远海运特运	中远海运特种运输股份有限公司	幸福松	XING FU SONG	2012–09–17	中国	中国	27 292	1371	—
29	中远海运特运	中远海运特种运输（香港）有限公司	牡丹松	MU DAN SONG	2012–03–19	中国	中国香港	27 410	1371	—

续上表

序号	所属二级公司（经营）	权属	中文船名	英文船名	出厂日期	建造国家或地区	船旗	总载重量（吨）	载箱量(TEU)	车位数（个）
30	中远海运特运	中远海运特种运输（香港）有限公司	木棉松	MU MIAN SONG	2012–08–20	中国	中国香港	27 372	1371	—
31	中远海运特运	中远海运特种运输（香港）有限公司	永盛	YONG SHENG	2002–09–04	罗马尼亚	中国香港	19 461	1226	—
32	中远海运特运	中远海运特种运输股份有限公司	平安松	PING AN SONG	2012–06–18	中国	中国	27 352	1371	—
33	中远海运特运	中远海运特种运输（香港）有限公司	杜鹃松	DU JUAN SONG	2011–08–18	中国	中国香港	27 438	1371	—
34	中远海运特运	中远海运特种运输（香港）有限公司	芙蓉松	FU RONG SONG	2011–11–09	中国	中国香港	27 421	1371	—
35	中远海运特运	中远海运特种运输（香港）有限公司	莲花松	LIAN HUA SONG	2011–11–07	中国	中国香港	27 412	1371	—
36	中远海运特运	中远海运特种运输股份有限公司	吉祥松	JI XIANG SONG	2011–12–29	中国	中国	27 352	1391	—
37	中远海运特运	中远海运特种运输股份有限公司	如意松	RU YI SONG	2012–03–30	中国	中国	27 302	1371	—
38	中远海运特运	中远海运特种运输（香港）有限公司	大安	DA AN	2013–05–28	中国	中国香港	29 000	—	—
39	中远海运特运	中远海运特种运输（香港）有限公司	大康	DA KANG	2013–07–17	中国	中国香港	28 500	—	—
40	中远海运特运	中远海运特种运输（香港）有限公司	大泰	DA TAI	2013–09–11	中国	中国香港	29 041	—	—
41	中远海运特运	中远海运特种运输（香港）有限公司	大昌	DA CHANG	2013–10–31	中国	中国香港	28 500	—	—
42	中远海运特运	中远海运特种运输（香港）有限公司	紫荆松	ZI JING SONG	2012–11–12	中国	中国香港	27 403	1371	—
43	中远海运特运	中远海运特种运输股份有限公司	常发口	CHANG FA KOU	1985–03–01	日本	中国	11 678	—	2950
44	中远海运特运	中远海运特种运输（香港）有限公司	中远盛世	ZHONG YUAN SHENG SHI	2011–02–16	中国	巴拿马	14 500	—	5381

续上表

序号	所属二级公司（经营）	权属	中文船名	英文船名	出厂日期	建造国家或地区	船旗	总载重量（吨）	载箱量(TEU)	车位数（个）
45	中远海运特运	中远海运特种运输（香港）有限公司	中远腾飞	ZHONG YUAN TENG FEI	2011-06-06	中国	巴拿马	14 500	—	5381
46	中远海运特运	广州中远海运日邮汽车船运输有限公司	玉衡先锋	YU HENG XIAN FENG	1998-01-01	日本	中国	13 418	—	5380
47	中远海运特运	中远海运特种运输股份有限公司	常安口	CHANG AN KOU	1999-08-06	克罗地亚	中国	12 781	—	4100
48	中远海运特运	中远海运特种运输股份有限公司	常荣口	CHANG RONG KOU	2000-01-01	希腊	中国	12 781	—	4100
49	中远海运特运	广州中远海运滚装运输有限公司	中海高速	—	1985-05-01	日本	中国	11 889	—	3300
50	中远海运特运	中远海运特种运输股份有限公司	泰安口	TAI AN KOU	2002-11-28	中国	中国	20 620	—	—
51	中远海运特运	中远海运特种运输股份有限公司	康盛口	KANG SHENG KOU	2003-08-15	中国	中国	20 248	—	—
52	中远海运特运	中远海运特种运输股份有限公司	祥云口	XIANG YUN KOU	2011-01-20	中国	中国	48 232	—	—
53	中远海运特运	中远海运特种运输股份有限公司	祥瑞口	XIANG RUI KOU	2011-07-23	中国	中国	48 231	—	—
54	中远海运特运	中远海运特种运输（香港）有限公司	祥和口	XIANG HE KOU	2016-05-05	中国	中国香港	48 050	—	—
55	中远海运特运	中远海运特种运输股份有限公司	致远口	ZHI YUAN KOU	2012-08-20	中国	中国	38 000	—	—
56	中远海运特运	中远海运特种运输（香港）有限公司	新光华	XIN GUANG HUA	2015-08-21	中国	中国香港	98 370	—	—
57	中远海运特运	广州远洋运输有限公司	西昌海	XI CHANG HAI	1997-08-01	中国	中国	27 275	—	—
58	中远海运特运	广州远洋运输有限公司	瑞昌海	RUI CHANG HAI	1997-09-01	中国	中国	27 275	—	—
59	中远海运特运	中远海运特种运输股份有限公司	大信	DA XIN	2014-07-10	中国	中国	28 738	—	—
60	中远海运特运	中远海运特种运输股份有限公司	大德	DA DE	2014-08-10	中国	中国	28 738	—	—

续上表

序号	所属二级公司（经营）	权属	中文船名	英文船名	出厂日期	建造国家或地区	船旗	总载重量（吨）	载箱量(TEU)	车位数（个）
61	中远海运特运	中远海运特种运输股份有限公司	大智	DA ZHI	2014–09–11	中国	中国	28 738	—	—
62	中远海运特运	中远海运特种运输股份有限公司	大良	DA LIANG	2014–10–21	中国	中国	28 738	—	—
63	中远海运特运	中远海运特种运输股份有限公司	天恩	TIAN EN	2017–11–03	中国	中国	37 125	1015	—
64	中远海运特运	中远海运特种运输股份有限公司	天惠	TIAN HUI	2017–12–29	中国	中国	37 130	1015	—
65	中远海运特运	上海中远海运特种运输有限公司	天真	TIAN ZHEN	2016–05–10	中国	中国	38 007	—	—
66	中远海运特运	中远海运特种运输股份有限公司	天乐	TIAN LE	2015–12–12	中国	中国	38 146	—	—
67	中远海运特运	中远海运特种运输股份有限公司	天祺	TIAN QI	2015–09–07	中国	中国	37 940	—	—
68	中远海运特运	中远海运特种运输股份有限公司	天健	TIAN JIAN	2015–09–07	中国	中国	37 994	—	—
69	中远海运特运	中远海运特种运输（香港）有限公司	天福	TIAN FU	2015–12–12	中国	中国香港	38 146	1015	—
70	中远海运特运	中远海运特种运输（香港）有限公司	天禄	TIAN LU	2015–12–12	中国	中国香港	38 122	1015	—
71	中远海运特运	中远海运特种运输（香港）有限公司	天寿	TIAN SHOU	2016–01–26	中国	中国香港	38 134	1015	—
72	中远海运特运	中远海运特种运输（香港）有限公司	天禧	TIAN XI	2016–01–26	中国	中国香港	38 098	1015	—
73	中远海运特运	中远海运特种运输股份有限公司	天佑	TIAN YOU	2018–06–27	中国	中国	37 080	1015	—
74	中远海运特运	中远海运特种运输股份有限公司	大吉	DA JI	2016–03–30	中国	中国	28 621	1035	—
75	中远海运特运	中远海运特种运输股份有限公司	大庆	DA QING	2016–06–01	中国	中国	28 604	1035	—
76	中远海运特运	中远海运特种运输股份有限公司	大祥	DA XIANG	2016–06–20	中国	中国	28 577	1035	—

续上表

序号	所属二级公司（经营）	权属	中文船名	英文船名	出厂日期	建造国家或地区	船旗	总载重量（吨）	载箱量(TEU)	车位数（个）
77	中远海运特运	中远海运特种运输股份有限公司	大贵	DA GUI	2017-12-07	中国	中国	28 621	1035	—
78	中远海运特运	天王星船务有限公司	天王之星	TIAN WANG ZHI XING	2007-03-28	中国	巴拿马	9106	630	—
79	中远海运特运	海王星船务有限公司	海王之星	HAI WANG ZHI XING	2007-03-28	中国	巴拿马	9106	630	—
80	中远海运特运	广州远洋运输有限公司	金达岭	JIN DA LING	1998-05-07	中国	巴拿马	28 164	—	—
81	中远海运特运	金广岭船务有限公司	金广岭	JIN GUANG LING	2009-07-29	中国	中国香港	31 907	—	—
82	中远海运特运	金远岭船务有限公司	金远岭	JIN YUAN LING	2009-11-02	中国	中国香港	31 907	—	—
83	中远海运特运	金兴岭船务有限公司	金兴岭	JIN XING LING	2010-06-18	中国	中国香港	31 907	—	—
84	中远海运特运	金旺岭船务有限公司	金旺岭	JIN WANG LING	2010-09-27	中国	中国香港	31 907	—	—
85	中远海运特运	武夷山船务有限公司	中远武夷山	COSCO WUYISHAN	2010-01-19	中国	中国香港	31 956	—	—
86	中远海运特运	井冈山船务有限公司	中远井冈山	COSCO JINGGANGSHAN	2010-06-30	中国	中国香港	31 956	—	—
87	中远海运特运	太行山船务有限公司	中远太行山	COSCO TAIHANGSHAN	2010-07-23	中国	中国香港	31 956	—	—
88	中远海运特运	昆仑山船务有限公司	中远昆仑山	COSCO KUNLUNSHAN	2010-10-25	中国	中国香港	31 956	—	—
89	中远海运特运	亚龙湾船务有限公司	亚龙湾	YA LONG WAN	2007-01-04	中国	中国香港	6012	—	—
90	中远海运特运	木兰湾船务有限公司	木兰湾	MU LAN WAN	2007-01-04	中国	中国香港	5988	—	—
91	中远海运特运	大鹏湾船务有限公司	大鹏湾	DA PENG WAN	2007-08-28	中国	中国香港	6144	—	—
92	中远海运特运	福宁湾船务有限公司	福宁湾	FU NING WAN	2007-03-26	中国	中国香港	6109	—	—
93	中远海运特运	海南中远海运沥青运输有限公司	珍珠湾	ZHEN ZHU WAN	2008-07-28	中国	中国	6315	—	—
94	中远海运特运	海南中远海运沥青运输有限公司	澎湖湾	PENG HU WAN	2008-11-02	中国	中国	6327	—	—
95	中远海运特运	月亮湾船务有限公司	月亮湾	YUE LIANG WAN	1999-06-30	中国	中国香港	10 767	—	—

续上表

序号	所属二级公司（经营）	权属	中文船名	英文船名	出厂日期	建造国家或地区	船旗	总载重量（吨）	载箱量(TEU)	车位数（个）
96	中远海运特运	平海湾船务有限公司	平海湾	PING HAI WAN	2008–12–29	中国	巴拿马	6115	—	—
97	中远海运特运	安海湾船务有限公司	安海湾	AN HAI WAN	2009–04–20	中国	巴拿马	6165	—	—
98	中远海运特运	星海湾船务有限公司	星海湾	XIN HAI WAN	2009–10–27	中国	巴拿马	6123	—	—
99	中远海运特运	宁海湾船务有限公司	宁海湾	NING HAI WAN	2009–10–27	中国	巴拿马	6118	—	—
100	中远海运特运	海南中远海运沥青运输有限公司	广州湾	GUANG ZHOU WAN	2017–05–10	中国	中国	13 307	—	—
101	中远海运特运	海南中远海运沥青运输有限公司	金州湾	JIN ZHOU WAN	2017–06–10	中国	中国	13 265	—	—
102	中远海运特运	海南中远海运沥青运输有限公司	荣华湾	RONG HUA WAN	2016–08–18	中国	中国	7939	—	—
103	中远海运特运	海南中远海运沥青运输有限公司	泰华湾	TAI HUA WAN	2016–08–18	中国	中国	7652	—	—
104	中波轮船股份公司	中波轮船股份公司	中波大西洋	CHIPOLBROK ATLANTIC	2016–07–05	中国	中国香港	31 660	1923	—
105	中波轮船股份公司	中波轮船股份公司	—	PADEREWSKI	2016–12–06	中国	塞浦路斯	31 672	1923	—
106	中波轮船股份公司	中波轮船股份公司	—	NOWOWIEJSKI	2016–03–28	中国	塞浦路斯	31 664	1923	—
107	中波轮船股份公司	中波轮船股份公司	中波太平洋	CHIPOLBROK PACIFIC	2015–12–08	中国	中国香港	31 615	1923	—
108	中波轮船股份公司	中波轮船股份公司	中波乾坤	CHIPOLBROK COSMOS	2011–12–18	中国	中国	30 280	1904	—
109	中波轮船股份公司	中波轮船股份公司	—	KRASZEWSKI	2011–10–25	中国	塞浦路斯	30 300	1904	—
110	中波轮船股份公司	中波轮船股份公司	中波寰宇	CHIPOLBROK GALAXY	2010–12–17	中国	中国香港	30 330	1904	—
111	中波轮船股份公司	中波轮船股份公司	—	PARANDOWSKI	2010–11–26	中国	塞浦路斯	30 291	1904	—
112	中波轮船股份公司	中波轮船股份公司	中波恒星	CHIPOLBROK STAR	2010–07–09	中国	中国香港	30 346	1904	—

续上表

序号	所属二级公司（经营）	权属	中文船名	英文船名	出厂日期	建造国家或地区	船旗	总载重量（吨）	载箱量(TEU)	车位数（个）
113	中波轮船股份公司	中波轮船股份公司	—	ADAM ASNYK	2009-12-10	中国	马耳他	30 332	1904	—
114	中波轮船股份公司	中波轮船股份公司	—	LEOPOLD STAFF	2004-12-06	中国	马耳他	30 435	1904	—
115	中波轮船股份公司	中波轮船股份公司	中波明月	CHIPOLBROK MOON	2004-04-30	中国	中国香港	30 435	1904	—
116	中波轮船股份公司	中波轮船股份公司	中波太阳	CHIPOLBROK SUN	2004-02-03	中国	中国香港	30 435	1904	—
117	中波轮船股份公司	中波轮船股份公司	—	WLADYSLAW ORKAN	2003-11-06	中国	塞浦路斯	30 435	1904	—
118	中波轮船股份公司	中波轮船股份公司	—	NORWID	1998-04-14	南斯拉夫（原）	马耳他	22 258	1094	—
119	中波轮船股份公司	中波轮船股份公司	弘发上海	HONG FA SHANG HAI	1997-09-26	南斯拉夫（原）	中国	21 963	1094	—
120	中波轮船股份公司	中波轮船股份公司	长江	CHIPOL CHANG JIANG	2015-01-05	中国	中国香港	36 947	1880	—
121	中波轮船股份公司	中波轮船股份公司	黄河	CHIPOL HUANG HE	2015-03-31	中国	中国香港	36 947	1880	—
122	中波轮船股份公司	中波轮船股份公司	太湖	CHIPOL TAIHU	2015-08-11	中国	中国香港	36 947	1880	—
123	中波轮船股份公司	中波轮船股份公司	东海	CHIPOL DONG HAI	2016-03-18	中国	中国香港	36 947	1880	—
124	中波轮船股份公司	中波轮船股份公司	—	LISBON TRADE	2009-10-26	中国	利比里亚	32 395	—	—
125	中波轮船股份公司	中波轮船股份公司	—	SAN MARINO TRADE	2010-02-04	中国	利比里亚	33 217	—	—
126	厦门远洋	厦门远洋运输公司	宁安城	NING AN CHENG	2010-12	中国	中国香港	31 761	—	—
127	厦门远洋	厦门远洋运输公司	都安城	DU AN CHENG	2010-05	中国	中国香港	31 175	—	—
128	厦门远洋	厦门远洋运输公司	荣安城	RONG AN CHENG	2015-12	中国	中国	38 557	264	—
129	厦门远洋	厦门远洋运输公司	瑞安城	RUI AN CHENG	2016-06	中国	中国	37 930	264	—

续上表

序号	所属二级公司（经营）	权属	中文船名	英文船名	出厂日期	建造国家或地区	船旗	总载重量（吨）	载箱量(TEU)	车位数（个）
130	厦门远洋	厦门远洋运输公司	平安城	PING AN CHENG	2017-02-28	中国	中国	37 899	264	—
131	厦门远洋	厦门远洋运输公司	广安城	GUANG AN CHENG	2017-06-21	中国	中国	37 917	264	—
132	厦门远洋	厦门远洋运输公司	长安城	CHANG AN CHENG	2017-11-02	中国	中国	37 971	264	—
133	中远海运物流	广远物流重大件	远景	YUAN JING	2009-07-17	中国	中国	12 626	—	—
134	中远海运物流	广远物流重大件	远鉴	YUAN JIAN	2007-07-11	中国	中国	6 500	—	—
135	上海海运	中海化工运输有限公司	金海涛	JIN HAI TAO	2013-04-01	中国	中国	7 914	—	—
136	上海海运	中海化工运输有限公司	金海澜	JIN HAI LAN	2013-04-19	中国	中国	7 900	—	—
合计								3 583 631	91 449	30 592

2018 年中远海运集团杂货特种船队租入船舶船名录

表 17–10

序号	所属二级公司（经营）	中文船名	英文船名	出厂日期	建造国家或地区	船旗	总载重量（吨）	车位数(个)
1	中远海运特运	三都澳	SAN DU AO	2011–08–05	中国	中国香港	12 780	0
2	中远海运特运	状元澳	ZHUANG YUAN AO	2012–07–26	中国	中国香港	12 702	0
3	中远海运特运	琪特	CHITRAL	2003–06–01	日本	巴基斯坦	46 710	—
4	中远海运特运	维德	NORWID	1998–03–01	克罗地亚	马耳他	22 258	—
5	中远海运特运	长江传奇	YANGTZE LEGEND	2015–02–01	中国	马绍尔群岛	39 172	—
6	中远海运特运	兰花 1	COS ORCHID	2006–02–23	中国	新加坡	55 539	—
7	中远海运特运	新一海 55	XIN YI HAI 55	2012–01–01	中国	利比里亚	32 387	—
8	中远海运特运	阳光地平线	SUNNY HORIZON	2012–01–01	中国	中国香港	58 259	—
9	中远海运特运	圣玛丽	SAN MARINO TRADE	2010–01–01	中国	利比里亚	33 217	—
10	中远海运特运	尼克林	NICOLINE BULKER	2012–01–20	日本	马恩岛	38 191	—
11	中远海运特运	挑战者联盟	TEAM CHALLENGE	2004–08–01	日本	马绍尔群岛	28 710	—
12	中远海运特运	翠鹭	IBIS BULKER	2010–06–01	中国	马绍尔群岛	57 809	—
13	中远海运特运	阿比利特	AEC ABILITY II	2006–03–31	日本	巴哈马	37 504	—
14	中远海运特运	桑巴联盟	TEAM SAMBA	2005–03–02	日本	马绍尔群岛	31 700	—
15	中远海运特运	兴意海 2	XING YI HAI	2016–01–01	中国	中国香港	38 947	—
16	中远海运特运	东邦巨人 7 号	DONGBANG GIANT NO.7	2016–08–18	中国	韩国	19 399	—
17	中远海运特运	高丽 1 号	KOREX SPB NO.1	2011–11–29	中国	韩国	15 025	—
18	中远海运特运	高丽 2 号	KOREX SPB NO.2	2012–02–23	中国	韩国	15 016	—
19	中远海运特运	韩进先锋	HAN JIN PIONEER	2010–11–24	韩国	韩国	12 180	—
20	中远海运特运	青阳越洋 1 号	CY INTEROCEAN Ⅰ	2016–11–07	中国	马绍尔群岛	15 631	—
21	中远海运特运	邪马台	YAMA TAI	2010–04–09	日本	巴拿马	19 818	—
22	中远海运特运	中汽亚洲	CSCC ASIA	2009–03–25	波兰	巴哈马	21 021	6400

续上表

序号	所属二级公司（经营）	中文船名	英文船名	出厂日期	建造国家或地区	船旗	总载重量（吨）	车位数(个)
23	中远海运特运	中汽欧洲	CSCC EUROPE	2009-06-25	波兰	巴哈马	21 019	6400
24	中远海运特运	力雅	LI YA	2009-09-01	比利时	中国	1400	—
25	中波轮船股份公司	育鹏	YU PENG	2016-09-28	中国	中国	30 000	—
26	中波轮船股份公司	黄海拼搏	HUANGHAI STRUGGLER	2014-08-11	中国	中国香港	31 777	—
27	中波轮船股份公司	黄海荣耀	HUANGHAI GLORY	2012-09-20	中国	中国香港	28 287	—
合计							776 458	12 800

2018年中远海运集团客轮船队自有船舶船名录

表17–11

序号	所属二级公司（经营）	权属	中文船名	英文船名	船型细分－按类型	出厂日期	建造国家或地区	船旗	总载重量（吨）	载箱量(TEU)	车位数（个）	客位数（个）
1	中远海运客运	中远海运客运	普陀岛	PU TUO DAO	客滚船	2005–04–21	中国	五星旗	3873	0	193	1428
2	中远海运客运	中远海运客运	葫芦岛	HU LU DAO	客滚船	2005–08–29	中国	五星旗	3873	0	193	1428
3	中远海运客运	中远海运客运	长山岛	CHANG SHAN DAO	客滚船	2012–06–10	中国	五星旗	7671	0	197	1400
4	中远海运客运	三沙南海梦之旅邮轮有限公司	南海之梦	NAN HAI ZHI MENG	客滚船	2011–12–05	中国	五星旗	5995	0	0	721
5	中远海运客运	中远海运客运	棒棰岛	BANG CHUI DAO	客滚船	1995–09–03	荷兰	五星旗	4228	0	226	1200
6	中远海运客运	中远海运客运	海洋岛	HAI YANG DAO	客滚船	1995–12–07	荷兰	五星旗	4228	0	226	1200
7	中远海运客运	中远海运客运	龙兴岛	LONG XING DAO	客滚船	2010–12–01	中国	五星旗	7744	0	197	1400
8	中远海运客运	中远海运客运	永兴岛	YONG XING DAO	客滚船	2011–03–22	中国	五星旗	7744	0	197	1400
9	中远海运集运	中远海运集运	新鉴真	CHINJIF	客箱船	1994–04–02	日本	五星旗	4321	250	—	345
10	中远海运集运	中远海运集运	苏州号	SU ZHOU HAO	客箱船	1992–04–13	日本	五星旗	3721	229	—	316
11	厦门远洋	厦门中远海运	新五缘	XIN WU YUAN	客船	2016–06–17	中国	五星旗	47	0	0	322
12	厦门远洋	厦门闽台轮渡	中远之星	COSCO STAR	客滚船	1993–09–01	日本	中国香港	10 326	256	0	683
13	中远海运青岛	烟台中韩轮渡	香雪兰	XIANG XUE LAN	客箱船	1996–03–25	德国	巴拿马	6526	293	0	392
合计									70 297	1028	1429	122 35

2018 年中远海运集团客轮船队租入船舶船名录

表 17-12

序号	所属二级公司（经营）	所属公司（经营）	中文船名	英文船名	船型细分－按类型	出厂日期	建造国家或地区	船旗	总载重量（吨）	载箱量(TEU)	车位数（个）	客位数（个）
1	中远海运客运	中远海运客运	万通海	WAN TONG HAI	客滚船	2010-11-29	中国	五星旗	7447	0	260	1618
2	中远海运客运	中远海运客运	万荣海	WAN RONG HAI	客滚船	2008-06-02	中国	五星旗	3252	0	69	1108
合计									10 699	0	329	2726

2018 年中远海运集团客运船队游览客船名录

表 17-13

序号	所属二级公司（经营）	所属公司（经营）	中文船名	英文船名	船舶类型	出厂日期	建造国家或地区	船旗	总载重量（吨）	客位数（个）
1	上海中远海运	上海巴士旅游船务有限公司	振宇	ZHEN YU	游览客船	2007-07-03	中国	五星旗	1116	448
2	上海中远海运	上海巴士旅游船务有限公司	金灿灿	JIN CAN CAN	游览客船	2009-09-08	中国	五星旗	1117	300
3	上海中远海运	上海巴士旅游船务有限公司	康宁	KANG NING	游览客船	2010-03-08	中国	五星旗	1273	450
4	上海中远海运	上海巴士旅游船务有限公司	蓝森	LAN SEN	游览客船	2015-11-12	中国	五星旗	2080	500
合计									5586	1698

注：游览客船并没有统计在集团船舶总数内。

2016—2018 年中远海运集团货运量统计表

2016—2018年中远海运集团货运量统计表

表 17–14

项目	单位	2016 年	2017 年	2018 年
货运	万吨	87 291.87	108 425.21	120 204.74
	亿吨海里	27 032.32	29 140.44	31 607.83
客运	万人	193.30	217.31	225.22
	亿人海里	1.74	2.02	2.18
内贸货运	万吨	42 689.11	59 930.06	62 857.70
	亿吨海里	3 310.46	4 092.38	4 313.60
外贸货运	万吨	44 602.76	48 495.15	57 347.04
	亿吨海里	23 721.86	25 048.06	27 294.23
煤炭	万吨	20 412.03	23 886.71	26 396.59
石油及天然气	万吨	13 904.84	17 697.98	20 552.42
其中：原油	万吨	11 739.70	14 338.76	15 561.20
金属矿石	万吨	13 681.19	13 566.62	13 345.63
钢铁	万吨	1 983.82	1 281.78	1 144.76
矿材	万吨	250.31	478.32	517.51
水泥	万吨	407.41	361.45	405.21
木材	万吨	140.93	217.35	210.42
非金属矿石	万吨	950.71	235.57	269.23
化肥及农药	万吨	273.42	78.03	166.57
盐	万吨	29.80	95.58	119.93
粮食	万吨	2 514.85	2 501.89	2 144.10
机械	万吨	3 822.85	3 851.79	3 994.29
化工原料	万吨	121.06	128.76	102.01
有色金属	万吨	22.53	2.57	6.13
轻工医药	万吨	41.16	86.02	123.23
农副产品	万吨	14.81	11.31	8.91
集装箱运量	万吨	3 0811.81	43 527.63	50 324.74
箱量	TEU	26 232 572	34 268 380	41 685 621
其中：重箱	TEU	20 987 444	26 442 486	32 136 655
车辆数	辆	458 279	679 360	747 846

2016—2018年中远海运集团运输及生产统计表

2016—2018 年中远海运集团运输及生产统计表

表 17–15

指标	单位	2016 年	2017 年	2018 年
船舶艘数	艘	1064	1123	1278
船队载重吨	万吨	8097	8635	10 138.66
平均船龄	年	9.12	9.67	8.61
单船平均载重吨	万吨	7.61	7.69	8.62
集装箱船队规模	万 TEU	175	190	280.13
货运量	万吨	87 292	108 425	120 205
货运周转量	亿吨海里	27 032	29 140	31 608
集装箱重箱运量	万 TEU	2446	2644	3 213.67
全球集装箱码头数	个	51	55	51
全球集装箱码头吞吐量	万 TEU	10 205	10 425	12 627.7
全球船舶燃料销量	万吨	2500	2783	2600
造船产能	万载重吨	1155	820	748

2007—2018 年中远海运集团世界 500 强排名一览表

2007—2018 年中远海运集团世界 500 强排名一览表

表 17–16

年份	世界 500 强排名	年收入（百万美元）
2007 年	488	15 413.5
2008 年	405	20 840.0
2009 年	327	27 430.3
2010 年	未进入	—
2011 年	399	24 249.7
2012 年	384	28 796.5
2013 年	401	28 736.0
2014 年	451	26 805.5
2015 年	432	27 483.0
2016 年	465	22 965.4
2017 年	366	29 743.1
2018 年	335	34 667.8

注：1. 2007—2016年为中远集团数据；

2. 年份是《财富》杂志公布的年份，年收入为上一个年度的数据。

2018年末中远海运集团员工队伍统计表

2018 年末中远海运集团员工队伍统计表

表 17–17

单位：人

类别	合计	陆地员工		船员	
		小计	其中中方	小计	其中中方
劳务合同职工	95 051	67 644	58 704	27 407	27 407
其中在岗职工	92 380	65 563	56 821	26 817	26 817
派出职工	1149	641	461	508	508
其他人员	1522	1440	1422	82	82
劳务派遣用工	30 915	13 434	13 411	17 481	17 449
其他从业人员	999	764	705	235	235
总计	126 540	81 659	72 631	44 881	44 881

注：1. 其他从业人员包括返聘人员、外部董事、直属单位派出人员等；

2. 员工总数：（劳务合同用工 + 劳务派遣用工 + 其他从业人员）– 集团内部派出人员重复计算部分。

2018 年末中远海运集团船员队伍统计表

2018 年末中远海运集团船员队伍统计表

表 17–18

单位：人

类别	合计	运输船员	港作船员	客服船员
船员总量	44 881	43 521	846	514
合同制船员	27 552	26 856	570	126
派遣制船员	17 329	16 665	276	388
高级船员	24 070	23 657	362	56
其中船长	2731	2662	68	2
轮机长	2801	2732	67	3
政委	1125	1123	2	0
大副	2548	2495	51	2
大管轮	2302	2261	41	0

中远海运集团社会责任投入（主要指标）统计表

中远海运集团社会责任投入（主要指标）统计表

表 17–19

指标	单位	2018 年
集团及下属单位投入帮扶资金	万元	5 506.60
中远海运慈善基金会投入扶贫资金	万元	928
教育扶贫投入	万元	1723
购买及帮助销售贫困地区产品	万元	828.19
慈善基金会筹集社会捐赠	万元	6 691.75
公益慈善支出	万元	6 378.74
组织慈善公益项目	个	66

2019

CHINA COSCO SHIPPING CORPORATION LIMITED YEARBOOK

中国远洋海运集团有限公司

年鉴

索引

使用说明

一、本索引按汉语拼音音序排列。具体如下：数字开头的，排在最前面；以英文字母开头的排在其次；汉字标目则按首字的音序、音调依次排列，首字相同时，则以第二字排序，依次类推。

二、索引标目后的数字，表示索引内容所在的年鉴正文页码；数字后面的英文字母 a、b，表示年鉴正文的栏别，合在一起即指该页码及左右两个版面区域。年鉴中用表格反映的内容，则在索引标目后面用括号注明（表）字，以区别文字标目。

三、为反映索引款目间的隶属关系，对于二级标目，采用上一级标目下缩两格的形式编排，之下按照习惯的顺序排列，不再按照汉语拼音音序排列。

0-9

A-Z

A

B

C

D

E

F

G

H

J

K

Y

Z